Wolls Lehr- und Handbücher der Wirtschafts- und Sozialwissenschaften

Herausgegeben von
Universitätsprofessor Professor h. c. Dr. Dr. h. c. Artur Woll

Bisher erschienene Werke:

Aberle, Transportwirtschaft, 2. A.
Anderegg, Agrarpolitik
Assenmacher, Konjunkturtheorie, 8. A.
Barro, Makroökonomie, 3. A.
Barro · Grilli, Makroökonomie – Europäische Perspektive
Barro · Sala-i-Martin, Wirtschaftswachstum
Blum, Volkswirtschaftslehre, 2. A.
Branson, Makroökonomie, 4. A.
Bretschger, Wachstumstheorie, 2. A.
Brinkmann, Einführung in die Arbeitsökonomik
Brösse, Industriepolitik, 2. A.
Büschges · Abraham · Funk, Grundzüge der Soziologie, 3. A.
Cezanne, Allgemeine Volkswirtschaftslehre, 4. A.
Fischer · Wiswede, Grundlagen der Sozialpsychologie
Glastetter, Außenwirtschaftspolitik, 3. A.
Leydold, Mathematik für Ökonomen
Müller, Angewandte Makroökonomik
Rosen · Windisch, Finanzwissenschaft I
Rush, Übungsbuch zu Barro, Makroökonomie, 3. A.
Sachs · Larrain, Makroökonomik - in globaler Sicht
Schneider, Grundlagen der Volkswirtschaftslehre, 3. A.
Tirole, Industrieökonomik, 2. A.
Varian, Mikroökonomie, 3. A.
Wachtel, Makroökonomik
Wacker · Blank, Ressourcenökonomik I
Wacker · Blank, Ressourcenökonomik II
Wohltmann, Grundzüge der makroökonomischen Theorie, 2. A.

Grundzüge der Agrarpolitik

Von
Universitätsprofessor
Dr. Ralph Anderegg

R. Oldenbourg Verlag München Wien

Die Deutsche Bibliothek - CIP-Einheitsaufnahme

Anderegg, Ralph:
Grundzüge der Agrarpolitik / Ralph Anderegg. – München ; Wien :
Oldenbourg, 1999
(Wolls Lehr- und Handbücher der Wirtschafts- und
Sozialwissenschaften)
ISBN 3-486-25246-1

Rosenheimer Straße 145, D-81671 München
Telefon: (089) 45051-0, Internet: http://www.oldenbourg.de

Gedruckt auf säure- und chlorfreiem Papier
Druck: Grafik + Druck, München
Bindung: R. Oldenbourg Graphische Betriebe GmbH, München

ISBN 3-486-25246-1

Vorwort

Mit dem vorliegenden Fachbuch sollen die Grundzüge der Agrarpolitik zur Darstellung gelangen. Dabei werden vorerst die geschichtlichen Entwicklungen gezeigt. Anschließend erfolgt eine möglichst systematische Erläuterung der Agrarpolitik, wobei jeweils auch auf die Entwicklungstendenzen in den vergangenen Jahren eingegangen wird. Den Abschluß bilden ein kurzer Abriß der landwirtschaftlichen Entwicklungspolitik und ein Hinweis auf die Agrarpolitik in den kommunistischen Ländern bis zur Zeit der Transformation. Oft ist es schwierig oder sogar unmöglich, die Agrarpolitik in allen Interdependenzen zu analysieren. Deshalb wurde am Schluß ein nach Stichworten geordnetes Sachverzeichnis beigefügt, welches die Suche nach Zusammenhängen erleichtern soll.

Die politische Ökonomie der Landwirtschaft versucht nicht nur, den Pfad einer möglichst günstigen Entwicklung des Agrarbereichs innerhalb einer Wirtschaft und Gesellschaft zu finden, sondern auch Abweichungen davon zu erklären und nach Wegen zu einer Annäherung an den optimalen Pfad unter sich stets verändernden Gegebenheiten zu suchen. Dabei gibt es keine à priori ideale Agrarpolitik, sondern nur ein stetes Suchen nach sinnvollen Ansätzen.

Die vorliegende Schrift entstand aus einer Vielzahl von Lehrveranstaltungen an der Universität zu Köln zur Agrarpolitik. Die Grundlage bildete zudem eine große Zahl von Diplomarbeiten und Dissertationen, mit deren Hilfe einzelne Frage vertieft geklärt wurden. Ein Dank gilt der aufopfernden, unermüdlichen Mithilfe meiner Mitarbeiterinnen und Mitarbeitern, welche sich in einer langen Reihe von Jahren immer wieder kritisch mit dem Konzept der Arbeit, dem Manuskript und dessen Schlußredaktion auseinandersetzten. Dieser Dank richtet sich vor allem an Frau Dr. Kerstin C. Bollmann, Herrn Dipl.-Kfm. Buchwald, Frau Dr. Stephanie Felkel, Frau Dr. Susanne Immel, Frau Dipl.-Volkswirtin Ute Lachmayer, Herrn cand.rer.pol. Hayo Löwer, Frau cand.rer.pol. Evelyne Lückerath, Herrn Dipl.-Kfm. Peter Ploth, Frau Dipl.-Hdl. Ulrike Pütz, Herrn Dr. Thomas Richter, Frau Dr. Carina Schubert, Frau Dipl.-Kff. Uta Steffen, Herrn lic.oec. Fritz Stahel und Frau Dr. Vera A. Wilhelm. Ein besonderer Dank gilt auch den Freunden und Förderern der Universität zu Köln, deren Unterstützung die Arbeit stark erleichterte.

Ralph Anderegg

Inhaltsverzeichnis

Teil A: Einführung
Kapitel 1: Einleitung

Teil B: Historische Aspekte
Kapitel 2: Die geschichtliche Entwicklung der Agrarpolitik

Kapitel 3: Die Agrarordnung (Agrarverfassung), die normativen Grundlagen der Agrarpolitik und die agrarpolitischen Instrumente im Überblick

Kapitel 4: Die positive Theorie der Agrarpolitik

Teil C: Die Agrarmärkte und deren Ordnung
Kapitel 5: Die Agrarmärkte

Kapitel 6: Die Ordnung der Agrarmärkte (Marktverfassung)

Kapitel 7: Die Effizienz der Märkte

Kapitel 8: Die marktliche Allokations- und Stabilisierungspolitik

Kapitel 9: Die Ordnung des Agraraußenhandels

Kapitel 10: Die Agrarmarktordnungen

Teil D: Die Ordnung der Agrarproduktion und der landwirtschaftlichen Faktormärkte

Kapitel 11: Die Ordnung der Agrarproduktion (Produktionsverfassung)

Kapitel 12: Die Eigentumsordnung und die Pachtordnung

Kapitel 13: Die Ordnung der Nutzung der Natur

Kapitel 14: Die Regulierung der positiven Externalitäten der Landwirtschaft

Teil E: Die landwirtschaftlichen Produktionsfaktoren und deren Organisation
Kapitel 15: Der landwirtschaftliche Betrieb

Kapitel 16: Die landwirtschaftliche Kapitalallokation, die betriebliche Finanzverfassung und die Agrarstrukturpolitik

Kapitel 17: Die Ordnung des landwirtschaftlichen Humankapitalbereichs

Kapitel 18: Die Ordnung des Marktes für landwirtschaftliche Arbeitskräfte, des Agrareinkommens- und Agrarsozialbereichs

Teil F: Die Agrarfinanzpolitik
Kapitel 19: Die Agrarpolitik und die Finanzpolitik

Teil G: Besondere Probleme
Kapitel 20: Die landwirtschaftliche Entwicklungspolitik

Kapitel 21: Die Entwicklung der Landwirtschaft in den früheren Ostblockstaaten und in China bis zur Transformation

Teil A: Einführung

Kapitel 1: Einleitung

> "Das Problem der Agrarpolitik besteht für die Laien in der Form von Überschüssen, für die Bauern in stets zu niedrigen Einkommen, für die Parlamentarier in einem Milliardenloch im Etat, für die Agrarminister in Form einer Falle, in der sie gefangen sind zwischen unzufriedenen Bauern und wütenden Steuerzahlern, mit wenig Hoffnung, eine von beiden Seiten zufrieden zu stellen, geschweige beide."
> (*Dale Hathaway*, zit. nach *Borchert*, 1995, S. XXVIII).

> "Die Agrarpolitik, als Wissenschaft oder Forschungsgebiet betrachtet, hat die Aufgabe zu zeigen, wie die Agrarzustände eines Staates oder der Staaten verbessert werden können. Das Ziel ist also, die Landwirtschaft dahin zu bringen, daß sie ihre Aufgaben innerhalb der gesamten Staatswirtschaft immer vollkommener erfüllt. Dabei steht nicht nur deren eigenes Gedeihen in Frage, sondern es kommen ebenso sehr die Aufgaben in Betracht, welche die Landwirtschaft den übrigen Gliedern der Volkswirtschaft zu leisten hat, damit diese Volkswirtschaft als Ganzes betrachtet zu möglichst hoher Blüte gebracht werden kann"
> (*Friedrich Aereboe*, 1928, S. 1).

A. Landwirtschaft und Agrarpolitik

I. Die Problemstellung

Die Landwirtschaft und auch die Agrarpolitik erleben immer wieder tiefgreifende Veränderungen. Dabei stellen sich folgende Fragen: Wie hat sich die Agrarpolitik entwickelt? Mit welchen Problemen beschäftigt sie sich? Welches sind deren Prinzipien? Welcher Instrumente bedient sie sich? Welche neuen Probleme entstehen dabei?

Bei den zur Diskussion gestellten Fragen kann es sich nur um eine Auswahl von Themen handeln. Der Hauptakzent liegt auf der Landwirtschaft in den höchstentwickelten Industrieländern, verbunden mit einigen Gedanken zum Agrarbereich der Entwicklungsländer und der Transformationsländer.

II. Das Wesen der Landwirtschaft

Die Landwirtschaft ist ein Teil der Wirtschaft und der Gesellschaft.[1] Sie ist die *Urproduktion* neben dem Bergbau, der Fischerei und der Forstwirtschaft; dabei ist die *Forstwirtschaft* oft auch ein landwirtschaftlicher Betriebszweig.[2] Ähnliches trifft für die *gartenbauliche Produktion* zu, welche der Erzeugung von Gemüse, Blumen, Pflanzen und Gehölzen dient.

Die Landwirtschaft nutzt die Natur und besonders die Oberfläche des Bodens als organisch mitwirkende Produktionsfaktoren. Es läßt sich zwischen der *pflanzlichen* und der *tierischen Produktion* unterscheiden, wobei die pflanzliche Produktion in der Regel die Basis für die tierische Erzeugung bildet.

---

[1] Vgl. *Hanau* (1958), S. 1 ff. und (1969), S. 70 ff.
[2] Vgl. *von Dietze* (1967), S. 18.

Die landwirtschaftliche Produktion kann auch in *künstlichen Bodenverhältnissen* erfolgen. Ein Beispiel ist die "Hors Sol"-Produktion von Pflanzen wie Gurken, Tomaten und Peperoni, welche nie mit der Erde in Berührung kommen, sondern in einer Nährstofflösung schwimmen. Diese Erzeugung ist wetterunabhängig, das ganze Jahr möglich und bringt qualitativ ausgeglichene Produkte. Der "High Tech-Feldzug der Landwirtschaft" führt zu künstlichen Umweltbedingungen, wobei der Boden vom Produktions- zum Standortfaktor wird. Die Grenzen zur bodengebundenen landwirtschaftlichen Erzeugung werden fließend.

Typisch für die Landwirtschaft in den marktwirtschaftlich geprägten Ländern sind nach wie vor *bäuerliche oder bäuerlich geleitete Betriebe.* Dabei führt der landwirtschaftliche Konzentrationsprozeß immer stärker zu Formen der horizontalen und vertikalen Kooperation sowie zu gewerblichen und industriellen Betrieben. Dies trifft vor allem für die tierische Massenproduktion und den Gartenbau zu.

Die mit dem anhaltenden landwirtschaftlichen Konzentrationsprozeß verbundenen menschlichen Probleme einer vorwiegend bäuerlichen Landwirtschaft dürfen nicht übersehen werden. Phasen tiefer Agrarkrisen führen zu einer schweren seelischen Belastung bei den Landwirten. Bedauerlicherweise nimmt die *Agrarsoziologie*, welche sich diesen Problemen widmet, einen nur geringen Stellenwert in den Wirtschafts- und Sozialwissenschaften des Landbaus ein.

III. Die agrarwirtschaftlichen Daten

Die Landwirtschaft ist ein Teil der Volkswirtschaft und wird durch eine Vielzahl von Bestimmungsfaktoren geprägt (vgl. Abb. 1/1). Zu diesen *agrarwirtschaftlichen Daten* zählen: (1.) Die Nachfrage nach Agrargütern, (2.) der Bedarf an Kollektivgütern, (3.) die natürliche Umwelt (Boden, Wasser, Luft, Pflanzen, Tiere und Sonne), (4.) die landwirtschaftlichen Produktionsfaktoren (Arbeit, Kapital, Humankapital), (5.) die Agrarverfassung (die gesellschaftliche, wirtschaftliche, soziale und rechtliche Ordnung der Landwirtschaft) sowie (6.) die politischen Einflüsse (durch die Interessengruppen, Parteien, Regierungen, Agrarbürokratie und internationalen Handelspartner).[3,4]

B. Die Agrarpolitik als politische Ökonomie der Landwirtschaft

I. Begriff und Grundlagen

Die Agrarpolitik ist eine *sektorale Wirtschaftspolitik.*[5] Als *politische Ökonomie der Landwirtschaft* beschäftigt sie sich mit der Ordnung, den Strukturen und den Prozessen der Agrarwirtschaft, zudem mit den ökologischen, sozialen und kulturellen Aspekten. Von der Agrarpolitik gelangen wir zur *Politik des Agribusiness*, wenn auch die der Landwirtschaft vor- und nachgelagerten Stufen einbezogen werden.[6]

Die *Denkstrukturen der Agrarpolitik* werden durch die Wirtschaftstheorie (Volkswirtschaftstheorie), die Wirtschaftspolitik und die Wirtschaftsgeschichte

[3] Vgl. *Havlicek* (1986), S. 1053 ff.
[4] Die einzelnen Elemente werden im Rahmen der einzelnen Kapitel des Buches erläutert.
[5] Vgl. *Henrichsmeyer und Witzke* (1991), S. 13 ff.
[6] Vgl. *Seidenfus* (1980), S. 473.

geprägt. Die politische Ökonomie der Landwirtschaft ist eng mit den Politikwissenschaften verbunden, die Agrarsoziologie mit der Soziologie. Wesentliche Grundlagen der Agrarpolitik sind außerdem die Agrargeschichte, die Agrarökonomie (Wirtschaftslehre des Landbaus), die Ernährungslehre und die Agronomie (Lehre der Tierzucht und des Pflanzenbaus). Diese Disziplinen bilden zusammen mit der Agrarpolitik die *Wirtschafts- und Sozialwissenschaften des Landbaus* (vgl. Abb. 1/2).

Abb. 1/1
Die agrarwirtschaftlichen Daten

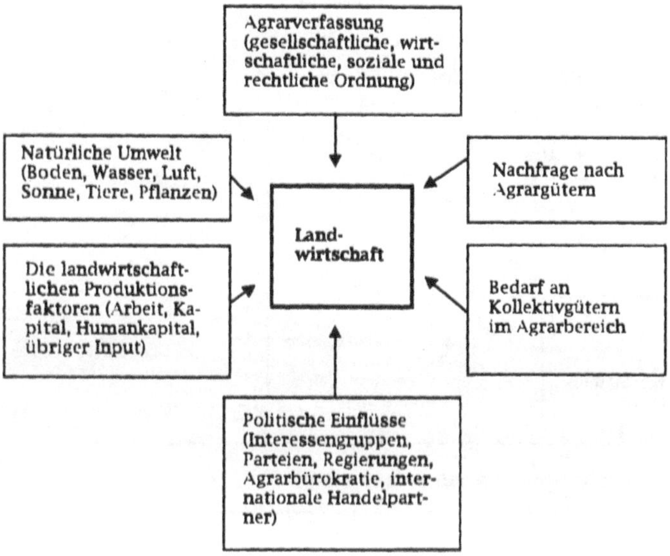

II. Die wissenschaftliche und die praktische Agrarpolitik

Die *wissenschaftliche Agrarpolitik* befaßt sich mit der Theoriebildung.[7] Sie erarbeitet die theoretischen Grundlagen der Agrarpolitik, entwirft systematische Denkzusammenhänge, stellt Entwicklungsmöglichkeiten dar und erforscht die Wirkungsmechanismen der agrarpolitischen Instrumente. Damit wird ein Beitrag zur agrarpolitischen Zielanalyse und -erreichung geleistet. Dies erfordert oft hochentwickelte analytische Modelle, anspruchsvolle statistische und ökonometrische Verfahren sowie eine realistische Einschätzung der Kräfte im politökonomischen Entscheidungsfeld.

Mit der Politikberatung und -bewertung steht die wissenschaftliche Agrarpolitik auch im Dienste der *praktischen Agrarpolitik*,[8] welche das Ziel hat, "die Differenzen zwischen dem Sein und dem Sollsein weitgehend zu beseitigen".[9] Die praktische Agrarpolitik denkt vielfach interessengebunden, während es die wis-

[7] Vgl. *von Dietze* (1967), S. 25.
[8] Vgl. *Mändle* (1978), S. 13 ff.; *Schmitt* (1978), S. 193 f. sowie (1982), S. 213 ff.; *Aaron* (1989), S. 1 ff.
[9] *Meinhold/Weber* (1952), S. 100.

senschaftliche Agrarpolitik meist ablehnt, der Interessenpolitik einzelner Gruppen zu dienen. Dabei ist die wissenschaftliche Agrarpolitik oft sehr praxisfern, während bei der praktischen Agrarpolitik vielfach das mangelnde politisch-strategische Denken kritisiert wird.[10]

Abb. 1/2
Die Agrarpolitik und deren Einordnung (Überblick)

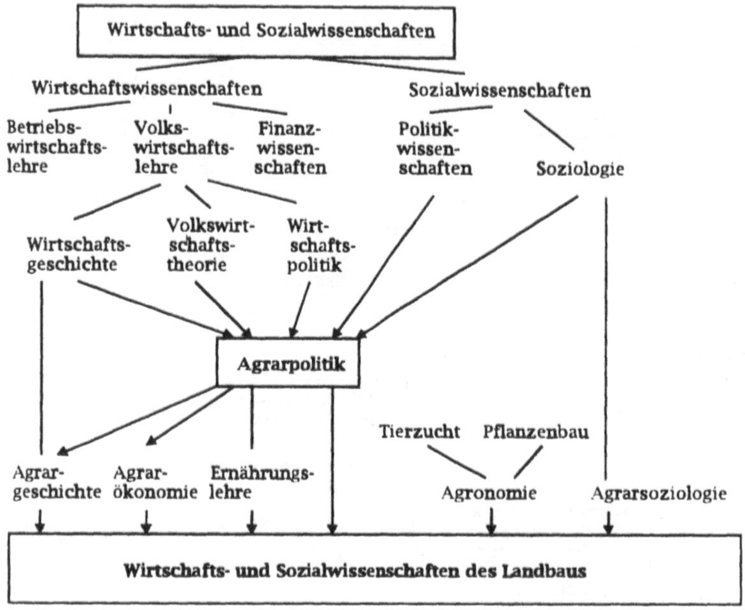

Die Denkstrukturen der wissenschaftlichen und der praktischen Agrarpolitik laufen damit häufig weit auseinander,[11] die gemeinsamen Schnittmengen sind in der Regel sehr klein. Es wird eine große Offenheit auf beiden Seiten sowie ein ständiger Dialog zwischen Wissenschaft und Praxis[12] benötigt und gelegentlich auch eine "Vulgarisierung agrarpolitischer Erkenntnisse"[13] auf einem möglichst hohen Niveau, um zu gegenseitig befruchtenden Ergebnissen zu gelangen.

III. Die normative und die positive Agrarpolitik

Die *normative Agrarpolitik* beschäftigt sich mit den wünschenswerten Agrarentwicklungen, die *positive* oder *empirische Agrarpolitik* mit den tatsächlichen Agrarverhältnissen.[14] Die Aussagen der normativen Agrarpolitik sind stark werturteilsorientiert.[15] Aus Werturteilen kann sich die Agrarpolitik nie widerspruchsfrei heraushalten. Die Aussagen sollten jedoch *intersubjektiv überprüf-*

[10] Vgl. *Wehland* (1971), S. 106.
[11] Vgl. *Weinschenck* (1994), S. 161 ff.
[12] Vgl. *Höcherl* (1969), S. 243.
[13] *Corti* (1989), S. 249 ff.
[14] Vgl. *Giersch* (1961), S. 26 f.
[15] Vgl. *Bernholz* und *Breyer* (1984), S. 16 ff. und *Weber* (1951), S. 146 ff.

bar sein, indem das normative Element klar zum Ausdruck gebracht und als "persönliches Bekenntnis" verdeutlicht wird.[16] Diese wissenschaftstheoretische Anforderung des kritischen Rationalismus gilt auch für die Agrarpolitik.[17]

C. Die erkenntnistheoretische Aufarbeitung der Agrarpolitik

Die erkenntnistheoretische Aufarbeitung der Agrarpolitik ist anspruchsvoll. Verlockend wäre es, eine *"Theorie der Agrarpolitik"* zu entwerfen, wie es auch eine *"Theorie der Wirtschaftspolitik"* gibt. Zur gedanklichen Reinheit einer solchen "Theorie der Agrarpolitik" wird es aber wohl nie kommen, denn die Agrarpolitik ist komplex und eng mit anderen Disziplinen verbunden (vgl. Abb. 1/2).

Den Kern agrarpolitischer Fragestellungen zu treffen, ist oft schwierig. Unerreichbar ist der Anspruch, die Methoden der Naturwissenschaften auf die Wirtschaftswissenschaften zu übertragen.[18] Erforderlich ist vielmehr eine Analyse komplexer Phänomene, welche typisch für die Landwirtschaft innerhalb einer Gesellschaft sind. Komplexe Phänomene entstehen durch das Zusammen- und Aufeinanderwirken der unzähligen, individuellen Pläne der Haushalte und der Unternehmen, welche von historischen, technischen und naturgebundenen Einflußfaktoren mitbeeinflußt werden. Die Wirtschaftswissenschaften, die politischen Wissenschaften und die Soziologie analysieren das Verhalten und Zusammenspiel der Individuen sowie die daraus resultierenden, oft ungeplanten Ergebnisse.[19,20]

Die Elemente sozialer Phänomene sind Gegenstand mentaler Rekonstruktion. Die Menschen nehmen vor allem Aspekte der Umwelt wahr, welches für ihr Überleben wesentlich sind. Die Handlungen der Individuen ("Tun" und "Reden") lassen sich beobachten und nach bekannten Elementen individueller Handlungsweisen analysieren. Diese Rekonstruktion erfolgt durch den menschlichen Verstand auf dem Wege der Deduktion. Die komplexen sozialen Phänomene, welche sich nicht mehr durch direkte Beobachtung erklären lassen, müssen hinsichtlich ihrer Eigenschaften und Regelmäßigkeiten aus unmittelbar bekannten und evidenten Elementen konstruiert bzw. rekonstruiert werden.[21] Dies ist im Kern die "synthetische" bzw. "kompositive" Methode, welche mit einfachen, bekannten Elementen beginnt und versucht, komplexe Strukturen auf dem Verstandeswege zu rekonstruieren.[22] Dabei läßt sich das Wesen der menschlichen Individuen

> "nicht direkt in den Köpfen der Menschen beobachten ... , sondern nur aus ihrem Tun und Reden erkennen ... , und zwar nur deshalb, weil sie selbst einen Verstand besitzen, der dem ihren ähnlich ist".[23]

---

[16] Vgl. *Popper* (1990), S. 232 ff.; vgl. *Giersch* (1961), S. 46.
[17] Vgl. *Smith* (1996), S. 906 ff. Vgl. zum kritischen Rationalismus und Kriterium der Falsifikation *Popper* (1957), S. 155 ff.
[18] Vgl. *Gaulke* (1994), S. 250 f., in Anlehnung an *Friedrich August von Hayek* (1959), S. 301.
[19] Vgl. *von Hayek* (1959), 28 ff. und 49 f.
[20] Vgl. *Gaulke* (1994), S. 246 ff.
[21] Vgl. *von Hayek* (1959), S. 48 und 301.
[22] Vgl. *von Hayek* (1995), S. 21.
[23] *Von Hayek* (1959), S. 33.

Nach Auffassung von *Friedrich August von Hayek* besteht ein *Theoriedilemma* darin, daß die Erkenntnistheorie zwar einfache Hypothesen zur Erklärung komplexer Phänomene anwenden kann, die jedoch so einfach sind, daß sie sich für die Analyse komplexer Phänomene als falsch erweisen müssen.[24] Oder sie verwendet Theorien von hoher Komplexität, bei welchen jedoch Randbedingungen vorausgesetzt werden müssen, die über das mögliche Wissen von einfachen Tatsachen hinausgehen.[25]

Hinzu kommt, daß die Individuen nur die Muster komplexer Phänomene erkennen können ("pattern-recognition"), nicht aber die Realität. Es lassen sich nur "Prinzip-Erklärungen" geben, welche den Wirkungszusammenhang zwischen Ereignissen erklären.[26] Das konkrete Wissen zur Erklärung von Einzeltatsachen ist unerreichbar:[27]

> "Der erkenntnistheoretische Ablauf ist folgender: Da der Mensch immer nur Muster erkennt, also die relevanten Aspekte der komplexen Phänomene, gibt es - im Gegensatz zu vielen individuellen Wirkungszusammenhängen - nur sehr wenige Muster. Sie können über "Prinzip-Erklärungen" transparent gemacht werden".[28]

Prognosen beschränken sich auf "Muster-Voraussagen". Es lassen sich nicht spezifische Ereignisse voraussagen, sondern nur "Muster" von Ereignissen. Die entstehende Ordnung erfordert eine theoretische Erklärung:

> "Nur insoweit als Resultat der individuellen Handlungen eine Art Ordnung entsteht, doch ohne daß sie von irgendeinem Individuum geplant ist, erhebt sich ein Problem, das theoretische Erklärung fordert".[29]

Zu den weiteren Grundlagen der Erkenntnistheorie *von Hayeks* zählt der methodische Individualismus. Danach gibt es keine natürlichen Gesetze von Ursachen und Wirkungen in der sozialen Welt, sondern nur Meinungen und Haltungen von Menschen über die Welt.[30] Die Meinungen der einzelnen Menschen werden zu wirtschaftlichen Daten "ohne Rücksicht darauf, ob sie richtig oder falsch sind"[31]. Selbst anscheinend objektive Eigenschaften der Dinge sind nach Auffassung *von Hayeks* subjektiv. Soziale Institutionen rechtlicher und wirtschaftlicher Art lassen sich nicht objektiv erfassen, sondern immer nur im Zusammenhang mit den Absichten und Zwecken der Individuen, denen sie dienen.[32]

D. Die Methoden der Analyse

Wesentlich für die Analyse komplexer Phänomene sind die Randbedingungen, welche zu "Muster-Voraussagen" führen können:

[24] Vgl. *von Hayek* (1972), 16; vgl. auch *Gaulke* (1994), S. 254.
[25] Vgl. *von Hayek* (1972), S. 23 ff.
[26] Vgl. *von Hayek* (1952), S. 182 ff.
[27] Vgl. *Gaulke* (1994), S. 256.
[28] *Gaulke* (1994), S. 256; in Anlehnung an *von Hayek* (1952), S. 131.
[29] *Von Hayek* (1959), S. 49 f.
[30] Vgl. *Gaulke* (1994), S. 249.
[31] *Von Hayek* (1959), S. 33.
[32] Vgl. *Gaulke* (1994), S. 249.

- Ein Beispiel sind die *klassischen* und *neoklassischen Gleichgewichtsmodelle.* Eine Muster-Voraussage besteht darin, daß Märkte mit unzähligen Marktteilnehmern unter normalen Bedingungen die Einzelpläne so koordinieren, daß die Märkte zum Gleichgewicht tendieren. Vor allem aus der Sicht der *klassischen Schule der Nationalökonomie* stehen gleichgewichtstheoretische Analysen im Vordergrund der Betrachtung. Es wird beispielsweise der Frage nachgegangen, wie sich die Landwirtschaft unter dem Einfluß der Marktkräfte entwickelt und ob diese genügen, um eine wünschenswerte Entwicklung der Landwirtschaft zu erreichen.

- Eine weitere, einfache, aber wirkungsvolle Theorie der *neoklassischen Schule* der Nationalökonomie ist die *ceteris paribus-Klausel.*[33] Es lassen sich mathematische und statistische Verfahren für Ursachen-Wirkungs-Analysen entwickeln, bei welchen im Rahmen von Modellen die Veränderungen abhängiger (endogener) Variablen auf die Veränderung unabhängiger, sie erklärender (exogener) Variablen zurückgeführt wird. Solche Modelle erlauben die Analyse und Prognose von Veränderungen und Entwicklungen im sozialwissenschaftlichen Bereich, welche auch agrarpolitischen Anwendungen zugänglich sind.

- Die *neoklassische Theorie,* zu deren Methoden die Grenznutzen- und Grenzkostenanalyse zählt, bildet die Grundlage der Wohlfahrtsökonomik, welche nach dem Wohlfahrtsoptimum (Paretooptimum) fragt. Hier geht es um die Problemstellung, ob die Ressourcen (Produktionsfaktoren) eines Landes optimal eingesetzt sind und das Produktionsoptimum erreicht wird. Weiterhin wird nach dem Vorliegen eines Optimums im Konsumbereich sowie der optimalen Abstimmung des Produktionsbereichs und des Konsumbereichs gefragt. Die agrarpolitische Analyse bezieht sich oftmals auf die Fragestellung, ob Möglichkeiten zur Verbesserung der Allokation bestehen, d. h. eine paretosuperiore Situation erreicht werden kann. Darüber hinaus geht es auch um das Problem, ob sich durch eine Umverteilung Wohlfahrtsgewinne erzielen lassen.

- Die *Neue Institutionenökonomik* ist aus der Neoklassik hervorgegangen und wird noch nicht sehr ausgeprägt, aber immer stärker als Instrument der ökonomischen Analyse auch im Agrarbereich eingesetzt. Sie geht - wie die Neoklassik - von der subjektiven Werttheorie und subjektiv geprägten Präferenzen sowie Verhaltensweisen der einzelnen Individuen aus (methodologischer Individualismus bzw. Subjektivismus). Dies bezieht sich auf das Verhalten der Individuen als Konsumenten, Produzenten und als Wähler, Politiker und Bürokraten.[34] Die Berücksichtigung von Transaktionskosten anstelle des transaktionskostenfreien Marktmechanismus führt zur *Transaktionskostenökonomik* mit realitätsnäheren Erkenntnissen für die Funktionsweise der Güter- und Faktormärkte. Die Einführung von Eigentums-, Nutzungs- und Verfügungsrechten leitet über zur *Property Rights Theorie,* welche für die ökonomische Analyse der landwirtschaftlichen Eigentums-, Pacht- und Güterverkehrsordnung von besonderer Bedeutung ist. Die Property Rights Theorie und die Transaktionskostenökonomik lassen sich miteinander verbinden, womit es zur *Principal Agent Theorie* kommt, welche unter anderem der Analyse der Arbeitsverfassung des bäuerlichen Familienbetriebs dient. Zudem spielen weitere Teilbereiche der Neuen In-

[33] Vgl. *von Hayek* (1972), S. 16.

[34] Die Neue Institutionenökonomik variiert einzelne Prämissen des Modells der vollkommenen Konkurrenz, woraus sich deren Teildisziplinen ableiten. Es werden beispielsweise Transaktionskosten, Eigentumsrechte, Interessengruppen, politische und bürokratische Kräfte, eigennutzorientiertes Verhalten von einzelnen Wirtschaftssubjekten und ähnliches mehr eingeführt.

stitutionenökonomik bei der Analyse eine Rolle: Die *politische Ökonomie* (unter anderem die Theorie der Demokratie, die Theorie der Bürokratie und die Theorie des Lobbyismus), die *Theorie des Gesellschaftsvertrages,* die *ökonomische Analyse des Rechts,* die *Informationsökonomie,* die *Spieltheorie,* die *Evolutionsökonomie* und die *"New Economic History"*, eine spezielle Methode zur ökonomischen Analyse der geschichtlichen Entwicklung von Großinstitutionen.

Literaturangaben zu Kapitel 1:

Aaron, Henry J. (1989), "Politics and the Professors Revisited", American Economic Review, Vol. 79, No. 2 (May), S. 1-15.

Aereboe, Friedrich (1928), Agrarpolitik, Berlin.

Bernholz, Peter und Breyer, Friedrich (1984), Grundlagen der Politischen Ökonomie, Tübingen.

Borchert, Jochen (1995), Grußwort. In: Schriften der Gesellschaft für Wirtschafts- und Sozialwissenschaften des Landbaues e.V., Bd. 31, Münster-Hiltrup.

Corti, Mario A. (1989), Wie wird Ökonomie ökonomisch genutzt? In: Schweizerische Zeitschrift für Volkswirtschaft und Statistik. 125. Jg., Nr. 3, September, S. 249-253.

von Dietze, Constantin (1967), Grundzüge der Agrarpolitik, Hamburg und Berlin.

Gaulke, Jürgen (1994), Freiheit und Ordnung bei John Stuart Mill und Friedrich August von Hayek. Versuch, Scheitern und Antithese eines ethischen Liberalismus, Frankfurt am Main.

Giersch, Herbert (1961), Allgemeine Wirtschaftspolitik, Bd. 1, Wiesbaden.

Hanau, Arthur (1958), Die Stellung der Landwirtschaft in der Sozialen Marktwirtschaft. In: Agrarwirtschaft, Jg. 7, S. 1-17.

Ders. (1969), Die Stellung der Landwirtschaft in der Sozialen Marktwirtschaft. In: E. Gerhardt/P. Kuhlmann (Hrsg.), Agrarwirtschaft und Agrarpolitik, Köln/Berlin, S. 70-95.

Hathaway, Dale, zit. nach Borchert, Jochen (1995), Grußwort. In: Schriften der Gesellschaft für Wirtschafts- und Sozialwissenschaften des Landbaues e.V., Bd. 31, Münster-Hiltrup.

Havlicek, Joseph, Jr. (1986), Megatrends Affecting Agriculture: Implications for Agricultural Economics. In: American Journal of Agricultural Economics, Vol. 68, Nr. 6, December, S. 1053-1064.

von Hayek, Friedrich August (1952), The Sensory Order. An Inquiry into the Foundations of Theoretical Psychology, London/Chicago.

Ders. (1959), The Counter-Revolution of Science. Studies on the Abuse of Reason, Glencoe, Illinois. Indianapolis 1952. Deutsch: Mißbrauch und Verfall der Vernunft. Ein Fragment. Frankfurt.

Ders. (1955), Studies in Philosophie, Politics, and Economics. London/Chicago/Toronto, S. 3-21.

Ders. (1972), Die Theorie komplexer Phänomene, Tübingen.

Henrichsmeyer, Wilhelm und Witzke, Heinz Peter (1991), Agrarpolitik Band 1, Agrarökonomische Grundlagen, Stuttgart.

Höcherl, Hermann (1969), Die Welt zwischen Hunger und Überfluß - Eine agrarpolitische Bilanz im technischen Zeitalter, Stuttgart.

Mändle, Eduard (1978), Artikel "Agrarpolitik". In: Handbuch der Volkswirtschaft, Wiesbaden.

Meinhold/Weber (1952), Artikel "Agrarpolitik", Geschichtliche Entwicklung der deutschen Landwirtschaft, Berlin.

Popper, Karl (1957), The Structure of Science: A Personal Report. British Philosophy at Mid-Century. C.A. Mace (Ed.), London, S. 155-190.

Ders. (1990), Auf der Suche nach einer besseren Welt, 5. Aufl., München.

Schmitt, Günther (1978), Thesen aus der Sicht der Agrarpolitik. Referat aus dem Kolloquium "Analyse und Prognose des Agrarsektors als Grundlage der Politikberatung" anläßlich des 75. Geburtstages von Prof. Dr. A. F. Hanau. In: Agrarwirtschaft, 27. Jhrg., Heft 7.

Ders. (1982), Staat, Landwirtschaft und Agrarökonomie. Bemerkungen zur Rolle des Agrarökonomen in unserer Gesellschaft. In: H.E. Buchholz, G. Schmitt und E. Wöhlken (Hrsg.), Landwirtschaft und Markt, Hannover, S. 213-262.

Seidenfus, Helmut St. (1980), Artikel "Agrarpolitik". In: WiSt, Zeitschrift für Ausbildung und Hochschulkontakt, Heft 10, Oktober, München und Frankfurt.

Smith Eldon D. (1996), Methodology for Agricultural Economists: An Instrumentalist Perspective. In: American Journal of Agricultural Economics. Vol. 78, Nr. 4, November 1996, S. 906-915.

Weber, Max (1951), Die Objektivität sozialwissenschaftlicher und sozialpolitischer Erkenntnis. In: Gesammelte Aufsätze zur Wissenschaftslehre, 2. Aufl., Tübingen.

Wehland, W. (1971), Die Kommunikationsstrukturen im Prozeß der agrarpolitischen Entscheidungen. In: H.G. Schlotter (Hrsg.), Die Willensbildung in der Agrarpolitik, Schriften der Gesellschaft für Wirtschafts- und Sozialwissenschaften des Landbaues e.V., Band 8, München/Bern/Wien, S. 91-123.

Weinschenck, Günther (1994), Agrarökonomie zwischen praktischer und theoretischer Vernunft. In: Berichte über Landwirtschaft, Bd. 72 (2), Mai, Münster-Hiltrup, S. 161-171.

Teil B: Historische Aspekte

Kapitel 2: Die geschichtliche Entwicklung der Agrarpolitik

> "... nur zu oft genossen die Herren das Mehr an Früchten, das die Bauern ursprünglich für sich selbst erzeugen wollten."
> (*Walter Achilles*, 1977, S. 67).

A. Einleitung

I. Vorbemerkung

Die Agrarpolitik entwickelt sich seit dem Beginn menschlicher Gesellschaften. Historische Quellen dazu finden sich im klassischen Altertum, im Mittelalter und in der Neuzeit. Die geschichtliche Erforschung der Agrarpolitik ist ähnlich der Arbeit eines Archäologen, welcher Schicht um Schicht von Sedimentablagerungen abträgt und diese nach Zusammenhängen durchsucht.

In den vergangenen Jahrtausenden hat die Agrarpolitik in unterschiedlicher Intensität in die Landwirtschaft eingegriffen. Deren Ziele und Methoden unterlagen einem steten Wandel. Einzelne Maßnahmen dienten dazu, die Wohlfahrt eines Landes zu fördern, andere zur Durchsetzung von Herrschaftsinteressen. Es ist lehrreich, die Entwicklung der Agrarpolitik und insbesondere deren Leistungen und Fehlleistungen zu betrachten.

II. Die prähistorische Zeit

In der prähistorischen Zeit waren die Menschen *Sammler und Jäger*. Als die Bevölkerung zunahm, mußten neue Methoden der Nahrungsgewinnung gefunden werden. Rund 10.000 bis 3.000 Jahre v. Chr. kam es zur Entwicklung von *seßhaften Bauern*. Äcker und Wiesen wurden angelegt, Bewässerungssysteme errichtet, unterschiedliche Arten des landwirtschaftlichen Eigentums geschaffen und verschiedene Formen landwirtschaftlicher Betriebe entwickelt. Die bäuerliche Tätigkeit führte erstmals zu Ansätzen einer nach Produktionskriterien umgestalteten Natur. Der Mensch begann, Pflanzen nach Leistungskriterien zu züchten und Tiere zur Nutzung zu domestizieren:

> "Während ungezählter Jahrtausende standen dem Menschen Boden, Wasser und Klima im wesentlichen in der heutigen Gestalt zur Verfügung, und der Mensch ist dennoch zu keiner Landwirtschaft gekommen. Erst als der Menschheit das Geheimnis der Vererbung, Auslese und Vermehrung von Pflanzen und Tieren aufdämmerte, erst da beginnt die Geschichte der Landwirtschaft. Der Bauer ist nicht nur ein Landwirt, sondern vor allem ein Pflanzen- und Tierwirt".[1]

[1] *Laur* (1930), S. 46.

B. Die Hochkultur Ägyptens

Die *Hochkultur Ägyptens* zeigt, welchen Einfluß eine weiträumige Agrarpolitik auf die gesellschaftliche Entwicklung nehmen kann. Seit dem Beginn der historischen Zeit (ca. 3.000 v. Chr.) fand eine gesellschaftliche Arbeitsteilung und Spezialisierung statt. Zu den Pionierleistungen der ägyptischen Landwirtschaft zählen die Domestizierung des Rindes, die Organisation der Weidewirtschaft und die Entwicklung des Acker-, Garten- und Weinbaus.[2]

Ägypten zählt wie China, Indien und Mesopotamien zu den Flußkulturen der alten Hochkulturen ("hydraulische Gesellschaften").[3] Der Nil hat eine große landwirtschaftliche Bedeutung als nährstoffreicher Wasserspender für die natürliche Ackerdüngung und als Transportmittel. Es entstand eine Überschwemmungskultur. Nur wenn die Flut des Nils durch alle Sippen und Stämme planmäßig reguliert und der kostbare Schlamm durch ein riesiges System von künstlichen Stauseen, Kanälen, Deichen, Schleusen, Schöpfwerken und Brunnen verteilt wurde, ergaben sich die erhofften landwirtschaftlichen Erträge. Im Verlaufe der Zeit wurden jährlich sogar zwei Ernten erzielt.

Die ägyptische Hochkultur schuf Freiräume für das Individuum, erforderte aber eine Ordnungsstruktur. Erstmals in der Geschichte der Menschheit entstand eine Agrarbürokratie. An deren Spitze standen die Pharaonen mit einem hierarchischen System von Beamten, welche über die Macht zur Durchsetzung der Interessen des Königs verfügten. Die Bewässerungskultur setzte eine zusammenhängende, unteilbare Infrastruktur und eine zentralisierte Staatsverwaltung voraus.

Ein einheitliches Herrschaftssystem war auch für den Handel, die gemeinsame Währung und das Transportsystem auf dem Nil zwischen Ober- und Unterägypten erforderlich. Die Vorratswirtschaft erforderte Beamte für das Eintreiben und die Einlagerung des Getreides. Die zentralisierte Beschaffung, Lagerung und Verteilung des Getreides brachte oft Versorgungsprobleme, Unruhen und schließlich politische Unabhängigkeitsbestrebungen im Lande.

C. Die griechische Antike

Die eigentliche Entwicklung der europäischen Landwirtschaft begann in Griechenland während der Jungsteinzeit mit dem Bau des Einhauses und Züchtungserfolgen bei Wildformen der Feldfrüchte sowie Schafen und Ziegen (ca. 4.000 v. Chr.). Etwa 2.200 v. Chr. wurde der Pflug entwickelt. In der Bronzezeit (ca. 1.800-800 v. Chr.) entstanden neue Getreidearten wie Roggen und Hafer. Höfe mit Stallungen und Speichern wurden gebaut. Die Eisenzeit (ca. 800 v. Chr. - 800 n. Chr.) brachte den Hakenpflug mit eisernen Spitzen, den wendenden Pflug, die Eisensichel und die Sense sowie das Rind als landwirtschaftliches Zugtier, den Weinbau und auch die Sklaverei.

Im *antiken Griechenland* diente die Landwirtschaft als Haupterwerb. Das Klima ermöglichte eine reiche Auswahl an Getreidearten (Emmer, Weizen und Gerste), gartenbaulichen Produkten (Obst, Wein und Oliven) sowie viehwirtschaftlichen Erzeugnissen (vor allem Rindfleisch, Schaf- und Ziegenmilch, Schweinefleisch

---

[2] Vgl. *Boochs* (1985); *Daumas* (1969); *Eggebrecht* (1984).
[3] Vgl. *Kloepfer* (1995), S. 316.

und Geflügel). Kuhmilch war weitgehend unbekannt. Gänse wurden als Nahrungsmittellieferanten und als Wächter gehalten.

Die *Oikoswirtschaft* (geschlossene Hauswirtschaft) dominierte von 800 bis 500 v. Chr. Deren Ziel war die Autarkie. Selbst die Verwandten zweiten und dritten Grades versorgten sich aus den Erzeugnissen eines Hofes, oft ergänzt durch Kriegsbeute. Mit dem Übergang zur *Poliswirtschaft* (Stadtwirtschaft) bestand das Ziel der Autarkie des Haushalts nach wie vor. Es sollte jedoch ein Überschuß durch den Verkauf von landwirtschaftlichen Erzeugnissen, vor allem von Obst und Gemüse, erzielt werden. Der Zwischenhandel war wegen seiner preiserhöhenden Wirkung verpönt; dies galt nicht für den Fernhandel mit Getreide, der zur Versorgung der Bevölkerung notwendig war.

Der Boden war zunächst Stammesland und wurde später aufgeteilt. Ein Teil des Landes gehörte dem König zum Selbstanbau, ein anderer Teil blieb als Weideland im Eigentum der Polis und war frei nutzbar.[4] Weiteres Land wurde an die Mitglieder jener Stämme verteilt, welche es zuvor bebaut hatten. Dieses Land konnte vererbt werden, jedoch nur an die männlichen Nachkommen oder den Ehemann der ältesten Tochter. Bei der Verteilung hatte der König ein Mitspracherecht. Die Bauern waren schollenpflichtig, d. h. sie durften sich nicht vom Hof entfernen. Erst später wurden sie frei und damit gesellschaftlich aufgewertet.

Ursprünglich dominierten Kleinbauernbetriebe mit ca. 1,25-7,5 Hektar Land. Zudem gab es kleine Güter der Aristokratie. Mit der Ausdehnung des Anbaus von Wein und Oliven zu Lasten des Getreides wurde die Landwirtschaft zum beliebten Investitionsobjekt der reichen Kaufleute. Diese profitierten von der *"lex Claudia"*, welche eigentlich zum Schutz der Kleinbauern gedacht war, indem nur noch heimische Erzeugnisse auf den Markt gebracht werden durften.[5] Mit der *"lex Claudia"* förderte der Staat faktisch die Konzentration des Eigentums der Aristokratie und deren landwirtschaftliche Investitionen.

Die Freiheit des Grundstücksverkehrs durch die Übernahme des römischen Rechts führte zur Geburtsstunde der Latifundien (Großbetriebe). Als politische Reaktion kam es zur *"solonischen Bodenreform"* mit Höchstgrenzen für den landwirtschaftlichen Besitz.

Die Könige tendierten dazu, sich kleine Höfe anzueignen. Viele kleine Landwirte begaben sich aus diesem und anderen Gründen in den Schutz- und Machtbereich von großen Bauern, welche oft nur nach größerem Besitz strebten und die Bewirtschaftung des Landes vernachlässigten. Dies führte zu einem Rückgang der Getreideproduktion und einer Verknappung der Nahrungsmittel.

Ein weiterer Grund für den Rückgang der landwirtschaftlichen Marktproduktion war die Verkleinerung der Betriebe durch Erbteilungen. Aus Furcht vor Preiseinbrüchen unmittelbar nach der Ernte versuchten die Bauern, die für den Eigenbedarf nicht benötigten Erzeugnisse so rasch wie möglich zu verkaufen. Durch die mangelnde Lagerhaltung kam es einige Zeit nach der Ernte häufig zum Zusammenbrechen der Nahrungsmittelversorgung. Dies war eine der zahlreichen Ursachen für den späteren Untergang der griechischen Zivilisation.[6]

---

[4] Vgl. *Hasebrock* (1931), S. 71.
[5] Vgl. *Bleicken* (1985b), S. 51.
[6] Vgl. *Bell* (1967), S. 16.

Es wurde versucht, die Ernährungssituation durch Importe von Ägypten und der Schwarzmeerküste zu verbessern.[7] Die Stadt Athen führte außerdem eine Reihe weiterer Maßnahmen zur Verhinderung von Nahrungsmittelengpässen ein.[8] Für die in Athen produzierten Nahrungsmittel gab es ein Ausfuhrverbot (mit der Ausnahme von Oliven). Es bestand die Pflicht für die Athener, Getreide nur nach Athen einzuführen (mit Androhung der Todesstrafe bei Mißachtung). Schiffsdarlehen wurden mit der Auflage gewährt, Getreide nach Athen zu transportieren. Ferner überwachten Getreidepolizisten die Einfuhr von Getreide sowie das Erstellen von Importstatistiken und kontrollierten die staatlich dekretierten Getreidepreise. Für einen Teil des gelagerten Getreides bestand eine Anbietungspflicht in Athen. Dabei gab es Höchstgrenzen beim Kauf von Getreide von 2.500 Körben für die Händler bzw. 50 Körben für die Bürger.

In Notzeiten verteilte der Staat Getreide an die Bevölkerung. Fremde Händler, Könige und andere Städte wurden aufgefordert, Getreide zu spenden, um sich bei der Bevölkerung beliebt zu machen. Die Getreideverteilung war bei der Bevölkerung so populär, daß die Bevölkerung dies auch ohne Notlagen forderte. Zuweilen kam es zur Gratisverteilung von Fleisch als Ernährungshilfe für die ärmeren Schichten. Berechtigt waren die Bürger, nicht jedoch die Metoeken (Gastarbeiter).

D. Die römische Antike

Die *römische Republik* war in erster Linie ein Agrarstaat. Das Eigentum von Grundbesitz gab wirtschaftliche sowie politische Macht und bestimmte die Rechte. Mit der vollständigen Beseitigung des Gemeineigentums wurde der Boden zum Individualeigentum.[9] Die weitgehende Freiheit des Rechtsverkehrs beim beweglichen und unbeweglichen Eigentum sowie das vollständige Verfügungsrecht beim Ableben (Testierfreiheit) zählen zu den bedeutenden Schöpfungen der römischen Rechtsentwicklung. Die volle Rechtsfähigkeit war den paterfamilias vorbehalten. Später wurde diese auf Soldaten und Beamte sowie - für ererbtes Gut - auf die filiusfamilias (Kinder) ausgedehnt. Beschränkt war nur die Möglichkeit, Verpflichtungen (dingliche Servitute) auf die unentbehrlichen Wege- und Wasserrechte zu Gunsten Dritter einzugehen.

Zu den frühen Befürwortern einer bäuerlich geprägten Landwirtschaft zählt der Agrarschriftsteller *Lucius Columella*. Er forderte, daß das landwirtschaftliche Eigentum eines Bauern nicht größer sein sollte als die Fläche, die er bebauen konnte. Arbeitsgruppen mit zehn Personen erschienen ihm optimal. Kleinere Gruppen benötigten nach seiner Auffassung zu viel Überwachungspersonal und größere Gruppen ließen sich nicht effizient überwachen, was in beiden Fällen den größtmöglichen Ertrag verhindern würde.[10]

Im antiken Rom gab es den bäuerlichen Kleinbesitz mit rund 2-2,5 Hektar Land, das Landlos eines Veterans von rund 7,5 Hektar, den mittleren Villenbetrieb mit 50 Hektar und 10-20 Arbeitskräften (Sklaven), die Latifundien als großen, zusammenhängend bewirtschafteten Besitz sowie den Großgrundbesitz des Kai-

---

[7] Vgl. *Austin* und *Vital-Naquet* (1984), S. 58.
[8] Vgl. *Andreades* (1931), S. 256 ff.; *Bleicken* (1985a), S. 79 und *Hasebrock* (1928), S. 146 ff.
[9] Vgl. *Weber, Max* (1924), S. 220 ff.
[10] Vgl. *Columella* (1981), S. 49.

sers, der Kirche und der Senatorenfamilien, welcher in selbständige Betriebseinheiten aufgeteilt war.[11]

Neu eroberter Boden war zunächst Eigentum des Staates *("ager publicus")* und lag in der Verfügungsbefugnis der Magistrate und des Senats. Das Okupationsrecht am ager publicus erhielten die Großgrundbesitzer, wodurch die Kleinbauern benachteiligt wurden. Das Schuldrecht führte zu einem unbarmherzigen Verhalten der Großgrundbesitzer und ermöglichte die Ausbeutung der kleineren Bauern. Kamen diese durch Krankheit, Unfall, Mißernten, Viehseuchen, Krieg oder Raub in Not, mußten sie bei einem Großgrundbesitzer Kredite aufnehmen und gerieten dadurch in Abhängigkeit und Schuldknechtschaft. Dies führte zur Verdrängung der Kleinbauern und Bearbeitung des Bodens durch abhängige Sklaven, Pächter und Schuldner (Klienten) ohne staatliche Hilfe und Rechtsmittel. Kleine Landwirtschaftsbetriebe *(minifundien)* wurden zu Gunsten von größeren Betrieben *(latifundien)* geopfert. Bodenreformen stießen bei den reichen Grundeigentümern auf Widerstand. Diese und ähnliche Umstände führten zu Produktionsrückschlägen, verbunden mit Hungerkrisen und politischen Unruhen.[12]

Im römischen Agrarrecht entwickelten sich drei Typen von Pachtverträgen:[13]

- Die *Zeitpacht* mit einer Laufzeit von meist bis zu fünf Jahren, woraus oft langfristige Bindungen entstanden, da die Verlängerung ohne besondere Vereinbarungen erfolgte. Der Pachtzins war in Geld, Naturalien und/oder Arbeitstagen auf dem Gut des Eigentümers zu leisten.

- Die *Erbpacht*, welche eine besonders verantwortungsvolle Bewirtschaftung des Bodens bewirkte und die Pächter im Verlaufe von Generationen in eine eigentumsähnliche Situation brachte.

- Die *Zwangspacht*, welche den Grundbesitzern auferlegt wurde, um die Bewirtschaftung des Bodens sicherzustellen. Es handelte sich meist um minderwertiges Land, dessen Bewirtschaftung durch einen Mangel an freiwilligen Pächtern gefährdet war. Nach dem Ablauf der Pacht mußten die Pächter vielfach bleiben, um die geschuldeten Pachtzinsen zu bezahlen.

Durch die Rekrutierung von Legionären aus der römischen und italischen Bevölkerung blieben die kleinen Höfe oft über Jahre hinweg unbewirtschaftet und verkamen. Die *agri deserti*, die sich aus der Verödung von fruchtbarem Land ergaben, stellten ein großes Problem dar. Dies mag auch an den zahlreichen und hohen Steuern für die Landwirtschaft gelegen haben. In Italien und Afrika wurden die Steuern in Abhängigkeit von der Fläche und nicht vom Ertrag erhoben. Es kam zur Überbesteuerung, welche einen großen Teil oder den ganzen Ertrag in Anspruch nahm. Wurde der Boden aus Ertragsgründen nicht mehr bewirtschaftet, erfolgte ein Nutzungszwang *(Zwangspacht)* zu Lasten der Nachbarn. Im spätantiken Rom wurden die Eigentümer bei mangelnder Bewirtschaftung auf ihr Land zurückgerufen oder enteignet. Freiwilligen Bewirtschaftern

[11] Vgl. *Bleicken* (1985a), S. 56.
[12] Vgl. *Bell* (1967), S. 27.
[13] Vgl. *Bleicken* (1981), S. 63 und 79; *Christ* (1984), S. 100 und 183; *Finley* (1977), S. 74; *Rostovtzeff* (1910/1970), S. 200 f.

wurde während der ersten drei Jahre Steuerfreiheit und nach zehn Jahren das Eigentum versprochen.[14]

Unter der erdrückenden Steuerlast flohen zahlreiche kleine selbständige Bauern in ein dauerndes Schutzverhältnis gegenüber dem Staat zu einem Grundherrn. Sie verloren ihre Eigenschaft als Steuersubjekt und mußten dem patronus das Land übereignen, welches als Pachtland zurückgeliehen wurde. Diese Bauern, die sog. *Kolonen*, durften ihren Betrieb nicht verlassen (Schollenbindung), konnten mit dem Gut verkauft werden und verloren das Recht auf eine Zivilklage gegenüber dem Grundherrn.

Arbeitslose Bauern zogen nach Rom, um sich dort ihren Lebensunterhalt zu verdienen. Sie wurden bald zur beschäftigungslosen, verarmten Bevölkerung, dem *Proletariat*. Um politische Unruhen zu vermeiden, wurde das Stadtproletariat kostenfrei ernährt und unterhalten. "Brot und Spiele" dienten dazu, das Volk politisch zu betäuben.

Römische Bürger, welche sich in Alimentiertafeln eintragen ließen, wurden unabhängig vom Vermögen mit Getreide und Öl versorgt. Verwaltungsbeamte überwachten den Transport und die Verteilung. Dabei entsprachen die Lieferungen lediglich einem täglichen Nährwert von 3.000 bis 4.000 Kalorien, was unter dem Bedarf einer ganzen Familie lag.[15] Im spätantiken Rom wurde der römischen Stadtbevölkerung zudem gebackenes Brot zugeteilt. Die Tributzahlungen durch Gratislieferungen von Getreide aus Afrika und Öl aus Syrien, welche an die Bevölkerung verteilt wurden, führten zum Verfall der Produzentenpreise der römischen Bauern. Nur der Restbedarf der Bevölkerung an Nahrungsmitteln konnte von den Bauern Roms gewinnbringend gedeckt werden.

Zur Verbesserung der Versorgung des Proletariats mit Arbeit und Nahrungsmitteln wurde die kleinbäuerliche Landwirtschaft durch langfristige, verbilligte Agrarkredite gefördert. Die Kreditvergabe erfolgte an die Stadtbevölkerung mit der Bedingung, Land zu kaufen und dieses zu bebauen.[16] Zur Erhöhung der Produktion wurden mit der Hilfe der Schollenpflicht vermehrt Pächter an den Boden gebunden und es wurden Sklaven eingesetzt.

Um den Handel zu stimulieren, wurden die Verbraucherpreise an bestimmten Tagen und vor den Festtagen von den üblichen Verkaufssteuern und munizipalen Zöllen befreit. Verordnete Höchstpreise sollten in Mangelsituationen den Wucher bekämpfen.[17] Der Versuch, die Preise einzufrieren, ließ Schwarzmärkte entstehen. Als nächster Schritt wurde der Abzug von Waren vom Markt mit der Todesstrafe bedroht.[18,19]

Der Erhöhung der Getreideproduktion dienten in der früheren Zeit auch das Verbot *Domitians*, in Italien neue Weinberge anzulegen, und der Befehl, in den Provinzen die Hälfte der Weinberge zu zerstören. Dies war gleichzeitig eine protektionistische Maßnahme zu Gunsten des italischen Weinbaus.[20]

---

[14] Vgl. *Christ* (1984), S. 100.
[15] Vgl. *Weber* (1989), S. 262 f.
[16] Vgl. *Bleicken* (1981), S. 59 f.
[17] Vgl. *Mändle* (1971), S. 99 ff.
[18] Vgl. *Demandt* (1989), S. 349.
[19] Vgl. *De Martino* (1985), S. 364.
[20] Vgl. *Bleicken* (1981), S. 59, und *De Martino* (1985), S. 257.

Insgesamt betrachtet ist die römische Agrarpolitik reich an Erfolgen und Mißerfolgen. Die schlechten Leistungen wie die Zwangsmaßnahmen, die Erstarrung des Systems, die sinkende Produktivität der Landwirtschaft und der Vorrang der Versorgung vor der Produktion trugen zum Untergang des römischen Reiches bei.[21] Beim Verfall des römischen Reiches erweiterten die Grundherren *(das patrocinium)* ihre Grundherrschaft zu weitgehend autonomen Gebilden. Sie zogen Steuern ein, übten die Gerichtsbarkeit aus, befestigten die Villen, rekrutierten Soldaten und schützten die schollenpflichtigen Kolonen gegen staatliche Zwangsmaßnahmen.

Von bleibender Bedeutung, auch nach dem Zerfall des römischen Reiches, sind die zahlreichen agrarwirtschaftlichen Fortschritte wie beispielsweise die Verbreitung des Anbaus von Weizen und Wein im gesamten römischen Reich, die Kalk- und Ammoniakdüngung, die von Pferden getriebene Dreschmaschine und die Erfindung der Schraubenpresse im Weinbau.[22]

E. Karl der Große

Mit der Agrarpolitik *Karls des Großen (768-771)* zu Beginn des Mittelalters verbindet sich die Vorstellung eines glänzenden Herrschers und großzügigen Reformers.[23] Zu seinen bedeutenden Leistungen zählt die Entwicklung der Landwirtschaft.

Eine klare Trennung zwischen der Agrarpolitik und der allgemeinen Staatspolitik gab es damals noch nicht, denn der Boden mit seiner Vergabe und Bewirtschaftung stand im Mittelpunkt des karolingischen Staatsgefüges. Der Staatsbegriff war nicht jener eines institutionellen Flächenstaates, sondern eines Personenverbandsstaates.[24] Von großer Bedeutung für die Agrarverfassung waren das Lehnswesen und die daraus entstehenden vasallischen Beziehungen. Das Vasallentum erforderte eine lebenslängliche Treue- und Gehorsamspflicht, besonders im Militär- und Verwaltungsdienst. Gegenüber der königlichen, kirchlichen und weltlichen Grundherrschaft bestanden dingliche und persönliche Herrschaftsbeziehungen.[25]

Eine besondere Wirtschafts- und Verwaltungsform der Großgrundherrschaft war das *Villikationssystem*, welches während der Karolingerzeit in weiten Gebieten des Reiches entwickelt wurde. Die Villikationen bestanden aus einem hierarchischen System von Höfen, die Ober-, Haupt- und Nebenhöfe umfassen konnten. Die Oberhöfe waren der Sitz des Grundherrn. Bei großen Villikationen verwalteten Haupthöfe mehrere Nebenhöfe (Meierhöfe).[26] In den Nebenhöfen (Meierhöfen) wurden die bäuerlichen Abgaben gesammelt. Die Villikationsuntertanen konnten personenrechtlich Freie, Halbfreie oder Unfreie sein. Die Grundherren schützten ihre Untertanen und gaben Land als Lehen. Freie und Halbfreie erhielten "altes Eigenland", welches in den grundherrlichen Besitz gelangt war, zurückgeliehen oder sie bekamen Bauernstellen mit Zinsland. Die grundherrlichen Bauern waren zu vielfältigen Abgaben und Leistungen wie beispielsweise Frondiensten verpflichtet.

---

[21] Vgl. *Abel* (1956b); *Toynbee* (1949); und *Weber, Carl* (1924), S. 1 ff.
[22] Vgl. *Bleicken* (1981), S. 66 f.
[23] Vgl. *von Inama-Sternegg* (1879), S. 492; *Verhulst* (1965), S. 175, und *Gareis* (1895).
[24] Vgl. *Mayer* (1939), S. 463 ff.
[25] Vgl. *Schreiner* (1983), S. 17.
[26] Vgl. *Henning* (1979), S. 63 f., und (1985), S. 41 ff.

Die große Hungersnot in den Jahren 792/93 prägte die Agrarpolitik. Diese ließ zahlreiche Mißstände deutlich werden und führte zum *"capitulare de villis vel curtis imperii"*,[27] welches für alle fisci (Landgüter des Krongutes) Gültigkeit hatte. Ziel war es unter anderem, den Bestand der Tiere wie Pferde, Rindvieh, Schweine, Geflügel, Hunde, Fische sowie der Gartenpflanzen und Bäume zu sichern und die Ablieferungen an die Krone korrekt durchzuführen.[28] Karl der Große verpflichtete die Krongüter in seinen Kapitularien zudem, die Felder regelmäßig zu düngen und stets Saatgut bester Qualität bereitzuhalten.[29] Er legte Höchstpreise für Hafer, Gerste, Roggen und Weizen fest, was allerdings nur beschränkte Wirkung zeigte.[30]

Im Anschluß an die schwere Hungersnot von 805/806 erließ Karl der Große ein Ausfuhrverbot für alle Lebensmittel, um eine Angebotsverknappung durch Exporte zu vermeiden.[31] Er befahl die Rodung geeigneter Flächen, um das Überwuchern von Feldern zu verhindern. Zudem betrieb er eine Politik der Innenkolonisation zur Entwicklung der Landwirtschaft in den besetzten Gebieten. In der unmittelbaren Nähe der Betriebsgebäude sollten große, zusammenhängende Betriebsflächen und arrondierte Betriebe geschaffen werden.[32] Es entwickelten sich verschiedene Dorfformen, so beispielsweise Haufendörfer, Straßendörfer, Weilerstrukturen und Einzelhofsiedlungen mit jeweils unterschiedlichen inneren Strukturen und Flurformen.

F. Die mittelalterliche Stadt

Durch die Auflösung der Reichsgewalt im 12. Jh. entstanden nahezu unabhängige Territorien. Zahlreiche Städte befreiten sich von der Landesherrschaft. Die *Städte des Hoch- und Spätmittelalters* im 11. bis 15. Jh. betrieben eine eigene Agrarpolitik. Durch das Roden ausgedehnter Wälder, welche in den Besitz der Städte gelangt waren, wurde Neuland (Wiesen, Äcker und Sömmerungen) geschaffen und den Bauern sowie Bürgern zur Verfügung gestellt. Die Städte kauften zudem Grundbesitz, welchen sie ihren Bürgern zum Gemeingebrauch *(Allmende)* oder zur alleinigen Pacht gaben. Das Grundeigentum wurde in Zeit- oder Erbpacht bewirtschaftet, oft auch im sog. Teilbau mit naturalen Abgaben als Anteil an der Ernte. Die Leistungen der Bauern bestanden in Naturalien, Dienstleistungen, Geldzahlungen oder einer Mischform. Um die Geldleistungen zu erbringen, mußten die Bauern für den Markt produzieren.[33] Das Pachtland konnte mit einer Produktionsbindung (beispielsweise Hopfen), Produktionsverboten sowie Weideverboten belegt werden. Oft wurde der Verkauf von Grundbesitz an Geistliche, Adlige und Fremde untersagt, um Fremdeinflüsse zu verhindern.[34]

Im Mittelalter (ca. 800-1500) entstand die *Dreifelderwirtschaft* mit abwechselnd einer Sommerfrucht, einer Winterfrucht (Weizen, Roggen, Gerste oder Hafer) und der Brache. Die Städte verfügten über wirtschaftlichen Weitblick und oft auch genügend Kapital, welches zur Erhöhung der Ertragsfähigkeit des Bodens

[27] Vgl. *Henning* (1985), S. 53.
[28] Vgl. *Kerner* (1988), S. 25.
[29] Vgl. *Franz* (1967), S. 47.
[30] Vgl. *Schmitz* (1968), S. 113.
[31] Vgl. *Curschmann* (1900), S. 71.
[32] Vgl. *Gerl* (1961), S. 16 f.
[33] Vgl. *Abel* (1980a), S. 543.
[34] Vgl. *Abel* (1980b), S. 15.

zu Bodenverbesserungen (Meliorationen) eingesetzt wurde.[35] Das Eigentum an diesem Boden ging vielfach an speziell dafür geschaffene Institutionen, die Meliorationsgesellschaften.

Städte wie beispielsweise *Siena* betrieben eine Meliorationspolitik, indem sie Sümpfe entwässerten, um den Getreideanbau zu kultivieren. *Mailand* legte bereits 1179 ein Kanalsystem an. Dieses leitete im Frühjahr das Schmelzwasser aus den Alpen in die lombardische Ebene und verteilte es durch ein schachbrettartiges, künstliches Bewässerungssystem bis in die Fluren. Die Städte der *Emilia* und *Toskana* folgten diesem Beispiel. Die Bewässerungskanäle ermöglichten im 14. Jh. bereits den Anbau von Reis.[36]

Die Arbeitsverfassung war geprägt durch die Tätigkeit der Eigentümer, Pächter und Lohnarbeiter. Die Bevölkerung wurde nach den Pestepidemien und Hungersnöten des 14. Jh. wesentlich kleiner. Dies führte zu einem Mangel an Arbeitskräften. In der Folge kam es zu umfangreichen Lohnverordnungen und Arbeitszeitvorschriften.

Die Verbindlichkeit der Marktordnungen der Städte erstreckte sich auf das ländliche Umland innerhalb der städtischen Bannmeile. Die Städte besaßen meist das Stapelrecht, womit sie von den Kaufleuten verlangen konnten, die Waren durch die Stadt zu transportieren und für einige Tage den Bürgern zum Kauf anzubieten.[37]

Bedeutend für die Städte war der Marktzwang, welcher die Bauern im Umland dazu verpflichtete, ihre Erzeugnisse auf dem städtischen Markt zu verkaufen. Es bestand ein Vorkaufsverbot, welches einen Verkauf vor den Toren der Stadt, auf dem Land oder gar "ab Halm" untersagte. Transaktionen konnten erst vorgenommen werden, wenn die Marktglocke den Markt eingeläutet hatte.

Die Bürger besaßen zu Marktbeginn ein Vorkaufsrecht für die Selbstversorgung; erst am Nachmittag konnten größere Mengen gehandelt werden. In vielen Städten war der Zwischenhandel verboten. Dieser brachte nach damaliger Auffassung "moralisch zu verurteilende" Gewinne, welche nicht durch Mühe und Arbeit (wie etwa den Transport oder die Weiterverarbeitung) erworben wurden.[38]

Um die Markttransparenz zu verbessern, wurden die eigenen und fremden Händler sowie die Produzenten (wie beispielsweise die Winzer) kenntlich gemacht.[39] Die amtlichen "Messer" und Waagemeister waren bei allen Geschäften präsent, um das "richtige" Maß und Gewicht festzustellen und verpflichtet, die Preise und Mengen zu notieren. Zudem wurde ihnen die Aufgabe der Marktbeobachtung und Berichterstattung übertragen. So etwa ließ der *Kölner* Bürgermeister bereits 1407 die Kornpreise wöchentlich erfassen und 1475 "amtliche Durchschnittspreise" für Getreide festsetzen.[40] Zur Sicherung des Handels bemühten sich die Städte um Transparenz bei den Maßen, Gewichten und Qualitäten und versuchten, Wettbewerbsbeschränkungen zu verhindern, indem sie "heimliche" Preisabsprachen verboten.

[35] Vgl. *Doren* (1934), S. 242.
[36] Vgl. *Houtte* (1980), S. 45.
[37] Vgl. *Sombart* (1924), S. 184 f.
[38] Vgl. *Isenmann* (1980), S. 393.
[39] Vgl. *Baader* (1861), S. 221.
[40] Vgl. *Ebeling* und *Irsigler* (1976), S. XIII und S. 585 f.

Die Preise waren starken Fluktuationen unterworfen. Dies wird auf erhebliche Ernteschwankungen und eine bereits damals ziemlich geringe Preis-Nachfrageelastizität zurückgeführt.[41] Der Preisstabilisierung diente die Preistaxierung durch Festpreise für alle Grundnahrungsmittel und Rohstoffe, wobei das Unterschreiten der Preise nicht bestraft wurde. Die staatlich kontrollierten und durchgesetzten Höchstpreise führten immer wieder zu Marktstörungen und Schwarzmärkten. Bei Höchstpreisen unterblieb das Angebot, indem auch die Schlachtungen ausfielen. Für Qualitätsunterschiede waren Staffelpreise vorgesehen. Es wurden Verbrauchssteuern von fünf bis dreißig Prozent erhoben, um den Städten zusätzliche Einnahmen zu verschaffen.

Die *Agrarpolitik der Städte* diente dazu, das Marktmonopol zu sichern sowie die Versorgung der Verbraucher in Jahren mit guten und schlechten Ernten zu verbessern. Vorgesehen war eine Lenkung des Angebotes, um sowohl Knappheiten als auch einen Verfall der Preise zu verhindern. Der Getreideanbau war immer wieder gefährdet, und es entstanden Hungersnöte. Gelegentlich wurde der Anbau von Wein eingeschränkt, um dessen Überproduktion einzudämmen. Viele Städte kauften selbst Getreide oder ließen Getreide durch Kaufleute einführen, um die Versorgung sicherzustellen. Drohte ein Krisenjahr, wurden Getreidevorräte angelegt, welche in Notzeiten unter dem Marktpreis an die Bevölkerung verteilt wurden. Es gab Städte, welche Getreidevorräte für den Bedarf der Bürger von zwei Jahren halten ließen.[42] Private Vorräte von Bürgern, welche über einen Jahresbedarf hinausgingen, wurden oft verboten.

1491 kam es zu einem Zusammenschluß der *oberrheinischen* Städte und Fürsten mit der *Eidgenossenschaft* zur gegenseitigen Garantie des freien Getreideaufkaufs für den Eigenbedarf.[43] Die Einfuhr von Getreide wurde auch in anderen Städten erleichtert, etwa durch Zollfreiheit oder besonders niedrige Abgaben. Mit der Zollfreiheit wurde das Marktangebot erhöht, mit den Preisaufschlägen die Nachfrage gesenkt und gleichzeitig wurden die Fiskaleinnahmen der Städte verbessert.[44] Einzelne Städte subventionierten den Getreide- bzw. Brotverbrauch. In Notzeiten rationierten sie den Verbrauch in Verbindung mit Höchstpreisen und drastischen Strafen bei einer Übertretung der Höchstpreisvorschriften.[45] Ausfuhrverbote und -zölle sollten das Angebot an Getreide erhalten.[46] Dies führte beispielsweise in *Köln* dazu, daß nachts Getreide aus der Stadt geschmuggelt wurde.[47]

G. Der Agrarmerkantilismus

Nach den Wirren und Verwüstungen des dreißigjährigen Krieges (1618-48) begann die bis heute prägende *Neuzeit*. Die aufstrebenden Fürsten brauchten eine gestärkte Wirtschaftskraft, um sich die politische und wirtschaftliche Unabhängigkeit zu sichern. Die in Deutschland für den Merkantilismus übliche Bezeichnung "*Kameralismus*" stammt von den fürstlichen Beratern, den Kameralisten ("camera principis" = königliche oder fürstliche Schatzkammer). Hauptfaktoren

[41] Vgl. *Abel* (1956a), S. 83.
[42] Vgl. *Isenmann* (1980), S. 388.
[43] Vgl. *Franz* (1967), S. 25.
[44] Vgl. *Irsigler* (1972), S. 593.
[45] Vgl. *Plate* (1968), S. 177.
[46] Vgl. *Abel* (1980b), S. 126.
[47] Vgl. *Irsigler* (1972), S. 592.

der Wirtschaft waren das traditionelle Handwerk, die Manufakturen und die Landwirtschaft.

Die ***merkantilistische Agrarpolitik*** entwickelte sich mit dem westfälischen Frieden von 1648 und dauerte bis etwa 1800. Die Wiederentwicklung der Landwirtschaft bezieht sich vor allem auf die Rekultivierung des Bodens und die Steigerung der Produktion. Große agrarwirtschaftliche Anstrengungen waren notwendig, um die sich nach dem dreißigjährigen Krieg und vor allem nach 1750 rasch vermehrende Bevölkerung zu ernähren.

Bei Mißernten, Kriegen und Handelsblockaden kam es immer wieder zu Hungersnöten. In diesen Jahren untersagten einzelne europäische Länder die Ausfuhr von Nahrungsmitteln. Kaum ein Land konnte sich dem Risiko aussetzen, dauernd auf große Agrarimporte angewiesen zu sein. Die Steigerung der landwirtschaftlichen Produktion und die landwirtschaftliche Autarkie zählten zu den zentralen Anliegen:

> "Was du im eigenen Land und Feld erzeugen kannst, sollst du bei den Ausländern und Nachbarn nicht suchen".[48]

Durch Überschüsse in der Handelsbilanz sollten die Goldvorräte als vermeintliche Quelle des Reichtums erhöht werden. Die Importe von Nahrungsmitteln wurden mit hohen Importzöllen belastet. Es wurden Importverbote erlassen, um die Preise im Inland zu erhöhen und die Produktion anzuregen. Die britischen *Corn Laws* von 1670 kannten bereits variable Abgaben (Abschöpfungen) auf die Importe.[49] Exportprämien dienten in Jahren mit guten Ernten zur Entlastung der Binnenmärkte und Stabilisierung der Preise. Bei schlechten Ernten sollten Exportverbote im In- und Ausland ein übermäßiges Ansteigen der Nahrungsmittelpreise verhindern.

Die nach einer zentralen Agrarpolitik strebenden ***preußischen Könige*** entwickelten eine Getreidehandels- und Magazinierungspolitik zur Stabilisierung der Preise und der Versorgung. Bei tiefen Getreidepreisen wurden die Magazine mit Getreide vor allem aus Polen gefüllt. Die Magazine wurden bei Hungersnot für das Volk geöffnet. Gleichzeitig konnte Getreide mit Gewinn exportiert werden. Die Auswirkungen von Hungersnöten wie jener von 1771/72 ließen sich dadurch etwas mildern.

Politisch bestimmend waren der weltliche und der kirchliche Adel, welche auch Großgrundbesitzer waren. Diese trachteten danach, in den Genuß einer möglichst großen Grundrente von ihren Pächtern und den von ihnen selbst bewirtschafteten Gütern zu gelangen. Die Pächter führten ein karges Leben, wurden doch Mehreinkommen, wie sie aus dem Agrarprotektionismus des 18. Jh. resultierten, in der Form von höheren Pachtzinsen meist sofort abgeschöpft. An der merkantilistischen Agrarpolitik waren auch die Kaufleute interessiert, welche ihr Kapital in den Binnen- und Exporthandel investierten, um eine angemessene Rendite zu erzielen.

Die *Bevölkerungspolitik* (sog. Peuplierungspolitik) sollte zum raschen Wachstum der im dreißigjährigen Krieg stark dezimierten Bevölkerung führen, ein Heer preiswerter Arbeitskräfte hervorbringen und eine Steigerung der Produktion

[48] *von Frauendorfer* (1957), S. 129.
[49] Vgl. *Johnson* (1964), S. 915 ff.

bewirken. Eine Folge der Peuplierungspolitik ist die von Deutschland ausgehende Ostkolonisation, die Besiedlung östlicher Gebiete mit Bauern. Zwischen 1740-1800 dienten umfassende landeskulturpolitische Maßnahmen wie Rodungen, Entsumpfungen und die Inkulturnahme von neu erschlossenen Flächen der Schaffung von Bauernstellen. In Preußen wurden bis zu zehn Prozent der Staatseinnahmen für Meliorationen verwendet und insgesamt 200.000 Hektar Land kultiviert.[50] Damit konnte der im 18. Jh. einsetzende starke Bevölkerungsdruck etwas gemildert werden.

Die Agrarwirtschaft erlebte Neuerungen im Anbau von Pflanzen wie beispielsweise die Einführung von Klee, Kartoffeln, Rüben, Flachs, Tabak, Lupinen und Hopfen. Es konnten zusätzliche Tiere gehalten werden, woraus sich vermehrt Hofdünger, eine bessere Düngung und eine größere pflanzliche Produktion ergaben. Die Produktionstechniken wurden intensiviert.[51] Die verbesserten landbaulichen Produktionsmethoden setzten sich allerdings nur langsam und oft erst unter dem Druck von Strafen durch.[52]

Der Spätmerkantilismus führte zur *"modernen" Agrarwirtschaftslehre*, zu deren bedeutenden Vertretern *Johann Heinrich Gottlob von Justi* (1705-1771) zählt. Erstmals stand nicht nur die Agrartechnik im Zentrum der Überlegungen, sondern vor allem die wirtschaftliche Optimierung der Agrarproduktion. Nicht die größtmögliche Produktion, sondern optimale wirtschaftliche Erträge wurden zum Ziel der landwirtschaftlichen Produktion.

Die engen Dorfsiedlungen, die starke Parzellierung des Bodens, die gemeinsamen Weiderechte und die Frondienste wurden mehr und mehr zu Produktionshemmnissen. Dazu zählten auch die wirtschaftliche Abhängigkeit der Bauern von den Grundherren sowie drückende Lehenszinsen und Abgaben. Durch die städtischen Marktprivilegien waren die Bauern vom direkten Zutritt zu den Märkten ausgeschlossen, wodurch die Bürger der Städte vom Handel profitierten.

Unter dem Druck der restriktiven Agrarpolitik und der expansiven Bevölkerungspolitik wuchs die Bevölkerung in der zweiten Hälfte des 18. Jh. schneller als die Nahrungsmittelproduktion. Es kam zu einer Anspannung der Nahrungsmittelversorgung in Europa. Besonders in *Frankreich* wurde das Volk durch Hungersnöte geplagt, was zusammen mit der politischen Opposition gegen den mächtigen Adel zur Revolution von 1789 führte.

H. Die physiokratische Bewegung

Der Begriff der *Physiokratie* hat griechische Wurzeln und bedeutet "Herrschaft der Natur".[53] Der Physiokratismus als geistige Lehre geht von Frankreich aus und erreicht das übrige Europa in den späteren Jahrzehnten des 18. Jh. Als Begründer des Physiokratismus gilt der Arzt *Francois Quesnay* (1694-1774). Nach dem Wesen des menschlichen Blutkreislaufs gelingt ihm 1758 die modelltheoretische Nachbildung der volkswirtschaftlichen Geld- und Güterströme in sei-

---

[50] Vgl. *Bollmann* (1990), S. 61.
[51] Vgl. *Achilles* (1977), S. 71 ff.
[52] Vgl. *Abel* (1962), S. 66.
[53] Vgl. *Blaich* (1981), S. 85.

nem Tableau Économique.[54] Mit dieser Leistung gilt er als Schöpfer der volkswirtschaftlichen Kreislauf- und Gleichgewichtstheorie sowie Vorläufer einer nachfrageorientierten Wirtschaftstheorie.

Das Drei-Sektoren-Modell von *Francois Quesnay* besteht aus den Bauern als der "produktiven Klasse" (damals vorwiegend Pächter), den Handwerkern als der sog. "sterilen Klasse" und den Grundeigentümern als der sog. "privilegierten Klasse". Die landwirtschaftliche Wertschöpfung entspringt dem Boden und ist nach seiner Auffassung die einzige produktive Leistung. Der "produit net" ergibt sich aus dem Wert der Erzeugnisse der Landwirtschaft, abzüglich der Investitionen und der Reproduktionskosten für das Saatgut.

Bereits die spätmerkantilistischen Vorphysiokraten *Pierre Boisguilbert* (1646-1707) und *Sébastian de Vauban* (1633-1707) fordern einen angemessenen Anteil der Agrikultur gegenüber dem Handel und dem Gewerbe. *Mirabeau* wird die folgende Aussage zugeschrieben:

> "Liebt und ehrt den Ackerbau; er ist der Herd, der Mutterschoß, die Wurzel des Staates".[55]

Die physiokratische Bewegung beeinflußt die Agrarpolitik und ist eine der Wegbereiterinnen des *Agrarliberalismus.* Durch die Betrachtung des Bodens als den alleinigen wertschaffenden Produktionsfaktor der Wirtschaft erhält die Landwirtschaft mit der physiokratischen Bewegung eine neue geistige Wertschätzung.

Im Zeitalter der *Aufklärung* glaubt die physiokratische Bewegung an die Existenz einer natürlichen Ordnung, dem von Gott geschaffenen *"ordre naturel"*, welcher auch in der Naturrechtsphilosophie zum Ausdruck kommt. Der ordre naturel ist nach Auffassung von *Francois Quesnay*

> "das ideale Gebot der menschlichen Natur, die sich in der menschlichen Vernunft offenbart".[56]

Dem ordre naturel soll der *"ordre positif"*, die Rechtsordnung, entsprechen. Dies gilt auch für die Wirtschaftsordnung. Eine Inschrift mit den Initialen von *Francois Quesnay* lautet:

> "Ex natura ius, ordo et leges. Ex homine arbitrium, regimen et coercito". ("Aus der Natur entspringen Recht, Ordnung und Gesetz. Der Mensch bringt Willkür und Herrschaft").[57]

Die Menschen sollen Freiheitsrechte besitzen, über ihre Arbeitskraft verfügen können und Eigentum an den von ihnen geschaffenen und erworbenen Güter erhalten. Gleichzeitig glaubt die Naturrechtsphilosophie an die natürlichen Gleichgewichtskräfte, auch im Bereich der Wirtschaft. Dies führt zur *Gleichgewichtstheorie,* wie sie bereits in der Vorklassik entwickelt wurde und später bei *Adam Smith* in der Vorstellung der natürlichen marktlichen Gleichgewichtskräfte *("invisible hand")* einen Höhepunkt findet.

---

[54] Vgl. *Quesnay* (1759/1965).
[55] *Abel* (1956a), S. 77.
[56] *Oncken* (1902/1971), S. 295.
[57] *Francois Quesnay*, Maximes générales, zit. nach *Hecht* (1965), S. 41.

Anzustreben ist eine von den Ketten des Merkantilismus gelöste Wirtschaftsordnung ohne künstliche, von Menschenhand geschaffene Hemmnisse. Die Wirtschaft, die landwirtschaftliche Produktion und der Handel mit landwirtschaftlichen Erzeugnissen sollen liberalisiert und von den merkantilistischen Eingriffen befreit werden. In das Prinzip des "*laissez faire*" hat der Bürger mehr Vertrauen als in die Segnungen der merkantilistischen Wirtschaftspolitik. Gefordert werden persönliche, gesellschaftliche und wirtschaftliche Freiheitsrechte, die Abschaffung des Markt- und Ablieferungszwanges sowie der Preisreglementierungen. Zu den besonderen Anliegen zählt die Eliminierung der Kornzölle[58] und der Ausfuhrverbote. Erste Ansätze finden sich in der *Aufhebung der preußischen Kornzölle* im Jahre 1786.[59]

Steuerexzesse, wie sie damals an der Tagesordnung waren, sollen verhindert werden. Die Physiokraten fordern eine einzige Steuer des Staates *(impôt unique)*, welche sich nur auf die landwirtschaftliche Wertschöpfung bezieht. Alle übrigen Klassen sollen wie bisher von den Steuern befreit sein. Versuche mit einer solchen, die Landwirtschaft schwer drückenden Steuer, bewähren sich nicht. Es kommt zu Protesten auch der Steuerpächter, welche bei einer impôt unique geringere Steuereinnahmen befürchten.

Die Wirtschaftspolitik soll für alle Menschen eine möglichst große Wohlfahrt ermöglichen und soziale Spannungen ausschließen.[60] Der landwirtschaftliche Grundbesitz soll entfeudalisiert, auf die Bauern übertragen und von den grundherrlichen Bindungen befreit werden. Die Physiokraten befürworten jedoch nicht eine Struktur mit kleinen und mittleren Bauern, eine "*petite culture*", sondern eine Landwirtschaft mit großen Betrieben, eine "*grande culture*". Diese setzen sie mit einer guten Landwirtschaft *("bonne culture")* gleich. Kleinere Grundstücke sollen zu größeren Landgütern zusammengelegt werden. Leitbild ist der Großpächter:

> "Er ist ein Unternehmer, der anweist und leitet und der sein Unternehmen kraft seiner Intelligenz und seines Vermögens verwertet".[61] ... "Der Großpächter ist ein reicher Unternehmer, dauernd zu Pferde, um sich rechtzeitig in alle Teile seines Unternehmens zu begeben".[62]

Historisch ist die Idee einer "grande culture" auf die ungünstigen Erfahrungen mit den wenig produktiven Kleinbauern zurückzuführen, welche unter der Last der Steuern und Abgaben verarmten. Größere Betriebe bieten eine bessere Grundlage für den rationellen Einsatz von Kapital und die Umsetzung von landwirtschaftlichen Fortschritten. Die "*grande culture*" mit großen Gütern, wohlhabenden Pächtern und bedeutenden landwirtschaftlichen Erträgen ermöglicht eine größere Marktproduktion und eine ausreichende Versorgung der Bevölkerung. Die Steuerkraft ist größer als die einer Vielzahl von Kleinbauern.

---

[58] Beispielsweise der Binnen-, Import- und Ausfuhrzölle.
[59] Bereits 1787 wird wieder eine Kornsperre gegen Polen verhängt.
[60] Vgl. *Blaich* (1981), S. 85.
[61] *Quesnay* (1976), S. 103.
[62] *Quesnay* (1976), S. 346.

I. Der Agrarliberalismus

1. Die Entwicklung

Die Wurzeln des klassischen Liberalismus finden sich in der griechischen Philosophie, der mittelalterlichen Scholastik, den Gesellschaftsphilosophien des 18. Jh. und der physiokratischen Bewegung. Der *Agrarliberalismus* orientiert sich an einer vom Schöpfer der Welt eingegebenen, harmonischen Ordnung. Das Individuum, welches seine Eigeninteressen bei der Güterproduktion verfolgt, erhöht gleichzeitig das Gemeinwohl.[63] Dieses Denken entspricht dem individualistischen Utilitarismus.

Adam Smith (1723-1790) ist ein Gegner des Merkantilismus und teilt die Auffassung der Physiokraten, daß die Wirtschaft von den Ketten des Merkantilismus befreit werden muß.[64] Die physiokratische Bewegung hat ihn stark angeregt, obwohl er vielen Ideen kritisch gegenübersteht. Er betrachtet die Konzeption einer "*grande culture*" und einer "*impôt unique*" als originell, aber weltfremd. Für ihn ist jede Art der wirtschaftlichen Wertschöpfung eine Quelle des Wohlstandes. Er bezeichnet sich als Freund der Landwirtschaft, lehnt aber deren Überschätzung ab. Vielmehr befürwortet er eine gegenüber den einzelnen Branchen neutrale Wirtschaftspolitik.

Zu den *liberalen Agrarreformen* an der Schwelle zum 18. Jh. zählen die Entfeudalisierung der Landwirtschaft sowie die Abschaffung der grundherrlichen Bindungen, der Leibeigenschaft, der Gerichtsherrschaft und der Schutzherrschaft.[65] Die Ziele der Reformen liegen in der Verwirklichung der Freiheitsrechte und der Verleihung von freiem Eigentum am Grund und Boden.[66]

Die Hinwendung zum *bäuerlichen Familienbetrieb* erfolgt 1776 auch in der US-amerikanischen Verfassung. Nach den Anfängen in Preußen kommt in weiten Teilen Europas ein Durchbruch zum freien Bauerntum. Die Ablösung der feudalen Eigentumsrechte und Dienstpflichten geschieht unter großen bäuerlichen Opfern in Form von Ablösungsverpflichtungen. Diese werden in jahrzehntelange Rentenleistungen an die früheren Grundherren umgewandelt. Dazu dienen in *Deutschland* die speziell gegründeten Rentenbanken.

Die Notwendigkeit zur Überwindung der Nahrungsmittelverknappung in der zweiten Hälfte des 18. Jh., wie sie von allen klassischen Nationalökonomen gefordert wird, beschleunigt die liberalen Agrarreformen. Ziel ist es, die landwirtschaftlichen Produktions-, Investitions- und Innovationshemmnisse zu beseitigen, um die Nahrungsmittelversorgung der rasch wachsenden Bevölkerung anzupassen.

Zu den agrarliberalen Reformen zählt auch der allmähliche Abbau der hohen Schutz- und Außenzölle. 1846 werden die Getreidegesetze in *Großbritannien* aufgehoben. In *Deutschland* wird 1834 der deutsche Zoll- und Handelsverein gegründet und zwischen 1850 und 1865 erfolgt der Abbau der Schutz- und Außenzölle. Das Prinzip des Agrarfreihandels setzt sich in Westeuropa durch. Es kommt zwar immer wieder zu schweren Hungersnöten, aber durch die agrar-

[63] Vgl. *von Dietze* (1967), S. 33.
[64] Vgl. Smith (1776/1974). Vgl. zur klassisch-liberalen Agrarpolitik *Anderegg* (1996).
[65] Vgl. *Lütge* (1956), S. 685.
[66] Vgl. *Henning* (1984), S. 43.

politischen Reformen und die landwirtschaftlichen Fortschritte erfolgt eine Verbesserung der Ernährung und ein langfristiger Rückgang der Nahrungsmittelpreise.

Die Zeit des *klassischen Agrarliberalismus* erreicht den Höhepunkt in den 60er Jahren des 19. Jh. Viele kapitalkräftige Großgrundbesitzer, welche ihr Kapital in die wesentlich rentablere Entwicklung der Industrie investieren, befürworten die Liberalisierung des Außenhandels als Mittel zum raschen Aufbau der industriellen Gesellschaft. Diese bringt bessere wirtschaftliche Produktions-, Export- und Entwicklungsmöglichkeiten.

Mit dem Wirtschaftsliberalismus wird oft die wenig präzise Idee einer Wirtschafts- bzw. Agrarpolitik im Stile des *laissez faire* verbunden. Selbst die Zeit des klassischen Liberalismus bzw. des Agrarliberalismus des 19. Jh. ist jedoch keine Epoche des *laissez faire,* sondern geprägt durch eine konsequente Agrarordnung, tiefgreifende Agrarreformen, die Entfeudalisierung der Landwirtschaft und den beginnenden Aufbau von landwirtschaftlichen Institutionen wie beispielsweise Produktions- und Kreditgenossenschaften, Schulen, Universitäten und Forschungsanstalten.

II. Die moderne Lehre des Landbaus

Mit der Zeit des Agrarliberalismus beginnt auch die Entwicklung der *modernen Lehre des Landbaus.* Zu deren geistigen Wegbereitern zählt *Adam Smith* (1723-1790) mit seiner bis in unsere Zeit prägenden *landwirtschaftlichen Intensitätslehre* im Rahmen seiner Bodenrententheorie. Es geht ihm um die Analyse der optimalen agrarwirtschaftlichen Intensität bei gegebenen ökonomischen Daten.[67] Auf jedem Boden "liegt" eine Rente, welche sich aus den Preisen für die einzelnen landwirtschaftlichen Erzeugnisse und den jeweiligen landwirtschaftlichen Produktionsmöglichkeiten ergibt. Der Landwirt wählt jene Produktion, bei welcher er die mögliche Bodenrente unter Berücksichtigung der Produktionskosten optimal ausschöpft. Ändern sich die agrarwirtschaftlichen Daten,[68] paßt der Landwirt seine Erzeugung an, bis er einkommensmäßig wieder das Optimum erreicht. *Adam Smith* zeigt, wie sich die Art und Intensität der Nutzung des Bodens aus den natürlichen Produktionsmöglichkeiten sowie den Güter- und Faktorpreisen ergibt.

Albrecht Thaer (1752-1828) und *Johann Heinrich von Thünen* (1783-1850), die beiden Pioniere der systematischen Lehre des Landbaus, berufen sich auf den maßgeblichen Einfluß der landwirtschaftlichen Intensitätslehre von *Adam Smith.*[69] *Albrecht Thaer* gilt als der "Vater der modernen Agrarökonomie".[70] Er zeigt, daß nicht der größtmögliche physische Ertrag, sondern

> "der höchst reine Gewinn, nach Abzug der Kosten, Zweck des Landwirts ist und sein muß".[71]

Johann Heinrich von Thünen zählt zu den Vorläufern der neoklassischen Marginaltheorie. Er ist ein Schüler von *Adam Smith* und *Albrecht Thaer,* deren ma-

---

[67] Vgl. *von Frauendorfer* (1957), S. 209 f.
[68] Vgl. zum Begriff der agrarwirtschaftlichen Daten Kapitel 1.
[69] Vgl. *Bauer-Mengelberg* (1931), S. 101.
[70] Vgl. *Schmitt* (1993), S. 604.
[71] *Thaer* (1810), S. 3 (zit. nach *Schmitt* (1993), S. 604).

thematische Methoden er in seinen theoretischen und praktischen Untersuchungen anwendet. In seinem Hauptwerk über den *"Isolierten Staat in Beziehung auf Landwirtschaft und Nationalökonomie ..."*[72] beschäftigt er sich mit der Abhängigkeit der Bewirtschaftung des Bodens von den Marktpreisen, den Transportkosten und der Verderblichkeit der Güter.

Als Pionier der modernen Agrarökonomie überträgt *Johann Heinrich von Thünen* die Methoden der Volkswirtschaftslehre auf die landwirtschaftliche Betriebslehre und schafft damit die Grundlagen seiner Standorttheorie. Seine hervorragenden agrarwirtschaftlichen Beiträge zur landwirtschaftlichen Intensitätslehre beziehen sich auf die Frage, was und wo unter den gegebenen agrarwirtschaftlichen Daten produziert werden soll. Er "entwirrt" die zahlreichen Produktionsfaktoren der landwirtschaftlichen Erzeugung. Mit Hilfe theoretischer und statistischer Methoden analysiert er die partielle Ertragswirkung eines einzigen Produktionsfaktors und zeigt, wie der Einsatz der Produktionsfaktoren in der Landwirtschaft optimiert werden kann. Durch die Verbindung seiner theoretischen Lehren mit den praktischen Datenaufzeichnungen seines Gutes in Tellow begründet *Johann Heinrich von Thünen* jene Synthese, welche man als wissenschaftliche Betriebsführung bezeichnen kann. Der landwirtschaftliche Betrieb wird erstmals in einem Entscheidungsmodell abgebildet. Diese Methode findet später unter dem Begriff der linearen Optimierung Anwendung in der Agrarökonomie.[73]

Als eigentlicher Begründer der *Agrarpolitik* gilt der Nationalökonom *Karl Heinrich Rau* (1792-1870) mit seinem 1826 erschienenen *"Lehrbuch der politischen Ökonomie"*.[74] Er beschäftigt sich unter anderem mit dem bäuerlichen Familienbetrieb als landwirtschaftlichem Leitbild, dem freien Liegenschaftenverkehr, der Stellung der Nebenerwerbslandwirtschaft, der Flurbereinigung, dem Agrarkredit und den Agrarzöllen.[75]

Die erste, systematische Darstellung der Agrarpolitik wird dem Nationalökonomen *Wilhelm Roscher* (1817-1894) zugeschrieben. Im Jahre 1859 publiziert er sein Werk über die *"Nationalökonomie des Ackerbaus und der verwandten Urproduktion"*. Damit schafft er sich den Ruf eines Klassikers der Agrarpolitik. Er betont unter anderem die Bedeutung der persönlichen Freiheit des Bauern, die Rolle des Privateigentums, die Zweckmäßigkeit des Übergangs von der extensiven zu einer intensiven Landwirtschaft sowie die Idee einer "gesunden" Mischung von großen, mittleren und kleinen Betrieben.

K. Der Agrarmarxismus

Der *Agrarmarxismus* ist das Gegenstück zum Agrarliberalismus. Einige Ideen reichen bis zur griechischen Philosophie und ins Mittelalter zurück. *Platon* (428/427-348/347 v.Chr.) entwirft in seinem Werk *"Politeia"* das Bild einer Gesellschaft mit hierarchischen Gruppen, den Philosophen auf der höchsten Ebene, den Soldaten und Wächtern auf der zweiten und den Handwerkern sowie Händlern auf der dritten Ebene. Die Soldaten und Wächter sollen kein privates

[72] *von Thünen* (1826, 1842, 1850/53, 1863/1951).
[73] *Johann Heinrich von Thünen* zählt zudem zu den Pionieren der Humankapitaltheorie, der landwirtschaftlichen Ausbildung und der betrieblichen Sozialpolitik.
[74] Vgl. *von Dietze* (1962), S. 225.
[75] *von Frauendorfer* (1957), S. 302.

Eigentum besitzen, sondern in "Weiber- und Kindergemeinschaft" leben, d. h. gemeinsam wohnen und essen.[76]

In Anlehnung an den Stand der Wächter und Soldaten bei Platon postuliert *Thomas Morus* (1478-1535) in seinen sozialen Utopien die Abschaffung des Privateigentums, so auch am landwirtschaftlichen Grund und Boden.[77] Im Staat "*Utopia*" (einem fiktiven Staat) werden nach seinen Ideen die Produktion und Verteilung der Güter völlig neu organisiert. Die produzierten Nahrungsmittel sollen in gesellschaftliche Magazine gebracht werden und die Bevölkerung entnimmt sich, was sie braucht. Zudem sollen die Leute im Wechsel alle zwei Jahre von der Stadt auf das Land ziehen, um dort die Feldarbeiten zu verrichten. Bereits die Kinder werden theoretisch und praktisch im Ackerbau unterrichtet. *Thomas Morus* schweben bäuerliche Betriebe vor, welchen entsprechend der Jahreszeit und dem Wetter Leute als Arbeitskräfte zugewiesen werden, um die Ernte einzubringen.[78]

Ähnliche Vorstellungen werden auch durch den Dominikaner *Thomas Campanella* (1568-1639) entwickelt. Stärker als *Thomas Morus* betont er die Bedeutung und Notwendigkeit gesellschaftlicher Arbeit. Alle Bürger der Stadt, außer die für die Bewachung notwendigen Mannschaften, sollen beim Pflügen, Säen, Graben, Hacken, Mähen und Ernten helfen.[79] Die Ideen zur Deckung des landwirtschaftlichen Spitzenbedarfs an Arbeitskräften durch die Bewohner der Städte und die Aufhebung der Trennung von Stadt und Land tauchen einige hundert Jahre später wieder bei *Karl Marx* auf.[80]

Die frühen Sozialisten wollen Selbstversorgungsgemeinschaften, in welchen die Mitglieder gleichzeitig Bauern und Handwerker sind. Der Gütertausch soll sich vor allem auf die nicht allgemein verfügbaren Ressourcen beschränken. Auf diese Weise kann die Arbeitsteilung rückgängig gemacht werden. *Charles Fourier* (1772-1837) betrachtet die Industrie nur in dem Maße als notwendig, als sie zur Verarbeitung von landwirtschaftlichen Gütern gebraucht wird. Beeinflußt von der physiokratischen Lehre stellt er den Ackerbau in den Mittelpunkt der menschlichen Existenz.[81]

Nach Auffassung der *Frühsozialisten* trägt das private Eigentum die Schuld an der Verknappung der Nahrungsmittel. Dieses ist durch staatliches oder genossenschaftliches Eigentum zu ersetzen. Abweichende Auffassungen vertreten *Pierre-Joseph Proudhon* (1809-1865), der den kollektiven Egoismus fürchtet, und *Gabriel Bonnot de Mably* (1709-1785), der zwar Staatseigentum befürwortet, den Boden jedoch unvererbbar zuteilen möchte.

Möglichkeiten zur Steigerung der landwirtschaftlichen Produktion ergeben sich nach frühsozialistischer Auffassung durch die Anwendung wissenschaftlicher Methoden der Betriebsführung, die maschinelle Bearbeitung des Bodens, die Vergrößerung der landwirtschaftlichen Betriebseinheiten und die Verbesserung der Arbeitsorganisation im Rahmen von landwirtschaftlichen Genossenschaften.[82]

---

[76] Vgl. *Platon,* Politeia, S. 416d ff.
[77] Vgl. *Morus* (1516/1922).
[78] Vgl. *Morus* (1516/1922), S. 39 ff.
[79] Vgl. *Campanella* (1602/1955), S. 74 ff.
[80] Vgl. *Schweizer* (1972), S. 26 ff.
[81] Vgl. *Morgenroth* (1920), S. 29 ff. und 78.
[82] Vgl. *Schweizer* (1972), S. 31 ff.

Charles Fourier betrachtet Genossenschaften mit 1.500 bis 2.000 Personen als wünschenswerte Größe. Damit lassen sich nach seiner Auffassung optimale Skalenerträge bzw. Kostendegressionseffekte erzielen. Dem einzelnen Genossen, mit seinen unterschiedlichen Fähigkeiten und Präferenzen, schafft die innerbetriebliche Arbeitsteilung die Möglichkeit für eine befriedigende Auswahl seiner Tätigkeit.[83]

Für *Karl Marx* ist der Unterschied zwischen der Industrie und der Landwirtschaft von historischer, nicht wesensmäßiger Bedeutung. Nach seiner Auffassung gelten dieselben Entwicklungstendenzen. Er sieht die Verschärfung der Klassentrennung in der Landwirtschaft als Folge einer erbarmungslosen Konkurrenz. Der bäuerliche Klein- und Mittelbetrieb versucht mit größten Anstrengungen sowie einer unmenschlichen Lebenshaltung zu überleben und ist das Relikt einer überwundenen Wirtschaftsepoche. Die langfristigen Existenzchancen der Kleinbauern gegenüber den großen landwirtschaftlichen Betrieben sind gering und die landwirtschaftlichen Kleinbetriebe unterliegen einem Schrumpfungs- bzw. Auflösungsprozeß.[84] *Karl Marx* vertritt sogar die Auffassung, daß in keinem wirtschaftlichen Sektor die Produktivität von Arbeit und Kapital mit steigender Betriebsgröße so stark zunimmt wie in der Landwirtschaft.[85]

Der kollektive landwirtschaftliche Großbetrieb ist dem Kleinbetrieb überlegen. Bereits 1882 glauben *Karl Marx* und *Friedrich Engels* in der Vorrede zum kommunistischen Manifest, daß die kleinen und mittleren Betriebe der amerikanischen Landwirtschaft in der letzten Stufe des evolutionären kapitalistischen Prozesses nach und nach von einer "Riesenfarm" aufgesogen werden.[86] Der Kleinbauer ist dem Untergang geweiht und selbst den landwirtschaftlichen Großbetrieb sieht *Friedrich Engels* durch die internationale Konkurrenz, vor allem aus Nord- und Südamerika, bedroht.[87]

Triebfeder dieser Entwicklung ist die Mechanisierung der Landwirtschaft im Zuge der ersten landwirtschaftlichen Revolution seit der Mitte des 19. Jh., wodurch die kleinen Bauern und die Landarbeiter durch die landwirtschaftlichen Maschinen ersetzt werden. Diese Konkurrenz ist für die Kleinlandwirte ruinös und bringt einen großen Teil des landwirtschaftlichen Bodeneigentums in die Hände von Kapitalisten, wobei sich industrielle Produktionsmethoden durchsetzen. Langfristig wird die Landwirtschaft - wie die Industrie - von kapitalistischen Produktionsweisen beherrscht und durch Kapitalisten betrieben.[88] Die Landwirtschaft wird durch die vom Kapital ausgehenden Konzentrationstendenzen "aufgesogen". Damit löst sich der Unterschied zwischen den Kapitalisten und den Grundeigentümern im Verlaufe der Zeit auf. Es gibt nur noch die Klassen der Arbeiter und der Grundeigentümer.[89] Die Diskussion um die Vorteilhaftigkeit der agrarmarxistischen Transformation der kleinbäuerlichen Landwirtschaft in Großbetriebe ist unter dem Stichwort der "Agrarfrage" bekannt.[90,91]

---

[83] Vgl. *Morgenroth* (1920), S. 29.
[84] Vgl. *Engels* (1845/1957), Bd. 2, S. 473 und 481.
[85] *Marx* (1844/1957), S. 503.
[86] Vgl. *Marx* und *Engels* (1960), S. 17.
[87] Vgl. *Engels* (1894/95), S. 295.
[88] Vgl. *Marx* (1894/1957), Bd. 25, S. 627 f.
[89] Vgl. *Marx* (1844/1957), S. 505.
[90] Diese Diskussion findet auch in Deutschland statt. Ein Schock für die Marxisten trat ein, als sich in den agrarstatistischen Erhebungen für Deutschland in der Zeit zwischen

Die damalige Landwirtschaft paßt für *Karl Marx* weder in das Bild des bürgerlichen Kapitalismus noch des proletarischen Sozialismus. Vor allem die Kleinbauern und Pächter lassen sich nur schwer in das Klassenschema einordnen. Durch die dezentralen Produktionsverhältnisse sind die Bauern zur Klassenbildung wenig geeignet. Der Kleinbauer kann nur Verbündeter des Proletariats werden, wenn er seine wahren Interessen und seine Ausbeutung durch die Kreditgeber und die staatlichen Steuern erkennt.

Karl Marx räumt der Landwirtschaft keine Sonderstellung ein. Er entwirft ein an großindustriellen Prinzipien orientiertes agrarkommunistisches Leitbild. Als Zielvorstellung sollen die Unterschiede zwischen der Stadt und dem Land allmählich beseitigt werden.[92] Notwendig sind gemeinschaftliche Siedlungen auf dem Lande, welche den in der Industrie und der Landwirtschaft arbeitenden Menschen dienen. Diese verbessern die Spezialisierung bei der Arbeit sowie die Umsetzung der landwirtschaftlichen Innovationen. Zudem ermöglichen die gemeinschaftlichen Siedlungen den Menschen auf dem Lande die Kommunikation anstelle der kleinbäuerlichen Isolation. Beim *Brüsseler Kongreß* von 1868 wird die Notwendigkeit der modernen Gesellschaft postuliert, das landwirtschaftliche Eigentum in gemeinschaftliches Eigentum umzuwandeln und landwirtschaftlichen Arbeitsgenossenschaften zu übergeben.

Karl Kautsky (1879-1953) geht von der Überzeugungskraft der sozialistischen Produktionsweise aus und ist wie *Karl Marx* davon überzeugt, daß die bäuerlichen Familienbetriebe das Relikt einer vergangenen Wirtschaftsform sind und sich nur vorübergehend unter Erdulden von harter Arbeit und karger Lebensweise halten können. Er glaubt, daß sich die kleinen und mittleren Bauern freiwillig von ihrer bisherigen Betriebsform lösen würden.[93] *Karl Kautsky* lehnt Maßnahmen zur Unterstützung der Kleinbauern ab, da sie letztlich nur höhere Pachtzinsen an die Gutsbesitzer oder mehr Zinsen an die Hypothekargläubiger in der Stadt bezahlen müßten:[94]

> "Der Bauernschutz ist also nicht Schutz gegen die Verelendung der Bauern, er ist Schutz gegen die Fesseln, die den Bauer an sein Elend ketten".[95]

Auch nach der Revolutionstheorie von *Karl Kautsky* soll im Rahmen einer aktiven sozialistischen Umgestaltung das Gemeineigentum am Boden eingeführt werden. Aus dem Feudaleigentum sollen Kollektiv- und Sowjetwirtschaften geschaffen werden.[96] Zur Bewirtschaftung befürwortet er wie *Karl Marx* landwirtschaftliche Genossenschaften, um die ihm möglich erscheinenden Kostendegressionseffekte zu nutzen.[97] Allerdings sollte bei der Umwandlung der Landwirtschaft behutsam vorgegangen werden. Die Grundsätze für die Organisation der Industrie lassen sich nach seiner Auffassung in der Landwirtschaft nur modifiziert anwenden.[98]

1882 und 1895 kein ausgesprochener Trend zur Verdrängung von Kleinlandwirten zeigte.

[91] Vgl. *Hayami* (1996), S. 1157 ff.
[92] Vgl. *Marx/Engels* (1848/1963), S. 67.
[93] Vgl. *Kautsky* (1899), S. 72.
[94] Vgl. *Kautsky* (1899), S. 310.
[95] *Kautsky* (1899), S. 320.
[96] Vgl. *Abel* (1967), S. 28.
[97] Vgl. *Kautsky* (1899), S. 9.
[98] Vgl. *Kautsky* (1899), S. 339.

Eduard David als Agrarrevisionist verlangt eine Anpassung der marxistischen Agrarauffassung unter dem Aspekt, daß bei der Landwirtschaft im Gegensatz zur Industrie die Natur an erster und die menschliche Arbeit an zweiter Stelle steht.[99] Die Landwirtschaft hat sich angesichts der vielfältigen Spielarten und Launen der Natur sowohl bei der pflanzlichen als auch der tierischen Produktion an die unterschiedlichen Umweltfaktoren anzupassen.[100] Standortangepaßte Familienbetriebe sind nach seiner Auffassung produktiver als kapitalistisch organisierte landwirtschaftliche Großbetriebe. Es darf nicht dieselbe Konzentration wie in der Industrie - mit homogenen Produktionsprozessen - auftreten.[101]

Es ist bemerkenswert, daß die kommunistische Revolution nicht in Ländern mit vorwiegend armen, proletarischen Industriearbeitern stattfand, sondern in *Rußland* und *China*, wo rund drei Viertel der Bevölkerung Landwirte waren.[102]

L. Der Agrarinterventionismus des 19. und frühen 20. Jahrhunderts

Die industrielle Revolution im 19. Jh. führt zu einer "Agrarrevolution" mit umfassenden und nachhaltigen agrarwirtschaftlichen Veränderungen. In seinem 1840 veröffentlichten Buch über *"Die Chemie in ihrer Anwendung auf Agrikultur und Physiologie"* [103] schafft *Justus von Liebig* die theoretischen Grundlagen für eine künstliche Düngung. Damit lassen sich die Nährstoffaufnahme der Pflanzen und die landwirtschaftlichen Erträge vervielfachen. Dieses Wissen wird während langer Zeit kaum genutzt[104] und die dadurch möglichen agrarwirtschaftlichen Fortschritte zeigen sich erst nach der Wende zum 20. Jh.

Weitere landwirtschaftliche Fortschritte werden im 19. Jh. durch die Mechanisierung der Landwirtschaft mit der Einführung des Dampfpfluges in den USA ausgelöst; später folgen zahlreiche Arten von Maschinen, Motoren und Geräten. Neue Züchtungsmethoden für Pflanzen und Tiere kommen zum Durchbruch und die Tiermedizin wird eingeführt. Es entstehen in größerer Zahl landwirtschaftliche Schulen, Universitäten und Forschungsanstalten.

Die Landwirtschaft entwickelt sich von der traditionellen zur marktorientierten Agrarwirtschaft und vollzieht den Übergang von einer vorwiegenden Selbstversorgung zur Marktproduktion. Die Agrarproduktion wächst schneller als die Bevölkerung. An die Stelle wiederkehrender Hungersnöte treten mehr und mehr strukturelle Überschüsse. Die Landwirtschaft kann Produktionsfaktoren an die übrige Wirtschaft abgeben und zum gesamtwirtschaftlichen Wachstum beitragen.

Die Liberalisierung der internationalen Getreidemärkte und die rückläufigen Seefrachtraten bringen in der Mitte des 19. Jh. rasch steigende Getreideexporte nach Europa. Die Vereinigten Staaten von Nordamerika werden zur Kornkammer der Welt. Die Getreidepreise fallen immer mehr und die Landwirte verlangen eine Abschottung der Binnenmärkte. Es entstehen reaktionäre Kräfte gegen den Agrarliberalismus, vorerst im Kreise der Großgrundbesitzer, später auch bei den kleineren Bauern. Soziale Notstände durch Überschuldung, Wucher und

[99] Vgl. *David* (1902), S. 371.
[100] Vgl. *Hayami* (1996), S. 1158.
[101] Vgl. *David* (1903/1922), S. 44.
[102] Vgl. ausführlicher Kapitel 21.
[103] *von Liebig* (1840).
[104] Vgl. *Achilles* (1977), S. 85.

Landflucht bewirken in den 70er Jahren des 19. Jh. eine Rückentwicklung zum früheren agrarpolitischen Interventionismus.[105] Das wirtschaftliche Wachstum des späten 19. Jh. zeigt Ermüdungserscheinungen. Der Druck der Landwirtschaft zur Einführung von Importzöllen kommt den fiskalischen Interessen *Otto von Bismarcks*, der sich vorerst weigerte, Zölle einzuführen, immer mehr entgegen.

Die Vielfalt der politischen und wirtschaftlichen Interessen bringt das Pendel zwischen dem Agrarliberalismus und dem Agrarprotektionismus zum Schwingen. Der Agrarliberalismus bricht 1879/80 mit der Einführung von Getreidezöllen zusammen. Im späten 19. Jh. kommt es zur Erneuerung der Ausfuhrprämien, zu Zollerhöhungen, der Einführung einer Steuer auf Zucker und Margarine sowie zu bilateralen Tendenzen in der Außenhandelspolitik. Die Wirtschaft soll kein einseitiger Industriestaat sein, sondern auch durch die Interessen der Landwirtschaft geprägt werden.[106]

Um die Jahrhundertwende erscheinen die landwirtschaftlichen Gesellschaften und Vereine als neue politische Akteure. Diese nehmen Einfluß auf die Politik der Regierung sowie der Parteien und bewirken eine starke Vertretung sowie straffe Organisation der bäuerlichen Interessen.[107] Der Übergang zum allgemeinen Wahlrecht Ende des 19. und Anfang des 20. Jh. begünstigt eine durch landwirtschaftliche Interessen geprägte Agrarpolitik. Politisch entspricht die Verschärfung des Agrarprotektionismus einem rationalen Wählerkalkül. Ziel ist der Stimmengewinn aus dem bäuerlichen Lager. Noch um die Jahrhundertwende lebt rund die Hälfte der Bevölkerung direkt oder indirekt von der Landwirtschaft, welche nunmehr das Stimm- und Wahlrecht besitzt.

M. Die Zeit des ersten und zweiten Weltkrieges

I. Das Agrarregime im ersten Weltkrieg

Obwohl die Zeit vor dem ersten Weltkrieg durch eine rasche Steigerung der landwirtschaftlichen Produktion geprägt ist, zeigt sich die Problematik niedriger Selbstversorgungsraten im ersten Weltkrieg, als es zu Hungersnöten bei der zivilen Bevölkerung kommt. Die Ernährungskrise wird durch den großen Requisitionsbedarf des Heeres verschärft. Außerdem entzieht der Krieg männliche Arbeitskräfte durch Rekrutierungen und führt zu einem starken Rückgang der Versorgung mit Düngemitteln und anderen landwirtschaftlichen Hilfsstoffen. Dies beschleunigt den Zusammenbruch der zivilen Nahrungsmittelversorgung in den ersten Kriegsjahren.

Hinzu kommt die mangelnde Erfahrung mit der Kriegswirtschaft. Die Höchstpreisvorschriften und die öffentliche Bewirtschaftung von Vorräten bewirken eine Verknappung des Angebots. Bis zum Ende des Krieges geht die landwirtschaftliche Erzeugung auf annähernd die Hälfte jener von 1913 zurück. *Ludwig von Mises* charakterisiert das *Agrarkriegsregime* wie folgt:

> "Wer ... die einzelnen Maßnahmen der Kriegswirtschaft verfolgt, der kann deutlich ... feststellen: Zuerst Preistaxen, dann Verkaufszwang, dann Ra-

[105] Vgl. *Giersch* (1960), S. 169.
[106] Vgl. *von Bülow* (1916), S. 295.
[107] Vgl. *Bollmann* (1990), S. 135.

tionierung, dann Vorschriften über die Einrichtung der Produktion und Verteilung, schließlich Versuche der Übernahme der planmäßigen Leitung der gesamten Produktion und Verteilung".[108]

II. Der Agrarinterventionismus zwischen dem ersten und zweiten Weltkrieg

Angesichts der schlechten Versorgungslage im ersten Weltkrieg ist das Bedürfnis der Bevölkerung für eine vermehrte Sicherheit der Ernährung nach dem Ende des Krieges groß. Die breite Öffentlichkeit unterstützt eine protektionistische Agrarpolitik. Die politischen Kräfte für die Agrarförderung sind durch das allgemeine Wahlrecht stärker geworden. Die kleinen und mittleren Bauern verfügen nun erstmals über eine straffe politische Organisation und politische Macht.

Verstärkt wird der *Agrarprotektionismus* in der Zeit der Weltwirtschaftskrise nach 1929. Diese führt zu einem rigorosen Schutz der Landwirtschaft gegenüber den tiefen internationalen Agrarmarktpreisen. Zur Stützung der landwirtschaftlichen Produktion werden Marktordnungen aufgebaut (beispielsweise für Getreide, Kartoffeln und Zucker). Zölle dienen zur Abkopplung der Binnenpreise von den Weltmarktpreisen. Die USA, welche bis zu den 1930er Jahren einen freien Agrarhandel praktizieren, gehen ebenfalls zu einer protektionistischen Agrarpolitik über.

III. Das Agrarregime im zweiten Weltkrieg

Beim Ausbruch des zweiten Weltkrieges zeigen sich gewisse Vorteile des Agrarprotektionismus in der Zwischenkriegszeit. Die Bevölkerung wird vorerst ausreichend versorgt und die Ernährung bleibt auch während der ersten Kriegsjahre dank einer intensiven Nutzung der landwirtschaftlich verfügbaren Ressourcen gesichert. Die Zuteilung von Nahrungsmitteln erfolgt durch ein Rationierungssystem mit Lebensmittelkarten. Die Versorgung der Bevölkerung verschlechtert sich zwar im Verlaufe des Krieges, aber zum eigentlichen Zusammenbruch der Versorgung kommt es in Deutschland erst nach dem Kriegsende.

N. Die Agrarpolitik nach dem zweiten Weltkrieg

I. Das ordoliberale Leitbild

Nach dem zweiten Weltkrieg folgen 1946 und 1947 in Deutschland schlechte Ernten. Die Nahrungsmittelversorgung bricht zusammen. Dies ist auf unbefriedigende klimatische Erntebedingungen und einen Mangel an landwirtschaftlichen Produktionsmitteln (Dünger, Maschinen, Geräte, Tiere und Tierfutter) zurückzuführen. Nach der Währungsreform von 1948 verbessert sich die Versorgung mit Nahrungsmitteln sehr rasch. Es entwickelt sich eine "Freßwelle", später eine "Edelfreßwelle".

Die *ordoliberalen Agrarideen* aus der Zeit vor und nach dem zweiten Weltkrieg begünstigen eine bäuerlich geprägte Landwirtschaft.[109] Diese sollte in eine wettbewerbliche Wirtschaftsordnung eingebunden werden und nicht zum Almosenempfänger oder Staatsrentnertum absinken:

---

[108] *von Mises* (1923), S. 1059.

[109] Vgl. zur Agrarpolitik in der sozialen Marktwirtschaft auch *Schlecht* (1997), S. 17 ff.

> "Gegen Vorschläge dieser Art (Anm.: die Verstaatlichung der Bauern) müßte die Landwirtschaft selbst nachdrücklich protestieren, da bei einer solchen Lösung der Träger des öffentlichen Dienstes, der Staat, über kurz oder lang auch das Eigentum am Boden und an anderen landwirtschaftlichen Produktionsmitteln an sich ziehen müßte und von der politischen Mehrheit wahrscheinlich dazu autorisiert würde".[110]

Die *soziale Marktwirtschaft* strebt nach Agarordnungen mit wettbewerblichen Güter- und Faktormärkten. Diese sollen die primären Allokations-, Stabilisierungs- und Verteilungsaufgaben übernehmen und in ihrer Funktionsfähigkeit nicht beeinträchtigt werden. Verteilungskorrekturen zu Gunsten von sozial schwachen Landwirten und Verbrauchern sollen im Anschluß an die marktliche Einkommensverteilung auf dem Wege der Einkommens*um*verteilung, der sekundären Verteilung, erfolgen.

II. Die neomerkantilistische Agrarpolitik

Bereits Mitte der 1950er Jahre entstehen die ersten landwirtschaftlichen Überschüsse, die immer größer werden. Die Agrarordnungen der höchstentwickelten Industrieländer entfernen sich mehr und mehr von den Idealen der sozialen Marktwirtschaft. Die agrarpolitischen Instrumente zeigen Ähnlichkeiten mit der merkantilistischen Wirtschafts- und Agrarpolitik des 17. und 18. Jh., weshalb von einer *neomerkantilistischen Agrarpolitik* gesprochen wird.[111] Weltweit kommt es zu Binneninterventionen, Außenhandelsprotektion und Exportdumping. Diese Tendenzen verschärfen sich mit dem Aufbau der EG-Agrarpolitik nach 1958. Unter den Industrieländern entsteht ein Subventionswettlauf. Die Agrarpolitik wird zur ausgeprägten landwirtschaftlichen Interessenpolitik. Es entwickelt sich die sog. *"neue Agrarlobby"* als politische Interessenallianz zwischen den Bauern und dem Agribusiness. Den Höhepunkt erreicht diese Entwicklung in den 1960er und 1970er Jahren.

III. Die bürokratisch gelenkte Landwirtschaft

Eine weitere agrarpolitische Entwicklung in der Zeit während und nach dem zweiten Weltkrieg ist die *bürokratisch bzw. verwaltungswirtschaftlich gelenkte Landwirtschaft*. Dabei erfolgt eine fast vollständige Penetration der Landwirtschaft durch bürokratische Kräfte. Diese steuern die gesamte landwirtschaftliche Ordnung, die Strukturen, die Märkte, die Preisbildung, die Einkommensbildung, das Sozialwesen, die Umweltwirkungen und die regionale Entwicklung.[112] Die Idee einer bäuerlich geprägten, freiheitlichen Agrarwirtschaft wird immer stärker ausgehöhlt. Eine solche Entwicklung läßt sich in vielen hochentwickelten Industrieländern feststellen.

IV. Die ökosoziale Agrarpolitik

Eine Entwicklung, welche seit den 1970er Jahren zunehmend an Bedeutung gewinnt, ist die *ökosoziale Agrarpolitik*. Sie ist ein "Versuch des Ausweges aus der Krise". Die ökosoziale Agrarkonzeption strebt nach einer umweltverträglichen

---

[110] *Röhm* (1964), S. 311; vgl. auch *Röpke* (1948), S. 323 f., und *Rüstow* (1956), S. 7 ff.
[111] Allerdings ist die Situation durch Überschüsse und nicht, wie im späteren Merkantilismus, durch einen Mangel an Nahrungsmitteln geprägt.
[112] Vgl. *Hartmann* (1951), S. 240, und *Wittmann* (1978).

Agrarpolitik mit einer möglichst breiten politischen Akzeptanz bei der Bevölkerung sowie den kleinen und mittleren Bauern.

Die Überschüsse und die wenig umweltkonformen Produktionsverfahren sollen abgebaut werden. An deren Stelle sollen umweltfreundliche Produktionsverfahren, eine extensive Bewirtschaftung der Natur, große Freiräume für wildlebende Tiere und Pflanzen sowie eine energiesparende Produktion treten. Die Tiere sollen in erster Linie auf der Basis des betriebseigenen Futters gehalten werden. Programme für nachwachsende Rohstoffe und die Biolandwirtschaft entstehen, welche der Entlastung der gesättigten Märkte und dem Schutze des Bodens dienen sollen.[113] Den Berg- und Hügelbauern soll durch verstärkte Direktzahlungen und Investitionshilfen eine Lebenschance geboten werden. Die Bedeutung einer freiheitlichen Gesellschaftsordnung wird zwar betont, aber die Entwicklung bedeutet oft einen Verlust marktwirtschaftlich-freiheitlicher Lösungen.[114]

V. Die "neue" Landwirtschaft

Die vorläufig letzte Stufe der landwirtschaftlichen Entwicklung steht im Zusammenhang mit der "zweiten Agrarrevolution" der 1980er und 1990er Jahre. Diese wird durch einen gesamtwirtschaftlichen Innovationssprung ausgelöst, welcher auch zu tiefgreifenden landwirtschaftlichen Innovationen führt (beispielsweise die Mikroelektronik, Agrarinformatik, Gentechnik und Biotechnologie). Es wird möglich, Pflanzen und Tiere "nach Maß" zu konstruieren und zahlreiche Arbeitsabläufe biotechnologisch-selbstregulierend zu steuern.[115]

In den USA entsteht der Begriff der *"neuen" Landwirtschaft ("new" agriculture).*[116] Damit werden Entwicklungstendenzen beschrieben, welche teilweise seit den 1970er Jahren, zum Teil auch erst in den 1980er und 1990er Jahren, in Erscheinung treten. Die "alte" Landwirtschaft wird von diesen Tendenzen teilweise abgelöst, teilweise überlagert.

Wurden in der "alten" Landwirtschaft wenig spezifische Rohstoffe erzeugt, sind es in der "neuen" Landwirtschaft zunehmend stärker differenzierte Produkte mit speziellen Eigenschaften. Der Weg führt von Stapel- zu Trendprodukten und Nischenerzeugnissen. Wurden bisher Rohstofferzeugnisse verschiedener Herkunft zu Qualitätsprodukten gemischt, so werden nun immer mehr Rohstoffe mit nachgewiesener Identität in den Handel gebracht.

Die Agrarwirtschaft geht über die eigentliche Güterproduktion hinaus und umfaßt auch die Verarbeitung und Verteilung von Nahrungsmitteln. Die Landwirtschaft wird vom Rohstoffproduzenten zum Nahrungsmittelerzeuger. Ein großer Teil der Verbraucher profitiert vom sinkenden Anteil der Nahrungsmittelausgaben an den Haushaltsausgaben und einer verbesserten Versorgungssicherheit durch die internationalen Agrarmärkte. Die Qualität der Nahrungsmittel wird nunmehr kritisch hinterfragt.

Unpersönliche Beschaffungs- und Liefermärkte werden zu Märkten mit persönlichen Beziehungen. Die betriebseigene Erzeugung von Vorprodukten (insourcing) wird durch die Beschaffung (outsourcing) bei verschiedenen Lieferan-

[113] Vgl. *Riegler* (1987) und (1988).
[114] Vgl. *Abel* (1987), S. 29.
[115] Vgl. Kapitel 16.
[116] Vgl. zu diesen Ausführungen *Boehlje* (1995), S. 34 f.

ten ersetzt. Die Preisrisiken werden zu Beziehungsrisiken. Der Weg führt vom Ziel der betrieblichen Unabhängigkeit zu Beschaffungs- und Vertriebsnetzwerken.

An die Stelle der typischen Produktions- und Nachfrageschwankungen in einer binnenwirtschaftlich orientierten Landwirtschaft treten große, durch die Nahrungsmittelindustrie und die internationale Nachfrage geprägte Märkte mit etwas geringerer Instabilität. Im Zuge einer gewissen Globalisierung der Agrarmärkte teilen die USA und die Europäische Union als international dominierende Anbieter von Agrargütern ihre Position mit einer größeren Zahl von weiteren Ländern.

Bestimmen in der "alten" Landwirtschaft vor allem die landwirtschaftlichen Produktionsinteressen das Angebotsverhalten, sind es in der "neuen" Landwirtschaft vor allem die Kundeninteressen. Waren früher in erster Linie materielle Produktionsgüter wie Land, Maschinen und Gebäude entscheidend für die Wettbewerbsfähigkeit eines landwirtschaftlichen Betriebs, sind es nunmehr "weiche" Produktionsgüter wie Menschen und Humankapital. War früher das Eigentum von Ressourcen entscheidend, ist es heute die Kontrolle über die Produktionsfaktoren bzw. das know how in den Bereichen der Produktion und des Marketing. Die professionelle landwirtschaftliche Arbeitskraft ist nicht mehr in erster Linie ein Kostenfaktor, sondern ein Faktor für Humankapitalinvestitionen.

Die berufliche Erfahrung genügt nicht mehr zum Erfolg. Erforderlich sind neue, differenzierte und einmalige berufliche und wissenschaftliche Qualifikationen. Nicht die staatliche bzw. öffentliche Beratung sowie Information zählt, sondern die private, auf den einzelnen Betrieb bezogene, öffentlich nicht zugängliche Information. Die traditionellen agrartechnologischen Fähigkeiten alleine reichen nicht aus, notwendig ist auch das Talent zur menschlichen und persönlichen Kommunikation. Nicht nur der agrartechnologische Wandel muß überblickt werden, sondern auch der institutionelle Wandel bei der Beschaffung, der Produktion und dem Absatz.

Längst ist die Öffentlichkeit nicht mehr vom sorgfältigen Umgang der Landwirte mit der Natur überzeugt. Sie hinterfragt den Umgang der Landwirte mit den natürlichen Ressourcen. Abfälle beispielsweise sollen nicht mehr "nur" vernichtet werden, sondern ins Recycling gelangen. Mehr und mehr schränkt die Öffentlichkeit die privaten Eigentums- und Nutzungsrechte aus Umweltgründen ein. Das Ziel der ökonomischen Effizienz verliert gegenüber ökologischen Zielen an Vorrangigkeit.

Die Landwirtschaft wird von einem "small business" zu einem high-tech Produktionszweig, oft in gewerblichen und industriellen Dimensionen. Nicht mehr die landwirtschaftlichen Einkommen sind der Maßstab des bäuerlichen Wohlstandes, sondern die verfügbaren Haushaltseinkommen, zu welchen auch die außerlandwirtschaftlichen Einkommen zählen. Der ökonomische Wohlstand der ländlichen Regionen hängt damit nicht mehr vorwiegend von den landwirtschaftlichen Einkommen ab, sondern auch von den nichtlandwirtschaftlichen Aktivitäten.

Der bisher bedeutende Einfluß der Agrarpolitik auf die Agrarmärkte wird geringer. Die Landwirtschaft verfügt nicht mehr über erhebliche staatliche Haushaltsmittel, sondern aufgrund der defizitären Staatshaushalte nur noch über gekürzte Mittel. Die Zahlungen an die Landwirtschaft werden nicht mehr als Rechtsanspruch betrachtet, sondern erfolgen mit ökologischen Auflagen und unter sozialen Kriterien.

Es wird bezweifelt, ob die ländlichen Gebiete eine höhere Lebensqualität als die städtischen Regionen aufweisen. Der Glaube an den gesundheitlichen Wert der landwirtschaftlichen Tätigkeit wird vom Gedanken an die Risiken des landwirtschaftlichen Berufes abgelöst. Mehr und mehr kommt es auch zu einer Annäherung der landwirtschaftliche Werte an die ökonomischen Werte der übrigen Wirtschaft.[117]

Literaturangaben zu Kapitel 2:

Abel, Martin (1987), Why It's Difficult to Reform. In: Choices, First Quarter.

Abel, Wilhelm (1956a), Artikel "Agrarpolitik". Epochen und Bereiche. In: Beckerath, Erwin, Brinkmann, Carl, Gutenberg, Erich u.a. (Hrsg.), Handwörterbuch der Sozialwissenschaften, 1. Bd., Göttingen.

Ders. (1956b), Kurze Geschichte der Agrarverfassung. Hrsg. von der Niedersächsischen Zentrale für Heimatdienst, Wolfenbüttel.

Ders. (1962), Die drei Epochen der deutschen Agrargeschichte, Hannover.

Ders. (1967), Agrarpolitik - Grundriß der Sozialwissenschaft, Band 11, 3. Auflage, Göttingen.

Ders. (1980a), Deutsche Agrarwirtschaft im Hochmittelalter. In: Hermann Kellenbenz (Hrsg.), Handbuch der europäischen Wirtschafts- und Sozialgeschichte, 2. Bd. Stuttgart, S. 534-551.

Ders. (1980b), Strukturen und Krisen der spätmittelalterlichen Wirtschaft, Stuttgart/New York.

Achilles, Walter (1977), Artikel "Agrargeschichte". In: Handbuch der Wirtschaftswissenschaften (HdWW), 1. Band, Stuttgart/New York.

Anderegg, Ralph (1996), Die klassisch-liberale Agrarpolitik (von Adam Smith, Jean-Baptiste Say, Thomas Malthus, David Ricardo und John St. Mill) - mit einer Zusammenfassung in 100 Thesen, Köln.

Andreades, Andreas M. (1931), Geschichte der griechischen Staatswirtschaft, München.

Austin, Michel und Vidal-Naquet, Pierre (1984), Gesellschaft und Wirtschaft im alten Griechenland (aus dem Französischen übersetzt von Andreas Wittenburg), München.

Baader, Joseph (Hrsg.) (1861), Nürnberger Polizeiverordnungen, Stuttgart.

Bauer-Mengelberg, Käthe (1931), Agrarpolitik in Theorie, Geschichte und aktueller Problematik, Leipzig und Berlin.

Bell, John Fred (1967), A History of Economic Thought, New York.

[117] Vgl. *Boehlje* (1995), S. 34 f.

Blaich, Fritz (1981), Artikel "Physiokratie". In: Handbuch der Wirtschaftswissenschaften, Band 6, Stuttgart.

Bleicken, Jochen (1981), Verfassungs- und Sozialgeschichte des Römischen Kaiserreichs, Bd. 1 und 2, Paderborn.

Ders. (1985a), Die athenische Demokratie, Paderborn/München/Wien/Zürich.

Ders. (1985b), Die Verfassung der römischen Republik, Grundlage und Entwicklung, 4. Auflage, Paderborn.

Boehlje, Michael (1995), The "new" agriculture. In: Choices, The Magazine of Food, Farm, and Resource Issues, University of Arizona, Fourth Quarter, S. 34 f.

Bollmann, Kerstin C. (1990), Agrarpolitik. Entwicklungen und Wandlungen zwischen Mittelalter und Zweitem Weltkrieg. Frankfurt am Main/Bern/New York/Paris.

Boochs, W. (1985), Die Finanzverwaltung im Altertum, St. Augustin.

von Bülow, B. (1916), Deutsche Politik, Berlin.

Campanella, Thomas (1602/1955), Der Sonnenstaat - Idee eines philosophischen Gemeinwesens (1602), Berlin.

Christ, Karl (1984), Die Römer. Eine Einführung in ihre Geschichte und Zivilisation, 2. Auflage, München.

Columella, Lucius Iunius Moderatus (1981), Zwölf Bücher über die Landwirtschaft/Buch eines Unbekannten über die Baumzüchtung, hrsg. und übersetzt von Will Richter, München.

Curschmann, Fritz (1900), Hungersnöte im Mittelalter, Leipzig.

David, Eduard (1902), Die neuere Entwicklung des Agrarproblems innerhalb der Sozialdemokratie. In: Sozialistische Monatshefte, 6. Jhrg., S. 369-376.

Ders. (1903/1922), Sozialismus und Landwirtschaft (1903), 2. Aufl. Leipzig 1922.

Daumas, F. (1969), Ägyptische Kultur in Zeiten der Pharaonen, München/Zürich.

Demandt, Alexander (1989), Die Spätantike: römische Geschichte von Diocletian bis Justinian 284 - 565. In: Handbuch der Altertumswissenschaften, München.

De Martino, Francesco (1985), Wirtschaftsgeschichte des Alten Rom, München.

von Dietze, Constantin (1962), Gedanken und Bekenntnisse eines Agrarpolitikers, Göttingen.

Ders. (1967), Grundzüge der Agrarpolitik, Hamburg und Berlin.

Doren, Alfred (1934), Italienische Wirtschaftsgeschichte, 1. Band, Jena.

Ebeling, Dietrich und Irsigler Franz (1976), Getreideumsatz, Getreide- und Brotpreise in Köln 1368 - 1797, 1. Teil, Köln/Wien.

Eggebrecht, A. (1984), Das alte Ägypten, München.

Engels, Friedrich (1845/1957), Die Lage der arbeitenden Klasse in England (1845). In: Marx Karl/Engels, Friedrich, Werke Berlin (Ost) 1957, Band 2.

Ders. (1894/95), Die Bauernfrage in Frankreich und Deutschland. In: Neue Zeit.

Finley, Moses I. (1977), Die antike Wirtschaft, München.

Franz, Günther (1967), Quelle zur Geschichte des deutschen Bauernstandes im Mittelalter, Darmstadt.

von Frauendorfer, Sigmund (1957), Ideengeschichte der Agrarwirtschaft und Agrarpolitik, Bd. I, München.

Gareis, Karl (1895), Die Landgüterordnung Karls des Großen, Berlin.

Gerl, Franz (1961), Agrarstrukturverbesserung. In: Bauknecht, Bernhard (Hrsg.), Wörterbuch der Agrarpolitik, 2. Auflage, Hamburg-Berlin, S. 16-21.

Giersch, Herbert (1960), Allgemeine Wirtschaftspolitik, Bd. 1, Wiesbaden.

Hartmann, Rolf (1951), Produktlenkung über den Produktpreis. In: Laur, Ernst, Festschrift zum 80. Geburtstag von Prof. Dr. phil. und Dr. h.c. Ernst Laur, Ing. Agr. ETH, am 27. März 1951, Brugg.

Hasebrock, Johannes (1928), Staat und Handel im alten Griechenland; Untersuchungen zur antiken Wirtschaftsgeschichte, Tübingen.

Ders. (1931), Griechische Wirtschafts- und Gesellschaftsgeschichte bis zur Perserzeit, Tübingen.

Hayami, Yujiro (1996), The Peasant in Economic Modernization. In: American Journal of Agricultural Economics. Vol. 78, Nr. 5, December, S. 1157-1167.

Hecht, Jacqueline (1965), Francois Quesnay, Abschnitt I. In: Recktenwald, Horst Claus (Hrsg.), Lebensbilder großer Nationalökonomen, Einführung in die Geschichte der Politischen Ökonomie, Köln/Berlin, S. 30-44.

Henning, Friedrich-Wilhelm (1979), Landwirtschaft und ländliche Gesellschaft in Deutschland, 800-1750, Band 1, Paderborn/München/Wien/Zürich.

Ders. (1984), Die Industrialisierung in Deutschland 1800-1914, Paderborn.

Ders. (1985), Das vorindustrielle Deutschland 800-1800, 4. Aufl., Paderborn/München/Wien/Zürich.

Houtte, Jan (1980), Europäische Wirtschaft und Gesellschaft von den großen Wanderungen bis zum schwarzen Tod. In: Hermann/Kellenbenz (Hrsg.), Handbuch der europäischen Wirtschafts- und Sozialgeschichte, 2. Bd., Stuttgart, S. 1-149.

von Inama-Sternegg, Karl Theodor (1879), Deutsche Wirtschaftsgeschichte, Bd. I, Leipzig.

Irsigler, Franz (1972), Getreidepreise, Getreidehandel und städtische Versorgungspolitik in Köln vornehmlich im 15. und 16. Jahrhundert. In: Bensch, Werner/Fehn, Klaus/Höroldt, Dietrich u.a. (Hrsg.), Die Stadt in der europäischen Geschichte, Bonn, S. 571-610.

Isenmann, Eberhard (1980), Die deutsche Stadt im Spätmittelalter 1250-1500, Stuttgart.

Johnson, Dale G. (1964), Agriculture and Foreign Economic Policy. In: Journal of Forum Economics. Vol. 46. No. 5, December, S. 915-929.

Kautsky, Karl (1899), Die Agrarfrage, Stuttgart.

Kerner, Max (1988), Karl der Große - Persönlichkeit und Lebenswerk. In: Müllejans, Hans (Hrsg.), Karl der Große und sein Schrein in Aachen, Aachen.

Kloepfer, Michael, Anfänge von Umweltrecht: Umweltrelevantes Recht in den frühen Hochkulturen und in der Antike. In: GAIA, Ökologische Perspektiven in Natur-, Geistes- und Wirtschaftswissenschaften, Vol. 5-6/1995, Heidelberg, S. 315-320.

Laur, Ernst (1930), Wirtschaftslehre des Landbaus, Berlin.

von Liebig, Justus (1840), Die Chemie in ihrer Anwendung auf Agrikultur und Physiologie.

Lütge, F. (1956), Artikel "Bauernbefreiung". In: Handbuch der Sozialwissenschaften, Bd. 1, Stuttgart.

Mändle, Eduard (1971), Agrarpolitik, Bd. 69. In: Schaeffers Grundriß des Rechts und der Wirtschaft, Stuttgart.

Marx, Karl, (1894/1957), Das Kapital III (1894). In: Marx, Karl/Engels, Friedrich, Werke Berlin (Ost) 1957, Bd. 25.

Ders. (1844/1957), Ökonomisch philosophische Manuskripte (1844). In: Marx, Karl/Engels, Friedrich, Werke, Berlin (Ost) 1957, Ergänzungsband, 1. Teil.

Ders. mit Engels, Friedrich (1960), Ausgewählte Schriften in zwei Bänden, Berlin, Bd. 1.

Ders. mit Engels, Friedrich (1848/1963), Manifest der Kommunistischen Partei (1848), Ausgabe Berlin (Ost), 20. Auflage, 1963.

Mayer, Theodor (1939), Die Ausbildung der Grundlagen des modernen Staates im Hohen Mittelalter. In: Historische Zeitschrift, 159. Band.

von Mises, Ludwig (1923), Artikel "Preistaxen (Theorie)". In: Handwörterbuch der Staatswissenschaften, 4. Aufl., Bd. VI, Jena.

Morgenroth, Käthe (1920), Fourier und der Sozialismus, Berlin.

Morus, Thomas (1516/1922), Utopia. Ein wahrhaft goldenes Büchlein von der besten Staatsverfassung und von der neuen Insel Utopia, nicht minder heilsam als kurzweilig zu lesen (1516), Übersetzung von Gerhard Ritter, Berlin.

Oncken, August (1902/1971), Geschichte der Nationalökonomie, Die Zeit vor Adam Smith, 4. Auflage (Neudruck der Ausgabe von Leipzig 1902), Aalen.

Plate, Roderich (1968), Agrarmarktpolitik. Grundlagen, 1. Bd., München/Basel/Wien.

Platon (1900/1961), Opera, hsrg. von J. Burnet (Oxford-Ausgabe, griechisch), Oxford 1900, 1961, 5 Bände.

Quesnay, Francois (1759/1965), Tableau Économique, Paris 1759. Nachdruck, hrsg. und übersetzt von M. Kuczinski, Berlin (Ost).

Ders. (1976), Ökonomische Schriften, hrsg. von Maguerite Kuczynski, 2 Bände, Berlin.

Rau, Karl Heinrich (1826), Lehrbuch der politischen Ökonomie.

Riegler, Josef (1987), Aufbruch zu einer ökosozialen Agrarpolitik. In: Agrarische Rundschau, Nr. 7, vom Dezember, S. 2.

Ders. (1988), Ökosoziale Agrarpolitik und EG - ein Widerspruch?, In: Agrarische Rundschau, Nr. 6, vom November, Wien, S. 2.

Röhm, H. (1964), Automatische oder gelenkte Anpassung der Landwirtschaft. In: Agrarwirtschaft, 13. Jhrg., S. 305-318.

Röpke, Wilhelm (1948), Gesellschaftskrisis der Gegenwart, 5. Aufl., Erlenbach-Zürich.

Rüstow, Alexander (1956), Eröffnung. In: H. Niehaus/H. Priebe (Hrsg.), Agrarpolitik in der Sozialen Marktwirtschaft, Ludwigsburg, S. 7-9.

Rostovtzeff, Michael (1910/1970), Studien zur Geschichte des römischen Kolonates, Darmstadt 1970, Nachdruck der Ausgabe Berlin/Leipzig von 1910.

Schlecht, Otto, Agrarpolitik in der sozialen Marktwirtschaft. In: Orientierungen zur Wirtschafts- und Gesellschaftspolitik. Hrsg. von der Ludwig-Erhard-Stiftung. Heft 72/Juni 1997, S. 17-23.

Schmitt, Günther (1993), Wechsel der Paradigmen in der Agrarökonomie? - Warum auch vier neue agrarökonomische Lehrbücher neu verfaßt werden müssen -. In: Berichte über Landwirtschaft, Bd. 71 (4), November, S. 586-608.

Schmitz, Hans Jürgen (1968), Faktoren der Preisbildung von Getreide und Wein in der Zeit von 800 bis 1350, Stuttgart.

Schreiner, Klaus (1983), Grundherrschaft. In: Patze, Hans (Hrsg.), Grundherrschaft im späten Mittelalter, Sigmaringen, S. 11-74.

Schweizer, Heinrich (1972), Sozialistische Agrartheorie und Landwirtschaftspolitik in China und der Sowjetunion: ein Modell für die Entwicklungsländer ? In: Ost-Kontexte. Hrsg. von Robert Hotz und Rudolf Farner, Bern.

Smith, Adam (1776/1974), Der Wohlstand der Nationen, London 1776, Hrsg. von Horst Claus Recktenwald, 2. Auflage, München 1974.

Sombart, Werner (1924), Die vorkapitalistische Wirtschaft, 1. Bd., 6. Aufl., München/ Leipzig.

Thaer, Albrecht (1810), Grundsätze der rationalen Landwirtschaft.

von Thünen, Johann Heinrich (1826; 1842; 1850/53; 1863/1951), Der isolierte Staat in Beziehung auf Landwirtschaft und Nationalökonomie oder Untersuchungen über den Einfluß, den die Getreidepreise, der Reichtum des Bodens und die Abgaben auf den Ackerbau ausüben. 1. Band, Hamburg 1826. 2. Aufl. Rostock 1842. II. Teil Rostock 1850/53. III. Teil Rostock 1863/1951.

Toynbee, Arnold J. (1949), Studie zur Weltgeschichte, Zürich.

Verhulst, Adrian E. (1965), Karolingische Agrarpolitik: Das Capitulare de Villis und die Hungersnöte von 792/93 und 805/06. In: Zeitschrift für Agrargeschichte und Agrarsoziologie, Heft 1, 13. Jhrg., S. 175-189.

Weber, Carl (1989), Brot und Spiele, Witten.

Weber, Max (1924), Agrarverhältnisse im Altertum. In: Ders., Gesammelte Aufsätze zur Sozial- und Wirtschaftsgeschichte, Tübingen.

Wittmann, Walter (1978), Zentraler Produktionskataster für die Landwirtschaft. In: NZZ, Nr. 32, vom 8.2.1978, Bl. 31 und Nr. 57, vom 9.3.1978, Bl. 33 und Nr. 69, vom 23.3.1978, Bl. 30.

Kapitel 3: Die Agrarordnung (Agrarverfassung), die normativen Grundlagen der Agrarpolitik und die agrarpolitischen Instrumente im Überblick

"Im Reiche der Wirklichkeit ist man nie so glücklich wie im Reiche der Gedanken"
(Arthur Schopenhauer).

"Wenn ein Beobachter der Agrarpolitik nach einem Koma von 25-jähriger Dauer erwachen würde, hätte er den Eindruck, wenig verpaßt zu haben. Je mehr sich die Dinge wandeln, desto mehr bleiben sie dieselben!"
(Martin Abel, 1987).

"Es gibt kein politisches Gegenstück zu Adam Smiths unsichtbarer Hand"
(James Buchanan, 1986/1989, S. 935).

"Es gibt sechs Möglichkeiten, jede von drei Waffen einzeln auf jedes von drei Zielen zu richten. Einige dieser Kombinationen sind sinnvoller als andere"
(James Meade, 1977, S. 572).

A. Die agrarpolitischen Grundordnungen

I. Die Aufgaben der landwirtschaftlichen Grundordnung

Die *Aufgaben der landwirtschaftlichen Grundordnung* (Agrarordnung, Agrarverfassung) bestehen darin, die typischen ordnungspolitischen Grundfragen simultan, effizient, rasch, dauerhaft und flexibel zu lösen. Agrarordnungen sind zudem ein Versuch, auch die Probleme der nachgeordneten Ebenen der Allokation, der Stabilisierung und der Verteilung "aus einem Guß" zu bewältigen.[1] Bei der *Allokation* handelt es sich um den Einsatz und die optimale Zuordnung von Produktionsfaktoren zum Produktionsprozeß, bei der *Stabilisierung* um die Bewältigung von Schwankungen bei den Preisen für landwirtschaftliche Erzeugnisse und den bäuerlichen Einkommen, bei den *Verteilungsaspekten* ganz allgemein um die Höhe der Verbraucherpreise sowie der landwirtschaftlichen Einkommen.

Zur *Lösung von agrarpolitischen Problemen* empfiehlt sich eine Zuordnung und Klassifizierung in Ordnungsprobleme, Allokationsprobleme, Stabilisierungsprobleme und Verteilungsprobleme. Die Differenzierung offener Fragen nach diesen vier Ebenen als einer zusammenhängenden Problemhierarchie erweist sich als zweckmäßig, weil die Lösung der Probleme der einen Ebene Voraussetzung für die Lösung der Probleme der nachfolgenden Ebene ist. Ungelöste Ordnungsprobleme führen in der Agrarpolitik zu unerwünschten Allokationsergebnissen, ungelöste Allokationsprobleme zu unbefriedigenden Stabilisierungsergebnissen und ungelöste Stabilisierungsprobleme zu inakzeptablen Verteilungsergebnissen.

[1] Die Stabilisierung wird vor der Verteilung erwähnt, weil dies in der Agrarpolitik eine Voraussetzung zur Bewältigung der Verteilungsprobleme ist.

Werden die Probleme der einen Ebene getrennt von den Problemen der anderen Ebene gelöst, ergibt sich ein Chaos von Einzellösungen.[2] Wird beispielsweise die Grundordnung der Landwirtschaft in erster Linie auf die Lösung der Verteilungs- bzw. Einkommensprobleme ausgerichtet, können der Allokations- und der Stabilisierungsbereich nach einiger Zeit derart ins Ungleichgewicht geraten, daß selbst die Lösung der Einkommensprobleme illusorisch wird. Dies bedeutet nun keineswegs, daß die Verteilungs- und Einkommensprobleme nicht von großer Bedeutung sind, aber deren dauerhafte und zuverlässige Lösung ist nur möglich, wenn zuerst die Ordnungs-, Allokations- und Stabilisierungsprobleme gelöst werden.

II. Die historische Entwicklung der Agrarverfassungen

Das ordnungspolitische Denken verlangt stets nach der Entscheidung für die eine oder die andere Wirtschafts- bzw. Agrarordnung,[3] mit welcher die typischen landwirtschaftlichen Ordnungs-, Allokations-, Stabilisierungs- und Verteilungsprobleme bewältigt werden sollen.[4] Um die möglichen Ansätze für eine landwirtschaftliche Grundordnung besser zu verstehen, erscheint es zweckmäßig, einige typische Agrarverfassungen zu betrachten. Diese haben sich während einer langen geschichtlichen Entwicklung herausgebildet und prägen nach wie vor die landwirtschaftlichen Ordnungsideen:

(1.) Die *feudale Agrarordnung* zeigt eine starke Konzentration des landwirtschaftlichen Eigentums in den Händen bedeutender Familien, des Adels, der Kirche und des Staates. Der Boden wird durch Kleinpächter oder landwirtschaftliche Arbeiter bewirtschaftet, die Märkte für Agrargüter sind wettbewerblich organisiert. Die feudale Agrarordnung war bis ins 19. Jh. in weiten Teilen Europas dominierend und ist - in Fragmenten - auch heute noch zu finden (beispielsweise in Großbritannien, im Mittelmeerraum, in Asien und Südamerika).

(2.) Der *Agrarliberalismus* ist gekennzeichnet durch eine wettbewerbliche Marktverfassung, welche die Allokations-, Stabilisierungs- und Verteilungsprobleme auf marktlichem Wege löst. Damit verbunden ist der Glaube an einen liberalen Agraraußenhandel und die Vorzüge einer vorwiegend bäuerlichen Produktionsstruktur.

(3.) Die Agrarordnung in der *sozialen Marktwirtschaft* bekennt sich ebenfalls zu einer vorwiegend bäuerlichen Produktionsstruktur. Die Allokations-, Stabilisierungs- und primären Verteilungsprobleme sollen mit einer wettbewerblichen Marktverfassung bewältigt werden. Soweit dies erforderlich erscheint, wird die primäre, leistungsbezogene Einkommensverteilung durch eine sekundäre Einkommensverteilung auf dem Wege der staatlichen Einkommens- und Sozialpolitik ergänzt. Zur Regulierung der landwirtschaftlichen Externalitäten und Bereitstellung kollektiv nutzbarer Güter im ländlichen Raum erfolgen Allokationseingriffe. Die Agrarverfassung nach den Prinzipien einer sozialen Marktwirtschaft ist grundsätzlich in der Lage, die mit der Landwirtschaft verbundenen sozialen und ökologischen Probleme zu lösen.

---

[2] Vgl. *von Hayek* (1981), S. 171.
[3] Vgl. *von Dietze* (1967), S. 262.
[4] *Hanau* kommt allerdings zur Schlußfolgerung, daß es für die Landwirtschaft "keine wirkungsvolle Wirtschaftspolitik aus einem Guß geben" könne. Vgl. *Hanau* (1958), S. 14. Er führt dies u.a. auf die volkswirtschaftlichen Entwicklungsprozesse und die Besonderheiten der Landwirtschaft zurück. Vgl. auch *Schmitt* (1993), S. 586.

(4.) Die ***bürokratische Agrarordnung*** ersetzt die Funktionen des Wettbewerbs weitgehend durch staatlich-bürokratische Allokations-, Stabilisierungs- und Verteilungsverfahren. Es kommt zu einer intensiven Regulierung der landwirtschaftlichen Strukturen und Prozesse. Die marktlichen Funktionen werden oft auch dann durch bürokratische Prozesse ersetzt, wenn gar kein Marktversagen besteht. Die bürokratische Agrarordnung ist geprägt durch die Herrschaftsinteressen der Bürokraten und jener politischen Interessengruppen, die mit der Hilfe des Staates eine Umverteilung zu ihren Gunsten anstreben (meist auf Kosten der Verbraucher und der Steuerzahler).

(5.) Die *sozialistische Agrarordnung* beruht auf einer umfassenden Planung und Steuerung der landwirtschaftlichen Güter- und Faktormärkte durch eine zentrale und hierarchische Agrarbürokratie. Der Agrarsozialismus ist ein Herrschaftsinstrument linksgerichteter Parteien, staatskapitalistischer Kräfte und erdrückender Agrarbürokratien. Die Produktion liegt vorzugsweise in den Händen landwirtschaftlicher Genossenschaften, welche den verlängerten Arm der Agrarbürokratie bilden. Denkbar sind auch Kooperationen (sozialistische Genossenschaften) von Kleinbauern und Pächtern. Treten Nahrungsmittelengpässe durch ein Versagen der staatlichen Planung oder in Folge fehlender Produktionsanreize auf, entstehen graue und schwarze Märkte sowie „private" Produktionsstrukturen, welche geduldet oder sogar gefördert werden.

(6.) Der *Agrarkommunismus* wird durch eine zentrale, hierarchische Verwaltung gelenkt (zentralverwaltete Landwirtschaft). Die Steuerung und Kontrolle der Agrarproduktion erfolgt durch eine Agrarbürokratie. Die landwirtschaftliche Produktion, die Verarbeitung und die Verteilung der Agrargüter erfolgen in staatlichen oder genossenschaftlichen Großbetrieben. Der Boden ist in kollektivem oder staatlichem Eigentum.[5] Eine gewisse Selbstversorgung zur Überwindung von gravierenden Versorgungsmängeln wird ebenso geduldet wie graue und schwarze Märkte.

In den *marktwirtschaftlich geprägten Ländern* sind die Agrarordnungen meist eine Mischung aus Elementen des Agrarliberalismus, der sozialen Marktwirtschaft und einer agrarbürokratischen Ordnung.[6] Idealtypisch konzipierte Agrarordnungen sind - auch im historischen Verlauf - nur selten zu finden.

III. Die Landwirtschaft in der sozialen Marktwirtschaft

Die *ordnungspolitischen Grundfragen der Landwirtschaft* beziehen sich auf zwei wesentliche Aspekte: Die Einordnung der Landwirtschaft in die Gesamtwirtschaft und die spezifische Ausgestaltung der landwirtschaftlichen Grundordnung. Vorerst ist die Frage zu stellen, wie sich die Landwirtschaft in die Gesamtwirtschaft einordnet.

[5] Vgl. Kapitel 2 und 21.

[6] Die extremen Ausprägungen von Agrarordnungen sind der (2.) Agrarliberalismus und (6.) der Agrarkommunismus. Beide Typen sind weder in unserer Zeit noch in der geschichtlichen Entwicklung in reiner Form zu finden. Selbst in den *früheren Ostblockstaaten* mit einer Zentralverwaltungswirtschaft waren die Agrarordnungen Mischungen zwischen dem Agrarsozialismus und dem Agrarkommunismus. Zu einer ähnlichen Entwicklung führt auch der landwirtschaftliche Transformationsprozeß in den ehemals kommunistischen Ländern Zentral- und Osteuropas. Vgl. Kapitel 21.

1. Die Einordnung der Landwirtschaft in die Gesamtwirtschaft

Auf den landwirtschaftlichen Gütermärkten begegnen sich Angebot und Nachfrage nach Nahrungsmitteln, bei den landwirtschaftlichen Faktormärkten Angebot und Nachfrage nach landwirtschaftlichen Produktionsfaktoren. Zur *Einordnung der Landwirtschaft in die Gesamtwirtschaft* ist davon auszugehen, daß die Nachfrage nach landwirtschaftlichen Erzeugnissen ein Teil der gesamten Güternachfrage ist und die Nachfrage nach Produktionsfaktoren für die Landwirtschaft ein Teil der gesamten Nachfrage nach Produktionsfaktoren. Die Nachfrage nach Agrargütern bestimmt die Nachfrage nach landwirtschaftlichen Produktionsfaktoren (vgl. Abb. 3/1).

Abb. 3/1
Die Landwirtschaft als System interdependenter Märkte

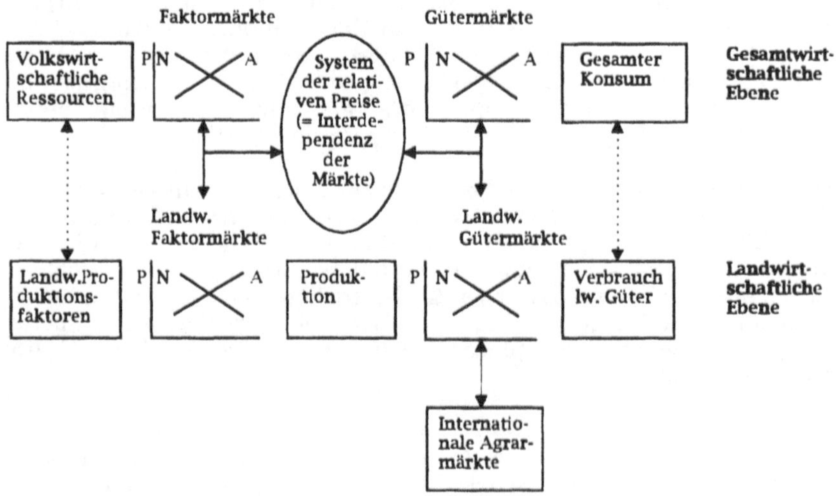

Über die Preise für Konsumgüter und Produktionsfaktoren steht die Landwirtschaft in einer engen Beziehung zur gesamten Wirtschaft. Die landwirtschaftlichen Faktorpreise sind insofern entscheidend, als daß sie den Umfang der in der Landwirtschaft eingesetzten Ressourcen bestimmen. Es besteht langfristig immer wieder eine Tendenz zur Angleichung der landwirtschaftlichen und der gesamtwirtschaftlichen Faktorpreise. Die landwirtschaftlichen Güter- und Faktormärkte reagieren auf Datenänderungen aus dem gesamtwirtschaftlichen Bereich, bilden Teilvorgänge des volkswirtschaftlichen Gesamtprozesses und sind in das umfassende System der gesamtwirtschaftlichen Güter- und Faktormärkte eingebunden. Bei der großen Zahl landwirtschaftlicher und gesamtwirtschaftlicher Güter- und Faktormärkte handelt es sich um eine enorme Menge miteinander verknüpfter Märkte. Die einzelnen Preise der Güter- und Faktormärkte der Landwirtschaft und der gesamten Wirtschaft bilden zusammen ein interdependentes System. Aus diesem System erhält die Landwirtschaft über die Güter- und Faktorpreise ihre Produktionsimpulse.[7] Umgekehrt übertragen auch die landwirtschaftlichen Güter- und Faktormärkte Knappheiten auf die gesamtwirtschaftlichen Güter- und Faktormärkte, woraus sich ebenfalls interdependente

[7] In dynamischer Betrachtung auch Innovationsimpulse.

Reaktionen ergeben. Diese Reaktionen führen immer wieder zu einer simultanen Optimierung des Agrarbereichs innerhalb der Gesamtwirtschaft. Findet Außenhandel statt und sind die Produktionsfaktoren ggf. international mobil, werden auch die internationalen Knappheiten auf die gesamtwirtschaftlichen und landwirtschaftlichen Güter- und Faktormärkte übertragen, womit sich eine Optimierung auf internationalem Niveau ergibt.

Je unverzerrter sich die Knappheiten der landwirtschaftlichen, gesamtwirtschaftlichen und internationalen Güter- und Faktormärkte in den Preisrelationen (relativen Preisen) widerspiegeln und zu interdependenten Angebots- und Nachfragereaktionen führen, desto besser sind die kurz- und langfristigen Marktergebnisse. Jede Verzerrung dieser preislichen Interdependenzen führt zu suboptimalen Ergebnissen.

2. Typische ordnungspolitische Grundfragen

Das *ordnungspolitische Hauptproblem* der Landwirtschaft besteht in der Frage, wie es gelingen kann, unverfälschte Knappheiten bzw. Preisrelationen zum Tragen zu bringen und die Interdependenz der landwirtschaftlichen, gesamtwirtschaftlichen und außenwirtschaftlichen Prozesse herzustellen.[8]

Weitere *typische ordnungspolitische Grundfragen,* welche die Agrarpolitik immer wieder zu beantworten hat, sind die folgenden:[9]

(1.) Welche Bedeutung haben die Preise als Knappheitsindikatoren und Allokationsmechanismen für die landwirtschaftlichen Güter- und Faktormärkte?

(2.) Welche Güter soll die Landwirtschaft herstellen? Welche Güter sollen im Inland, welche im Ausland produziert werden?

(3.) Wie soll die Nahrungsmittelversorgung im Falle einer Nahrungsmittelkrise erfolgen?

(4.) Welche positiven und negativen Externalitäten sind zu regulieren? Gibt es öffentliche bzw. kollektive Güter im Bereich der Landwirtschaft, welche vom Staat zu regulieren und bereitzustellen sind?

(5.) Sind die landwirtschaftlichen Märkte und Einkommen zu stabilisieren?

(6.) Soll ein staatlicher Einkommenstransfer zur Landwirtschaft bzw. innerhalb der Landwirtschaft erfolgen?

(7.) Nach welchen Regeln sollen die rechtlich-institutionellen Grundlagen der Agrarordnung zustande kommen?

---

[8] Probleme ergeben sich, wenn die Agrarordnung durch agrarbürokratische Elemente geprägt ist und staatliche Preisvorgaben an die Stelle einer wettbewerblichen Preisbildung treten. Die Märkte werden nicht mehr über die Preise koordiniert, sondern über eine agrarbürokratische Regulierung von Angebot und Nachfrage. Damit können die Preise ihre Funktion als Knappheitsanzeiger kaum oder nicht mehr ausüben. Der marktliche Gleichgewichtsmechanismus wird außer Kraft gesetzt und es kommt zu schwerwiegenden landwirtschaftlichen Funktionsstörungen. Vgl. Kapitel 6 ff.

[9] Diese Fragen sollen in den nachfolgenden Ausführungen und Kapiteln behandelt werden.

3. Die Allokationsprobleme

Allokationsprobleme ergeben sich bei der Zuordnung von Produktionsfaktoren zum Produktionsprozeß. Mögliche Gründe für Allokationsprobleme sind beispielsweise fehlende preisliche Anreize für die Allokation von Produktionsfaktoren (missing markets), ungenügend starke preisliche Anreize oder Reaktionsverzögerungen, verbunden mit langen zeitlichen Anpassungsphasen:

- Ein mögliches Allokationsproblem besteht darin, ob die Landwirtschaft in der Lage ist, genügend rasch auf agrarwirtschaftliche Datenänderungen zu reagieren. Oft wird befürchtet, daß die Landwirtschaft weder auf kurzfristig auftretende Mangelsituationen noch langfristige Überschußsituationen genügend rasch reagieren kann.[10] So ist beispielsweise sowohl die Inkulturnahme als auch die Stillegung von landwirtschaftlichen Produktionsflächen mit einem erheblichen Zeit- und Kapitalbedarf verbunden.[11] Auch die Produktionsfaktoren Arbeit und Kapital zeichnen sich durch eine große Immobilität aus. Bei der Arbeit ergibt sich die Immobilität aus einer starken Berufsverbundenheit, einer langen Lebensarbeitszeit und einem immer größeren Ausbildungsbedarf.[12] Die Immobilität des Kapitals hängt mit der langfristigen Natur bodengebundener Investitionen zusammen.[13] Hinzu kommen erhebliche Ein- und Austrittschranken bei der landwirtschaftlichen Produktion, woraus ebenfalls Allokationsprobleme[14] entstehen.

- Ein weiteres Allokationsproblem ergibt sich aus der für die Landwirtschaft typischen Beziehung zur Natur sowie den positiven und negativen landbaulichen Externalitäten. Die Landwirtschaft ist in die Kreisläufe der Natur eingebunden und nutzt den Boden, das Wasser, die Luft sowie die Tier- und Pflanzenwelt für die Produktion. Dies erfordert einen Teilbereich der Agrarordnung mit einer Ordnung für die Nutzung der Natur.[15,16]

4. Die Stabilisierungsprobleme

Die Natur als der für die Landwirtschaft typische Produktionsfaktor bringt unvorhersehbare Mengenschwankungen im pflanzlichen und tierischen Bereich. Die daraus resultierenden Preis-, Ertrags- und Einkommensschwankungen führen zu Stabilisierungsproblemen.[17] Die Instabilitäten der Märkte für landwirtschaftliche Erzeugnisse werden mitverursacht durch die verhältnismäßig große Immobilität der landwirtschaftlichen Produktionsfaktoren.[18] Zudem besteht die Gefahr zyklischer Angebotsprozesse, welche unter dem Begriff des Schweinezyklus bekannt sind. Die auch naturbedingte Zyklizität der Produktion kann die Instabilität der Agrarmärkte verstärken. Landwirtschaftliche Stabilisierungsprobleme ergeben sich außerdem durch die raschen landwirtschaftlichen Pro-

---

[10] Vgl. Kapitel 5 ff.
[11] Der Boden bringt erst einige Jahre nach der Inkulturnahme volle Erträge.
[12] Vgl. auch Kapitel 5 und 15 ff.
[13] Vgl. auch Kapitel 5 ff. und 15.
[14] Sowie Anpassungs- und Entwicklungsprobleme.
[15] Die "Besonderheiten der Landwirtschaft" dienen oft als Rechtfertigungsgrund für agrarpolitische Eingriffe. Je nach den politischen und ökonomischen Interessen werden diese Besonderheiten allerdings unterschiedlich interpretiert.
[16] Vgl. *Hanau* (1958), S. 12; sowie ausführlich *Schmitt* (1993), S. 586 ff.; vgl. Kapitel 13 ff.
[17] Vgl. Kapitel 5 ff.
[18] Vgl. Kapitel 5.

duktivitätssteigerungen, deren Angebotswirkungen die Nachfragesteigerungen für landwirtschaftliche Erzeugnisse oft übertreffen, was einen dauernden Druck auf die Preise für landwirtschaftliche Güter verursacht.

Dabei ist die leichte Verderblichkeit vieler Nahrungsmittel ein Nachteil für die Erzeuger, indem dies die Stabilisierung der Märkte erschwert. Mehr und mehr gibt es jedoch in den Bereichen der Produktion, der Nachfrage und der Lagerhaltung Stabilisierungsverbesserungen.[19] Außerdem ist die Nachfrage nach Nahrungsmitteln einigermaßen voraussehbar. Die verbleibenden Schwankungen werden oft als vergleichbar mit anderen Wirtschaftszweigen beurteilt[20] und können die gesamten Einkommensaussichten nicht dauernd vermindern, vor allem dann nicht, wenn die Einkommen im Durchschnitt von mehreren Jahren berechnet werden. Argumente wie jene eines naturbedingten Einkommensrückstands der Landwirtschaft und der Notwendigkeit naturbedingter Stützungsmaßnahmen verlieren deshalb an Relevanz.

5. Die Verteilungsprobleme

Verteilungsprobleme im Agrarbereich ergeben sich sowohl bei den Landwirten als auch den Verbrauchern:

- Bei den *Landwirten* entstehen Verteilungs- bzw. Einkommensprobleme, da der Anteil der landwirtschaftlichen Einkommen am Volkseinkommen in vielen Ländern geringer ist als der Anteil der landwirtschaftlichen Erwerbstätigen an den gesamtwirtschaftlichen Erwerbstätigen. Die landwirtschaftlichen Einkommen verschlechtern sich durch die Tendenz zu Agrarüberschüssen immer wieder. Zudem ist die innerlandwirtschaftliche Einkommensverteilung für die kleineren Landwirte meist unbefriedigend. Ein Großteil selbst der haupterwerblichen Landwirte verfügt nur über eine ungenügende landwirtschaftliche Einkommensbasis, welche allerdings mehr und mehr durch nichtlandwirtschaftliche Einkommen, auch der Familienmitglieder, ausgeglichen wird.[21]

- Bei den *Verbrauchern* ergeben sich regressive Verteilungswirkungen durch die Verteuerung der Agrarerzeugnisse. Die Agrarpreise in vielen Industrieländern werden künstlich überhöht, was in erster Linie zu Lasten der kaufkraftschwächeren Haushalte geht. Diese "Umverteilung" zu Gunsten der Landwirtschaft wird als "Agrarsteuer" bezeichnet.

IV. Die Ausgestaltung der landwirtschaftlichen Grundordnung

1. Die individualistisch-spontane Ordnung

Die soziale Marktwirtschaft ist ein Ordnungsmodell, welches den marktlichen Gleichgewichtsmechanismus nutzt und gleichzeitig versucht, Marktversagen zu korrigieren. In den höchstentwickelten Industrieländern gibt es mannigfaltige ordnungspolitische Ausprägungen der sozialen Marktwirtschaft. Ebenso zahlreich sind die Nuancen bei der Ausgestaltung der Grundordnung der Landwirtschaft. Dabei stehen zwei idealtypische Ausprägungen der Agrarordnung im Vordergrund der Betrachtung, die individualistisch-spontane Ordnung und die wohlfahrtsökonomisch geprägte Ordnung.

---

[19] Vgl. Kapitel 5.
[20] Vgl. *von Dietze* (1967), S. 171.
[21] Vgl. Kapitel 18.

Die ***individualistisch-spontane Ordnung*** wurde unter anderem von *Friedrich August von Hayek* in Anlehnung an die Ideen von vorklassischen und klassischen Nationalökonomen entwickelt.[22] Diese betont den Aspekt der individuellen Freiheit und das spontane Verhalten der Individuen. Die Wirtschaft wird als ein Geflecht menschlicher Beziehungen betrachtet, als ein "Zweckbündnis" der sie "konstituierenden Individuen".[23,24] Die Freiheit des Individuums gilt als überragender Grundsatz wirtschaftspolitischen Denkens. Der Freiheitsbegriff *von Hayeks* geht über das individuelle Nutzenstreben hinaus und verbindet sich mit einer spontanen gesellschaftlichen Ordnung. Der Staat schützt die individuellen Freiheitsrechte, die öffentliche Ordnung, Leib und Leben, die Familie und das Eigentum. Erforderlich sind Schranken bei der individuellen Freiheit zum Schutz der freiheitlichen Sphäre anderer Individuen (negativer Freiheitsbegriff).

Spontane Ordnungen dienen unmittelbar keinen im voraus festgelegten gesellschaftlichen Zielen, sondern sind auf die Befriedigung der individuellen Präferenzen beim Konsum und in der Produktion ausgerichtet. Durch das spontane, nutzenorientierte Verhalten der Individuen kommt es zur Entwicklung von Institutionen, welche einer steten Optimierung der wirtschaftlichen Ordnung, der Strukturen und der Prozesse dienen. Dabei handelt es sich um immaterielle und materielle Institutionen (Gesetze und Verhaltensregeln bzw. die Infrastruktur).

Eine freiheitliche Ordnung gewährleistet, daß die Individuen nach ihren Präferenzen leben können und sich die gesellschaftlichen Institutionen - wozu auch die wirtschaftlichen Ordnungsstrukturen zählen - sinnvoll entwickeln. Die Institutionen sollen sich aus den wirtschaftlichen und gesellschaftlichen Erfordernissen heraus bilden. Die wirtschaftlichen Ordnungsregeln entstehen aus dem spontanen Verhalten der Wirtschaftssubjekte. Beim Tausch von Leistungen und der Nutzung von Ressourcen ergeben sich spontane Regeln. Diese werden sehr stark von der Knappheit der Güter, auch im kollektiven Bereich, beeinflußt. Soweit sich diese Regeln als spontane Institutionen bewähren, setzen sie sich durch und wirken transaktionskostensenkend sowie ordnungsprägend. Die Ordnungstrukturen passen sich sehr rasch an veränderte Gegebenheiten an. Oft finden die spontanen Regeln Eingang in die geschriebene Rechtsordnung.

Die individualistisch-spontane Ordnung ist vor allem im Bereich der Produktion und Vermarktung von Marktgütern effizient.[25] Sie fördert zudem Innovationen. Es kommt zu einer laufenden Weiterentwicklung der Agrarerzeugnisse, die sich an den Bedürfnissen der Verbraucher orientiert. Hinzu treten die Innovationen bei der landwirtschaftlichen Produktion, der Organisation der Betriebe, der Marktorganisation und den Beschaffungsverfahren.

Kollektive Güter wie beispielsweise die Infrastruktur im ländlichen Raum, die Pflege der Landschaft und der Schutz der Natur kommen in einer individualistisch-spontanen Ordnung zustande, wenn sich genügend Wirtschaftssubjekte durch ihr kollektives bzw. politisches Verhalten dafür einsetzen. Das Nutzen-Kosten-Kalkül der einzelnen Individuen prägt die Bereitstellung von Nichtmarktgütern. Bei der Allokation von Nichtmarktgütern, im Umgang mit der Na-

[22] Vgl. *von Hayek* (1981) und (1986).
[23] Vgl. *Gaulke* (1994), S. 27.
[24] Voraussetzung ist die Fähigkeit der Individuen zu sinnvollem Handeln. Diese müssen nicht stets rational handeln, aber ihr Handeln muß sinnvoll sein. Bei einem völlig irrationalen Handeln ist eine individualistische Ordnung wenig sinnvoll. Vgl. *Gaulke* (1994), S. 27.
[25] Im Gegensatz zu bürokratisch dominierten Strukturen.

tur und in sozialen Fragen können individualistisch-spontane Ordnungen jedoch zu unbefriedigenden (suboptimalen) Ergebnissen führen. Deshalb sind diese Bereiche auf mögliches Versagen zu analysieren und es sind Lösungsansätze zu entwerfen, welche die Mängel beseitigen. Oft lassen sich die Ergebnisse einer individualistisch-spontanen Ordnung korrigieren, ohne daß diese im Kern zerstört werden muß.

2. Die wohlfahrtsökonomisch geprägte Ordnung

Die *wohlfahrtsökonomisch geprägte Ordnung* geht von der Idee eines wohlfahrtsökonomischen Optimums aus.[26] Abb. 3/2 zeigt ein Modell mit einem Zweigüterfall und den Gütern X_1 und X_2. Es wird davon ausgegangen, daß die Landwirtschaft nur die beiden Güter X_1 und X_2 produziert. Ziel ist die Optimierung der Produktion. Die Transformationskurve T entspricht der Grenze der

Abb. 3/2
Das wohlfahrtsökonomische Optimum

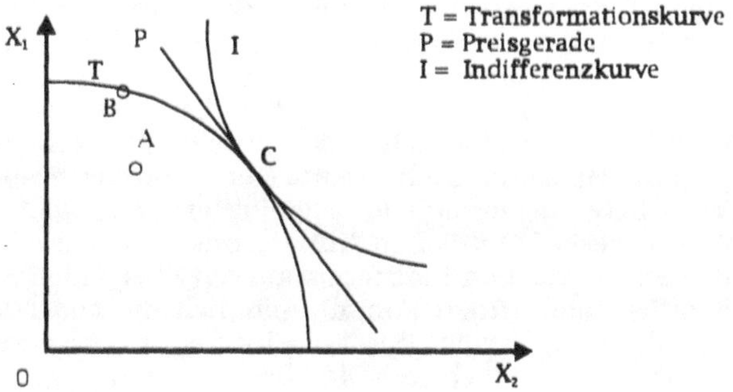

Produktionsmöglichkeiten im Zweigüterfall einer Produktionskombination von X_1 und X_2. Bei einer Variation der Produktion der beiden Güter verändert sich die Grenzrate der Transformation, d. h. die Transformation eines Gutes durch ein anderes muß durch den Verzicht auf immer größere Mengen des anderen Gutes "erkauft" werden.[27] Punkt A bezeichnet eine suboptimale Produktion, bei welcher beispielsweise Produktionshemmnisse auftreten, welche einer größtmöglichen Ausschöpfung der Produktionsmöglichkeiten entgegenwirken. Punkt B entspricht der äußersten Grenze der Transformationsmöglichkeiten, ebenso C. Bei C entspricht die Grenzrate der Transformation der Grenzrate der Substitution der Indifferenzkurve. Damit wird nicht nur das Produktionsoptimum, sondern auch das Konsumoptimum erreicht. Die beiden Grenzraten, jene der Transformation und der Substitution, weisen dieselbe Steigung auf und entsprechen der Güterknappheit, wie diese durch die Preisgerade (P) zum Ausdruck kommt. Es handelt sich um die gleichzeitige Optimierung des Produk-

[26] Vgl. zur wohlfahrtsökonomischen Zielsetzung der Agrarpolitik auch *Aereboe* (1928), S. 1.

[27] Im Ausnahmefall sind auch umgekehrt geneigte (konvexe) Transformationskurven denkbar, wobei der Verzicht auf die Produktion eines Gutes im marginalen Bereich die Produktion von immer größeren Mengen eines anderen Gutes ermöglicht (für die Landwirtschaft angesichts der begrenzten Skalenerträge nicht typisch).

tions- und des Konsumbereichs (optimum optimorum), wobei das Allokations-, Konsum- und Gesamtoptimum erreicht werden.[28]

Mögliche wohlfahrtsökonomische Grundfragen hinsichtlich des landwirtschaftlichen Optimums (Paretooptimum) lauten unter anderem:

(1.) Ist die Produktion ökonomisch und ökologisch effizient?
(2.) Können die angestrebten quantitativen und qualitativen Produktionsziele auch mit einer geringeren Menge an Produktionsmitteln erreicht werden?
(3.) Sind positive oder negative landbauliche Externalitäten, vor allem im Umweltbereich, im Hinblick auf ein Marktversagen zu korrigieren?

Die Wohlfahrtsökonomie impliziert auch eine Verteilungsregel:

(4.) Gibt es wirtschaftspolitische Maßnahmen, welche wenigstens ein Wirtschaftssubjekt besserstellen, ohne daß ein anderes Wirtschaftssubjekt schlechter gestellt werden muß (sog. paretianische Regel)?

Die wohlfahrtsökonomischen Regeln lassen sich bei Allokations-, Konsum- und Verteilungsproblemen im Bereich der Güter- und Faktormärkte sowie der Externalitäten anwenden. Bei der Formulierung landwirtschaftlicher Probleme und der gesellschaftlichen Konsensbildung über normative Ziele ist allerdings oft ein breites, mehrdeutiges Spektrum von Präferenzen erkennbar, welches sich nicht immer durch einheitliche gesellschaftliche Zielvorstellungen erfassen läßt.[29] Das Problem einer wohlfahrtsökonomisch orientierten Ordnung besteht auch darin, daß sich die meist heterogenen individuellen Präferenzen nicht widerspruchsfrei zu einheitlichen gesellschaftlichen Nutzenvorstellungen aggregieren lassen. Zudem sind die individuellen Indifferenzkurven über einen längeren Zeitraum betrachtet oft instabil. Hinzu kommt, daß sich die äußersten Grenzen der Produktion, wie diese im Verlauf der Transformationskurve zum Ausdruck kommen, nur erahnen, nicht jedoch endgültig bestimmen lassen.[30]

Die Wohlfahrtsökonomie eignet sich jedoch dazu, Allokationsprobleme aufzuzeigen, so beispielsweise, wenn die äußerste Linie der Transformationskurve offenbar nicht erreicht wird (vgl. Punkt A in Abb. 3/2), die Preisgerade aus natürlichen Gründen oder auf künstliche Weise verzerrt wird oder ein Produktionspunkt nicht den erkennbaren gesellschaftlichen Präferenzen (bzw. der Lage der Indifferenzkurven) entspricht. In diesen Fällen läßt sich ein Allokationsproblem bzw. eine sog. paretoinferiore Situation feststellen. Es können Möglichkeiten zur Herbeiführung einer paretooptimalen Situation gesucht und analysiert werden.

Im Allokationsbereich ist das Kriterium der Paretooptimalität anwendbar, obwohl es für die praktische Umsetzung oft zu vage ist. Im Verteilungsbereich jedoch gibt es kaum ähnliche Maßstäbe. Die paretianische Regel (4.) stellt zwar theoretisch eine Verteilungsregel dar, gibt aber in der Praxis wenig Anhalts-

[28] Denkbar wäre es, auch ein Verteilungsoptimum zu erreichen. Dies wäre der Fall, wenn im Falle von zwei Wirtschaftssubjekten die Verteilung der Güter zwischen den beiden Wirtschaftssubjekten so erfolgen würde, daß deren Grenznutzen jeweils derselbe wäre und dieser gleichzeitig der Neigung der Preisgeraden sowie der Grenzrate der Transformation entspräche (nicht eingezeichnet).
[29] Wie beispielsweise bei der Frage der Gestaltung des Landschaftsbildes.
[30] Zu einer laufenden Verschiebung der Transformationskurven führt auch der technische Fortschritt.

punkte für Verteilungseingriffe, denn es ist ein breiter Rahmen von verteilungspolitischen Werturteilen ist möglich. Auf der weiten Skala zwischen einem Verzicht auf Verteilungskorrekturen und einer egalitären Verteilung der Einkommen sind praktisch alle Nuancen von Werturteilen denkbar. Grenzen der Umverteilung werden spürbar, wenn die Verteilungskorrekturen eine derartige Intensität erreichen, daß wirtschaftliche Wachstumsschwächen auftreten.

Aus allen diesen Überlegungen läßt sich erkennen, daß die Wohlfahrtsökonomie als Konzept für das wirtschafts- und agrarpolitische Denken vor allem theoretische und didaktische Bedeutung hat. Als Ansatz zur Diagnose und Therapie von wirtschaftspolitischen Problemen ist sie oft nur vage anzuwenden oder versagt ganz. Die Kritik am wohlfahrtsökonomischen Ansatz bei der Festlegung von optimalen Eingriffen zählt zu den zentralen ordnungspolitischen Problemen. Die "wissenschaftliche Strategie der offiziellen Wohlfahrtsökonomie ist noch nicht optimal".[31]

> "Unser Wohlfahrtsparadigma hat keinen großen agrarökonomischen Nutzen gebracht. Es führte dazu, daß der Status quo und gewisse Interessengruppen bevorzugt wurden. Um den breiteren gesellschaftlichen Zielen gerecht zu werden, sollte die Wissenschaft damit beginnen, einen Mann in den Mond zu setzen - mit der Aufgabe, eine gesellschaftliche Wohlfahrtsfunktion zu formulieren".[32]

Bei Allokations- und Verteilungseingriffen besteht zudem die Gefahr, daß diese auch durch die Eigenziele der Politiker und Bürokraten beeinflußt werden, was zum Staatsversagen führt. Kritisch wird die Anwendung der Wohlfahrtsökonomie vor allem beim Versuch, Verteilungsinteressen auf politischem Wege durchzusetzen.

3. Die Agrarordnung

Soll die Agrarverfassung einer individualistisch-spontanen Ordnung oder einer wohlfahrtsökonomisch orientierten Ordnung folgen? Bei besseren ökonomischen Leistungen, welche politisch akzeptabel, sozial verträglich und ökologisch wünschenswert sind, ist eine individualistisch-spontane Ordnung zu bevorzugen. Sind die Ergebnisse spontaner Ordnungen und Prozesse jedoch gesellschaftlich und ökonomisch unbefriedigend, ist partiell nach wohlfahrtsökonomisch orientierten Lösungen zu suchen, welche die möglichen Mängel einer individualistisch-spontanen Ordnung zu korrigieren versuchen. Dabei sollen die Grundzüge einer spontanen Ordnung so wenig wie möglich zerstört werden. Je mehr wettbewerblich konzipierte Güter- und Faktormärkte die Agrarordnung tragen, desto besser sind - in der Tendenz - die Ergebnisse. Dies hängt auch damit zusammen, daß die Menschen kaum in der Lage sind, "im voraus" Agrarordnungen zu konzipieren ("Agrarkonstruktivismus"), welche allen nur möglichen Entwicklungen genügen können.

---

[31] *Tinbergen* (1989), S. 232.
[32] *Tweeten* (1988), S. 121 ff.

B. Die normativen Grundlagen der Agrarordnung

I. Die gesellschaftlichen Grundwerte

Die Frage nach den gesellschaftlichen Grundwerten stellt sich sowohl bei einer individualistisch-spontanen als auch einer wohlfahrtsökonomisch geprägten Ordnung. Diese Fragestellung ist normativer Art ("wie die Agrarordnung sein soll"). In beiden Ordnungen bilden die gesellschaftspolitischen Grundwerte und die Prinzipien der sozialen Marktwirtschaft die normative Wertbasis für die Agrarordnung.[33]

Die gesellschaftlichen Grundwerte sind die Freiheit, die Sicherheit, der Wohlstand, der Fortschritt und die Gerechtigkeit (vgl. Abb. 3/3). Diese Werte haben universellen Charakter und lassen sich je nach den ordnungspolitischen Nuancen einer sozialen Marktwirtschaft beliebig anwenden, verfeinern, ausweiten und gewichten. Sie sind von einer gewissen Beständigkeit, können sich jedoch *inhaltlich* im Verlaufe der Zeit ändern.

Abb. 3/3
Die gesellschaftlichen Grundwerte

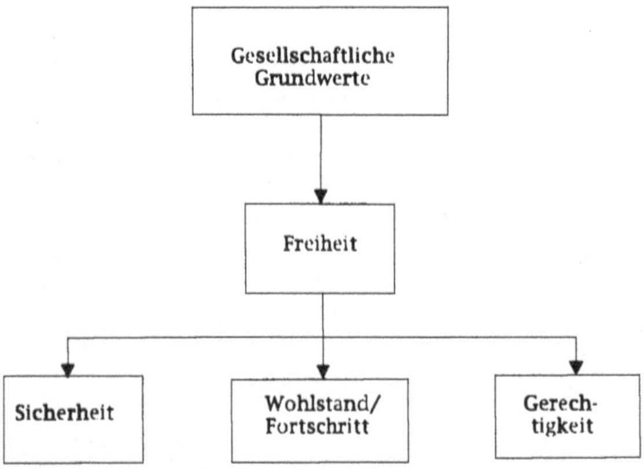

1. Die Freiheit

Der Grundwert der *Freiheit* überragt die gesellschaftliche Werteskala und begünstigt das Erreichen der übrigen gesellschaftlichen Werte. Die Freiheit zählt zu den Werten einer Gesellschaft, deren zentrale Erscheinung das Individuum ist.[34,35] Negativ formuliert handelt es sich um die Abwesenheit von Zwang, wobei Zwang - im Sinne abstrakter Verhaltensregeln - nur dann erforderlich ist, wenn es um die Sicherung der Freiheitsrechte anderer Individuen geht.

Der Grundwert der Freiheit entspricht dem tief verwurzelten Bedürfnis der Menschen nach individueller Lebensgestaltung, persönlicher Entfaltung und beruflicher Befriedigung. Dabei läßt sich die Freiheit nur erhalten,

[33] Wenngleich in einer etwas unterschiedlichen Ausprägung.
[34] Vgl. zu den nachfolgenden Ausführungen *Gaulke* (1994), S. 27.
[35] Die Freiheit läßt sich als Teil der Ordnung, aber auch als Gegenbegriff verstehen. Dies hängt mit dem Selbstverständnis des Menschen und seiner Beziehung zur Gesellschaft zusammen.

> "... wenn sie als ein oberstes Prinzip angesehen wird, das um keiner besonderen Vorteile willen geopfert werden darf".[36]

Auch der Bauer als Unternehmer soll ein Höchstmaß an persönlicher und beruflicher Freiheit sowie Entfaltung erfahren:

> "Die unternehmerische Freiheit der Landwirte ist dabei so wichtig wie die Freiheit jedes einzelnen, über seine Lebensform zu bestimmen".[37]

Die Freiheit motiviert die Landwirte zu Fleiß, Investitionen und Innovationen, was eine reichliche, vielseitige und preisgünstige Nahrungsmittelversorgung ermöglicht.

In einer freiheitlich geprägten Gesellschaftsordnung ist auch die Agrarordnung sinnvollerweise eine freiheitliche.[38] Dabei ist eine freiheitliche Agrarordnung kein System des laissez faire, sondern erfordert zahlreiche freiheitssichernde Institutionen.[39] Die Freiheit darf nicht in Macht, Täuschung, Drohung oder Betrug ausarten und muß außerdem ökologischen und sozialen Werten dienen.

2. Der Wohlstand

Unter dem Aspekt des *Wohlstands* soll die Landwirtschaft durch preisgünstige, vielfältige und qualitativ gute Agrargüter (Nahrungsmittel und Rohstoffe) zum gesamtwirtschaftlichen Wohlstand beitragen und der steigenden Nachfrage nach Nahrungsmitteln des gehobenen Bedarfs entsprechen (vgl. Abb. 3/4).

Hinzu kommen Wohlfahrtsziele bei den landbaulichen Externalitäten. Die negativen Externalitäten in den Bereichen der Naturkreisläufe, des Bodens, des Wassers, der Luft sowie der wildlebenden Tiere und Pflanzen (Fauna und Flora) sollen optimiert bzw. ggf. minimiert werden.[40] Die positiven landbaulichen Externalitäten stehen im Zusammenhang mit den landschaftlichen, regionalen und ökonomischen Effekten der Landwirtschaft und sollen unter Nutzen-Kosten-Aspekten optimiert werden.[41]

Die Umweltgüter sind Güter des gehobenen Bedarfs. Qualitative Wachstums- bzw. Umweltziele haben in den vergangenen Jahren stark zugenommen und treten immer mehr in der Vordergrund der agrarpolitischen Diskussion.[42] Die sich ändernden qualitativen Ziele für die Landwirtschaft und den ländlichen Raum[43] sind Teil des agrarpolitischen Wertewandels. Die Entwicklung führt weg von "monofunktionalen" Zielen für die Landwirtschaft, welche "nur" der Agrarproduktion dient, hin zu einer "multifunktionalen" Landwirtschaft mit positiven landbaulichen Effekten, welche regional kollektiv nutzbare Gütern erzeugt.[44]

---

[36] *von Hayek* (1986), S. 85.
[37] *Priebe* (1970), S. 15.
[38] Vgl. *Röpke* (1964), S. 47.
[39] Vgl. Kapitel 6 ff.
[40] Vgl. Kapitel 13.
[41] Vgl. Kapitel 14.
[42] Vgl. *Josling* (1974), und *Heidhues* (1977), S. 122.
[43] Vgl. auch Kapitel 13 f.
[44] Die möglichen Ziele einer "multifunktionalen" Landwirtschaft bestehen unter anderem in der Produktion von Nahrungsmitteln, der Gewährleistung der Ernährungssicherheit, der Produktion von nachwachsenden Rohstoffen, der Erhaltung und Pflege der Kulturlandschaft (als Erholungs- und Wohnraum), der Erhaltung der Lebensgrundlagen (beispielsweise des Bodens), der Nachhaltigkeit der Nutzung der Natur, der Funk-

Dabei sind die Kriterien für die Optimierung einer multifunktionalen Landwirtschaft weniger scharf zu fassen als für eine monofunktionale Landwirtschaft, welche "nur" zu einer optimalen Versorgung der Märkte mit materiellen Agrargütern führt.[45]

Abb. 3/4
Der Grundwert des Wohlstands im Agrarbereich

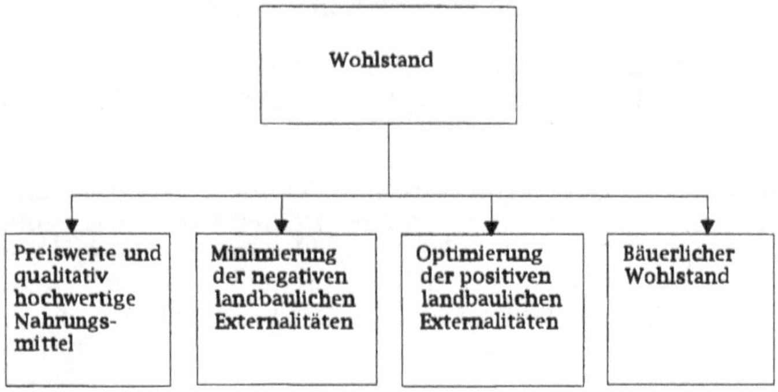

3. Die Sicherheit

Die *Sicherheit* der Nahrungsmittelversorgung als gesellschaftlicher Grundwert ist von existentieller Bedeutung für das Überleben der Menschen (vgl. Abb. 3/5). Dies erfordert eine genügende Verfügbarkeit von Nahrungsmitteln aus der binnenwirtschaftlichen Produktion oder Importen sowie eine angemessene Quali-

Abb. 3/5
Der gesellschaftliche Grundwert der Sicherheit im Agrarbereich

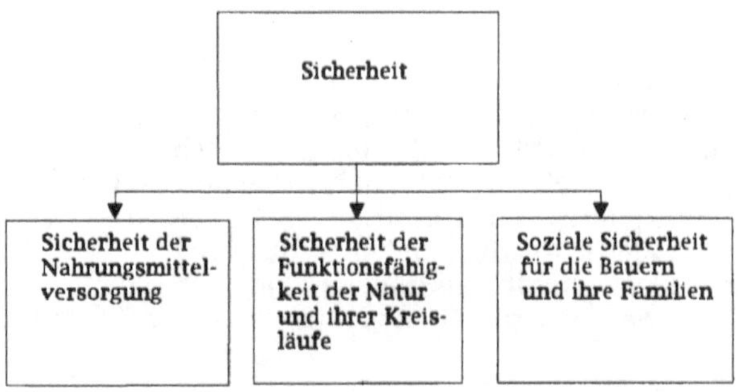

der Kulturlandschaft (als Erholungs- und Wohnraum), der Erhaltung der Lebensgrundlagen (beispielsweise des Bodens), der Nachhaltigkeit der Nutzung der Natur, der Funktionsfähigkeit des ländlichen Raumes sowie der Bewahrung und Pflege der "bäuerlichen" Werte, Lebensformen und Kulturgüter. Vgl. *Popp* (1996), Bl. 91.

[45] Der Grundwert des Wohlstands bezieht sich auch auf die Landwirte und deren Familien. Der bäuerliche Wohlstand kommt vor allem durch Arbeitsfleiß und Sparsamkeit, Anpassung und Innovationen zustande.

tät.[46] Die Sicherheit der Nahrungsmittelversorgung setzt eine funktionsfähige Natur voraus, welche das Leben der grünen Pflanzen und die darauf aufbauenden Kreisläufe der Natur ermöglicht. Fallen diese weg, hat auch die irdische Existenz der Menschen ein Ende. Mögliche Ursachen einer Verschlechterung oder Zerstörung der Funktionsfähigkeit der Natur sind der ökologische Raubbau, sich ausbreitende Pflanzen- und Tierkrankheiten, Kriege, nukleare Unfälle, Vulkanausbrüche oder Asteroideneinschläge mit globalen Folgen. Die Agrarpolitik kann nicht alle diese Gefahren beseitigen, aber dazu beitragen, die Funktionsfähigkeit der Natur und die Sicherheit der Ernährung zu verbessern.

Zum gesellschaftlichen Grundwert der Sicherheit zählt auch die *soziale Sicherheit der Bauern und ihrer Familien.* Ein großer Anteil der Bauern lebt einkommensmäßig an der unteren Schwelle der Existenz und kann Wechselfälle des Lebens wie Krankheit, Unfall, Invalidität und Alter nicht selbst bewältigen.[47]

4. Die Gerechtigkeit

Beim gesellschaftlichen Grundwert der *Gerechtigkeit* gibt es zwei unterschiedliche Ansätze: Die *Leistungsgerechtigkeit* und die *Bedarfsgerechtigkeit* (vgl. Abb. 3/6). Die *Leistungsgerechtigkeit* bedeutet in der Regel marktgerechte Preise und Faktoreinkommen, die *Bedarfsgerechtigkeit* bedürfnisgerechte Preise und landwirtschaftliche Faktoreinkommen. Die Leistungsgerechtigkeit impliziert in der

Abb. 3/6
Der gesellschaftliche Grundwert der Gerechtigkeit

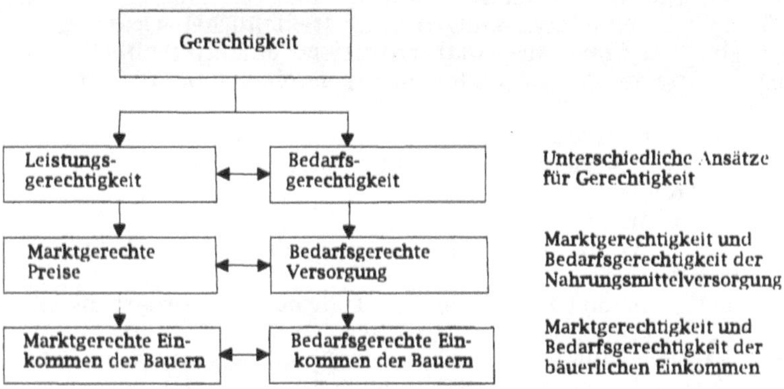

Regel marktkonforme Preise für die landwirtschaftlichen Erzeugnisse, welche möglicherweise für die kaufkraftschwächeren Bevölkerungsschichten über den bedarfsgerechten Preisen liegen. Aus den Marktpreisen für Agrargüter wiederum ergeben sich meist nur für die leistungsstarken Bauern befriedigende Einkommen, nicht jedoch für die Kleinbauern in sozial schwächeren Verhältnissen.

[46] Der Begriff der food security (Sicherheit der Nahrungsmittelversorgung) umfaßt eine genügende Quantität und Qualität der verfügbaren Nahrungsmittel, einen ausreichenden Zugang der einzelnen Haushalte und Individuen zu Nahrungsmitteln, eine befriedigende Lebensmittelhygiene sowie eine gute Qualität des Trinkwassers.
[47] Vgl. Kapitel 18.

Damit zeigen sich auch die Probleme: Was gerecht für die Landwirte erscheint, ist möglicherweise aus der Sicht der Verbraucher ungerecht (und umgekehrt).

Der Widerspruch zwischen "marktgerecht" und "bedarfsgerecht" durchzieht die gesamte Agrarpolitik. In einer sozialen Marktwirtschaft ist dieses Problem grundsätzlich lösbar. Die Ordnungsprinzipien der sozialen Marktwirtschaft ermöglichen Verteilungskorrekturen zu Gunsten von Verbrauchern und Bauern in wenig befriedigenden sozialen Verhältnissen im Rahmen der sekundären Einkommensverteilung. Diese Verteilungskorrekturen schließen sich an die primäre, marktinduzierte Verteilung an und führen nicht zwangsläufig zu einer Beeinträchtigung der Funktionsfähigkeit der Märkte. Das wünschenswerte Ausmaß einer sekundäre Einkommensverteilung ist allerdings stark werturteilungsgebunden und unterliegt einem steten inhaltlichen Wandel.

5. Zielkonflikte

Die gesellschaftlichen Grundwerte sind nicht widerspruchsfrei.[48,49] Die normative Agrarpolitik widerspiegelt eine Welt von Zielkonflikten[50] Deshalb müssen selbst die Grundwerte immer wieder nach Prioritäten geordnet werden. An der ersten Stelle steht normalerweise der Grundwert der Freiheit, in Zeiten mit Nahrungsmittelkrisen kann vorübergehend auch die Sicherheit der Nahrungsmittelversorgung an die oberste Stelle rücken.

II. Die Prinzipien der Agrarordnung

Aus den gesellschaftlichen Grundwerten ergeben sich die agrarpolitischen Grundprinzipien. Die Agrarordnung ist vor allem in Übereinstimmung mit den gesellschaftlichen Grundüberzeugungen einer freiheitlichen Ordnung zu bringen.[51] Einer sozialen Marktwirtschaft entspricht eine freiheitliche landwirtschaftliche Ordnung mit den folgenden *agrarpolitischen Grundprinzipien:*

- Die Souveränität der Verbraucher,[52]
- eine wettbewerbliche Marktverfassung (und Außenhandelsordnung),[53]
- die Produktionsfreiheit,[54]
- die Eigentumsfreiheit,[55]
- eine ökologisch sinnvolle Nutzung der Natur und die Bereitstellung kollektiv nutzbarer Güter,[56]
- der bäuerliche Familienbetrieb als dominierende betriebliche Organisationsform,[57]
- eine freiheitliche betriebliche Finanzverfassung und Agrarstrukturpolitik,[58]
- eine möglichst freiheitliche Ordnung des landwirtschaftlichen Humankapitalbereichs,[59]

[48] Vgl. *Jöhr* (1949), S. 231 ff.
[49] Vgl. auch Kapitel 4.
[50] Beispiele sind die oben erwähnte "Marktgerechtigkeit" und die "Bedarfsgerechtigkeit".
[51] Vgl. *Niehaus* (1964), S. 1.
[52] Vgl. Kapitel 6.
[53] Vgl. Kapitel 6 ff.
[54] Vgl. Kapitel 11.
[55] Vgl. Kapitel 12.
[56] Vgl. Kapitel 13 ff.
[57] Vgl. Kapitel 15.
[58] Vgl. Kapitel 16.
[59] Vgl. Kapitel 17.

- eine freiheitliche bäuerliche Arbeitsverfassung sowie eine sozial abgesicherte Agrareinkommenspolitik.[60]

C. Die praktische Agrarpolitik - ein Überblick

I. Die agrarpolitische Einflußnahme

Abb. 3/7
Die agrarpolitische Einflußnahme

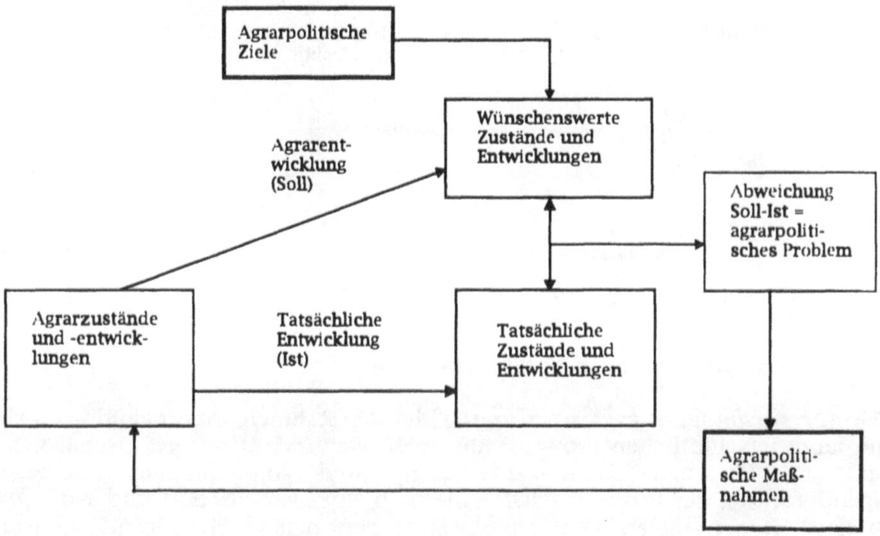

Entsprechen die landwirtschaftlichen Zustände und Entwicklungen nicht den erkennbaren Präferenzen, bestehen *"agrarpolitische Probleme"* bzw. Soll-Ist-Abweichungen (vgl. Abb. 3/7). Es taucht die Frage auf, ob agrarpolitische Maßnahmen erforderlich sind. Die *praktische Agrarpolitik* versucht, agrarpolitische Probleme zu erkennen, zu analysieren und abzubauen. Gelingt dies, verschwinden die Probleme aus der aktuellen Diskussion. Im Verlaufe der Zeit gibt es immer wieder neue Probleme, welche nach agrarpolitischen Maßnahmen rufen.

II. Das agrarpolitische Instrumentarium

Zum agrarpolitischen Instrumentarium zählen die *Agrarverfassung (Agrarordnung)*, die *Agrarstrukturpolitik*, die *Agrarmarkt- und Agrarpreispolitik*, die *direkte Agrareinkommenspolitik*, die *Agrarsozialpolitik* sowie weitere agrarrelevante Maßnahmen wie die *Agrarumweltpolitik*, die *regionale Agrarpolitik* und die *Agrarfinanzpolitik* (vgl. Abb. 3/8).

[60] Vgl. Kapitel 18.

Abb. 3/8
Das agrarpolitische Instrumentarium im Überblick

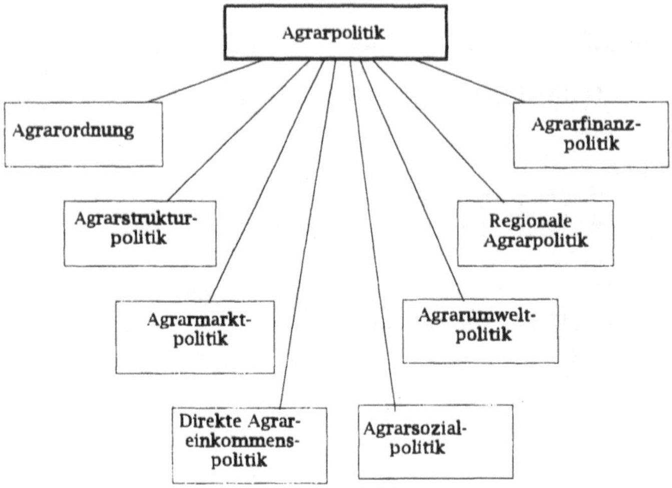

III. Die Agrarordnung oder Agrarverfassung

Die *Agrarordnung (Agrarverfassung)* bildet den Rahmen, innerhalb dessen sich die landwirtschaftlichen Prozesse abspielen. Sie umfaßt die gesellschaftlichen und auch die bäuerlichen Auffassungen und Vorstellungen, welche die Grundordnung der Landwirtschaft innerhalb einer Gesellschaft und Wirtschaft prägen.[61] Dabei spielen nicht nur die geschriebenen verfassungsmäßigen und gesetzlichen Grundlagen eine Rolle, sondern auch die spontanen und gewohnheitsmäßigen Sitten und Gebräuche, welche sich in der bäuerlichen Gesellschaftsordnung bzw. der Familien- und Sozialordnung niederschlagen. Einzelne Ordnungsansätze bilden sich spontan, andere werden bewußt gestaltet.

Die Teilordnungen der Agrarverfassung sind:

- Die *Ordnung der landwirtschaftlichen Gütermärkte (die Marktverfassung),*[62]
- die *Ordnung des Agraraußenhandels,*[63]
- die *Ordnung der landwirtschaftlichen Produktion (Produktionsordnung oder -verfassung),*[64]
- die *Eigentumsverfassung und die Pachtordnung,*[65]
- die *Ordnung der Nutzung der Natur,*[66]
- die *Ordnung des landwirtschaftlichen Betriebes,*[67]
- die *Finanzverfassung des landwirtschaftlichen Betriebes,*[68]
- die *Ordnung des landwirtschaftlichen Humankapitalbereichs,*[69]

[61] Vgl. *von Dietze* (1967), S. 21 f.
[62] Vgl. Kapitel 5 ff.
[63] Vgl. Kapitel 9.
[64] Vgl. Kapitel 11.
[65] Vgl. Kapitel 12.
[66] Vgl. Kapitel 13 f.
[67] Vgl. Kapitel 15.
[68] Vgl. Kapitel 16.

- die *landwirtschaftliche Arbeitsverfassung,*[70]
- die *Ordnung des landwirtschaftlichen Einkommens- und des Agrarsozialbereichs*[71] sowie
- die *Agrarfinanzverfassung.*[72]

IV. Die Struktur- und die Prozeßpolitik

1. Die Agrarstrukturpolitik

Die *Agrarstrukturpolitik* nimmt Einfluß auf die relativ dauerhaft in der Landwirtschaft gebundenen Produktionsfaktoren sowie die landwirtschaftlichen Markteinrichtungen.[73] Sie dient

- der Verbesserung der landwirtschaftlichen Produktion und Vermarktung,[74]
- der Verbesserung des Bodens, der Güterstraßen und Güterwege sowie der Bewässerung und Entwässerung,
- der Flurbereinigung,
- der einzel- und überbetrieblichen Investitionsförderung einschließlich der Dorferneuerung[75] und
- der Verbesserung des landwirtschaftlichen Humankapitals durch Forschung, Ausbildung und Beratung.[76]

2. Die Agrarmarkt- und Agrarpreispolitik

Die *Agrarmarkt- und Agrarpreispolitik* ist das Kernstück der Agrarprozeßpolitik. Sie wirkt auf die landwirtschaftlichen Gütermärkte. Die landwirtschaftliche Binnenmarktpolitik reguliert die Angebotsmengen, die Erzeugerpreise und die Produktqualitäten,[77] die Agraraußenhandelspolitik den Import und den Export von Agrargütern.[78] Die landwirtschaftliche Binnenmarkt- und die Außenhandelspolitik ergänzen sich in ihrer Wirkung und bilden zusammen die *Agrarmarktordnungen* für die einzelnen Erzeugnisse.[79]

3. Die direkte Agrareinkommenspolitik

Die *direkte Agrareinkommenspolitik* umfaßt Maßnahmen, welche unmittelbar einkommenswirksam sind. Die Einkommenszahlungen erfolgen nicht über die Märkte, sondern direkt an die Bauern. Dadurch ergibt sich eine große Einkommenswirksamkeit. Oft bestehen fließende Übergänge von der direkten Agrareinkommenspolitik zur Agrarstruktur-, Agrarsozialpolitik-, Agrarregional- und Agrarumweltpolitik.[80]

---

[69] Vgl. Kapitel 17.
[70] Vgl. Kapitel 18.
[71] Vgl. Kapitel 18.
[72] Vgl. Kapitel 19.
[73] Vgl. *von Dietze* (1967), S. 22 f.
[74] Vgl. Kapitel 8.
[75] Vgl. Kapitel 16.
[76] Vgl. Kapitel 17.
[77] Vgl. Kapitel 6 ff.
[78] Vgl. Kapitel 9.
[79] Vgl. Kapitel 10.
[80] Vgl. Kapitel 18.

4. Die Agrarsozialpolitik

Die *agrarsozialpolitischen Maßnahmen* dienen dem Schutz des Landwirts und seiner Familie vor den wirtschaftlichen Folgen von Alter, Krankheit, Unfall und Invalidität. Sie sollen auch den Strukturwandel und die Finanzierung vor allem kinderreicher bäuerlicher Haushalte erleichtern.[81]

5. Die Agrarfinanzpolitik

Die *Agrarfinanzpolitik* ist das Spiegelbild der Agrarpolitik, welches sich im Agrarfinanzhaushalt des Staates und in den Prinzipien für die Staatseinnahmen- und -ausgabenpolitik niederschlägt.[82]

6. Übrige agrarrelevante Maßnahmen

Bei den *übrigen agrarrelevanten Maßnahmen* handelt es sich um den Schutz der Umwelt, die Erreichung ökologischer Ziele und landschaftspflegerische Aktivitäten. Hinzu kommen die agrarrelevanten Maßnahmen der regionalen Wirtschaftspolitik.[83]

V. Die Entstehungsphasen und Entwicklungstendenzen der agrarpolitischen Instrumente

Die agrarpolitischen Instrumente, wie sie in den höchstentwickelten Industrieländern zum Einsatz gelangen, entstanden in verschiedenen historischen Phasen agrarpolitischen Denkens und Handelns.[84] Die langfristigen agrarpolitischen Entwicklungen verlaufen in Perioden von Jahrzehnten und Jahrhunderten. Um die relative Bedeutung der einzelnen *agrarpolitischen Bereiche* besser zu erkennen, soll deren *Entstehung und Entwicklung* kurz dargelegt werden. Die einzelnen Bereiche erleben im Verlauf der Zeit einen Höhepunkt und flachen später ab (vgl. Abb. 3/9). Die schichtweise Entstehung der agrarpolitischen Instrumente erklärt deren Komplexität.

Die Entstehung neuer Instrumente bedeutet keinesfalls, daß die jeweils früher geschaffenen Instrumente keine Bedeutung mehr hätten. Die Trends laufen nicht durch Einbahnstraßen. Einzelne herkömmliche Instrumente erleben immer wieder eine Renaissance, andere verlieren an Bedeutung. Viele Instrumente haben die an sie gestellten, historischen Ziele zwar längst erreicht, halten sich jedoch hartnäckig, wenn politisch einflußreiche Gruppen Vorteile daraus ziehen können.

- Der Höhepunkt der Entstehung des *agrarordnungspolitischen Denkens* sind die Agrarreformen des späten 18. und frühen 19. Jahrhunderts. Kernstücke sind die Abschaffung der feudalen Agrarordnung, der Übergang zu einem System mit vorwiegend bäuerlichen Familienbetrieben und die Schaffung eines neuzeitlichen landwirtschaftlichen Eigentums- und Pachtrechts.

---

[81] Vgl. Kapitel 18.
[82] Vgl. Kapitel 19.
[83] Vgl. Kapitel 13 f.
[84] Vgl. auch Kapitel 2.

Abb. 3/9
Die Hauptentstehungsphasen der einzelnen agrarpolitischen Instrumente der neueren Agrarpolitik (seit 1800)

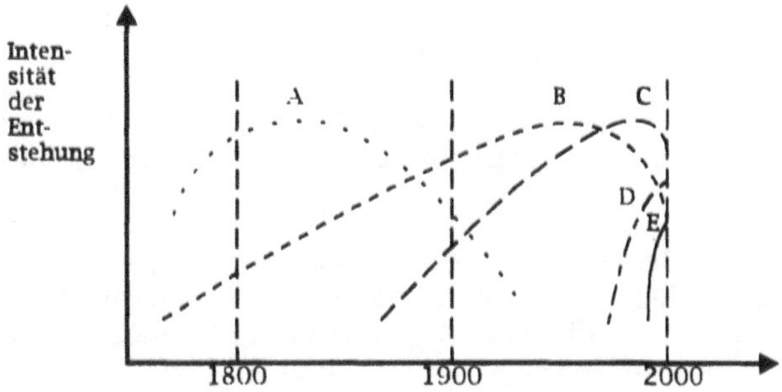

Legende:
A Agrarordnungspolitik (Eigentumsordnung, Pachtordnung)
B Agrarstrukturpolitik
C Agrarmarkt- und Agrarpreispolitik
D Direkte Agrareinkommens- und Agrarsozialpolitik
E Agrarumweltpolitik.

- Der Höhepunkt der Entstehung der *Agrarstrukturpolitik* und der agrarstrukturpolitischen Instrumente fällt in die Mitte des 19. Jahrhunderts. Es handelt sich um große Bodenverbesserungsprogramme, die Gründung landwirtschaftlicher Fachschulen, Universitäten und Forschungsanstalten sowie den Aufbau des Agrarkreditwesens.[85] Später folgten die Flurbereinigungen, die einzelbetriebliche Förderung, die Förderung der ländlichen Infrastruktur und der Vermarktungsstruktur für landwirtschaftliche Erzeugnisse.

- Der Aufbau der *Agrarmarkt- und Agrarpreispolitik* der neueren Zeit beginnt im späteren 19. Jh. zunächst unter dem Druck der großen amerikanischen Getreideexporte. Höhepunkte dieser Entwicklung bilden die Agrarkriegsregimes der beiden Weltkriege, die fast komplette Abschottung der Agrarmärkte in der Weltwirtschaftskrise der 1930er Jahre und die Intensivierung des weltweiten Exportdumpings nach dem zweiten Weltkrieg. Diese Entwicklung führte zu einer großen Belastung der Staatshaushalte. Seit Beginn der 1980er Jahren gibt es Ansätze zu einer relativen Begrenzung der Agrarmarktausgaben:

> "Die Preis- und Marktpolitik hat heute ihre früher absolut dominierende Position in der Agrarpolitik verloren."[86]

Zu erwähnen ist die seit 1995 in Kraft getretene *WTO (World Trade Organization)* mit einem Versuch zur Begrenzung der ausgeprägten Außenhandelsrestriktionen und des während langer Zeit eskalierenden Exportdumpings.[87] Selbst wenn diese Bestrebungen vorerst nur geringen Erfolg haben, besteht doch weltweit der unverkennbare Wunsch nach einer Verkleinerung der relativen Bedeutung der Agrarmarkt- und -preispolitik und einer gewissen Liberalisierung der internationalen Agrarmärkte.

[85] Nach der Idee von *Wilhelm F. Raiffeisen.*
[86] *Heidhues* (1977), S. 115.
[87] Vgl. *Guither* (1990), S. 34 f.

- In rascher Entwicklung begriffen ist die ***direkte Agrareinkommenspolitik***. Dieses Instrument umfaßt direkte Zahlungen an die Landwirte und wird als mögliche Lösung für zahlreiche Agrarprobleme angesehen.[88] Angewendet werden direkte Einkommenszahlungen in Großbritannien seit dem ersten Weltkrieg [89] und in den USA seit den 1930er Jahren.[90] In der Europäischen Union werden direkte Einkommenszahlungen seit den 1970er Jahren ausbezahlt.[91]

- Bei der *regionalen Agrarpolitik* wird seit den 1960er Jahren mit der Hilfe von regionalwirtschaftlichen Maßnahmen versucht, die Agrarpolitik in die regionale Wirtschaftspolitik einzubetten.

- Einen starken Ausbau erfährt derzeit die *Agrarumweltpolitik*. Diese Entwicklung wird auch in den kommenden Jahrzehnten andauern, was angesichts der sich weltweit eher verschärfenden ökologischen Probleme notwendig ist. Eine ressourcenbezogene Entwicklung der Agrarpolitik erscheint geboten:

> "Andererseits liegen gerade in den Aufgaben der Erhaltung unserer natürlichen Lebensgrundlagen die Chancen für die Legitimation einer neuen Agrarpolitik. Eine entsprechende Neuorientierung aller agrarpolitischen Maßnahmen muß aber von den bleibenden Besonderheiten der Landwirtschaft ausgehen."[92]

VI. Ein optimaler Mix der Instrumente?

Lassen sich die agrarpolitischen Instrumente wie die agrarpolitischen Problemebenen in *Ordnungs-, Allokations-, Stabilisierungs- und Verteilungsinstrumente* gliedern? Mit einer solchen Unterteilung könnte versucht werden, die Instrumente den einzelnen Problemebenen zuzuordnen. Dies entspräche dem Grundsatz einer direkten Problemzuordnung der Instrumente zur Erreichung eines optimalen Instrumentenmix.

So könnte beispielsweise die Agrarordnung bzw. die Agrarverfassung der Lösung der Ordnungsprobleme dienen, die Agrarstrukturpolitik der Lösung der Allokationsprobleme, die Agrarmarkt- und Agrarpreispolitik der Lösung der Stabilisierungsprobleme und die direkte Agrareinkommens- und Agrarsozialpolitik der Lösung von Verteilungsproblemen. Ein solcher Ansatz würde voraussetzen, daß die Agrarordnungspolitik "nur" Ordnungseffekte aufweist, die Agrarstrukturpolitik "nur" Allokationseffekte, die Agrarmarkt- und Agrarpreispolitik "nur" Stabilisierungseffekte und die direkte Agrareinkommenspolitik sowie die Agrarsozialpolitik "nur" Verteilungseffekte. Dies ist jedoch nicht der Fall. Wesentliche Effekte gehen zwar in diese Richtung, aber es gibt auch Nebeneffekte in anderen Bereichen, was eine differenzierte Wirkungsanalyse und einen spezifischen Einsatz der agrarpolitischen Instrumente erfordert.

---

[88] Vgl. Kapitel 18.
[89] Als produktgebundene Zahlungen an die englischen Bauern (sog. deficiency payments).
[90] Vorerst zur Erhaltung der Bodenfruchtbarkeit (sog. soil recreation-Programme; vgl. Kapitel 18). In den 1990er Jahren zeigen sich erste Sättigungserscheinungen in den USA durch eine Begrenzung der Höchstbeträge je Betrieb in einzelnen Produktionsbereichen.
[91] Erstmals zur Förderung der Landwirtschaft in den benachteiligten Gebieten, später zur Milderung der sozialen Härten des raschen landwirtschaftlichen Strukturwandels und Stillegung von Produktionsflächen (vgl. Kapitel 18).
[92] *Priebe* (1985), S. 156.

Literaturangaben zu Kapitel 3:

Abel, Martin (1987), Why It's Difficult to Reform. In: Choices, First Quarter, S. 29.

Aereboe, Friedrich (1928), Agrarpolitik, Berlin.

Buchanan, James M. (1986/1989), Die Verfassung der Wirtschaftspolitik, Nobel-Lesung vom 8. Dezember 1986. In: Horst C. Recktenwald, Die Nobelpreisträger der ökonomischen Wissenschaft, Düsseldorf 1989, S. 932-947.

von Dietze, Constantin (1967), Grundzüge der Agrarpolitik, Hamburg und Berlin.

Gaulke, Jürgen (1994), Freiheit und Ordnung bei John Stuart Mill und Friedrich August von Hayek. Versuch, Scheitern und Antithese eines ethischen Liberalismus, Frankfurt am Main.

Guither, Harold D. (1990), Trouble Ahead For Farm Commodity Programs - As Nonfarm Interests Gain Strength. In: Choices, The Magazine of Food, Farm, and Resource Issues, Third Quarter, Herndon, S. 34 f.

Hanau, Arthur (1958), Die Stellung der Landwirtschaft in der Sozialen Marktwirtschaft, Agrarwirtschaft, Jg. 7, S. 1-17.

von Hayek, Friedrich August (1981), Recht, Gesetzgebung und Freiheit, Band 3, Die Verfassung einer Gesellschaft freier Menschen, Landsberg am Lech.

Ders. (1986), Gesetzgebung und Freiheit, Band 1, Augsburg.

Heidhues, Theodor (1977), Art. Agrarpolitik, I: Preis- und Einkommenspolitik. In: Handbuch der Wirtschaftswissenschaften (HdWW), Band 1, Stuttgart und New York, S. 107-128.

Jöhr, Walter A. (1949), Das Problem der Wirtschaftsordnung. In: Individuum und Gemeinschaft, Festschrift zur Fünfzigjahrfeier der Handels-Hochschule St. Gallen, St. Gallen, S. 231 ff.

Josling, Timothy (1974), Agricultural Policies in Developed Countries. A Review. In: Journal of Agricultural Economics, Reading 25, S. 229-264.

Meade, James (1977/1989), Die Bedeutung des wirtschaftlichen Gleichgewichts im Inland, Nobel-Lesung vom 8. Dezember 1977. In: Horst C. Recktenwald (Hrsg.), Die Nobelpreisträger der ökonomischen Wissenschaft, Düsseldorf 1989, S. 565-584.

Niehaus, Heinrich (1964), Ordnungsprobleme der Wirtschafts- und Agrarpolitik, Hannover 1964.

Popp, Hans W. (1996), Die Schweizer Landwirtschaft zwischen Ökonomie und Ökologie. Veränderte Rolle der Landwirtschaft, NZZ, Nr. 202, vom 21.8./1.9.1996, Bl. 91.

Priebe, Hermann (1970), Landwirtschaft in der Welt von morgen, Düsseldorf und Wien.

Ders. (1985), Die subventionierte Unvernunft, Berlin.

Röpke, Wilhelm (1964), Die Stellung der Landwirtschaft in der modernen Industriegesellschaft, Stuttgart.

Schmitt, Günter (1993), Wechsel der Paradigmen in der Agrarökonomie - Warum auch vier neue agrarökonomische Lehrbücher neu verfaßt werden müssen - . In: Bericht über Landwirtschaft, Bd. 71 (4), November, Hamburg/Berlin, S. 686-608.

Tinbergen, Jan (1989), Der Einsatz von Modellen: Erfahrung und Zukunft. In: Recktenwald, Horst C. (Hrsg.), Die Nobelpreisträger der ökonomischen Wissenschaft 1969-1988, Düsseldorf 1989, S. 223-235.

Tweeten, Luther (1988), Domestic Food and Agricultural Policy Research Directions. In: R.J. Hildreth et al. (ed.), Agriculture and Rural Areas Approaching the Twenty-first Century, Ames: Iowa State University Press, S. 121-144.

Kapitel 4: Die positive Theorie der Agrarpolitik

> Agrarpolitische Analysten und Lehrbücher müssen der feingezogenen Linie zwischen positiver und normativer Ökonomie folgen ("Policy analysts and policy textbooks must walk the fine line between positive and normative economics") *(Andrew P. Barkley).*

A. Die positive Theorie

In der normativen Theorie der Agrarpolitik wird die ideale Welt erörtert ("wie etwas sein soll"). Die positive Theorie der Agrarpolitik untersucht hingegen, welche agrarpolitischen Werte und Ziele wirklich verfolgt werden ("wie etwas tatsächlich ist").[1] Es wird versucht, Erkenntnisse über die Ursachen von Regulierungseingriffen zu gewinnen.[2,3] Dabei geht um die Frage: "Warum ist die Agrarpolitik so und nicht anders".

I. Agrarpolitik und politische Ökonomie

Die Agrarpolitik als *politische Ökonomie der Landwirtschaft* möchte erkennen, warum und wie die Wähler, Interessengruppen, Parteien und Bürokratien auf Ordnungssysteme, Agrarstrukturen und Marktprozesse Einfluß nehmen. Es wird davon ausgegangen, daß die politischen Akteure danach trachten, die marktlichen Prozesse zu ihren eigenen Gunsten zu beeinflussen. Immer stellt sich die Frage nach der Dualität der Allokationsmechanismen, den marktlichen und den politischen Entscheidungskräften.[4] Unter dem Aspekt der politischen Entscheidungen wird die Agrarpolitik zu einem Instrument der Umverteilung von Eigentums- und Handlungsrechten, Produzenten- und Konsumentenrenten sowie Staatseinnahmen und Staatsausgaben, wobei diese Umverteilung auf politischem Wege geschieht. Die Agrarpolitik erscheint als Vektor der politischen Kräfte der einzelnen Interessengruppen.

II. Agrarpolitik und Paretooptimalität

Die Theorie der staatlichen Regulierung liefert einen wesentlichen Beitrag zur Erklärung von Eingriffen in die Marktwirtschaft. Sie zeigt, weshalb eine große Regulierungsintensität in der Landwirtschaft zustande kommen kann. Dazu trägt auch bei, daß die Regulierung der öffentlichen und kollektiven Güter auf politischem Wege erfolgt. Die staatliche Regulierung bildet die Brücke vom marktlichen zum nichtmarktlichen Bereich, wobei die Bereitstellung von nichtmarktlichen Gütern durch politische Prozesse oft den Weg für die interessenpolitische Einflußnahme öffnet.

Da politisches Verhalten nicht notwendigerweise gemeinwohlorientiert ist,[5,6] wird die wohlfahrtsökonomische Rationalität politischen Handelns in Frage ge-

---

[1] Vgl. zur normativen und positiven Theorie der staatlichen Regulierung *von Weizsäkker* (1982), S. 336 ff. sowie *Henrichsmeyer* und *Witzke* (1991), S. 22 ff.
[2] Vgl. *Frey* (1979), S. 1 ff.
[3] Vgl. *Stigler* (1971) und (1989).
[4] Vgl. zur Dualität der beiden Allokationsmechanismen *Arrow* (1963), S. 1 ff.
[5] Vgl. *Schumpeter* (1942/1946), S. 397 ff.

stellt.[7] Wie weit sich die Landwirtschaft allerdings vom wohlfahrtsökonomischen Optimum (Paretooptimum) entfernt, läßt sich nur im Einzelfall analysieren.[8]

III. Ansätze der politischen Ökonomie

Eine einheitliche Theorie der politischen Ökonomie der Landwirtschaft fehlt bisher. Als Gemeinsamkeit der einzelnen Theorieansätze kann das Kriterium gelten, ob und inwieweit die politische Einflußnahme zu Abweichungen von einem (imaginären) Paretooptimum führt.

Dabei ist es nicht einfach, gültige Thesen über die Ursachen und Wirkungen der politökonomischen Prozesse zu formulieren. Für deren Erklärung sind in der Agrarpolitik komplexe politökonomische Theorien erforderlich, wobei die einzelnen Theorieansätze zum Teil isoliert nebeneinander stehen. Deren Gemeinsamkeit besteht lediglich darin, einen Beitrag zur Erklärung der resultierenden Abweichungen vom Paretooptimum zu leisten. Die verschiedenen Theorieansätze besitzen für die Analyse der tagesaktuellen Fragen einen je nach der jeweiligen Situation größeren oder kleineren Erklärungsgehalt.[9]

Für die politische Ökonomie der Landwirtschaft besonders relevant sind einfache Modelle wie der *traditionelle politische Ansatz* und der *strukturelle Ansatz*[10] sowie neuere Ansätze wie die *"Logik des kollektiven Verhaltens"*, die *Theorie der Demokratie*, die *Theorie der Bürokratie*, die *Theorie des "engeren Kerns der politischen Mehrheit"* und die *Theorie des Gesellschaftsvertrags*.[11,12]

B. Einfache Ansätze der positiven Ökonomie der Agrarpolitik

I. Der traditionelle politische Ansatz

Der *traditionelle politische Ansatz* betont die besondere Stellung der Landwirtschaft in der Wirtschaft. Diese Vorstellung erklärt das Entstehen der rechtlichen und materiellen Institutionen der Landwirtschaft aus der historischen Entwicklung eines Landes. Der Kerngedanke besteht darin, daß die Agrarpolitik von Land zu Land verschieden strukturiert ist und sich nur aufgrund der historischen Besonderheiten der Entwicklung erklären läßt.

---

[6] Zu den frühen Pionieren der politischen Ökonomie der Landwirtschaft zählt *Adam Smith* (1776). Für ihn ergibt sich die Agrarpolitik als Vektor der politischen Kräfteverhältnisse. *Joseph A. Schumpeter* (1883-1950) gilt als Pionier der neuen politischen Ökonomie (1942/1946), indem er unter anderem Abweichungen vom Wohlfahrtsoptimum feststellt, welche sich durch das eigennutzorientierte Verhalten der Politiker ergeben.

[7] Vgl. *Frey* (1974), S. 55 f.

[8] Vgl. *Beghin* und *Forster* (1992), S. 793.

[9] Dies zeigt sich auch darin, daß die Landwirtschaft als Teil von Wirtschaft und Gesellschaft einmal stärker und einmal schwächer im Brennpunkt der politischen Auseinandersetzungen steht.

[10] Vgl. Ziffer B.

[11] Die politische Ökonomie der Demokratie ist von *Anthony Downs* (1957/1968) geprägt, die Theorie der Gruppen und Interessenverbände von *Mancur Olson* (1985a), die Theorie des "rent-seeking" von *James Buchanan (Buchanan, Tollison und Tullock*, 1980) und die Theorie der Bürokratie von *Gordon Tullock* (1965) sowie *Anthony W. Niskanen* (1971).

[12] Vgl. Ziffer K.

Nach diesem Ansatz ist es jedoch schwer zu begründen, warum die Landwirtschaft in den hochentwickelten, marktwirtschaftlichen Industrieländern trotz ihrer unterschiedlichen Entwicklung gewisse Ähnlichkeiten zeigt. Zu diesen Ähnlichkeiten zählen vergleichbare Agrarordnungen, ein verbreiteter Glaube an die Werte des bäuerlichen Familienbetriebes in der Gesellschaft sowie immer noch eine gewisse politische Stellung der Bauern in den Parlamenten.[13] Gesamthaft betrachtet gibt der traditionelle politische Ansatz trotz einer gewissen Popularität keine ausreichende Erklärung für die jeweiligen Besonderheiten der Agrarpolitik in den einzelnen Industrieländern.

II. Der strukturelle Ansatz

Der *strukturelle Ansatz* geht von der These aus, daß die Protektion der Landwirtschaft mit der verstärkten Industrialisierung unabhängig von der Geschichte eines Landes zunimmt. Dies ist der Fall, wenn sich Produktivitätsnachteile der Landwirtschaft gegenüber anderen Wirtschaftszweigen ergeben.[14,15] Ähnliches gilt auch für die einzelnen Betriebszweige innerhalb der Landwirtschaft. Je größer die Produktivitätsdefizite bei der Erzeugung einzelner Produkte sind, desto größer ist oft auch die Protektion.

Dazu ist zu bemerken:

- In *Europa* zeigt die historische Entwicklung einen unverkennbaren Trend zur Agrarprotektion im Verlaufe der Industrialisierung. Noch zu Beginn des 19. Jh. bestand die Erwerbsbevölkerung hauptsächlich aus Bauern. Diese und die mit der Landwirtschaft verbundenen Berufe erzeugten den überwiegenden Anteil des Bruttoinlandsprodukts. Es lohnte sich für die Landwirtschaft, die Produktion zu erhöhen und vom "wachsenden Kuchen" zu profitieren. Die Steigerung der landwirtschaftlichen Produktion bedeutete gleichzeitig eine Steigerung der gesellschaftlichen Wohlfahrt. Im späteren Verlauf der wirtschaftlichen Entwicklung wurde der Anteil der bäuerlichen Bevölkerung an der gesamten Bevölkerung und der landwirtschaftlichen Wertschöpfung am Bruttoinlandsprodukt immer geringer. Eine politische Rücksichtnahme seitens der Landwirtschaft war nicht mehr rational. Die Landwirtschaft trachtete nach einem größeren Stück des Kuchens, weil sie den Kuchen selbst kaum mehr wesentlich vergrößern konnte. Die Protektion stieg mit der zunehmenden industriellen Produktion. Als das Produktivitätsgefälle der europäischen Landwirtschaft gegenüber der Industrie (und der US-amerikanischen Landwirtschaft) immer größer wurde, entstanden in den 1870er und 1880er Jahren die Getreidezölle.

- In den *USA* vollzog sich ein ähnlicher Wandel, allerdings wesentlich später als in Europa. Die Protektion der Landwirtschaft war im 19. Jh. und bis zur Weltwirtschaftskrise weit geringer als jene der Industrie. 1933 begann die Agrarprotektion mit dem ersten *Agricultural Adjustment Act (AAA).*

---

[13] Vgl. *Robert Paarberg* (1989), S. 1157 f.

[14] Vgl. *Anderson* und *Hayami* (1986), S. 45.

[15] Grundlage dieser These bildet eine Analyse der nominellen Protektionsraten der Landwirtschaft von fünfzehn Industrie- und Entwicklungsländern in den Jahren 1955-1980 (Verhältnis zwischen den nationalen landwirtschaftlichen Erzeugerpreisen und den Frei-Grenze-Preisen). Neben dem Produktivitätsrückstand spielen der Grad der Verstädterung und der Industrialisierung eine Rolle für die Protektionsraten der Landwirtschaft in den einzelnen Ländern. Vgl. *Anderson* und *Hayami* (1986).

- In *Ländern* mit einer zeitlich späteren wirtschaftlichen Entwicklung wie beispielsweise in Japan, Taiwan und Korea wurde die Landwirtschaft vor der Phase der raschen Industrialisierung besteuert und wird seither protektioniert.

- In den *Entwicklungsländern,* welche sich in einer frühen Phase der wirtschaftlichen Entwicklung befinden, ist die Protektion meist "negativ". Die Landwirtschaft wird üblicherweise besteuert.[16] Die landwirtschaftlichen Erzeugerpreise werden durch eine staatliche Regulierung oft unter dem Niveau der Gleichgewichtspreise gehalten, während sie in den höchstentwickelten Industrieländern in der Regel überhöht sind.[17]

Gesamtheitlich betrachtet sprach die historische Evidenz während langer Zeit für den *strukturellen Ansatz.* In den meisten Industrieländern stieg die landwirtschaftliche Protektion bis zu Beginn der 1990er Jahre.[18] Seit der *GATT-Reform* im Rahmen der Uruguay-Runde (1986-94) und der Entstehung der *WTO (World Trade Organization)* im Jahre 1995 jedoch sinkt die Protektion der Landwirtschaft in den Industrieländern. Es zeigt sich, daß dem strukturellen Ansatz der politisch-analytische Gehalt fehlt. Dieser Ansatz vermag nicht zu erklären, warum trotz der sinkenden politischen Bedeutung der Agrarbevölkerung während langer Zeit die Agrarprotektion zunahm. Nicht Ansätze der politischen Ökonomie, sondern historische Entwicklungen bilden die Grundlage des strukturellen Ansatzes.

C. Der ökonomische Einfluß der Gruppen und Interessenverbände im politischen Gesamtprozeß

I. "Die Logik des kollektiven Verhaltens"

Die *neueren Ansätze der Theorie der positiven Ökonomie* gehen von der Grundhypothese aus, daß eine staatliche Regulierung entsteht, wenn einzelne, gut organisierte Gruppen den Staat dazu bewegen können, Einkommen der breiten Bevölkerung zu ihren Gunsten umzuverteilen.[19] Die Initiative, Einkommen mit der Hilfe des Staates zu beeinflussen, wird *"rent seeking"* genannt. Durchzieht ein solches Verhalten große Teile der Wirtschaft und Gesellschaft, handelt es sich um eine "rent seeking-society".[20] Das rent seeking wird mit der ökonomischen Theorie der Gruppen und Interessenverbände erklärt.[21] Nach der Logik des kollektiven Verhaltens bilden sich bei entsprechenden sozialen und materiellen Anreizen Gruppen, welche als Verteilungskoalitionen handeln.

Motivation für *kollektives Verhalten im politischen Bereich* ist die Aussicht auf einen positiven Grenznutzen der einzelnen Gruppen bzw. deren Mitglieder durch Renteneinkommen,[22] welche die Grenzkosten der erforderlichen politischen Einflußnahme übersteigen.[23] Als Gegenleistung für die Vorteile, welche

---

[16] Vgl. *Lee* (1989), S. 1172 ff.
[17] Vgl. *Olson* (1985c), S. 929 ff., und (1990), S. 8 ff.
[18] Vgl. *Gardner* (1989), S. 1170.
[19] Vgl. *Stigler* (1971), S. 209 ff.; *Peltzman* (1976), S. 211 ff.; und *Schmitt* (1988), S. 28.
[20] Vgl. *Buchanan, Tollison* und *Tullock* (1980).
[21] Vgl. *Olson* (1985a) und (1990).
[22] Die Vorteile können aus staatlichen Renten und anderen exklusiven Leistungen der Gruppen an deren Mitglieder bestehen.
[23] Zu den Kosten zählen die Organisationskosten der Gruppen bzw. die erforderlichen Beitragsleistungen der Mitglieder für das Erreichen von Vorteilen.

eine Gruppe erhält, unterstützt sie die Regierungen, Parteien, Koalitionen und Politiker durch finanzielle Mittel, Informationen, Wählerstimmen und Wahlpropaganda.

II. Ein einfaches, dreistufiges Modell

Die gruppendynamischen Prozesse des kollektiven Verhaltens im politischen Bereich sollen anhand eines *einfachen, dreistufigen Modells* dargestellt werden (vgl. Abb. 4/1):

- In einer *ersten Stufe* agieren die einzelnen Interessengruppen (beispielsweise die Landwirte, das Agribusiness, die Verbraucher, die Umweltschützer, die Steuerzahler und die internationalen Handelspartner), indem sie versuchen, ihre Interessen durchzusetzen.

Abb. 4/1
Die landwirtschaftliche Interessenpolitik

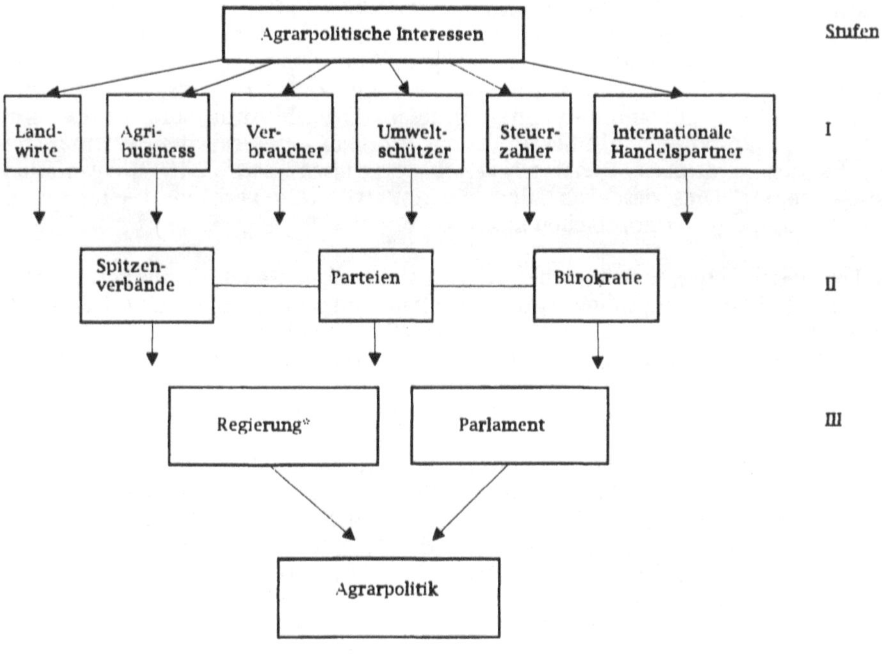

* **In der EU die Kommission und der Ministerrat.**

- In einer *zweiten Stufe* verdichten sich die Interessen der einzelnen Gruppen. Diese bedienen sich der politischen Institutionen im vorparlamentarischen Raum wie beispielsweise der Spitzenverbände, der Parteien und der Bürokratie.

- In einer *dritten Stufe* finden die politischen Entscheidungen der Regierung sowie des Parlamentes statt (in der *Europäischen Union* des Ministerrates, der Kommission und des Europäischen Parlamentes).

Es folgt in den nächsten Ausführungen eine Analyse der Vorgänge auf der 2. Stufe. Dazu sollen die folgenden Fragen gestellt werden: Wie verhalten sich die Repräsentanten der einzelnen Stufen? Wie agieren die Verbände? Welchen Einfluß nehmen die Parteien, Koalitionen und Regierungen? Wie verhält sich die Bürokratie?

D. Die Verbände

I. Die Bauernverbände

1. Die Organisationsfähigkeit

Der Bauernverband ist ein Spitzenverband ("zweite Stufe" nach Abb. 4/1) und vertritt zahlreiche bäuerliche Interessengruppen sowie wirtschaftliche Institutionen der Landwirtschaft. Bei der Landwirtschaft handelt es sich um eine wirtschaftliche und soziale Randgruppe mit speziellen Bedürfnissen. Das Verhalten der Landwirte in der modernen Gesellschaft ist durch die Furcht geprägt, den sozialen und wirtschaftlichen Status zu verlieren. Die Bauern können von den Produktions- und Innovationsleistungen der Wirtschaft nur wenig profitieren. Sie sind nicht Gewinner, sondern Verlierer der landwirtschaftlichen Produktivitätssteigerungen. Angesichts der gesättigten Märkte und eines erbarmungslosen Wettbewerbsdrucks tragen vor allem sie die Kosten des agrarstrukturellen Wandels. Der seit Jahrzehnten andauernde strukturelle Anpassungsdruck führt zu realen Einkommenseinbußen und dem Problem eines raschen wertmäßigen Verfalls der getätigten, meist *irreversiblen landwirtschaftlichen Investitionen* (=sunk costs).[24] Dies erschwert den Marktaustritt und verhindert eine rasche Verbesserung der ökonomischen Lage.

Die Landwirte sehen sich vor die Frage gestellt, ob sie sich an die veränderten wirtschaftlichen Bedingungen widerspruchslos anpassen sollen. Die irreversiblen Investitionen, verbunden mit einem großen Einkommens- und Anpassungsdruck, führen zu einer *Homogenisierung der bäuerlichen Interessen.* Gruppen, deren Mitglieder "irreversible Investitionen" tätigen, bilden nach Auffassung der Property Rights Theorie eine natürliche Interessengemeinschaft.

Große und ziemlich homogene Gruppen wie jene der Bauern sind deshalb trotz ihrer Größe verhältnismäßig gut zu organisieren. Das Bedürfnis, sich zu organisieren, wird geprägt durch das Gefühl einer Schicksalsgemeinschaft sowie dem Wunsch nach einem besseren Zugang zu den Märkten, dem Schutz vor bürokratischen Übergriffen, besseren Chancen im wirtschaftlichen Überlebenskampf und einer Milderung des Anpassungsdrucks. Für den Landwirt gibt es kaum eine Alternative zum politischen Handeln:

> „Die Landwirtschaft kann ihre einkommenspolitischen Ziele nicht durch Bildung von Marktmacht, sondern nur durch eine organisierte Interessenvertretung im politischen Raum verfolgen".[25]

Die Mobilisierung von politischen Interessen wird für die Mehrheit der Landwirte zur wirtschaftlichen und sozialen Überlebensfrage. Es entsteht die Gruppe

---

[24] Vgl. *von Weizsäcker* (1984), S. 134 ff.
[25] *Giersch* (1961), S. 226 f.

der Landwirte, welche versucht, die Quasirenten der Mitglieder zu sichern und die ökonomische Situation zu verbessern.[26] Die Mitglieder der Gruppe verhalten sich als "rent-seeking society".[27] Es kommt

> „zu einer besonderen Bereitschaft der Gruppenmitglieder, die bisherige Quasirente von nun an durch kollektives Handeln zu verteidigen."[28]

Die Rentensicherung auf politischem Weg wird um so intensiver angestrebt, je aussichtsloser das ökonomische Gewinnstreben auf marktlichem Wege erscheint.[29] Dies bewirkt eine große politische Organisationsfähigkeit.

2. Die Organisation

Die *Bauernverbände* sind meist privatrechtliche Institutionen (so auch in der Bundesrepublik Deutschland). Nur in einzelnen Ländern gibt es öffentlich-rechtliche Verbände wie Agrarkammern und Innungen (beispielsweise in Österreich). Als landwirtschaftliche Berufs-, Branchen- und Marktverbände sind sie sich bewußt, daß der reibungslose organisatorische Ablauf trotz möglicher interner Auseinandersetzungen wesentlich über den Erfolg kollektiven Handelns entscheidet.[30] Zu internen Spannungen kommt es nur, wenn nicht alle Interessen gleichermaßen berücksichtigt werden.

Aus diesen Gründen ist beispielsweise der *Zentralausschuß der Deutschen Landwirtschaft* straff und zentral organisiert. Es stehen unter seiner Leitung:

- Der *Deutsche Bauernverband (DBV)* mit mehr als 90 Prozent der Bauern, was einem sehr großen Organisationgrad entspricht.
- Der *Deutsche Raiffeisenverband* als Spitzenverband der landwirtschaftlichen Genossenschaften zur Förderung von Produktions- und Absatzeinrichtungen sowie zur Abwicklung des Geldverkehrs.
- Die *landwirtschaftlichen Genossenschaften* als die wichtigsten Marktverbände.
- Der *Verband der Landwirtschaftskammern,* zu deren Hauptaufgaben die betriebstechnische und die betriebswirtschaftliche Förderung sowie die Ausbildung und Betreuung der Landwirte zählt.
- Die *Deutsche Landwirtschaftsgesellschaft,* welche die landwirtschaftliche Forschung betreut und koordiniert.

Der *Deutsche Bauernverband (DBV)* bietet seinen Mitgliedern exklusive und nichtteilbare Güter im *öffentlichen und privaten* Bereich an. Ein Mitglied, welches dem *DBV* beitritt, erhält eine Reihe von Leistungen, welche nur exklusiv mit der Mitgliedschaft in Anspruch genommen werden können. Diese umfassen die Beratung und Betreuung in rechtlichen und wirtschaftlichen Fragen, die Bereitstellung von Marktinformationen, die Förderung im Kredit-, Beschaffungs- und Absatzbereich, die berufliche Weiterbildung und Fachveranstaltungen, die Freizeitgestaltung, die Vermittlung von Aushilfskräften und die Mithilfe bei der Rückstellung vom Wehrdienst. Der DBV verfügt über eine gute Organisationsfähigkeit. Er übt eine besondere Anziehungskraft aus, da die Mitglieder Vorteile im privaten Bereich nicht auch durch ein free rider Verhalten erlangen können.

---

[26] Vgl. *Olson* (1985a), S. 35 ff.
[27] Vgl. *Tollison* (1982), S. 575 ff.
[28] *Hagedorn* und *Schmitt* (1985), S. 258.
[29] Vgl. *Buchanan, Tollison* und *Tullock* (1980).
[30] Vgl. *Hirschmann* (1974).

Die Verbands- und Marktvorteile werden, wenn immer möglich, nur exklusiv zu Gunsten der zahlenden Mitglieder gewährt. Dies verbessert die Organisationsfähigkeit zusätzlich durch eine Art Zwangsmitgliedschaft.[31]

Die Landwirtschaft beweist auch auf europäischer Ebene eine große Organisationsfähigkeit. Bereits mit der Gründung der *Europäischen Gemeinschaft* im Jahre 1958 schlossen sich die nationalen Bauernverbände zur *Europäischen Vereinigung der Bauernverbände COPA (Comité des Organisations Professionelles Agricoles de la Communauté Européenne* bzw. *Ausschuß der berufsständischen landwirtschaftlichen Organisationen der EU)* zusammen. Die *COPA* ist die alleinige agrarpolitische Sprecherin der Landwirtschaft, so daß in der Agrarpolitik - im Gegensatz zu anderen Verbänden - keine Konkurrenzprobleme auftreten.

3. Die Konfliktfähigkeit

Voraussetzung für die Durchsetzung der Gruppeninteressen von Verbänden ist die *Konfliktfähigkeit.* Die Bauern treten meist mit Maximalforderungen auf, welche die eigenen Interessen einseitig widerspiegeln. Die Forderungen werden offensiv mit politischen Drohungen vorgetragen, wodurch sich die Bauernverbände Einfluß auf die Politik verschaffen. Mit der glaubhaften Androhung einer kollektiven Leistungsverweigerung wird die Allgemeinheit – in der Vergangenheit vor allem in Frankreich - immer wieder unter Druck gesetzt. Meist genügen die Drohungen der Verbände, um die Regierungsparteien zu Kompromissen zu bewegen. Reicht dies nicht aus, kann es zu politisch spektakulären Aktionen kommen.[32]

4. Die Wahlunterstützung

Die Bauernverbände haben die politische Unterstützung der bäuerlichen Wähler mit einer meist großen Wahlbeteiligung. Die landwirtschaftlichen Verbände ihrerseits können bevorzugte Parteien bei Wahlen unterstützen und diesen - vor allem in ländlichen Räumen - zum Erfolg verhelfen. Die wirtschaftlichen Interessen der Wähler werden im Tausch mit den politischen Wünschen der Parteien erfüllt. Besonders bei dünnen politischen Mehrheiten können die Regierungen auf die Unterstützung durch die bäuerlichen Wähler angewiesen sein.[33] Bei Konflikten mit der Landwirtschaft fürchten vor allem konservative Parteien, die politische Mehrheit zu verlieren. Durch Drohungen mit wahlpolitischen Konsequenzen führten Aktionen der agrarpolitischen Lobby in der Vergangenheit oft zu Erfolgen.

---

[31] Vgl. *Ackermann* (1970), S. 23 ff., 40 ff. und 96 ff.

[32] Als Beispiel sind die Proteste von französischen Bauern im Jahre 1990 zu erwähnen, welche in der mittelfranzösischen Stadt Bellac einen Lastkraftwagen mit Schafen kaperten, diese schlachteten und die Kadaver vor einem Amtshaus deponierten. Anrükkende Polizisten wurden mit Steinen und Eiern beworfen. An anderen Orten zündeten die Bauern Heuballen an und bespritzten die anrückenden Bereitschaftspolizisten mit Gülle. Weitere Beispiele sind Liefersperren bei landwirtschaftlichen Erzeugnissen, Straßensperren rund um Städte mit Schleppern und Ladewagen, die Vernichtung von landwirtschaftlichen Erzeugnissen in der Öffentlichkeit sowie Protestversammlungen gegen Agrarminister, Agrarkommissare und Agrarprogramme, wie beispielsweise 1968/69 gegen den sog. Mansholt-Plan, 1990 gegen die *Uruguay-Runde* des *GATT*, 1991 gegen den *McSharry-Plan* der *Europäischen Union* und 1998/99 gegen die *"Agenda-2000"*.

[33] Vgl. *von Hayek* (1981), S. 26 ff.

5. Die Bauernverbände als Träger politischer Funktionen

Agrarverbände wie der *Deutsche Bauernverband (DBV)* sind differenzierte Verbandswesen mit einer großen Mitgliederzahl. Diese vertreten die landwirtschaftlichen Interessen gegenüber der Regierung, den Parteien, den Fraktionen sowie der Öffentlichkeit. Die Verbandsvertreter treten auf den Parteilisten, in der Legislative und in der Exekutive in Erscheinung. Diese Art von politischer Legitimität in der Gesellschaft steht in einem engen Zusammenhang mit der Durchsetzung von Gruppenzielen.[34] Als Träger organisierter privater Interessen und öffentlicher Funktionen nehmen die Agrarverbände in vielfältiger Form Einfluß auf die politische Entscheidungsvorbereitung, die Entscheidungsfindung und die Entscheidungsträger. Sie sind bereits im Vorfeld der politischen Entscheidungen aktiv und werden frühzeitig zur Mitwirkung bei der Beschaffung von Daten, weiterer Informationen und Stellungnahmen herbeigezogen. In einem demokratischen Staatswesen wird davon ausgegangen, daß die freie Darlegung von Interessen die Legitimation der politischen Entscheidungen stärkt. Zudem reduziert die mit den Spitzenverbänden verbundene Aggregation von Interessen die Komplexität des politischen Systems. Die Interessen werden transparent und können bei der politischen Entscheidungsfindung verarbeitet werden.

In der *Bundesrepublik Deutschland* ist die politische Einflußnahme in der *Gemeinsamen Geschäftsordnung der Bundesministerien (GGO)* geregelt. Es besteht die Möglichkeit, daß die Interessenvereinigungen ihre Auffassungen unmittelbar dem Bundeskanzler vortragen.[35] Besteht die Gefahr, daß einzelne Gesetzesvorlagen in den Ausschüssen oder im Parlament unter Druck geraten könnten, werden sie zuerst "verbandsfest" gemacht. Dies erhöht die Chance, daß Gesetzesvorlagen unter dem Druck der Verbände zustande kommen. Zudem hat der Deutsche Bauernverband einen gewissen Einfluß auf die Besetzung der höchsten Regierungsämter (Minister und Staatssekretäre).

In der *Europäischen Union* versucht der *Europäische Bauernverband (COPA)*, Einfluß auf die Vorschläge der Kommission im Referentenstadium und die Entscheidungen im Ministerrat zu nehmen. Die *Römer Verträge* (Gründungsverträge der EG aus dem Jahre 1957) sehen zwar keine Verpflichtung der Kommission zur Konsultation mit den einzelnen Verbänden vor, es bestehen jedoch intensive Kontakte zwischen der EU-Agrarbürokratie und den Verbänden. Die Landwirtschaft wird über die Arbeiten der Kommission unterrichtet und erhält Gelegenheit, durch Stellungnahmen Einfluß zu nehmen.[36]

6. Die Mitwirkung bei den Preisverhandlungen

Die Bauernverbände wirken bei den *Preisverhandlungen* maßgeblich mit. Die Möglichkeit dazu ergibt sich aus dem großen Organisationsgrad und dem politischen Gewicht bei der Durchsetzung von Interessen. Auf diese Weise lassen sich erhebliche Produzentenrenten zu Lasten der Konsumenten gewinnen.[37] Die Bauern wollen kurzfristige Einkommensverbesserungen sehen, langfristige Erfolgsaussichten lassen sich politisch nur schwer verwerten.[38]

---

[34] *von Weizsäcker* (1984), S. 135 f.
[35] § 10 der *Geschäftsordnung der Bundesregierung.*
[36] Vgl. *Haase* (1983), S. 87 f.
[37] Vgl. zur Umverteilung von Produzenten- und Konsumentenrenten Kapitel 8 und 9.
[38] Vgl. *Haase* (1983), S. 89 ff.

7. Die Mithilfe bei der Beschaffung und Verbreitung von Informationen

Die Bauernverbände haben eine starke Stellung bei der *Beschaffung und Verbreitung von Informationen.* Sie besitzen sehr viele Informationen und umfassende, stets aktualisierte statistische Auswertungen. Die Bauernverbände geben in erster Linie jenes Wissen weiter, welches die Forderungen der Landwirtschaft unterstützt. Sie kennen die politische Akzeptanz einzelner Maßnahmen in der Öffentlichkeit und die Präferenzen der Bauern als Wähler. Dies reduziert die Unsicherheit, unter welcher die Agrarentscheidungen meist erfolgen müssen. Die Informationen werden von den Politikern benötigt und entweder im Tausch mit interessenpolitischen Gegenleistungen oder selektiv entsprechend den Interessen bereitgestellt.[39]

8. Die Lobby des Agribusiness

Das *Agribusiness*[40] sucht direkt oder über die Verbände Gewinnkoalitionen mit der Landwirtschaft. Dazu werden führende Landwirte gerne in Aufsichtsräte, Genossenschaftsvorstände und parlamentarische Funktionen berufen. Dies stärkt die Lobby für die landwirtschaftlichen Marktüberschüsse, welche zum Teil personell identisch mit jener der Landwirtschaft auftritt *("neue Agrarlobby").* Je stärker das Agribusiness konzentriert ist, desto größer ist in der Regel auch der oligopolistische Zusammenhang unter den einzelnen Firmen sowie die wirtschaftliche und politische Macht beim rent seeking gegenüber der Regierung, den Parteien und einzelnen Politikern.[41]

Die aus dem Lobbyismus resultierenden Marktüberschüsse in den höchstentwickelten Industrieländern führen zur Sättigung der Märkte und haben ungünstige Auswirkungen auf die landwirtschaftlichen Einkommen. An dieser Stelle erhebt sich die Frage, wer ein Interesse an dauerhaften Überschüssen haben könnte? Profitieren kann das Agribusiness, welches Nutzen aus Marktüberschüssen, Marktsubventionen und tiefen Erzeugerpreisen zieht. Es lassen sich mehr Güter umsetzen, als dies ohne Überschüsse und Marktsubventionen der Fall wäre. Das Agribusiness strebt deshalb nach möglichst großen Subventionen zur Binnenverwertung von Produktionsüberschüssen und Förderung der Exporte.[42] Durch Importbeschränkungen sollen die Agrarpreise auf den Binnenmärkten so hoch wie möglich gehalten werden und es sollen dem Agribusiness gewinnrelevante Importrenten zufließen.[43] Das Agribusiness möchte zudem den Schutz der getätigten Investitionen durch Marktgarantien und eine Beschränkung des Wettbewerbs zu Gunsten der bereits bestehenden Unternehmen erreichen.

Es gelingt der *"neuen Agrarlobby"* immer wieder, Marktüberschüsse als unvermeidlich und notwendig für das Wohlergehen der Bauern darzustellen. Der Abbau der Überschüsse wird gelegentlich mit dem Hinweis auf den Hunger in der Welt als "unmoralisch" verurteilt. Die Überschüsse werden als *"agrarpolitischer Sachzwang"* interpretiert und die erforderlichen Marktsubventionen aus dem Füllhorn der staatlichen Haushalte geschöpft. Ein Teil dieser Subventionen geht

---

[39] Vgl. *Streit* (1988), S. 265.

[40] Unter dem Agribusiness werden die der Landwirtschaft vor- und nachgelagerten Wirtschaftszweige verstanden.

[41] Vgl. *Olson* (1990), S. 9 f.

[42] Beispiele sind Exportsubventionen, Lagerkostenzuschüsse, Verarbeitungsbeiträge, Verbrauchersubventionen, Vermarktungsbeiträge und Vernichtungsbeiträge.

[43] Ein Beispiel sind Importkontingente.

an die Landwirtschaft, ein anderer Teil direkt oder indirekt an das Agribusiness.

Politische Angriffe werden immer wieder erfolgreich abgewehrt. Die kleineren und mittleren Landwirte werden zur Solidarität mit der Gewinnkoalition der neuen Agrarlobby aufgerufen. Landwirte, die dem Aufruf nicht nachkommen, haben Sanktionen zu befürchten. Durch "Öffentlichkeitsarbeit" gelingt es, die Interessen der Verteilungskoalition zwischen den Landwirten und dem Agribusiness sogar als jene der Verbraucher auszuweisen. Angeführt werden Argumente wie die Ernährungssicherheit der Verbraucher und die Stabilität der Preise.

Oft fallen die realen Agrareinkommen trotz wachsender Agrarsubventionen. Es wird mehr und mehr erkannt, daß die Subventionen auch in andere als die bäuerlichen Kanäle fließen und außerhalb der Landwirtschaft im Agribusiness versickern. An dieser Entwicklung droht die Gewinnkoalition zwischen der Landwirtschaft und dem Agribusiness zu zerbrechen. Beim Kampf um die Verteilung der landwirtschaftlichen Marktsubventionen soll der Versickerungsprozeß zu Lasten der Landwirtschaft gebremst werden. Dazu dient unter anderem die Umwandlung von Marktsubventionen in direkte landwirtschaftliche Einkommenszahlungen und soziale Hilfen.[44]

II. Die weiteren Gruppen

1. Die Verbraucherverbände

Die Verbraucherverbände streben vor allem nach einer besseren Information der Konsumenten, welche insbesondere bei den Nahrungsmitteln oft unbefriedigend ist. Die große Zahl und die Heterogenität der Produkte im Nahrungsmittelbereich führen zu einer geringen Markttransparenz. Die Verbraucher sehen sich täglich einer riesigen Flut von Preis-, Qualitäts- und Verkaufsinformationen gegenüber. Deren Beschaffung und Auswertung ist für die Verbraucher mit einem großem Aufwand verbunden, weshalb es zu Informationsasymmetrien zu Ungunsten der Verbraucher kommt.

Die Verbraucherverbände sind Institutionen, welche einer besseren Information der Konsumenten dienen. Dabei ist es schwierig, Anreize für die Verbraucher zum Beitritt zu solchen Organisationen durch exklusive Leistungen zu schaffen. Die Befriedigung selektiver Informationsinteressen verursacht große Kosten und läßt sich kaum individuell anbieten. Ein free rider Verhalten von Nichtmitgliedern ist meist möglich.[45] Zudem beschäftigten sich die Verbraucherverbände meist mit der gesamten Palette der durch die Haushalte nachgefragten Güter und nicht nur mit den Nahrungsmitteln.

Millionen von Verbrauchern zu vereinen und aktiv werden zu lassen, verursacht außerdem große Organisationskosten, was die Organisationsfähigkeit der Verbraucherinteressen ebenfalls einschränkt. Die ausgesprochen heterogenen Interessen der Verbraucher lassen sich nur sehr schlecht organisieren. Zudem ist die Konfliktfähigkeit der Verbraucherverbände geringer als jene der "neuen Agrarlobby". Konsumentenstreiks sind seltener als Protestaktionen der Landwirte, jedoch nicht wirkungslos.

---

[44] Vgl. Kapitel 18.
[45] Vgl. *Karstens* (1964), S. 23, 27 und 113 f.

Angesichts der unterschiedlich großen Organisations- und Konfliktfähigkeit lassen sich die Interessen der "neuen Agrarlobby" besser durchsetzen als jene der Verbraucher.[46] Dies zeigt sich auch bei den ungleichen Verbandsaktivitäten und Einflußnahmen sowie der politischen Untervertretung der Verbraucherinteressen. Deshalb haben die Verbraucher meist "keine Organisation, die sie der Macht der organisierten Produzenten entgegenstellen könnten". Sie zählen zu den " 'vergessenen Gruppen' - die schweigend leiden". Es wird deshalb "keine Länder geben, die eine symmetrische Organisation aller Gruppen mit einem gemeinsamen Interesse erlangen und die dabei durch umfassende Verhandlungen optimale Ergebnisse erzielen."[47]

In der Praxis sind die Verbraucherverbände vorwiegend privatrechtliche Interessenverbände. In der *Bundesrepublik Deutschland* beispielsweise gibt es 33 Mitgliedsverbände und -institutionen. Dazu zählen auch die Verbraucherzentralen der Bundesländer und deren Beratungsstellen. Der Organisationsgrad beträgt rund zehn Prozent. Auf der europäischen Ebene handelt es sich um das *Bureau Européen des Unions des Consommateurs (BEUC).*

2. Die übrigen Gruppen

Im Rahmen der politischen Prozesse spielen weitere Gruppen eine Rolle (vgl. auch Abb. 4/1):

- Die *umweltschutzinteressierten Kreise* tragen ihre Anliegen ebenfalls über ihre Verbände, die Parteien und die Bürokratie in den vorparlamentarischen Raum. Die sog. *"grünen Parlamentarier"* vertreten ihre Interessen im Parlament und die *"grünen Regierungsmitglieder"* in der Regierung. Die Umweltinteressen genießen bei allen Institutionen des politischen Lebens einen großen Stellenwert.

- Die Interessen der *Steuerzahler* gelangen auf einem ähnlichen Weg in die politischen Prozesse, allerdings mit einer verhältnismäßig schwachen politischen Gewichtung. Die Steuerzahler sind "eine riesige Gruppe mit einem offenkundigen, gemeinsamen Interesse, aber in einem entscheidenden Sinn fehlt es ihnen an einer Vertretung".[48]

- Die Interessen der *internationalen Handelspartner* kommen bei den bilateralen und den multilateralen Verhandlungen zum Tragen. Die Interessen der *Entwicklungsländer* beispielsweise haben eine binnenstaatliche Lobby, werden von den Parteien und der Bürokratie vertreten oder direkt durch die Regierung politisch umgesetzt. Andere Interessen von internationalen Handelspartnern gelangen über supranationale Organisationen (wie beispielsweise die *Europäische Union*) oder internationale Organisationen (wie beispielsweise die *World Trade Organization)* in die politischen Prozesse.

---

[46] Vgl. *Offe* (1973), S. 368 ff.
[47] *Olson* (1985a), S. 47.
[48] *Olson* (1985a), S. 163.

E. Der Einfluß der einzelnen Interessengruppen auf die Regierung

I. Die Theorie der Demokratie

Auf der zweiten und dritten Stufe des einfachen, dreistufigen Modells (Abb. 4/1) sind unter anderem die Parteien, Koalitionen und Regierungen abgebildet. Zur Analyse der zweiten und dritten Stufe des Modells wird die *Theorie der Demokratie* herangezogen. Diese setzt die Aktivitäten der Parteien in Wechselwirkung zum Verhalten der Wähler. Als allgemein repräsentatives Modell gilt das Stimmenmaximierungsmodell von *Anthony Downs*.[49] Dieses geht davon aus, daß die Parteien durch die Parteiprogramme danach trachten, ihren Stimmenanteil zu maximieren, um an die Regierungsmacht zu gelangen bzw. die Regierungsmacht zu behalten. Betrachtet werden nur demokratische Regierungen.

Angelpunkt der Umverteilung ist die regierende Partei oder Koalition, welche wiedergewählt werden möchte. In den Modellvorstellungen wird deren Verhalten als endogen hinsichtlich der Interessen der Wähler betrachtet. Es wird jeweils eine Partei bzw. eine Koalition von Parteien durch das Volk zur Ausübung der staatlichen Herrschaft gewählt. Wahlen werden in periodischen Abständen durchgeführt. Jeder Wähler hat eine Stimme. Die von der Mehrheit unterstützte Partei oder Koalition übernimmt bis zur nächsten Wahl die Regierungsgewalt. Die Verliererparteien versuchen niemals, die Siegerpartei an der Ausübung der Amtsübernahme zu hindern. Bei jeder Wahl gibt es zwei oder mehrere Parteien, die um die Kontrolle des Regierungsapparates konkurrieren.[50]

Die Bürger empfangen stets eine ganze Flut von Vorteilen aus der staatlichen Tätigkeit. Ihr Wahlverhalten ist auf politische und wirtschaftliche Ziele ausgerichtet. Sie versprechen sich bei ihrer Wahlentscheidung Nutzen aus der staatlichen Tätigkeit und besondere Vorteile aus den Handlungsweisen der einen oder anderen Partei. Sie wählen diejenige Partei, von welcher sie sich den größten Nutzen versprechen und verhalten sich damit rational. Der Wähler ist ein "homo politicus".

Im Bestreben, die Wählerstimmen zu maximieren, wird die regierende Partei jene Ausgaben tätigen,

> "die ihr die meisten Stimmen einbringen werden, und zwar mit Hilfe jener Finanzierungsmethoden, die sie am wenigsten Stimmen kosten. Der Stimmengewinn und -verlust wird durch das Nutzeneinkommen aller Wähler und die Strategien der Oppositionsparteien bestimmt."[51]

Die politische Frage lautet, ob ein Budget so viele Stimmen einbringt, wie es kostet.[52] Mit anderen Worten:

> "Die Ausgaben werden solange gesteigert, bis der durch die letzte ausgegebene Geldeinheit erreichte Stimmengewinn dem Stimmenverlust gleich ist, der durch die letzte, aus den staatlichen Finanzierungsquellen entnommenen Geldeinheit verursacht wird."[53]

---

[49] Vgl. *Downs* (1957/1968).
[50] Vgl. *Downs* (1957/1968), S. 23.
[51] *Downs* (1957/1968), S. 71.
[52] Vgl. *Downs* (1957/1968), S. 67.
[53] *Downs* (1957/1968), S. 50.

Zwischen den erwarteten Leistungen der einen und der anderen Partei bestehen Parteidifferentiale. Die politischen Veränderungen, welche die Opposition einbringt, sind im voraus nicht eindeutig bekannt. Hat die vom Wähler bevorzugte Partei keine Gewinnchancen, stimmt der Wähler möglicherweise nicht für sie, sondern für eine Partei mit Gewinnchancen, um die unsympathische Partei am Wahlsieg zu hindern.[54]

Es geht den Parteien und Regierungen um die Maximierung der Stimmen. Den einzelnen Politikern, welche nach Ämtern trachten, wird Eigennutz (Einkommen, Prestige und Macht) unterstellt. Das politische Verhalten in einer Demokratie widerspricht somit der Annahme der traditionellen Wirtschaftstheorie von einer den Nutzen und die Wohlfahrt maximierenden bzw. nach dem Paretooptimum strebenden Regierung.

II. Die politische Präferenzenfunktion

Bei der *politischen Präferenzenfunktion* wird der politische Entscheidungsprozeß als ein System von Interaktionen zwischen den Interessengruppen und dem Verhalten der Regierung erklärt. Die Regierung wird als das *"Clearing House"* der politischen Interessen betrachtet.[55] Die Regierungstätigkeit dient einer "politisch effizienten Umverteilung".[56]

Die *politische Präferenzenfunktion (P)* ist die reduzierte Form der Nutzenfunktion des komplexen politischen Systems. Sie wird als empirisch evaluierbar, situationsbedingt und zeitgebunden betrachtet. Es wird davon ausgegangen, daß das politische Verhalten der verschiedenen Gruppen gemessen werden kann.[57] Als Maßstab des ökonomischen Verhaltens dienen unter anderem die *Konsumentenrenten (CS)*, die *Produzentenrenten (PS)* und die verursachten Staatsausgaben, was in der *Public Choice Theorie* der Standardformulierung der politischen Präferenzenfunktion entspricht.[58] Als weitere Renten ließen sich auch die *Umweltrenten* und die *Renten des Auslands* im internationalen Handel analysieren.

Eine *einfache politische Präferenzenfunktion (PPF)* mit Landwirten, Verbrauchern und Steuerzahlern lautet:

(1) $P = aL + bC + (1-a-b)T$

wobei:
a = relative Gewichtung der Interessen der Gruppe L (Landwirte),
L = relativer Anteil der Gruppe L (Landwirte),
b = relative Gewichtung der Interessen der Gruppe C (Verbraucher),
C = relativer Anteil der Gruppe C (Verbraucher),
T = relativer Anteil der Gruppe T (Steuerzahler).

---

[54] Vgl. *Downs* (1957/1968), S. 41 und 48.
[55] Vgl. *Bhagwati* (1982), S. 988 ff.
[56] *Becker* (1983) und (1985).
[57] Vgl. *Gardner* (1983), S. 225 ff.
[58] Vgl. *Harberger* (1976); *Gittinger* (1972); *Akino* und *Hayami* (1975).

Unterstellt wird eine sich politisch rational verhaltende Regierung, deren Ziel die Maximierung des Nutzenindex aufgrund der politischen Präferenzenfunktion ist. Dies ergibt sich bei einer optimalen Mischung der drei Gewichtsvariablen. Dabei stellt sich die Frage, welche relative Bedeutung die Regierung der Konsumentenrente, der Produzentenrente und den Staatsausgaben beimißt. In der Gewichtung der einzelnen Renten kommt unter anderem der politische Einfluß der einzelnen Gruppen und deren Wahlunterstützung für die Regierung zum Ausdruck. Ist die Gewichtung der politischen Bedeutung aller Gruppen dieselbe, findet kein Nettotransfer statt.

In den *USA* beispielsweise werden die politischen Präferenzenfunktionen anhand von empirischen Modellen getestet. Bemerkenswert für die Agrarpolitik ist die Asymmetrie des politischen Einflusses von Produzenten, Verbrauchern und Steuerzahlern. Meist werden die Produzentenrenten stärker gewichtet als die Konsumentenrenten und die Belastung der Steuerzahler.[59]

Ein älteres *Schulbeispiel* zeigt den politischen Einfluß der einzelnen Interessengruppen auf die Weltgetreidemärkte. Es wurde von einem (neoklassischen) Marktmodell mit vollständiger Konkurrenz ausgegangen und die relative Stärke der politischen Einflußnahme der einzelnen Interessengruppen auf das Regierungsverhalten endogenisiert. Je nach deren politischer Einflußstärke erhielten die einzelnen Gruppen höhere Einkommen als unter Konkurrenzbedingungen. Bemerkenswert in diesem Mehrländervergleich ist vor allem die geringe politische Einflußstärke der japanischen Konsumenten und Steuerzahler. Dies kommt in hohen Agrarpreisen und großen Staatsausgaben für die Landwirtschaft zum Ausdruck (vgl. Tab. 4/2).[60]

Tab. 4/2
Die relevante politische Einflußstärke der einzelnen Interessengruppen im internationalen Vergleich (politische Stärke der Landwirte = 1,00)

Länder		Landwirte	Verbraucher	Steuerzahler	Tiermäster	Lagerhalter
USA	1960-77	1,00	0,92	0,91	1,70	1,10
Kanada	1960-75	1,00	0,99	1,01	1,24	1,80
EG	1960-75	1,00	1,02	1,00	1,47	.
Australien	1960-75	1,00	1,02	1,04	0,92	.
Japan	-	.	1,00	0,20	0,30	.

Quelle: *Paarlberg* und *Abbot* (1986), S. 539.

Aus methodischer Sicht wird am Konzept der politischen Präferenzenfunktion erhebliche Kritik geäußert. Bei empirischen Untersuchungen ist es aus mathematischen Gründen erforderlich, die Anzahl der zu untersuchenden agrarpolitischen Instrumente um eins kleiner als jene der Interessengruppen[61] zu halten, was zu starken Vereinfachungen führt. Zudem weichen die marginalen und die durchschnittlichen Koeffizienten der politischen Einflußstärke in der Regel

[59] In einem konkreten Einzelfall ergab sich in den USA für die Agrarpolitik eine politisch um den Faktor 1,8 stärker zu gewichtende Produzentenrente als die Konsumentenrente. Die Produzentenrente ist meist auch stärker zu werten als Budgeteinsparungen. Vgl. *Oehmke* und *Yao* (1990), S. 631 ff.
[60] Vgl. *Paarlberg* und *Abbott* (1986), S. 528 ff.
[61] Vgl. *Bullock* (1994), S. 359.

voneinander ab, was Quantifizierungsprobleme bei den politischen Entscheidungen mit sich bringt.[62]

III. Wohlstandsvergrößerung versus Einkommensumverteilung

Möchte die Regierung die politische Unterstützung ihrer Programme durch die einzelnen Interessengruppen maximieren, kann sie zwei Ansätze der Wirtschaftspolitik verfolgen, die "*Umverteilung des Kuchens*" und die "*Vergrößerung des Kuchens*":[63]

- Die "*Umverteilung des Kuchens*" (political economic seeking transfer policies = *PEST)* erfolgt meist zu Gunsten einer politisch einflußstarken Gruppe und zu Lasten der anderen Gruppe. Dies führt zu Nutzenverschiebungen ohne Rücksichtnahme auf die gesamtwirtschaftlichen Allokationswirkungen,[64] wodurch es in der Regel zu einer paretoinferioren Situation kommt.

Dies läßt sich an einem Modellbeispiel erläutern:[65] Eine Volkswirtschaft bestehe aus einem landwirtschaftlichen und einem nichtlandwirtschaftlichen Sektor.[66] Für beide Gruppen besteht sowohl die Möglichkeit, die Einkommen ausschließlich aus Marktleistungen zu erzielen als auch zusätzlich rent seeking im Hinblick auf weitere Subventionen zu betreiben. Die erste Eintragung in Tab. 4/3 zeigt jeweils die Auszahlung an den landwirtschaftlichen Sektor, die zweite an den nichtlandwirtschaftlichen Sektor. In Klammern wird das volkswirtschaftliche Einkommen als Summe aus den beiden Auszahlungsströme angegeben.

Tab. 4/3
Rent seeking und Gefangenendilemma (Modellbeispiel)

		Nichtlandwirtschaftlicher Sektor	
		Markt	Rent seeking
Landwirtschaftlicher Sektor	Markt	200/800 (1000)	100/850 (950)
	Rent seeking	250/250 (500)	125/600 (725)

Anm.: Die erste Zahl der Auszahlungsmatrix gilt für den landwirtschaftlichen Sektor, die zweite für den Sektor der Nichtlandwirtschaft, die Zahl in Klammer (...) für das kumulierte Volkseinkommen.

Quelle: *Scriomgeour* und *Pasour* (1996), S. 259.

Ohne rent seeking beträgt das landwirtschaftliche Einkommen aufgrund von Modellannahmen 200, das nichtlandwirtschaftliche Einkommen 800 und das volkswirtschaftliche Einkommen 1.000. Betreibt nur die Landwirtschaft rent seeking, steigt deren Einkommen auf 250, das nichtlandwirtschaftliche Einkommen sinkt auf 500 und das volkswirtschaftliche Einkommen auf 750. Betreibt nur die Nichtlandwirtschaft rent seeking, steigt deren Einkommen auf 850, jenes der Landwirtschaft sinkt auf 100 und das Volkseinkommen sinkt auf

[62] Vgl. *Bullock* (1994), S. 347 ff.
[63] Vgl. *Rausser* (1982), S. 821 f.
[64] Vgl. *Rausser* und *Forster* (1990), S. 644.
[65] Vgl. auch *Buchanan* (1975), und *Tullock* (1974).
[66] Vgl. auch *Wagner* (1993).

950. Betreiben beide Sektoren rent seeking, sinkt das landwirtschaftliche Einkommen auf 125, das nichtlandwirtschaftliche Einkommen auf 600 bzw. das Volkseinkommen auf 725. Es besteht nun insofern ein Gefangenendilemma, als jeder Sektor nur dann vom rent seeking profitieren kann, wenn der andere Sektor auf das rent seeking verzichtet.[67] Die Vernunft sollte beiden Sektoren zur Eingebung verhelfen, auf rent seeking zu verzichten, damit das Volkseinkommen insgesamt maximiert werden kann.

Beim rent seeking erfolgen Einbußen gegenüber dem Wohlfahrtsoptimum (Paretooptimum), unter anderem durch die höheren Steuern, welche für die Auszahlung von Renten notwendig sind und zu einer geringeren Arbeits- bzw. Produktionsleistung führen. Ein größerer Nutzenindex (Positivsummenspiel) entsteht nur, wenn beispielsweise ein Marktversagen korrigiert wird oder der Transfer seitens der Spender freiwillig erfolgt (etwa mit altruistischen Nutzenüberlegungen).

- Die *"Vergrößerung des Kuchens"* (political economic resource transfer policies = *PERT)* geschieht durch Allokationseingriffe zur Wohlstandsvermehrung zu Gunsten der Gesamtheit. Dies begünstigt die eine oder die andere Gruppe und führt zu längerfristigen Nutzenverschiebungen zwischen den einzelnen Gruppen. Die weniger bevorzugten Produzenten können dafür ggf. Kompensationszahlungen (PEST-Transfers) zu ihren Gunsten verlangen. Solche Zahlungen können paretosuperior sein, sofern die politische Akzeptanz der Einführung von PERT-Maßnahmen damit überhaupt erst geschaffen werden kann. Dies führt langfristig zu Wohlfahrtsverbesserungen; die PEST-Maßnahmen schaffen dazu oft die politischen Voraussetzungen.

Die Regierung trifft rationale Entscheidungen zur Maximierung der politischen Präferenzenfunktion, indem sie die PERT- und die PEST-Maßnahmen mischt. Nach den resultierenden Allokations- und Verteilungseffekten kehrt das System zum Gleichgewicht der politischen Kräfte zwischen den einzelnen Interessengruppen zurück. Solche Prozesse werden auch durch eine veränderte Gewichtung der einzelnen Komponenten der politischen Präferenzenfunktion ausgelöst und bewirken ebenfalls Agrarreformen.

IV. Die Effizienz der Verhandlungen zwischen den einzelnen Interessengruppen

Reformen können Gewinne für alle Interessengruppen ergeben, aber auch Gewinne für einige und Verluste für andere Gruppen. Einzelne Gruppen finden es möglicherweise zu kostspielig, die Politik der Regierung zu beeinflussen. Ein Hemmnis für effiziente politische Reformen sind unvollkommene *"politökonomische Märkte"*. Deren Unvollkommenheit ist meist auf wenig differenzierte Meinungsäußerungen einzelner Gruppen und die erheblichen Transaktionskosten zurückzuführen, welche erforderlich sind, um politische Prozesse in Gang zu bringen. Unter solchen Umständen versagt die Annahme effizienter Verhandlungen zwischen den einzelnen Interessengruppen.

Gelingt es, adäquate Informationen bereitzustellen und die Transaktionskosten im politischen Prozeß zu senken, verbessert sich der *"politökonomische Markt"*

---

[67] *Scrimgeour* und *Pasour* sprechen in diesem Zusammenhang von einer Public Choice-Falle (public choice trap); vgl. *Scrimgeour* und *Pasour* (1996), S. 259.

für agrarpolitische Reformen.[68] Effizientere Methoden der Verhandlungen lassen ein neues politisches Gleichgewicht finden und führen bei PERT-Maßnahmen ("Vergrößerung des Kuchens") zu einer Erhöhung des gesamtwirtschaftlichen Wohlstands.

Eine Nachfrage nach Agrarreformen ergibt sich auch bei zunehmender öffentlicher Verschwendung durch Umverteilungsprogramme. Ist der Transfer von Renten von der einen zur anderen Gruppe mit allokativen und bürokratischen Ineffizienzen verbunden, ergibt sich ein Negativsummenspiel mit per Saldo sinkendem Wohlstand.[69] Oft bringt der Kampf zwischen mehreren Interessengruppen eine größere politische Sensibilität gegenüber der Besteuerung und dem Umverteilungsprozeß. Dies kann dazu führen, daß die Regierung eine bessere bürokratische Effizienz der Verteilungspolitik erreicht.[70] Reformen, welche die verzerrenden und ineffizienten Wirkungen der Agrarpolitik mildern, können Elemente einer effizienteren Umverteilung enthalten. In diesem Fall läuft ein Positivsummenspiel ab (beispielsweise bei der Einführung von landwirtschaftlichen Direktzahlungen an der Stelle von Exportsubventionen). Damit läßt sich der Nutzen der Agrarpolitik auch ohne eine Steigerung der Staatsausgaben erhöhen.

F. Der Einfluß der Parteien und der bäuerlichen Wähler

I. Die allgemeinen Parteiprogramme

Die *allgemeinen Parteiprogramme* sind auf die Entwicklung der gesamten Wirtschaft und nicht einseitig auf die Förderung der Landwirtschaft ausgerichtet. Der Wettbewerb unter den Parteien wird nicht in erster Linie auf dem agrarpolitischen Parkett ausgetragen. Angesichts der Wählerreaktionen werden sich die Parteien jedoch auch bei ihren agrarpolitischen Programmteilen nach den Bedürfnissen und den wirtschaftlichen Interessen der Wähler sowie Interessengruppen richten.[71] Es ist nicht für alle Parteien möglich, die Landwirte als Minderheit durch marginale Operationen selektiv zu bevorzugen, um dadurch Wählerstimmen zu gewinnen.[72] Die Landwirte sind nach den bisherigen Erfahrungen keine Medianwähler und reagieren auf konservative, liberale, sozialdemokratische und grüne Regierungsprogramme unterschiedlich.

Ein gewisser Konsens hinsichtlich der Ziele und Instrumente der Agrarpolitik ist vorhanden. Die Unterschiede bestehen in den agrarpolitischen Akzenten. Da sich die Parteiprogramme in der Regel nur sehr vage voneinander abgrenzen lassen und die agrarpolitischen Formulierungen offen gehalten werden, erlauben diese oft eine mehrdeutige Interpretation durch die Wähler.[73] Es ist nicht einfach, die agrarpolitischen Nuancen der einzelnen Parteiprogramme voneinander abzugrenzen. In den höchstentwickelten Industrieländern befürworten sowohl die konservativen, sozialdemokratischen als auch die liberalen und grünen Parteien den bäuerlichen Familienbetrieb und setzen sich für die bäuerlichen Strukturen ein. Eine weitere, gemeinsame Überzeugung ist die Produktion gesunder und hochwertiger Nahrungsmittel, die Anpassung der landwirtschaft-

[68] Vgl. *Foster* (1990), S. 641 ff.
[69] Vgl. *Bhagwati* (1982), S. 988 ff.
[70] Vgl. *Becker* (1983), S. 386.
[71] Vgl. *Butz* (1989), S. 1198.
[72] Vgl. *Hagedorn* (1982), S. 619.
[73] Vgl. *Schmitz* (1986), S. 300 ff.

lichen Produktion an die Nachfrage, der Abbau von Überschüssen, die Sicherung der bäuerlichen Einkommen und die Berücksichtigung der Verbraucherinteressen. Ein gewisser Wandel der Agrarstruktur wird als schmerzlich, aber notwendig betrachtet. Eine minimale bäuerliche Grundsubstanz in den Gebieten mit ungünstigen Produktionsverhältnissen wird ebenso befürwortet wie die Pflege der Landschaft. Der Landbau soll umweltgerecht sein und die Natur intakt bleiben. Nach diesen Gemeinsamkeiten in den Parteiprogrammen soll nun versucht werden, gewisse Abgrenzungen vorzunehmen.

II. Konservative Parteien

Konservative Parteien befürworten im allgemeinen eine angemessene Einkommenssicherung für die bäuerlichen Betriebe. Sie betonen die Bedeutung der Markt- und Preispolitik, verbunden mit einem Schutz des landwirtschaftlichen Außenhandels und einer Förderung der landwirtschaftlichen Exporte. Produktionsquoten als Mittel des Einkommenstransfers von den Verbrauchern zu den Landwirten werden meist akzeptiert. Dies schafft bäuerliche Besitzstände, um welche die Landwirte bei einem veränderten Wahlverhalten fürchten müßten. Konservative Parteien stehen der Überproduktion meist etwas weniger negativ gegenüber als sozialdemokratische Parteien, welche die Verteilungswirkungen von Überschüssen ablehnen, zumal sie sich daraus keine politischen Vorteile versprechen. Konservative wie auch andere Parteien befürworten Flächenstillegungen zur Drosselung der Produktion und die Extensivierung der landwirtschaftlichen Produktion zum Schutze der Umwelt.

III. Sozialdemokratische Parteien

Sozialdemokratische Parteien setzen sich für eine soziale Sicherung der kleinen und mittleren Landwirte ein. Sie bevorzugen die Agrarsozialpolitik und die direkte Agrareinkommenspolitik. Durch ihre sozialpolitische Akzentsetzung hoffen sie auf einen Stimmenzuwachs aus dem Lager der unzufriedenen kleinen und mittleren Bauern, welche sich auf diesem politischen Alternativweg eine letzte Hoffnung zur Sicherung ihrer Existenz versprechen. Unter dem Druck der Verbraucher befürworten sie einen Abbau künstlich "nach oben" verzerrter Preise und lehnen Produktionsquoten in der Regel ab, weil diese zu einer einseitigen Verlagerung von Verbraucher- zu Produzentenrenten führen.

Für sozialdemokratische Parteien stellt sich die Frage, ob sie angesichts des verhältnismäßig kleinen Stamm- und Wechselwählerpotentials bei den Landwirten ihre Stimmen maximieren sollen, indem sie eine marktorientierte Agrarpolitik zu Gunsten der Verbraucher fordern. Dabei müßte ihr (kleiner) Anteil an den landwirtschaftlichen Wählerstimmen, den sie zu verlieren haben, durch Stimmengewinne bei den Verbrauchern überkompensiert werden. Voraussetzung wäre eine eingehende Informationspolitik gegenüber der Bevölkerung über die Kosten und Konsequenzen der aktuellen Agrarpolitik.

Dabei fürchten sie Solidarisierungseffekte der nichtlandwirtschaftlichen Wähler zu Gunsten einer "geprügelten" Landwirtschaft. Den möglichen Solidarisierungseffekten bei den nichtlandwirtschaftlichen Wählern wird eine ziemlich große Bedeutung beigemessen. Zudem sind sie sich der ordnungspolitischen Legitimationsprobleme von abrupten Änderungen der Agrarpolitik bewußt.[74]

IV. Liberale Parteien

Liberale Parteien betonen die Bedeutung einer bäuerlichen Landwirtschaft und die Sicherung der landwirtschaftlichen Einkommen. Sie befürworten landwirtschaftliche Marktordnungen, möchten diese jedoch möglichst marktkonform und besser ohne Produktionsquoten konzipieren. Die landwirtschaftliche Preispolitik soll vorsichtig und zurückhaltend sein, um weitere Überschüsse zu vermeiden. Angestrebt wird die Schaffung zusätzlicher landwirtschaftlicher Einkommensquellen.

V. Grüne Parteien

Die ökosoziale Politik der *Grünen Parteien* betont die ökologischen und sozialen Zielsetzungen der Agrarpolitik, welche ganz generell an Bedeutung gewinnen. Kritisiert werden sowohl der Hunger als auch der Überfluß in der Welt. Bemängelt wird eine sich ständig vergrößernde Kluft zwischen der Landwirtschaft, der Agrarbürokratie, den landwirtschaftlichen Interessenvertretern und der Wissenschaft. Nach Auffassung der Grünen Parteien fehlt ein agrarpolitisches Langzeitprogramm, welches auf die Erhaltung der bäuerlichen Betriebsstrukturen ausgerichtet ist, von den Bauern sowie den Verbrauchern akzeptiert wird und von der öffentlichen Hand finanziert werden kann. Die Grünen Parteien wenden sich gegen die Genforschung und die Dominanz der privaten Forschung bei Tieren, Pflanzen und chemischen Mitteln.

Die *ökosoziale Politik* legt das Schwergewicht auf den Abbau von Überschüssen, die Umweltverantwortung der Landwirtschaft, die Erhaltung der Bodenfruchtbarkeit, die Reinheit des Grund- und Oberflächenwassers sowie eine möglichst naturnahe Umwelt mit viel Freiraum für wildlebende Tiere und Pflanzen. Im sozialen Bereich möchte die ökosoziale Agrarpolitik die Armutsprobleme bewältigen, die kleinen Bauern schützen und den schwächeren Bauern helfen. Dies soll durch direkte Einkommenszahlungen und einen Abbau der überschußfördernden Marktsubventionen erfolgen. Als Beitrag zur Reduktion von Produktionsüberschüssen will sie Produktionsalternativen fördern, beispielsweise durch die Energiegewinnung aus pflanzlichen Rohstoffen. Die ökosoziale Agrarpolitik strebt nach einer hohen Qualität der erzeugten Nahrungsmittel. Die wirtschaftliche Leistungsfähigkeit der Betriebe soll im Rahmen der ökosozialen Rahmenbedingungen weiterentwickelt werden. Die Umweltforschung, die Ausbildung und die Beratung spielen eine bedeutende Rolle.

VI. Die Stabilität der Agrarpolitik

In der *Bundesrepublik Deutschland* sind keine signifikanten Zusammenhänge zwischen den einzelnen Wahlterminen, den agrarpolitischen Operationen zu Gunsten der Bauern und der landwirtschaftlichen Einkommensentwicklung festzustellen.[75] Programme für die Landwirtschaft vor den Wahlterminen lassen sich weder hinreichend erklären noch empirisch belegen.

[74] In der Vergangenheit kam es deshalb weder bei den sozialdemokratischen, den sozialdemokratisch-liberalen noch den konservativen Regierungen zu brüsken Änderungen der Agrarpolitik.

[75] Vgl. *Haase* (1983), S. 39 ff.

Die *verhältnismäßig hohe Stabilität der Agrarpolitik* und die festzustellende Annäherung der agrarpolitischen Grundauffassungen der Parteien führen dazu, daß selbst eine neue Regierung viele Tätigkeiten ihrer Vorgängerin übernimmt,

> " ... ohne ernstlich daran zu denken, sie abzuschaffen, obzwar vielleicht eine marginale Änderung des Umfangs dieser Tätigkeiten oder eine Reform der Verwaltung in Betracht gezogen wird."[76]

Dies ist nicht zuletzt auf das Wählerverhalten zurückzuführen. Gehen konservative und liberale Parteien von einer bauernfreundlichen Agrarpolitik weg, kostet sie dies oft die politische Mehrheit oder die politische Mehrheitsfähigkeit. Verlassen sozialdemokratische Parteien eine grundsätzlich bauernfreundliche Grundhaltung, kann dies durch Solidarisierungseffekte von bisherigen Wählern mit den Landwirten ebenfalls Stimmenverluste bringen.[77]

G. Die Theorie des "engeren Kerns der politischen Mehrheit"

Als Wählergruppe sind die Landwirte vorwiegend dem konservativen Lager zuzurechnen. Bei Unzufriedenheit neigen sie zur Stimmenthaltung und unterstützen nur bei großer Unzufriedenheit eine andere Partei. Sie sind keine ausgesprochenen Wechselwähler. Die im Normalfall recht große Stimmbeteiligung und die oft vertrauenswürdig erscheinenden, volksverbundenen Kandidaten führen zu einem ziemlich großen politischen Gewicht der bäuerlichen Vertreter. Ohne die bäuerlichen Kandidaten können die konservativen Parteien - vor allem in den ländlichen Räumen - kaum Wahlen gewinnen. Bei der Schaffung einer politischen Mehrheit und der Regierungsbildung haben sie einen besonderen politischen Grenzwert.

Friedrich A. von Hayek sieht in der *Theorie des engeren Kerns der politischen Mehrheit* den Schlüssel für die recht große politische Macht, welche selbst kleinere politische Gruppen für sich gewinnen können.[78] Politische Parteien, welche die Mehrheit anstreben, versprechen nach seinen Beobachtungen bestimmten Gruppen wie den Landwirten regelmäßig besondere Vorteile. Voraussetzung ist die Fähigkeit dieser kleinen Gruppen, das politische Kräfteverhältnis entscheidend zu verändern. Der politische Stimmentausch mit anderen Gruppen findet statt, solange die Landwirte zum engeren Kern der politischen Mehrheit zählen und bei den meist dünnen Mehrheitsverhältnissen den Ausschlag zu Gunsten der einen oder anderen Mehrheit geben können. Solange die Landwirtschaft Parteien oder Koalitionen zur Mehrheit und damit zur Regierungsbildung verhelfen kann, ist deren politischer Grenznutzen groß. Sie kann auf Regierungsmandaten bestehen und zählt zum engeren Kern der politischen Führung.

Es lassen sich bäuerliche Forderungen durchsetzen, welche das relative politische Gewicht ihrer Wähler übersteigen und à priori für niemanden (mit Ausnahme der Landwirte und dem Agribusiness) akzeptabel erscheinen. Oft genügt die Drohung, die politische Unterstützung zu entziehen, um Forderungen zu

---

[76] *Downs* (1967), S. 67.

[77] Die in ihren Grundzügen ziemlich große Stabilität der Agrarpolitik läßt sich zudem als agrarpolitischer Grundkonsens einer Gesellschaft verstehen und führt zur Theorie des Gesellschaftsvertrages (vgl. Ziffer K).

[78] Vgl. *von Hayek* (1981), S. 26 f.

erfüllen, von welchen die übrigen Mitglieder des engeren Kerns der politischen Mehrheit sachlich meist keineswegs überzeugt sind:

> "Unter dem bestehenden System kann auf diese Weise jede kleine Interessengruppe ihre Forderungen durchsetzen, nicht dadurch, daß sie eine Mehrheit davon überzeugt, daß ihre Forderungen berechtigt oder billig seien, sondern durch die Drohung, jene Unterstützung zu versagen, die der engere Kern von Einzelpersonen, die politisch übereinstimmen, braucht, um zu einer Mehrheit zu werden. Vorzugeben, daß die demokratischen Legislativen alle die Subventionen, Privilegien und anderen Wohltaten, deren sich so viele Sonderinteressen heutzutage erfreuen, deshalb gewährt haben, weil sie diese für gerechtfertigt hielten, wäre selbstverständlich einfach lächerlich."[79]

Entscheidend ist, daß der Stimmenzuwachs zu einer Partei-, Koalitions- bzw. Regierungsmehrheit führt.[80] Die konservativen und liberalen Parteien sind auf die bäuerlichen Stimmen meist angewiesen. Spielen Promilleanteile bei den Wahlergebnissen eine Rolle, kann das politische Wohlwollen der Landwirte zur Mehrheitsfrage werden. Es lohnt sich für die Parteien, auf die agrarpolitischen Wünsche der Bauern Rücksicht zu nehmen. Vor allem in den ländlichen Wahlbezirken haben die bäuerliche und die bäuerlich gesinnte Bevölkerung eine wesentliche Rolle als *"Mehrheitsschaffer"*. In dieser Funktion hat die landwirtschaftliche Bevölkerung trotz ihrer gesamtstaatlichen Minderheitsrolle eine große Bedeutung.[81] Besonders bei einem föderativen Staatsaufbau ist der gesamtstaatliche Effekt der ländlichen Wahlbezirke nicht zu unterschätzen.

Allerdings bestehen auch innerhalb des engeren Kerns der politischen Führung Konkurrenzbeziehungen um die stets knappen Haushaltsmittel und die Wählerstimmen. Dies engt den operationellen Spielraum bei der Gestaltung der Agrarpolitik ein. Die Agrarpolitik als ein Instrument der Einkommensumverteilung zu Gunsten der Landwirte kann nur solange durchgehalten werden, als diese vor der kritischen Wählerkontrolle der nichtlandwirtschaftlichen Bevölkerung geschützt wird. Dies kann zu einer geringeren Umverteilung zu Gunsten der Landwirtschaft führen.[82] Die agrarpolitischen Akteure versuchen deshalb, sich einen isolierten agrarpolitischen Handlungsspielraum zu schaffen, bei welchem die Vorzugsbehandlung der Landwirtschaft möglichst geringe wahlpolitische Opportunitätskosten bringt. Durch diese Abschirmung gelingt es den Politikern, landwirtschaftliche Stimmen ohne erhebliche Wählerverluste bei den nichtlandwirtschaftlichen Wählern zu gewinnen.

H. Der Einfluß der Bürokratie

I. Das Modell

In den höchstentwickelten Industrieländern wurden seit dem zweiten Weltkrieg agrarbürokratische Institutionen mit Tausenden und Zehntausenden von Beamten geschaffen. Für die Regulierung aller nur denkbaren Bereiche der Landwirt-

[79] *von Hayek* (1981), S. 26 f.
[80] Damit ist beispielsweise das *"Rechenmaschinenmodell"* abzulehnen. Dieses besagt, daß derjenigen Wirtschaftspolitik der Vorzug gegeben wird, welche zum größten Stimmenzuwachs führt.
[81] Vgl. *Beusmann* und *Hagedorn* (1984), S. 76.
[82] Vgl. *Haase* (1983), S. 41.

schaft bieten sich bürokratische Aktivitäten an: Die Agrarmärkte, die Agrarstrukturen, die Agrareinkommens- und Agrarsozialprobleme, die Agrarumweltfragen und die regionalen Wirtschaftsprobleme.

Die ökonomische *Theorie der Bürokratie* geht auf *Anthony Downs*[83] sowie *William A. Niskanen*[84] zurück und erklärt den wachsenden Einfluß der Behörden auf die Politik. Unter der Bürokratie werden die staatlich-bürokratischen Institutionen der öffentlichen Verwaltung der multinationalen Organisationen, der nationalen Staaten, der Bundesländer und der Kommunen verstanden. Ein "*Bürokrat*" ist der ranghöchste Angestellte eines Büros mit separat erkennbarem Budget.[85] Die Bürokratie hat die getroffenen Entscheidungen auszuführen. Sie verschafft sich durch die speziellen Eigenschaften des Verwaltungspersonals (wie beispielsweise die soziale Herkunft und berufliche Qualifikationen) Spielraum für eigene Entscheidungen. Beim Bürokratiemodell von *William A. Niskanen* wird der *individuell nutzenmaximierende homo oeconomicus* auf den Bürokraten übertragen.

Die Interessen des Bürokraten korrelieren nach diesen Annahmen positiv mit der Höhe der Budgets. Seine Ziele sind komplex und umfassen neben der Budgetmaximierung auch Macht, Prestige, Sicherheit, Einkommen sowie Loyalität zu bestimmten Konzeptionen und Ideologien.[86] Im Vergleich zum Markt führt dies meist zur Überproduktion von Leistungen und zu bürokratischer Ineffizienz, indem die verfügbaren Agrarbudgets unter anderem dazu verwendet werden, den Agrarbereich über das marktliche Gleichgewichtsniveau hinaus auszudehnen.

Das Budget besteht ganz oder zu wesentlichen Teilen aus staatlichen Einnahmen, welche nicht aus dem Verkauf von Leistungen stammen.[87] Die Bürokratie ist ein monopolistischer Anbieter von staatlichen Produkten und Dienstleistungen. Sie kann als Optionsfixierer auftreten und das Gut als Gesamtpaket verkaufen. Es wird eine bestimmte Menge des Gutes zu einem bestimmten Preis (in der Form des Budgets) bereitgestellt. Dieses Paket wird gemäß den Verhaltensannahmen so ausgewählt, daß das Budget und damit der bürokratische Nutzen maximiert wird.[88]

Abb. 4/4 zeigt ein marktliches Gleichgewicht bei einer gegebenen Nachfrage nach Agrarprodukten von N und einer Angebotskurve von A. Es ergibt sich ein Marktgleichgewicht bei C mit einer Menge von X* und einem Preis von P*. Durch bürokratische Maßnahmen wie beispielsweise Produktions- und Marktsubventionen werde die erzeugte Menge bis X_B ausgedehnt. Die Grenzkosten der Erzeugung von K'_B liegen über dem Grenznutzen der Verbraucher von N'_B (vgl. Linie b). Es kommt zur Verletzung der Optimalbedingung der Gleichheit von Grenzkosten und Grenznutzen. Im Gegensatz zur marktlichen Koordinierung von Angebot und Nachfrage ist das Ergebnis paretoinferior. Die simultane Optimierung von Angebot und Nachfrage entfällt, die Allokation der Ressourcen (Produktionsfaktoren) entspricht nicht mehr dem Kriterium der Paretooptimaliät.

[83] Vgl. *Downs* (1967).
[84] Vgl. *Niskanen* (1971) und (1979).
[85] Vgl. *Niskanen* (1971), S. 22.
[86] Vgl. *Downs* (1967).
[87] Vgl. *Niskanen* (1979), S. 343 und 364.
[88] Vgl. *Frey* (1981), S. 161.

Die Bürokraten sind von ihren eigenen Entscheidungen finanziell nicht betroffen. Für sie stellen die Grenzkosten der Agrarförderung keine individuell spürbaren Kosten dar. Große und steigende Budgets erfordern zwar größere Anstrengungen bei der Budgetvorbereitung, werden jedoch durch eine vermehrte bürokratische Macht belohnt.

Abb. 4/4
Das bürokratische Angebotsverhalten

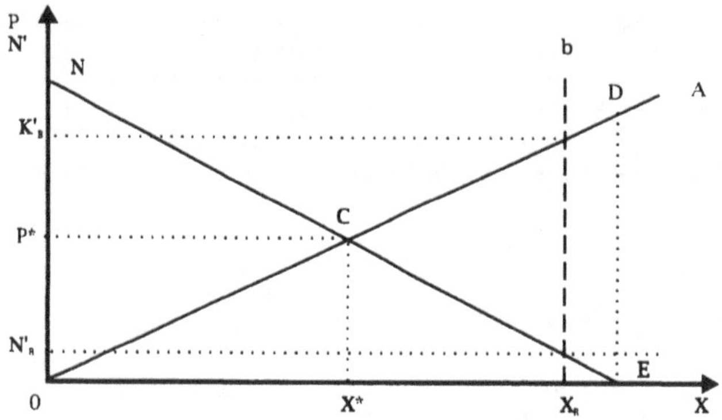

Seit Jahrzehnten ist eine wirtschaftspolitische Machtverlagerung von der Legislative zur Exekutive festzustellen. Dies äußert sich darin, daß die Bürokraten die agrarpolitische Willensbildung weitgehend beherrschen, was die Durchführung der Agrarprogramme ermöglicht. Sie sammeln alle relevanten Informationen, werten diese aus und verbreiten sie gegenüber der Regierung, dem Parlament und den Parteien. Die Bürokraten stellen die agrarpolitischen Gesetzesvorlagen bereit und setzen die von der Regierung und dem Parlament genehmigten Agrarprogramme um. Bei der Bereitstellung der gesetzlichen Grundlagen, Budgetmittel und bürokratischen Institutionen sind die Regierungen, Parteien und Politiker von der externen Unterstützung durch die Bürokratie abhängig. Die vielfältigen agrarstatistischen Unterlagen zählen zu den Machtfaktoren der Agrarbürokraten.

Die Verbreitung der Informationen wird von den bürokratischen Zielen beeinflußt. Die Agrarbürokraten haben wie die Bauernverbände ein gutes Gespür für die politische Akzeptanz von einzelnen Maßnahmen in der Öffentlichkeit sowie bei den bäuerlichen Wählern. Sie tendieren meist zur Vermeidung von Konflikten und zur gütlichen Einigung bei divergierenden Interessen. Ein solches Verhalten ist insbesondere im Hinblick auf ihre eigene Laufbahn typisch, welche die Unterstützung durch die Parteien, Regierungen und Interessengruppen erfordert.

Die Macht der Agrarbürokratie bzw. der Agrarministerien kann durch den direkten Verkehr mit den landwirtschaftlichen Interessenverbänden gestärkt werden. In der *Bundesrepublik Deutschland* beispielsweise ist der Verkehr der Ministerien mit den Zentral- und Gesamtverbänden ausdrücklich vorgesehen.[89] An-

[89] § 77 der *Gemeinsamen Geschäftsordnung der Bundesministerien, GGO.*

gesichts der starken Einflußnahme seitens der bäuerlichen Interessenvertreter orientieren sich die Agrarbürokratien an den Wünschen der Verbände und betrachten diese als eigentliche "Kunden". Die Ziele der Agrarbürokraten und der Verbände sind weitgehend gleichgerichtet.

II. Agrarpolitische Reformen

Es liegt im Interesse der Agrarbürokraten, daß sich die landwirtschaftlichen Probleme nicht verkleinern, sondern eher vergrößern, um sich dadurch ein agrarbürokratisches Betätigungsfeld zu erhalten. *Agrarreformen* werden gefördert, wenn sich das Agrarbudget erhöht. Ist dies der Fall, machen sich die "Kosten" der Agrarbürokraten in der Form von persönlichem Zeitaufwand für die Entscheidungsfindung und die Bereitstellung der Budgets bezahlt. Die Agrarreformen werden meist als gesamtes Paket zu einem bestimmten Budgetbetrag angeboten. Eine solche Strategie ist nutzenmaximal für die Bürokratie. Effizientere, für den Staat budgetgünstigere Lösungen werden oft abgelehnt, wenn sie zu bürokratischen Nutzeneinbußen führen.

III. Die kumulierten Wirkungen der Interessenpolitik und der Bürokratie

Die Agrarordnungen in den Industrieländern sind das Ergebnis eines jahrzehntelangen, ununterbrochenen Bürokratisierungsprozesses. Der Trend zur interventionistisch-bürokratischen Verwaltungswirtschaft wird begünstigt durch die starken politischen Kräfte agrarpolitischer Interessengruppen wie beispielsweise der Landwirtschaft und dem Agribusiness, welche gar keine marktlichen Lösungen wollen. Diese messen dem Rententransfer

> "einer komplementären politischen Koordination ihrer Interessen eine höhere relative Vorzüglichkeit zu (...) als einer ausschließlichen Marktkoordination."[90]

Die agrarpolitisch involvierten Wähler, Parteien, Politiker und Bürokraten wirken als Interessengemeinschaft gegen eine marktliche Agrarordnung.[91] Sie versprechen sich größere Vorteile von einem interventionistischen System, das sich von politischen Einflüssen angreifen läßt (vgl. Tab. 4/5).

Tab. 4/5
Landwirtschaft, soziale Marktwirtschaft und agrarbürokratische Elemente

Kriterium	Agrarliberalismus und soziale Marktwirtschaft	Agrarbürokratische Elemente
Formen der Preisbildung	Wettbewerbliche Märkte	Staatliche Preisvorgaben
Koordination der Märkte	Freie Preisbildung	Staatl. Eingriffe in Angebot u. Nachfrage
Planung	Dezentral	In vielen Bereichen zentrale Planung
Formen des Eigentums	Privateigentum	Staatl. beherrschte Eigentumsstrukturen
Staatl. Finanzwirtschaft	Dezentral-föderalistisch	Überwiegend zentral (EU, Mitgliedsländer).

[90] *Hagedorn und Schmitt* (1985), S. 253.
[91] Vgl. *Becker* (1983), S. 372 und 391 ff.

Die Landwirtschaft wird aus der Marktwirtschaft "herausgehalten". Die Produktionsüberschüsse erschweren die Rückkehr zu einer marktlich geprägten Agrarordnung und lassen einen solchen Wandel kurzfristig als unmöglich darstellen. Die Kumulierung von interessenpolitischen und bürokratischen Kräften fördert eine überdimensionierte Agrarproduktion. Der *Sachzwang großer Selbstversorgungsraten* und nicht angepaßter Agrarstrukturen verhindert eine Rückkehr zu einem marktlichen System und wird sorgfältig gehütet. Dies lastete - vor allem in der Vergangenheit - wie Blei auf der Agrarpolitik. Steigt der Unmut in der Öffentlichkeit, finden Anpassungen statt, ohne daß jedoch an eine grundsätzliche Systemänderung gedacht würde. Lobbyisten, Politiker, Parteien und Bürokraten spielen in ihren spezifischen Rollen so lange mit, wie sie sich politische und wirtschaftliche Vorteile versprechen.

In den Agrarordnungen der *marktwirtschaftlich geprägten Länder* nahmen die agrarbürokratischen Elemente in der Vergangenheit stark zu:

> "Die agrarpolitische Neuorientierung trifft auf starke Widerstände. Um das System zu erhalten, wird allenfalls an Symptomen kuriert und der Agrarsektor immer weiter von der sozialen Marktwirtschaft entfernt. Die Bauern geraten dabei mehr und mehr in die Unfreiheit."[92]

In einem Umfeld der sozialen Marktwirtschaft führen die stark interventionistischen Agrarverfassungen der höchstentwickelten Länder zu erheblichen ordnungspolitischen Spannungen. Die agrarpolitischen Bürokratisierungsprozesse zeigen noch keine eindeutigen Umkehrerscheinungen, wohl aber Sättigungstendenzen. Die Kritik an der agrarbürokratischen Ordnung kann sich jederzeit ausweiten und epidemisch werden. Teile der agrarbürokratischen Institutionen drohen als übermächtige Leviathane enttarnt und liquidiert oder in "schlanke Organisationen" ("new public management") umgewandelt zu werden. Die Risiken einer bürokratischen Entmachtung lassen den Grenznutzen der Agrarbürokraten aus der Regulierung der Landwirtschaft sinken. Viele Agrarbürokraten sind mit der Sicherung ihrer Budgets zufrieden. Erhalten sie keine befriedigenden finanziellen Zuweisungen mehr, konzentrieren sie sich auf Regulierungskompetenzen im außerbudgetären Bereich.[93]

Die Märkte und der Wettbewerb sind in vielen Bereichen leistungsfähiger als die Agrarbürokratie.[94] Die Bürokratie hat jedoch in einzelnen Bereichen Vorzüge, so beispielsweise, wenn es auf flächendeckende Allokationswirkungen, die Bereitstellung kollektiver sowie öffentlicher Güter und umfassende Verteilungseffekte ankommt. In diesen Fällen zeichnet sich eine bürokratische Regulierung durch Gleichmäßigkeit, Regelmäßigkeit und Vorhersehbarkeit aus.

I. Wertung

Insgesamt betrachtet läßt sich feststellen, daß die *positive Theorie der Ökonomie* originelle Modelle entwickelt, welche sich - mit gewissen Anpassungen und Vorbehalten - auch auf die Agrarpolitik anwenden lassen. Diese Modelle können aber auch dazu mißbraucht werden,

---

92 *Priebe* (1985), S. 10.
93 Vgl. *Wilson* (1974).
94 *Engels* (1981), S. 279 und 282.

"beinahe jede erdenkliche Norm und beinahe jedes spezifische Ergebnis bei entsprechend ausgewählten Regeln als rational zu erklären."[95]

Kritisiert werden vor allem die idealtypischen Annahmen. So ist es fraglich, ob das den Eigennutzen maximierende Verhalten als einziges Motiv des politischen Handelns von Parteien, Regierungen und Bürokraten herangezogen werden kann und inwieweit die Anwendung ökonomischer Ansätze und die Verwendung gleichgewichtstheoretischer Modelle auf die politischen Prozesse möglich ist. Dies schafft analytische Probleme, nicht zuletzt bei der Analyse dynamischer politökonomischer Prozesse.

Mit der positiven Ökonomie läßt sich erklären, warum die faktische Agrarordnung, wie sie im politischen Prozeß zustande kommt, meist stark von der idealen Agrarordnung abweicht. Die normativ wünschenswerte und die faktisch bestehende Agrarordnung stimmen nur im theoretisch wenig wahrscheinlichen Grenzfall überein, daß die Ziele der normativen Ökonomie identisch sind mit jenen, die sich im politischen Prozeß ergeben. Dabei zeigt sich im Verlaufe der geschichtlichen Entwicklung der Agrarpolitik sehr langfristig immer wieder eine Tendenz zur Annäherung der Ziele, wie diese im politischen Prozeß entstehen, an jene, welche durch die normative Ökonomie vorgegeben werden. Dies läßt sich damit erklären, daß sich in der langfristigen Entwicklung immer wieder Verhaltensweisen und Institutionen in der Politik und Wirtschaft durchsetzen, die zu einer Nutzen- bzw. Wohlfahrtsoptimierung führen.

K. Die Theorie des Gesellschaftsvertrages

I. Allgemeines

Ein bemerkenswerter Ansatz zum politökonomischen Verständnis der Agrarpolitik ist auch die *Theorie des Gesellschaftsvertrages (Vertragstheorie)*.[96] Beim Gesellschaftsvertrag handelt es sich um die Idee oder auch die Fiktion einer *kontrakttheoretischen Auseinandersetzung* zwischen den Individuen zur Befriedigung von Bedürfnissen im öffentlichen bzw. kollektiven Bereich. Die beteiligten Akteure schließen den Gesellschaftsvertrag aufgrund ihrer Interessen. Vereinbarungen über den Tausch von Leistungen zwischen den einzelnen Akteuren kommen bei wechselseitigen Vorteilen zustande. Das Ergebnis der interessenbezogenen gesellschaftsvertraglichen Verhandlungen ist offen.[97] In der gedanklichen Konstruktion geht es bei der Theorie des Gesellschaftsvertrages um freiwillige vertragliche Vereinbarungen unter den Individuen eines Staates im Sinne von institutionellen Arrangements, die jederzeit geschlossen, aufgehoben und verbessert werden können. Der Gesellschaftsvertrag enthält grundsätzliche, langfristige und freiwillige Übereinkünfte unabhängig von den kurzfristigen Tagesinteressen. Es sind "echte" Verträge im Sinne von Vereinbarungen "mit vielen Teilnehmern".[98]

[95] Vgl. *Buchanan* (1975/1984), S. 9.
[96] Die Theorie des Gesellschaftsvertrages stammt ursprünglich aus dem 16. und 17. Jh. und wurde von *Thomas Hobbes, John Locke* und *Jean-Jacques Rousseau* entwickelt. Sie erlebt im 20. Jh. mit *John Rawls* (1971/1975), *Robert Nozick* (1974) und *James M. Buchanan* (1967 sowie 1975/1984) eine Renaissance.
[97] Vgl. *Watrin* (1984a), S. VII ff.
[98] *Buchanan* (1975/1984), S. 50, vgl. auch *Buchanan* und *Tullock* (1967).

Die kontrakttheoretischen Prozesse erfolgen nach den modelltheoretischen Vorstellungen des Gesellschaftsvertrages zweckmäßigerweise zwischen den "Vertretern" der einzelnen Individuen. Diese Vertreter sind politische Akteure wie beispielsweise die Interessenverbände, Parteien, Koalitionen und Regierungen. Durch die Begrenzung der Zahl der Verhandlungspartner lassen sich die Transaktionskosten[99] senken, welche bei Verhandlungen zwischen Millionen von Individuen prohibitiv groß wären.

II. Der agrarpolitische Grundkonsens

Entsteht in einer Gesellschaft ein relativ dauerhafter Konsens über die Agrarordnung, kommt es zu einem diesbezüglich eigenständigen vertragstheoretischen Element innerhalb des Gesellschaftsvertrages. Ein vertragstheoretisches Denken im Zusammenhang mit der Agrarpolitik liegt nahe, indem ein ziemlich stabiles, sich nicht überstürzt änderndes agrarpolitisches Verhalten der Parteien, Koalitionen und Regierungen selbst bei einem Regierungswechsel festzustellen ist. Die konvergierenden Agrarprogramme weisen auf einen agrarpolitischen Grundkonsens hin. Dieser kann auf der Ebene der Verfassung, der einfachen Gesetze, der Regierungprogramme, der praktischen Agrarpolitik oder in sich spontan bildenden Institutionen und Überzeugungen zum Ausdruck kommen.[100]

Der Gesellschaftsvertrag besteht aus zwei Teilen:

- Der erste Teil ist der *konstitutionelle Vertrag.* Dieser enthält Institutionen zur Sicherung des Lebens, der öffentlichen Ordnung, des Eigentums, der Familie und einzelner Freiheitsrechte. Dadurch können sich die einzelnen Individuen davon befreien, dauernd Gefahren durch Dritte abwehren zu müssen und sich den individuellen Zielen widmen. Es findet eine vertragstheoretische Einigung über den *Rechtsschutzstaat ("protective state")* statt. Im landwirtschaftlichen Bereich betrifft dies jene Umweltgüter, welche für das Überleben und die Gesundheit der Menschen von besonderer Bedeutung sind wie beispielsweise die Reinheit der Natur und deren Kreisläufe, die gesundheitliche Unbedenklichkeit der Nahrungsmittel, die Qualität des Trinkwassers und weitere lebenswichtige Umweltgüter. Der Grundkonsens über die Bereitstellung dieser öffentlichen Güter ist von erheblicher Bedeutung für die Agrarpolitik.

- Der zweite Teil ist der *postkonstitutionelle Vertrag.* Gegenstand sind öffentliche und kollektiv nutzbare Güter.[101] Die Individuen einigen sich über deren Bereitstellung, Verteilung und Finanzierung. Für den landwirtschaftlichen Bereich sind dies kollektive Güter wie beispielsweise die Sicherheit der Nahrungsmittelversorgung, die Pflege der Landschaft und die Erhaltung von lebensfähigen ländlichen Räumen.

III. Weitere landwirtschaftliche Aspekte

Agrarpolitische Elemente im Rahmen eines umfassenden Gesellschaftsvertrages entstehen, wenn die nichtlandwirtschaftliche Bevölkerung öffentliche bzw. kol-

[99] Dazu zählen die Informations-, Verhandlungs-, Einigungs-, Organisations-, Kontroll- und Durchsetzungskosten bei Gesellschaftsverträgen.
[100] Vgl. *Frey* (1981), S. 9 f.
[101] Vgl. *Watrin* (1984b), S. 22.

lektiv nutzbare Leistungen von der Landwirtschaft wünscht und im Gegenzug zu Leistungen an die Landwirtschaft bereit ist. Das selbstinteressierte, kontrakttheoretische Interesse der beiden Gruppen richtet sich auf einen Tausch von Leistungen, welcher unter marktlichen Bedingungen nicht zustande käme. Die Landwirtschaft ihrerseits versucht, eigene Leistungen mit jenen der übrigen Wirtschaft auszutauschen. Gelingt es ihr beispielsweise, die Interessen der Bevölkerung an der Pflege der Natur, der Sicherheit der Ernährung, der sozialen Stabilität im ländlichen Bereich und der Funktion als "Arbeitgeber auf dem Lande" zu wecken, ist sie in der Lage, einen agrarpolitischen Gesellschaftsvertrag im Rahmen des gesellschaftlichen Grundkonsenses zu fordern. Dieser wird seitens der Landwirtschaft durch agrarfundamentale Ideologien abgesichert. Auf diese Weise werden die konstitutionellen Voraussetzungen für die Legitimation, die politische Akzeptanz und letztlich auch die Durchsetzung der landwirtschaftlichen Minderheitsinteressen geschaffen.[102]

Die landwirtschaftlichen Organisationen versuchen, die politische Akzeptanz ihrer Interessen bei der Mehrheit der Wähler zu erhöhen. Je mehr es gelingt, die Interessen als vorherrschende Gerechtigkeitsvorstellung darzustellen und eine Solidarisierung der Bevölkerung zu erreichen, desto besser lassen sich diese in der staatlichen Politik umsetzen.[103] Die Agrarpolitiker sprechen gerne von einem *"Solidaritätsvertrag für die Landwirtschaft"*. Dieser Vorgang wird als die *"Ideologisierung"* der Landwirtschaft bezeichnet und bildet die Grundlage zum Abschluß des landwirtschaftlichen Gesellschaftsvertrages. Die bäuerlichen Interessen sollen mit jenen der nichtbäuerlichen Bevölkerung soweit als möglich auf einen Nenner gebracht werden (sog. *"Kohäsions-Technik")*. Angestrebt wird eine Identifikation der Interessen der Bevölkerung mit jenen der Landwirtschaft.

IV. Die Gefahr von Verteilungskoalitionen

Solange sich die Regierung streng nach den Regeln des Gesellschaftsvertrages verhält, entstehen keine Probleme und es besteht die Chance einer Annäherung des gesellschaftlichen Grundvertrages an die individuellen politischen Präferenzen.[104] Probleme gibt es jedoch, wenn die institutionellen Regeln gebrochen werden und

> "man einräumt, daß politische Macht auch noch jenseits der Grenzen existiert, die im Rahmen einer Theorie des Gesellschaftsvertrages als zulässig zu erachten sind."[105]

Wie die Praxis zeigt, tritt diese Gefahr in extremer Form auf, wenn die Landwirtschaft zum "engeren Kern der politischen Mehrheit" für die Bildung von Regierungsmehrheiten gebraucht wird und sich deshalb auch außergewöhnliche Forderungen durchsetzen lassen. Die Landwirtschaft kann sich im Rahmen der politischen Zusammenarbeit anbieten, Interessen außerhalb der Landwirtschaft zu unterstützen, um als Gegenleistung in den Genuß der politischen Unterstützung ihrer eigenen Interessen zu gelangen. Dieses Phänomen wird als *Stimmentausch ("log-rolling")* bezeichnet. Ein solches Verhalten ist häufig anzutreffen, obwohl es jenseits der Regeln des Gesellschaftskontraktes liegt. Aus dem

[102] Vgl. *Hagedorn* und *Schmitt* (1985), S. 256.
[103] Vgl. *Hagedorn* und *Schmitt* (1985), S. 268.
[104] Vgl. *Rausser* und *Zusman* (1992), S. 248.
[105] *Buchanan* (1984), S. 11.

Stimmentausch kann sich im Rahmen eines *Nash-Gleichgewichtes* ein politisch stabiler, wenngleich paretoinferiorer gesellschaftlicher Grundkonsens zur Förderung der Landwirtschaft entwickeln.

Mancur Olson beschreibt die Wirkungen der sich zu einer "rent seeking society" zusammenschließenden Gruppen, welche sich gegenseitig und meist zu Lasten der übrigen Gesellschaft politisch unterstützen, wie folgt:

> "Die Zunahme von Verteilungskoalitionen erhöht die Komplexität der Regulierung, die Bedeutung des Staates und die Komplexität von Übereinkommen, und sie ändert die Richtung der sozialen Evolution". Die zunehmende Regulierung führt zu einem "nicht endenden Prozeß der Entdeckung und Schließung von Schlupflöchern ..., wobei die Komplexität und die Kosten der Regulierung ständig steigen".[106]

Deshalb sollte ein Problemlöser unter den Politökonomen gefunden werden, welcher einen besseren Vorschlag zum oft ineffizienten Sozialvertrag mit der Landwirtschaft entwerfen kann.[107] Erforderlich sind Regeln für die nichtmarktlichen, politischen Entscheidungen, welche im Gesellschaftsvertrag verankert sind. Grundlage solcher Entscheidungssysteme bildet die *Public Choice-Theorie,* als deren Vorläufer *Knut Wicksell* gilt.[108] Ein Ansatz stellt die *sog. Wicksellsche Regel* dar, welche Einstimmigkeit bzw. 5/6- oder 3/4-Mehrheit für nichtmarktliche Entscheidungen fordert.[109] Mit einer solchen institutionellen Regel als Grundlage des Austausches von Interessen[110] läßt sich die Gefahr eines Regierungsverhaltens bannen, welches in erster Linie den einflußreichen politischen Interessengruppen dient.[111]

L. Die agrarpolitischen Ziele in der Praxis

I. Allgemeines

Aus dem agrarpolitischen Gesellschaftsvertrag lassen sich die *Ziele der praktischen Agrarpolitik* ableiten. Diese sind das Ergebnis vielschichtiger politischer Entscheidungsprozesse und werden von den Parteien, Koalitionen und Regierungen ausgehandelt. Erforderlich ist ein Konsens über die agrarpolitischen Schlüsselfragen, was der Festschreibung der vielfältigen gesellschaftlichen und politischen Anliegen dient. Die politische Konsolidierung findet in Regierungsprogrammen, Koalitionsvereinbarungen, Agrarberichten und parlamentarischen Diskussionen statt. Danach dienen die agrarpolitischen Ziele als Richtschnur für das Denken der Regierung und der Agrarbürokratie.

II. Agrarpolitische Zielsysteme

1. Allgemeines

Die *agrarpolitischen Ziele,* wie sie traditionellerweise in der agrarpolitischen Praxis verwendet werden, umfassen oft ganze Kaskaden von Hauptzielen, Un-

[106] *Olson* (1985b), S. 92.
[107] Vgl. *Collins* (1989), S. 1176.
[108] Vgl. *Wicksell* (1896) sowie Kapitel 14 und 19.
[109] Vgl. auch Kapitel 14 und 19.
[110] Vgl. *Buchanan* (1987), S. 102.
[111] Vgl. *Rausser* und *Zusman* (1992), S. 247.

terzielen, Teilzielen und Einzelzielen. Mit einer Änderung der Zielprioritäten verändern sich in der Regel auch die Ziel-Mittel-Kaskaden (Ziel-Mittel-Ketten), welche langfristig weder konsistent noch widerspruchsfrei sind. Dennoch müssen diese mangels besserer institutioneller Grundlagen oft als Bewertungskriterien für agrarpolitische Entwicklungen, Probleme und Eingriffe dienen.

In der Praxis enthalten agrarpolitische Zielsysteme oder Zielbündel meist mehrere Zielbereiche, welche die Interessen der unterschiedlichen Gruppen einer Gesellschaft widerspiegeln. Deren Reihenfolge repräsentiert oftmals die vermutete Stärke der einzelnen Interessengruppen. Dies entspricht dem Wesen der politischen Präferenzenfunktion.

2. Das Zielsystem der Europäischen Union

Beispiel für ein agrarpolitisches Zielsystem ist Art. 39 des *EU-Vertrages:*

"Ziel der gemeinsamen Agrarpolitik ist

- die Produktivität der Landwirtschaft durch Förderung des technischen Fortschritts, Rationalisierung der landwirtschaftlichen Erzeugung und den bestmöglichen Einsatz der Produktionsfaktoren, insbesondere der Arbeitskräfte, zu steigern;

- auf diese Weise der landwirtschaftlichen Bevölkerung, insbesondere durch Erhöhung des Pro-Kopf-Einkommens der in der Landwirtschaft tätigen Personen, eine angemessene Lebenshaltung zu gewährleisten;

- die Märkte zu stabilisieren;

- die Versorgung sicherzustellen;

- für die Belieferung der Verbraucher zu angemessenen Preisen Sorge zu tragen".

Art. 110 des *EU-Vertrages* erwähnt zudem ...

- "... die Leistung eines positiven Beitrags zu einer harmonischen Entwicklung des Welthandels und die schrittweise Beseitigung von Handelsbeschränkungen".

3. Die agrarpolitische Zielstruktur in der Bundesrepublik Deutschland

Das *Bundesministerium für Ernährung, Landwirtschaft und Forsten* in der *Bundesrepublik Deutschland* erwähnt vier agrarpolitische Hauptziele:

(1.) Die "Verbesserung der Lebensverhältnisse in ländlichen Räumen sowie Teilnahme der in der Land-, Forstwirtschaft und Fischerei Tätigen an der allgemeinen Einkommens- und Wohlstandsentwicklung".

(2.) Die "Versorgung der Bevölkerung und der Wirtschaft mit hochwertigen Produkten der Agrar- und Ernährungswirtschaft zu angemessenen Preisen; Verbraucherschutz im Ernährungsbereich".

(3.) Die "Sicherung und Verbesserung der natürlichen Lebensgrundlagen; Erhaltung der biologischen Vielfalt; Verbesserung des Tierschutzes".

(4.) Die "Verbesserung der agrarischen Außenwirtschaftsbeziehungen und der Welternährungslage".[112]

Das Zielsystem entspricht den vermuteten Auffassungen über den agrarpolitischen Grundkonsens und weist seit Jahren eine gewisse Stabilität auf. Dies entspricht dem Wesen des agrarpolitischen Teils des Gesellschaftsvertrages. Die Ziele der *Landwirte* sind dem ersten Hauptziel zuzuordnen, jene der *Verbraucher* dem zweiten, jene der *umweltinteressierten Bevölkerungskreise* dem dritten und jene der *internationalen Handelspartner* dem vierten. Nehmen die einzelnen Gruppen nur die für ihre Interessen angesprochenen Ziele zur Kenntnis, ergeben sich keine Interessen- bzw. Zielkonflikte. Versucht die Agrarpolitik jedoch, alle Ziele mit dem gleichen Nachdruck zu erfüllen, entsteht eine *"Welt der Zielkonflikte"* durch Inkonsistenzen und Widersprüche. Unter solchen Umständen stellt sich die Frage nach den jeweiligen Zielprioritäten, deren Formulierung bei den wechselnden Entwicklungen nicht einfach, für die Operationalisierung der Agrarpolitik aber notwendig ist. So steht beispielsweise bei einer Verknappung der Nahrungsmittelproduktion die Sicherheit der Versorgung der Verbraucher an erster Stelle. Bei einer Überproduktion, verbunden mit Umweltproblemen, rücken die umweltpolitischen Ziele in den Vordergrund.

Zudem werden in den Agrarberichten der Bundesregierung einige *Prinzipien einer bäuerlichen Landwirtschaft* erwähnt. Dazu zählen die "eigenverantwortliche Bewirtschaftung von Eigentums- und Pachtflächen", ein "breitgestreutes Eigentum an Grund und Boden", eine "umweltverträgliche und auf Nachhaltigkeit ausgerichtete, kostengünstige Wirtschaftsweise", die "Bindung der Tierhaltung an den Boden und ein verantwortungsvoller Umgang mit den landwirtschaftlichen Nutztieren".[113]

4. Beurteilung

Bei den agrarpolitischen Zielkatalogen der *Europäischen Union* und der *Bundesrepublik Deutschland* fällt der schwache Zusammenhang mit den normativen Zielansätzen aus dem Bereich der gesellschaftlichen Grundwerte und der wirtschaftspolitischen Ziele[114] auf. Der gesellschaftliche Grundwert der *Freiheit* kommt an keiner Stelle zum Ausdruck. Auch fehlt ein Bekenntnis zu den übrigen gesellschaftlichen Grundwerten und der sozialen Marktwirtschaft.[115,116]

Fraglich ist, ob diese Zielkataloge nicht das Bild eines aus der Gesamtwirtschaft herausgebrochenen Wirtschaftssektors zeigen. Zwar werden die agrarpolitischen Probleme gut erkannt, aber der Wille zur Integration der Landwirtschaft in das System der sozialen Marktwirtschaft fehlt weitgehend. Diese Feststellung bezieht sich auf die meisten hochentwickelten Industrieländer. Die Gründe da-

---

[112] *Agrarbericht 1998*, S. 59.
[113] *Agrarbericht 1998, S. 59.*
[114] Vgl. Kapitel 3.
[115] Dies trifft auch für ordnungspolitische Prinzipien wie die Wettbewerbsfreiheit, die Produktionsfreiheit und die Eigentumsfreiheit zu.
[116] Unerwähnt bleiben auch die ordnungspolitischen Prinzipien für die Gestaltung der Pachtordnung, der Arbeitsverfassung, des Wettbewerbs auf den landwirtschaftlichen Faktormärkten, die Haftung des Landwirts für die Qualität der von ihm erzeugten Nahrungsmittel und seine Haftung für den Schutz der Natur. Gleichermaßen erstaunt, daß das Bekenntnis zu einer optimalen Ressourcenallokation im Agrarbereich bei der Zielstruktur der *Bundesrepublik Deutschland* fehlt.

für sind nicht bei der mangelnden Sachkenntnis der Regierung und der Agrarbürokratie zu suchen, sondern im Feld starker partieller Interessen, was einen Niederschlag in widersprüchlichen Zielsystemen findet.

M. Exkurs: Drei bemerkenswerte Beispiele für agrarpolitische Programme

Drei bemerkenswerte Beispiele, welche vom Grundschema der bisherigen Ausführungen etwas abweichen, sind Großbritannien, die USA und Neuseeland. In *Großbritannien* ergibt sich in der historischen Entwicklung ein agrarpolitischer Grundkonsens, welcher durch eine schwach aktive Agrarlobby gekennzeichnet ist. In den *USA* kommt der agrarpolitische Grundkonsens in den 1980er Jahren ins Wanken, verschiebt sich dann aber wieder zu Gunsten der Landwirtschaft. *Neuseeland* schließlich führt in den 1980er Jahren eine umfassende Agrarliberalisierung durch.

I. Großbritannien

Ein seltenes Beispiel für ein Land mit einer schwach aktiven Agrarlobby ist *Großbritannien*. Die Landwirtschaft verliert sehr früh den Einfluß auf den engeren Kern der politischen Mehrheit. Dies mag mit den aus der spätfeudalen Zeit stammenden Eigentumsstrukturen zusammenhängen. Die zahlreichen Großgrundbesitzer hatten bereits zu Beginn der Industrialisierung eine starke politische Stellung und große wirtschaftliche Interessen außerhalb der Landwirtschaft. Zudem waren sie bedeutende Steuerzahler und deshalb an einer agrarbedingten Aufblähung des Staatshaushaltes nicht interessiert. Dies führte zu einer schwachen landwirtschaftlichen Interessenpolitik.

Bis zum Eintritt in die Europäische Union setzte die mächtige Konsumentenlobby, getragen von den englischen Gewerkschaften und den Sozialisten, Verbraucherpreise auf der Basis der Weltmarktpreise durch. Die Bauern erhielten bis zu diesem Zeitpunkt Ausgleichszahlungen *("deficiency payments")* als Überbrückungshilfe zwischen den Weltmarktpreisen und dem angestrebten Niveau der inländischen Erzeugerpreise. Die Produktion lag bei nur etwa der Hälfte des Nahrungsmittelverbrauchs.

Das traditionell tiefe Erzeugerpreisniveau brachte eine starke Abwanderung aus der Landwirtschaft. Die durchschnittliche Größe der rund 240.000 Bauernhöfe lag 1989/90 bei 68 Hektar Land. Die landwirtschaftlichen Einkommen sind an der Spitze der EU-Länder. In der Europäischen Union zeigen sich die strukturellen Vorteile dieser Landwirtschaft durch einen verhältnismäßig geringen Anpassungsbedarf. Das besondere politische Kräfteverhältnis trug früh zur strukturellen Konsolidierung der Landwirtschaft und einer Minimierung der Agrarstrukturprobleme bei.

II. Die USA

Noch 1940 war rund ein Viertel der Erwerbsbevölkerung der *USA* in der Landwirtschaft tätig. Heute liegt dieser Anteil bei rund zwei Prozent. Der politische Einfluß der Bauern ist stark rückläufig. Die Landwirtschaft wurde frühzeitig "industrialisiert" und verlor die Besonderheiten einer kleinbäuerlichen Lebensweise.[117] Nichtlandwirte kontrollieren die Agrarpolitik:

> "Wenn man Teil der Gruppe ist, welche die Tagesordnungspunkte kontrolliert, weiß man, für welche Themen man sich vorbereiten soll und welche Initiativen man lancieren kann. Wenn aber die Kontrolle über die Regierungsprogramme und Tagesordnungspunkte bei anderen Gruppen liegt, können diese Aktivitäten nicht mehr so gut gesteuert werden. Dies ist der Unterschied zwischen einer offensiven und einer defensiven politischen Strategie."[118]

Politiker, die nur agrarpolitische Interessen der Bauern vertreten, können keine Wahlen mehr gewinnen. Die neuen politischen Koalitionen umfassen auch das Agribusiness und laufen je nach den einzelnen Produktgruppen quer durch die Landwirtschaft und die mit ihr verwandten vor- und nachgelagerten Wirtschaftsbranchen *("neue Agrarlobby").*

Zu Beginn der 1990er Jahre ereignete sich ein politökonomisch interessanter Vorgang: In der Ära des republikanischen *US-Präsidenten George Bush* (1988-92) wurden die landwirtschaftlichen Subventionen vorerst massiv gestrichen. Später zeigte sich die Abhängigkeit des Präsidenten von der politischen Mitwirkung der Landwirte und deren Organisationen. Es erwies sich im Hinblick auf die Präsidentschaftswahlen als politisch gefährlich, die Vertreter der Landwirtschaft aus dem engeren Kern der politischen Führung zu verbannen. Deshalb wurden die landwirtschaftlichen Subventionen wieder stark erhöht. Im Präsidentschaftskampf von 1992 (der mit einer Niederlage für die Republikaner endete) gab es wie stets zuvor ein wohlüberlegtes, ausgefeiltes Agrarprogramm der Republikaner.[119] Festzustellen war jedoch eine Akzentverlagerung von einer interessenorientierten zu einer umwelt- und verbraucherorientierten Agrarpolitik.[120] 1996 kam es unter der demokratischen Präsidentschaft von *Bill Clinton* und dem Einfluß steigender internationaler Agrarpreise zu einer weitgehenden Deregulierung der Agrarmarktordnungen, verbunden mit zeitlich degressiv gestaffelten Einkommenszahlungen an die Landwirte.[121]

III. Neuseeland

Eine bemerkenswerte ordnungspolitische Reform, welche die gesamte Wirtschaft einschließlich der Landwirtschaft umfaßte, führte *Neuseeland* von 1984-1988 durch. Ausgelöst wurde diese Reform durch einen erheblichen Verfall des Wohlstandes in den 1960er und 1970er Jahren. Der Ausbau des Wohlfahrtsstaates und des wirtschaftlichen Interventionismus brachten eine starke Zunahme der Inflation und der staatlichen Verschuldung. Durch eine Deregulierung der Wirtschaft, Steuersenkungen sowie dem Abbau der Staatsausgaben gelang es, die Staatsverschuldung zu reduzieren, die Inflationsraten und Zinsen zu senken sowie die Wirtschaft auf einen stabilen Wachstumskurs zu bringen.

Durch die Reformen verlor die Landwirtschaft die zahlreichen binnen- und außenwirtschaftlichen Unterstützungen, profitierte jedoch von einem tieferen

[117] Vgl. *Don Paarlberg* (1978). Vgl. zum faszinierenden Thema der bäuerlichen Besonderheiten in den USA auch *Drury* und *Tweeten* (1997), S. 58 ff.
[118] *Don Paarlberg* (1978), S. 774.
[119] Vgl. *Orazem et al.* (1989), S. 837.
[120] Vgl. *Guither* (1990), S. 34 f.
[121] Vgl. Kapitel 10 und 18.

Wechselkurs für die Exporte, sinkenden Kosten für die Produktionsmittel, geringeren Steuern und tieferen Zinsen. Nach einem vorübergehenden Rückgang der landwirtschaftlichen Wertschöpfung in den Jahren zwischen 1985 und 1988 erholte sich die Landwirtschaft wieder. Trotz eines Abbaus der landwirtschaftlichen Subventionen um rund 90 Prozent bis 1993/94 blieb der Anteil der landwirtschaftlichen Einkommen am Volkseinkommen ziemlich konstant.

Das Beispiel *Neuseelands* zeigt, wie sich eine angebotsorientierte Wirtschaftsreform selbst unter den politökonomischen Bedingungen eines stark landwirtschaftlich geprägten politischen Umfeldes durchführen läßt. Verläßt ein Land den gewohnten Wachstumspfad, kann dessen wirtschaftliche "Misere" so groß werden, daß selbst bei starken politischen Kräften zu Gunsten der Landwirtschaft eine ordnungspolitische Reform des Agrarbereichs zustande kommt. Die Nachteile einer geringeren Subventionierung und Protektion der Landwirtschaft werden durch die Vorteile bei der Beschaffung der Produktionsfaktoren sowie den tieferen Zinsen und Steuern ausgeglichen. Eine Liberalisierung führt nicht zwangsläufig zu einer langfristig negativen Entwicklung der Landwirtschaft.[122]

N. Ein mögliches Szenario für die Zukunft

Der Anteil der landwirtschaftlichen Bevölkerung an der gesamten Bevölkerung *("Agrarquote")* nimmt im Verlaufe der Jahrzehnte in den höchstentwickelten Ländern auf rund ein bis drei Prozent ab (wie bereits heute in den *USA*, in *Kanada* und *Großbritannien).* Damit sinken die politischen Gewinne, welche eine Regierung aus der Unterstützung der Landwirte ziehen kann. Dies schwächt die Position der Landwirte als einer politischen Gruppe. Anteilmäßig betrachtet ist die wirtschaftspolitische Lobby des Agribusiness jedoch immer noch recht stark. Die Solidarisierung zwischen den größeren Bauern und dem Agribusiness, die sog. *"neue Agrarlobby"*, entfaltet auch langfristig interessenpolitische Kräfte, obwohl immer wieder Abnutzungserscheinungen durch das Auftreten umweltbezogener Interessengruppen und internationaler Handelspartner auftreten und es nicht mehr so ausgeprägt gelingt, landwirtschaftliche Sonderinteressen gegen den Willen der Gesamtbevölkerung durchzusetzen.

Die Agrarpolitik wird immer stärker an den Präferenzen der nichtlandwirtschaftlichen Bevölkerung ausgerichtet, welche zunehmend "die agrarpolitischen Tagesordnungspunkte" bestimmt.[123] Die *spätindustrielle Gesellschaft* ist von Wohlstand, ausgeprägten räumlichen Freizeitansprüchen und starken Präferenzen für eine intakte Umwelt[124] geprägt. Das Bedürfnis nach einer gesunden Ernährung, das Freizeitverhalten, der Wunsch nach einer reinen, naturnahen Umwelt und das neu erwachte Interesse an intakten ländlichen Strukturen prägen die Agrarpolitik.

---

[122] Vgl. *Sandrey* und *Scobie* (1994), S. 1044 ff.
[123] Vgl. *Don Paarlberg* (1978).
[124] Vgl. Kapitel 13 und 14.

Literaturangaben zu Kapitel 4:

Ackermann, Paul (1970), Der Deutsche Bauernverband im politischen Kräftespiel der Bundesrepublik. Tübinger Studien zur Geschichte und Politik, Nr. 27, Tübingen.

Agrarberichte der Bundesregierung, Bonn, div. Jg.

Anderson, Kym and Hayami, Yujiro (1986), The Political Economy of Agricultural Protection, Sydney, Australia.

Akino, M. und Hayami, Yujiro (1975), Efficiency and Equity in Public Research: Rice Breeding in Japan's Economic Development. In: American Journal of Agricultural Economics, Vol. 57, S. 1-10.

Arrow, Kenneth J. (1963), Social Choice and Individual Values, Yale University Press/New Haven.

Bhagwati, Jagdish N. (1982), Directly Unproductive Profit Seeking Activities. In: Journal of Political Economy, Vol. 90, S. 988-1002.

Becker, Gary (1983), A Theory of Competition Among Pressure Groups for Influence. In: Quarterly Journal of Economics, Vol. 48, S. 371-400.

Ders. (1985), Public Policies, Pressure Groups, and Deadweight Costs. In: Journal of Political Economy, Vol. 90, S. 329-347.

Beghin, John C. und Foster, William E. (1992), Political Criterion Functions and the Analysis of Wealth Transfer. In: American Journal of Agricultural Economics, Vol. 74, Nr. 3, S. 787-794.

Beusmann, Volker und Hagedorn, Konrad (1984), Ansätze der Politischen Ökonomie zur Erklärung einer sektoralen Einkommenspolitik. In: Einkommen in der Landwirtschaft. Schriften der Gesellschaft für Wirtschafts- und Sozialwissenschaften des Landbaues e.V., Bd. 21, hrsg. von W. Grosskopf und M. Köhne, Münster-Hiltrup, S. 51-84.

Buchanan, James M. und Tullock, Gordon (1967), The Calculus of Consent, 2. Auflage, Ann Arbor.

Ders. (1975/1984), The Limits of Liberty: Between Anarchy and Leviathan. Chicago: Chicago University Press, 1975 (Deutsche Fassung: Die Grenzen der Freiheit, Tübingen 1984).

Ders., mit Tollison, R.D. und Tullock, G. (1980), Toward a Theory of the Rent Seeking Society, College Station Texas.

Ders. (1987), Zur Verfassung der Wirtschaftspolitik. In: Zeitschrift für Wirtschaftspolitik, 36. Jg. Nr. 2, Köln, S. 101-112.

Bullock, David S. (1994), In Search of Rational Government: What Political Preference Function Studies Measure and Assume. In: American Journal of Agricultural Economics, Vol. 76, No. 3, August, S. 347-361.

Butz, Earl L. (1989), Research That Has Value in Policy Making: A Professional Challenge. In: American Journal of Agricultural Economics, Vol. 71, No. 5, December.

Collins, Keith (1989), The Political Economy of U.S. Agricultural Policy: Discussion. In: American Journal of Agricultural Economics, Vol. 71, No. 5, December.

Deutsche Bundesregierung, Agrarbericht 1997, Bonn 1997.

Downs, Anthony (1957/1968), An Economic Theory of Democracy, New York 1957 (Deutsch: Ökonomische Theorie der Demokratie, Tübingen 1968).

Ders. (1967), Inside Bureaucracy, Boston.

Drury, Renée, and Tweeten, Luther (1997), Have Farmers Lost their Uniqueness? In: Review of Agricultural Economics, Vol. 19, Nr. 1, Ames, S. 58-90.

Engels, Wolfram (1981), Die effiziente Produktion öffentlicher Güter. In: Grundtexte zur Sozialen Marktwirtschaft, hrsg. von W. Stützel, Chr. Watrin, H. Willgerodt, K. Hohmann, Stuttgart/New York, S. 277-282.

Foster, William E. (1990), Political Preference Functions and Public Policy Reform. In: American Journal of Agricultural Economics, Vol. 72, Nr. 3., August, S. 641-652.

Frey, Bruno (1974), Entwicklung und Stand der neuen Politischen Ökonomie. In: H.P. Widmaier (Hrsg.), Politische Ökonomie des Wohlfahrtsstaates, Frankfurt am Main, S. 30-63.

Ders. (1979), Ansätze der Politischen Ökonomie. In: Ökonomische Theorie der Politik, hrsg. von Werner W. Pommerehne und Bruno S. Frey, Berlin/Heidelberg/New York, S. 1-36.

Ders. (1981), Theorie demokratischer Wirtschaftspolitik, München.

Gardner, Bruce L. (1983), Efficient Redistribution through Commodity Markets. In: American Journal of Agricultural Economics, Vol. 65, S. 225-234.

Ders. (1989), Economic Theory and Farm Politics. In: American Journal of Agricultural Economics, Vol. 71, No. 5, December, S. 1165-1171.

Giersch, Herbert (1961), Allgemeine Wirtschaftspolitik. Grundlagen, Bd. 1, Wiesbaden.

Gittinger, J. (1972), Price, Economic Analysis of Agricultural Projects. Baltimore, John Hopkins University Press.

Guither, Harold D. (1990), Trouble Ahead For Farm Commodity Programs - As Nonfarm Interests Gain Strength. In: Choices, The Magazine of Food, Farm, and Resource Issues, Third Quarter, Herndon, S. 34 ff.

Haase, Katharina (1983), Die politische Ökonomie der Agrarpolitik. Eine Untersuchung zur Anwendbarkeit der Neuen Politischen Ökonomie auf die Entscheidungen in der deutschen und europäischen Agrarpolitik, Göttingen.

Hagedorn, Konrad (1982), Agrarpolitik und ökonomische Theorie der Politik - Eine Replik. In: Wirtschaftsdienst, 62. Jg., Heft 7, S. 618-622.

Ders. und Schmitt, Günther (1985), Die politischen Gründe für eine wirtschaftspolitische Vorzugsbehandlung der Landwirtschaft. In: E. Boettcher u.a., Jahrbuch für Neue Politische Ökonomie, Band 4, Tübingen.

Harberger, Arnold C. (1976), Project Evaluation. In: University of Chicago Press, Chicago.

von Hayek, Friedrich August (1981), Recht, Gesetzgebung und Freiheit. Band 3, Die Verfassung einer Gesellschaft freier Menschen, Landsberg am Lech.

Henrichsmeyer, Wilhelm, und Witzke, Heinz Peter (1991), Agrarpolitik Band 1, Agrarökonomische Grundlagen, Stuttgart.

Hirschman, A.O. (1974), Abwanderung und Widerspruch, Tübingen.

Karstens, Werner (1964), Wirkung und Wirkungsmöglichkeiten der Verbraucherverbände in Deutschland. Vertriebswirtschaftliche Abhandlungen. Heft 8, Berlin.

Lee, David R. (1989), The Political Economy of Agricultural Policy: Discussion. In: American Journal of Agricultural Economics, Vol. 71, No. 5, December, S. 1172-1174.

Niskanen, William A. (1971), Bureaucracy and Representative Government, Chicago.

Ders. (1979), Ein ökonomisches Modell der Bürokratie. In: Pommerehne, Werner und Frey, BrunoS., Ökonomische Theorie der Politik. Heidelberg, S. 349-368.

Nozick, Robert (1974), Anarchy, State, and Utopia (deutsch o.J.), New York.

Oehmke, James F. und Yao, Xianbin (1990), A Policy Preference Function for Government Intervention in the U.S. Wheat Market. In: American Journal of Agricultural Economics, Vol. 72, Nr. 3, August, S. 631-640.

Offe, Claus (1973), Das pluralistische System von organisierten Interessen. In: Varain, Heinz Josef (Hrsg.), Interessenverbände in Deutschland, Köln, S. 368 ff.

Olson, Mancur (1985a), The Logic of Collective Action, Cambridge 1965 (Deutsch: Die Logik kollektiven Handelns, Tübingen 1968, 2. Auflage 1985.

Ders. (1985b), Aufstieg und Niedergang von Nationen. Ökonomisches Wachstum, Stagflation und soziale Starrheit, Tübingen 1985.

Ders. (1985c), Space, Agriculture and Organization. In: American Journal of Agricultural Economics, Vol. 67, Nr. 5, Dezember 1985, S. 929 ff.

Ders. (1990), Agricultural Exploitation and Subsidization. There Is An Explanation. In: Choice, The Magazine of Food, Farm, and Resource Issues. Fourth Quarter. Herndon/U.S.A., S. 8-11.

Orazem, Peter F., Otto Daniel M., and Edelman Mark A. (1989), An Analysis of Farmers' Agricultural Policy Preferences. In: American Journal of Agricultural Economics, Nr. 4, Vol. 71, November, S. 837-846.

Paarlberg, Don (1978), Agriculture loses its Uniqueness. In: American Journal of Agricultural Economics, Vol. 60, Nr. 5, Dezember, S. 769-776.

Paarlberg, Philip L. und Abbott, Philip C. (1986), Oligopolistic Behaviour in International Trade: The World Wheat Market. In: American Journal of Agricultural Economics, Vol. 68, Nr. 3, December.

Paarlberg, Robert (1989), The Political Economy of American Agricultural Policy: Three Approaches. In: American Journal of Agricultural Economics, No. 5, Vol. 71, December, S. 1157-1164.

Peltzman, S. (1976), Toward a More General Theory of Regulation. In: Journal of Law and Economics, Vol. 19, S. 211-240.

Priebe, Hermann (1985), Die subventionierte Unvernunft, Berlin.

Rausser, Gordon C. (1982), Political Economic Markets: PESTs and PERTs in Food and Agriculture. American Journal of Agricultural Economics, Vol. 64, S. 821-33.

Ders. und Foster, William E. (1990), Political Preference Functions and Public Policy Reform. In: American Journal of Agricultural Economics, Vol. 72, Nr. 3, August, S. 641-652.

Ders. und Zusman, Pinhas (1992), Public Policy and Constitutional Prescription. In: Journal of Agricultural Economics, Vol. 74, Nr. 1, May, S. 247-257.

Rawls, John (1971/1975), A Theory of Justice, New York 1971. (Deutsche Fassung 1975.)

Sandrey, Ron A. und Scobie, Grant M. (1994), Changing International Competitiveness and Trade: Recent Experience in New Zealand Agriculture. In: American Journal of Agricultural Economics, Vol. 76, Nr. 5, December, S. 1041-1046.

Schmitt, Günter (1988), Grundsätze für die Gestaltung der Agrarpolitik in der sozialen Marktwirtschaft. In: Schriften der Gesellschaft für Wirtschafts- und Sozialwissenschaften des Landbaues e.V., Bd. 24, S. 15-32.

Schmitz, Peter M. (1986), Agrarpolitik und Parteienstreit. In: Wirtschaftsdienst, Jg. 67, S. 300-305.

Schumpeter, Joseph A. (1942/1946), Capitalism, Socialism and Democracy, New York 1942. (Deutsche Fassung: Kapitalismus, Sozialismus und Demokratie, Winterthur 1946.)

Smith, Adam (1776), Der Wohlstand der Nationen, London.

Scrimgeour, F.G. und Pasour, E.C. Jr. (1996), A Public Choice Perspective on Agricultural Policy Reform: Implications of the New Zealand Experience. In: American Journal of Agricultural Economics. Vol. 78, Nr. 2, May, S. 257-268.

Stigler, George (1971), The Theory of Economic Regulation. In: Bell Journal of Economics and Management, Science 2. Abgedruckt in: George Stigler (Hrsg.), The Citizen and the State, Chicago, S. 209-233.

Ders. (1989), The Political Redistributions of Income, Zürich.

Streit, Manfred (1988), Theorie der Wirtschaftspolitik, 3. Auflage, Düsseldorf.

Tollison, Robert D. (1982), Rent Seeking - A Survey. In: Kyklos, Vol. 35, S. 575 ff.

Tullock, Gordon (1965), The Politics of Bureaucracy, Washington D.C.

Ders. (1974), The Social Dilemma: The Economics of War and Revolution. Blacksburg VA: Center for Study of Public Choice.

Wagner, R.E. (1993), Parchment, Guns and Constitutional Order. Brookfield VT: Edward Elgar Publishing Company.

Watrin, Christian (1984a), Vorwort zur deutschen Übersetzung James M. Buchanan, Die Grenzen der Freiheit, Tübingen 1984.

Ders. (1984b), Ordnungspolitische Aspekte der Einkommensumverteilung. In: Einkommen in der Landwirtschaft - Entstehung, Verteilung, Verwendung und Beeinflussung. Schriften der Gesellschaft für Wirtschafts- und Sozialwissenschaften des Landbaues e.V., Band 21, Münster-Hiltrup 1984, S. 15-27.

von Weizsäcker, Carl Chr. (1982), Staatliche Regulierung - positive und normative Theorie. In: Schweizerische Zeitschrift für Volkswirtschaft und Statistik, 118. Jg., 1982, Heft 3, S. 336 ff.

Ders. (1984), Was leistet die Property Rights Theorie für aktuelle wirtschaftspolitische Fragen ? In: Neumann M. (Hrsg.), Ansprüche, Eigentums- und Verfügungsrechte. Schriften des Vereins für Socialpolitik. N.F., Band 140, Berlin, S. 123-154.

Wicksell, Knut (1896), Finanztheoretische Untersuchungen, Jena.

Wilson, J.Q. (1974), The Politics of Regulation. In: J.W. MacKie (Hrsg.), Social Responsability and the Business Predicament, Washington.

Teil C: Die Agrarmärkte und deren Ordnung
Kapitel 5: Die Agrarmärkte

"Alle kurzen Erklärungen sind falsch" *(Bertil Ohlin).*

A. Einführung

Die Nachfrage nach Agrargütern und das Angebot zählen zu den wesentlichsten agrarwirtschaftlichen Daten.[1] Wie kommen die Nachfrage, das Angebot und das Gleichgewicht der Märkte zustande? Aus diesen Analysen lassen sich Erkenntnisse für das landwirtschaftliche Ordnungsgefüge, die Strukturen und Prozesse gewinnen.

B. Die Nachfrage

I. Die Nachfragefunktion

Die *Nachfrage* läßt sich wie folgt ausdrücken:

(1) $X_D = X_D (B, Y, Y_{Vert}, P_i, P_S, P_K, U).$

Die *Nachfrage* (X_D) nach einem Gut (i) steht im Zusammenhang mit der Größe und Zusammensetzung der Bevölkerung (B), den verfügbaren (realen) Haushaltseinkommen (Y), deren Verteilung auf die einzelnen Haushalte (Y_{Vert}), dem realen Preis des Gutes i (P_i), den realen Preisen der substitutionalen und komplementären Güter (P_S, P_K) sowie den Präferenzen bzw. der Bedürfnisstruktur der Haushalte (U).[2]

Die *Veränderung der Nachfrage* nach einem Gut (ΔX_D) resultiert aus der Veränderung dieser Bestimmungsfaktoren:

(2) $\Delta X_D = \Delta X_D (\Delta B, \Delta Y, \Delta Y_{Vert}, \Delta P_i, \Delta P_S, \Delta P_K, \Delta U).$

Es bezeichnen:

ΔB	Veränderung der Bevölkerung,
ΔY	Veränderung der verfügbaren Hauhalteinkommen,
ΔY_{Vert}	Veränderung der Einkommensverteilung,
ΔP_i	Veränderung des Preises des Gutes i,
ΔP_S	Veränderung der Preise der Substitutionsgüter,
ΔP_K	Veränderung der Preise der Komplementärgüter und
ΔU	Veränderung der Nachfragepräferenzen.

[1] Vgl. zu den agrarwirtschaftlichen Daten Kapitel 1.
[2] Vernachlässigt werden hier die Vermögen der Haushalte, welche bei der Nahrungsmittelnachfrage vor allem in Notzeiten eine Rolle spielen.

In *Elastizitäten* ausgedrückt ergibt sich in vereinfachter Kurzform (unter Auslassung einzelner Elemente) die folgende, typische Nachfragefunktion:

$$(3)\ \Delta X_D = \Delta X_D\,(\Delta B,\ \eta_Y,\ \eta_{P,I},\ \eta_{P,S},\ \eta_{P,K}).$$

Es bedeuten:

η_Y die Einkommens-Nachfrageelastizität,
$\eta_{P,I}$ die direkte Preis-Nachfrageelastizität und
$\eta_{P,S}$ sowie $\eta_{P,K}$ die Kreuzpreiselastizität.

Dabei gelten die folgenden Überlegungen:

- Innerhalb von wenigen Zeitperioden (beispielsweise von einigen Jahren) ergeben sich in der Regel keine grundlegenden Änderungen bei der *Verteilung* der verfügbaren Haushaltseinkommen. Deshalb wird ΔY_{Vert} hier vernachlässigt.[3]

- Die Veränderung der *Präferenzen* bzw. der Bedürfnisstruktur ist im wesentlichen eine Funktion der verfügbaren Einkommen und kommt langfristig in einer Veränderung der Koeffizienten der Einkommenselastizität der Nachfrage (η_Y) zum Ausdruck.[4,5]

- Die Nachfrageänderung bei Preisänderungen schlägt sich in der Preiselastizität der Nachfrage (η_P) nieder. Der durch Preisänderungen verursachte *Realeinkommenseffekt* ist verhältnismäßig klein und wird bei den sog. *Marshall-Elastizitäten* vernachlässigt.

- Der Einfluß von Preisänderungen bei substitutionalen und komplementären Gütern wird mit der sog. *Kreuzpreiselastizität* ($\eta_{P,S}$, $\eta_{P,K}$) angezeigt.

II. Die Einkommens-Nachfrageelastizität

1. Das Engelsche Gesetz in der ursprünglichen Formulierung

Der Statistiker *Ernst Engel* (1821-1896) stellt bei der Analyse der langfristigen Zusammenhänge zwischen den Haushaltseinkommen und den Nahrungsmittelausgaben fest, daß die absoluten Ausgaben für die Nahrungsmittel bei steigen-

[3] Eine Ausnahme bildet die Wiedervereinigung Deutschlands im Jahre 1990, welche zu einem Strukturbruch bei der Einkommensverteilung führte.

[4] Seit den frühen 1990er Jahren zeigen sich erhebliche Änderungen bei den Konsumpräferenzen in Richtung einer "gesunden" Ernährung, wodurch sich das Qualitätsimage der einzelnen Nahrungsmittel verändert. Vgl. *von Alvensleben* (1995), S. 65 ff. und 69. Die Informationen über den Gesundheitswert bzw. die Schädlichkeit einzelner Nahrungsmittel haben - am Beispiel der USA in den 1990er Jahren - zum Teil stärkere Auswirkungen als Preisänderungen, welche über die Preis-Nachfrageleastizität auf die Konsumnachfrage wirken. Deshalb lassen sich derzeit kaum stete, signifikante Koeffizienten der Einkommens-Nachfrage- und der Preis-Nachfrageelastizität errechnen. Vgl. dazu *Kinnucan et al.* (1997), S. 13 und 22.

[5] In jüngster Zeit zeigen sich unter dem Einfluß veränderter Ernährungsgewohnheiten allerdings starke Änderungen beim Konsum von Nahrungsmitteln. Diese lassen sich bei ökonometrischen Tests am besten als Residualfaktor darstellen. Vgl. *Gao et al.* (1997), S. 573 ff.

den Haushaltseinkommen zunehmen, die relativen Nahrungsmittelausgaben jedoch abnehmen *(Engelsches Gesetz* in der *ursprünglichen Form).*[6] Abb. 5/1 zeigt eine solche *Engel-Kurve* mit einem abnehmenden relativen Anteil der Ausgaben für Nahrungsmittel an den Haushaltsausgaben.[7]

Abb. 5/1
Der Anteil der Ausgaben für Nahrungsmittel an den Ausgaben für den privaten Verbrauch insgesamt (ohne das neue Bundesgebiet)

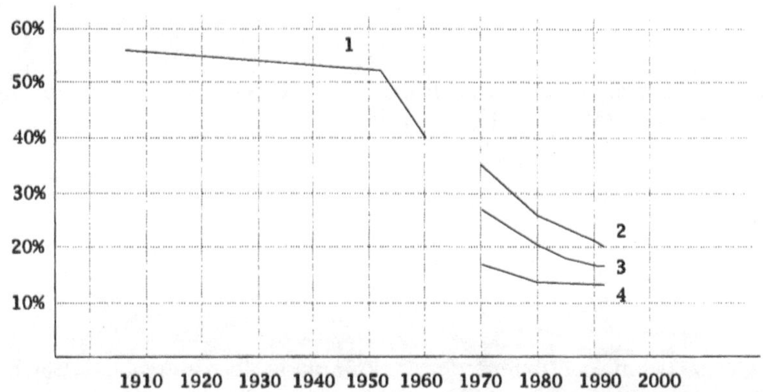

Legende:
1 Gesamte Bevölkerung (inkl. Getränke und Tabakwaren)
2 2-Personen-Haushalt von Rentenempfängern
3 4-Personen-Haushalt von Angestellten und Arbeitern mit mittlerem Einkommen
4 4-Personen-Haushalt von Beamten und Angestellten mit höherem Einkommen

2. Das Engelsche Gesetz in der neueren Form

Die *Engel-Kurve* in der *neueren Form* zeigt die mengenmäßige *oder* die wertmäßige Nachfrage nach Nahrungsmitteln in Beziehung zum Einkommen. In der Praxis entwickelt sich die wertmäßige Nachfrage nach Nahrungsmitteln positiv, die Koeffizienten der Einkommens-Nachfrageelastizität jedoch sind kleiner als eins. Die Nahrungsmittel insgesamt sind ein inferiores Gut.[8]

Die Sättigungstendenzen bei den Nahrungsmitteln sind auf die "beschränkte Kapazität des Magens" zurückzuführen. Der moderne Mensch leistet weniger

[6] Vgl. *Engel* (1857/1895).
[7] In der langfristigen Betrachtung lag der Anteil der Nahrungsmittelausgaben an den gesamten Konsumausgaben vor dem ersten Weltkrieg noch bei über fünfzig Prozent und sank in den 1990er Jahren auf Werte zwischen 13 und 16 Prozent (in den USA unter 10 Prozent). In den Entwicklungs- und Transformationsländern beträgt dieser Anteil oft über 50 Prozent. Der sinkende Anteil der Nahrungsmittelausgaben ist auf die unterdurchschnittliche Zunahme der Nachfrage nach Nahrungsmitteln bei steigenden Haushaltseinkommen und die langfristig leicht sinkenden realen Nahrungsmittelpreise zurückzuführen.
[8] Vgl. *Ott* (1986), S. 96.

körperlich anstrengende, kalorienverzehrende Arbeit, als dies noch vor Jahrzehnten der Fall war. Zudem verlangen die Schönheitsideale eine sportliche und schlanke Figur ohne Übergewicht, was zu veränderten Ernährungsgewohnheiten führt. Ein vermehrter Bedarf an Nahrungsmitteln auf der Erzeugerstufe ergibt sich aus der steigenden Wegwerfmentalität im Ernährungsbereich. Darunter fallen die vermehrten Haushaltsabfälle und die Abfälle bei der gewerblichen sowie industriellen Nahrungsmittelverarbeitung.

Die *Einkommens-Nachfrageelastizität* beschreibt die Änderung der Nachfrage in Relation zu der sie bewirkenden Einkommensänderung. Als Formel lautet diese Beziehung:

(4) $\eta Y = \Delta X_D / \Delta Y$.

Die ***geschätzte Einkommens-Nachfrageelastizität*** bei den Nahrungsmitteln entwickelte sich zwischen 1859 und 1989 wie folgt:[9]

1859-1913	+0,8
...	
1950-1959	+0,5
1960-1969	+0,4
1970-1979	+0,3
1980-1989	+0,2.

Nur 1950 ergab sich ein Koeffizient der Einkommens-Nachfrageelastizität bei den Nahrungsmitteln insgesamt von über eins, als es nach dem zweiten Weltkrieg zu einer "Freßwelle" ("Freßkonjunktur") oder einer sog. "vorengelschen Situation" kam.[10]

Nicht alle Nahrungsmittel sind inferiore Güter. Tab. 5/2 zeigt die durchschnittlichen Koeffizienten der Einkommens-Nachfrageelastizität des mengenmäßigen Konsums bei ausgewählten Nahrungsmitteln in den Jahren 1985-93 (grobe Schätzungen).[11] Die Entwicklung geht zu frischen, leichtverdaulichen, kalorien- und fettarmen sowie nährstoff- und vitaminreichen Nahrungsmitteln. Seit einiger Zeit ist ein Trend zu fettarmen Frischmilchprodukten und magerem Fleisch festzustellen.[12] Verdrängt werden traditionelle Nahrungsmittel wie Rind-, Kalb- und Schweinefleisch[13] sowie Eier. Zum Wandel tragen auch neue, geschmacklich

---

[9] *Gans* und *Schiller* (1996), S. 13.

[10] *Von Dietze* (1967), S. 148.

[11] Dazu ist zu bemerken, daß die Nachfrage nach Nahrungsmitteln seit den späten 1980er Jahren durch die Veränderung der Ernährungsgewohnheiten einem strukturellen Wandel unterliegt, wie dies in der Nachkriegszeit kaum je der Fall gewesen ist. Dies erschwert die Berechnung von Koeffizienten für die Einkommens-Nachfrageelastizität und anderer Elastizitäten, wofür eine gewisse Konstanz bzw. Kontinuität der Verbrauchsentwicklung erforderlich ist. Die Veränderung der Koeffizienten der Einkommens-Nachfrageelastizität ist u.a. auf die sich ändernde Qualitätsbeurteilung einzelner Nahrungsmittel zur Befriedigung der modernen Ernährungsbedürfnisse zurückzuführen. Vgl. *von Alvensleben* (1995), S. 65 ff. und 69.

[12] Vgl. *Gao et al.* (1997), S. 573 ff.

[13] Zu den Imageproblemen beim Fleisch tragen unter anderem auch gesundheitliche Aspekte und politische Bedenken wegen der Verfütterung von Getreide angesichts des Hungers der Bevölkerung in den Entwicklungsländern bei. Vgl. *von Alvensleben* (1995), S. 65 ff.

attraktive Erzeugnisse wie Früchte und Gemüse exotischen Ursprungs bei. Die "asiatische" Ernährungsweise gewinnt rasch an Bedeutung, nicht zuletzt auch durch die Veränderungen im ethnologischen Aufbau der Bevölkerung.[14]

Tab. 5/2
Die geschätzte Einkommens-Nachfrageelastizität nach Nahrungsmittel (1985-93)*

Sahne	(+) 1,8
Fisch	(+) 1,7
Geflügel	(+) 1,6
Käsequark	(+) 1,5
Gemüse, Frischobst, Reis	(+) 1,1
Getreide, Getreideerzeugnisse, Butter	(+) 0,1
Zucker, Fleisch insgesamt	(-) 0,1
Kartoffeln	(-) 0,2
Margarine, Schweinefleisch	(-) 0,3
Rind- und Kalbfleisch	(-) 0,6
Eier	(-) 1,3
Kondensmilch	(-) 6,0.

* Eigene, grobe Schätzungen, ohne Berücksichtigung der direkten Preis-Nachfrageelastizität und der Kreuzpreiselastizität (Marshall-Elastizität).

3. Der Produktlebenszyklus

Konsumgüter zeigen oft *Produktlebenszyklen.* Diese umfassen die Experimentierphase, die Markteinführungsphase (A), die Phase des raschen Konsumwachstums (B), die Phase der Reife (C), die Sättigungsphase (D), die Phase der Degeneration (E) und ggf. die Phase der Wiederbelebung der Nachfrage (F) (vgl. Abb. 5/3). Die Einkommenselastizität der Nachfrage nimmt mit der Markteinführung eines Gutes vorerst zu, dann ab, später stagniert sie und wird negativ. Anschließend kann die Nachfrage weiterhin fallen, auf einem tieferen Niveau stagnieren oder auch wieder ansteigen (Phase F).

Auch die landwirtschaftlichen Güter zeigen *Produktlebenszyklen,* welche sich meist in langen, selten in kurzen Zeiträumen entwickeln. Bei einigen Grundnahrungsmitteln (wie beispielsweise Getreide, Kartoffeln und Milch) ist eine sehr langfristige Betrachtung von vielen Jahrzehnten notwendig, um den Produktlebenszyklus zu erkennen. So lag die Verbrauchsspitze pro Kopf der Bevölkerung bei Kartoffeln beispielsweise im Jahre 1895, jene für Brot und Getreideprodukte im Jahre 1903 und jene für Milch und Milchprodukte im Jahre 1913.[15] Im Gegensatz dazu ist der Produktlebenszyklus von Lebensmitteln mit "modischem Charakter" oft sehr kurz (beispielsweise einzelner Yoghurt-Früchte-Mischungen).

Bei den Produktlebenszyklen spielt auch die Produktentwicklung eine Rolle. So steigt die Nachfrage oft wieder an, wenn ein Erzeugnis verarbeitet wird und sich

[14] Vgl. *Gao et al.* (1997), S. 573.
[15] Vgl. zu den Verbrauchsstatistiken für die Jahre seit 1850 *Teuteberg* (1986), S. 238 ff.

in veränderter Form einer steigenden Nachfrage erfreut (beispielsweise Verarbeitungserzeugnisse aus Kartoffeln und Milch). Es gibt auch Nahrungsmittel, welche zwar in einer späten Phase des "Produktlebenszyklus" stehen, sich jedoch mit den neueren Trends in der Ernährung einer steigenden Präferenz erfreuen und wieder verhältnismäßig große Koeffizienten der Einkommens-Nachfrageelastizität erlangen (beispielsweise Vollwertkost und ballastreiche Nahrungsmittel wie Getreideerzeugnisse und Kartoffelprodukte).

Abb. 5/3
Die **Marktphasen**

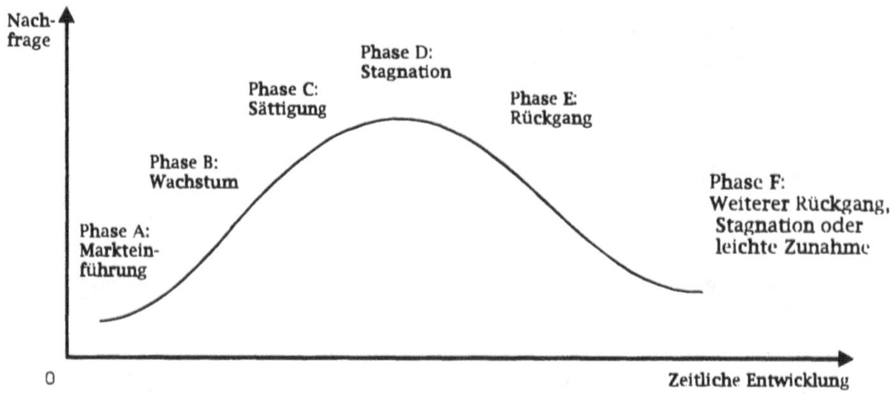

Insgesamt betrachtet lassen sich aus den aktuellen Koeffizienten der Einkommens-Nachfrageelastizität noch keine Rückschlüsse auf die Position eines Gutes im Produktlebenszyklus ziehen. Oft kommt es zu Verzerrungen innerhalb des Produktlebenszyklus durch "Modetendenzen" bei der Ernährung, sich verändernden Ernährungsgewohnheiten, Nahrungsmittelkrisen, Phasen rascher Preisänderungen, subventionsbedingten Preiseinflüssen, Importhemmnissen, dem Auftreten von Substitutionsgütern oder zusätzlichen Verwendungsmöglichkeiten bei einzelnen Rohstoffen.

III. Die Preis-Nachfrageelastizität

1. Begriff

Die *direkte Preis-Nachfrageelastizität* beschreibt das Preis-Nachfrageverhalten bei Preisänderungen:

(5) $\eta_P = \Delta X_D / \Delta P$.

Abb. 5/4 zeigt die Preis-Nachfrageelastizitäten im Zusammenhang mit der Preis-Nachfragekurve. Die Koeffizienten der Preis-Nachfrageelastizität werden von links oben nach rechts unten betraglich kleiner. Links oben ist der Bereich des elastischen Preis-Nachfrageverhaltens mit Koeffizienten der Preis-Nachfrageelastizität von eins und mehr, rechts der Mitte der Bereich des unelastischen Preis-Nachfrageverhaltens mit Koeffizienten von betraglich weniger als eins.[16]

In Punkt A ist die Elastizität verhältnismäßig groß (η_p = -3,0), d. h. das Preis-Nachfrageverhalten ist elastisch. In Punkt B (η_p = -1,0) ist der kritische Wert des elastischen Preis-Nachfrage-Verhaltens. Punkt C charakterisiert ein unelastisches Preis-Nachfrageverhalten (η_p = -0,5). Es handelt sich um sog. *Marshall-Elastizitäten*, welche den Einkommenseffekt von Preisänderungen im Gegensatz zu den sog. *Hicks-Elastizitäten* nicht berücksichtigen.[17]

Abb. 5/4
Die Preis-Nachfrageelastizität

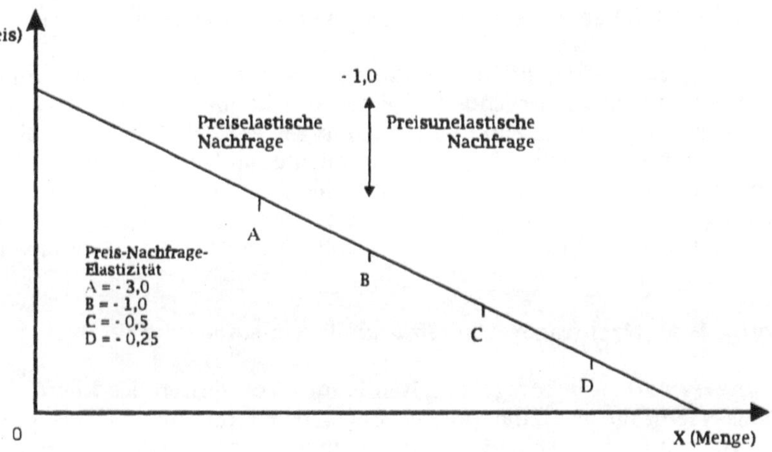

Ein landwirtschaftliches Mehrangebot von einem Prozent beispielsweise führt bei einem Koeffizienten der Preis-Nachfrageelastizität von -1 unter sonst unveränderten Gegebenheiten (ceteris paribus) zu einer Preissenkung von einem Prozent, bei einem Koeffizienten von -0,5 zu einer Preissenkung von zwei Prozent und bei einer Preis-Nachfrageelastizität von -0,25 zu einem Preisrückgang von vier Prozent. Steigt das Marktangebot bei einem unelastischen Preis-Nachfrageverhalten, sinkt der Preis stärker, als sich die Menge erhöht. Es resultiert ein insgesamt geringerer Umsatz (Menge x Preis) und damit, selbst unter der Annahme gleichbleibender Produktionskosten, ein kleineres landwirtschaftliches Einkommen.[18]

2. Die Kingsche Regel als historisches Beispiel

Der englische Statistiker *Gregory King* bemerkte bereits im 17. Jh. starke Preisreaktionen auf Veränderungen der Getreideernte. Kleine prozentuale Schwan-

[16] Vgl. *Ott* (1972), S. 137.
[17] Vgl. *Hayes et al.* (1990), S. 558 f.
[18] Die ökonomisch interessante mathematische Beziehung zwischen der direkten Preiselastizität und dem Grenzumsatz verbindet sich mit dem Begriff der *Amoroso-Robinson-Relation* ($dU/dx = p\,[1 + 1/\eta_p]$).

kungen der Agrarproduktion führten zu relativ großen Preisschwankungen. Er stellte fest, daß bei einer Verkleinerung der Ernte um 10 Prozent die Preise um 30 Prozent stiegen, bei einer solchen von 20 Prozent um 80 Prozent und bei einer solchen von 30 Prozent um 160 Prozent. Nach der Theorie der Preis-Nachfrageelastizität entspricht dies einem unelastischen Preis-Nachfrageverhalten mit Koeffizienten von etwa -0,2 bis -0,33. Ganz allgemein formuliert besagt die *Kingsche Regel*, daß der Koeffizient der Preis-Nachfrageelastizität für Getreide kleiner als eins ist.

David Ricardo nahm zu Beginn des 19. Jh. Bezug auf *Gregory King* und beobachtete ebenfalls ein unelastisches Preis-Nachfrageverhalten beim Getreide. Er beschrieb dies anhand eines Zahlenbeispiels, welches auf einen Koeffizienten der Preis-Nachfrageelastizität von etwa -0,66 schließen läßt. Danach ist der Gesamtwert einer reichlichen Ernte niedriger als bei einer Durchschnittsernte.[19]

Dieser Schlußfolgerung widerspricht *Constantin von Dietze*. Er weist darauf hin, daß die Ernten (damals) vorwiegend dem Eigenverzehr dienten. Die Marktproduktion war klein und starken Fluktuationen ausgesetzt.[20] Die Preisschwankungen lassen keine direkten Schlußfolgerungen auf die landwirtschaftlichen Umsatzschwankungen zu.[21] Nach wie vor zählt jedoch die oft geringe Elastizität des Preis-Nachfrageverhaltens der Verbraucher bei zahlreichen Agrarprodukten zu den Ursachen der landwirtschaftlichen Stabilisierungs- und Verteilungsprobleme.[22]

3. Das inverse Preis-Nachfrageverhalten und die Konsumexternalitäten

Bei einem *inversen* Preis-Nachfrageverhalten ist das Vorzeichen der Koeffizienten der Preis-Nachfrageelastizität positiv. Ein Beispiel für ein inverses Preis-Nachfrageverhalten ist das früher gelegentlich anzutreffende Hamsterverhalten der Verbraucher bei Gerüchten über schlechte Ernten, Kriege und Boykotte. Steigende Preise führen zu einer größeren Nachfrage (und umgekehrt). Dabei steigt die Nachfrage auf allen Stufen (dem Einkaufshandel, den Verarbeitern, den Lagerhaltern, dem Großhandel und dem Einzelhandel). Betroffen sind vor allem lagerfähige Güter (wie beispielsweise Getreide, Reis, Speisefette, Speiseöle und Zucker). Bei einer Verknappung setzt oft weltweit eine vermehrte Lagerhaltung ein und beschleunigt die Preisentwicklung. Die Erwartung weiterer Preissteigerungen wirkt als Verstärkungsfaktor der Preisbewegung und löst eine zusätzliche Nachfrage aus, welche sich auf alle Märkte überträgt. Ist der Zenit bei der Nachfrage erreicht und ändern sich die erwarteten Knappheiten, tritt eine Umkehrbewegung ein.

---

[19] Vgl. *Ricardo* (1822/1905), S. 65.
[20] Vgl. *von Dietze* (1967), S. 150.
[21] Vgl. *Heidhues* (1977), S. 112.
[22] Durch die Änderungen bei den Ernährungspräferenzen, ist es - im Gegensatz zu früheren Jahren - kaum möglich, signifikante Koeffizienten für die Preis-Nachfrageelastizität zu berechnen. Bei den meisten Erzeugnissen sind seit den 1990er Jahren Strukturbrüche festzustellen. Einige vorsichtig geschätzte Koeffizienten für die Zeit zwischen 1985-93 sind -0,9 für Rind- und Kalbfleisch sowie Schweinefleisch, -0,15 für Kartoffeln sowie -0,1 für Butter (eigene Berechnungen).

Konsumexternalitäten können ebenfalls zu einem inversen Preis-Nachfrageverhalten führen:

- Beim sog. *Vebleneffekt* ziehen die Verbraucher Rückschlüsse vom Preis eines Gutes auf dessen Qualität. Das Preis-Nachfrageverhalten ist invers. Sollte das Preis-Qualitätsverhältnis schließlich doch nicht den ursprünglichen Erwartungen entsprechen, wird nach preisgünstigeren Substitutionserzeugnissen gesucht.

- Beim sog. *Snobeffekt* möchten die so veranlagten Verbraucher nicht jene Güter konsumieren, welche "alle Welt" kauft, sondern teurere Güter, welche in diesem Fall vermehrt nachgefragt werden. Auch dies entspricht einem inversen Preis-Nachfrageverhalten.

- Beim sog. *Bandwagon*- oder *Mitläufereffekt* ahmen die Verbraucher das bei anderen Konsumenten beobachtete Nachfrageverhalten nach, um "in" zu sein. Auch dieses Verhalten löst ein verändertes oder gar inverses Preis-Nachfrageverhalten aus.

4. Die abgeleitete Nachfrage und weitere Gründe für eine geringe direkte Preis-Nachfrageelastizität

Gibt es weitere Ursachen für die geringe Preis-Nachfrageelastizität bei den Nahrungsmitteln?

- Erstens ist die abgeleitete Preis-Nachfrageelastizität nach Agrarprodukten auf der Erzeugerstufe geringer als auf der Stufe des Einzelhandels. Dieser Zusammenhang kann anhand eines einfachen Beispiels graphisch erläutert werden (vgl. Abb. 5/5). Abgebildet wird die Nachfrage auf der Stufe der Verbraucher und jene auf der Stufe der Erzeuger. Die vertikale Differenz zwischen den beiden Nachfragekurven entspricht der Handels- bzw. Verarbeitungsspanne. Es

Abb. 5/5
Die abgeleitete Nachfrage nach landwirtschaftlichen Erzeugnissen

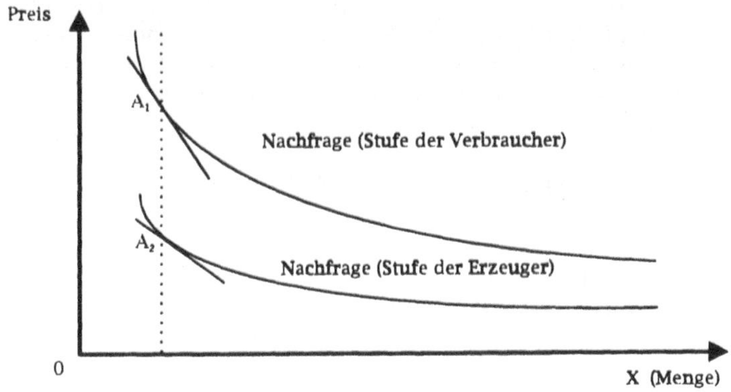

läßt sich erkennen, daß die Tangente im Punkte A_2 flacher verläuft als bei A_1, womit die Preis-Nachfrageelastizität auf der Erzeugerstufe geringer ist als auf der Verbraucherstufe. Je größer die Differenz bei den Koeffizienten der Preis-Nachfrageelastizität ist, desto größer ist die Handels- bzw. Verarbeitungsmarge bzw. desto geringer ist der landwirtschaftliche Wertschöpfungsanteil am Erlös auf der Verbraucherstufe.[23]

- Zweitens lassen die auf der Erzeugerstufe geringeren Koeffizienten der Preis-Nachfrageelastizität die Erzeugerpreise bei einer Mehrproduktion stärker sinken als auf der Verbraucherebene. Dieser Effekt wird verstärkt durch den tendenziell sinkenden Anteil der landwirtschaftlichen Nettowertschöpfung an den Einzelhandelsumsätzen bei Angebotsüberschüssen (vgl. Tab. 5/6).[24]

Tab. 5/6
Der Anteil der Verkaufserlöse der Landwirtschaft an den Verkaufserlösen für Nahrungsmittel inländischer Herkunft (früheres Bundesgebiet, in Prozent)

	1970/71	1980/81	1990/91	1993/94
Brotgetreide und -erzeugnisse	19,4	14,7	6,9	4,5
Speisekartoffeln	67,2	45,2	29,5	31,4
Zuckerrüben und Zucker	42,1	41,5	38,7	37,3
Schlachtvieh und Fleisch	47,5	44,4	30,5	27,0
Milch und Milcherzeugnisse	57,1	56,8	44,8	38,5
Insgesamt	49,0	44,7	30,5	26,1.

Quelle: *Agrarberichte*, Materialband (1994), S. 137.

- Drittens trägt auch die Subventionierung der Landwirtschaft zu einer geringeren Preis-Nachfrageelastizität bei (vgl. Abb. 5/7). Bei einer Nachfrage von N ergibt sich ohne Produktionssubventionen ein Angebot von A und ein Marktgleichgewicht bei B, mit Produktionssubventionen ein Angebot von A' und ein Marktgleichgewicht von C. Die Subvention entspreche - als Modellannahme - der Hälfte des Marktpreises (vertikale Differenz zwischen P_1 und 0). Die Subventionierung führt nicht nur zu einem tieferen Marktpreis, sondern auch zu einem geringeren Koeffizienten der Preis-Nachfrageelastizität (C liegt rechts von B). Treten nun zusätzlich Produktionsschwankungen ein (nicht eingezeichnet), kommt es bei einer preisunelastischen Nachfrage *mit* Subventionen zu einem größeren Preis-, Umsatz- und Einkommensrückgang als bei unsubventionierten Märkten. Subventionen erhöhen damit die Instabilität der landwirtschaftlichen Einkommen.

IV. Die Kombination von Einkommens- und Preiseffekt: Das sog. Giffen-Paradoxon

Das sog. *Giffen-Paradoxon* geht auf eine Beobachtung von *Giffen* im 19. Jh. zurück, der am Beispiel englischer Haushalte trotz steigender Brotpreise einen größeren Brotkonsum feststellte. Brot war bereits damals ein inferiores Gut.

[23] Vgl. *Brandow* (1961), S. 17.
[24] Hierbei sinkt der Erlösanteil der Landwirtschaft bei den Nahrungsmitteln zu Lasten der nichtlandwirtschaftlichen Verarbeitungs- und Vermarktungsmargen. Extremfälle sind das Brotgetreide und die Brotgetreideerzeugnisse (vgl. Tab. 5/6).

Abb. 5/7
Die Preis-Nachfrageelastizität von subventionierten und unsubventionierten Agrargütern

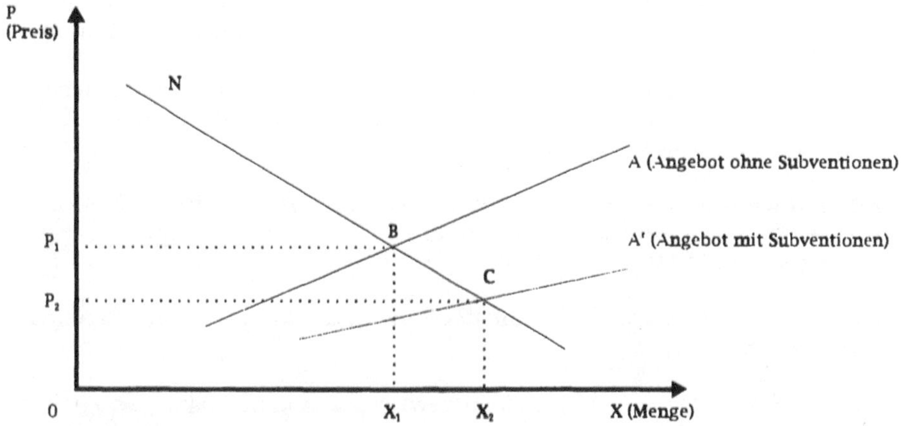

Anmerkungen:
- Subventionen etwa 50 Prozent des Preise
- B: Koeffizient der Preis-Nachfrage-Elastizität -0,75
- C: Koeffizient der Preis-Nachfrage-Elastizität -0,375.

Steigende Preise führten ceteris paribus zu einem geringeren realen Einkommen, was bei einem *negativen* Koeffizienten der Einkommens-Nachfrageelastizität eine steigende Nachfrage brachte (Einkommenseffekt). Umgekehrt bewirkten auch damals steigende Preise ceteris paribus eine geringere Nachfrage (Substitutionseffekt).

Der Gesamteffekt führt beim Giffen-Fall per Saldo zu einer größeren Nachfrage. Der sich positiv auf die mengenmäßige Nachfrage auswirkende Einkommens-Nachfrageeffekt ist beim *Giffen-Fall* stärker als der negativ wirkende Preis-Nachfrageeffekt. Die Verbraucher weichen trotz erheblicher Preissteigerungen vermehrt auf das inferiore Gut Brot aus. Dies ist möglich, wenn mehr Futtergetreide, welches in "normalen" Jahren der Fütterung von Tieren dient, zur Produktion von Brot verwendet wird.

In der Praxis ist es im Einzelfall offen, ob der Einkommenseffekt einer Preiserhöhung so groß werden kann, daß trotz dieser Preiserhöhungen ein Verbrauchsanstieg bei inferioren Gütern erfolgt. Der *Giffen*-Fall kann auftreten, muß aber nicht.[25]

V. Die Kreuzpreiselastizität

Die *Kreuzpreiselastizität (sog. Triffinscher Koeffizient)* zeigt die relative Änderung der Nachfrage eines Gutes (ΔX_D) in Relation zur Änderung des Preises eines Komplementär- bzw. Substitutionsgutes ($\Delta P_{K,S}$):

[25] Vgl. *Stigler* (1947), S. 152 ff. und *Ott* (1986), S. 96.

(6) $\eta P_{K,S} = \Delta X_D/\Delta P_{K,S}$.

Bei *Substitutionsgütern* ist der Koeffizient der Kreuzpreiselastizität positiv, bei *Komplementärgütern* negativ. Je größer betraglich die Kreuzpreiselastizität ist, desto enger ist die Substitutionalität bzw. die Komplementarität von Gütern:

- *Substitutionsgüter* sind Nahrungsmitteln mit ähnlichen Konsumeigenschaften. Beispiele sind Margarine und Butter, Fleisch und Fleischersatz, Sahne und Sojasahne, Öle und Fette sowie Sojaöl.[26]

- *Komplementärgütern* sind Nahrungsmittel mit einem positiven Zusammenhang zwischen dem Konsum des einen und dem eines anderen Gutes (beispielsweise Fleisch und Bratfett oder Brot und Butter).

VI. Die Kombination von Einkommenseffekten, direkten Preiseffekten und Kreuzpreiseffekten

Empirische Analysen zeigen oft einen gewissen Zusammenhang zwischen den Koeffizienten der Einkommens-Nachfrageelastizität und jenen der Preis-Nachfrageelastizität. Je größer die Einkommens-Nachfrageelastizität ist,[27] desto größer ist oft auch die Preis-Nachfrageelastizität. Umgekehrt zeigt sich mit zunehmender Sättigung der Nachfrage vielfach ein preisunelastisches Nachfrageverhalten. Bei steigenden Angebotsmengen kommt es zu immer stärkeren Einbrüchen bei den Marktpreisen. Läßt sich ein allgemeiner Zusammenhang zwischen der Einkommens-Nachfrage- und der Preis-Nachfrageelastizität feststellen?

Dies kommt in der sog. *Slutsky-Schultz-Relation* zum Ausdruck und gilt nur unter der restriktiven Annahme, daß die Kreuzpreiselastizität zu anderen Erzeugnissen vernachlässigt werden kann. Die sog. *Slutsky-Schultz-Relation* zerlegt Nachfrageänderungen methodisch-analytisch in den Einkommens-, Preis- sowie Kreuzpreiseffekt[28] und beschreibt die Beziehung zwischen den Koeffizienten der Einkommens-Nachfrageelastizität, der direkten Preis-Nachfrageelastizität und der Kreuzpreiselastizität. Sofern der Haushalt keiner Geldillusion unterliegt, ist die Summe der Koeffizienten der einzelnen Elastizitäten gleich null (vgl. Tab. 5/8).

- Im *Fall 1* entspricht der Koeffizient der Einkommens-Nachfrageelastizität jenem der Preis-Nachfrageelastizität. Der Koeffizient der Kreuzpreiselastizität ist null. Es zeigt sich, daß der Koeffizient der Einkommens-Nachfrageelastizität immer dann jenem der Preis-Nachfrageelastizität entspricht, wenn keine substitutionalen und komplementären Güter in Erscheinung treten (was eigentlich nur im theoretischen Modellfall möglich ist). Die Aussage, wonach der Koeffi-

[26] Signifikante Koeffizienten für die Kreuzpreiselastizität lassen sich für die späten 1980er Jahre und die frühen 1990er Jahre zufolge der sich wandelnden Konsumpräferenzen (Ernährungsgewohnheiten) nicht errechnen. In Lehrbuchbeispielen für die USA wurden u.a. folgende Koeffizienten für die Kreuzpreiselastizität erwähnt: Butter zu Margarine +0,81, Margarine zu Butter +0,67 und Rindfleisch zu Schweinefleisch +0,28. Vgl. *Frank* (1997), S. 133.

[27] Bei positiven Koeffizienten der Einkommens-Nachfrageelastizität.

[28] Vgl. zur mathematischen Ableitung *Koester* (1981), S. 51 f.

zient der Einkommens-Nachfrageelastizität jenem der Preis-Nachfrageelastizität entspricht, ist damit nur unter sehr einschränkenden Prämissen zutreffend.

Tab. 5/8
Der symmetrische Charakter der Slutsky-Schultz-Matrix (modelltheoretische Beispiele)

	Koeffizient der Einkommens-Nachfrageelastizität	Koeffizient der direkten Preis-Nachfrageelastizität	Koeffizient der Kreuzpreis-Elastizität	Summe der Koeffizienten
Fall 1	+1	-1	0	0
Fall 2	+0,5	-1,25	+0,75	0
Fall 3	0	-0,5	+0,5	0.

- Im *Fall 2* beträgt der Koeffizient der Einkommens-Nachfrageelastizität +0,5, jener der Preis-Nachfrageelastizität -1,25 und jener der Kreuzpreiselastizität +0,75. Die Koeffizienten ergänzen sich zu null. Dies widerspricht der Aussage, daß eine Marktsättigung automatisch auch zu einem unelastischen Preis-Nachfrageverhalten führt. Bei ausgeprägten Substitutionsgütern wie im Fall 2 ist dies nicht der Fall. Die Änderung des Preises eines Gutes führt zu preiselastischen Verbraucherreaktionen, weil es zu ausgeprägten Mengenreaktionen auch beim Substitutionsgut kommt. Die Nachfragereaktionen der Verbraucher auf Preisschwankungen des betreffenden Gutes sind stärker. Die Wirkungen der direkten Preis-Mengen-Reaktionen kumulieren sich mit den Substitutionsreaktionen.[29]

- Im Fall 3 ist die Einkommens-Nachfrageelastizität null. In diesem Beispiel gibt es keine Einkommens-Nachfragereaktionen. Unter solchen Umständen entsprechen sich die Koeffizienten der direkten Preis-Nachfrageelastizität und der Kreuzpreiselastizität. Sinnvoll ist diese Aussage allerdings nur, wenn das betreffende Gut und das Substitutionsgut perfekte Substitute sind.

C. Das Angebot an Agrargütern

I. Die landwirtschaftliche Produktion

1. Die landwirtschaftlichen Produktionsfaktoren und die Produktionsfunktion

Zu den *landwirtschaftlichen Produktionsfaktoren* zählen:

(1.) Die Natur (Boden, Wasser, Luft, Sonnenenergie, Pflanzen, Tiere und Kleinlebewesen),
(2.) die Arbeit,
(3.) das Kapital,
(4.) das landwirtschaftliche Humankapital und

[29] Beispiele für Produkte mit engen Substitutionsgütern und einer verhältnismäßig großen Preis-Nachfrageelastizität sind Schweinefleisch, Rindfleisch und Geflügelfleisch sowie Butter und Margarine.

(5.) der Input aus betrieblich vorgelagerten Bereichen wie beispielsweise Futtermittel, Düngemittel, Schädlingsbekämpfungsmittel und Energieträger.

Es ergibt sich folgende *Produktionsfunktion:*

(7) $X_s = X_s (N, A, K, H, I)$.

Dabei bezeichnen:

X_s die Produktionsleistung bzw. das Marktangebot,
N die Natur,
A die Arbeit,
K das Kapital,
H das Humankapital (Wissen und Können) und
I den Input aus betrieblich vorgelagerten Bereichen.

Als typische landwirtschaftliche Produktionsfunktion gilt das *Ertragsgesetz*, welches auch als das Gesetz vom abnehmenden Ertragszuwachs (Grenzertrag) oder Bodenertragsgesetz bezeichnet wird. Es handelt sich um die älteste bekannte Produktionsfunktion, welche *Anne Robert Jacques Turgot* (1727-1781) zugeschrieben wird.

Das Ertragsgesetz wird auch als die klassische Produktionsfunktion bezeichnet.[30] Eine Produktionsfunktion drückt die Relation zwischen dem Output und dem Input aus. Beim Input handelt es sich um den als konstant angenommenen Faktor Boden (bzw. die Natur) sowie die variablen Produktionsfaktoren Arbeit, Kapital, Humankapital, chemische und andere Inputgüter. Dabei ist die Natur im Gegensatz zu anderen Produktionsfaktoren nur beschränkt vorhanden und auch nur marginal substituierbar.

Abb. 5/9 zeigt eine Darstellung des landwirtschaftlichen Ertragsgesetzes. Die obere Darstellung zeigt den Output (X) bei partieller Variation eines Produktionsfaktors (v_1). Der Output X nimmt bis W (= Wendepunkt) überproportional zu. Von W bis M (= Tangentialpunkt) verkleinert sich die relative Zunahme des Outputs bei steigendem partiellen Faktoreinsatz und erreicht bei T das bestmögliche Verhältnis zwischen dem Faktorinput und dem Güteroutput. Von T bis M (= Produktionsmaximum) steigt die Produktion unterproportional zum Faktorinput. Rechts von M verschlechtert sich der Output trotz eines steigenden Faktoreinsatzes.[31] Die untere Darstellung zeigt den physischen Grenzertrag $\Delta X/\Delta v_1$ bei partieller Faktorvariation, welcher das Maximum bei T erreicht und bei M auf null sinkt.

[30] Vgl. *Ott* (1986), S. 107 ff.

[31] Dies läßt sich mit einer Verschlechterung der landwirtschaftlichen Ertragsbedingungen begründen. Beispielsweise führt eine Überdüngung des Bodens zu dessen Übersäuerung und zu schlechteren pflanzlichen Wachstumsbedingungen. Bei der Liebig-Produktionsfunktion steigt der Output mit zunehmendem Einsatz von Düngemitteln und stagniert nach Überschreiten der optimalen Düngemenge (linear gebrochene Produktionsfunktion). Vgl. *Kuhlmann* und *Frick* (1995), S. 592. Die Praxis bestätigt in zahlreichen Fällen diese Ertragsfunktion. Vgl. *Kuhlmann* und *Frick* (1995), S. 620; sowie *Chambers* und *Lichtenberg* (1996), S. 375.

Abb. 5/9
Das landwirtschaftliche Ertragsgesetz (Turgot-Kurve)

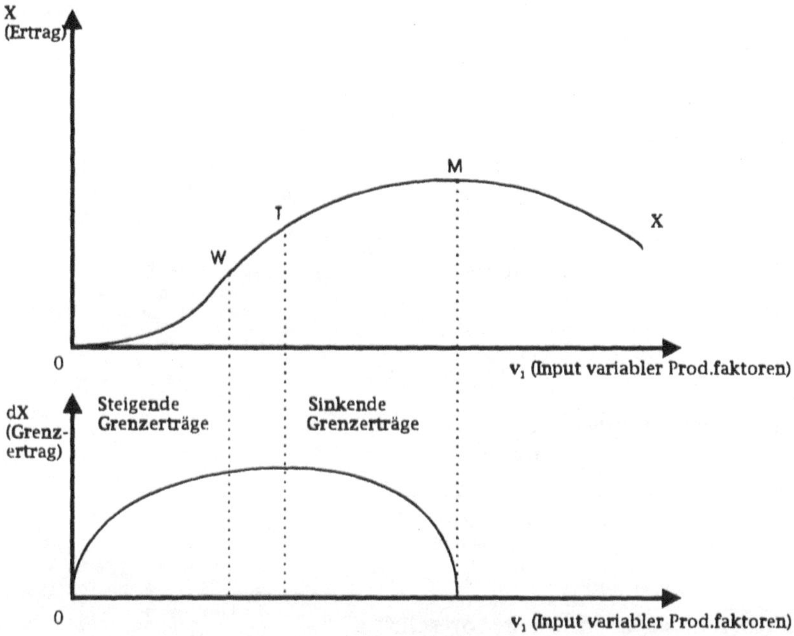

2. Das Auftreten begrenzter Skalenerträge

Der Begriff des *Skalenertrages* (Niveaugrenzprodukt, returns to scale) beschreibt die Änderung der Produktion bei einer Variation der Faktoreinsatzmengen. In der Produktionstheorie bezeichnet die *Skalenelastizität* die relative Veränderung der Outputmenge im Verhältnis zur proportionalen, relativen Veränderung aller Inputmengen. Möglich sind positive (steigende), konstante oder negative (sinkende) Skalenerträge. In der *Kostentheorie* sind positive Skaleneffekte ("economies of scale") Größenvorteile, welche mit zunehmender Produktion auftreten und zu sinkenden durchschnittlichen Stückkosten führen (und umgekehrt).[32]

In der Landwirtschaft werden die Skalenerträge mit zunehmender Outputmenge meist geringer (vgl. Abb. 5/10) und sind nach allgemeiner Auffassung begrenzt. Die positiven Skalenerträge ("economies of scale") werden durch eine Reihe von negativen Skalenerträgen ("diseconomies of scale") verdrängt. In einem kritischen Punkt (K/X = min. als Betriebsoptimum) wird das Minimum der durchschnittlichen Stückkosten erreicht. Nach dem Überschreiten der optimalen Produktionsmenge kommt es zu steigenden Grenz- und Durchschnittskosten (sog. U-Kurve). Dies ist vor allem auf die Wirkung der "diseconomies of space" zurückzuführen (den überproportional steigenden Kosten für die innerbetrieblichen Transporte zur Überwindung räumlicher Distanzen bei zuneh-

[32] Vgl. *Baumol et al.* (1988), S. 71.

mender Größe) und den "diseconomies of organization" (den progressiv steigenden Organisationskosten bei größeren betrieblichen Einheiten).[33] Denkbar ist auch ein nach dem Erreichen des Betriebsoptimum vorerst linearer Verlauf der Grenz- und Durchschnittskostenkurve (sog. L-Kurve).

Abb. 5/10
Die beschränkten Skalenerträge in der Landwirtschaft

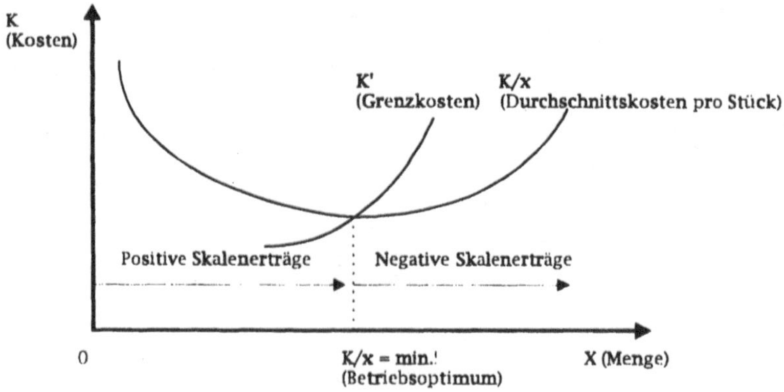

3. Die Wirkungen des technischen Fortschritts

Der *technische Fortschritt* läßt sich auch in der Landwirtschaft am besten durch die Verschiebung der Produktionsfunktion bzw. der Ertragskurve messen (vgl. Abb. 5/11).[34] Dabei ist zwischen einer Verschiebung der Ertragskurve durch eine größere Produktivität der einzelnen Produktionsfaktoren und einer Erhöhung der Produktion durch eine Veränderung des Faktorinputs (V_i) zu unterscheiden. In der Praxis lassen sich die beiden Effekte nur schwer voneinander trennen, denn die Veränderung des Faktorinputs bringt oft auch technischen Fortschritt mit sich.[35]

Der technische Fortschritt[36] in der Landwirtschaft hat zahlreiche Ausprägungen. Dazu zählen:

(1.) *Organisatorische Verbesserungen* durch effizientere Planungsverfahren, den Einsatz von Mikroelektronik und Methoden der Agrarinformatik.
(2.) *Verbesserte Produktionsverfahren* durch die Automatisierung oder Teilautomatisierung von pflanzlichen und tierischen Produktionsverfahren (Prozeßinnovationen) mit Hilfe der Mikroelektronik und der Agrarinformatik (sog. Biotechnologie).

[33] Vgl. ausführlicher Kapitel 15.
[34] Vgl. *Solow* (1957).
[35] Auf theoretischer Ebene bietet sich daher eine Messung des technischen Fortschritts mit der Hilfe eines Modells mit vorerst konstanten Skalenerträgen, neutralem technischen Fortschritt und vollkommenem Wettbewerb an. Vgl. *Michalek* (1990), S. 127.
[36] Vgl. zum Wesen der Innovationen im allgemeinen *Schumpeter* (1911/1993), S. 100 f.

(3.) *Neue und qualitativ bessere Erzeugnisse*, welche den Verbraucher vermehrt ansprechen und auf weniger gesättigte Märkte stoßen.
(4.) *Züchterische Fortschritte* auf konventioneller oder gentechnischer Basis, welche zu besseren Produkten, größeren Produktionsleistungen, geringeren Produktionskosten oder einer größeren Schädlingsresistenz führen.
(5.) *Verbesserungen im Bereich der Düngung und der Schädlingsbekämpfung.*

Abb. 5/11
Die Verschiebung der landwirtschaftlichen Ertragskurve durch den agrarwirtschaftlichen Fortschritt

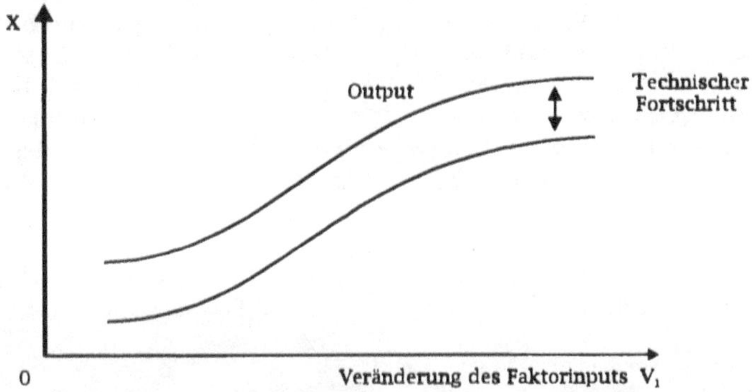

Der technische Fortschritt in der Landwirtschaft führt in der Regel zu einer größeren Produktivität (Ergiebigkeit) der Produktionsfaktoren *und* zur Faktorsubstitution.[37] Meist werden die menschliche Arbeitskraft und oft auch der Boden "wegrationalisiert", indem mehr Kapital, Wissen und Können (neue Produktionstechniken) sowie chemische Produktionsmittel eingesetzt werden.[38]

Die möglichen Wirkungen des Fortschritts als bedeutender landwirtschaftlicher Wachstumsfaktor wurden in Vergangenheit oft unterschätzt.[39] Dessen Diffusion in der landwirtschaftlichen Praxis kann bei gesättigten Märkten den Verfall der Preise für Agrargüter und damit die immer wieder auftretende Tendenz zu sinkenden Einkommen verstärken *("Tretmühleneffekt")*. Strukturell entwickelt sich ein Wettlauf zwischen Überleben und Untergang, verbunden mit einer "Selbstausbeutung" der Landwirte.[40]

---

[37] Vgl. zu den Wirkungen im Bereich der Umwelt Kapitel 13.
[38] Vgl. *Antle* (1984), S. 414 ff., und *Cochrane* (1979), S. 122 ff.
[39] Vgl. *Schumpeter* (1965), S. 697, sowie *Jorgenson* und *Gollop* (1992), S. 750.
[40] In einer Langzeitstudie für die USA von 1948-1994 ergab sich eine jährliche durchschnittliche Abnahme der Inputs beim Faktor Arbeit um 2,7 Prozent, eine leichte Zunahme beim Faktor Kapital um etwas weniger als 1 Prozent und eine jährliche durchschnittliche Zunahme des Outputs um annähernd 2 Prozent, was auf die erhebliche Zunahme der Produktivität der Produktionsfaktoren in der Landwirtschaft hinweist. Vgl. *Ball et al.* (1997), S. 1062. Vgl. auch *Galbraith* (1973).

II. Die Preis-Angebotselastizität

1. Die normale Angebotsreaktion

Das *landwirtschaftliche Angebot* eines Gutes (X_s) ist eine Funktion des Preises dieses Gutes (P_i), der Preise der übrigen Güter ($P_{1 \ldots n}$), der Preise der Produktionsfaktoren ($l_{1 \ldots m}$), der erwerbswirtschaftlichen Ziele der Anbieter (Z) und dem Stand der agrarwirtschaftlichen Technik (T):

$$(8) \quad X_s = X_s (P_i, P_{1 \ldots n}, l_{1 \ldots m}, Z, T).$$

Das Marktangebot eines Gutes X_s steigt ceteris paribus mit einem höheren Preis (P_i), einem tieferen Preis der übrigen Konsumgüter ($P_{1 \ldots n}$), einem geringeren Preis eines oder mehrerer Produktionsfaktoren ($l_{1 \ldots n}$), höheren Produktionszielen (Z) und ergiebigeren landwirtschaftlichen Produktionstechniken (T) (und umgekehrt). Nicht berücksichtigt sind bei dieser Angebotsfunktion die Produktions- und Preisrisiken. Je nach Risikofreude bzw. Risikoaversion produziert der einzelne Landwirt bei einem gegebenen Preis mehr oder weniger als der Durchschnitt.[41]

Die *Preis-Angebotselastizität* ($\varepsilon_{A,P}$) beschreibt die prozentuale Änderung der Angebotsmenge (ΔX_s) zu der sie bewirkenden prozentualen Preisänderung (ΔP):

$$(9) \quad \varepsilon_{A,P} = \Delta X_s / \Delta P.$$

Die Elastizität des Preis-Angebotsverhaltens steht im Zusammenhang mit den natürlichen Produktionsmöglichkeiten, dem Angebot an landwirtschaftlichen Produktionsfaktoren, den Opportunitätskosten bzw. der Mobilität der landwirtschaftlichen Produktionsfaktoren,[42] der Größe bzw. Flexibilität der landwirtschaftlichen Unternehmen und dem Zeitbedarf der Betriebe für die Anpassung der Produktion.[43]

2. Die inverse Angebotsreaktion

Immer wieder wird die Frage nach dem *inversen Preis-Angebotsverhalten* der Landwirte gestellt. Gibt es Situationen mit einer rückwärts gebogenen Angebotskurve bzw. einer Vergrößerung des Angebotes bei sinkenden Preisen (oder einer Verkleinerung des Angebotes bei steigenden Preisen)?

Die Theorie des inversen Angebotsverhaltens wird auf merkantilistische Wissenschafter zurückgeführt, welche die Auffassung vertraten, tiefgehaltene Löhne würden zu einem größeren Arbeitsangebot führen. Bereits *Adam Smith* und *Alfred Marshall* widersprachen der Idee eines inversen landwirtschaftlichen Angebotsverhaltens.[44] Erneut Nahrung fand das "Gespenst des inversen Angebotsverhaltens" in den Rezessionsjahren der Weltwirtschaftskrise nach 1929, wurde jedoch "als allgemein gültiges Theorem nie bestätigt"[45]. Nach Auffassung von

[41] Vgl. *Finkelshtain* (1991), S. 567; vgl. auch *Arrow* (1970).
[42] Vgl. *Schmitt* (1993), S. 379.
[43] Vgl. *Heidhues* (1977), S. 110 f.
[44] Vgl. *Don Paarlberg* (1988), S. 29 f.
[45] *Rieder* (1979), S. 13.

Don Paarlberg entwickeln erfindungsbegabte Interessenplitiker die Theorie des inversen Angebotsverhaltens immer wieder, um die Regierung zur Stabilisierung der Preise auf einem höheren Niveau als den Gleichgewichtspreisen zu ermuntern. Umgekehrt wird fälschlicherweise argumentiert, die Entwicklungsländer sollten versuchen, die Preise unter die Gleichgewichtspreise zu senken, um die Landwirte zu einem inversen Preis-Angebotsverhalten zu bewegen, d. h. mehr zu produzieren, damit die Erlösausfälle in Folge tiefer Preise kompensiert würden.[46] Die Mehrheit der Ökonomen stellt in empirischen Untersuchungen ein "normales" Preis-Angebotsverhalten der Landwirte fest.[47,48]

Ein *inverses Angebot* zeigt sich nur kurzfristig und in einer beschränkten Zahl von Ausnahmefällen:

- Die traditionellen landwirtschaftlichen Betriebe hatten in früheren Zeiten einen großen Selbstverbrauch und eine ziemlich geringe Marktproduktion. Bei Geldknappheit verringerten sie den Eigenverzehr und vergrößerten das Marktangebot, was einem inversen Angebotsverhalten entsprach. Die europäische Landwirtschaft hat diese Entwicklungsstufe längst verlassen.[49]

- Die modernen, kapitalintensiven Betriebe können vorübergehend ihre Produktion steigern, sofern freie Kapazitäten bestehen. Ein Beispiel sind Milchbauern mit Kapazitätsreserven und mangelnden Produktionsalternativen. Bestehen keine Hofquoten, erhöhen diese selbst bei einem Rückgang der Milchpreise die Milchproduktion, um ihre finanziellen Verpflichtungen erfüllen zu können. Ein anderes Beispiel sind Bauern mit freien Maschinenkapazitäten und verfügbarem Land geringerer Qualität, welches sie bei tieferen Getreidepreisen mangels alternativer Einkommensquellen zusätzlich bewirtschaften.[50]

- Ein inverses Produktions- und Angebotsverhalten kann auch vor der Einführung von Produktionsquoten (Hofquoten) festgestellt werden, wenn sich die Bauern trotz sinkender Preise eine möglichst gute Ausgangslage für die Quotenzuteilung schaffen wollen.

- Umgekehrt kann ein höherer Marktpreis zu einem kurzfristig sinkenden Marktangebot führen. Steigen beispielsweise die Fleischpreise, halten die Landwirte oft Masttiere zurück, um ein größeres Schlachtgewicht zu erreichen, was kurzfristig ein sinkendes Marktangebot bewirkt.

Oft werden die Marktreaktionen der Landwirte auch falsch interpretiert:

- Sinken die Preise in Erwartung einer großen Ernte, könnte ein naiver Marktbeobachter davon ausgehen, daß *dies* die Ursache des steigenden Angebotes ist und sich die Bauern kurzfristig invers verhalten.

---

[46] Vgl. *Don Paarlberg* (1988), S. 29 f.; und *Olson* (1990), S. 8 ff.
[47] Z. B. *Bean, Black, Elliot, Falcon, Farnsworth, Galbraith, Haas, Houthakker, Johnson, Jones, Paarlberg, Schultz, Timmer, Waite, Walsh, Warren und Wells;* vgl. *Don Paarlberg* (1988), S. 28; sowie auch *Priebe* (1970), S. 175.
[48] Vgl. zur Möglichkeit einer inversen Angebotsreaktion auch *Henrichsmeyer* und *Witzke* (1991), S. 262 ff.
[49] Vgl. *Priebe* (1970), S. 174 f.
[50] Die Beispiele stammen aus den USA. Vgl. *Don Paarlberg* (1988), S. 28 f.

- Zu einer Fehlinterpretation der Marktergebnisse führt auch der technische Fortschritt. Bei der Einführung kostengünstigerer Produktionsverfahren steigt das Güterangebot bei sinkenden Produktionskosten. Dies kann ebenfalls zur Vermutung führen, daß sich die Bauern invers verhalten.

D. Die Agrarmärkte

I. Die mehrfach geknickte Preis-Angebotsfunktion

Die landwirtschaftliche Preis-Angebotsfunktion zeigt unterschiedliche Steigungen, je nach der zeitlichen Reichweite der dargestellten Preis-Angebotsrelation[51] (vgl. Abb. 5/12). Die Elastizität des Preis-Angebotsverhaltens steigt mit zunehmender Anpassungsdauer.[52] Mißverständlich ist die Bezeichnung einer nach der zeitlichen Funktion "mehrfach geknickten" Preis-Angebotsfunktion.

Es lassen sich folgende Angebotsreaktionen unterscheiden:

(1.) Die *sehr kurzfristige* Angebotsreaktion, bei welcher das Angebot kaum durch eine Änderung der Produktion beeinflußt wird.
(2.) Die *kurzfristige* Angebotsreaktion, bei welcher für die Landwirte im Rahmen der bestehenden Produktionskapazitäten die Möglichkeit besteht, das Angebot zu beeinflussen.
(3.) Die *langfristige* Angebotsreaktion durch die Schaffung, Erweiterung, Veränderung und Stillegung von Produktionskapazitäten.
(4.) Die *sehr langfristige* Angebotsreaktion, ausgelöst durch den agrarwirtschaftlichen Fortschritt.[53]

II. Die sehr kurzfristige und die kurzfristige Marktreaktion

Sehr kurzfristig wird das Angebot vorwiegend durch saisonale Einflüsse bestimmt. Das Angebot ist unelastisch und die Angebotskurve verläuft steil. Die sehr kurzfristige Preis-Angebotselastizität ist gering (vgl. Abb. 5/12). Die landwirtschaftliche Produktion läßt sich nur in engen Grenzen variieren. Sehr kurzfristig können die heranwachsenden pflanzlichen Produkte etwas länger reifen, stärker bewässert oder sorgfältiger geerntet werden; die Tiere lassen sich etwas länger mästen. Sonne und Regen, Hitze und Kälte führen selbst kurz vor der Ernte zu Abweichungen zwischen den Produktionserwartungen und dem tatsächlichen Angebot. Der bäuerlichen Produktion fehlen oft ökonomisch sinnvolle Reaktionen auf Preisänderungen. Es handelt sich um ein "*Angebot in Fesseln*"[54].

Die *kurzfristigen* Schwankungen der landwirtschaftlichen Märkte sind angebots- *und* nachfragebedingt, wobei die angebotsbedingten Schwankungen überwiegen. Es handelt sich um die Wirkungen pflanzlicher Produktionsschwankungen und tierischer Produktionszyklen bei gegebenen Produktionskapazitäten. Die

[51] Vgl. *Heidhues* (1977), S. 110 f.
[52] Vgl. zu den empirischen Ergebnissen *Marsh* (1994), S. 451 ff.
[53] Vgl. *Plate* und *Böckenhoff* (1984), S. 71 f.
[54] Vgl. *Hanau* (1958), S. 1 ff.

Agrarpreise können kurzfristig erheblich über oder unter jenen längerfristigen Gleichgewichtspreisen liegen, welche langfristig nach einer Veränderung der Kapazitäten zum Tragen kommen. Die kurzfristige Preis-Angebotselastizität ist gering. Kleine Veränderungen der Nachfrage und des Angebots bewirken in der Landwirtschaft oft große Preisänderungen.[55]

Abb. 5/12
Die Preis-Angebotselastizität

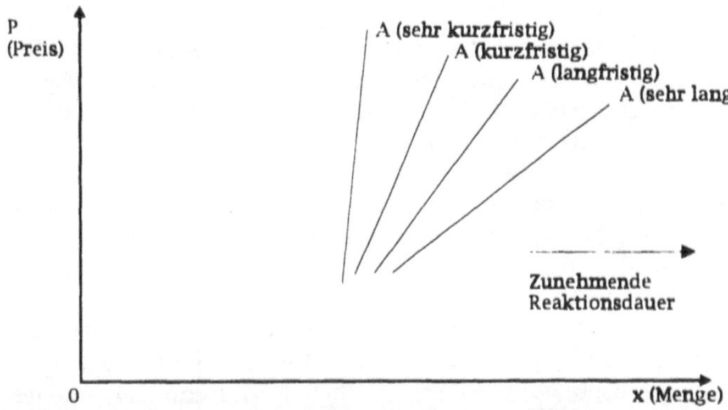

Die kurzfristigen Preisschwankungen bewirken nicht zwangsläufig auch Angebotsreaktionen, welche zu einer kurzfristigen Stabilisierung der Agrarmärkte führen.[56] Zahlreiche *Mechanismen* verbessern jedoch die kurzfristige Instabilität der Agrarmärkte:

- Die *Intensität* der Nutzung der bestehenden Produktionskapazitäten kann variiert werden. Der Einsatz einzelner Produktionsfaktoren wie beispielsweise Arbeit, Kunstdünger, Schädlingsbekämpfungsmittel und Futtermittel läßt sich sinnvollerweise zur Ausschöpfung der Gewinnanreize verändern. Kurzfristige, intensitätsmäßige Mengenvariationen sind möglich.

- Bei einjährigen Kulturen (wie beispielsweise Kartoffeln und Getreide) können *kurzfristig Produktionsentscheide* getroffen werden, woraus sich eine gewisse Preiselastizität des kurzfristigen Angebotes ergibt. Dabei ist eine Einschränkung der Kapazitätsausnutzung meist mit größeren Problemen verbunden als eine größere Intensität der Produktion, weil die Opportunitätskosten einer stärkeren Nutzung der Kapazitäten in der Regel geringer sind als jene einer verminderten Nutzung.[57]

- Die *Preis-Nachfrageelastizität* gleicht einen Teil der Angebotsschwankungen aus. Bei qualitativ hochwertigen, einkommens- und preisnachfrageelastischen Nahrungsmitteln führen *Preissenkungen* zu Nachfragesteigerungen. Dies wirkt

[55] Vgl. *Cochrane* (1976), S. 52.
[56] Vgl. *Müller-Armack* (1948), S. 101.
[57] Vgl. *Heidhues* (1977), S. 110 f.

sich vor allem auf die Nachfrage nach jenen landwirtschaftlichen Erzeugnissen günstig aus, welche sich veredeln lassen (beispielsweise Getreide, Kartoffeln und Milch). Beim Groß- und Einzelhandel führen Preissenkungen für Agrarprodukte immer wieder zu besonderen Marketinganstrengungen (beispielsweise in der Form von Verkaufsaktionen). Dies motiviert die Verbraucher zu Käufen und erhöht die kurzfristige Nachfrage. Umgekehrt führen *Preissteigerungen* zu einer erhöhten Sparsamkeit beim Verbrauch landwirtschaftlicher Erzeugnisse. Die Verbraucher greifen vermehrt auf Grundnahrungsmittel zurück. Die Haushaltsabfälle und die Verarbeitungsverluste sinken. Bei hohen Preisen werden zudem oft auch mehr Lagerbestände angeboten.

- Gute und schlechte Ernten können sich in *größeren Räumen oder internationalen Märkten* besser ausgleichen als in kleinen, binnenwirtschaftlich begrenzten Märkten. Die Pflanzen in unterschiedlichen Klimazonen haben verschiedene Ernteperioden und reagieren unterschiedlich auf Wetterschwankungen wie Trockenheit, Nässe, Hitze und Kälte. Die Diversifikation der Erzeugung und die Klimavielfalt in größeren Räumen verbessern den Ausgleich von guten und schlechten Ernten. Voraussetzung ist ein möglichst freier Agrarhandel, auch zwischen der nördlichen und der südlichen Hemisphäre der Erde.

- Die Erzeugung zahlreicher landwirtschaftlicher Erzeugnisse erfolgt saisonal, der Verbrauch verteilt sich jedoch auf das ganze Jahr. Die Lagerhalter und Verarbeiter wollen die Nachfrage nach Agrargütern möglichst während der ganzen Konsumsaison bzw. des ganzen Jahres aufrechterhalten, um die mögliche Konsumnachfrage auch intersaisonal auszuschöpfen. Sie fragen während der Ernte oder Hauptproduktionszeit Agrargüter nach und bilden Lager. Dieses gewinnorientierte Verhalten führt zur Anpassung von Angebot und Nachfrage im intersaisonalen Verlauf. Das Angebot, die Nachfrage und die Lagerhaltung tendieren auf diese Weise zu einem *natürlichen Gleichgewicht*. Die Preise passen sich an den erwarteten saisonalen Verlauf von Angebot und Nachfrage an.[58]

- Die Möglichkeiten zur *Lagerhaltung, Konservierung und Verarbeitung* haben sich in den vergangenen Jahrzehnten grundlegend verbessert. Durch die modernen Kühltechniken lassen sich selbst rasch verderbliche Güter während langer Zeit lagern. Durch bessere Konservierungstechniken wie beispielsweise das Tiefkühlen können die Verbraucher die Nahrungsmittel während langer Zeit frisch halten. Die Konsumenten treten während der Angebotssaison konzentriert als Nachfrager auf und entlasten die Erzeugermärkte. Moderne Transporttechniken ermöglichen zudem den Transport verderblicher Nahrungsmittel selbst von entfernten Erzeugergebieten in die Konsumzentren.

- Die *moderne Agrartechnik* verringert die Unsicherheit der meisten Ernten erheblich.[59] Die Anwendung verbesserter Pflanzen- und Tierzüchtungen stabilisiert die Produktion. Ähnlich wirken auch chemische Mittel wie beispielsweise Düngemittel, Schädlingsbekämpfungsmittel und Wachstumsregulatoren, deren Umweltwirkungen allerdings problematisch sein können.

[58] Agrarbürokratische Eingriffe in das saisonale Preis- und Mengengefüge stören im allgemeinen dieses Gleichgewicht (vgl. Kapitel 8).
[59] Vgl. *von Dietze* (1967), S. 171.

- Schließlich tragen auch die *landwirtschaftlichen Terminmärkte* unter günstigen Rahmenbedingungen zur Verbesserung der kurzfristigen Stabilität der Agrarmärkte bei.[60] Dies verbessert die natürliche Selbstregulierungsfähigkeit der Agrarmärkte und verhindert einen preislichen Zusammenbruch der Erzeugermärkte in der Hauptsaison.[61] Eine ähnliche Wirkung haben Lieferkontrakte *(forward contracts)* zwischen den landwirtschaftlichen Erzeugern und dem Handel, beispielsweise im Rahmen einer vertikalen Integration von Produktion und Marketing.[62]

Ein Markt*un*gleichgewicht wird damit durch eine Vielzahl von kurzfristig wirksamen marktlichen Anpassungskräften bewältigt. Verbindet sich ein Marktungleichgewicht jedoch mit Über- oder Unterkapazitäten, kommt es zu Instabilitäten, welche auch durch die Stabilisierungskräfte der Märkte nicht mehr bewältigt werden können. Die kurzfristige Fähigkeit der Agrarmärkte zur Selbstregulierung verbessert sich erst nach einer Anpassung der Produktionskapazitäten an die Nachfrage.[63]

III. Die längerfristigen Marktreaktionen

1. Der Gleichgewichtsmechanismus

Bei den *langfristigen* Angebotsreaktionen handelt es sich um eine Veränderung der Produktionskapazitäten. Das Angebot paßt sich der Nachfrage an. Sinken die Erzeugerpreise unter die Gleichgewichtspreise, erfolgt eine Angebotsreaktion, indem Produktionsfaktoren aus der Landwirtschaft abwandern. Lohnende Agrarpreise andererseits locken zusätzliche Produktionsfaktoren an. Der Prozeß der Zu- und Abwanderung hält solange an, bis die Märkte im Gleichgewicht sind.[64] Dieser Gleichgewichtsmechanismus wird als die "unsichtbare Hand" *("invisible hand")* bezeichnet.[65] Marktinhärente Stabilisierungskräfte tendieren laufend dazu, bei einer Veränderung der agrarwirtschaftlichen Daten das Marktgleichgewicht wieder herzustellen.[66]

Dabei bilden die Produktionskosten

> "den festen Boden, auf den die Preise zustreben und auf dem sie verbleiben. Folglich sind die Produktionskosten die 'Ursache' des Preises"[67].

[60] Bisher vor allem in den USA.
[61] Vgl. Kapitel 7.
[62] Vgl. Kapitel 8.
[63] Vgl. *Houthakker* (1965), S. 337; und Kapitel 8.
[64] Diese Feststellung trifft vor allem für die vollerwerblichen Betriebe zu, welche einen Großteil der landwirtschaftlichen Produktion erzeugen. Bei den nebenerwerblichen Betrieben besteht die Nutzenfunktion der landwirtschaftlichen Produktion aus monetären und nichtmonetären Elementen, weshalb die Angebotsreaktionen möglicherweise verschieden von jenen der vollerwerblichen Betriebe sind.
[65] Der Begriff stammt von *Adam Smith*. Den Gegensatz dazu bildet die "sichtbare Hand" ("visible hand") des Staates, beispielsweise durch agrarbürokratische Eingriffe in die Märkte.
[66] Vgl. zur Frage des betrieblichen Optimierungsverhaltens Kapitel 15. Dabei soll vor allem geprüft werden, ob die landwirtschaftlichen Betriebe eine Optimierung des Nutzens, eine Optimierung der Gewinne oder eine Minimierung der Produktionskosten anstreben.
[67] *Frisch* (1989), S. 188.

Welche Produktionsfaktoren zu- oder abwandern, ergibt sich aus deren Grenzkosten und Grenzertrag. Bei den *Grenzkosten* handelt es sich um die Opportunitätskosten (Grenzertrag der Produktionsfaktoren bei der besten alternativen Verwendung),[68] beim *Grenzertrag* um das Wertgrenzprodukt (monetär bewerteter Grenzertrag der Produktionsfaktoren bei der Güterproduktion).

Abb. 5/13
Gleichgewicht und Ungleichgewicht im landwirtschaftlichen Betrieb

Fall A: Preiserhöhung (anhand eines Modell-Betriebstyp)

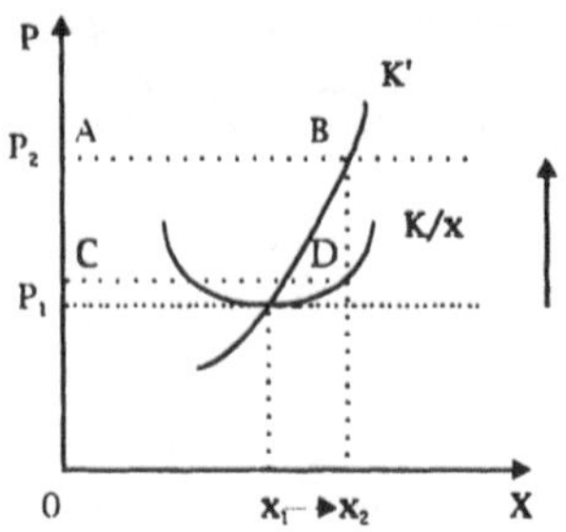

Gewinnsituation durch eine Preiserhöhung von P_1 auf P_2

Fall B: Preissenkung (zwei Modell-Betriebstypen)

Betriebstyp 1 (scheidet langfristig als Vollerwerbsbetrieb aus dem Markt aus)

Betriebstyp 2 (bleibt im Markt)

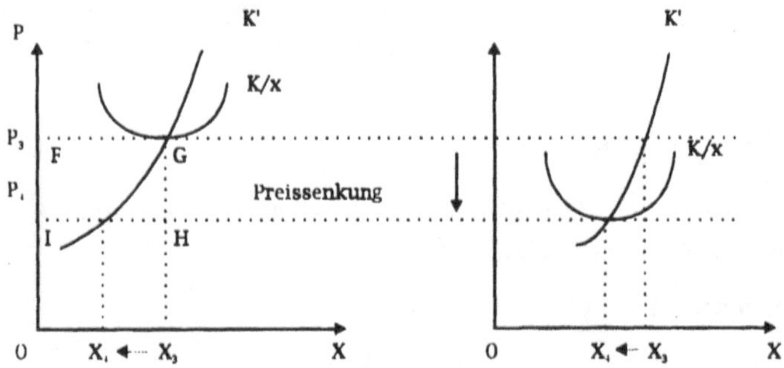

Ist beispielsweise der Grenzertrag des Kapitals größer als die Grenzkosten, wird zusätzliches Kapital in der Landwirtschaft eingesetzt (und umgekehrt). Ist der Grenzertrag der Arbeit kleiner als die Grenzkosten, wird weniger Arbeitskraft eingesetzt (und umgekehrt). Beim relativen Rückgang eines Faktorpreises wird der betreffende Produktionsfaktor unter sonst unveränderten Gegebenheiten vermehrt eingesetzt, bis der Grenzertrag den Grenzkosten entspricht (und um-

[68] Vgl. die nachfolgende Ziffer 2.

gekehrt). Durch die Veränderung des Faktoreinsatzes kann - vor allem bei Kapitalgütern - eine Veränderung der betrieblichen Kapazitäten resultieren. Dies bedeutet in der Regel eine größere Angebotsreaktion und eine höhere Angebotselastizität als bei sehr kurzfristigen oder kurzfristigen Angebotsreaktionen (vgl. Abb. 5/13).

Im Fall A gebe es - als Annahme - in der gesamten Landwirtschaft nur einen Modell-Betriebstyp (Symmetrieannahme). Durch eine Preiserhöhung von P_1 auf P_2 erfolgt bei diesem Betriebstyp eine Erhöhung der angebotenen Menge von X_1 auf X_2 (Abb. 5/13). K' stellt die kurzfristige Grenzkostenkurve und damit die Angebotskurve dar, K/x die Durchschnittskostenkurve. Es kommt zur Gewinnsituation ABCD, indem die Marktpreise über den durchschnittlichen Produktionskosten liegen.

Dieses Gleichgewicht ist kurzfristiger Natur und instabil. Solange der Marktpreis höher ist als das Betriebsoptimum bzw. die tiefstmöglichen Durchschnittskosten, werden neue Anbieter angelockt (nicht eingezeichnet). Das Angebot verschiebt sich langfristig nach rechts. Der Gewinn geht zurück und es kommt zu einem neuen Marktgleichgewicht. Die Produktionsausdehnung führt zu einer Senkung der kurzfristig gestiegenen Preise. Die Betriebe sind im längerfristigen Gleichgewicht, wenn der Marktpreis gleich dem Betriebsoptimum ist, d. h. dem Schnittpunkt zwischen den minimalen betrieblichen Durchschnittskosten und den Grenzkosten entspricht.

Im Fall B gebe es - wiederum als Annahme - die Modell-Betriebstypen 1 und 2. Geht der Marktpreis von P_3 auf P_4 zurück, paßt sich der Betriebstyp 1 kurzfristig entlang der Grenzkostenkurve K' an und es ergibt sich ein Betriebsverlust von FGHI. Das Gesamtangebot auf dem Markt sinkt, bis der Preis wieder auf P_3 gestiegen ist. Beim Betriebstyp 2 liegt das Betriebsoptimum beim tieferen P_4. Dominiert dieser Betriebstyp, erholt sich der Preis nicht mehr. Die Produktion verlagert sich vom Betriebstyp 1 zum Betriebstyp 2 (mit größerer Kapazität und besserer Produktionstechnik). Der Betriebstyp 1 kann versuchen, sich zum Betriebstyp 2 zu wandeln, gibt auf, oder er wird zum Zuerwerbs-, Nebenerwerbs-, Alters- oder Hobbybetrieb.

Ganz allgemein betrachtet kommt es bei einer Änderung der agrarwirtschaftlichen Daten zu Anpassungsreaktionen, bis das Gleichgewicht von Grenzkosten und Grenzerträgen bzw. das Produktionsoptimum wieder erreicht ist.[69] Die betrieblichen Anpassungsmechanismen sind Markteintritte und -austritte sowie Anpassungsreaktionen innerhalb der einzelnen Betriebe.[70]

2. Die Opportunitätskosten

Die *Faktorpreise* der in der Landwirtschaft eingesetzten Produktionsfaktoren werden nach der objektiven Werttheorie durch die Marktpreise bestimmt, nach

[69] Vgl. *Schmitt* (1984), S. 759 ff. und (1990), S. 166 ff.; sowie Kapitel 15.

[70] *Henrichsmeyer* und *Witzke* erwähnen drei einzelbetriebliche Reaktionsmöglichkeiten auf sich verändernde ökonomische Bedingungen: (1.) Veränderungen der Kapazitätsauslastung, (2.) Anpassungen der speziellen Intensität und (3.) Änderungen der Produktionsrichtung. Vgl. *Henrichsmeyer* und *Witzke* (1991), S. 271 ff.

der subjektiven Werttheorie durch persönliche Wertvorstellungen. Die *objektive Werttheorie* ist von Bedeutung bei Faktorleistungen, welche vom Markt gekauft und zu Produktionszwecken eingesetzt werden. Die Marktpreise sind objektiv festzustellen, was die Anwendbarkeit der *objektiven Werttheorie* erklärt. Handelt es sich jedoch um familieneigene Produktionsressourcen (beispielsweise Arbeit, Boden und Kapital), sind auch subjektive Präferenzen für deren Allokation entscheidend, womit die *subjektive Werttheorie* relevant wird. Zudem sind die Opportunitätskosten von Bedeutung, d. h. die Faktorentschädigungen bei der besten alternativen, landwirtschaftlichen oder nichtlandwirtschaftlichen Verwendung außerhalb des Betriebes.[71] Werden neben den marktlichen Opportunitätskosten auch die subjektiven Präferenzen für die eine oder andere Art der Faktorverwendung ins Kalkül gezogen, gelangt man zum Konzept der subjektiven Opportunitätskosten, worunter der monetäre und nichtmonetäre, individuelle Nutzenentgang bei der besten alternativen Handlungsweise bzw. Faktorverwendung zu verstehen ist.

Die Faktorpreise von familieneigenen Produktionsressourcen werden durch Opportunitätskosten im Sinne subjektiver Ansprüche an die Faktorentschädigung geprägt, was unter anderem mit der Theorie der landwirtschaftlichen Haushalte erklärt wird.[72] Bei den subjektiven Opportunitätskosten spielt nicht nur das objektiv feststellbare monetäre Einkommen eine Rolle, sondern auch der Eigenwert der bäuerlichen Tätigkeit. Die berufliche Befriedigung der bäuerlichen Familie als nichtmonetäres Nutzeneinkommen ist Ausdruck subjektiver Wertvorstellungen. Die Nutzenfunktion der landwirtschaftlichen Betriebe enthält nicht nur eine Optimierung der monetären Erträge, sondern auch der individuellen Nutzenfunktion. Unter den individuellen Nutzen fallen die Freude am bäuerlichen Beruf, eine gewisse Selbständigkeit und möglicherweise der Genuß der ländlichen Lebensatmosphäre.

Gerät ein landwirtschaftlicher Betrieb allerdings unter starken Einkommens- und Existenzdruck, kann die Optimierung des monetären Erfolges zur ökonomischen Überlebensfrage werden. Vorerst besteht ggf. die Möglichkeit, die finanziellen Lebensansprüche des bäuerlichen Haushalts zu senken. Des weiteren ist auch eine außerlandwirtschaftliche Tätigkeit denkbar, verbunden mit dem Übergang von einem Vollerwerbsbetrieb zu einem Zuerwerbs-, Nebenerwerbs-, Alters- oder Hobbybetrieb. Auf diese Weise bleibt der subjektive Nutzen einer bäuerlichen Tätigkeit in einer ländlichen Umwelt erhalten.

Zur Illustration dieser Zusammenhänge sollen vier Beispiele betrachtet werden:[73]

(1.) Hat ein junger Bauer Freude an der bäuerlichen Tätigkeit und sieht er Entwicklungschancen für den Betrieb, wird er sicherlich weiterhin in der Landwirtschaft tätig bleiben.

---

[71] Vgl. *Schmitt* (1993), S. 397.
[72] Vgl. *Schmitt* (1990), S. 180.
[73] Vgl. auch Kapitel 15.

(2.) Hat ein junger Bauer Chancen für einen größeren finanziellen Erfolg außerhalb der Landwirtschaft und keine besonderen Präferenzen für eine Tätigkeit als Landwirt, wird er aus der Landwirtschaft ausscheiden.

(3.) Ist das landwirtschaftliche Einkommen für einen Bauern nicht ausreichend, aber die bäuerliche Tätigkeit mit einem subjektivem Nutzen verbunden, wird er die Umstellung auf einen Zuerwerbs-, Nebenerwerbs- oder Hobbybetrieb prüfen, sofern außerlandwirtschaftliche Erwerbsmöglichkeiten vorhanden sind.

(4.) Hat ein älterer Bauer keinen Hofnachfolger, aber Freude am bäuerlichen Leben, wird er in der Landwirtschaft bleiben, selbst wenn das landwirtschaftliche Einkommen gering ist.

Mit diesen Beispielen wird deutlich, daß sich die landwirtschaftlichen Nutzenansprüche stark an den Maßstäben der subjektiven Werttheorie orientieren. Deshalb können die Marktpreise für landwirtschaftliche Erzeugnisse bei ausgeprägten Präferenzen für die Landwirtschaft unter jenes Niveau sinken, welches sich nach den Maßstäben der objektiven Werttheorie bei einer marktgerechten, außerlandwirtschaftlichen Entschädigung der eingesetzten Produktionsfaktoren ergibt.

Der Eigenwert der landwirtschaftlichen Tätigkeit führt außerdem zu trägen Anpassungsreaktionen:

> "Das Aufwachsen in bestimmter Umgebung, auf einem bestimmten Hof und in einer bestimmten Gegend (erzeugt) Gefühlswerte ... , eine Anhänglichkeit an die Scholle, wie man sagt. Das ist nichts Mythisches, sondern die Liebe zum Beruf und das Haften am gewohnten, sozialen Milieu, die ja nicht nur in der Landwirtschaft, sondern auch sonst vorhanden sind".[74]

Sinken die Marktpreise für die landwirtschaftlichen Erzeugnisse allerdings dauerhaft unter die subjektiven Opportunitätskosten bzw. jenes Niveau, welches selbst bei großen Präferenzen für die landwirtschaftliche Tätigkeit nicht mehr als ausreichend empfunden wird, steht einer beruflichen Veränderung in der Regel nichts mehr im Wege. Die Landwirtschaft tendiert langfristig dazu, nur so viele Güter anzubieten, als Erträge zur Deckung der subjektiven Opportunitätskosten der Produktionsfaktoren erforderlich sind.

3. Die irreversiblen Kosten bzw. die "sunk costs"

Bodengebundene landwirtschaftliche Investitionen sind weitgehend *irreversibel*, d. h. sie lassen sich kaum mehr rückgängig machen.[75] Dies trifft zum Teil auch für das investierte Kapital in Maschinen und Geräten zu, welches durch den agrartechnischen Fortschritt rasch veraltet und an Wert verliert. Die Kosten irreversibler Investitionen "versinken" (sunk costs), sofern sie nicht über die Preise für landwirtschaftliche Erzeugnisse aus dem Markt „herausgeholt" werden können. Bei sunk costs handelt es sich um Aufwendungen, für deren Abschrei-

---

[74] *Niehaus* (1957), S. 292.
[75] Vgl. auch Kapitel 16.

bung und Verzinsung die Preise für landwirtschaftliche Erzeugnisse nicht genügen.

Sind die landwirtschaftlichen Märkte gesättigt und durch Überkapazitäten geprägt, reichen die Erzeugerpreise meist nicht aus, um die irreversiblen Investitionen abzuschreiben und zu verzinsen. Die dabei entstehenden "sunk costs" sind die Folge von Überkapazitäten, zu deren Ursachen nicht zuletzt auch die agrarwirtschaftlichen Fortschritte zählen.

Die sunk costs bilden je nach der Höhe der Überkapazitäten nicht nur eine starke Markteintrittsschranke, sondern auch eine Marktaustrittsschranke. Dies führt dazu, daß die Agrarpreise dauerhaft unter den langfristigen Gleichgewichtspreisen liegen können, was den marktlichen Gleichgewichtsmechanismus beeinträchtigt. Spürbar wird dies vor allem bei einem großen Anteil an (langfristig auslaufenden) landwirtschaftlichen Grenzbetrieben, welche mit großen irreversiblen Kapazitäten bzw. hohen sunk costs arbeiten.[76] Diese produzieren mit geringen Opportunitätskosten selbst dann weiter, wenn die landwirtschaftlichen Einkommen erheblich unter den vergleichbaren außerlandwirtschaftlichen Einkommen liegen, so daß die marktlichen Anpassungen stark verzögert werden.

4. Der Schweinezyklus

Die kurzfristig schwankenden Agrarpreise können sich auch auf die landwirtschaftliche Faktorallokation übertragen. Das Phänomen der längerfristigen Instabilität der Agrarmärkte wird theoretisch mit dem *Cobweb-Theorem* (sog. *Spinngewebe-Modell* oder *Schweinezyklus*) erklärt. Der Schweinezyklus wurde in den 1920er Jahren von *Arthur Hanau*[77] empirisch beobachtet und analysiert. Es geht um das Muster volatiler Preisbewegungen,[78] welches sich auch mit dem Phänomen der Agrarkonjunkturen verbindet.

Beim Modell des Schweinezyklus reagiert die Nachfrage sofort auf Preisänderungen, das Angebot jedoch mit einer zeitlichen Verzögerung. Die Produktionsentscheidungen für die nächste Periode werden aufgrund des Preises der aktuellen Periode getroffen. Der erwartete Preis für die nächste Periode (p,t-1) entspricht jenem der aktuellen Periode (P,t):

$$(10) \qquad \begin{aligned} X_{D,t} &= X_{D,t\,(p,t)} \\ X_{S,t} &= X_{S,t\,(p,t-1)}\,. \end{aligned}$$

Es bedeuten:

$X_{D,t}$ die Nachfrage in der laufenden Periode
$X_{S,t}$ das Angebot in der laufenden Periode.

Je nach der Preiselastizität des Angebotes und der Nachfrage ergeben sich bei dieser Modellkonstruktion die folgenden *typischen Preisbewegungen:*

---

[76] Vgl. *Fernandez-Cornejo et al.* (1992), S. 333.
[77] Vgl. *Hanau* (1927), sowie *Hanau* und *Jasny* (1930).
[78] Vgl. *Ezekiel* (1937/38), S. 255 ff.

- Ist die Nachfrage *preiselastischer* als das Angebot, führt eine Nachfrageerhöhung in der laufenden Periode zu einer Preiserhöhung und in der nächsten Periode zu einer Angebotserhöhung. Die Preiserhöhung bringt eine Einschränkung der Nachfrage und läßt die Preise sinken. Dies induziert ein geringeres Angebot und eine Preiserhöhung, weil die Nachfrage größer ist als das Angebot.

Der Anpassungsprozeß läuft, bis ein stabiles Gleichgewicht erreicht ist. Ist die Nachfrage *preisunelastischer* als das Angebot, verläuft die Preisbewegung im Extremfall explosiv. Sind Angebot und Nachfrage *analog* preiselastisch bzw. preisunelastisch, kommt es zu bleibenden, gleichlaufenden Schwingungen.

In Verbindung mit der geringen Preis-Nachfrageelastizität nach Agrargütern kann es bei zyklischen Angebotsänderungen zu starken Preisausschlägen kommen. Die Preise können kurzfristig sehr hoch sein und längerfristig ein zu großes Angebot induzieren. Später erfolgt ein Verfall der Preise und ein starker Abbau von Kapazitäten. Der Zyklus beginnt erneut.

Zyklische Preisbewegungen können über lange Perioden hinweg dauern, bis sich das Angebot und die Nachfrage schließlich wieder ausgleichen. Die relativ langzyklischen Produktionsschwankungen werden ggf. von guten und schlechten Witterungsbedingungen überlagert, was sich dämpfend oder steigernd auf die Angebotsmengen auswirkt.

Interessant sind die typischen *Schweine-, Rinder- und Eierzyklen* nach dem zweiten Weltkrieg.[79] Der typische Schweinezyklus liegt bei etwa drei Jahren mit einem preislichen Auf- und Abschwungprozeß von je fünfzehn bis achtzehn Monaten. Dieser wird durch eine Nachfrage- und Preiserhöhung in Gang gesetzt. Die Zyklizität wird durch den Zeitbedarf von der Preiserhöhung bis zur Schlachtreife der nachkommenden Generation von Tieren geprägt. Bei Preiserhöhungen werden in der Regel vorerst weniger Schweine angeboten, weil Masttiere als Zuchttiere nachgezogen werden. Zudem werden die vorhandenen Mastschweine bei höheren Preisen etwas länger gemästet, was das Angebot kurzfristig ebenfalls etwas reduziert und zu einer Verstärkung der Preissteigerung führt.

Erst bei einem vermehrten Angebot an Schlachtschweinen beginnen die Schweinepreise zu sinken. Es kommt zu Umkehrreaktionen, bei welchen der Bestand an Zuchtschweinen gesenkt wird und Mastschweine weniger stark gemästet bzw. früher geschlachtet werden. Die Preise sinken weiter, es werden weniger Ferkel gezüchtet und später beginnt nach dem gleichen Muster wieder ein Aufschwungzyklus.

Schweinezyklen bzw. Cobweb-Phänome können auch bei einem vorübergehenden, scharfen *Nachfragerückgang* auftreten. Ein landwirtschaftlicher Markt kann bei einer Änderung der Käuferpräferenzen, bei Nahrungsmittelskandalen, einem längerdauernden Käuferstreik oder einem Abbau von marktstabilisierenden Maßnahmen[80] zusammenbrechen. Je preisunelastischer die Nachfrage ist, desto stärker ist der Preisverfall. Es kommt zur Vernichtung landwirtschaftli-

[79] Vgl. *Plate* (1965), S. 26 ff.
[80] Z. B. dem Abbau von Exportsubventionen.

cher Kapazitäten, welche bei einem späteren Preisanstieg wieder aufgebaut werden. Dabei steigen die Preise und liegen schließlich bei den Grenzkosten für die Wiederbeschaffung der Kapazitäten, d. h. möglicherweise über jenen vor dem Preiscrash.

Die Zyklizität des Angebots steht in einem Zusammenhang mit der Erwartungsbildung der Landwirte. Der Schweinezyklus in der skizzierten Art setzt

> " ... eine extreme, heute eigentlich undenkbare Naivität der Produzenten voraus... . Diese begehen ja immer wieder dieselben Preiserwartungsfehler, ohne daraus zu lernen".[81]

Tatsächlich bilden sich die Landwirte ihre Erwartungen aufgrund historischer Erfahrungen und zukunftsbezogener agrarwirtschaftlicher Überlegungen. Vor allem bei starken Preisbewegungen müssen die Erwartungen über die kurzfristige Preisentwicklung hinausgehen, was große Anforderungen an die Erwartungsbildung stellt. Es genügt nicht, in den Durchschnittspreisen vergangener Jahre zu denken.[82]

Ein gutes Beispiel für ein solches Denken sind die Pachtzinsen, welche stets für einige Zeit im voraus und oft für viele Jahre als gleichbleibender Betrag fixiert werden.[83] Die Bauern werden im Verlauf der Zeit "klüger" und entwickeln Ansätze verstetigter Erwartungen. Nur wenn die Preise gewisse Reaktionsschwellen überschreiten und längerfristige Überschüsse oder Knappheiten signalisieren, kommt es zu nachhaltigen landwirtschaftlichen Anpassungsreaktionen. Diese dauern so lange, bis sich die Preise wieder innerhalb eines von den Anbietern als wünschenswert betrachteten Preisbandes bewegen.

Werden die Angebotszyklen auf diese Weise nur bei Über- oder Unterschreiten kritischer Preisspannen ausgelöst, sind sie weniger ausgeprägt als bei einer Erwartungsbildung aufgrund kurzfristiger Marktpreise. Dies trägt zur Stabilisierung des landwirtschaftlichen Angebots- und Investitionsverhaltens bei und verbessert die langfristige Anpassung von Angebot und Nachfrage. Zyklische Prozesse lassen sich nicht restlos bannen, werden aber durch eine langfristige Erwartungshaltung der Landwirte gedämpft, was die marktlichen Fehlsteuerungen vermindert.

Die Gefahr des Auftretens von Produktionszyklen besteht vor allem bei kleinen, mengenmäßig begrenzten Märkten und einer Produktion mit einer ausgesprochen großen Zeitdauer zwischen den preislichen Impulsen und einer Veränderung des Marktangebotes.[84] Geringer ist die Gefahr von Produktionszyklen in großen Agrarräumen mit unterschiedlichen Produktionsbedingungen, einem intensiven Agraraußenhandel und nichtzyklischen Preisschwankungen. Unter solchen Umständen ist es vielfach kaum möglich, Produktionszyklen modelltheoretisch nachzuzeichnen und vorauszusagen. Oft ist es besser, von Zufalls-

---

[81] *Gärtner* (1992), S. 83.
[82] Vgl. *von Thünen* (1826/1951), S. 261 f.
[83] Vgl. *Ricardo* (1815/1905), S. 51.
[84] So dauert es beispielsweise fünf Jahre bis zur vollen Produktionasfähigkeit von Kaffeepflanzen.

schwankungen bei den Preisen und Mengen im Sinne von stochastischen Prozessen auszugehen. In den *USA* erfreuen sich auch chaostheoretische Ansätze einer gewissen Beliebtheit.[85]

IV. Die sehr langfristigen Marktreaktionen

1. Der agrartechnologische Wandel

Die *sehr langfristige* Entwicklung des landwirtschaftlichen Angebotes steht in einem engem Zusammenhang mit dem agrarwirtschaftlichen Fortschritt, welcher maßgeblich zum Wachstum der landwirtschaftlichen Produktion beiträgt.[86] Dies ist eine wesentliche Ursache für die auch sehr langfristig instabilen Agrarmärkte.

Steigt die landwirtschaftliche Produktion als Folge des landwirtschaftlichen Fortschritts, kommt es bei gesättigten Märkten zu sinkenden Preisen. Damit wird die Preis-Nachfrageelastizität geringer und die Fähigkeit der Märkte zur Selbststabilisierung kleiner. Kumuliert sich der agrarwirtschaftliche Fortschritt mit anderen Instabilitäten wie Saisonspitzen, Produktionsschwankungen, Produktionszyklen und gesättigten Märkten, besteht die Gefahr eines Markt- bzw. Preiszusammenbruchs.

Kann die Landwirtschaft die Konsequenzen des agrartechnologischen Wandels aus eigenen Kräften bewältigen? Es ist davon auszugehen, daß dieser Wandel exogener *und* endogener Natur ist.[87] Der exogene agrartechnologische Wandel besteht aus Innovationen, welche außerhalb der Landwirtschaft entstehen und quasi branchenunabhängig umgesetzt werden können. Dieser Bereich entzieht sich den marktlichen Gleichgewichtsmechanismen der Landwirtschaft.

Der endogene agrartechnologische Wandel dagegen stellt eine sehr langfristige Marktreaktion dar, indem je nach den preisinduzierten Gewinnanreizen die Erforschung neuer Produkte und Produktionsverfahren ausgelöst wird.[88] Ein Stabilisierungeffekt besteht darin, daß es bei gesättigten, wenig profitablen Märkten weniger Gewinnanreize zur Erforschung neuer Produkte und Produktionsverfahren als bei ungesättigten Märkten mit einem großem Gewinnpotential gibt (und umgekehrt). Dies führt sehr langfristig zu gleichgewichtsorientierten Angebotsreaktionen.

Es darf nicht unterschätzt werden, daß stets ein Gewinnanreiz zur Erforschung kostensparender Innovationen besteht, was bei deren Umsetzung vorerst oft zu Überkapazitäten sowie Markt- und Preiseinbrüchen führen kann. Hinzu kommen die trägen Anpassungsreaktionen der landwirtschaftlichen Produktion. Ein guter Anpassungsmechanismus zur Bewältigung des agrartechnischen Wandels ist der spontane, natürliche Strukturwandel im Rahmen der bäuerlichen Generationenfolge. Betriebe mit ungenügenden Einkommen scheiden beim Generationenwechsel oft als Vollerwerbsbetriebe aus. Dieser Mechanismus führt zur

[85] Vgl. *Chavas* und *Holt* (991), S. 819 ff.; sowie ausführlich *Streips* (1995), S. 1402 f.
[86] Vgl. ausführlich Kapitel 17.
[87] Vgl. Kapitel 17.
[88] Vgl. *Thiede* (1978), S. 225 ff.

Bewältigung der sehr langfristigen Anpassungserfordernisse und strukturellen Selbstoptimierung der Landwirtschaft.[89] Erforderlich sind frühzeitige Markt- und Preissignale. Wird dieser Anpassungsprozeß künstlich verzögert, kommt es zu Überkapazitäten, welche die Fähigkeit der Landwirtschaft zur strukturellen Selbstoptimierung schmälern und oft zu Anpassungskrisen führen.[90]

2. Sehr langfristige Klimaänderungen, rasche Bevölkerungsveränderungen und evolutionäre Prozesse

Sehr langfristige Klimaverschiebungen der Erde ereignen sich seit Millionen von Jahren. Typisch für Europa sind die Eis- und Zwischeneiszeiten. Diese schaffen durch die Erosion des Gesteins die natürlichen Voraussetzungen zur Agrarproduktion und lassen diese durch die Vereisung auch wieder verschwinden. Die Vegetation ist das Ergebnis evolutionärer Anpassungsprozesse an die natürlichen Produktionsbedingungen.[91] Klimaverschlechterungen erzeugen eine Versteppung ursprünglich fruchtbarer Agrargebiete und lassen die Nahrungsmittelproduktion zusammenbrechen.

Sehr langfristige klimatische Änderungen bewirkt auch der weltweite *Treibhauseffekt*, verursacht durch die erhebliche Immission von Schadstoffen. Dies kann sowohl zu einer Zunahme der Agrarproduktion (wie beispielsweise in *Finnland, Schweden, Norwegen* und im früheren *Rußland)* als auch zum Rückgang der Agrarproduktion durch Wassermangel (wie beispielsweise in *Afrika*) führen.[92] Noch wenig voraussehbar sind die Auswirkungen des *Ozonabbaus* in der Atmosphäre. Es kommt zu weltweiten Klimaturbulenzen, welche die klimatischen Veränderungen verstärken, abschwächen oder unberechenbar gestalten.

Sehr langfristige Instabilitäten bringen auch hohe und sich ändernde Wachstumsraten der *Bevölkerung*. Steigende Wachstumsraten der Bevölkerung vor allem in den Entwicklungsländern bewirken meist eine Nahrungsmittelknappheit und Hunger, sinkende Wachstumsraten hingegen, wie in den Industrieländern, Nahrungsmittelüberschüsse. Die Bewältigung solcher Veränderungen in der einen oder anderen Richtung erfordert in der Regel Jahrzehnte.

Der Mensch lernt in Phasen der Knappheit, ökologische Nischen für die landwirtschaftliche Produktion zu suchen und zu schaffen, die Produktivität der Agrarproduktion zu steigern, natürliche Produktionshemmnisse abzubauen und ökonomisch effiziente Institutionen[93] zu entwickeln. Es handelt sich um *Prozesse der biologischen und der gesellschaftlichen Evolution.*[94] Das Wechselspiel zwischen der Agrarwirtschaft und der Natur zeigt einerseits Erschöpfungssymptome und Produktionsgrenzen, andererseits aber auch Ansätze für die Schaffung neuer menschlicher Lebensräume im Sinne ökologischer Nischen.

---

[89] Vgl. Kapitel 15.
[90] Vgl. Kapitel 8 und 15 ff.
[91] Vgl. *Brunnert* und *Weigel* (1995), S. 642.
[92] Vgl. *Adams* (1989), S. 1274 f.
[93] Wie beispielsweise spezifizierte Eigentumsrechte (vgl. Kapitel 12).
[94] Vgl. *Boulding* (1981), S. 791 ff.

Die Geschichte der Landwirtschaft ist damit gleichzeitig auch die Geschichte des weiten Feldes der biologischen Evolution.[95] Die Agrartheorie ist nicht nur ein Teil der ökonomischen Theorie, sondern auch ein Teil der Theorie der ökologischen Prozesse und Entwicklungen. Die Konsequenzen agrarwirtschaftlicher Eingriffe in die Natur sind oft weit entfernt von den erwarteten Wirkungen.[96] Leider gelingt es noch nicht, die ökonomische Gleichgewichtstheorie auch auf die ökologischen Prozesse und die Ordnungstheorie auf die Ordnung der Natur zu übertragen.

Literaturangaben zu Kapitel 5:

Adams, Richard M. (1989), Global Climate Change and Agriculture: An Economic Perspective. In: American Journal of Agricultural Economics. Vol. 71, No. 5, December, S. 1274 f.

von Alvensleben, Reimar (1995), Die Imageprobleme bei Fleisch - Ursachen und Konsequenzen. In: Berichte über Landwirtschaft. Band 73 (1), Münster-Hiltrup, S. 65-82.

Antle, John M. (1984), The Structure of U.S. Agricultural Technology, 1910-78. In: American Journal of Agricultural Economics. Vol. 66, Nr. 4, November, S. 414-421.

Arrow, Kenneth J. (1970), Aspects of the Theory of Risk Bearing, Essays in the Theory of Risk Bearing. Amsterdam: North-Holland Publishing Co.

Ball, V. Eldon, Bureau, Jean-Christophe, Nehring, Richardo, and Somwaru Agapi, Agricultural Productivity. In: American Journal of Agricultural Economics, Vol. 79, Nr. 4, November 1997, S. 1045-1063.

Baumol, William J., Panzar, John C., and Willig Robert D. (1988), Contestable Markets and the Theory of Industry Structure, Revised Edition, San Diego/New York/Chicago.

Boulding, Kenneth E. (1981), Agricultural Economics in an Evolutionary Perspective. In: American Journal of Agricultural Economics, Vol. 63, Nr. 5, December, S. 790-795.

Brandow, George E. (1961), Interrelations among Demands for Farm Products and Implications for Control of Market Supply, Bulletin 680, Pennsylvania Agriculture Experiment Station, August.

Brunnert, Hans und Weigel, Hans-Joachim (1995), Der CO_2-Anstieg in der Atmosphäre - Fluch oder Segen für die Landwirtschaft? In: Berichte über Landwirtschaft, Bd. 73 (4), November, Münster-Hiltrup, S. 642-668.

Chambers, Robert G., and Lichtenberg, Erik (1996), A Nonparametric Approach to the von Liebig-Paris Technology. In: American Journal of Agricultural Economics, Vol. 78, Nr. 2, May, S. 373-386.

Chavas, Jean-Paul, and Holt, Matthew T. (1991), On Nonlinear Dynamics: The Case of the Pork Cycle. In: Journal of Agricultural Economics, Vol. 73, Nr. 3, August, S. 819-828.

Cochrane, Willard W. (1976), Farm Prices. Myth and Reality, Minneapolis.

Ders. (1979), The Development of American Agriculture: A History Analysis, Minneapolis: University of Minnesota Press.

[95] Vgl. *Boulding* (1981), S. 792 ff.
[96] Vgl. *Boulding* (1981), S. 795.

von Dietze, Constantin (1967), Grundzüge der Agrarpolitik, Hamburg und Berlin.

Engel, Ernst (1857/1895), Die Productions- und Consumtionsverhältnisse des Königreichs Sachsen, Zeitschrift des Statistischen Bureaus des Königlich Sächsischen Ministeriums des Inneren, No 8 und 9, Leipzig November 1857; wiederabgedruckt in: E. Engel, Die Lebenskosten belgischer Arbeiter früher und jetzt, Dresden 1895.

Ezekiel, Mordecai (1937/38), The Cobweb Theorem. The Quarterly Journal of Economics. Cambridge Mass., Bd. 52, S. 255-280.

Fernandez-Cornejo, J., Gempesaw II, C.M, Elterich, J.G. und Stefanou, S.E. (1992), Dynamic Measures of Scope and Scale Economies: An Application to German Agriculture. In: American Journal of Agricultur Economics. Vol. 74, Nr. 2, May, S. 329-342.

Finkelshtain, Israel und Chalfant, James A. (1991), Marketed Surplus Under Risk: Do Peasants Agree with Sandmo? In: American Journal of Agricultural Economics, Vol. 73, Nr. 3, August, S. 557-567.

Frank, Robert H. (1997), Microeconomics and Behavior, New York, 3. Aufl.

Frisch, Ragnar (1989), Vom utopischen Ansatz zu praktischen Anwendungen: das Beispiel Ökonometrie. In: Recktenwald, Horst Claus (Hrsg.), Die Nobelpreisträger der ökonomischen Wissenschaft, Düsseldorf, S. 177-219.

Galbraith, John Kenneth (1973), Economics and the Public Purpose, Boston.

Gans, Oskar, und Schiller, Annette (1996), Allokationstheoretische Betrachtung von sektoralem Strukturwandel. In. WiSt, Wirtschaftswissenschaftliches Studium, Zeitschrift für Ausbildung und Hochschulkontakt, 25. Jg., Heft 1, Januar 1996 (1/1996), S. 8-14.

Gao, X.M, Wailes, Eric J., and Cramer, Gail L. (1997), A Microeconometric Analysis of Consumer Taste Determination and Tast Change of Beef. In: American Journal of Agricultural Economics, Vol. 79, Nr. 2, May, S. 573-582.

Gärtner, Manfred (1992), Schweine an die Börse! Ein Weg zu konstanteren und höheren Bauerneinkommen. In: NZZ, Nr. 224, 1992, Bl. 83.

Hanau, Arthur (1927), Die Prognose der Schweinepreise. In: Vierteljahreshefte zur Konjunkturforschung, Berlin, Sonderheft 2.

Ders. und Jasny, N. (1930), Die Märkte der wichtigsten landwirtschaftlichen Produkte. In: Handbuch der Landwirtschaft, Bd. I, Berlin.

Ders. (1958), Die Stellung der Landwirtschaft in der Sozialen Marktwirtschaft. In: Agrarwirtschaft, Hannover (7), S. 1-15.

Hayes, Dermot J., Wahl, Thomas I., and Williams, Gary W. (1990), Testing Restrictions on a Model of Japanese Meat Demand. In: American Journal of Agricultural Economics. Vol. 72, Nr. 3. August, S. 556-566.

Heidhues, Theodor (1977), Artikel "Agrarpolitik", I: Preis- und Einkommenspolitik. In: Handbuch der Wirtschaftswissenschaften (HdWW), Bd. 1, Stuttgart und New York, S. 107-128.

Henrichsmeyer, Wilhelm, und Witzke, Heinz Peter (1991), Agrarpolitik Band 1, Agrarökonomische Grundlagen, Stuttgart.

Houthakker, H.S. (1965), Flächensubventionen - Ein Schritt zur Lösung des Agrarproblems? In: Agrarwirtschaft, Heft 8, vom August, Jahrgang 14, Hannover, S. 337-339.

Jorgenson, Dale W., and Gollop, Frank M. (1992), Productivity Growth in U.S. Agriculture: A Postwar Perspective. In: American Journal of Agricultural Economics, Vol. 74, Nr. 3, August, S. 745-750.

Kinnucan, Henry W., Xiao, Hui, Hsia, Chung-Jen, und Jackson, John D. (1997), Effects of Health Information and Generic Advertising on U.S. Meat Demand. In: American Journal of Agricultural Economics, Vol. 79, Nr. 1, Februar, S. 13-23.

Koester, Ulrich (1981), Grundzüge der landwirtschaftlichen Marktlehre, München.

Kuhlmann, Friedrich und Frick, Klaus Franz (1995), Das Ertragsgesetz und das Minimumgesetz: eine produktionstheoretische Analyse. In: Berichte über Landwirtschaft. Zeitschrift für Agrarpolitik und Landwirtschaft, Bd. 73 (4), Münster-Hiltrup, S. 591-623.

Marsh, John M. (1994), Estimating Intertemporal Supply Response in the Fed Beef Market. In: American Journal of Agricultural Economics, Vol. 76, Nr. 4, August, S. 444-453.

Michalek, J. (1990), Methoden der Messung des technischen Fortschritts in der Landwirtschaft. In: Technischer Fortschritt in der Landwirtschaft - Tendenzen, Auswirkungen, Beeinflussung - . In: Schriften der Gesellschaft für Wirtschafts- und Sozialwissenschaften des Landbaues e.V., Band 26, Münster-Hiltrup, S. 119-144.

Müller-Armack (1948), Alfred, Wirtschaftslenkung und Marktwirtschaft, Hamburg.

Niehaus, Heinrich (1957), Leitbilder der Wirtschafts- und Agrarpolitik in der modernen Gesellschaft, Stuttgart.

Olson, Mancur (1990), Agricultural Exploitation and Subsidization. There Is An Explanation. In: Choice, The Magazine of Food, Farm, and Resource Issues, Fourth Quarter, Herndon/U.S.A., S. 8-11.

Ott, Alfred E. (1986), Grundzüge der Preistheorie, 1972 (3. Aufl., Göttingen 1986), S. 32-146.

Paarlberg, Don (1988), The Backward-Bending Supply Curve: A Myth That Persists. In: Choices, The Magazine of Food, Farm, and Resource Issues. First Quarter, Herndon, S. 29 f.

Plate, Roderich (1965), Zyklische Angebots- und Preisschwankungen bei landwirtschaftlichen Produkten. Auswirkungen, Ursachen und Gegenmittel. In: Hohenheimer Hochschultag 1964, Stuttgart 1965, S. 26 ff.

Ders. und Böckenhoff, Ernst (1984), Grundlagen der Agrarmarktpolitik, München.

Priebe, Hermann (1970), Landwirtschaft in der Welt von morgen, Düsseldorf und Wien.

Ricardo, David (1822/1905), Zollschutz zugunsten der Landwirtschaft, London 1822. Übersetzt von E. Leser, Jena 1905.

Ders. (1815/1905), Essay on the Influence of a Low Corn Price of the Profits of Stock, London 1815. Deutsch: Schriften über Getreidezölle, Aus dem englischen Original ins Deutsche übertragen und eingeleitet von E. Leser, Jena 1905.

Rieder, Peter (1979), Flexiblere Preispolitik und Flächenbeiträge. In: Landwirtschaftlicher Informationsdienst (LID), Nr. 151, 28.6.1979.

Schmitt, Günther und Tangermann, Stephan (1984), Zur Auswirkung der Agrarpreisstützung auf die landwirtschaftlichen Einkommen. In: Schriften der Gesellschaft für Wirtschafts- und Sozialwissenschaften des Landbaues e.V., Bd. 21, Münster-Hiltrup, S. 759-793.

Schmitt, Günther (1990), Zum Problem der Mindest-Betriebsgröße in der Landwirtschaft. In: Berichte über Landwirtschaft. Bd. 68, Hamburg und Berlin, Juni, S. 161-183.

Ders. (1993), Haushalts- und Betriebsgrößen in der Landwirtschaft. In: Berichte über Landwirtschaft, Band 71 (3), September, Hamburg und Berlin, S. 377-398.

Schumpeter, Joseph A. (1911/1993), Theorie der wirtschaftlichen Entwicklung: Eine Untersuchung über Unternehmungsgewinn, Kapital, Kredit, Zins und dem Konjunkturzyklus, 8. Aufl., Berlin 1993 (1. Auflage 1911).

Ders., (1965), Geschichte der ökonomischen Analyse, 2 Bände, Göttingen.

Solow, Robert M. (1957), Technical Change and the Aggregate Production Function. In: Review of Econometrics and Statistics, August, S. 312-320.

Stigler, George J. (1947), Notes on the History of the Giffen Paradoxon. In: The Journal of Political Economy, Vol. LV, S. 152-156.

Streips, Marcus A. (1995), The Problem of the Persistent Hog Price Cycle: A Chaotic Solution. In: American Journal of Agricultural Economics. Vol. 77, Nr. 5, December, S. 1397-1403.

Teuteberg Hans J., Der Verzehr von Nahrungsmitteln in Deutschland pro Kopf und Jahr seit Beginn der Industrialisierung (1850-1975). Versuch einer Langzeitanalyse. In: Studien zur Geschichte des Alltags, Band 6, hrsg. von Hans J. Teuteberg und Peter Borscheid, Münster 1986, S. 225-279.

Thiede, Günther (1978), Agrarpolitisches Langzeitprogramm unter Berücksichtigung der wissenschaftlich-technischen Fortschritte. In: Agrarwirtschaft, Heft 8/August 1978, 27. Jg., Hannover, S. 225-234.

von Thünen, Johann Heinrich (1826/1951), (1842/1951), (1863/1951), Der isolierte Staat in Beziehung auf Landwirtschaft und Nationalökonomie oder Untersuchungen über den Einfluß, den die Getreidepreise, der Reichtum des Bodens und die Abgaben auf den Ackerbau ausüben, 1. Band, Hamburg 1826. 2. Band 1842, 3. Band 1863. In: Ausgewählte Texte von Walter Brauer, Meisenheim/Glan 1951.

Kapitel 6: Die Ordnung der Agrarmärkte (Marktverfassung)

> Es zählt zu den Thesen *Carl Mengers,* " ... daß die Entwicklung sozialnützlicher Institutionen spontan vor sich geht, ohne daß es dazu staatlicher Verordnungen bedarf ... "
> *(Monika Streissler,* 1990, S. 39).

> "Das Wirtschaftswachstum eines Landes läßt sich als langfristig zunehmendes Produktionspotential definieren, durch das die Bevölkerung mit zunehmend differenzierten Produkten versorgt werden kann. Dieses wachsende Produktionspotential basiert auf technischem Fortschritt und der erforderlichen institutionellen und ideologischen Regulierung"
> *(Simon Kuznets,* 1971/1989, S. 272).

A. Die Marktverfassung

I. Markt und Wettbewerb

Die *Marktverfassung* bildet den umfassenden Ordnungsrahmen für die Strukturen und Prozesse beim Tausch von Gütern. Der *Wettbewerb* als Ordnungskonzeption des Gütertausches entspricht dem Wesen der sozialen Marktwirtschaft. Der Markt wird als ein effizientes und kostengünstiges Instrument zur Steuerung von Angebot und Nachfrage betrachtet.[1] Spontanes Marktverhalten führt auch bei einer Änderung von Daten[2] in der Tendenz immer wieder zum Gleichgewicht und oft auch zu marktevolutorischen Prozessen (Produktinnovationen).[3]

Eine *wettbewerbliche Marktverfassung* ist durch das spontane Zusammentreffen von Angebot und Nachfrage geprägt. Weder private noch staatliche Hemmnisse verzerren die Märkte. Notwendig ist

> " ... die Verhütung von Gewalt und Betrug, der Schutz des Eigentums und die Erzwingung von Verträgen, und die Anerkennung gleicher Rechte für alle Individuen, in beliebigen Mengen zu erzeugen und zu beliebig festgesetzten Preisen zu verkaufen".[4]

Merkmale *nicht*wettbewerblicher Marktverfassungen sind Autorität, Befehl, Diktatur, bürokratische Koordinierungsverfahren, von Verbänden beherrschte Märkte, Monopole sowie oligopolistische Wettbewerbsverzerrungen. Dies bringt eine Verschlechterung der Ergebnisse der Austauschprozesse.[5] Die Funktionen

---

[1] Vgl. *Debreu* (1983), S. 274 f.

[2] Dazu zählen die Nachfrage nach Agrargütern, der Bedarf an Kollektivgütern, die natürliche Umwelt (Boden, Wasser, Luft, Pflanzen, Tiere, Sonne), die landwirtschaftlichen Produktionsfaktoren (Arbeit, Kapital, Humankapital), die Agrarverfassung (gesellschaftliche, wirtschaftliche, soziale und rechtliche Ordnung der Landwirtschaft) und die politischen Einflüsse (Interessengruppen, Parteien, Regierungen, Agrarbürokratie und internationale Handelspartner). Vgl. Kapitel 1.

[3] Vgl. zu den marktevolutorischen Aspekten der Innovationsprozesse *Schumpeter* (1993/1911), S.100 f. sowie *von Hayek* (1968).

[4] *von Hayek* (1983), S. 294.

[5] Besonders totalitäre Nahrungsmittelregimes neigen zu nichtwettbewerblichen Marktverfassungen.

der Märkte werden außer Kraft gesetzt, verbunden mit erheblichen allokatorischen Ineffizienzen und oft einer Blockierung der innovatorischen Prozesse.

II. Der Schutz des Verbrauchers

1. Die Souveränität der Verbraucher

Die *Souveränität der Verbraucher* zählt zu den Grundprinzipien der sozialen Marktwirtschaft. Erforderlich ist ein Markt ohne künstliche Wettbewerbshemmnisse mit nicht verzerrten Preisen. Der Verbraucher soll nach seinen Präferenzen konsumieren und in beliebigem Ausmaß auf Substitutionsprodukte zurückgreifen können.[6] Die Souveränität der Verbraucher setzt zudem ein umfassendes Güterangebot voraus, aus welchem der Konsument nach seinen Präferenzen auswählen kann.

Voraussetzungen für die Souveränität der Verbraucher sind wettbewerbliche Märkte und unverfälschte Informationen.[7] Im Nahrungsmittelbereich ist es für die Konsumenten oft schwierig, jene Güterqualitäten zu identifizieren, welche über die Äußerlichkeiten der Produkte hinausgehen. Verbraucherinformationen über die Nahrungsmittel tragen zur Souveränität der Verbraucher bei, in eigener Kompetenz über den Konsum einzelner Güter entscheiden zu können. Auf der Erzeugerstufe ergibt sich aus der verhältnismäßig großen Homogenität der landwirtschaftlichen Grunderzeugnisse bereits eine gewisse Transparenz der Märkte. Im Gegensatz dazu sind die zahlreichen, oft stark verarbeiteten Nahrungsmittel auf der Einzelhandelsstufe hinsichtlich ihrer Qualität durch den Verbraucher schwer zu analysieren. Daraus entsteht ein Bedürfnis nach Schutz des Verbrauchers vor Produkt- und Informationsverfälschung.

2. Die Gesundheit der Verbraucher

Die *Gesundheit der Verbraucher* ist ein öffentliches Gut. Der Verzehr von Nahrungsmitteln schlechter Qualität kann Krankheiten, Gesundheitsepidemien, Lähmungen, Invalidität oder gar den Tod bewirken.[8] Wesentlich ist in diesem Zusammenhang die Produkthaftung für Agrarerzeugnisse, sofern im Einzelfall ein direkter Zusammenhang zwischen dem Verzehr der Produkte und Gesundheitsschäden festgestellt werden kann.[9]

Der Schutz der Gesundheit rechtfertigt und erfordert unter besonderen Umständen auch gesundheitspolizeiliche Eingriffe, bei welchen die Marktfreiheit

---

[6] Vgl. auch *Weinschenck* (1994), S. 168.

[7] Im *EU-Binnenmarkt* sollen zum Schutz des Verbrauchers vor Täuschung die Lebensmitteln deutlich sichtbar und verständlich gekennzeichnet werden.

[8] Skandale um lebensbedrohende Nahrungsmittelverfälschungen wie beispielsweise bei Käse, Fleisch und Wein zeigen dies. Bei einzelnen Krankheitserregern wie zum Beispiel Salmonellen oder Listeriose sind die Gefahren bekannt. Weniger bekannt sind die langfristig möglichen Gesundheitsschädigungen bei anderen Nahrungsmittelverfälschungen wie Konservierungsmittel, hormon- und antibiotikagefütterten Tieren sowie genmanipulierten Nahrungsmitteln.

[9] In der *Europäischen Union* besteht eine Richtlinie zur Produkthaftung aus dem Jahre 1985. Die EU-Kommission will nichtverarbeitete Erzeugnisse wie Fleisch, Obst oder Gemüse in diese Richtlinie aufnehmen (zum 1. Januar 1999). Schadenersatzpflichtig sind Hersteller und Importeure. In einzelnen EU-Mitgliedsländer wie Griechenland, Luxemburg, Schweden und Finnland gibt es bereits eine Produkthaftung für Agrarerzeugnisse.

eine Schranke findet.[10,11,12] Die Verbraucher sind in der Lage, Nahrungsmittel auf geschmackliche Eigenschaften hin zu prüfen, Nahrungsmittelverpackungen zu beurteilen und das Gewicht des Inhalts nachzuprüfen, nicht jedoch den Nährstoffgehalt und die Schadstoffe zu ermitteln. Wo chemische und mikrobiologische Prüfverfahren notwendig sind, um die Gefährdung der Gesundheit von Verbrauchern zu beurteilen, sind Regulierungen für die Überwachung der Qualität der Nahrungsmittel erforderlich. Von großem öffentlichen Interesse ist die Frage der Zulassung von gentechnisch veränderten Lebensmitteln, von denen befürchtet wird, daß der Verzehr Allergien auslösen könnte. Umgekehrt können gentechnisch veränderte Lebensmittel auch dazu beitragen, Allergien bei den Verbrauchern zu vermeiden.[13]

Die Grenzen zwischen den gesundheitspolizeilichen und den wettbewerbsverfälschenden Maßnahmen sind fließend. Gesundheitspolizeiliche Eingriffe dürfen nicht als Instrument mißbraucht werden, um Wettbewerbsbehinderungen durchzusetzen.[14]

B. Die landwirtschaftlichen Gütermärkte

I. Die Marktstrukturen zwischen den Landwirten und den Verbrauchern

Die landwirtschaftlichen Gütermärkte zeichnen sich durch eine sehr große Zahl von Erzeugern (Landwirten) und Letztverbrauchern (Konsumenten) aus. Die Landwirte sind ein "small business" und besitzen keine Marktmacht. Deren

---

[10] Dem Schutz des Verbrauchers dienen (1.) Vorschriften für Zusatzstoffe, Extraktionslösungsmittel, Aromen und tiefgefrorene Lebensmittel, (2.) Höchstgehalte an Rückständen auf und in Obst, Gemüse sowie Getreide, (3.) Verbotsvorschriften für die Anwendung von Sexualhormonen bei Nutztieren, (4.) Schadstoff- und Höchstmengenvorschriften für Quecksilber in Fisch, Krusten-, Schalen- und Weichtieren, (5.) Vorschriften für Pflanzenschutzhöchstmengen sowie (6.) Grenzwerte für Cadmium und Blei in Keramikgegenständen.

[11] Sinnvoll ist es, die Verarbeitung und den Verkauf von leicht verderblichen und hygienisch sensiblen Gütern an Bewilligungen zu knüpfen, damit die staatlichen Gesundheitskontrollen besser durchgeführt werden können. Auch die Bauern sollen solche Bewilligungen für den direkten Absatz der Produkte an die Letztverbraucher erhalten können.

[12] Ein weiteres Beispiel ist gentechnisch verändertes Soja. Dieses ist in der Europäischen Union als Nahrungsmittel und als Futtermittel zugelassen, jedoch kennzeichnungspflichtig, wenn die Veränderung wissenschaftlich nachweisbar ist. Dies trifft auch für gentechnisch veränderte Tomaten und Mais zu. Daraus hergestellte Erzeugnisse wie beispielsweise Ketchup und Salatöl sind jedoch nicht kennzeichnungspflichtig. 1997 forderte das Europäische Parlament die EU-Kommission auf, das Genehmigungsverfahren für den Verkauf von Genmais wieder einzuführen.

[13] In der Europäischen Union wurden bereits einige gentechnisch veränderte Lebendimmunstoffe für Tiere sowie gentechnisch veränderte Tabakpflanzen, Raps und Sojabohnen und Mais zugelassen. Vgl. *Agrarbericht 1997*, S. 149. Vgl. dazu auch *Rieder* und *Anwander Phan-huy* (1998), S. 77 ff.

[14] Interessant ist der Zwiespalt beim Rindfleisch-Skandal von 1990 in Großbritannien. Bei etwa 14.000 Rindern wurde eine für den Menschen angeblich nicht gefährliche Gehirnkrankheit festgestellt. Die *Bundesrepublik Deutschland* und *Frankreich* verfügten trotzdem einen Importstopp für Rindfleisch aus *Großbritannien* mit dem Argument, die Gesundheit der Verbraucher sei gefährdet. Der *EU-Ministerrat* erließ eine Reihe von Handelsbeschränkungen für einzelne Teile von geschlachteten Rindern. Er war unter Bezugnahme auf *Artikel 36 EWG-Vertrag* ähnlich wie der *EU-Gerichtshof* in anderen Fragen der Auffassung, daß das Prinzip des freien Warenverkehrs unterbrochen werden kann, wenn Rechtsgüter wie die Gesundheit der Menschen bedroht sind.

schwache Marktstellung ist eine ordnungspolitische Besonderheit im Wettbewerb.[15] Ähnliches trifft für die Konsumenten zu. Auch sie können den Tauschpartnern ihren Willen nicht einseitig aufzwingen und agieren als Mengenanpasser.

In der Grundstruktur zeichnen sich die landwirtschaftlichen Gütermärkte durch die Landwirte als Erzeuger und die Konsumenten als Letztverbraucher aus:

- Im einfachsten Fall tritt *ein* Markt zwischen die Erzeuger und die Konsumenten. Die Produzenten und die Konsumenten treffen ohne das Dazwischentreten von Händlern bzw. Verarbeitern aufeinander (vgl. Zi. II.).

- Denkbar sind auch *zwei* Märkte, indem eine Stufe von Händlern bzw. Verarbeitern zwischen den Erzeugern und Konsumenten steht. Es kommt zu einem Erzeuger- und einem Konsumentenmarkt (vgl. Zi. III.).

- In der Praxis sind meist *mehrere* Märkte mit einer komplexen Struktur von Handels- und Verarbeitungsstufen zwischen den Erzeugern und den Verbrauchern anzutreffen (vgl. Zi IV.).

II. Ein Markt

Im einfachsten Fall tritt *ein Markt* zwischen die Erzeuger und die Konsumenten. Dabei treffen sich die Landwirte und die Verbraucher ohne das Dazwischentreten weiterer Marktakteure. Beispiele dafür sind an den Hof gebundene Direktmärkte zwischen den landwirtschaftlichen Anbietern und den Verbrauchern[16] sowie die lokalen Tages- und Wochenmärkte, wo auch Landwirte ihre Erzeugnisse verkaufen. Das direkte Gespräch zwischen den Erzeugern und den Verbrauchern führt zu rasch fließenden Informationen über Mengen, Preise, Qualitäten und Verbraucherpräferenzen, oft verbunden mit guten Marktergebnissen.[17] Solche Märkte sind bei einer räumlichen Nähe von Anbietern und Nachfragern sowie einem geringen Verarbeitungsgrad der Erzeugnisse zu finden. Die Preise und die umgesetzten Mengen kommen unter weitgehend wettbewerblichen Bedingungen zustande (vgl. Abb. 6/1).

Abb. 6/1
Ein Markt zwischen den Landwirten und den Verbrauchern

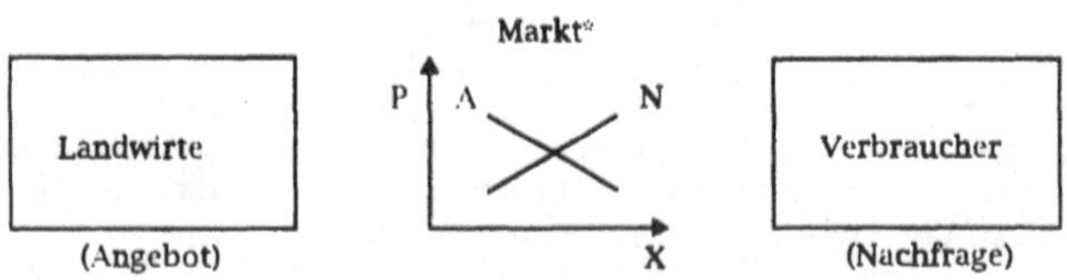

* Beispielsweise Direktverkauf ab Hof oder an Wochenmärkten.

[15] Vgl. *Giersch* (1961), S. 228.
[16] Die sog. Direktvermarktung.
[17] Die wichtigsten, im Direktabsatz vermarkteten Produkte sind Eier, Kartoffeln, Wein, Obst, Gemüse, Fleisch, Milchprodukte sowie biologische Erzeugnisse. Die bäuerlichen Selbsthilfeorganisationen fördern die Direktvermarktung durch Handlungshilfen und Empfehlungen.

III. Zwei Märkte

1. Allgemeines

Im einem weiteren, einfachen Fall gibt es *zwei Märkte,* einen Erzeugermarkt zwischen den landwirtschaftlichen Betrieben und den Marktagenten sowie einen Verbrauchermarkt zwischen den Konsumenten und den Marktagenten (vgl. Abb. 6/2). Zwischen den landwirtschaftlichen Erzeugern und den Konsumenten besteht *eine Stufe* von Marktagenten (Händler bzw. Verarbeiter) Die Marktagenten kaufen von den landwirtschaftlichen Betrieben und verkaufen an die Verbraucher.[18]

Abb. 6/2
Zwei Märkte zwischen den Erzeugern und den Verbrauchern

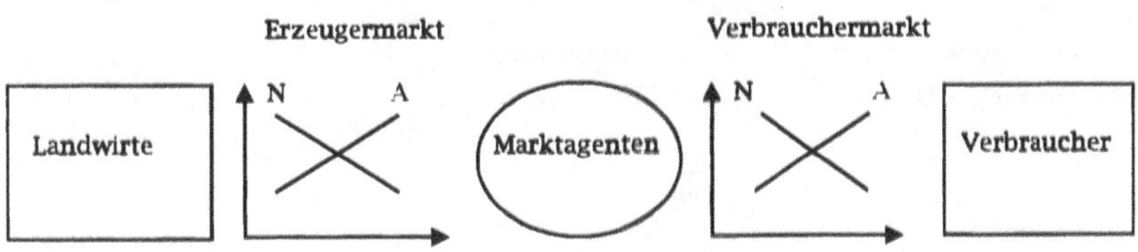

Zum Entstehen eines Erzeugermarktes und eines Verbrauchermarktes tragen die oft großen räumlichen Entfernungen zwischen den Erzeugern und Verbrauchern bei, verbunden mit erheblichen *Transaktionskosten* für die jeweiligen Marktprozesse.[19] Gering sind die Transaktionskosten bei einer räumlichen Nähe von Erzeugern und Verbrauchern, erheblich, wenn sich die Marktpartner über große Distanzen suchen müssen. Die Existenz eines Marktagenten zwischen den Erzeugern und den Verbrauchern wird ökonomisch sinnvoll. Die Marktkenntnisse des Marktagenten wirken sich günstig auf die Transaktionskosten aus. Zu einer Senkung der Transaktionskosten je Gütereinheit kommt es auch, wenn die Marktagenten große Mengen handeln und/oder über ein umfassendes Sortiment von Nahrungsmitteln verfügen. Die Zahl der möglichen Tauschbeziehungen zwischen den Erzeugern und Verbrauchern wird reduziert. Die Fähigkeit einzelner Marktinstitutionen zur Senkung der durchschnittlichen Transaktionskosten je Gütereinheit ist bestimmend für die Struktur des Handels.[20]

2. Die Konkurrenz

Bei einer Vielzahl von Wirtschaftssubjekten auf der Stufe der Marktagenten (der Handels- und der Verarbeitungsstufe) geht es beim Erzeuger- und Verbrauchermarkt um Konkurrenzmärkte. Beim Erzeugermarkt stehen die Beziehun-

[18] Dies entspricht einer X-Struktur mit einer Vielzahl von Erzeugern und Verbrauchern oben und unten am X sowie einer begrenzten Zahl von Marktakteuren in der Mitte des X.

[19] Transaktionskosten entstehen, wenn zwei oder mehrere Wirtschaftssubjekte in einer arbeitsteiligen Wirtschaft Güter tauschen. Transaktionskosten sind beispielsweise Suchkosten, Informationskosten, Verhandlungskosten, Kontrollkosten, Neuverhandlungskosten und Durchsetzungskosten. Vgl. *Coase* (1937/1991), S. 18 ff., und Williamson (1985).

[20] Zu ähnlichen Effekten kommt es auch bei den übrigen Verkaufskosten wie beispielsweise durch die Transportkosten von den Erzeugern zu den Verbrauchern.

gen zwischen den Erzeugern und den Marktagenten im Mittelpunkt der Betrachtung, beim Verbrauchermarkt jene zwischen den Verbrauchern und den Marktagenten (vgl. Abb. 6/3). Der Verbrauchermarkt ist durch Konkurrenzbedingungen geprägt, was zu Preisen von P_1 und Mengen von X_1 führt. Beim Erzeugermarkt ergibt sich unter Konkurrenzbedingungen ein Preis von P_2 und eine von Menge x_1. Die Menge ist identisch mit jener des Verbrauchermarktes.[21] Die preisliche Differenz zwischen dem Verbrauchermarkt und dem Erzeugermarkt (P_1 bzw. P_2) entspricht den Kosten der Leistungserstellung der Marktagenten. Ist die Preisdifferenz zwischen P_1 und P_2 größer als die Kosten, entstehen Gewinne und es werden weitere Marktagenten als Akteure angelockt. Bei Verlusten verschwinden Marktagenten, bis die Preisdifferenz wiederum den Kosten der Leistungserstellung entspricht.

Abb. 6/3
Die Preisbildung unter Konkurrenzbedingungen (zwei Märkte)

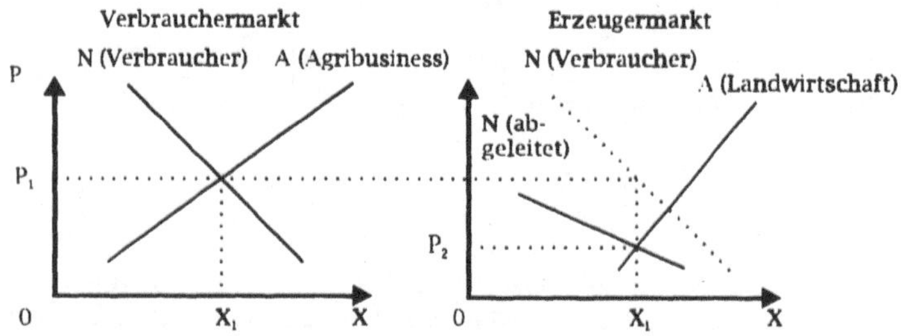

3. Das Monopol

Handelt es sich nur um einen einzigen Marktagenten, besteht auf dem Verbrauchermarkt ein Monopol und auf dem Erzeugermarkt ein Monopson (vgl. Abb. 6/4). Beim Verbrauchermarkt wird die Menge X_1 zum Preis von P_1 angeboten *(Cournotsche Monopollösung)*, wodurch eine Monopolrente entsteht.[22] Unter Konkurrenzbedingungen würde eine größere Menge zum einem tieferen Preis angeboten, was vorteilhafter für die Verbraucher wäre.

Beim Erzeugermarkt wird die Menge X_1 zum Preis P_2 nachgefragt.[23] Dies entspricht der *Cournotschen Monopsonlösung* im Beschaffungsbereich. Unter monopsonistischen Bedingungen ergibt sich die nachgefragte Menge aus dem Schnittpunkt zwischen der abgeleiteten Grenzerlöskurve N (Agribusiness, abgeleitet) und A', der Grenzausgabenkurve des Agribusiness für landwirtschaftliche Güter.[24] Der Monopsonist gelangt in den Genuß einer Monopsonrente. Unter Konkurrenzbedingungen würde eine größere Menge zu einem höheren Preis nachgefragt, was vorteilhafter für die Erzeuger wäre (nicht eingezeichnet). Der Marktagent, welcher als Monopolist und Monopsonist auftritt, erhält eine Mo-

[21] Dabei wird von Veränderungen in der Lagerhaltung sowie Schwund und Mengenverlust beim Handel, der Verarbeitung und Lagerhaltung abgesehen. Wird dies berücksichtigt, verändert sich die nachgefragte Menge auf der Erzeugerstufe entsprechend.
[22] Vgl. *Ott* (1986), S. 201 ff. und 208.
[23] Dabei wird wiederum von Veränderungen in der Lagerhaltung, Schwund und Mengenverlust abgesehen.
[24] Vgl. *Ott* (1986), S. 208.

nopolrente von den Verbrauchern und eine Monopsonrente von den landwirtschaftlichen Erzeugern. Er handelt sich um ein sog. *"Doppelmonopol"*. Die Menge (jeweils X_1 beim Verbrauchsmarkt und beim Erzeugermarkt) ist geringer als unter Konkurrenzbedingungen, die Verbraucherpreise sind höher und die Erzeugerpreise tiefer. Für die Verbraucher und die Erzeuger entstehen Wohlfahrtsverluste.

Abb. 6/4
Die Preisbildung unter Monopolbedingungen (zwei Märkte)

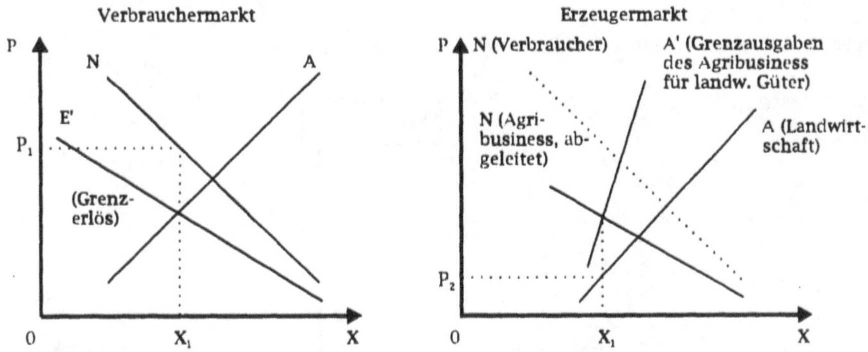

Dabei sind die Möglichkeiten des Monopsonisten/Monopolisten für die Preisgestaltung bzw. die Gewinnerzielung nicht unbegrenzt. Die Verbraucher können ggf. auf Substitutionsprodukte ausweichen, was zu einer Schmälerung der Nachfrage beim monopolisierten Gut führt. Die Ausweichreaktionen der Verbraucher sind um so stärker, je zahlreicher die Substitutionsgüter sind und je größer die Substitutionalität ist. Die Substitutionsprodukte greifen die monopolisierten Märkte an. Zudem können neue Anbieter auftreten, welche nach einem Teil der Monopson-/Monopolrente streben. Der bisherige Monopsonist/ Monopolist wird versuchen, den Wettbewerb durch verschiedene künstliche Wettbewerbshemmnisse zu verhindern. Groß ist die Gefahr einer künstlichen Monopolisierung der Märkte, wenn ein Marktagent durch willkürliche Wettbewerbsschranken gegen andere, potentielle Wettbewerber geschützt ist, wie dies beispielsweise bei exklusiven Vermarktungs- und bei Außenhandelsrechten der Fall ist.

Die möglichen positiven Wirkungen eines Monopols bestehen in Kostendegressionseffekten (Skalenertägen) bei zunehmenden Ausbringungsmengen. Im Ausnahmefall erstellt der Monopsonist/Monopolist seine Leistung im Bereich fallender Grenzkosten oder im kostenoptimalen Bereich, womit es sich um ein natürliches Monopol handelt. Mehr als ein Anbieter wäre in diesem Fall - skalenertragstheoretisch betrachtet - eine volkswirtschaftliche Verschwendung. In der Praxis bestehen die negativen Wirkungen eines Monopols in der Macht, überhöhte Preise festzusetzen, in der oft festzustellenden Ineffizienz bei der Leistungserzeugung (sog. X-Ineffizienz) und in einer mangelnden Motivation zu Innovationen.

4. Das Oligopol

Durch die räumliche Ausdehnung der Märkte treten in der Regel nur wenige Marktagenten zwischen die Erzeuger und die Konsumenten. Typisch für die landwirtschaftlichen Erzeugermärkte sind räumlich-oligopsonistische Märkte. Die einzelnen, räumlich voneinander getrennten Märkte sind jedoch interdependent. Bei genügend großen Preisunterschieden zwischen den einzelnen Märkten ergeben sich für die Marktagenten Gewinnanreize, Waren von Märkten mit tieferen Preisen zu Märkten mit höheren Preisen zu transferieren.

Abb. 6/5
Mögliche Marktformen zwischen den Landwirten und den Verbrauchern

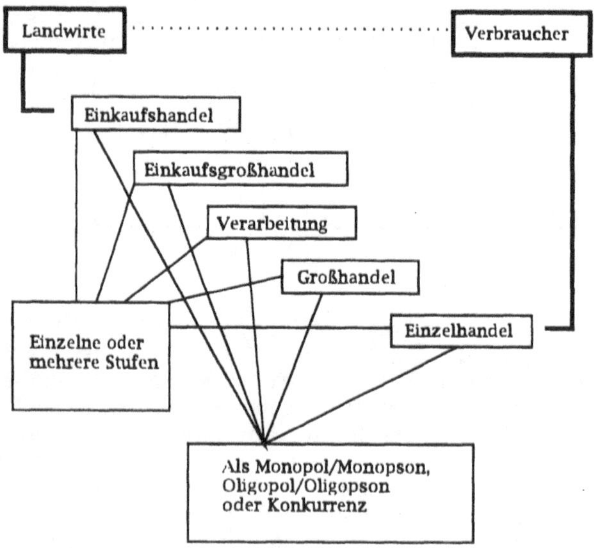

Treten im Falle einer einzigen Marktstufe (Handel bzw. Verarbeitung) einige oder wenige Marktagenten zwischen die landwirtschaftlichen Erzeuger und die Verbraucher, entsteht bei den Erzeugermärkten ein Oligopson, bei den Verbrauchermärkten ein Oligopol. Die Marktergebnisse liegen zwischen dem Monopol und der Konkurrenz (vgl. Abb. 6/5). Wo die Mengen und Preise tatsächlich liegen, hängt von der Zahl und der Struktur der Oligopsonisten/Oligopolisten sowie deren Markt- und Preisstrategie ab. Wesentlich für diese Marktform sind die interdependenten Preisreaktionen der Oligopsonsisten/Oligopolisten. Diese Preisreaktionen können auf eine gemeinsame Gewinnmaximierung hinauslaufen. Möglich sind auch Verdrängungsstrategien mit Preiskämpfen oder einer Preisführerschaft, zudem preisliche Ausweichreaktionen durch die Heterogenisierung der Produkte.

Denkbar ist eine oligopsonistische/oligopolistische Struktur mit Unternehmen, welche größenmäßig im Kostenoptimum operieren. Mit einer solchen kostenoptimalen Struktur sind jedoch meist oligopsonistische/oligopolistische Gewinnstrategien verbunden, welche zu Mengenrestriktionen, überhöhten Verbraucherpreisen und einer Trägheit bei der Leistungserstellung (sog. X-Ineffizienz) sowie den Innovationen führen.

IV. Mehrere Märkte

1. Allgemeines

Komplexer sind die Marktbeziehungen bei *mehreren Märkten* zwischen den Erzeugern und den Verbrauchern. Diese bestehen aus einer Kombination verschiedener Handels- und Verarbeiterstufen, beispielsweise des Erfassungsgroßhandels, des Fachgroßhandels, der Ernährungsindustrie, des Ernährungshandwerks, des Lebensmittelsortimentsgroßhandels, des Lebensmitteleinzelhandels und des Import- sowie Exporthandels.[25]

In der Praxis dominieren solche Strukturen mit mehreren Märkten bzw. Stufen (vgl. Abb. 6/5). Dies ist auf die räumlichen Entfernungen *und* die zahlreichen Handels-, Verarbeitungs- und Lagerstufen zurückzuführen. Bei den einzelnen Stufen kann es sich jeweils um Monopsone/Monopole, Oligopsone/Oligopole oder Konkurrenz handeln. Denkbar und immer häufiger sind zudem verschiedene Formen der horizontalen, vertikalen sowie konglomeraten Kooperation innerhalb und zwischen den einzelnen Handels-, Verarbeitungs- und Lagerstufen, welche mehr und mehr auch die Erzeugerstufe umfassen.

Welches sind die Einflußfaktoren, die zu einer komplexen Struktur von Händlern, Lagerhaltern, Verarbeitern, Großhändlern und Einzelhändlern führen?[26] Dazu zählen die Transaktionskosten, die Skalenerträge (Kostendegressionseffekte bei zunehmender Ausbringung), die Standortvorteile, die Ausübung von Marktmacht, der Anreiz zur Heterogenisierung der Produkte und die Innovationsfähigkeit der Unternehmen.

2. Die Transaktionskosten, die Skaleneffekte und die Standortvorteile

Die marktlichen Institutionen haben einen wesentlichen Einfluß auf die *Transaktionskosten*. Im Binnenhandel führen flächenübergreifende Handelsunternehmen,[27] lokale Märkte,[28] regionale Auktionen sowie Rohstoffbörsen zu transaktionskostensenkenden Strukturen,[29] im internationalen Handel sind es neben den Rohstoff- und Terminbörsen auch weltweit aktive Handelsunternehmen mit einer raschen und leistungsfähigen Informationserfassung sowie -verarbeitung.

In gewissen Grenzen ergeben sich mit zunehmenden Ausbringungsmengen *Skalenerträge* (Kostendegressionseffekte) auch beim Handel, der Lagerhaltung und der Verarbeitung. Marktakteure, welche die möglichen Skaleneffekte nutzen und im Kostenoptimum operieren, können preiswerter anbieten und sich auf den Märkten durchsetzen.[30] Bei der Verarbeitung genügen oft wenige Betriebe zur kostenoptimalen Leistungserstellung. Im Extremfall produziert ein einziger Betrieb (ein natürliches Monopol) kostengünstiger als zwei oder mehrere Betriebe. Auch im Einzelhandel dominieren Unternehmen mit optimalen

---

[25] Vgl. *Zurek* (1993), S. 627.
[26] Vgl. *Grosskopf* (1978), S. 12 f.
[27] Wie beispielsweise auch Erzeugergemeinschaften.
[28] Wie beispielsweise Tages- und Wochenmärkte.
[29] Vgl. Kapitel 7.
[30] Beispielsweise Getreidemahlwerke, Ölmühlen, Molkereien, Schlächtereien und Zukkerfabriken.

Mengen- und Kostenstrukturen den Markt. Die Skaleneffekte führen in zahlreichen Produktions- und Marktsegmenten zu oligopolistischen und monopolistischen Marktstrukturen. Positiv zu werten ist die Ausschöpfung der möglichen Kostendegressionseffekte, negativ die Marktmacht sowie die oft festzustellende Trägheit bei der Produktion (sog. X-Ineffizienz) und den Innovationen.

Bei den *Standortvorteilen (und -nachteilen)* handelt es sich um Kostenfaktoren wie beispielsweise regional, national, innergemeinschaftlich und international unterschiedliche landwirtschaftliche Erzeugungs-, Handels-, und Verarbeitungskosten. Internationale Standortvorteile ergeben sich beispielsweise aus geringeren Produktions-, Verarbeitungs- und Handelskosten in Ländern mit einem tieferen Lohn- und Preisniveau. Beim internationalen Güterverkehr treten Kostendegressionseffekte auch bei den Umlageeinrichtungen für Massengüter und dem Containerverkehr auf, was die Konkurrenz zwischen dem Außenhandel und der Binnenproduktion verschärft. Aus allen diesen Faktoren, den unterschiedlichen Transaktionskosten, den global wirkenden Skaleneffekten und weiteren, oft standortbedingten Vorteilen ergeben sich die Bedingungen für die *internationalen Marktstrukturen.*[31] Eine Ausschöpfung der wettbewerblichen Effekte durch einen freien Marktzutritt des internationalen Handels führt zu den besten Marktergebnissen und korrigiert mögliche Ineffizienzen im Binnenbereich.

3. Der Einfluß der Macht

Nach den bisherigen Ausführungen bewirken ausgeprägte Skalenerträge, Transaktionskosteneffekte und Standortvorteile bei den Verarbeitern und dem Handel eine strukturelle Konzentration, bis die mögliche Kostendegression ausgeschöpft ist. Daraus können sich ausgeprägte Konzentrationstendenzen ergeben und zur Marktmacht führen. Für die Landwirte ergibt dies Erzeugermärkte mit oligopsonistischer bzw. monopsonistischer Macht auf der Abnehmerseite. Es stellt sich die Frage des Mißbrauchs von Marktmacht, was suboptimale Marktergebnisse im preislichen, qualitativen und innovativen Bereich mit sich bingt:

- Beherrscht ein *Monopol* (bzw. ein marktmächtiges Unternehmen) eine Stufe oder sogar den ganzen Markt, kann dieses als Gewinnmaximierer auftreten.

- Bei einem *engen Oligopol* mit einem kleinen Kreis von marktbeherrschenden Unternehmen ergibt sich oft ein starres, gewinnoptimierendes Preisverhalten. Die Preisreaktionen unter den einzelnen Anbietern sind interdependent (zirkulär). Marktmächtige Unternehmen und enge Oligopole sind auch in der Lage, bei der Entstehung und der Subventionierung staatlicher Agrarmarktordnungen zu ihren Gunsten lobbyistisch tätig zu werden.

- Bei einem *weiten Oligopol* mit wenigen großen und zahlreichen kleinen Unternehmen führt der Wettbewerb zu einer gegenseitigen Kontrolle des Angebotsverhaltens. Die Marktergebnisse sind etwas besser als beim engen Oligopol. Als Marktform ist das weite Oligopol oft zu finden.

---

[31] Vgl. Kapitel 9.

4. Die Heterogenisierung der Nahrungsmittel und die Innovationsfähigkeit

Die stark konzentrierten Verarbeitungsbetriebe der Ernährungsindustrie verlangen von der Landwirtschaft große, einheitliche Rohstoffmengen. Wenig spezifizierte Güter sprechen im wesentlich das Preisbewußtsein an. Dies fördert den Preiswettbewerb auf den landwirtschaftlichen Erzeugermärkten. Die Großabnehmer drücken auf die Lieferbedingungen, die Mengen- und Sortierungsanforderungen.[32]

Beim *Lebensmitteleinzelhandel* bringen die Sättigungstendenzen im Nahrungsmittelbereich einen härteren Wettbewerb und stärkeren Preisdruck. Bei den Beschaffungspreisen sind die *Verarbeitungs- und Handelsunternehmen* nach wie vor durch die Agrarmarktordnungen der Europäischen Union mit administrativ festgelegten Erzeugerpreisen eingeschränkt, welche zu Gunsten der Landwirte wirken und sich durch die Marktinterventionen der Europäischen Union auf dem Niveau der Interventionspreise[33] nur schwer unterbieten lassen.[34]

Der Einzelhandel versucht mehr und mehr, die Nahrungsmittel gemäß den Präferenzen der Verbraucher zu differenzieren. Angesprochen werden persönliche, sachliche, zeitliche und örtliche Präferenzen der Konsumenten. Die Verbraucherpräferenzen gehen vor allem in Richtung Qualität, Gesundheit,[35] Schlankheit und einer verkaufsfördernden Verpackung. Gelingt es einem Anbieter, den Verbraucherpräferenzen zu entsprechen, kann er den Preis innerhalb eines gewissen "reaktionsfreien Bereichs" festlegen und seinen Gewinn verbessern.[36] Deshalb kommt es mehr und mehr zu speziellen, marketinginduzierten Heterogenisierungstendenzen bei den einzelnen Produkten. Dies zwingt zur Heterogenisierung der Produkte bereits auf den Stufen der Erzeugung und der Verarbeitung.

Das Konzept der *Markenartikel* wird ebenfalls zur Produktdifferenzierung eingesetzt. Dieses führt zu einer eigenen Verpackungsgestaltung und Namengebung durch die Nahrungsmittelindustrie. Markenartikel sind mit einem verstärkten Einsatz von Marktkommunikation zur Endverbraucherwerbung verbunden, wodurch ein Nachfragesog beim Verbraucher ausgelöst werden soll. Sind landwirtschaftliche Erzeugnisse Teil einer Konzeption für Markenartikel, so werden diese qualitativ, quantitativ und terminlich genau auf die Bedürfnisse der Nahrungsmittelhersteller abgestimmt.[37] Dies ruft nach einer Integration der landwirtschaftlichen Produktion durch die Erzeugergemeinschaften und die Nahrungsmittelindustrie, welche die starke Ausrichtung der Markenartikel auf die Präferenzen der Verbraucher bei der Beschaffungspolitik zu berücksichtigen haben.[38] In neuerer Zeit gehen die Marktimpulse vermehrt bis zum Bauern, beispielsweise durch die Erzeugung spezieller Nahrungsmittel für einzelne

---

[32] Vgl. *Grosskopf* (1978), S. 15.
[33] Vgl. Kapitel 9.
[34] Seit den 1990er Jahren kommt es unter dem Einfluß der *WTO* (World Trade Organization) zu einer Senkung der Interventionspreise, wodurch die Erzeugerpreise in vielen Bereichen rückläufig sind.
[35] Beispiele sind fettarme Erzeugnisse, Vollwertkost und Nahrungsmittel mit biologischer und biologisch-dynamischer Produktionsweise.
[36] Konsumententests in den USA ergaben, daß die Verbraucher bereit sind, wesentlich höhere Preise für pestizidfreie Erzeugnisse zu bezahlen, selbst wenn die Gesundheitsrisiken dieser Produkte nur leicht geringer sind. Vgl. *Eom* (1994), S. 769.
[37] Vgl. *Drews* (1989), S. 591 f., sowie *Hoff* (1997), S. 206 ff.
[38] Vgl. *Nieschlag et al.* (1988), S. 185.

Vermarkter.[39] Die Feinabstimmung mit den Erzeugern erfolgt oft in Form von Lieferverträgen (vertikale Integration). Es lassen sich auch Tendenzen zur Beschaffung von landwirtschaftlichen Erzeugnissen mit speziellen Produkteigenschaften zu höheren Preisen als den Interventionspreisen feststellen (beispielsweise bei Erzeugnissen mit einer naturnahen landwirtschaftlichen Produktionsweise).

5. Die Konzentration

Der *Lebensmitteleinzelhandel* ist geprägt von starken vertikalen und horizontalen Konzentrationsprozessen.[40] Ausgelöst wurde dieser Konzentrationsprozeß unter anderem durch den Übergang zur Selbstbedienung der Verbraucher im Einzelhandel. Im *Absatzbereich* stößt die Ernährungsindustrie auf immer größere Handelsunternehmen (Absatzmittler und Einzelhandelsketten). Das Wachstum konzentriert sich vor allem auf die großen Unternehmen des Einzelhandels, welche vermehrt auch Funktionen des Lebensmittelgroßhandels übernehmen. Der Wettbewerb der Nahrungsmittelindustrie um den Einzelhandel hat sich verstärkt.[41] Dabei ist die Konzentration im *Verarbeitungsbereich* unterschiedlich.[42,43]

Die Heterogenisierung von Nahrungsmitteln kann jedoch auch zur Dekonzentration der Nahrungsmittelverarbeitung führen. Dies ist mit den stärker differenzierten Kundenwünschen in Zusammenhang zu bringen, was heterogene Erzeugnisse in kleineren Mengen erfordert.

Hat die zunehmende Konzentration in der Nahrungsmittelindustrie zu einer Intensivierung oder einer Lähmung der *Marktinnovationen* geführt? Der große Markt der Europäischen Union und die stärkere Integration der Weltmärkte mit

---

[39] Beispielsweise Beef und Kartoffeln für Schnellimbißketten.

[40] Vgl. *Bundeskartellamt* (1985).

[41] So hat die Schaffung eines einheitlichen europäischen Binnenmarktes auch in der Ernährungsindustrie zu einer Intensivierung des Wettbewerbs geführt. Vgl. *Grosskopf et al.* (1995), S. 515.

[42] 1991 gab es etwa 4.000 Unternehmen in der Ernährungsindustrie mit einem Umsatz von rund 155 Mrd. DM. Die Konzentrationsrate der sechs größten Anbieter (CR 6) im Bereich der Ernährungsindustrie liegt bei etwas unter zehn Prozent, bei den einhundert größten Anbietern (CR 100) bei rund vierzig Prozent. Die Konzentration der größten sechs Anbieter (= CR 6) beim Umsatz der gesamten Branche nahm bis zu den 1990er Jahren ab, bei den einhundert größten Unternehmen (= CR 100) leicht zu. Der Konzentrationsgrad ist allerdings nur ein Indikator für die potentielle Marktmacht und das Marktverhalten der Unternehmen. Die Konzentrationsraten sind zudem beschränkt aussagekräftig (sofern die Marktanteile der einzelnen Unternehmen ungleich sind, was in der Regel der Fall ist). Vgl. auch *Monopolkommission* (1985).

[43] Eine sehr große Konzentration der Umsatzwerte bei den CR 6-Werten ergab sich 1991 bei der Alkoholbrennerei (81,6), der Herstellung von Teigwaren (keine Angabe), der Zuckerindustrie (77,7), den Ölmühlen (74,4) und der Verarbeitung von Kartoffeln (73,9). Diese Konzentrationsraten sind in erster Linie auf die Massenproduktion mit einer großen Kapitalintensität und sehr ausgeprägten Kostendegressionseffekten zurückzuführen. Bei den umsatzstärksten Branchen nahm die Konzentration zwischen 1977 und 1986 mehrheitlich zu, vor allem bei den Spirituosen, den Brauereien und in der Zuckerindustrie. Eine erhebliche Konzentration weisen auch die Verarbeitung von Kaffee und Tee (67,4), Dauermilch, Milchpräparate und Schmelzkäse (61,5) und Wein (65,9), die Mälzereien (54,1), die Schlachthäuser (46,9), die Herstellung von Süßwaren (45,2), die Herstellung von Spirituosen (45,0), die Mahl- und Schälmühlen (37,6) und die Obst- und Gemüseverarbeitung (37,3) auf. Eine geringe Konzentration zeigt sich bei den Molkereien und Käsereien (22,4), der Fleischwarenindustrie (18,9), den Fleischereien (14,7) und den Backwaren (14,4). Vgl. auch *Monopolkommission* (1985).

Millionen von Verbrauchern, heterogenen Bedürfnissen, einem raschen Informationsfluß und zahlreichen Marktkanälen lassen dynamische Märkte erwarten, welche die Anbieter zu einem innovativen Verhalten motivieren. Dieser Effekt tritt in allen Bereichen der Produktion, der Verarbeitung und des Handels auf.[44] Auch läßt die verhältnismäßig geringe Umsatzrendite in der Nahrungsmittel- und Genußindustrie auf einen vergleichsweise großen Wettbewerb schließen.[45]

C. Wettbewerbliche Konsequenzen

I. Mängel beim Wettbewerb

Mängel beim Wettbewerb ergaben sich im Verlauf der *historischen* Entwicklung der landwirtschaftlichen Erzeuger- und Verbrauchermärkte vor allem bei einem mangelnden Unternehmertum im Ernährungsbereich sowie einer schlechten Kommunikations- und Transportinfrastruktur. Marktmächtigen Aufkaufhändlern konnte es gelingen, den Bauern sehr tiefe Erzeugerpreise aufzuzwingen und auf den einzelnen Verkaufsmärkten monopolistische oder oligopolistische Preise durchzusetzen. Oft waren die Händler Kreditgeber der Landwirte und profitierten von deren Abhängigkeit. Die Märkte waren instabil. Mit der wirtschaftlichen Entwicklung traten neue Marktakteure und auch die Erzeugergemeinschaften auf, welche für mehr Wettbewerb sorgten.

II. Die Sicherung des Wettbewerbs

Vielfach betreibt der Staat aus wettbewerblichen, fiskalischen, historischen und anderen Gründen selbst Monopole.[46] Vor allem in den Entwicklungs- und Schwellenländern dienen staatliche "Marketing Boards" der Erzielung möglichst großer Fiskaleinnahmen und als Institutionen zur Organisation der Exporte.

In den wirtschaftlich hochentwickelten Ländern sind staatliche Unternehmen (Aufkauf-, Verarbeitungs- und Verwertungsbetriebe) als Institutionen der Marktorganisation aus wettbewerblicher Sicht abzulehnen.[47] Selbst fiskalische Ziele lassen sich meist besser durch eine Besteuerung privater und genossenschaftlicher Betriebe als durch staatliche Monopolbetriebe erreichen, welche wie "Doppelmonopole" (Monopsonisten/Monopolisten) handeln. Staatliche Machtmacht und private Marktkonzentration führen zu einem ungenügenden Wettbewerb mit suboptimalen Marktergebnissen im preislichen, qualitativen und innovativen Bereich. Treten in ausgeprägtem Maße Marktmacht, Marktmißbrauch und

[44] Jährlich gelangen trotz stagnierender Märkte über tausend Lebensmittelneuheiten auf den Markt. Dieses marktaktive Verhalten in der Nahrungsmittelindustrie weist auf eine Verschärfung des Wettbewerbs hin, was unter anderem auch auf die Restliberalisierung des *EU-Binnenmarktes* zurückzuführen ist. Vgl. auch *Nieschlag et al* (1988), S. 176.

[45] Kleine Bäckereien in den Einkaufsparks beispielsweise sorgen laufend für ein Angebot an Frischbrot und vermindern die Branchenkonzentration zufolge der industriellen Brotherstellung. Nicht nur bei der Herstellung von Backwaren und Dauerbackwaren, sondern auch bei den Ölmühlen und der Herstellung von Speiseöl, den Mahlerzeugnissen, den Süßwaren, den Tafelwässern und dem Röstkaffee ergab sich seit den 1980er Jahren eine Abnahme der Konzentration.

[46] Beispielsweise Tabakmonopole, Alkoholmonopole, Getreidemonopole oder Exportmonopole.

[47] Unter dem Druck der WTO, der USA und der Europäischen Union findet eine sukzessive Liquidierung von staatlichen Monopolen statt (so ist beispielsweise unter dem Einfluß der USA auch eine Lockerung des kanadischen Weizenmonopols vorgesehen).

Marktversagen auf, sind Eingriffe zur *Sicherung des Wettbewerbs* und der marktlichen Ergebnisse wie beispielsweise die Schaffung und Förderung von landwirtschaftlichen Erzeugergemeinschaften erforderlich.[48]

III. Landwirtschaftliche Erzeugergemeinschaften

1. Allgemeines

Als Gegenreaktion zu einem unbefriedigenden Wettbewerb auf den landwirtschaftlichen Erzeugermärkten etablierten sich bereits sehr früh genossenschaftlich organisierte Erzeugergemeinschaften. Zu den Begründern des Genossenschaftswesens als Selbsthilfeorganisation zählt *Friedrich-Wilhelm Raiffeisen* (1818-1888).

Landwirtschaftliche Erzeugergemeinschaften bedeuten für den Bauern unter günstigen Bedingungen einen Abbau der räumlich-oligopsonistischen Nachfragemacht des Einkaufshandels und des Großhandels sowie eine Verbesserung des Wettbewerbs.[49] Die Aufgaben der landwirtschaftlichen Erzeugergemeinschaften sind der gemeinsame Einkauf von landwirtschaftlichen Produktionsmitteln, der gemeinsame Absatz im In- und Ausland sowie die Vermittlung von Bankgeschäften. Weitere Dienstleistungen sind die betriebswirtschaftliche Beratung der Bauern, der überbetriebliche Maschineneinsatz sowie Transporte und Lohnarbeiten während der Ernten.[50,51]

2. Die ökonomischen Auswirkungen

Die landwirtschaftlichen Genossenschaften bzw. Erzeugergemeinschaften als Zusammenschlüsse von Landwirten beruhen auf ökonomischen Vorteilen, welche sich durch die Ausgliederung von betrieblichen Funktionen aus dem landwirtschaftlichen Betrieb und deren Konzentration in speziellen Unternehmen ergeben. Positive ökonomische Effekte der landwirtschaftlichen Erzeugerverbände sind:

[48] Dabei sind selbst Oligopsone und Monopsone langfristig kein Hemmnis gegen lohnende Erzeugerpreise. Die landwirtschaftlichen Erzeuger passen sich solange an, bis die Faktorentschädigung den subjektiven Opportunitätskosten entspricht.
[49] Vgl. *Sexton* (1990), S. 707.
[50] Vor dem zweiten Weltkrieg gab es rund 14.000 ländliche Waren- und Dienstleistungsgenossenschaften mit etwa 1,5 Mio. Mitgliedern. 1993 bestanden im bisherigen Bundesgebiet noch 4.184 Raiffeisen-Genossenschaften, davon 3.124 als Waren- und Dienstleistungsgenossenschaften und 984 als Kreditgenossenschaften mit Warenverkehr. Von besonderer Bedeutung waren 1993 die 647 Molkereigenossenschaften, die 556 Bezugs- und Absatzgenossenschaften sowie die 286 Winzergenossenschaften. In den neuen Bundesländern bestanden 1993 397 Raiffeisen-Genossenschaften, zudem 1.400 Agrargenossenschaften, wovon 977 genossenschaftliche Regionalverbände sind. Vgl. *Agrarbericht 1995*, S. 82, sowie *Bonus* und *Paaßen* (1989), S. 39 ff.
[51] Die Genossenschaften sind hierarchisch in lokale Primärgenossenschaften, regionale Hauptgenossenschaften, Molkerei- und Eierabsatzzentralen, Vieh- und Fleischzentralen, Zentralkellereien und weitere Zentralunternehmen unter dem *Dachverband des Deutschen Genossenschafts- und Raiffeisenverbandes e.V.* in Bonn gegliedert. Weitere Beispiele sind einzelne Erzeugergemeinschaften für Qualitätsgetreide, Wein und Traubenmost, Milch, Kartoffeln, Raps, Eier, Blumen und Zierpflanzen, Zuchtvieh, Schlachtvieh, Ferkel und Fleisch.

- Technologische Größeneffekte *(economies of scale),*
- Verbundvorteile bei der Verarbeitung und dem Verkauf von verschiedenen Erzeugnissen *(economies of scope),*
- Risikovorteile durch die Breite der Aktivitäten *(economies of risk),*
- die Informationsverbesserung *(economies of information),*[52]
- Transaktionskostenvorteile *(economies of transaction),*[53]
- die Nutzung von Fähigkeitsvorteilen durch den Einsatz von hochqualifizierten Führungskräften *(economies of skill),*
- *vertikale Integrationsvorteile* durch Aktivitäten auf unterschiedlichen Marktstufen,
- die Ausnutzung von spezifischen *Standortvorteilen* innerhalb und außerhalb der Europäischen Union (beispielsweise beim Einkauf, der Verarbeitung, der Lagerung und dem Verkauf) und
- die Ausschöpfung von *Innovationsvorteilen.*

Die Erzeugergemeinschaften mildern die marktstrukturellen bzw. wettbewerblichen Nachteile der Landwirte. Die Beschaffungs-, Handels-, Verarbeitungs- und Vermarktungsaktivitäten wirken marktintegrierend und dienen der gemeinsamen Anpassung von Produktion und Absatz an die Erfordernisse des Marktes.[54] Die Konzentration des Angebotes durch Erzeugergemeinschaften verbessert die Marktstellung der Landwirtschaft gegenüber den ebenfalls immer stärker konzentrierten Nachfragern.[55] Durch die kollektive Verhandlungsmacht *("collective bargaining power")* des stark zersplitterten Angebotes wird die Marktmacht der Nachfrager im Handels- und Verarbeitungsbereich zum Teil neutralisiert. Im günstigsten Fall bewegen sich die Erzeugerpreise in der Nähe der wettbewerblichen Gleichgewichtspreise.[56] Gibt es Marktüberschüsse, sind die Preisverhandlungen durch die landwirtschaftlichen Erzeugerverbände allerdings nur beschränkt wirksam. Zudem müssen auch die landwirtschaftlichen Erzeugermärkte in einem Wettbewerb bestehen, welcher sich durch die Liberalisierung der europäischen Agrarmärkte verschärft hat. Die Erzeugergemeinschaften und deren Zentralverbände agieren deshalb mehr und mehr wie eigenständige Unternehmen.[57]

3. Die Gefahr der X-Ineffizienz

Die Erzeugerverbände als Teil der Agrarmarktstruktur streben üblicherweise nach möglichst großen Umsätzen und Marktanteilen, was ein wettbewerbliches Verhalten mit dauernden Leistungsverbesserungen erfordert.[58] Wie bei allen

[52] Beispiele sind die Harmonisierung der Preisnotierungen, ein gemeinsames Marktberichterstattungsnetz sowie Informationen über die voraussichtliche Entwicklung der Erzeugung und des Verbrauchs.

[53] Durch Aktivitäten auf zahlreichen Märkten (durch gute und stets aktuelle Marktinformationen, kollektive Verhandlungen, wirksame Kontrollen und eine effiziente Durchsetzung von Verträgen).

[54] Vgl. *Engelhardt* (1989), S. 139 ff.

[55] Beispiele sind der Einkaufshandel, die Verarbeitung, der Großhandel und die Nahrungsmittelverkaufsketten.

[56] Vgl. *Pope* und *Hallam* (1986), S. 577.

[57] Vgl. *Hind* (1997), S. 1077 ff.

[58] Die Agrarmarktstruktur umfaßt die dauerhaft in der landwirtschaftlichen Vermarktung gebundenen Ressourcen und ist ein Teil der gesamten Agrarstruktur. Die Erzeugerverbände wiederum bilden einen Teil dieser Agrarmarktstruktur zur Vermarktung von landwirtschaftlichen Gütern. Als Teil der Agrarmarktstruktur können die landwirtschaftlichen Erzeugerverbände gefördert werden. Grundlage bildet das Marktstrukturgesetz in der ursprünglichen Fassung (mit Änderungen) vom 26.11.1975 (Gesetz zur

großen ökonomischen Institutionen besteht jedoch die Gefahr, daß die optimale Größe überschritten wird und es zu Ineffizienzen bei der Leistungserstellung durch träge Organisationsstrukturen kommt (sog. X-Ineffizienz), wodurch die Größenvorteile aufgezehrt werden. Auch Vorteile aus wettbewerblichen Ausnahmeregelungen, steuerliche Privilegien, Marktsubventionen und günstige Kredite werden sehr oft durch die X-Ineffizienz verwässert. Im Extremfall führt die staatliche Förderung zu ineffizienten Erzeugerverbänden und verhindert zugleich die wettbewerblich wünschenswerte Entstehung leistungsfähiger privater Unternehmen.[59]

4. Die exklusive Organisation von Märkten

In Ausnahmefällen werden Erzeugergemeinschaften oder andere Institutionen mit der *exklusiven Organisation einzelner Märkte* beauftragt. In diesem Fall handelt es sich um staatlich kontrollierte Zusammenschlüsse von landwirtschaftlichen Erzeugern, welche in erster Linie der Stabilisierung der Mengen und Preise dienen.[60] Treten Marktüberschüsse als Folge überhöhter Preise auf, wird diesen Institutionen im Extremfall das exklusive Recht zur Festlegung von Produzentenquoten sowie zum Export und zur Vernichtung von Waren[61] verliehen. Damit können nur sie die entsprechenden landwirtschaftlichen Erzeugnisse produzieren lassen, aufkaufen, verarbeiten, handeln, lagern, exportieren und importieren. Wollen die Landwirte ein entsprechendes Produkt erzeugen, sind sie zur Zwangsmitgliedschaft verpflichtet, um Produktionsverträge zu erhalten.

Bei einer vollständigen Kontrolle des Marktangebotes und des Außenhandels durch exklusive Marktrechte sowie öffentlich-rechtliche Marktordnungsfunktionen können die Erzeugerverbände und deren Vereinigungen die Preise ohne wettbewerblichen Druck festlegen. Dies erfordert die Fixierung von Produktionsmengen durch die Erzeugergemeinschaften und führt zu einem Zwangskartell (Zwangssyndikat), welches der Durchsetzung überhöhter Preise dient.[62] Bei einem Aufkauf- und Vermarktungsmonopol (Monopson/Monopol) kommt es zu staatlich institutionalisierten *Doppelmonopolen*. Es ergeben sich zwar wünschenswerte Effekte bei den Landwirten,[63] aber die Macht gegenüber den Verbrauchern und der mangelnde Wettbewerb auf der Anbieterseite führen oft zu Ineffizienzen bei der Leistungserstellung und zu Innovationsschwächen. Ein Mißbrauch von Marktmacht und wettbewerbsbehindernde Strategien sind möglich. Zwangssyndikate als Mittel der Agrarpreispolitik können sich wettbewerbsfeindlich auswirken.[64]

Besonders bei der Übertragung *exklusiver Vermarktungsrechte* an Erzeugergemeinschaften und andere Organisationen sind meist große staatliche Zuschüsse

Anpassung der landwirtschaftlichen Erzeugung an die Erfordernisse des Marktes; BGBl I 2943). Start- und Investitionshilfen erfolgen im Rahmen der Gemeinschaftsaufgabe "Verbesserung der Agrarstruktur und des Küstenschutzes" (Verordnung [EWG] Nr. 355/77). Die Programme sind genehmigungspflichtig seitens der Europäischen Union, welche Beihilfen bezahlt. Einzelne Beispiele sind die Be- und Verarbeitung von Kartoffeln, Obst und Gemüse, Weinbaukellereien, Vermarktungseinrichtungen für Blumen und Zierpflanzen, Schwinganlagen für Leinfasern sowie Molkereien.

[59] Vgl. *Porter* und *Scully* (1987), S. 489 ff.

[60] Solche Erzeugergemeinschaften (marketing boards) spielen in Kanada eine verbreitete Rolle. Vgl. *Herrmann* (1994), 303 f.

[61] In der Europäischen Union zum Beispiel von Obst.

[62] Vgl. *Willgerodt* (1983), S. 122.

[63] Vgl. *Sexton* (1986), S. 1169.

[64] Vgl. *von Dietze* (1937/1962), S. 64 ff.

notwendig, was zu einem Verschleudern von finanziellen Ressourcen führt. Durch eine intensive Lobbytätigkeit gelingt es oft, diese Aktivitäten während Jahrzehnten als legitim darzustellen. Die damit häufig verbundene Verschleuderung oder gar Vernichtung von Nahrungsmitteln wird jedoch als unmoralisch empfunden. Die Übertragung exklusiver Produktionsrechte (Produktionsquoten) an Erzeugergemeinschaften bringt künstliche Produktions- bzw. Wettbewerbshemmnisse. Zwangsmitgliedschaften der Landwirte zerstören die Marktfreiheit und den Wettbewerb. Dies wirkt gegen die Interessen der Verbraucher und meist auch der entwicklungsfähigen landwirtschaftlichen Erzeuger.[65]

IV. Die vertikale Integration als neue Form der Marktverfassung

Zu den neueren Formen der Marktorganisation für Nahrungsmittel, welche vor allem in den USA zur Ablösung traditioneller Erzeugerverbände führen, zählt die *vertikale Integration.* Träger sind meist spezialisierte Erzeugerverbände oder Nahrungsmittelverarbeiter und -vermarkter. Die ökonomischen Grundlagen sind nicht nur Skalenerträge durch große Produktionsmengen und Ersparnisse bei den Transaktionskosten, sondern vor allem auch Produktinnovationen, welche durch Marketingüberlegungen ausgelöst werden und Käuferpräferenzen mobilisieren sollen. Dies entspricht dem Trend von wenig spezifizierten Produkten zu Erzeugnissen mit spezifischen Eigenschaften bzw. dem Übergang von Stapelerzeugnissen zu Nischenprodukten.

Die institutionellen Träger der vertikalen Integration wirken marktintegrierend und dienen der gemeinsamen Anpassung von Produktion und Absatz an die Erfordernisse des Marktes. Die Erzeugung landwirtschaftlicher Güter erfolgt durch produktionsmäßig integrierte bäuerliche Familienbetriebe oder spezialisierte, kapitalmäßig organisierte landwirtschaftliche Betriebe auf dem Wege der Vertragsproduktion. Dadurch kommt es auch zu einer Koordination von Angebot und Nachfrage. Die vertikale Integration kann jedoch zu einer starken Konzentration von Produktion und Absatz führen sowie erhebliche Wettbewerbsprobleme auslösen.[66]

V. Offene Märkte

Bei der Ordnung der Agrarmärkte ist ein Verzicht auf künstliche Wettbewerbshemmnisse wünschenswert. Sinnvoll sind *offene Märkte,* welche auch die innovatorischen Prozesse fördern. Bei einem Verzicht auf Zwangsmaßnahmen und marktexklusive Rechte einzelner Marktinstitutionen kann der Landwirt seine Erzeugnisse frei anbieten und verkaufen. Die Existenz einer Marktinstitution läßt sich nur im Wettbewerb mit anderen wirtschaftlichen Unternehmen rechtfertigen.

[65] Als historisches Beispiel wird oft die Zuckerindustrie genannt. Durch die mangelnden Markteintrittsmöglichkeiten zufolge der *EU-Zuckerordnung* besteht faktisch keine Gewerbefreiheit. Die Quotenregelungen und Produktionsabgaben führten zu einem monopolistisch wirkenden Zwangskartell. Ohne diese Instrumente könnte ein aus einem ursprünglichen Polypol entstandenes Kartell nicht zusammengehalten werden. Vgl. *Willgerodt* (1983), S. 123 ff. Durch die von den EU-Agrarmarktbehörden festgelegten Verkaufspreise für Weißzucker kommen sowohl die Landwirte als auch die Zuckerfabriken in den Genuß von Produzentenrenten. Mit der gemeinsamen Marktordnung wurden die Gruppeninteressen der zuckerrübenproduzierenden Landwirte und der Zuckerfabriken zu Lasten der Verbraucher institutionalisiert.

[66] Beispiele in den USA sind das Futtergetreide, Frischgemüse, Konservengemüse, Milch, Eier, Schweine und Geflügel. Vgl. *Fulton* (1995), S. 1150 f.

Verfügt der Bauer über Marktfreiheit, ist die Wahl des Absatzpartners offen. Er kann seine Erzeugnisse jederzeit und beliebig an Verbraucher, Händler, Verarbeiter oder Erzeugergemeinschaften verkaufen und erzielt oft bessere Preise als bei eingefahrenen Handelskanälen. Möglichst offene und vielfältige Markt- und Handelskanäle dienen der Sicherung des Wettbewerbs. Der beste Wettbewerb kommt durch eine Vielzahl von Marktteilnehmern auf den Beschaffungs- und Absatzmärkten zustande.[67] Der Wettbewerb muß frei sein von künstlichen Wettbewerbshemmnissen und der Markteintritt sowie -austritt jederzeit erfolgen können.

Je zahlreicher und leistungsfähiger die am Wettbewerb teilnehmenden Wirtschaftssubjekte sind, desto mehr setzt sich die beste Form der Vermarktung bzw. die vorteilhafteste Kombination der einzelnen Vermarktungsformen durch. Die einzelnen Marktpartner werden in ihren Leistungen durch den Wettbewerb kontrolliert, machtmäßig in Schranken gehalten und zu Innovationen angespornt. Dynamische Märkte mit innovativen Unternehmen erfüllen die mit zunehmendem Wohlstand immer stärker differenzierten Verbraucherpräferenzen. Der Wettbewerb dient als "Entdeckungsverfahren".[68] Dazu trägt besonders auch der internationale Wettbewerb bei, welcher die Dynamik des Marktes erhöht.

Die *Marktfreiheit* fördert nicht nur den Wettbewerb auf den Erzeugermärkten zu Gunsten der Anbieter, auch die Verbraucher können dabei jederzeit auf den direkten Handel mit den Landwirten zurückgreifen, um von den besten Einkaufsmöglichkeiten zu profitieren. Dies setzt der Marktmacht im Umfeld der Nahrungsmittelwirtschaft Grenzen. Marktbeschränkungen beim Direkthandel zu Lasten der Landwirte und der Verbraucher sind deshalb abzulehnen.

Literaturangaben zu Kapitel 6:

Bonus, Holger und Paaßen, Volker (1989), Die Rolle der Genossenschaften in der Bundesrepublik Deutschland. In: Orientierungen zur Wirtschafts- und Gesellschaftspolitik, Heft 40, Ludwig-Erhard-Stiftung, Bonn, S. 39-45.

Bundeskartellamt (1985), Berichte des Bundeskartellamtes über seine Tätigkeit in den Jahren 1983/84 sowie über Lage und Entwicklung auf seinem Aufgabengebiet (§ 50 GWB) - Bundestagsdrucksache 10/3550, Bonn.

Der Bundesminister für Ernährung, Landwirtschaft und Forsten, Agrarberichte (mit Materialband), diverse Jhrg.

Coase, Ronald H. (1937/1991), The Nature of the Firm, 1937. In: Williamson, Oliver E. und Winter, Sidney G., The Nature of the Firm, New York/Oxford 1991.

Debreu, Gérard (1983), Nobel-Lesung: "Economic theory in the mathematical mode". In: Les Prix Nobel 1983 (Stockholm) und in: American Economic Review 74, Nr. 3, S. 274 f.

[67] Als Beispiele sind der Direkthandel zwischen den Landwirten und den Verbrauchern, die Erzeugergemeinschaften, der private Landhandel, die Nahrungsmittelverarbeiter und der Einzelhandel zu nennen.
[68] Vgl. *von Hayek* (1968), S. 144 ff.

von Dietze, Constantin (1937/1962), Zwangssyndikate als Mittel der Agrarpreispolitik. In: Jahrbücher für Nationalökonomie und Statistik, Bd. 145,1937. Wiederabgedruckt in: Ders., Gedanken und Bekenntnisse eines Agrarpolitikers, Göttingen 1962, S. 64-77.

Drews, Manfred (1989), Marken- und Gütezeichen bei Nahrungsmitteln unter dem Aspekt der regionalen Reichweite mit einer Fallstudie bei Speisekartoffeln. In: Berichte über Landwirtschaft, Bd. 67, Dezember, S. 588-611.

Engelhardt, Werner Wilhelm (1989), Zu theoretischen Analysen genossenschaftsspezifischer Vorteile und positiver Effekte - Gruppenvorteile, Economics of Scale und Synergieeffekte bei Kooperativen und Kollektiven. In: Jens Jokisch, Lutz Raettig und Günther Ringle (Hrsg.), Finanz-, Bank- und Kooperationsmanagement. Beiträge zur Betriebswirtschaftslehre nationaler und internationaler Unternehmen. Festschrift zum 65. Geburtstag von Helmut Lipfert, Frankfurt am Main, S. 139-155.

Eom, Young Sook (1994), Pesticide Residue Risk and Food Safety Valuation: A Random Utility Approach. In: American Journal of Agricultural Economics, Vol. 76, No. 4, November, S. 760-771.

Fulton, Murray (1995), The Future of Canadian Agricultural Cooperatives: A Property Rights Approach. In: American Journal of Agricultural Economics, Vol. 77, Nr. 5, S. 1144-1152.

Giersch, Herbert (1961), Allgemeine Wirtschaftspolitik, Bd. 1: Grundlagen, Wiesbaden.

Grosskopf, Werner (1978), Marktstrukturpolitische Konsequenzen der Konzentration auf den Agrarmärkten. In: Agrarwirtschaft, Heft 1, Jg. 27, Hannover, S. 12-18.

Ders., mit Heidhues, Franz und Zeddies, Jürgen (1995), Die Landwirtschaft nach der EU-Agrarreform. In: Berichte über Landwirtschaft, Bd. 73 (4), vom November, Münster-Hiltrup, S. 509-523.

von Hayek, Friedrich August (1968), Der Wettbewerb als Entdeckungsverfahren. In: Ders., Freiburger Studien. Gesammelte Aufsätze, Tübingen, S. 144-160.

Ders. (1983), Die Verfassung der Freiheit, Tübingen.

Herrmann, Roland (1994), Agrarpolitik in Kanada - Beschreibung, Wirkungsanalyse und Lehren aus den dortigen Erfahrungen für die agrarpolitische Reformdiskussion - . In: Berichte über Landwirtschaft, Bd. 72 (2), Mai, Münster-Hiltrup, S. 295-326.

Hind, Abigail M., The Changing Values of the Cooperative and Its Business Focus. In: American Journal of Agricultural Economics, Vol. 79, Nr. 4, November 1997, S. 1077-1082.

Hoff, Klaus (1997), Wann scheitern Markenprogramme an der Vertragsmoral der Landwirte? In: Berichte über Landwirtschaft, Band 75 (2), Münster-Hiltrup, S. 206-223.

Kuznets, Simon (1971/1989), Modernes Wirtschaftswachstum: Erkenntnisse und Überlegungen, Nobel-Lesung vom 11. Dez. 1971. In: Horst C. Recktenwald (Hsrg.), Die Nobelpreisträger der ökonomischen Wissenschaft, Düsseldorf, S. 272-295.

Monopolkommission (1985), Die Konzentration im Lebensmittelhandel: Sondergutachten der Monopolkommission, Bd. 14, Baden-Baden.

Nieschlag, Robert, Dichtl, Erwin und Hörschlagen, Hans (1988), Marketing, Berlin.

Ott, Alfred E. (1986), Grundzüge der Preistheorie, 3. Auflage, Göttingen.

Pope, D. Rulon and Hallam, Arne (1986), A Confusion of Agricultural Economists? A Professional Interest Survey and Essay. In: Journal of Agricultural Economics. Vol. 68, No. 3, August, S. 572-594.

Porter, P.K. und Scully, G.W. (1987), Economic Efficiency in Cooperatives. In: Journal of Law and Economics. Vol. 30, S. 489-512.

Rieder, Peter und Anwander Phan-huy, Sibyl (1988), Soziale und ökonomische Risiken der Gentechnologie im Agrarsektor. In: Agrarwirtschaft und Agrarsoziologie, hrsg. von der Schweizerischen Gesellschaft für Agrarwirtschaft und Agrarsoziologie, Zürich 1998, S. 77-103.

Schumpeter, Joseph A. (1911/1993), Theorie der wirtschaftlichen Entwicklung: Eine Untersuchung über Unternehmungsgewinn, Kapital, Kredit, Zins und dem Konjunkturzyklus, 8. Aufl. Berlin 1993 (1. Auflage 1911).

Sexton, Richard J. (1986), Cooperatives and the Forces Shaping Agricultural Marketing. In: American Journal of Agricultural Economics, Vol. 68, No. 5, December.

Ders. (1990), Imperfect Competition in Agricultural Markets and the Role of Cooperatives: A Spatial Analysis. In: American Journal of Agricultural Economics, Vol. 72. Nr. 3. August, S. 709-720.

Streissler, Monika (1990), Begründer der Österreichischen Schule. Das Lebenswerk von Carl Menger. In: NZZ, Nr. 45, vom 23. Febr. 1990, Bl. 45.

Weinschenck, Günther (1994), Agrarökonomie zwischen praktischer und theoretischer Vernunft. In: Berichte über Landwirtschaft, Bd. 72 (2), Münster-Hiltrup, S. 161-171.

Willgerodt, Hans (1983), Die Agrarpolitik der Europäischen Gemeinschaft in der Krise. In: ORDO, Band 34, Stuttgart, S. 97-139.

Williamson, Oliver E. (1986), Economic Organization: Firms, Markets and Policy Control, Herfordshire.

Zurek, Ernst C. (1993), Vertragslandwirtschaft in der Nahrungswirtschaft der Bundesrepublik Deutschland - Agrarpolitische Beurteilung und Forschungsbedarf - . In: Berichte über Landwirtschaft, Bd. 71 (4), November, Hamburg und Berlin, S. 625-644.

Kapitel 7: Die Effizienz der Märkte

"Ein gut funktionierender Terminmarkt ist in der realen Welt vielleicht die beste Verwirklichung des theoretischen Modells der vollkommenen Konkurrenz" ("A well functioning futures market is perhaps the closest realworld counterpart to the abstract model of a competitive market")
(*B.A. Goss* und *B.S. Yamey*, 1976, S. 9).

A. Allgemeines

Zu den wesentlichsten *Effizienzbegriffen* bei den Märkten zählen die Allokationseffizienz, die Informationseffizienz und die operative Effizienz. Bei der *Allokationseffizienz* handelt es sich in erster Linie um die Fähigkeit der Märkte, ein Paretooptimum bei der Allokation von Produktionsfaktoren zu erzielen. Die *Informationseffizienz* steht im Zusammenhang mit der Frage, wie vollkommen die agrarwirtschaftlichen Daten und die Erwartungen der Marktteilnehmer in einer gegebenen Situation in den Marktpreisen inkorporiert sind. Bei der *operativen Effizienz* geht es um die Fähigkeit der Märkte, auch größere, angebots- oder nachfrageinduzierte Umsätze ohne funktionslose Preisschwankungen zu bewältigen, wozu eine erhebliche Liquidität der Märkte erforderlich ist. Diese Effizienzbegriffe stehen im Mittelpunkt der nachfolgenden Überlegungen. Dabei erscheint es zweckmäßig, vorerst von den Funktionen der Märkte auszugehen.

B. Die Funktionen der Märkte

Die wohl wesentlichste *Marktfunktion* in einer wettbewerblichen Wirtschaft ist die Konsumentensouveränität.[1] Zu den weiteren Marktfunktionen zählen statische Funktionen wie die Ausgleichs- oder Markträumungsfunktion, die Lenkungs- oder Allokationsfunktion, die Signal- oder Informationsfunktion, die Stabilisierungsfunktion, die Zuteilungs- oder Rationierungsfunktion, die Auslese- oder Selektionsfunktion und die Verteilungs- oder Distributionsfunktion sowie dynamische Funktionen wie die Anpassungsfunktion und die Fortschrittsfunktion.[2]

I. Die Ausgleichs- oder Markträumungsfunktion

Die *Ausgleichs-* oder *Markträumungsfunktion* der Märkte besteht im dauernden Ausgleich von Angebot und Nachfrage über den Preis. Bei den markträumenden Preisen handelt es sich um kurzfristige Gleichgewichtspreise. Angebots- und Nachfrageüberschüsse werden ohne zeitliche Verzögerungen abgebaut. Die Räumung der Märkte erfolgt stets und selbstregulierend, d. h. ohne weiteres Dazutun.

II. Die Lenkungs- oder Allokationsfunktion

Unter der *Lenkungs-* oder *Allokationsfunktion* wird die Fähigkeit der Märkte verstanden, eine optimale Allokation der Ressourcen (Arbeit, Kapital, Natur, Humankapital und übrige Ressourcen) zu erreichen. Unter günstigen Voraussetzungen

[1] Vgl. Kapitel 6.
[2] Vgl. *Streit* und *Quick* (1982), S. 9.

zungen werden die Produktionsfaktoren stets optimal der Produktion zugeordnet. Bei einem vollkommenen Wettbewerb entsteht ein effizientes und nicht irgendein Ergebnis. Keinerlei Ressourcen werden vergeudet oder unnütz eingesetzt.[3] In diesem Zusammenhang wird auch von der allokativen Effizienz der Märkte (bzw. der Allokationseffizienz oder Paretoeffizienz) gesprochen.

Die vielen Akteure einer Volkswirtschaft rufen bei ihren unabhängigen Entscheidungen kein Chaos hervor, sondern tragen zu einem sozialen Optimum bei.[4] Unter günstigen Voraussetzungen (d. h. bei vollkommenen Märkten) kommt es zu einer simultanen Optimierung von Konsum und Produktion. Selbst bei einer dezentralen Ordnung haben die Märkte die natürliche Fähigkeit zur Selbstregulierung der Produktion. Nach der These von *Adam Smith* ist die dezentrale marktliche Ordnung widerspruchsfrei[5] und das Prinzip der *allokativen Effizienz* empirisch anwendbar (sog. *Arrow-Debreu-These).*

III. Die Signal- oder Informationsfunktion

Bei der *Signal-* oder *Informationsfunktion* aggregiert das Preissystem in großem Maße ökonomisch relevante Informationen und verarbeitet die dezentral entstehenden Informationen unter günstigen Voraussetzungen zu einem perfekten Ergebnis, wie dies durch eine zentrale Informationsverarbeitung nicht zu erreichen ist.[6] Die Wissensteilung unter den einzelnen Marktteilnehmern und die dezentrale Verarbeitung der Informationen führen zu einem besseren Ergebnis als die zentrale Speicherung und Verarbeitung der Informationen. Es kommt zu einem Verhalten der einzelnen Wirtschaftssubjekte, als hätte es ursprünglich keine Spezialkenntnisse gegeben.

Keine andere Institution ist in der Lage, Millionen und Milliarden von Informationen über markträumende Preise, Mengen, Produkte, Markttrends und Präferenzen von Verbrauchern und Anbietern auch nur annähernd so genau und kostengünstig zu verarbeiten wie der Markt. Unter wettbewerblichen Verhältnissen liefert dieser allen interessierten Marktpartnern die marktrelevanten Informationen. Ein marktliches System sendet selbst bei kleinsten Datenänderungen Marktsignale über Mangellagen und Überschüsse sowie qualitative Markttrends, was den Anbietern und Nachfragern rasche Reaktionen ermöglicht.

Informationseffiziente Märkte setzen jederzeit alle öffentlichen *und* privat verfügbaren Informationen zeitverzugslos und korrekt um. Werden die Informationen nur unvollständig, verzögert oder verzerrt umgesetzt, sind die Märkte informationsmäßig ineffizient.

IV. Die Stabilisierungsfunktion

Die *Stabilisierungsfunktion* besagt, daß die Märkte unter günstigen Voraussetzungen die Fähigkeit zur Stabilisierung der Preise haben. In Folge der marktinhärenten Stabilisierungskräfte läßt sich ein großer Teil der Preis- und Mengenschwankungen abfedern, ohne daß es zu einem Zusammenbrechen der Preise kommt. Voraussetzungen sind eine Tendenz zu verstetigten Erwartungen der Marktteilnehmer, ein Markt mit einer gewissen Angebots- und Nachfrageelasti-

[3] Vgl. *Arrow* (1959), S. 350 f.
[4] Vgl. *Debreu* (1983), S. 274 f.
[5] Vgl. *Recktenwald* (1989), S. 39.
[6] Vgl. *von Hayek,* 1945, S. 518 ff.

zität, die Abwesenheit von marktstrukturellen Überschüssen sowie liquide Märkte mit erheblichen Umsätzen. Unter solchen Umständen sind die Märkte operativ effizient und bewältigen kurzfristig auch größere Angebots- und Nachfragemengen ohne erhebliche preisliche Verzerrungen. Bei einer geringen operativen Effizienz dagegen führen selbst kleinere Mengenänderungen zu erheblichen Preisschwankungen.

V. Die Zuteilungs- und Rationierungsfunktion

Die *Zuteilungs-* oder *Rationierungsfunktion* besteht darin, daß die Verbraucher, welche die höchsten Preise zu bezahlen bereit sind, die erzeugten Güter erhalten. Dies trägt zur Nutzenoptimierung im Konsumbereich bei, indem jene Verbraucher die Nahrungsmittel erhalten, welche diesen den höchsten Wert beimessen.

VI. Die Auslese- oder Selektionsfunktion

Die Auslese- oder Selektionsfunktion bewirkt, daß nur jene Erzeuger am Markt bestehen können, welche effizient produzieren. Es kommt zu einer Auslese (Selektion) unter den Erzeugern. Nicht effiziente Produzenten müssen die Produktion verbessern oder aus dem Markt ausscheiden. Dies bringt eine Optimierung der Ressourenallokation.

VII. Die Verteilungs- oder Distributionsfunktion

Die *Verteilungs-* oder *Distributionsfunktion* der Märkte führt unter günstigen Gegebenheiten zu einer leistungsgerechten Einkommensverteilung aufgrund der Grenzproduktivität der Produktionsfaktoren.

VIII. Die Anpassungsfunktion

Die *Anpassungsfunktion* der Märkte ist eine dynamische Marktfunktion. Ändern sich die agrarwirtschaftlichen Daten, kommt es zu betrieblichen und strukturellen Anpassungen. Besonders spontane, unregulierte Märkte mit einer effizienten Informationsverarbeitung bewirken immer wieder eine optimale Faktorallokation. Je ungestörter die Anpassungsprozesse ablaufen, desto rascher kommt es nach Datenänderungen wieder zu lohnenden Preisen. Werden die Güter- und Faktorpreise künstlich verzerrt, erfolgen oft fehlgeleitete Anpassungsprozesse. Bei der Eliminierung solcher Preisverzerrungen entstehen vielfach Anpassungskrisen.

IX. Die Fortschrittsfunktion

Die *Fortschrittsfunktion* der Märkte ist ebenfalls eine dynamische Marktfunktion. Auslöser sind Gewinnerwartungen, welche zur Schaffung und Umsetzung von Innovationen motivieren. Der Fortschritt umfaßt neue Produkte, neue Produktionsverfahren, neue Marketingmethoden, neue Finanzierungsmöglichkeiten, neue Beschaffungsverfahren und neue organisatorische Verfahren. Der Wettbewerb dient als Entdeckungsverfahren.[7] Es kommt zu einer gleichzeitigen Optimierung der Produktionsfaktoren (Ressourcen) in der Produktion *und* in der Forschung, Entwicklung und Ausbildung. Die Fortschrittsfunktion der

---

[7] Vgl. *von Hayek* (1968), S. 144 ff.

Märkte führt zu einer steten, simultanen Optimierung nicht nur der Produktion, sondern auch der Innovationen.[8]

C. Die Preisbildung

I. Das Tâtonnement

Damit die Märkte ihre Funktionen ausüben können, stellen sich gewisse Anforderungen an die Preisbildung. Die sich zwischen den Marktpartnern bildenden Preise sind anfänglich meist zu hoch oder zu tief, weil der Handel beginnt, bevor die markträumenden Preise bekannt sind. Falsche Preise führen zu falschen Marktreaktionen, oft verbunden mit funktionslosen Preisschwankungen[9] und Allokationsverlusten in der Einspielphase. Erst nach den Einspielverlusten bewegen sich die Marktpreise um die Gleichgewichtspreise.

Als Idealvorstellung für das Einspielen von Gleichgewichtspreisen ohne Allokationsverluste gilt der sog. *walrasianische Auktionator*. Diese imaginäre Gestalt, welche nur in der Theorie der volkswirtschaftlichen Modelle existiert, nimmt laufend Meldungen über das Angebot und die Nachfrage bei bestimmten Preisen entgegen. Der Handel wird erst zugelassen, wenn sich der markträumende Preis eingestellt hat. Dies entspricht dem walrasianischen Tâtonnement (=Abtastprozeß).

Der imaginäre walrasianische Auktionator besitzt jederzeit perfekte Informationen über das Angebot sowie die Nachfrage und kennt stets den markträumenden Preis. Bei einer Änderung der agrarwirtschaftlichen Daten kommt es unverzüglich zu korrekten Preisanpassungen und einer erneuten Räumung der Märkte. Es ergibt sich weder ein Handel zu "falschen" Preisen (sog. "trading at a false price")[10] noch ein Marktungleichgewicht.

Bei den in der Realität festzustellenden Transaktionen zwischen den Anbietern und Nachfragern beginnt der Handel, bevor ein Marktgleichgewicht erreicht ist,[11] d. h. es findet kein walrasianisches Tâtonnement mit der Hilfe eines Auktionars statt. Der Handel erfolgt auch bei einem Angebots- oder Nachfrageüberschuß zu einem Nicht-Gleichgewichtspreis. Dies ist auf den Zeitbedarf der Anpassungsprozesse bei Datenänderungen, die unvollständigen Marktinformationen und die Informationskosten der Marktteilnehmer zurückzuführen.

Die markträumenden, kurzfristigen Preise tendieren dazu, sich unter marktlichen Gegebenheiten rascher einzuspielen als die langfristigen Gleichgewichtspreise (die sog. natürlichen Preise), weil für das Einspielen der langfristigen Gleichgewichtspreise Anpassungsprozesse im Bereich der Ressourcenallokation erforderlich sind. Während der Anpassungsphase weichen die markträumenden, kurzfristigen Preise von den längerfristigen Gleichgewichtspreisen ab und die Märkte sind in einem langfristigen Ungleichgewicht, weshalb die Preise nie völlig stabil sind. Die Märkte tendieren zum Gleichgewicht, ohne dieses je völlig zu erreichen.[12]

[8] Vgl. zum möglichen Marktversagen Kapitel 17.
[9] Die Preisflexibilität wirkt sich jedoch günstig auf die Ressourcenallokation aus. Vgl. auch *Müller-Armack* (1948), S. 108.
[10] Vgl. *Hicks* (1946).
[11] Vgl. *Schumann* (1987), S. 385.
[12] Vgl. *Walras* (1954), S. 369.

Es gibt nicht nur einen möglichen, kurzfristigen Gleichgewichtspreis.[13] Die kurzfristigen Gleichgewichtspreise bilden sich immer nur bei einem gegebenen Informationsstand der Marktpartner. Da die Informationsbeschaffung und -verarbeitung nicht kostenfrei ist, sind die Marktpartner nur solange informationsaktiv, bis die vermuteten Grenzerträge den Grenzkosten der Informationstätigkeit entsprechen und keine Veranlassung zu weiteren Informationsaktivitäten besteht. Dies kann bedeuten, daß der Markt nicht alle Informationen verarbeitet und die Preise nicht informationseffizient sind. Nur bei völlig informationseffizienten Märkten können sich kurzfristig "echte" Gleichgewichtspreise ergeben.

Wie rasch sich die Preise an das kurzfristige Marktgleichgewicht anpassen, hängt von der Informationseffizienz der Märkte und der Geschwindigkeit der Marktreaktionen ab. Das Einspielen der Preise verursacht besonders bei einer schwachen Informationseffizienz der Märkte Probleme, wenn nicht alle Informationen in die Märkte inkorporiert sind. Es kommt zu einer Fehldeutung von Marktsignalen, wobei die risikoaversen Erzeuger ihre Preis- und Angebotsreaktionen verzögern.[14]

Gibt es angesichts der naturbedingten Produktionsschwankungen in der Landwirtschaft eine Art von walrasianischem Auktionator zur Vermeidung von "kostspieligen Umwegen" bei der Preisbildung?[15] Wie ist die Informationseffizienz spontaner Märkte im Gegensatz zu bürokratisch-administrierten Märkten zu beurteilen? Welche Preisbildungsverfahren sorgen für ein Tâtonnement ohne große Einspielverluste? Wie läßt sich die Preisbildung der Märkte für landwirtschaftliche Erzeugnisse verbessern?

II. Die Informationseffizienz bürokratisch-administrierter Märkte

Landwirtschaftliche Erzeugermärkte sind in der einfachsten Form räumlich-oligopsonistische Märkte[16] und damit wenig informationseffizient. Um ein langwieriges Tâtonnement, d. h. Suchen der Märkte und Marktteilnehmer nach den jeweiligen Gleichgewichtspreisen zu vermeiden, wird oft danach gestrebt, fiktive Gleichgewichtspreise vorzugeben.

Lange Zeit wurde die Auffassung vertreten, die *staatlichen, bürokratisch-administrierten landwirtschaftlichen Marktordnungen* führten durch Preisvorgaben zu einer Verbesserung des Tâtonnements.[17] Zu dieser Auffassung ist kritisch anzumerken, daß die im allgemeinen unvollständige, träge und sehr kostspielige bürokratische Informationsverarbeitung in den Industrieländern zu einer weitgehenden Stillegung der Informationsfunktion der Märkte führt. Es kommt zum Handel mit künstlich verzerrten, falschen Preisen, zum *"trading at a false price"*. Die Marktpartner sehen sich vor stark risikobehaftete Entscheidungssituationen gestellt. Sie sind gezwungen, sich zusätzlich zu den Informationen über die Märkte auch solche über die agrarbürokratischen Aktivitäten der staatlichen Agrarpolitik zu beschaffen. Dies erhöht die Informationskosten der Wirtschaftssubjekte und führt durch die willkürliche Beeinflussung der Markt-

[13] *Arrow* (1959), S. 41 ff.
[14] Vgl. *Arrow* (1959), S. 41 ff.
[15] Vgl. *Meinhold-Weber* (1951), S. 390 f.
[16] Vgl. Kapitel 6.
[17] Vgl. *Pope* und *Hallam* (1986), S. 575 ff.

informationen zu betrieblichen Fehlentscheidungen. Das Konsum-, Produktions- und Innovationsverhalten wird künstlich verzerrt.[18]

D. Die Verbesserung des Tâtonnements durch Preis- und Mengenschätzungen

Eine Möglichkeit zur *Verbesserung des Tâtonnements* sind Preis- und Mengenschätzungen für die Erzeuger- und Verbrauchermärkte. Es wird der imaginäre walrasianische Auktionator "beschworen", der bereits vor dem Handel die markträumenden Preise kennt. Solche Preis- und Mengenschätzungen sind vor allem bei jenen landwirtschaftlichen Erzeugnissen sinnvoll, welche saisonal produziert werden und jährlich einen neuen Preisbildungsprozeß erfordern. Notwendig sind spezielle Markt- und Produktionskenntnisse sowie Schätzmethoden.

Wünschenswert sind möglichst zahlreiche Prognosen mit unterschiedlichen Informationsquellen und Aufbereitungsmethoden, damit die Marktpartner das ganze Spektrum der möglichen Schätzungen kennen. Bei Unsicherheit erleichtert eine Vielfalt von Informationen die individuelle Erwartungsbildung. Erforderlich für Prognosen ist die Beschaffung statistischer Grundlagen und aktueller Daten mit Hilfe von Teilerhebungen, kurzfristigen Umfragen und Satellitenaufnahmen.[19] Produktionsschätzungen sind meist kostspielig. Die Schätzverfahren müssen in verhältnismäßig kurzen Abständen bis zur Ernte wiederholt werden. Die Auswertung von Produktionsdaten mit statistischen Methoden ist aufwendig.[20] Die Vorausschätzung der Produktionsmengen, des Angebotes, der Nachfrage und der Veränderung der Lagerbestände kann in unverbindliche Preisprognosen münden. Solche Prognosen werden von großen Unternehmen, Brokern, Erzeugerverbänden und vom Staat durchgeführt.[21] Der Verbesserung der Verbreitung von Prognosen dienen u.a. auch neue Informationstechnologien wie beispielsweise das Internet.[22]

Informationshilfen senken die Informationskosten der Marktteilnehmer. Um den Insider-Handel zu vermeiden und die Märkte nicht zu verwirren, müssen die Daten bis zur Veröffentlichung in den Händen der Statistiker bleiben und mit einem festen "Fahrplan" publiziert werden.

---

[18] Vgl. *Grosskopf et al.* (1995), S. 519.

[19] Zu den Faktoren für die Preisbildung zählen u.a.: Schätzungen für den privaten und den industriellen Verbrauch, die Exporte und Importe, die Anbauflächen, die Ernten, die Qualität der Ernte, die Lagerfähigkeit, die Lagerbestände sowie die Lagerkapazitäten, die Lager- und Transportkosten sowie die Agrarmarktprogramme. Vgl. *Blase* (1993), S. 63.

[20] Oft werden einfache Zeitreihenanalysen den aufwendigen ökonometrischen Methoden vorgezogen. Vgl. zu den ökonometrischen Verfahren auch *Tomek* (1997), S. 23 ff.

[21] Als Beispiel für staatlich geförderte Vorausschätzungen ist das *Crop Reporting Board* in den USA zu erwähnen. Dieses gibt Informationen für die Marktteilnehmer und trägt zur Verbesserung des Tâtonnements bei.

[22] Vgl. zu den neuen Informationstechnologien im Zusammenhang mit der Landwirtschaft ("Cyberfarm") *Sonka* und *Coaldrake* (1996), S. 1263 ff.

E. Landwirtschaftliche Rohstoffmärkte

I. Allgemeines

Zu den marktlichen Institutionen, welche zu einer Verbesserung des Tâtonnements und der Informationseffizienz führen, zählen lokale Händlermärkte, örtliche und regionale Wochenmärkte, Versteigerungen (Auktionen), spezielle landwirtschaftliche Märkte wie zum Beispiel elektronische Börsen und Videomärkte sowie die nationalen und internationalen Rohstoffbörsen und Terminmärkte.

II. Lokale Händlermärkte, Wochenmärkte und Versteigerungsverfahren

Bei den *lokalen Händlermärkten* treten einzelne Händler und Landwirte miteinander in Kontakt, um die Lieferung von landwirtschaftlichen Erzeugnissen zu vereinbaren. Es handelt sich um räumlich konzentrierte Märkte mit einer größeren Zahl von Erzeugern und Nachfragern. Lokale Händlermärkte bieten keine perfekte, aber doch bessere Markttransparenz als räumlich-oligopsonistische Händlermärkte. Die Erzeugerpreise erreichen im Endeffekt jedoch nicht ganz das Niveau der Preise bei vollkommener Konkurrenz.

Besser sind die marktstrukturellen Voraussetzungen bei *örtlichen und regionalen Tages- und Wochenmärkten.* Dabei kann es sich um Verbraucher-, Einkäufer- oder Händlermärkte handeln. Bei diesen Märkten herrscht eine gewisse Transparenz. Die Informationen werden besser umgesetzt als bei räumlich-oligopsonistischen Händlermärkten. Wegen der mangelhaften Arbitrage zwischen den einzelnen Märkten erfolgt jedoch kaum eine vollständige Preisangleichung in einem größeren Gebiet.

Zu recht guten Ergebnissen führen regionale *Versteigerungen.*[23] Es handelt sich um regional oder national repräsentative Märkte, bei welchen die Preisbildung in der Form von Auktionen an den Umschlagplätzen des Großhandels erfolgt. Im allgemeinen sind diese Märkte operativ effizient. Nur ausnahmsweise kommt es bei einer kurzfristigen Marktsättigung zu Preiseinbrüchen.

III. Versuche mit speziellen landwirtschaftlichen "Märkten"

1. Elektronische Börsen

Interessant sind die Erfahrungen mit *elektronischen Börsen,* an welchen die Erzeuger, Händler und Verarbeiter teilnehmen. Solche "Märkte" mit Tausenden von Teilnehmern sind erst im Versuchsstadium. Die operative Effizienz ist befriedigend: Die Preise sind etwas höher als beim traditionellen Handel mit Händlern, passen sich von Tag zu Tag schneller an sich verändernde Angebots- sowie Nachfrageverhältnisse an und die Preisausschläge sind geringer als bei lokalen und regionalen Märkten. Offenbar lassen sich mit einem solchen Verfahren Marktunvollkommenheiten wie beispielsweise ein ungenügender Wettbewerb und ein Handel mit falschen Preisen in einem gewissen Ausmaß ausschalten. Mengenrationierungseffekte, wie diese bei räumlich-oligopsonisti-

[23] Ein Beispiel ist das *Veiling* (die "Versteigerung über die Uhr"), wie dieses in den Niederlanden für zahlreiche Erzeugnisse oder in Portugal für Fischmärkte angewendet wird.

schen Märkten zwischen den Landwirten und den Händlern durch Preisstarrheiten stets auftreten, werden eliminiert.[24]

2. Video-Märkte

In den USA finden auch *Video-Auktionen* bei Viehversteigerungen (Cattle Auctions) zunehmendes Interesse.[25] Besondere Vorteile gegenüber den traditionellen Viehversteigerungen sind die Reduktion der Informationskosten, die Senkung der Reisezeit der Käufer und Verkäufer sowie die Vermeidung von Seuchengefahren bei den Tieren.[26] Die Zahl der an den Video-Auktionen teilnehmenden Käufer ist in der Regel größer als bei den traditionellen, regionalen Viehauktionen. Zudem sind die Viehpreise meist etwas höher. Dies hängt unter anderem mit den geringeren Transaktionskosten zusammen, weil die Tiere nicht regional zusammengeführt werden müssen.[27]

IV. Rohstoffbörsen

Bei homogenen Agrarprodukten sind nationale und internationale *Rohstoffbörsen* eine gute institutionelle Voraussetzung für informationseffiziente Märkte.[28] Der Handel zwischen den Marktpartnern wird über die Rohstoffbörsen als eigens dafür geschaffene Marktinstitutionen abgewickelt. Die marktlichen Kontakte können auf verschiedenen Wegen erfolgen:

- Beim *Telephonverkehr* stehen die Händler miteinander in Kontakt und geben laufend ihre Kauf- und Verkaufskurse bekannt. Die operative Effizienz dieser Märkte für die Käufer und Verkäufer ist beschränkt, denn die Kauf- und Verkaufsangebote ("bid" und "ask") weichen oft erheblich voneinander ab.

[24] In einem Pilotprojekt in den *USA* wurde 1980/81 versuchsweise ein elektronischer Markt für gemästete Schweine geschaffen *("HAMS" = Hog Accelerated Marketing System).* Das Projekt wurde von der *Ohio State University*, dem *Ohio Department of Agriculture* und der *Producers Livestock Association* durchgeführt. 3.000 Farmer erhielten Minicomputer, welche als Auktionatoren, Buchhalter und Kommunikationsmanager dienten. Diese waren durch geleaste Telephonleitungen mit den marktlichen Institutionen verbunden. Es wurden täglich Auktionen durchgeführt. Die Erfahrungen ergaben, daß die Landwirte gegenüber der direkten Vermarktung an Schweinehändler oder dem Verkauf an Schlächtereien Preise erhielten, welche um rund 3,5 Pf. pro Kilo höher waren als im traditionellen Handel. Vgl. *Rhodus et al.* (1989), S. 874 ff.

[25] Es handelt sich um die *Superior Livestock Auction ("SLA").* Vgl. *Bailey et al.* (1991), S. 465 ff.

[26] Während der Auktion werden Videofilme von den Tieren gezeigt. Die visuellen Informationen und damit auch die Verkaufschancen sind besser als bei den elektronischen Viehbörsen. Zusätzliche Informationen über die einzelnen Auktionslose werden in den Begleitinformationen zu den Videofilmen gegeben. Der Verkäufer gibt die Zahl der Stück Vieh des Lots (Verkaufsloses) bekannt, ebenso wie die Rasse, den Ort des Verkaufs, die Größe der Tiere, die bisherige Art der Fütterung, das Lieferdatum, das Gewicht und die Impfungen. Die Käufer müssen sich vor der Auktion registrieren lassen und einen Check deponieren. Sie können während der Auktion über ein spezielles Satelliten-Verbindungssystem ihre Offerten abgeben. Bei der eigentlichen Lieferung finden Anpassungen der Preise für die Gewichts- und Qualitätsdifferenzen, die Transportkosten und die Verkaufskommissionen statt. Es muß sofort bezahlt werden, während die Lieferung erst später erfolgt. Probleme für den Käufer ergeben sich, wenn die Preise zwischen dem Vertragsabschluß und der Lieferung fallen.

[27] 1988 wurden in den USA über auf Videomärkten 450.000 Stück Vieh umgesetzt.

[28] Anbieter und Nachfrager von Kassen- und Terminkontrakten veranlassen den Handel bei den Brokern oder deren Agenten. Die Broker verfügen über Sitze an den Börsen, wo Kontrakte für landwirtschaftliche Erzeugnisse gehandelt werden. Die Kontrakte werden über Clearinghäuser abgewickelt, welche auch deren Erfüllung garantieren.

- Beim *Handel am Ring* treffen sich die Broker an einem "Ring", wo sie sich die Kauf- und Verkaufsofferten zurufen.[29] In der Mitte sitzt meist ein Börsenkommissar, welcher die Kurse amtlich feststellt und notiert. Dieses System ist vor allem für kleinere landwirtschaftliche Rohstoffbörsen während der Erntezeit ("Hauptsaison") geeignet. Es verbessert die Transparenz der Märkte zu Gunsten der Händler und der übrigen Marktteilnehmer.

- Beim *floor trading (Präsenzbörse)* führen einzelne Händler (floor trader) den Handel jeweils für mehrere Kontrakte im Börsensaal durch. Bei umsatzstarken Kontrakten ist die operative Effizienz ziemlich groß. Die Kauf- und Verkaufsangebote ("bid" und "ask") liegen meist innerhalb eines sehr engen Preisbereichs, was vorteilhaft für die Käufer und die Verkäufer ist. Als "market maker" wirkt der floor trader ähnlich wie ein walrasianischer Auktionator, welcher das Angebot und die Nachfrage durch markträumende Preise in Einklang bringt. Die Preise gelten allerdings nur für sehr kurzfristige Zeiträume, denn die floor trader kennen nicht zwangsläufig auch die fundamentalen Daten, sondern nur die jeweils angebotenen, nachgefragten und offenen Kontraktmengen sowie die Preise.

- Beim *elektronischen Börsenhandel* werden die Kauf- und Verkaufsaufträge nach Preisen und Mengen in die Datenverarbeitungs- und Telekommunikationssysteme eingegeben. Bei einer Übereinstimmung von Kauf- und Verkaufsaufträgen kommen die Kontrakte zum Abschluß. Die Broker erhalten einen elektronischen Beleg. Diese Systeme können weltumfassend sein, was den globalen Handel während 24 Stunden ermöglicht. Sind einzelne Kontrakte nicht sehr umsatzstark, sollte es auch bei den elektronischen Börsen "market makers" geben, welche jederzeit Kauf- und Verkaufskurse stellen. Damit sinkt die Gefahr von Zufallskursen, welche die Marktteilnehmer irritieren und Merkmal eines wenig leistungsfähigen, d. h. operativ ineffizienten Marktes sind. Der elektronische Börsenhandel stellt die derzeit höchstentwickelte Form der Rohstoffbörsen dar und eignet sich für Kassen-, Terminkontrakt- und Optionsmärkte.

- Die einzelnen Handelsarten lassen sich auch miteinander *kombinieren*. Beispielsweise kann während der Tagesstunden ein floor trading *und* ein elektronischer Handel stattfinden, in den übrigen Stunden des Tages "nur" ein elektronischer Handel.

V. Die Marktintegration

Bei stärker heterogenisierten Nahrungsmitteln, welche spezielle Anforderungen an die landwirtschaftlichen Rohstoffe stellen, treten an die Stelle von Kassen- und Auktionsmärkten mehr und mehr auch direkte Marktkanäle zwischen den landwirtschaftlichen Erzeugern und den Verarbeitern als einer besonderen Form der *vertikalen Marktintegration*.[30] Dies erfolgt sinnvollerweise bei besonderen Qualitätsanforderungen, welche immer stärker auf die steigenden Qualitäts- und Ernährungsbedürfnisse der Verbraucher ausgerichtet sind. Dabei kann es sich um die Produkte einer konventionellen, naturnahen oder biologischen Produktionsweise handeln.[31] Die landwirtschaftliche Produktion wird ein Teil des Marketingkonzepts der Anbieter von Nahrungsmitteln. Es findet eine vollständige Integration von Produktion und Marketing statt. Dies führt zu einer

[29] Besser: zuschreien = Systeme "à la crié" oder "open outcry".
[30] Vgl. auch *Hoff* (1997), S. 206 ff.
[31] Beispielsweise "natura beef".

Steigerung der Informationseffizienz dieser "Märkte", einer Senkung der Transaktionskosten und einer besseren Stabilisierung der Preise und Mengen. Die vertikale Marktintegration läßt sich mit elektronischen Informatiksystemen verbinden, welche zwar grundsätzlich der Steuerung des Warenflusses vom Einkaufshandel über die Verarbeitung und den Einzelhandel bis zum Verbraucher dienen, sich jedoch bis zur landwirtschaftlichen Erzeugung "verlängern" lassen.[32]

Ganz allgemein betrachtet ist die volle marktliche Integration zwischen den Erzeugern und der Verarbeitungs-Vermarktungskette das Gegenstück zu Märkten mit vielen Teilnehmern und Gütern mit standardisierten Eigenschaften. Mögliche Zwischenformen der Marktintegration sind die Vertragsproduktion (forward trading) mit einer geringeren Spezifizierung der Produkteigenschaften, strategische Allianzen beispielsweise zwischen Erzeugerverbänden und Verarbeitern-Vermarktern, informale, oft traditionelle Marktbeziehungen zwischen den Erzeugern und den Abnehmern, joint ventures zwischen dem Agribusiness und den landwirtschaftlichen Erzeugern sowie in der Zukunft möglicherweise auch Franchise Unternehmen.[33]

F. Die landwirtschaftlichen Terminmärkte

I. Das Grundbedürfnis für Zukunftsmärkte

Zukunftsmärkte (Terminmärkte bzw. futures markets) für landwirtschaftliche Erzeugnisse entsprechen einem natürlichen Bedürfnis. Die landwirtschaftliche Erzeugung fällt oft nur saisonal an, der Konsum dagegen verteilt sich meist auf das ganze Jahr. Die Zukunftsmärkte dienen der zeitlichen Koordinierung der Produktion, des Konsums und der Lagerhaltung. Eine ursprüngliche und auch heute noch aktuelle Form der Zukunftsmärkte sind Verträge, bei welchen sich die Anbieter verpflichten, zu einem bestimmten Termin eine näher bezeichnete Ware zu liefern *(sog. forward trading* oder *Vertragsproduktion).* Solche Verträge ermöglichen eine zweckmäßige Koordination von Angebot und Nachfrage ohne die Gefahr struktureller Überschüsse, wie dies oft typisch für die Agrarmärkte ist. Bei den landwirtschaftlichen Lieferverträgen (forward trading) können die Preise, die Produkteigenschaften, der Liefertermin und die spezielle Produktionsweise vereinbart werden. Die landwirtschaftlichen Lieferverträge sind ein Instrument der vertikalen Integration.[34]

Im Gegensatz zu den landwirtschaftlichen Lieferverträgen *(forward trading)* werden bei den hochstandardisierten Terminkontrakten *(futures)* nur die Preise und Kontraktmonate festgelegt und nicht auch die Produkteigenschaften.[35] Der Kontraktpreis ist der einzige an der Börse ausgehandelte Verhandlungsparameter. Dadurch werden die Kontrakte fungibel, d. h. universell handelbar. Die landwirtschaftlichen Terminmärkte sind vor allem für die Preisabsicherung von homogenen Gütern geeignet, bei welchen die qualitativen Eigenschaften der landwirtschaftlichen Erzeugnisse nicht im Vordergrund der Beschaffung stehen.

[32] Es handelt sich um Systeme des sog. ECR (Efficient Consumer Response), welche in den USA Anwendung finden. Vgl. *Kinsey* und *Senauer* (1997), S. 32 ff.

[33] Vgl. *Hobbs* (1997), S. 1083 ff.

[34] Vgl. *Hennessy* (1996), S. 1034 ff. Vgl. *Hirshleifer* (1989), S. 700 f.

[35] Bei Lieferungen erfolgen Zu- und Abschläge als Ausgleich für die Abweichungen von der Standardqualität.

II. Die geschichtliche Entwicklung

Bereits in der Antike entstanden rudimentäre Formen landwirtschaftlicher Zukunftsmärkte. Vorläufer des Warenterminhandels gab es auch im 12. Jh., als sich in England und Frankreich bedeutende und gut organisierte Handelsplätze entwickelten.[36] Der heutige Terminhandel geht auf die Amsterdamer Börse des frühen 17. Jh. zurück. Im Jahre 1620 wurden Tulpen auf Termin gehandelt, was zur berühmten Tulpenspekulation führte. Später folgten Kaffee, Kakao, Getreide und verschiedene Gewürze.[37] In Japan gab es 1697 die ersten, bedeutenden Terminmärkte für Reis, welche 1730 rechtlich institutionalisiert wurden.[38] Nur geringere Umsätze hatte der Terminhandel mit Baumwolle und Sojaöl.

Eine große Bedeutung erlangte der Terminhandel am 3. April 1848 mit der Gründung des *Chicago Board of Trade (CBT)*.[39] Dieser diente ursprünglich dem Handel mit Agrarerzeugnissen, später auch anderer Rohstoffe und Finanzaktiven. Die ersten Terminkontrakte wurden am 13. März 1851 geschrieben.[40] Der Getreideterminmarkt in Chicago war das Ergebnis chaotischer Zustände auf den lokalen Getreidemärkten, bedingt durch schlechte Zufahrtsstraßen, hohe Transportkosten und mangelnde Lagerhäuser. Die Börse hatte einen schlechten Start. Die Getreideproduzenten warfen ihre Ernte innerhalb von wenigen Tagen auf den Markt. Dies führte zum Zusammenbrechen der Preise, zur Vernichtung eines Teils der Ernte und zur Verknappung des Angebotes im folgenden Winter. Die Situation verbesserte sich erst, als Chicago durch seine zentrale Lage an den Seen zum Handelsplatz wurde. Während der starken Preisfluktuationen des Krim-Krieges in den 1850er Jahren und im amerikanischen Bürgerkrieg bestätigte sich die Notwendigkeit der Terminmärkte, welche eine rasche Entwicklung erlebten. 1851 wurde der erste Kontrakt für Mais geschrieben. Zahlreiche Banken akzeptierten gerne Terminkontrakte als Grundlage für die Gewährung von Krediten an die Reeder. Im Jahre 1865 begann der Handel mit *Optionen ("privileges")* auf landwirtschaftliche Erzeugnisse. 1868 war das "berühmte" Jahr der Marktmanipulation mit dem Versuch, die Märkte künstlich zu verknappen, um die Preise hochzutreiben. 1872 wurde die Terminspekulation beschuldigt, die aktuellen Probleme der Getreidemärkte verursacht zu haben. 1874 untersagte der Bundesstaat Illinois den Handel mit Optionen an der Börse von Chicago. Die Optionskontrakte wurden fortan in Milwaukee gehandelt.[41]

Während der Weltwirtschaftskrise versuchten Spekulanten 1933 eine künstliche Verknappung des Getreidemarktes mit der Hilfe von Optionen. Dies führte zu einem enormen Preisanstieg und endete mit einem Preiskollaps.[42] Im Jahre 1936 verbot der *Commodity Exchange Act (C.E.A.)* den Handel mit Optionen auf landwirtschaftliche Erzeugnisse in den USA. Die Bedeutung des Terminhandels ging nach der Weltwirtschaftskrise infolge von Handelsbeschränkungen und Devisenkontrollen zurück. Eine Ausnahme bildeten die USA (Chicago und New York), London sowie weitere internationale Handelsplätze, welche die Terminbörsen beibehielten.

[36] Vgl. *Lebeck* (1984), S. 9 ff.
[37] Vgl. *Hirt* (1983), S. 53.
[38] Vgl. *Bakken* (1986), S. 1 ff.
[39] Vgl. *von Arnim* (1979), S. 3 ff.
[40] Vgl. *Lebeck* (1984), S. 11.
[41] Vgl. *Angell* (1986), S. 17.
[42] Vgl. *Angell* (1986), S. 18.

Am *Chicago Board of Trade* werden seit langer Zeit Terminkontrakte für Weizen, Mais, Hafer, Sojabohnen, Sojaöl und Sojamehl gehandelt. An der *Chicago Mercantile Exchange* sind es Rindfleisch, lebende Rinder, Schweine, Schweinebäuche und Holz, an der *New York Cotton Exchange* Baumwolle und Orangensaft. Optionen sind seit 1983 wieder zugelassen, da sich ein dringendes Bedürfnis ergab.[43] Solche gibt es am *Chicago Board of Trade* unter anderem für Sojabohnen, Sojamehl, Sojaöl, Mais und Weizen, an der *Chicago Mercantile Exchange* für lebende Rinder, Rindfleisch, lebende Schweine, Schweinebäuche und Holz.

In *Europa* breitete sich der Terminhandel im 19. Jh. aus. 1857 wurden die ersten Baumwollkontrakte in *Liverpool* geschrieben.[44] Die Manipulationen, die Konkurse sowie die Firmenzusammenbrüche im 19. Jh. und die suspekten Terminbörsen führten zum *deutschen Börsengesetz von 1896* mit einer Einschränkung des Handels[45], in Frankreich 1936 zu einem Verbot für Getreideterminkontrakte. In den vergangenen Jahren entstanden wieder landwirtschaftliche Terminbörsen. 1998 wurden in der Bundesrepublik Deutschland Terminkontrakte für Kartoffeln und Schlachtschweine an der *Deutschen Terminbörse (WTB)* in Hannover eingeführt. Später soll ein Kontrakt für Weizen dazukommen. Die Umsätze sind angesichts der in der Europäischen Union stabilisierten Preise eher bescheiden. Heute sind selbst in *Indien* neun von einhundert landwirtschaftlichen Gütern zum Terminhandel zugelassen, wobei es für sechs Erzeugnisse Terminkontrakte gibt.

III. Terminmärkte als die höchstentwickelte Form marktlicher Effizienz

Die beste informative, allokative und operative Effizienz ist bei *internationalen Rohstoffbörsen* zu erwarten, welche mit *Terminmärkten* kombiniert sind. In Verbindung mit Kassenmärkten stellen die Terminmärkte die höchste Stufe der Entwicklung von Märkten dar. Fehlen Terminmärkte, muß von einem eigentlichen Marktversagen gesprochen werden.[46] Die Terminmärkte bilden einen guten "Hebel" für das Tâtonnement und verkörpern - bei sehr guten Rahmenbedingungen - den Walrasianischen Auktionator. Bereits vor der Ernte bzw. der Hauptproduktionszeit kommt es bei Terminmärkten zu markträumenden Preisen.

---

[43] Vgl. *Angell* (1986), S. 19 f.

[44] *Liverpool* hat eine Terminbörse mit standardisierten Gütern, der Hinterlegung von Sicherheiten (margins), der Möglichkeit des Verkaufs von Kontrakten an Dritte und festen Lieferprozeduren. Dieser Markt steht im Schatten der New York Cotton Exchange. In *London* werden heute unter anderem Weizen, Gerste, Kartoffeln, Schweinebäuche, Sojabohnen und Zucker gehandelt, in *Paris* besteht ein Terminmarkt mit Kontrakten für Feinzucker, Weizen, Kartoffeln und Raps (wobei sich letzterer als Flop erwies). In *Amsterdam* gibt es Kontrakte für Weizen, Kartoffeln und lebende Schweine, in Spanien (Valencia) eine Zitrus-Terminbörse (MEFF). Eine weitere Terminbörse entstand in Warschau.

[45] Optionsgeschäfte begründen nur Verpflichtungen, wenn es sich um Vollkaufleute handelt (§ 53 I BörsenG). Ansonsten entstehen aus Termingeschäften vorerst keine klagbaren Forderungen. § 762 BGB verbietet Geschäfte, welche in der Absicht geschlossen werden, Preisdifferenzen zu erzielen. Nichtkaufleute können den sog. Differenzeinwand erheben, wenn die Spekulation auf Preisdifferenzen das entscheidende Motiv der Marktteilnehmer ist. Bei Hedgegeschäften (Termingeschäfte zur Absicherung von Preisrisiken auf Waren) kann der Spiel- und Wetteinwand nicht erfolgen. 1994 wurden in der Bundesrepublik Deutschland wieder Terminmärkte für landwirtschaftliche Güter erlaubt.

[46] Vgl. *Newbery* und *Stiglitz* (1981).

Unter sehr günstigen ordnungspolitischen und marktstrukturellen Voraussetzungen führen die Terminmärkte zu einer effizienten Ausprägung der einzelnen Marktfunktionen. Dazu zählen:

- Die Räumung der Märkte,
- die Koordination von Angebot und Nachfrage,
- die optimale Allokation von Produktionsfaktoren,
- die Optimierung der intertemporalen und intersaisonalen Allokation der Ressourcen,
- die optimale intersaisonale Lagerhaltung,
- die effiziente Informationsverarbeitung,
- die Preisangleichung zwischen den einzelnen Märkten,
- die optimale betriebliche Risikoallokation,
- die Tendenz zur Stabilisierung der Marktpreise und
- die Verbesserung der landwirtschaftlichen Einkommen durch die Eliminierung von Preiserwartungsfehlern.[47]

IV. Marktstrukturelle Voraussetzungen

Damit die landwirtschaftlichen Terminmärkte ihre Funktionen erfüllen können, sind einige Voraussetzungen erforderlich:

(1.) *Eine freie, unverzerrte Preisbildung:* Nur eine freie Preisbildung ohne künstliche, adminstrativ-bürokratische Informationsverzerrungen führt zu informationseffizienten Märkten. Bei solchermaßen spontanen Märkten werden die dezentralen Nachfrage- und Angebotsreaktionen der Marktteilnehmer als Informationen auf die Märkte übertragen.

(2.) *Homogene Produkte:* Die Kontrakte müssen leicht übertragbar (fungibel) sein. Dazu werden die gehandelten Produktqualitäten standardisiert, womit die Kontrakte universell handelbar sind. Die Standardisierung bezieht sich auf die Mengen, Qualitäten, Erfüllungstermine, Erfüllungsorte, Bedingungen im Falle einer Lieferung, Zahlungsbedingungen und weitere Modalitäten. Abweichungen der tatsächlich gelieferten Waren von den Standardqualitäten werden in der Form von Zu- und Abschlägen berücksichtigt.

(3.) *Die Liquidität der Märkte:* Eine operative Effizienz der Märkte setzt genügend große Umsätze voraus, damit sich auch bei größeren Kauf- und Verkaufsaufträgen keine Zufallskurse ergeben. Unter günstigen Voraussetzungen handelt es sich um internationale Märkte mit einer weltweiten Beteiligung von Käufern und Verkäufern.

(4.) *Umsatzstarke Kassenmärkte:* Sind die zugrunde liegenden Kassenmärkte umsatzstark, werden die Terminmärkte durch die fundamentalen Daten der Kassenmärkte geprägt. Die Gefahr, daß die Spekulanten "unter sich" sind, ist gering. Die Spekulation beeinflußt zwar die Stärke und Geschwindigkeit der Preisbewegungen, meist jedoch nicht deren Richtung.[48]

(5.) *Eine enge Beziehung der Terminmärkte zu den zugrunde liegenden Kassenmärkten:* Es dürfen keine Handelshemmnisse zwischen den Termin- und den Kassenmärkten auftreten, auch nicht hinsichtlich der Information und Kommu-

[47] Vgl. *Gärtner* (1992), S. 83.
[48] Vgl. *Kaldor* (1939), S. 112.

nikation. Kompensierende Transaktionen zwischen den beiden Märkten müssen jederzeit und ohne Zeitverzug möglich sein.

(6.) *Preisschwankungen (Volatilität der Preise):* Die Terminmärkte erlangen nur bei Preisschwankungen (d. h. einer gewissen Volatilität) Bedeutung. Von einer ausgeprägten Volatilität sind internationale Märkte, welche als Puffer zwischen den Überschüssen und Knappheiten der nationalen Märkte dienen. Je größer und unvorhersehbarer die Preisschwankungen der einzelnen Märkte sind, desto größer ist das Bedürfnis nach Terminmärkten.[49] Die Umsätze erleben mit zunehmenden Preisschwankungen einen Aufschwung (und umgekehrt). Dies beeinflußt auch die operative Effizienz der Märkte. Bei geringen Preisschwankungen schwindet das Bedürfnis nach Terminmärkten. Kaum ein Bedarf nach Terminmärkten besteht bei Erzeugnissen, deren Preise auf bürokratischem Wege künstlich stabilisiert werden.

(7.) *Die Lagerfähigkeit der Güter:* Die Lagerfähigkeit der Güter war nach früherer Auffassung eine notwendige Voraussetzung für Terminmärkte. Nach neuerer Auffassung ist dies nicht mehr der Fall.[50] Agrargüter lassen sich selbst bei einer geringen Lagerfähigkeit nach dem Prinzip "first in-first out" umschichten. Zudem haben sich die Möglichkeiten der Lagerhaltung wesentlich verbessert (beispielsweise durch die Tiefkühlung).

(8.) *Eine strenge Börsenaufsicht:* Die Börsenaufsicht versucht Preismanipulationen zu verhindern, welche sich vor allem bei "engen" Märkten mit einigen wenigen, marktmächtigen Teilnehmern immer wieder ereignen. Die Aufsichtsbehörden überprüfen den laufenden Verkehr routinemäßig und greifen ein, wenn sie Mißbräuche und Manipulationen vermuten (beispielsweise Insidergeschäfte).[51] Dabei dienen Börsenunterbrechungen zwar der Beruhigung der Märkte, stellen aber für die Marktteilnehmer ein besonderes Risiko im Sinne eines Marktdefektes dar, weil während dieser Zeit nicht gehandelt wird.

G. Die Absicherung von Preisen

Die *festen Terminkontrakte* verpflichten zur unbedingten Erfüllung; die *Optionen* sind bedingte Kontrakte. Beide Kontraktarten ermöglichen Preisabsicherungen.

I. Feste Terminkontrakte

Mit *festen Terminkontrakten* erhalten die Landwirte oder deren Erzeugerorganisationen verbindliche Verkaufspreise.[52,53] Die Terminkontraktpreise sind in der

---

[49] Vgl. *Streit* (1980), S. 546.
[50] Vgl. *Baer* und *Saxon* (1949).
[51] Die Aufsichtsbehörden können den Handel für Stunden oder den Rest des Tages aussetzen, wenn innerhalb eines Börsentags größere, im voraus limitierte Preissprünge erfolgen (sog. *"limit-up"* und *"limit-down"*).
[52] Vgl. *Streit* (1989).
[53] Nach Maßgabe der Kontraktgröße können die größeren Erzeuger selbst an die Börse gehen. Die kleineren Bauern sind gezwungen, sich an Kontrakten zu beteiligen, sei es mit Nachbarn, Erzeugergemeinschaften oder Börsenmaklern. Für die kleineren Landwirte besteht das Problem großer Kontraktmengen. Diese betragen bei Weizen, Mais, Hafer und Sojabohnen 5.000 bushel, was rund 140 Tonnen oder einer Ernte von 15-20 Hektaren Land entspricht. Bei den Tieren sind es Kontrakte von etwa 15-20 Tonnen,

Wirkung präziser als staatlich-administrative Preise, welche nur für eine bestimmte Saison und oft nur als unverbindliche Richtpreise oder Interventionspreise festgelegt werden.[54,55] Die Terminkontraktpreise vermitteln eine preisliche Entscheidungs- und Produktionsgrundlage mit einer theoretischen Reichweite von bis zu zwölf und mehr Monaten, was den Zeitraum der staatlichen Preisfestsetzung übertrifft.

II. Optionen

Optionen sind bedingte Termingeschäfte. Diese Kontrakte eignen sich vor allem zur Absicherung von Preisrisiken. Die Käufer von *Optionen* erhalten das Recht zum Kauf bzw. Verkauf einer bestimmten Kontraktmenge zu einem im voraus festgelegten Basispreis. Die Verkäufer verpflichten sich zur Lieferung bzw. Entgegennahme der Kontraktmenge. Beim *CALL* handelt es sich um das Recht, eine standardisierte Ware zu einem bestimmten Basispreis zu kaufen, beim *PUT* um das Recht, diese zu einem bestimmten Basispreis zu verkaufen. Beide Arten von Optionen werden auf einen bestimmten Termin (= Kontraktmonat) abgeschlossen und sind je nach der Art des Kontraktes zu erfüllen.[56,57]

Der *Basispreis* ist der Preis, zu welchem ein Kontrakt vom Inhaber einer Option gekauft bzw. verkauft wird. Dieser kann zufälligerweise dem Kassenpreis entsprechen *("at the money")*, über dem Kassenpreis liegen *("out of the money")* oder unter dem Warenpreis sein *("in the money")*. Im Falle von "in the money" setzt sich der Optionspreis aus der sog. *Basis* (der Differenz zwischen dem

---

was je nach dem Schlachtgewicht eine Herde von 50-100 Rindern oder 300-500 Schweinen umfaßt.

[54] Vor allem in den *USA* können Erzeugerorganisationen, Landwirte, Tierproduzenten und Tiermäster ihre Erzeugnisse und den Einkauf einzelner Produktionsmittel (z.B. Jungtiere, Futtermittel und Energiestoffe) preislich absichern. Damit läßt sich der Erlös im voraus kalkulieren und die Produktion in einem Zeitpunkt aufnehmen, wo dies lohnend ist. Vgl. *Cramer* und *Jensen* (1979), S. 218 ff. Bereits kurzfristige Preiserhöhungen können Produktionsentscheidungen auslösen.

[55] Die Preissicherung erfordert eine sorgfältige Ausbildung und Beratung. Die Marktteilnehmer sollten täglich die Kurse und die Hedge-Risiken überprüfen. Vgl. *Purcell* (1991). Beim Verkauf von festen Terminkontrakten kann für die Landwirte ein höchst unerwünschter Effekt auftreten. Dies soll anhand eines Modellbeispiels verdeutlicht werden. Ein US-Farmer sichert (= hedgt) seinen Verkaufspreis bei der Aussaat im Winter oder Frühjahr durch den Verkauf eines Terminkontraktes ab. Er baut den Weizen in einer Menge an, welche dem geschätzten langfristigen Durchschnittsertrag eines Kontraktes von 5.000 bushel entspricht. In der Folge tritt eine Dürre ein. Der Weizenertrag erreicht nur die Hälfte der geplanten Ernte bzw. der verkauften Kontraktmenge. Steigt der Preis beispielsweise auf das Doppelte des erzielten Terminkontraktpreises, ist der Landwirt gezwungen, seinen Terminkontrakt zum doppelten Preis zurückzukaufen. Dies bringt einen Liquiditätsverlust, was bei einer schlechten betrieblichen Finanzlage zum Konkurs führen kann. Vgl. *Grant* (1988), S. 122 ff. Um dies zu vermeiden, kann der Landwirt Lager für Produktionsausfälle halten. Angesichts dieser Nachteile von festen Terminkontrakten hedgten Mitte der 1980er Jahre nur zehn bis fünfzehn Prozent der Landwirte ihre Preisrisiken an den Terminkontraktmärkten. Dies hängt auch mit den erforderlichen Kapitaleinschüssen (margins) zur Deckung von Risiken zusammen, welche zu leisten sind, wenn das Getreide noch am Halm ist bzw. die Tiere noch im Stall stehen. Erst mit der Einführung von Optionsmärkten stieg der Anteil der gehedgten Erzeugerrisiken. Vgl. *Angell* (1968), S. 8.

[56] Vgl. *Lingner* (1987), S. 3.

[57] Es gibt "einfach-derivative" Optionskontrakte auf Kassenmärkte (sog. *"options on actuals"*) und "zweifach-derivative" Optionskontrakte auf Terminkontrakte (sog. *"options on futures"*).

Kontraktpreis und dem Termin- oder Kassenpreis) sowie einer *Optionsprämie* zusammen.[58]

Beim *Kauf* eines CALLs oder PUTs besteht das beschränkte Risiko, die bezahlte Prämie zu verlieren. Beim *Verkauf* von CALLs und PUTs geht der Verkäufer ein unbeschränktes Risiko ein, welches aktuell wird, wenn sich die Kurse "in die falsche Richtung" bewegen. Dafür erhält er die Optionsprämie, welche der Preis für die Risiken ist, welche der Verkäufer des CALLs oder PUTs übernimmt.

Oft ist der Käufer eines PUTs bereit, eine kleine Prämie für die Verkaufsoption zu bezahlen, um über einen sicheren Preis zu verfügen.[59] Damit läßt sich das Risiko eines Rückgangs der Güterpreise ohne unerwünschte Nebenerscheinungen absichern. Die PUTs geben das Recht, nicht aber die Pflicht, die Waren zu einem bestimmten Preis zu verkaufen. Die PUTs können auch vor dem Verfall verkauft werden oder man kann diese verfallen lassen.

III. Ein Modellbeispiel

Ein *Modellbeispiel* soll die Vor- und Nachteile einiger Absicherungsstrategien zeigen. Das Beispiel ist theoretischer Art und kann keine Empfehlung für die Praxis sein. Es werden volatile Erntemengen und Getreidepreise angenommen sowie unterschiedliche Fälle für die Erntemengen und Getreidepreise (A-B-C) bzw. die Strategien für die Absicherung der Preise (I-VII) dargestellt.

1. *Ernten und Getreidepreise (Modellannahmen)*

A. Eine gute Ernte mit 6.000 bushel für einen Referenzbetrieb und ein Preis von 2 Geldeinheiten pro bushel.
B. Eine durchschnittliche Ernte von 5.000 bushel und ein Preis von 4 Geldeinheiten pro bushel.
C. Eine mengenmäßig schlechte Ernte von 3.500 bushel und ein Preis von 8 Geldeinheiten pro bushel.

2. *Strategien für die Preisabsicherung*

I. Keine Preisabsicherung. Die Ernte wird an den Kassenmärkten zu Kassenpreisen verkauft.
II. Die erwartete Durchschnittsernte wird bei der Aussaat durch einen Terminkontrakt in vollem Umfang abgesichert. Der Terminkontraktpreis liegt bei 4 Geldeinheiten pro bushel.
III. Ähnliche Absicherung wie bei II. Es wird jedoch nur die Hälfte der erwarteten Durchschnittsernte abgesichert.
IV. Die erwartete Durchschnittsernte wird vollständig durch den Kauf von Verkaufsoptionen (PUTs) abgesichert. Der Basispreis wird bei 4 Geldeinheiten je bushel festgelegt. Sind die Preise höher, verfällt der PUT. Ist der

[58] Die Optionsprämien ergeben sich aus den Schwankungen der Preise der zugrunde liegenden Güter. Diese Preisschwankungen werden als Preisvolatilität bezeichnet und mit der Hilfe von Varianzanalysen gemessen. Daraus läßt sich die Optionsprämie theoretisch nach der Formel von Black/Scholes berechnen. Zu unterscheiden sind (1.) die historische Volatilität der Preise in der Vergangenheit, (2.) die in den aktuellen Optionsprämien implizierte Volatilität der Preise und (3.) die vom einzelnen Wirtschaftssubjekt subjektiv erwartete Volatilität der Preise. Vgl. *Black* und *Scholes* (1972), S. 399 ff., sowie (1973), S. 637 ff.

[59] Vgl. *Keynes* (1930), S. 142.

Preis tiefer, wird der PUT mit Gewinn verkauft.

V. Analoge Absicherung wie IV. Es wird jedoch nur die Hälfte der erwarteten Durchschnittsmenge abgesichert.

VI. Die erwartete Durchschnittsernte wird durch den Verkauf von CALLs abgesichert. Der Basispreis liegt beim erwarteten Durchschnittspreis von 4 Geldeinheiten pro bushel. Beträgt der Preis pro bushel über 4 Geldeinheiten, wird der Kontrakt (mit Verlust) glattgestellt. Liegt der Preis bei oder unter 4 Geldeinheiten, verfällt der CALL wertlos.

VII. Analoge Absicherung wie bei VI. Es wird jedoch nur die Hälfte der erwarteten Durchschnittsernte abgesichert.

3. *Weitere Annahmen*

- Jede fünfte Ernte ist überdurchschnittlich gut bzw. überdurchschnittlich schlecht, die übrigen entsprechen den langjährigen Durchschnittswerten.
- Die Produktionskosten betragen 10.000 Geldeinheiten.
- Der Terminkontraktpreis ist identisch mit dem langjährigen Durchschnittspreis von 4 Geldeinheiten per bushel.
- Die CALLs kosten 0,04, die PUTs 0,03 Geldeinheiten je bushel.
- Die Terminkontrakte werden vor dem Verfall glattgestellt.
- Die Transaktionskosten werden vernachlässigt.

Tab. 7/1
Landwirtschaftliche Einkommen bei unterschiedlichen Strategien der Preissicherung (Modellbeispiel)

	A: Gute Ernte	B: Mittlere Ernte	C: Schlechte Ernte	Durchschnitt (A, B, C)*
Ertragsmenge in bushel je Betrieb	6.000	5.000	3.500	
Preis je bushel in Geldeinheiten	2	4	8	
Betriebseinkommen				
I. Ohne Absicherung	2.000	10.000	**18.000**	**10.000**
II. Terminverkauf (ganze Menge)	12.000	10.000	-2.000	8.000
III. Terminverkauf (halbe Menge)	7.000	10.000	8.000	9.000
IV. Kauf von PUTs (ganze Menge)	10.500	8.500	**16.500**	**10.500**
V. Kauf von PUTs (halbe Menge)	6.250	9.250	**17.250**	**10.250**
VI. Verkauf von CALLs (ganze Menge)	4.000	12.000	0	8.000
VII. Verkauf von CALLs (halbe Menge)	3.000	11.000	9.000	9.000

* Eine gute, eine schlechte und drei durchschnittliche Ernten.

4. *Ergebnisse*

Aus den Annahmen ergeben sich die in Tab. 7/1 dargestellten Ergebnisse.

- Die *besten Einkommen* (Durchschnitt) ergeben sich, wenn der gesamte Ertrag durch den Kauf von PUTs abgesichert wird. Sind die Ernten gut und die Preise schlecht, werden die Einkommen verbessert. In Jahren mit schlechten Ernten und guten Preisen stehen die gesamten Einnahmen zur Verfügung des Bauern, weil der Kauf von PUTs keine Lieferpflicht begründet.
- Die *zweitbesten Ergebnisse* kommen aus ähnlichen Gründen bei der Absicherung der halben Menge der erwarteten Durchschnittsernte mit PUTs zustande.
- Das *drittbeste Ergebnis* resultiert, wenn die Preise nicht abgesichert werden.

- Ein *unterdurchschnittliches Ergebnis* liegt vor, wenn die Hälfte der erwarteten Ernte mit dem Verkauf von Terminkontrakten oder mit dem Verkauf von CALLs abgesichert wird.
- Das *schlechteste Ergebnis* ergibt sich, wenn entweder die ganze erwartete Durchschnittsmenge über Terminkontrakte oder mit dem Verkauf von CALLs abgesichert wird.

IV. Schlußfolgerungen

Zu einer Strategie des Kaufs von PUTs als Instrument der Preisabsicherung für die Landwirte raten zahlreiche Autoren.[60] Die Absicherung sollte 33, 50, 60 oder bis zu 100 Prozent der erwarteten Durchschnittsernte betragen.[61] Dies liegt zwischen der besten und der zweitbesten Variante des Modellbeispiels.[62] Welche Hedgestrategie als optimal betrachtet wird ("optimal futures hedging") und tatsächlich gewählt werden soll, hängt von der Volatilität der Agrarpreise und der erwarteten Erntemenge ab. Sind die mengenmäßigen Produktionsschwankungen klein und liegen die Terminpreise oft etwas über den Kassenpreisen, kann auch der Verkauf von Terminkontrakten als die beste Variante gelten.[63] Etwas abstrakter formuliert ergibt sich das Problem einer optimalen Hedgestrategie aus drei Risikokomponenten: Dem Terminpreisrisiko, dem Kassenpreisrisiko und dem Ertragsrisiko. Bei einer Normalverteilung der einzelnen Risiken und einer konstanten Risikoaversion[64] ergibt sich die optimale Hedgestrategie aus der individuellen Risikopräferenz.[65]

Ein Vorteil von Terminmärkten liegt auch darin, daß die Landwirte bei preisvolatilen Märkten immer wieder auf bessere Terminpreise warten können, um diese zum Verkauf von Terminkontrakten zu nutzen. Die verkauften Mengen können später produziert werden. Durch Hedgingtransaktionen ergibt sich eine zuverlässige Kalkulation der Erträge. Dadurch lassen sich die Erträge vergrößern und die Risiken optimieren.[66] Dieser „normativen" Theorie des Hedgings steht allerdings die Tatsache gegenüber, daß zu Beginn der 1990er Jahre nur rund 15-20 Prozent der US-amerikanischen Landwirte die Preisrisiken hedgten. Dies war vor allem bei Erzeugern mit einem großen Anteil von Fremdkapital und erheblichen Konkursrisiken bei Preisrückgängen der Fall. Landwirte mit einem verhältnismäßig großen Anteil an Eigenkapital tendierten dazu, die Preisrisiken ungehedgt zu lassen, da selbst ein Rückgang der Preise keine Existenzbedrohung darstellte.[67]

In neuerer Zeit wurde in Chicago ein Terminkontrakt für Getreideerträge eingeführt, beim welchem anstelle des Preises der Ertrag (Menge x Preis) in der Form

---

[60] Vgl. *Cochrane* (1986), S. 1106 f.; *Gardner* (1985); *Lapan et al.* (1991), S. 74, und *Weltbank* (1986), S. 161.

[61] Die deutsche Warenterminbörse (WTB) rät den Landwirten zu einer Absicherung von 30 Prozent der erwarteten Erntemengen (wobei bei dem etwas kleineren Anteil die geringere Volatilität der Preise in der Europäischen Union angesichts der staatlich festgelegten Interventionspreise zu berücksichtigen ist).

[62] Vgl. die Varianten IV. und V.

[63] Voraussetzung ist eine Risikodeckung gegen Produktionsausfälle.

[64] Constant absolute risk aversion (CARA), vgl. *Lapan et al.* (1994), S. 465.

[65] Vgl. *Lapan et al.* (1991), S. 476.

[66] Dies gilt vor allem für die US-Agrarmärkte, welche sich stärker als die landwirtschaftlichen Erzeugermärkte der EU an den Weltmarktpreisen orientieren.

[67] Vgl. *Collins* (1997), S. 488.

eines Standardkontraktes abgesichert werden kann.[68] Dies eliminiert einige Probleme, welche sich dadurch ergeben, daß bisher nur die Preis-, nicht jedoch die Mengenrisiken gehedgt werden konnten.

H. Die Marktteilnehmer und die Informationseffizienz der Terminmärkte

I. Die Marktteilnehmer

An den Terminmärkten nehmen vor allem Spekulanten, Hedger, Arbitrageure und Trader teil. Die *Spekulanten* gehen bewußt offene Positionen und Risiken ein, weil sie auf Preisbewegungen in die erwartete Richtung hoffen. Die *Hedger* sichern ihre offenen Positionen (Lager oder Lieferverpflichtungen) durch Gegentransaktionen an den Terminmärkten preislich ab. Die *Arbitrageure* nehmen gleichzeitig Positionen und Gegenpositionen ein, um selbst kleinste Gewinnmöglichkeiten auszunützen. Die *Trader* kaufen und verkaufen Kontrakte, welche sie, wenn möglich mit Gewinn, meist noch am selben Tage glattstellen.

II. Die Spekulanten

Die *Spekulanten* kaufen und verkaufen Terminkontrakte, um Gewinne aus künftigen Preisänderungen zu erzielen. Sie erwerben offene, ungesicherte Positionen. Durch die Kombination unterschiedlicher Instrumente können sie jede nur beliebige Struktur von Gewinnchancen und Verlustrisiken aufbauen. Die Spekulanten übernehmen unter anderem jene Risiken, welche die risikoscheuen Hedger absichern. Dies dient der marktlichen Reallokation von Risiken.[69]

Es besteht die Gefahr einer Risikokonzentration bei den risikofreudigen Spekulanten. Bei erheblichen Preisbewegungen sind die Spekulanten nicht immer in der Lage, die finanziellen Konsequenzen zu tragen. Es kann zur Zwangsliquidation von Kontrakten oder ganzer Portefeuilles kommen, wodurch sich die Preisschwankungen verstärken.[70]

Die Spekulanten reagieren spontan auf Änderungen der fundamentalen Marktdaten. Informationen im Sinne von Anzeichen über mögliche Überschüsse oder eine Verknappung der Märkte werden angesichts der ziemlich geringen Transaktionskosten und Eigenkapitalerfordernisse durch die Märkte rasch verarbeitet. Mit relativ kleinen Beträgen werden "indirekt" große Kontraktmengen umgesetzt.

Die Verarbeitung von Marktinformationen ist neben der Risikoüberwälzung eine der volkswirtschaftlichen Hauptfunktionen der Spekulation. Eine Änderung der fundamentalen Daten oder der Erwartungen wird rasch auf die Optionsmärkte übertragen.[71,72] Dies löst *Transmissionswirkungen* auf die Terminkontrakt- sowie Kassenmärkte aus und führt zu Reaktionen in den Bereichen der

[68] Vgl. *Vukina et al.* (1996), S. 1015 ff.
[69] *Koester* (1978), S. 7.
[70] Dies kann selbst die Geld- und Kreditmärkte in Mitleidenschaft ziehen.
[71] Bei den Optionen erwarten die spekulativen Käufer, daß die Volatilität der Optionspreise größer ist als jene, die in den Optionsprämien impliziert ist. Die spekulativen Verkäufer ("Leerverkäufer") gehen vom umgekehrten Fall aus.
[72] Die Optionspreise passen sich den veränderten Preiserwartungen und -volatilitäten an. Es kommt zu einer Angleichung zwischen den in den Optionskursen implizierten und den von den Spekulanten erwarteten Volatilitäten.

Produktion, des Konsums und der Lagerhaltung. Erst wenn alle Teilbereiche einzeln und als interdependentes System wieder im Gleichgewicht sind, endet die Wirkung von Daten- und Erwartungsänderungen.

Lassen sich die Spekulationsverluste wenig erfahrener Börsenteilnehmer rechtfertigen? Ist die Teilnahme der kleinen Spekulanten an den Terminmärkten sinnvoll? Die *"kleinen" Spekulanten* sind im allgemeinen nicht erfolgreich. Sie verfügen oft nur über unvollständige, veraltete oder gar verzerrte Informationen. Nach Schätzungen enden bis zu 90 Prozent dieser Transaktionen mit Verlusten.[73] Ein Großteil der Optionen verfällt. Die Volatilität der Marktpreise wird oft überschätzt. Vielfach wird die Notwendigkeit der Beteiligung kleiner Spekulanten mit der Übernahme von Risiken und der Liquidität der Märkte (d. h. der operativen Effizienz der Terminmärkte) begründet. Nach dem heutigen Erscheinungsbild sind die landwirtschaftlichen Terminmärkte jedoch vor allem durch die großen Umsätze der Aktivitäten der Hedger, der Arbitrageure und der Trader geprägt. Die sog. „kleineren Spekulanten" sind für das Funktionieren der Märkte kaum mehr notwendig. Hinzu kommen bei den internationalen Rohstoffmärkten die großen Umsätze der zugrunde liegenden Kassenmärkte. Damit ist die Gefahr begrenzt, daß die Spekulation an den Terminkontrakt- und Optionsmärkten die Preisbildung an den Kassenmärkten dominiert. Größer ist die Gefahr bei kleinen, nationalen Märkten mit einer geringen operativen Effizienz.

III. Die Hedger

1. Begriff

Das Geschäft der Hedger besteht nicht in der Übernahme spekulativer Risiken, sondern in der Absicherung von Preisrisiken. Typische Hedger sind die Produzenten, Lagerhalter, Händler und Verarbeiter, welche nach einer Optimierung der Preisrisiken streben.[74] Die Hedger verfügen vielfach über gute Marktinformationen und variieren den Anteil jener Engagements, die sie gegen Preisschwankungen absichern.[75] Je nach der aktuellen Marktbeurteilung und den Risikopräferenzen hedgen sie einen größeren oder kleineren Anteil der von ihnen gehaltenen oder geschuldeten Mengen. Sie "überkaufen" oder "überverkaufen". Die unterschiedlichen Anteile der gehedgten zu den ungehedgten offenen Positionen sind das Ergebnis einer individuellen Ertrags-Risiko-Optimierung bei unterschiedlichen subjektiven Risikopräferenzen und Preiserwartungen.[76,77]

2. Die Formen des Hedging

Eine Form des Hedging ist das *routinemäßige Hedging (Routine Hedging).* Dabei sichern die Marktteilnehmer alle Kassenpositionen, welche sie für ihre Geschäftstätigkeit halten müssen, stets durch kompensierende Terminkontrakte

[73] Vgl. *Angell* (1986), S. 8.
[74] Vgl. *Streit* und *Quick* (1982), S. 311.
[75] Vgl. zum optimalen Hedging: *Myers* and *Thompson* (1989).
[76] Vgl. *Stein* (1961), S. 1015.
[77] Beim *Long-Hedging* besteht eine offene Verkaufsposition am Kassenmarkt. Zur Absicherung der Preise werden Kontrakte am Terminmarkt gekauft. Beim *Short-Hedging* sichert ein Wirtschaftssubjekt den unverkauften Bestand am Kassenmarkt durch Terminverkäufe ab. In beiden Fällen bilden die Hedging-Transaktionen die Brücke zwischen den wünschenswerten und den offenen Positionen aufgrund der subjektiven Ertrags-Risiko-Präferenzen.

ab, um keine Preisrisiken einzugehen.[78] Der Vorteil besteht darin, daß die geschäftlichen Aktivitäten ohne Informationskosten über die Entwicklung der Rohstoffpreise durchgeführt werden können. Es bleibt den Marktteilnehmern erspart, sich Erwartungen über die Preisentwicklung bilden zu müssen.

Eine zweite Variante ist das *selektive Hedging (Selective Hedging).* Dieses ist typisch für die Lagerhalter, Händler und Verarbeiter.[79] Je nach der Preisbeurteilung werden die offenen Positionen gehedgt, teilgehedgt oder sie bleiben ungehedgt.[80] Der Hedger hedgt nach seinen Preiserwartungen und optimiert die Preisrisiken sowie die offenen Positionen. Als Handlungsmotive stehen die Risikominderung und die Gewinnerzielung im Vordergrund.[81] Das selektive Hedging steht in einer gewissen Beziehung zur Spekulation, indem die offenen (nichtgehedgten) Positionen mit preislichen Risiken verbunden sind. Hedger und Spekulant treffen sich in diesem Fall in einer Person. Das selektive Hedging erfordert gute Informationen und eine marktkonforme Erwartungsbildung, ist jedoch angesichts der überdurchschnittlichen Marktinformationen dieser Gruppe von Marktteilnehmern oft erfolgreich.

Eine dritte Art ist das sog. "*Carrying-Charge-Hedging*", bei welchem die Hedger Gewinnchancen gezielt wahrnehmen.[82] Das Carrying-Charge-Hedging ist identisch mit der Arbitrage zwischen den Kassen- und den Terminmärkten und bewirkt eine stete Angleichung der Kassen- und Terminpreise unter der Berücksichtigung der Hedgingkosten.[83]

3. Die Optimierung der intersaisonalen Lagerhaltung und der Einfluß auf die intersaisonale Preisstruktur

Betrachten die Hedger ihre Lager bzw. offenen Positionen als zu groß oder zu klein, können sie entweder an den Kassen- *oder* Terminmärkten kaufen oder verkaufen. Sie verändern entweder ihre Lager über einen Kauf bzw. Verkauf an den Kassenmärkten, oder sie optimieren ihre offenen Positionen an den Terminmärkten. Je nach der Relation der Preise zwischen den Kassen- und den Terminmärkten erfolgen die Käufe oder Verkäufe am einen oder anderen Markt. Das Entscheidungskriterium, ob an den Kassen- oder den Terminmärkten gekauft oder verkauft wird, bilden die Hedgingkosten.[84] Auf diese Weise entsteht eine saisonale Preisstruktur zwischen den Kassen- und den Terminmarktpreisen, welche im wesentlichen durch die Hedgingkosten bestimmt wird. Durch die individuelle Optimierung der Lagerhaltung führt das Hedging zu einer simultanen Optimierung der intersaisonalen Preisstruktur *und* der intersaisonalen Lagerhaltung.

---

[78] Vgl. Collins (1997), S. 488 f..
[79] Vgl. Collins (1997), S. 488 ff.
[80] Vgl. *Streit* und *Quick* (1982), S. 314.
[81] Vgl. *Streit* (1983), S. 69.
[82] Ist der Kassenpreis *tiefer* als der Terminpreis (sog. *negative Basis* oder *Contango)*, besteht ein Anreiz zur Erhöhung der Kassenbestände, verbunden mit einem Verkauf von Terminkontrakten. Diese Transaktion wird durchgeführt, wenn die Gewinne größer als die Transaktionskosten im weitesten Sinne sind. Sind die Kassenpreise *höher* als die Terminkontraktpreise (sog. *positive Basis* oder *Backwardation)*, besteht ein Anreiz zur Verminderung der Bestände durch den Verkauf von Lager, verbunden mit dem Kauf von Terminkontrakten.
[83] Diese führen zu einer Differenz zwischen den Kassen- und den Terminkontraktpreisen.
[84] Dazu zählen beispielsweise die Kosten für die Lagerhaltung, die Zinsen, die Absicherung von Währungskosten und die Börsenkosten.

IV. Die Arbitrage

1. Begriff und Wirkungen

Bei der *Arbitrage* werden zwei gegensätzliche Positionen an den Terminkontrakt-, Options- oder Kassenmärkten eingenommen und später durch entsprechende Gegengeschäfte glattgestellt. Es wird versucht, von Preisunterschieden zwischen unterschiedlichen Kontraktarten oder Märkten zu profitieren. Die Arbitrageure[85] nutzen selbst kleinste Preisabweichungen für das Erzielen von Arbitragegewinnen und gehen willentlich *keine Preisrisiken* ein.[86] Durch ihre Umsätze erhöhen sie die Liquidität der Märkte und deren operative Effizienz.

Die Arbitrageure handeln Kontrakte der gleichen Ware an unterschiedlichen Börsenplätzen (Intermarket Spreading),[87] Kontrakte mit unterschiedlichen Fälligkeitsterminen, aber gleichen Waren (Intraterm Spreading), Kontrakte mit unterschiedlicher Standardisierung der Güter (Intercommodity Spreading) und Optionskontrakte mit unterschiedlichen Basispreisen.

2. Die Preisanpassung

Die Arbitrage[88] lohnt sich, bis die Preise zwischen den einzelnen Märkten und Kontrakten angeglichen sind, was zu einer raschen *Angleichung der Preise* zwischen den einzelnen, nationalen und internationalen Rohstoff-, Terminkontrakt- und Optionsmärkten führt. Dieser Prozeß erfolgt wesentlich rascher und kostengünstiger als die Preisanpassung zwischen den einzelnen Kassenmärkten, bei welcher oft weltweit Waren hin und her transportiert werden müssen, bis eine Angleichung der Preise erfolgt.[89] Bei einer Kombination von Kassen-, Terminkontrakt- und Optionsmärkten an verschiedenen Orten der Welt kommt der Preisausgleich unverzüglich zustande, wobei nur die Mengendifferenzen unter den Handelsplätzen nachträglich physisch ausgeglichen werden müssen.

Die Arbitrage zwischen den internationalen Rohstoff-, Terminkontrakt- und Optionsmärkten verbessert angesichts der großen Umsätze auch die operative Effizienz der Märkte. Dies ist wesentlich für einen möglichst vollkommenen Preiszusammenhang zwischen den einzelnen Märkten. Die Marktteilnehmer können in Europa, USA oder Asien handeln und erzielen stets vergleichbare Preise für die einzelnen international gehandelten Erzeugnisse im weltweiten Netz der verschiedenen Märkte.

---

[85] Bei leicht unterschiedlichen Kontrakten auch Spreader genannt.

[86] Die Arbitrage bzw. das Spreading stellen angesichts der unterschiedlichen Standardeigenschaften der Warenkontrakte, Zahlungsmodalitäten, Auslieferungsorte und Ausübungsrechte große Anforderungen an den Handel. So bestehen beispielsweise zwischen den US-amerikanischen und den europäischen Terminkontraktmärkten Unterschiede in der möglichen Andienung und den festgelegten Standardqualitäten der Kontrakte. Auch können amerikanische Optionen während der gesamten Laufzeit ausgeübt werden, europäische nur während einer gewissen Zeitspanne vor dem Verfall.

[87] Mit identischer oder verschiedener Standardisierung der Ware.

[88] Bzw. das Spreading.

[89] Sind die Kassenpreise des Handelsplatzes A beispielsweise höher als die des möglicherweise Tausende von Kilometern entfernten Handelsplatzes B, müssen zur Angleichung der Preise zuerst Waren vom Handelsplatz B zum Handelsplatz A fließen. Dies erfordert bei Stapelgütern Wochen und verursacht erhebliche Transportkosten. Der Prozeß muß sich täglich wiederholen.

3. Die Optimierung der intersaisonalen Preisstruktur

Die Arbitrage zwischen den Kassen-, Terminkontrakt- und Optionsmärkten führt zu einem engen Preiszusammenhang zwischen den Märkten und bewirkt, wie das Hedging, eine optimale intersaisonale Preisstruktur.[90,91] Es findet eine intersaisonale Arbitrage zwischen diesen Märkten sowie allen Terminkontrakten unterschiedlicher Laufzeit statt, bis die intertemporalen Arbitragemöglichkeiten ausgeschöpft sind und sich ein Arbitragegleichgewicht ergibt. Die intersaisonale Preisstruktur der Kontrakte unterschiedlicher Laufzeit ist durch die Arbitragekosten geprägt.[92] Dies führt - wie durch das Hedging - zur Ausprägung einer optimalen intersaisonalen Preisstruktur. Je näher beispielsweise die Kassen- und Terminmarktkontrakte zeitlich zusammenfallen, desto kleiner sind die Arbitragekosten, welche sich in der Preisdifferenz zwischen den Preisen der Kassenmärkte und den einzelnen Terminkontraktmärkten niederschlagen:

- Bei Gütern, welche *jährlich einmal* geerntet werden, steigen die Preise der Terminkontrakte für die Monate nach der Ernte im Ausmaß der Arbitragekosten über die Kassenpreise (sog. "Hotelling-Regel"). Für den Kontraktmonat der nächsten Hauptemte bilden sich meist tiefere Terminpreise, welche durch die Produktionserwartungen für die nachfolgende Ernte und nicht mehr durch die Arbitragekosten bis zur nächsten Ernte geprägt sind. Dies entspricht einer optimalen intersaisonalen Preisstruktur.

- Bei Gütern, welche *rund um das Jahr* produziert werden (beispielsweise gemästete Schweine), reduziert sich der intersaisonale Jahreszyklus auf kleinere saisonale Produktions- und Preiszyklen. Ähnliches trifft auch bei einem halbjährlichen Produktionsrhythmus - beispielsweise bei der Produktion eines Gutes in der nördlichen *und* der südlichen Hemisphäre - zu, wobei die intersaisonale Preisstruktur ausgeglichener wird.

---

[90] Damit hat die Arbitrage zwischen den Kassen- und den Terminkontraktmärkten denselben Effekt wie das Carrying-Charge-Hedging. Es handelt sich bei der Arbitrage und dem Carrying-Charge-Hedging jedoch um unterschiedliche Motive: Die Arbitrage möchte ohne Risiken die Preisdifferenzen zwischen den einzelnen Kontrakten ausnützen. Die Geschäfte sind "durchgesichert". Das Hedging strebt nach einer Optimierung der Beschaffungspreise und der preislichen Risiken.

[91] Für die Kontraktmonate nach der Ernte liegt der Terminkontraktpreis meist höher als der Kassenpreis *(positive Basis* oder *Contango).* Übersteigt die Differenz zwischen den Terminkontrakt- und den Kassenpreisen die Arbitragekosten, kauft der Arbitrageur am Kassenmarkt und verkauft am Terminkontraktmarkt. Später bzw. gegen Ende der Fälligkeit des Terminkontraktes kann er entweder die Ware am Kassenmarkt verkaufen und den Terminkontrakt zurückkaufen oder die Ware ausliefern. Bei einem tieferen Terminkontraktpreis als dem Kassenpreis *(negative Basis* oder *Backwardation)* ist eine umgekehrte Transaktion möglich. Einige Zeit vor der Ernte liegt der Kassenpreis meist über dem Terminpreis für den Kontraktmonat zur Zeit der Haupternte. Der Arbitrageur kauft Terminkontrakte und verkauft Ware an den Kassenmärkten. Später kann er entweder den Terminkontrakt glattstellen oder sich die Ware andienen lassen. Bei *Contango* und *Backwardation* bestehen Ähnlichkeiten zwischen der Arbitrage und dem Hedging *(sog. Carrying-Charge Hedging).* Beide führen zur Optimierung der intersaisonalen Preisstruktur.

[92] Es handelt sich um die Kosten für die Lagerhaltung, die Zinsen, die Absicherung von Währungskosten und die Börsentransaktionskosten. Diese entsprechen den Hedgingkosten, womit sich hinsichtlich der intersaisonalen Preisstruktur dieselben Wirkungen ergeben.

4. Der Beitrag zur optimalen Lagerhaltung

Die intersaisonale Arbitrage führt - wie das Hedging - zu einer intersaisonalen Optimierung der Lagerhaltung:

- Liegen die *Terminkontraktpreise über den Kassenpreisen*, kann es sich lohnen, Güter an den Kassenmärkten zu kaufen sowie gleichzeitig an den Terminkontraktmärkten zu verkaufen, wodurch es zu einem Aufbau von Lagerpositionen kommt.[93]

- Der umgekehrte Effekt tritt auf, wenn die *Terminkontraktpreise unter den Kassenpreisen* liegen. In diesem Fall ist es sinnvoll, Lagerbestände über die Kassenmärkte abzubauen und Terminmarktkontrakte zu kaufen. Dadurch sinken die Lagerbestände.[94]

In beiden Fällen sind die Arbitragekosten entscheidend, ob es zu einer Veränderungen der Lagerbestände kommt. Änderungen der Lagerhaltung sind damit eine Funktion der Beziehung zwischen den Kassenpreisen und den Terminkontraktpreisen sowie den Arbitragekosten. Die Ausschöpfung der Arbitragemöglichkeiten begünstigt eine optimale Lagerhaltung, ohne daß die Arbitrageure ungewollt preisliche Risiken eingehen müssen.

5. Arbitrage und Optionsmärkte

Welche Wirkungen haben die Optionsmärkte auf die zugrunde liegenden Kassen- und Terminkontraktmärkte? Werden Preisbewegungen bei den einzelnen Gütern bzw. eine größere oder eine kleinere Volatilität der Preise der Güter erwartet, verändern sich auch die Optionsprämien. Ist eine Arbitrage zwischen den Optionsmärkten und den Kassen- bzw. den Terminkontraktmärkten (und umgekehrt) lohnend, kommt es zu entsprechenden Transmissionswirkungen. Damit werden auch Informationen und Erwartungen von den einen auf die anderen Märkte übertragen. Das tägliche Rauschen von Millionen und Milliarden marktrelevanter Informationen wird auf diese Weise durch die Märkte "verarbeitet".[95]

Die Transmissionseffekte zwischen den einzelnen Märkten führen zu einer Angleichung der Zeitprämien.[96] Der technisch äußerst anspruchsvolle, arbitrage-

---

[93] Wird beispielsweise eine knappe Ernte mit steigenden Preisen erwartet, können die Terminkontraktpreise über die aktuellen Kassenpreise steigen. Es lohnt sich somit, Güter an den Kassenmärkten zu kaufen und über die Terminmärkte zu verkaufen. Dies erhöht die Kassenpreise und senkt die Terminpreise.

[94] Wenn eine große Ernte erwartet wird und die Terminpreise für den Zeitpunkt der Ernte unter den aktuellen Kassenpreisen liegen, kann es sich lohnen, Güter aus der Lagerhaltung an den Kassenmärkten zu verkaufen und Terminkontrakte zu kaufen. Dies senkt die Kassenpreise und erhöht die Terminkontraktpreise.

[95] Denkbar sind auch Schocks an den Kassenmärkten und den Terminkontraktmärkten, verbunden mit Übertragungen auf die Optionsmärkte.

[96] Sind beispielsweise die Preise für CALLs gemessen an der implizierten Volatilität der zugrunde liegenden Kassen- und Terminkontraktpreise hoch, verkaufen die Arbitrageure CALLs und kaufen an den Kassenmärkten bzw. den Terminkontraktmärkten. Der Preis für CALLs sinkt und der Preis an den Kassenmärkten bzw. den Terminkontraktmärkten steigt, bis ein Arbitragegleichgewicht erreicht ist.

ähnliche Prozeß[97] ergibt eine Anpassung der in den Kassenpreisen, Terminkontraktpreisen und Optionsprämien inkorporierten Informationen und Erwartungen. Die geringe Kapitalbindung, die tiefen Transaktionskosten und die spezifischen Risiko-Ertrags-Konstellationen bewirken, daß sich agrarwirtschaftliche Daten- und Erwartungsänderungen sehr rasch auf die einzelnen Märkte und zwischen den einzelnen Märkten übertragen.

Die schnelle Informationsverarbeitung durch die Options- und Terminkontraktmärkte sowie die steten Transmissionsbeziehungen auch zu den Kassenmärkten verbessern die Effizienz der Märkte. Die Folge der fast zeitverzugslosen Informationsumsetzung durch die Optionsmärkte sind - unter günstigen Voraussetzungen - informationseffiziente Preise, was sich vorteilhaft auf die stete Optimierung der Produktion, des Konsums und der Lagerhaltung auswirkt.

V. Spezielle Aspekte der Diversifizierung von Portefeuilles

Ein bemerkenswertes Phänomen, welches zu ähnlichen Optimierungseffekten und besonders zu Stabilisierungseffekten beiträgt, ist der Handel mit landwirtschaftlichen Terminkontrakten in hochdiversifizierten Portefeuilles.[98] Werden landwirtschaftliche Terminkontrakte in Finanzportefeuilles aufgenommen, ist die Landwirtschaft nicht nur über die Güter- und Faktormärkte mit der gesamten Wirtschaft verbunden, sondern auch über den gesamten Finanzbereich. Orientieren sich die Portefeuilleentscheidungen an möglichen Höchst- und Tiefstpreisen für landwirtschaftliche Erzeugnisse, kann dies zu einer Stabilisierung der landwirtschaftlichen Märkte beitragen, sofern bei tiefen Preisen gekauft und bei hohen Preisen verkauft wird. Der Einsatz erheblicher Finanzmittel an den landwirtschaftlichen Terminmärkten kann bei informationseffizienten Märkten einen preisstabilisierenden Einfluß auf die landwirtschaftlichen Produktmärkte haben. Zwischen den Extrempreisen kommt es möglicherweise zu einer frühzeitigen Preisumkehr, was wiederum einer Optimierung der Produktion, des Verbrauchs und der Lagerhaltung dient.

I. Die Informationseffizienz der Terminmärkte

I. Die Umsetzung von Informationen

Die landwirtschaftlichen Kassen- und Terminmärkte sind Institutionen, welche durch das Zusammenwirken der Marktpartner Preisbildungsfunktionen übernehmen und selbst Informationen erzeugen. Sie sind ein *"clearing center for*

[97] Angesichts der nicht nahtlosen Basispreise für die einzelnen Optionskontrakte ist die Arbitrage bei den Optionsmärkten allerdings nicht ganz risikofrei. Bei Preisbewegungen sind Anschlußtransaktionen zur möglichst perfekten Glattstellung und Neueröffnung von Kontrakten in der Regel notwendig. Dies erfordert Erfahrung und eine sorgfältige Überwachung der offenen Positionen.

[98] Werden Portefeuilles mit Finanzaktiven und Finanzterminkontrakten durch landwirtschaftliche Terminkontrakte ergänzt, ist deren Volatilität erfahrungsgemäß geringer und die erzielbare Rendite vergleichbar. Für die 1980er Jahre ergaben sich im Durchschnitt von zehn Jahren bei diversifizierten Portefeuilles mit landwirtschaftlichen Terminkontrakten kleine Diversifikationsvorteile im Sinne von Risiko-Ertragsverbesserungen. Allerdings ist die Referenzperiode von zehn Jahren für eine portefeuilletheoretische Betrachtung ungewöhnlich lang. Zudem läßt sich die optimale Zusammenstellung des Portefeuilles nur nachträglich und nicht als zukunftsgerichtetes Entscheidungsmodell konstruieren.

information",[99] welches täglich immense Mengen von Informationen verarbeitet. Es resultieren Kassenpreise, Terminkontraktpreise, Optionspreise, Umsatzzahlen, Daten über die offenen Positionen, Markttrends und ähnliches mehr. Die Veröffentlichung der Börsendaten führt bei den Wirtschaftssubjekten zu weiteren Marktreaktionen. Hinzu kommen stets neue, exogene Marktinformationen aus den Bereich der Produktion, des Verbrauchs und der Lagerhaltung, welche im Rahmen der laufenden Marktprozesse ebenfalls umgesetzt werden.

Angesichts der fast unbegrenzten Kapazität der Märkte, Informationen zu verarbeiten, ergibt sich eine gewaltige Informationsleistung der Börsen bei der Verarbeitung der marktrelevanten Aktivitäten von dezentral handelnden Wirtschaftssubjekten. Die Informationsfunktion der Terminmärkte geht weit über jene bloßer Kassenmärkte und politisch-bürokratischer Preisregulierungssysteme hinaus. Unter günstigen Rahmenbedingungen erbringt kein anderes System eine derartige Informationsleistung. Es ergibt sich ein arbeitsteiliger Prozeß der Erfassung, Verarbeitung und Nutzung von Informationen,[100] welcher hinsichtlich der Bildung von Terminpreisen sogar über die Leistungen des walrasianischen Auktionators, der "lediglich" die markträumenden Preise kennt, hinausgehen kann.

II. Die Informationseffizienz

1. Starke Informationseffizienz

Eine starke *Informationseffizienz* der Märkte *("strong form of efficiency")* setzt die vollständige Informationsverarbeitung aller öffentlich verfügbaren und aller privaten, öffentlich *nicht* verfügbaren Informationen in jedem Zeitpunkt voraus.[101] Die Informationen werden durch die Märkte stets zu korrekten Gleichgewichtspreisen verarbeitet. Preisänderungen enthalten alle zusätzlichen, wahren Informationen. Nachträgliche Preisreaktionen sind bei einer starken Effizienz der Märkte ausgeschlossen.

Sind die Märkte effizient, reflektieren diese jederzeit alle verfügbaren Informationen. Es lohnt sich für die einzelnen Wirtschaftssubjekte in diesem Falle nicht, besondere Informationsaktivitäten außer der Lektüre von Tageszeitungen und Fachschriften zu betreiben. Die nichtinformierten Marktteilnehmer können sich unter solchen Gegebenheiten als free rider verhalten. Der Markt liefert die Informationen ex post wesentlich kostengünstiger als ex ante. Einfache Informationen lassen sich mit geringen Kosten aus der Lektüre der Tagespresse entnehmen und täglich mit dem Geschehen an den Rohstoffbörsen in Einklang bringen. Die Wirtschaftssubjekte sind unter solchen Umständen allerdings kaum bereit, sich an den Kosten der Informationsbeschaffung zu beteiligen, sofern sie annähernd kostenfrei an die Daten gelangen. Das Phänomen der mangelnden ökonomischen Anreize für Informationsaktivitäten bei effizienten Märkten wird als sog. *Informationsparadoxon* bezeichnet.

Bei einer starken Informationseffizienz eines Marktes sind die Preisbewegungen von Tag zu Tag stochastisch (zufällig) verteilt.[102] Spezielle Muster lassen sich

[99] Vgl. *Powers* (1970), S. 463.
[100] Vgl. *Working* (1977), S. 37.
[101] Vgl. *Fama* (1970), S. 383, sowie *Goss* (1976) und (1981), S. 133 ff.
[102] Die Informationseffizienz von Märkten wird mit statistischen Verfahren geprüft, welche die Preisbewegungen analysieren. Verbreitet sind die sog. Run-Tests und die Filter-Tests. Es wird geprüft, ob im Idealfall eines effizienten Marktes kein Marktteil-

dabei nicht erkennen. Dies entspricht dem Rauschen von zufällig verteilten Marktinformationen ("white noise") und den dadurch induzierten Erwartungen bei den Wirtschaftssubjekten, was letztlich zu den Preisbewegungen führt. Kein möglicher Marktteilnehmer ist im Besitz von besseren fundamentalen Marktinformationen, was ihm eine erfolgreiche Spekulation ermöglichen würde.

Wesentlich für die Informationseffizienz von Terminmärkten ist auch die Verteilung der marktrelevanten Informationen auf die einzelnen Marktpartner in einer gegebenen Situation. Verteilen sich die fundamentalen Informationen symmetrisch auf eine sehr große Zahl von Marktteilnehmern und werden dadurch ausgelöste, rationale Erwartungen jederzeit vollumfänglich umgesetzt, ist der Markt effizient. Die Kriterien für eine starke Informationseffizienz sind äußerst restriktiv und in der absoluten Form praktisch kaum zu erreichen.

2. Halb-starke Informationseffizienz

Bei der *halb-starken Informationseffizienz ("semistrong form of efficiency")* sind alle öffentlich verfügbaren Informationen stets verarbeitet, jedoch lediglich ein Teil jener Informationen, die nur privat verfügbar sind. Die Märkte haben jeweils einen sehr großen Teil der Informationen umgesetzt, aber nicht alle. In der Praxis setzen Terminmärkte mit halb-starker Informationseffizienz vor allem die öffentlich verfügbaren Informationen um. Im landwirtschaftlichen Bereich können sich diese Daten ziemlich rasch ändern.[103]

Der Markt reflektiert ein "Gleichgewicht" bei jenem Preisniveau, bei welchem sowohl für den informierten als auch den nichtinformierten Marktteilnehmer kein Anreiz zu weiteren Informationsaktivitäten und Markttransaktionen mehr besteht. Dabei sind die Informationen kein freies, sondern ein kostengebundenes Gut, weshalb es nicht zu einem effizienten Marktgleichgewicht kommt.

Sind jeweils nicht alle Informationen umgesetzt, können einzelne Marktteilnehmer versuchen, die Wirkungen noch nicht umgesetzter, jedoch vermuteter Informationen durch Markttransaktionen in die eine oder andere Richtung spekulativ vorwegzunehmen. Sie können beispielsweise vor der Bekanntgabe von Marktdaten Engagements im Hinblick auf Marktkorrekturen durch neue Informationen eingehen. Oftmals reagieren die Märkte deshalb vor wichtigen Veröf-

---

nehmer einen Informationsvorsprung hat, den er dazu nutzen könnte, marktüberdurchschnittliche Gewinne zu erzielen (sog. "fair-game-property"). Bei effizienten Märkten gibt es keine sicheren Gewinnsysteme. Vgl. *Fama* (1970), S. 384. Spekulative Transaktionen, welche an charakteristische Muster von Preisbewegungen anknüpfen, lassen sich nicht durchführen.

[103] Die Ernteschätzungen und die faktischen Ernten beispielsweise bergen immer gewisse Überraschungen in sich. Dies trifft auch für die Unsicherheit über die klimatischen Bedingungen kurz vor und während der Ernte zu. Wünschenswert sind gute Ernteschätzungen von mehreren Institutionen. Dies verbessert die Markteffizienz, indem die Marktpartner in den Besitz von Informationen gelangen, welche zu Markttransaktionen verwendet werden, womit die Informationen in die Preise "inkorporiert" werden. Dies kann unter anderem dazu beitragen, daß aus der schwachen Form der Effizienz eine Annäherung an die halb-starke Effizienz resultiert. Liegen genügend präzise Angebots- und Nachfrageschätzungen vor und sind die zugrunde liegenden Kassen- und Terminkontraktmärkte ausreichend umsatzstark (liquide), sinkt die Gefahr einer Manipulation der Terminkontraktmärkte, d. h. es sind Terminkontraktpreise zu erwarten, welche den jeweiligen Angebots- und Nachfrageerwartungen entsprechen. Ungünstig wirken sich mangelhafte Ernteschätzungen aus, welche den Markt mit falschen Daten versorgen.

fentlichungen mit nervösen Schwankungen.[104] Treten Abweichungen zu den bereits marktmäßig umgesetzten Informationen ein, ergeben sich Marktreaktionen als Korrektur der bisher unzulänglichen Erwartungen.[105]

Gelegentlich folgen die Preisbewegungen von Märkten mit halb-starker Informationseffizienz auch Mustern, welche sich kurzfristig für erfolgreiche Spekulationen ausnützen lassen.[106] Dies setzt voraus, daß die Informationsbeschaffung mit geringeren Grenzkosten erfolgen kann als die dadurch möglichen Grenzerträge aus Markttransaktionen. Solche Informationsaktivitäten verbessern die Informationseffizienz der Märkte und lösen das Informationsparadoxon (vorübergehend) auf.

3. Schwache Informationseffizienz

Bei einer *schwachen Informationseffizienz ("weak form of efficiency")* ist jeweils nur ein Teil der öffentlich und privat verfügbaren Informationen in den Marktpreisen umgesetzt. Es gibt für die Marktteilnehmer Hindernisse bei der Informationsbeschaffung, wobei die Gefahr eines Handelns aufgrund schlechter oder falscher Informationen besteht. Dies beeinträchtigt oder verfälscht die Umsetzung von Informationen durch die Märkte. Die Märkte können nicht informationseffizient sein, weil diese nicht jederzeit alle vorhandenen Informationen widerspiegeln.

Die Märkte reagieren oft mit unerwarteten, willkürlichen Preisbewegungen. Dies ermöglicht spekulative Gewinne, was weitere Spekulanten anlockt. Für diese lohnt es sich, das Verhalten der anderen Spekulanten zu beobachten und danach zu handeln. Damit setzt der Markt auch Daten aus dem Bereich der Spekulation um und läßt spekulative Übertreibungen zu. Dies verzerrt die fundamentalen Daten der zugrunde liegenden Märkte. Die "regulären" Marktteilnehmer aus den Bereichen der Produktion, des Konsums und der Lagerhaltung werden durch die spekulativ verzerrten Preise fehlgeleitet. Es entsteht eine paretoinferiore Situation.

---

[104] Nach einer empirischen Untersuchung über die Preisreaktionen der Terminkontraktmärkte auf die Ernteschätzungen des *USDA (United States Department of Agriculture)* bei Mais und Sojabohnen ergaben sich bei den Vorausschätzungen im August, September und Oktober verhältnismäßig starke Preisreaktionen. Die Vorausschätzungen im Juli haben geringere Auswirkungen, weil deren geringe Treffsicherheit bekannt ist. Die Schätzungen im November haben ebenfalls einen geringen Einfluß, weil die Ernteergebnisse schon weitgehend bekannt sind.

[105] Kurz vor einer Ernte ist dies bei neuen Wetterinformationen der Fall. So haben die offiziellen Wettervoraussagen des *USDA*, welche erst nach Börsenschluß veröffentlicht werden, vor der Sojabohnenernte meist einen großen Einfluß auf die Kursbildung am nächsten Tag. Interessant ist auch die Umsetzung der Informationen am Terminmarkt für Schweine (Chicago). Die statistischen Analysen des *USDA* über die Schweinemärkte *("Hogs and Pigs Reports")* haben nach der Publikation äußerst rasche Auswirkungen auf die Preise. Diese reagieren selbst bei unerwarteten Ergebnissen in die informationsmäßig vorgegebene Richtung, wobei die Preissprünge meist das "limit up" oder "limit down" erreichen. Die öffentlich verfügbaren Informationen werden schnell und korrekt umgesetzt. Vgl *Carter et al.* (1993), S. 711 ff. Andere Autoren sprechen von effizienten Märkten, bei welchen der *"Hogs and Pigs Report"* jeweils durch die Preisbildung bereits vorweggenommen wird. Vgl. *Colling* and *Irwin* (1990), S. 93.

[106] Deshalb kann es sich für einzelne Marktpartner wie z.B. Handelsfirmen, Verarbeiter, Lagerhalter und Broker lohnen, Ernteschätzungen durchzuführen, um dadurch einen Informationsvorsprung zu erzielen, der sich gewinnbringend ausnützen läßt. Es ist nicht erstaunlich, daß die Broker oft über die besten Produktionsschätzungen verfügen (z.B. durch Satellitenaufnahmen).

Zu den Ursachen einer schwachen Informationseffizienz zählen:

(a.) Die *Informationskosten:* Sind die Informationskosten erheblich, können sich nur wenige Marktteilnehmer einen Informationsvorsprung durch die Beschaffung von Informationen und kurzfristige Preisschätzungen leisten. Die möglichen Vorsprungsgewinne sind oft geringer als die Informationskosten. Vielfach ist auch nicht ohne weiteres erkennbar, in welchem Ausmaß es sich lohnt, Informationen zu beschaffen und wie diese gewinnbringend angewendet werden können.

(b.) Die *asymmetrische Informationsverteilung:* Oft existiert bei den Märkten mit einer schwachen Informationseffizienz eine asymmetrische Informationsverteilung unter den Marktteilnehmern, verbunden mit Vorsprungsgewinnen der bestinformierten Marktpartner.[107] Dies ist unter anderem bei Akteuren mit "Insiderwissen" der Fall. Gelegentlich manipulieren die Insider kleinere Märkte, um Sondergewinne zu Lasten der weniger informierten Marktteilnehmer zu erzielen. Sie liefern den Märkten verzerrte oder gar falsche Informationen und provozieren Preisbewegungen ("Schaukelbörsen") oder eine Marktenge ("squeezing" bzw. "cornering").[108] Deshalb eignen sich die Terminmärkte nicht für kleinere, sondern in erster Linie für umsatzstarke internationale Agrarmärkte ohne die Dominanz spekulativ agierender Marktteilnehmer.[109] Eine weitere Art der

[107] Eine besondere Art von asymmetrischer Informationsverteilung liegt jeweils am Morgen zu Beginn des Handels an den Rohstoffmärkten vor, wenn die Broker die Börsenaufträge kennen. Sie wissen, wer welche Mengen zu welchen Preisen kaufen oder verkaufen möchte, ohne allerdings die Transaktionsmotive zu kennen. Der anfängliche Informationsvorsprung läßt sich gelegentlich gewinnbringend nutzen (sog. *"front running").* Auf den späteren Verlauf der Börsensitzung, bei welchem neue Informationen dazukommen, hat dies allerdings keinen großen Einfluß mehr.

[108] Ein marktmächtiger Akteur kann versuchen, den Markt künstlich in die Enge zu treiben. Er häuft vor der nächsten Ernte große Lager an und kauft gleichzeitig erhebliche Mengen an Terminkontrakten. Je kleiner die Lagerbestände vor der nächsten Ernte sind, desto eher kommt es zu einer Marktenge. Beherrscht der Manipulant den Kassen- *und* den Terminkontraktmarkt, indem er im Extremfall über mehr Lagerbestände und Terminkontrakte verfügt als Waren am Markte vorhanden sind, verlangt er die physische Auslieferung der Terminkontrakte. Dabei kann es zu enormen Preisaufschlägen kommen. In der Folge liefert der "Squeezer" Güter aus seinen eigenen Lagerbeständen, damit die übrigen Marktteilnehmer ihre Terminkontraktverpflichtungen erfüllen können. Er kann möglicherweise kurzfristig die Höhe der Preise bestimmen und sehr große Gewinne erzielen. Diese Manipulationen fallen in den kriminellen Bereich und sind nur bei schwach effizienten Märkten mit verhältnismäßig geringen Umsätzen möglich. Ein solches Beispiel ereignete sich 1989 an den US-amerikanischen Terminmärkten für Sojabohnen. Einer der drei großen, weltbedeutenden Händler verfügte nicht nur über große Lagerbestände, sondern kaufte zusätzlich große Mengen an Terminkontrakten. Bis zur Ernte bestand eine gewisse Knappheit bei den Sojabohnen, die sich für ein "Squeezing" nutzen ließ. Erst bei der Haupternte pendelte sich der Markt wieder ein. Der *Chicago Board of Trade (CBOT)* vermutete einen der größten Manipulationsversuche bei den landwirtschaftlichen Terminmärkten und ordnete die Zwangsliquidierung der Terminkontrakte an. Es wird sich wohl nie mehr restlos klären lassen, ob die Aufsichtsbehörden dem Druck anderer, großer Händler erlagen, welche sich verspekuliert hatten, oder ob sie zu Recht einen Versuch des Squeezing vermuteten. Die Börse erlitt einen Vertrauensverlust. Das *Washingtoner General Accounting Office* bestätigte, daß die verfügte Zwangsliquidation von Terminkontrakten nach moralischen Gesichtspunkten regelkonform gewesen sei.

[109] Marktmächtig sind auch Angebotskartelle, welche oft mehr oder weniger schlecht versteckt im Rahmen internationaler Rohstoffabkommen handeln. Dies war beispielsweise 1989 der Fall, als die Erzeugerquoten im Rahmen des *Internationalen Kaffeeabkommens* ausgesetzt wurden und es zu rasch sinkenden Preisen für Kaffee an den Rohstoffmärkten kam, was von den Terminkontraktmärkten nicht antizipiert wurde.

asymmetrischen Informationsverteilung ergibt sich auch bei bürokratisch-administrativ regulierten Marktordnungen. Die Voraussage staatlich administrierter Preise durch die Terminmärkte ist schwierig. Es treten zahlreiche Unsicherheiten auf, welche von den Terminmärkten nur ungenügend bewältigt werden können. Das Ergebnis sind Märkte mit einer schwachen Informationseffizienz.

(c.) *Die Dominanz der Spekulation:* Dominiert die Spekulation, sind die Marktteilnehmer gezwungen, ihre Erwartungen vor allem aus der Beobachtung des Verhaltens der Spekulanten abzuleiten.[110] Erst in zweiter Linie resultiert eine Verarbeitung der fundamentalen Marktdaten.[111] Ein solches Verhalten verlängert Preisbewegungen und kann diese auch beschleunigen. Es kommt zu spekulativen Blasen und Dellen mit über- und unterschießenden Preisbewegungen. Die Spekulation führt zu selbsttragenden (autokorrelativen) Preisbewegungen, welche nicht dem Kriterium eines informationseffizienten Marktes mit Zufallsbewegungen ("random walk") entsprechen. Der Markt generiert durch Übertreibungen endogen "eigene" Informationen. Die Märkte verarbeiten in erster Linie Informationen über spekulative Aktivitäten und nicht über fundamentale Daten aus den Bereichen der Produktion, des Verbrauchs und der Lagerhaltung. Dies führt zu verzerrten Preisen und damit weg vom Gleichgewicht der Märkte. Die Erwartungsstrukturen werden inhomogen und irrational.[112]

(d.) *Unterschiede in der Erwartungsbildung:* Die Informationen können unterschiedliche Reaktionen bei den einzelnen Wirtschaftssubjekten auslösen. Dies hängt davon ab, welche Arten von Erwartungen dominieren. *Rationale Erwartungen* führen zu einer raschen und korrekten Umsetzung von Informationen durch die Märkte und einem schnellen Einpendeln von Gleichgewichtspreisen. Bei *extrapolativen Erwartungen* gehen die Wirtschaftssubjekte von einer fortgesetzten und sich ggf. beschleunigenden Preisbewegung aus. *Adaptive Erwartungen* setzen Lerneffekte der Marktteilnehmer voraus, welche aus Fehlern lernen und dieselben Informationen immer adäquater umsetzen. *Regressive Erwartungen* beinhalten den Glauben der Wirtschaftssubjekte an eine Rückkehr zu den früheren Marktpreisen. Gefährlich sind vor allem die *extrapolativen Erwartungen*, welche die Preisbewegungen ohne fundamentale Gründe über- oder unterschießen lassen und zu Verzerrungen des realen Bereichs führen. Dies widerspricht einer rationalen Umsetzung der fundamentalen Marktdaten. Auch *regressive Erwartungen* der Rückkehr von Preisen zu einem ursprünglichen Gleichgewichtspreis können zu einer längerfristigen Verzerrung von Preisen führen.

(e.) *Eine geringe Liquidität der Märkte (operative Ineffizienz):* Bei geringen Umsätzen besteht die Gefahr von Zufallskursen, welche nicht die fundamentalen Daten, sondern vielmehr das aktuelle Verhalten einiger Wirtschaftssubjekte widerspiegeln. Ursachen geringer Umsätze sind vielfach Produkte mit einem klei-

Das Angebotskartell hatte während langer Zeit marktgerechte Preise und eine effiziente Umsetzung fundamentaler Marktdaten verhindert.

[110] Vgl. *Kaldor* (1939), S. 112.

[111] Die Preise in der Vergangenheit müssen zur Prognose herbeigezogen werden. Diese folgen kurzfristig und oft auch über lange Perioden bestimmten Preismustern, welche sich zu einem großen Teil aus den Preisbewegungen in der Vergangenheit erklären lassen, was den typischen Spekulanten oft gewinnbringende Transaktionsmöglichkeiten öffnet. Die Spekulanten können sich darauf "einschwören", bei bestimmten Preisbewegungsmustern gewisse Verhaltensweisen auszuüben. Es kommt zu sog. technischen oder chartistischen Reaktionen, welche spekulative Erwartungen widerspiegeln.

[112] Vgl. *Fama* (1970), S. 387 f.

nen Marktvolumen und Märkte mit einer geringen geographischen Größe. Ähnliche Wirkungen haben erhebliche Transaktionskosten, welche Börsentransaktionen unattraktiv werden lassen. Auch Tageslimiten ("limit up" und "limit down") führen zu Preisverzerrungen.[113] Solche Limiten müssen vor allem bei Märkten mit einer schwachen operativen Effizienz verhängt werden, was deren Informationseffizienz zusätzlich verschlechtert.

(f.) *Nichtübereinstimmung der gehedgten Mengen:* Empirische Untersuchungen zeigen, daß Terminmärkte bei einer Nichtübereinstimmung der gehedgten Mengen hinsichtlich des Angebots- und des Nachfragebereichs nur beschränkt effizient sind.[114] Eine mögliche Ursache liegt darin, daß der Grad der Risikoaversion der einzelnen Marktakteure ungleich ist und sich im Zeitablauf ändert, wodurch es zu sich verändernden Hedgereaktionen mit entsprechenden preislichen Wirkungen auf die zugrunde liegenden Märkte kommt.

III. Die Terminmärkte als Instrument für Preisprognosen

Lassen sich die Terminpreise als *Instrument für Preisprognosen* bzw. Indikator der erwarteten Preisbewegungen nutzen?

- Terminkontraktmärkte sind in der Regel keine Institutionen für eine zuverlässige Prognose von Kassenpreisen in der Zukunft.[115] Dies hängt u.a. damit zusammen, daß die Erwartungsparameter der einzelnen Marktteilnehmer nur unvollständig in die Marktpreise inkorporiert werden, auch Marktteilnehmer mit falschen oder verzerrten Erwartungen am Handel teilnehmen und sich die Erwartungen der Marktteilnehmer meist nur auf einen verhältnismäßig kurzen Zeithorizont von einigen Tagen und Wochen beziehen.[116]

- Die *Optionsmärkte* zeigen ebenfalls nur bei sehr günstigen Rahmenbedingungen eine gewisse Fähigkeit, künftige Preisschwankungen zu antizipieren. Die Verarbeitung von Informationen der zugrunde liegenden Kassen- und Terminkontraktmärkte sowie der Erwartungen der Marktteilnehmer schlägt sich bei den Optionsmärkten in veränderten Optionspreisen nieder. Dadurch implizieren die Optionspreise eine veränderte Volatilität, was der spezifischen Aussage der Optionsmärkte entspricht und möglicherweise zu Prognosen verwendet werden kann. Allerdings haben die Optionsmärkte offenbar noch die Tendenz, die Preisschwankungen der zugrunde liegenden Kassen- und Terminkontraktmärkte meist systematisch über- oder unterzubewerten.[117]

IV. Die Stabilisierungsfunktion der Terminmärkte

Die *Stabilisierungsfunktion der Terminmärkte* steigt mit größerer Informationseffizienz und operativer Effizienz. Günstige Auswirkungen der Fähigkeit der Terminmärkte zur Stabilisierung der landwirtschaftlichen Rohstoffpreise haben umsatzstarke Märkte ohne willkürliche politische und bürokratisch-administra-

[113] Vgl. *Black* (1986), S. 8 f.

[114] In diesem Fall sind die Mengen bei den short-hedges und long-hedges nicht identisch.

[115] Vgl. dazu *Grosskopf et al.* (1995), S. 512.

[116] Vgl. *Tomek* (1997), S. 23 ff. Vgl. auch *Fama* und *French* (1987), S. 55 ff.

[117] Bei den US-amerikanischen Terminkontraktmärkten für Mais und Sojabohnen beispielsweise war deren Eignung zur Vorausschätzung der Erntepreise im Zeitpunkt der Aussaat in den 1950er und 1960er Jahren besser als danach. Vgl. *Kenyon* (1993), S. 407.

tive Eingriffe, die Abwesenheit von Angebotskartellen, Rohstoffabkommen und Handelsschranken, eine sehr große Zahl von Marktteilnehmern, eine symmetrische Informationsverteilung, geringe Informationskosten und wenn immer möglich mehrfache Ernten. Unter diesen Umständen ergeben sich weitgehend unverzerrte Preise. Die Gefahr einer Manipulation der Märkte unter solchen Rahmenbedingungen ist gering. Die Terminmarktpreise und andere, durch die Terminmärkte generierte Daten werden rasch auf den fundamentalen Bereich übertragen und haben frühzeitige, marktstabilisierende Reaktionen der Anbieter, Nachfrager und Lagerhalter zur Folge.[118]

Die klassische, neoklassische und monetaristische Markttheorie, wie diese unter anderem durch *Adam Smith, John Stuart Mill, Alfred Marshall und Milton Friedman* erarbeitet wurde, betont die preisstabilisierende Wirkung der Spekulation bei informationseffizienten Märkten:

- Die *erfolgreichen Spekulanten* treten bei relativ tiefen Preisen als Nachfrager, bei relativ hohen Preisen als Anbieter von Gütern auf. Erfolgreich sind vor allem Marktakteure, welche Preisumkehrprozesse rechtzeitig erkennen und diese durch Transaktionen vorwegnehmen. Dies stabilisiert die Märkte und Preise durch frühzeitige preisliche Umkehrprozesse. Die *wenig erfolgreichen Spekulanten* laufen dem Markt meist "hinterher" und verlieren ihr Kapital. Sie scheiden früher oder später aus dem Markt aus.

- Von Bedeutung sind auch die Hedger, welche in Erwartung preislicher Umkehrprozesse den Anteil der gehedgten Positionen in ähnlicher Weise variieren.

- Hinzu kommen die Verbraucher und Produzenten, welche sowohl bei hohen als auch tiefen Preisen marktstabilisierend reagieren.[119,120,121]

- Zu den weiteren, marktstabilisierenden Faktoren zählen oft auch die Optionsmärkte der großen, umsatzstarken internationalen Rohstoffmärkte. Diese Optionsmärkte sind - je länger desto mehr - von größerer Informationseffizienz als die zugrunde liegenden Kassen- und Terminkontraktmärkte, weil diese die Informationen rascher und transaktionskostengünstiger verarbeiten. Sie lassen immer weniger erfolgreiche Spekulationsstrategien mit dem Kauf von Optionen zu.[122] Damit wirken sie sich auf dem Wege der Transmission in der Tendenz stabilisierend auf die zugrunde liegenden Kassen- und Terminmärkte aus.

[118] Vgl. *Gärtner* (1992), Bl. 83, und *Blase* (1993), S. 314.
[119] Vgl. *Riggert* und *Scheper* (1983), S. 2.
[120] Als Illustration dient das Beispiel des früheren *Zwiebelterminmarktes* in den *USA*. Dieser bestand während rund zehn Jahren von 1949-58. Die Preisschwankungen der Terminkontrakt- und Kassenmärkte waren während dieser Zeit nur halb so groß wie zuvor und danach. Der Druck auf die Kassenmärkte wurde geringer. Die Erzeuger und Händler konnten sich über die Terminkontraktmärkte absichern. Der Aufschlag einer Risikoprämie in den Verbraucherpreisen für die Preisrisiken der Lagerhaltung war überflüssig. Die Möglichkeit zur Preisabsicherung führte zu niedrigeren Verbraucherpreisen und höheren Erzeugerpreisen. Vgl. *Gray* (1963/1987), S. 321 f., und *von Arnim* (1979), S. 55 f.
[121] Auch die aktuellen US-amerikanischen Terminkontraktbörsen für landwirtschaftliche Erzeugnisse wie beispielsweise Hafer, Mais und Weizen brachten in den 1980er Jahren eine Abnahme der Preisschwankungen zwischen einem und zwei Dritteln gegenüber den 1970er Jahren. Vgl. *Quick*, (1984), S. 239.
[122] Anders zu beurteilen sind ggf. Spekulationen durch den *Leerverkauf* von Optionen, wobei reine Leerverkäufe statistisch schwer zu erfassen sind.

V. Die Erhöhung der zeitlichen Reichweite

In der Praxis haben die Terminkontraktmärkte und die Optionsmärkte bei den zum Handel zugelassenen Kontrakten meist eine Laufzeit von bis zu dreißig Monaten, wobei die größten Umsätze in den unmittelbar folgenden Monaten getätigt werden. Dies genügt für die laufenden Bedürfnisse der Produktion und des Verbrauchs. Streben die Hedger nach einer Preisabsicherung über einen noch längeren Zeitraum,[123] muß dies in der Form von Anschlußkontrakten erfolgen (sog. *"roll over hedging"*), was zu ziemlich großen Transaktionskosten und ggf. technischen Problemen führt. Vorteilhafter wären Terminkontrakt- und Optionsmärkte mit einer *zeitlichen Reichweite von einigen Jahren.* Damit könnten die Marktteilnehmer über die nächsten Ernten hinaus auf die Preisbewegungen reagieren. Dies würde die kurzfristig geringe Preis-Angebotselastizität der Agrarproduktion und damit die Selbstregulierungsfähigkeit der Agrarmärkte verbessern.[124]

Literaturangaben zu Kapitel 7:

Angell, George (1986), Agricultural Options, New York.

von Arnim, R. (1979), Die Warenterminanlage, Darmstadt.

Arrow, Kenneth J. (1959), Toward a Theory of Price Adjustment. In: Allocation of Economic Resources. Stanford University Press.

Baer, J.B. und Saxon, O.G. (1949), Commodity Exchanges und Futures Trading, New York.

Bailey, Dee Von, Peterson, Monte C. und Brorsen, B. Wade (1991), A Comparison of Video Cattle Auction and Regional Market Prices. In: Journal of American Agricultural Economics Association, Vol. 73, Nr. 2, May, S. 465-475.

Bakken, Henry H. (1986), Futures Trading - Origin, Development and Present Economic Status. In: Futures Trading Seminar Volume III, Madison, Wisconsin, S. 1-24.

Black, F. and Scholes, M. (1972), The Valuation of Option Contracts and a Test of Market Efficiency. In: The Journal of Finance, 27. Jhrg., S. 399-417.

Dieselben (1973), The Pricing of Options and Corporate Liabilities. In: Journal of Political Economy, 71 Jhrg., Heft 3, S. 637-654.

Black, D.G. (1986), Success and Failure of Futures Contracts: Theory and Empirical Evidence, New York.

Blase, Volker-Henrich (1993), Landwirtschaftliche Termin- und Optionsmärkte. Eine Analyse mathematischer Preismodelle, informationstheoretischer Aspekte und erfolgreicher Anlagestrategien. Diss. Köln.

[123] Vgl. zum optimalen dynamischen Hedging auch *Myers und Hanson* (1996), S. 13 ff.
[124] Vgl. *Gardner* (1989), S. 311 ff.

Carter, Colin A. und Galopin, Carl A.(1993), Informational Content of Government Hogs and Pigs Reports. In: American Journal of Agricultural Economics. Vol. 75. Nr. 3. August, S. 711-718.

Cochrane, Willard W. (1986), Focusing on the Specific Problems of Agriculture: A Fresh Look at an Old Policy Approach. In: Journal of American Agricultural Economics. Nr. 68. Vol. 5. Dezember, S. 1106 f.

Colling, P.L. und Irwin, S.H. (1990), The Reaction of Live Hog Futures Prices to USDA Hogs and Pigs Report. In: American Journal of Agricultural Economics. Vol. 72, Febr., S. 84-94.

Collins, Robert A. (1997), Toward a Positive Economic Theory of Hedging. In: American Journal of Agricultural Economics, Vol. 79, Nr. 2, May, S. 488-499.

Cramer, Gail L. and Jensen, Clarence W. (1979), Agricultural Economics and Agribusiness: An Introduction, New York.

Debreu, Gérard (1983), Nobel-Lesung: "Economic theory in the mathematical mode". In: Les Prix Nobel (Stockholm) und in: American Economic Review 74, Nr. 3, S. 274 f.

Fama, Eugene F. (1970), Efficient Capital Markets: A Review of Theory and Empirical Work. In: Journal of Finance. Vol. 25, May, S. 383-423.

Fama Eugene R., and French, K.R. (1987), Commodity Futures Prices:some Evidence on Forecast Power, Premiums and the Theory of Storage. In: Journal of Business, S. 55-73.

Gardner, Bruce (1985), Policy Options for Grains. In: Gordon Rausser and Kenneth Farrell (Ed.), Alternative Agricultural and Food Policies and the 1985 Farm Bill, Kap. 4, Berkeley, Giannini Foundation of Agr. Econ., University of California.

Derselbe (1989), Rollover Hedging and Missing Long-Term Futures Markets. In: American Journal of Agricultural Economics, Vol. 71, May, Nr. 2, S. 311-318.

Gärtner, Manfred (1992), Schweine an die Börse! Ein Weg zu konstanteren und höheren Bauerneinkommen. In: NZZ, Nr. 224, Bl. 83.

Goss, B.A. and Yamey, B.S. (1976), The economics of Futures Trading, London.

Goss, B.A. (1981), The forward price functions of the London Metal Exchange, in: Applied Economics, Vol. 13. Nr. 1, März.

Grant, Dwight (1988), "How much Should Farmers Hedge at Planting Time?" In: Options, Futures, and Agricultural Commodity Programs. Ed. B. Wright, S. 124-132. Washington D.C., U.S. Department of Agriculture, Econ. Res. Staff Rep., Febr.

Gray, R.W. (1963/1987), Onions Revisited, Journal of Farm Economics, Vol. 45 (1963), S. 273-276. Wiederabgedruckt in Peck A.E. (Hrsg.), Readings in Futures Markets, Selected Writings on Futures Markets, Chicago, S. 331-357.

Grosskopf, Werner, Heidhues, Franz und Zeddies, Jürgen (1995), Die Landwirtschaft nach der EU-Agrarreform. In: Berichte über Landwirtschaft. Bd. 73 (4), November 1995, Münster-Hiltrup, S. 509-523.

von Hayek, Friedrich August (1945), The Use of Knowledge in Society. In: The American Economic Review, Vol. 35, S. 518-530.

Ders. (1968), Der Wettbewerb als Entdeckungsverfahren. In: Ders., (1969), Freiburger Studien. Gesammelte Aufsätze, Tübingen, S. 144-160.

Hennessy, David A.(1996), Information Asymmetrie as a Reason for Food Industry Vertical Integration. In: American Journal of Agricultural Economics. Vol. 78, Nr. 4, November, S. 1034-1043.

Hicks, John R. (1946), Value and capital, an inquiry into some fundamental principles of economic theory. 2. ed., Oxford.

Hirshleifer, D. (1989), Futures Trading, Storage, and the Division of Risk: A Multiperiod Analysis. In: Economic Journal, Vol. 99 (September), S. 700 ff.

Hirt, Walter (1983), Praxis des Rohstoff-Termingeschäftes. Leitfaden für private Investoren, Zürich.

Hobbs, Jill E. (1997), Measuring the Importance of Transaction Costs in Cattle Marketing. In: American Journal of Agricultural Economics, Vol. 79, Nr. 4, November, S. 1083-1095.

Hoff, Klaus (1997), Wann scheitern Markenprogramme an der Vertragsmoral der Landwirte? In: Berichte über Landwirtschaft, Band 75 (2), Münster-Hiltrup, S. 206-223.

Kaldor, Nicolas (1939), Speculation and Economic Stability, Review of Economic Studies, Vol. 7, London.

Kenyon, David, Jones, Eluned und McGuirk, Anya (1993), Forecasting Performance of Corn and Soybean Harvest Futures Contracts. In: American Journal of Agricultural Economics. Vol. 75, Nr. 2, May, S. 399-407.

Keynes, John Maynard (1930), A Treatise on Money, Vol. 2, London.

Kinsey, Jean, and Senauer, Ben (1997), Food Marketing in an Electronic Age. Implications for Agriculture. In: Choices, The Magazine for Food, Farm, and Resource Issues. Second Quarter, Ames, S. 32-35.

Koester, Ulrich (1978), Terminmärkte, Stuttgart.

Lapan, Harvey, Moschini, Giancarlo, and Hanson, Steven D. (1991), Production, Hedging, and Speculative Decisions with Options and Futures Markets. In: American Journal of Agricultural Economics, Vol. 73, Nr. 1, February, S. 66-74.

Dieselben (1994), Futures Hedging Under Price, Basis, and Production Risk. In: American Journal of Agricultural Economics, Vol. 76, Nr. 2, August, S. 465-477.

Lebeck, Warren W. (1984), The Origins of Futures Markets. In: Rothstein, Nancy H. und Little, James M. (Hrsg.), The Handbook of Financial Futures. A Guide for Investors and Professional Financial Managers. New York.

Lingner, U. (1987), Optionen - Anlagestrategien und Märkte, Wiesbaden.

Meinhold-Weber (neubearbeitet von Wilhelm Meinhold) (1951), Agrarpolitik, Berlin.

Müller-Armack, Alfred (1948), Alfred, Wirtschaftslenkung und Marktwirtschaft, Hamburg.

Myers, Robert J. and Thompson, Stanley R. (1989), Generalized Optimal Hedge Ratio Estimation. In: American Journal of Agricultural Economics. Vol. 71. Nr. 4, November, S. 858-868.

Myers, Robert J., and Hanson, Steven D. (1996), Optimal Dynamic Hedging in Unbiased Futures Markets. In: American Journal of Agricultural Economics. Vol. 78, Nr. 1, February, S. 13-20.

Newbery, D.M.G. and Stiglitz, J. (1981), The Theory of Commodity Price Stabilization. Oxford: Clarendon Presse.

Pope, D. Rulon and Hallam, Arne (1986), A Confusion of Agricultural Economists? A Professional Interest Survey and Essay. In: Journal of Agricultural Economics. Vol. 68, No. 3, August, S. 572-594.

Powers, M.J. (1970), Does Futures Trading Reduce Price Fluctuations in the Cash Market? In: The American Economic Review. Vol. 60, S. 460-464.

Purcell, Wayne C. (1991), Agricultural and Options, Principles and Strategy, New York.

Quick, R. (1984), Informationsprozesse auf spekulativen Märkten. In: Reihe Wirtschaftswissenschaften, Bd. 300.

Recktenwald, Horst Claus (1989), Die Nobelpreisträger der ökonomischen Wissenschaft, Düsseldorf.

Riggert, W. und Scheper, W. (1983), Vorläufige Ergebnisse eines dynamischen Stabilisierungsmodells, Nr. 53, Dez.

Rhodus, Timothy W., Baldwin, Dean E., and Henderson Dennis R. (1989), Pricing Accuracy and Efficiency in a Pilot Electronic Hog Market. In: American Journal of Agricultural Economics. Vol 71, No. 4, November, S. 874-882.

Sonka, Steven T., and Coaldrake, Karen F. (1996), Cyberfarm: What Does It Look Like? What Does It Mean? In: American Journal of Agricultural Economics, Vol. 78, Nr. 5, December, S. 1263-1268.

Schumann, Jochen (1987), Grundzüge der mikroökonomischen Theorie, 5. Auflage, Berlin u.a..

Stein, Jerome L. (1961), The Simultaneous Determination of Spot and Futures Prices. In: American Economic Review, Vol. 51.

Streit, Manfred (1980), Möglichkeiten der Funktionsverbesserung von Rohstoffmärkten durch Terminkontrakthandel. In: Zeitschrift für Wirtschafts- und Sozialwissenschaften, 100. Jg., S. 507-529.

Ders. (1989), Zur Funktionsweise von Terminkontraktmärkten; in: Jahrbücher für Nationalökonomie und Statistik, Band 195, Stuttgart.

Ders., und Quick, R. (1982), Informationsaktivitäten und Preisbildungsprozesse auf Terminkontraktmärk-ten. In: Jahrbuch für Nationalökonomie und Statistik, Bd. 197.

Ders. (1983), Heterogene Erwartungen, Preisbildung und Informationseffizienz auf spekulativen Märkten. In: Zeitschrift für die gesamte Staatswissenschaft, Bd. 139, S. 65-79.

Tomek, William G. (1997), Commodity Futures Prices as Forecasts. In: Review of Agricultural Economics, Vol. 19, Nr. 1, Spring/Summer, Ames, S. 23-44.

Walras, Léon E. (1954), Elements of Pure Economy, translated by W. Jaffe. London.

Vukina, Tomislav, Li, Dong-feng, and Holthausen, Duncan M. (1996), Hedging with Crop Yield Futures: A Mean-Variance Analysis. In: American Journal of Agricultural Economics. Vol 78, Nr. 4, November, S. 1015-1025.

Weltbank (1986), Weltentwicklungsbericht 1986, Washington.

Working, Holbrook (1977), A Theory of Anticipatory Prices. In: Peck A.E. (Hrsg.), Selected Writings of Holbrook Working, Chicago, S. 33-43.

Kapitel 8: Die marktliche Allokations- und Stabilisierungspolitik

Ein Grabspruch aus der Zeit der US-amerikanischen Agrardepression der 1930er Jahre lautet: "Here lies the farmer Pete, he starved from growing too much wheat" ("Hier liegt der Farmer Pete begraben, der daran zugrunde ging, daß er zuviel Getreide produzierte").

" ... Außerdem gewöhnen sich bekanntlich die Interessen sehr rasch an diese Nachhilfe. Das Mittel schmeckt nach mehr, der Appetit kommt beim Essen, und so ergibt sich jene Schraube ohne Ende, die wir kennen, oder vielmehr jene Schraube mit dem schlimmen Ende, an dem wir jetzt angelangt sind"
(Alexander Rüstow, 1932, S. 223 f.).

"Unser riesiges Agrarprogramm verteilt Einkommen von Konsumenten und Steuerzahlern im allgemeinen zu Gunsten von Getreide-, Tabak- und anderen Bauern um"
(George Stigler, 1989, S. 21).

"Die Versuche in der Agrarpolitik, rationellere Ansätze zu entwickeln, sind voll von Mißerfolgen. Die Zukunft verspricht nicht mehr"
(Martin Abel, 1987).

A. Allokationsprobleme

I. Allokations- und Stabilisierungsprobleme

Zu den vorrangigen ökonomischen Zielen zählt die Optimierung der in der Landwirtschaft gebundenen Produktionsfaktoren. Bei *Überkapazitäten* sind zu viel, bei *Unterkapazitäten* zuwenig Ressourcen in der Landwirtschaft eingesetzt. Ursache von *Allokationsproblemen* ist die oft ungenügend rasche Anpassung der landwirtschaftlichen Produktionsfaktoren an sich ändernde agrarwirtschaftliche Daten.

Stabilitätsprobleme sind primär das Ergebnis von landwirtschaftlichen Produktionsschwankungen und -zyklen, ggf. auch einer sich ändernden Nachfrage. Es handelt sich um kurzfristig (jährlich oder saisonal) auftretende Marktprobleme.

Die *Allokations*- und die *Stabilitätsprobleme* sind in der Regel nicht scharf voneinander zu trennen. Sie können sich gegenseitig verstärken oder abschwächen, im Extremfall auch neutralisieren. Je geringer die Allokationsprobleme sind, desto kleiner sind im allgemeinen auch die Stabilitätsprobleme (und umgekehrt). Ungelöste Allokationsprobleme lassen sich meist nicht mit den Instrumenten der Stabilisierungspolitik bewältigen. Umgekehrt setzt die Lösung der Stabilitätsprobleme die Bewältigung der Allokationsprobleme voraus.

II. Die landwirtschaftlichen Allokationsprobleme

Landwirtschaftliche *Allokationsprobleme* haben ein doppeltes Antlitz: Im Falle von Überkapazitäten kommt es zu strukturellen Überschüssen, im Falle von Unterkapazitäten zu Nahrungsmittelkrisen.

1. Überkapazitäten

Überkapazitäten ergeben sich unter anderem durch die mit dem agrarwirtschaftlichen Fortschritt ausgelösten Produktionssteigerungen, verbunden mit einer geringen Zunahme der Nachfrage und einer ungenügenden Mobilität der landwirtschaftlichen Produktionsfaktoren. Besonders spürbar werden die Überkapazitäten bei gesättigten Agrarmärkten. Ausgelöst werden sie oft durch eine künstliche Verzerrung der Preise, beispielsweise durch eine staatliche, verbandliche oder kartellistische Preispolitik. Bei überhöhten Agrarpreisen werden mehr Produktionsfaktoren nachgefragt und eingesetzt, als dies bei Gleichgewichtspreisen erforderlich wäre. Dies führt zu Überkapazitäten und einer paretoinferioren Situation.

Je mehr die auf politischem Wege stabilisierten Preise von den Gleichgewichtspreisen abweichen, desto größer sind die entstehenden Überkapazitäten und in der Folge auch die "politisch induzierten Agrarzyklen". Dabei zeigt sich meist folgendes Ablaufmuster: (1.) Es wird versucht, die Agrarpreise auf einem künstlich überhöhten Niveau zu stützen. (2.) Die Ausgaben zur Preisstützung wachsen rasch an. (3.) Das Preisniveau kann finanziell nicht durchgehalten werden und es kommt zu einem Verfall der Preise mit einer krisenartigen, überstürzten Anpassung der landwirtschaftlichen Strukturen.[1]

Unverfälschte relative Preise für landwirtschaftliche Güter und Produktionsfaktoren führen zu wesentlich rascheren Reallokationsprozessen durch marktkonforme Betriebs- und Produktionsentscheidungen[2] als starre, politisch stabilisierte Preise und verhindern Überkapazitäten sowie weitere, daraus entstehende agrarpolitische Probleme:

> "Es ist natürlich richtig, daß die Schwierigkeit der Landwirtschaft zum Teil darin liegt, daß sowohl die Natur ihres Arbeitsganges als auch der Charakter der Produzenten sie in der Anpassung an Veränderungen besonders schwerfällig macht. Aber die Abhilfe kann gewiß nicht dadurch geschehen, daß man den Widerstand gegen die Anpassung noch verstärkt. Das ist jedoch gerade das, was die meisten wichtigen Lenkungsversuche der Regierung, insbesondere alle Preiskontrollmaßnahmen, bewirken."[3]

2. Nahrungsmittelkrisen

Kriege, Blockaden, Mißernten und Umweltkatastrophen können zu *Nahrungsmittelkrisen* in Gestalt einer scharfen Verknappung des Agrarangebotes und einer brüsken sowie unerwarteten Mangelsituation führen. Eine frühzeitige strategische Lagerhaltung und vorübergehende Maßnahmen zur Sicherung der Ernährung können notwendig werden, um die Versorgung mit Grundnahrungsmitteln sicherzustellen. Bei schweren Krisen sind zudem Verteilungsprogramme für Nahrungsmittel erforderlich.

---

[1] Vgl. zur Allokationspolitik im einzelnen Kapitel 11 ff.

[2] Der Landwirtschaft können auch Anpassungshilfen (Umstellungshilfen) zur Förderung der Faktormobilität vor allem beim Boden und bei der Arbeit angeboten werden. Vgl. *Hathaway* (1963), S. 353, und Kapitel 15 ff.

[3] *Von Hayek* (1983), S. 446.

Läßt sich die Nahrungsmittelkrise nicht durch Mehrimporte lösen, ist eine rasche Erhöhung der inländischen Agrarproduktion erforderlich. In den höchstentwickelten Industrieländern mit reichlichen natürlichen Ressourcen paßt sich die Landwirtschaft in solchen Fällen längerfristig von selbst an die veränderten agrarwirtschaftlichen Daten an. Erhöhte Güterpreise führen zu einer Ausweitung des Angebotes. Eine Steigerung der landwirtschaftlichen Produktionsintensität und ein Rückgriff auf schlecht oder nicht genutzte natürliche Ressourcen führen zu einer Verbesserung der Versorgung.

Bei lang andauernden Krisen, wie beispielsweise im Falle eines Krieges, kann eine Umstellung auf die Produktion von Grundnahrungsmitteln wie Brotgetreide, Kartoffeln und Milch erforderlich sein *("bataglia del grano")*. In diesem Fall müssen der Landwirtschaft meist auch Produktionsfaktoren wie Arbeit, Kapital, Düngemittel und Treibstoffe zugeführt werden. Zudem kann eine Rationierung des Lebensmittelkonsums unabwendbar werden. Dies dämpft den Verbrauch, führt aber zu grauen und schwarzen Märkten, mit welchen die Landwirte und Verbraucher versuchen, die Rationierung zu umgehen.

Selbst bei Nahrungsmittelkrisen empfiehlt es sich, die Funktion der Preise als Knappheitsindikatoren in vollem Umfang beizubehalten. Bei künstlich verfälschten Preisrelationen können weder die Produzenten noch die Verbraucher die Knappheiten richtig erkennen. Es besteht die Gefahr einer Lähmung der landwirtschaftlichen Produktion und einer ungenügenden Einschränkung der Verbraucher, mithin einer paretoinferioren Situation. Für kaufkraftschwächere Bevölkerungsgruppen müssen ggf. subventionierte Nahrungsmittelbezugsscheine ausgegeben werden. Nach einer Nahrungsmittelkrise drängt sich eine Deregulierung des aufgebauten Agrarregimes auf, damit die Märkte ihre ordnungspolitischen Funktionen wieder erfüllen können. Ohne eine umfassende Deregulierung haben die Zwangsregulierungen und die agrarbürokratischen Einrichtungen eine beharrliche Tendenz zur Weiterexistenz.

B. Die Stabilisierung der Agrarmärkte

I. Die Stabilisierungsprobleme

Landwirtschaftliche *Stabilisierungsprobleme* können jährlich, saisonal oder periodisch auftreten. Abb. 8/1 zeigt die landwirtschaftlichen Angebots- und Nachfrageschwankungen. Die Angebotsschwankungen (von A zu A' und A") entsprechen den Produktionsschwankungen und -zyklen. Daraus resultieren die für die Landwirtschaft typischen Preisschwankungen (von P zu P' bzw. P"). Hinzu kommen die in der Modelldarstellung kleineren, weniger ausgeprägten Schwankungen der Nachfrage (von N zu N' und N").[4]

Bestehen weder Über- noch Unterkapazitäten, gleichen sich die Preis-, Mengen- und Ertragsschwankungen im Durchschnitt mehrerer Jahre aus. Eine Stabilisierung der Agrarmärkte aus einkommenspolitischer Sicht ist nicht erforderlich.[5]

[4] Preisschwankungen, welche durch die Nachfrageschwankungen ausgelöst werden, sind hier nicht eingezeichnet.

[5] Aus wohlfahrtsökonomischer Sicht läßt sich die Stabilisierungsproblematik wie folgt umschreiben: "Die wohlfahrtstheoretische Analyse kann nur geringe Anhaltspunkte für die Gewichtung des Ziels der Marktstabilisierung geben. Der Pareto-Fall ist nicht sehr charakteristisch für reale politische Situationen. Der typischere Fall dürfte der sein, daß durch die Stabilisierung eines Marktes zwar ein Nettogewinn entsteht, aber Verlus-

Je geringer die Preiselastizitäten bei der Nachfrage und beim Angebot jedoch sind, desto größer ist die Schwankung der Preise, die Gefahr eines Kollapses der Preise und damit auch das Bedürfnis nach einer Stabilisierung der Agrarmärkte.[6] Es stellt sich die Frage, ob Sicherungen gegen zyklische, funktionslose Preisschwankungen eingebaut werden sollen. Die Marktmechanik erreicht " ... hier im bestimmten Umfange ihre Wesensgrenze".[7]

Abb. 8/1
Die landwirtschaftlichen Angebots-, Nachfrage- und Preisschwankungen

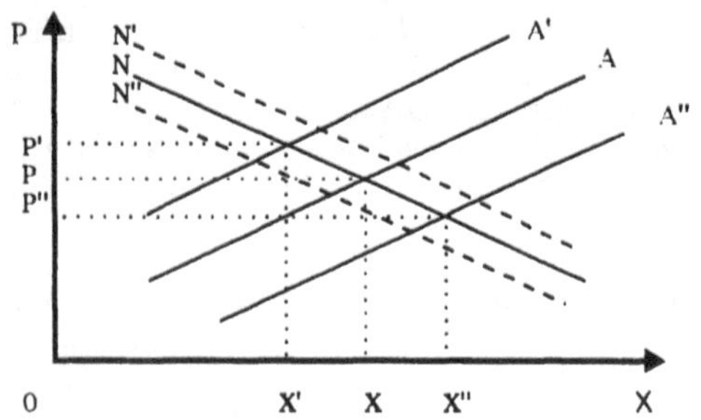

II. Stabilisierungsansätze

Besteht das Bedürfnis nach einer *Stabilisierung* der Agrarmärkte, geht es um die Glättung der Preis- und Mengenschwankungen, welche durch die kurzfristige Veränderung von agrarwirtschaftlichen Daten im Angebots- und Nachfragebereich stets ausgelöst werden. Nicht zu den eigentlichen Aufgaben der Stabilisierung zählt die Bewältigung von Marktproblemen im Falle von Über- und Unterkapazitäten, wo die landwirtschaftliche Stabilisierungspolitik stets überfordert ist. Ungelöste Allokationsprobleme verhindern die Lösung von Stabilisierungsproblemen. Zudem darf die landwirtschaftliche Stabilisierungspolitik nicht ihrerseits zu Über- oder Unterkapazitäten führen.

Die einzelnen *Stabilisierungsansätze* lassen sich wie folgt gliedern (vgl. Abb. 8/2): (1.) Preispolitische Eingriffe, (2.) die Stabilisierung der Nachfrage, (3.) die Stabilisierung des Angebotes, (4.) die Stabilisierung der Märkte durch eine Veränderung der Lagerhaltung und (5.) durch die Außenhandelspolitik.[8]

---

te der einen durch Gewinne einer anderen Gruppe kompensiert werden müssen, wobei das agrarpolitische Problem darin liegt, inwieweit man von diesen Möglichkeiten Gebrauch machen sollte." *Heidhues* (1977), S. 119. Ob eine Preisstabilisierung paretooptimal ist, hängt von komplexen Bedingungen ab. Vgl. *Finkelshtain und Chalfant* (1997), S. 1208 ff.

[6] Besonders bei kleinen nationalen Märkten mit strukturellen Überschüssen und einer Vielzahl von produktionsschwachen Erzeugern finden sich häufig starke Regulierungen zur Stabilisierung der Agrarmärkte. Vgl. *Hathaway* (1963), S. 257.

[7] *Müller-Armack* (1948), S. 101.

[8] Vgl. zur Außenhandelspolitik Kapitel 9.

Abb. 8/2
Die stabilisierungspolitischen Instrumente

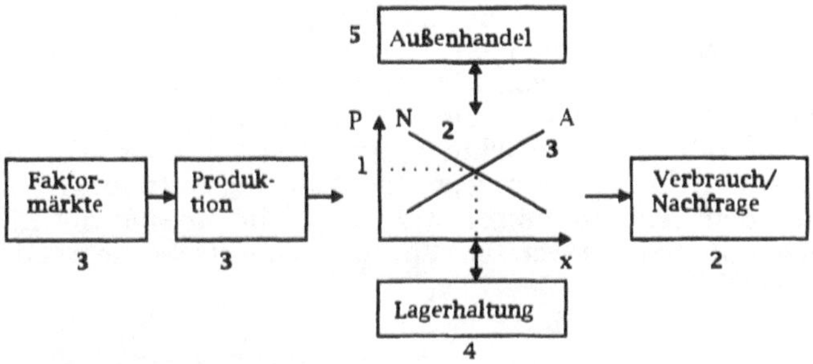

Legende der Instrumente:

1 Preispolitik (z.B. Preisschätzungen und -empfehlungen, Richtpreise, Mindestpreise, Paritätspreisindex und Paritätseinkommensindex, "Zwei-Preis-Systeme", "Drei-Preis-Systeme" und "Mehr-Preis-Systeme")
2 Regulierung der Nachfrage (z.B. Marktkommunikation, Sicherung der Qualität, "neue" Produkte sowie Verwendungs- und Verkaufsmethoden, Nahrungsmittelprogramme, preislich inferiore Verwertung und Vernichtung),
3 Regulierung des Angebotes (z.B. freiwillige Produktionseinschränkungen, Quotenregelungen) und des Faktoreinsatzes (z.B. Flächenstillegungen, Betriebsstilllegungen und übrige Maßnahmen),
4 Regulierung der Lagerhaltung (Förderung der privaten Lagerhaltung und staatliche Lagerhaltung, strategische Lagerhaltung),
5 Regulierung des Außenhandels (vgl. Kapitel 9).

C. Preispolitische Eingriffe

I. Preisschätzungen und -empfehlungen

Preisschätzungen und -empfehlungen sind unverbindliche Preisvorgaben. Diese stellen keinen direkten Eingriff in den Preismechanismus dar und werden als Instrument zur Verbesserung des Tâtonnements[9] oder mit interessenpolitischen Zielen eingesetzt. Sofern die Preisschätzungen und -empfehlungen zur Vermeidung von Einspielverlusten bei der Preisbildung beitragen, ergeben sich Wohlstandsverbesserungen. Sind die Preisschätzungen und -empfehlungen jedoch - etwa mit interessenpolitischen Zielen - zu hoch oder zu tief festgesetzt, kommt es zu Wohlfahrtsverlusten durch einen anfänglichen Handel mit falschen Preisen ("trading at a false price").

Preisschätzungen und -empfehlungen werden in erster Linie durch den Staat und die Erzeugerverbände ausgearbeitet.[10] Besser sind Terminmärkte, welche im Gegensatz zu den Preisschätzungen und -empfehlungen marktrelevante Erzeugerpreise vorgeben. Diese verhindern einen anfänglichen Handel zu falschen Preisen, was stets zu Einspielverlusten führt. Bei der Abwesenheit von Terminmärkten und bei heterogenen Gütern ist die vertikale Integration ein gutes Instrument zum Hedging von Preis- und Mengenrisiken.[11]

[9] Vgl. Kapitel 7.
[10] In der *Bundesrepublik Deutschland* dient unter anderem die *Zentrale Markt- und Preisberichtsstelle (ZMP)* mit der aktuellen Marktberichterstattung als Preisfindungsstelle. Vgl. *Koester* (1981), S. 231. Auch das BTx-Verfahren der Deutschen Post AG wird dafür eingesetzt.
[11] Vgl. *Hirshleifer* (1989), S. 700 ff. und Kapitel 7.

II. Richtpreise

Richtpreise kennzeichnen das angestrebte Erzeugerpreisniveau, welches mit Mitteln der Agrarpolitik erreicht werden soll.[12] Ein möglicher Vorteil von Richtpreisen ist die bessere Preistransparenz. Dies erspart Anbietern und Nachfragern Informations- und Verhandlungskosten, weil sie auf einen und denselben Preis festgelegt sind. Sind die Inlandsmärkte gesättigt, wirken über den Gleichgewichtspreisen liegende Richtpreise nur, wenn die Nahrungsmittelüberschüsse mit Subventionen aus dem Markt genommen werden. Zudem sind außenwirtschaftliche Schutzmaßnahmen notwendig, um das angestrebte Niveau der Richtpreise zu erreichen.[13]

III. Mindestpreise

Mindestpreise sind garantierte Agrarpreise,[14] welche den Erzeugern gewisse Preise garantieren.[15] Diese geben den Landwirten und den Erzeugerverbänden die Gewißheit, zu einem bestimmten Preis verkaufen zu können und werden von zahlreichen Agrarpolitikern als wünschenswert betrachtet, um Marktzusammenbrüche zu vermeiden, zyklische Preisbewegungen (Cobweb-Prozesse) zu verhindern und die landwirtschaftlichen Einkommen zu stabilisieren. Mit der Hilfe "offizieller" Agrarpreise soll Preistransparenz geschaffen werden, was in der Tendenz transaktionskostensenkend für die Erzeuger und den Handel wirkt. Für die Landwirte entstehen zudem geringere Preisrisiken. Dies wiederum wirkt produktionserhöhend, weil keine Risikozuschläge für die Preisungewißheit einkalkuliert werden müssen.

Abb. 8/3
Mindestpreise bzw. garantierte Erzeugerpreise

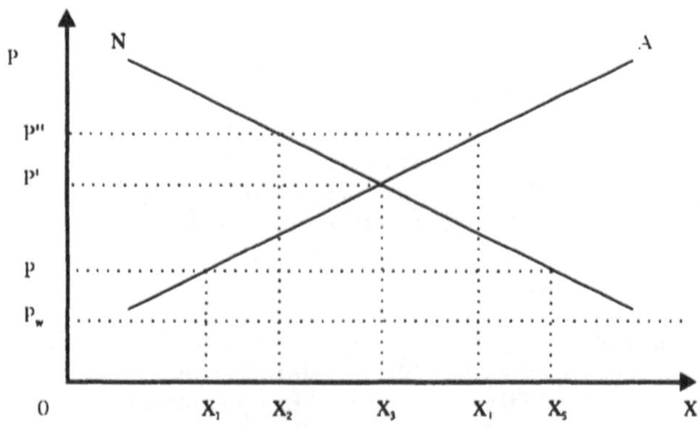

[12] In den *EU-Agrarmarktordnungen* gibt es auch andere Begriffe für die Richtpreise wie zum Beispiel die Grundpreise, die Orientierungspreise und die Zielpreise (vgl. Kapitel 10). Im amerikanischen wird vom Target Price gesprochen. Werden diese mit produktionsbezogenen Ausgleichszahlungen an die Landwirte (Deficiency Payments) kombiniert, ergibt sich der Erzeugerrichtpreis ab Hof (= Farm Gate Price).
[13] Vgl. Kapitel 9.
[14] Der garantierte Preis wird ebenfalls als Interventionspreis, Rücknahmepreis, Ankaufspreis, Grundpreis oder Erzeugermindestpreis bezeichnet.
[15] Mindestpreise können auch erst für die Stufe der Verarbeitung gelten. Ein Beispiel sind die Interventionspreise für Milcherzeugnisse ab Molkerei oder ab Fabrik.

In Abb. 8/3 wird bei einem garantierten inländischen Preisniveau von P und einem Weltmarktpreisniveau von P_w die Menge X_1 angeboten und X_5 nachgefragt. Es ergeben sich Importe in einer Menge zwischen X_1 und X_5. Bei einem garantierten inländischen Preisniveau von P' entsprechen sich das inländische Angebot und die Nachfrage. Der Selbstversorgungsgrad beträgt 100 Prozent, d. h. Importe unterbleiben. Dies kann - rein theoretisch - durch ein Importverbot erreicht werden. Ein garantiertes Preisniveau von P'' liegt über dem Gleichgewichtspreis. Das Angebot übersteigt die Nachfrage im Ausmaß der Menge zwischen X_2 und X_4. Diese Überschußmenge muß aus dem Markt genommen und ggf. mit Subventionen inferior verwertet oder exportiert werden.

Ganz allgemein betrachtet ist ein direkter Eingriff in den landwirtschaftlichen Preismechanismus erforderlich, wenn die Mindestpreise über jenen Gleichgewichtspreisen liegen, welche sich aus dem Angebot und der Nachfrage ergeben. Anfänglich werden die Preise möglicherweise mit Erfolg stabilisiert. Später jedoch führt der vorerst harmlos erscheinende Eingriff zur Preisstabilisierung bei nur leicht über den Gleichgewichtspreisen liegenden Mindestpreisen zu Überkapazitäten:

> "Es braucht wohl kaum wiederholt zu werden, daß Preiskontrollen auf die Dauer keinem wünschenswerten Ziel dienen und selbst auf kurze Zeit nur in Verbindung mit direkten Produktionskontrollen wirksam gemacht werden können. Wenn sie den Produzenten nützen sollen, müssen sie auf irgend eine Weise durch Entscheidungen der Behörde ergänzt werden, wer zu produzieren hat und wieviel und was er zu produzieren hat."[16] Dies ist "mit einem freien System unvereinbar". Ein marktliches System läßt sich " ... an fast alle Gegebenheiten anpassen, an fast alle allgemeinen Verbote und Regelungen, so lange der Anpassungsmechanismus selbst in seiner Funktion erhalten bleibt."[17]

Bei preislichen Eingriffen, wie beispielsweise über den Gleichgewichtspreisen liegenden Mindestpreisen, werden vorerst nur einzelne Funktionen des sensiblen Marktorganismus geschwächt, später jedoch kommt es zu umfassenden Störungen im Preismechanismus, welche mehr und mehr auf alle marktlichen Funktionen übergreifen, bis diese lahmgelegt sind und durch bürokratische Systeme ersetzt werden müssen. Die Zerstörung der Marktfunktionen führt zu einem Herausbrechen der Landwirtschaft aus dem Ordnungsgefüge der Marktwirtschaft.

IV. Der Paritätspreisindex und der Paritätseinkommensindex

Der *Paritätspreisindex* dient der Dynamisierung der Erzeugerpreise. Der Korb der landwirtschaftlichen Erzeugerpreise wird an die Entwicklung anderer Preisindizes wie beispielsweise den Index der Großhandelspreise oder den Index der Verbraucherpreise angepaßt. Die von den Landwirten erzielten Preise für Agrargüter sollen sich an der gesamtwirtschaftlichen Preisentwicklung orientieren. Dies führt zu den sog. Vergleichslöhnen bzw. Paritätseinkommen.

Beim *Paritätseinkommensindex* werden die Agrarpreise so festgelegt, daß die landwirtschaftlichen Einkommen parallel zu einem speziell dafür entwickelten

[16] *Von Hayek* (1983), S. 447.
[17] *Von Hayek* (1983), S. 294.

Index der außerlandwirtschaftlichen Einkommen[18] verlaufen. Dieses Verfahren wurde in den Industrieländern vor allem nach dem zweiten Weltkrieg angewendet. Es brachte erhebliche Produktionsüberschüsse, erforderte einen intensiven Einsatz von binnen- sowie außenwirtschaftlichen Instrumenten und führte zu rasch wachsenden staatlichen Aufwendungen.

V. "Zwei-Preis-Systeme" und "Drei-Preis-Systeme"

Bei *"Zwei-Preis-Systemen"* und *"Drei-Preis-Systemen"* werden zwei oder drei verbindliche Erzeugerpreise für ein und dasselbe Produkt festgelegt. Solche Preissysteme lassen sich für den Binnenmarkt und den Außenhandel anwenden:

- Im einfachen Fall eines *"Zwei-Preis-Systems"* kommt es zu einem lokalen Nebeneinander von zwei Preisen. Ein Beispiel sind höhere Preise für Kleinerzeuger und tiefere Preise für größere Produzenten. Ein weiteres Beispiel ist die Abgrenzung der Binnenmärkte gegenüber den Weltmärkten. Der gestützte Binnenpreis gilt möglicherweise für eine beschränkte Garantiemenge, welche den Landwirten in der Form von Absatzquoten zugeteilt wird. Die produzierten Mengen, welche über diese Quoten hinausgehen, müssen an den internationalen Märkten zu geringeren Preisen abgesetzt werden. Auf diese Weise läßt sich die unterschiedlich große Preis-Nachfrageelastizität der Binnen- und der Weltmärkte ausnutzen und die inländische Konsumentenrente abschöpfen.[19]

- Beispiel eines *"Drei-Preis-Systems"* sind zwei gestützte Binnenpreise und der Weltmarktpreis. In diesem Fall werden mengenmäßig beschränkte Produktionsquoten der Kategorie A und solche der Kategorie B mit unterschiedlichen, gestützten Binnenpreisen festgelegt. Unbeschränkte Mengen der Kategorie C lassen sich nur zu Weltmarktpreisen absetzen.

VI. "Mehr-Preis-Systeme" (differenzierte Erzeugerpreise bzw. Staffelpreise)

Eine weitere Spielart ist das *"Mehr-Preis-System"*. Dabei handelt es sich um differenzierte Preise bzw. Staffelpreise. Diese sollen nach dem Willen der Befürworter die Einkommensverteilung innerhalb der Landwirtschaft beeinflussen und die kleinen sowie mittleren Landwirte bevorzugen. Die Nachteile einheitlicher, überhöhter Garantiepreise, von welchen die großen Produzenten am meisten profitieren, sollen beseitigt werden. Für differenzierte, garantierte Erzeugerpreise kommen Agrarprodukte in Frage, welche durch Produktions- oder Handelskanäle fließen, die als Schleusen für die Preis- und Mengenregulierung dienen.[20] Nicht geeignet für Staffelpreise sind landwirtschaftliche Erzeugnisse mit vielfältigen, schwer erfaßbaren Verarbeitungs- und Handelskanälen.[21]

---

[19] Eine besondere Idee zu einem Zwei-Preis-System ist jene eines zentralen Produktionskatasters. Es erhalten nur Produkte aus speziell ausgeschiedenen Produktionszonen eine Absatz- und Kostengarantie. Die erforderlichen Subventionen werden über die Erzeugerverbände vergütet. Die übrigen Produkte müssen auf dem freien Markt abgesetzt werden. Erzeugnisse, welche diesen Kriterien nicht entsprechen, erhalten keine Subventionen. Vgl. *Wittmann* (1978).

[20] Vor allem für Milch, Weizen, Zuckerrüben und Raps.

[21] Beispiele sind Obst, Gemüse, Fleisch, Eier, Futtergetreide und Kartoffeln.

- Im einfachsten Fall werden die Preise für Kleinerzeuger nach Mengen gestaffelt über jenen anderer Betriebe festgesetzt.[22]

- Ein weiteres Beispiel ist ein System differenzierter Preise mit Minimal- und Maximalpreisen je nach der abgelieferten Menge, der Region, dem Betriebstyp und der Betriebsgröße. Dabei lassen sich Mengenbeschränkungen (Produktionsquoten) einbauen.[23]

- Denkbar sind auch Preise in Abhängigkeit von der produzierten Menge eines Gutes, jedoch unabhängig von der Größe eines Betriebes. Dabei verfehlt die Differenzierung der Erzeugerpreise das Ziel, denn es wird bei den größeren Landwirten ein preislicher Anreiz geschaffen, Güter zu produzieren, auf deren Erzeugung sie bei tieferen Marktpreisen verzichtet hätten.

Für differenzierte Erzeugerpreise ist ein umfassender bürokratischer Apparat mit einem komplizierten Überwachungs- und Verrechnungssystem notwendig. Erforderlich sind Kompensations- und Ausgleichszahlungen, um die unterschiedlichen Einkaufspreise bei den Verarbeitern und dem Handel auszugleichen. Gehen diese Zahlungen zu Lasten des staatlichen Agrarhaushalts, führt dies zu einer erheblichen Budgetbelastung. In der Praxis findet deshalb eine Differenzierung der garantierten Erzeugerpreise meist nur in einem sehr moderaten Rahmen statt (beispielsweise in der Form von höheren Kleinerzeugerpreisen oder geringeren Erzeugermitverantwortungsabgaben für Kleinerzeuger).

VII. Dynamisierte Mindest- bzw. Garantiepreise

Werden Mindestpreise bzw. Garantiepreise dynamisiert, handelt es sich um ein sog. *"forward price system"*. Dazu werden Regeln zur Entwicklung der Mindestpreise im zeitlichen Verlauf formuliert:

- Eine Möglichkeit sind Gleitpreise als eine *gleitende Skala von Richtpreisen*. Dabei führen strukturelle Überschüsse zu einer Senkung der Richtpreise, strukturelle Knappheiten zu deren Erhöhung.[24] Es handelt sich um eine flexible Variante von garantierten Mindestpreisen, nicht jedoch um eine marktliche Lösung, denn die Preise werden nach politisch-bürokratischen Regeln festgesetzt.

- Ein weitere Möglichkeit sind Gleitpreise in der Form von *Mindestpreisen (Garantiepreise, Stützpreise)*. Diese können mit einem Abschlag auf den Erzeugerpreisen der vergangenen Jahre festgelegt werden, wobei für die jährliche Senkung eine Höchstrate festgelegt wird.[25]

---

[22] Beispiele sind Freibeträge für die Kleinproduzenten von Milch und Kleinerzeugerzuschläge für Weizen. Da es sich um Preise handelt, welche zu Einkommenszwecken gestaffelt werden, sollte festgestellt werden, wer tatsächlich Kleinproduzent ist und Kleinmengen zu erhöhten Preisen verkaufen darf.

[23] Soll beispielsweise das jährliche Einkommen eines Landwirts um DM 15.000 angehoben werden, muß bei einer Milchquote von 75.000 kg Milch pro Jahr der Milchpreis um 20 Pf. je Liter erhöht werden, bei einer Milchquote von 50.000 kg um 30 Pf. und bei einer solchen von 30.000 kg um 50 Pf. Die Preisdifferenzen müssen somit ziemlich groß sein, um einkommensdifferenzierend zu wirken.

[24] Vgl. *Boulding* (1958), S. 339.

[25] Ein solches System wurde für die USA in den 1980er Jahren entwickelt. Dabei wurden die Garantiepreise (Stützungspreise) nur noch auf der Basis von 75 Prozent der Marktpreise der vergangenen drei Jahre festgelegt. Die jährliche Senkung der Nominalpreise betrug maximal fünf Prozent und lag nach 1987 bei durchschnittlich zwei bis vier Prozent.

- Eine weitere Spielart dynamisierter Richtpreise ist ein *schrittweiser, geplanter und marktgebundener Preisabbau.*[26] Die Wirkungen eines solchen Abbaus der Mindestpreise sind ungewiß. Ist beispielsweise der reale Preisabbau geringer als die Produktivitätssteigerungen, kann es zu weiteren Produktionssteigerungen kommen. Deshalb entstand aus dem Konzept der Preissenkungen jenes der Erlössenkungen. Nach dem Überschreiten einer bestimmten Produktionsmenge (= Garantieschwelle) treten automatisch Preissenkungen ein, welche stärker als die Mengensteigerungen sind und zu einer Senkung der Erlöse führen.[27]

VIII. Höchstpreise

Höchstpreise sind das Gegenstück zu Mindestpreisen. Diese werden gelegentlich bei Versorgungsengpässen zum Schutz der Verbraucher verfügt und als wählerwirksam betrachtet. Allerdings werden die Höchstpreise bei einer Nahrungsmittelknappheit meist zu tief festgesetzt und führen zu einer Übernachfrage, zur Dämpfung der landwirtschaftlichen Produktion sowie zu grauen und schwarzen Märkten. Höchstpreise zerstören wie alle künstlichen Preisfestsetzungen die vielfältigen Marktfunktionen.

IX. Die Anwendung von Weltmarktpreisen

Eine einfache, aber doch wirksame preisliche Regelung sind die Weltmarktpreise. Solche lassen sich für den gesamten landwirtschaftlichen Gütermarkt oder einzelne Erzeugnisse festlegen. Damit werden die Märkte immer zeitverzugslos geräumt und die Verbraucher kommen in der Genuß verhältnismäßig tiefer landwirtschaftlicher Erzeugerpreise. Eine solche Regelung eignet sich vor allem für Länder, deren Agrarpreisniveau sich bereits in unmittelbarer Nähe der Weltmarktpreise befindet. Denkbar ist es auch, nur einzelne Produkte einer solchen Regelung zu unterwerfen oder nur die Überschußproduktion bei einem einzelnen Erzeugnis, welche damit von gestützten Binnenmarktpreisen ausgeklammert wird.

---

[26] Ein älterer Vorschlag der *Europäischen Union* beispielsweise bestand darin, die Erzeugerpreise jährlich um ein Niveau von 2-2,5 Prozentpunkten unter der gesamtwirtschaftlichen Inflationsrate festzulegen. Dadurch sollte eine allmähliche Annäherung der Preise an das Niveau der Weltmarktpreise erfolgen, verbunden mit einem Einkommensausgleich. Vgl. *Koester und Tangermann* (1976), S. 108 ff. In neuerer Zeit fand ein schrittweiser, geplanter Abbau der Agrarpreise mit dem EU-Agrarreformprogramm von 1992 im Zusammenhang mit den Vorbereitungen zum GATT-95 bzw. den Reformen der WTO statt. Ein weiterer Abbau der Agrarpreise ist mit dem Programm "Agenda-2000" von 1997 vorgesehen. Dabei sollen die Rindfleischpreise um 30 Prozent, die Getreidepreise um 20 Prozent und die Preise für Milcherzeugnisse um 10 Prozent gesenkt werden.

[27] Bei einer Mengenüberschreitung von einem Prozent beispielsweise erfolgt eine Preissenkung von zwei Prozent und damit eine Erlösschmälerung von etwa einem Prozent. Ein solches Garantieschwellenkonzept mit einer dosierten Senkung der faktischen Garantiepreise (gekoppelt mit Grenzen für die Erlösschmälerungen) wurde in der Europäischen Union anfangs der 1990er Jahre vorübergehend bei Getreide angewendet und später zu Gunsten einer forcierten Preissenkung abgelöst.
Eine ähnliche Wirkung kann auch durch eine Erhöhung der sog. Erzeugermitverantwortungsabgabe erreicht werden, welche eine Reduktion des Garantiepreises bedeutet. Preisgarantierte Produktionsquoten auf der Ebene der Gemeinschaft oder der Mitgliedsländer werden mit Erzeugerabgaben verbunden. Garantiemengenregelungen mit Abgaben auf der Überproduktion bestehen bei Milch und Milcherzeugnissen, solche mit Preis- und Prämienkürzungen bei Tabak. Flankierende Maßnahmen sollen die einkommenspolitischen Härten dieser automatischen Erlössenkungen bei Mengensteigerungen etwas mildern.

D. Die Stabilisierung der Nachfrage

I. Allgemeines

Nachfrageseitige Stabilisierungseingriffe dienen der Erhöhung *oder* der Senkung der Nachfrage. Bei einer zu großen Produktion geht es um nachfrageerhöhende, bei einer zu kleinen Produktion um nachfragesenkende Maßnahmen. Der Erhöhung der Nachfrage dienen (1.) die Marktkommunikation, (2.) die Sicherung der Qualität, (3.) "neue" Produkte sowie bessere Verkaufs- und Verwendungsmethoden, (4.) eine preislich inferiore Verwertung sowie (5.) weitere Eingriffe wie Nahrungsmittelprogramme, Käuferprämien, die Besteuerung von Substitutionsprodukten, das Verbot von Imitatprodukten, der Beimischungszwang und die Rücknahmepflicht.

II. Die Marktkommunikation

1. Allgemeines

Die *Marktkommunikation* zwischen dem Handel und den Verbrauchern wird immer mehr durch das "neue" Agrarmarketing[28] geprägt. Die landwirtschaftlichen Erzeugnisse sollen mehr sein als "nur" Rohstoffe, nämlich differenzierte Produkte mit speziellen Eigenschaften. Nicht "Standardwaren" sollen das Angebot prägen, sondern besondere Rohstoffe mit einer nachgewiesenen Identität. Der Weg führt von Stapel- zu Trendprodukten und Nischenerzeugnissen. Nicht die Produzenten, sondern die Kunden bestimmen das Angebot. Die Nahrungsmittel werden nicht mehr in erster Linie als Güter zur Sättigung des Hungers betrachtet, sondern als Quelle der Gesundheit, des Wohlbefindens und des Genusses. Zwischen den Lieferanten und den Kunden sollen nicht gegensätzliche, sondern partnerschaftliche Beziehungen aufgebaut werden. Auf die Identität des Erzeugers wird Wert gelegt. Die Beschaffung soll nicht nur preisorientiert erfolgen, sondern sich an speziellen Produkteigenschaften orientieren. Aus den Markt- und Preisrisiken werden Beziehungsrisiken. Der Schlüssel zum Erfolg liegt weniger in der Agrartechnik, als in der Fähigkeit zur menschlichen und persönlichen Kommunikation. Die Märkte sind nicht so sehr durch agrartechnologische Innovationen gekennzeichnet, sondern vielmehr durch den institutionellen Wandel bei der Beschaffung und dem Absatz.

2. Die Werbung

Die *Werbung* ist eine Form der Verkaufsförderung.[29] Werbebotschaften über ein Nahrungsmittelprodukt erreichen den Verbraucher über die Massenmedien wie das Fernsehen, den Rundfunk, die Tagespresse, Beilagen zur Tagespresse und Magazine. Werbesprüche wie beispielsweise: "Milk, it does a body good" sollen den Verbraucher zum Milchtrinken anregen und der Milchwirtschaft eine stärkere Marktbasis verschaffen. Die Werbung hilft, den wertmäßigen Absatz von qualitativ hochwertigen Produkten zu steigern. In den vergangenen Jahren hat sich allerdings eine gewisse Ernüchterung hinsichtlich der Auffassung verbreitet, die Werbung führe bei den Nahrungsmitteln zu einer erheblichen Nachfragesteigerung und einer Erhöhung der landwirtschaftlichen Einkommen.[30]

---

[28] Vgl. *Boehlje* (1995), S. 34 f.
[29] Vgl. *Forker* und *Liu* (1989), S. 10.
[30] Nach dem Theorem von *Dorfmann* und *Steiner* erreicht die Werbung eines Monopolisten das Optimum, wenn der Grenzertrag der Werbung der Preis-Nachfrageelastizität

3. Das Merchandising

Mit dem *Merchandising* sollen rasche Kaufreaktionen bei den Verbrauchern erzielt werden. Markenzeichen, Symbole, Kochrezepte, Menüempfehlungen und Produktdemonstrationen beim Einzelhandel helfen, landwirtschaftliche Erzeugnisse durch die Einzelhandelsstufe "zu stoßen". Handelsmarken dienen als Instrument zur Heterogenisierung von Nahrungsmitteln, um einen gewissen Spielraum für die Festsetzung von Preisen zu erlangen und einen ruinösen Preiskampf zu verhindern.[31] Seit den 1960er Jahren kommt es zu Auf- und Abschwungprozessen in der Bedeutung von Handelsmarken, weshalb auch deren Erfolgschancen immer wieder unterschiedlich bewertet werden.

4. Die In Store Promotion

Die *In Store Promotion* umfaßt die Abgabe von Verbrauchsmustern im Einzelhandel, vor allem in Supermärkten. Zusätzlich können Aktionspreise und Preisnachlässe die Verbraucher preislich stimulieren. Solche Verkaufsaktionen erfordern geringere Budgets als Werbeaktionen und sind vor allem für die rasche Verkaufsförderung von verderblichen Nahrungsmitteln geeignet.

5. Die Public Relations (PR)

Auf *Public Relations*-Maßnahmen beruht traditionellerweise die Absatzförderung der meisten Güter im Nahrungsmittelbereich. Ziel ist es, die Produkte in einem vorteilhaften Lichte zu präsentieren[32] oder negative Pressemitteilungen zu erwidern.[33] Zahlreiche PR-Aktionen basieren auf neuen Forschungserkenntnissen im Verbraucherbereich wie beispielsweise cholesterinarmen Produkten, neuartigen Verpackungsformen und modischen Erzeugnissen.

6. Das Trade Servicing

Das *Trade Servicing* als Verkaufsförderung unterstützt Produkte aus anderen Ländern. Es handelt sich um verschiedene Formen des internationalen Marketings. Die Erzeugnisse werden in der Tagespresse durch Inserate und redaktionelle Berichte bekannt gemacht. Oft finden im Rahmen internationaler Verkaufsausstellungen und Messen Konferenzen statt, bei welchen Verkaufsteams und Fachleute aus anderen Ländern auftreten. Ähnliche Aktionen im Ausland sollen die Nachfrage nach den Produkten auch langfristig positiv beeinflussen.

---

entspricht. Vgl. *Dorfmann* und *Steiner* (1954), S. 826 ff., zit. nach *Hoff* (1996), S. 341. In der Praxis handelt es sich jedoch um einen annähernd polypolistischen Markt, womit die Werbung das Angebotsverhalten der Landwirte nicht beeinflussen kann. In diesem Fall liegt das optimale Werbebudget im Gleichgewicht zwischen der werbebedingten Ertragsverbesserung und den gemeinschaftlichen Werbekosten. Voraussetzung ist, daß alle Landwirte zur Beitragszahlung verpflichtet werden können. Vgl. *Hoff* (1996), S. 341 f.

[31] Die Bedeutung von Handelsmarken stieg in den 1960er Jahren, als sich erste Sättigungserscheinungen bei den Märkten für Nahrungsmittelmitteln ergaben. Mit der Aufhebung der vertikalen Preisbindung im Jahre 1974 wurde die faktische Tendenz zu preisungebundenen Handelsmarken auf dem Wege der Gesetzgebung nachvollzogen.

[32] Public Relations besteht beispielsweise darin, auf den gesundheitlichen Wert von Calcium in der Milch hinzuweisen.

[33] Ein Beispiel ist der Rindfleischskandal von 1996.

Das Angebot an Nahrungsmitteln auf der Ebene der Verbraucher wird internationaler und das umfassende Agrarmarketing gewinnt an Bedeutung.[34]

7. Das Tele-Selling

Beim *Tele-Selling* handelt es sich um ein Anwendungsbeispiel der Mikroelektronik und der Telekommunikation als einer zukünftig möglichen Bedienungsform des Warenhandels. Die Konsumenten wählen die Waren zu Hause am Fernsehgerät mittels Bildschirmtext aus und bestellen telephonisch, über die Btx-Leitung oder das Internet bei einem Händler. Dieser stellt die Waren zusammen, hält diese zur Abholung bereit oder übernimmt die Zustellung.

8. Die Verbraucheraufklärung

Die Verbraucher haben einen Informationsbedarf über die Erfahrungseigenschaften von Erzeugnissen und Vertrauenseigenschaften (beispielsweise über Rückstände aus der Produktion oder die Qualität von Bio-Produkten).[35] Die *Verbraucheraufklärung* über den Wert bzw. die Schädlichkeit der einzelnen Nahrungsmittel dient dem Abbau von Informationsasymmetrien über versteckte Produktqualitäten und Ernährungsrisiken,[36] unter welchen die Verbraucher stets leiden. Die Verbraucher erhalten auch Basisinformationen über Fragen der Ernährungsphysiologie, der Warenkunde und einer vollwertigen Ernährung.[37]

9. Institutionen der Verkaufsförderung

Die Landwirtschaft oder der Staat können eigene Institutionen für die Verkaufsförderung gründen. Ein Beispiel ist die *CMA (Centrale Marketinggesellschaft der deutschen Agrarwirtschaft).*[38] Diese soll

> "den Absatz und die Verwertung von Erzeugnissen der deutschen Land-, Forst- und Ernährungswirtschaft durch die Erschließung und Pflege von Märkten im In- und Ausland mit modernen Mitteln und Methoden zentral fördern."[39]

Angesichts der Sättigungstendenzen der Märkte für Nahrungsmittel und der Verschärfung des Wettbewerbs wird versucht, die Marktanteile der deutschen Agrarprodukte im Inland, in den Mitgliedsstaaten der Gemeinschaft und im

---

[34] Die Marketingaufwendungen für die Agrarprodukte in der Europäischen Union haben Anfang der 1990er Jahre die Grenze von einer Milliarde DM überschritten.
[35] Vgl. *Hoff* (1996), S. 342.
[36] Zu nennen sind Hormonrückstände, Rückstände von Schädlingsbekämpfungsmitteln, Listerioserückstände, die Gefahr von BSE-Erregern etc.
[37] In der *Bundesrepublik Deutschland* erfolgt dies durch den Auswertungs- und Informationsdienst für Ernährung, Landwirtschaft und Forsten (AID) e.V. Die Aufklärung der Verbraucher wird mit Bundesmitteln über die Verbraucherzentralen der Länder gefördert. Die Information der Verbraucher und des Handels wird zudem durch die Standardisierung und die Klassifizierung von landwirtschaftlichen Erzeugnissen erleichtert. Vgl. auch *Koester* (1981), S. 231.
[38] Die Rechtsgrundlage bildet das Gesetz über die Einrichtung eines zentralen Fonds zur Absatzförderung der deutschen Land-, Forst- und Ernährungswirtschaft (Absatzfondsgesetz). Der öffentlich-rechtliche Absatzfonds bedient sich einer eigens dafür gegründeten privatrechtlichen Institution, der *CMA*, welche die für die Absatzförderung vorgesehenen Mittel erhält. Die Gründung der *CMA (Centrale Marketinggesellschaft der deutschen Agrarwirtschaft)* erfolgte 1969. Vgl. *CMA*, 1985.
[39] *Sichtermann* (1978), S. 20.

Ausland zu vergrößern. Die *CMA* soll zur Verbesserung der Markttransparenz, der Absatzwege, des marketinggerechten Verhaltens der deutschen Landwirtschaft und des Images für deutsche Agrarprodukte beitragen.[40] Ziel ist ein möglichst offensives Marketing. Die Instrumente sind nach einzelnen Fachbereichen gegliedert:[41]

- Die Aktivitäten zur *Kommunikation* sind sowohl auf die beitragzahlenden Mitglieder als auch die Öffentlichkeit zur Profilierung des deutschen Agrarangebotes gerichtet. Dabei bedient sich die *CMA* der Presse, des Rundfunks und des Fernsehens.

- Beim Inlandsmarketing dient das *Produktmarketing* einer umfassenden Basiswerbung (beispielsweise der Slogan: "Aus deutschen Landen frisch auf den Tisch"). Der Marketingservice beschäftigt sich mit der Marktforschung, dem Gütezeichen "Markenqualität aus deutschen Landen", der Verkaufsförderung, dem *CMA*-Außendienst und dem Basismarketing durch die absatzwirtschaftliche Beratung, die Verkaufsförderung, Messen und Ausstellungen. Zu den neueren Konzepten der CMA zählt die Unterstützung des regionalen Marketings durch finanzielle Hilfe, Schulung, Verkaufsbegleitung und Entwicklung von regionalen Marketingprogrammen. Es werden gleichzeitig rund 120 Projekte entwickelt und geführt, wobei die Unterstützung während rund zwei Jahren erfolgt.[42]

- Das *Auslandsmarketing* umfaßt die Auslandsmarktforschung, die Exportvorbereitung und die Exportvermittlung.[43]

Es gibt auch Grenzen bei der Marktkommunikation. Beim Versuch, den Verbrauch eines Nahrungsmittels zu Gunsten eines anderen zu steigern, ergeben sich Verlagerungsprozesse beim Konsum ohne wesentliche Erlössteigerungen für die Landwirtschaft. Die Verkaufsförderung findet ihre Grenze beim Verkaufsrückgang anderer Produkte. Deshalb gilt bei der Werbung der Neutralitätsgrundsatz hinsichtlich der einzelnen Erzeugnisse.

Schwierig ist auch die Frage der Finanzierung der Agrarwerbung, welche bisher durch Zwangsabgaben der Bauern aufgebracht wurde. Es stellt sich die ordnungspolitisch bedeutsame Frage, ob das Marketing für Agrarprodukte nicht besser den Nahrungsmittelherstellern überlassen werden sollte.

III. Die Sicherung der Qualität

Haben die Konsumenten Präferenzen für höherwertige Nahrungsmittel, wirkt sich die *Sicherung der Qualität* günstig auf den Verbrauch aus. Mehr und mehr sind die Verbraucher bereit, höhere Preise zu bezahlen, wenn sie Gewißheit über die Unbedenklichkeit der Qualität von Nahrungsmitteln haben.[44] Dies dient

[40] Vgl. *Weihrauch* (1972), S. 3.

[41] Nebst der Geschäftsführung verfügt die *CMA* über einen Aufsichtsrat, eine Gesellschafterversammlung, einen Koordinierungsbeirat und Fachausschüsse (z.B. für Brotgetreide, Braugerste und Hopfen, Kartoffeln, Zucker, Obst und Gemüse, Ölsaaten, Tabak und Sonderkulturen, Blumen und Zierpflanzen, Saatgut, Forsterzeugnisse, Milch, Rinder, Kälber und Schafe, Schweine, Eier, Geflügel und Honig sowie Zuchtvieh).

[42] Vgl. *Nienhaus* (1997), S. 354.

[43] Vgl. auch die Jahresberichte der *CMA*.

[44] Beispielsweise im Zusammenhang mit Rückständen von Düngemitteln und Schädlingsbekämpfungsmitteln. Vgl. *Eom* (1994), S. 769. In den USA ergaben Verbraucherstudien eine Bereitschaft, durchschnittlich 0,70 US$ mehr für eine "sichere" Mahlzeit

dazu, landwirtschaftliche Erzeugnisse ohne produktbezogene Probleme verkaufen zu können. Sind die Verbraucher sicher, Güter guter Qualität zu kaufen, sparen sie die Zeit, sich einen Überblick über die Qualität des Warenangebotes zu verschaffen. Die Unsicherheit, möglicherweise qualitativ schlechte Nahrungsmittel zu kaufen, wird vermindert. Verbraucherbezogene Qualitätsanforderungen sind auch deshalb sinnvoll, weil die Qualität der Lebensmittel in einem engen Zusammenhang zur menschlichen Gesundheit steht.[45]

Besonders in Jahren mit überdurchschnittlich großen und qualitativ guten Ernten besteht ein wesentliches Stabilisierungsinteresse darin, daß keine schlechten Erzeugnisse auf den Markt kommen, welche den qualitativ guten Waren im Verlaufe der Hauptsaison den Zugang zu den Märkten versperren. Selbst überdurchschnittlich große Ernten lassen sich bei einer guten Qualität der Erzeugnisse auf den Märkten absetzen.

Allerdings dürfen qualitätsbezogene Eingriffe nicht zur künstlichen Begrenzung des mengenmäßigen Angebotes mißbraucht werden. Oft besteht die Versuchung, durch wenig sinnvolle, überzogene Normen Erzeugnisse vom Markt fernzuhalten.[46] Scherzhaft wird der Krümmungsgrad der Bananen genannt, welcher als Qualitätskriterium dienen könnte. Qualitätsanforderungen als Mittel der quantitativen Angebotsbeschränkung sind wettbewerbs- und verbraucherfeindlich.

IV. "Neue" Produkte sowie Verwendungs- und Verkaufsmethoden

1. Die landwirtschaftliche Selbstvermarktung

Die *Selbstvermarktung* von Agrarerzeugnissen ist vor allem auf den Tages- und Wochenmärkten, im Direktverkauf und in der Nähe von rege befahrenen Autostraßen attraktiv. Dazu spezialisiert sich der Betrieb unter anderem auf konsumnahe Erzeugnisse. Beliebt ist auch das Selbstpflücken von Obst, Früchten und Blumen durch die Kunden. Mit der Selbstvermarktung geht ein Teil des Erlöses des Handels an die Landwirte. Zudem findet ein wertvoller Informationsaustausch zwischen den Erzeugern und den Verbrauchern statt. Die positiven Auswirkungen der Direktvermarktung steigen mit den Erfolgen im Marketing. Gelingt es, die Kundschaft mit vielfältigen Erzeugnissen zu beliefern, ist eine Steigerung der Wertschöpfung möglich. Erheblich ist allerdings die zusätzliche Arbeitsbelastung, um die Kunden zu bedienen.

2. Die Entwicklung von sog. Vollwertnahrung

Die sog. *Vollwertnahrung* stößt bei einem vorerst noch beschränkten Marktvolumen auf weniger gesättigte Märkte als die konventionellen Erzeugnisse. Sie verbessert durch die vielen natürlichen Wirkstoffe die Ernährung. Zur Produktion eignen sich besonders die biologischen und die biologisch-dynamischen Anbauverfahren. Die Produkte werden zum Teil durch anerkannte Verbände

zu bezahlen, für eine Mahlzeit frei von Salmonellen etwa 0,30 US$. Vgl. *Hayes et al.* (1995), S. 50 f.

[45] Die EU-Qualitätsanforderungen gelten praktisch für alle landwirtschaftlichen Erzeugnisse (z.B. Getreide, Reis, Obst und Gemüse sowie deren Verarbeitungserzeugnisse, Wein, Tabak, Zucker, Fleisch, Eier, Milch und Milcherzeugnisse, Öle und Fette, Hülsenfrüchte und Fischereierzeugnisse).

[46] Beispielsweise extreme Größen- und Farbvorschriften für Obst und Früchte.

vermarktet.[47] Zudem spielt die hofeigene Verarbeitung und Vermarktung eine steigende Rolle.[48,49]

3. Die sog. ackerbaulichen Alternativkulturen

Als *ackerbauliche Alternativkulturen* gelten unter anderem Sonnenblumen, Erbsen, Pferdebohnen, Raps, Öllein, Körnerleguminosen, Soja und Sojaschrot. Diese Produkte werden auf dem Bauernhof direkt als Viehfutter verwertet und sollen die betriebliche Wertschöpfung durch geringere Kosten für Futtermittel erhöhen. Sie dienen als Produktionsalternative und zur Substitution von Importfuttermitteln.

4. Die Entwicklung neuer, umweltfreundlicher Nahrungsmittel

Zu den *"neuen Produkten"* zählt beispielsweise die Aufzucht von Straußen in Gehegen, deren Fleisch und Haltung sich einer wachsenden Beliebtheit erfreut.[50] Ähnliches gilt für Damhirschanlagen, welche zudem eine extensive, umweltschonende Nutzung des Grünlandes ermöglichen.

5. Nachwachsende Rohstoffe

Nachwachsende Rohstoffe dienen der Landwirtschaft als Produktions- und Verwendungsalternative, zur Entlastung der Agrarmärkte und der Nutzung von ehemals landwirtschaftlich bewirtschafteten Flächen.[51] Neben Energieträgern lassen sich aus der Biomasse zahlreiche weitere Produkte herstellen.[52] Der Slogan lautet: "Pflanzen = moderne Rohstoffe".[53] Ein "neues Produkt" ist beispielsweise biologisch abbaubares Schmieröl auf der Grundlage von Rapsöl, Sonnenblumenkernöl und Erdnußöl.[54] Ein umweltfreundlicher Alternativtreibstoff zu

---

[47] Als Beispiele sind *Demeter", "Bioland", "Biokreis", "Naturland", "Anog" und "Böw"* zu nennen.

[48] Vgl. *Wirthgen* und *Kuhnert* (1992), S. 593 ff.

[49] Ein weiteres Beispiel sind Produkte aus der Berglandschaft. In der Schweiz wurde eine eigene Bergmarke geschaffen und durch das Bundesamt für geistiges Eigentum gesetzlich geschützt. Der Slogan lautet: "Ein Produkt aus dem Schweizer Berggebiet".

[50] Allerdings ist die Haltung dieser tropischen Vögel anspruchsvoll und der Standort in mittleren Breitengraden nicht besonders artgerecht. Genehmigungen für die Aufzucht solcher Tiere werden deshalb nur unter restriktiven Kriterien erteilt.

[51] In der *Bundesrepublik Deutschland* wurden 1993 rund 246.000 Hektar, 1994 rund 361.000 Hektar, 1995 rund 579.000 Hektar, 1996 rund 510.000 Hektar und 1997 465.000 Hektar Agrarfläche für den Anbau und die Verwendung von Agrarrohstoffen außerhalb des Ernährungsbereichs eingesetzt. Dies entspricht für 1995 und 1996 rund 5 Prozent der landwirtschaftlichen Produktionsflächen. Einen besonderen Aufschwung hat der Anbau von nachwachsenden Rohstoffen durch die Möglichkeit erhalten, mit Subventionen stillgelegte Flächen dazu verwenden zu können. Das Schwergewicht liegt bei Kraftstoffen, technischen Ölen, Schmiermitteln, Stärke, Fettsäurederivaten, Leimungsmitteln, Brennstoffen und Rohstoffen für Arzneimittel. Vgl. *Agrarbericht 1996, S.* 147. Vgl. *Schütte* (1997), S. 563.

[52] Hierzu zählen Fasern, Textilien, Folien, Polymere, Harzkomponenten, Lacke und Überzüge, Absorbermaterial, Möbel, Platten, Baumaterial, Isoliermaterial, Lösungsmittel, chemische Grundstoffe, Lebensmittelzusätze, Fermentationsstoff, Protein, Futtermittel, Zeitungen und Verpackungsmaterial. Vgl. *Steinmüller* (1991), S. 44.

[53] *Agrarbericht 1989, S.* 108 und 123.

[54] Dabei ist das Rapsöl aufgrund seiner großen Zähigkeit unbehandelt nur in besonderen Motoren (sog. Elsbett-Motoren) zu verwenden. Die meisten Dieselmotoren können jedoch nach einer Beimischung von Methanol und einer speziellen Verarbeitung mit Rapsöl betrieben werden. Dies verbessert den Ausstoß von Schadstoffen wie zum Beispiel Ruß und Schwefeldioxyd. Im Gegensatz zu Treibstoffen aus Mineralöl sind die

Diesel läßt sich auf der Basis von Rapsöl, Raps und Sonnenblumen gewinnen ("Biodiesel"). Aus Flachs, Hanf, Schilfgras und Holz werden Rohstoffe für Isolierstoffe (Baumaterial), Filter, Folien, Verpackungsmaterial, Farben und Lacke gewonnen. Mais, Kartoffeln, Weizen und Zuckerrüben werden in Stärke und Zucker für Kosmetika, Kunststoffe, Zahnpasta, Arzneimittel und Pflanzenschutzmittel verarbeitet. Aus Mohn, Wolfsmilch, Senf und Leindotter lassen sich Öle und Fette als Basis für Weichmacher, Seife, Shampoo und Hydrauliköl destillieren.

Es bestehen mittel- und langfristige Projekte zur Nutzung von pflanzlicher Biomasse für industrielle Zwecke. Es gibt Pilotprojekte und Demonstrationsvorhaben für die Verwendung von Zucker, Stärke, Faserstoffe und Holz. Kritische Fragen stellen sich bei den nachwachsenden Rohstoffen in Bezug auf die Umweltfolgen der Düngung und der Schädlingsbekämpfung, die oft geringen wirtschaftlichen Erträge und die meist erforderlichen, nicht unerheblichen Subventionen.[55]

6. Bioenergie und andere nachwachsende Rohstoffe

a. Bioenergie aus Biomasse

Die Verwendung von *Biomasse* für die Erzeugung von *Bioenergie* wurde mit den Energiekrisen von 1973/74 und 1981/82, dem politischen Druck zum Ausstieg aus der Atomenergie und den wachsenden landwirtschaftlichen Überschüssen in den 1970er und 1980er Jahren aktuell. Als Biomasse eignen sich sog. Zelluloseplantagen mit Bäumen wie Weiden, Pappeln, Büsche, Gras, der sog. Chinaschilf[56,57] sowie auch landwirtschaftliche Erzeugnisse wie unter anderem Getreide, Zucker sowie Öle und Fette. Zahlreiche Grünpflanzen wie beispielsweise

---

Auswirkungen auf den CO_2-Kreislauf neutral. Das Rapsöl verbrennt zu CO_2 und nimmt dieses beim Nachwachsen wieder aus der Luft auf. Pro Hektar Fläche lassen sich rund 1.100 bis 1.300 Liter "Raps-Diesel" gewinnen, womit ein Teil der Äcker für die Produktion des Bedarfs an Dieselkraftstoff genügen würde. Bei der Sorte 00-Raps zeigen sich allerdings schwere Gesundheitsprobleme für die Rehe, sofern deren Nahrung hauptsächlich aus dieser süßen Rapssorte besteht. Zudem liegen die Schätzungen für den Subventionsbedarf bei 35 Pfennig pro Liter in der Europäischen Union, weshalb die Kritiker die verhältnismäßig geringe Wertschöpfung betonen. Außerdem entfallen die staatlichen Einnahmen aus der Mineralölsteuer für den Dieselkraftstoff. Vgl. *Binswanger* (1990), S. 33.

[55] Als Energiesubstitut galt 1993 eine Rentabilitätsschwelle von ca. 40 bis 50 US$ pro Barrel, was mehr als dem Doppelten des Erdölpreises entspricht. Die Kosten zur Erzeugung von Strom und Wärme sind rund doppelt bis dreifach so hoch wie bei der fossilen Energie.

[56] Der Chinaschilf läßt sich auch zu Faserplatten für den Häuserbau oder für Autokarosserieteile verarbeiten. Die Kohlenstoffbilanz ist ausgeglichen; im Gegensatz zu Mineralölprodukten ist der Ausstoß an CO_2 bei der Verbrennung identisch mit dem assimilierten Kohlenstoff. Die Produktion bringt mit rund 20 bis zu 40 Tonnen Trockenmasse je Hektar drei- bis viermal mehr Biomasse als die bisherigen nachwachsenden Rohstoffe und ist umweltschonender als eine extensive Bewirtschaftung des Grünlandes. Der Energieinput bei der Produktion liegt bei rund 15 Prozent des gewonnenen Energieoutputs.

[57] In neuerer Zeit wird der Chinaschilf (miscanthus sinensis) getestet, eine bisher als Zierpflanze verwendete, sog. C4-Pflanze mit sehr großer Assimilationseffizienz. Im Energiebereich läßt sich dieser vielfältig verwenden, beispielsweise als Briketts, zur Verstromung und Treibstoffgewinnung. Noch nicht bekannt sind die ökologischen Folgen eines monokulturellen Anbaus wie beispielsweise die Belastung des Bodens und des Grundwassers durch den Düngereinsatz. Zudem läßt sich das Schilfgras noch nicht in eine Fruchtfolge einordnen.

Stroh und Mais liefern Biomasse für Wärme und Strom. Insgesamt ließen sich - bei einer Anlaufzeit von rund einem Jahrzehnt - etwa zehn Prozent des Energiebedarfs der Gemeinschaft aus Biomasse decken, langfristig auch etwas mehr.[58] Die Förderung der Verwendung von Biomasse kann mit Marktentlastungs- und Flächenstillegungsprogrammen kombiniert werden.[59] Erforderlich wären der Aufbau von speziellen Produktionsanlagen und erhebliche Subventionen.

b. Das Beispiel des Biosprits

Nach der Erdölverknappung in den Jahren 1973/74 und 1981/82 entstanden kühne Pläne zur Erzeugung von *Biosprit* ("biofuel", "home grown fuel" oder "grünes Benzin"). Das "*Gasohol*" beispielsweise besteht aus 90 Prozent Benzin und 10 Prozent Alkohol. Dieses verbrennt sehr umweltfreundlich und kann aus Erzeugnissen wie Mais, Weizen, Zuckerrüben, Zuckerrohr, Holz und landwirtschaftlichen Abfällen gewonnen werden.[60,61]

[58] Vgl. *Scheer* (1995), S. 4 ff. Bei einem Anteil eines Viertels der bisherigen landwirtschaftlichen Fläche in der *Europäischen Union* beträgt der geschätzte, mögliche Anteil der Bioenergie am Gesamtenegerieverbrauch rund 25 Prozent. Die Bioenergie müßte in diesem Fall in einzelnen Energiemärkten wettbewerbsfähig werden (beispielsweise in den Treibstoffmärkten, den Märkten für Wärmeerzeugung, im Gasmarkt und dem Strommarkt).

[59] Wie dies heute teilweise bereits der Fall ist, indem auf subventioniert stillgelegten Flächen - ohne Produktionsanrechnung - nachwachsende Rohstoffe angebaut werden können.

[60] In den *USA* gibt es Bestrebungen zur Einführung von methanolbetriebenen Fahrzeugen in den Ballungsgebieten. Damit soll die Schadstoffkonzentration in der Luft reduziert werden. Die Zugabe von Alkohol zu Benzin erhöht die Oktanzahl, verbessert die Verbrennung und ist etwas umweltverträglicher als Normalbenzin. Die Ernte eines halben Hektar Land reicht für den Bedarf eines Fahrzeugs mit einer Jahresleistung von rund 15.000 km. Die Gesamtproduktion von Ethanol vor allem aus dem Vergären von Maisstärke liegt bei jährlich etwa drei Milliarden Liter. Die Produktionskosten für Gasohol betrugen 1980 rund US$ 1.25 bis 1.35 je Gallone (3,785 lt.). Bei einem damaligen Umrechnungskurs von DM 1.70 je US$ entspricht dies einem Literpreis von 56 bis 61 Pfennig. Dabei ist die Energiemenge eines Liters Gasohol nicht ganz gleichwertig mit jener von Benzin (1:1,25). Nach dem Verfall der Mineralölpreise in den 1980er Jahren wurden die Diskussionen und Versuche mit Bioenergieprogrammen mit weniger Illusionen geführt. Auch in *Frankreich* bestanden Anfang der 1980er Jahre Pläne, jährlich bis zu 1,5 Millionen Tonnen Erdöl zu substituieren. Dabei ergibt sich in der Regel ein schlechter energetischer "Erntefaktor", denn der Energieinput zur Erzeugung von Biosprit ist verhältnismäßig groß. Die Produktion ist wesentlich teurer als das Mineralöl, erfordert große Subventionen und bringt keine Mineralölsteuern.

[61] Ausgedehnte Erfahrungen mit Bioenergieprogrammen hat *Brasilien,* dessen Verkehr stark an die Straße gebunden ist. Der gesamte Energieverbrauch zeigt in Folge des Wachstums der Bevölkerung und der Wirtschaft erhebliche Zuwachsraten. Als das Proalcool-Programm 1975 gestartet wurde, lag der Anteil des importierten Erdöls am Energieverbrauch bei rund 30 Prozent. Die mächtige Zuckerlobby versprach sich einen günstigen Einfluß auf die Zuckerpreise. Der Alkohol wurde aus Zuckerrohr erzeugt, welches sich wegen der günstigen Energiebilanz besonders gut als Rohstoff für die Äthanolherstellung eignet. Pro Tonne Zuckerrohr können rund 70 Liter Äthanol destilliert werden. Allerdings arbeiten die Destillationsanlagen wegen der Saisonalität der Ernte nur während rund der Hälfte des Jahres. Dies ergibt eine geringe Kapazitätsauslastung und verhältnismäßig große Lagerkosten. Für 1980 betrug das jährliche Produktionsziel drei Milliarden Liter oder rund zwanzig Prozent des Treibstoffbedarfs. Die zweite Ölkrise von 1981/82 führte zu einer Bestätigung des Programms. Es gab Abnahmegarantien mit staatlich festgesetzten Preisen, steuerliche Vergünstigungen bei der Finanzierung, erhebliche direkte Preissubventionen und eine Erhöhung der Steuern auf Mineralöl. Die Produktion stieg bis 1990 auf rund elf Milliarden Liter, wodurch Engpässe bei der Lagerung und Verteilung entstanden. Trotz der günstigen Ergebnisse

c. Bioenergie aus Gülle

Bei der Gärung von *Gülle* entwickelt sich Methangas, welches als *Bioenergie* genutzt und verfeuert oder verstromt werden kann. Die Erzeugungskosten für Bioenergie sind ziemlich hoch. Bei einem verhältnismäßig tiefen Preisniveau für die Energie ist die Erzeugung von Bioenergie auf dem Bauernhof wenig rentabel, zumal die industriellen Energieerzeuger durch den verschärften Wettbewerb kaum in der Lage sind, den Strom zu den Selbstkosten der Bauern zu kaufen.[62]

7. Ferien auf dem Bauernhof

Einer Ausweitung der Nachfrage im landwirtschaftlichen Bereich dienen auch *Ferien auf dem Bauernhof*, welche sich mit Mitteln der Regional- und Kommunalpolitik fördern lassen.[63] Die Gästebetten werden - je nach der Urlaubseignung einer Region - im Sommer und/oder im Winter vermarktet. In zahlreichen Gebieten der Alpen und der Mittelgebirge ist bereits seit Jahrhunderten eine enge Symbiose zwischen der Landwirtschaft und dem Tourismus festzustellen.[64] In anderen Gebieten muß für die touristische Attraktivität der Urlaubsorte erst gesorgt werden. Auf dem flachen Lande, wo die Voraussetzungen meist nicht so günstig sind, entsteht der Tourismus vor allem bei idealen Freizeitmöglichkeiten.

Der Ausbau moderner Fremdenzimmer für einen ausreichenden Komfort (beispielsweise mit Badezimmern und Zentralheizungen) erfordert große Investitionen. Beim Sommertourismus decken sich in Gebieten mit vorwiegender Grünlandbewirtschaftung die Arbeitsspitzen der Landwirtschaft mit jenen des Tourismus. Der Wintertourismus verträgt sich mit der landwirtschaftlichen Arbeitsbelastung wesentlich besser, allerdings sind die Investitionen größer. Viele große Bauernhäuser mit freien Gebäudeteilen lassen sich auch als Urlaubsstandorte für den Pferdesport nutzen.

V. Die Erhöhung der Nachfrage durch eine preislich inferiore Verwertung

1. Der Verkauf als verarbeitete Nahrungsmittel

Zur Stabilisierung der Erzeugerpreise kann versucht werden, einen Teil der Produktion aus dem Markt zu nehmen, zu verarbeiten und zu verkaufen. Ein Entlastungseffekt ist zu erwarten, wenn die verarbeiteten Güter eine größere Preis-Nachfrageelastizität aufweisen als die aus dem Markt genommenen

---

wurden die Ziele nicht erreicht. Durch den Rückgang der Erdölpreise in den Jahren zwischen 1982 und 1988 geriet das Proalcool-Programm unter heftigen Beschuß. Die Ackerfläche wurde um mehr als die Hälfte vergrößert, lag aber immer noch unter einem Anteil von zehn Prozent der Gesamtfläche. Wegen der Urwaldrodung ist die Ausweitung der landwirtschaftlich genutzten Flächen umstritten. Der Anbau von Zuckerrohr erfolgt weitgehend monokulturell mit tiefgreifenden Konsequenzen für die Agrarwirtschaft und die Umwelt. 1989 stiegen die Weltmarktpreise für Zucker, was die Erzeugung der übrigen landwirtschaftlichen Produkte verdrängte. Die Erzeugung von Äthanol zu Treibstoffzwecken wurde auf einem tieferen Niveau stabilisiert.

[62] Seit der ersten Ölkrise von 1973/74 werden Erfahrungen mit Biogasanlagen gesammelt. Beim Neubau von größeren Ställen für Rindvieh oder Schweine können Stapellager für Gülle erstellt werden, welche der Lagerung ohne Luftzufuhr dienen (sog. anaerobe Gärung) und sich für die Erzeugung von Biogas eignen.

[63] Vgl. Kapitel 14 und 16.

[64] In *Tirol* beispielsweise besteht die traditionelle Berufskombination "Tierzüchter und Gastwirt".

Frischprodukte.[65] Die verarbeiteten Erzeugnisse lassen sich oft auch mit Subventionen als inferiore Güter auf den Binnenmärkten oder den internationalen Agrarmärkten absetzen. Dabei findet eine Markt- bzw. Preisdifferenzierung zwischen den "normalen" und den "inferioren" Gütern statt, wobei die Konsumentenrente besser abgeschöpft wird. Bei den "inferioren" Gütern handelt es sich nicht zwangsläufig um qualitativ schlechtere, sondern oft nur um anders benannte Produkte.[66]

2. Der Verkauf als gewerbliche Rohstoffe

Agrarerzeugnisse können auch zu *gewerblichen Rohstoffen* verarbeitet und - meist mit Subventionen - an inländische sowie ausländische Verarbeiter verkauft werden. Direkte Prämien an die Käufer und Verwender sollen die Nachfrage fördern, was jedoch zu einer künstlichen Verzerrung der Preise und mithin zu einer paretoinferioren Situation führt.[67]

3. Der Verkauf von denaturierter Ware als Futtermittel

Der Nachfragesteigerung dient auch die *Denaturierung* von Erzeugnissen zur Veränderung des Verwendungszwecks. Dabei werden Grundnahrungsmittel mit einer geringen zu solchen mit einer größeren Einkommens-Nachfrageelastizität verarbeitet.[68] Bei der inferioren Verwertung von landwirtschaftlichen Erzeugnissen als Viehfutter kann es zu "Teufelskreisläufen" kommen. Wird beispielsweise Kuhmilch auf dem Bauernhof mit erheblichen Kosten produziert, anschließend mit großen Subventionen zu Milchpulver verarbeitet und erneut auf dem Bauernhof als Viehfutter für die Milchproduktion verwendet, entsteht ein ökonomisch wenig sinnvoller Kreislauf.[69]

4. Die Vernichtung von Agrarprodukten

Die radikalste Form einer inferioren Verwendung landwirtschaftlicher Erzeugnisse ist deren *Vernichtung*. Bei einer *preisunelastischen* Nachfrage führt dies zu landwirtschaftlichen Erlössteigerungen, indem die Preise stärker steigen als die angebotenen Mengen sinken. Dabei darf nicht nur die größere Produzentenrente betrachtet werden, sondern es müssen auch die Kosten zur Vernichtung der Erzeugnisse und der Verlust an Konsumentenrente in Betracht gezogen werden. Per Saldo ist ein negativer Gesamteffekt zu erwarten. Zudem ergibt sich eine künstliche Verzerrung der Preise "nach oben", was zu falschen Produktionsan-

[65] Beispiele sind Fruchtsäfte und Fruchtsaftkonzentrate aus Obst und Früchten, Alkoholdestillate aus Obst und Wein, Kartoffelstärke aus Kartoffeln und Milchpulver aus Voll- oder Magermilch.

[66] Beispiele sind die als Kochbutter verkaufte Tafelbutter (beispielsweise als sog. Weihnachtsbutter), das als Kochobst vermarktete Tafelobst und der als Tischwein angebotene Tafelwein.

[67] Beispiele sind der aus Obst destillierte Industriesprit, die Kartoffelstärke für die Textilveredelung und das Kasein für Kleiderknöpfe. Im Grenzbereich zwischen "neuen" Erzeugnissen und der Verwertung als gewerbliche Rohstoffe liegt unter anderem das Rapsöl als pflanzliches Schmiermittel für Motoren.

[68] Die Verarbeitung erfolgt zu Viehfutter oder Rohstoffen. Die Denaturierung zur Verwendung als industrielle oder gewerbliche Rohstoffe kann durch die Beimischung von Farben erfolgen, um die Güter für die Verwendung als menschliche Ernährungsmittel unattraktiv zu machen. Beispiele sind die Denaturierung von Getreide, Mager- und Vollmilchpulver, Kartoffelflocken, Butter und Fett sowie Alkohol.

[69] Ein solcher Verschwendungsprozeß, dessen Motor die staatlichen Subventionen waren, bestand in der *Europäischen Union* während Jahrzehnten.

reizen und einer Perpetuierung der Überschüsse führt. Dies erfordert immer größere Marktsubventionen und letztlich einen forcierten Abbau der entstandenen Überkapazitäten.[70] Bei einer *preiselastischen* Nachfrage dagegen steigen die Preise weniger stark als die Mengen sinken, weshalb eine Vernichtung von Agrargütern keinen Sinn ergibt.

VI. Weitere Eingriffe in die Nachfrage

1. Nahrungsmittelprogramme für einkommensschwache Bevölkerungsgruppen

Nahrungsmittelprogramme dienen der Verbilligung von landwirtschaftlichen Erzeugnissen für einkommensschwache Bevölkerungsgruppen, bei welchen vermutet wird, daß sie sich unter marktlichen Preisbedingungen ungenügend oder falsch ernähren, mithin verzerrte Präferenzen für die Ernährung haben. Die Meritorisierung des Nahrungsmittelkonsums soll dazu dienen, den Nahrungsmittelkonsum positiv zu beeinflussen. Mit einer besseren Ernährung soll das geistige und körperliche Wohlbefinden gestärkt werden.

Die Förderung des Konsums führt zu einer Erhöhung der Nachfrage nach Nahrungsmitteln bei den kaufkraftschwächeren Bevölkerungsgruppen.[71] Die Markt- bzw. Preisdifferenzierung setzt bei den unterschiedlichen Einkommen und Preis-Nachfrageelastizitäten der einzelnen Bevölkerungsgruppen an.[72,73] Die Aufteilung der Märkte nach der Kaufkraft der Verbraucher bringt - als Vorteil für die Nahrungsmittelwirtschaft - eine bessere Ausschöpfung der Konsumentenrente.

Dabei zeigen sich trotz wünschenswerter Effekte auch Probleme. Ein Teil der förderungsberechtigten Familien fürchtet, das Sozialprestige beim Einkaufen mit Nahrungsmittelmarken zu verlieren. Hinzu kommt, daß der Einzelhandel oft bereit ist, auch andere Erzeugnisse wie zum Beispiel Alkohol und Tabak gegen Nahrungsmittelkarten abzugeben, womit der erwünschte Meritorisierungseffekt für Nahrungsmittel ins Gegenteil verkehrt wird. Zudem ist der bürokratische Aufwand zur monatlichen Abgabe von Nahrungsmittelkarten groß. Deshalb gibt es neben den Befürwortern auch Kritiker, welche solche Programme - wie beispielsweise in den USA - angesichts der erheblichen Kosten und geringen Marktstabilisierungswirkungen für wenig sinnvoll bzw. ineffizient halten.[74]

Ob der Nahrungsmittelkonsum meritorisiert werden soll, ist letztlich eine Frage des politischen Werturteils. Vielfach wird bezweifelt, daß beim Nahrungsmittel-

---

[70] Als ein frühes Beispiel ist die Vernichtung von Kaffee in *Brasilien* während der Weltwirtschaftskrise in den 1930er Jahren zu nennen. Vgl. *Boulding* (1958), S. 321. In der *Europäischen Union* sorgen Vernichtungsaktionen bei Obst und Gemüse immer wieder für politisches Aufsehen. Neben den finanziellen Kosten für die Vernichtung entstehen "politische Kosten" durch den Verlust an agrarpolitischem Vertrauenskapital bei den Verbrauchern und Wählern.

[71] Vgl. *Hathaway* (1963), S. 259 f.

[72] Vgl. *Roy et al.* (1971), S. 398 f.

[73] In den USA beispielsweise gibt es eine Reihe von Nahrungsmittelhilfsprogrammen. Familien erhalten je nach dem Einkommen und der Zahl der Kinder Nahrungsmittelkarten, welche zum verbilligten Kauf gewisser Nahrungsmittel beim Einzelhandel verwendet werden können. Rund ein Zehntel der Bevölkerung ist hilfsberechtigt. Dieses Programm kostete 1994 rund 35 Mrd. US$ und lag bei etwa der Hälfte des Budgets des U.S. Departments of Agriculture. Vgl. *Lane* (1995), S. 1096.

[74] Vgl. *Hathaway* (1963), S. 295, und *Roy et al.* (1971), S. 410.

konsum in die Konsumentensouveränität eingegriffen werden muß, denn der mündige Mensch sollte die Notwendigkeit einer zweckmäßigen Ernährung selbst erkennen. Ein mögliches Argument für solche Programme ist die Kompensation überhöhter inländischer Agrarpreise zu Gunsten der kaufkraftschwächeren Schichten zur Neutralisierung der regressiven Wirkungen der Agrarmarktpolitik.[75]

In der *Europäischen Union* beschränken sich Nahrungsmittelprogramme auf Aktionen wie beispielsweise Pausenmilchaktionen und die Verbilligung von Essen bei der Bundeswehr sowie in Mensen. Im *angelsächsischen Raum* sind die School Lunch Programme bekannt. Diese Nahrungsmittelsonderprogramme haben sich eingebürgert, sind jedoch ebenfalls umstritten. Verfügen einzelne Bevölkerungsschichten nicht über genügend Kaufkraft für den Konsum von Nahrungsmitteln, soll ihnen nach europäischer Auffassung eher auf sozialpolitischem Wege geholfen werden.

2. Käuferprämien für die Verwender und Verarbeiter

Mit *Käuferprämien* soll die Verwendung einzelner inländischer Agrarerzeugnisse stimuliert werden. Prämien, welche direkt an die Verwender oder Verarbeiter bezahlt werden, führen zu einer Steigerung der Nachfrage.[76] Die Wirksamkeit solcher Prämien zur Entlastung der Märkte ist angesichts der geringen Preis-Nachfrageelastizität im Agrarbereich jedoch eher klein.

3. Die Besteuerung von Substitutionsprodukten

Bei der *Besteuerung von Substitutionsprodukten* wird davon ausgegangen, daß die Imitate landwirtschaftlicher Erzeugnisse in der Regel preiswerter sind als die "Originalerzeugnisse". Zur Stabilisierung der Nachfrage nach diesen Erzeugnisse werden die Substitutionsprodukte oft so stark besteuert, daß diese preislich keine Konkurrenz mehr darstellen.[77] Dies führt zwar nicht zu einer Beeinträchtigung des Marktmechanismus, ist aber durch die künstliche Verzerrung der Preise und die Behinderung des Wettbewerbs paretoinferior.

4. Das Verbot von Imitatprodukten

Bei einem *Verbot von Imitatprodukten* hat das "Originalerzeugnis" bessere Absatzchancen, was dessen Nachfrage verbessern kann.[78] Bedenklich sind die Verletzung der Konsumentensouveränität und die Behinderung des Wettbewerbs. Ein Verbot von *Imitatprodukten* ist deshalb nur bei begründeten gesundheitlichen Bedenken zu vertreten, zur Stabilisierung der Märkte jedoch abzulehnen.[79]

---

[75] Vgl. *Arrow* (1989), S. 350 f., und *Hathaway* (1963), S. 239.

[76] Beispiele in der *Europäischen Union* sind Rohtabak, Olivenöl, Raps und Rübsen sowie Sonnenblumenkerne.

[77] Beispiele in der *Europäischen Union* sind die Margarinesteuer, die Fettsteuer, die Steuer auf Halbfettprodukte und Süßstoffe.

[78] Beispiele in der *Europäischen Union* sind die Milchimitate auf Sojabasis wie zum Beispiel Sahne, der Fleischersatz auf Sojabasis, Süßstoffe auf chemischer Basis oder aus Mais und der Butterersatz durch Margarine.

[79] So untersagte der *EU-Gerichtshof* Handelshemmnisse für Milchimitate auf Sojabasis. Diese Handelshemmnisse schmälern die Angebotspalette bei den Nahrungsmitteln, behindern den Wettbewerb und verteuern die Ernährung.

5. Der Beimischungszwang

Der *Beimischungszwang* kann sich auf Nahrungs- oder Futtermittel beziehen. Die Hersteller solcher Güter werden verpflichtet, andere Erzeugnisse beizumischen. Mit dem Beimischungszwang wird die Verwendung eines Erzeugnisses gesteigert, um dessen Märkte mengenmäßig und preislich zu entlasten. Es kommt zu einer künstlichen Verzerrung der nachgefragten Mengen und der Preise. Der Beimischungszwang als direkter mengenmäßiger Eingriff gilt als eine den Markt-Preismechanismus zerstörende und die Konsumentensouveränität verletzende Zwangsmaßnahme.[80]

6. Die Rücknahmepflicht

Bei der sog. *Rücknahmepflicht* werden die Bauern verpflichtet, Erzeugnisse zum Eigenverzehr oder zur inferioren Verwertung (wie beispielsweise der Verfütterung) zurückzukaufen.[81] Als Bemessungsgrundlage dienen die an den Handel oder die Verarbeitung verkauften Gütermengen. In einzelnen Fällen übernehmen die Erzeugergemeinschaften die gesamte Produktion der Landwirte, wobei jene Mengen, die nicht abgesetzt werden, wiederum den Landwirten zugehen. Die Rücknahmepflicht kommt vor allem bei großen Ernten in Frage und setzt lagerfähige sowie auf dem Betrieb verwertbare Güter voraus (beispielsweise Kartoffeln). Allerdings führt eine staatlich verordnete Rücknahmepflicht zu großen Kosten beim Rücktransport der Produkte, zerstört den Markt-Preismechanismus und ist deshalb abzulehnen. Etwas differenzierter zu beurteilen ist eine vertraglich begründete Rücknahmepflicht, wenn die Rücknahme von landwirtschaftlichen Erzeugnissen auf dem Wege freier vertraglicher Vereinbarungen erfolgt.

VII. Die Erhöhung der Preis-Nachfrage-Elastizität

Ein weiterer Ansatz zur Verbesserung der Stabilität der Preise ist die *Erhöhung der Preis-Nachfrageelastizität.* Diese Möglichkeit besteht besonders bei gesättigten, subventionierten Märkten. In der Ausgangslage ist davon auszugehen, daß sich unter solchen Umständen meist ein Teufelskreis ergibt: Die Subventionen führen zu Produktionssteigerungen, einem Preisverfall, geringeren Preis-Nachfrageelastizitäten und einem Ruf nach weiteren Subventionen. Der Markt wird gezwungen, mehr und mehr an Subventionskrücken zu gehen, von welchen er sich nicht mehr befreien kann.

Ein einfaches Modellbeispiel verdeutlicht dies. Abb. 8/4 zeigt ein Land ohne Importe und einem gesättigten Markt. Ein nicht subventioniertes Agrarerzeugnis hat gemäß Modellannahme eine Preis-Nachfrageelastizität von -0,6 (vor den Subventionen). Durch die Subventionierung sinken die Grenzkosten von A auf A'. Die Preise sind geringer als die Produktionskosten, womit eine paretoinferiore Situation entsteht. Die Subventionen bewirken eine Produktionssteigerung von A auf A', einen Preisrückgang von P auf P' und einen Umsatzrückgang von U auf U'. Die Preise gehen durch das unelastische Preis-Nachfrageverhalten stärker zurück als die Mengen steigen. Der gewinnerhöhende Subventionseffekt

[80] Ein Beispiel ist der Beimischungszwang von getrockneten Kartoffelflocken oder Milchpulver zu Futtermitteln als "Gegenleistung" für die verbilligte Abgabe von Kraftfutter aus Interventionsbeständen und Importkontingenten.

[81] Als Beispiel mußten die Schweizer Bauern in einem "Überschußjahr" bei der Ablieferung von Kartoffeln Trockenprodukte aus Kartoffeln "zurückkaufen".

ist in diesem Beispiel geringer als der gewinnsenkende Umsatzrückgang. Kurzfristig entstehen betriebliche Verluste (V). Die Preis-Nachfrage-Elastizität sinkt nach den Subventionen auf -0,15. Kommt es zu einer weiteren, kurzfristigen Zunahme der angebotenen Mengen, entsteht ein zusätzlicher Rückgang der Erzeugerpreise, Umsätze und Einkommen (nicht eingezeichnet). Bei diesem vereinfachten Modellbeispiel werden die kurzfristigen Wirkungen von landwirtschaftlichen Subventionen spürbar. Die Subventionen, welche den landwirtschaftlichen Märkten in vielfältiger Form zufließen, führen bei gesättigten Märkten zu einer noch geringeren Preis-Nachfrageelastizität.[82]

Abb. 8/4
Die Verbesserung der Preis-Nachfrageelastizität

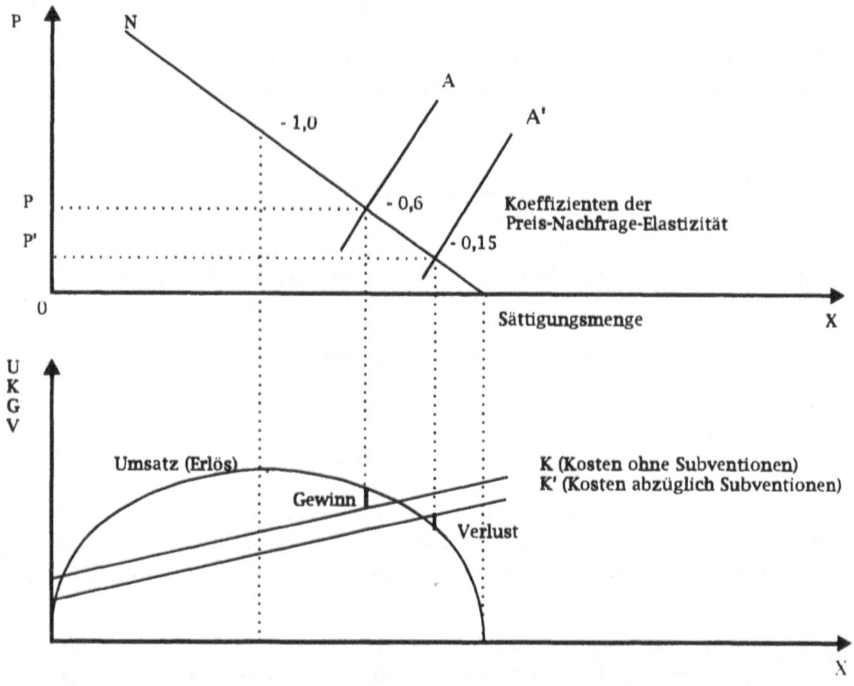

Werden die Subventionen eliminiert, kommt es zu einem Umkehrprozeß. Das Angebot geht zurück, die Preise steigen und die Preis-Nachfrageelastizität verbessert sich (nicht eingezeichnet). Der Abbau der Subventionen "entzerrt" nicht nur die Preise, sondern erhöht paradoxerweise kurzfristig auch die Erträge. Es liegt im Wesen einer unelastischen Preis-Nachfragebeziehung, daß kleinere Angebotsmengen kurzfristig zu höheren Umsätzen führen, weil die Preise stärker steigen als die Mengen sinken.

[82] Dieses Modell bezieht sich auf die kurzfristigen Effekte von Subventionen. Längerfristig kommt es durch die betrieblichen Verluste zu Anpassungsprozessen.

Als Schlußfolgerung kann gelten:

> Die ... "Probleme würden nicht wegfallen, wenn überall die Grundsätze einer Wettbewerbswirtschaft befolgt würden. Ihre Lösung wäre dann aber leichter"[83].

E. Die Stabilisierung des Angebotes

I. Allgemeines

Angebotsseitige Stabilisierungsmaßnahmen dienen dazu, die Agrarproduktion bei kurzfristigen *Überschüssen* zu verkleinern und bei kurzfristiger *Knappheit* zu erhöhen. Die Eingriffe können sich auf das Marktangebot oder den Faktoreinsatz beziehen. Der Stabilisierung des Angebotes dienen *mengenbezogene* und *faktorbezogene Eingriffe.*

II. Mengenbezogene Eingriffe

1. Freiwillige Produktionseinschränkungen

Eine einfache Maßnahme zur Drosselung des Angebotes sind *freiwillige Produktionseinschränkungen,* bei welchen einzelne Landwirte ganz oder für eine bestimmte Zeit auf die Erzeugung eines Produkts verzichten und dafür eine Ausgleichszahlung erhalten.[84] Führen solche freiwilligen Produktionseinschränkungen zu einer Reduktion des gesamtwirtschaftlichen Angebotes, können sich Preis-, Erlös- und Einkommensverbesserungen für alle Landwirte ergeben. Allerdings bewirken die ausgelösten Preisverbesserungen wiederum eine Erhöhung des Angebotes, was die Wirkungen freiwilliger Programme zur Produktionseinschränkung fraglich werden läßt.[85] Zudem wird es als unmoralisch betrachtet, die "Nichtproduktion" von Gütern finanziell zu belohnen.

2. Die vertikale Integration (Vertragsproduktion)

Die *vertikale Integration (Vertragsproduktion)* ist ebenfalls eine freiwillige Form der Anpassung des Angebotes an die Nachfrage.[86] Der Landwirt verpflichtet sich, eine bestimmte Produktionsmenge einer Erzeugergemeinschaft, einem Händler, Verarbeiter oder Vermarkter zu einem oft im voraus festgelegten Preis zu liefern. Zu den wesentlichen Stabilisierungseffekten zählt im Falle fest vereinbarter Preise die Reduktion der Preisrisiken zu Gunsten der Erzeuger.[87] Der Produzent erhält eine Absatzgarantie und akzeptiert Vereinbarungen über die Produktion, die Qualität der Erzeugnisse und die Art der Lieferung, ggf. auch den Bezug von Vorleistungen wie Masttieren, Pflanzen und Betriebsmitteln. Oft

---

[83] *Von Dietze* (1967), S. 172.
[84] In früheren Zeiten (vor der Einführung von Produktionsquoten) war dies in einigen Ländern bei der Milch der Fall.
[85] Einen Ausweg stellen Programme zur freiwilligen Produktionseinschränkung dar, verbunden mit Preissenkungen für jene Erzeuger, welche ihre Produktion nicht reduzieren. Dies dient jedoch nicht dem ursprünglichen Ziel einer allgemeinen Preisverbesserung.
[86] Vgl. dazu auch *Hennessy* (1996), S. 1034 ff.
[87] Bei der Geflügelmast in den USA zeigt es sich, daß rund 84 Prozent der gesamten Produktionsrisiken Preisrisiken sind, welche durch die starke vertikale Marktintegration eliminiert werden. Vgl. *Knoeber* und *Thurmann* (1995), S. 495.

erhält der Erzeuger auch Kredite und eine Unterstützung bei der Ernte. Je stärker die Lieferabsprachen zwischen dem Erzeuger und dem Abnehmer sind bzw. je ausgeprägter die Partnerschaft zwischen den Lieferanten und den Verarbeitern ist, desto intensiver ist die vertikale Integration.

Dem Händler, Verarbeiter oder Vermarkter geht es um Erzeugnisse mit bestimmten Produkteigenschaften, eine einheitliche Qualität und regelmäßige Lieferungen.[88] Dies führt zu einem Abbau von Informationsasymmetrien[89] zwischen den landwirtschaftlichen Erzeugern und dem Beschaffungshandel. Die vertikale Integration findet eine immer stärkere Anwendung, besonders wenn es um die Erreichung hoher Qualitätsstandards aus Gründen des Verkaufsmarketings geht. Sie dient vor allem der Beschaffung von bestimmten Rohstoffen mit speziellen Eigenschaften und nachgewiesener Identität.

Die vertikale Integration kann auch Teil eines vertriebswirtschaftlichen Konzeptes im Ernährungsbereich sein. Das Modell des sog. Efficient Consumer Response (ECR)[90] umfaßt die gesamte Verarbeitungs- und Lieferkette der Verarbeitung, Lagerhaltung und Logistik sowie den Point of Sale. Der Arm des ECR könnte vom Produktionsbereich des Herstellers von Nahrungsmitteln bis zum landwirtschaftlichen Erzeuger verlängert werden, was eine sehr intensive vertikale Integration bedeuten würde.

3. Quotenregelungen

Quotenregelungen geben den Landwirten das Recht, eine bestimmte Produktionsmenge zu erzeugen (Produktionsquoten), auf den Markt zu bringen (Marktquoten) oder mit garantierten Preisen abzusetzen (preisgestützte Quoten).[91] Es handelt sich um das wirksamste Instrument zur mengenmäßigen Begrenzung des landwirtschaftlichen Marktangebotes. Quotenregelungen können die Ursache oder die Folge überhöhter Agrarpreise sein:

> "Das Interventionssystem hat eine unerbittliche Logik, es kann sich vor der Vernichtung nur durch weitere Interventionen zu retten versuchen: Auf die Preisregelung folgt die Mengenregelung"[92].

Der Quotenregelung dienen unter anderem Produzentenquoten, Handelszertifikate und Marketingquoten.[93] Die Quotenregelungen[94] werden meist als Zwei-Preis-Systeme ausgestaltet, wobei das eigentliche Kontingent preisgarantiert ist. Erzeugermengen über die Quoten hinaus müssen je nach den Regulierungen auf dem Betrieb verbraucht, verschenkt, zu reduzierten Preisen oder zu Welt-

---

[88] Erzeugnisse mit einem hohen Grad an vertikaler Integration sind beispielsweise Milch, Saatgut, Früchte, Gemüse, Eier und Geflügel. Eine zunehmende Marktintegration findet auch im Bereich der tierischen Produktion von Rindern, Kälbern und Schweinen statt. Führend bei der vertikalen Integration sind die USA.

[89] Vgl. *Arrow* (1975), S. 173 ff. Vgl. *Hennessy* (1996), S. 1034 ff.

[90] Vgl. zum Efficient Consumer Response auch *Kinsey* und *Senauer* (1997), S. 32 ff.

[91] Von Quotenregelungen zu unterscheiden sind Höchstgrenzen für die Intensität der Erzeugung unter umweltschutzpolitischen Aspekten, was zum Schutze der Natur und deren Kreisläufen sinnvoll sein kann.

[92] *Niehaus* (1969), S. 146.

[93] Quoten sind im voraus festgelegte Mengen in den Bereichen der Produktion, der Verarbeitung, des Binnenhandels oder des Außenhandels.

[94] In den Industrieländern gibt es u.a. Quotenregelungen für Milch, Zucker, Brotgetreide, Futtergetreide, Baumwolle und Sojabohnen.

marktpreisen verkauft werden ("dumping at home").[95,96,97] Seltener sind Drei- oder Mehr-Preis-Systeme.[98]

Die Quoten lassen sich aufgrund von historischen Produktionsmengen, den zur Verfügung stehenden Produktionsflächen, eines Versteigerungsverfahrens oder auch von angestrebten Produktionsstrukturen zuteilen. Es gibt freiwillige und obligatorische Quotensysteme:

- Bei den *freiwilligen* Quotensystemen gelangen die Landwirte durch die Teilnahme an einer solchen Regelung in den Genuß von preislichen und ggf. auch anderen Vorteilen (beispielsweise Abnahmegarantien).

- Bei den *obligatorischen* Quotensystemen werden die Mengen den Bauern zugeteilt.[99]

Restriktiv angesetzte Produktionsquoten bringen unter günstigen Umständen eine Senkung bzw. eine Begrenzung der Ausgaben für Marktinterventionen. Bei einem Rückgang der Nachfrage lassen sich Quoten streichen oder mit Prämien zurückkaufen. Werden, wie dies früher oft der Fall war, immer wieder neue Quoten verteilt, führt die Durchlöcherung des Systems zu erneut steigenden Kosten der Marktstützung.[100]

Abb. 8/5 zeigt ein Modellbeispiel für den Fall einer Landwirtschaft ohne Importe und einem gesättigten Markt. Werden Quoten festgelegt, sinkt das Angebot von A auf A' bzw. A". Der Preis steigt von P* auf P_1 bzw. P_2, die Menge sinkt von X* auf X_1 bzw. X_2. Kurzfristig steigen die landwirtschaftlichen Umsätze. Den Maximalwert erreichen diese, wenn die insgesamt zugeteilten Quoten so restriktiv sind, daß eine Preis-Nachfrageelastizität von -1 erreicht wird (in der Graphik bei A"). Allgemein betrachtet führen Quoten zu einer Linksverschiebung des Angebotes und zu einer Verbesserung der Preis-Nachfrageelastizität, sofern eine mengenrestriktive Wirkung vorhanden ist. Der landwirtschaftliche Verlust von V in der Ausgangslage verbessert sich zu einem Gewinn von G bzw.

---

[95] Vgl. *Boulding* (1958), S. 321 f.

[96] Zur Überbrückung der unterschiedlichen Preisniveaus können Ausgleichszahlungen für die preisgestützten Mengen erfolgen oder importierte Güter, die im Inland in die Verarbeitung bzw. den Einzelhandel gelangen, mit Abgaben belastet werden. Der Binnenpreis steigt um die Importabgabe über die Weltmarktpreise (vgl. Kapitel 9).

[97] In den *USA* beispielsweise wurden im Rahmen dualer Marktpreissysteme gleichzeitig Kontrakte für den Zucker im Rahmen der nationalen Stützungsprogramme und der internationalen Zuckermärkte gehandelt. Dieses Zwei-Preis-System war grob betrachtet durch die mengenmäßig begrenzten Preisstützungsmaßnahmen für den Inlandabsatz und durch Weltmarktpreise für die weitere Produktion gekennzeichnet. Die *EU-Zuckermarktordnung* dagegen hat ein "Drei-Preis-System". Es wird nach dem sog. A-, B- und C-Zucker unterschieden. Die Produktion von A- und B-Zucker ist mengenmäßig an Produktionsquoten gebunden und wird preislich gestützt. Der C-Zucker kann von den Bauern unbegrenzt erzeugt werden und wird von der zuckerverarbeitenden Industrie auf der Basis der Weltmarktpreise für Weißzucker übernommen und verkauft. Physisch handelt es sich um dieselben Erzeugnisse.

[98] Dabei kann beispielsweise eine präferentielle Quotenmenge zu Vorzugspreisen verkauft werden, eine weitere Menge zu leicht überhöhten Preisen und eine dritte, mengenmäßig nicht limitierte Menge zu Weltmarktpreisen.

[99] Auch die Erzeugerverbände können die Kompetenz zur Marktregulierung mit Quotenregelungen haben, was durch die Zwangswirkungen jedoch wettbewerbszerstörend wirkt und abzulehnen ist (vgl. auch Kapitel 6).

[100] Ein Beispiel für einen solchen Rückkauf sind die sog. Milchrentenaktionen der *Europäischen Union* und deren Mitgliedsländer.

G'. Die Zunahme der landwirtschaftlichen Umsätze und Gewinne durch Quotenregelungen muß mit einem Verlust an Konsumentenrente (nicht eingezeichnet) erkauft werden. Es ergibt sich wohl ein Gewinn an Produzentenrente, aber aus der Sicht der Verbraucher auch ein Wohlfahrtsverlust bzw. eine paretoinferiore Situation. Die künstliche Verzerrung der Erzeugerpreise bringt längerfristig Substitutionsprozesse bei der Nachfrage. Die Verbraucher suchen nach preiswerteren Erzeugnissen, welche ähnliche Bedürfnisse befriedigen. Es kommt zu einer Linksverschiebung der Nachfragekurve beim regulierten Produkt, was den Interessen der Erzeuger entgegenläuft (nicht eingezeichnet).

Abb. 8/5
Die Wirkung von Produktionsquoten

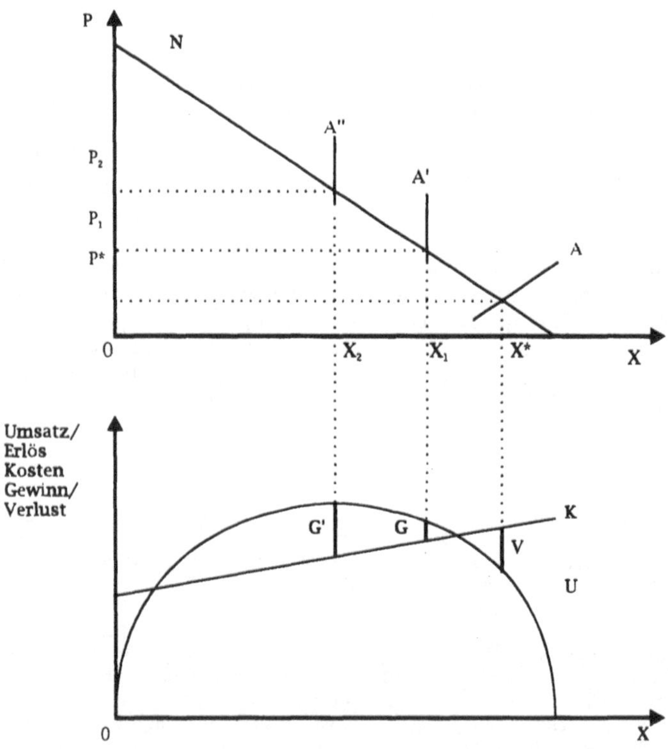

Quotenregelungen wirken wie Kartelle mit der Zuteilung von Produktions- oder Verkaufsmengen. Diese verleiten durch die künstliche Verzerrung der Erzeugerpreise zu einer wenig effizienten Produktionsweise und zementieren veraltete Produktionsstrukturen, was langfristige Strukturanpassungen verhindert.[101] Die Erzeugung entfernt sich sowohl von den kurzfristig optimalen Produk-

[101] So können größere Betriebe an schlechtrentierenden Betriebszweigen festhalten, weil sie bei Quotenregelungen nicht auf die dadurch entstehende Kontingentsrente verzichten möchten.

tionsstrukturen als auch vom Pfad des dynamischen Marktgleichgewichtes. Quotenregelungen sind deshalb auch dann abzulehnen, wenn das Angebot schneller als die Nachfrage wächst und die Preise sinken. Die Bauern profitieren zwar kurzfristig durch den Transfer von Konsumentenrenten, erleiden aber langfristige Nachteile durch die beschränkten betrieblichen Entwicklungsmöglichkeiten. Hinzu kommen erhebliche bürokratische Kosten für die Festsetzung, Überwachung und Regulierung der Quoten. In Verbindung mit überhöhten Preisen können Produktionsquoten außerdem zu grauen und schwarzen Märkten führen.[102]

Es ist kaum möglich, Quotenregelungen so durchzuführen, daß der Markt richtig funktionieren kann.[103] Mengenkontrollen sind mit einem marktlichen System unvereinbar und zerstören die äußerst sensiblen Markt- und Preisfunktionen. Zweckmäßiger ist eine Redimensionierung der landwirtschaftlichen Produktion durch frühzeitige Markt- und Preissignale. Dies ist effektiver als starre Quoten. Damit wird auch verhindert, daß sich Produktionsfaktoren, welche bei Quotenregelungen durch den agrarwirtschaftlichen Fortschritt frei werden, auf andere Produkte verlagern können und dort zu weiteren Überschüssen führen.[104]

4. Handelbare Quoten

Eine flexible Lösung sind *handelbare Quoten.* Solche werden meist von Betrieben mit einer überdurchschnittlich großen Produktivität gekauft, bringen den landwirtschaftlichen Betrieben Entwicklungsmöglichkeiten und führen zu Produktivitätssteigerungen.[105] Allerdings können handelbare Quoten zu Kapitalgütern werden, sofern damit ein Rententransfer verbunden ist, welcher kapitalisiert werden kann. Dies bringt unproduktive Rentenzahlungen an die ursprünglichen Besitzer und ggf. wenig erwünschte Verteilungseffekte.[106] Der angestrebte landwirtschaftliche Einkommenseffekt beim produzierenden Landwirt geht bei einem Verkauf von Produktionsquoten ganz oder teilweise verloren. Die Gewinne aus den Produzentenrenten bleiben in den Händen ehemaliger, inaktiver Landwirte oder deren Nachkommen. Eine gewisse Verbesserung ergibt sich, wenn nur die produzierenden Landwirte Quoten erhalten und diese nach der Produktionsaufgabe verfallen.[107]

Die Produktionsquoten können auch mit flexiblen Preisregelungen verbunden sein, wobei Unterlieferungen zu höheren und Überlieferungen zu tieferen Preisen führen. Eine besondere Variante sind betriebsbezogene Bonus-Malus-Regelungen mit garantierten Mindestpreisen sowie Zu- und Abschlägen für Unter- und Überlieferungen.[108]

---

[102] Ein Beispiel ist der oft verbotene "Direktverkauf" von Butter und Käse aus kontingentsfreier Milch, was den angestrebten Erfolg von Quotenregelungen in Frage stellt.
[103] Vgl. *von Hayek* (1983), S. 447 f.
[104] Vgl. *Hathaway* (1963), S. 297.
[105] Die mögliche Konzentration von Quoten läßt sich bei entsprechenden umweltschutzpolitischen Zielen durch flächenspezifische Höchstquoten mildern. Vgl. zu den positiven agrarstrukturellen Effekten des Handels mit Milchquoten *Hoffmann* und *Kaltenecker* (1995), S. 313. Umstritten ist auch der Handel mit "Schweinerechten", wie dies in Holland im Zusammenhang mit einer Reduktion der Schweinebestände vorgeschlagen wird. Dabei müßten strenge verschärfte Normen für den Umweltschutz und die Qualität der Tierhaltung eingehalten werden.
[106] Vgl. *Hathaway* (1963), S. 314.
[107] Vgl. *Wilcox et al.* (1974), S. 480.
[108] Eine solche Regelung bestand 1980 in *Norwegen.* Lieferten die Bauern weniger Milch, erhielten sie eine Prämie, welche sich auf die Reduktion der Milchmenge gegenüber der

5. Garantiemengen

Varianten von Quoten- und Preisregelungen sind sog. *Garantiemengen* für einzelne Länder *(Länderquoten)* oder für die Gemeinschaft als Ganze *(gemeinschaftliche Quoten)*. Werden die Garantiemengen überschritten, kommt es zu Abgaben für alle Erzeuger (sog. Erzeugermitverantwortungsabgaben). In diesem Fall handelt es sich um eine Kombination von überbetrieblichen Produktionsquoten und dynamisierten Garantiepreisen.

6. Die Marktquoten im besonderen

Quotenregelungen lassen sich nicht nur bei der landwirtschaftlichen Produktion als Produktionsquoten *(Output Quotas)* ansetzen. Es kann sich auch um Absatzzertifikate für die Landwirte *(Domestic Marketing Certificates)* handeln, welche das Recht zum Verkauf einer Ware zu besonderen Bedingungen geben. Werden die Quoten auf der Ebene des Handels bzw. der Verarbeitung angesetzt, handelt es sich um Handelszertifikate *(sog. Non Farm Marketing Certificates)* oder Marktquoten *(sog. Domestic Sales Quotas)*.[109] Der Wert solcher Quoten bzw. Zertifikate besteht aus der kapitalisierten Differenz zwischen dem Garantiepreis und dem Marktpreis.

III. Faktorbezogene Stabilisierungseingriffe

Bei den *faktorbezogenen Stabilisierungseingriffen* werden landwirtschaftliche Produktionsfaktoren ganz oder vorübergehend aus der Produktion gezogen oder im Einsatz gedrosselt, um das Angebot zu verkleinern. Hat sich die Marktsituation stabilisiert oder treten Knappheiten auf, können diese Produktionsfaktoren, soweit noch verfügbar, wieder eingesetzt werden. Solche Eingriffe können sich auf den Boden, das Kapital, die Arbeitskräfte, ganze Betriebe und den Einsatz weiterer Ressourcen beziehen.

1. Flächenbezogene Maßnahmen

Flächenbezogene Maßnahmen lassen sich nach verschiedenen Kriterien unterscheiden: (1.) Die freiwillige und die obligatorische Flächenstillegung, (2.) die kurzfristige, die langfristige und die dauernde Flächenstillegung, (3.) die generelle und die produktgebundene Flächenstillegung sowie (4.) die vorübergehende Stillegung ganzer Betriebe und die Teilflächenstillegung.

a. Die freiwillige Flächenstillegung

Von besonderem Interesse sind die Erfahrungen mit den freiwilligen Flächenstillegungsprogrammen in den *USA* und in der *Europäischen Union.*

aa. Beispiel I: Die Entwicklung in den USA

Die Idee zu einer *freiwilligen Flächenstillegung* kam in der Weltwirtschaftskrise von 1929, um die Anpassungsfähgkeit der amerikanischen Landwirtschaft zu

---

Vorperiode bezog. Erzeugten sie zuviel Milch, mußten sie einen Preisabschlag in Kauf nehmen. Es handelte sich um eine Kombination von einem Hofquotensystem und einem Mehr-Preis-System. Die Milchproduktion stieg unter diesem Regime erheblich. Das System wurde schließlich in ein System von Hofquoten überführt.

[109] Solche Zertifikate wurden in den *USA* nach 1954 angewendet und begrenzten das Angebot auf den Märkten.

erhöhen.[110] Eine solche wurde 1933 im Rahmen des US-Agricultural Adjustment Act erstmals eingeführt *(Acreage Reduction Contracts)*, später jedoch höchstrichterlich als verfassungswidrig erklärt.

1936 entstand der *Soil Conservation and Domestic Allotment Act*. Die Flächenregulierung erfolgte nunmehr mit der Zielsetzung der Erhaltung der Bodenfruchtbarkeit. Es wurden rund 11,3 Mio. acres marginaler Produktionsflächen durch den Staat gekauft und in extensives Weideland, Wald, Parks und Wildreservate umgewandelt. Die produktionsstabilisierende Wirkung war zwar gering, aber die Umwelteffekte der stillgelegten Flächen waren positiv zu beurteilen.

In den 1950er und 1960er Jahren wurden die *Acreage Reserve* und die *Conservation Reserve* geschaffen.[111] Diese Programme bezweckten die bis zu zehnjährige Stillegung und teilweise die endgültige Außerkulturnahme von Boden. Bei dem zwischen 1956-70 laufenden *Conservation Reserve Program* konnten die Farmer Verträge zur Stillegung von Flächen über drei bis zehn Jahre abschließen. Diese Flächen wurden in das Bodenerhaltungsprogramm überführt und später definitiv in Grünland oder Wald umgewandelt. Insgesamt wurde das *Conservation Program* günstig beurteilt, weil es auf eine längerfristige Stillegung angelegt war und ausgedehnte Flächen in dauerhaftes Grünland bzw. Waldflächen umgewandelt wurden. Die Stillegung von ganzen Betrieben führte jedoch zu regionalen Problemen, denn es kam zu einem empfindlichen Rückgang der bäuerlichen Nachfrage nach landwirtschaftlichen Produktionsmitteln und ländlichen Dienstleistungen in den strukturschwachen Räumen. Das Programm wurde unter dem Druck der Parlamentarier jener Gebiete eingestellt. Nach 1961 wurden keine neuen Verträge mehr abgeschlossen.

1956-58 wurde mit dem *Soil Bank Act* von 1956 eine Reduktion des Anbaus für Weizen, Mais, Baumwolle, Reis, Erdnüsse und Tabak angestrebt. Der Effekt dieses Programms war klein, denn es führte zu einer Steigerung der Bewirtschaftungsintensität der weiterhin bewirtschafteten Produktionsflächen.

1962 trat das *Cropland Conversion Program* in Kraft. Dieses sah die drei- bis zehnjährige Stillegung und die endgültige Umwandlung von marginalen Ackerflächen in Grünland, Wald, Erholungsgebiete und Wildgehege vor. Der Effekt dieses Experimentierprogramms war regional sehr unterschiedlich. Auch das 1966-70 angewendete *Cropland Ádjustment Program* sollte Ackerflächen langfristig in das Bodenerhaltungsprogramm einbinden und zu Wald- sowie Erholungsflächen umwandeln. Später folgte das *Acreage Diversion Program* mit produktgebundenen Stillegungen.

1971 entstand das *Set Aside Program*, ein produktgebundenes Stillegungsprogramm, verbunden mit einer staatlichen Preisstützung, Anbaukontingenten (Allotments) und Absatzquoten (Marketing Quotas).[112] Die Teilnahme an diesem Programm war freiwillig, obligatorisch war dieses nur für Produkte mit Marke-

[110] Vgl. *von Hayek* (1983), S. 448.

[111] Vgl. *Schopen* (1971), S. 220 ff.

[112] Jährlich wurde eine Stillegungsquote nach einzelnen Erzeugnissen festgelegt. Landwirte, welche sich an diesem Programm beteiligten, erhielten einen höheren Zielpreis (Target Price). Die Differenz zwischen dem Erzeugerpreis (Farm Gate Price) und dem Zielpreis (Target Price) wurde in der Form von Ausgleichszahlungen (Deficiency Payments) ausbezahlt. Die Zielpreise wurden je nach der Größe der Gesamternte höher oder tiefer festgelegt. Die Höhe der Deficiency Payments je Betrieb und Fruchtart wurde auf US$ 55.000 begrenzt.

tingquoten (Zucker, Reis, Tabak und bestimmte Baumwollsorten). Eine besondere Variante der Stillegung war das *Payment in kind*-Programm. Der Bauer konnte einen Teil seiner Ackerflächen stillegen und dafür Waren (Mais, Weizen, Reis, Hafer, Gerste, Sorghum sowie Baumwolle) aus den staatlichen Lagern beziehen.[113] Positiv zu beurteilen war die rückläufige Verwendung von Saatgut, Dünger, Pestiziden und Treibstoff (um zehn Prozent und mehr je Flächeneinheit). Bei naturbedingt schweren Ernteschäden konnten die Ausgleichszahlungen als sog. *Disaster Payments* in unbegrenzter Höhe erfolgen.

1985 kam es zur Schaffung des *Conservation Reserve Program (CRP)* und des *Conservation Compliance Program (CCP)*. Das *CRP* bezweckte die Umwandlung von landwirtschaftlichen Produktionsflächen in Naturgebiete (welche als ackerbauliches Reserveland dienten und zur Gewinnung von Heu sowie als Weiden genutzt werden konnten), das *CCP* die Veränderung von Rotationsfolgen bei der Nutzung von Boden.

Mit der *Farm Bill* von 1990 wurden die *"flex acres"* geschaffen. Die ersten fünfzehn Prozent der Ackerflächen von Betrieben, welche sich am Stabilisierungsprogramm beteiligen, mußten ohne Rücksicht auf die erzeugten Produkte und ohne besondere Ausgleichszahlungen stillgelegt werden *("Normal Flex Acres")*. Ausgleichszahlungen wurden für die zusätzlichen zehn Prozent der Flächen bezahlt *("Optional Flex Acres")*, sofern es sich um Flächen für die üblichen akkerbaulichen Produkte[114] handelte.

Durch die Agrargesetzgebung von 1996 *("Freedom to Farm Act")* werden die Stillegungsprämien für wesentliche Erzeugnisse[115] durch zeitlich degressive Einkommenszahlungen (während sieben Jahren) an alle Farmer ersetzt. Für den Schutz von ökologisch sensiblen Böden werden weiterhin Prämien bezahlt.[116]

Rückblickend betrachtet dienten die Stabilisierungsprogramme der Flexibilisierung der Produktion, der Schaffung von ackerbaulichen Reserveflächen, einer umweltpolitisch sinnvollen ackerbaulichen Rotation und der dauerhaften Stillegung von Produktionsflächen zum Schutze der Umwelt. Als Instrument zur Stabilisierung der Agrareinkommen wurden diese Stillegungsprogramme im Zusammenhang mit den flächenbezogenen Einkommenszahlungen eher positiv beurteilt, als Instrument zur Stabilisierung der Produktion unterschiedlich.[117] Eine besondere Kritik bezog sich auf den vermehrten Einsatz von chemischen Stoffen in den verbleibenden, intensiver genutzten Produktionsgebieten, wo es zu verstärkten Umweltproblemen kam.[118] Als ökologisch sinnvoll wurde die dauerhafte Stillegung von Flächen mit geringer Produktionseignung betrachtet.

---

[113] 1983 beteiligte sich die Hälfte der in Frage kommenden Landwirte an diesem Programm. Die Bauern nahmen zusätzlich zu den bereits stillgelegten Flächen zehn bis dreißig Prozent der Flächen aus der Produktion. Insgesamt ergab sich eine Flächenstillegung von einem Drittel. Allerdings kam es in jenem Jahr zu einer Dürre und der Staat mußte Produkte zu hohen Preisen zukaufen, um seine Verpflichtungen zu erfüllen.

[114] Ausnahmen sind Früchte und Gemüse.

[115] So zur Beispiel für Getreide, Mais, Reis und Baumwolle.

[116] Als Beispiele sind Milch und Milchprodukte, Zucker und Erdnüsse zu nennen.

[117] Dies ist vor allem bei der Stillegung zwischen drei und zehn Jahren der Fall. Vgl. *Schopen* (1971), S. 230 ff.

[118] Vgl. *Don Paarlberg* (1989), S. 23.

bb. Beispiel II: Die Entwicklung in der Europäischen Gemeinschaft

In der *Europäischen Union* werden langfristig bis zu einem Viertel der landwirtschaftlichen Kulturflächen nicht mehr benötigt.[119] Dazu tragen die landwirtschaftlichen Produktivitätssteigerungen und die nur geringe Zunahme der Nachfrage bei.

1988 begann ein freiwilliges Flächenstillegungsprogramm mit der Möglichkeit zur einjährigen und fünfjährigen Stillegung von Flächen (sog. *"Grünbrache-Programm")*. Es handelte sich um ein generelles Flächenstillegungsprogramm ohne eine Produktbindung.[120] Bereits zu Beginn gab es Zweifel an der Nutzen-Kosten-Relation dieses Programms, welches in erster Linie für Bauern mit Ertragsproblemen gedacht war.[121]

1989/90 kam das *EU-Programm zur Extensivierung der landwirtschaftlichen Erzeugung,* wobei die Mitgliedstaaten die Förderung nach der einen oder nach beiden der folgenden Methoden übernehmen konnten:

- Nach der *quantitativen Methode* mußten die Landwirte ihre Erzeugung bei Produktionsüberschüssen für mindestens fünf Jahre um zwanzig Prozent senken.[122]

- Nach der *produktionstechnischen Methode* bestand die Möglichkeit der Anwendung eines weniger intensiven Produktionsverfahrens, beispielsweise durch die Umstellung des gesamten Betriebes auf den ökologischen Landbau bzw. den Verzicht auf chemisch-synthetische Produktionsmittel.[123,124]

Seit 1992/93 gibt es zwei Programme der *Europäischen Union,* welche von den Mitgliedsländern umgesetzt werden können:

- Das sog. *konjunkturelle Flächenstillegungsprogramm* bezweckt die Rückführung der Produktion einiger Erzeugnisse[125] in den folgenden Jahren. Die Erzeuger können an einer freiwilligen Flächenstillegung teilnehmen, müssen einen

---

[119] Langfristig handelt es sich hierbei um rund 15-30 Mio. Hektar Land (in der *Bundesrepublik Deutschland* bis zu vier Mio. Hektar Land), bei einem Vollbeitritt von mittel- und osteuropäischen Länder wesentlich mehr.

[120] Stillgelegt werden mußten mindestens eine Hektar und zwanzig Prozent der Ackerfläche pro Betrieb für fünf Jahre. Beim einjährigen Programm wurden 1991/92 in der *Bundesrepublik Deutschland* rund 300.000 Hektar Land stillgelegt, beim fünfjährigen Programm 1988/89 bis 1991/92 insgesamt rund 480.000 Hektar (4,2 Prozent der Akkerfläche), in der gesamten *Europäischen Union* 1,7 Mio. Hektar Land.

[121] Akzeptanzprobleme innerhalb der *Europäischen Union* zeigen sich auch bei der Ausarbeitung der Programme der Mitgliedstaaten. Dieses Programm wurde letztmals für das Jahr 1991/92 angeboten.

[122] Beispiele sind Getreide, Rindfleisch und Wein.

[123] Beispiele sind Getreide, Gemüse und Dauerkulturen wie Obst und Futterbau.

[124] In der *Bundesrepublik Deutschland* beteiligten sich rund 12.000 Landwirte mit rund 285.000 Hektar Land und zusätzlichen Futterflächen für 91.000 Großvieheinheiten an diesem Programm, in der übrigen *Europäischen Union* 4.700 Landwirte mit 76.000 Hektar Ackerfläche und Futterflächen für 190.000 Großvieheinheiten. Das Programm wurde letztmals 1992/93 angeboten.

[125] Beispielsweise die Getreide-, Ölfrucht- und Eiweißpflanzenproduktion (Erbsen und Sojabohnen). Es besteht ein Regelstillegungssatz von 17,5 Prozent, sofern der Agrarrat keinen anderen Satz beschließt. Für die Ernte 1996 wurde der Stillegungssatz auf 10 Prozent festgesetzt, für 1997 auf 5 Prozent.

jährlich festgelegten Anteil der Ackerflächen stillegen und erhalten Ausgleichsbeträge, welche sich nach den regionsspezifischen Erträgen richten:[126]

- Das *erweiterte Extensivierungsprogramm* dient der extensiven Bewirtschaftung von Produktionsflächen und der vermehrten Verfütterung von Agrarprodukten.

- Die *langfristige Stillegung von Ackerflächen* läuft über eine Dauer von zwanzig Jahren und zielt auf den Schutz der Umwelt.

Die Programme zur Flächenstillegung in der *Europäischen Union* entwickelten sich ähnlich wie jene in den USA. Dabei fehlen in der Europäischen Union bislang noch ausgedehnte Programme zur endgültigen Stillegung von Flächen und deren Rückgabe an die Natur. Bisher neigen auch die Landwirte in der *Europäischen Union* noch dazu, bei Flächenstillegungen die in der Produktion verbleibenden Böden intensiver zu bewirtschaften, damit sie per Saldo zu annähernd so großen oder doch nicht wesentlich geringeren Erträgen gelangen.

Die bisherigen Erfahrungen in der *Europäischen Union* zeigen wie in den *USA*, daß es bei einer Stillegung von landwirtschaftlichen Nutzflächen in einer ersten Phase in Folge der intensiveren Bewirtschaftung der verbleibenden Flächen vorerst noch nicht zu einer Verminderung der Produktion kommt, wohl aber zu einem erheblichen Rückgang der Bewirtschaftung marginaler Flächen in den landwirtschaftlichen Problemgebieten. Erst zusätzliche Stillegungsprogramme bringen die erwünschten Produktionswirkungen, verbunden mit einem weiteren, erheblichen Rückzug der Landwirtschaft aus den Problemgebieten.[127]

Flächenstillegungen zur Stabilisierung der Marktproduktion erweisen sich meist als eine second best-Lösung.[128] Eine first best-Lösung verzichtet auf staatliche Stillegungsprogramme und überläßt es dem einzelnen Bauern, ob und welche Flächen er stillegen will. Diese Verhaltensweise ist wesentlich flexibler als eine "JA-NEIN"-Entscheidung des Landwirts hinsichtlich einer Teilnahme an einem staatlichen Stillegungsprogramm. Die individuellen, marktorientierten Entscheide können innerhalb einer kürzeren Frist erfolgen als die jährliche Festlegung der Programmflächen auf dem politisch-bürokratischen Entscheidungsweg. Umweltpolitisch zweckmäßig erscheinen Programme zur endgültigen Stillegung von produktionsmäßig nicht mehr benötigten landwirtschaftlichen Kulturflächen, verbunden mit deren gezielter "Rückgabe an die Natur".

[126] In der *Bundesrepublik Deutschland* handelt es sich um 27 Ertragsregionen. 1992/93 beträgt die erforderliche Flächenstillegung 15 Prozent. Für die nachfolgenden Jahre richten sich die Prämien nach der Einhaltung einer Grundfläche für Getreide, Ölsaaten, Eiweißpflanzen und Silomais. Wird diese überschritten, reduzieren sich die preisausgleichsberechtigten Flächen prozentual und zusätzlich wird eine weitere Flächenstillegung gefordert. Der Landwirt kann jährlich wählen, welche Flächen er in die Ausgleichszahlungen einbeziehen will. Diese Regelung ist attraktiv, weil auf den stillgelegten Flächen nachwachsende Rohstoffe angebaut werden können, welche nicht in erster Linie der Nahrungs- und Futtermittelproduktion dienen und durch Abnahmeverträge belegt werden können.

[127] Weitere Erfahrungen gehen dahin, daß die Landwirte bei bodengebundenen Produktionsquoten (wie beispielsweise Zuckerrüben) oft Hemmungen haben, sich an Stillegungsprogrammen zu beteiligen, um die Produktionsquoten nicht zu verlieren. Dies kann zur Unwirksamkeit solcher Programme trotz großer staatlicher Kosten und zu weiteren Überschüssen führen.

[128] Vgl. zu anderen Meinungen *Pope* and *Hallam* (1986), S. 575.

b. Die obligatorische Flächenstillegung

Mit der *obligatorischen (zwangsweisen) Stillegung von Flächen (Acreage Control)* wird ebenfalls eine Stabilisierung des Angebotes bezweckt. Mißachten die Landwirte die obligatorische Flächenstillegung, ist der Staat zu drastischen Strafen gezwungen.[129] Dieser ordnungspolitisch sehr harte Eingriff verletzt die Grundsätze der Eigentums-, Produktions- und Marktfreiheit. Die politische Akzeptanz obligatorischer Flächenstillegungen ist gering, deren zwangsweise Durchsetzung hart.[130] Zudem lassen sich die mengenmäßigen Erträge der verbleibenden Flächen oft erheblich steigern, womit die Stabilisierungswirkung unsicher ist. Zudem kommt es zu einer fragwürdigen Rentenbildung zu Gunsten der verbleibenden Böden.[131]

2. Kapital- und arbeitsbezogene Maßnahmen, Betriebsstillegungen

Werden *Betriebe* ganz oder teilweise, vorübergehend oder für immer stillgelegt, handelt es sich um eine Kombination von flächen-, arbeits- und kapitalbezogener Stillegung.[132] Solche Betriebsstillegungen sind kostspielig und stabilitätspolitisch wenig wirksam. Günstige Effekte ergeben sich nur in ökologisch stark belasteten Gebieten bei der Umwandlung ganzer Betriebe in Naturschutzgebiete.

3. Übrige faktorbezogene Maßnahmen

Zu den *übrigen faktorbezogenen Maßnahmen* zählt vor allem die Regulierung der Märkte für Futtermittel, Düngemittel und Treibstoffe. Dies erhöht oder verkleinert die Intensität der Produktion. Als Instrumente kommen die Besteuerung bzw. die Subventionierung, die Kontingentierung und Verwendungsauflagen für den Faktorinput in Frage. Die Besteuerung bzw. Subventionierung wirkt über den Kostenmechanismus als Verteuerung bzw. Verbilligung der Produktion und führt zu Stabilitätseffekten. Die Wirkung wird wesentlich verstärkt, wenn - im Falle einer Überproduktion - die Faktorpreise erhöht und die Güterpreise gesenkt werden.[133]

Kritisch ist festzustellen, daß eine künstliche Verzerrung der Preise für landwirtschaftliche Produktionsfaktoren zu einer paretoinferioren Situation führt und wohlfahrtsmindernd wirkt. Für die Verbraucher bedeutet dies einen Verlust an Konsumentenrente und zudem wird die betriebliche Anpassung der Land-

---

[129] Ein Beispiel ist der Weinbaukataster, der vorschreibt, wo Wein angebaut werden darf. Zur Durchsetzung der obligatorischen Flächenstillegung kann bei Wein ein Verbot für Neuanpflanzungen verordnet werden.

[130] Dazu zählt die Zwangsvernichtung von landwirtschaftlichen Kulturen durch das Abbrennen oder Abspritzen mit Flugzeugen, Hubschraubern oder vom Boden (meist mit polizeilicher Absperrung). In der Schweiz kam es in den 1980er Jahren zu polizeilichen Aktionen zur Vernichtung von "illegal" angebauten Produktionskapazitäten im Weinbau.

[131] Vgl. *Hathaway* (1963), S. 329.

[132] Eine besondere Art von Betriebsstillegung ermöglichte die australische Regierung den Bauern, welche ihre Betriebe aufgeben wollten, jedoch nicht über die erforderlichen Mittel zur Ablösung der Schulden verfügten. Durch Unterstützungszahlungen im Jahre 1991 konnten sie ihre Schulden bezahlen und die landwirtschaftliche Tätigkeit einstellen.

[133] Kommt es beispielsweise zu einer Verteuerung des Kunstdüngers und einer erheblichen Senkung der Erzeugerpreise für das Getreide, ist eine Verkleinerung der Produktion zu erwarten.

wirtschaft behindert. Hinzu kommen die erheblichen bürokratischen Aufwendungen für die Regulierung. Eine Stabilisierung der Agrarproduktion auf dem Wege einer willkürlichen Beeinflussung der landwirtschaftlichen Faktormärkte ist deshalb abzulehnen. Die künstliche Verkleinerung des Einsatzes von Produktionsfaktoren ist allenfalls vorübergehend und unter Umweltaspekten sinnvoll.[134]

4. Transportkostensubventionen

Transportkostensubventionen dienen einer Erhöhung der Produktion in jenen Gebieten, welche in einer - hinsichtlich der Transportkosten - kritischen Distanz zu den Verbrauchermärkten liegen.[135] Ein anderes System ist der Ausgleich der Transportkosten unter den einzelnen Erzeugern mit der Hilfe des sog. "Price-Pooling-Systems".[136] Bei Agrargütern, welche im ganzen Land produziert und verbraucht werden, spielen die Transportkosten als Bestimmungsfaktor für die Produktion eine eher untergeordnete Rolle. Müssen einzelne Erzeugnisse jedoch über große Distanzen (ggf. über Tausende von Kilometern) zu den Zentren der Verarbeitung und des Exports transportiert werden, können die Transportkosten so groß werden, daß sich ein Anbau nicht mehr lohnt. In diesem Falle dienen Transportkostensubventionen dazu, die Produktionskapazitäten entfernter Erzeugergebiete zu erschließen, und damit einen produktionssteigernden Effekt zu erzielen.[137] Ob dies sinnvoll und wünschenswert ist, unterliegt dem agrarpolitischen Ermessen.

F. Die Lagerhaltung

I. Die Lagerhaltung als Mittel zur Marktstabilisierung

1. Die Förderung der privaten Lagerhaltung

Die *Förderung der privaten Lagerhaltung* ist eine Möglichkeit, um die landwirtschaftlichen Märkte und Preise zu stabilisieren. Dabei wird in Jahren mit guten Ernten bzw. einem erhöhten Angebot die private Lagerhaltung begünstigt. Im allgemeinen wird davon ausgegangen, daß der Nutzen einer solchen Stabilisierung bei jenen Marktpartnern liegt, welche die Instabilität verursachen, im Falle der Landwirtschaft vorwiegend bei der landwirtschaftlichen Produktion.

Mögliche Ansätze sind:

- Die *Förderung der privaten (auch der bäuerlichen) Lagerhaltung* durch saisonal gestaffelte, staatliche Mindestpreise, welche zur Lagerhaltung anregen.

---

[134] Ein Beispiel ist die Besteuerung von Nitratdünger in Gebieten mit einem flächendeckend stark nitratbelasteten Grundwasser (vgl. Kapitel 13).

[135] In großen Ländern wie beispielsweise den *USA* liegen die Transportkosten für das Getreide zwischen zehn und dreißig Prozent der Erzeugerpreise. Vgl. *Roehner* (1996), S. 343.

[136] Dieses System wird durch das *Canadian Wheat Board* angewendet. Im Zusammenhang mit den beschränkten Transport- und Hafenkapazitäten muß ein Teil der Getreideexporte über die kostenintensivere *Thunder Bay* erfolgen. Durch das Poolen der Transportkosten findet ein Ausgleich zwischen den höheren und tieferen Transportkosten der einzelnen Exporte statt und alle Erzeuger erhalten einen einheitlichen Produzentenpreis je Gewichtseinheit Getreide. Vgl. *Herrmann* (1994), S. 309 f.

[137] Ein Beispiel ist *Kanada,* welches für Getreide erhebliche Frachtratensubventionen bezahlt. Vgl. *Herrmann* (1994), S. 302 ff.

- Die *Belehnung von Agrarerzeugnissen nach der Ernte (Commodity Cash Programme)* zur Förderung der bäuerlichen Lagerhaltung. Dies kann als eine Kombination von Kreditprogrammen sowie Mindestpreisen betrachtet werden[138] und gibt den Landwirten in den Monaten nach der Ernte die Möglichkeit, entweder die Güter zum Belehnungspreis abzuliefern oder aber zu Marktpreisen zu verkaufen und die Belehnungssumme zurückzubezahlen.

- Die Ausrichtung eines *Lagerkostenausgleichs* an private (auch bäuerliche) Lagerhalter. Dieses Verfahren geht davon aus, daß bei der privaten Lagerung in der Regel geringere Kosten entstehen als bei der staatlichen.[139]

Bei der Beurteilung der Förderung der privaten Lagerhaltung ist davon auszugehen, daß es in einem marktlichen System mit spontanen Märkten nicht nur zu einem steten Ausgleich von Angebot und Nachfrage kommt, sondern unter "normalen Bedingungen" auch zu einer Optimierung der *privaten Lagerhaltung* durch entsprechende Gewinnanreize. Effiziente internationale Rohstoff- und Terminmärkte begünstigen eine Optimierung der intersaisonalen Lagerhaltung. Unter dem Einfluß des Hedging, der Spekulation und der Arbitrage tendieren Angebot, Nachfrage und Lagerhaltung unter günstigen Rahmenbedingungen stets zu einem simultanen, natürlichen Gleichgewicht.[140] Auf eine Förderung der privaten Lagerhaltung (oder auch durch eine staatliche Lagerhaltung) zur intersaisonalen Stabilisierung der Agrarmärkte läßt sich unter solchen Bedingungen verzichten.[141]

Die Notwendigkeit zur Förderung der privaten Lagerhaltung ist oft das Ergebnis staatlich festgesetzter, wenig flexibler Preise für landwirtschaftliche Erzeugnisse, welche angesichts der steten Produktionsschwankungen und -zyklen nicht markträumend sind. Unter der Bedingung vollkommener Märkte kann in der Regel auf eine intersaisonal angelegte Stabilisierung der Agrarmärkte verzichtet werden. So zerstört eine künstliche Festlegung und zeitliche Staffelung der Mindestpreisen zur Förderung der privaten Lagerhaltung die natürliche Tendenz der Märkte zur Optimierung der intersaisonalen Preisstruktur und Lagerhaltung.[142] Zudem kommt es bei einem Lagerkostenausgleich zu Mitnahmeef-

[138] Solche Programme hielten während langer Zeit in den USA die Erzeugnisse zur Haupterntezeit von den Märkten fern. Dies wurde als geeignet betrachtet, die Instabilität der landwirtschaftlichen Einkommen etwas zu mildern. Die Farmer bekamen nach der Ernte die Möglichkeit, ihre Erzeugnisse zu einem bestimmten Preis durch den Staat belehnen zu lassen. Dafür übernahmen sie die Verpflichtung, die Ware zu lagern. Später konnten sie die Produkte zum Tagespreis verkaufen und den Belehnungsbetrag zurückbezahlen oder die Ware dem Staat auf der Basis des Belehnungspreises (Loan Rate) überlassen. Die aufgekauften Getreidemengen wurden entweder in die Notstandsreserve überführt oder zu Marktstabilisierungszwecken eingesetzt. Bei einem Preisanstieg auf 150 Prozent der Loan Rate sollten die Stabilisierungslager verkauft werden. Die steigenden staatlichen Aufwendungen im Rahmen dieses Programmes führten 1985 zum Vorschlag, Preisstützungsdarlehen nur noch im Ausmaß von 75 Prozent des Marktpreisdurchschnitts der vergangenen drei Jahre zu gewähren und Zinsen auf Darlehen von mehr als US$ 200.000 zu verlangen.

[139] Beispiele einer staatlichen Förderung der Lagerhaltung in der Europäischen Union sind der Stabilisierungsfonds für Wein, der Lagerkostenausgleich für Zucker und Beihilfen für die private Lagerhaltung bei Wein, Flachs und Hanf.

[140] Vgl. Kapitel 7.

[141] Möglicherweise gilt dies aber nicht für eine strategische Lagerhaltung (vgl. weiter unten).

[142] Beispiele in der *Europäischen Union* sind die monatlichen Preiszuschläge auf die EU-Interventionspreise für Getreide, Reis, Öle und Fette und Hülsenfrüchte.

fekten jener Lagerhalter, welche auch ohne solche Beiträge Güter lagern würden, was die volkswirtschaftlichen Kosten der Lagerhaltung erhöht.

2. Die staatliche Lagerhaltung

Die *staatliche Lagerhaltung* zu Zwecken der Marktstabilisierung resultiert vielfach aus den massiven Ungleichgewichten zwischen dem Angebot und der Nachfrage bei einzelnen Produkten. Künstlich verzerrte Erzeugerpreise können zu enormen Überschüssen führen.[143,144] Die Erzeuger profitieren kurzfristig von der staatlichen Lagerhaltung. Für die Verbraucher sind die Vorteile einer staatlichen Lagerhaltung jedoch fragwürdig. In den vergangenen Jahrzehnten gab es in den höchstentwickelten Industrieländern nur wenige Perioden mit einer vorübergehenden Verknappung der Nahrungsmittel, die eine staatliche Lagerhaltung zur intersaisonalen Stabilisierungszweck gerechtfertigt hätten. Mögliche kurzfristige Angebotslücken lassen sich normalerweise über die leistungsfähigen internationalen Agrarmärkte decken.[145]

Bei der durch den Staat betriebenen oder finanzierten Lagerhaltung entstehen in der Regel erhebliche Kosten.[146] Um diese Kosten im Griff zu halten, kann die staatliche Lagerhaltung nach der Menge begrenzt werden. Überschreiten die gelagerten Mengen kritische Grenzen, werden die Interventionspreise meist gesenkt, um die Produktion zu dämpfen. Bei strukturellen Marktüberschüssen besteht in der Regel kaum eine Chance, die gelagerten Mengen später wieder kostendeckend abzusetzen. Ein großer Anteil der gelagerten Güter muß vielfach zu tiefen Preisen inferior verwertet oder exportiert werden. Zudem wird die private Lagerhaltung verdrängt, denn durch die staatliche Lagerhaltung kann der unternehmerische Gewinnanreiz für die private Lagerhaltung entfallen.

Per Saldo betrachtet übersteigen die Kosten der staatlichen Lagerhaltung meist den Nutzen der Stabilisierung der Agrarmärkte. Der ökonomische Gesamteffekt ist in der Regel negativ. Die staatliche Lagerhaltung ist kein effizientes Instrument zur intersaisonalen Stabilisierung der Agrarmärkte.[147]

II. Strategische Reserven

Strategische Reserven dienen dem Ausgleich des Marktangebotes bei Kriegen, schweren Nahrungsmittelkrisen, klimatischen Störungen, nuklearen Unfällen, Tier- und Pflanzenkrankheiten sowie zur Nahrungsmittelhilfe an Gebiete, welche vom Hunger bedroht sind.[148] Strategische Lager für solche Zwecke sind sinnvoll und notwendig.[149] Für strategische Reserven sprechen auch die meist geringen Weltvorräte bei Getreide, welche in den kritischen Phasen vor der Ern-

[143] Im Volksmund wurden diese auch "Milchschwemmen", "Butterberge", "Rindfleischberge" und "Weinseen" genannt. In den Jahren bis 1995 wurden der Lagerbestände der *Europäischen Union* auf ein sehr tiefes Niveau gesenkt.

[144] Dies entspricht den Prinzipien der merkantilistischen Magazinierungspolitik im 17. und 18. Jh. beispielsweise in Preußen.

[145] Vgl. *Heidhues* (1977), S. 119; vgl. *Samuelson* (1972), S. 476 ff.; vgl. *Turnovsky* (1974), S. 706 ff.

[146] Beispiele sind administrative Kosten, Kosten für die Einlagerung, Lagerhaltung, Auslagerung, Zinskosten, Kosten für den Schwund und Verderb der Güter sowie mögliche Preisverluste bei den Erzeugnissen.

[147] Vgl. *Glauber et al.* (1989), S. 325 ff.

[148] Vgl. *Niehaus* (1957), S. 6; *Roy et al.* (1971), S. 409.

[149] Zweckmäßig sind strategische Reserven vor allem bei Getreide, Zucker, Ölen, Fetten, Reis und Produktionsmitteln wie Düngemittel, Treibstoffe und Futtermittel.

te weltweit oft weniger als zwanzig Prozent eines Jahresbedarfs der Weltbevölkerung betragen.

Beim Aufbau strategischer Reserven ist eine Kombination von staatlicher und privater Lagerhaltung denkbar.[150,151] Besonders gut für die strategische Lagerhaltung eignen sich große Handels- und Börsenplätze für Agrargüter, wo oft bereits erhebliche private Rohstofflager bestehen.

G. Die politische Ökonomie der Stabilisierung der Agrarmärkte

Welche Stabilisierungseingriffe in der Praxis erfolgen, ist eine Frage des Vektors der politisch wirksamen Kräfte (vgl. Abb. 8/6). Dabei sind die Präferenzen für eine Regulierung der Agrarmärkte sehr heterogen. Im *politischen Prozeß* kommt es je nach den Interessen der einzelnen Wirtschaftsgruppen zur Akzeptanz oder zur Ablehnung einzelner Eingriffe zur Stabilisierung der Agrarmärkte. Freie Agrarmärkte werden je nach den individuellen Interessen entweder als sehr effizientes und kostengünstiges Koordinations- und Stabilisierungsinstrument betrachtet oder abgelehnt. Dazwischen liegen alle nur denkbaren Meinungen über die Notwendigkeit, Art und Intensität marktstabilisierender Eingriffe:

- Die *Verbraucher* wollen auch bei Produktionsschwankungen eine ausreichende, preisgünstige Versorgung mit Nahrungsmitteln. Sie profitieren beispielsweise von Maßnahmen zur Förderung der Marktkommunikation, der Entwicklung von Vollwertnahrung, neuen und umweltfreundlichen Produkten, der Qualitätssicherung und strategischen Lagern zur Sicherung der Versorgung.

- Die *Landwirte* möchten selbst bei Stabilitätsproblemen ein befriedigendes Einkommen. Sie bevorzugen u.a. Mindestpreise, Paritätspreisindices, paritätseinkommensindexierte Preise, Zwei-Preis-Pläne, Flächenstillegungen, eine inferiore Verwertung von Gütern und eine Verminderung des Angebotes von Substitutions- und Imitaterzeugnissen zur Stabilisierung der Agrarmärkte.

- Die *Steuerzahler* bevorzugen eine möglichst geringe Belastung durch die staatlichen Agrarbudgets. Sie mißtrauen der Marktstabilisierung und begrüßen Maßnahmen, welche keine erheblichen Auswirkungen auf die staatlichen Haushalte haben.

- Die *Agrarbürokratie* strebt nach möglichst großen Agrarbudgets sowie Regulierungskompetenzen.

---

[150] Bei der meist kostengünstigeren privaten Lagerhaltung können sich der Großhandel und die Verarbeiter zu einer Mindestlagerhaltung verpflichten, welche nur zu strategischen Zwecken eingesetzt wird. Der Staat gewährt meist kostengünstige Kredite. Die Lagerhalter übernehmen die Preisrisiken, welche sich über die landwirtschaftlichen Terminmärkte absichern lassen.

[151] In der *Bundesrepublik Deutschland* ist die *Bundesanstalt für landwirtschaftliche Marktordnung (BALM)* mit Sitz in Frankfurt am Main für die Lagerung von Vorräten an Nahrungs- und Futtermitteln für Notfälle zuständig. Diese ist Bundesoberbehörde im Geschäftsbereich des Bundesministers für Ernährung, Landwirtschaft und Forsten, wurde 1976 neu errichtet und ist im wesentlichen für die Durchführung von Marktordnungsaufgaben im Rahmen der EU-Agrarpolitik zuständig.

- Die *ausländischen Handelspartner* verlangen möglichst große Exportmöglichkeiten für ihre landwirtschaftlichen Erzeugnisse.

Abb. 8/6
Die stabilitätspolitischen Maßnahmen im politökonomischen Kräftefeld

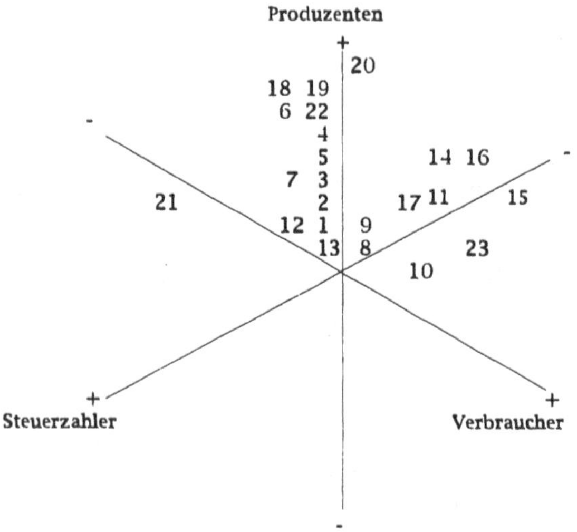

Legende:

1 Preisempfehlungen
2 Richtpreise
3 Mindestpreise
4 Paritätspreisindex
5 Paritätseinkommensindex der Preise
6 Zwei-Preis-Pläne
7 Dynamisierte Garantiepreise (flexibel auch nach unten)
8 Höchstpreise
9 Marktkommunikation
10 Qualitätssicherung
11 Neue, umweltfreundliche Produkte
12 Direktvermarktung
13 Vollwertnahrung
14 Ackerbauliche Alternativkulturen
15 Nachwachsende Rohstoffe
16 Biosprit
17 Nahrungsmittelprogramme für kaufkraftschwächere Bevölkerungskreise
18 Verminderung des Angebots von Substitutions- und Imitatprodukten
19 Preislich inferiore Verwertung
20 Vernichtung
21 Produktionsquoten
22 Flächenstillegungen
23 Strategische Lagerhaltung.

Ob und mit welchen Zielen sowie Instrumenten die Agrarmärkte in der Praxis stabilisiert werden, hängt von den Verteilungszielen und dem politökonomischen Einfluß der einzelnen Interessengruppen im Gravitationsfeld der politökonomischen Kräftefelder ab.[152]

[152] Vgl. *Orazem et al.* (1989), S. 837 ff.

Literaturangaben zu Kapitel 8:

Abel, Martin (1987), Why It's Difficult to Reform. In: Choices, First Quarter, S. 29 ff.

Arrow, Kenneth (1975), Vertical Integration and Communication. Bell Journal of Economics. Vol. 6, Spring, S. 173-183.

Ders. (1989), Allgemeines Gleichgewicht der Wirtschaft: Zweck, analytische Methoden und kollektive Entscheidungen. In: Horst C. Recktenwald (Hrsg.), Die Nobelpreisträger der ökonomischen Wissenschaft, Düsseldorf, S. 322-355.

Binswanger, Hans Christoph (1990), Agrarpolitische Untauglichkeit nachwachsender Rohstoffe. Ökonomische und ökologische Irrtümer. In: NZZ, Nr. 232, vom 6./7. Okt. 1990, Bl. 33.

Boehlje, Michael (1995), The "new" agriculture. In: Choices, Forth Quarter 1995, Tucson (USA), S. 34-35.

Boulding, Kenneth E. (1958), Principles of Economic Policy, Englewood Cliffs, N.J.

Bundesregierung, Agrarberichte.

Centrale Marketinggesellschaft der deutschen Agrarwirtschaft (CMA) (1985), Wer und was in Absatzfonds und CMA, Bonn.

Dieselbe, div. Jahresberichte.

von Dietze, Constantin (1967), Grundzüge der Agrarpolitik, Hamburg und Berlin.

Dorfmann, R., Steiner, P.O. (1954), Optimal Advertising and Optimal Quality. In: American Economic Review, S. 826-836.

Eom, Young Sook (1994), Pesticide Residue Risk and Food Safety Valuation: A Random Utility Approach. In: American Journal of Agricultural Economics, Vol. 76, No. 4, November, S. 760-771.

Finkelshtain, Israel, und Chalfant, James A. (1997), Commodity Price Stabilization in a Peasant Economy. In: American Journal of Agricultural Economics, Vol. 79, Nr. 4, November 1997, S. 1208-1217.

Forker, Olan D. and Liu, Donald J. (1989), Commodity Promotion: Who Benefits and By How Much? In: Choices. The Magazine of Food, Farm, and Resource Issues. Third Quarter 1989, Herndon, S. 10 ff.

Glauber, Joseph, Helmberger, Peter, and Miranda, Mario (1989), Four Approaches to Commodity Market Stabilization: A Comparative Analysis. In: American Journal of Agricultural Economics, Vol. 71, No. 2, May, S. 325-337.

Hathaway, Dale E. (1963), Government and Agriculture: Public Policy in a Democratic Society, New York.

von Hayek, Friedrich August (1983), Die Verfassung der Freiheit, Tübingen.

Hayes, Dermot J., Shogren, Jason F., Shin, Seung Youll, and Kliebenstein, James B. (1995), Valuing Food Safety in Experimental Auction Markets. In: American Journal of Agricultural Economics, Vol. 77, Nr. 1, February, S. 40-53.

Heidhues, Theodor (1977), Art. Agrarpolitik I: Preis- und Einkommenspolitik. In: Handbuch der Wirtschaftswissenschaften (HdWW), Bd. 1, Stuttgart und New York, S. 107-128.

Hennessy, David A. (1996), Information Asyymetry as a Reason for Food Industry Vertical Integration. In: American Journal of Agricultural Economics. Vol. 78, Nr. 4, November, S. 1034-1043.

Herrmann, Roland (1994), Agrarpolitik in Kanada - Beschreibung, Wirkungsanalyse und Lehren aus den dortigen Erfahrungen für die agrarpolitische Reformdiskussion - . In: Berichte über Landwirtschaft, Bd. 72 (2), Mai, Münster-Hiltrup, S. 295-326.

Hirshleifer, D. (1989), Futures Trading, Storage, and the Division of Risk: A Multiperiod Analysis. In: Economic Journal, Vol. 99, September, S. 700 ff.

Hoff, Klaus (1996), Gemeinschaftswerbung auf Agrarmärkten. In: Berichte über Landwirtschaft, Bd. 74 (3), September, Münster-Hiltrup, S. 340-357.

Hoffmann, Helmut und Kaltenecker (1995), Thomas, Liberalisierung des Milchquotenhandels - Konsequenzen für die bayerische Milchviehhaltung - . In: Berichte über Landwirtschaft, Band 73 (2), März, Münster-Hiltrup, S. 303-314.

Knoeber, Charles A. and Thurmann, Walter N. (1995), "Don't Count Your Chickens ... ": Risk and Risk Shifting in der Broiler Industry. In: American Journal of Agricultural Economics, Nr. 77, Vol. 3, August, S. 486-496.

Kinsey, Jean, and Senauer, Ben (1997), Food Marketing in an Electronic Age. Implications for Agriculture. In: Choices, The Magazine for Food, Farm, and Resource Issues. Second Quarter, Ames, S. 32-35.

Koester, Ulrich (1981), Grundzüge der landwirtschaftlichen Marktlehre, München.

Ders., und Tangermann, Stephan (1976), Alternativen der Agrarpolitik. Eine Kosten-Nutzen-Analyse im Auftrag des Bundesministeriums für Ernährung, Landwirtschaft und Forsten, hrsg. vom Bundesministerium für Ernährung, Landwirtschaft und Forsten in Zusammenarbeit mit dem Land- und Hauswirtschaftlichen Auswertungs- und Informationsdienst e.V. (AID), Münster-Hiltrup.

Lane, Sylvia (1995), The United State Food Policy. In: American Journal of Agricultural Economics. Vol. 77, Nr. 5, December, S. 1096-1109.

Müller-Armack, Alfred (1948), Wirtschaftslenkung und Marktwirtschaft, Hamburg.

Niehaus, Heinrich (1957), Leitbilder der Wirtschafts- und Agrarpolitik in der modernen Gesellschaft, Stuttgart.

Ders. (1969), Die Krise der landwirtschaftlichen Preis- und Einkommenspolitik in der EWG. In: Agrarwirtschaft. Nr. 5, vom Mai 1969, Hannover.

Nienhaus, Antonius (1997), Synergieeffekte zwischen zentralem und regionalem Marketing. In: Schriften der Gesellschaft für Wirtschafts- und Sozialwissenschaften des Landbaues e.V., Bd. 33, Münster-Hiltrup, S. 351-355.

Orazem, Peter F., Otto, Daniel M., and Edelman, Mark A. (1989), An Analysis of Farmers' Agricultural Policy Preferences. In: American Journal of Agricultural Economics, Nr. 4, Vol. 71, November, S. 837-846.

Paarlberg, Don (1989), The Farm Policy Agenda: It's Time to Change It. In: Choices. The Magazine of Food, Farm, and Resource Issues. Second Quarter, Herndon, S. 23 ff.

Pope, D. Rulon and Hallam, Arne (1986), A Confusion of Agricultural Economists? A Professional Interest Survey and Essay. In: Journal of Agricultural Economics. Vol. 68, No. 3, August, S. 572-594.

Roehner, Betrand M. (1996), The Role of Transportation Costs in den Economics of Commodity Markets. In: American Journal of Agricultural Economics, Vol. 78, Nr. 2, May, S. 339-353.

Roy, Ewell P., Corty, Floyd L. and Sullivan, Gene D. (1971), Applications to Agriculture und Agribusiness, The Interstate Printers and Publishers Inc., Danville, Illinois.

Rüstow, Alexander (1932), Liberale Interventionen, Diskussionsbeitrag auf der 32. Tagung des Vereins für Socialpolitik am 28. November 1932 in Dresden. In: Schriften des Vereins für Socialpolitik, Bd. 187, Leipzig 1933. Nachgedruckt in Grundtexte zur Sozialen Marktwirtschaft, hrsg. von W. Stützel, Chr. Watrin, H. Willgerodt, K. Hohmann, Stuttgart/New York 1981, S. 221-225.

Samuelson, Paul A. (1972), The Consumer Does Benefit from Feasible Price Stability. The Quarterly Journal of Economics, Cambridge Mass., 86, S. 476-493.

Scheer, Hermann (1995), Das Potential der Sonnenenergie in der EU. In: Agrarische Rundschau, Nr. 6, Dezember, S. 1-6.
Schopen, Wilhelm (1971), Flächenstillegung in den USA. In: Berichte über Landwirtschaft, Heft 49, Hamburg und Berlin, S. 220-237.

Schütte, Andreas (1997), Betrachtung des Entwicklungsstands des Anbaus und der Verwendung sowie der Wirtschaftlichkeit des Anbaus nachwachsender Rohstoffe. In: Schriften der Gesellschaft für Wirtschafts- und Sozialwissenschaften des Landbaues e.V., Bd. 33, Münster-Hiltrup, S.562-571.

Sichtermann, S. (1978), Das Absatzfondsgesetz, in: Standardgesetze der Landwirtschaft, Bd. 83, Kiel.

Steinmüller, Horst (1991), Biomasse: Chance oder Sackgasse? In: Agrarische Rundschau, Nr. 1/1991 (März), S. 44-45.

Stigler, George, The Political Redistributions of Income, Zürich 1989.

Turnovsky, Stephen J. (1974), Price Expectations and the Welfare Gains from Price Stabilization. American Journal of Agricultural Economics, Lexington, 56, S. 706-716.

Weihrauch, J.D. (1972), Das Image von Nahrungsmitteln. In: Bonner Hefte für Marktforschung, hrsg. von Strecker, Stuttgart.

Wilcox, Walter W., Cochrane, Willard W., Herdt, Robert W. (1974), Economics of American Agriculture, Englewoods Cliffs, New Jersey, 3rd ed.

Wirthgen, Bernd und Kuhnert, Heike (1992), Hofeigene Verarbeitung im ökologischen Landbau. In: Berichte über Landwirtschaft. Bd. 70 (4), Dezember, Hamburg und Berlin, S. 592-632.

Wittmann, Walter (1978), Zentraler Produktionskataster für die Landwirtschaft. In: NZZ, Nr. 32, vom 8.2.1978, Bl. 31 und Nr. 57, vom 9.3.1978, Bl. 33 und Nr. 69, vom 23.3.1978, Bl. 30.

Kapitel 9: Die Ordnung des Agraraußenhandels

> "Schutzzölle dienten immer einem Protektionismus einheimischer Produzenten. Nach den denkwürdigen Worten von *Ambrose Bierce* ist der Zoll eine Einrichtung, die die Produzenten vor dem Geiz der Konsumenten schützen soll" (*George Stigler*, 1989, S. 21).

A. Die normative Ökonomie: Das Prinzip der Freiheit des Agraraußenhandels

I. Die Art und Intensität des Außenhandels

Güter werden exportiert, wenn sie im Inland preiswerter als im Ausland sind und importiert, wenn sie im Ausland preiswerter sind *(Gesetz der absoluten Kosten)*. Nach der Theorie der relativen Preise ist der Außenhandel das Ergebnis unterschiedlicher relativer Preise (Preisrelationen) im In- und Ausland, welche einen Handel zwischen den Ländern auslösen *(Gesetz der komparativen Kosten)*. Die unterschiedliche Preisrelationen in den einzelnen Ländern werden durch die Verschiedenheit der landwirtschaftlichen Produktionsbedingungen geprägt, zu welchen die Bodenbeschaffenheit, das Klima und die agrarstrukturellen Rahmenbedingungen zählen. Dies führt zu unterschiedlichen landwirtschaftlichen Produktionsfunktionen. Ist dies der Auslöser des Außenhandels, spricht man von sog. *Ricardo-Gütern*. Unter dem Einfluß unterschiedlicher Produktionsbedingungen spezialisiert sich jedes Gebiet auf jene Produkte, für welche es sich am besten eignet, so beispielsweise trockene, warme Gebiete auf Obst, Früchte, Gemüse und Wein, gemäßigte Zonen mit reichlichen Niederschlägen auf Milch, Fleisch, Zuckerrüben und Weizen.

Eine weitere Ursache unterschiedlicher relativer Preise bzw. unterschiedlicher komparativer Kosten ist die Verschiedenheit der Faktorausstattung (natürliche Ressourcen, Arbeit und Kapital) in den einzelnen Ländern, was die Richtung des Außenhandels beeinflußt (sog. *Heckscher-Ohlin-Güter*). Länder mit ausgedehnten, landwirtschaftlich nutzbaren Bodenressourcen sind für die Erzeugung von Agrargütern besonders geeignet. Dies trifft für zahlreiche Industrieländer wie beispielsweise auch die *Europäische Union* und die *USA* zu, wo die natürlichen Produktionsmöglichkeiten den Bedarf an Nahrungsmitteln bei weitem übersteigen.

Der Außenhandel kann zudem das Ergebnis eines unterschiedlichen landwirtschaftlichen Wissens und Könnens (Humankapital) sein. In diesem Fall sind die Märkte unvollkommen, wobei die unterschiedlichen Produkteigenschaften und Produktionsverfahren der Auslöser des Außenhandels sind (sog. *Schumpeter-Güter*).

Der Außenhandel wird außerdem durch die heterogenen *Präferenzen* bei der Nachfrage bzw. durch die *Heterogenität der Produkte* verursacht. Agrarerzeugnisse mit unterschiedlichen äußeren Merkmalen und Geschmackseigenschaften sprechen die verschiedenen Präferenzen der Verbraucher an.[1] In diesem Falle wird der Außenhandel durch die Heterogenität der Güter bzw. die Unvollkommenheit der Märkte geprägt.

Oft bestimmen vor allem die *Subventionen* die Richtung und die Intensität des landwirtschaftlichen Außenhandels. Die Agrarexporte können durch eine strategische Handels- bzw. Außenhandelspolitik ausgelöst werden, bei welcher mit der Hilfe von Subventionen möglichst große Exporteinnahmen und Beschäftigungseffekte erzielt werden sollen. Das Exportdumping führt zu einer künstlichen Senkung der Preise, was den Verkauf von Agrarerzeugnissen im Ausland ermöglicht.[2] Unter solchen Umständen ist es vielfach schwierig, die natürliche Richtung der Handelsströme bei unverzerrten Preisen zu erkennen.

II. Normative Aspekte der Außenhandelsordnung

Die *Freiheit des Außenhandels* ist ein mögliches Prinzip einer Außenhandelsordnung. Dabei geht es um die Freiheit des Außenhandels als einem individuellen, wirtschaftlichen Freiheitsrecht. Dies bringt einen hohen Grad an Konsumentensouveränität durch ein umfassendes Güterangebot aus der ganzen Welt. Der intensive Wettbewerb um die Märkte fördert evolutionäre Prozesse bei der Produktgestaltung, den Produktionsverfahren, der Beschaffung von Produktionsfaktoren, der betrieblichen Organisation und dem Marketing.

Zudem ermöglicht die Freiheit des Außenhandels die internationale Arbeitsteilung. Die Länder spezialisieren sich auf jene Güter, bei welchen sie komparative Produktionsvorteile haben. Dies führt zu einer effizienten Nutzung der vorhandenen Ressourcen. Beim Übergang von der Autarkie zum Außenhandel sinken in Ländern mit hohen Preisen die Verbraucherpreise, wodurch Kaufkraft frei wird. Davon profitieren in erster Linie die kaufkraftschwächeren und kinderreichen Familien. In einer frühen Phase der wirtschaftlichen Entwicklung mit einem großen Anteil der Ausgaben für Nahrungsmittel an den Haushaltsausgaben ist dieser Effekt groß, in den hochentwickelten Volkswirtschaften mit einem kleinen Anteil der Ausgaben für Agrargüter geringer.

Außerdem werden saisonale Knappheiten und Überschüsse bei den einzelnen Gütern durch den Außenhandel besser ausgeglichen als bei kleinen, abgeschlossenen Märkten. Die Preise sind bei einem freien Agraraußenhandel in der Regel stabiler als bei geschützten Binnenmärkten, welche verstärkt unter dem Einfluß von Produktionsschwankungen stehen.[3]

Für Länder mit einem landwirtschaftlichen Hochpreisniveau ergeben sich bei einem vermehrten Außenhandel meist tiefere Preise und negative Einkommenseffekte bei den Landwirten. Dies führt zu strukturellen Anpassungsprozessen, bis die Opportunitätskosten der (verbleibenden) Landwirte wieder gedeckt sind. Umgekehrt bringt eine stärkere Außenhandelsprotektion mit höheren Agrarpreisen im Inland nicht automatisch geringere landwirtschaftliche Einkommensprobleme:

---

[1] So finden in der Europäischen Union aufgrund der unterschiedlichen Qualitätseigenschaften und Verwendungsbedürfnisse gleichzeitig Exporte als auch Importe von Getreide statt. Vgl. *von Witzke* (1997), S. 14.

[2] Es läßt sich feststellen, daß es noch keine in sich geschlossene Theorie der Struktur und der Richtung des Außenhandels gibt. Vgl. zu einem komplexen Ansatz Porter's "Diamant der Wettbewerbsvorteile" *(Porter* (1993)).

[3] Vgl. *Schmitz* (1988), S. 1003.

"Es zeigt sich, daß in den Ländern, in denen die Preise am stärksten über das Weltmarktpreisniveau angehoben wurden, also in Japan, Italien und Schweden, die Einkommensdisparität größer ist als in den Ländern, in denen die Preise weniger über dem Weltmarktpreisniveau liegen. Es gilt demnach nicht: Je höher der Schutz der Landwirtschaft, um so geringer sind die Einkommensprobleme der Landwirtschaft".[4]

III. Die Handelshemmnisse aus normativer Sicht

Angesichts der Vorteile des Agraraußenhandels sind Handelshemmnisse grundsätzlich abzulehnen.[5] Agrarschutzsysteme sind asozial. Die Agrarzölle verteuern die importierten *und* die im Inland erzeugten Agrargüter, belasten die Lebenskosten und wirken über den Kosteneffekt wie eine Steuer auf die exportierten Güter. Die Zölle bringen nur Steuereinnahmen auf die importierten Agrargüter und sind durch die produktionssteigernde Wirkung im Inland eine meist rasch versiegende Quelle von Staatseinnahmen.

Vereinbar mit einer freiheitlichen Außenhandelsordnung ist jedoch die Abwehr von Exportdumping durch eine fallweise Erhebung von *Retorsionszöllen (Strafzöllen)*.[6] Oft läßt sich damit auch politischer Druck auf das Ausland ausüben, die Einfuhrbeschränkungen aufzuheben oder zu mildern. Retorsionszölle sind ein Versuch, die durch das Exportdumping verzerrten Preisrelationen zu neutralisieren. Abzulehnen sind Retorsionsspiralen zwischen dem In- und Ausland mit wechselseitig steigender Protektion, welche zu bleibenden Störungen beim Außenhandel und letztlich zu dessen Versiegen führen.[7]

IV. Die einzelstaatliche Optimierung der Selbstversorgung

1. Ein einfaches Grundmodell zur Versorgungssicherheit

Die Verbraucher streben nach einer preisgünstigen und sicheren Versorgung. Einen großen agrarpolitischen Stellenwert hatte die *Versorgungssicherheit* in den beiden Weltkriegen, als die Ernährung der Bevölkerung und der Willen der Landwirtschaft zum Durchhalten zu einem politischen Schlüsselproblem wurde. Es entstand das Bedürfnis nach einzelstaatlicher Autarkie bei der Nahrungsmittelversorgung.[8]

Aus heutiger Sicht hat die Versorgungssicherheit nach wie vor den Charakter eines kollektiven Gutes. Illusorisch wird das Argument der Versorgungssicherheit aus inländischer Produktion bei einer nuklearen Katastrophe durch Reaktorunfälle, bei Unfällen mit nuklearen Sprengköpfen oder bei Nuklearanschlägen, welche die Agrarproduktion kontaminieren. Ähnliche Überlegungen gelten auch bei global wirkenden Vulkanausbrüchen und Asteroideneinschlägen. In diesen Fällen sind große strategische Reserven erforderlich, um den Ausfall der landwirtschaftlichen Produktion - sofern überhaupt möglich - zu überbrücken.

---

[4] *Koester* (1989), S. 133 f.
[5] Vgl. *Willgerodt* (1983), S. 100 und 106.
[6] Vgl. *Niehans* (1957), S. 6.
[7] Typische Retorsionsspiralen sind die zahlreichen Handelskriege zwischen der *Europäischen Union* und den *USA* (beispielsweise der Hähnchen- oder Geflügelfleischkrieg, Spaghettikrieg, Hormonfleischkrieg, Bananenkrieg und der Soja- bzw. Ölsaatenkrieg).
[8] Vgl. *Haushofer* (1958), S. 23.

Abb. 9/1
Die optimale Selbstversorgung

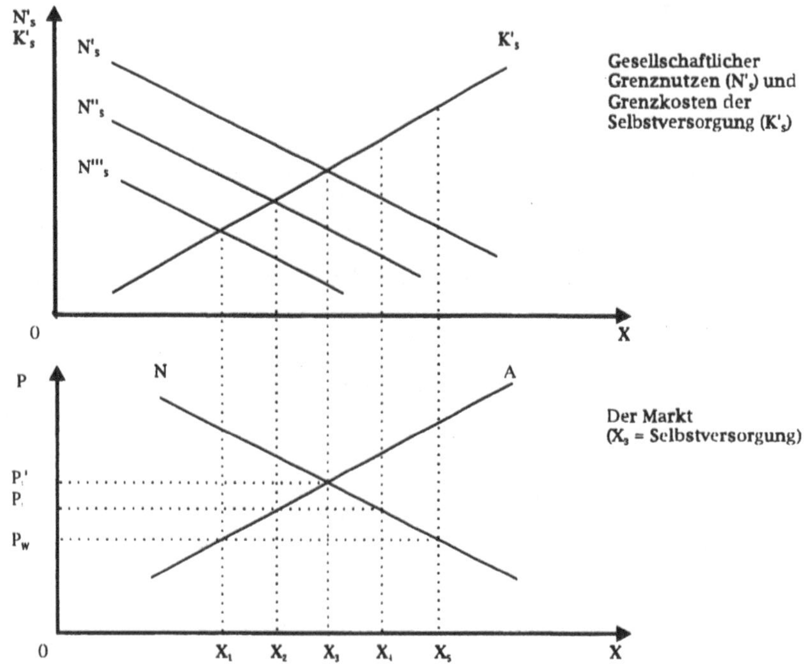

Die Frage nach der *optimalen Selbstversorgung* soll anhand eines einfachen Modells analysiert werden (vgl. Abb. 9/1). Der obere Teil des Schaubildes zeigt den *Externalitätenbereich* (Selbstversorgung) mit dem gesellschaftlichen Grenznutzen N'_s und den gesellschaftlichen Grenzkosten K'_s der Versorgung aus inländischer Produktion. Der gesellschaftliche Grenznutzen der inländischen Produktion ist positiv und fällt mit zunehmender Selbstversorgung. Je mehr sich die Produktion der Selbstversorgung nähert, desto mehr tendiert deren Grenznutzen gegen null. Erfahrungen spielen bei der Einschätzung solcher gesellschaftlicher Grenznutzenkurven eine wesentliche Rolle. So werden beispielsweise Länder mit einem guten Zugang zu den internationalen Agrarmärkten den Grenznutzen der Versorgung aus eigener Produktion geringer bewerten als Länder mit einer ausgesprochenen Binnenlage. Ist eine Nahrungsmittelverknappung aktuell oder wurde eine solche kürzlich erlebt, wird der Grenznutzen der eigenen Produktion positiver beurteilt als in Zeiten gesättigter Märkte. Zudem läßt sich bei der inländischen Erzeugung von Agrargütern die Qualität der Produkte besser beeinflussen als bei den importierten Gütern, woraus sich eine größere Qualitätssicherheit ergibt. Solche und andere Einflüsse finden ihren Niederschlag in sich ändernden Lagen der Grenznutzenkurven für die inländische Produktion (vgl. N''_s oder N'''_s).

Diese modelltheoretischen Überlegungen stellen allerdings eine Fiktion dar, denn gesellschaftliche Grenznutzenkurven dieser Art lassen sich weder aus individuellen Präferenzen aggregieren noch als stabile und empirisch verifizierbare Funktion darstellen.[9]

Die gesellschaftlichen Grenzkosten K'_s der Selbstversorgung ergeben sich aus den mit zunehmender inländischer Produktion wachsenden landwirtschaftlichen Produktionskosten, dem Verlust an Konsumentenrenten im Falle einer Erhöhung der Verbraucherpreise über die Weltmarktpreise und ggf. dem Subventionsbedarf für die Landwirtschaft insgesamt.

Der untere Teil des Schaubildes zeigt den Agrarmarkt. Das Angebot der Weltmärkte wird zur Vereinfachung des Modells als unendlich elastisch dargestellt (dies gilt für den Fall eines kleinen offenen Landes). Bei einem Weltmarktpreis von P_w wird die Menge X_1 im Inland produziert, was bei einem Präferenzenniveau von N'''_s für die inländische Produktion optimal ist. Es ergeben sich eine inländische Agrarproduktion von X_1, ein Konsum von X_5 und ein Import von X_5 minus X_1. Der Selbstversorgungsgrad beträgt X_1/X_5.[10] Bei einem Präferenzenniveau von N''_s führt ein inländisches Preisniveau von P_i zu einer optimalen inländischen Produktion (wobei an der Stelle eines überhöhten Preisniveaus auch Subventionen zur Förderung der Produktion eingesetzt werden können, was im unteren Teil der Abbildung nicht eingezeichnet ist, jedoch im oberen Teil mit den gesellschaftlichen Grenzkosten impliziert wird). Bei einem gesellschaftlichen Präferenzenniveau von N'_s ist eine volle Selbstversorgung aus inländischer Produktion optimal, was einer Produktionsmenge von X_3 entspricht und bei einem Preisniveau von P_i' erreicht wird (oder entsprechenden Subventionen zur allgemeinen Förderung der Landwirtschaft).

In der Praxis gehen die Auffassungen über den optimalen Selbstversorgungsgrad weit auseinander. Es ist davon auszugehen, daß im Falle von Ernährungskrisen vorerst Konsumeinschränkungen, ein vermehrter Verbrauch von Grundnahrungsmitteln, ein Abbau von Lagern und ggf. Mehrimporte erfolgen können. Erst wenn diese Möglichkeiten ausgeschöpft sind, ist eine landwirtschaftliche Mehrproduktion erforderlich. Deshalb ist eine landwirtschaftliche Produktion unter der Schwelle der Selbstversorgung bei normalen Bedingungen ausreichend. Für Industrieländer mit reichlichen natürlichen Ressourcen lassen sich Raten zwischen zwei Dritteln und der vollen Selbstversorgung als sinnvoll nennen. Eine Selbstversorgung über einhundert Prozent ist nur bei komparativen Vorteilen der Landwirtschaft eines Landes zu vertreten, welche Exporte zu Weltmarktpreisen erlauben.[11,12]

---

[9] Vgl. *Arrow* (1951).

[10] Beim Weltmarktpreis handle es sich als Modellannahme um dumpingbereinigte Preise, welche als Maßstab für die Leistungsfähigkeit der inländischen Landwirtschaft dienen können.

[11] Dabei ist eine auf Versorgungssicherheit gerichtete Politik nur konsistent, wenn sie auch die Inputgüter miteinbezieht, welche mittelbar oder unmittelbar als Vorleistungen in die Landwirtschaft eingehen. Dies betrifft vor allem den Kunstdünger, die Biozide, die Futtermittel und die Energieträger. Vgl. *Willgerodt* (1983), S. 115 f.

[12] Die Selbstversorgungsraten in den Industrieländern liegen mit teilweise weit über einhundert Prozent über dem Optimum. Für die *Europäische Union* kann allerdings "niemand abschätzen, wie sich die Angebotsmengen und Preise für Nahrungsmittel am Weltmarkt entwickeln würden, wenn große Teile der europäischen Bevölkerung durch Importe ernährt werden müßten. Nicht ohne Grund wagt keine Regierung, das Grundbedürfnis der Ernährung ganz vom Weltmarkt mit allen seinen unübersehbaren Schwankungen und von jeder politischen und wirtschaftlichen Krise irgendwo in der Welt abhängig zu machen" *(Priebe* (1970), S. 159).

2. Die These von David Ricardo zu den Nahrungsmittelboykotten

Zu Kontroversen gibt die Frage Anlaß, was besser zur Sicherung der Versorgung beiträgt, möglichst große Selbstversorgungsraten oder vielseitige, stabile internationale Handelsbeziehungen. *David Ricardo* argumentiert, daß ausreichend hohe Preise in einem Land selbst bei einer Nahrungsmittelkrise zu größeren Importen führen. Die traditionellen Exportländer hängen von der Ausfuhr von Gütern ab und erleiden im Falle von Sanktionen gegen ein Drittland erhebliche wirtschaftliche Einbußen. Bei einem Embargo geraten sie in eine Art von Gefangenendilemma, sofern andere Länder mit Exporten in die Lücke springen, um von den hohen Preisen zu profitieren. Oft werden die ursprünglichen Lieferländer Handelsembargos boykottieren, um die Exportmärkte nicht zu verlieren. Damit sind politisch motivierte Blockaden wegen der wirtschaftlichen Interessen des Sanktionärs und der übrigen Exportländer langfristig unwirksam.[13]

V. Agrarexporte als Nahrungsmittelhilfe und politische Waffe

Bei der *Ernährungshilfe an Drittländer* handelt es sich um Exporte von Nahrungsmitteln zum "Nulltarif" bzw. um Billigexporte.[14] Dies ist aus humanitären Motiven sinnvoll und notwendig. Es darf jedoch nicht übersehen werden, daß dauernde Nahrungsmittelgeschenke an Gebiete mit chronischen Nahrungsmitteldefiziten deren landwirtschaftliche Produktion beeinträchtigen, indem das Erzeugerpreisniveau sinkt und die Produktionsanreize gering werden. Zudem werden diese „Hungerländer“ in eine noch größere Abhängigkeit zu den Industrieländern gebracht. Problematisch ist es auch, die Ernährungshilfe seitens der Geberländer als "*politische Waffe*" einzusetzen.[15]

B. Die Einfuhrpolitik

I. Tarifäre Handelshemmnisse

1. Begriffliche Grundlagen

Bei den Importbeschränkungen ist zwischen *tarifären* und *nichttarifären* Maßnahmen zu unterscheiden. Tarifäre Maßnahmen sind Zölle, nichttarifäre Maßnahmen andere Einfuhrhemmnisse.

2. Tarifäre Maßnahmen

Tarifäre Maßnahmen (Zölle) können entweder für alle Länder gelten (Generaltarif) oder auf bilateraler Ebene für bestimmte Länder erfolgen (beispielsweise Konventionstarife im Sinne von Vorzugstarifen). Zu unterscheiden ist zwischen dem Wertzoll und dem spezifischen Zoll.

Der *Wertzoll* wird in Prozenten angegeben und verhält sich proportional zum Preis bzw. Wert eines Gutes.[16,17] Oft wird der cif-Preis zugrunde gelegt.[18] Bei ei-

[13] Vgl. *Ricardo* (1815/1905), S. 28 f.
[14] Vgl. ausführlicher Kapitel 20.
[15] Beispiele sind die früheren Billigexporte an die ehemalige Sowjetunion und China sowie die Nahrungsmittelgeschenke an die Entwicklungsländer.
[16] Progressive Zolltarife sind seit dem Merkantilismus üblich. Der Effektivzoll (als Maßstab für die Zollbelastung in Relation zur Wertschöpfung) steigt meist mit zunehmender Verarbeitung. Dabei wird auch von einem "neo-merkantilistischen" Zolltarif gespro-

nem Wertzoll steigt das inländische Preisniveau im Falle eines kleinen Landes von P_W auf P_{W+T} (vgl. Abb. 9/2). Der Wertzoll entspricht in diesem Fall der Preisdifferenz zwischen P_W und P_{W+T}. Die eingeführte Menge sinkt von X_4 minus X_1 auf X_3 minus X_2. Die Erzeuger gelangen in den Genuß einer Produzentenrente von GFCB, die Verbraucher verlieren eine Konsumentenrente von GEDB. Der Staat verschafft sich Einnahmen von FEIH. Der Gewinn an Produzentenrente zuzüglich die staatlichen Einnahmen sind damit geringer als der Verlust an Konsumentenrente. Per Saldo resultiert eine Wohlfahrtseinbuße von FHC plus EDI. Führt die Produzentenrente außerdem zu einer ineffizienten Agrarproduktion, muß auch diese Ineffizienz als volkswirtschaftlicher Verlust betrachtet werden. Aus wohlfahrtökonomischer Sicht sind Wertzölle abzulehnen.

Abb. 9/2
Der Wertzoll

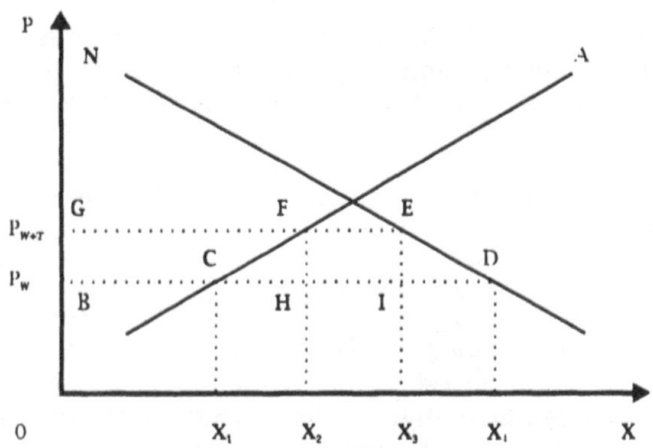

Problematisch ist auch die Stabilitätswirkung von Wertzöllen. Sinken die Preise für Agrargüter auf den internationalen Märkten, sinkt die nominelle preisliche Belastung der Importe durch die prozentualen Wertzölle (wobei die relative Belastung unverändert bleibt). Das Schutzbedürfnis und die Schutzwirkung bei sinkenden internationalen Preisen gehen in eine unterschiedliche Richtung. Die umgekehrte, ebenfalls wenig wünschenswerte Wirkung tritt bei steigenden Weltmarktpreisen ein. Das Ziel einer Stabilisierung der Marktpreise im Inland wird damit bei sinkenden *und* steigenden Preisen auf den internationalen Märkten verfehlt, und die Preisschwankungen auf den Weltmärkten werden verstärkt.

Rechtfertigen lassen sich Wertzölle höchstens in der Form von Retorsionszöllen. In diesem Fall dienen sie zur Neutralisierung verzerrter Preise als Folge ei-

chen. Je stärker der Verarbeitungsgrad ist, desto größer ist beim merkantilistischen Zolltarif der relative Schutz der inländischen Wertschöpfung. Die Zolltarife für verarbeitete Güter sind höher als für unverarbeitete Erzeugnisse. Die inländische Verarbeitung genießt einen größeren Schutz als die Erzeugung von Rohstoffen. Progressive Zolltarife sind auch bei den Agrargütern gebräuchlich und geben der inländischen Nahrungsmittelverarbeitungsindustrie einen erheblichen Schutz.

[17] Mit einem progressiven Zolltarif wird unter anderem versucht, die Rolle der Entwicklungsländer als Rohstofflieferanten zu zementieren. Dies ist international betrachtet vor allem bei Kaffee, Tee, Kakao, Tabak, Reis, tropischen Nüssen und Obst der Fall. Vgl. *Fischler* (1991), S. 178, und *Weltbank* (1986), S. 147.

[18] cif = cost, insurance, freight bzw. Warenwert inkl. Versicherung und Fracht.

nes Exportdumpings seitens des Auslands. Verzichtet das Ausland auf das Exportdumping, sind auch die Retorsionszölle aufzuheben.

Der *spezifische Zoll* umfaßt eine feste Abgabe je Maß- bzw. Mengeneinheit einer Ware (Stück, Gewicht, Länge, Fläche). Gehen wir von einem festen Zoll aus und sinken die Weltmarktpreise, ergibt sich ein relativ größerer Schutz als bei Wertzöllen (und umgekehrt). Die Schutzbedürftigkeit der Wirtschaft und der relative (bzw. effektive) Schutz tendieren in dieselbe Richtung. Deshalb werden spezifische Zölle und Wertzölle oft mit dem Ziel einer angemessenen Reaktion auf die Veränderungen der internationalen Agrarpreise kombiniert:

- Das *Mischzollverfahren* verbindet Wertzölle und feste Zölle. Dies soll vor einem plötzlichen Sturz der Weltmarktpreise schützen. Erhoben wird beispielsweise ein Wertzoll. Wird ein fixierter Mindestzollbetrag unterschritten, kommt es zur Einführung eines spezifischen Zolls.

- Der *Gleitzoll* ist ein modifizierter Wertzoll. Der Belastungssatz wird im umgekehrten Verhältnis zur Preisentwicklung verändert. Daraus resultiert ein größerer Effektivschutz der inländischen Wertschöpfung als bei einem reinen Wertzoll.

- Zusätzlich zu den Zöllen gibt es eine Vielzahl anderer *Einfuhrabschöpfungen* (Beispiele sind Importabgaben mit zollähnlichem oder fiskalischem Charakter).

3. Variable Zölle

Die Preis- und Mengeneffekte von Zöllen sind infolge der stark schwankenden internationalen Agrarpreise wenig vorauszusehen. Deshalb werden oft *variable Zollsätze* bzw. *variable Preisabschöpfungen* angewendet. Diese lassen sich täglich den Änderungen der in der Regel schwankenden internationalen Agrarpreise anpassen. Auf diese Weise wird das meist angestrebte Ziel einer Stabilisierung des inländischen Agrarpreisniveaus erreicht.[19]

Die *EU-Agrarmarktordnungen* sehen im allgemeinen ein System variabler Abschöpfungen vor.[20] Die Differenz zwischen dem angestrebten Inlandspreisniveau und den internationalen Preisen (niedrigster angebotener cif-Preis) wird abgeschöpft. Damit lassen sich mengenmäßige Einfuhrbeschränkungen umgehen. Sind die Zölle bzw. Abschöpfungen so hoch, daß sie keine Importe zulassen (sog. *Prohibitivzölle)*, wirken sie wie feste Mengenkontingente. Sie zerstören den internationalen Zusammenhang zwischen den Weltmarktpreisen und den Binnenmarktpreisen der einzelnen Länder und sind deshalb abzulehnen.[21]

4. Importerstattungen

Zu den importseitigen Maßnahmen zählen auch die *Importerstattungen*, durch welche das inländische Preisniveau P_i im Falle eines kleinen Landes unter das Weltmarktpreisniveau P_W gesenkt wird (vgl. Abb. 9/3). Die Importerstattungen

[19] Voraussetzung sind Weltmarktpreise, die unter den inländischen Agrarpreisen liegen. Andernfalls müssen zur Stabilisierung der Preise die Importe subventioniert werden oder Exportabschöpfungen zur Stabilisierung der inländischen Preise erfolgen.
[20] Vgl. Kapitel 10.
[21] Voraussetzung für die Anwendung variabler Abschöpfung ist, daß auf den Weltmärkten kein Monopol besteht, welches die Angebotspreise "frei Grenze" so hoch festsetzt, daß sich die Abschöpfungen umgehen lassen. Vgl. *Koester* (1981), S. 235.

können als Mittel zur Verbilligung der Nahrungsmittel oder zur Stabilisierung der inländischen Agrarpreise dienen, wenn die Weltmarktpreise (ausnahmsweise) über den Binnenmarktpreisen liegen. Bei einem Weltmarktpreisniveau von P_I sind Importerstattungen von CDEF notwendig. Dadurch gelangen die Verbraucher in den Genuß einer Konsumentenrente von BCEG. Die Produzenten verlieren eine Produzentenrente von BDFG, die in etwa der Konsumentenrente entspricht. Aus der Sicht der Wohlfahrtsökonomie entsteht damit per Saldo ein Verlust in der Größenordnung der staatlichen Subventionen (CDEF). Damit führen Importerstattungen zu einem Wohlfahrtsverlust und sind ein ineffizientes Instrument zur Stabilisierung der Agrarpreise. Volkswirtschaftliche Ineffizienzen sind auch dadurch zu erwarten, daß die inländischen Güterpreise gegenüber den Weltmärkten verzerrt werden und damit falsche Güterknappheiten anzeigen. Eine Anpassung der Produktion an sich verändernde internationale Knappheiten unterbleibt.

Abb. 9/3
Importerstattungen

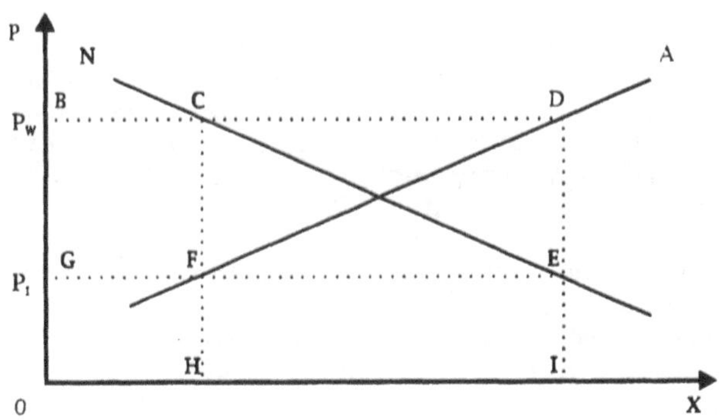

II. Nichttarifäre Handelshemmnisse

1. Überblick

Eine einheitliche Definition für *nichttarifäre Handelshemmnisse* gibt es nicht. Viele Maßnahmen in diesem Bereich sind intransparent und entziehen sich einer genauen Erfassung. Dabei handelt es sich stichwortartig u.a. um folgende Handelshemmnisse:[22]

- *Nichttarifäre Importbelastungen* (preisbezogene Maßnahmen) wie beispielsweise Grenzzuschläge, Hafen- und statistische Taxen, Verbrauchssteuern, Einschreibegebühren, staatliche Versicherungsobligatorien, Umsatzsteuern, Importdepots, variable Abgaben und Abschöpfungen, Konsulargebühren, Stempelsteuern, verschiedene Sonder- und Zusatzsteuern sowie allgemeine Abgaben.

- *Mengenrestriktionen und ähnliche spezifische Handelsbeschränkungen* wie beispielsweise Lizenzvorschriften, Kontingente und Quoten, Embargos, Exportbe-

[22] Vgl. *Donges* (1981), *Frenkel* (1985) und *Zeller* (1983).

schränkungen und -verbote, Devisen- und andere monetäre oder Finanzkontrollen, staatliche Preisfestsetzungen einschließlich Mindestpreisabkommen und -kontrollen, Übernahme- und Leistungspflichten, restriktive Geschäftsbedingungen, diskriminierende bilaterale Abkommen, diskriminierende Ursprungsregeln, internationale Kartelle, Einfuhrmonopole, freiwillige Exportbeschränkungen und verschiedene verwandte Vorschriften.

- *Administrative Handelsbeschränkungen* wie beispielsweise der Staatshandel, Regierungskäufe, Wettbewerbsbeschränkungen, Boykotte, Antidumping-Politiken, Konsularformalitäten, Zollformalitäten, Zolltarifierungen, Gesundheits- und Sicherheitsbestimmungen, Produktionsgestaltungsvorschriften, Beschriftungs- und Verpackungsvorschriften, Herstellungsvorschriften und diskriminierende Frachtansätze (Flaggenprotektion).

- *Beteiligung des Staates am Handel* wie beispielsweise Subventionen und andere staatliche Beihilfen, Staatshandel, Staatsmonopole und Konzessionsvorgaben, importentmutigende Gesetze und Verordnungen, Probleme im Zusammenhang mit der allgemeinen Staatspolitik, öffentliches Einkaufswesen, Steuererleichterungen, Kredit- und Bürgschaftsgewährungen sowie Boykotte.

- *Technische Normen, Standards und Verbraucherschutzbestimmungen* wie beispielsweise Gesundheits- und Sicherheitsbestimmungen, pharmazeutische Kontrollvorschriften, Produktgestaltungsvorschriften, Herstellungsvorschriften, Normen, Maß- und Gewichtsvorschriften, Beschriftungs- und Verpackungsvorschriften, Kennzeichnungsvorschriften, Verwendungsvorschriften, Vorschriften zum Schutz geistigen Eigentums und markenrechtliche Bestimmungen.

- Die *Zollabfertigung und weitere administrative Beschränkungen* wie beispielsweise Antidumpingpolitik, Zollberechungsgrundlagen, Formalitäten der Konsularbehörden, Beglaubigungsvorschriften, administrative Schwierigkeiten, Warenklassifikationen, Vorschriften betreffend Mustersendungen, Rücksendungen und Wiederausfuhren, Ausgleichszölle und -steuern, das Beschwerderecht sowie notrechtliche Maßnahmen.

Der Erfindungsreichtum bei der Einführung von nichttarifären Handelshemmnissen im Agrarbereich wird unter anderem durch ein niedriges Zollniveau angeregt. Immer wieder wird vor der Gefahr zunehmender nichttarifärer Handelshemmnisse als Reaktion auf sinkende tarifäre Handelshemmnisse gewarnt.[23,24] Die nichttarifären Handelshemmnisse liegen für den Nichtfachmann meist in einer Grauzone und sind in der Wirkung schwer zu quantifizieren, was den Trend dazu erklärt. Bei den Wählern lassen sich nichttarifäre Handelshemmnisse mit einem wesentlich geringeren Stimmenverlust durchführen als Zölle. Je indirekter und undurchsichtiger diese sind, desto geringer sind oft auch die negativen politischen Konsequenzen.

[23] Vgl. *Schmitz* (1988), S. 1004.

[24] Bereits im Rahmen der *Tokio-Runde* (1973-79) wurden 800 notifizierte nichttarifäre Handelshemmnisse festgestellt, darunter 150 technische Handelshemmnisse. In der *Europäischen Union* handelt es sich vor allem um Vorschriften für die Verpackung und Etikettierung, mengenmäßige Importbeschränkungen, Vorschriften für den Inhalt und die Warenbezeichnungen, das Verbot bestimmter Zutaten und fiskalische Nachteile. Vgl. *Geissmann* (1991), S. 17.

2. Einfuhrlizenzen

Die Einfuhr von Agrarerzeugnissen läßt sich über *Einfuhrlizenzen* regeln. Die Bindung von Einfuhren an gültige Einfuhrlizenzen dient Zwecken der Marktordnungen wie beispielsweise der Marktbeobachtung und ermöglicht die Anwendung von Schutzmaßnahmen. Einfuhrlizenzen können mit der Zahlung einer Kaution verbunden werden, welche nach der Einfuhr zurückbezahlt wird. Wird die Einfuhr nicht durchgeführt, verfällt die Kaution (außer im Falle höherer Gewalt).

3. Mindesteinfuhrpreise

Mindesteinfuhrpreise sind ein Mittel, um die Einfuhr zu drosseln (vgl. Abb. 9/4). Es wird ein Preiszusammenhang zwischen den Importpreisen P_W und den angestrebten Inlandpreisen P_I durch internationale Handelsverträge hergestellt. Die Güter des Auslandes dürfen nur zum Mindestpreis von P_M exportiert werden,

Abb. 9/4
Mindesteinfuhrpreise

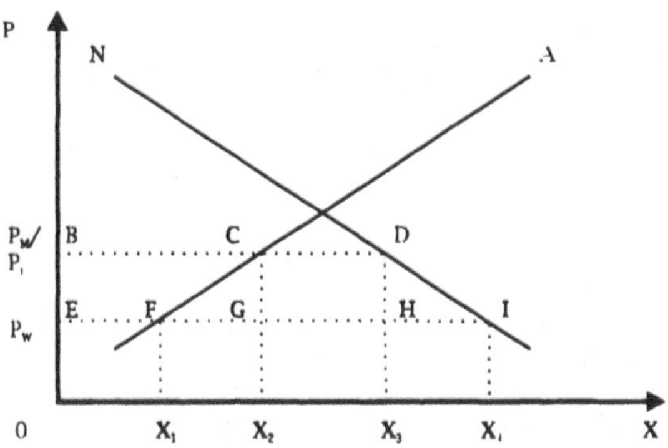

wobei die Preise der internationalen Märkte (P_W) ausgeklammert bleiben. Die inländischen Produzenten gelangen in den Genuß einer Produzentenrente von BCFE, die inländischen Nachfrager verlieren eine Konsumentenrente von BDIE. Per Saldo resultiert ein Wohlfahrtsverlust von CDIF, was den volkswirtschaftlichen Kosten der Mindesteinfuhrpreise entspricht. Hinzu kommt eine "Rente" von CDHG an die ausländischer Produzenten in der Form überhöhter Exportpreise. Diese Importrente an das Ausland ist der "Preis" für die mengenmäßige Exportbeschränkung, welche diesem auferlegt wird. Die Mindesteinfuhrpreise wirken ähnlich wie internationale Kartellpreise. Sie erfordern im In- und Ausland Mengenkontrollen zur künstlichen Verknappung des Angebotes sowie zur Erhöhung der Erzeugerpreise und führen zu volkswirtschaftlichen Ineffizienzen.[25]

[25] Anwendungsbeispiele gibt es im internationalen Handel beim Käse. Ein weiteres Beispiel sind Mindestexportpreise für Lachs zwischen der *Europäischen Union* und *Norwegen.*

4. Importkontingente

Importkontingente können in Werten, Stücken, Gewichten oder anderen Maßen erfolgen. Durch feste Quoten soll ein unerwünschter Druck der internationalen Preise auf die inländischen Preise verhindert werden. Gegenüber einem Importzoll sind die Wirkungen von Mengenkontingenten bei der Einfuhr gewiß, d. h. im voraus kalkulierbar. Mengenkontingente können nicht mit einer Variation der Exportsubventionen durch das Ausfuhrland unterlaufen werden. Die Einfuhrmenge bleibt fest und unabhängig von den internationalen Agrarpreisen. Dies dient dazu, die inländischen Preise zu stützen.

Abb. 9/5
Importkontingente

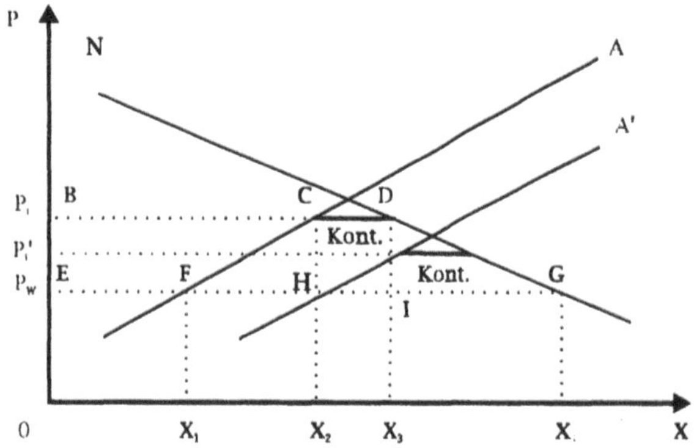

Im Falle eines kleinen Landes wird bei Weltmarktpreisen von P_w die Menge X_1X_4 importiert (vgl. Abb. 9/5). Ein festes Mengenkontingent (="Kont." in der Graphik) begrenzt die importierte Menge auf X_2X_3. Das Preisniveau im Inland steigt von P_w auf P_1. Die Schutzwirkung von Importkontingenten für die Erzeuger ist um so größer, je kleiner die Kontingentsmenge ist und je preisunelastischer die Nachfrage sowie das Angebot im Inland sind.[26] Deshalb werden feste Einfuhrquoten bei einem sehr starren, oft nur kurzfristig anfallenden Auslandsangebot angewendet.[27] Steigt die inländische Produktion auf A', sinkt das inländische Preisniveau auf P_1'.

Die Verbraucher verlieren eine Konsumentenrente von BDGE, die Erzeuger gewinnen eine Produzentenrente von BCFE. Daraus resultiert ein Wohlfahrtsverlust von CDGF, womit Importkontingente ein ineffizientes Instrument der Außenwirtschaftspolitik sind. Offen ist, wie sich die beim Import entstehende Kontingentsrente von CDHI auf die einzelnen Marktteilnehmer verteilt. Je nach den wirtschaftlichen Machtverhältnissen auf den Märkten des Import- und Exportlandes findet eine Aufteilung dieser Rente zwischen den Exporteuren und den Importeuren statt. Gibt es beispielsweise auf der Exportseite einen Monopolisten und auf der Importseite eine Vielzahl von Nachfragern, gelingt es dem exportierenden Monopolisten, die Rente abzuschöpfen (und umgekehrt).

[26] Vgl. *Koester* (1981), S. 250.
[27] Beispiele sind Obst und Gemüse.

Importkontingente dienen oft dazu, bestimmte Selbstversorgungsraten bei den einzelnen Erzeugnissen zu erreichen. Oft sollen Importkontingente Einfuhrverbote für einen gewissen Zeitraum lockern. Importkontingente mit Präferenzen für einzelne Länder können auch dazu dienen, die Wirtschaftsbeziehungen zu früheren Handelspartnern aufrechtzuerhalten und/oder einen Beitrag zur Entwicklungshilfe zu leisten. Präferenzabkommen mit liberalisierten Einfuhrkontingenten bestehen beispielsweise zwischen der *Europäischen Union* und den sog. *AKP-Staaten* (den ursprünglichen Kolonien von EU-Ländern im Atlantik, in der Karibik und im Pazifik).

Importkontingente können zu einem kriminellen Verhalten bei der Einfuhr und zu grauen bzw. schwarzen Märkten im Inland führen. Importe werden am Zoll falsch oder gar nicht deklariert oder es kommt zu einer Bestechung von Kontingentsvergabestellen. Oft beansprucht der Staat die Importrente. Die bei Einfuhrkontingenten auftretenden Kontingentsrenten führen im Gegensatz zu den Importzöllen nur zu Staatseinnahmen, wenn die Einfuhrkontingente öffentlich ausgeschrieben und als Lizenzen versteigert werden.

Insgesamt betrachtet sind Importkontingente kritisch zu beurteilen. Der Speisezettel der Verbraucher wird ärmer als bei einem freien internationalen Agrarhandel. Komparative Vorteile, wie diese bei einer internationalen Arbeitsteilung entstehen, gehen verloren. Importkontingente zerstören den internationalen Preiszusammenhang und sind ein systemfremder Eingriff in den Preismechanismus einer offenen Verkehrswirtschaft.[28] Sie gehören in die "Rüstkammer der Zwangswirtschaft" und sollten nicht verwendet werden.[29]

Ähnlich wie Importkontingente wirkt die Bindung der Einfuhr von Gütern an die Übernahme von ähnlichen, im Inland produzierten Gütern zu administrativ festgelegten Übernahmepreisen (sog. *Leistungspflicht).* Durch die quantitative Bindung des Imports entsteht dieselbe Wirkung wie bei den Importkontingenten. Die Importeure sind gezwungen, eine Mischrechnung zwischen den eingeführten, meist billigeren Waren und den im Inland erzeugten, meist teureren Waren durchzuführen.

5. Einfuhrverbot

Ein *Einfuhrverbot* ist die schärfste Maßnahme zu Gunsten der Produzenten. Dabei wird der Import einer Ware völlig untersagt. Durch das Einfuhrverbot steigt der Erzeugerpreis im Inland von P_w auf P_I und die Importmenge sinkt von X_1X_3 auf null (vgl. Abb. 9/6). Es kommt zu einem Verlust an Konsumentenrente von BCFD und einem Gewinn an Produzentenrente von BCED. Der Wohlfahrtsverlust beträgt CFE. Der Gewinn an Produzentenrente muß mit einem noch größeren Verlust bei der Konsumentenrente "erkauft" werden.

Einfuhrverbote waren in der Vergangenheit ein häufig angewendetes Instrument zum Schutze der landwirtschaftlichen Erzeuger. Diese können auch dazu dienen, die volle Selbstversorgung zu erreichen und außerdem Nahrungsmittelimporte zu verhindern, welche die menschliche Gesundheit gefährden.[30]

---

[28] Vgl. *Haberler* (1933/1970), S. 256 ff.

[29] Vgl. *Willgerodt* (1962), S. 19.

[30] Während der 1980er Jahren beispielsweise lag der Anteil der Lebensmitteleinfuhren, welcher von Gesundheitsnormen erfaßt wurde, in Japan bei 95 Prozent, in Norwegen bei 94 Prozent, in Australien bei 60 Prozent und in der Schweiz bei 53 Prozent. Vgl. *Weltbank* (1986), S. 13.

Abb. 9/6
Einfuhrverbot

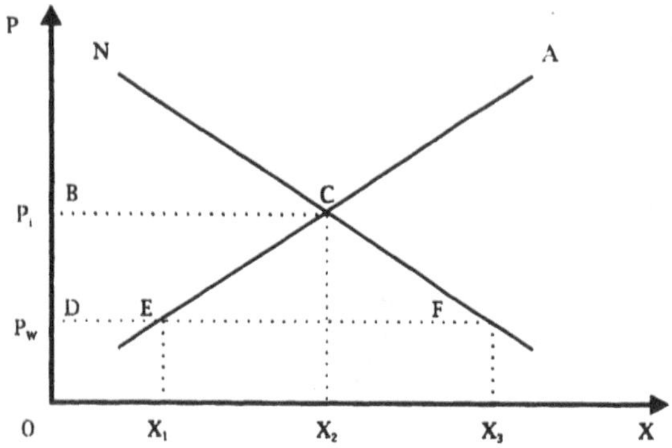

C. Die Ausfuhrpolitik

I. Ausfuhrlizenzen

Der Export von Agrarerzeugnissen läßt sich über *Ausfuhrlizenzen* kontrollieren, wobei für die Ausfuhr eine gültige Lizenz verlangt wird. Dies dient Zwecken der Marktordnung wie beispielsweise der Marktbeobachtung und der Anwendung von Förderungsmaßnahmen. Die Erteilung von Ausfuhrlizenzen kann mit der Zahlung einer Kaution verbunden werden, welche nach der Förderung zurückbezahlt wird. Bei mangelnder Durchführung der Ausfuhr verfällt die Kaution (außer im Falle höherer Gewalt).

II. Exportsubventionen

1. Allgemeines

Exportsubventionen dienen dazu, die Differenz zwischen den in der Regel tieferen Weltmarktpreisen und den angestrebten, meist höheren Binnenmarktpreisen zu überbrücken. Synonyme Begriffe sind Exportprämien, Exporterstattungen, Ausfuhrprämien, Ausfuhrerstattungen und Ausfuhrsubventionen. Dabei lassen sich reine und kompensatorische Exportsubventionen unterscheiden.[31] *Reine Subventionen* dienen dazu, die Ausfuhr über jenes Ausmaß erhöhen, welches sich bei einem unverfälschtem Wettbewerb ergeben würde. *Kompensatorische Subventionen* sollen die unterschiedliche kostenmäßige Wettbewerbslage der Landwirtschaft in den einzelnen Ländern ausgleichen.[32] Reine Subventionen führen zu einer Verzerrung der Preise für Agrargüter im internationalen Handel, kompensatorische Subventionen versuchen verzerrte Preise zu neutralisieren. Die Abgrenzung in der Praxis ist fließend.

[31] Vgl. *Haberler* (1933/1970), S. 238.
[32] Vgl. *Kruse* (1965), S. 442.

Abb. 9/7 zeigt ein Beispiel für Exportsubventionen im Falle eines kleinen Landes. In der Ausgangslage wird bei einem Weltmarktpreis von P_w die Menge X_1 produziert und die Menge X_4 nachgefragt. Die Importe entsprechen der Differenz zwischen X_4 und X_1. Nun soll ein Binnenpreis von P_i erreicht werden. Es ergibt sich eine Angebotsmenge, welche über der im Inland nachgefragten Menge liegt. Soll die Menge zwischen X_2 und X_3 exportiert werden, sind dazu Subventionen in einer Größenordnung von CDFG notwendig. Auf diese Weise ist die künstliche Verteuerung der Binnenmarktpreise gegenüber dem Weltmarktpreisniveau zu erreichen. Je größer die Differenz zwischen den Binnen- und den Weltmarktpreisen ist, desto größer sind die erforderlichen Exportsubventionen.

Abb. 9/7
Exportsubventionen

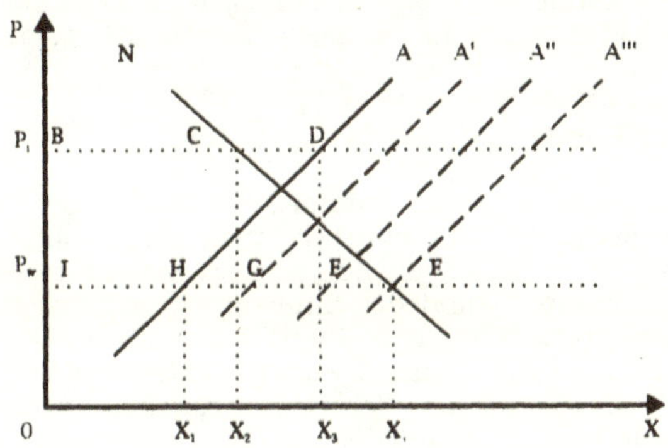

Es entsteht eine Produzentenrente von BDHI, und die Verbraucher verlieren eine Konsumentenrente von BCEI. Im vorliegenden Fall ist der Verlust an Konsumentenrente zuzüglich die Exportsubventionen größer als der Gewinn bei der Produzentenrente, womit sich eine paretoinferiore Situation ergibt. Hinzu kommt, daß eine künstlichen Verzerrung der Produzentenpreise langfristig zu einer Produktionsausdehnung führt, in diesem Falle von A zu A', A" und A"', was die Stabilisierung der Märkte erschwert und wachsende Exportsubventionen (nicht eingezeichnet) nach sich zieht.

Vom Exportdumping können allenfalls die Importländer profitieren, indem sie dieses "Geschenk" des Auslandes an die inländischen Verbraucher annehmen oder den Dumpingbetrag zu Gunsten des Staatshaushaltes abschöpfen. Im Exportland sind die Exportsubventionen eine drückende Last. Sie wirken als "Doppelsteuer" zu Lasten der Verbraucher und der Steuerzahler.[33] Die "Kosten" der Exportsubventionen sind verhältnismäßig groß, weil die Haushalte dafür als Verbraucher *und* als Steuerzahler bezahlen. Dabei ist die Effizienz von Exportsubventionen als Mittel der landwirtschaftlichen Einkommenspolitik ziemlich gering, weil diese meist in erster Linie die ausländischen Verbraucher und nicht die inländischen Landwirte begünstigen.

[33] Vgl. *Adam Smith* (1776/1974), S. 419.

In der Vergangenheit wurden zahlreiche Industrieländer mit reichlichen landwirtschaftlichen Ressourcen durch das Exportdumping mehr und mehr zu Ländern mit Agrarüberschüssen. Die Konsequenzen waren eine chronische Depression der Preise der internationalen Agrarmärkte und ein Subventionswettlauf unter den Überschußländern. Die Exportsubventionen wirken desintegrierend auf die Weltmärkte, indem sie die Unterschiedslosigkeit (Indifferenz) der Binnen- und Weltmarktpreise aufheben und zu einer Fehlallokation von Ressourcen führen.[34]

2. Variable Exporterstattungen

Variable Exporterstattungen sind das Gegenstück zu variablen Importzöllen (Importabschöpfungen) und dienen dazu, die Binnenpreise zu stabilisieren. Damit wird flexibel auf die sich meist täglich ändernden Weltmarktpreise reagiert, um Überschüsse zu "exportieren".[35] Die variablen Exporterstattungen können zu Verhaltensweisen am Rande der Legalität und sogar zu Kriminalität führen, indem ein Anreiz geschaffen wird, Agrarexporte aus Erstattungsgründen falsch zu deklarieren.

3. Ausfuhrzölle (Exportabschöpfungen)

Ausfuhrzölle sind Exportabschöpfungen. Solche kommen für Länder in Frage, welche Agrargüter exportieren und deren Binnenpreise unter den Weltmarktpreisen liegen. Dies soll anhand eines Modellbeispiels gezeigt werden. In Abb. 9/8 werden das Weltmarktpreisniveau P_w und das Binnenmarktpreisniveau P_i dargestellt, wobei die Weltmarktpreise über den Binnenmarktpreisen liegen. Dazwischen liegen die Exportabschöpfungen (und die Transportkosten), welche die Unterschiedslosigkeit der Binnen- und der Weltmarktpreise aufheben. Bei einem Weltmarktpreis von P_w würde das Inland die Menge X_1X_4 exportieren, bei

Abb. 9/8
Exportabschöpfungen

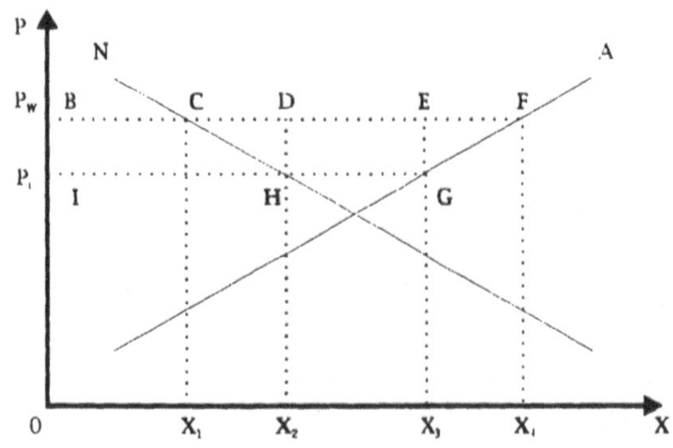

einem Inlandspreis von P_i (und Exportabschöpfungen) exportiert es nur noch die Menge X_2X_3. Nachdem das Preisniveau im Inland unter jenem der Weltmärk-

[34] Hinzu kommt der Subventions- und Zollbetrug, welcher in der *Europäischen Union* auf über 2 Mrd. DM veranschlagt wird. Vgl. auch *Keller* (1987).

[35] In der *Europäischen Union* werden diese für sehr viele landwirtschaftliche Erzeugnisse angewendet. Vgl. Kapitel 10.

te liegt, gewinnen die Verbraucher eine Konsumentenrente von BCHI, und die Produzenten verlieren eine Produzentenrente von BFGI. Es resultieren Staatseinnahmen von DEGH. Wird die geringere Produzentenrente als Wohlfahrtsverlust und die größere Konsumentenrente ebenso wie die Staatseinnahmen als Wohlfahrtsgewinn betrachtet, ergibt sich per Saldo ein Wohlfahrtsgewinn von CDH plus EFG. Die Gesamtbeurteilung hängt davon ab, wie die unterschiedlichen Interessen der Verbraucher, Steuerzahler und Produzenten gewertet werden.

In den *traditionellen Agrarexportländern* wie beispielsweise den *USA* und der *Europäischen Union* können Ausfuhrzölle angewendet werden, wenn die Weltmarktpreise vorübergehend über die Binnenmarktpreise steigen. Die Exportabschöpfungen wirken dämpfend auf das Preisniveau und begünstigen die Verbraucher.[36] Sie wirken jedoch desintegrierend auf die Welt- und Binnenmärkte und geben sowohl im Inland als auch auf den Weltmärkten verzerrte Preissignale.

In den *Entwicklungsländern*, welche aus Tradition Exporteure für einzelne Agrargüter sind, stellen die oft dauernd angewendeten Exportabschöpfungen eine Besteuerung der Landwirtschaft dar. Die Exportabschöpfungen sind eine regelmäßige Quelle von Staatseinnahmen. Die Produktion im Inland wird durch die künstliche Senkung der Preise gegenüber dem Weltmarktpreisniveau gedrosselt. Die Weltmarktpreise erhöhen sich (und im Falle eines unelastischen Preis-Nachfrageverhaltens auch die Exporterlöse). Voraussetzung für eine erfolgreiche Strategie der Exportabschöpfung ist eine große internationale Wettbewerbsfähigkeit, durch welche eine Verdrängung der Exporte von den internationalen Märkten verhindert wird. Dabei besteht die Gefahr von Wachstumsverlusten, weil die Preisimpulse der Weltmärkte nicht vollständig auf die inländischen Märkte übertragen werden. Dies wirkt sich dämpfend auf die inländische Landwirtschaft aus, zumal diese oft die dominierende Beschäftigung darstellt. Je größer der Anteil der volkswirtschaftlichen Ressourcen ist, welcher der Produktion von Exportgütern dient und je größer die nicht genutzten volkswirtschaftlichen Ressourcen eines Landes sind, desto negativer sind die langfristigen Auswirkungen von Exportabschöpfungen.

4. Ausfuhrverbote

Ausfuhrverbote (Exportverbote) und andere Ausfuhrbeschränkungen bezwecken meist die Linderung eines Versorgungsmangels, wenn die weltweite Versorgung knapp ist und die Weltmarktpreise über den Binnenmarktpreisen liegen[37] (vgl. Abb. 9/9). Die Ausfuhrverbote heben die Unterschiedslosigkeit der Preise zwischen den Binnen- und den Weltmärkten auf und dämpfen im vorliegenden Modellfall die Verbraucherpreise von P_w auf P_i. Die Exporte von X_1X_2 gehen auf null zurück. Bei einem internationalen Preisniveau von P_w und einem Binnenmarktpreisniveau von P_i führt ein Exportverbot zu einer Konsumentenrente von BDEF. Der Verlust an Produzentenrente liegt bei BGEF und ist größer als der Gewinn an Konsumentenrente, womit wohlfahrtsökonomisch betrachtet ein

[36] Exportabschöpfungen kamen beispielsweise 1973/74 in der *Europäischen Union* zur Anwendung.

[37] Bei einer geringen Preis-Nachfrageelastizität der internationalen Agrarmärkte können partielle Ausfuhrbeschränkungen auch als Instrument zur Verbesserung der Exporterlöse dienen. Dabei müssen die ggf. im Inland entstehenden Überschüsse verwertet oder vernichtet werden.

Verlust eintritt. Die politische Beurteilung erfordert eine Wertung, ob die Interessen der Konsumenten oder der Produzenten höher bewertet werden.

Abb. 9/9
Ausfuhrverbot

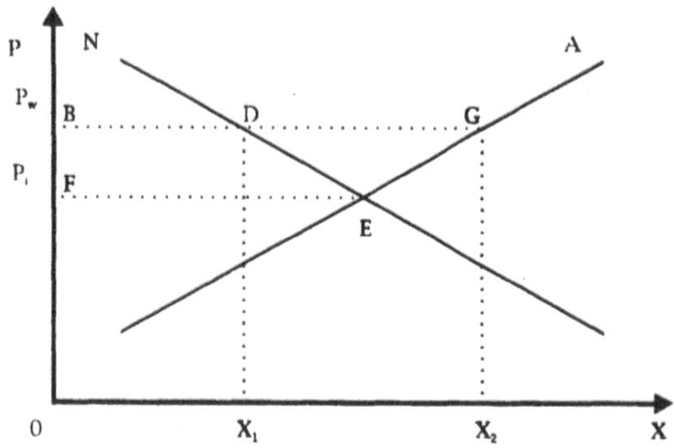

Ausfuhrverbote (Exportverbote) wurden in der Vergangenheit verfügt, um ausfuhrbedingte Preissteigerungen im Inland bei einer Verknappung der internationalen Märkte zu vermeiden (ähnliches war auch in Kriegen der Fall). Exportverbote wirken desintegrierend auf die internationalen Agrarmärkte und die Binnenmärkte. Sie verhindern den weltweiten, steten Ausgleich knapper und reichlicher Ernten, wovon alle am internationalen Handel beteiligten Länder profitieren. Die Landwirte verlieren Produktionsmöglichkeiten. Zudem kann es zu einer ineffizienten Nutzung der landwirtschaftlichen Ressourcen und einer Beeinträchtigung der landwirtschaftlichen Entwicklungsmöglichkeiten kommen.[38]

D. Die positive Ökonomie

I. Die "politische Nachfrage" nach Agrarprotektion

Die *"politische Nachfrage" nach Agrarprotektion* ist mit dem Wunsch der Landwirte und des Agribusiness nach Produzentenrenten zu erklären; mit Widerstand ist bei den Verbrauchern und ggf. den Steuerzahlern zu rechnen. Ob eine Agrarprotektion zustande kommt und wie intensiv diese ist, ergibt sich als Vektor der politisch wirksamen Kräfte. Abb. 9/10 zeigt ein politökonomisches Dreisektoren-Modell mit dem Bereich des politökonomischen Kräftefeldes (Sektor I), dem Kollektivgüterbereich der Selbstversorgung (Sektor II) und den Agrarmärkten (Sektor III):

---

[38] In der *Europäischen Union* ist eine Exportsperre nicht vorgesehen (wohl aber sind prohibitiv wirkende Exportabschöpfungen möglich). In den *USA* kann eine Exportsperre bei knappen Ernten zur Sicherung der Stabilität der Märkte eingesetzt werden. Zudem können die USA ein Exportembargo aus politischen Gründen ("politische Waffe") erlassen. Dies führt je nach Mangel- oder Überschußsituation der internationalen Agrarmärkten zu schwächeren oder stärkeren Reaktionen der Partnerländer.

Abb. 9/10
Das politökonomische Außenhandelsmodell (Beispiel)

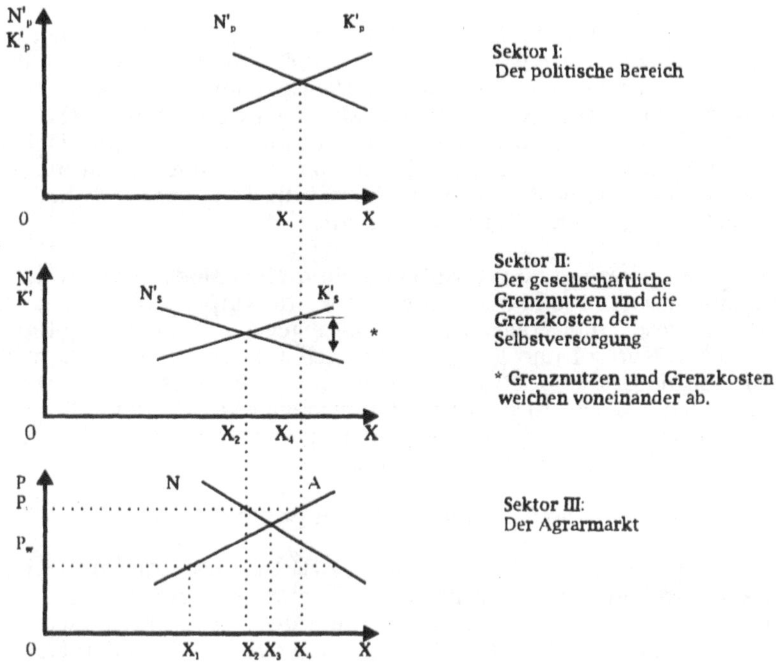

- Im *politischen Bereich* (Sektor I) werden der politische Grenznutzen N'_p und die politischen Grenzkosten K'_p der Agrarförderung abgebildet. Es handelt sich um die Gesamtheit aller politischen und bürokratischen Kräfte, wie diese für oder gegen die Agrarprotektion wirken.[39] Im Schnittpunkt der beiden Kurven liegt das politische Gleichgewicht der Agrarförderung, welches dem politischen Kräfteverhältnis eines Landes entspricht. Abweichungen zwischen dem politischen Gleichgewicht und den Marktergebnissen führen zu politischen Prozessen im Bereich der praktischen Agrarpolitik, bis die Marktergebnisse wieder dem Gleichgewicht der politischen Kräfte entsprechen.

- Beim *Selbstversorgungsbereich der Nahrungsmittelmärkte* (Sektor II) werden der gesellschaftliche Grenznutzen N'_s und die Grenzkosten K'_s der Selbstversorgung der Nahrungsmittelmärkte dargestellt. Diese (fiktiven) Kurven sollen die aggregierten subjektiven Präferenzen der Gesellschaft für die Versorgung aus inländischer Produktion darstellen. Das Optimum liegt im Schnittpunkt der beiden Kurven, wo sich Grenznutzen und Grenzkosten entsprechen. Dies ist bei einer Produktionsmenge von X_s der Fall. Durch das politische Gleichgewicht bei einer Produktionsmenge von X_4 wird in dieser Modelldarstellung das Optimum im Kollektivgüterbereich der Selbstversorgung (Sektor II) überschritten. Die politisch wirksamen Kräfte führen in diesem Fall zu einer größeren inländischen Produktionsmenge, als dies der optimalen Selbstversorgung entsprechen würde. Bei schwachen politökonomischen Kräften zu Gunsten der Agrarprotektion

[39] Vgl. auch Kapitel 4.

ist es auch möglich, daß die politisch induzierte Produktionsmenge die vermutete optimale Selbstversorgung unterschreitet oder dieser im theoretischen Grenzfall entspricht (nicht eingezeichnet).

Zwischen den Sektoren I und II bestehen Interdependenzen. Der soziale Grenznutzen und die sozialen Grenzkosten, welche die Gesellschaft der Landwirtschaft zumessen, schwanken. Überschüsse, Nahrungsmittelskandale, Umweltprobleme und andere negative landwirtschaftliche Externalitäten verkleinern den politischen Grenznutzen der Landwirtschaft und führen zu einer Linksverschiebung der N'_p-Kurve (nicht eingezeichnet). Kommt es zu einer Nahrungsmittelkrise oder werden die positiven Externalitäten der Landwirtschaft höher bewertet, verschiebt sich die N'_p- Kurve nach rechts.

- Der eigentliche *Agrarmarkt* (Sektor III) zeigt in diesem Modellbeispiel das Optimum der inländischen Produktion bei einem Weltmarktpreis von P_w und einer Menge von X_1. Diese Produktionsmenge ist geringer als unter den Optimalbedingungen der Sektoren I und II. Die Marktergebnisse entsprechen nicht dem politischen Optimum. Das politische Gleichgewicht wird erst bei einer Agrarprotektion erreicht, welche zu einer Produktionsmenge von X_4 führt. Dies ist bei einem Inlandspreis von P_i der Fall, bei welchem sich Produktionsüberschüsse ergeben, welche inferior verwertet werden müssen.

II. Die Agraraußenhandelspolitik als Vektor des politischen Kräftefeldes

Die *Agraraußenhandelspolitik* läßt sich auch als *Vektor des politisch wirksamen Kräftefeldes* darstellen, wie dieses in der politischen Präferenzenfunktion zustande kommt. Die Nachfrage der Landwirte und des Agribusiness nach Agrarprotektion ergibt sich aus den entstehenden marginalen Einkommen bzw. Produzentenrenten. Für das gesamte politische Kräftefeld sind der politische Einfluß der einzelnen Gruppen und die möglichen Renten wesentlich (beispielsweise die Produzentenrente, die Außenhandelsrente, die Konsumentenrente und die Rente der Steuerzahler):[40]

PPF = PPF (a.PR; b.AR; c.CR; |1-a-b-c|.SR).

Es bedeuten:

PPF	Politische Präferenzenfunktion der Regierung
a	Relatives politisches Gewicht der Landwirte
PR	Produzentenrente
b	Relatives politisches Gewicht des Agribusiness
AR	Außenhandelsrente des Agribusiness
CR	Konsumentenrente
c	Relatives politisches Gewicht der Konsumenten
SR	Rente der Steuerzahler (z.B. durch Zolleinnahmen).

Abb. 9/11 zeigt einige Instrumente der landwirtschaftliche Außenwirtschaftspolitik im politischen Kräftefeld der einzelnen Interessengruppen:

- Beherrschen *die Erzeuger und das Agribusiness* die politische Präferenzenfunktion, werden starre Importmengen bevorzugt. Außerdem kommt es bei einer schwachen Gewichtung der Interessen der Steuerzahler zu Exportsubven-

[40] Vgl. Kapitel 4 und *Lopez* (1989), S. 21.

tionen, bei einer schwachen Gewichtung der Verbraucherinteressen zu Wertzöllen, variablen Zöllen, Einfuhrverboten und Exportselbstbeschränkungsabkommen mit dem Ausland. Die gegenüber den Weltmarktpreisen überhöhten binnenwirtschaftlichen Preise führen zu einer Besserstellung der Produzenten und des Agribusiness sowie zu einer Belastung der Haushalte und ggf. der Steuerzahler in der Form eines Rententransfers (*"Agrarsteuer"*).

Abb. 9/11
Die landwirtschaftliche Außenwirtschaftspolitik im Kräftefeld der politökonomischen Interessen

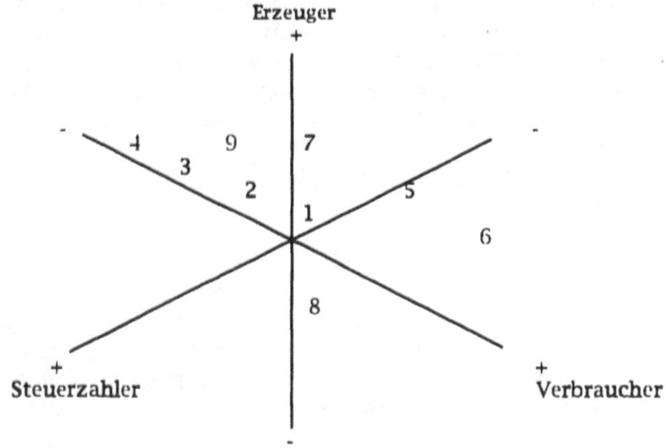

Legende:
1 Einfuhrmindestpreise
2 Wertzoll
3 Variable Zölle
4 Einfuhrverbot
5 Importkontingente
6 Importerstattungen
7 Exportsubventionen
8 Ausfuhrzölle
9 Exportselbstbeschränkungsabkommen mit dem Ausland.

- Die Landwirte erhoffen sich eine möglichst große, durch die Außenhandelspolitik verursachte Produzentenrente zur Erhöhung der Einkommen. In einer schrumpfenden Branche wie der Landwirtschaft mit einer geringen Grenzproduktivität der Produktionsfaktoren sind dauerhafte Renten durch agrarprotektionistische Maßnahmen interessenpolitisch besonders gefragt. Diese dienen einer besseren Faktorentschädigung des irreversibel investierten Kapitals und des wenig mobilen Produktionsfaktors Arbeit. Führt die Agrarprotektion durch die produktionsfördernde Wirkung zu einer Sättigung der Märkte, geraten die Preise und Einkommen ohne mengenbegrenzende Maßnahmen wie beispielsweise Quotenregelungen, Binneninterventionen und Exportdumping zunehmend unter Druck. Auch die inländischen Nahrungsmittelverarbeiter möchten vom Agrarprotektionismus profitieren. Sie versprechen sich bei einem Abschirmen der Binnenmärkte von den internationalen Märkten einen geringeren Wettbewerb und größere Gewinne. Von den Exportsubventionen möchten sie einen möglichst großen Teil in ihre Kassen lenken.

- Einer starken Gewichtung der *Verbraucherinteressen* entspricht der freie Agraraußenhandel, im Extremfall verbunden mit Importerstattungen und Ausfuhrzöllen. Den Interessen der Steuerzahler kommen Import- und Exportzölle entgegen. Die Politiker werden den *protektionistischen Forderungen* solange nachkommen, wie dies ihren eigenen Interessen wie beispielsweise der Wiederwahl nicht schadet.[41] Sie stehen im Widerstreit zwischen dem Ziel der Haushaltsdisziplin und den politischen Präferenzen der Agrarlobby. Die Bürokraten sichern sich Macht und bürokratisches Ansehen durch den Aufbau möglichst perfekter und umfassender Marktordnungen im Bereich des Agraraußenhandels für die einzelnen landwirtschaftlichen Erzeugnisse. Sind diese erst einmal geschaffen, trachten sie nach möglichst großen Marktanteilen am Welthandel, was ihnen Prestige verleiht. Sie dehnen die Regulierungskompetenzen bis zur Erschöpfung der maximal zu beschaffenden staatlichen Mittel aus. Nur die Gefahr, in politische Skandale wegen des Verschleuderns von staatlichen Finanzen und dunkle Exportgeschäfte verwickelt zu werden, bremst die Expansionslust. Zusammen mit den Landwirten, den Erzeugerverbänden und dem Agribusiness bilden sie die *"große Koalition" der Agrarlobby* zu Gunsten einer möglichst perfekten Agrarprotektion mit Importschranken und staatlich subventionierten Agrarexporten.

Was in der Vergangenheit bereits dauerhaft geregelt wurde, wird oft als legitimer Staatseingriff betrachtet. Ein Beispiel dieser "Normallegitimität" ist die Forderung nach sektoraler Einkommensparität bzw. Aufhebung der sektoralen Einkommensdisparität.[42] Das erreichte Agrarpreis- und Subventionsniveau gilt als Besitzstand sowie Ausgangsbasis für weitere Forderungen. Die Durchsetzung von Forderungen gelingt allerdings nur, wenn die landwirtschaftlichen Akteure die Kräfte und Energien der bäuerlichen Wähler für solidarisches Handeln mobilisieren können. In politischen Krisensituationen wird eine Veränderung der Regulierungen gefordert. Führen beispielsweise drohende Protektionsmaßnahmen oder ähnliche Vorkehrungen im Ausland zu einer starken Beeinträchtigung der Exportchancen des Inlandes, werden die Regulierungen kritisch hinterfragt.[43] Nach gewissen Reformen kann sich ein neues politökonomisches Gleichgewicht bei der Stabilisierung der Agrarmärkte ergeben.[44]

---

[41] Vgl. *Donges* (1978), S. 19 f., und (1981), S. 787.
[42] Vgl. *von Weizsäcker* (1984), S. 137.
[43] Vgl. *von Weizsäcker* (1982), S. 336 f.
[44] Ein praktisches Beispiel sind die Getreideverkäufe der *USA* an die frühere *UdSSR*. In den 1980er Jahren bestand dafür ein Getreideabkommen. Dieses gab der UdSSR das Recht auf Getreidekäufe von jährlich bis zu 20 Mio. Tonnen. Die Lieferungen erfolgten aus Beständen der Regierung und der Exporteure. Die notwendigen Mittel stammten aus dem Exportförderungsprogramm, welches 1985 als Kampffonds gegen die EU-Agrarsubventionen errichtet wurde. Bei der Frage nach einer größeren Lieferung von Getreide der USA an die damalige UdSSR im Jahre 1988/89 nahmen die einzelnen politischen Akteure folgende Haltung ein: (1.) Die Sprecher der Administration Bush traten für das Ende der Agrarsubventionen ein (wohl unter dem Einfluß der Budgetrestriktionen des *Gram-Rudman-Aktes)*. (2.) Die Agrarlobby der Bauern befürchtete ein Zusammenbrechen der Agrarmärkte und befürwortete weitere Exportsubventionen. (3.) Präsident *Bush* gab schließlich der geschlossenen parlamentarischen Lobby des Weizengürtels nach und bewilligte die Subventionen. (4.) Die Nationale Vereinigung der Weizenbauern rühmte diesen Entscheid. (5.) Die Vertreter der Alkoholindustrie kritisierten den Entscheid angesichts der mangelnden Getreideüberschüsse und der großen Zahl stillstehender Brennereien. (6.) Die Bäcker rügten den Entscheid als unvereinbar mit den Interessen der Konsumenten und Steuerzahler. Vgl. *NZZ* (1989), Nr. 103, vom 5.5.1989, Bl. 33.

E. Die Agrarintegration

I. Allgemeines

Der *regionale Agrarfreihandel* wird als Mittel zur Steigerung der gemeinsamen Wohlfahrt der beteiligten Länder betrachtet. Freihandelsräume für landwirtschaftliche Güter erhöhen den Wettbewerb und sind ein Weg zum Ausgleich von Überschüssen und Knappheiten. Unterschiedliche klimatische Verhältnisse ermöglichen zudem eine Spezialisierung unter den Ländern.[45,46]

Regionale Agrarfreihandelsräume wurden während langer Zeit als eine Art von second-best Lösung gegenüber den hindernisreichen Ansätzen für einen möglichst freien internationalen Agrarhandel betrachtet. Positiv zu beurteilen bei regionalen Agrarfreihandelsräumen sind die handelsschaffenden Effekte innerhalb der Agrarfreihandelszone durch den Abbau der Binnenzölle, negativ die handelsablenkenden Wirkungen bei einer Erhöhung der Außenzölle gegenüber der Situation vor der regionalen Integration.[47] Dominieren die handelsablenkenden Effekte, führt dies zu einer Wohlfahrtsminderung.[48]

Zu den bedeutendsten Abkommen zählen: (1.) Das *GATT/WTO* (weltweit über 130 Mitgliedstaaten, seit 1947 als Handelsabkommen), (2.) Die *EU-15* (15 europäische Mitgliedstaaten, seit 1957 als Zollunion), (3.) der *NAFTA-Vertrag* (USA, Kanada und Mexiko, seit 1994 als Freihandelszone), (4.) der *MERCOSUR* (Brasilien, Argentinien, Uruguay und Paraguay, seit 1995 als Freihandelszone), (5.) der *ASEAN* (sieben südostasiatische Mitgliedstaaten, seit 1967 als Handelsabkommen) und (6.) die *APEC* (18 Mitgliedstaaten im pazifischen Raum, seit 1989 als Handelsabkommen).[49] Denkbar ist auch ein transatlantisches Freihandelsabkommen zwischen der USA und der Europäischen Union (vorgesehen bis 2010).

II. Die Agrarintegration der Europäischen Union

An dieser Stelle sollen die für Europa bedeutenden Agrarintegrationen kurz betrachtet werden. Es handelt sich um die Agrarintegration der Europäischen Union (EU), den Europäischen Wirtschaftsraum (EWR) und das Mitteleuropäische Freihandelsabkommen (CEFTA).

Die *Agrarintegration der Europäischen Union* beruht auf drei Prinzipien:

- Die *Gemeinschaftspräferenz* gibt der landwirtschaftlichen Produktion innerhalb der Gemeinschaft Vorrang gegenüber jener in Drittländern.

---

[45] Die Idee einer *europäischen Agrarintegration* ist nicht neu. Bereits im 18. Jh. gab es europäische Agrarfreihandelsideen, welche im 19. Jh. unter Einbeziehung der *USA* für einige Jahrzehnte verwirklicht wurden. Nach den Wirren des ersten Weltkriegs sollte an die Stelle "der unerreichbaren Autarkie der einzelnen Länder in den wichtigsten Nahrungsgütern ... eine paneuropäische Autarkie treten" (*Haushofer* (1958), S. 69).

[46] Weitere europäische Supranationalisierungspläne für die Landwirtschaft in Europa entwarfen in den Jahren 1950 und 1951 unter anderen *Pflimlin, Charpentier* und *Eccles.*

[47] Vgl. *Külp* (1978), S. 131.

[48] Vgl. *Viner* (1950).

[49] Bis 2010 ist zudem ein Freihandelsabkommen zwischen den USA und der Europäischen Union geplant ("Millenium Round"). Für den Agrarbereich sind Sonderregeln vorgesehen.

- Die *Gemeinschaftsfinanzierung* überträgt die Kosten der EU-Agrarpolitik an alle EU-Mitgliedsstaaten nach einem vereinbarten Finanzierungsschlüssel.

- Der *gemeinsame Außenschutz* soll wirkungsvoll gestaltet werden (wodurch es während langer Zeit zu einer "Festung Europa" kam).

Vor der Liberalisierung des EU-Binnenmarktes bestanden innerhalb der Gemeinschaft erhebliche nichttarifäre Schranken im Bereich der Nahrungs- und Genußmittel.[50] Mit der *Verwirklichung des Binnenmarktes* entfällt seit 1993 die Abfertigung von Waren an den Binnengrenzen. Die Schaffung einer Agrarunion erforderte den Abbau sämtlicher tarifärer und nichttarifärer Handelshemmnisse innerhalb der Gemeinschaft.[51] Dabei kam es zur Harmonisierung oder gegenseitigen Anerkennung der *Normen.*[52] Wegweisend für die gegenseitige Anerkennung der nationalen Standards und Normen ist das sog. *Cassis-de-Dijon-Urteil* des Europäischen Gerichtshofes (*EuGH*) von 1979, wonach Waren und Dienstleistungen, die in einem Mitgliedsstaat rechtmäßig produziert und vermarktet werden, bei der Einfuhr in ein anderes Mitgliedsland weder direkt noch indirekt behindert werden dürfen.[53]

Integrationshemmend wirken nach wie vor die Agrarüberschüsse. Die zahlreichen Produktionsquoten werden zwangsläufig auf die einzelnen Mitgliedstaaten aufgeteilt. Dies wirkt desintegrierend, denn länderbezogene Produktionsquoten verhindern eine optimale Spezialisierung der landwirtschaftlichen Produktion innerhalb der Europäischen Union.[54]

---

[50] Vgl. *Cecchini* (1988), S. 85.

[51] Da sich die *Kommission der Europäischen Union* nicht in der Lage sieht, alle einzelstaatlichen Anforderungen an Nahrungsmittel und Getränke zu harmonisieren, konzentriert sie sich auf sog. "horizontale" Bereiche, d. h. allgemeine Regelungen (beispielsweise die Diätnahrungsmittel, die Tiefgefriererzeugnisse, die Kennzeichnung und Überwachung von Lebensmitteln, die Kennzeichnung des Nährwertes sowie die Festlegung von Höchstmengen für Pflanzenschutzmittel und Zusatzstoffe).

[52] Beispiele sind das Veterinärrecht, Tierzuchtrecht, Futtermittelrecht, Saatgutrecht, Düngemittelrecht, Pflanzenschutzmittelrecht, Lebensmittelrecht, die technischen Normen für Landmaschinen, Umweltschutzbestimmungen, Qualitätsvorschriften, Verbrauchs- und Umsatzsteuern sowie die Dieselölbesteuerung.

[53] Das *Cassis-de-Dijon*-Urteil hat weitreichende Konsequenzen. So gilt beispielsweise das Reinheitsgebot des deutschen Bieres als "deutsche Besonderheit" und nicht als Vermarktungserfordernis. In Italien, wo die Teigwaren aus Hartweizen hergestellt werden, wurden die *"Drei-Glocken-Nudeln"* mit Weichweizen als EU-rechtskonform bezeichnet. Ähnliches gilt auch für die "reine deutsche Wurst".

[54] Integrationshemmend wirkten auch die *agrimonetären Maßnahmen.* Mit der Schaffung des EU-Binnenmarktes galt vorerst das 1984 eingeführte *Switch-over-System,* nach welchem landwirtschaftliche Umrechnungskurse *("grüne Kurse")* zur Anwendung gelangten, mit deren Hilfe die in ECU festgelegten Agrarpreise in die nationalen Währungen umgerechnet wurden. Diese veränderten sich bei der Abwertung von Währungen, nicht jedoch beim stärksten Aufwerter. Auf- und Abwertungen im Europäischen Währungssystem (EWS) wirkten auf diese Weise als Handelshemmnisse. Die EU-Agrarpreise wurden dadurch während langer Zeit in die Höhe getrieben und das System war zufolge von Ausgleichszahlungen sehr teuer. Diese *"grünen Kurse"* waren nicht EU-konform und galten wegen der integrationshemmenden Wirkung als ein "Sprengmittel des gemeinsamen Marktes". Vgl. *Willgerodt* (1983), S. 108 f. Später wurden sog. *"Switch over"*-Koeffizienten für die *grünen Agrar-ECU* eingeführt, die jeweils dem *"Handels-ECU"* angepaßt wurden. Seit dem 1.2.1995 gelten diese nicht mehr. Nach dem 1.1.1999 verschwanden die agrimonetären Probleme durch die Einführung des "Euro".

Bei der europäischen Agrarintegration gibt es immer wieder "Gewinner" und "Verlierer".[55] Angesichts der erheblichen Haushaltsbelastung der Europäischen Union für die Landwirtschaft steht eine gewisse Rückverlagerung der finanziellen Verantwortung für die *Gemeinsame Agrarpolitik (GAP)* auf die einzelnen Mitgliedsstaaten zur Diskussion, was jedoch dem Grundsatz der finanziellen Solidarität widerspricht.

1998 wurden Beitrittsverhandlungen mit Polen, Ungarn, der Tschechischen Republik, Slowenien, Estland und Zypern aufgenommen. Weitere Länder (Türkei, die Slowakische Republik, Rumänien, Bulgarien, Litauen und Lettland) wurden auf eine neue Beitrittsrunde vertröstet.

III. Der Europäische Wirtschaftsraum (EWR)

Der *Europäische Wirtschaftsraum (EWR)* ging aus einer gemeinsamen Integration zwischen der *Europäischen Union* und der *EFTA (European Free Trade Association)* hervor. 1992 gelangten die Verhandlungen zwischen den EFTA-Staaten und der EU über die Schaffung eines Europäischen Wirtschaftsraum zu einem vorläufigen Abschluß. Nach der Erweiterung der EU auf 15 Länder (EU-15) sind seitens der früheren EFTA-Länder noch nur Norwegen, Island und das Fürstentum Liechtenstein Mitglieder des EWR. Die Schweiz blieb dem EWR vorerst fern.

Im Gegensatz zur EU betrieb die EFTA keine gemeinsame Agrarpolitik. Bei den Verhandlungen zwischen den EFTA-Ländern und der EU zur Schaffung eines Europäischen Währungsraumes (EWR) wurde die Landwirtschaft von der Handelsliberalisierung ausgeklammert.[56] Später unterbreitete die Europäische Union in der sog. *Luxemburger-Erklärung* von 1994 den Vorschlag, im EWR-Vertrag eine Evolutivklausel aufzunehmen. Es wurde vorgesehen, die Bemühungen um eine schrittweise Liberalisierung des Agrarhandels fortzusetzen und die Zölle sowie die mengenmäßigen Beschränkungen in Etappen zu verhandeln.[57]

---

[55] Gemessen an den Einzahlungen und Auszahlungen der einzelnen Mitgliedsländer waren die "Gewinner" 1991 hauptsächlich Griechenland und Irland, die "Verlierer" die Bundesrepublik Deutschland und Großbritannien. Vgl. *Agrarbericht 1993*, S. 175.

[56] Vgl. *Fischler* (1991), S. 41.

[57] Die Bestimmungen des EU-Rechtsbestandes *(acquis communautaire)* der vier Binnenfreiheiten (Warenhandel, Dienstleistungsverkehr, Arbeitskräfte und Kapital) sind umzusetzen. Hinzu kommt die Pflicht zur Übernahme der flankierenden Politiken (Forschung, Umwelt und Konsumentenschutz). Dies betrifft die Normen und technischen Vorschriften, das Lebensmittelrecht, die phytosanitären und die veterinärrechtlichen Bestimmungen, den Boden- und Naturschutz sowie die Reinhaltung des Wassers. Vgl. *Fischler* (1991), S. 43. Eine mitgliedsrechtliche Umsetzung des EU-Rechts für die Landwirtschaft ist auch erforderlich für das Futtermittelrecht, die Tierschutzgesetze, das Düngemittelrecht, die Saatgutbestimmungen, das Weinrecht, die Bestimmungen für die Schädlingsbekämpfung sowie das Veterinär- und das Pflanzenschutzrecht. Vgl. *Fischler* (1991), S. 43. Bei der Ausarbeitung dieser Normen innerhalb der EU haben die Nichtmitgliedsländer der EU keine Mitbestimmungsrechte. Dagegen kann ein Produkt, welches in einem EWR-Land zugelassen ist, nicht aus technischen Gründen abgewiesen werden. Es gilt das sog. *Cassis-de-Dijon*-Urteil. Zudem behalten die EFTA-Staaten ihre Außenhandelsautonomie gegenüber Drittstaaten *("treaty making power")*. Konzessionen der EFTA-Staaten sind bei den sog. Kohäsionsprodukten erforderlich (z.B. beim griechischen Käse, den spanischen Tomaten, den holländischen Blumen und beim Alkohol).

IV. Das Mitteleuropäische Freihandelsabkommen (CEFTA)

Das *Mitteleuropäische Freihandelsabkommen (CEFTA = Central European Free Trade Agreement)* trat am 1.7.1993 in Kraft. Mitgliedstaaten sind Ungarn, Polen, die Tschechische Republik, die Slowakische Republik sowie Slowenien und Rumänien,[58] woraus sich ein Markt mit rund 100 Mio. Einwohnern ergibt. Voraussetzung für die Mitgliedschaft sind der Beitritt zur WTO und ein Assoziierungsabkommen mit der Europäischen Union. Endziel der CEFTA ist die EU-Mitgliedschaft einzelner Länder nach dem Jahr 2003. Vorerst sollen Verhandlungen mit den politisch "bestqualifizierten" Ländern (Ungarn, Polen, Tschechische Republik und Slowenien) erfolgen.

Beim Handel mit Agrarerzeugnissen bieten die einzelnen Mitgliedstaaten einander symmetrische Konzessionen an, meist in der Form von Zollkontingenten.[59] Die Zölle auf Agrarerzeugnisse wurden 1996 halbiert und sollen später eliminiert werden. Bei einer Vollintegration der Länder *Zentral- und Osteuropas* und einer Übernahme der Gemeinsamen Agrarpolitik (GAP) sind größere Probleme zu erwarten.[60] Noch sind über zwanzig Prozent der Bevölkerung dieser Länder in der Landwirtschaft tätig.[61]

Bei zahlreichen Erzeugnissen sind in den nächsten Jahren erhebliche Überschüsse möglich,[62] welche vorerst noch durch die einzelnen Länder Zentral- und Mitteleuropas finanziert werden müssen.[63] Ein Vollbeitritt dieser Länder[64] zur Europäischen Union könnte eine weitere, radikale Reform der Gemeinsamen Agrarpolitik (GAP) erfordern.[65,66] Denkbar ist eine weitere Fortschreibung der Agrarreformen (wie jener von 1992) mit einer zusätzlichen Annäherung der EU-Agrarpreise an das Weltmarktpreisniveau, verbunden mit sozialpolitisch moti-

---

[58] Weitere Beitrittskandidaten sind Bulgarien, Kroatien, Lettland, Litauen, Mazedonien und die Ukraine.

[59] Für Industriewaren gilt ab 1997 ein freier Handel.

[60] Für die sog. *MOL-Länder* (oder auch *MOEL-Länder*), d. h. Bulgarien, die Tschechische Republik, die Slowakische Republik, Ungarn, Polen und Rumänien gelten Assoziierungsverträge (sog. Europa-Abkommen). Diese *Länder* haben eine Bevölkerung von 106 Millionen Menschen und ein Staatsgebiet von 1,1 Mio. km2. Pro Kopf der Bevölkerung gibt es rund doppelt soviel Ackerland wie in der EU-15. Mit Estland, Lettland und Litauen sowie Slowenien wurden 1995 weitere Europa-Abkommen unterzeichnet, welche noch ratifiziert werden müssen. Im Agrarbereich gilt ein Allgemeines Präferenzensystem mit der Gewährung von Einfuhrvergünstigungen zu Gunsten der assoziierten Länder.

[61] In den Beitrittsländern sind 9,5 Mio. Menschen in der Landwirtschaft aktiv, in der Europäischen Union nur noch 8,2 Mio. Menschen (d. h. rund fünf Prozent der Bevölkerung).

[62] Beispiele sind Getreide, Zucker, Rind- und Schweinefleisch sowie Butter. Vgl. zu den Problemen eines Vollbeitritts: *EU-Kommission, Generaldirektion VI (Landwirtschaft)* (1995), S. 1 ff.

[63] Vgl. *Tangermann et al.* (1995), S. 1 ff.

[64] Dazu zählen Polen, Ungarn, die Tschechische Republik, die Slowakische Republik, Slowenien, Rumänien, Bulgarien, Litauen, Lettland und Estland.

[65] Die mögliche jährliche Mehrbelastung der EU ohne eine Reform der GAP liegt nach internen Schätzungen der EU bei 10 Mrd. ECU, nach anderen, externen Schätzungen bei bis zu 30 Mrd. ECU. Vgl. dazu auch *Fischler* (1995), S. 7 f.

[66] Das Schwergewicht der Maßnahmen der *Europäischen Union* liegt in folgenden Bereichen: Ein verbesserter Marktzugang zu den EU-Agrarmärkten, ein Modernisierungsprogramm für die landwirtschaftlichen Betriebe dieser Länder, eine bessere Vermarktung und Verarbeitung der Erzeugnisse und eine Anpassung an die Veterinär- und Pflanzenschutzbestimmungen. Zudem soll der Agrardialog zwischen den beiden Ländergruppen intensiviert werden. Vgl. *Fischler* (1995), S. 7 ff.

vierten Direktzahlungen an die Landwirte. Diese Pläne laufen unter dem Stichwort "Agenda 2000".[67]

F. Institutionelle Aspekte des Welthandels: Das GATT-47

I. Die Organisation

Das *GATT-47 (General Agreement on Tariffs and Trade)* bestand zwischen 1947 und 1995 als Vorgängerorganisation der *WTO (World Trade Organization)*. Zusammen mit den Revisionen der Uruguay-Runde bildet das GATT-47 seit 1995 das Warenhandelsabkommen *("GATT-95")* der WTO, welches - unter dem Dach der WTO - noch weitere Abkommen umfaßt.[68]

Das GATT-47 ist für das Verständnis des GATT-95 bzw. der WTO von erheblicher Bedeutung. Deshalb sollen dessen Entwicklung und Vertragswerk zur Darstellung gelangen. Das GATT-47 war ein multilaterales Handelsabkommen unter gleichberechtigten Partnern. Dieses hatte den Rang einer autonomen Organisation und zählte zu den *Sonderorganisationen der Vereinigten Nationen (UNO)*. Es wurde 1947 von 23 Staaten unterzeichnet und trat am 1.1.1948 in Kraft. Das GATT-47 umfaßte neben den Vollmitgliedern weitere Mitglieder, welche die Regeln faktisch anwendeten.

Die Ziele des GATT-47 bestanden in der Erhöhung des Lebensstandards, dem Erzielen und Sichern der Vollbeschäftigung, einem hohen sowie steigenden Realeinkommen, im Ausbau und der Erweiterung des Welthandels, in der vollen Erschließung der Hilfsquellen der Welt sowie der Steigerung der Produktion und der Güterversorgung. Die Grundhaltung der Mitgliedsländer des GATT-47 war marktwirtschaftlich geprägt. Angestrebt wurde eine Liberalisierung des Welthandels. Der Außenhandel sollte vom Grundsatz der Freiheit der individuellen Entscheidungen gekennzeichnet sein. 85 Prozent des Welthandels fielen in den 1990er Jahren theoretisch unter die Bestimmungen des GATT-47, welches die einzige internationale Organisation war, mittels welcher multilaterale Verhandlungen über Außenhandelsprobleme, auch des internationalen Agrarhandels, geführt werden konnten. Die Hauptinstrumente waren gegenseitige Zollreduktionen und -bindungen.

II. Die handelspolitische Sonderstellung der Landwirtschaft im GATT

Ursprünglich hatte das GATT-47 für die industriellen und die landwirtschaftlichen Güter dieselben ordnungspolitischen Rahmenbedingungen vorgesehen. Der internationale Agrarhandel unter den Mitgliedsländern sollte keinem sektoralen Sonderrechtsstatus unterworfen sein. Bei der Schaffung des GATT-47 war die Agrarpolitik bereits sehr protektionistisch. Die internationalen Agrarmärkte wurden von Exportdumping, Handelsrestriktionen und Handelskriegen geprägt. Der Agrarsektor führte "ein auffälliges Eigenleben" und ragte in der internationalen Handelsordnung als "ein steiler Felsen des Protektionismus" heraus.[69] Nichttarifäre Handelshemmnisse, welche bei der Gründung des GATT-47 be-

[67] Die "Agenda 2000" wurde Ende 1997 vom Europäischen Rat beschlossen. Dabei soll der EU-Haushalt der heutigen EU-Mitgliedsländer in den Jahren 2000-2006 bei 1,27 Prozent des Bruttoinlandsproduktes konstant bleiben.

[68] Vgl. Zi. G.

[69] Vgl. *Tangermann* (1985), S. 91, und (1987), S. 93 f.

standen, gingen ins sog. GATT-Inventar über. Diese wurden in das Vertragswerk des GATT-47 aufgenommen (sog. *"Grandfather Clause")*. Zu deren Beseitigung waren die Mitgliedsländer nicht verpflichtet.[70,71]

III. Ordnungspolitischen Grundsätze

1. Das Prinzip der Meistbegünstigung

Zentraler Grundsatz des GATT-47 war das *Prinzip der Meistbegünstigung (Most Favoured Nations Clause - MFN)*. Gewährte ein Vertragspartner einem anderen Handelsvorteile, mußten diese für gleichartige Waren unverzüglich und bedingungslos auch allen anderen Staaten gewährt werden, mit welchen die Meistbegünstigung vereinbart war (Art. I, Abs. 1). Dies galt für Zölle und andere Abgaben, Vergünstigungen, Vorrechte und Befreiungen sowie finanzielle Überweisungen für Importe und Exporte. Bilateral ausgehandelte Zugeständnisse sollten eine automatische Ausdehnung auf den gesamten Vertragsraum erfahren. Dies war praktisch gleichbedeutend mit einem Diskriminierungsverbot.

Das Prinzip der Meistbegünstigung kannte bereits im Vertragstext Ausnahmen:

- Die *historischen Präferenzen* (beispielsweise zwischen Großbritannien und den früheren Ländern des Commonwealth).[72]

- Die *Schaffung von Präferenzräumen* nach Art. XXIV. Dies ermöglichte Ausnahmen von der Meistbegünstigung bei regionalen Zusammenschlüssen wie beispielsweise der Europäischen Union. Zollunionen und Freihandelszonen, welche die Zölle zwischen den Mitgliedsländern beseitigten, waren nach Art. XXIV GATT-47 zugelassen. Die Regionalausnahme von der Meistbegünstigung war kein Verstoß gegen das GATT-47, widersprach jedoch dessen Prinzipien. Im Gegensatz zum Prinzip der Meistbegünstigung wurden die Handelsschranken zwischen den Mitgliedstaaten abgeschafft. Im Falle der Europäischen Union wurde - wie heute noch - eine gemeinsame Außenhandelspolitik gegenüber den Drittstaaten durchgeführt ("Festung Europa").[73,74]

Das Prinzip der Meistbegünstigung wurde im Agrarbereich sowohl durch nachträgliche Zugeständnisse als auch durch eigenwillige Interpretationen durchbrochen. Im Graubereich lagen die Handelspräferenzabkommen mit Entwicklungsländern, welche von der EU und den USA abgeschlossen wurden. Beispiele

---

[70] Ein Beispiel ist die Ausnahmeklausel von Art. XI, durch welche Importschranken wie jene für Zucker- und Milchprodukte legalisiert werden.

[71] Die Entscheidung zwischen einer liberalisierten und einer protektionistischen Agrarpolitik wurde zu Gunsten der "Farmerkoalition" entschieden, welche in der amerikanischen Politik traditionell übervertreten ist. Die meisten europäischen Vertragsstaaten verfolgten ebenfalls eine protektionistische Agrarhandelspolitik. Dies führte zu den Ausnahmebestimmungen für den internationalen Agrarhandel. Vgl. *Giersch* (1961), S. 174 f.

[72] Diese liefen sukzessive aus, wurden gekündigt oder sie hatten keine große Bedeutung mehr. Vgl. *Senti* (1986), S. 111.

[73] Art. XXIV fand unter dem Druck der kommunistischen Gefahr nach dem zweiten Weltkrieg die Zustimmung der USA; später wurden regionale Zusammenschlüsse als Gefahr für das GATT gesehen.

[74] Ein Beispiel für die Diskrimierung der Exporteure anderer Länder ist die EU-Bananenmarktordnung (vgl. Kap. 10).

waren das *Allgemeine Präferenzsystem (APS)*,[75] die *Initiative für das Karibische Becken der USA (IKS)* und das *Lomé-Abkommen der EU* mit den AKP-Staaten.[76] Das GATT-47 billigte den Entwicklungsländern 1964 Präferenzen beim Zutritt zu den Märkten der Industrieländer zu. Diese Präferenzabkommen verstießen gegen das Prinzip der Meistbegünstigung und führten meist zur Handelsumlenkung, seltener zur Handelsschaffung.

- *Weitere Ausnahmen* vom Prinzip der Meistbegünstigung waren quantitative Beschränkungen zum Schutze der Zahlungsbilanz (Art. XIII) und der öffentlichen Sicherheit (Art. XX), die Sonderstellung der Landwirtschaft und Selbstbeschränkungsabkommen (Vereinbarungen von mengenmäßigen Beschränkungen mit einzelnen Lieferländern).[77]

2. Das Prinzip der Gegenseitigkeit (Reziprozität)

Das *Prinzip der Gegenseitigkeit* forderte die Gleichwertigkeit von Leistung und Gegenleistung in bilateralen Zollverhandlungen. Dies entsprach dem alten Grundsatz "do ut des" ("geben, um zu erhalten"). Im handelspolitischen Sinne bedeutete dies, daß die Meistbegünstigung galt, wenn das betreffende Land eine entsprechende Gegenleistung erbrachte (Art. XXVIII). Damit war eine gleichgerichtete Veränderung angesprochen: Die Konzession eines Landes zur Liberalisierung des Handels sollte mit einer vergleichbaren Konzession seitens seiner Handelspartner honoriert werden. Mit dem Grundsatz der Reziprozität wurde ein Anreiz für den wechselseitigen Abbau von Handelshemmnissen geschaffen.[78]

1965 erstritten sich die Entwicklungsländer die allgemeine Befreiung von der Reziprozitätspflicht.[79] Die 7. GATT-Runde *("Tokio-Runde")*, welche 1973-79 in Genf stattfand, führte zur Legitimation dieses Graduierungsverfahrens, welches Eigenleistungen der Entwicklungsländer nach ihrem wirtschaftlichen Entwicklungsstand vorsah.

3. Das Prinzip der Nicht-Diskriminierung

Mit dem *Prinzip der Nicht-Diskriminierung* sollten einseitige Handelshemmnisse und bilaterale Absprachen verhindert werden (Art. XIII). Diese Maßnahmen und Verhaltensweisen wirkten diskriminierend, weil sie auf die politische, soziale oder materielle Schlechterstellung einzelner Personen, Gruppen oder Staaten hinausliefen.

---

[75] 1971 hat die *Europäischen Union* das sog. *Allgemeine Präferenzsystem (APS)* übernommen. Dieses sieht zeitlich begrenzte, nicht-reziproke Zollerleichterungen für den Export von Gütern in die Industrieländer vor. 1983 wurde das APS erweitert und umfaßte 385 landwirtschaftliche Produkte. Im Gegensatz zu den industriellen Gütern fiel bei den landwirtschaftlichen Erzeugnissen nur ein Teil der Zölle weg, da im APS das Prinzip der Zolleskalation galt.

[76] Vgl. *Weltbank* (1986), S. 164 f.

[77] Siehe weiter unten.

[78] Der Grundsatz der Gegenseitigkeit (Reziprozität) ist allerdings interpretationsbedürftig. Dieser stammt aus der Zeit der festen Wechselkurse und sollte zum Ausgleich der Zahlungsbilanzen beitragen. Dieses Argument entfiel bei flexiblen Wechselkursen. Dabei erschien die formale Reziprozität unter verhandlungspolitischen Aspekten nach wie vor angebracht.

[79] Vgl. *Feldsieper* (1975).

4. Das Prinzip der Liberalisierung

Das *Prinzip der Liberalisierung* bezweckte einen möglichst freien Gütertausch. Dieses enthielt die Aufforderung zur Liberalisierung und Vermeidung neuer und höherer Zölle sowie das Verbot mengenmäßiger und anderer, nichttarifärer Handelshemmnisse:

- *Der Abbau und die Konsolidierung der Zölle:* GATT-konform waren grundsätzlich Zölle, solange diese nicht prohibitiv wirkten. Der Marktmechanismus und die Lenkungsfunktion der Preise sollten nicht beeinträchtigt werden. Bei den ursprünglich als Instrument für die Gestaltung der Zölle gedachten GATT-Regeln galten Fiskalzölle als Ausnahme, sofern diese gleichwertig waren (Art. II, Abs. 2). Dies traf auch für Anti-Dumping-Zölle auf Importprodukte zu, sofern das exportierende Land Waren "unter dem normalen Wert" in das Importland einführte (Art. VI).

Bei den Zollrunden, welche dem Abbau und der Konsolidierung der Zölle dienten, wurde der Agrarbereich bis zur Uruguay-Runde weitgehend vernachlässigt.[80] Feste Zölle waren im Agrarhandel von geringer Bedeutung. Im Agrarbereich verfehlten die GATT-Runden zum Abbau von Zöllen damit ihre Wirkung, da ein solcher Abbau in der Regel zu einem Aufbau von nichttarifären Handelshemmnissen führte. Der Schutz erfolgte über zahlreiche nichttarifäre Handelshemmnisse. Mit variablen Zöllen oder variablen Grenzabschöpfungen (wie beispielsweise im Außenhandelssystem der Europäischen Union) wurde die Differenz zwischen den Weltmarktpreisen und den national angestrebten Einfuhrpreisen geschaffen. Dabei war der rechtliche Status von variablen Zollsätzen bzw. Abschöpfungen im GATT-47 ungeklärt und umstritten.[81]

- *Die allgemeine Beseitigung nichttarifärer Handelshemmnisse:* Nach Art. XI waren mengenmäßige Beschränkungen, mengenmäßige Importbeschränkungen und Importverbote untersagt.[82] Art. XI, Abs. 2 regelte die Möglichkeit von quantitativen Importrestriktionen bei nicht verarbeiteten landwirtschaftlichen Produkten. Voraussetzung war die Beschränkung der Produktion oder Vermarktung im eigenen Land.

IV. Bedeutende Ausnahmen

1. Waivers nach Art. XXV, Abs. 5

Waivers waren Sonderermächtigungen, welche eine befristete Mißachtung einschlägiger GATT-Bestimmungen erlaubten (in der Terminologie des GATT-47 "Dispute Settlements"). Diese zählten zu den grundsätzlichen Bestimmungen des GATT-47 für die Schlichtung von Streitigkeiten und Auseinandersetzungen. Bei nicht näher definierten "außergewöhnlichen Umständen" waren die Vertragsparteien ermächtigt, mit Zweidrittelmehrheit der abgegebenen Stimmen eine Vertragspartei von den einzelnen Vertragsverpflichtungen zu befreien.[83,84]

---

[80] Vgl. *Senti* (1986).
[81] Eine Klage erfolgte 1993 im Falle der Einfuhrregeln für Äpfel durch Chile, eine andere für Zitronen.
[82] Diese nichttarifären Handelshemmnisse umfaßten gesetzliche Vorschriften, Verwaltungsverordnungen und Verwaltungspraktiken, welche zu einer Beschränkung des Warenaustausches führten.
[83] Vgl. *GATT* (1976), Art. XXV, Abs. 5, S. 2692.

Die Waivers sorgten immer wieder für Konfliktpotential. Die übrigen Vertragsstaaten waren nicht bereit, Liberalisierungsbestrebungen der USA zu folgen, solange diese auf ihren Sonderrechten bestanden. Der Agrarwaiver stellte eine Behinderung der Liberalisierungsbestrebungen im internationalen Agrarhandel dar.[85,86,87]

2. Handelsnormen

Handelsnormen (gemäß Art. XI Abs. 26) dienen dem Schutz des Lebens und der Gesundheit von Menschen, Tieren und Pflanzen. Diese waren als Handelsbeschränkungen erlaubt.[88]

3. Nichttarifäre Einfuhrbeschränkungen

Die nichttarifären Handelshemmnisse lassen sich in drei Kategorien unterteilen: Die illegalen (welche den Grundsätzen des GATT-47 widersprachen), die legalen (aufgrund von besonders erwähnten Ausnahmebestimmungen des GATT-47)[89] und die Grauzonenmaßnahmen (sofern eindeutige Regelungen beim GATT-47 fehlten).

4. Grauzonenmaßnahmen

Zu den *Grauzonenmaßnahmen* zählten die sog. *freiwilligen Exportselbstbeschränkungsabkommen ("Orderly Marketing Agreements"* bzw. *"Organisierter Freihandel")*, im amerikanischen *"Voluntary Export Restraint Agreements" (VERA)* genannt. Mit den ausländischen Exporteuren bzw. dem Exportland wurden Höchstmengen vereinbart. Das exportierende Land konnte bei der Ausgestaltung von Selbstbeschränkungsabkommen (ESA) verhandeln. Dies geschah meist unter dem Druck der Androhung hoher Zöllen oder restriktiver Importkontingente.

---

[84] Einen solchen "Waiver" nahmen die *USA* 1955 zum mengenmäßigen Schutz der Einfuhr von Milch und Zucker in Anspruch, später für Baumwollprodukte und Erdnüsse. Sie erhielten das Recht, Importmengenbeschränkungen auch dann anzuwenden, wenn sie die inländische Erzeugung nicht einschränkten. Der Waiver wurde bedingungslos und unbegrenzt gewährt. Dadurch entfernten sich die USA mit der nationalen Agrarpolitik von den Regeln des GATT. Vgl. *Winham* (1988), S. 152 f.

[85] Vgl. *Tangermann* (1987), S. 97 f.

[86] In den USA hatte der Präsident die Kompetenz, Quoten und Abgaben für die landwirtschaftlichen Erzeugnisse festzulegen, sofern die *ITC (International Trade Commission)* zum Ergebnis kam, daß die Importe negative Wirkungen auf die eigene Landwirtschaft hatten.

[87] Ein weiteres Beispiel ist der Wunsch der *Europäischen Union* zur Bevorzugung von *"Lomé-Bananen"* aus den AKP-Staaten gegenüber den *"Dollar-Bananen"* im Rahmen des seit 1993 schwelenden Bananenkriegs. Damit sollten die handelspolitischen Präferenzen der EU zu Gunsten der AKP-Staaten auf der Basis der Konvention von Lomé durch ein Einverständnis der GATT-Partner zu einer Sonderermächtigung ("Waiver") legalisiert werden. Es handelte sich um einen ersten und damit präjudizierenden Vorschlag für einen Waiver für Präferenzen zu Gunsten von Entwicklungsländern.

[88] Unter dem Stichwort der Handelsnormen verbot beispielsweise Kanada den Import von amerikanischen Spargelkonserven, welche nicht der kanadischen Standardgröße entsprachen. Vgl. *Senti* (1986), S. 180. Vgl. auch Art. XXX Abs. 6.

[89] Nichttarifäre Einfuhrbeschränkungen für landwirtschaftliche Erzeugnisse waren auch dann erlaubt, wenn es um die Realisierung nationaler Agrarprogramme ging (Art. XI Abs. 2c). Diese Sonderregelung war äußerst umstritten, denn damit konnte jede agrarpolitische Maßnahme zur Begründung von Handelsbeschränkungen dienen.

Es handelt sich um quantitative Beschränkungen mit ähnlichen Wirkungen wie Kontingente. Formal betrachtet sind es Ausfuhrkontingente, funktional wird von Einfuhrkontingenten gesprochen, welche von einem Importland angewendet werden. Deren Schutzfunktion zielt auf das Importland, obwohl diese den Handel des Exportlandes "freiwillig" begrenzen.[90]

Die Exportselbstbeschränkungsabkommen haben gewisse "Vorteile" hinsichtlich der Wirkung: Der Zeitpunkt des Inkrafttretens ist sicher, der Zeitraum der Dauer kann zwischen den Vertragsparteien festgelegt werden, ebenfalls der Umfang und das Ausmaß der Restriktion. Ein weiterer Vorteil des Exportlandes besteht darin, daß dieses die durch die Begrenzung der Exportmenge entstehende Kontingentsrente abschöpfen kann.

Die Exportselbstbeschränkungsmaßnahmen (ESA) führten zu einer unerwünschten *Bilateralisierung des Agrarhandels.* Klagen beim GATT waren nicht zu erwarten: Der rechtliche Status der ESA war ungeklärt und die GATT-Vertragsstaaten hatten kein besonderes Interesse an einer Klärung der Frage der GATT-Konformität, um sich dieses Instrumentes auch weiterhin bedienen zu können. Die Konformität wurde vom GATT selbst verneint.[91] Exportselbstbeschränkungsabkommen widersprachen dem Prinzip der Meistbegünstigung und schadeten den Drittländern. Zudem verloren die internationalen Agrarpreise ihre Lenkungsfunktion.[92,93]

5. Schutzklauseln (Escape Clauses) nach Art. XIX

Zu den Schutzklauseln zählten die *Notstandsklausel* und die *allgemeine Schutzklausel:*

- Nach der *Notstandsklausel* von Art. XIX (auch *Ausweichklausel* oder *escape clause* genannt) konnte eine Vertragspartei Einfuhrbeschränkungen für eine Ware festlegen, wenn die Importe in das Gebiet einer Vertragspartei unverhältnismäßig hoch anstiegen und dies eine nicht vorhersehbare Folge der eingegangenen GATT-Verpflichtungen darstellte. Voraussetzung für Einfuhrbeschränkungen war, daß den inländischen Produzenten gleichartiger oder konkurrierender Güter als Folge der Importe ein ernsthafter Schaden zugefügt worden war oder ein solcher unmittelbar bevorstand.[94,95] Die Notstandsklausel hatte temporären Charakter. Praktisch zeigte es sich, daß über ein Fünftel der ergrif-

[90] Vgl. *Quambusch* (1976), S. 172.
[91] Vgl. *GATT* (1985), Art XIX, Abs. 8.
[92] Landwirtschaftliche Exportselbstbeschränkungsabkommen wurden wohl erstmals im Jahre 1968 zwischen den USA und Australien, Neuseeland und Mexiko über Rindfleischexporte abgeschlossen. Vgl. *Winterling* (1986), S. 23.
[93] Die *Europäische Union* wendete Exportselbstbeschränkungsabkommen im Agrarbereich seit 1974 an. Damals wurde der Markt für Tafeläpfel auf diese Weise reguliert. Seit Beginn der 1980er Jahre wurde die Marktordnung für Schaffleisch über Exportselbstbeschränkungsabkommen im Außenhandel durchgesetzt. Vgl. *Winterling* (1986), S. 23. Bekannt ist auch das Tapioka-Abkommen zwischen der *Europäischen Union* und *Thailand* aus dem Jahre 1982. Tapioka kann als Brot- und Futtergetreide verwendet werden. Mit dem Exportselbstbeschränkungsabkommen wurden die Importe gedrosselt.
[94] Vgl. *GATT* (1976), Art. XIX, Abs. 1a, S. 2688.
[95] Im Agrarbereich wurde diese Schutzklausel sehr oft angerufen. Kanada wendete in den 1980er Jahren die Schutzklausel für Importquoten bei Rind- und Kalbfleisch an. Die *Europäische Union* bezog sich bei der Beschränkung von Einfuhren einzelner Arten von Obst und Gemüse auf Art. XIX. Vgl. *Hartwig* und *Tangermann* (1987), S. 70 f.

fenen Maßnahmen mehr als sechs Jahre lang angewendet wurde.[96] Die Notstandsklausel war seit der Tokio-Runde (1973-79) unter starker Kritik. Deren Formulierung erschien zu wenig restriktiv. Dennoch konnten sich die Verhandlungspartner in der Tokio-Runde zu keiner Änderung durchringen.

Die Kriterien zur Einführung von Notstandsklauseln waren unbestimmt, ebenso die Dauer der Schutzmaßnahmen. Die stets zu befürchtenden Retorsionsmaßnahmen konnten die Wirkungen einer Maßnahme nach der Notstandsklausel übertreffen. Der Exporteur konnte weder den Zeitpunkt noch die Art der Beschränkung abschätzen.[97] Diese "Mängel" der GATT-konformen Notstandsklausel nach Art. XIX führten zur Zunahme von Exportselbstbeschränkungsabkommen, welche ein Mehrfaches an Bedeutung gegenüber der Notstandsklausel erreichten.

- Unter die *allgemeine Schutzklausel* nach Art. XX[98] fielen (1.) "Maßnahmen zum Schutz des Lebens oder der Gesundheit von Menschen, Tieren und Pflanzen" (wobei offen blieb, was unter dem Begriff der "Gesundheit" zu verstehen war) und (2.) "Maßnahmen zur Durchführung von Verpflichtungen im Rahmen eines zwischenstaatlichen Grundstoffabkommens".[99]

Die Beschränkungen mußten den vom Wirtschafts- und Sozialrat gebilligten Grundsätzen entsprechen. Diese durften nicht

> " ... zu einer willkürlichen und ungerechtfertigten Diskriminierung zwischen den Ländern, in denen gleiche Verhältnisse bestehen, oder zu einer verschleierten Beschränkung des internationalen Handels führen".[100]

Dabei waren die Schlüsselbegriffe wie *"ungerechtfertigte Diskriminierung"* und *"willkürlich"* nicht definiert. Art. XX stellte eine "carte blanche zur Aufrechterhaltung bereits bestehender oder neu zu ergreifender Schutzmaßnahmen" dar[101] und legalisierte die vor dem Abschluß des GATT bereits existierende Ausnahmeliste. Es handelte sich um "the most troublesome GATT exceptions"[102] bzw. "the most troublesome administrative barriers to trade".[103]

V. Binnenmarktsubventionen und Export

1. Binnenmarktsubventionen

Strenggenommen sind auch die *Binnenmarktsubventionen* zu den nichttarifären Handelshemmnissen zu zählen. Bis zu Beginn der Uruguay-Runde als 8. GATT-Runde (1986-1994) blieben "heimische Subventionen" (Art. XVI Abs. 1) im Kompetenzbereich der Vertragsstaaten. Diese waren GATT-konform, sofern sie sozialen und binnenwirtschaftlichen Zielen dienten.[104]

---

[96] Vgl. *Winterling* (1986), S. 38.
[97] Vgl. *Winterling* (1986), S. 47.
[98] Vgl. *GATT* (1976), Art. XX, b. und h., S. 2688.
[99] Beispiele in den vergangenen Jahren sind die internationalen Rohstoffabkommen über Kaffee, Kakao, Weizen und Zucker. Vgl. *Senti* (1986), S. 276.
[100] *GATT* (1976), S. 2688.
[101] Vgl. *Senti* (1986), S. 277.
[102] *Jackson* (1969), S. 639.
[103] *Dam* (1970), S. 192.
[104] Vgl. *Senti* (1986), S. 174 f.

2. Die Förderung der Exporte

Als Handelshemmnisse wirken auch staatliche Maßnahmen zur *Förderung der Exporte*. Wurde ein Mitgliedstaat durch Exportsubventionen eines anderen Landes geschädigt, konnte dieses nach Art. XVI Ausgleichszölle erheben, um die negativen Auswirkungen hinsichtlich seiner Wettbewerbsfähigkeit auf dem Weltmarkt zu neutralisieren. Ausfuhrsubventionen *im allgemeinen* galten als nicht GATT-konform. Bei *Agrarprodukten* sollten diese vermieden werden, waren jedoch nicht GATT-inkonform.[105]

Die für den Agrarbereich in beschränktem Ausmaß zugelassenen Exportsubventionen durften von keiner Vertragspartei mittelbar oder unmittelbar in einer Größenordnung gewährt werden, daß diese dadurch mehr als einen angemessenen Anteil am Welthandel mit diesem Erzeugnis erlangen konnte.[106] Das Kriterium der „Angemessenheit" richtete sich nach einer früheren Vergleichsperiode. Allerdings war es schwierig, die Veränderung von Weltmarktanteilen eindeutig auf die Anwendung einzelner Exportsubventionen zurückzuführen. Zudem durften die Preise nicht wesentlich unter jenen anderer Anbieter liegen.[107]

3. Exportmengenbeschränkungen

Das GATT-47 erlaubte unter bestimmten Bedingungen nicht nur Schutzmaßnahmen, sondern nach Art. XI Abs. 2 auch die Anwendung von Kontingenten beim Export von Agrarerzeugnissen. Dabei handelte es sich um Ausnahmen des allgemeinen Verbots handelshemmender und handelsverzerrender Maßnahmen. *Exportmengenbeschränkungen* waren erlaubt, sofern diese vorübergehend angewendet wurden, um einen kritischen Mangel an Lebensmitteln oder anderen für die ausführende Vertragspartei wichtigen Waren zu verhindern oder zu beseitigen (Art. XI, Abs. 2a). Die Exportmengenbeschränkungen stellten zwar ein Handelshemmnis dar, waren jedoch während der Dauer der Notwendigkeit als temporäre Begrenzung der Exporte legal und GATT-konform.[108]

VI. Die Beilegung von Streitigkeiten

In den 1980er Jahren behandelte das GATT rund 50 Beschwerden mit Streitigkeiten über den Handel mit landwirtschaftlichen Erzeugnissen, meist zwischen

[105] Art. XVI, Abs. 1.

[106] Art. XVI, Abschnitt B, Abs. 3.

[107] Den in den 1980er Jahren stark steigenden Exportsubventionen der *Europäischen Union* und den tendenziell rückläufigen Weltmarktanteilen begegneten die *USA* mit Exportförderungsprogrammen (beispielsweise für Getreide und Milchprodukte). Klagen von Australien und Brasilien im Jahre 1978 gegen die EU-Exportsubventionen für Zukker waren ebenso erfolglos wie jene der USA im Jahre 1983 gegen die Subventionierung von Weizenmehl aus der Europäischen Union, weil die Änderungen der Weltmarktanteile nicht einem einzigen Faktor zugeschrieben werden können.

[108] Exportmengenbeschränkungen im internationalen Agrarhandel waren von untergeordneter Bedeutung. Beispiel eines solchen GATT-konformen Ausfuhrverbotes ist das von den *USA* 1973 verfügte Exportverbot für Sojabohnen. Dieses Embargo wurde nach einer guten Ernte im Spätsommer 1973 aufgehoben. Während der Geltungsdauer dieser Maßnahmen von rund zehn Monaten führten auch die *Europäische Union, Kanada, Australien, Schweden* und die *Türkei* Exportbeschränkungen und -kontrollen für Soja und Ölsaaten durch. Angesichts der Knappheit der Getreidemärkte erließ die Europäische Union Ende 1973 kurzfristig ein Exportverbot für Weizen und Reis. Ein weiteres Beispiel ist *Brasilien*, welches 1976 Sojaexporte einer Genehmigungspflicht unterwarf. Vgl. *Hasenpflug* (1977), S. 81 f.

Industrieländern (Art. XXIII des GATT-47).[109] Das Streitschlichtungsverfahren nach dem GATT-47 zeigte eine Reihe von Mängeln, darunter zahlreiche Möglichkeiten zur Verschleppung von Verfahren und mangelnde Instrumente für Sanktionen zur Durchsetzung von Schiedssprüchen. Oft wurden die Panel-Sprüche nicht anerkannt, womit die klagenden Parteien auf bilaterale Lösungen angewiesen waren. Diesen Mängeln versucht die WTO Rechnung zu tragen.

G. Die World Trade Organization (WTO)

I. Allgemeines

Es wurde erkannt, daß die Hauptprobleme der internationalen Agrarpolitik nicht nur aus den landwirtschaftlichen Überkapazitäten der USA, der EU und der CAIRNS-Staaten[110] entstanden, sondern ganz generell aus dem Reichtum dieser Länder an natürlichen Ressourcen. Deshalb mußten der Weltagrarhandel und die Agrarbinnenpolitik zum Gegenstand der internationalen Verhandlungen gemacht werden.

Bereits 1959 postulierte *Boris Swerling* für die USA Preise auf dem Niveau der Weltmärkte. Die vorgeschlagene Rückführung der Agrarpreise der Binnenmärkte der USA auf das Weltmarktniveau sollte durch einen Abbau der Exportsubventionen und der Importrestriktionen erreicht werden.[111] Dieser Vorschlag wurde Ende der 1980er Jahre zum Postulat eines *multilateralen Subventionsabbaus* ausgeweitet[112,113] und berücksichtigte die immer größeren, desintegrierend wirkenden Preisunterschiede zwischen den Binnenmärkten und den Weltmärkten. Es wurde erkannt, daß sich durch den Abbau von Exportsubventionen und Importschranken die einzelstaatlichen Preise den Weltmarktpreisen annähern, was in der Tendenz wohlfahrtssteigernd wirkt.

Eine Möglichkeit zum Einkommensausgleich sind Flächenzahlungen an die Landwirte *(Transitional Acreage Payments)* ohne irgendwelche Produktionsbindungen, eine andere Möglichkeit Direktzahlungen an die Landwirte *(Production Entitlement Guarantees = PEGs)* dar. Letztere könnten sämtliche direkten und indirekten agrareinkommens- und agrarmarktstützenden Maßnahmen ablösen. Diese wären produktgebunden und würden im Zusammenhang mit den einzel-

[109] Vgl. *Tangermann* (1987), S. 93.

[110] Hierzu zählen Argentinien, Australien, Brasilien, Kanada, Chile, Kolumbien, Fidschi, Ungarn, Indonesien, Malaysia, Neuseeland, Philippinen, Thailand und Uruguay.

[111] Vgl. *Swerling* (1959), S. 173 ff. Zur Sicherstellung der Versorgung in Zeiten mit Nahrungsmittelkrisen sollten nach wie vor strategische Lager gehalten werden.

[112] Die *OECD* schätzt die weltweiten jährlichen Agrarsubventionen ihrer Mitgliedstaaten für 1989-91 auf 299 Mrd. USD, für 1992 auf 350 Mrd. USD und für 1993 auf etwa 335 Mrd. USD. Als verschwenderisch bezeichnet die OECD jährlich rund 70 Mrd. USD. Das Ausmaß der Agrarsubventionen in Beziehung zur landwirtschaftlichen Wertschöpfung in den einzelnen Ländern ist sehr unterschiedlich. Die PSE (Producer Subsidy Equivalents) betragen in Norwegen, Japan, Finnland und der Schweiz zwischen 70 und 80 Prozent, in der EU-12 und Kanada zwischen 40 und 50 Prozent, in den USA knapp 30 Prozent und in Australien sowie Neuseeland zwischen 10 und 20 Prozent. Zit. nach *Senti* (1996), S. 155. Die Belastung der Verbraucher durch agrarprotektionistische Maßnahmen wird 1993 von der OECD auf jährlich USD 360 pro Kopf der Bevölkerung in den USA, USD 450 in der EU, USD 600 in Japan, USD 840 in der Schweiz, USD 910 in Finnland und USD 970 in Norwegen geschätzt. Vgl. *OECD* (1987a), S. 117.

[113] Zu den frühen Befürwortern zählt auch *Josling* (1993), 553 ff.

staatlichen Produktionslimiten im Rahmen des GATT ausgehandelt.[114] Die einzelstaatlichen Produktionslimiten würden auf die Bauern verteilt und könnten zwischen den Landwirten eines Landes transferiert werden. Direkte landwirtschaftliche Einkommenszahlungen würden nur erfolgen, wenn sich die Bauern an die Produktionsvorgaben halten. Einzelstaatliche Produktionslimiten sind jedoch nicht kritiklos zu akzeptieren. Mengeninterventionen wirken systemzerstörend und transferieren den Interventionismus auf das höhere Niveau der WTO. Ein solches Abkommen würde wie ein internationales Agrarkartell wirken und die strukturelle Entwicklung behindern.

II. Die Producer Subsidy Equivalents (PSE) und die Consumer Subsidy Equivalents (CSE)

Der Vorbereitung für eine neue internationale Agrarhandelsordnung diente auch die Diskussion um die *Producer Subsidy Equivalents (PSE)* als neuer Indikator für die Messung von agrarpolitischen Verzerrungen. Die verschiedenen Verfahren und Meßzahlen zur Erfassung des Protektionsgrades sind:

- Der *Häufigkeitsindex von Außenhandelshemmnissen.*

- Das *Zolläquivalent bzw. die effektive Protektionsrate* (der Schutz der inländischen Wertschöpfung).

- Der *nationale Protektionsindex* (bzw. der Protektionsgrad). Dieser wird meist als die relative Differenz zwischen den Inlandspreisen und den Weltmarktpreisen (Einfuhrpreise frei Grenze) berechnet.[115]

- Die *nominelle Protektionsrate* für die Produzenten. Diese Rate bezeichnet das Verhältnis zwischen dem Außenhandelsschutz und der binnenwirtschaftlichen Wertschöpfung in der Landwirtschaft. Die nominelle Protektionsrate für die Konsumenten gibt die Belastung der Verbraucher durch den Außenhandelsschutz wider.

- Die PSE ("Producer Subsidy Equivalents" = Produzenten-Subventionseinheiten) und die CSE ("Consumer Subsidy Equivalents" = Konsumenten-Subventionseinheiten). Die CSE (Consumer Subsidy Equivalents) werden als jener Betrag definiert, welcher notwendig ist, um die Verbraucher für die Verluste im Verbraucherbereich zu entschädigen, welche durch den Wegfall einer bestimmten agrarpolitischen Maßnahme resultieren, welche zu Gunsten der Verbraucher erfolgt.[116][117][118] Die PSE lassen sich für einzelne Erzeugnisse, Gruppen von Produkten, Länder und Ländergruppen ermitteln. Sie können in absoluten und relativen Werten geschätzt werden und positive oder negative Werte aufweisen.

[114] Vgl. *Blandford et al.* (1989), S. 20 f.

[115] Der nationale Protektionsindex betrug 1980/82 für Neuseeland 1,00, für Australien 1,04, für die Vereinigten Staaten 1,16, für Kanada 1,17, die Europäische Union 1,54, für Finnland, Norwegen, Schweden, Österreich und die Schweiz 1,84 sowie für Japan 2,44 und im gewogenen Durchschnitt der OECD 1,40. Vgl. *Weltbank* (1986), S. 133.

[116] Dieses Konzept wurde bereits in den 1970er Jahren von *Josling* entwickelt. Vgl. *Ballenger* (1988), S. 36 f.

[117] Angewendet wurde dieses Konzept erstmals in einer Studie der OECD über "National Policies and Agricultural Trade". Vgl. *OECD* (1987b).

[118] Die CSE erhöhten sich in den OECD-Ländern zwischen 1989 und 1990 von 113 auf 133 Mrd., bis 1995 gingen sie auf 123 Mrd. USD (30 Prozent) zurück.

Die *PSE als neuer Indikator für die Messung der agrarpolitischen Verzerrungen* lassen sich nach unterschiedlichen Methoden errechnen:[119]

(1.) Die Ausgaben des Staates für ein Produkt oder ein Agrarprogramm werden zusammengezählt (beispielsweise die Maßnahmen zur Preisstützung, direkte Einkommensbeihilfen, Subventionen des Inputs, Regionalsubventionen und Steuererleichterungen).[120] Damit verbunden ist die Fiktion, daß eine Einheit Staatsausgaben die Einkommen der Landwirte ebenfalls um eine Einheit erhöht.

(2.) Die landwirtschaftlichen Erzeugerpreise werden mit jenen verglichen, welche die Bauern ohne agrarpolitische Maßnahmen im Binnen- und Außenhandelsbereich erhalten würden.

(3.) Die PSE werden als jener Betrag definiert, welcher notwendig ist, um die Landwirte für die Einkommensverluste zu entschädigen, die beim Wegfall einer bestimmten agrarpolitischen Maßnahme resultieren.

Die PSE eignen sich besonders für Verhandlungen im Außenhandel.[121] Sie sind ein quantifizierbarer Maßstab für die unterschiedlichsten agrarpolitischen Maßnahmen und vereinfachen unter anderem die Verhandlungen über die nichttarifären Handelsschranken und die binnenwirtschaftliche Agrarpolitik. Die PSE als Gesamtpaket können Gegenstand handelspolitischer Verhandlungen bilden. Die Länder sind nach den Verhandlungen frei, die agrarpolitischen Instrumente nach eigenem Ermessen einzusetzen. Sie müssen lediglich die Restriktionen durch die ausgehandelten PSE beachten. Zudem können die PSE als Indikator für den Abbau von Handelsrestriktionen dienen. Dies ist ein Erfolgsmaßstab für Verbesserungen im internationalen Handel. Gleichzeitig lassen sich neue Arten der Handelsprotektion erfassen, welche möglicherweise als Ersatz für den Abbau anderer eingesetzt werden.

III. Die Uruguay-Runde als die achte GATT-Runde (1986-1994)

Bis zur *Uruguay-Runde* spielte der Agrarsektor in den GATT-Runden eine eher untergeordnete Rolle. Die Probleme einer immer intensiveren Agrarprotektion und das stets stärkere Agrardumping ließen den Agrarhandel bei der Eröffnungserklärung zu einem der Kernpunkte der WTO werden. In der Zwischenzeit zeigen sich auch bei den internationalen Agrarmärkten gewisse Anzeichen einer Globalisierung.

In Anwendung von Art. XXVII des GATT-47 sollte mit der Uruguay-Runde eine zunehmende Liberalisierung des weltwirtschaftlichen Handels erreicht werden. Die Einfuhrhemmnisse sollten verkleinert und der Zugang zu den einzelstaatlichen Märkten erleichtert werden. Zudem sollte die Disziplin bei der Gewährung von direkten sowie indirekten Subventionen verstärkt und der Wettbewerb verbessert werden. Erstmals sollten auch die nichttarifären Handelshemmnisse abgebaut werden. Das Ziel war unter anderem eine *neue Weltagrarhandelsordnung* mit einer Revision oder Neuinterpretation der bisherigen Handelsrestriktionen.

---

[119] Vgl. *Ballenger* (1988), S. 36 f.
[120] Vgl. *Hauser* und *Schanz* (1995), S. 176.
[121] Vgl. *Ballenger* (1988), S. 36.

Eine wesentliche Voraussetzung für einen multilateralen Abbau des internationalen Agrarprotektionismus war die Beteiligung der Hauptexportländer. Die Anpassung an veränderte landwirtschaftliche Erzeugerpreise in den einzelnen Ländern konnte nach den bisherigen Überlegungen nicht kurzfristig erfolgen, sondern erforderte Übergangsregelungen.

IV. Die WTO

Nach mehr als siebenjährigen Verhandlungen kam es am 15.4.1994 zur Unterzeichnung der *Welthandelsorganisation (World Trade Organiziation, WTO)* als neuer internationaler Organisation von 111 Ländern.[122] Damit wurde das bisherige GATT-Abkommen von 1947 in eine neue Ordnung überführt.[123] Die künftigen Mitglieder des WTO hatten alle Abkommen zum WTO zu übernehmen (single package Ansatz).

Die World Trade Organization (WTO) gliedert sich in drei Abkommen: *GATT-95 (vertieftes Warenhandelsabkommen), GATS (neues Rahmenabkommen über die Dienstleistungen)* und *TRIPS (neue Übereinkunft zum Schutz geistiger Eigentumsrechte).* Für die Landwirtschaft von besonderer Bedeutung sind das Güterabkommen und das Abkommen über den Schutz des geistigen Eigentums. Das Güterabkommen beruht auf dem GATT-47 und enthält wesentliche Novellierungen zur Begrenzung der tarifären und nichttarifären Handelshemmnisse, vor allem auch im landwirtschaftlichen Bereich. Um die mit der WTO eingeleiteten dynamischen Prozesse fortzuführen, ist nach 1999 eine neue größere multilaterale Handelsrunde vorgesehen.

Zu den Hauptprinzipien der WTO zählen:[124]

- Das Gebot der Nichtdiskriminierung (Meistbegünstigung und Inländerbehandlung). Die *Meistbegünstigung* besagt, daß alle Vorteile, Vergünstigungen, Vorrechte oder Befreiungen, die ein Land einem anderen gewährt, unverzüglich und bedingungslos auch anderen Mitgliedstaaten für gleichartige Waren gewährt werden (Art. I, Abs. 1 GATT-Vertrag). Die *Inländerbehandlung* verlangt, daß importierte Waren in einem Mitgliedstaat beim Absatz und der Verwendung rechtlich nicht schlechter gestellt werden dürfen als gleichartige inländische Waren (Art. III, Abs. 4).

- Das *Verbot mengenmäßiger Beschränkungen* durch die Begrenzung handelspolitischer Schutzmaßnahmen auf Zölle.

- Die *progressive Liberalisierung des Marktzugangs* durch einen kontinuierlichen Abbau und die rechtsverbindliche Festlegung der Einfuhrzölle.

- Die *Förderung des fairen Wettbewerbs* (beispielsweise durch den Schutz vor Exportdumping und die Möglichkeit, Dumping mit Ausgleichszöllen zu belegen).

- Die *Transparenz* (durch die Veröffentlichung von Gesetzen und Gerichtsurteilen).

---

[122] Zahlreiche Länder ratifizierten das Abkommen zum 1.1.1995, andere etwas später. 1995 waren 116 Staaten Mitglieder der WTO.
[123] Vgl. zu diesen Ausführungen *Hauser* und *Schanz* (1995).
[124] Vgl. *Hauser* und *Schanz* (1995), S. 10 ff.

- *Sonderbedingungen für die Entwicklungsländer* (Verzicht auf Reziprozität, allgemeines Präferenzensystem und Ausnahmeregelungen zum Schutz der Zahlungsbilanz).

V. Der Agrarbereich

1. Die Verbesserung des Marktzugangs

Im Agrarbereich sieht die WTO eine Reihe von Maßnahmen vor.[125] Dazu zählt unter anderem die *Verbesserung des Marktzugangs.* Alle nichttarifären Handelshemmnisse sollen in Zölle umgewandelt werden (sog. *Tarifizierung).* Darunter fallen die mengenmäßigen Beschränkungen, die variablen Einfuhrbeschränkungen[126] und die "freiwilligen" Exportselbstbeschränkungen. Die Zölle sollen zeitlich gebunden schrittweise abgebaut werden (Art. 4).[127]

2. Die spezielle Schutzklausel für tarifizierte Produkte

Eine *spezielle Schutzklausel für tarifizierte Produkte* besteht darin, daß vorübergehende, spezielle Zollerhöhungen für tarifizierte Produkte in Anspruch genommen werden können, wenn die Einfuhrmenge um fünf bis fünfundzwanzig Prozent steigt oder der Einfuhrpreis unter das durchschnittliche Niveau der Jahre 1986-88 fällt (Art. 5).

3. Der Abbau der produktegebundenen, internen Beihilfen

Die interne Stützung ist innerhalb von sechs Jahren um zwanzig Prozent zu vermindern. Betragen die *produktgebundenen internen Beihilfen* weniger als fünf Prozent des Produktionswertes (in den Entwicklungsländern unter zehn Prozent), müssen diese nicht abgebaut werden. Ausgenommen von der Pflicht zum Abbau sind staatliche Dienstleistungen (beispielsweise die Ausbildung, die Beratung, das Marketing, die Förderung der Infrastruktur), die Unterstützung der Strukturanpassung, regional-, sozial- und umweltpolitisch motivierte Maßnahmen sowie die sog. produktionsunabhängigen Direktzahlungen.[128]

Alle preisstützenden Maßnahmen und abbaupflichtigen Direktzahlungen[129] werden spezifisch für jedes Produkt und alle Gebietskörperschaftsebenen erfaßt. Daraus ergibt sich das *"Aggregate Measurement of Support" (AMS)* als Grundla-

---

[125] Vgl. *Hauser* und *Schanz* (1995), S. 180 ff.
[126] Differenz zwischen den angestrebten Binnenmarktpreisen und den Weltmarktpreisen.
[127] Der Abbau beträgt durchschnittlich 36 Prozent innerhalb von sechs Jahren (bei einer Mindestreduktion von 15 Prozent pro Zolltariflinie). Den internationalen Handelspartnern sind minimale Marktzutrittsmöglichkeiten von anfänglich drei Prozent und schließlich fünf Prozent einzuräumen. Ein WTO-Mitgliedsland darf die Tarifizierung bis zum Ende der sechsjährigen Übergangszeit hinauszögern bzw. mengenmäßige Beschränkungen aufrechterhalten (sog. *"Special Treatment"*-Klausel), sofern kumulativ folgende Voraussetzungen erfüllt sind: (1.) 1986-1988 wurden weniger als drei Prozent des Inlandskonsums des betreffenden Produkts eingeführt, (2.) seit 1986 erhielt das Produkt keine Exportsubventionen, (3.) das Produktion wird von wirksamen Maßnahmen zur Produktionsbeschränkung beeinflußt und es wird Importprodukten ein Jahr nach Inkrafttreten des Abkommens ein minimaler Marktzutritt von 4 Prozent des Inlandsverbrauchs gewährt (bis zum Ende der Übergangsperiode 8 Prozent; vgl. Annex 5 des Agrarabkommens).
[128] Vgl. Art. 6 und Annex 2 des Agrarabkommens.
[129] Direktzahlungen, welche nicht unter Annex 2 fallen.

ge konkreter Abbauschritte. Subventionen, welche sich nicht produktspezifisch zuordnen lassen, fallen unter die ebenfalls abbaupflichtige Kategorie der "non-product-specific AMS".[130]

4. Der Abbau der Exportsubventionen

Die *Exportsubventionen* sind auf der Basis der Jahre 1986-1990 für landwirtschaftliche Rohprodukte und Verarbeitungsprodukte innerhalb von sechs Jahren budgetmäßig um 36 Prozent zu kürzen. Bei Rohprodukten müssen die exportsubventionierten Mengen um 21 Prozent abgebaut werden (Art. 9).

5. Die Friedensklausel

Im Rahmen einer *Friedensklausel* verpflichten sich die WTO-Mitglieder während eines Zeitraums von neun Jahren, alle abkommenskonformen Stützungsmaßnahmen als nichtangreifbare Subventionen zu betrachten und auf die Verhängung von Ausgleichszöllen zu verzichten (Art. 13).

6. Die Sonderbehandlung der Entwicklungsländer

Die Umsetzung der eingegangenen Verpflichtungen hat in den *Entwicklungsländern* innerhalb von zehn Jahren (Industrieländer sechs Jahre) zu erfolgen. Zudem müssen die Entwicklungsländer nur zwei Drittel der Reduktionen umsetzen (beispielsweise die Tarifäquivalente nur um 24 Prozent abbauen). Bei den *ärmsten Entwicklungsländern* sind keine Abbauverpflichtungen erforderlich (Art. 15).

7. Die Konsultationen und die Streitbeilegung (Art. 19)

Bei den *Konsultationen* und der *Streitbeilegung* gelten differenzierte Verfahren, auch mit Sondergruppen von Sachverständigen und im Rahmen anderer internationaler Organisationen. Die bilaterale Beilegung des Konfliktes zwischen den Steitparteien hat Vorrang. Das Streitschlichtungsverfahren durch einen Streitschlichtungsausschuß *(Dispute Settlement Body)* erfolgt nach neuen, automatisierten Regeln und soll in der Regel innerhalb von neun Monaten, bei Inanspruchnahme einer neu geschaffenen Berufungsinstanz *(Appelate Body)* innerhalb eines Jahres abgeschlossen sein.

Der erste Schritt besteht aus Konsultationen zwischen den direkt betroffenen Handelspartnern. Sofern dies zu keinem Ergebnis führt, wird ein Panel eingesetzt, welches in der Regel innerhalb von sechs Monaten einen Bericht erstellt. Wird der Bericht von den Parteien anerkannt, wird dieser rechtskräftig, andernfalls gehen die Parteien in die Berufung. Stellt die Berufungsinstanz die Stichhaltigkeit der Panelempfehlung fest, müssen die Maßnahmen, welche zum Vertragsbruch führten, innerhalb von 30 Tagen (in Ausnahmefällen 90 Tage) oder im gegenseitigen Einvernehmen zwischen den Streitparteien aufgehoben werden. Wird dem nicht entsprochen, bewilligt der Ausschuß der betroffenen Mitgliedstaaten zeitlich befristete Retorsionsmaßnahmen zur Kompensation, so beispielsweise durch die Aufhebung von eingeräumten Handelskonzessionen, oder sofern dies im gleichen Bereich nicht möglich ist, in anderen Bereichen

[130] Vgl. Annex 3 des Agrarabkommens.

(cross-retaliation). Bußgelder sind nicht vorgesehen. Entwicklungsländer können ein beschleunigtes Verfahren in Anspruch nehmen.[131]

Eine starke Einschränkung der Möglichkeiten zur Einleitung von Streitschlichtungsverfahren im Agrarabkommen stellt die *Friedensklausel (Peace Clause)* dar. Agrarpolitische Maßnahmen dürfen zwischen 1995 und 2004 keinen handelspolitischen Verfahren unterworfen werden, solange die Maßnahmen dem Uruguay-Abkommen entsprechen und die Bestimmungen zum Abbau von Subventionen eingehalten werden.

8. Das Abkommen über sanitäre und phytosanitäre Maßnahmen (Gesundheit von Tieren und Pflanzen)

Das *Abkommen über sanitäre und phytosanitäre Maßnahmen (SPM)* liegt im Bereich des Lebensmittelrechts und dient der Gesundheit von Tieren und Pflanzen. Es stellt eine separate Übereinkunft dar, wobei die einzelnen WTO-Mitglieder nur solche sanitäre und phytosanitäre Maßnahmen (SPM) ergreifen dürfen, welche diesem Abkommen nicht widersprechen (§ 5).

Dabei gelten folgende Grundsätze:

- Das *Verbot ungerechtfertigter Diskriminierung* (§ 7).

- Die *Orientierung an internationalen Standards* (§ 9): Nationalen sanitären und phytosanitären Maßnahmen sollen grundsätzlich internationale Standards zugrunde liegen (§ 9-13).

- Die *Anwendung strengerer Bestimmungen* nur bei wissenschaftlicher Begründung oder auf der Grundlage einer konsistenten Risikoevaluation (§ 11).

- Die Richtlinien der *Risikoevaluation* aufgrund eines umfangreichen Kriterienkatalogs für die Beurteilung der mit Einfuhren verbundenen gesundheitlichen Risiken (§ 16-23).

- Das *Transparenzgebot*: Die WTO-Mitglieder müssen über die SPM umfassend und unverzüglich informieren sowie einen angemessenen Zeitraum zwischen Ankündigung und Inkraftsetzung einräumen. Es sind Informationsstellen zu bilden, welche über die geltenden SPM, die Kontroll- und Inspektionsverfahren sowie die Verfahren zur Risikobewertung Auskunft geben (§ 27).

- Die *Konsultation* und die *Streitbeilegung*.

VI. Schlußbemerkungen

1. Allgemeines

Mit der WTO wird versucht, den bisherigen *Ausnahmestatus* der Landwirtschaft im GATT-47 aufzuheben oder doch etwas abzuschwächen. Der internationale Agrarhandel soll etwas liberalisiert werden und sich weniger verzerrt darstellen. Beim Agrarabkommen der WTO geht es um eine evolutive Agrarreform der

[131] Die Entwicklungsländer haben oft Mühe, die Einhaltung des Schiedsspruches durchzusetzen, weil Retorsionsmaßnahmen vielfach nicht möglich sind.

internationalen Agrarhandelsbeziehungen durch einen graduellen Abbau von Verzerrungen, nicht um einen internationalen Agrarfreihandel.

Bei der Landwirtschaft wird nach dem sog. *"Ampel-Prinzip"* unterschieden:

- *"Green box"*-Maßnahmen sind erlaubte Fördermaßnahmen. Dazu zählen Vorkehrungen zur Erreichung nationaler Ziele der Agrarpolitik wie beispielsweise die Versorgungssicherheit, eine flächendeckende Landbewirtschaftung und umweltgerechte Betriebsmethoden. Die *"green box"* enthält nicht-liberalisierungspflichtige, spezifische Stützungsmaßnahmen der bäuerlichen Einkommenspolitik, welche keine künstliche Beeinträchtigung der Handelsströme herbeiführen sollen. "Green box"-Maßnahmen müssen ausschließlich staatliche Subventionen enthalten und dürfen keine Preisstützung darstellen, d. h. keine oder nur minimale Auswirkungen auf die Produktion und den Handel haben. Die Zahlungen dürfen sich auf höchstens 85 Prozent des Produktionsgrundniveaus beschränken und sollen nur auf fixierte Flächen, eine fixierte Zahl von Tieren oder auf Erträge (Basis 1986-1988) ausbezahlt werden.[132] Vorgesehen sind auch Schutzklauseln bei sehr raschen Importsteigerungen. Für die Zukunft ist eine Verlagerung der einzelstaatlichen agrarpolitischen Maßnahmen auf diese "green box" durch produktionsunabhängige Direktzahlungen zu erwarten.

- *"Yellow box"*-Maßnahmen sind abbaupflichtige Förderungsmaßnahmen (außerhalb des "green box"-Bereichs). Überschreiten die Zahlungen 85 Prozent des Produktionsgrundniveaus, hat ein nichtproduktionsspezifischer Abbau zu erfolgen, wobei ein stärkerer Abbau bei den einen Erzeugnissen einem geringeren Abbau bei anderen Produkten angerechnet wird. Zugelassen sind die Förderung der Forschung, Ausbildung, infrastrukturelle Maßnahmen, die Sicherstellung der Ernährung, die öffentliche Lagerhaltung, Umweltprogramme und Förderungsmaßnahmen für die strukturelle Anpassung.

- *"Red box"-Maßnahmen* sind verbotene Subventionen. Darunter fallen beispielsweise Exportsubventionen und produktgebundene, interne Subventionen, sofern diese gewisse Schwellenwerte überschreiten. Eine Abbaupflicht entfällt, wenn die Höhe der inländischen Protektion während der Basisperiode (1986-1988) nach der Methode des Aggregate Measurement of Support (AMS) weniger als fünf Prozent des landwirtschaftlichen Bruttoinlandsprodukts (BIP) in den Industrieländern bzw. weniger als zehn Prozent in den Entwicklungsländern beträgt (sog. *"Bagatell-"* oder *"de minimis"*-Regelung).[133]

Die Agrarkonflikte sollen künftig auf der Basis des Völkerrechts ausgetragen werden.[134] Die erreichten Effekte sind zwar noch gering, aber hinsichtlich der bereits erfolgten Anpassungen der landwirtschaftlichen Marktordnungen in den einzelnen Mitgliedsländern doch unverkennbar. Im Jahre 1999 soll eine neue WTO-Runde zu einer weiteren Liberalisierung der Agrarmärkte beitragen.

[132] Mit diesen Bestimmungen unterliegen die bisherigen Direktzahlungen der *Europäischen Union* keinen Beschränkungen.
[133] Der AMS-Index enthält die Subventionen zur Preisstützung (beispielsweise die Differenz zwischen dem Interventionspreis und dem Weltmarktpreis, multipliziert mit der Produktionsmenge in der Referenzperiode) und ggf. die Direktzahlungen an Landwirte sowie andere Stützungsmaßnahmen (beispielsweise die Subventionen für Produktionsmittel).
[134] Vgl. *Josling* (1993), S. 572; sowie *Hauser* und *Schanz* (1995), S. 187.

2. Allokationswirkungen einer Liberalisierung der Weltagrarmärkte

Die *Allokationswirkungen einer Liberalisierung der Weltagrarmärkte* bestehen in Wohlfahrtsgewinnen. Durch den Abbau des Agrarprotektionismus entstehen internationale Agrarmärkte, welche die weltwirtschaftlichen Knappheiten weniger verzerrt widerspiegeln. Die Preisdifferenzen zwischen den Weltmärkten und den Binnenmärkten werden durch die Reduktion der Exportsubventionen und der Importhemmnisse kleiner.[135] Dadurch ergeben sich Wohlfahrtsgewinne unabhängig davon, ob Kompensationsleistungen an die Landwirtschaft erfolgen oder nicht. Werden beispielsweise zeitlich begrenzte, degressive Kompensationszahlungen zum Ausgleich der geringeren Außenhandelsprotektion an die Landwirtschaft geleistet, wie dies einzelne Autoren befürworten, fallen im Verlaufe der Zeit immer größere Wohlfahrtsgewinne an.

Langfristig paßt sich der Agrarbereich an die veränderten Bedingungen an. Bisher ineffizient in der Landwirtschaft und im Agribusiness eingesetzte Ressourcen werden freigesetzt und auf eine andere Weise genutzt. Dies trägt zum wirtschaftlichen Wachstum bei, wobei irgendwann die unterste, noch sinnvolle Grenze bei der bäuerlichen Bevölkerung erreicht ist. Bisher sehr intensiv genutzte Agrarregionen in den hochentwickelten Industrieländern lassen sich ökologisch entlasten und einzelne Gebiete können der Natur als ökologische Ausgleichsgebiete zurückgegeben werden, was zu einer positiven Umweltrente führt.

3. Stabilisierungswirkungen

Die internationalen Agrarmärkte zeigen ein großes Maß an Preisinstabilität.[136] Dies ist darauf zurückzuführen, daß die Weltagrarmärkte bzw. die internationalen Rohstoffmärkte immer noch in erster Linie als "Ausgleichsventil" dienen, um kurzfristige Knappheiten und Überschüsse auszugleichen. Zur wechselnden Folge von Knappheiten und Überschüssen tragen die Witterungsabhängigkeit der Produktion, die kurzfristig starken Preisreaktionen auf Produktionsschwankungen und die Saisonalität der Agrarerzeugung bei.

Je mehr Länder an einem freien oder stärker liberalisierten internationalen Agrarhandel teilnehmen und je heterogener der so entstehende Agrarraum ist, desto größer sind auch die zu erwartenden *Stabilisierungswirkungen* bei den Agrarpreisen.[137] Darauf weisen auch die ersten Erfahrungen mit den Ergebnissen der WTO bzw. dem Zollabbau im Rahmen der Uruguay-Runde hin.[138] Mengenänderungen in den einzelnen Länder verursachen wegen der wesentlich größeren und leistungsfähigeren Märkte geringere Preisänderungen als bisher. Die Angebots- und Nachfrageschwankungen in den einzelnen Ländern können sich besser ausgleichen (vgl. Tab. 9/12).

---

[135] Die OECD und die Weltbank sind der Auffassung, daß sich bei einer Liberalisierung der Weltagrarmärkte in den OECD-Ländern jährlich Subventionen von rund 200 Milliarden USD abbauen lassen. Vgl. *Goldin* und *Knudsen* (1990).
[136] Vgl. *Johnson* (1978), S. 792.
[137] Vgl. *Schmitz* (1988), S. 1003.
[138] Die Untersuchungen beziehen sich auf die Schwankungen der Getreidepreise. Vgl. *Pilzecker* (1997), S. 167 ff. und insbes. S. 174.

Tab. 9/12
Die Wirkungen einer Liberalisierung der internationalen Agrarmärkte auf die Instabilität der Preise (*)

	Variationskoeffizient der Agrarpreise **			
	Ohne Liberalisierung	Bei Liberalisierung zwischen den Industrieländern	Zusätzlich der Entwicklungsländer	Bei weltweiter Liberalisierung
Weizen	0,45	0,30	0,23	0,10
Sonstiges Getreide	0,19	0,17	0,14	0,08
Reis	0,31	0,25	0,14	0,08
Rind- und Lammfleisch	0,06	0,04	0,05	0,03
Schweinefleisch, Geflügel	0,09	0,07	0,06	0,04
Milchprodukte	0,16	0,07	0,07	0,04
Zucker	0,20	0,17	0,07	0,04

* Quelle: *Tyers* (1985), S. 219 ff.
** Erwartete Abweichung vom langfristigen Durchschnitt in jedem einzelnen Land.

4. Verteilungswirkungen

Zu den Verlierern einer Liberalisierung des Agraraußenhandels zählen die Produzenten in den Ländern mit einem bisher hohen Preisniveau. Gewinner sind die Verbraucher in den Industrieländern und die Produzenten in den Ländern mit einem bisher tiefen Preisniveau. Vor allem in den CAIRNS-Ländern[139] ist mit einer Zunahme der Produktion zu rechnen, in der Europäischen Union zufolge des bisher stark überhöhten Preisniveaus eher mit einer Abnahme der Selbstversorgungsraten.[140]

Literaturangaben zu Kapitel 9:

Arrow, Kenneth J. (1951), Social Choice and Individual Values, New York.

Ballenger, Nicole (1988), PSEs: What they are and their Role in Trade Negotiation. In: Choices, The Magazine of Food, Farm, and Resource Issues, First Quarter, Vol. 3, Nr. 1, Herndon, 36 f.

Blandford, David, de Gorter, Harry, Gardner, Bruce, and Harvey, David (1989), There Is A Way To Support Farm Income with Minimal Trade Distortions. In: Choices, The Magazine of Food, Farm, and Resource Issues, First Quarter, Herndon.

Cecchini, P. (1988), Europa '92, Der Vorteil des Binnenmarktes, Baden-Baden.

Dam, Kenneth (1970), The GATT, Law and International Organization, Chicago and London.

Deutsche Bundesregierung, Agrarberichte.

[139] Zu diesen zählen Argentinien, Australien, Brasilien, Kanada, Chile, Kolumbien, Fidschi, Ungarn, Indonesien, Malaysia, Neuseeland, Philippinen, Thailand und Uruguay.
[140] Vgl. *Schmitz* (1988), S. 1003.

Donges, Jürgen B. (1978), Die Welthandelsordnung auf dem Prüfstand: Weitere Liberalisierung oder neuer Protektionismus?, Kieler Arbeitspapier Nr. 67, Institut für Weltwirtschaft an der Universität Kiel, S. 19 f.

Ders. (1981), Art. Handelshemmnisse, nicht-tarifäre. In: Handwörterbuch der Wirtschaftswissenschaften. Bd. 3, Stuttgart 1981.

Europäische Kommission (1995), Generaldirektion VI (Landwirtschaft), Lage und Perspektiven der Land-wirtschaft in den Mittel- und Osteuropäischen Ländern. Brüssel.

Feldsieper, Manfred (1975), Zollpräferenzen für Entwicklungsländer, Tübingen.

Fischler, Franz (1991), Der EWR aus der Sicht der Landwirtschaft. In: Agrarische Rundschau, Nr. 2 (Mai), Wien, S. 41-43.

Ders. (1995), Zielgerichtete Hilfe für MOEL. In: Agrarische Rundschau, Nr. 6 (Dezember), Wien, S. 7-10.

Frenkel, M. (1985), Makroökonomik des Protektionismus bei festen und flexiblen Wechselkursen, Hamburg.

GATT (1976), Allgemeines Zoll- und Handelsabkommen von Genf vom 20.10.1947 (GATT) in der vom 1.3.1969 an geltenden Fassung (Kodifizierung) sowie andere grundlegende GATT-Vereinbarungen, Deutsches Handelsarchiv 1976, Heft 19.

Dass. (1985), Analytic Index - Notes on the drafting, interpretation and application of the Articles of the General Agreement, Genf.

Geissmann, Ulrich (1991), Schweizer Konsumgüter - Chancen im neuen Europa. In: Wirtschaftspolitische Mitteilungen, 47. Jhrg., Nr. 1, Zürich.

Giersch, Herbert (1961), Allgemeine Wirtschaftspolitik. Grundlagen. Bd. 1, Wiesbaden.

Goldin, Ian und Knudsen, Odin (Hrsg.) (1990), Agricultural Trade Liberalization: Implications for Developing Countries. OECD/Weltbank, Paris/Washington.

Haberler, Gottfried (1933/1970), Der internationale Handel, Berlin 1933, repr. Berlin/Heidelberg/New York 1970.

Hartwig, B. und Tangermann, Stephan (1987), Die Stellung des Agrarhandels im GATT am Beginn der Uruguay-Runde. In: Agrarwirtschaft, Heft 3, Hannover.

Hasenpflug, Hajo (1977), Nicht-tarifäre Handelshemmnisse: Formen, Wirkungen und wirtschaftspolitische Beurteilung, Hamburg.

Hauser, Heinz und Schanz, Kai-Uwe (1985), Das neue GATT, München.

Haushofer, Heinz (1958), Ideengeschichte der Agrarwirtschaft und Agrarpolitik, Bd. II, München/Bonn/Wien.

IWF (1988), The Common Agricultural Policy of the European Community. Principles and Consequences. Washington D.C.

Jackson, J. H. (1989), World Trade and the Law of GATT, Indianapolis, Kansas City and New York.

Johnson, D. Gale (1978), National Agricultural Policies and Market Relations. In: American Journal of National Economics. Vol. 60, Nr. 5, December, S. 792.

Josling, Timothy (1993), Agricultural Trade Issues in Transatlantic Trade Relations. In: World Economy 16, 553-573.

Keller, H. (1987), Skandal im Kühlhaus. Dubiose Geschäfte in der EG, Stuttgart.

Koester, Ulrich (1981), Grundzüge der landwirtschaftlichen Marktlehre, München.

Ders. (1989), Perspektiven für eine sozial und ökologisch gerechte Form der EG-Agrarpolitik. In: A. Schomaker/D. Gossel/J. Lehnig K. (Hrsg.): Plädoyer für Europa. Beiträge zur Europäischen Einigung, Hamburg, S. 117-138

Kruse, Alfred (1965), Außenwirtschaft, Berlin.

Külp, Bernhard (1978), Außenwirtschaftspolitik, Tübingen/Düsseldorf.

Lopez, Rigoberto A. (1989), Political Economy of U.S. Sugar Policy. In: American Journal of Agricultural Economics, Vol. 71, No. 1, February, S. 20-31.

Niehaus, Heinrich (1957), Leitbilder der Wirtschafts- und Agrarpolitik in der modernen Gesellschaft, Stuttgart.

OECD (1987a), Organisation für Economic Co-Operation and Development: National Policies and Agricultural Trade, Paris.

Organization for Economic Cooperation and Development (OECD) (1987b), Problems of Agricultural Trade, Paris.

Pilzecker Fonseca Duarte, A. (1997), Handelspolitische Reformen und Preisstabilität: Die Auswirkungen der GATT-Uruguay-Runde auf die Schwankungen der Getreidepreise. In: Schriften der Gesellschaft für Wirtschafts- und Sozialwissenschaften des Landbaues e.V., Band 22, Münster, S. 167-178.

Porter, M.E. (1991), Nationale Wettbewerbsvorteile, erfolgreich konkurrieren auf dem Weltmarkt. Wien.

Priebe, Hermann (1970), Landwirtschaft in der Welt von morgen, Düsseldorf und Wien.

Quambusch, L. (1976), Nicht-tarifäre Handelshemmnisse - Ein Beitrag zu ihrer Systematisierung, Anwendung und Beseitigung, Köln.

Ricardo, David (1815/1905), Essay on the Influence of a Low Corn Price of the Profits of Stock; London 1815. In: Schriften über Getreidezölle, Jena 1905.

Schmitz, Andrew (1988), Gatt and Agriculture: The Role of Special Interest Groups. In: American Journal of Agricultural Economics; Vol. 70, No. 5, December, S. 994-1005.

Senti, Richard (1986), GATT-System der Welthandelsordnung, Zürich.

Ders. (1996), Auswirkungen des WTO-Landwirtschaftsabkommens auf die Agrarwirtschaft der Industriestaaten. In: Schriften der Gesellschaft für Wirtschafts- und Sozialwissenschaften des Landbaues e.V., Bd. 32, Münster-Hiltrup, S. 155-163.

Smith, Adam (1776/1974), Der Wohlstand der Nationen (London 1776), hrsg. von Horst Claus Recktenwald, 2. Auflage, München 1974.

Stigler George (1989), The Political Redistribution of Income, Zürich.

Swerling, Boris C. (1959), Income Protection for Farmers: A Possible Approach. In: Journal of Political Economy. Vol. 67, No. 2, April, S. 173-176.

Tangermann, Stefan (1985), Agrarprotektionismus und Entwicklung in der Weltwirtschaft. In: Giersch H. (Hrsg.), Probleme und Perspektiven der weltwirtschaftlichen Entwicklung, Berlin.

Ders. (1987), Die Landwirtschaft - Kein Fall für das GATT? In: Beihefte zur Konjunkturpolitik, "Die Neuordnung des GATT", Heft 34, Berlin.

Ders., Münch, Wolfgang und Josling, Timothy E. (1995), Kosten des Beitritts der Visegrad-Länder. In: Agrarische Rundschau, Heft 1, März, S. 1-4.

Tyers, Rodney (1985), "Agricultural Protection and Market Isolation: Model Structure and Results for the European Community." Journal of Policy Modeling 7. Quelle: Weltentwicklungsbericht, 1986, S. 154.

Viner, Jakob (1950), The Customs Union Issue, New York/London.

von Weizsäcker, Carl Chr. (1982), Staatliche Regulierung - positive und normative Theorie. In: Schweizerische Zeitschrift für Volkswirtschaft und Statistik, 118. Jg., Heft 3, S. 325-343.

Ders. (1984), Was leistet die Property Rights Theorie für aktuelle wirtschaftspolitische Fragen ? In: Neumann M. (Hrsg.), Ansprüche, Eigentums- und Verfügungsrechte. Schriften des Vereins für Socialpolitik. N.F., Band 140, Berlin, S. 123-154.

Weltbank (1986), Weltentwicklungsbericht 1986.

Willgerodt, Hans (1962), Handelsschranken im Dienst der Währungspolitik, Düsseldorf und München.

Ders. (1983), Die Agrarpolitik der Europäischen Gemeinschaft in der Krise. In: ORDO, Bd. 34, Stuttgart und New York.

Winham, Gilbert R. (1988), International Trade and the Tokyo Round Negotiation, Princeton N.J.

Winterling, Hans-Joachim (1986), Selbstbeschränkungsabkommen im internationalen Agrarhandel, Frankfurt am Main.

Von Witzke, Harald (1997), Wissenschaftliche Fortschritte und Herausforderungen in der Analyse von Märkten der Agrar- und Ernährungswirtschaft. In: Schriften der Gesellschaft für Wirtschafts- und Sozialwissenschaften des Landbaues e.V., Band 22, Münster, S. 11-25.

Zeller, J.R. (1983), Protektionismus: Politik, Instrumentarium und Konsequenzen. In: Wirtschaftspolitische Mitteilungen der Wirtschaftsförderung, Nr. 2.

Kapitel 10: Die Agrarmarktordnungen

"..., daß die landwirtschaftlichen Marktordnungen verschwinden müssen, je früher, desto besser" *(Willard W. Cochrane*, 1986a).

"... Meine Botschaft an die wirtschaftspolitisch orientierten Ökonomen ist klar und kühn. Geben Sie ihre Faszination der landwirtschaftlichen Marktordnungen auf und konzentrieren Sie ihre Kräfte auf die spezifischen Probleme des Nahrungsmittel- und Agrarbereichs. Sie werden Befriedigung bei der Analyse der landwirtschaftlichen Probleme finden, weil sie sich auf die Menschen beziehen, welche in der Landwirtschaft leben. Und wenn Sie Kontroversen nicht fürchten, werden sie eine geistige Welt des Abenteuers bei der Konzeption von agrarpolitischen Programmen finden"
(Willard W. Cochrane, 1986b, S. 1108).

Wir haben "in der Landwirtschaft einen Zustand erreicht, in dem in fast allen Ländern auch die nachdenklicheren Fachleute nicht mehr fragen, welches eine rationale Politik wäre, sondern nur noch, welcher von den politisch durchführbaren Kursen am wenigsten Schaden anrichtet"
(Friedrich August von Hayek, 1983, S. 447).

A. Einführung

I. Allgemeine Bestimmungsfaktoren

Eine einfache und doch sehr effiziente Form *landwirtschaftlicher Marktordnungen* sind spontane Märkte, bei welchen sich Angebot und Nachfrage unreguliert begegnen. Dabei kommt es zu einer vollkommenen Ausprägung der Marktfunktionen. Dazu zählen die Ausgleichs- oder Markträumungsfunktion, die Lenkungs- oder Allokationsfunktion, die Signal- oder Informationsfunktion, die Stabilisierungsfunktion, die Zuteilungs- oder Rationierungsfunktion, die Auslese oder Selektionsfunktion, die Verteilungs- oder Distributionsfunktion, die Anpassungsfunktion und die Fortschrittsfunktion.[1]

Bei den marktlichen Tauschvorgängen bilden sich Regeln. Soweit sich diese bewähren, werden sie zu tradierten Verhaltensweisen (Institutionen), welche den Tausch erleichtern und die Transaktionskosten senken. Verändern sich die Rahmenbedingungen, passen sich auch die Tauschregeln auf spontanem Wege an und entwickeln sich weiter, bis sie wiederum effizient sind. Institutionell lassen sich die Tauschregeln gesetzlich verankern (beispielsweise im Handels- und Privatrecht).

Staatliche und verbandliche Agrarmarktordnungen enthalten im Gegensatz zu spontanen Märkten mindestens ein binnen- oder ein außenwirtschaftliches Instrument zur Marktregulierung. Dabei läßt sich die Zahl der Instrumente fast beliebig vergrößern, wobei jede nur denkbare Intensität der Regulierung bis hin zu einem "perfekten" System erreicht werden kann. Bei der Kombination von binnen- und außenwirtschaftlichen Instrumenten zur Gestaltung von Marktordnungen sind der Phantasie kaum Grenzen gesetzt.

[1] Vgl. Kapitel 7.

Die Marktordnungen sind in der Regel von Produkt zu Produkt unterschiedlich konzipiert und werden immer mehr mit agrarstrukturellen, einkommenspolitischen, sozialen und ökologischen Elementen verknüpft. Dabei wird oft ein erheblicher Einkommenstransfer von den Verbrauchern und Steuerzahlern zu den Landwirten angestrebt.[2] Für die Konsumenten bedeutet dies eine versteckte Konsumentensteuer (sog. "Agrarsteuer" oder "implicit tax on consumers").

II. Spezifische Einflußfaktoren

Bei der Ausprägung der landwirtschaftlichen Marktordnungen spielen zahlreiche Faktoren eine Rolle:[3]

- Je größer die *politökonomische Macht* der Bauern und des Agribusiness ist, desto größer sind der Außenhandelsschutz und die Neigung, Überschüsse zuzulassen, welche mit Subventionen inferior verwertet, vernichtet oder exportiert werden. Je größer andererseits die politökonomische Macht der Verbraucher ist, desto freiheitlicher ist der landwirtschaftliche Außenhandel und desto stärker orientieren sich die inländischen Preise an den Weltmarktpreisen.

- Je geringer die *Preis-Nachfrageelastizität* bei einem Erzeugnis ist, desto stärker werden die Preise in der Regel reguliert, weil Preissenkungen eine nur geringe Wirkung auf die Stabilität der Märkte haben. Je größer umgekehrt die Preis-Nachfrageelastizität ist, desto geringer ist der Regulierungsbedarf, weil Preissenkungen zu einer größeren Nachfrage führen und damit die Märkte stabilisieren.

- Je irreversibler die *Produktionsfaktoren Arbeit und Kapital* bei der Erzeugung eines Gutes zeitlich gebunden sind, desto stärker ist in der Regel die Regulierung. Je vielseitiger umgekehrt deren Verwendungsmöglichkeit außerhalb der Landwirtschaft ist, desto geringer ist das Bedürfnis nach einer Marktregulierung, weil die Produktionsfaktoren bei Überschüssen abwandern und sich die Preise nach einiger Zeit erholen können.

- Je größer die *agrarwirtschaftlichen Fortschritte bzw. die Produktionssteigerungen* bei einem landwirtschaftlichen Erzeugnis sind und je geringer dessen Preis-Nachfrageelastizität ist, desto stärker ist der Regulierungsdruck, weil auf den Märkten ein starker Preisdruck lastet. Je kleiner umgekehrt die agrarwirtschaftlichen Fortschritte sind und je größer die Preis-Nachfrageelastizität ist, desto geringer ist die mögliche Instabilität im landwirtschaftlichen Preis- und Einkommensbereich und damit der Regulierungsdruck.

- Je größer die *Zahl der Landwirte* ist, welche ein Produkt erzeugen, d. h. je geringer der Konzentrationsgrad eines landwirtschaftlichen Produktionsbereichs ist, desto stärker ist in der Tendenz der politökonomische Regulierungsdruck. Handelt es sich um Erzeugnisse, welche vorwiegend von kleinen und mittleren Landwirten mit einer geringen Grenzproduktivität erzeugt werden, entsteht eine starke sozialpolitische Komponente bei der Marktregulierung.[4]

---

[2] Die Schätzungen für die 24 OECD-Länder betrugen 1992 rund USD 138 Mrd.

[3] Vgl. vor allem die Kapitel 4 ff.

[4] Dies geht in Richtung überhöhter Preise, differenzierter Preise, Kleinerzeugerzuschläge sowie Produktions- und Mindestquoten.

- Je stärker eine Region bei der *agrarpolitischen Willensbildung* politisch vertreten ist, desto größer ist der Regulierungsdruck bei den spezifischen Erzeugnissen dieser Region (und umgekehrt). Es können jedoch auch Interessenvertreter außerhalb dieser Region unter regional- und umweltpolitischen Aspekten eine stärkere Regulierung zu Gunsten einzelner Regionen fordern (zum Beispiel für die benachteiligten Regionen und andere ökologisch sensible Gebiete).

- Je kleiner die *Agrarquote eines Landes* ist, desto stärker ist meist auch das Bedürfnis der nichtlandwirtschaftlichen Bevölkerung, eine minimale landwirtschaftliche Erwerbsbevölkerung bestehen zu lassen (und umgekehrt). Die Agrarmarktordnungen tragen in diesem Fall dazu bei, den vollständigen Verfall der Landwirtschaft zu verhindern.

- Je stärker die *Umweltinteressen einer Gesellschaft* sind, desto größer ist die Regulierungsintensität, um positive landwirtschaftliche Effekte zu erzielen oder negative Externalitäten abzubauen (und umgekehrt). Je positiver die landwirtschaftlichen Externalitäten beurteilt werden, desto stärker ist der politische Druck, im Inland zu produzieren. Dies kann im Extremfall dazu führen, daß fast nur noch der positiven externen Effekte wegen eine landwirtschaftliche Produktion aufrecht erhalten wird. Je negativer die landwirtschaftlichen Externalitäten beurteilt werden, desto größer ist der politische Druck zum Abbau der Produktion.

- Je größer die *landwirtschaftlichen Marktüberschüsse* sind, desto größer ist das Regulierungsbedürfnis (und umgekehrt). Sind die landwirtschaftlichen Überschüsse und die staatliche Haushaltsbelastung groß, kommt es oft zu einer krisenartigen Senkung der Preise im Hinblick auf einen Abbau der strukturellen Überschüsse.

- Je mehr sich ein Land aus *eigenen landwirtschaftlichen Ressourcen* versorgen kann, desto größer ist der Regulierungsdruck, die Märkte abzuschotten und ggf. auch die Agrarexporte zu fördern (und umgekehrt).

- Je stärker der *Druck der internationalen Handelspartner* nach einer Liberalisierung des Agraraußenhandels ist und je mehr Drohpotential für Retorsionsmaßnahmen beim Außenhandel mit anderen Gütern besteht, desto stärker ist der Ruf nach einem Abbau der Hemmnisse im Agraraußenhandel. Je geringer umgekehrt der Druck der internationalen Handelspartner ist, desto stärker ist der politische Druck im Inland für restriktive Agrarmarktordnungen. Im Extremfall werden nur noch Produkte eingeführt, die in einem Land aus natürlichen Gründen nicht erzeugt werden können.

B. Die Kritik an den Agrarmarktordnungen

I. Die ordnungspolitische Kritik

Ist die landwirtschaftliche Markt- und Preispolitik eine *Aufgabe des Staates*? Je stärker sich die staatlichen Marktordnungen vom Muster spontaner Märkte entfernen, desto größer werden die Marktstörungen, die Risiken einer Fehlallokation von Ressourcen und die Gefahr von Verzerrungen bei den Einkommen:

> "Versuche, die Marktordnung zu 'korrigieren', führen zu ihrer Zerstörung"[5].

Die landwirtschaftlichen Marktordnungen wurden aus der Marktwirtschaft "herausgebrochen". Der Übergang zu bürokratisch-interventionistischen Systemen lähmte die Funktionen der Märkte.[6] Auch die bestfunktionierende Agrarbürokratie ist außerstande, die hochkomplexen Steuerungsfunktionen der Märkte zu übernehmen. Bei einer intensiver Regulierung der landwirtschaftlichen Gütermärkte kommt es letztlich zu einer Kumulierung lahmgelegter Marktfunktionen, verbunden mit einem Staatsversagen bei der Regulierungstätigkeit. Die Räumung der Märkte erfolgt nicht mehr automatisch, sondern durch den Staat. Die Stabilisierung der Preise muß auf agrarbürokratischem Wege durchgesetzt werden. Es entstehen Haushaltsbelastungen für die Marktinterventionen. Die staatlich festgelegten Preise verlieren die Funktion als Knappheitsmesser. Sie senden die Signale der Politiker und Bürokraten und nicht der Märkte. Die Landwirtschaft verliert die Fähigkeit zur strukturellen Selbstoptimierung bei der Anpassung an sich verändernde Umweltbedingungen und einer zukunftsgerichteten Entwicklung.

II. Die allokationspolitische Kritik

Bei Preis- und Mengeninterventionen versagt die *Allokationsfunktion der Märkte*, d. h. deren Fähigkeit zur steten Reallokation der Produktionsfaktoren selbst in einem Umfeld sich rasch verändernder agrarwirtschaftlicher Daten. Die immer intensiveren Marktinterventionen schoben in der Vergangenheit die Anpassung hinaus,

> "mit dem Ergebnis, daß das Problem immer größer wurde. Der Teil der Bevölkerung, der durch bewußte politische Maßnahmen in der Landwirtschaft gehalten wurde, ist so groß geworden, daß eine Angleichung der Produktivität der landwirtschaftlichen Bevölkerung an die der industriellen Bevölkerung in vielen Fällen eine Verschiebung in einem Ausmaß erfordern würde, das innerhalb absehbarer Zeit völlig undurchführbar scheint".[7]

Zudem bricht auch die nachfrageseitige Zuteilungsfunktion zusammen. Sind die garantierten Preise überhöht, entsteht eine paretoinferiore Situation, indem die "regulären" Nachfrager zuviel und die durch das Dumping begünstigten Nachfrager zuwenig bezahlen. So kommt es zu einer maßlosen Verschwendung von Ressourcen.[8] Die politisch-bürokratisch festgesetzten, meist überhöhten Preise regen zum Aufbau von landwirtschaftlichen Überkapazitäten an. Zudem forcieren sie den technischen Fortschritt, was zur Perpetuierung der Überschüsse führt.[9]

Geraten die Agrarmärkte einmal aus dem Gleichgewicht, sind meist Jahre und Jahrzehnte für die Wiederherstellung des Marktgleichgewichtes notwendig. Der Abbau der landwirtschaftlichen Überkapazitäten bringt angesichts der geringen Mobilität der Produktionsfaktoren lange Perioden gedrückter Agrarpreise und

[5] *Von Hayek* (1981), S. 191.
[6] Das System gleicht einem Patienten, bei welchem alle wesentlichen Körperfunktionen durch klinische Maschinen übernommen werden müssen.
[7] *Von Hayek* (1983), S. 445.
[8] Vgl. *Willgerodt* (1983), S. 106.
[9] Vgl. *Cochrane* (1986a), S. 11 ff.

tiefer agrarstruktureller Krisen. Solche langfristigen Zyklen mit überhöhten und später gedrückten Preisen wiederholen sich immer wieder ("politisch induzierte Schweinezyklen").

III. Die stabilitätspolitische Kritik

Die *Stabilisierung der Agrarmärkte* führt zu einem "Teufelskreis der Agrarpolitik".[10] Die Überhöhung der Agrarpreise regt die Mehrproduktion an, bewirkt wachsende Überschüsse und vergrößert den Abstand zu den Weltmarktpreisen. Dies wiederum erschwert den Export und erfordert einen größeren Subventionsaufwand für den Absatz der Überschüsse im Ausland. Die landwirtschaftlichen Überschüsse lassen die Grenzkosten der landwirtschaftlichen Marktordnungen ansteigen und deren Grenznutzen sinken. Zunehmend ergibt sich ein Mißverhältnis zwischen den staatlichen Grenzausgaben zur Marktstabilisierung und den Grenzeinkommen der Landwirte.

Abb. 10/1 zeigt, daß bei einer geringen Intensität (I) der Markteingriffe (Linie a) die induzierten Grenzeinkommen (Eink') größer sind als die staatlichen Grenzausgaben (K'_{St}). I* bedeutet die Schwelle, wo die Grenzeinkommen den staatlichen Grenzausgaben (K'_{St}) entsprechen (Linie b). Nach Überschreiten dieser Schwelle übersteigen die Grenzausgaben die Grenzeinkommen bis zur völligen Ineffizienz der Marktstabilisierung (vgl. Linie c und I**). Im Punkt B sind die landwirtschaftlichen Grenzeinkommen null, d. h. die Politik zur Stabilisierung der Märkte ist völlig einkommensineffizient.

Abb. 10/1
Grenzeinkommen und Grenzkosten der Marktstabilisierung

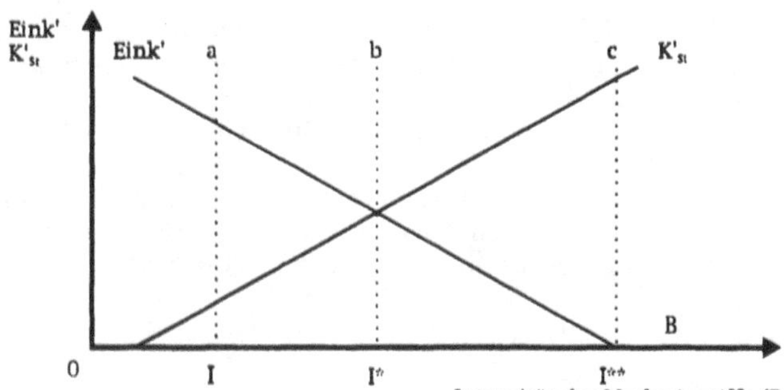

Liegen die Erzeugerpreise über den Gleichgewichtspreisen, bilden sich im Laufe der Jahrzehnte Überschüsse in einer Größenordnung, daß an eine Steuerung von Angebot und Nachfrage über die Märkte kaum mehr zu denken ist. Die Agrarmärkte gewinnen erst bei Gleichgewichtspreisen und einem Abbau der strukturellen Überschüsse die Fähigkeit zur Selbststabilisierung zurück.

Die landwirtschaftliche Stabilisierungspolitik kann nur hinsichtlich der kurzfristigen Angebotsschwankungen einen stabilisierenden Beitrag leisten, nicht

[10] *Priebe* (1982), S. 103.

jedoch bei strukturellen Marktungleichgewichten.[11] Sie ist auf die Dauer überfordert, wenn mit deren Hilfe strukturelle Überschüsse von den Märkten fernhalten werden sollen. Als landwirtschaftliche Allokationspolitik ist sie ungeeignet.[12] Der Versuch, strukturelle Marktungleichgewichte mit stabilitätspolitischen Mitteln zu korrigieren, ist untauglich. Die erreichte Abstimmung ist nur vorübergehender Natur und hat wenig mit einem echten Marktgleichgewicht zu tun.[13] Dies verzögert die landwirtschaftliche Anpassung und baut systemfremde ordnungspolitische Elemente in die Agrarpolitik ein.[14]

Eine solche Situation kann bis zu "unschönen" agrarpolitischen Aktionen wie beispielsweise der Vernichtung von Nahrungsmitteln oder der künstliche Begrenzung der landwirtschaftlichen Produktion durch Quotenregelungen führen. Spontane Märkte sind hinsichtlich der Stabilisierung staatlich regulierten Marktordnungen meist überlegen. Dabei paßt sich die Landwirtschaft immer wieder rasch an sich verändernde agrarwirtschaftliche Daten an, bis die Preise lohnend sind.[15]

IV. Die verteilungspolitische Kritik

Bei spontanen Märkten ohne strukturelle Ungleichgewichte bewirken größere Produktionsmengen geringere Preise und umgekehrt. Dies führt zu einer Stabilisierung der Erträge über den Preis-Mengen-Mechanismus. Auch die Einkommensstabilisierung erfolgt durch spontane, unregulierte Agrarmärkte in der Regel besser als durch eine staatliche Stabilisierung der Preise. Bei spontanen Märkten gleichen sich die Einkommenswirkungen der Preis- und Mengenschwankungen im Verlaufe der Jahre aus. Auf agrarbürokratischem Wege stabilisierte Preise dagegen bringen angesichts der steten Mengenschwankungen bei der landwirtschaftlichen Produktion ausgeprägte Einkommensschwankungen.[16] Die Stabilisierung der Preise legt die Distributionsfunktion der Märkte lahm.

Überhöhte Agrarpreise schlagen sich zudem selten in dauerhaften Einkommenserhöhungen nieder, sondern vor allem in höheren Preisen für den Boden und die bodengebundenen Kapitalgüter, welche über kurz oder lang in der Form von höheren Agrarpreisen auf die Verbraucher überwälzt werden.[17] Zu kritisieren sind auch die Verteilungswirkungen der staatlichen Aufwendungen für die Marktordnungen. Diese kommen in erster Linie den meistproduzierenden Landwirten zugute. Es ergibt sich eine regressive Verteilungswirkung ("Agrarsteuer") zu Lasten der Haushalte mit einer geringeren Kaufkraft.

---

[11] Vgl. *Niehaus* (1961), S. 126, und Kapitel 8.

[12] Vgl. Kapitel 8.

[13] Es handelt sich um einen zwangsweisen Eingriff zur Stabilisierung eines "zurückgestauten Ungleichgewichts". Vgl. *Willgerodt* (1962), S. 45.

[14] Der Versuch, die Agrarmärkte auf staatlich-bürokratischem Wege zu regulieren, führt zu einem Agrarinterventionismus, bei welchem "die Agrarpolitik in den meisten westlichen Ländern von Ideen beherrscht war, die ... bei allgemeiner Anwendung zu einer totalitären Beherrschung aller Wirtschaftstätigkeit führen würden" (*von Hayek* (1983), S. 448).

[15] So sprach sich bereits Anfang der 1980er Jahre eine Mehrheit der "führenden Agrarökonomen" in den USA für eine laissez faire-Politik bei Tabak, Getreide, Baumwolle und Milch aus, welche sie für besser hielten als die damaligen Marktordnungen. Vgl. *Pope* and *Hallam* (1986), S. 575 ff.

[16] Vgl. *Glauber et al.* (1989), S. 325 ff.

[17] Vgl. *Cochrane* (1986b), S. 1106 f.

C. Die Reform der Agrarmarktordnungen

I. Agrarpolitische Reformen

In den 1970er und 1980er Jahren waren die Marktordnungen derart ineffizient geworden, daß selbst weitere Agrarsubventionen kaum mehr zu spürbaren Steigerungen bei den landwirtschaftlichen Einkommen führten. Die Steigerungen bei den Ausgaben des Staates für den Agrarbereich waren meist größer als die dadurch induzierten zusätzlichen landwirtschaftlichen Einkommen. Dies bewirkte in den Köpfen einiger Agrarökonomen eine Renaissance des marktlichen Denkens. Marktwirtschaftliche Reformansätze für die nationalen und internationalen Agrarmärkte kamen ins Gespräch.

Das Überführen bürokratischer Organisationsformen in Märkte zählt zu den wesentlichen Reformvorschlägen.[18] Die Hinwendung zu einer vermehrt angebotsökonomisch orientierten Wirtschaftspolitik in den 1980er und 1990er Jahren beeinflußte auch die Agrarpolitik. Allerdings erfolgten keine tiefgreifenden ordnungspolitischen Reformen. Es kam vorerst lediglich zu Preissenkungen unter dem Druck der WTO ("GATT-95"), was einen Abbau der landwirtschaftlichen Überkapazitäten brachte.[19]

Die Vorschläge zur Reform der Agrarpolitik gliedern sich in solche, welche das gegenwärtige System verbessern wollen und solche, welche wettbewerblich geprägte Agrarmarktordnungen postulieren. Davon zu trennen ist die Phase des Übergangs zu einer neuen Ordnung, welche in der agrarpolitischen Durchführung besonders anspruchsvoll ist. Es gibt auch politische Kräfte, welche das gegenwärtige agrarbürokratische System beibehalten wollen (vgl. Abb. 10/2).

II. Eine marktliche Ordnung

Friedrich August von Hayek zählt zu den Befürwortern einer *rein marktlichen Ordnung:*

> "Die meisten verständigen Leute des Westens sind sich darüber klar, daß das Problem der Agrarpolitik heute darin besteht, die Regierungen aus dem System von Kontrollen, in das sie verwickelt wurden, herauszuführen, und die Funktion des Marktes wiederherzustellen".[20]

Nur in einem System der individuellen und wirtschaftlichen Freiheit ist es dem Menschen nach Auffassung *von Hayeks* möglich, nutzbringend zu wirtschaften bzw. sich fortzuentwickeln. Eine spontane Ordnung führt zum Aufbau der komplexen Marktfunktionen.[21,22] Dazu zählen die Souveränität der Verbraucher,

---

[18] *Engels* (1981), S. 282.

[19] Beispiele sind die Agrarmarktreformen der *Europäischen Union* in den Jahren 1988 und 1992.

[20] *Von Hayek* (1983), S. 453.

[21] Auch der *Kronberger Kreis* legt bereits 1984 einen langfristig angelegten Reformplan vor. Er befürwortet eine freie, marktliche Preisbildung, eine schrittweise Abschaffung der Produktionshilfen, die Berücksichtigung ökologischer Ziele, gezielte und zeitlich begrenzte Überbrückungshilfen als Auffangnetz für in Not geratene Landwirte sowie ständige einkommens- und flächenbezogene Beihilfen für wirtschaftlich benachteiligte Gebiete zur Aufrechterhaltung der Bewirtschaftung. Vgl. *Kronberger Kreis* (1984), S. 115 ff.

[22] Zu den Befürwortern marktwirtschaftlicher Lösungen zählt auch *Günther Schmitt* (1980), S. 104.

die stete, vollständige Räumung der Märkte, die zeitverzugslose Bildung von Gleichgewichtspreisen und Marktsignalen, die marktoptimale Allokation von Ressourcen (Paretooptimalität), der Konsum der Güter nach Knappheitskriterien, die Selektion der Produzenten nach Leistungskriterien, die Selbststabilisierung der Märkte aus marktlichen Kräften, leistungskonforme Einkommen, die Selbstoptimierung der Agrarstrukturen und eine ökonomisch optimale Entwicklung des landwirtschaftlichen Humankapitals.

III. Marktliche Elemente

Ein weiterer Ansatz für die Reform der landwirtschaftlichen Marktordnungen besteht in der Möglichkeit, *marktliche Elemente* in die Ordnungsstrukturen einzubauen. Dieser Vorschlag ist weniger radikal als die Schaffung marktlicher Wettbewerbsordnungen:

- Eine frühe Idee bestand in der Entkopplung der landwirtschaftlichen Stützpreise und der Marktpreise. Dieses Postulat geht auf den amerikanischen Agrarstaatssekretär *Charles F. Brannan* im Jahre 1940 zurück (sog. *Brannan Plan).* Dieser Plan wurde entwickelt, um den immer geringeren Grenznutzen der Agrarmarktpolitik als Instrument der landwirtschaftlichen Einkommenspolitik zu überwinden.

- Zu den frühen Reformern der Agrarmarktpolitik zählt auch *Heinrich Niehaus.* Er trat bereits 1957 für den Abbau von Subventionen, Zöllen und staatlichen Marktregulierungen ein, ebenso für die Verhinderung von Wettbewerbsbeschränkungen durch einzelne Marktteilnehmer.[23]

- Der *Höcherl-Plan* von 1968 sah Preissenkungen vor, verbunden mit zeitlich befristeten, nicht produktbezogenen Einkommenszahlungen und anderen agrarpolitischen Maßnahmen. Bei politischen Problemen mit der Durchsetzung von Preissenkungen sollten die Preise vorerst eingefroren werden.[24]

- Die "*Vedel-Kommission*" von *Georges Vedel* postulierte 1969 eine Senkung des realen Niveaus der EU-Agrarmarktpreise auf jenes der Gleichgewichtspreise. Preis- und Modernisierungssubventionen für Betriebe sollten eliminiert und Arbeitsplätze außerhalb der Landwirtschaft geschaffen werden. Die freiwerdenden Flächen sollten in einen Bodenreservefonds zur Landschaftsgestaltung oder Aufforstung überführt werden.[25]

- Das *Atlantische Institut* befürwortete 1971 eine schrittweise Senkung des realen Preisniveaus im Falle einer Überproduktion, verbunden mit zeitlich an die jeweiligen Bewirtschafter begrenzten und nach Überschreiten von bestimmten Flächengrößen degressiv ausgestalteten direkten Einkommenshilfen. Vorgesehen waren freie internationale Agrarmärkte, verbunden mit Höchst- und Mindestpreisen, nationalen Quotenregelungen und internationalen Rohstofflagern.[26]

- *Alfiero Spinelli* wollte 1973 "den Preisen ihre normale Funktion der Marktsteuerung zurückgeben und für die Sicherung annehmbarer Einkommensver-

[23] Vgl. *Niehaus* (1957), S. 14.
[24] Vgl. *Höcherl* (1968).
[25] Vgl. *Weber* (1970), S. 155 f.
[26] Vgl. *Atlantisches Institut* (1971), S. 10 ff. und 48 ff.

hältnisse andere Maßnahmen"[27] finden. Direkte Einkommenszahlungen, differenziert nach der Wirtschaftskraft der landwirtschaftlichen Unternehmen sowie entsprechend den regionalen Erfordernissen sollten für die bewirtschaftete Nutzfläche sowie die Viehbestände gewährt werden.

- *Koester* und *Tangermann* befürworteten u.a. eine jährliche reale Preissenkung bis zur Herstellung des Marktgleichgewichtes. Die Schätzungen für die notwendigen Preissenkungen gingen damals bis zu vierzig Prozent.[28] Personengebundene direkte Einkommenszahlungen sollten für die in der Landwirtschaft aktiven Erwerbstätigen gewährt werden. Neu eintretende Bauern sollten keine Zahlungen mehr erhalten.

- *Werner Grosskopf* wollte 1979 zwar am System der EU-Agrarmarktordnungen festhalten, betrachtete aber eine vorsichtige Preispolitik als wirksamstes Mittel zur Angebotssteuerung.[29]

- Der *Sachverständigenrat zur Begutachtung der gesamtwirtschaftlichen Entwicklung (SVR)* brachte in seinem Jahresgutachten von 1980/81 Ideen zur Neuorientierung der europäischen Agrarpolitik, welche im Jahresgutachten von 1986/87 wiederholt wurden. Ziel war der Ausgleich der Märkte bei einer allmählichen Liberalisierung. Für die Zeit des Übergangs sollten Hilfen zur Anpassung und sozialen Sicherung gewährt werden.[30]

- *Ulrich Koester* befürwortete 1983 eine Annäherung der EU-Agrarpreise an das internationale Preisniveau. Dadurch sollten die Agrarpreise vermehrt eine Signal- und Allokationsfunktion übernehmen.[31] Eine Abkopplung der Einkommenspolitik von der Preispolitik wurde als notwendig betrachtet, um die Agrarpreispolitik als Instrument der landwirtschaftlichen Einkommenspolitik fallen zu lassen.[32]

- Zu den Agrarreformpolitikern zählt auch *Hermann Priebe*. Seine Vorschläge aus den Jahren 1985 und danach zielten auf eine marktwirtschaftliche Orientierung der Agrarpolitik unter Berücksichtigung der gesellschaftspolitischen und ökologischen Aufgaben der Landwirtschaft.[33] Die Preispolitik sollte marktorientiert sein und von der Einkommenspolitik getrennt werden, zu einem Abbau der Marktüberschüsse und zur Entlastung der Staatshaushalte führen sowie durch gezielte Einkommenshilfen ergänzt werden.[34]

- In den USA postulierte *Willard W. Cochrane* 1986 die Eliminierung der landwirtschaftlichen Marktordnungen und einen Verzicht auf binnenwirtschaftliche

---

[27] *Spinelli* (1973), S. 13.
[28] Vgl. *Koester und Tangermann* (1976), S. 83.
[29] Vgl. *Grosskopf* (1979), S. 7.
[30] Vgl. *Sachverständigenrat* (1980), Zi. 417-494 und (1986), Zi. 342-356.
[31] Vgl. *Koester* (1983), S. 88.
[32] Vgl. *Koester* (1983), S. 92 ff.
[33] *Hermann Priebe* möchte vor allem die Pflege des Naturhaushalts, der Landschaft und Umwelt, die Versorgung mit gesunden Nahrungsmitteln und die Vermeidung volkswirtschaftlicher Belastungen. Vgl. *Priebe* (1985), S. 161 f.; (1986) S. 42 ff.; und 230; (1987), S. 220.
[34] In seinen späteren Schriften schließt *Hermann Priebe* ein "System gestaffelter Preise durch differenzierte Mitverantwortungsabgaben" nicht aus. Vgl. *Priebe* (1985), S. 243 und 247 ff. sowie (1986), S. 52 .

Marktinterventionen. Die landwirtschaftlichen Terminmärkte betrachtete er als ein geeignetes Instrument zur optimalen Risikoallokation.[35]

D. Die Übergangsphase

I. Grundlagen

Der *Übergang* von einer bürokratisch dominierten Agrarmarktverfassung zu einer marktlichen Agrarordnung oder einer verbesserten bürokratischen Ordnung mit dominierenden marktlichen Elementen erfordert eine *Anpassungsphase* (vgl. Abb. 10/2). Dies ist eine schmerzvolle, aber unvermeidliche Zwischenphase. Der Übergang zu neuen, marktlichen Organisationsformen zählt zu den schwierigen agrarpolitischen Operationen. Möglicherweise richten sich die politischen Bedenken der Bauern weniger gegen marktliche Lösungen als solche denn gegen einen strukturellen Kahlschlag im Rahmen des meist erforderlichen Kapazitätsabbaus. Der Übergang selbst läßt sich in Form eines *Agrarcrashs* (Zi. II.), einer *forcierten* (Zi. III.) oder einer *sukzessiven Anpassung* (Zi. IV.) vollziehen.

II. Ein Agrarcrash

Bei einem *Agrarcrash* werden die Instrumente (Exportsubventionen und Binneninterventionen), welche zu Marktüberschüssen führen, auf einen Schlag ausgesetzt. Dies bringt einen Zusammenbruch der Agrarpreise, möglicherweise verbunden mit einer preislichen Überreaktion der Märkte.[36] Die durch den Preiskollaps verursachte, vorübergehende Einkommensverschlechterung führt zu einer Abwanderung aus der Landwirtschaft, zur Stillegung von Grenzertragsflächen und zu einem Rückgang der Produktion.[37] Bei den landwirtschaftlichen Einkommen kann den Bauern mit einmaligen oder zeitlich begrenzten kompensatorischen Maßnahmen geholfen werden.[38,39]

---

[35] Die Agrarpolitik soll sich auf den Schutz des Verbrauchers im wettbewerblichen und nahrungsmittelhygienischen Bereich, die Agrarforschung, spezielle Hilfen für mittlere Bauern, staatliche Kredithilfen für bedrängte Bauern und die Nahrungsmittelhilfe für kaufkraftschwache Haushalte beziehen. *Willard Cochrane* postuliert einen verstärkten internationalen Agrarhandel durch handels- und währungspolitische Agrarhandelsabkommen mit den wesentlichsten Importländern und eine Stabilisierung der Weltmarktpreise für Getreide auf einem langfristigen Durchschnittswert mit Abweichungen von plus/minus zehn Prozent mit Hilfe eines Lagerhaltungsprogramms. Vgl. *Cochrane* (1986a), S. 15 und (1986b), S. 1106 f.

[36] Ein Teil der Landwirte wird möglicherweise vorübergehend versuchen, das Einkommen durch ein inverses Produktionsverhalten zu erhöhen.

[37] Nicht zu unterschätzen sind die seelische Belastung der Landwirte, die mit einem Agrarcrash verbundene Existenzangst und der seelische Schmerz bei einem Konkurs. Dies läßt sich in ökonomischen Werten ("ricardianische Renten") kaum messen. Oft kommt es auch zu einer erhöhten Selbstmordrate. Vgl. *Schmitz* (1995), S. 1124.

[38] Erfahrungen mit einem Crash der Agrarpreise hat *Schweden*, welches 1967 ein solches Programm durchgeführte. Es wurde beschlossen, die Landwirtschaft denselben ökonomischen Rahmenbedingungen wie die übrige Wirtschaft zu unterwerfen. Das Ziel der landwirtschaftlichen Einkommensparität wurde aufgehoben und der wünschenswerte Selbstversorgungsgrad von 100 auf 80 Prozent gesenkt. Die landwirtschaftlichen Erzeugerpreise wurden reduziert und die Strukturbeihilfen für rund ein Drittel der Betriebe gestrichen. Die Bevölkerung sollte vermehrt durch preiswerte Importe versorgt werden. Kleinere Betriebe erhielten für eine Übergangszeit direkte Einkommenszahlungen und Preissubventionen. Als Konsequenz trat vor allem bei der Milchproduktion eine unerwartet heftige Angebotsreaktion ein. Die Produktion sank von 3,2 Mill. Ton-

III. Eine forcierte Anpassung

Eine weitere Variante des Übergangs zu einer marktlichen Ordnung oder Agrarmärkten mit marktlichen Elementen ist die rasche Hinführung zum (vermuteten) Marktgleichgewicht ohne einen Crash der Preise. Maßnahmen, welche zu Überkapazitäten führen, werden ausgesetzt und durch Hilfen ersetzt, welche die Mobilität fördern. Es handelt sich um

> " ... ein Eingreifen in genau der entgegengesetzten Richtung, als in der bisherigen Form eingegriffen worden ist, nämlich nicht entgegen den Marktgesetzen, sondern in Richtung der Marktgesetze ... "[40].

Die Idee einer vorübergehenden agrarpolitischen "Schubumkehr" ist originell, aber angesichts der trägen agrarpolitischen Reaktionen problematisch.

IV. Eine sukzessive Anpassung

Eine *sukzessive Anpassung* an eine neue Agrarmarktverfassung erscheint angesichts der strukturellen Härten für die Landwirte zweckmäßig:

> "Es gibt allerdings auch Gründe dafür, die Landwirtschaft nicht sofort und ohne Übergangsregulierungen auf die für die übrige Wirtschaft geltenden sozialpolitischen Hilfen zu verweisen. ... Wirtschaftliche Entscheidungen, vor allem Investitionen, sind an den Daten orientiert worden, die der Staat gesetzt hat. Er würde bei den Betroffenen alle Glaubwürdigkeit verlieren, wenn er seine falschen Signale nun plötzlich ohne jede Übergangsphase richtigstellen würde. Überdies muß beachtet werden, daß

---

nen im Jahre 1967 auf 2,7 Mill. Tonnen im Jahre 1971. Die Versorgung der Bevölkerung mit Milch und Milchprodukten erschien gefährdet, und die Preise mußten stark erhöht werden. Versorgungsengpässe ergaben sich auch bei Gemüse und Obst. Die Preise stiegen über das ursprüngliche Niveau. 1973/74 kam es zu einer weltweiten Verknappung der Nahrungsmittel und einer Vervielfachung der Weltmarktpreise für Getreide, Reis und Zucker. Die Erzeugerpreise in Schweden wurden angehoben und die Nahrungsmittel subventioniert, um die Produktion anzuregen. Ein Teil der stillgelegten Kapazitäten wurde zu Grenzbeschaffungspreisen, d. h. mit großen Kosten, wieder aufgebaut. Das Crash-Programm erwies sich konzeptionell und in Verbindung mit den unvorhergesehenen, ungünstigen Entwicklungen der Weltagrarmärkte als ausgesprochener Fehlschlag.
Neuseeland führte in den Jahren 1984-1988 eine Reform mit einer Deregulierung der Wirtschaft und der Landwirtschaft durch. Ausgangslage waren Agrarpreise, welche sich bereits damals in der Nähe der Weltmarktpreise befanden. Im Zuge der Reformen verlor die Landwirtschaft die zahlreichen binnen- und außenwirtschaftlichen Unterstützungen, profitierte jedoch von einem tieferen Wechselkurs für die Exporte, sinkenden Kosten für die Produktionsmittel, geringeren Steuern und wesentlich tieferen Zinsen. Nach einem vorübergehenden Rückgang der landwirtschaftlichen Wertschöpfung in den Jahren 1985-88 erholte sich die Landwirtschaft wieder. Trotz eines Abbaus der landwirtschaftlichen Subventionen um rund 90 Prozent bis 1993-94 blieb der Anteil der landwirtschaftlichen Einkommen am Volkseinkommen ziemlich konstant. Die Nachteile einer geringeren Subventionierung und Protektion der Landwirtschaft wurden durch die Vorteile in den Bereichen der Faktorbeschaffung, der Fremdkapitalzinsen und der Steuern ausgeglichen. Das Beispiel zeigt, daß es bei einer Deregulierung der Landwirtschaft nicht zwangsläufig zu deren Zusammenbruch kommen muß. Vgl. *Sandrey* und *Scobie* (1994), S. 1044 ff. Vgl. auch Kapitel 4.

[39] Vgl. *Roy et al.* (1971), S. 411.

[40] *Rüstow* (1932/1981), S. 223.

auch andere Branchen Sondervergünstigungen erhalten, zu deren Abbau ein Gesamtkonzept entwickelt werden muß"[41].[42]

Abb. 10/2
Ordnungspolitische Entwicklungsmöglichkeiten der Marktordnungen

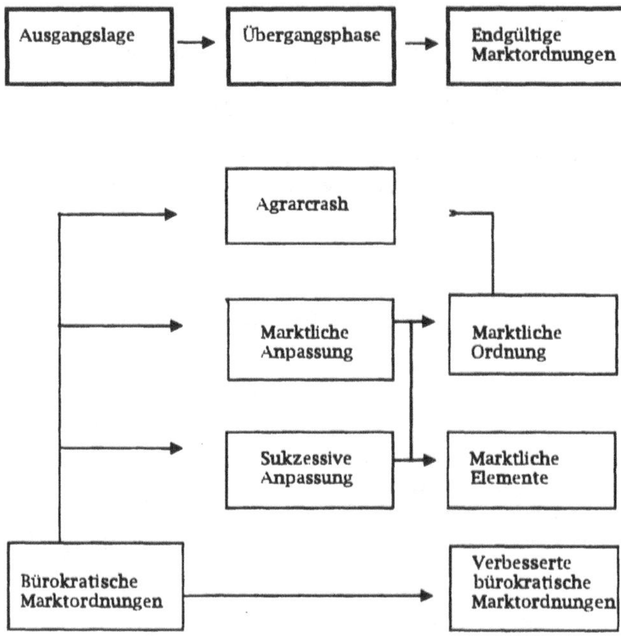

Werden die Interventionspreise nicht durch einen Crash, sondern sukzessive gesenkt, bis die Überschüsse bzw. die Raten der Selbstversorgung auf das angestrebte Niveau gesunken sind, ergeben sich für die Landwirte in einem beschränkten Ausmaß rationale Preiserwartungen.[43] Sie können die Zukunft ihrer Betriebe planen und dabei prüfen, welche betrieblichen Anpassungsmaßnahmen sinnvoll und notwendig sind. Gezielte Preissenkungen weisen gegenüber einem Crash der Preise den Vorteil auf, daß die Landwirte die mögliche Preisentwicklung ins Kalkül der langfristigen Betriebsplanung aufnehmen können. Die Gefahr eines überstürzten und überdimensionierten Kapazitätsabbaus wird gebannt. Allerdings können die Marktüberschüsse nach dieser Methode vorerst zunehmen, solange die Preissenkungen noch nicht greifen.[44]

[41] *Willgerodt* (1983), S. 132.

[42] Selbst während der Zeit des Agrarliberalismus im 19. Jh. herrschte Einigkeit in der Auffassung, daß der Landwirtschaft beim Übergang in eine marktliche Organisationsform eine Anpassungsphase (von beispielsweise zehn Jahren) zugestanden werden muß.

[43] So lassen sich die Preise beispielsweise jährlich um drei oder fünf Prozent senken. Vgl. *Simons* (1989), S. 44.

[44] Dies war in der Periode zwischen 1978 und 1985 der Fall, als die realen Agrarpreise in der *Europäischen Union* um rund 17 Prozent sanken (in der *Bundesrepublik Deutschland* real um über 25 Prozent) und die Marktüberschüsse dennoch stiegen.

Schließlich stellt sich die Frage, ob eine sukzessive Preissenkung auf die Dauer politisch zu verwirklichen ist oder ob eine solche nicht später agrarreaktionären Kräften zum Opfer fällt. Budgetäre Besserungstendenzen wecken im Verlaufe der Zeit Begehrlichkeiten für eine Rückkehr zum früheren System.[45] Eine sukzessive Preissenkung, wie diese in den 1990er Jahren unter dem Druck der WTO erfolgte, setzt ein erhebliches Maß an politischer Standfestigkeit voraus und stellt die Landwirtschaft vor schwierige Anpassungsprobleme. Maßnahmen zur Förderung der Mobilität der Produktionsfaktoren sind wünschenswert.[46] Zudem ist eine agrarsozialpolitische Abfederung des Strukturwandels notwendig.

E. Die faktische Entwicklung

I. Die Europäische Union

In der *Europäischen Union* kam es 1992 zu einer *Agrarmarktreform.* Auslöser waren die stark steigenden Agrarmarktüberschüsse, die wachsenden EU-Agrarausgaben, der agrarhandelspolitische Druck der *USA* sowie die Vorbereitungen für die Anpassung der Gemeinsamen Agrarmarktordnungen an die *WTO* für die Übergangsordnung nach 1995.[47] Es erfolgte eine sukzessive Senkung der Agrarrichtpreise für die Haupterzeugnisse,[48] verbunden mit verstärkten direkten Einkommenszahlungen sowie Marktentlastungs- und Stillegungsprämien. Ähnlich wie beim set aside-Programm der USA in den Jahren nach 1971 enthielt die Agrarmarktreform von 1992 ein relativ flexibles Flächenstillegungsprogramm. Dieses diente der mengenmäßigen Marktregulierung, sollte aber auch dazu beitragen, marginale Produktionsflächen dauerhaft aus der Produktion zu nehmen.

Im Hinblick auf eine mögliche, *neue internationale Agrarrunde* (WTO-Runde nach 1999) und dem Vollbeitritt der *Ost- und Zentraleuropäischen Länder* zur Europäischen Union ist eine weitere Agrarreform geplant ("Agenda 2000"), welche sich auf die Periode zwischen 2000-2006 bezieht und die Landwirtschaft, die Struktur- und die Regionalpolitik betrifft. Die Maßnahmen zur Stützung der Agrarpreise sollen nochmals abgebaut und die direkten Einkommenshilfen stark auf die Situation der einzelnen Betriebe zugeschnitten werden.[49] Sehr weit gehen die Vorschläge, auf Stützungspreise zu verzichten und die Agrarpreise auf das Niveau der Weltmarktpreise zu senken, die Produktionsquoten zu eliminieren und direkte Einkommenszahlungen für besondere Umweltleistungen nur noch auf nationaler Ebene zu leisten.

II. Die USA

Unter dem Einfluß vorübergehend stark steigender internationaler Agrarpreise wurden in den *USA* mit dem Agrarprogramm von 1996 die Stillegungs- und

[45] So führte Mitte 1989 die restriktive Preispolitik zu einem Abbau der Interventionslager im Milchsektor bei nach wie vor großen Überschüssen. Unverzüglich wurde der Ruf nach einer Expansion der Produktionsmenge laut.
[46] Ein Beispiel sind Stillegungsprämien für die Böden und zeitlich degressiv gestaltete Direktzahlungen. Vgl. *Roy et al.* (1971), S. 412.
[47] Vgl. *Grosskopf* (1995), S. 509 ff.
[48] Beispiele sind Getreide, Zucker, Milcherzeugnisse, Rind- und Schweinefleisch.
[49] Zur Diskussion stand 1997 eine Senkung der Interventionspreise für Rindfleisch um 30 Prozent, für Getreide um 20 Prozent und für Milchprodukte um 10 Prozent.

Marktförderprogramme durch zeitlich degressive Einkommenszahlungen für die Dauer von sieben Jahren an alle Farmer ersetzt. Abgesehen von Regulierungen bei einigen wenigen Erzeugnissen[50] sind die Landwirte bei ihren Produktionsentscheidungen in der Planung der Produktion frei. Die günstigen Rahmenbedingungen für eine solche Agrarreform ergeben sich aus den überdurchschnittlich hohen internationalen Agrarpreisen. Es wird allerdings bezweifelt, ob nicht später unter dem Einfluß sinkender Weltagrarpreise wiederum Marktordnungen für die Haupterzeugnisse zustande kommen.

F. Anhang

I. Grundkonstruktionen der EU-Agrarmarktordnungen

Es gibt wohl kaum einen Bereich der Wirtschaftspolitik mit einer derart großen Intensität der Regulierung wie jener der Agrarmärkte in den Industrieländern.[51,52] Die Agrarmarktordnungen der *Europäischen Union* folgen grundsätzlich einem Muster von Binnenmarktinterventionen, Einfuhrabschöpfungen und Ausfuhrerstattungen[53] (vgl. Abb. 10/3).

Abb. 10/3
Die landwirtschaftlichen Marktordnungen der EU
(Grundmodell, ohne Exportabschöpfungen)

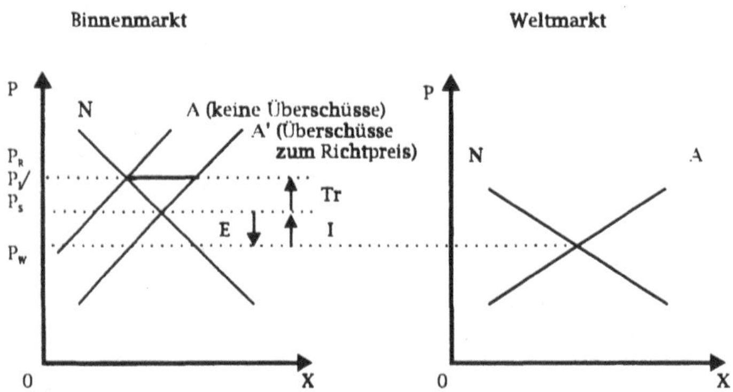

Legende:
P_R Richtpreis
P_W Exportpreis bzw. Importpreis (cif)
P_I Interventionspreis
P_S Schwellenpreis
E Exporterstattung
I Importabschöpfung
Tr Transportkosten im Binnenmarkt (zu den Hauptverbrauchsmärkten)

---

[50] Beispiele sind Milch und Milchprodukte, Zucker und Erdnüsse.
[51] Die EU-Agrarmarktordnungen bezogen sich 1958 auf 50 Prozent, 1970 87 Prozent und 1986 91 Prozent der Agrarerzeugnisse. Vgl. *EG* (1987), S. 21.
[52] Jährlich werden rund 800 Amtsblätter herausgegeben, welche durchschnittlich rund zwei Regulierungen des Agrarmarktes enthalten. Dies entspricht jährlich etwa 1.600 agrarmarktpolitischen Vorschriften. Vgl. *Kronberger Kreis* (1984), S. 26.
[53] Vgl. *Mändle* (1978).

Es gibt drei Haupttypen von Agrarmarktordnungen:[54]

(1.) Die *"Preisstützung":* Zur Preisstützung erfolgen Binneninterventionen. Diese können unbegrenzt oder begrenzt sein. Im Falle (a.) *unbegrenzter Binneninterventionen* besteht meist ein Interventionsmechanismus mit einem Mindestpreis (Interventionspreis) und unbegrenzten Marktinterventionen, wobei die aus dem Markte genommenen Mengen entweder inferior verwertet oder mit Exportsubventionen exportiert werden. Bei (b.) *begrenzten Interventionen* werden die Mindestpreise flexibel nach unten angepaßt oder es werden Mengenquoten zur Begrenzung des Marktangebotes festgelegt.

(2.) *"Importschutz":* Diese Marktordnungen enthalten nur Importrestriktionen.

(3.) *"Direkte Beihilfen":* Diese Marktordnungen sehen direkte Einkommenszahlungen an die Landwirte vor (mit oder ohne Importrestriktionen).[55]

II. Die Regulierung der Preise

1. In Verbindung mit dem Außenhandel

- Der *Orientierungpreis* ist der Preis nach einer Einfuhrbelastung. Dieser ist maßgeblich für die Abschöpfungen bei der Einfuhr.

- Der *Schwellenpreis* ist der Preis nach einer Einfuhrbelastung gegenüber Drittländern. Dieser wird so festgesetzt, daß der Marktpreis importierter Waren (cif-Preis plus Transportkosten) im Hauptzuschußgebiet dem Richtpreis entspricht. Unter diesem Preis dürfen Einfuhren die Außengrenze der Gemeinschaft nicht überschreiten. Die Differenz zwischen dem Schwellenpreis und dem cif-Preis wird abgeschöpft und fließt in der Regel in den EU-Agrarfonds.

- Der *Einschleusungspreis* ist de facto der Schwellenpreis für landwirtschaftliche Veredelungsprodukte.[56] Die Abschöpfung besteht nicht nur aus der Differenz zwischen dem cif-Preis und dem Schwellenpreis, sondern zusätzlich aus einer sog. Futtermittel- und Veredelungskomponente (Zusatzabschöpfung).

- Der *Angebotspreis frei Grenze* wird für sämtliche Einfuhren aus Drittländern ermittelt. Dieser bildet die Grundlage für Zusatzabschöpfungen als Differenz zwischen dem Angebotspreis frei Grenze und dem Einschleusungspreis.

- Der *"Zweite" Angebotspreis frei Grenze* wird zur Berechnung von Zusatzabschöpfungen herangezogen, wenn die Einfuhren aus bestimmten Drittländern zu abweichend tiefen Preisen erfolgen, beispielsweise aufgrund von Exportsubventionen.

- Der *Referenzpreis* ist der Preis nach einer Einfuhrbelastung gegenüber Drittländern. Dieser wird von den Orientierungspreisen unter Berücksichtigung der Kosten für das Verbringen von Gemeinschaftsprodukten auf die gleiche Marktstufe abgeleitet. Damit sollen Störungen durch Drittländer auf dem Gemein-

[54] In neuerer Zeit verwischen sich diese Haupttypen, weshalb auf eine eingehende Analyse verzichtet wird.
[55] Vgl. *Simons* (1989), S. 99 ff.
[56] Beispiele sind Schweine, Eier und Geflügel.

schaftsmarkt durch unterdurchschnittliche Preise vermieden werden. Referenzpreise dienen der Berechnung der Ausgleichsabgabe, die bei ungewöhnlich niedrigen Einfuhrpreisen zusätzlich zum Zoll erhoben werden.

- Der *Mindesteinfuhrpreis* ist ein Referenzpreis, bei welchem besondere Schutzmaßnahmen vorgesehen sind.[57]

2. In Verbindung mit der Erzeugung

- Der *Richtpreis* ist der von den Gemeinsamen Marktordnungen für die Erzeugung vorgesehene Marktpreis. Dieses Preisziel soll mit Hilfe von Interventionen wie beispielsweise Interventionskäufen realisiert werden. Der Richtpreis ist auch das Hauptkriterium bei der Festsetzung der Schwellenpreise.

- Der *Erzeugerrichtpreis* entspricht dem Richtpreis. Dieser gilt für Olivenöl und Olivenfette und ist die Grundlage für die Berechnung von Beihilfen für die Olivenerzeuger.

- Der *Marktrichtpreis* ist ein Sonderrichtpreis für Fette als Vergleichsbasis für das Olivenöl.

- Der *Grundpreis* ist die Basis für die Berechnung des Ankaufs- bzw. Kaufpreises und basiert auf den Marktnotierungen der Vorjahre und dem Richtpreis.

- Der *Orientierungspreis* ist der erwünschte Marktpreis (ähnlich dem Richtpreis) bei der Gemeinsamen Marktordnung für Rindfleisch.

- Der *Zielpreis* ist der Richtpreis für Sojabohnen und Rohtabak.

3. In Verbindung mit der Preisstützung

- Der *Interventionspreis* ist der garantierte Mindestpreis. Dieser liegt unter dem Richtpreis, welcher die Transport- und Lagerkosten einschließt.

- Der *Grundinterventionspreis* ist der Interventionspreis für bestimmte Getreidesorten für den Ort mit dem größten Zuschußbedarf. Für andere Interventions- bzw. Produktionsorte gilt der vom Grundpreis abgeleitete Interventionspreis.

- Der *garantierte Mindestpreis* dient der Berechnung der Erzeugerbeihilfe beim Hartweizen.

- Der *Ankaufspreis* ist der Interventionspreis der Gemeinsamen Marktordnungen für Obst, Gemüse und Schweinefleisch. Dieser wird von den jeweils in diesen Marktordnungen geltenden Grundpreisen abgeleitet.

- Der *Rücknahmepreis* ist der Preis, unter dem die Erzeugerorganisationen für Obst und Gemüse die von den Mitgliedern angelieferten Erzeugnisse nicht in den Handel bringen. Die Produzenten bzw. Erzeugergemeinschaften erhalten dafür von der EU einen finanziellen Ausgleich.

---

[57] Beispiele sind Fischereierzeugnisse.

- Der *Mindestpreis* gibt an, unter welchem Preisniveau in der Gemeinsamen Marktordnung für Wein die Vermarktung von Tafelwein verboten werden kann.

- Der *Auslösungspreis* in der Gemeinsamen Marktordnung für Wein ist der Preis, welcher die Interventionen auslöst.

- Der *Referenzpreis* ist ein gesonderter Orientierungspreis für Weichweizen, wodurch speziell für Brotgetreide ein höherer Markt- und Interventionspreis ermöglicht werden soll.

- Der *Beihilfeschwellenpreis* ist das Erzeugerpreisniveau für Sojamehl, welches den Beihilfebetrag für Produzenten bestimmt.

III. Die Instrumente im Zusammenhang mit der Einfuhr

- Die *Abschöpfung* ist eine Einfuhrbelastung gegenüber Drittländern. Es handelt sich um die Differenz zwischen dem cif-Preis und dem Schwellenpreis.

- Der *Wertzoll* und der *Mischzoll* sind Einfuhrbelastungen gegenüber Drittländern.

- Die *Ausgleichsabgabe* ist eine Einfuhrbelastung gegenüber Drittländern auf die Differenz zwischen dem Referenzpreis und dem mittleren Einfuhrpreis aus einem bestimmten Land (beispielsweise während einzelner Tage einer kurzen zeitlichen Periode von mehreren Tagen).

- Die *Zusatzabschöpfung* ist eine Einfuhrbelastung gegenüber Drittländern, sofern die Angebotspreise frei Grenze unter dem Einschleusungspreis liegen.

- Die *Einfuhrkontingente* zielen auf eine Begrenzung der mengenmäßigen Einfuhr durch feste Mengenvorgaben für die Einfuhr.

- Die *Selbstbeschränkungsabkommen* sind feste Mengenabkommen für die Einfuhr aus einzelnen Drittländern. Diese verpflichten sich, die vereinbarten Einfuhrmengen einzuhalten.

- *Einfuhrsubventionen* sind eine Einfuhrentlastung gegenüber Drittländern.

- *Einfuhrlizenzen* (mit und ohne Kaution) sind Bescheinigungen für die Einfuhr.

IV. Die einzelnen Marktordnungen[58]

1. Getreide

- *Instrumente auf dem Binnenmarkt* sind Richtpreise und Interventionspreise für Weichweizen, Hartweizen, Roggen, Gerste, Mais und Sorghum. Die Interventionspreise stellen Garantiepreise dar. Aufgrund der Interventionsgarantie kaufen die Interventionsstellen das in der Gemeinschaft geerntete und diesen angebotene Getreide während des Interventionszeitraumes vom November bis zum Mai eines Jahres zum Interventionspreis bzw. Interventionsankaufspreis.

[58] Die Agrarmarktordnungen der einzelnen Erzeugnisse werden nur sehr rudimentär beschrieben, da diese einem steten Wandel unterliegen. Diese Ausführungen dienen in erster Linie als Ergänzung und Illustrierung der bisherigen Ausführungen.

Bei den Interventionspreisen bestehen monatliche Preiszuschläge (Reports), welche mit dem zeitlichen Abstand von der Ernte zunehmen und vor allem die Lagerhaltungskosten berücksichtigen. Zum Ausgleich von höheren Preisen am Anfang des neuen Wirtschaftsjahres kann eine Übergangs-(Preisbruch-)vergütung gewährt werden. Für Erzeugnisse, welche in die chemisch-technische Verwertung gehen, wird eine Produktionserstattung zum Ausgleich der tieferen Weltmarktpreise gewährt.[59]

Bei den 1988 verabschiedeten Stabilisierungsmaßnahmen wurden Garantieschwellen festgelegt. Es handelte sich um ein Gemeinschaftskontingent mit sukzessiven Preisreduktionen.[60] 1992/93 und in den folgenden Jahren wurden die Interventionspreise um rund 29 Prozent auf ein Niveau gesenkt, welches nur noch knapp über den Weltmarktpreisen lag. Zugleich wurden Ausgleichszahlungen an die Landwirte von bis zu 45 ECU/Tonne je nach den regionalen Durchschnittserträgen bezahlt, womit diese Zahlung den Charakter einer Flächenzahlung erhielt und als GATT-konform gelten konnte. Voraussetzung war eine verbindliche Flächenstillegung von 15 Prozent für 1992/93. In den nachfolgenden Jahren sind es jährlich neu festgelegte Stillegungsanteile (mit Ausnahme der Kleinerzeuger mit Erträgen bis 92 Tonnen Getreide, welche keine Stillegungspflichten haben). Der Bauer kann sich entscheiden, ob er am Stillegungsprogramm mit Ausgleichszahlungen teilnehmen will. Die Dauer der Stillegung liegt bei sieben Monaten, wodurch die Landwirte auf diesen Flächen Futterpflanzen oder Zwischenfrüchte erzeugen können. Nachwachsende Rohstoffe können das ganze Jahr angebaut werden. Es gibt eine EU-Mindestqualität für Getreide, welche die Mindestanforderungen bei der Intervention bezeichnet. Qualitativ bestehen Toleranznormen, deren Unterschreiten zu Preisabschlägen führt.

- Im *Außenhandel* gelten bei den Preisen vor der Einfuhrbelastung cif-Preise für Rotterdam. Diese werden aufgrund der günstigeren Einfuhrpreise auf den Weltmärkten ermittelt. Qualitätsunterschiede zur maßgeblichen Standardqualität werden durch Koeffizienten ausgeglichen. Die cif-Preise werden durch die Kommission täglich festgelegt. Bei den Preisen nach der Einfuhrbelastung gegenüber Drittländern handelt es sich um sog. Schwellenpreise. Diese werden so festgesetzt, daß der Verkaufspreis der importierten Waren in Duisburg als dem Hauptzuschußgebiet unter Berücksichtigung der Qualitätsunterschiede dem Richtpreis entspricht. Die Basis für die Schwellenpreise bilden Einfuhren in Rotterdam. Die Einfuhrbelastung gegenüber Drittländern stellt eine Abschöpfung dar. Diese entspricht der Differenz zwischen dem cif-Preis und dem Schwellenpreis. Für Verabeitungserzeugnisse gelten Umrechnungssätze.

Die Einfuhr aus Drittländern erfolgt mittels einer Lizenz, welche gegen eine Kaution erteilt wird. Als Preisausgleich bei der Ausfuhr werden Erstattungen erhoben und Abschöpfungen bezahlt, um den Unterschied zwischen den Weltmarktpreisen und den Preisen der Gemeinschaft auszugleichen. Die Erstattung ist für alle Länder der Gemeinschaft dieselbe, kann jedoch nach einzelnen Bestimmungsländern unterschiedlich sein. Die Ausfuhr gegenüber Drittländern erfordert eine Ausfuhrlizenz (gegen Kaution).

[59] Diese werden gewährt für Stärke aus Mais und Weichweizen sowie für Kartoffelstärke als Grundlage der Produktion von Papier, Klebstoffen, Enzymen und Vitaminen.

[60] Bis 1992 führte jede Ernte, welche über 160 Millionen Tonnen lag, zu einer automatischen Reduktion des Interventionspreises um drei Prozent im folgenden Jahr. Dies war in den Jahren 1988 und danach der Fall. Die Garantieschwelle lag über dem Selbstversorgungsbedarf der *Europäischen Union*, weshalb die Überschüsse auf den Weltmärkten verkauft werden mußten.

2. Reis

- Instrumente auf dem *Binnenmarkt* sind Richtpreise für jeweils ein Wirtschaftsjahr für geschälten Reis und ein für alle Interventionsorte einheitlicher Interventionspreis für Rohreis. Diese Preise gelten für die EU-Standardqualität als Mindestanforderung für Interventionen. Es besteht Interventionspflicht. Monatliche Preiszuschläge (Reports) als Übergangsvergütung sind möglich, ebenso Produktionszahlungen.

- Beim *Außenhandel* werden cif-Preise für Rotterdam berechnet (jeweils für geschälten Reis, vollständig geschliffenen Reis und Bruchreis). Die cif-Preise gelten für Waren in loser Schüttung für die günstigsten Einkaufspreise auf dem Weltmarkt. Für die Qualitätsunterschiede zur Standardqualität werden Berichtigungsbeiträge festgesetzt. Die Schwellenpreise werden jährlich für ein Wirtschaftsjahr für Rotterdam festgesetzt (für geschälten, geschliffenen und Bruchreis). Bei der Einfuhr erfolgt eine Abschöpfung, welche der Differenz zwischen dem cif-Preis und dem Schwellenpreis entspricht. Für die Einfuhr von Rohreis und halbgeschliffenem Reis gelten Umrechnungssätze. Die Einfuhr erfordert eine Lizenz (mit Kaution). Erstattungen dienen dem Ausgleich zwischen den Weltmarktpreisen und dem Preis der Gemeinschaft. Sofern erforderlich können auch Ausfuhrabschöpfungen vorgenommen werden.

3. Kartoffeln

Für Kartoffeln besteht keine Gemeinsame Marktordnung (GMO).[61]

4. Obst und Gemüse (frisch) und Verarbeitungserzeugnisse aus Obst und Gemüse

- Bei den Instrumenten auf dem *Binnenmarkt* weicht diese GMO von der Grundkonstruktion der übrigen Marktordnungen ab. Die Grundpreise werden vom Rat jährlich für Auberginen, Blumenkohl, Tomaten, Äpfel, Aprikosen, Birnen, Pfirsiche, Tafeltrauben, Apfelsinen, Mandarinen und Zitronen für die Zeit des Hauptangebotes der Gemeinschaftserzeugung festgelegt. Dies erfolgt aufgrund des Durchschnittswertes der Notierungen für das jeweilige Erzeugnis während der letzten drei Jahre auf den repräsentativen Erzeugermärkten. Die Grundpreise sollen zur Sicherung des Erzeugereinkommens beitragen, die Marktpreise stabilisieren, keine Marktüberschüsse entstehen lassen und den Interessen der Verbraucher Rechnung tragen. Die Ankaufpreise werden jährlich vom Rat für ein Jahr festgesetzt. Sie betragen zwischen 30 und 45 Prozent des Grundpreises für Auberginen, Blumenkohl und Tomaten, zwischen 40 und 55 Prozent des Grundpreises für Äpfel und Birnen sowie zwischen 45 und 65 Prozent des Grundpreises für Aprikosen, Pfirsiche, Tafeltrauben, Apfelsinen, Mandarinen und Zitronen.

Die Erzeugergemeinschaften erhalten einen finanziellen Ausgleich aus dem *Europäischen Ausgleichsfonds für die Landwirtschaft (EAGFL)* für die Intervention bei Erzeugnissen, für die Grund- und Ankaufspreise festgesetzt sind. Der Ausgleich entspricht der Höhe des jeweiligen Rücknahmepreises, dieser wiederum dem Ankaufspreis, welcher um 10 Prozent des Grundpreises erhöht wird. Die an die Erzeuger bezahlten Entschädigungen dürfen den Rücknahmepreis nicht übersteigen und die aus dem Markt genommenen Erzeugnisse müssen den Qualitätsnormen entsprechen. Es gilt jeweils

[61] In der *Bundesrepublik Deutschland* wird der Kartoffelmarkt durch eine Begrenzung der Speisekartoffeleinfuhren und der Veredelungsproduktion aus Drittländern reguliert, und es werden strukturwirksame Maßnahmen (VO [EWG] Nr. 866/90) in den Ländern Bayern, Mecklenburg-Vorpommern, Niedersachsen, Nordrhein-Westfalen, Sachsen, Sachsen-Anhalt und Thüringen durchgeführt. Vgl. *Agrarbericht* 1993, S. 119.

ein Rücknahmepreis für die Güteklassen Extra, I und II (für die Güteklasse III soweit zugelassen). Die Interventionspreise für Obst und Gemüse können regionalisiert werden.

Die Interventionen erfolgen durch die Erzeugerorganisationen (unter bestimmten Voraussetzungen sind auch staatliche Interventionen möglich). Die Erzeugerorganisationen sind alle anerkannten Organisationen von Obst- und Gemüseerzeugern, deren Zweck die Konzentration des Angebotes, die Regulierung der Erzeugerpreise und die Bereitstellung geeigneter technischer Hilfsmittel für die Aufmachung sowie Vermarktung ist.

Eine Produktionsbeihilfe wird dem Verarbeiter für gewisse Verarbeitungserzeugnisse gewährt, wenn dieser dem Erzeuger für die Rohware einen bestimmten Mindestpreis bezahlt. Diese Mindestpreise und Produktionsbeihilfen werden im Verwaltungsausschuß-Verfahren jeweils für ein Wirtschaftsjahr festgelegt. Bei einigen Erzeugnissen bestehen Mengenbegrenzungen für die Produk-tionsbeihilfe, bei anderen Garantieschwellen, deren Überschreiten zu einer Kürzung der Mindestpreise oder Produktionsbeihilfe führt. Zudem kann die EU Rodungsaktionen für Apfelpflanzungen zur Beseitigung struktureller Überschüsse bewilligen.

- Im *Außenhandel* werden jährlich für die jeweilige Vermarktungssaison Referenzpreise für 18 Erzeugnisse im Verwaltungsausschuß-Verfahren festgesetzt (Äpfel, Birnen, Kirschen, Pfirsiche, Pflaumen, Tafeltrauben, Süßorangen, Clementinen, Mandarinen, Zitronen, Artischocken, Auberginen, Endiviensalat, Gurken, Kopfsalat und Zucchini). Deren Festsetzung erfolgt auf der Basis von Qualitätsnormen. Die Referenzpreise berücksichtigen die Durchschnittsentwicklung der Erzeugerpreise und die Qualitätsnormen. Mit dem Referenzpreissystem sollen Störungen auf dem Gemeinschaftsmarkt aufgrund von Angeboten aus Drittländern zu unterdurchschnittlichen Preisen vermieden werden.

Für jedes Markterzeugnis, jeden Markttag und jedes Herkunftsland werden die Einfuhrpreise auf der Stufe des Importeurs bzw. der Großhändler für vergleichbare Qualitätsklassen festgelegt. Der Einfuhrpreis entspricht den niedrigsten repräsentativen Notierungen für mindestens 30 Prozent der auf den repräsentativen Märkten vermarkteten Mengen von einem bestimmten Herkunftsland. Die Notierungen werden verringert um Zölle, etwaige Ausgleichsabgaben und andere Einfuhrabgaben.

Eine Ausgleichsabgabe wird erhoben, wenn der Einfuhrpreis eines Erzeugnisses aus einem Drittland an zwei aufeinanderfolgenden Markttagen um mindestens 0,6 ECU unter dem Referenzpreis oder innerhalb von fünf bis sieben Markttagen an drei Markttagen unter dem Referenzpreis liegt.[62] Einfuhrlizenzen mit Stellung einer Kaution sind für die Einfuhr von bestimmten sensiblen Verarbeitungserzeugnissen aus Obst und Gemüse aus Drittländern notwendig. Damit können auch die Einfuhren überwacht werden.

Bei aktuellen oder drohenden ernsthaften Störungen aufgrund von Einfuhren aus Drittländern können Schutzmaßnahmen angewendet werden. So kann die Einfuhr mit

[62] Die Ausgleichsabgabe entspricht der Differenz zwischen dem Referenzpreis und einem mittleren Einfuhrpreis oder dem letzten, um wenigstens 0,6 ECU unter dem Referenzpreis liegenden Einfuhrpreis. Bei Obst und Gemüse sowie Verarbeitungserzeugnissen kann eine Einfuhrbelastung in Form eines Wertzolles, Mischzolls, ggf. auch einer Abschöpfung (bei zuckerhaltigen Erzeugnissen) erfolgen.

Hilfe des Einfuhrlizenzsystems begrenzt werden.[63] Hinzu kommen Einfuhrmindestregelungen und Selbstbeschränkungsabkommen.[64]

Ausfuhrerstattungen können für frisches und verarbeitetes Obst sowie Gemüse zum Ausgleich der Preisunterschiede im internationalen Handel und den Preisen der Gemeinschaft gewährt werden. Die Erstattung ist für die gesamte Gemeinschaft gleich groß, kann jedoch unterschiedlich je nach Bestimmung oder Bestimmungsgebiet sein. Die Festsetzung erfolgt im Verwaltungsausschuß-Verfahren.

5. Wein

- Als Instrumente auf dem *Binnenwirtschaft* werden Orientierungspreise für jede repräsentative Tafelweinart jährlich für das am 1. September beginnende Wirtschaftsjahr aufgrund des Mittels der Preise der beiden vorangehenden Weinwirtschaftsjahre und der Preisentwicklung während des laufenden Weinwirtschaftsjahres festgesetzt. Für die Auslösung von Interventionen wird jährlich vor dem 16. Dezember ein Schwellenpreis (Auslösungspreis) für alle Weinsorten festgelegt, für die ein Orientierungspreis besteht. Maßgebend für den Schwellen- bzw. Auslösungspreis sind die Marktlage, die Notwendigkeit der Preisstabilisierung, die Qualität der Ernte und die Vorbilanz.

Als Mittel der Interventionen werden Beihilfen für die private Lagerhaltung von Tafelwein im Falle eines bestimmten Mißverhältnisses von Angebot und Nachfrage gewährt, sofern der Auslösungspreis in näher bezeichneter Weise unterschritten wird. Wird eine Festigung der Preise dadurch nicht erreicht, kann der Rat Interventionen in Form von Destillationen zulassen.[65]

Die gemeinsame Weinmarktordnung regelt auch die Kelterungsverfahren (önologische Verfahren) und die besonderen Qualitätsanforderungen für Qualitätsweine bestimmter Anbaugebiete.[66] Die Weinmarktorganisation unterscheidet vor allem für die zulässige Alkoholanreicherung Weinbauzonen (A, B, CIa, CIb, C II, CIII).[67] Zudem werden die besonderen Qualitätsanforderungen von Qualitätsweinen bestimmter Anbaugebiete geregelt. Es besteht die Möglichkeit, Umstellungsprämien zu gewähren. Bis 1990 bestand zufolge der Überkapazitäten ein EU-Anbaustopp.[68]

- Im *Außenhandel* werden die Referenzpreise frei Grenze (Frei-Grenze-Preise) jährlich vor dem 1. September für Rot- und Weißweine aus Drittländern festgelegt. Die Refe-

---

[63] 1988 beispielsweise erfolgte eine Begrenzung auf 0,52 Mio. Tonnen Tafeläpfel als Gesamteinfuhr aus Drittländern.

[64] Vereinbarungen gab es mit dem früheren Jugoslawien.

[65] Beispiele sind die vorbeugende Destillation zu Beginn des Weinwirtschaftsjahres, die obligatorische Destillation, die Stützungsdestillation und die ergänzende Destillation für Inhaber langfristiger Lagerverträge.

[66] Dies betrifft vor allem die Alkoholanreicherung, Säuerung, Entsäuerung, Süßung, das Vermischen, Auspressen, die Verwendung des Tresters und anderer Erzeugnisse, den Zusatz von Alkohol, den Verschnitt, die Bezeichnungen, die Begleitdokumentation und die Kontrollen sowie die zur Weinherstellung, Weinbehandlung und Konservierung zugelassenen Stoffe und Verfahren.

[67] Die bundesdeutschen Weinbaugebiete liegen in der Zone A (Baden Zone B).

[68] In der *Bundesrepublik Deutschland* wurden die Anforderung für die Genehmigung von Neuanpflanzungen mit einer Änderung des Weinwirtschaftsgesetzes per 1.1.1989 verschärft. Es gibt den Deutschen Weinfonds, Abgaben für die gebietliche Absatzförderung, nationale Beihilfen für Rebenpflanzungen im Rahmen bestehender Programme (vor allem bei Flurbereinigungensverfahren oder Steillagenprogrammen), zudem qualitätsorientierte Mengenregulierungen. Für Alkohol besteht die Monopolverwaltung für Alkohol (Bundesmonopolverwaltung für Branntwein, Monopolverwaltung Berlin).

renzpreise werden von den Orientierungspreisen abgeleitet. Dabei werden die Kosten berücksichtigt, welche notwendig sind, um die Weine auf dieselbe Vermarktungsstufe zu bringen. Eine Ausgleichsabgabe wird erhoben, wenn der Angebotspreis frei Grenze zuzüglich der Zölle unter dem Referenzpreis liegt. Diese entspricht dem Unterschied zwischen dem Angebotspreis und dem Referenzpreis. Garantieren Drittländer die Einhaltung des Referenzpreises, wird die Ausgleichsabgabe nicht erhoben. Für Importe ist eine Lizenz (mit Hinterlegung einer Kaution) erforderlich. Ausfuhrerstattungen werden gewährt, um die Ausfuhr bestimmter Erzeugnisse der Weinmarktordnung zu ermöglichen, die von wirtschaftlicher Bedeutung sind. Die Erstattungen entsprechen dem Unterschied zwischen den Weltmarktpreisen und den Preisen der Gemeinschaft.

6. Rohtabak

- Als *binnenwirtschaftliches Instrument* wird der Zielpreis auf der Erzeugerstufe jährlich für die Ernte des folgenden Kalenderjahres auf eine Bezugsqualität unbearbeiteter Tabakblätter festgelegt. Der Zielpreis soll eine Spezialisierung unter Berücksichtigung der natürlichen Bedingungen und Wirtschaftsstrukturen fördern, zur Qualitätssteigerung beitragen und den Erzeugern ein angemessenes Einkommen garantieren. Käuferprämien werden bestimmten Käufern zur Verwirklichung des Zielpreises und die Sicherstellung des Absatzes des in der Gemeinschaft erzeugten Tabaks gewährt. Die Prämien werden jährlich festgesetzt und bezahlt, wenn die Tabakblätter unmittelbar vom Erzeuger gekauft werden.

Der Interventionspreis entspricht 85 Prozent des entsprechenden Zielpreises. Die Interventionsstellen müssen den ihnen angebotenen Tabak ankaufen, sofern dieser in der Gemeinschaft erzeugt und dafür keine Prämie in Anspruch genommen wurde. Für ganze Tabakballen können abgeleitete Interventionspreise festgelegt werden. Beim Überschreiten von Höchstgarantiemengen für die EU und die einzelnen Mitgliedsländer können die Interventionen preis- und mengenmäßig eingeschränkt werden, um ein besseres Gleichgewicht zu erreichen. Die Preise und Prämien wurden 1988 zur Stabilisierung der Märkte eingefroren. 1991 kam es zu einer Verschärfung der Bedingungen für die Interventionskäufe. Es wurde eine Höchstmengengarantie festgelegt, bei deren Überschreiten die Interventionspreise um denselben Prozentsatz wie die Mengenüberschreitung gekürzt wird (bis max. 23 Prozent).[69] Zudem sollen die Tabaksubventionen stärker an Sorten mit hoher Qualität ausgerichtet werden.

- Im *Außenhandel* werden bei der Einfuhr von Tabak Mischzölle angewendet. Ausfuhrerstattungen können gewährt werden, um eine Ausfuhr zu ermöglichen. Dabei wird der Preisunterschied zwischen den Preisen in der Gemeinschaft und den Weltmarktpreisen ausgeglichen. Die Erstattung kann je nach der Bestimmung oder dem Bestimmungsgebiet unterschiedlich sein. Diese wird in Anlehnung an den Zolltarif festgesetzt, welcher aufgrund der durchschnittlichen Angebotspreise der Drittländer berechnet wird.

7. Flachs und Hanf

- Als Instrumente auf dem *Binnenmarkt* werden für Flachs und Hanf Erzeugerbeihilfen sowie Beihilfen für die private Lagerhaltung ausgerichtet. Die Erzeugerbeihilfen werden jährlich für das Wirtschaftsjahr in Form einer Beihilfe für überwiegend zur Fasererzeugung bestimmten Flachs und Hanf je Hektar Anbau- und Erntefläche festgesetzt. Dabei werden die Weltmarktpreise für Fasern und Saatgut von Flachs und Hanf sowie der

[69] Es bestehen Bezugsqualitäten. In der *Bundesrepublik Deutschland* wird der Tabak aufgrund von Anbauverträgen vermarktet.

Preis der anderen konkurrierenden Naturerzeugnisse berücksichtigt. Es soll ein Gleichgewicht zwischen dem für die Gemeinschaft erforderlichen Produktionsumfang und den Absatzmöglichkeiten sichergestellt werden. Beihilfen für die private Lagerhaltung an die Besitzer von Flachs- und Hanffasern erfolgen im Falle eines zeitweiligen Ungleichgewichts zwischen Angebot und Nachfrage.

- Im *Außenhandel* bestehen keine Maßnahmen.

8. Zucker

- Als *binnenwirtschaftliches Instrument* gelten Richtpreise für die Fabrikationsstufe (unverpackter Weißzucker der EU-Standardqualität ab Fabrik), welche jährlich festgelegt werden. Der Interventionspreis wird für Weißzucker der Standardqualität für Gebiete ohne Zuschußbedarf fixiert. Für Zuschußgebiete werden abgeleitete Interventionspreise unter Berücksichtigung der regionalen Preisunterschiede festgesetzt. Für Rohzucker wird der Interventionspreis vom Interventionspreis für Weißzucker abgeleitet. Die Interventionsstellen müssen angebotenen Zucker zum Interventionspreis (Fabrikabgabepreis für unverpackten Zucker) aufkaufen.

Für Zucker bestehen Produktionsquoten (Grundmengen), welche den zuckererzeugenden Unternehmen als A- und B-Quoten zugeteilt werden. Für die A- und B-Quoten besteht innerhalb dieser Grundmengen eine volle Absatzgarantie und eine begrenzte Preisgarantie, welche nach A und B abgestuft ist. Für Zuckerrüben wird jährlich ein Grundpreis festgelegt. Dieser basiert auf dem Interventionspreis für Weißzucker und einem Zuckergehalt der Rüben von 16 Prozent bei Anlieferung an die Sammelstelle. Der Grundpreis bildet die Grundlage der Mindestpreise für Zuckerrüben. Diese werden vom Grundpreis für Zuckerrüben abgeleitet und jährlich festgesetzt. Sie gelten für A- und B-Rüben. Die Differenz zwischen dem Grundpreis und den Mindestpreisen für Zuckerrüben entspricht dem von den Rübenbauern zu tragenden Anteil an der Produktionsabgabe. C-Zucker ist über die Grundmengen hinaus erzeugter Zucker und muß ohne Absatz- und Preisgarantie auf dem Weltmarkt abgesetzt werden. Es können jedoch bestimmte Höchstgrenzen auf das nächste Wirtschaftsjahr übertragen werden, die als Quotenerzeugung für das nächste Jahr gelten.

Eine Produktionsabgabe wird von den Zuckerherstellern erhoben, sofern innerhalb der Grundmengen die Erzeugung den Verbrauch übersteigt und die Verwertung der Überschüsse zu Verlusten führt. Der Höchstbetrag der Produktionsabgabe darf für den A-Zucker zwei Prozent und für den B-Zucker 39,5 Prozent des Interventionspreises nicht übersteigen. Die Zuckerhersteller müssen 40 Prozent selbst aufbringen und können bis zu 60 Prozent der Produktionsabgabe auf die Rübenerzeuger abwälzen. Der Zucker wird in Zuckerfabriken verarbeitet. Diese dienen als leicht kontrollierbarer Absatzkanal.[70]

Ein Lagerkostenausgleich wird durchgeführt, um eine Konzentration des Marktangebotes auf den Kampagnezeitraum zu verhindern und die Zuckerpreise zu stabilisieren. Finanziert wird der Lagerkostenausgleich durch eine Abgabe der Zuckerhersteller. Die Zuckerunternehmer sind verpflichtet, zur Sicherstellung der Versorgung Mindestlagerbestände in der Höhe von 5 Prozent der A-Quoten zu halten. Für die Verwertung von überschüssigem Zucker können Denaturierungsprämien vorgesehen werden. Damit wird der Zucker verbilligt und kann im Futtersektor verwertet werden. Zudem besteht eine Produktionsregelung für Isoglukose (Zuckerprodukt auf Stärkebasis) zur Begrenzung der Überschüsse auf dem Zuckersektor innerhalb der Zuckermarktordnung. Es

[70] Es handelt sich um das sog. Flaschenhalsprinzip. Vgl. *Koester* (1981), S. 271.

gibt eine Produktionsregelung mit A- und B-Quoten. Die Abgabenregelung sieht eine Produktionsabgabe von 40 Prozent der Produktionsabgabe von Zucker vor.

- Im *Außenhandel* dient der Schwellenpreis als Grundlage der Abschöpfungsberechnung bei Einfuhren aus Drittländern und ist gleich dem Richtpreis zuzüglich pauschal berechneter Transportkosten zu dem am weitesten entfernten Verbrauchsgebiet mit Zuschußbedarf. Die bei der Einfuhr erhobene Abschöpfung entspricht der Differenz zwischen dem cif-Preis und dem Schwellenpreis. Liegt der Schwellenpreis über dem cif-Preis, können Einfuhrsubventionen erstattet werden. Die Abschöpfung wird auch auf Isoglukose erhoben. Die Einfuhr erfordert eine Lizenz, welche gegen Kaution abgegeben wird.

Ausfuhrerstattungen können bei der Ausfuhr von Zucker auf dem Weltmarkt gewährt werden. Damit wird der Zuckerpreis auf den Weltmarktpreis herabgeschleust. Wird der Zucker in der chemischen Industrie verwendet, können Erstattungen bei der Erzeugung gewährt werden. Liegt der Weltmarktpreis höher als der Binnenpreis, können ggf. Ausfuhrabschöpfungen vorgenommen werden. Dies gilt auch für Isoglukose.

9. Schweine

- Als *binnenwirtschaftliches Instrument* können Interventionsmaßnahmen beschlossen werden, sofern der Durchschnittspreis auf den Märkten der Gemeinschaft auf unter 103 Prozent des Grundpreises für geschlachtete Schweine sinkt. Möglich sind staatliche Käufe oder Beihilfen für die private Lagerhaltung. Bisher wurde nur die private Lagerhaltung gefördert, nicht jedoch wurden staatliche Käufe vorgenommen. Es gibt eine EU-Standardqualitätsnorm.

- Im *Außenhandel* bilden die cif-Preise die Grundlage für Einfuhrregelungen. Es besteht ein Einschleusungspreis. Dieser ist in der Gemeinschaft einheitlich für geschlachtete Schweine. Für lebende Schweine und bestimmte Erzeugnisse wird der Einschleusungspreis mit Hilfe von Umrechnungskoeffizienten abgeleitet. Der Einschleusungspreis wird unter Berücksichtigung der Futterkosten und der allgemeinen Erzeugungs- und Vermarktungskosten auf dem Weltmarkt festgelegt und jeweils zum 1. Februar, 1. Mai, 1. August und 1. November jedes Jahres der Entwicklung der Futtergetreidepreise angepaßt.

Die für die Gemeinschaft geltende einheitliche Abschöpfung für geschlachtete Schweine setzt sich aus zwei Teilbeträgen zusammen, dem Unterschied zwischen den Futtergetreidekosten der Gemeinschaft und sieben Prozent des Einschleusungspreises des zurückliegenden Jahres. Die Abschöpfungen für lebende Schweine und Teilstücke werden mittels Koeffizienten abgeleitet. Eine Zusatzabschöpfung erfolgt, wenn bei den Einfuhren der Angebotspreis (Preis frei Grenze) unter dem Einschleusungspreis liegt. Bei der Ausfuhr werden zum Ausgleich der Preisunterschiede zwischen der Gemeinschaft und dem Weltmarktpreis Erstattungen gewährt.

10. Rinder

- Als Instrument auf dem *Binnenmarkt* gelten Orientierungspreise für ausgewachsene Rinder. Diese werden einheitlich für die Gemeinschaft und jedes Wirtschaftsjahr festgesetzt. Berücksichtigt werden vor allem die Entwicklungsaussichten für die Erzeugung und den Verbrauch von Rindfleisch sowie die Marktlage bei Milch und Milcherzeugnissen. Der Orientierungspreis bildet die Basis für die Festsetzung der Interventionspreise und die Einfuhrabschöpfungen.

Die Interventionspreise für Rinder werden vom Rat jährlich in Abhängigkeit vom Orientierungspreis einheitlich für die Gemeinschaft festgelegt. Gleichzeitig werden die Ankaufspreise für die unter die Interventionsregelung fallenden Tierkategorien festgesetzt. Es besteht Interventionspflicht, die unter bestimmten Voraussetzungen jedoch ausgesetzt werden kann. 1990/91 konnten Käufe öffentlicher Stellen nur noch erfolgen, wenn der Marktpreis auf unter 88 Prozent, 1991/92 auf unter 80 Prozent des Interventionspreises fiel. Zwischen 1992 und 1997 wurden die Rindfleischpreise um 15 Prozent gesenkt.

Für die Qualitäten gibt es ein Handelsklassenschema. Beihilfen für die private Lagerhaltung zur Verhinderung oder Milderung eines wesentlichen Preisrückgangs können beschlossen werden. Es gibt Prämien für männliche Rinder zu Schlachtzwecken und Mutterkühe (in Betrieben mit höchstens zwei Großvieheinheiten je Hektar Hauptfutterfläche) sowie Ergänzungszulagen für Betriebe mit einer extensiven Tierhaltung von höchstens 1,4 Großvieheinheiten je Hektar (Extensivierungsprämie). 1996 wurden erstmals tierbezogene Direktzahlungen als Ausgleich für den Preisverfall im Zusammenhang mit der BSE-Krise an die Rinderhalter ausbezahlt.[71]

- Im *Außenhandel* wird der Einfuhrpreis in Form der Angebotspreise frei Grenze der Gemeinschaft nach Maßgabe der repräsentativen Ankaufsmöglichkeiten ermittelt und bei der Festsetzung der Grundabschöpfung berücksichtigt. Der Referenzpreis im Inland wird als Durchschnittspreis auf zahlreichen repräsentativen Märkten festgestellt. Dieser ist für die Höhe der Abschöpfung entscheidend.

Für die meisten Erzeugnisse der Marktordnung für Rindfleisch werden nebst den Zollsätzen des gemeinsamen Zolltarifs Abschöpfungen erhoben. Die Grundabschöpfung wird von der Kommission monatlich auf der Basis des Unterschieds zwischen den Orientierungspreisen und den um die Zollsätze erhöhten Angebotspreisen frei Grenze festgelegt. Die Höhe der Abschöpfung hängt zudem vom Abstand des Referenzpreises zum Orientierungspreis ab. Dabei gilt eine Stufenregelung. Betragen die Referenzpreise 106 Prozent des Orientierungspreises, liegt die Abschöpfung bei null. Sinken die Marktpreise unter 90 Prozent des Orientierungspreises, steigt die Abschöpfung auf bis 114 Prozent der Grundabschöpfung. Erfolgt die Ausfuhr aus einem oder mehreren Drittländern zu außergewöhnlich tiefen Preisen, kann eine Zusatzabschöpfung erfolgen. Weitere Instrumente sind der Wertzoll sowie Zollkontingente für Rindfleisch und Höhenrinder. Erstattungen für die Ausfuhr können zum Ausgleich der Preisunterschiede zwischen der Gemeinschaft und dem Weltmarktpreis gewährt werden. Zudem ist eine Differenzierung der Erstattungsbeträge nach Bestimmungsländern möglich.

11. Schafe und Ziegen

- Als Instrument auf dem *Binnenmarkt* stellt der Grundpreis den anzustrebenden Erzeugerpreis dar. Dieser bildet die Grundlage für die vorgesehenen Marktstützungsmaßnahmen. Er wird in Form eines saisonalisierten Grundpreises je nach der Jahreszeit unterschiedlich festgesetzt, jedoch einheitlich für die gesamte Gemeinschaft. Unterschreitet der Marktpreis 90 Prozent des saisonalisierten Grundpreises in der EU und einem Mitgliedsland, können Beihilfen für die private Lagerhaltung beschlossen werden (bei unter 85 Prozent in Form eines Ausschreibungsverfahrens). Bei unter 70 Prozent müssen Beihilfen in einem Ausschreibungsverfahren beschlossen werden. Dabei

[71] 21 ECU für männliche und 25 ECU für weibliche Tiere.

bestehen Garantieschwellen für die EU insgesamt und für Großbritannien, nach deren Überschreiten die Prämien gekürzt werden.[72]

- Im *Außenhandel* bestehen bei der Einfuhr Abschöpfungen und Selbstbeschränkungsabkommen zur Regulierung der Importe. Neuseeland beispielsweise verfügt über ein degressiv ausgestaltetes Importkontingent zu Vorzugsbedingungen. Ausfuhrerstattungen sind möglich, wurden jedoch bisher noch nicht festgesetzt.

12. Eier und Geflügel

- Als Instrument auf dem *Binnenmarkt* gibt es Qualitätsnormen für Eier, jedoch keinen Richtpreis.

- Im *Außenhandel* werden Einschleusungspreise für die Einfuhr von Eiern und Geflügel aufgrund der Futtergetreidepreise auf dem Weltmarkt, eines für die ausführenden Drittländer repräsentativen Veredelungskoefffizienten sowie einem Pauschalbetrag für die sonstigen Erzeugungskosten errechnet. Die Einschleusungspreise werden jeweils für drei Monate im voraus festgelegt. Änderungen erfolgen nur, wenn sich die Getreidepreise auf dem Weltmarkt um mehr als +/- drei Prozent verändern.

Die Einfuhrabschöpfung besteht aus einem Teilbetrag, der dem Unterschied der Futtergetreidepreise in der Gemeinschaft und jenen auf dem Weltmarkt entspricht, und einem Teilbetrag von sieben Prozent des durchschnittlichen Einschleusungspreises der zwölf Monate vor dem 1. Mai eines jeden Jahres. Dieser Teilbetrag wird für zwölf Monate im voraus festgelegt. Eine Zusatzabschöpfung erfolgt, wenn der Angebotspreis frei Grenze bei Einfuhren aus Drittländern unter den Einschleusungspreis fällt.

Erstattungen bei der Ausfuhr können bis zur Höhe des Unterschieds zwischen den Preisen in der Gemeinschaft und jenen auf dem Weltmarkt gewährt werden. Dabei ist die Versorgungslage der Gemeinschaft sowie die wirtschaftliche Bedeutung der Ausfuhr zu berücksichtigen. Die Erstattungen können je nach dem Bestimmungsland unterschiedlich groß sein.

13. Milch und Milcherzeugnisse

- Als Instrument auf dem *Binnenmarkt* wird zur Gewährleistung angemessener Erlöse aus der Milcherzeugung jährlich ein Richtpreis für frei Molkerei gelieferte Milch (auf der Basis von 3,7 Prozent Fettgehalt) festgelegt. Dieser Richtpreis ist für die Gemeinschaft einheitlich und soll den Absatzmöglichkeiten innerhalb der Gemeinschaft und auf den Weltmärkten entsprechen. Interventionspflicht besteht für Butter und Magermilchpulver. Die Interventionspreise für Butter, Magermilchpulver und die in Italien hergestellten Käsesorten Parmesan und Grana Padono dienen der Absicherung der Richtpreise. Das Stützungsniveau (Verhältnis zwischen den Interventionspreisen und den Richtpreisen) soll den Absatzmöglichkeiten innerhalb der Gemeinschaft und auf den Weltmärkten entsprechen. Es besteht eine EU-Standardqualität.

Eine Garantiemengenregelung für Interventionspreise soll seit 1984 dafür sorgen, daß die Milchmenge finanzierbar bleibt. Es wurden die Milchmengen von 1981 zuzüglich

[72] Die Obergrenze liegt bei 1.000 Tieren je Erzeuger in benachteiligten Gebieten und bei 500 Tieren in den übrigen Gebieten (über dieser Grenze wird die Prämie um 50 Prozent gekürzt). Es besteht eine Garantieschwelle bei ca. 63 Mio. Mutterschafen (1993). Wird diese überschritten, reduzieren sich die Prämienzahlungen. Vgl. *Agrarbericht* 1993, Materialband, S. 125.

ein Prozent zugrunde gelegt. Bei Lieferungen über diese Menge hinaus sind Abgaben zu bezahlen: Bei Formel A 75 Prozent des Richtpreises durch die Erzeuger und bei Formel B 100 Prozent des Richtpreises durch die Molkereien, wobei im letzteren Fall Unter- und Überlieferungen der einzelnen Erzeuger molkereiintern ausgeglichen werden können. Die Garantiemenge der Gemeinschaft beträgt rund 100 Mio. Tonnen (1991/92 erfolgte eine Reduktion um zwei Prozent). Es besteht eine Abgabe auf Überproduktion. Beihilfen werden für die Verwertung von Magermilch und Magermilchpulver ausgerichtet (für Futterzwecke und Kasein). Die Milchquotenregelung soll bis zum Jahr 2006 beibehalten werden.

- Im *Außenhandel* werden für die Einfuhr Frei-Grenze-Preise für jedes Leiterzeugnis der Gemeinschaft unter Berücksichtigung der günstigsten Einkaufsmöglichkeiten im internationalen Handel ermittelt. Schwellenpreise werden für zwölf Leiterzeugnisse der zu Gruppen zusammengefaßten Milchprodukte einheitlich für die Gemeinschaft festgelegt. Diese sollen dem daraus abzuleitenden Richtpreis für Milch entsprechen. Abschöpfungen auf die Einfuhr werden in einer Höhe erhoben, welche dem Unterschied zwischen dem Schwellenpreis und dem Frei-Grenze-Preis der Gemeinschaft entsprechen. Die Abschöpfungen sind für die Gemeinschaft einheitlich. Gegen bestimmte Drittländer bestehen Käse- und Butterkontingente.

Die Ausfuhr erfolgt mittels einer Ausfuhrlizenz bei Vorfixierung der Erstattung. Eine Ausfuhrlizenz ist beim Export von landwirtschaftlichen Erzeugnissen in Länder außerhalb der EU erforderlich, sofern die Produkte einer gemeinsamen Marktordnung unterliegen. Die Ausfuhrlizenzen geben den Agrarmarktbehörden einen Überblick über die geplanten Ausfuhren. Sie ermöglichen damit, sofern erforderlich, rechtzeitige agrarpolitische Maßnahmen. In der Regel ist eine Kaution erforderlich, welche nach der Gültigkeitsdauer (wie auch die Lizenz selbst) verfällt. Erstattungen bei der Ausfuhr sollen die Differenz zwischen den Preisen in der Gemeinschaft und auf den Weltmärkten ausgleichen. Die Erstattungen sind für die Gemeinschaft gleich, können jedoch je nach der Bestimmung und dem Bestimmungsland unterschiedlich sein.

14. Olivenöl

- Als Instrumente auf dem *Binnenmarkt* werden ein Erzeugerrichtpreis und der repräsentative Marktpreis jährlich vom Rat für den Zeitraum vom November bis zum Oktober festgesetzt. Der Erzeugerrichtpreis soll für die Produzenten angemessen sein. Der repräsentative Marktpreis wird in einer Höhe festgesetzt, daß die Olivenölerzeugung unter Berücksichtigung der Preise der konkurrierenden Saatenöle normal abgesetzt werden kann. Der repräsentative Marktpreis kann im Verlaufe eines Jahres durch monatliche Preisaufschläge angepaßt werden, wenn die Marktlage dies erlaubt. Aus dem Unterschied zwischen dem Erzeugerpreis und dem repräsentativen Marktpreis ergibt sich die Summe der Erzeugerbeihilfe und einer etwaigen Verbraucherbeihilfe, welche je nach der Marktsituation den Olivenölabfüllbetrieben bezahlt werden kann. Die jährlich festgesetzten Interventionspreise dienen der Absicherung der Erzeugererlöse. Es besteht Interventionspflicht. Zudem gibt es EU-Standardqualitäten.

- Im *Außenhandel* wird der Schwellenpreis für die Einfuhr jährlich so festgelegt, daß der Verkaufspreis für das aus Drittländern eingeführte Olivenöl an dem Grenzübergangsort Imperia (cif-Preis) dem repräsentativen Marktpreis entspricht. Wird der repräsentative Marktpreis im Verlauf eines Wirtschaftsjahres geändert, erfolgt eine Änderung der Schwellenpreise. Der Schwellenpreis gilt, soweit die Abschöpfung nicht im Wege der Ausschreibung festgesetzt wird. Abschöpfungen auf die Einfuhr erfolgen ggf.

in Form einer Ausgleichsabgabe.[73] Die Erstattung auf die Ausfuhr erfolgt, damit der Absatz von Olivenöl auf den Weltmärkten möglich ist. Sind die Weltmarktpreise höher als der Schwellenpreis, können Ausfuhrabschöpfungen erfolgen.

15. Sojabohnen, Raps- und Rübsensamen und Sonnenblumenkerne

Für diese Erzeugnisse gelten dieselben Marktordnungsprinzipien wie für Getreide.[74] Die Ausgleichszahlungen ergeben sich durch Multiplikation eines Referenzpreises je Hektar mit einem Faktor für den regionalen Ölsaatenertrag.[75] Kleinerzeuger erhalten eine Ausgleichszahlung wie für Getreide.

- Als Instrument auf dem *Binnenmarkt* wird jährlich ein tatsächlicher und ein festgestellter Referenzpreis ermittelt. Die Ausgleichszahlungen richten sich nach den Abweichungen, wobei Preisabweichungen unter acht Prozent unberücksichtigt bleiben. Es gelten EU-Standardqualitäten.

- Im *Außenhandel* bilden cif-Preise die Grundlage für die Einfuhr. Es wird ein Marktpreis für Drittlandware festgelegt. Für Salatöle besteht ein Wertzoll. Für die Ausfuhr können Erstattungen gewährt werden.

16. Saatgut

- Als Instrument auf dem *Binnenmarkt* werden Beihilfen für die Erzeugung von Saatgut von bestimmten Futterpflanzenarten oder Sortengruppen vom Rat jeweils für zwei Kalenderjahr im voraus festgelegt. Diese sollen ein angemessenes Einkommen gewährleisten, das Angebot und den Absatz in der Gemeinschaft sowie die Weltmarktpreise berücksichtigen.

- Im *Außenhandel* werden Referenzpreise für Saatgut festgesetzt, um Störungen aufgrund von Angeboten von Drittländern zu außergewöhnlichen Preisen zu vermeiden. Liegen die Angebotspreise unter den Referenzpreisen, können Ausgleichsabgaben erhoben werden. Referenzpreise werden für Hybridmais und Hybridsorghum zur Aussaat festgelegt (Frei-Grenze-Preis). Lizenzen mit Kaution sind möglich.

17. Hülsenfrüchte (Erbsen, Puffbohnen, Ackerbohnen und Süßlupinen)

Die Marktordnung für Hülsenfrüchte ist mit jener für Getreide gekoppelt.[76]

- Als Instrument auf dem *Binnenmarkt* soll ein Erzeugermindestpreis den Erzeugern einen Hektarerlös garantieren, der dem von Weichweizen entsprechen soll. Der Rat setzt jährlich einen Auslösungspreis für die Dauer des Wirtschaftsjahres unter Zugrundelegung des Eiweißwertes von Sojaschrot fest. Liegt der cif-Preis für Sojaschrot (für Proteinkonzentrat u.U. ein angepaßter cif-Preis) tiefer, so wird eine Beihilfe gewährt. Es besteht eine EU-Standardqualität. Monatlich werden Preisaufschläge (Reports) festgesetzt. Beihilfen für die Verarbeitung werden aufgrund des Unterschieds zwischen dem Auslösungspreis und dem niedrigeren Weltmarktpreis für Sojaschrot den Misch-

[73] Dabei ist die Abschöpfung entsprechend den zwischen der Europäischen Union und bestimmten Mittelmeerländern geschlossenen Abkommen ermäßigt.
[74] Es handelt sich um die relevante Grundfläche, die Verpflichtung zur Stillegung, die Kleinerzeugerregelung und die Flächenstillegungsprämie.
[75] Die Prämie betrug 1993 bundesweit rund DM 1.100 je Hektar.
[76] Es erfolgt ein einheitlicher Preisausgleich je Hektar von 65 ECU/Tonne (multipliziert mit einem regionalen Faktor, welcher sich nach den Getreideernten richtet).

futterherstellern oder den Erzeugern bezahlt, die ihre Hülsenfrüchte selbst verarbeiten (beispielsweise zu Mischfutter) und an das eigene Vieh verfüttern.

- Im *Außenhandel* werden bei der Einfuhr die cif-Preise zugrunde gelegt. Es wird ein Marktpreis für Drittlandwaren festgelegt. Zur Anwendung gelangt ein Wertzoll, ggf. auch eine Ausgleichsabgabe.

18. Hopfen

Beim Hopfen bestehen Voraussetzungen für die Vermarktung der Erzeugnisse im Rahmen der Hopfenmarktordnung (beispielsweise Mindestqualitätsmerkmale, Orte der Erzeugung, Erntejahr und Sorte). Erzeugergemeinschaften werden gefördert, um zur Stabilisierung des Marktes beizutragen. Zur Absicherung der Erzeugereinkommen werden flächenbezogene Beihilfen gewährt. Diese richten sich nach dem Flächenertrag und sind abhängig von der Marktlage und den Weltmarktpreisen.

19. Bananen

1993 trat eine Gemeinsame Marktordnung für Bananen in Kraft. Die Bundesrepublik Deutschland als größtes Verbraucherland ("Bananenrepublik") verlor das Privileg der zollfreien Einfuhr von Bananen vor allem aus Zentralamerika ("Dollarbananen"). Geschützt werden sollen die Bananen aus den Mitgliedsländern der Europäischen Union und den AKP-Staaten durch einen Einfuhrzoll. Vier amerikanische Staaten (Kolumbien, Puerto Rico, Panama und Venezuela, Ecuador) erhalten 1994 einen Rahmenvertrag mit der Europäischen Union.[77,78]

20. Kiwi

Eine Gemeinsame Marktordnung für Kiwi besteht noch nicht. Der Europäische Bauernverband (COPA) schlägt eine Mindestkalibrierung von 70 g Mindestgewicht je Frucht als Basis für eine GMO vor.[79] Dies soll vor allem den Bedürfnissen des Handels (beispielsweise in Supermärkten) dienen.

Literaturangaben zu Kapitel 10:

Atlantisches Institut (Autorengruppe D. Bergmann, N. Kaldor, H.-B. Krohn, J.S. Marsh, M. Rossi-Doria, J.A. Schnittker, C. Thomsen, H. Wilbrandt, Pierre Uri, Rapporteur) (1971), Die Zukunft der Europäischen Landwirtschaft. Ein Vorschlag zur Neugestaltung der Gemeinsamen Agrarpolitik. Bericht einer Expertengruppe.

[77] Es handelt sich um ein Einfuhrkontingent von rund 2,5 Mio. Tonnen, einen reduzierten Einfuhrzoll von 75 ECU anstelle von 100 ECU/t und Ausfuhrlizenzen.

[78] 1995 erfolgte eine Klage der USA gegen die Europäische Union mit der Begründung, US-amerikanische Firmen hätten einen Schaden von mehreren hundert Millionen USD durch die Einschränkung des Handels mit "Dollar-Bananen" auf jährlich zwei Millionen Tonnen erlitten. Der Klage schloßen sich Mexiko, Guatemala, Ecuador und Honduras an.

[79] Die EU-Kommission verhält sich vorerst zurückhaltend, um sich nicht dem Vorwurf der Bürokratisierung auszusetzen.

Bundesregierung, Agrarberichte (mit Materialband), div. Jg.

Cochrane, Willard W. (1986a), A New Sheet of Music. In: Choices, The Magazine of Food, Farm, and Resource Issues. Premiere Edition, Washington.

Ders. (1986b), Focusing on the specific Problems of Agriculture: A Fresh Look at an Old Policy Approach. In: American Journal of Agricultural Economics. Vol. 68, Nr. 5, December, S. 1102-1112.

EG (1987), Amt für amtliche Veröffentlichungen der EG (Hrsg.), Europäische Dokumentation, Die gemeinsame Agrarpolitik und ihre Reform, Luxemburg 11/1987.

Engels, Wolfram (1981), Die effiziente Produktion öffentlicher Güter. In: Grundtexte zur Sozialen Marktwirtschaft, hrsg. von W. Stützel, Chr Watrin, H. Willgerodt, K. Hohmann, Stuttgart/New York, S. 277-282.

Glauber, Joseph, Helmberger, Peter, and Miranda, Mario (1989), Four Approaches to Commodity Market Stabilization: A Comparative Analysis. In: American Journal of Agricultural Economics, Vol. 71, No. 2, May, S. 325-337.

Grosskopf, Werner (1979), in: Ernährungsdienst, Nr. 79, vom 12. Juli 1979, S. 7.

Ders. (1995), Die Landwirtschaft nach der EU-Reform. In: Berichte über Landwirtschaft, Bd. 73 (4), November, Münster-Hiltrup, S. 509-523.

von Hayek, Friedrich August (1981), Recht. Gesetzgebung und Freiheit, Bd. 1, Augsburg 1986 und Bd. 2, Augsburg.

Ders. (1983), Die Verfassung der Freiheit, Tübingen.

Höcherl-Plan (1968), hrsg. vom Bundesministerium für Ernährung, Landwirtschaft und Forsten, Bonn.

Koester, Ulrich und Tangermann, Stephan (1976), Alternativen der Agrarpolitik, Münster-Hiltrup.

Ders. (1981), Grundzüge der landwirtschaftlichen Marktlehre, München.

Ders. (1983), Reform der europäischen und deutschen Agrarpolitik. In: Giersch Herbert (Hrsg.), Wie es zu schaffen ist - Agenda für die deutsche Wirtschaftspolitik, 2. Auflage, Stuttgart.

Kronberger Kreis bzw. Frankfurter Institut für wirtschaftspolitische Forschung e.V. (1984), Für eine Neue Agrarordnung. Kurskorrektur für Europas Agrarpolitik. Hrsg. vom Kronberger Kreis: Wolfram Engels, Armin Gutowski, Walter Hamm, Wernhard Möschel, Wolfgang Stützel, Carl Christian von Weizsäcker, Hans Willgerodt. Bad Homburg.

Mändle, Eduard (1978), Art. Agrarmarktpolitik. In: Handbuch der Volkswirtschaft (HdV), Wiesbaden.

Niehaus, Heinrich (1957), Leitbilder der Wirtschafts- und Agrarpolitik in der modernen Gesellschaft, Stuttgart.

Ders. (1961), Umdenken in der Agrarpolitik tut not. In: Wilhelm Röpke u.a. (Hrsg.) Politik für uns alle oder für die Interessenten?, Ludwigsburg, S. 121-147.

Pope, D. Rulon and Hallam, Arne (1986), A Confusion of Agricultural Economists? A Professional Interest Survey and Essay. In: Journal of Agricultural Economics. Vol. 68, No. 3, August, S. 572-594.

Priebe, Hermann (1982), Alternativen der Europäischen Agrarpolitik. In: Geographische Rundschau Nr. 34.

Ders. (1985), Die subventionierte Unvernunft, Berlin.

Ders. (1986), Die Landwirtschaft im Spannungsfeld: Überschüsse - Einkommen - Umweltgefährdung. In: Aus Politik und Zeitgeschichte. Beilage zur Wochenzeitung "Das Parlament" B 42/86, S. 42-53.

Ders. (1987), Ein völliges Umdenken ist erforderlich. In: Wirtschaftsdienst, S. 219-222.

Roy, Ewell P., Corty, Floyd L. and Sullivan, Gene D. (1971), Applications to Agriculture und Agribusiness, The Interstate Printers and Publishers Inc., Danville, Illinois.

Rüstow, Alexander (1932/1981), Liberale Interventionen, Diskussionsbeitrag auf der 32. Tagung des Vereins für Socialpolitik am 28. November 1932 in Dresden. In: Schriften des Vereins für Socialpolitik, Bd. 187, Leipzig 1933. Nachgedruckt in Grundtexte zur Sozialen Marktwirtschaft, hrsg. von W. Stützel, Chr. Watrin, H. Willgerodt, K. Hohmann, Stuttgart/New York 1981, S. 221-225.

Sachverständigenrat zur Begutachtung der gesamtwirtschaftlichen Entwicklung (SVR) (1980), Jahresgutachten 1980/81, Stuttgart, Ziffern 417-494.

Ders. (1986), Jahresgutachten 1986/87, Bundestags-Drucksache 10/6562, Ziffern 342-356.

Schmitt, Günter (1980), Vor einer Wende in der Agrarpolitik. In: Agrarwirtschaft, Heft 4, vom April.

Schmitz, Andrew (1995), Boom/Bust Cycles and Ricardian Rent. In: American Journal of Agricultural Economics. Vol. 77, Nr. 5, December, S. 1110-1125.

Sandrey, Ron A. und Scobie, Grant M. (1994), Changing International Competitiveness and Trade: Recent Experience in New Zealand Agriculture. In: American Journal of Agricultural Economics, Vol. 76, Nr. 5, December, S. 1041-1046.

Simons, Jürgen (1989), Landwirtschaft in der sozialen Marktwirtschaft, Frankfurt am Main.

Spinelli, Alfiero (1973), Für eine bessere europäische Agrarpolitik. In: Frankfurter Allgemeine Zeitung, vom 25.6.1973.

Weber, A. (1970), Entwicklung der französischen Landwirtschaft bis zum Jahre 1985. In: Agrarwirtschaft, Heft 5, Mai, Hannover, S. 149-158.

Willgerodt, Hans (1962), Handelsschranken im Dienst der Währungspolitik, Düsseldorf und München.

Ders. (1983), Die Agrarpolitik der Europäischen Gemeinschaft in der Krise. In: ORDO, Bd. 34, Stuttgart und New York.

Agrarmarktordnungen

- Getreide: Die GMO für Getreide besteht seit dem 1.7.1967 (EWG-Grundverordnung 120/67). Eine neue EWG-Grundverordnung ist seit 1.11.1975 in Kraft Nr. 2727/75 (vgl. Agrarbericht 1987, S. 116 ff.).
- Reis: EWG-Grundverordnung 359/67 vom 1.9.1967; neu EWG-Grundverordnung 1418/76 vom 1.7.1976 (vgl. Agrarbericht 1986, Materialband, S. 116 ff.).
- Obst und Gemüse (frisch): EWG-Grundordnung 1035/72 seit dem 21.4.1962; Verarbeitungserzeugnisse aus Obst und Gemüse: EWG-Grundverordnung Nr. 865/68 vom 1.7.1968, neue EWG-Grundverordnung Nr. 426/86 vom 1.3.1986 (vgl. Agrarbericht 1986, Materialband, S. 116 ff.; Agrarbericht 1989 Drucksache 11/3968, S. 92).

- Wein: EWG-Grundverordnung 816 und 817/70 vom 1.6.1970; neue EWG-Grundverordnung 337 und 338/79 vom 2.4.1979 (vgl. Agrarbericht 1986, Materialband, S. 116 ff.).
- Rohtabak: EWG-Grundverordnung 727/70, in Kraft seit dem 1.6.1970 (vgl. Agrarbericht 1986, Materialband, S. 116 ff.).
- Flachs und Hanf: EWG-Grundverordnung Nr. 1308/70 vom 1.8.1970 (vgl. Agrarbericht 1986, Materialband, S. 116 ff.).
- Zucker: EWG-Grundverordnung Nr. 1009/67, angewendet seit dem 1.7.1968; neue EWG-Grundverordnung Nr. 1785/81, angewendet seit dem 1.7.1981 (vgl. Agrarbericht 1986, Materialband, S. 116 ff.).
- Schweine: EWG-Grundverordnung 121/67 angewandt seit dem 1.7.1967; neue EWG-Grundordnung 2759/75 vom 1.11.1975 (vgl. Agrarbericht 1986, Materialband, S. 116 ff.).
- Rinder: EWG-Grundverordnung Nr. 805/68 angewandt seit 29.7.1968 (vgl. Agrarbericht 1986, Materialband, S. 116 ff.).
- Schaffleisch: EWG-Grundverordnung 1837/80 angewandt seit 28.10.1980 (vgl. Agrarbericht 1986, Materialband, S. 116 ff.).
- Eier und Geflügel: EWG-Grundverordnung Nr. 122/67 angewendet seit 1.17.1967; neue EWG-Grundverordnung 2771/75 angewendet seit 1.11.1975 (vgl. Agrarbericht 1986, Materialband, S. 116).
- Milch: EWG-Grundverordnung Nr. 804/68, angewendet seit dem 27.9.1968 (vgl. Agrarbericht 1986, Materialband, S. 116 ff.).
- Olivenöl: EWG-Grundverordnung 136/66, angewendet seit dem 1.11.1966 (vgl. Agrarbericht 1986, Materialband, S. 116 ff.).
- Raps und Rübsen: EWG-Grundordnung Nr. 136/66, angewendet seit dem 1.7.1967 (vgl. Agrarbericht 1986, Materialband, S. 116 ff.).
- Saatgut: EWG-Grundverordnung 2358/71, angewendet seit 1.7.1972 (vgl. Agrarbericht 1986, Materialband, S. 117 ff.).
- Hülsenfrüchte: EWG-Grundverordnung Nr. 1119/78, angewendet seit 1.7.1978; neue EWG-Grundverordnung Nr. 1431/82. angewendet seit 1.8.1982 (vgl. Agrarbericht 1986, Materialband, S. 117 ff.).

Teil D: Die Ordnung der Agrarproduktion und der landwirtschaftlichen Faktormärkte

Kapitel 11: Die Ordnung der Agrarproduktion (Produktionsverfassung)

> "Die landwirtschaftliche Produktion beruht auf biologischen Vorgängen im pflanzlichen und tierischen Organismus, auch der Boden hat seinen Wert nur als belebtes Ökosystem. Die landwirtschaftliche Arbeit dient der Förderung der Lebensvorgänge und greift unmittelbar in die Natur ein"
> (*Hermann Priebe*, 1985, S. 156).

A. Die Produktionsfreiheit

Die *landwirtschaftliche Produktionsfreiheit* ist ein wesentliches Element der landwirtschaftlichen Wettbewerbsordnung. Der Bauer soll ohne Zwang entscheiden können, was, wo und wie er produziert. Er soll die Erzeugung eines landwirtschaftlichen Gutes jederzeit aufnehmen, stillegen, erhöhen oder verkleinern können.

Bei Produktionsfreiheit kann der Landwirt die Agrarproduktion beginnen oder erhöhen, sofern die Preise lohnend sind. Ist dies nicht der Fall, kann er die Produktion aufgeben oder reduzieren, bis das Preisniveau für ihn wieder ausreichend ist. Die Produktionsfreiheit führt auf diese Weise zu einer steten Anpassung der Produktion an sich ändernde agrarwirtschaftliche Daten.[1]

Marktimpulse wie beispielsweise eine Änderung der Preise oder der Verbraucherpräferenzen erreichen die Bauern unter marktlichen Bedingungen sehr rasch. Die Landwirte können frühzeitig und flexibel auf Datenänderungen reagieren. Dies begünstigt die Selbstregulierungsfähigkeit der Märkte und gibt diesen die erforderliche Flexibilität.

Vor allem bei kleinen Gewinnraten ist es sinnvoll, daß die Produktion von Fall zu Fall und im Einklang mit den Preisen geplant werden kann. Wesentlich für die Entscheidung zur Reduktion der Produktion eines Gutes beispielsweise ist, daß die Produktion später wieder aufgenommen werden kann. Betriebe mit vielseitigen Produktionsmöglichkeiten können bei Produktionsfreiheit die Marktmöglichkeiten flexibel auszunützen und sich den Markt- und Preisverhältnissen anpassen. Dies wirkt sich günstig auf die Stabilität der Märkte aus, denn bereits eine marginale Reduktion oder Erhöhung der Produktion kann zur Stabilisierung der Märkte und Preise führen.[2]

Die Produktionsfreiheit ist auch eine wesentliche Voraussetzung zur Bewältigung des landwirtschaftlichen Strukturwandels. Der stete strukturelle Anpassungsdruck läßt sich nur in einem System der Produktionsfreiheit mit frühzei-

---

[1] Dazu zählen die Nachfrage nach Agrargütern, die landwirtschaftlichen Faktormärkte, die Produktionsverfahren, die bäuerlichen Präferenzen für die Gestaltung der Produktion und des familiären Lebens sowie die Beziehungen zwischen der Gesellschaft und der Natur. Vgl. Kapitel 1.

[2] Landwirtschaftliche Terminmärkte erhöhen unter günstigen Bedingungen diese Flexibilität. Vgl. Kapitel 7.

tigen Marktsignalen und Anpassungsreaktionen befriedigend bewältigen. Verzögerte Marktsignale wie beispielsweise in einem System mit bürokratisch regulierten Märkten führen zu einer Verzögerung der Anpassungsreaktionen und damit zu landwirtschaftlichen Fehlentwicklungen.

B. Eingriffe in die Produktionsfreiheit

I. Allgemeines

Eingriffe in die Produktionsfreiheit lassen sich nur ausnahmsweise rechtfertigen. Sind die landwirtschaftlichen Betriebe beispielsweise an Produktionsquoten gebunden, werden diese oft nur deshalb erfüllt, um die Quoten nicht zu verlieren. Es kommt zu einer Lähmung der Allokationsfunktion der Märkte, wodurch verhindert wird, daß die Preise immer wieder rasch in den lohnenden Bereich zurückkehren. Der Markt verliert auch die Fähigkeit, jederzeit oder nach kurzen Anpassungsphasen wieder befriedigende Einkommen zu generieren.

II. Gesundheitliche Aspekte

Die landwirtschaftliche Produktionsfreiheit findet ihre *Grenze,* wenn öffentliche Güter wie beispielsweise gesundheitliche, hygienische, tierschützerische oder umweltpolitische Werte im Spiele stehen.

1. Der Schutz der Verbraucher

Zum *Schutz der Verbraucher* müssen Nahrungsmittel frei von schädlichen Rückständen sein. Produktionseingriffe sollen verhindern, daß Erzeugnisse mit ungenügender Qualität auf die Märkte gelangen. Besondere Gefahren ergeben sich beispielsweise durch Rückstände von Schädlingsbekämpfungsmitteln, Rückstände von Hormonen,[3] Listeriosebazillen und die BSE-Krankheit von Rindern.[4]

---

[3] Ein Beispiel ist das Verbot des Antibiotikums "Avoparcin" als Futtermittelzusatz in der Viehzucht in der EU nach dem 1.4.1997. Dieses Mittel steht im Verdacht einer Resistenzübertragung gegen Antibiotika auf den Menschen beim Fleischkonsum.

[4] Beispiele sind hormonfreies Kalbfleisch oder Käse ohne Listerien-Bazillen. Zu den besonderen Problemen bei der Nahrungsmittelqualität zählt auch der Einsatz von quecksilberhaltigen Fungiziden zur Bekämpfung von Pilzen, was über das Grundwasser Quecksilbervergiftungen bewirken kann. Ähnliches gilt für den Einsatz von Atrazin bei der Produktion von Mais, was ebenfalls zur Vergiftung des Grund- und Trinkwassers führen kann.
Dem Schutz der menschlichen Gesundheit und der Natur dient unter anderem das Pflanzenschutzgesetz (vom 15. Sept. 1986, BGBl, I, 1505). Ähnliches gilt für das Futtermittelrecht. Es geht es um die Zulassung von Zusatzstoffen (wie beispielsweise das Verbot von Hormonstoffen bei der Tiermast in der EU) und deren Kennzeichnung, die Festsetzung von Höchstgehalten an Cadmium, chlorierten Kohlenwasserstoffen und anderen schädlichen Stoffen sowie den Mindestgehalt an Eisen in Milchfuttermitteln für Kälber.
Zudem sind die tierseuchenrechtlichen Ein- und Ausfuhrvorschriften zu erwähnen, welche die Ein- und Durchfuhr von Klauentieren, Einhufern, Hasen, Bienen und Tierseuchenerregern sowie die Ausfuhr von Klauentieren regeln (Bekämpfung von Tierseuchen wie Maul- und Klauenseuche, Schweinepest, Rinderleukose und Varroatose bei Bienen). In der Viehhaltung dient die Qualitätskontrolle von Milch der Durchsetzung gesundheitlicher Anliegen.
Im Jahre 1996 kam es zu massiven Eingriffen in die landwirtschaftliche Produktion, verursacht durch die Rinderseuche BSE. Diese wurde möglicherweise ausgelöst durch

2. Der Schutz der landwirtschaftlichen Erwerbstätigen

Zu den weiteren Anliegen zählt der *Schutz der landwirtschaftlichen Erwerbstätigen.* Der Einsatz chemischer Düngemittel und Schädlingsbekämpfungsmittel beispielsweise kann gesundheitliche Störungen auslösen.[5] Zum Schutz der Gesundheit und des Lebens der landwirtschaftlichen Erwerbstätigen drängen sich Eingriffe in die landwirtschaftliche Produktionsfreiheit auf.

3. Die Qualität der Produktion

Eingriffe in die Produktion können sich auch unter dem Aspekt der *Qualität der Produktion* als sinnvoll erweisen. Darunter fallen u.a. die Gesundheit der Tiere, der landwirtschaftliche Sortenschutz zur Qualitätsgarantie und die Sicherung des landwirtschaftlichen Fortschritts.[6]

4. Der Schutz der Umwelt

Bei Einschränkungen der Produktionsfreiheit zum *Schutz der Umwelt* handelt es sich um die Wirkungen der landwirtschaftlichen Erzeugung auf die Natur, d. h. das Wasser, die Luft, den Boden, die Flora und die Fauna.[7] Dazu zählt auch die Erhaltung der Artenvielfalt bei den Pflanzen und Tieren. Die Unversehrtheit der Natur und die Funktionsfähigkeit der Kreisläufe haben Wirkungen auf den Menschen und besitzen als ökologisches Prinzip einen eigenen Stellenwert in der Agrarpolitik. Das ökologische Prinzip steht selbständig und oft auch konkurrierend neben dem Prinzip der landwirtschaftlichen Produktionsfreiheit.[8]

5. Die Versorgungssicherheit als kollektives Gut

In Zeiten mit schweren Ernährungskrisen sind Eingriffe in die landwirtschaftliche Produktionsfreiheit sinnvoll, beispielsweise zur vermehrten Erzeugung von

---

veränderte Verfahren bei der Verwertung von Tiermehl (beispielsweise tiefere Temperaturen bei der Kadaververwertung). Umstritten sind die Folgen des Rindfleischkonsums beim Menschen. Mit Rücksicht auf die menschliche Gesundheit ergab sich das Bedürfnis, vor allem in Großbritannien zur Sanierung der Rinderbestände sämtliche Tiere über 30 Monate notzuschlachten sowie die Fütterung zu verbessern.
Bei den genmanipulierten Pflanzen beispielsweise wird das Auftreten von Allergien bei den Menschen befürchtet. Es gibt jedoch auch genmanipulierte Pflanzen, welche Allergien verhindern.

[5] Bekannt ist beispielsweise eine erhöhte Rate an Fehlgeburten bei weiblichen Arbeitskräften in Kalifornien, welche unter einem großen Einsatz von Pestiziden leiden. Vgl. *Lichtenberg et al.* (1993), S. 946 ff. Zudem besteht durch den Einsatz von Maschinen und Geräten eine dauernde Unfallgefahr.

[6] Zu erwähnen ist das Tierzuchtgesetz, welches Leistungsprüfungen und Zuchtwertfeststellungen, die Anerkennung von Züchtervereinigungen und Zuchtunternehmen sowie Regeln zur künstlichen Besamung enthält. Dem Schutz der Tiere dienen Vorschriften zur Tierhaltung, beispielsweise der Schutz von Kälbern bei der Stallhaltung mit Mindestanforderungen hinsichtlich der Bewegungsmöglichkeiten, Lichtverhältnisse, Wartung, Pflege, Überwachung und des Stallklimas. Unter ähnlichen Aspekten kommt es zur Bekämpfung von Tierseuchen (beispielsweise dem Rinderwahnsinn, der Schweinepest oder der sog. Traberkrankheit bei den Schafen). Tierkrankheiten können epidemische Ausmaße annehmen und auf die Gesundheit der Menschen übergreifen.

[7] Bei der Genmanipulation beispielsweise wird unter anderem die Übertragung von Eigenschaften genmanipulierter Pflanzen auf Unkräuter und deren unkontrollierte Ausbreitung befürchtet. Vgl. dazu auch *Rieder* und *Anwander Phan-huy* (1998), S.77 ff.

[8] Vgl. Kapitel 13.

Grundnahrungsmitteln.[9] Die *Versorgungssicherheit* bei den Nahrungsmitteln ist ein *kollektives Gut*. Dies hat Konsequenzen für den Umgang mit der Natur, die laufende Produktion und die strategische Lagerhaltung bei den Nahrungsmitteln.[10]

6. Demeritorische Güter

Bei den *demeritorischen Gütern* handelt es sich um gesundheitsschädigende Erzeugnisse wie beispielsweise Rauschgifte. Es wird davon ausgegangen, daß ein gewisser Anteil der Verbraucher verzerrte Präferenzen zu Gunsten des Konsums von demeritorischen Gütern hat und deshalb die Produktion auf dem Wege der Regulierung zu kontrollieren ist. In diesem Fall rechtfertigen sich Eingriffe in die Produktionsfreiheit.[11] Schwierig zu beurteilen ist die Frage nach der Notwendigkeit von Produktionseingriffen bei Suchtmitteln wie zum Beispiel Alkohol und Tabak als den sog. Gesellschaftsdrogen.

Literaturangaben zu Kapital 11:

Lichtenberg, Erik, Spear, Robert C., and Zilberman, David (1993), The Economics of Reentry Regulation of Pesticides. In: Journal of Agricultural Economics. Vol. 75, Nr. 4.

Rieder, Peter und Anwander Phan-huy, Sibyl, Soziale und ökonomische Risiken der Gentechnologie im Agrarsektor. In: Agrarwirtschaft und Agrarsoziologie, hrsg. von der Schweizerischen Gesellschaft für Agrarwirtschaft und Agrarsoziologie, Zürich 1998, S. 77-103.

[9] Beispiele sind Getreide, Kartoffeln und Milch; vgl. Kapitel 7.
[10] Vgl. Kapitel 8 und 13.
[11] Ein Beispiel ist die Vernichtung der Ernte und der Produktionsanlagen von Rauschgiften in Kolumbien im Jahre 1989.

Kapitel 12: Die Eigentumsordnung und die Pachtordnung

"Die Welt, so wie sie entsteht, wird institutionell zur Hälfte durch die Überbleibsel einer Zeit getragen, welche langsam zerfällt; dabei kann angesichts der Komplexität der gesellschaftlichen Prozesse niemand sagen, was von den früheren Institutionen und Verhaltensregeln übrigbleibt und was restlos verschwindet" *(Alexis de Tocqueville)*

"Obwohl der Grundsatz des Privateigentums hinsichtlich beweglicher Gegenstände verhältnismäßig wenige Probleme aufwirft, entstehen äußerst schwierige Probleme, wo es sich um Eigentum von Grund und Boden handelt. Die Wirkung, die die Benützung irgend eines Grundstückes oft auf das Nachbargrundstück hat, macht es sicher nicht wünschenswert, dem Besitzer unbeschränktes Recht zur beliebigen Benutzung oder Mißbrauchung seines Eigentums zu geben" *(Friedrich August von Hayek,* 1983, S. 295).

A. Die landwirtschaftliche Eigentumsordnung

I. Allgemeines

Die *landwirtschaftliche Eigentumsordnung* regelt das ganze Bündel von Eigentums-, Nutzungs-, Verfügungs- und Handlungsrechten an den landwirtschaftlichen Ressourcen.[1] Im einzelnen geht es um das Recht auf den Gebrauch (usus), das Verfügungsrecht über die Früchte (usus fructus), das Recht auf die Änderung, Mißgestaltung und Zerstörung (abusus) sowie das Recht zum Transfer von Eigentum und Teilrechten (ius abutendi bzw. the right to transfer). Bei diesen Rechten handelt es sich um sog. Property Rights bzw. "sozial anerkannte Handlungsrechte", fallweise auch um "sozial anerkannte Verhaltensweisen" im Umgang mit knappen Gütern.[2]

Der Begriff der Property Rights geht über den juristischen Eigentumsbegriff des Sachenrechts hinaus. Er steht im Zusammenhang mit dem verfassungsrechtlichen Eigentumsbegriff und bezeichnet "sämtliche vermögenswerte Rechte und Ansprüche, also auch die Immaterialgüterrechte und möglicherweise sogar die öffentlich-rechtlichen Ansprüche".[3]

Die institutionelle Ausgestaltung der Eigentumsrechte erfolgt im Rahmen des Rechts (bzw. des Gesellschaftsvertrages).[4] Der ökonomische Handlungs- und Entscheidungsspielraum der Wirtschaftssubjekte wird außerdem durch spontane Prozesse in Form "von ungeschriebenen und gewachsenen Regelungen bestimmt".[5]

Die Eigentumsrechte müssen definiert werden. Die Zuweisung von Property Rights an die einzelnen Mitglieder einer Gesellschaft regelt, welches Wirtschaftssubjekt über welche Rechte verfügt. Property Rights führen zur alleini-

---

[1] Vgl. *Schüller* (1989), S. 3; sowie (1983).
[2] Vgl. *Leipold* (1984), S. 24 f.
[3] *Leipold* (1984), S. 24 f.
[4] Vgl. *Buchanan* (1984), S. 13.
[5] *Leipold* (1984), S. 24 f.

gen Verantwortlichkeit für die Folgen von Entscheidungen.[6] Die Beteiligten müssen die Rechte der anderen anerkennen. Nur so kann es zu Verhandlungen über die Änderung bzw. den Tausch von Rechten kommen. Dies ist eine Voraussetzung für eine effiziente (paretooptimale) Allokation von Kapitalgütern.

II. Die Entwicklung von spezifizierten Eigentumsrechten

Frei verfügbare Ressourcen werden so intensiv genutzt, bis die privaten (individuellen) Grenzkosten der Bewirtschaftung einerseits und der private Grenznutzen der erzeugten Güter andererseits identisch sind. Angesichts der oft äußerst geringen privaten Grenzkosten bei der Nutzung von frei für jedermann verfügbaren Ressourcen kann es zu deren intensiver Nutzung bzw. zur Übernutzung und Schädigung kommen.[7] Dieses Phänomen ist bekannt unter der Bezeichnung "the Tragedy of the Commons" bzw. "die Tragik der Allmende". Typisch ist der Ausspruch: "Gesamt Gut, verdammt Gut"[8].

Die "Einfriedung von Commons" zur Einschränkung der kollektiven Nutzungsrechte kann als eine erste "notwendige gesetzliche Maßnahme"[9] zur Verbesserung der landwirtschaftlichen Nutzung von natürlichen Ressourcen betrachtet werden. Dabei erfolgt eine *Spezifizierung* der Eigentumsrechte in der Form individuell zugewiesener Nutzungsrechte.

Die historische Entwicklung führt

> "vom umfassenden Grundeigentum der Dorfgenossen an den unbeweglichen Sachen - Hofstätte, Äcker, Wiesen, Weide, Wald, Wasserstücke - zum absoluten Privateigentum an den meisten Teilen dieser Grundstücke"[10].

Eine *starke Spezifizierung* von Nutzungs- und Eigentumsrechten liegt vor, wenn diese einer Person bzw. einem Betrieb fest zugeordnet sind. Dies bietet vor allem bei einer Verknappung der Ressourcen Vorteile gegenüber einem Naturzustand, bei welchem jeder ein "Recht auf alles" besitzt.[11,12] Eine Ausscheidung von privaten Eigentums- und Nutzungsrechten ist meist auch dann sinnvoll, wenn Investitionen zur Nutzung des Bodens erforderlich sind.

Die Property Rights Theorie geht davon aus, daß sich rechtliche Institutionen wie Eigentumsordnungen bilden, wenn der gesellschaftliche Nutzen spezifizierter Eigentumsrechte größer ist als die erforderlichen Transaktionskosten für den politischen Prozeß zu deren Entstehung.[13,14] Diese Transaktionskosten

---

[6] *Meyer* (1983), S. 23.

[7] Vgl. zu den mathematischen Grundlagen der ökonomischen Nutzung von ökologischen Konkurrenzsystemen in verschiedenen Marktformen *Wacker* (1997), S. 655 ff.

[8] Vgl. *Abel* (1956), S. 40.

[9] *von Hayek* (1983), S. 451.

[10] *Meyer* (1983), S. 4.

[11] Vgl. *Buchanan* (1984), S. 31 ff.

[12] Die starke Spezifizierung von Rechten entspricht der lange zuvor erreichten Rechtstradition in der römischen Antike, welche mit der Entwicklung der landwirtschaftlichen Eigentumsverfassung einen ersten Höhepunkt fand. Mit einem individualisierten Eigentum zählt das römische Recht zu den ersten effizienten Rechtssystemen in der Geschichte (vgl. Kapitel 2). In der zweitausendjährigen Entwicklung der germanischen Agrarverfassung erfolgte das Herausbilden eines ähnlich effizienten Rechtssystems erst nach der französischen Revolution und erforderte einen sehr langen geschichtlichen Prozeß. Vgl. *Wagner* (1894), S. 413 und 417.

[13] Vgl. *Demsetz* (1964), S. 347 ff.

"lassen sich am besten mit dem Begriff der Ordnungs- oder Organisationskosten übersetzen, weil die Höhe dieser Kosten hauptsächlich in der Ausgestaltung der Wirtschaftsordnung begründet ist"[15].

Der Prozeß der Spezifizierung von Eigentumsrechten läßt sich an einem Schulbeispiel von *Harald Demsetz* verdeutlichen. Die Indianer in Kanada nutzten ihre Jagdgründe auf der Halbinsel Labrador ursprünglich gemeinsam. Als französische Händler die Preise für Biberfelle erheblich erhöhten, ergaben sich Anreize für eine intensivere Bejagung. Die Ausbeutung der Jagdgebiete führte zu deren Übernutzung, was eine neue gesellschaftsvertragliche Übereinkunft als wünschenswert erscheinen ließ. Die Indianerstämme schufen eine Eigentumsordnung mit privaten Eigentumsrechten. Die negativen Externalitäten der Übernutzung wurden vermieden. Zur Vermeidung sozialer Konflikte wäre es allerdings sinnvoll gewesen, bereits früher private Eigentumsrechte einzuführen.[16]

Der Wandel der Eigentumsordnung kann mit exogenen wirtschaftlichen Änderungen erklärt werden.[17] Die Institutionen des Eigentums unterliegen einer steten Entwicklung. Das Rechtssystem paßt sich an neue Verhältnisse an. Obwohl politische Machtstrukturen die Entwicklung einer effizienten Eigentumsordnung während langer Zeit behindern können, kommt es bei demokratischen Ordnungen langfristig immer wieder zu Anpassungen bei deren Ausgestaltung.

Dies ist bei der landwirtschaftlichen Eigentumsordnung notwendig, denn die speziellen Probleme des Agrarbereichs[18] erfordern eine stete Verbesserung der Rechtsinstitutionen.[19] Nur so kann die landwirtschaftliche Eigentumsordnung ihre Funktionen erfüllen. In den einzelnen Ländern zeigen die landwirtschaftlichen Eigentumsordnungen oft beträchtliche Unterschiede, was mit den unterschiedlichen Rahmenbedingungen und Entwicklungstendenzen zusammenhängt.

Es ist Aufgabe der *ökonomischen Analyse des Agrarrechts,* sich mit der Frage zu beschäftigen, welche Eigentumsordnung und Eigentumsstrukturen unter Nutzen-, Produktions- und Transaktionskostenaspekten optimal sind. Dabei können die "politischen Transaktionskosten", welche für die Entstehung von Rechtsnormen erforderlich sind, dazu führen, daß die Rechtsordnung für die Landwirtschaft oder einzelne Elemente davon nicht paretooptimal ist. Dies kann u.a. zu wenig befriedigenden Eigentums- und Pachtordnungen führen. Oft hinken diese den Erfordernissen der Zeit um Jahrzehnte hinterher und verzögern die Entstehung effizienter betrieblicher Strukturen. Langfristig findet zwar stets eine Annäherung zwischen den faktischen und den wünschenswerten Ordnungen statt, aber kurzfristig kann es zu erheblichen Abweichungen kommen.

[14] Die neuere Eigentumstheorie wurde von den Property Rights-Theoretikern wie u.a. *A.A. Alchian, H. Demsetz, E.G. Furubotn* und *S. Pejovich* sowie Vertretern der Transaktionskostenökonomie wie *R. Coase* und *O.E. Williamson* entwickelt. Vgl. auch *Demsetz* (1966) und (1974).
[15] *Leipold* (1984), S. 26.
[16] Das Beispiel stammt von *Harold Demsetz*. Vgl. *Buchanan* (1984), S. 33.
[17] Vgl. *Demsetz* (1964).
[18] Zu nennen sind vor allem der Kollektivgütercharakter der Nahrungsmittel und die landbaulichen Externalitäten.
[19] Vgl. *von Hayek* (1983), S. 451.

Zu den besonderen Fragen der Property Rights Theorie zählt auch die institutionelle Ausgestaltung der Eigentumsrechte am Humankapital (Intellectual Property Rights), so beispielsweise an den bio- und gentechnologischen Verfahren. Die Ausgestaltung des *Sortenschutz- und des Patentrechts* soll zur Forschung motivieren, die Diffusion neuen Wissens beschleunigen und die Gefahr möglicher negativer Externalitäten bei der Anwendung neuer Sorten und Verfahren verkleinern.[20]

III. Das Eigentum an den Produktionsmitteln und an der Natur

1. Das Eigentum an den Produktionsmitteln

Eine *freiheitliche landwirtschaftliche Eigentumsordnung* und effizient ausgestaltete Property Rights sind Voraussetzungen für eine funktionsfähige Agrarordnung. Möglichst umfassend spezifizierte (ausgeschiedene) Property Rights lassen bessere Ergebnisse bei der Produktion und der Pflege der Natur erwarten als eine mangelnde Spezifizierung bzw. eine Zersplitterung der Rechte.[21] Die Landwirte brauchen zudem die Gewißheit, daß sie im Rahmen ihrer formalen Eigentumsrechte über die Ressourcen verfügen können. Die Eigentumsrechte müssen sicher sein und sich durchsetzen lassen.

Privates Eigentum an den Produktionsmitteln bringt die Landwirte in den Genuß der Früchte ihrer Arbeit und motiviert zur persönlichen Entfaltung und Selbstverantwortung:

> "Man gebe einem Manne den sicheren Besitz eines nackten Felsens, und er wird ihn zu einem Garten umschaffen; man gebe ihm einen Garten in neunjährige Pacht, und er wird ihn zu einer Wüste umwandeln".[22]

Die Menschen pflegen individuelles Eigentum besser als kollektives oder allgemeines Gut (diligentia quam in suis). Privates Eigentum führt zur subjektiven Bewertung eines Gutes über die Opportunitätskosten und läßt Märkte und Marktpreise erst entstehen. Dies spornt zur optimalen Nutzung, zu Investitionen, effizienzverbessernden Tauschhandlungen und möglicherweise zur Produktion von positiven sowie zum Abbau von negativen Externalitäten an.[23] Außerdem ist die Gesellschaftsordnung besser intakt, wenn die Eigentumsverhältnisse festliegen und sich kein Anlaß für Streitigkeiten über die Nutzung von Dingen in Gemeineigentum bietet.[24]

2. Das Eigentum an der Natur

Soll die Natur Gegenstand privater Eigentumsrechte sein? Wer ist zweckmäßigerweise Eigentümer der Natur als landwirtschaftlich nutzbarer Ressource? Diese Fragen werfen Probleme auf. Die Natur wurde durch den Schöpfer und nicht von Menschenhand geschaffen. Sie bildet das gemeinsame Erbe der Menschheit und ist deren Überlebensbasis. Exklusive Eigentumsansprüche an der Natur, die sich naturrechtlich begründen lassen, gibt es nicht. Die Eigentumsrechte verbinden sich stets mit gesellschaftlichen Nutzungsansprüchen.

[20] Vgl. Kapitel 17.
[21] Vgl. *Krüsselberg* (1983), S. 67.
[22] *Mill* (1848/1968), Bd. I, S. 268.
[23] Vgl. *Recktenwald* (1983), S. 117.
[24] Vgl. *Recktenwald* (1980), S. 166, und *Schumpeter* (1965), S. 138.

Die Eigentumsbeziehungen zwischen der Natur und der menschlichen Gesellschaft sind eine Frage der Zweckmäßigkeit. Privates Eigentum läßt sich vor allem bei besseren Ergebnissen als bei kollektivem Eigentum begründen.[25] Triebfedern sind die unternehmerische Motivation und die Verwurzelung der bäuerlichen Familien mit dem bewirtschafteten Boden.

Ausnahmsweise kann kollektives Eigentum individuellem ökonomisch überlegen sein, wenn sich beispielsweise Kostendegressionseffekte bei den Investitionen, der Nutzung der Ressourcen und deren Pflege ergeben. Es gibt auch sinnvolle Zwischenformen, bei welchen kollektives Eigentum mit privaten Nutzungsrechten kombiniert wird.[26] Bei naturnahen Ressourcen wie Bächen, Weihern, öffentlich zugänglichen Gewässern, Erholungsgebieten und Naturparks hängt es von der Hauptnutzung ab, ob diese sinnvollerweise im privaten, gemeinschaftlichen oder öffentlichen Eigentum sind.

3. Die Rolle der privaten Transaktionskosten

Beim Aufbau von landwirtschaftlichen Betrieben als privaten Institutionen entstehen Transaktionskosten.[27] In der Praxis müssen geeignete Ressourcen (Boden, Arbeit, Kapital und Sachgüter) beschafft und kombiniert werden. Private Unternehmen mit einer vollständig effizienten Bündelung von Eigentums- und Nutzungsrechten ergeben sich nur in einer Welt ohne Transaktionskosten. Es gibt immer wieder Suchprozesse, die zufolge der Transaktionskosten und anderer Ungewißheiten unterbleiben. Weichen die Transaktionskosten von null ab, wird die Kombination der Produktionsfaktoren nie vollständig effizient sein. Es ist Aufgabe der Wirtschaftspolitik, die privaten Transaktionskosten durch effiziente rechtliche und ggf. auch materielle Institutionen[28] zu senken, was zu einer verbesserten Bündelung von Eigentums- und Nutzungsrechten bzw. Produktionsfaktoren führt.

B. Die Property Rights im einzelnen

I. Das Recht auf den Gebrauch (usus)

1. Das Gebrauchsrecht und der Verzicht

Mit dem *Recht auf den Gebrauch (usus)* werden Rechte angesprochen, welche sich auf die Nutzung einer Ressource beziehen. Bei unbeschränkten Nutzungsrechten ist der Besitzer frei, wie er die Ressource nutzen will. Die Art und Intensität der Nutzung richten sich in diesem Fall nach den subjektiven Präferenzen des Eigentümers.

Begründet das Recht auf den Gebrauch (Nutzung) auch eine *Pflicht zur Nutzung?* Dürfen beispielsweise landwirtschaftliche Nutzflächen aus individuellem Kalkül stillgelegt werden? Die Antwort muß im Rahmen der landwirtschaftlichen Eigentumsordnung bzw. Produktionsverfassung gegeben werden. Verzichtet der Eigentümer auf eine Nutzung, kann dies eine Folge mangelnder Erträge

[25] Vgl. *Mill* (1848/1968), Bd. I, S. 219.
[26] Ein Beispiel sind die Almweiden.
[27] Vgl. *Coase* (1960/1978), und *Leipold* (1984), S. 26.
[28] Rechtliche Institutionen sind beispielsweise das landwirtschaftliche Eigentumsrecht mit einem Schutz von lebensfähigen Höfen und das landwirtschaftliche Grundstückverkehrsrecht, materielle Institutionen die Vermarktungsinfrastruktur.

sein. Geben landwirtschaftliche Betriebe die Nutzung von Boden in Folge ungenügender Erträge auf, ist dies hinzunehmen. Die Nutzung setzt voraussichtlich wieder ein, wenn sich ein ökonomischer Anreiz dazu ergibt. Eine zwingende Notwendigkeit zur direkten Intervention gegenüber dem Eigentümer von Ressourcen besteht nicht.[29]

Nach einer anderen Auffassung soll sich mit dem Recht zur Nutzung auch die Pflicht zur ordentlichen Bewirtschaftung verbinden. Wer den Boden nicht oder nicht standortkonform nutzt, verstößt gegen das Recht auf den Gebrauch, welches nach dieser Interpretation auch die statutarische Pflicht zur Nutzung enthält. Solche Regelungen setzen bei der Überlegung an, daß die natürlichen Ressourcen Teil der Schöpfung sind und allen Menschen zustehen. Wer die landwirtschaftlichen Ressourcen nicht nutzt, verschlechtert die Nahrungsmittelversorgung der Bevölkerung.[30] Bei Verstößen läßt sich das Eigentum entziehen. Dies ist jedoch unter "normalen Umständen" mit einer rechtsstaatlichen Ordnung unvereinbar, zumal angesichts des Ressourcenreichtums in zahlreichen Industrieländern zunehmend mehr Boden mit Mitteln der Agrarpolitik dauernd oder vorübergehend stillgelegt wird.

2. Die Übertragung von Nutzungsrechten bei ausbleibender Nutzung

Eine mögliche Ursache der Nichtnutzung ist die sog. Strukturbrache in den Industrieländern, wo Boden aus Gründen der Kleinparzellierung oder einer ungünstigen Lage nicht genutzt wird. Häufig befindet sich dieses Land in nichtbäuerlichem Besitz.[31] In diesem Falle läßt sich prüfen, ob die *Nutzungsrechte* auf andere, nutzungsbereite bäuerliche Betriebe übertragen werden sollten.

Eine mangelnde Bewirtschaftung gibt es oft auch bei *feudalistischen Eigentumsstrukturen,* wie diese in zahlreichen Ländern des Mittelmeerraumes, des mittleren Orients sowie in Mittel- sowie Südamerika teilweise noch bestehen. Solche Eigentumsstrukturen sind auf die Erhaltung großer Besitztümer reicher Familien, der Kirche oder des Staates ausgerichtet. Es handelt sich um Einheiten mit Tausenden oder gar Zehntausenden von Hektar Land. Der Boden verleiht den Eigentümern Macht, Ansehen und Kontrolle über die wirtschaftliche sowie gesellschaftliche Entwicklung. Der Wert des Landes als Siedlungsfläche steigt mit dem wirtschaftlichen und demographischen Wachstum. Der Boden ist Quelle großer, steigender und praktisch nie versiegender Einkommen.

Dieses Land wird oft nur sehr extensiv oder überhaupt nicht genutzt, obwohl die Bewirtschaftung gewinnbringend wäre. Das Interesse an einer Verpachtung ist meist gering, denn durch Boden-, Land- oder Eigentumsreformen könnten die Eigentümer jene Besitztümer verlieren, welche in der Hand von Pächtern sind. Konsequenzen sind eine suboptimale Nutzung des Bodens und mögli-

[29] Vgl. *Hathaway* (1963), S. 239.

[30] Bei einer sehr knappen Nahrungsmittelversorgung, wie beispielsweise in Kriegszeiten, wurden in der Vergangenheit sogar Regelungen eingeführt, welche einen Entzug des landwirtschaftlichen Eigentums bei nicht ordnungsgemäßer Bewirtschaftung vorsahen.

[31] In der *Schweiz* gibt es beispielsweise die gesetzliche Möglichkeit, die Nutzung eines Bodens durch die Gemeinde einem Bewirtschafter zuzuweisen, wenn der Eigentümer die Nutzung unterläßt, keine besonderen Gründe dafür geltend machen kann und dies im überwiegenden Interesse der Bevölkerung ist. Diese Regelung soll vor allem im alpinen Raum mit schlechten Bewirtschaftungsverhältnissen und einem ausgeprägten Streubesitz greifen.

cherweise eine Unterversorgung der Bevölkerung mit Nahrungsmitteln. Dies verhindert die Schaffung von Tausenden, Zehntausenden oder gar Hunderttausenden von landwirtschaftlichen Arbeitsplätzen und wirkt gesamtwirtschaftlich als Wachstumsbremse. Das feudalistische Eigentum bildet ein Produktions-, Investitions- und Innovationshemmnis. Oft wird auch die infrastrukturelle Erschließung des ländlichen Raumes verhindert.

Deshalb stellt sich die Frage nach Reformen:

> "Wie weit eine solche Entwicklung geeigneter Organisationsformen gehen wird, hängt sehr vom Charakter des Bodenrechts ab, einschließlich der Möglichkeit, die es unter den nötigen Sicherheitsvorkehrungen für zwangsweise Enteignung vorsieht ... . Es ist zumindest vorstellbar, wenn auch die tatsächlichen Erfahrungen mit 'Bodenreformen' nicht viel Anlaß zur Zuversicht geben, daß unter gewissen Umständen Änderungen im Bodenrecht die Aufteilung von Latifundien fördern können, die unwirtschaftlich geworden sind, aber durch gewisse Züge des bestehenden Rechts aufrechterhalten werden. Während im gesetzlichen Rahmenwerk Raum für solche allmähliche Verbesserungen gegeben ist, wird, je größer die Freiheit zum Experimentieren in dem bestehenden Arrangement ist, desto größer auch die Wahrscheinlichkeit sein, daß die Änderungen in der geeigneten Richtung gemacht werden"[32].

Landwirtschaftliche Eigentumsreformen schlagen vielfach fehl, weil politische Konterrevolutionen stattfinden, bevor die Reformen Erfolge zeigen. Dennoch ist die einmalige "Entfeudalisierung", "Entstaatlichung" oder "Entklerikalisierung" der bestehenden Eigentumsstrukturen zu Gunsten bäuerlicher Familienbetriebe meist ein historischen Erfordernis. Die landwirtschaftlichen Eigentumsstrukturen folgen im Verlauf von Jahrzehnten und Jahrhunderten zwar nicht immer, aber doch oft den Bewirtschaftungs- bzw. Nutzungsstrukturen.

3. Die Einschränkung des landwirtschaftlichen Nutzungsrechts

Kann das Recht auf den landwirtschaftlichen Gebrauch (usus) des Bodens eingeschränkt werden? Sinnvoll ist eine *Einschränkung des landwirtschaftlichen Nutzungsrechts,* wenn die Bewirtschaftung zu negativen Externalitäten im Bereich von Boden, Wasser, Luft, Fauna und Flora führt.[33] Die Einschränkung von Nutzungsrechten erfolgt in erster Linie mit Rücksicht auf die Natur.[34] Die Entwicklung im Umweltbereich zeigt, daß der Inhalt der landwirtschaftlichen Property Rights zum Schutz des Bodens und zur Verhinderung von negativen landbaulichen Externalitäten sinnvollerweise weiterzuentwickeln ist.[35]

Eine etwas andere Situation ergibt sich bei konkurrierenden gesellschaftlichen Nutzungsansprüchen zwischen der landwirtschaftlichen und der nichtlandwirtschaftlichen Nutzung.[36] Dabei kann sich der Nutzungsanspruch von der Land-

[32] *von Hayek* (1983), S. 451.
[33] Vgl. Kapitel 13.
[34] Auch durch die Einräumung von Nachbarrechten zum Schutz gegen negative landbauliche Externalitäten von Dritten kommt es zu einer "Internalisierung von externen Externalitäten". Vgl. Kapitel 13 sowie *Buchanan* (1984), S. 32.
[35] Vgl. *von Hayek* (1983), S. 450 f.
[36] Dies ist der Fall, wenn beispielsweise ein Boden gleichzeitig der landwirtschaftlichen Produktion und der Gewinnung von Trinkwasser dient. Ähnliches ist auch bei Naturreservaten und Freizeitanlagen der Fall.

wirtschaft weg verlagern. Je stärker die erforderlichen Einschränkungen der landwirtschaftlichen Nutzung sind, desto eher sollte das Eigentum der Hauptnutzung folgen.[37] Der Übergang zur außerlandwirtschaftlichen Nutzung drängt sich vor allem dann auf, wenn die Erträge dabei größer sind als bei einer landwirtschaftlichen. Dies kann der Fall sein bei Wasserschutzgebieten, Naturreservaten, Freizeitanlagen (beispielsweise Golf- und anderen Sportplätzen), Siedlungsflächen und Infrastrukturanlagen. In diesem Fall sehen die landwirtschaftlichen Eigentumsordnungen meist räumliche Ordnungsverfahren zur Regelung der Flächenwidmung vor, bei welchen Flächen aus der Landwirtschaft entlassen werden, auf welchen zuvor ein landwirtschaftlicher Nutzungsanspruch bestand.

II. Das Verfügungsrecht über die Früchte (usus fructus)

Usus fructus ist das Verfügungsrecht über die Früchte, das Recht auf die erzeugten Güter. In der Landwirtschaft handelt es sich meist um ein umfassendes Verfügungsrecht. Frühere Rechtsordnungen kannten bei Pachtverhältnissen auch das Recht auf einen Teil der Ernte seitens des Verpächters, beispielsweise die Hälfte. Das Verfügungsrecht über die Früchte enthält meist die Pflicht, für betriebliche Verluste zu haften.

III. Das Recht auf die Umgestaltung, Mißgestaltung und Zerstörung (abusus)

Gibt das bäuerliche Eigentumsrecht ein *Recht auf die Umgestaltung, Mißgestaltung bzw. Zerstörung der Natur* (abusus)? Diese Frage wird von Gesellschaft zu Gesellschaft und von Epoche zu Epoche unterschiedlich beantwortet. Die Versuchung zur Ausbeutung des Bodens bis zu dessen Erschöpfung ist besonders groß, wenn die landwirtschaftlichen Nutzungsrechte an der Natur ganz oder annähernd unentgeltlich entstehen und sich das Land ohne große, bodengebundene Investitionen bewirtschaften läßt. Die Zerstörung erfolgt meist durch eine Bewirtschaftung, welche ohne Rücksicht auf die spätere Nutzungsfähigkeit des Bodens erfolgt und in ökologisch sensiblen Gebieten zur Erosion (Abtragen bzw. Auswaschen des Bodens durch Wind und Wasser) führt.[38]

In *Europa* werden die ausbeuterische Nutzung und die Zerstörung der Natur zunehmend als Mißbrauch (abusus) betrachtet. Betont wird die Unzulässigkeit der Umgestaltung bzw. Veränderung der Natur als Teil eines umfassenden landwirtschaftlichen Eigentumsrechts, welches die Zerstörung der Natur ausschließt.[39,40] Das private Eigentum an der Natur enthält in der Regel nur ein beschränktes Recht, die Natur für die landwirtschaftliche Nutzung umzugestalten. Dies trifft vor allem für Gebiete zu, wo den materiellen und immateriellen Le-

---

[37] Sinnvoll ist ein Eigentumsübergang (Kauf).

[38] Dies ereignete sich in einigen Gebieten der *USA* im Verlaufe der Besiedlungsgeschichte vor allem in den 1930er Jahren. Heute geschieht dies in *Brasilien.* Siedler brennen den Urwald zur Brandrodung nieder und bewirtschaften den Boden während kurzer Jahre bis zu dessen völliger Erschöpfung. Anschließend suchen sie neues Land und beuten auch dieses wieder bis zur Erosion aus.

[39] Bereits Mitte des 19. Jh. wurde in *Europa* beklagt, daß die landbaulichen Aktivitäten in weiten Gebieten zur Umgestaltung der Natur ohne Reste der ursprünglichen Landschaft führten. Kleinere Zerstörungen mochten weniger bedenklich sein, aber die Summe der kleinen Zerstörungen bedeutete schließlich die Vernichtung der Natur und Landschaft.

[40] Vgl. *Pevetz* (1991), S. 29.

bensgrundlagen von Menschen, Tieren und Pflanzen auch aus anderen Entwicklungstendenzen der Zivilisation die Zerstörung droht.

Dabei sind die Grenzen zwischen der Nutzung (usus) und dem Mißbrauch (abusus) fließend, was mit den sich wandelnden räumlichen Daseinsansprüchen der Gesellschaft zusammenhängt. Noch vor einigen Jahren konnten beispielsweise Hecken abgeholzt, Baumgruppen gefällt, Bäche in Zementröhren verlegt und ganze Gebiete in Traktorenlandschaften verwandelt werden. Inzwischen haben sich die Grenzen zwischen dem usus und dem abusus deutlich verändert.

IV. Das Recht zum Transfer von Eigentum und Teilrechten (ius abutendi; the right to transfer)

1. Transferrechte und die optimale Nutzung der Ressourcen

Ein freiheitliches landwirtschaftliches Eigentumsrecht enthält im allgemeinen das *Recht zum freien Transfer von Eigentum und Teilrechten* (ius abutendi; the right to transfer). Dies gibt die Möglichkeit, Betriebe oder Teile davon frei zu kaufen oder zu verkaufen, zu pachten oder zu verpachten, zu erben oder zu vererben.

Freie Transferrechte sind Voraussetzung für die "Mobilität" des Bodens und dessen effizienter Nutzung. Kann der Bauer A ein Stück Boden gewinnbringender nutzen als der Bauer B, soll der Bauer B dieses verkaufen oder verpachten können, sofern er sich dadurch größere Erträge verspricht. Der Bauer A wird bestrebt sein, so viele Eigentums- und Nutzungsrechte zu erwerben oder zu pachten, als er optimalerweise bewirtschaften kann. Im besten Falle kommt es bei freien Transferrechten zur größtmöglichen Effizienz der Nutzung der landwirtschaftlichen Ressourcen und raschen Anpassung der betrieblichen Strukturen an sich verändernde agrarwirtschaftliche Daten auf dem Wege der marktlichen Reallokation von landwirtschaftlichen Eigentums- und Nutzungsrechten. Es besteht kein Bedarf seitens der Agrarpolitik, in die größenstrukturelle Entwicklung einzugreifen. Einschränkungen beim landwirtschaftlichen Grundstücksverkehr wirken sich hemmend auf die strukturelle Anpassung aus.

2. Die Einschränkung von Transferrechten unter Lebenden und im landwirtschaftlichen Erbrecht

Bei der Ausgestaltung der Verfügungsrechte stellt sich die Frage, ob *Einschränkungen bei den Transferrechten unter Lebenden und im landwirtschaftlichen Erbrecht* sinnvoll sind. Die Freiheit beim Grundstücksverkehr bringt neben Vorteilen auch Nachteile: Der landwirtschaftliche Boden wird gerne durch kapitalkräftige Wirtschaftssubjekte im Hinblick auf Wertsteigerungen und Prestigegewinne gekauft. Wird das Land anschließend verpachtet, fällt das bisher in der Hand der Landwirte vereinigte Bündel von Eigentums- und Nutzungsrechten auseinander. Es kommt zu einer nur noch schwachen Spezifizierung des Eigentums. Der Bauer ist "nur" Pächter ohne Eigentumsrechte und wird kurzfristig denken. Er plant für den Zeitraum mit den pachtvertraglich festgelegten Nutzungsrechten. Dies führt zu Hemmnissen bei den Investitionen und Innovationen.

Eine ineffiziente Zerstückelung des Bodens soll auch durch das Anerbenrecht verhindert werden.[41] Könnten die Betriebe nur zum Marktwert übernommen werden, würden die jungen Bauern oft auf eine Übernahme verzichten und der Betrieb würde verkauft oder verpachtet. In vielen Gebieten sieht das landwirtschaftliche Erbrecht eine ungeteilte Zuweisung von landwirtschaftlichen Betrieben *("Höfen")* an den Selbstbewirtschafter vor. Lebensfähige Betriebe dürfen ohne behördliche Genehmigung und ohne Zustimmung der erbberechtigten Familienmitglieder weder zu Lebzeiten noch im Erbgang aufgeteilt werden.[42] Im bäuerlichen Erbrecht wird festgelegt, wie ein Betrieb innerhalb der Familie vererbt werden muß. Die Regeln sind regional unterschiedlich.

Die anerbenrechtliche Zuweisung des Betriebes erfolgt zum Ertragswert, was dem Bewirtschafter ein angemessenes Einkommen ermöglichen soll. Dieser Wert liegt oft weit unter dem Verkehrs- bzw. Marktwert. Dies führt zu tieferen Produktionskosten, als wenn die Betriebe zu Marktpreisen übernommen werden müßten. Es kommt ceteris paribus zu einer etwas preiswerteren Versorgung mit Agrargütern als bei einer Übernahme der Betriebe zu Marktpreisen. Übernimmt ein Erbe den Hof zum Ertragswert, "versinken" bereits getätigte Investitionen (versunkene Kosten bzw. "sunk costs").[43]

Wer leistet beim Übergang des Hofes an den Hoferben zu Ertragswerten den Hauptverzicht? Es sind dies die nichtprivilegierten Anerben. Dabei ist der übernehmende Jungbauer nur während der Phase seiner aktiven beruflichen Tätigkeit privilegiert. Auch er muß den Betrieb an seinen Erben zu einem Preis weitergeben, der einen bedeutenden Teil seiner getätigten Investitionen "versinken" läßt und "erleidet" ein ähnliches Schicksal wie seine Vorfahren.

Der Schutz von Höfen ist darauf ausgerichtet, die Zerstückelung der Betriebe zu vermeiden und zu verhindern, daß immer wieder Betriebe mit großen Transaktionskosten neu aufgebaut werden müssen. Das ganze Bündel der Nutzungs- und Verfügungsrechte bleibt geschlossen in einer Hand. Es kommt zu einer starken Spezifizierung der Eigentumsrechte. Trotz gewisser Vorteile ist nach dem Sinn von Einschränkungen beim landwirtschaftlichen Erb- und Grundstücksverkehrsrecht zu fragen. Die Eingriffe stammen noch aus einer Zeit mit einer wesentlich knapperen Versorgung mit Nahrungsmitteln und dienten letztlich den Versorgungsinteressen der Bevölkerung. In einer Welt mit land-

[41] Die in weiten Teilen *Europas* verbreitete Realteilung im 19. und frühen 20. Jh. brachte eine immer stärkere Zerstückelung des Eigentums. Dies war unter anderem in *Süddeutschland* und weiten Gebieten der *Schweiz* der Fall. Jeder Erbgang führte zu einer Aufteilung der bäuerlichen Betriebe in immer kleinere Einheiten. In letzter Konsequenz waren die einzelnen landwirtschaftlichen Parzellen oft so klein, daß sie sich kaum mehr bewirtschaften ließen. Die Folge waren Hungersnöte und Auswanderung. Zu Beginn des 20. Jh. wurde versucht, den agrarstrukturellen Verfall der Landwirtschaft zu verhindern.

[42] Der Begriff des sog. *Hofes* ist in der bundesdeutschen *Höfeordnung (HöfeO)* umschrieben: "Hof im Sinne dieses Gesetzes ist eine im Gebiet der Länder Hamburg, Niedersachsen, Nordrhein-Westfalen und Schleswig-Holstein belegene land- oder forstwirtschaftliche Besitzung mit einer zu ihrer Bewirtschaftung geeigneten Hofstelle, die im Alleineigentum einer natürlichen Person oder im gemeinschaftlichen Eigentum von Ehegatten (Ehegattenhof) steht oder zum Gesamtgut einer fortgesetzten Gütergemeinschaft gehört, sofern sie einen Wirtschaftswert von mindestens 20.000 Deutsche Mark hat. ... Eine Besitzung, die einen Wirtschaftswert von weniger als 20.000 Deutsche Mark, mindestens jedoch 10.000 Deutsche Mark hat, wird Hof, wenn der Eigentümer erklärt, daß sie Hof sein soll, und wenn der Hofvermerk im Grundbuch eingetragen wird" *(Höfeordnung,* § 1, Abs. 1).

[43] Vgl. Kapitel 5.

wirtschaftlichen Überschüssen spricht der Wert eines freiheitlichen landwirtschaftlichen Eigentumsrechts jedoch für einen freien landwirtschaftlichen Grundstücksverkehr. Ohne Einschränkungen im Grundstücksverkehr könnte sich der agrarstrukturelle Wandel erheblich beschleunigen. Es käme zu einer größeren Effizienz der landwirtschaftlichen Produktion und einer rascheren Anpassung der Agrarstrukturen an sich verändernde agrarwirtschaftliche Daten.[44]

C. Die Pachtordnung

I. Das Wesen

Die Pachtordnung regelt den *Transfer von Nutzungsrechten* bei den landwirtschaftlichen Ressourcen. Das Wort "Pacht" stammt von pactus (= Vertrag). Der Eigentümer eines ertragbringenden Gutes (landwirtschaftlicher Betrieb, Grundstück, Pflanzenbestände oder Vieh) überläßt dessen Gebrauch einem Pächter gegen eine entsprechende Gegenleistung.[45] Die mit dem Pachtgrundstück verbundenen Rechte (beispielsweise die Milch- und Zuckerquoten) werden in der Regel mitverpachtet.[46]

Die Pachtordnung dient der Trennung der Verfügungs- und der Nutzungsrechte. Die Nutzungsrechte (usus, usus fructus) werden auf einen landwirtschaftlichen Bewirtschafter übertragen. Dabei geht nicht nur das Recht auf die Nutzung, sondern meist auch die Verpflichtung zur ordnungsgemäßen Bewirtschaftung auf den Pächter über. Bei unsachgemäßer Bewirtschaftung läßt die Pachtordnung in der Regel eine sofortige Kündigung zu.

II. Die Ziele

Die Pachtordnung nimmt eine *Mittlerfunktion zwischen den Eigentums- und den Nutzungsstrukturen* ein und soll zweckmäßige Lösungen für den Transfer von Nutzungsrechten vom Eigentümer zum Landwirt bieten, um das Spannungsverhältnis zwischen der bestehenden Eigentumsstruktur und einer sinnvollen Nutzungsstruktur zu überbrücken. Der Boden soll "zum besten Wirt wandern" und eine effiziente Nutzung des Bodens ermöglichen.[47]

---

[44] Ein weitgehend freies Grundstücksverkehrsrecht gibt es in den *USA*, wo ein tiefverwurzelter Glaube an eine möglichst freiheitliche Eigentumsordnung besteht. Eine effiziente Nutzung der weiten und fruchtbaren Räume konnte nur durch eine denkbar freie landwirtschaftliche Eigentumsordnung erfolgen. Die Gefahr einer Zerstückelung ist wesentlich geringer als bei den engen räumlichen Verhältnissen Europas. Die USA litten auch nie unter denselben Hungersnöten, wie dies in Europa der Fall war. In den meisten Bundesstaaten können die Bauern ohne größere Einschränkungen die Betriebe verkaufen, verpfänden, verpachten und vererben. Besondere Gesetze zum Schutz des bäuerlichen Eigentums gibt es in rund einem Dutzend Bundesstaaten. 1983 befanden sich nur sechs Prozent des Farmlandes im Besitz von Großkonzernen. Ein gegenteiliges Beispiel ist *Japan*, welches aufgrund sehr restriktiver Boden- und Pachtgesetze das Entstehen größerer Höfe verhinderte. Im Jahre 1977 lag die durchschnittliche Betriebsgröße bei etwas mehr als einer Hektar bzw. sehr kleinen Höfen mit einer vorwiegend nebenerwerblichen Landwirtschaft. Dadurch wurde auch die wünschenswerte Intensität der Bewirtschaftung unterschritten. Erst Anfang der 1980er Jahre wurde die Verpachtung von Betrieben und die Schaffung größerer Betriebe zugelassen. Vgl. *Weltentwicklungsbericht* (1986), S. 135.

[45] Vgl. *Ries* (1956), S. 100.

[46] Vgl. *Faßbender et al.* (1988), S. 46.

[47] Vgl. *Lipinsky* (1979), S. 3.

Die Ausgestaltung der Pachtordnung ist von Land zu Land verschieden. Eine "*ideale Pachtordnung*" gibt es ebenso wenig wie eine "ideale Eigentumsordnung". Vieles spricht für eine möglichst große Freiheit bzw. Flexibilität der Vertragsparteien beim Aushandeln der Pachtverträge. Nur eine freiheitliche Pachtordnung sorgt für eine rasche Anpassung der Agrarstrukturen an sich verändernde Bedingungen und trägt zur Lösung der spezifischen Probleme der Landwirtschaft bei.[48] Angesichts der oft geringen Neigung der Landeigentümer zum Verkauf des Bodens ist die Pacht die kurzfristig wirksamste Form der Bodenmobilität (Übergang der Nutzung von einem Landwirt zum anderen)[49] und damit eine wesentliche Institution für die effiziente Nutzung des Bodens. Deshalb muß das Eigentum an den landwirtschaftlich nutzbaren Ressourcen mit möglichst umfassenden Transferrechten ausgestattet werden. Schränkt die Pachtordnung die Freiheit der Vertragsgestaltung ein, entstehen Ineffizienzen bei der landwirtschaftlichen Produktion und der strukturellen Entwicklung.

III. Die freivertragliche Pachtordnung

Freiheit bei der Gestaltung der Pachtverträge kennzeichnet die sog. *freivertragliche Pachtordnung*. Die Pachtdauer und die Pachtzinsen sollen frei ausgehandelt werden können. Auf diese Weise entspricht die Pachtdauer der voraussichtlichen Amortisationsdauer der betriebsnotwendigen Investitionen.[50] Die Pachtzinsen je Flächeneinheit nehmen mit längerer Pachtdauer oft zu, weil sich die Nutzungsmöglichkeiten des Pächters verbessern und die Bindungen des Verpächters vergrößern. Staatliche Höchstpreise für Pachtland sind in der Regel falsche Knappheitsanzeiger und wirken systemzerstörend. Sie führen zu Funktionsmängeln des Bodenmarktes, einem Mangel an geeignetem Pachtland, einer ungenügenden Mobilität des Bodens und einer suboptimalen Effizienz der Produktion.

Die Pächter, die den Boden am effizientesten nutzen, können den höchsten Pachtzins bezahlen und sind ihren Mitbewerbern auf dem Markt für Pachtland überlegen. Die freivertragliche Pachtordnung eignet sich vor allem zur Zupacht von einzelnen Parzellen (sog. *Parzellenpacht)* sowie nicht mehr existenzfähigen Betrieben. Auf diese Weise lassen sich die entwicklungsfähigen Betriebe vergrößern.[51] Die freivertragliche Pachtordnung berücksichtigt den Bedarf dieser Betriebe nach zusätzlichem Boden zur Erreichung eines größenstrukturellen Optimums. Dies fördert die größenstrukturelle Konzentration, wobei diese Konzentration eine Grenze bei den kostenoptimalen Betriebsgrößen und Produktionsverfahren findet. Eine zusätzliche Nachfrage nach Pachtland bei Überschreiten des betrieblichen Größenoptimums ist für den Landwirt ökonomisch nicht sinnvoll.[52]

---

[48] Vgl. *von Hayek* (1983), S. 451.
[49] Vgl. *Lipinsky* (1970), S. 10 f.
[50] Vgl. *Priebe* (1985), S. 297.
[51] Rund 80 Prozent der Pachtflächen werden durch Zupachtbetriebe bewirtschaftet, der Rest durch Hofpachtbetriebe. Bei der Parzellenpacht ist eine Pachtdauer von zehn Jahren oder eine unbestimmte Zeit üblich. Der Trend zu mehr Pachtflächen hat sich in den vergangenen Jahren verstärkt. 1985 bewirtschaftete über die Hälfte der Betriebe Pachtflächen (in Schleswig-Holstein waren es 1985 66 Prozent). Bis 1987 erhöhte sich der Anteil der Pachtflächen in den alten Bundesländern auf 43 Prozent. Am größten war dieser in Rheinland-Pfalz mit 49 Prozent und im Saarland mit 48 Prozent. Den niedrigsten Anteil wies Bayern mit 26 Prozent auf.
[52] Vgl. Kapitel 15.

IV. Die Hofpacht

Die *Hofpacht* (Betriebspacht) dient der geschlossenen Verpachtung ganzer Betriebe. Der Pächter übernimmt den Boden und die Gebäude des Betriebes. Es sollen stabile, möglichst effiziente Nutzungsrechte transferiert werden.[53] Faktisch ist eine Pachtdauer von neun, zwölf, achtzehn oder mehr Jahren üblich.[54] Dies soll die Pächter zu Investitionen motivieren. Bei zu kurzen Pachtzeiten nimmt der Pächter nur jene Investitionen vor, welche innerhalb dieser Zeit sinnvollerweise amortisiert werden können. Es besteht die Gefahr volkswirtschaftlich suboptimaler Investitionen, mangelnder Innovationen und einer ungenügenden Anpassung der Agrarstrukturen an sich verändernde landwirtschaftliche Entwicklungen.

Zu den Hauptproblemen der Hofpacht zählt die soziale Stellung der Pächter. Diese sind oft gezwungen, die gebotenen Bedingungen zu akzeptieren, um nicht den Arbeitsplatz, den Wohnraum und die Existenz zu verlieren. Der Zielkonflikt zwischen einer effizienten Nutzung der Ressourcen und dem Schutz der sozial schwachen Pächter kann politisch und wirtschaftlich unerträglich werden.[55] Mit Problemen ist bei staatlich reglementierten Höchstpachtzinsen zu rechnen. Diese dienen zwar dem Schutz des Pächters, führen jedoch im Extremfall zu einer wenig effizienten Agrarstruktur und können bewirken, daß überhaupt keine Pachtverträge mehr zustande kommen und landwirtschaftliche Ressourcen brachliegen. Dies spricht für freivertragliche Pachtordnungen an der Stelle von staatlichen Eingriffen.

V. Die Kumulierung der Pachtprobleme bei bäuerlichem Eigentum und Großgrundbesitz

Die Probleme bei der Ausgestaltung der Pachtordnung kumulieren sich, wenn in einem Land bäuerliches Eigentum *und* Großgrundbesitz[56] nebeneinander bestehen. Bäuerliche Eigentumsstrukturen sprechen für eine möglichst freivertragliche Pachtordnung. Die Vollpächter dagegen möchten Höfe aus dem Großgrundbesitz pachten, welche ihnen und ihren Familien Wohn- und Arbeitsstätte bieten. Sie haben ein starkes Interesse am Schutz der bestehenden Pachtverhältnisse. Wird die Pachtordnung nach freivertraglichen Regeln gestaltet, fallen kleinere Betriebe und deren Pächter sehr rasch der strukturellen Anpassung zum Opfer.

Unter solchen Verhältnissen besteht die Möglichkeit einer *gemischten Pachtordnung*, bei welcher sowohl die freivertragliche Regelung für einzelne Parzellen als auch die Hofpacht mit gesetzlich vorgeschriebener, längerer Pachtdauer für existenzfähige Betriebe besteht.[57] Bei dem – in der historischen Betrachtung oft wünschenswerten - Übergang von einer Pachtordnung mit einem starken Schutz der Hofpacht zu einer freivertraglichen Pachtordnung kann der Schutz

---

[53] Vgl. *von Hayek* (1983), S. 451.
[54] Vgl. *Wehner* (1986), S. 85 und 154.
[55] Dies mag erklären, warum in den *alten Bundesländern* der Anteil der Hofpacht 1975 und 1987 nur jeweils ca. 17 Prozent der landwirtschaftlichen Flächen betrug.
[56] Die Entfeudalisierung der Landwirtschaft und der Übergang zu bäuerlichen Eigentumsstrukturen waren in weiten Gebieten Europas ein wesentlicher Schritt zur Verbesserung der Agrarordnung. Wo keine Entfeudalisierung erfolgte, stellen sich große Anforderungen an die Pachtordnung. Ähnliches gilt heute noch bei der Verpachtung ganzer bäuerlicher Betriebe.
[57] Dieses Doppelsystem bestand in der *Bundesrepublik Deutschland* bis 1986.

der Hofpacht vorübergehend auf die bereits bestehenden Verträge für Hofpachten beschränkt werden. Die jeweils nach dem alten Recht geschlossenen Pachtverträge gelten nach diesem Recht und werden geschützt. Laufen diese Verträge langfristig aus, findet vor allem in den hochentwickelten Industrieländern zweckmäßigerweise ein Übergang zu einer freivertraglichen Pachtordnung statt.

VI. Die Zwangspacht

Sehr weit gehen die Vorschläge, die Pachtordnung in der Dienst der landwirtschaftlichen Strukturpolitik zu stellen. In diesem Fall würde der Staat einzelnen Landwirten Pachtverträge auf hoheitlichem Wege in der Form einer *Zwangspacht* zu Lasten des Bodeneigentümers zuweisen.[58] Der Staat kann sich zwar nicht in allen Fällen aus der Notwendigkeit heraushalten, auf die Bodennutzung Einfluß zu nehmen. Er sollte sich jedoch nicht aus strukturellen Gründen der Institution einer Zwangspacht bedienen können.[59]

D. Die Entwicklung des Landpachtrechts in der Bundesrepublik Deutschland

Die *Reichspachtordnung (RPO)* von 1940 sollte der Sicherung der Ernährung in den Kriegsjahren dienen. Dieses Ziel bestand auch in der unmittelbaren Nachkriegszeit. Das *Landpachtrecht* von 1952 ging aus der Reichspachtordnung hervor und stellte eine Lockerung dar. Hauptziele waren die Wiedereinführung der Vertragsfreiheit mit einer weitgehend individuellen Ausgestaltung der Pachtverträge und der Aufhebung der Preisbindung für Landpachtverträge. Die bisherige Genehmigungspflicht für Landpachtverträge wurde abgeschafft und durch eine Anzeigepflicht ersetzt.

Die Landwirtschaftsbehörde hatte in einzelnen Fällen ein Beanstandungsrecht.[60] Das *Landpachtgesetz* sah eine Unterteilung vor: (1.) *Langfristige Pachtverträge* für Grundstücke oder ganze Betriebe mit einer Dauer von achtzehn Jahren oder länger sowie sonstige Pachten von mindestens neun Jahren: Nach Ablauf dieser Fristen war der Pachtschutz aufgehoben, und eine gerichtliche Verlängerung war nicht möglich. (2.) *Kurzfristige Pachtverträge* (mit kurzfristiger Kündigung): Die Reform des Landpachtrechts von 1952 erwies sich als zweckmäßiges Mittel zur Erhöhung der Bodenmobilität, um den landwirtschaftlichen Strukturwandel zu fördern.

Mit dem *Landpachtverkehrsgesetz* (LPachtVG vom 1.7.1986) als einer Neuordnung des Pachtrechts fand eine weitere Liberalisierung statt. Mehr als bisher wurde Spielraum für den noch nicht abgeschlossenen Strukturwandel geschaffen. Die neue Landpachtordnung sieht folgende Beanstandungsgründe für Landpachtverträge durch die Landwirtschaftsbehörde vor: (1.) Die Verpachtung führt zu einer ungesunden Verteilung der Bodennutzung, insbesondere zu einer Häufung der Landfläche. (2.) Räumlich oder wirtschaftlich zusammenhängende Grundstücke werden durch die Verpachtung unwirtschaftlich für die zukünftige Nutzung aufgeteilt. (3.) Der Pachtzins steht in keinem angemessenen Verhältnis zu dem möglichen Ertrag der Pachtsache. Die Zuständigkeit der

[58] Vgl. *Priebe* (1985), S. 297.
[59] Bei ausbleibender Nutzung läßt sich im Extremfall die Institution einer vorübergehenden Übertragung von Nutzungsrechten prüfen.
[60] Vgl. *Landpachtgesetz 1952,* § 5, S. 344.

Landwirtschaftsgerichte wird für alle Streitigkeiten aus Pachtrechtsangelegenheiten erweitert.

Als Kritikpunkte werden der mangelnde Mut zur restlichen Liberalisierung des Landpachtverkehrs und zur Anerkennung des Landpächters als eigenständigen und selbstverantwortlichen Unternehmer genannt. Hinzu kommt die Übernahme der völlig überholten Relikte wie der Anzeigepflicht und des Beanstandungsrechts von Landpachtverträgen.

Literaturangaben zu Kapitel 12:

Abel, Wilhelm (1956b), Kurze Geschichte der Agrarverfassung. Hrsg. von der Niedersächsischen Zentrale für Heimatdienst, Wolfenbüttel.

Buchanan, James (1984), The Limits of Liberty. Between Anarchy and Leviathan, Chicago und New York 1975. Deutsch: Die Grenzen der Freiheit, Tübingen.

Coase, Ronald H. (1960/1978), The Problem of Social Cost. In: Journal of Law and Economics, Bd. 3 (1960), S. 1-44. In deutscher Sprache: Ders., Das Problem der sozialen Kosten. In: Assmann, H.-D. u.a. (Hrsg.), Ökonomische Analyse des Rechts, Kronberg/Ts. 1978, S. 148-202.

Demsetz, Harold (1964), Towards a Theory of Property Rights, American Economic Review, Papers and Proceedings. Vol. 57 (2), S. 347-359.

Ders. (1996), Some Aspects of Property Right. In: The Journal of Law and Economics, Vol. 9.

Ders. (1974), Towards a Theory of Property Rights. In: Erik G. Furubotn and Svetozar Pejovich (Hrsg.): The Economic of Property Rights. Cambridge Mass., S. 31-42.

Faßbender, H.J., Hötzel H.-J. und Lukanow J. (1988), Landpachtrecht, Landpachtneuordnungsgesetz und Landpachtverkehrsgesetz, Münster.

Hathaway, Dale E. (1963), Government and Agriculture: Public Policy in a Democratic Society, New York.

von Hayek, Friedrich August (1983), Die Verfassung der Freiheit, Tübingen.

Krüsselberg, Hans-Günter (1983), Property Rights-Theorie und Wohlfahrtsökonomik. In: Schüller Alfred (Hrsg.), Property Rights und ökonomische Theorie, München, S. 45-77.

Landpachtrecht (1952), Bundesgesetzblatt, Teil I, Landpachtgesetz, Bonn, 1952.

Leipold, H. (1984), Neuere Ansätze der ökonomischen Theorie des Eigentums. In: Eigentum als Grundrecht und Element der Ordnungspolitik, Stuttgart/New York, S. 21-37.

Lipinsky, E. (1970), Möglichkeiten zur Mobilisierung des Bodens im Interesse einer beschleunigten Verbesserung der Betriebsgrößenstruktur in der Landwirtschaft. In: Berichte über Landwirtschaft. 186. Sonderheft, Hamburg.

Ders. (1979), Landpacht - Herausforderung für die Agrarpolitik. In. Agrarrecht, Beilage I/1979.

Meyer, Willi (1983), Entwicklung und Bedeutung des Property-Rights-Ansatzes in der Nationalökonomie. In: Schüller, Alfred (Hrsg.), Property Rights und ökonomische Theorie, München.

Mill, John Stuart (1848/1968), Principles of Political Economy, London 1848 bzw. Aalen 1968, Bd. I.

Pevetz, Werner (1991), "Agrarmoral" und gesellschaftliches Wertesystem. In: Agrarische Rundschau, Heft 2 (Mai), Wien, S. 27-31.

Priebe, Hermann (1985), Die subventionierte Unvernunft, Berlin.

Recktenwald, Horst C. (1980), Markt und Staat. Fundamente einer freiheitlichen Ordnung. Göttingen.

Ders.(1983), Finanzföderalismus. In: Die Verwaltung. Zeitschrift für Verwaltungswissenschaften, Bd. 16.

Ries, L.W. (Hrsg.) (1956), Pareys Landwirtschaftslexikon, Band II, 7. Auflage, Hamburg.

Schüller, Alfred (Hrsg.) (1983), Property Rights und ökonomische Theorie, München.

Ders. (1989), Ökonomik der Eigentumsrechte in ordnungstheoretischer Sicht, Manuskript, zum 65. Geburtstag von A. Woll.

Schumpeter, Joseph A. (1965), Geschichte der ökonomischen Analyse, 2 Bände. Göttingen, S. 138.

Wacker, Holger, Ökonomische Nutzung von ökologischen Konkurrenzsystemen in verschiedenen Marktformen. In: Schweizerische Zeitschrift für Volkswirtschaft und Statistik, Vol. 133 (4), 1997, S. 655-672.

Wagner, Adolph (1894), Grundlegung der politischen Ökonomie. Zweiter Teil: Volkswirtschaft und Recht, besonders Vermögensrecht. Leipzig.

Wehner, B. (1986), Die Bestimmungsgründe der Entwicklung der Landpacht unter besonderer Berücksichtigung der die Pacht beeinflussenden agrarpolitischen Maßnahmen, Bonn.

Kapitel 13: Die Ordnung der Nutzung der Natur

"Die Dosis macht das Gift" (*Paracelsus*).

"Die Natur macht von sich aus keine Sprünge" ("Natura non facit saltum") (*Alfred Marshall*, 1890, S. 207).

"Wenn Du als einziges Instrument einen Hammer besitzest, schaut alles wie ein Nagel aus" ("When the only tool you have is a hammer, everything looks like a nail") (*Ronald C. Griffin*, 1991, S. 601).

"Andererseits liegen gerade in den Aufgaben der Erhaltung unserer natürlichen Grundlagen die Chancen für die Legitimation einer neuen Agrarpolitik. Eine entsprechende Neuorientierung aller agrarpolitischen Maßnahmen muß aber von den bleibenden Besonderheiten der Landwirtschaft ausgehen" (*Hermann Priebe*, 1985, S. 156).

"Selbstverständlich ist dabei nicht an einen plötzlichen Abbruch der bisherigen Agrarpolitik und eine radikale Umstellung auf alternative Wirtschaftsmethoden zu denken ... " (*Hermann Priebe*, 1985, S. 232).

A. Die Landwirtschaft und die Natur

I. Das Ökosystem

Das *Ökosystem der Erde* umfaßt die Lebewesen, die Atmosphäre, die Hydrosphäre, die Lithosphäre (Boden und Bodenschätze) und deren Beziehungen zueinander. Die Sonneneinstrahlung führt zu Prozessen wie Energieflüssen, Nahrungsketten und Stoffkreisläufen. Die natürliche Umwelt dient dem Menschen als Grundlage seiner Existenz. In sehr langen Zeiträumen können sich im Wechselspiel zwischen dem Menschen und der Natur sowohl dynamische Gleichgewichtszustände als auch die Natur verändernde Ungleichgewichte ergeben. Es zeigen sich immer wieder Erschöpfungsprozesse durch den Abbau und die Überbeanspruchung der natürlichen Ressourcen, aber auch ökologische Evolutionsprozesse, welche zu einem effizienteren Umgang mit der Natur führen und neue Umweltnischen schaffen.[1,2]

Die Nutzung der Ökosphäre durch die Menschen kann bis zur Erschöpfung der natürlichen Ressourcen und der ökologischen Kreisläufe führen.[3] Deren Erhaltung ist ein ordnungspolitisches Prinzip der Agrarpolitik, welches die rein ökonomischen Ziele überragt.[4] Bei den landwirtschaftlichen Umweltzielen handelt

[1] Vgl. *Boulding* (1981), S. 792 ff.

[2] Beispiele sind immer bessere Verfahren zur Züchtung von Pflanzen und Tieren mit größerer Leistungsfähigkeit, besserer Umweltverträglichkeit und einem geringeren Flächenbedarf, was zur Steigerung der Produktion oder Möglichkeit zur Rückgabe von Flächen an die Natur führt.

[3] Die Grenzen der Natur sind jedoch meist nicht starr, sondern mit einem elastischen Band zu vergleichen, dessen Widerstand beim Dehnen größer wird und welches erst bei extremer Belastung reißt.

[4] Die Verantwortung für die Natur ist von großer Bedeutung für die Landwirtschaft. Obwohl die traditionelle Lehre von den Besonderheiten der Landwirtschaft zunehmend

es sich im einzelnen um (1.) die Gesundheit von Menschen, Tieren und Pflanzen, (2.) die Reinheit der Nahrungsmittel, des Bodens, des Wassers und der Luft, (3.) die Erhaltung der Artenvielfalt, auch bei den Wildtieren und den Wildpflanzen (Fauna und Flora), (4.) die Bewahrung der Vielfalt, Eigenart und Schönheit der Natur und der Landschaft als den Lebensgrundlagen des Menschen sowie (5.) die nachhaltige Verfügbarkeit von Energie.

II. Die Umweltprobleme im Agrarbereich

Umweltgüter lassen sich durch viele Wirtschaftssubjekte gleichzeitig nutzen, wobei es schwierig ist, einzelne Menschen davon auszuschließen. Dies erklärt die Tendenz zur Übernutzung der Natur bis zu deren Erschöpfung. Auch der Landbau ist oft mit negativen Externalitäten verbunden. Es handelt sich um die Drittwirkungen der landwirtschaftlichen Produktion auf die Umwelt oder Menschen. Solche Drittwirkungen gehen negativ in die Nutzenfunktion der Wirtschaftssubjekte ein und bringen Abweichungen vom Wohlfahrts- bzw. Paretooptimum.

Wie weit negative Externalitäten vom Paretooptimum wegführen, hängt mit deren *Öffentlichkeitsgrad* bzw. deren Intensität zusammen:

> "Der direkte Öffentlichkeitsgrad (...) ist ein Maß für die Divergenz zwischen volkswirtschaftlichem und privatem Kalkül und damit für das Ausmaß, zu dem das Problem öffentlicher Güter im Pareto-Optimum wirksam wird"[5].

Jedes Gut enthält bereits dann ein Element von Öffentlichkeit, wenn auch nur ein geringfügiger externer Effekt auftritt. Je mehr sich negative Externalitäten verdichten und je stärker diese wahrgenommen werden, desto größer ist deren Öffentlichkeitsgrad und damit die Abweichung vom Wohlfahrtsoptimum:[6]

- Eine *sehr geringe landbauliche Externalität* ist beispielsweise ein leichter Staubflug beim Pflügen oder eine kleine, kurz dauernde Belästigung von Wildtieren bei der landwirtschaftlichen Produktion.

- Eine *geringe Externalität* kann eine vorübergehende Lärmbelästigung durch das Umstapeln von landwirtschaftlichen Gütern auf dem Bauernhof sein.

- Eine *starke Externalität* stellt das vorübergehende Ausfließen von Hofdünger in Bäche, Flüsse und Seen dar. In diesem Fall verdichten sich die negativen Externalitäten in einem Ausmaß, daß die Reinheit der Natur stark beeinträchtigt wird.

- Um *sehr starke Externalitäten* handelt es sich beim Pflügen von großflächigen, trockenen Gebieten ohne eine Begrünung, wodurch es durch Wind und Stürme zur Bodenerosion und im Extremfall zum Verfrachten von Tausenden von Tonnen Bodensubstanz und zur Zerstörung der Fruchtbarkeit des Bodens kommen

in Frage gestellt wird, müssen die auftretenden ökologischen Probleme gelöst werden. Dabei zeigt es sich, daß auch andere Wirtschaftszweige umweltmäßige Besonderheiten haben.

[5] *Bonus* (1979), S. 17 f.

[6] Aus normativer Sicht betrachtet ist es vorteilhaft, "zuerst die soziale Wohlfahrtsfunktion so genau wie möglich zu spezifizieren, um sie dann zur Bestimmung des sozioökonomischen Optimums zu verwenden". *De Haen* und *Zimmer* (1990), S. 86.

kann. Ein weiteres Beispiel für sehr starke Externalitäten ist die Umgestaltung der Natur zu Produktionszwecken durch das Abholzen von Wäldern und Sträuchern in weiten Gebieten, wodurch der Lebensraum von Fauna und Flora zerstört wird. Erreichen die negativen Externalitäten eine sehr starke Intensität, werden öffentliche Güter wie die Gesundheit, die Sicherheit, die Unversehrtheit von Menschen und die Funktionsfähigkeit der Kreisläufe der Umwelt beeinträchtigt.

Ein weiterer Aspekt der negativen landbaulichen Externalitäten sind die räumlichen Spillovers (Übertragungseffekte). Es kann sich um negative Externalitäten mit individuellen, nachbarlichen, lokalen, regionalen, nationalen oder internationalen Wirkungen handeln. Dies hängt unter anderem mit deren Intensität, der Zahl der Emittenten und der Art der Übertragung zusammen.

Ein weiterer, bedeutender Umweltaspekt ist das *Ausmaß des Marktversagens*. Die Märkte signalisieren oft keine Umweltknappheiten. Umweltgüter haben vielfach "keine Preise" ("missing markets"), d. h. die *Knappheiten werden über das Preissystem falsch, unscharf oder überhaupt nicht angezeigt.* Beim Ausmaß des Marktversagens ist nach der Beziehung zwischen den Marktpreisen und der Knappheit der Umweltgüter zu fragen. Je weniger bzw. ungenauer die Marktpreise die Knappheiten vom Umweltgütern anzeigen, desto größer sind in der Regel die möglichen Umweltprobleme (und umgekehrt).

Die Ordnung der Nutzung der Natur und die Regulierungen im Bereich der Umwelt kommen auf politischem Wege zustande und haben einen stark evolutionären Charakter, indem sich einzelne Ansätze als zweckmäßig erweisen, andere Pfade mangels Eignung wieder aufgegeben werden müssen ("trial and error"). Die Regierungen, Parteien und Koalitionen mit den besseren Ideen und Programmen haben bei den Wählern einen komparativen Vorteil. Ein entscheidender Aspekt für die *Art und Intensität der Regulierung der negativen Externalitäten* sind die politökonomischen Kräfte. Je nach dem Vektor der im politischen Prozeß wirksamen Kräfte der einzelnen Interessengruppen werden die einen oder anderen Maßnahmen bzw. Maßnahmenkombinationen bevorzugt. Entscheidend für die Regulierung sind die von der Regierung und dem Parlament implizierten politischen Präferenzenfunktionen der Gesellschaft sowie die politisch wirksamen lobbyistischen und bürokratischen Kräfte.

B. Lösungsansätze

I. Präferenzen

Normative Aussagen über umweltpolitisch wünschenswerte Zustände und Entwicklungen enthalten in weiten Bereichen Werturteile. Die Umweltmaßnahmen unterliegen einem erheblichen Ermessensspielraum. Es läßt sich nicht für alle Fälle festlegen, wie der Staat zur Regulierung der externen Effekte eingreifen soll.[7] Die Präferenzen der Wirtschaftssubjekte für Güter wie beispielsweise sauberes Wasser, eine unzerstörte Landschaft und qualitativ unbedenkliche Nahrungsmittel lassen sich kaum eindeutig messen.[8] Dies hängt auch mit dem kognitiven und motivationalen Verhalten zusammen, welches von Individuum zu

[7] Vgl. *Watrin* (1986).
[8] Vgl. *Assfalg* und *Werner* (1992), S. 358 ff.

Individuum und von Gruppe zu Gruppe unterschiedlich ist.[9] Deshalb bestehen örtlich und individuell heterogene Präferenzen für den Zustand und die Regulierung der Umweltgüter.

Die Umweltziele haben in der vergangenen Zeit stark an Bedeutung gewonnen und zeigen einen Wandel von vorwiegend quantitativen zu stärker qualitativen Werten. Die Landwirtschaft entwickelt sich von einem monofunktionalen Sektor zur Erzeugung von Nahrungsmitteln zu einem multifunktionalen Wirtschaftszweig mit regionalen und ökologischen Funktionen. Wird aus Umweltgründen Einfluß auf die Wirtschaft genommen, sind langfristige, verbindliche Zielgrößen sinnvoll.[10]

II. Normative Aspekte

Läßt sich eine freiheitliche Agrarordnung mit den Umweltzielen vereinbaren?

> "Alles läuft auf die Frage hinaus, ob es Lösungen für die Agrarpolitik gibt, die einer freiheitlichen Gesellschaft gemäß sind und die auf die Zukunftsfragen Antwort geben, vor denen die Landwirtschaft bei der Erhaltung unserer Lebensgrundlagen steht".[11]

Unter normativen Aspekten stehen der gesellschaftliche Grundwert der Freiheit und die Nutzenoptimierung der Gesellschaft im Vordergrund der Betrachtung. Die beiden Werte schließen sich gegenseitig aus, wenn ungezügeltes individuelles oder kollektives Nutzenstreben zur Schädigung von Interessen Dritter führt. In diesem Falle ist es meist ratsam, die Freiheits- bzw. Eigentums- und Nutzungsrechte hinsichtlich der Erzeugung von negativen landbaulichen Externalitäten einzuschränken. Führt jedoch bereits die Freiheit des Verhaltens aus individuellen oder kollektiven Motiven zu einer Rücksichtnahme auf die Interessen Dritter, besteht hinsichtlich der Werte der Freiheit und des Nutzenstrebens eine enge Synergie.

III. Institutionelle Aspekte

Das marktwirtschaftliche System stellt vielfältige und systemkonforme Instrumente zur Regulierung von Externalitäten bereit, ohne daß die marktwirtschaftlichen Ordnungsprinzipien in Frage gestellt werden müßten.[12] *Hermann Priebe* verneint deshalb die Notwendigkeit interventionistischer Lösungen. Es geht für ihn um

> " ... die Gestaltung einer Agrarpolitik, die unter Abkehr vom bisherigen Dirigismus auf wesentlichen Grundelementen der Marktwirtschaft beruht, zugleich auch den gesellschaftlichen und ökologischen Aufgaben der Landwirtschaft gerecht wird"[13].

Bei der Entwicklung geeigneter, marktlicher und nichtmarktlicher Institutionen zur Lösung der Umweltprobleme[14] läuft vieles

---

[9] Vgl. *Mieg et al.* 1997, S. 81 ff.
[10] Vgl. *de Haen* und *Zimmer* (1990), S. 86 f.
[11] *Priebe* (1985), S. 144.
[12] Vgl. Kapitel 13 f.
[13] *Priebe* (1985), S. 232.
[14] Vgl. *Griffin* (1991), S. 601.

> "auf die Frage hinaus, ob es Lösungen ... gibt, die einer freiheitlichen Gesellschaft gemäß sind"[15].

Wesentlich ist "die Festlegung der Institutionen, die ihrerseits in der Lage sind, das wohlfahrtsökonomische Optimum so gut wie möglich anzustreben".[16] Notwendig sind dabei "beträchtlich mehr und bessere Informationen über die vielen Arten der externen Effekte, wenn wir der Wertschätzung verschiedenartiger Systeme konkreten Inhalt zumessen wollen".[17] Dabei sollten umweltpolitische Maßnahmen

> "so nah wie möglich bei den eigentlichen Ursachen der Umweltbelastung ansetzen"[18].

IV. Einfache Regeln

Als einfache Regeln für Umweltlösungen im Agrarbereich können gelten:

- Bei der *Abwesenheit von externen Effekten* besteht keine Notwendigkeit zu direkten Interventionen gegenüber den Eigentümern von Ressourcen.[19]

- Bei *geringen negativen Externalitäten* mit einer kleinen räumlichen Ausbreitung kann auf eine Regulierung verzichtet werden. Meist genügen das individuelle Verantwortungsbewußtsein und die nachbarliche Kontrolle zur Begrenzung der negativen landbaulichen Externalitäten. Voraussetzung ist eine zweckmäßige Ausgestaltung der Eigentumsrechte, auch im nachbarlichen Bereich.

- Selbst bei *mäßigen negativen Externalitäten* wird oft auf direkte agrarpolitische Eingriffe verzichtet, so beispielsweise, wenn die Spillovers nur lokal sind, starke Ansätze zur individuellen Kontrolle bestehen und unter Nachbarn Rücksicht genommen wird.

- Bei *starken negativen Externalitäten*, verbunden mit regionalen, nationalen oder internationalen Spillovers, sind umweltpolitische Eingriffe erforderlich.

V. Die Lösungsansätze im einzelnen

Im einzelnen sollen die folgenden Lösungsansätze diskutiert werden: (1.) Marktliche Lösungen, (2.) Property Rights-Lösungen und die Haftung für negative Externalitäten, (3.) preispolitische Lösungen, (4.) Pigou-Steuern, (5.) der Standard-Preis-Ansatz, (6.) Subventionslösungen und (7.) weitere Ansätze (beispielsweise Auflagen und Umweltstandards).[20]

1. Marktliche Lösungen

In weiten Bereichen der Umwelt bestehen kaum *Märkte*. Es gibt nur wenige Umweltsegmente mit *marktlichen und preislichen Ansätzen*, bei welchen gewisse Knappheiten signalisiert werden, die zum wünschenswerten Verhalten der

---

[15] *Priebe* (1985), S. 144.
[16] *Tinbergen* (1989), S. 232 ff.
[17] *Tinbergen* (1989), S. 232 ff.
[18] Vgl. *de Haen* und *Zimmer* (1990), S. 86.
[19] Vgl. *Hathaway* (1963), S. 239.
[20] Vgl. zu den Umweltproblemen in der Landwirtschaft auch: *Der Rat der Sachverständigen für Umweltfragen* (1985), Sondergutachten 1985.

Wirtschaftssubjekte im Umgang mit der Natur führen könnten. In diesen Fällen hat die Natur einen direkten oder indirekten Preis, welcher über marktliche Anreize ein umweltfreundliches Verhalten stimuliert. Wird die Umwelt selbst zu einem knappen Produktionsgut mit einem "Preis", lohnt sich deren sparsamere Nutzung. Die ökologischen Lösungspotentiale, welche sich aufgrund möglicher Märkte und preislicher Knappheitsanzeiger ergeben, werden im allgemeinen verkannt.[21] Dabei stellt sich allerdings immer wieder die Frage, ob die marktliche Stimulierung für eine Verbesserung der Umweltqualität ausreicht.[22]

Als Beispiele für marktliche Lösungen sind zu erwähnen:

- Die *Nutzung der Umwelt als Konsumgut* vermittelt einen Naturgenuß. Beim Tourismus beispielsweise erzielt eine als angenehm empfundene Umwelt einen "Preis", welcher den Landwirten über Arbeitsplätze, Gästebetten und -verpflegung, lokale landwirtschaftliche Erzeugermärkte und Infrastruktureinrichtungen direkt oder indirekt zugute kommt. Dies kann motivierend wirken, negative Externalitäten abzubauen.

- Die Landwirte erhalten für sog. *Bioprodukte* oft etwas höhere Preise. Umweltfreundlich produzierte Güter werden zunehmend als superiore Güter betrachtet.[23] Die besseren Preise motivieren zu einer umweltschonenden Produktion, was sowohl dem Marketing für die Erzeugnisse als auch dem Abbau negativer landbaulicher Externalitäten dient.

- Ein umgekehrter Effekt ist ebenfalls möglich: *Umweltschädlich erzeugte Produkte* lassen sich vielfach nicht mehr zu lohnenden Preisen verkaufen. "Umweltskandale" bei der landwirtschaftlichen Produktion führen von Verkaufsproblemen bis hin zu Käuferstreiks.[24] Dies löst marktliche Anreize für eine umweltfreundliche Produktion aus. Das Produktionsgut einer reinen Umwelt erhält einen Marktwert. Bei den Verbrauchern und den landwirtschaftlichen Produzenten ist ein Wertewandel zur Erzeugung von qualitativ unbedenklichen Produkten festzustellen.

- Werden Umweltgüter generell knapper, erhöht sich die *Zahlungsbereitschaft der Verbraucher für den Schutz der Natur und die Pflege der Landschaft.* Das Bedürfnis nach einer Verbesserung der Umwelt steigt, ggf. verbunden mit der Bereitschaft zu finanziellen Leistungen an die Landwirtschaft. Voraussetzung für diese Bereitschaft ist eine zweckmäßige Umsetzung der Informationen über den Zustand der Umwelt.[25]

- Die *Verbesserung der Umwelt* durch eine ökologisch sinnvolle Gestaltung der Landschaft bringt ein gutes Mikroklima hervor, wodurch sich die Produktionsbedingungen verbessern.[26] Als Beispiel dienen Hecken und Baumreihen, welche den Boden vor der Erosion und die landwirtschaftliche Produktion vor Schädlingen schützen. Dies senkt die Produktionskosten, wodurch sich ein preislicher Anreiz für solche landschaftliche Gestaltungsmaßnahmen ergibt.

---

[21] Vgl. *de Haen* und *Zimmer* (1990), S. 77.
[22] Vgl. *de Haen* und *Zimmer* (1990), S. 80.
[23] Vgl. *Ruttan* (1971), S. 707 ff.
[24] Beispiele sind das "Hormonkalbfleisch", "BSE-Rindfleisch" und "Penicillin-Schweinefleisch".
[25] Vgl. *Bergstrom et al.* (1990), S. 614 ff.
[26] Vgl. *Leipold* (1984), S. 33 ff.

2. Property Rights-Lösungen und die Haftung für negative Externalitäten

a. Das Grundmodell

Die Ausgestaltung der *landwirtschaftlichen Eigentumsordnung* ist eine wesentliche institutionelle Grundlage für den Schutz der Umwelt. Die Eigentumsordnung bestimmt das Verhalten der Wirtschaftssubjekte, auch hinsichtlich der negativen Externalitäten. Die Property Rights-Theoretiker befürworten deshalb eigentumsbezogene Umweltlösungen.[27] Der Kern einer Property Rights-Lösung besteht in Verhandlungen zwischen dem Schädiger und dem Geschädigten auf der Grundlage von Eigentumsrechten. Bei negativen Externalitäten knüpfen die Verhandlungspartner an ihren Eigentumsrechten an, sofern sie Interesse an deren Beseitigung haben.

Ronald Coase, der Begründer von Property Rights-Lösungen,[28] hat diesen Ansatz anhand eines Beispiels erläutert. Es stehen sich ein Rancher und ein Farmer als Nachbarn gegenüber. Der Rancher weidet Rinder und der Farmer produziert Getreide. Das weidende Vieh des Ranchers zerstört das Getreide des Farmers. Gilt die *Verursacherregel*, wird der Rancher zum Schadenersatz verpflichtet. Der negative externe Effekt der Rinderhaltung wird internalisiert. Der Rancher kann dem Farmer Teile des Rechts auf Schadenersatz abkaufen. Kalkuliert er die optimale Herdengröße, wird er sowohl den Grenzverlust des Farmers beim Getreide als auch seinen Grenzertrag pro Rind berücksichtigen. Mit der Herdengröße steigt annahmegemäß nicht nur der Verkaufserlös des Ranchers, sondern auch der Getreideschaden, für welchen der Rancher aufzukommen hat. Dem Farmer entstehen keine Verluste, denn die Getreideschäden werden ihm vom Rancher zum Marktpreis vergütet. Der Rancher wird nun seinen Gewinn maximieren, indem er die optimale Herdengröße realisiert, bei welcher die Grenzerlöse aus dem Verkauf von Rindern dem Grenzschaden entsprechen, welchen er dem Farmer bezahlen muß. Es wird eine paretooptimale Situation erreicht.[29]

b. Der Einfluß der Haftungsregeln

Mit der Zuweisung von Eigentumsrechten und vor allem Einzelrechten wird bestimmt, wer bei Schäden durch negative landbauliche Externalitäten eine Kompensation zu leisten hat. Es kann entweder das *Recht zur Schädigung* oder das *Recht auf Entschädigung* zugewiesen werden. Entsprechend ist zwischen dem *Haftungsprinzip* und der *Laissez faire-Regel* zu unterscheiden. Bei der Haftungsregel kann der Geschädigte Unterlassung verlangen, bei der Laissez faire-Regel muß der Geschädigte den Schädiger für die Unterlassung seiner Aktivitäten entschädigen. In diesem Fall kann es sich für den Farmer lohnen, Abstands-

[27] Vgl. *Leipold* (1984), S. 33 ff.

[28] Vgl. *Coase* (1960/1978).

[29] *Leipold* führt dazu aus: "Der Viehzüchter, dessen Vieh das Getreide zertrampelt, wird den Getreidebauer entschädigen, solange dies für ihn billiger ist, als einen Zaun zu bauen. Der Getreidebauer wird das frei laufende Vieh solange in seinem Getreide streunen lassen, als er mehr Schadenersatz erhält, als von den streunenden Tieren zerstört wird. Die beiden Parteien werden sich also in einer für beiden Seiten vorteilhaften Weise einigen. *Ronald Coase* will den gesamtwirtschaftlichen Effekt verdeutlichen: Die produktivere Produktion, also entweder die Viehzucht oder der Getreideanbau, wird, genauer, sollte sich am Markt durchsetzen, sofern eine freie Einigung möglich ist. Ist der Wert der Viehzucht höher, sollte die Rechtsordnung auch deren Entfaltung einschließlich möglicher Externalitäten zulassen" *(Leipold* (1984), S. 27).

zahlungen an den Rancher zu leisten, um ihn zur Reduzierung seiner Herde zu bewegen. Der Rancher wird nunmehr auch die Zahlungsbereitschaft des Farmers in seine Wirtschaftsrechnung einbeziehen. Der Farmer ist solange zu Zahlungen bereit, bis seine Grenzkosten dem Grenznutzen aus einer verkleinerten Rinderherde entsprechen. Als Ergebnis stellt sich dieselbe optimale Herdengröße ein wie bei der Verursacherregel. Es handelt sich um ein paretooptimales Ergebnis, wenn auch mit unterschiedlichen Verteilungsergebnissen zwischen dem Rancher und dem Farmer.

Für die Gültigkeit des *Coase Theorems* werden eindeutig spezifizierte Eigentumsrechte vorausgesetzt. *Ronald Coase* selbst lehnt die strikte Anwendung des Verursacherprinzips ab. Er begründet dies damit, daß jedes Externalitätenproblem eine reziproke Struktur zeigt. Halten die Betroffenen die Verursacher von jeder Art von Schädigung ab, kann dies eine Benachteiligung der Verursacher bedeuten. Die Entscheidung darüber, wer die Rechte wessen zu respektieren hat, d. h. ob die Rechte beim Schädiger oder beim Geschädigten liegen, ist je nach den Umständen und nur durch eine normative Entscheidung zu klären.[30]

c. Die kurz- und langfristige Gültigkeit des Coase Theorems

Ronald Coase geht von der allokativen Neutralität alternativer Haftungsregeln aus.[31] Unabhängig von der auferlegten Haftungsregel ist der gesamtwirtschaftliche Effekt derselbe.[32] Die Allokationsergebnisse werden im theoretischen Grenzfall nicht beeinflußt. Eine endgültige Bestimmung darüber, wer der Beteiligten Property Rights zugeordnet erhält, ist nicht erforderlich. Führen die Beteiligten Verhandlungen über die verursachten Schäden, bringt dies unabhängig von der rechtlichen Ausgangslage eine Eliminierung der Divergenzen zwischen den privaten und den sozialen Kosten, die als Schaden entstehen.[33]

Die kurzfristige Gültigkeit des *Coaseschen Theorems* wird selbst von den Kritikern meist akzeptiert. Dagegen bestehen Zweifel, ob die Ergebnisse auch langfristig von den Haftungsregeln unabhängig sind, was die sog. *Invarianzthese* impliziert. Tatsächlich ergeben die verschiedenen Haftungsregeln unterschiedliche Verteilungsergebnisse. Die Gewinne der beteiligten Unternehmen stehen im Zusammenhang mit den Haftungsregeln. Von den Gewinnerwartungen hängt der Ein- und Austritt von Unternehmen in die Märkte und damit auch die Struktur der Landwirtschaft ab, welche nicht unabhängig von den Haftungsregeln ist.[34]

Dies läßt sich unter Zuhilfenahme der Bodenrententheorie von *David Ricardo* erklären. Bei der Bewirtschaftung eines Bodens entstehe - als Annahme - ein Überschuß aus dem Produktionswert abzüglich der Opportunitätskosten der beweglichen Faktoren, d. h. eine Rente, die dem nichtbeweglichen Faktor Boden zufällt.[35] Bei einer Haftung des Verursacherbetriebes sinkt die Grundrente des Bodens des Verursachers gegenüber jener des Geschädigten. Der Produzent erhält eine geringere Grundrente durch die Kompensationszahlungen an den oder die Betroffenen. Die Grundrente des Geschädigten bleibt dieselbe, indem seine Produktion und die erhaltene Entschädigung aus der Kompensation dieselbe

[30] Vgl. *Monissen* (1976), S. 392.
[31] Vgl. *Monissen* (1976), S. 391 ff.
[32] Vgl. *Coase* (1960/1978), S. 8.
[33] Vgl. *Monissen* (1976), S. 394.
[34] Vgl. *Schulze* und *d'Arge* (1974), S. 763.
[35] Vgl. *Wellisz* (1964), S. 351.

sind. Der Verursacher kann nun versuchen, den Faktor Boden einer anderen Verwendung zuzuführen oder diesen weniger intensiv zu bebauen, sofern sich dadurch eine größere Grundrente ergibt.[36] Bei einer geringeren Produktion bilden sich am Markt höhere Preise. Diese kommen den nicht an den externen Effekten beteiligten Böden in der Form einer höheren Grundrente zugute. Ähnliche Effekte ergeben sich bei der Nichthaftungsregel. In diesem Fall wird der Geschädigte die Art oder Intensität der Produktion verändern. Es bilden sich an den Märkten höhere Preise. Diese begünstigen paradoxerweise auch die Grundrenten jener Böden, welche die Schädigung verursachen.

Selbst wenn die Grundrenten bei der Wahl der einen oder anderen Haftungsregel positiv sind, so hat doch die Haftungsregel einen Einfluß auf die Höhe der Grundrente und damit die Intensität der Nutzung des Bodens. Bei inhomogenen Böden mit unterschiedlichen Grundrenten kommt es je nach Haftungsregel auch zur Stillegung eines Boden, wenn die Schädigung die Grundrente übersteigt. Deshalb sind die Allokationswirkungen bei inhomogenen Böden und Grundrenten abhängig von den Verteilungswirkungen der Haftungsregel. Dies beeinflußt auch die Faktorpreise und über die Bodenrenten die Intensität der Produktion. Die langfristige Gültigkeit des *Coaseschen Theorems* ergibt sich somit nur unter der Voraussetzung, daß die Grundrenten bei beiden Haftungsregeln positiv sind und von der Nutzungsintensität abstrahiert wird.[37] Die Haftungsregeln haben über die Verteilungswirkungen bei den Grundrenten auch Effekte auf die Vermögensverteilung, was zu weiteren Einwänden gegen die Invarianzthese führt.[38] Diese Problematik läßt sich ggf. bei einer Betrachtung der aggregierten Nachfrage und der Gesamtvermögen umgehen.[39]

d. Der Einfluß der Transaktionskosten

Nach der sog. *Effizienzthese* führen private Verhandlungen bei eindeutig zugewiesenen und beliebig übertragbaren Eigentumsrechten im Modell von *Ronald Coase* stets zu einer optimalen Allokation der Ressourcen mit einer effizienten, paretooptimalen Korrektur der Externalitäten.[40] Voraussetzungen sind das rationale Verhalten der Wirtschaftssubjekte, eine geringe Zahl von Beteiligten, die Abstraktion von den Einkommens- und Vermögenseffekten, vollkommene Konkurrenz, tauschfähige Verfügungsrechte und die Vernachlässigung der Transaktionskosten.

Die Transaktionskosten, welche vor dem Tausch von Eigentumsrechten für das Spezifizieren sowie Zuordnen von Eigentumsrechten notwendig sind (Institutionalisierung der Eigentumsrechte), lassen den Markt für den Tausch von Eigentumsrechten erst entstehen und können als Ordnungskosten bezeichnet werden.[41] Weitere Transaktionskosten entstehen bei der personellen Zuordnung der Rechte sowie dem Tausch, der Überwachung und der Durchsetzung von Eigentumsrechten.[42] Diese sind stark von institutionellen Gegebenheiten abhängig. Die entstehenden Transaktionskosten hängen vom jeweiligen Ordnungsrahmen ab. Nur wenn der erwartete Gewinn bzw. der Nutzen größer ist als die erwarteten Transaktionskosten, unternehmen die Wirtschaftssubjekte Aktionen

[36] Denkbar ist, daß die Kompensationszahlungen stärker sinken als die Erträge.
[37] Vgl. *Wegehenkel* (1980), S. 103.
[38] Vgl. *Endres* (1977), S. 639 ff.
[39] Vgl. *Demsetz* (1966), S. 62.
[40] Vgl. *Leipold* (1984), S. 27.
[41] Vgl. *Leipold* (1984), S. 27.
[42] Vgl. *Furubotn* und *Pejovich* (1972), S. 1143.

wie beispielsweise Verhandlungen und gerichtliche Klagen.[43] Die Transaktionskosten sind entscheidend, ob und wie solche Verhandlungen stattfinden. Sie lassen sich reduzieren, wenn die Knappheiten in Form von Eigentumsrechten durch allgemeine Regeln spezifiziert und personell eindeutig zugeordnet sind.

Bei der Gestaltung des Rechts können die Transaktionskosten gesenkt werden, indem die Beweislast zweckmäßig festgelegt wird und die Tarife der Gerichte sinnvoll gestaltet werden. Ohne solche Vorkehrungen versagt das *Coasesche Theorem* und es drängen sich fast zwangsläufig staatlich-administrativ unterstützte Verfahren auf, um die Wirtschaftssubjekte zu einem Verhalten zu veranlassen, welches konform mit den jeweiligen Eigentumsrechten ist.[44] Im Extremfall müssen umweltstrafrechtliche Sanktionen angewendet werden.

Angesichts der restriktiven modelltheoretischen Prämissen stellt sich dennoch die Frage, ob die Anwendung des *Coaseschen Theorems* nicht auf den theoretischen Bereich beschränkt bleiben muß. Die Annahme der Nichtexistenz von Transaktionskosten ist wenig realistisch.[45] *Ronald Coase* ist sich der in der Realität oft prohibitiv hohen Transaktionskosten bewußt und weist darauf hin, daß bei positiven Transaktionskosten Effekte auftreten können, welche sich auf die Effizienz der Verhandlungen auswirken.[46] Auch die Vernachlässigung des Finanzierungsvermögens zählt zu den Kritikpunkten am *Coaseschen Theorem*.[47] Die Beteiligten müssen finanziell in der Lage sein, die Transaktionskosten und die möglichen Kompensationszahlungen zu leisten.

Eine weitere Möglichkeit zur Regulierung von negativen landbaulichen Externalitäten sind legitimierte Aktivitäten von Verbänden und Bürgerbewegungen zum Schutz der Umwelt, welche durch Klagerechte auf ein umweltkonformes Verhalten hinwirken können. Die Motivation solcher Gruppen ist meist groß. Es entstehen Effizienzgewinne, obwohl die Transaktionskosten mit zunehmender Gruppengröße steigen und auch Nichtmitglieder Umweltgewinne durch ein free rider-Verhalten erzielen.[48]

e. Die Ausgestaltung der Eigentumsrechte

Die Umschreibung und Zuordnung von Nutzungs- und Verfügungsrechten führt unter günstigen Rahmenbedingungen zu einer Korrektur von externen Effekten,[49] indem die Individuen ihre nachbarlichen Rechte wahrnehmen und darauf achten, daß Dritte nur im Rahmen ihrer Eigentumsrechte den Besitz nutzen. Es zeigt sich, daß Umweltprobleme zur Schaffung neuer, systemkonformer Institutionen im Sinne von sozial anerkannten Verhaltensweisen anregen, ohne daß die marktlichen Ordnungsprinzipien in Frage gestellt werden müssen.[50]

[43] Vgl. *Knappe* (1974).
[44] Vgl. *Coase* (1960/1978), S. 18.
[45] Vgl. *Willgerodt* (1980), S. 182.
[46] Vgl. *Coase* (1960/1978), S. 15 f.
[47] Vgl. *Koester* (1981), S. 70.
[48] Vgl. *Olson* (1968), S. 45 f.
[49] Diese Korrektur erfolgt in erster Linie bezogen auf nachbarliche Beziehungen, wo sich die Interessen einzelner Wirtschaftssubjekte berühren. Vgl. *Wegehenkel* (1980), S. 54 ff. Fraglich ist der Beitrag zur Gesamtoptimierung der negativen Externalitäten.
[50] Vgl. *von Hayek* (1981), S. 69 f.

Friedrich August von Hayek fordert eine

> "allmähliche Verbesserung der Rechtsinstitutionen, die der besseren Funktion des Marktes dienen und den Einzelnen dazu bewegen, die Folgen seiner Handlungen mehr in Rechnung zu ziehen"[51].

Die Einschränkung von Eigentumsrechten zur Begrenzung von negativen landbaulichen Externalitäten kann auf staatlichem oder spontanem Wege erfolgen.[52] Wie die landwirtschaftlichen Eigentumsrechte im einzelnen geregelt werden, ist Angelegenheit des Gesetzgebers oder spontaner Prozesse.[53,54] Im Zusammenhang mit den negativen landbaulichen Externalitäten geht es um die Einschränkung von Eigentumsrechten zur Erhaltung der Fruchtbarkeit des Bodens, der verbesserten Reinheit der Luft und des Wassers, der Unversehrtheit bestimmter Teile der Flora und Fauna sowie der Sicherung der Qualität der Nahrungsmittel.[55]

3. Preispolitische Lösungen

Der Kerngedanke preispolitischer Lösungen besteht darin, durch eine Regulierung der Preise die Intensität der Erzeugung und damit auch die negativen Umweltexternalitäten zu beeinflussen. Abb. 13/1 zeigt einen Markt mit Angebot und Nachfrage. Die Angebotskurve (A) entspricht den privaten Grenzkosten

Abb. 13/1
Markt mit negativen landbaulichen Externalitäten

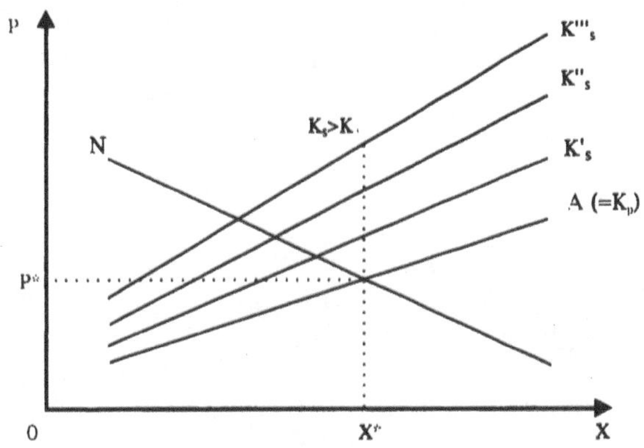

[51] *von Hayek* (1983), S. 450.
[52] Vgl. *von Hayek* (1983), S. 450.
[53] Vgl. *Wegehenkel* (1980), S. 21.
[54] Der *Wissenschaftliche Beirat beim Bundesministerium für Ernährung, Landwirtschaft und Forsten* geht in einem Gutachten (1992) davon aus, daß die Rechtsentwicklung derzeit von einer entschädigungspflichtigen Enteignung zu entschädigungslos zu duldenden Enteignungen durch Auflagen des Natur- und Wasserschutzes läuft. Dies ist unbefriedigend, da eine Tendenz besteht, öffentliche Güter des Naturschutzes zum Nulltarif und ohne Berücksichtigung der privaten Opportunitätskosten bereitzustellen. Vgl. *von Alvensleben* (1996), S. 358 ff.
[55] Dabei darf die Regulierung von Externalitäten nicht für andere Interessenziele wie beispielsweise die Produktionslenkung mißbraucht werden. Vgl. *von Hayek* (1983), S. 450 f. Vgl. dazu auch *von Alvensleben* (1996), S. 358 ff.

(K_p). Bei negativen Externalitäten sind die sozialen Grenzkosten (K_s) größer als die privaten. Die sozialen Grenzkosten enthalten nicht nur die privaten Grenzkosten der Produktion, sondern auch jene Schäden, welche der gesamten Wirtschaft durch negative Externalitäten anzulasten sind. Über den Markt werden nur die privaten Grenzkosten internalisiert, nicht jedoch die sozialen Grenzkosten (K_s). Gering sind die negativen Externalitäten und damit auch die Abweichungen zwischen den sozialen und den privaten Grenzkosten bei K'_s, größer bei einer gewissen Verdichtung der negativen Externalitäten (K''_s) und am größten bei einer starken Verdichtung der negativen Externalitäten (K'''_s). Je stärker die sozialen Grenzkosten von den privaten abweichen, desto mehr entfernt sich die landwirtschaftliche Produktion vom Paretooptimum.

Abb. 13/2 stellt ein Beispiel für die Regulierung der negativen Externalitäten durch eine preispolitische Lösung dar. Der obere Teil des Schaubildes zeigt den Markt für landwirtschaftliche Erzeugnisse. Bei einem Preisniveau von P_i wird eine Menge von X_i produziert, wodurch sich eine Überproduktion von FE ergibt, welche inferior verwertet oder mit Subventionen exportiert werden muß (nicht eingezeichnet). Wird das Preisniveau auf P_w gesenkt, ergibt sich eine inländische Produktion von X_w und ein Import von CD. Es resultieren eine positive Konsumentenrente von GFDB und eine negative Produzentenrente von GECB, welche sich in etwa entsprechen. Im unteren Teil des Schaubildes wird der Bereich der

Abb. 13/2
Die Verkleinerung der negativen landbaulichen Externalitäten durch einen Rückgang der Agrarpreise

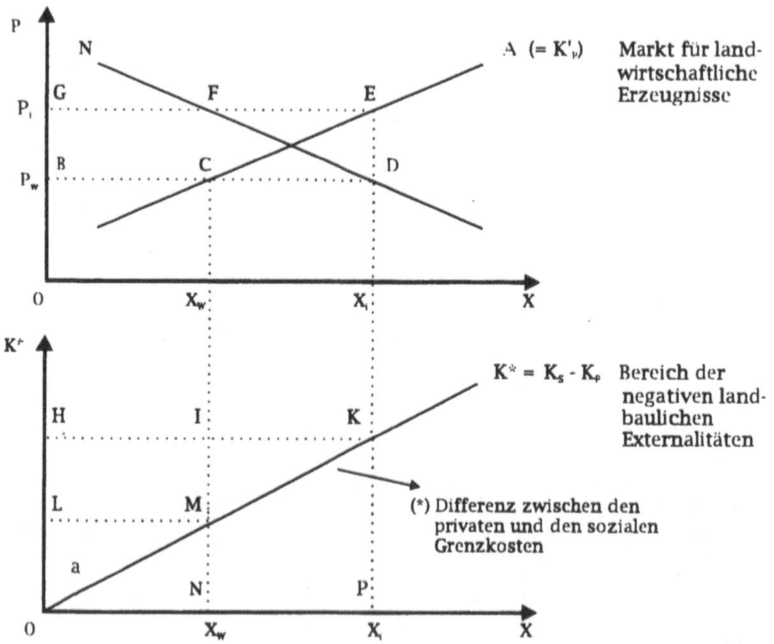

negativen landbaulichen Externalitäten dargestellt (welche im oberen Teil des Schaubildes nicht eingezeichnet sind).

Die Distanz zwischen der Ordinate und der Linie a zeigt das Ausmaß der negativen Externalitäten (K*) im Sinne einer Abweichung der sozialen Grenzkosten (K_s) von den privaten Grenzkosten (K_p). Bei einer inländischen Produktion von X_w liegen diese bei MN, bei einer solchen von X_i bei KP. Wird die inländische Produktion von X_i auf X_w zurückgeführt, sinkt die "negative Umweltrente" von 0KP auf 0MN Es ergibt sich ein Gewinn von MKPN. Hinzu kommen die (nicht eingezeichneten) Einsparungen bei den Subventionen für die Verwertung der Überschüsse, womit sich per Saldo eine positive Wirkung in Form von geringeren negativen Umweltrenten und kleineren Subventionen für die Verwertung der Produktionsüberschüsse ergibt.

Voraussetzung einer Umweltverbesserung ist, daß die tieferen inländischen Preise zu einer geringeren Intensität der Produktion führen und nicht durch eine intensivere Produktion kompensiert werden. Dabei bedeutet ein reines "Zurückführen der Intensität" nicht zwangsläufig auch eine Lösung der Umweltprobleme. Dies kann zwar zu einer kleineren Umweltbelastung führen,[56] sichtbare Umweltschäden wie beispielsweise die Bodenerosion, die Auswaschung von Nitrat und anderen chemischen Mitteln sowie der Artenrückgang werden damit allerdings nicht automatisch behoben. Preissenkungen sind deshalb mit anderen, spezifischen Maßnahmen zum Schutze der Umwelt zu verbinden.[57]

4. Pigousteuern

Arthur C. Pigou entwickelte einen Ansatz zur Internalisierung externer oder sozialer Kosten mit Hilfe einer Steuer. Er betrachtet Steuern und Abgaben als ein geeignetes Instrument zur Korrektur von negativen Externalitäten.[58] Die Pigousteuern sollen die Kostenfunktion beim Verursacher beeinflussen, sofern die privaten und die sozialen Kosten voneinander abweichen. Dies gibt den Wirtschaftssubjekten Informationen zu ihrem Verhalten. Umweltsteuern schaffen zudem monetäre Anreize für ein umweltfreundliches Verhalten. Die Angleichung der privaten und der sozialen Grenzkosten soll zu einer Annäherung an das Paretooptimum führen. Im *Pigouschen Idealfall* entspricht der Steuersatz jeweils genau der Differenz zwischen den privaten sowie den sozialen Grenzkosten und veranlaßt die Umweltschädiger dazu, die Aktivitäten solange einzuschränken, bis die Grenzvermeidungskosten diesem Steuersatz entsprechen.

Abb. 13/3 zeigt ein Beispiel. Bei einer Nachfrage von N und einer Angebotskurve von A (entsprechend privaten Grenzkosten von K'_p), ergibt sich ein Marktgleichgewicht von X. Die Produktion ist mit negativen Externalitäten verbunden, welche sich in der Differenz zwischen den privaten und den sozialen Grenzkosten von a niederschlägt. Eine Pigousteuer von T führt dazu, daß es zu einer Identität zwischen dem privaten Grenznutzen und den sozialen Grenzkosten bei einem Preis von P* und einer (geringeren) Produktionsmenge von X* kommt. Die Preise steigen von P auf P* und entsprechen den sozialen Grenzkosten.

---

[56] Vgl. *de Haen* (1985), S. 443 ff.
[57] Vgl. *Weinschenck* und *Werner* (1989), S. 17.
[58] Vgl. *Pigou* (1920/1960), S. 191.

Abb. 13/3
Die Regulierung von negativen Externalitäten mit der Pigousteuer

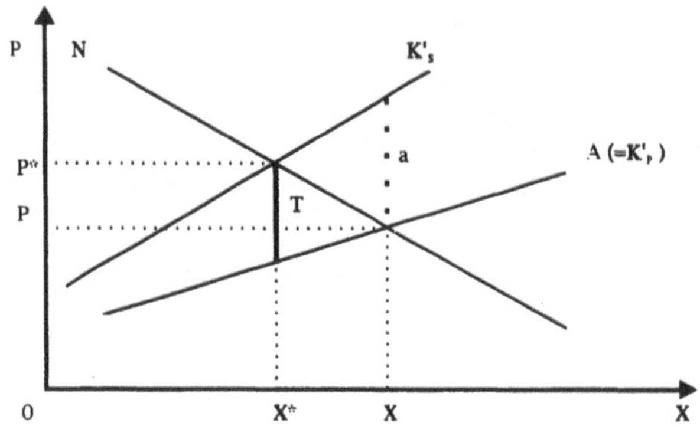

Vorteil einer solcher Umweltabgabe ist deren verursachergerechte Erhebung. Nach dem Grundkonzept sollen die Pigousteuern dem allgemeinen Staatshaushalt zufließen. Besser wäre es sicherlich, diese direkt zum Abbau der negativen Externalitäten einzusetzen. Problematisch ist die notwendige Informationsbeschaffung über die Differenz zwischen den privaten und den sozialen Grenzkosten zur Ermittlung der Pigousteuer. Dazu gibt es bisher noch keine befriedigenden Ansätze. Da sich die immissionsbedingten sozialen Kosten nicht bestimmen lassen, ist es für den Staat aussichtslos, die optimale Höhe des Steuersatzes zu ermitteln. Hierzu trägt auch das mangelnde Informationsinteresse der Betroffenen bei.

Zu den weiteren Problemen bei der Erhebung einer Pigousteuer zählen die eindeutige Identifizierung der Verursacher der externen Schädigung, eine verursachergerechte Zurechnung im Falle von mehreren Schädigern, die laufende Wirkungsanalyse und die Notwendigkeit einer steten Anpassung der Pigousteuern an Veränderungen im Externalitätenbereich.

Unter Verteilungsaspekten stellt sich zudem das Problem, ob der Schädiger in der Lage ist, die Pigousteuer zu bezahlen oder ob die negativen Externalitäten auf einem anderen, sozialverträglicheren Weg reguliert werden müssen. Hinzu kommt die Frage, ob nicht der Geschädigte Anspruch auf die Pigousteuer hat. Kann dieser eine Entschädigung durchsetzen und hat der Verursacher gleichzeitig eine Pigousteuer zu bezahlen, kommt es zu einer Doppelbelastung des Schädigers. Pigousteuern können damit ein Allokations- und Verteilungsoptimum aus einer Mehrzahl von Gründen institutionell verhindern.[59] Vor allem bei nachbarlichen und lokalen Umweltgütern kann eine Coase-Lösung[60] den Pigousteuern überlegen sein.[61]

Hinzu kommen die institutionellen Kosten der Regulierung. Bürokratische Aktivitäten im ländlichen Raum erfolgen mit "diseconomies of space", welche sich unter anderem in einem meist großen Reiseaufwand der Beamten für die erfor-

[59] Vgl. *Buchanan* (1962), S. 381.
[60] Siehe weiter oben.
[61] Vgl. *Wegehenkel* (1980), S. 21.

derliche Informationsbeschaffung niederschlagen. Im ungünstigen Falle läßt sich nur ein Teil dieser bürokratischen Kosten durch die Pigousteuern decken.

5. Der Standard-Preis-Ansatz

Der *Standard-Preis-Ansatz* von *W.J. Baumol* und *W.E. Oates*[62] ist eine Variante zur Pigousteuer. Dabei wird nicht die Differenz zwischen den privaten und den sozialen Grenzkosten abgeschöpft, sondern es wird die Menge der negativen Externalitäten über die Höhe der Abgaben beeinflußt. Die *Baumol-Oates-Steuer* wird so variiert, daß die negativen Externalitäten der kritischen Zielgröße entsprechen. Steigen die negativen Externalitäten über die Zielgröße, wird die Steuer erhöht (und umgekehrt). Die Umweltstandards als kritische Zielgröße werden außerökonomisch auf politischem Wege festgelegt.

Abb. 13/4 zeigt eine mögliche graphische Interpretation der *"Baumol-Oates-Steuer"*. Bei einem Angebot von A und einer Nachfrage von N ergibt sich eine Produktionsmenge von X_1, wobei eine Menge von E_1 an negativen Externalitäten entsteht (unterer Teil des Schaubildes). Besteht das Ziel einer Limitierung der negativen Externalitäten bei einer Menge von E_2, wird eine *Baumol-Oates-Steuer* in der Höhe von T eingeführt. Dadurch sinkt die Produktionsmenge auf X_2, und die negativen Externalitäten erreichen den Zielwert E.

Abb. 13/4
Möglicher Ansatz für eine Baumol-Oates-Steuer

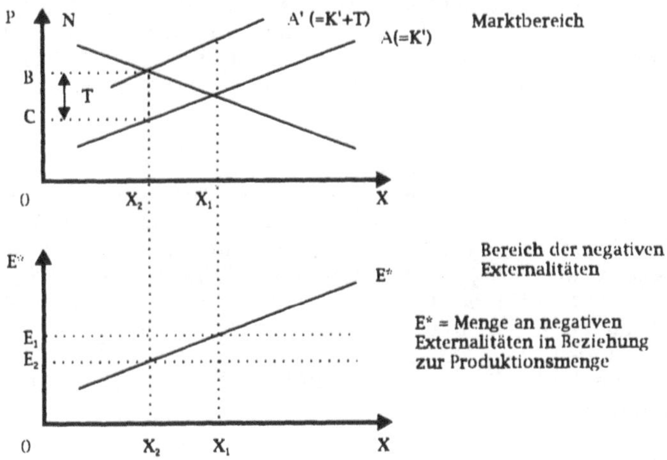

Die Verursacher streben eine kostenminimale bzw. kosteneffiziente Produktion an. Die Steuer schafft monetäre Anreize, die negativen Externalitäten einzuschränken oder einzustellen.[63] Das Kostenminimierungskalkül bewirkt, daß jeder Schädiger seine Emissionen solange senkt, bis seine Grenzvermeidungskosten dem Steuertarif entsprechen. Die Vermeider mit geringeren Kosten redu-

[62] Vgl. *Baumol/Oates* (1971).
[63] Vgl. *Baumol/Oates* (1971), S. 171 ff.

zieren ihre Emissionen dabei stärker als diejenigen mit hohen Vermeidungskosten. Dadurch werden die gesamtwirtschaftlichen Vermeidungskosten minimiert. Dieses Verfahren wirkt präziser als die Pigousteuer und wird deshalb weniger kritisiert. Schwierig ist es, den Steuertarif in einem Schritt so festzusetzen, daß das Zielniveau erreicht wird. Deshalb schlagen *Baumol/Oates* variable Steuersätze nach dem trial and error-Prinzip vor. Reichen die Vermeidungsanstrengungen der Steuerpflichtigen zur Erreichung des Reduktionsziels beispielsweise nicht aus, muß der Steuersatz erhöht werden. Ein solches Verfahren setzt flexible Entscheidungen im politischen Bereich voraus.[64]

6. Subventionslösungen

Als Anreiz für eine umweltfreundliche Produktion sind auch *Subventionslösungen* denkbar. Die Idee besteht darin, Subventionen zu bezahlen, wenn die sozialen Grenzkosten über den privaten liegen, wodurch diese gesenkt und damit den privaten Grenzkosten angenähert werden.[65] Ein Anwendungsbeispiel in der Landwirtschaft sind die *Umweltprämien (sog. Agricultural Conservation Payments).* Umweltprämien schaffen finanzielle Anreize, negative landbauliche Externalitäten abzubauen. So lassen sich direkte Einkommenszahlungen an die Landwirte mit der Auflage einer umweltfreundlichen Produktion verbinden.

Tatsächlich besteht in der Praxis vermehrt die Tendenz, finanzielle Leistungen an die Landwirtschaft nur noch bei einer umweltgerechten Produktionsweise auszurichten, damit sich die Subventionen positiv auf die Umwelt auswirken:

> "Nur eine naturgerecht produzierende Landwirtschaft rechtfertigt Subventionen: Die Landwirte sind nicht nur Produzenten, sie tragen zugleich eine Verantwortung für unsere natürlichen Lebensgrundlagen. Eine Sonderstellung innerhalb der marktlichen Ordnung ist nur noch für eine Landwirtschaft gerechtfertigt, die mit den Naturgesetzen in Einklang steht".[66]

Ein besonderes Problem ist dabei die asymmetrische Informationverteilung zwischen der Regulierungsbehörde und den Landwirten hinsichtlich des Zustandes der Umwelt und der Art der Bewirtschaftung. Es besteht die Gefahr, daß die Landwirte die Umweltmaßnahmen nicht programmgerecht umsetzen und eine Negativauslese bei den Programmteilnehmern erfolgt (negative Selektion). Dies erfordert eine sorgfältige Kontrolle und ggf. differenzierte Umweltprämien.[67] Denkbar sind auch Aktionen, bei welchen Verträge zum Schutze des Bodens vor negativen landbaulichen Externalitäten versteigert werden.[68] Dabei erhält der Landwirt einen Betrag je Flächeneinheit und verpflichtet sich, gewisse Umweltstandards einzuhalten.

[64] Ein landwirtschaftliches Beispiel für eine *Baumol/Oates-Steuer* ist die Düngersteuer (vgl. weiter unten).

[65] Dabei zeigt sich die Problematik dieser Subventionen, welche dafür bezahlt werden, daß negative Externalitäten *nicht* erfolgen. "Etwas Negatives" ganz oder teilweise zu unterlassen, ist noch keine positive Leistung.

[66] *Priebe* (1985), S. 10.

[67] Vgl. *Karl* (1997), S. 403.

[68] Vgl. *Latacz-Lohmann* und *van der Hamsvoort* (1997), S. 407 ff.

7. Weitere Ansätze

Weitere allgemeine Ansätze zur Lösung von Umweltproblemen sind die Ausbildung sowie Gebote, Verbote und Auflagen. Diese lassen sich in allen Bereichen des Schutzes der Natur und der Landschaft anwenden. Insoweit sie marktliche Anreize zur Verbesserung des Umweltverhaltens schaffen, können diese effizient sein. Anderenfalls müssen sie auf administrativ- oder strafrechtlichem Wege zum Vollzug gelangen, was zu Ergebnissen führen kann, welche vom Paretooptimum abweichen.[69]

C. Die Nutzung des Bodens

I. Der Boden als Produktionsfaktor

Der landwirtschaftlich genutzte Boden bedeckt einen großen Teil der Erdoberfläche. Die Bodenschicht hat - je nach Standort - eine Höhe zwischen wenigen Zentimetern sowie mehreren Metern und ist für Pflanzen, Tiere und Menschen als Ernährungsgrundlage und Lebensraum unentbehrlich. Im äußerst belebten Bodensystem zirkulieren Kleinlebewesen, Wasser und Nährstoffe. Als Filter und Reiniger von Wasser ist der Boden von großer Bedeutung.

Die landwirtschaftliche Nutzung des Bodens kann zahlreiche negative Auswirkungen haben, so beispielsweise im Falle einer exzessiven Verwendung von Bioziden (chemische Schädlingsbekämpfungsmittel) und Düngemitteln, der Massentierhaltung, der Bodenbearbeitung mit schweren Maschinen, einseitigen Fruchtfolgen sowie Flurbereinigungen, welche ausschließlich der Steigerung der Produktion dienen. Programme zum Schutz des Bodens gegen Humusverlust, Versauern, Anreicherung von Schadstoffen und Gefügeverlust sind anspruchsvoll und erfordern komplexe Anwendungen.[70]

Diskutiert werden folgende Lösungsansätze: Zweckmäßige landwirtschaftliche Eigentums- und Nutzungsrechte (Zi. II.), der Erosionsschutz, Nutzungsänderungen und Flächenstillegungen (Zi. III.), die Restrukturierung des Bodens bei Naturkatastrophen (Zi. IV.) und die Restrukturierung der Wälder in den Entwicklungs- sowie Schwellenländern (Zi. V.).

II. Die landwirtschaftlichen Eigentums- und Nutzungsrechte

Wie läßt sich der Boden schützen? Besteht eine Art von "invisible hand" zur Erhaltung der Fruchtbarkeit des Bodens angesichts der Selbstinteressen der Landwirte? Negative landbauliche Externalitäten können eine geringere bodengebundene Produktion und kleinere Erträge verursachen. Mögliche Ursachen sind die Überdüngung des Bodens und dessen Erosion durch Wind und Wasser. Der Wert des Bodens und die landwirtschaftlichen Einkommen sinken. Der Bauer wird motiviert, jene negativen landbaulichen Externalitäten aus eigenem Antrieb zu optimieren, welche sein Einkommen negativ beeinflussen. Im Rahmen des privaten Nutzen-Kosten-Kalküls trifft er Maßnahmen zum Schutze des Bo-

---

[69] Vgl. die nachfolgenden Ausführungen.
[70] Solche Programme erfolgen auf den Gebieten der Immissionen, der Abfallbeseitigung, der Düngung, des Pflanzenschutzes, des Gewässerschutzes, des Naturschutzes, der Raumplanung und des gesundheitlichen Verbraucherschutzes.

dens.[71] Es handelt sich um eine individuelle Optimierung der landbaulichen Externalitäten, womit der Landwirt selbst zum wesentlichen Träger des Schutzes des Bodens wird.

Auch negative landbauliche Externalitäten mit nachbarlichen Wirkungen können Reaktionen auslösen, welche zur Optimierung der Externalitäten aufgrund von *Coaseschen Verhandlungslösungen* zwischen den Nachbarn führen.[72] Voraussetzung dafür sind umfassende Eigentums- und Nutzungsrechte der Beteiligten, welche diese Verhandlungen auslösen.

Im Bereich der gemeinsamen Interessengebiete kann dies zu einer Optimierung der negativen landbaulichen Externalitäten beitragen. Handelt es sich jedoch um negative landbaulichen Externalitäten außerhalb der nachbarlichen Interessenzonen, versagen Optimierungskalküle im Sinne von Property Rights-Lösungen. In diesem Falle ist die Gefahr eines freerider Verhaltens gegenüber der Umwelt groß. Dies erfordert andere Lösungsansätze.[73]

III. Erosionsschutz, Nutzungsänderungen und Flächenstillegungen

1. Der Schutz des Bodens vor Erosion durch Wind und Wasser

Die Erosion des Bodens ist ein fortwährender, natürlicher Prozeß. Der Boden ist eine erschöpfbare Ressource und regeneriert sich nur über die Jahrtausende, weshalb die Erosion zu den Hauptproblemen bei der Erhaltung der Fruchtbarkeit zählt. Bewirtschaftet der Mensch den Boden, entblößt er ihn meist von der ursprünglichen, schützenden Vegetationsdecke, womit dieser von Wind und Wasser angegriffen werden kann. Bodenteilchen werden abgelöst und weggetragen. In der letzten Phase ist die Erosion oft gleichbedeutend mit dem Verlust der Bodensubstanz und der Bodenfruchtbarkeit. Die oberste Verwitterungsschicht der Erde, wie diese während Jahrtausenden entstand und die Grundlage der landwirtschaftlichen Produktion bildet, wird zerstört. Die organische Substanz läßt sich zwar in kürzerer Zeit wieder herstellen, nicht jedoch die anorganische Verwitterungsschicht.

Besonders betroffen von der Erosion durch Wind und Wasser sind im allgemeinen Gebiete mit aggressiven Niederschlägen in den Tropen und Subtropen, Gebiete mit einer starken Rodung und einer unzweckmäßigen Bewirtschaftung des Bodens,[74] nicht unterteilte, oft quadratkilometergroße Ackerflächen ohne Hekken und Sträucher, vor und nach der Ernte brachliegender Boden ohne eine zusätzliche Begrünung mit wechselnder Nutzung oder in Monokulturen,[75] intensiver Ackerbau bei der Verwendung von schweren, großen Ackergeräten,[76] leichte Böden,[77] der Ackerbau in geneigten, intensiv genutzten Lagen sowie pflanzenunbedeckte Flächen und Steillagen, wo die Nutzung aufgegeben wurde und die ursprüngliche Vegetation erst wieder entstehen muß (vgl. auch Tab. 13/5).

---

[71] Voraussetzung sind umfassende Eigentums- und Nutzungsrechte.
[72] Vgl. Zi. B.
[73] Vgl. die nachfolgenden Ausführungen.
[74] Dies führt im Extremfall zur vollständigen Erosion.
[75] Ein Beispiel ist der Anbau von Mais.
[76] Die Verdichtung und der Gefügeverlust des Bodens erfordern eine Lockerung zur Wiederansaat, wobei die Winderosion am steten Wechsel von Verdichtung und Lockerung ansetzt.
[77] Beispiele sind ehemalige Moorböden, die schnell austrocknen und vom Wind weggefegt werden können.

Tab. 13/5
Die Auswirkungen unterschiedlicher Bodennutzungsformen auf die Bodenerosion

	Relative Abtragung bezogen auf vegetationslose Brachflächen (in Prozent)
Vegetationslose Brachfläche	100
Obst- und Weingärten ohne Deckvegetation	90
Getreide, kurz nach der Saat	40
Getreide, reifend und Stoppelfelder	10
Grünfutter	5
Obstgärten mit Deckvegetation	5
Weideland	1-5
Wald	< 1.

Quelle: *Bund für Natur und Umweltschutz Deutschland e.V.* (1983), S. 13.

Der Mensch kann durch den Umgang mit dem Boden beschleunigend oder verlangsamend auf die Erosion einwirken. Je besser die Pflanzen an die Standorte angepaßt sind, desto größer ist der Schutz des Bodens. Ein perfekter Schutz ergibt sich nur in der "unberührten Natur". Die Land- und Forstwirtschaft muß meist einen Kompromiß zwischen den Ertrags- und den Schutzinteressen treffen. Als *Grundsätze für den Schutz vor Erosion* gelten: (1.) Die Erhaltung möglichst großer, zusammenhängender Waldbestände in den ursprünglich bewaldeten Gebieten, (2.) die Durchsetzung von landwirtschaftlich genutzten Gebieten mit Wäldern, Hecken, Baumreihen, Baumgruppen, Einzelbäumen, Hecken und Kleingehölzen,[78] (3.) die weitgehende Verhinderung der Erosion durch standortgerechte Grünpflanzen,[79] (4.) der Schutz ackerbaulich genutzter Flächen durch den Zwischenfutterbau,[80] (5.) die Verhinderung des oberflächlichen Wasserabflusses bereits bei der Ackerbearbeitung,[81] (6.) Verbauungen wie die historischen Terrassierungen, Schutzstreifen und befestigte Wasserableitungen, (7.) eine vielfältige Nutzung mit jeweils nicht zu breiten Ackerstreifen sowie (8.) die Stillegung und Begrünung oder die Bewaldung von stark erosionsgefährdeten Flächen als stärkste Maßnahme im Kampf gegen die Bodenerosion.

---

[78] Solche natürliche Elemente lassen sich auch in bisherige Traktorenlandschaften einbauen. Sie schützen vor der Erosion sowie dem Austrocknen des Bodens und verbessern das Mikroklima. Vor allem Kombinationen von Naturreservaten, Biotopen und anderen Landschaftselementen dienen dem Schutz der Landschaft.

[79] Dadurch ergibt sich ein guter Schutz des Bodens. Je nach den Standortfaktoren wie dem Klima, der Höhenlage, der Topographie, der Bodenbeschaffenheit und den Niederschlagsverhältnissen eignen sich dazu Bäume, Sträucher, Büsche, Gräser oder andere Pflanzen.

[80] Ackerbauliche Kulturen sollten möglichst lange nach der Ernte mit grünen Pflanzen bedeckt sein. Zur Begrünung kommen Chinakohl, Rübsen, Sonnenblumen, Phacelia oder Markstammkohl in Frage. Die Gründüngung kann zur Verbesserung des Humus untergepflügt oder als Viehfutter verwendet werden. Damit können Wind und Wasser nicht mehr angreifen.

[81] Zur Diskussion stehen die Verfahren zur pfluglosen Direktsaat (sog. "zero-till farming"), bei welchen allerdings die Kenntnisse über die optimale Unkrautbekämpfung fehlen. Grenzen ergeben sich bei nassen und schweren Böden, wo sich der Pflug kaum ersetzen läßt.

2. Die Verbesserung der Qualität des Bodens

Die Bodenfruchtbarkeit ergibt sich aus der Bepflanzung der landwirtschaftlichen Nutzflächen sowie der Art und Intensität der Bewirtschaftung. Als Grundsätze zur *Verbesserung der Qualität des Bodens und Erhaltung der Bodenfruchtbarkeit* gelten: (1.) Der Verzicht auf Überdüngung und ein Übermaß an Schädlingsbekämpfung,[82] (2.) der Verzicht auf große, schwere Maschinen,[83] (3.) die Verbesserung der Bodenfruchtbarkeit durch die Wahl geeigneter Fruchtfolgen beim Ackerbau[84] und (4.) die Kombination von Ackerbau und Viehwirtschaft.[85,86]

Als Frühwarnsystem für den Boden zum Schutz vor irreversiblen Schäden dienen periodische Bodenkontrollen, um den Zustand des Bodens rasch zu erkennen. Diese sollen den Ein- und Austrag von Fremd- und Schadstoffen wie beispielsweise Düngerüberschüsse, Rückstände aus Kunstdünger und Bioziden sowie Fremdstoffe aus nichtlandwirtschaftlichen Quellen erfassen.

3. Die Begrenzung der außerlandwirtschaftlichen Einflüsse

Bei den *außerlandwirtschaftlichen Einflüssen auf die Qualität des Bodens* handelt es sich vor allem um Stoffe, welche aus der Luft (über die Immissionen), den Klärschlamm oder mit dem sauren Regen in den Boden gelangen. Für viele Stoffe wie Kupfer, Zink, Cadmium und Blei dient der Boden quasi als "Endlager". Schwermetalle wirken im Boden bereits in kleinen Mengen giftig. Diese können praktisch nicht ausgewaschen werden. Es kann über die Jahrzehnte hinweg zu einer Anreicherung des Bodens mit diesen toxischen Stoffen kommen.[87] Bodenvergiftungen werden von einigen Fachleuten als eine Art von Zeitbombe betrachtet, welche nicht nur die Qualität des Trinkwassers, sondern auch der Nahrungsmittel bedroht. Die Reinhaltung von Luft und Wasser ist ein wesentliches Instrument zum Schutz des Bodens vor außerlandwirtschaftlichen Schadstoffen.[88] Zudem gibt es Versuche für Verfahren zur Sanierung von schwermetallbelasteten Böden.[89]

---

[82] Dies gibt einen Schutz gegen das Übersäuern. Damit wird auch ein Ertragsrückgang im Pflanzenbau verhindert, ausgelöst durch einen Verlust an Produktivität, Vielfalt und Stabilität der Ökosysteme.

[83] Dies führt zu einem Schutz des Bodens gegen Gefügeverlust bzw. Bodenverdichtung.

[84] Der optimale Fruchtwechsel ist je nach den Standortfaktoren unterschiedlich. Monokulturen mit sich wiederholender Nutzung vermindern die Bodenfruchtbarkeit.

[85] Dies ist besonders günstig zur Erhaltung der Fruchtbarkeit des Bodens in Ackerbaugebieten. Das Ausbringen von Mist schützt vor dem Humusverlust des Bodens und führt zu einem stabilen Anteil an organischer Bodensubstanz.

[86] Vgl. auch das Bodenschutzkonzept der *Bundesregierung* (1985).

[87] Die Halbwertzeit für Cadmium liegt bei 700 Jahren, für Blei bei 1.000 Jahren, für Kupfer bei 13.000 Jahren und für Chrom bei 70.000 Jahren. Besonders toxisch ist Cadmium, welches zum Teil aus Klärschlämmen stammt. Dieses wird durch die Pflanze aufgenommen und gelangt über die Samen und Knollen in die Nahrungsmittelkette.

[88] Ein Instrument sind die Klärschlammverordnungen, welche immer wieder dem neuen Wissen über Schwermetallgehalte und Gehalte an organischen Schadstoffen angepaßt werden müssen, zudem Verordnungen zur Luftreinhaltung und dem Schutz vor umweltgefährdenden Stoffen.

[89] In neuerer Zeit wurden *Versuche* mit Pflanzen unternommen, welche dem Boden Schwermetalle entziehen, um möglicherweise eines Tages schwermetallbelastete Böden durch den Anbau von Pflanzen zu sanieren. Die erforderlichen züchterischen Verfahren stehen jedoch erst am Anfang. Als metallakkumulierende Pflanzen eignen sich beispielsweise Tabak und Hanf für Cadmium, Gerste für Kupfer sowie Weiden für Zink. Von besonderem Interesse sind etwa Pflanzen mit einer großen Produktion an Biomasse, welche dem Boden viel Stoffe entziehen, und 400 kleinere Arten von metallak-

4. Die Flächenstillegung

Die *Stillegung von Flächen* und deren Konservierung zählen zu den besten Maßnahmen zum Schutze des Bodens und einer natürlichen Umwelt.[90] Begünstigt wird die Stillegung von Böden durch die steigende Produktivität der Nutzpflanzen und -tiere sowie die gesättigten landwirtschaftlichen Märkte, wodurch sich ein geringerer Bedarf an landwirtschaftlichen Kulturflächen vor allem in den höchstentwickelten Industrieländern ergibt.[91,92]

Die Stillegung von Böden hat in den *USA* seit den 1930er Jahren einen großen Stellenwert.[93] Damals kam es zu einer der größten, je von Menschenhand verursachten Naturkatastrophen der Welt. Durch die mangelnde Bestellung und Begrünung der Äcker in den ökologisch sehr sensiblen *Great Plains* während der Weltwirtschaftskrise konnten die Windstürme *(Dust Bowls)* Millionen von Tonnen Erde wegtragen. Dies führte zu gigantischen Verwüstungen ehemals landwirtschaftlich genutzter Flächen. Die *Soil-Recreation-Programme* dienten der Wiederbegrünung ehemaliger landwirtschaftlicher Produktionsflächen und dem Schutz der übrigbleibenden Agrarflächen.[94]

Auch die *Europäische Union* hat seit 1988 ein Programm zur vorübergehenden Bodenstillegung. Bereits zuvor betrieben einzelne Mitgliedsländer die Wiederaufforstung extensiv oder kaum mehr bewirtschafteter Agrarflächen.[95] Es erschien sinnvoll, Flächen mit vorübergehend oder ganz aufgegebener landwirtschaftlicher Nutzung stillzulegen und der Natur zum Zwecke einer natürlichen Vegetation zurückzugeben *("Natur aus zweiter Hand").*

Dauernde Flächenstillegungen lassen sich wirkungsvoll durch das Ausscheiden von Flächen für Wildpflanzen und Wildtiere erreichen. Es werden Biotope mit Hecken, Feldgehölzen und Feuchtflächen, Naturreservate sowie aufgeforstete Waldflächen geschaffen, welche ausschließlich der natürlichen Vegetation dienen.[96] Grundlage der Wiederherstellung möglichst naturnaher ehemaliger landwirtschaftlicher Produktionsgebiete sind Flächennutzungspläne der Gemeinden, Regionen und Länder. Die Rückgabe von Flächen an die Natur (Renaturierung) erfordert meist erhebliche Investitionen.

---

kumulierende Wildpflanzen, welche nur auf metallhaltigen Böden vorkommen. Vgl. *Schwab* (1998), Bl. 68.

[90] Dabei gibt es auch landwirtschaftliche Gründe, weshalb die Nutzung des Bodens unterbleibt. Bei der *Grenzertragsbrache* fällt die Nutzung aufgrund der geringen Ertragskraft bzw. erhöhten Produktionskosten aus. Bei der *Sozialbrache* erfolgt die Produktionsaufgabe aus außerlandwirtschaftlichen Gründen wie zum Beispiel der Verdrängung der Landwirtschaft aus besiedelten Gebieten.

[91] Im früheren Gebiet der *Bundesrepublik Deutschland* ging die landwirtschaftlich genutzte Fläche zwischen 1949 und 1987 von 13,3 Mio. auf 11,9 Mio. Hektar zurück. Dieser Prozeß wurde durch staatliche Maßnahmen zur dauernden Stillegung von Böden beschleunigt. In der *EU-15* ist mit einer langfristigen Stillegung von 15-30 Millionen Hektar Land zu rechnen.

[92] In den *USA* ging die bewirtschaftete Fläche allein zwischen 1981 und 1988 von 157 auf 133 Millionen Hektar zurückging. 1988 lagen zudem 27 Millionen Hektar brach.

[93] Vgl. *von Hayek* (1983), S. 450 ff.

[94] Vgl. auch Kapitel 8.

[95] Die Forstfläche in den Länder der *Europäischen Union* nahm in den vergangenen einhundert Jahren um schätzungsweise 2,5 Prozent zu.

[96] Vgl. dazu auch *von Alvensleben* (1996), S. 358 ff.

5. Die Extensivierung der Nutzung

Die *Extensivierung der Nutzung der Natur* ist eine weitere Maßnahme zum Schutze des Bodens.[97] Denkbar sind weniger intensive Produktionsverfahren, Erzeugnisse mit geringerer Umweltbelastung und die Flächenstillegung. Die ökologischen Wirkungen einer kurzfristigen Stillegung sind allerdings umstritten, zumal meist eine intensivere Bewirtschaftung der übrigen Flächen erfolgt. Ökologisch sinnvoll ist die vorübergehende Stillegung eigentlich nur als Vorstufe zu einer dauernden Rückgabe von Agrarflächen an die Natur, was zu einer nachhaltigen Entlastung der Umwelt führt.[98]

6. Der Vertragsnaturschutz

Beim *Vertragsnaturschutz* werden Naturschutzgebiete wie beispielsweise Moorlandschaften, Feuchtgrünland, Magerrasen oder extensive Ackerflächen durch Pflegetrupps oder die Landwirte pfleglich bewirtschaftet.[99] Die Grundlage für das Ausscheiden solcher Gebiete bilden räumliche Interessen der Gesellschaft zur Erhaltung und Pflege naturnaher Landschaftselemente. Solche Landschaften lassen sich auch zu Erholungszwecken nutzen. Nicht zu unterschätzen sind allerdings die notwendigen Kosten für die Pflege der Natur.

Einer landschaftspflegeorientierten Nutzung der Natur dienen auch extensive Gehege mit Weidetieren wie beispielsweise Damhirsche. Der Arbeitsaufwand ist gering und das Fleisch läßt sich in der Regel gut vermarkten (beispielsweise als *"natura beef")*.[100] Besonders geeignet für den Nebenerwerb ist die extensive Tierhaltung, welche sich in weitflächige Erholungsgebiete integrieren läßt und zu geringeren Umweltbelastungen als der intensive Landbau führt, was vor allem im Umfeld von Gewässern wünschenswert ist.

IV. Die Erhaltung und Wiederherstellung der Natur und einzelner Landschaftselemente

1. Die Schaffung von Landschaftsschutzzonen und Naturschutzgebieten

Die *Schaffung von Landschaftsschutzzonen und Naturschutzflächen (Biosphärenreservaten)* führt zu Gebieten, welche entweder in eine ursprüngliche Wildnis überführt werden[101] oder von den Menschen im Rahmen des Vertragsnaturschutzes bewirtschaftet werden, landschaftlich aber intakt bleiben. Der Ver-

---

[97] In der *Europäischen Union* wurde 1989 ein Extensivierungsprogramm zur Verkleinerung der Produktion von Überschußprodukten (beispielsweise Getreide, Rindfleisch und Wein) eingeführt. Bei der sog. *quantitativen Methode* mußte die Produktion während mindestens fünf Jahren um 20 Prozent reduziert werden. Angeboten wurde zudem eine *qualitative Methode*, bei welcher weniger intensive Produktionsverfahren verlangt wurden. Teil dieses ökologischen Maßnahmenpakets war die Umstellung auf den ökologischen Landbau (vgl. Zi. E/V. über "Die alternative Landwirtschaft"). 1992 schuf die *Europäische Union* zur Ablösung des bisherigen Programms ein erweitertes Extensivierungsprogramm und ein Stillegungsprogramm für Ackerflächen zum Schutze der Natur mit einer Laufzeit von bis zu 20 Jahren.

[98] Eine Möglichkeit der Extensivierung ist die Rotationsbrache im Rahmen einer mehrjährigen Fruchtfolge, welche neben der Stabilisierung der Produktion auch der Entlastung der Umwelt dienen soll.

[99] Vgl. dazu *von Alvensleben* (1996), S. 360 f.

[100] Damhirsche beispielsweise brauchen kein Kraftfutter, sondern nur etwa eine Hektar Grünland umzäuntes Gebiet für zehn Tiere.

[101] Vgl. *Pevetz* (1997), S. 21 ff.

drängungswettwerb zwischen dem Menschen und der Natur soll in eine schonende, nachhaltige Entwicklung der Natur übergehen. Beispiele für Naturschutzgebiete sind Auenwälder, Moorlandschaften, Trockengebiete und ursprüngliche Wälder. Geschützt werden auch Regionen mit einer oft alten Besiedlungskultur, welche die Landschaft sowie die Pflanzen- und Tierwelt im Rahmen der historischen Entwicklung mitgeprägt haben.[102]

2. Die Restrukturierung des Bodens bei Naturkatastrophen

Ereignen sich *Naturkatastrophen* wie beispielsweise Lawinenniedergänge, Überflutungen und Weinbergabschwemmungen, welche die Bodensubstanz zerstören oder zu zerstören drohen, so stellt sich die Frage nach Restrukturierungsmaßnahmen.[103] Es handelt sich um Notstandsprogramme zur Wiederherstellung der Natur.[104]

3. Die Restrukturierung der Wälder in den Entwicklungs- und Schwellenländern

Zwischen 1950 und 1980 verschwand rund die Hälfte der Regenwälder der Erde.[105] In unsere Zeit fällt die Zerstörung von tropischen Regenwäldern in *Afrika, Südamerika* und *Asien*, vor allem in *Brasilien, Indien, Indonesien, Burma, Thailand* sowie *Costa Rica*.[106] Großflächige Brand- und Kahlschlagrodungen führen zur Zerstörung des Waldes, zum Sterben gewaltiger, Jahrtausende alter Ökosysteme und oft zur Auswaschung der entstandenen landwirtschaftlichen Nutzflächen. Vielfach bleibt nur der nackte Felsen oder eine öde Vegetation. Die *Restrukturierung der Wälder in den Entwicklungs- und Schwellenländern* ist ein vorrangiges ökologisches Postulat.[107] Dazu können unter anderem auch Mischkulturen von Bodenbedeckern, Nutzpflanzen und Bäumen dienen. Weltweit betrachtet steht dem Abbau tropischer Regenwälder die Aufforstung nicht mehr

---

[102] Von besonderer Bedeutung ist auch der Schutz von Gebirgslandschaften, welche partiell einem großen Nutzungsdruck unterliegen.

[103] Diese lassen sich weitgehend oder teilweise subventionieren.

[104] Darunter fallen auch durch Naturkatastrophen zerstörte Weinberge und Wälder.

[105] Der weltweite Bestand ging auf 1,75 Mrd. Hektar oder 37 Prozent der Landfläche der Erde zurück. Pro Minute gehen rund 29 Hektar, pro Jahr etwa 15 Mio. Hektar Regenwald verloren (in der Form von Brandrodung durch arme Bauern pro Jahr etwa 10 Mio. Hektar). Seit 1990 hat sich das Ausmaß der Zerstörung auf 11 Millionen Hektar reduziert.

[106] *Afrika* büßte zwischen 1981 und 1990 4,8 Millionen Hektar oder jährlich rund 1,7 Prozent seines Waldbestandes ein, *Asien* jährlich 4,7 Millionen Hektar oder 1,4 Prozent und *Lateinamerika* 7,3 Millionen Hektar oder 0,9 Prozent. Nach Angaben der FAO fallen am Amazonas in *Brasilien* seit 1978 jährlich über 2 Millionen Hektar tropischen Regenwaldes zum Opfer. Das Land braucht nach Auffassung seiner Regierung jährlich 2,2 Milliarden US$ aus den Industriestaaten, um die Zerstörung des Regenwaldes am Amazonas zu stoppen und wieder aufzuforsten.

[107] Ein jüngeres Aufforstungsprogramm in *Brasilien* umfaßt rund eine Million Hektar Land und kostet schätzungsweise 1,2 Milliarden US$. Ein weiteres Programm ist der Schuldenerlaß zur Rettung der Wälder *("Debt for Nature")*. Zur raschen, dürftigen Wiederaufforstung eignet sich eine spezielle Art von Eukalyptusbäumen, welche schnell wächst, nach wenigen Jahren "geerntet" werden kann und auf der Basis der verbleibenden Wurzelstöcke nachwächst.
Ein anderes Beispiel ist *Haiti*. Mit einem Programm der *FAO (Food and Agricultural Organization)* soll versucht werden, einen Teil des Bodens zu retten. Die Insel war zur Zeit von Kolumbus noch beinahe vollständig mit tropischen Regenwäldern bewachsen. Mit dem Anbau von Zucker und Kaffee wurden die Wälder bis auf eine Restfläche von weniger als zehn Prozent abgeholzt. Die gewonnenen Böden wurden weitgehend ausgeschwemmt, und viele Böden liegen nach dem Verlust der Fruchtbarkeit brach.

verwendeter landwirtschaftlicher Kulturflächen in den Industrieländern gegenüber. Die Entwicklung der Waldbestände der Erde ist allerdings nach wie vor stark negativ.[108]

D. Die Ordnung des landwirtschaftlichen Wasserhaushalts

I. Probleme

1. Der natürliche Wasserhaushalt

Für die landwirtschaftliche Produktion wird meist in den Wasserhaushalt der Natur eingegriffen. Es entstehen Entwässerungs- und Bewässerungssysteme, was zu einer Beschleunigung des Wasserabflusses führt. Die geringere Speicherung von Wasser bewirkt Dürren und Überschwemmungen. Bei einer zu großen Schadstoffkonzentration im Boden besteht zudem die Gefahr einer Auswaschung von Schadstoffen und Verschmutzung des Wassers. Die in das Grund- und Oberflächenwasser gelangenden Schadstoffe werden in den stehenden und fließenden Gewässern rasch verteilt. Dies beeinträchtigt die Lebensgrundlagen von Menschen, Tieren und Pflanzen. Die toxischen Konzentrationen im Oberflächen- und Grundwasser können über Jahre hinaus bestehen bleiben.[109]

Bei geringen Verunreinigungen besitzt die Natur die Fähigkeit zur Selbstreinigung der Gewässer. Bei einer großen Konzentration der Schadstoffe jedoch ist deren Abbau in den Kreisläufen der Natur fraglich. Es kommt zur Vergiftung der Ökosysteme. Düngemittel beispielsweise regen das Wachstum der im Wasser lebenden Pflanzen an. Ist der für die Vegetation notwendige und im Wasser enthaltene Sauerstoffvorrat verbraucht, gehen die Pflanzen zugrunde. Dies führt zu einem Verschlammen der Gewässer und einer mangelnden natürlichen Regenerierung. Die besten Voraussetzungen für leistungsfähige *natürliche Wasserkreisläufe* bietet die ursprüngliche Natur mit ausgedehnten Wäldern, weiten Flußsystemen und sauberen Seen. Die Wälder nehmen das Wasser auf, setzen es um und speichern es für lange Zeit.

2. Trinkwasserprobleme

Trinkwasserprobleme ergeben sich bei einer großflächig vernetzten Verseuchung der Gewässer, beispielsweise durch Düngemittel und Biozide. Trotz Maßnahmen zum Schutze des Wassers kann die Gewinnung von genügend sauberem Trinkwasser unmöglich werden. Eine quantitativ ausreichende, qualitativ befriedigende Trinkwasserversorgung ist in weiten Gebieten der Erde gefährdet. Oft ist die Qualität des Grundwassers stärker beeinträchtigt als jene des Oberflächenwassers, welches in den vergangenen Jahren zum Teil wesentlich besser wurde.

Die Landwirtschaft ist an der Verschmutzung des Wassers meist nicht alleine schuld, aber doch beteiligt. Zu den Verunreinigungsquellen zählen die erheblichen Mengen an Dünger, Bioziden und Exkrementen aus der Massentierhaltung.

---

[108] Die Waldfläche der Erde beträgt mit 3,8 Mrd. Hektar rund ein Viertel der Gesamtoberfläche. Es gibt bereits vereinzelte Projekte zur Wiederaufforstung, so beispielsweise in Rußland, Polen, der Tschechischen Republik, Costa Rica, Ecuador, Belize Uganda, Guatemala und Malaysia.

[109] Ein bekannter Fall ist das chemische Schädlingsbekämpfungsmittel DDT.

Die negativen Einflüsse der einzelnen Landwirte bewirken an und für sich nur eine lokale Beeinträchtigung des Wasserhaushalts. In der Kumulierung der Einwirkungen jedoch kann die Eutrophierung der Gewässer alle nur denkbaren Intensitätsstufen bis zu flächendeckenden Vergiftungserscheinungen erreichen. Diese wirken sich oft erst nach Jahren oder Jahrzehnten aus, weil die Grundwasserströme langsam fließen. Grenzwerte für die einzelnen Schadstoffe, systematische Kontrollen und ein Frühwarnsystem für die Qualität des Wassers sind notwendig.[110]

II. Die Reinheit des Wassers als öffentliches Gut

Die *Reinheit des Wasser* ist ein öffentliches Gut. Bei der Regulierung der Wasserqualität ist aus normativer Sicht ein optimales Verhältnis zwischen dem Nutzen und den Kosten der Reinhaltung anzustreben. Um welche Art von öffentlichem Gut handelt es sich bei der Reinheit des Wassers?

- Um ein *lokales öffentliches Gut* geht es vor allem bei der kommunalen Trinkwasserversorgung. Oft genügt für die lokale Trinkwassergewinnung die Ausscheidung von Wasserschutzzonen.[111]

- Ein *regionales öffentliches Gut* sind die Gewässer eines größeren Gebietes. Erforderlich sind oft flächendeckende Maßnahmen zur Erreichung der wünschenswerten Reinheit des Wassers sowie ggf. großflächige Wasserschutzgebiete zum Schutz gegen die Verunreinigung des Wassers durch die Landwirtschaft und andere Verschmutzungsquellen.

- Um ein *nationales, internationales oder globales öffentliches Gut* handelt es sich, wenn die Reinheit des Wassers in ausgedehnten Gebieten eines Landes, in mehreren Ländern oder gar weltweit bedroht ist, weil das Wasser großflächig als kostenfreie Kloake benutzt wird. In diesem Fall ist der umfassende Schutz des Oberflächen- und des Grundwassers notwendig, wozu große Anstrengungen erforderlich sind.

Zur Diskussion gestellt werden die folgenden Lösungsansätze: Property Rights-Lösungen (Zi. III.), preispolitische Maßnahmen (Zi. IV.), Auflagenlösungen (Zi. V.), der Verzicht auf den Einsatz von Bioziden (Zi. VI.) sowie die Ausbildung und Beratung der Landwirte (Zi. VII.).

---

[110] In der *Europäischen Union* wurden Grenzwerte für die einzelnen Schadstoffe festgelegt. Setzen die Mitgliedsländer die EU-Bestimmungen für Trinkwasser nicht einwandfrei um, kommt es zu Klagen seitens der Europäischen Union.

[111] Das Problem der Trinkwasserqualität ließe sich unter Inkaufnahme sehr hoher Kosten auch durch eine Reinigung des Wassers lösen. Um beispielsweise den Nitrathöchstwert von 50 mg/l (EG-Richtlinien vom September 1985) zu erreichen, kann nitratbelastetes Wasser mit Hilfe eines Bioreaktors zu Trinkzwecken denitrifiziert werden. Bei einer Versuchsanlage erfolgte dies mit einem Filter aus Aktivkohle, welchem Essigsäure und Phosphat als Nährstoffe für die Bakterien beigegeben werden. Dabei wurde der Nitratgehalt von 85 Milligramm pro Liter auf 5 Milligramm pro Liter reduziert. Vgl. *AEG* (1990), S. 83. Dies ist allerdings eine Notmaßnahme zur Gewinnung von Trinkwasser und nicht eine Ursachentherapie zur Verbesserung der Qualität des Oberflächen- und des Grundwassers.

III. Property Rights-Lösungen

1. Die Zuweisung von Eigentumsrechten

a. Die individuell motivierte Vermeidung negativer externer Effekte

Selbst bei freien (nicht eingeschränkten) Eigentums- und Nutzungsrechten setzt der Bauer nur soviel Düngemittel und Biozide ein, bis deren Wertgrenzprodukt dem Preis der zusätzlich erzeugten Güter entspricht. Die Düngung geht nicht über das Gewinnmaximum hinaus. Überschreitet ein Landwirt die betrieblich optimale Menge von Düngungs- und Schädlingsbekämpfungsmitteln, werden die Konsequenzen in der Form geringerer Erträge spürbar.[112]

Es liegt im Interesse des Bauern, die Fruchtbarkeit des Betriebes zu erhalten, was dem Einsatz von natürlichem Dünger und chemischen Produktionsmitteln Grenzen setzt. Ertragsverschlechterungen ergeben sich auch, wenn die Qualität der erzeugten Nahrungsmittel schlecht ist und diese zu tieferen Preisen verkauft oder vernichtet werden müssen. Dies veranlaßt den Bauern zu einer geringeren Intensität der Produktion. Das Umweltbewußtsein verbessert sich, und die Verschmutzung der Gewässer wird kleiner.

Der Mechanismus der Internalisierung der *individuell motivierten Vermeidung negativer externer Effekte* führt in diesem Fall zu einer verminderten Umweltbelastung des Wassers. Individuelle, marktlich induzierte Mechanismen werden wirksam. Dieser preistheoretische Grundmechanismus ergibt einen gewissen Schutz vor Überdüngung. Voraussetzung sind effiziente Eigentums- und Nutzungsrechte, wodurch der Mechanismus der Internalisierung spürbar wird.

Bei den verhältnismäßig tiefen Preisen für chemische Düngemittel und Biozide tendiert der Bauer allerdings zur Überdüngung, um das Risiko einer Unterdüngung zu vermeiden. Das private Kosten-Ertrags-Optimum verfehlt in jenen Fällen das Paretooptimum, wo ein Teil der Düngemittel in das Oberflächen- und das Grundwasser ausgeschwemmt wird. Dies ist auch bei der Massentierhaltung mit einer Überproduktion von Dünger der Fall, welcher so kostengünstig wie möglich ausgebracht werden muß, wodurch sich erhebliche negative Umweltwirkungen ergeben können. Im Falle der Zuweisung unbeschränkter Nutzungs- und Verfügungsrechte sind in diesen Fällen keine befriedigenden Umwelteffekte zu erwarten. Vielmehr müssen die individuellen Nutzungs- bzw. Verschmutzungsrechte eingeschränkt werden.

b. Die nachbarliche Rücksichtnahme

Die negativen Externalitäten der landwirtschaftlichen Produktion führen auch zu störenden nachbarlichen Effekten wie beispielsweise verschmutztem Grund- und Oberflächenwasser, übel riechenden Drainagen und ähnlichem mehr. Eine gewisse *Rücksichtnahme auf die Interessen des Nachbarn* erfolgt, damit der Nachbar gleichermaßen Rücksicht nimmt und seinerseits die negativen nachbarlichen Drittwirkungen minimiert. Nachbarn sind auf gegenseitige Hilfe, Unterstützung und guten Willen angewiesen. Sie belästigen sich meist möglichst wenig und wollen im Ruf fähiger und sorgfältiger Fachleute stehen. Gibt es

[112] Durch die Vergiftung der Böden gehen die Erträge zurück. Eine Überdüngung und Überbelastung des Bodens führt meist zu Wachstumsstörungen bei Pflanzen und Tieren.

dennoch negative Externalitäten im nachbarlichen Bereich, kommt es nach dem *Coaseschen Theorem* zu Verhandlungen und möglicherweise zu privatrechtlichen und ggf. auch strafrechtlichen Auseinandersetzungen. Sind die Eigentums- und Nutzungsrechte effizient geregelt und die Transaktionskosten zur Durchsetzung der Rechte gering, kann dies im Bereich der gemeinsamen Schnittstellen bzw. im Nachbarbereich zur Optimierung der negativen landbaulichen Effekte beitragen.

c. Weitere Property Rights-Effekte

Ähnliche, die Umwelt schützende Effekte ergeben sich auch unter weiteren Property Rights-Aspekten:

- Werden dem Bauern beispielsweise durch die Eigentumsordnung auch die *Fischereirechte* an den Gewässern auf seinem eigenen Boden zugewiesen, wird für ihn die Verschlechterung der Qualität der Oberflächengewässer durch Einbußen bei den Fischfängen spürbar. Lassen sich die Fischereirechte verpachten, erleidet er bei Gewässerverschmutzungen finanzielle Nachteile. Dies kann ihn zu einer Verkleinerung der negativen Externalitäten veranlassen. Bilden die Bauern einen Verpachtungs-Club und verpachten sie die Fischereirechte an Dritte, kommt es bei einer Verschmutzung der Bäche zu Konfliktsituationen, welche möglicherweise zu Verhaltensänderungen und einer Verkleinerung der Wasserbelastung führen.

- Sind die Fischereirechte im Besitz der öffentlichen Hand und werden diese verpachtet, führen Gewässerverschmutzungen durch die Landwirte im Extremfall zu Klagen administrativ-rechtlicher, strafrechtlicher oder zivilrechtlicher Art. Dies kann im Endeffekt eine Verminderung der Verschmutzung der Gewässer bewirken.

2. Die Änderung von Property Rights

Bei der Zuweisung von Eigentumsrechten stellt sich die Frage, welche Verschmutzungsrechte die Landwirte im Bereich des Oberflächen- und Grundwassers besitzen sollen. In der Vergangenheit wurde oft davon ausgegangen, daß nicht nur die Nutzungsrechte, sondern auch die Verschmutzungsrechte zu den Eigentumsrechten zählen. Es handelte sich um eine Art von Recht zur Verschmutzung der Natur *("abusus")*.

Zunehmend kommt es jedoch zu Lösungen in der Form einer *Änderung von Property Rights* mit stark reduzierten oder ohne Verschmutzungsrechte. Die Nutzungsrechte werden auf ein umweltverträgliches Maß reduziert. Das ursprüngliche Verschmutzungsrecht wandelt sich in eine Verursacherhaftung für Schäden an der Umwelt. Der Bauer wird an Umweltstandards, Normen und Grenzwerte gebunden.[113]

[113] Beispiele sind normierte Düngergaben, Grenzwerte für das Ausbringen von natürlichem Dünger und Vorschriften über das Ausbringen des Hofdüngers während der Vegetationsperiode.

3. Der Erwerb von Eigentumsrechten an ökologisch sensiblen Teilen der Natur

Bei einer sehr weitgehenden Beschränkung der landwirtschaftlichen Nutzungsrechte werden diese stark ausgehöhlt. Eine eigentliche landwirtschaftliche Nutzung kann nicht mehr erfolgen.[114] In diesem Fall ist der *Erwerb von Eigentumsrechten an ökologisch sensiblen Teilen der Natur* durch den Hauptnutzer sinnvoll. Sind beispielsweise die örtlichen Interessen zur Reinhaltung des Wassers von Flüssen, Seen oder für die Wassernutzung stark, ist es zweckmäßig, ausgedehnte, zusammenhängende ökologische Ausgleichsgebiete der landwirtschaftlichen Nutzung zu entziehen, indem das Eigentum an einen geeigneten Träger übergeht.[115]

IV. Preispolitische Maßnahmen

Ein weiterer Ansatz sind *preispolitische Maßnahmen.* Es besteht die Möglichkeit, die Preise für landwirtschaftliche Erzeugnisse zu senken oder jene für Dünger durch eine Düngersteuer anzuheben.

1. Die Senkung der Produktpreise

Werden die *Preise für landwirtschaftliche Güter gesenkt,*[116] kommt es normalerweise zu einer kleineren Produktion und einem geringeren Einsatz von Produktionsfaktoren, welche die Umwelt belasten.[117] Die Intensität der landwirtschaftlichen Produktion und der Einsatz von Dünger sowie Bioziden sinken, in Grenzgebieten mit ungünstigen Produktionsvoraussetzungen kann die Bewirtschaftung auch ganz ausbleiben.

Dabei lassen sich die ökologischen Entlastungswirkungen bei einer allgemeinen Preissenkung nicht präzise vorausschätzen. Kritiker gehen davon aus, daß bei einer Senkung der Produktpreise um 10-30 Prozent die Düngungsintensität um lediglich rund 1-5 Prozent zurückgeht.[118] Die erforderlichen Preissenkungen für eine Verbesserung der Wasserqualität sind erheblich und die Wirkungen auf den globalen Wasserhaushalt unsicher. Zudem stoßen umweltmotivierte Preissenkungen auf politische Widerstände bei den Landwirten.

2. Der Wasserpfennig

Aufgrund der politischen Widerstände gegen umweltpolitisch motivierte Preissenkungen kann vorgesehen werden, Direktzahlungen nur noch an jene Landwirte auszurichten, welche umweltschonende Praktiken anwenden *(Agricultural Conservation Payments).*[119] Auf diese Weise lassen sich umweltpolitisch motivierte Preissenkungen politisch besser vertreten. Mit Einzelmaßnahmen wie Düngevorschriften und Bodenproben muß dafür gesorgt werden, daß die ange-

[114] Dies ist beispielsweise in Wasserschutzgebieten der Fall, welche der Gewinnung von Trinkwasser sowie dem Schutz des Wassers im Uferstreifen von Seen, Flüssen und Bächen dienen. Je nach der Schutzstufe darf eine nur stark reduzierte Düngung, keine Düngung oder keine Nutzung erfolgen.

[115] Vgl. zu den Property Rights-Aspekten von Wasserschutzgebieten auch *von Alvensleben* (1996), S. 358 ff.

[116] Im Extremfall bis auf das Niveau der Weltmarktpreise.

[117] Vgl. *Wilcox et al.* (1974), S. 473

[118] Vgl. *Hinrichs et al.* (1986), S. 23.

[119] Vgl. *Wilcox et al.* (1974), S. 480.

strebte Wasserqualität auch tatsächlich erreicht wird. Nur Bauern, welche die angestrebte Reinheit von Boden und Wasser erzielen, erhalten direkte Einkommenszahlungen. Erforderlich ist eine dauernde oder zumindest auf Stichproben ausgelegte Überwachung der einzelnen Betriebe. Das Problem besteht im bürokratischen Aufwand für die Kontrolle der Produktion bei einer großflächig wenig sicheren Umweltwirkung.

Der sog. *Wasserpfennig* ist eine Entschädigung an Landwirte, welche Produktions- und Nutzungsauflagen erfüllen, die der Reinhaltung des Wassers dienen. Es soll gleichzeitig eine Verbesserung der Qualität des Wassers und eine gewisse Kompensation bei den landwirtschaftlichen Einkommen erreicht werden.[120] Der Wasserpfennig nimmt Rücksicht darauf, daß die Politiker und Parteien in der Regel keine Regulierungen anstreben, welche mit Einkommensverschlechterungen der Landwirte verbunden sind, wie dies beispielsweise bei einer Senkung der Preise und einer Düngersteuer der Fall ist. Das Modell des Wasserpfennigs läßt sich letztlich nur durch eine gewisse Verknappung des Wassers, die Notwendigkeit einer Politik zur Reinhaltung des Wassers und eine Rücksichtnahme auf die Einkommensinteressen der Landwirte erklären.

Dennoch wird der Wasserpfennig nicht unkritisch beurteilt, geht dieser doch von der Fiktion aus, daß die Verschmutzungsrechte im wesentlichen bei den Landwirten liegen und diesen gleichermaßen "abgekauft" werden. Nach dem Prinzip der Gemeinlast werden die Verbraucher - und nicht die Verursacher - durch den Wasserpfennig mit einer Verbrauchssteuer für das Wasser belastet.

Zudem wird das Marginalkalkül verletzt, denn die Verbraucher bezahlen den Wasserpfennig unabhängig von der durch sie gewünschten Wasserqualität. Wird ein einheitlicher Wasserpfennig erhoben, bleibt unberücksichtigt, daß die Qualitätsanforderungen bei Industriewasser wesentlich geringer sind als beim Trinkwasser.

3. Die Erhöhung des Faktorpreises für den Dünger (Düngersteuer)

Ein weiteres Instrument zur Verbesserung der Qualität des Wassers ist eine *Düngersteuer*.[121] Ist diese genügend hoch, kommt es zu einem geringeren Einsatz von Dünger und möglicherweise zu einer ökologischen Entlastung. Dem Wesen nach handelt es sich um eine *Pigousteuer* bzw. eine *Baumol-Oates-Steuer*.

Führt eine Düngersteuer zu einem vermehrten Einsatz von stickstofferzeugenden Pflanzen wie beispielsweise Lupinen, Klee u.ä. im Sinne umweltneutraler Düngersubstitute, ist dies positiv zu beurteilen. Allerdings ergibt sich bei einer Düngersteuer ein Anreiz zur vermehrten Produktion und Ausbringung von tierischem Dünger, was die tierische Produktion anregt. Zudem verführen verhältnismäßig hohe Düngersteuern zu grauen Märkten für Kunstdünger.

Von einer Düngersteuer werden auch die Landwirte betroffen, welche keine oder nur sehr geringe Verschmutzungen erzeugen, wodurch Ungerechtigkeiten entstehen. Ineffizient ist die Düngersteuer deshalb in Gebieten, in welchen das

[120] Der *Wasserpfennig* wird unter anderem in *Baden-Württemberg* an Landwirte ausbezahlt, welche die Belastung des Grund- und des Oberflächenwassers durch eine erheblich geringere Produktionsintensität einschränken. Die kurzfristigen Wirkungen bei der Einführung waren günstig, sank doch die Schadstoffbelastung pro Hektar innerhalb kurzer Jahre bis 1990 um etwas mehr als zwanzig Prozent.

[121] Vgl. *Wilcox et al.* (1974), S. 480.

Wasser bereits die gewünschte Reinheit aufweist, was meist in Regionen mit einer geringen Intensität der landwirtschaftlichen Produktion der Fall ist.[122]

Zudem erfordert die Düngersteuer einen erheblichen bürokratischen Apparat und stellt einen scharfen Eingriff in die landwirtschaftliche Produktionsfreiheit dar. Aufgrund dieser Nachteile empfiehlt sich eine Düngersteuer nur als letzte Maßnahme bei einer stark verbreiteten Verschmutzung des Wassers durch landwirtschaftliche Schadstoffquellen.[123]

Erscheint eine Düngersteuer aufgrund der starken Verschmutzung des Wassers erforderlich, ist es zweckmäßig, diese mit anderen Maßnahmen wie einer Preissenkung für landwirtschaftliche Erzeugnisse, direkten Einkommenszahlungen für eine umweltfreundliche Produktion und einer intensiven Information der Landwirte zu kombinieren.[124]

V. Auflagenlösungen

1. Die Regulierung des Zeitpunktes des Ausbringens von Gülle

Gülle stellt bei zu großen Ausbringungsmengen und ungünstigen Ausbringungszeiten oft eine größere Gefahr für das Grundwasser dar als der zeitgerecht angewendete Handelsdünger.[125] Denkbar ist eine *Regulierung des Zeitpunktes des Ausbringens von Gülle,* wonach diese nur während der Hauptvegetationszeit ausgebracht werden darf. Verboten wird die Anwendung im Winter, wenn die Wiesen und Äcker gefroren oder schneebedeckt sind und ein unmittelbarer Abfluß in die Gewässer erfolgen kann.[126] Die Regulierung des Zeitpunktes des Ausbringens von Gülle kann als Auflagenlösung zur Verbesserung der Reinheit des Wasser betrachtet werden. Denkbar ist auch, dies als eine Änderung der landwirtschaftlichen Eigentums- und Nutzungsrechte (Property Rights-Maßnahme) zu verstehen.

---

[122] Unter solchen Umständen werden auch abgabenfreie Höchstmengen von Stickstoffdünger in Abhängigkeit vom Viehbesatz je Hektar vorgeschlagen, verbunden mit einer Stickstoffabgabe nur bei zusätzlichen Mengen. Vgl. *Weinschenck* (1989), S. 65 ff. und *Gebhard* (1986).

[123] Der Einsatz von chemischen Produktionsmitteln verursacht - je nach den Produktionsverhältnissen - zum Teil nur partielle, zeitlich unterschiedliche und zufallsabhängige externe Effekte. Vgl. *Schmitz* (1986), S. 8.

[124] Historische Erfahrungen mit einer Düngersteuer hat *Österreich,* welches seit 1986 Steuern auf Stickstoff, Phosphor und Kali erhebt. Der Einsatz dieser drei Düngemittelarten ging 1988/89 auf den Stand von 1963/64 zurück und liegt weit unter der Höchstmenge im Jahre 1980/81, womit die Erwartungen übertroffen wurden. Vgl. *Schneider* (1990), S. 51 ff. Die Gründe für diese umweltfreundliche Entwicklung liegen in der kombinierten Wirkung der Düngersteuer und dem allgemeinen Preisverfall für landwirtschaftliche Erzeugnisse durch die Produktionsüberschüsse. Die unterstellte Preis-Nachfrageelastizität der Stickstoffnachfrage ist gering und liegt zwischen -0,1 und -0,2.

[125] Vgl. *Finck* (1986), S. 212, und *ders.* mit *Haase* (1986), S. 3.

[126] In einem Experiment in *Schweden* wurden Jauche, Mist und Kunstdünger nur noch im Frühjahr ausgebracht. Die brachliegenden Felder wurden während des Winters mit einer Auffangsaat begrünt. Dadurch wurden die im Boden enthaltenen Nährsalze im Herbst biologisch gebunden und vor der Auswaschung ins Fluß- und Grundwasser gesichert. Es gelang, den alarmierend hohen Nitratgehalt zu senken (allerdings vorerst nicht unter die Toleranzgrenze).

2. Die Regulierung und Subvention von Stapelraum

Oft ist der Mangel an geeigneten Stapelräumen die Ursache für das Ausbringen von Gülle außerhalb der Vegetationszeit und damit auch der Grund für die Gewässerverschmutzung. Durch eine vegetationsgerechte Ausbringung von Hofdünger erhöht sich die Düngewirkung, läßt sich der Einsatz von Kunstdünger reduzieren und wird die Umweltbelastung kleiner.[127] Unter diesen Aspekten ist es sinnvoll, die Größe des Stapelraums zu regulieren und besonders in jenen Gebieten, wo die Bewirtschaftung des Grünlandes mit Mitteln der Agrarpolitik aufrechterhalten werden soll, die Frage eines Ausbaus von genügend Stapelraum mit Subventionen zu prüfen.

3. Die Bindung der tierischen Produktion an die Produktionsflächen

Selbst wenn die Gülle sorgfältig und mit Rücksicht auf die Jahreszeit ausgebracht wird, kann diese mengenmäßig den natürlichen Bedarf übersteigen.[128] Probleme ergeben sich vor allem in Gebieten mit einer intensiven Tierhaltung sowie einer den lokalen und regionalen Bedarf übersteigenden Produktion an Hofdünger. Durch die *Bindung der tierischen Produktion an die Produktionsflächen* (Höchsttiervorschriften je Flächeneinheit) wird die Ausbringung von Hofdünger beschränkt und dem Bedarf der Produktionsflächen angepaßt. Dies dient der Verbesserung der Wasserqualität und gleichzeitig der Erhaltung der Bodenqualität.[129] Die damit implizierten Produktionswirkungen gehen über die Reinhaltung des Wassers hinaus. Vorschriften für die Tierhaltung je Flächeneinheit dürfen jedoch nicht als versteckte Maßnahme zur Produktionslenkung und landwirtschaftlichen Strukturpolitik mißbraucht werden.

Besonders problematisch ist die gewerbliche Tierhaltung *("Tierfabriken")*, wenn keine oder nur ungenügend große Flächen für das Ausbringen des natürlichen Düngers zur Verfügung stehen. Es besteht ein politischer Druck, Tierzucht- und Mastbetriebe ohne eigenen Boden aufzulösen oder den Nachweis erbringen zu lassen, daß diese über genügend Flächen bzw. Verträge für das Ausbringen des tierischen Düngers verfügen.

---

[127] Bei Baugenehmigungen für Gebäude kann dem Landwirt die Auflage genügend großer Stapelräume gemacht werden. Zudem können ihm Strukturhilfen zum Bau von Stapelräumen angeboten werden.

[128] Allein im bisherigen Bundesgebiet fallen jährlich rund 340 Millionen Tonnen Gülle in den Kuh- und Schweineställen an, d. h. durchschnittlich rund 5.000 lt. pro Kopf der Bevölkerung. Dies sind zehn bis zwanzig Prozent mehr, als die Natur verwerten kann.

[129] Der *Hofdünger* kann auch künstlich getrocknet und anstelle von Kunstdünger verwendet werden. Die technisch zu Granulatkörnern aufbereiteten tierischen Exkremente ersetzen den Kunstdünger. Das Granulat läßt sich in vieharmen Regionen zur geeigneten Jahreszeit ausbringen. Damit wird ein ähnlicher Effekt wie bei einer Flächenbindung der Tiere erreicht. Allerdings ist das Eindicken oder Trocknen von Exkrementen mit einem großen Energieaufwand und erheblichen Kosten verbunden. Beim Vorschalten einer Biogasanlage erzeugt diese einen Teil der Verwertungsenergie selbst. Eine andere, originelle Möglichkeit besteht darin, die Gülle mit einem großen Anteil an Ammoniak (NH_3) vermischt bei der Entstickung von Kraftwerken bzw. der Reinigung der bei der Verbrennung der entstehenden Stickoxide (NO_x) zu versprühen. Es entstehen Wasserdampf und der harmlose Stickstoff (N_2). Dieses Verfahren eignet sich vor allem in ländlichen Gebieten mit einem großem Tierbestand, einer kostenfreien Abgabe des Hofdüngers und kleinen Transportdistanzen zu den Kraftwerken.

4. Die Einschränkung der Düngung bzw. das Düngeverbot

a. Düngernormen für den Kunstdünger

Ähnlich wie der Hofdünger kann auch der Kunstdünger lokal oder regional zur flächendeckenden Verschmutzung des Grundwassers und der Oberflächengewässer führen. Die Festlegung von *Düngernormen für den Kunstdünger* im Sinne einer Auflagenlösung ist denkbar, aber anspruchsvoll. Die Lösungen müssen standortgerecht sein. Probleme für optimale Lösungen bereiten die regional unterschiedlichen Verhältnisse und Präferenzen für die Regulierung der Qualität des Grund- und Oberflächenwassers.[130] Zudem stellt sich die Frage einer zeitlichen und räumlichen Differenzierung der Düngernormen.

b. Auflagen für die Belastung des Grundwassers

Nach dem *"end of pipe"-Prinzip* können auch Auflagen für die Belastung des Grund- und Oberflächenwassers erfolgen. Die Normen für die höchstzulässigen Mengen an Kunstdünger werden dem Zustand des Wassers angepaßt und nach den Zielen für die Reinheit des Wasser räumlich und zeitlich differenziert. Dieses Verfahren ist flexibel und ökologisch wirkungsvoll.

Angesichts der vielfältigen Nutzungsmöglichkeiten des Bodens stellt sich allerdings die Frage nach dem Optimum der Düngergaben, denn Produkte mit einer größeren Wertschöpfung bzw. einem größeren Wertgrenzprodukt des Düngers rechtfertigen ökonomisch höhere Düngerwerte als solche mit einer geringen Wertschöpfung. Je stärker die ökologischen Ziele jedoch betont werden, desto mehr werden sich die Normen am Zustand des Grundwassers orientieren.

c. Das Düngerverbot

Ein *Düngerverbot* kommt für Gebiete in Frage, deren Gewässerreinheit vorübergehend oder dauernd einen absoluten Schutz erfordert. Bei einem vollständigen Düngeverbot verliert der Bauer einen wesentlichen Teil seiner Nutzungsrechte. Dauernde Nutzungseinschränkungen sind deshalb mit einer Entschädigung zu verbinden, oder es ist eine Eigentumsübertragung an jene Institution ins Auge zu fassen, deren Ziel der Schutz des Grundwassers ist.

VI. Der Verzicht auf den Einsatz von Bioziden

Ein *Verzicht auf den Einsatz von Bioziden* kommt bei einer weitflächigen Verseuchung des Oberflächen- und Grundwassers in Frage.[131] Es lassen sich weniger schädliche Ersatzstoffe und mechanische Mittel zur Unkrautvernichtung wie beispielsweise das Hacken mit Maschinen oder von Hand anwenden, welche allerdings wesentlich teurer und weniger wirkungsvoll sind.[132] Noch tiefgreifen-

[130] Vgl. *de Haen* (1982), S. 444.

[131] Ein Beispiel ist das Verbot von *Atrazin*, welches zur Schädlingsbekämpfung beim Anbau von Mais dient und die Qualität des Trinkwassers stark gefährdet.

[132] Dabei wird in den *USA* vorerst noch mit einem Rückgang der Erntemengen von 30 bis 45 Prozent gerechnet, wobei die Produktionskosten erheblich steigen. Deshalb werden mehr und mehr gentechnische Methoden angewendet, um die Pflanzen resistent gegen einzelne Schädlinge zu machen und den Einsatz von Bioziden reduzieren zu können.

der ist ein gleichzeitiger Verzicht auf Biozide *und* Düngemittel, was bei einer alarmierenden Verseuchung des Wassers notwendig sein kann.[133]

Der Unterstützung einer umweltschonenden Pflanzenproduktion könnten langfristig auch gen- und andere biotechnische Methoden dienen, welche die Schädlingsresistenz erhöhen. Durch den Einsatz von Resistenzgenen wird die Krankheitsanfälligkeit und damit die Notwendigkeit der Schädlingsbekämpfung reduziert. Allerdings sind die bisherigen Erfolge der Gentechnik noch begrenzt, zudem besteht das Risiko von unerwünschten Externalitäten (beispielsweise durch das Auslösen von Allergien auf die Menschen und die Übertragung von Genen auf Wild- und ähnliche Pflanzenpopulationen).[134]

VIII. Die Ausbildung und Beratung der Landwirte

Die *Ausbildung und Beratung der Landwirte* sind wesentliche Mittel zur Verhaltensbeeinflussung und sollen zeigen, wie umweltschonender produziert werden kann und sich gleichzeitig die Kosten bei den chemischen Produktionsmitteln senken lassen.[135] Abb. 13/6 zeigt ein Modellbeispiel. Bei einem Angebot von A und einer Nachfrage von N ergeben sich eine optimale Produktionsintensität von i* und ein Preis von P* (Sektor I). Je nach der Intensität der Schadstoffbelastung (hier im Modell als A, B und C gekennzeichnet) resultiert eine größere oder kleinere Schadstoffbelastung des Wassers (Sektor II). Sektor III setzt das Ergebnis spiegelbildlich um und Sektor IV zeigt den Verschmutzungsgrad des Wassers.

Bei einer großen Intensität der Schadstoffbelastung (beispielsweise bei C) ist die Verschmutzung größer als bei den Funktionen A und B. Dabei hängt die Schadstoffbelastung mit einer Vielzahl von Bestimmungsfaktoren zusammen. Dazu zählen natürliche Faktoren wie die Bodenbeschaffenheit, die Bodenfruchtbarkeit, die angebauten Pflanzen, der Zeitpunkt der Aussaat und der Ernte, die Struktur der Wasserläufe sowie die Art und der Zeitpunkt der Düngung. Um alle diese Faktoren unter dem Aspekt einer umweltverträglichen Düngung bewältigen zu können, spielen die Ausbildung und Beratung der Landwirte eine große Rolle. Hinzu kommt die Motivation der Landwirte zu einem umweltgerechten Verhalten. Nur auf diese Weise läßt sich die Intensität der Schadstoffbelastung unter komplexen ökonomischen und ökologischen Bedingungen verbessern.

E. Die Kombination von Maßnahmen zum Schutz der Natur

Angesichts der sich kumulierenden Umweltprobleme in zahlreichen Regionen der Erde werden verstärkt auch kombinierte Maßnahmen zum Schutz der Umwelt diskutiert wie beispielsweise der kombinierte Schutz von Boden und Grundwasser (Zi. I.), die "Low Input" Landwirtschaft (Zi. II.), die Weiterentwicklung des konventionellen Landbaus mit selbstdüngenden und schädlingsresi-

---

[133] In den USA wird in einem solchen Fall mit Produktionsrückgängen von rund 45 bis 70 Prozent, einer erheblichen Kostensteigerung und einem Verlust an internationaler Wettbewerbsfähigkeit gerechnet. Vgl. *Knutson et al.* (1990), S. 25 ff.

[134] Der Grund dafür liegt unter anderem darin, daß die Zieleigenschaften oft auf einer Vielzahl von Genen beruhen, wobei bis heute nur einzelne Gene eingebaut werden können.

[135] Das *Düngemittelgesetz* von 1977 beispielsweise schreibt Anwendungsregeln fest, wonach Düngemittel nur nach guter fachlicher Praxis angewendet werden dürfen. Die Länder können die Grundsätze weiter ausgestalten.

stenten Pflanzen (Zi. III.), die integrierte Produktion (Zi. IV.) und der alternative bzw. biologische Landbau (Zi. V.).

Abb. 13/6
Die Reinheit des Oberflächen- und Grundwassers

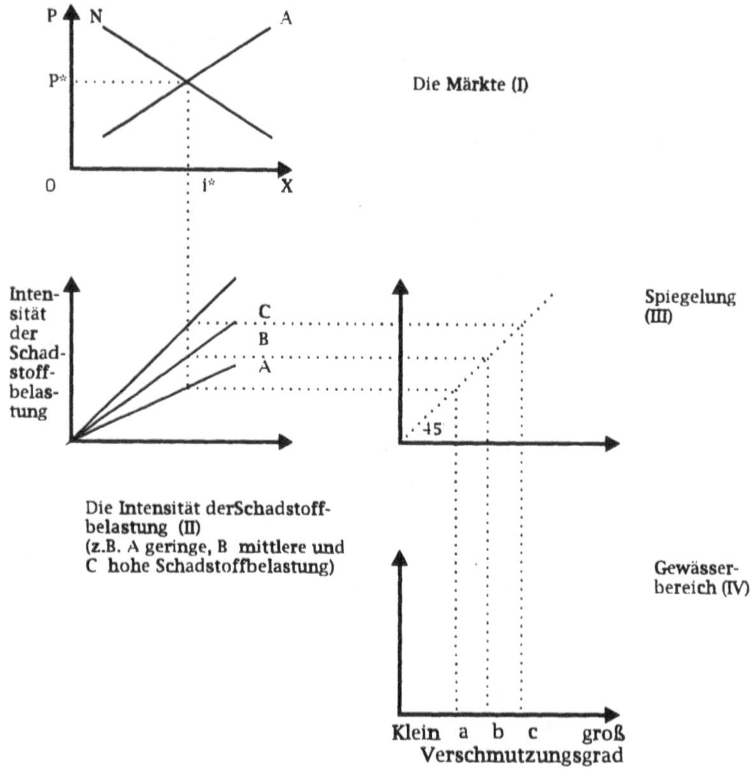

I. Der kombinierte Schutz von Boden und Grundwasser

Sind sowohl die Qualität des Wassers als auch die Bodenfruchtbarkeit gefährdet, drängt sich ein kombiniertes Programm auf, welches gleichzeitig allen Aspekten des Schutzes des Bodens und der Reinhaltung des Wasser dient. Dies löst zwar meist nicht alle Probleme, stellt jedoch einen wesentlichen Schritt dazu dar.[136]

II. Die "Low Input" Landwirtschaft

Eine umweltfreundliche landbauliche Richtung in den USA nennt sich *"Low Input" Landwirtschaft (Low Input Agriculture),*[137] welche in den 1970er Jahren unter dem Druck der damals stark steigenden Kosten für Erdöl, Düngemittel und

[136] Vgl. *Lovejoy* und *Jones* (1989), S. 33 f.
[137] Vgl. *Daberkow* und *Reichelderfer* (1988), S. 1159 ff.

Biozide entstand. Auch mit dem Ende der landwirtschaftlichen Hochpreisphase zu Beginn der 1980er Jahre verstärkten sich die Interessen für kostensparende Produktionsmethoden, geringere Umweltrisiken und kleinere Gesundheitsrisiken in der Produktion.

Bei einer "Low Input" Landwirtschaft soll vor allem der Einsatz von Kunstdünger und Pestiziden reduziert werden. Dazu eignen sich unter anderem stickstofferzeugende Pflanzen, die zur Ernährung des Bodens und einer Verkleinerung der Zahl der Schädlinge führen.[138] Im größeren betrachtet handelt es sich um Polykulturen, bei welchen farmeigener Input der Nährstoffanreicherung und einer größeren Schädlingsresistenz dient.

Ein Problem der "Low Input" Landwirtschaft besteht in den höheren Lohnkosten. Größere Arbeitskosten führten bisher stets zur Substitution von Arbeit durch chemische Produktionsmittel.[139] Ein Vorschlag geht dahin, Stickstoffdünger und Pestizide zu besteuern, um diese relativ zu verteuern und damit die "Low Input Landwirtschaft" zu fördern. Dazu müßten jedoch sehr große Abgaben erhoben werden. Zudem ist die Wirkung dieser Steuer unsicher. Es käme zu einer Verteuerung der landwirtschaftlichen Erzeugnisse sowie einer Verschlechterung der internationalen Wettbewerbsfähigkeit.

In *Europa* könnte eine Entkopplung der Agrarpreisstützung von der landwirtschaftlichen Einkommenspolitik zu einem geringeren Einsatz an chemischen Mitteln führen. Voraussetzungen sind eine extensive Bewirtschaftung und Betriebe mit sehr großen Flächen, wodurch sich eine Substitution von chemischen Produktionsmitteln durch mehr Boden erreichen ließe. Bei diesem Vorschlag handelt es sich um agrarpolitisches Neuland. Ein solcher Ansatz ist bisher wenig typisch zur Regulierung von negativen Umweltexternalitäten und wurde auch noch nie versucht. Ziel muß es vielmehr sein, Modelle für kostengünstige und umweltschonende Produktionsverfahren zu entwickeln, welche vergleichbare landwirtschaftliche Gewinne bringen. Die Landwirte müssen erfahren, auf welche Weise natürliche Methoden einen wesentlich geringeren Einsatz von chemischen Mitteln erfordern. Praktisch umsetzbare Einsparungsmöglichkeiten beim Einsatz von Agrochemikalien führen am schnellsten zum Ziel, weil sie mit einer Kostensenkung verbunden sind.[140]

III. Die Weiterentwicklung des konventionellen Landbaus

Oft wird nicht ein allgemeiner Ausstieg aus der konventionellen landwirtschaftlichen Produktionstechnik gefordert, sondern eine problemspezifische Lösung.[141] Dies erfordert eine komplizierte technologische sowie biologische Umstellung und nicht nur ein schlichtes Zurückfahren der Produktionsintensität. Bei der *Weiterentwicklung des konventionellen Landbaus* spielt vor allem die

[138] Es wird von den Leguminosen (Hülsenfruchtgewächsen) wie beispielsweise Sojabohnen, Klee, Kichererbsen, Linsen, Erbsen und Bohnen ausgegangen. Die Pflanzen bilden an der Wurzel Knöllchen, in welchen die sog. Knöllchenbakterien Stickstoff aus der Luft binden und in organische Stickstoffverbindungen umwandeln. Seit den 1980er Jahren wird versucht, die Gene, welche dafür notwendig sind, auf andere Pflanzen wie Reis, Weizen und Raps zu übertragen.

[139] In Folge des größeren Arbeitsaufwandes ist die Verbreitung in den USA äußerst gering. Vgl. *U.S. Department of Agriculture* (1988).

[140] Vgl. *de Haen* und *Zimmer* (1990), S. 87.

[141] Vgl. *de Haen* und *Zimmer* (1990), S. 77 f.

Entwicklung schädlingsresistenter und selbstdüngender Pflanzen eine Rolle. In der Zukunft sollen Pflanzen entwickelt werden, die Stickstoff binden können und damit einen geringeren Einsatz von Bioziden und chemischen Düngemitteln erfordern.[142]

IV. Die integrierte Produktion

Die *integrierte Produktion (Integrated Pest Management, IPM)* soll die Umwelt schonen und optimale Erträge von guter Qualität der Nahrungsmittel liefern. Sie ist zwischen dem konventionellen Landbau und der biologischen Anbaumethode anzusiedeln. Es wird versucht, biologische, technische und chemische Maßnahmen sinnvoll aufeinander abzustimmen. Die natürlichen Vorgänge in den Agrarökosystemen werden gefördert, um Schädlinge zu unterdrücken. Neben chemischen werden auch biologische Mittel zur Ertragssteigerung und Schädlingsbekämpfung eingesetzt. Auf Düngemittel und Biozide (Insektizide, Fungizide und Herbizide) wird nicht vollständig verzichtet. Der Einsatz wird jedoch verkleinert, wodurch deren Grenzproduktivität steigt. Dies erfolgt im Kontext mit allen biologischen und anderen Pflanzenschutzmaßnahmen.[143]

Bei der integrierten Produktion werden beispielsweise im Getreidefeld die Schädlinge gezählt. Die Daten werden in einen Computer eingegeben, der berechnet, ob ein Einsatz von Bioziden notwendig wird, was erst nach Überschreiten einer kritischen Schwelle der Fall ist. Die Unkrautbekämpfung kann anstelle von Herbiziden auch durch ein mechanisches Durchkämmen des Ackers mit einem Hackgerät erfolgen. Weitere Möglichkeiten einer schonenden Bewirtschaftung sind die Gründüngung, das Einbringen und Verwerten aller Ernterückstände, die Düngung aufgrund von Bodenproben und eine Bearbeitung der Äcker mit schonenden Schleppern.

Die Verfahren der integrierten Produktion sind sehr anspruchsvoll und erfordern ein Höchstmaß an Ausbildung und Beratung.[144] Mit Ernterückgängen ist zu rechnen. Zur Regulierung der integrierten Verfahrensweise müssen die Produktionsnormen

> "möglichst zusammenhängend sein, um die politischen Voraussetzungen für integrierte landwirtschaftliche Produktionssysteme zu schaffen, welche der Komplexität des ökologischen Bereichs entsprechen"[145].

Einen Schritt weiter geht das sog. *"Precision farming"*.[146] Große Felder von jeweils mindestens zehn bis fünfzehn Hektar werden nicht mehr als Ganzes be-

---

[142] Dabei wird, wie bei der "Low Input Landwirtschaft", von den Leguminosen (Sojabohnen, Klee, Kichererbsen, Linsen, Erbsen und Bohnen) ausgegangen. Zudem wurden Kartoffeln gezüchtet, welche widerstandsfähig gegen den Kartoffelkäfer sind. Fressen die Käferlarven von den Pflanzen, gehen sie ein. In Europa wurden Versuche mit genmanipulierten, gegen den Kartoffelvirus PVY resistenten Pflanzen durchgeführt, wobei ein Bakterium in das Erbgut der Pflanzen eingeschleust wurde. Die Pflanzen erwiesen sich in der Folge als virusresistent. Ein weiteres Beispiel ist gentechnisch veränderter Mais mit einem Bodenbakterium (Bacillus thuringensis), welcher den Mais vor dem Maiszünsler schützt.

[143] Vgl. *Pimentel* (1973), S. 18.

[144] Vgl. *White* und *Wetzstein* (1995), S. 610 f. Die integrierte Produktion (IP) erfolgt typischerweise in größeren Betrieben. Erforderlich für die Umsetzung von IP sind Beratungsprogramme für Landwirte. Ein breiter Erfolg ist zu erwarten.

[145] *de Haen* und *Zimmer* (1990), S. 86 f.

[146] Vgl. zu diesen Ausführungen NZZ, Nr. 1, vom 3.1.1996, Bl. 10.

handelt. Die Anwendung von Saatgut, Dünger, Schädlingsbekämpfungsmitteln, aber auch Kompost und Kalk erfolgt räumlich und zeitlich differenziert, entsprechend den natürlichen Gegebenheiten der einzelnen Parzellen. Der Einsatz von verschiedenen Herbiziden erfolgt automatisch aufgrund der eingespeicherten Daten in einem Durchgang.[147]

Eine Grundlage bilden Ertragsmessungen (Abweichungen vom Durchschnittsertrag) mit einer Genauigkeit von zwei bis drei Prozent auf einem metergenau definierten Koordinatengitter. Die Lokalisierung erfolgt durch ein GPS-Gerät im *G*lobal *P*osition *N*etwork auf einem Schlepper, welches auf der Satellitennavigation beruht und eine metergenaue Positionierung ermöglicht. Auch Parzellen mit einer schwierigen Positionierung lassen sich durch das GPS-Gerät unproblematisch auffinden. Systematische Bodenproben in Labors ermöglichen den gezielten Einsatz von Saatgut, Dünger und Schädlingsbekämpfungsmitteln im Koordinatensystem. Die Ergebnisse der Untersuchungen lassen sich in einem Atlas zweidimensional darstellen. Eine Hilfe sind hochauflösende Satellitenbilder.

V. Die alternative Landwirtschaft

Die Ansätze für eine *alternative Landwirtschaft* beruhen auf den Prinzipien von *Rudolf Steiner* (1861-1925).[148] *Rudolf Steiner,* der sich zuvor nie intensiv mit der Landwirtschaft beschäftigte, wollte den Landbau zu größtmöglicher Natürlichkeit, besonders in der Ernährung, zurückführen. Der Landwirtschaftsbetrieb ist für ihn idealerweise ein geschlossener Kreislauf, bei welchem möglichst alles, was gebraucht wird, aus der eigenen Wirtschaft kommt. Er lehnt selbst den betriebsfremden organischen Dünger ab, weil dadurch die Geschlossenheit der Kreisläufe gefährdet ist. Der Bauer soll zu allen Kräften und Stoffen in der Landwirtschaft ein persönliches Verhältnis gewinnen, denn der Erdboden verkörpert für ihn etwas Lebendiges. Er spricht sich für eine radikale Abkehr vom Kunstdünger aus und hebt angesichts der damals sehr hohen Preise für den Kunstdünger auch die Möglichkeit von Kosteneinsparungen hervor.

Für den sog. *ökologischen Landbau* gelten die folgenden Grundsätze: (1.) Die ganzheitliche Betrachtungsweise der landwirtschaftlichen Produktion, (2.) ein möglichst geschlossener betrieblicher Kreislauf, der die naturgesetzlichen Beziehungen zwischen dem Boden, den Pflanzen, den Tieren, den Menschen und den Mikroorganismen beachtet, (3.) die Vermeidung von Umweltbelastungen, (4.) die Aktivierung der Bodenlebewesen und der Humusbildung sowie eine schonende Bodenbearbeitung, (5.) die Düngung durch optimal aufbereitete, organische Mineralien, ggf. ergänzt durch die Beigabe von Gesteinsmehl, (6.) vielseitige Fruchtfolgen mit einer ganzjährigen Bodenbedeckung, (7.) die Förderung der Nützlinge und die Nutzung biotechnischer Schädlingsbekämpfungsmittel, (8.) die Stärkung der Widerstandskraft gegen Schädlinge und Krankheiten, (9.)

[146] Vgl. zu diesen Ausführungen NZZ, Nr. 1, vom 3.1.1996, Bl. 10.

[147] Bei der Bekämpfung eines Unkrautes, welches im Anbau von Erdnüssen entsteht, konnte mit der Hilfe von Infrarotsensoren eine gezielte Unkrautbekämpfung vorgenommen werden. Dabei wurden rund 75 Prozent des früheren Bedarfs an Herbiziden eingespart. Aufgrund von Experimenten im Jahre 1990 wird dieses System auch zur Einsparung von Produktionskosten vor allem beim Anbau von Weizen, Mais und Sojabohnen im Mittleren Westen der USA und für den Anbau von Erdnüssen und Baumwolle in Georgia angewendet.

[148] Grundlage bilden sechs Vorträge, welche *Rudolf Steiner* im Jahre 1924 hielt. Vgl. *Haushofer* (1958), S. 87.

eine bodenschonende, energiesparende Landtechnik, (10.) der Verzicht auf Kunstdünger und chemische Schädlingsbekämpfungsmittel sowie (11.) die Erhaltung und Förderung der Vielfalt der Lebensräume von Pflanzen, Tieren und Menschen als Grundlage einer attraktiven Kulturlandschaft.[149]

Der biologische oder alternative Landbau kennt verschiedene Ausprägungen, darunter den organisch-biologischen Landbau (nach *Dr. H. Müller)*, den biologisch-dynamischen Landbau (nach *Rudolf Steiner)*, die biologische Wirtschaftsweise (nach *R. Lemaire)*, den organischen Landbau (nach *Winter-Könemann)* und den naturgemäßen Landbau (nach *L. Fürst)*. Es geht vor allem um geschlossene Naturkreisläufe ohne chemische Hilfsmittel. Als Düngemittel erlaubt sind je nach den einzelnen Methoden organische und natürliche Substanzen wie beispielsweise Pflanzenextrakte, Hornmist, Meeresalgen- und Gesteinsmehl. Die Unkrautbekämpfung erfolgt weitgehend mechanisch-biologisch. Dies geschieht teilweise auch durch Abflammen sowie die Bekämpfung von Pflanzenkrankheiten und Schädlingen durch ungiftige Mittel.

Der biologische Landbau ist eine arbeitsintensive Form der Landwirtschaft mit einer Kreislaufwirtschaft. Dieser ist geeignet, die Bodensubstanz und die Bodenfruchtbarkeit durch die Bildung von Humus zu erhalten und negative Umwelteffekte im Boden- und Wasserhaushalt der Natur weitgehend zu vermeiden. Zudem wird CO_2 gebunden. Dabei bringt der alternative Landbau erheblich größere Bewirtschaftungskosten. Diesen stehen höhere Preise für die biologisch oder biologisch-dynamisch erzeugten Produkte entgegen, so daß gute Betriebe mit großer Erfahrung eine vergleichbare Rendite erbringen können.[150] Der biologische Landbau gilt als förderungswürdig[151] und wird von umweltverbundenen Kreisen auch als Alternative zur Gentechnologie betrachtet (Erzeugung von schädlingsresistenten Pflanzen auf transgenem Wege).[152]

---

[149] Vgl. *Lünzer* (1984), S. 9.

[150] In *Kalifornien (USA)* wird mit einem Marktanteil der Biobauern von zehn Prozent gerechnet. Die Marktnachfrage ist rege. Die Supermärkte verlangen vermehrt Obst und Gemüse, welches "garantiert" keine Pestizidrückstände enthält. Dazu sollen nicht zuletzt die Skandalgeschichten über häufige Geburtsschäden von Landarbeiterinnen beigetragen haben, welche dauernd Pestiziden ausgesetzt sind. Anstoß zur Umstellung sind auch die Umsatzverluste der großen Obst- und Gemüseproduzenten, die unter den Schlagzeilen über Erkrankungen durch Hormone und Pestizide zu leiden haben. Die Biolandwirte sind im Verband der *"California Certified Organic Farmers" (CCOF)* zusammengeschlossen. Dieser umfaßt rund 630 organisierte Biobetriebe (weitere 600 Großfarmen erfüllen ebenfalls die Voraussetzungen). Absatzprobleme mit Bioprodukten haben auch kleine Anbieter nicht.

[151] So sollen in *Nordrhein-Westfalen* Biobauern, welche auf Industriedünger und Pflanzengifte verzichten, von der Landesregierung unterstützt werden. Gleichzeitig soll die Gründung von Erzeugergemeinschaften von Betrieben des alternativen Landbaues gefördert werden. 1990 handelte es sich um rund 270 Biobetriebe. In der gesamten *Bundesrepublik Deutschland* waren es 1991 bereits 4.000 ökologische Betriebe, welche rund 120.000 Hektar Land bewirtschafteten. Der ökologische Landbau hat damit seine Nischenfunktion verlassen. Vgl. *Wirthgen* und *Kuhnert* (1992), S. 592 ff. Praktisch stellten bis 1991/92 rund. 6.600 Betriebe mit rund 250.000 Hektar Anträge auf den Verzicht zum Einsatz chemisch-synthetischer Produktionsmittel im Rahmen der Umstellung auf den ökologischen Landbau (zudem gab es weitere Anträge auf Umstellungen bei Getreide, Gemüse, Dauerkulturen und im Futterbau).

[152] Vgl. Kapitel 17.

F. Die Reinhaltung der Luft

Die Luft ist wie das Wasser ein kollektives Gut mit universellen Eigenschaften und starken Übertragungseffekten. Die Qualität der Luft verschlechtert sich weltweit und das Ziel der *Reinheit der Luft* gewinnt an Bedeutung. Grundsätzlich sorgen die grünen Pflanzen für leistungsfähige natürliche Kreisläufe beim Sauerstoff, Kohlenstoff und Stickstoff sowie für einen Abbau von Schadstoffen.

Eine reine Luft wird durch verschiedene landbauliche Externalitäten im Geruch beeinträchtigt. Penetrant ist beispielsweise die Luftbelastung durch die Ammoniakverdunstung bei der intensiven Tierhaltung. Probleme ergeben sich vor allem in der Nähe von Wohngebieten. Meist wird die Landwirtschaft gezwungen, auszuweichen, um störende Immissionen zu verhindern. Notwendig sind Regeln für die Immissionen sowie Einschränkungen für das Ausbringen von Hofdünger an Sonn- und Feiertagen. Freie und nicht benötigte Flächen werden unter dem Aspekt der Luftreinhaltung am besten aufgeforstet.

Von besonderer Klimarelevanz sind die sog. Treibhausgase. Durch menschliche Einflüsse verändern sich die Klimabedingungen in der Atmosphäre (antropogener Treibhauseffekt). Von besonderer Bedeutung im Zusammenhang mit der Landwirtschaft sind:[153] (1.) Das Kohlendioxyd aus der Verbrennung fossiler Energie, der Entwaldung und der Landnutzung,[154] (2.) das Methan als troposphärisches Ozon aus dem Reisanbau, der Viehzucht[155] und der Biomasseverbrennung, (3.) das Kohlenmonoxyd aus der fossilen Verbrennung und (4.) das Lachgas aus der Düngerproduktion. Eine gewisse Verminderung dieser Emissionen wird durch den rückläufigen Einsatz von Dünge- und Pflanzenschutzmitteln (seit 1980/81), einem kleineren Bedarf an Futtermitteln (seit 1985/86), den laufenden Flächenstillegungen, dem Abbau von Produktionsüberschüssen und dem Einsatz von erneuerbaren Energieressourcen erreicht. Zu den wirkungsvollen Maßnahmen zählt die Umstellung auf den organischen Landbau.[156]

G. Die Fauna und Flora

I. Die Erhaltung der Artenvielfalt bei der landwirtschaftlichen Produktion

Die Erhaltung der Artenvielfalt bei den Pflanzen und Tieren zählt zu den ökologischen Grundanliegen und zur Basis für das "Überleben heutiger und künftiger Generationen".[157] Der Rückgang der Artenvielfalt in der Landwirtschaft wird auf

[153] Vgl. zu diesen Ausführungen *Bräuer* (1994), S. 24 ff.

[154] Vgl. *Köpke et al.* (1995), S. 387 ff. Der Anteil der CO_2-Emissionen der Landwirtschaft in der Bundesrepublik Deutschland beträgt rund 3,9 Prozent. Vgl. *Köpke et al.* (1995), S. 398.

[155] In einer Zeitungsnotiz war zu lesen, daß in *Australien* eine "Kuh-Rülps-Steuer" geprüft wird, wodurch die Reduktion der Kuhbestände beschleunigt werden soll. Es wurde ausgerechnet, daß jede Kuh jährlich durchschnittlich 49 kg Methangas bei der Verdauung im Darmtrakt freisetzt. Dies entspricht bei 24 Mio. Kühen rund 1,2 Mio. t Methangas, was zur Zerstörung des atmosphärischen Schutzgürtels beiträgt. Die globale Konzentration der Methankonzentration in der Luft hat in den 1990er Jahren nur noch leicht zugenommen, womit auf die Einführung einer "Kuh-Rülps-Steuer" vorerst verzichtet werden kann.

[156] Dabei ließe sich eine Reduktion der CO_2-Emission um bis zu 60 Prozent erreichen. Vgl. *Köpke et al.* (1995), S. 398.

[157] Das Ziel der Biodiversität wurde auf dem *Erdgipfel von Rio de Janeiro* 1992 international postuliert, als die Konvention zur biologischen Vielfalt (CBD) entstand, welche

den intensiven Landbau, die Verwendung von chemischen Mitteln, enge Fruchtfolgen und naturferne Flurbereinigungen zurückgeführt. Dies bewirkt eine Verarmung und Verletzbarkeit der agrarökologischen Systeme. Das Problem der *Erhaltung der Artenvielfalt bei der landwirtschaftlichen Produktion* tritt besonders bei den landwirtschaftlichen Nutzpflanzen immer stärker in den Vordergrund des Interesses.[158] Die Artenvielfalt wird zunehmend zu einem öffentlichen Gut, welches während langer Zeit nicht mehr in die landwirtschaftlichen Bewirtschaftungspläne einbezogen wurde. Es fehlen Märkte, wo die Wirtschaftssubjekte ihre Präferenzen für vielfältige, ökologisch stabile Agrarökosysteme äußern können.[159] Unter ökologischen Aspekten besteht das Bedürfnis zur Erhaltung von gentechnischen Ressourcen mit einer großen Standortanpassung.[160] Bei einem Nutzen-Kosten-Kalkül[161] sind die Kosten der Erhaltung und Nutzung der Artenvielfalt gegen die Kosten abzuwägen, welche künftigen Generationen aus der Abhängigkeit von immer weniger landwirtschaftlichen Nutzpflanzen erwachsen könnten.

II. Die Schaffung von Naturräumen

1. Probleme

Die Landwirtschaft hat während Jahrhunderten ausgedehnte Naturräume zu naturfernen Zivilisationsräumen umgestaltet. Großflächige, naturnahe Gebiete wurden zerstört, Verbindungselemente zwischen den natürlichen Landschaftselementen unterbrochen und nur wenige, isolierte naturnahe Flächen der ursprünglichen Landschaft blieben erhalten. Die Lebensbedingungen für die natürliche Fauna und Flora (die wildlebende Tier- und Pflanzenwelt) wurden immer schlechter, wodurch zahlreiche Tier- und Pflanzenarten ausstarben.

Die Artenvielfalt ist die Grundlage für die ökologischen Systemzusammenhänge und Steuerungsfunktionen.[162] Deshalb wächst der Wunsch nach *Schaffung von Naturräumen für die wildlebenden Pflanzen und Tiere.* Die Werte einer möglichst unberührten Natur werden neu entdeckt. Das verstärkte Umweltbewußtsein und der Rückgang der erforderlichen landwirtschaftlichen Produktionsflächen schaffen dafür Spielräume. Dem Schutze von Fauna und Flora dienen Property Rights-Lösungen (Zi. 2.), Clublösungen (Zi. 3.), die Schaffung von Biotop-Verbundsystemen mit vernetzten Lebensräumen (Zi. 4.) sowie das Ausscheiden

bis 1997 von 140 Staaten ratifiziert wurde. Vgl. auch *Pirscher* (1995), S. 199, sowie das Kapitel 20 zur Agrarpolitik in der Entwicklungsländern.

[158] Weltweit gibt es etwa 250.000 Samenpflanzenarten, wovon rund 4.000 der Ernährung des Menschen dienen. Etwa 30 Arten decken 90 Prozent des pflanzlichen Nahrungsmittelbedarfs, wobei es sich im wesentlichen um Weizen, Reis und Mais handelt. Die Landwirtschaft konzentriert sich auf immer weniger, ertragreiche Nutzpflanzen. Die Vielfalt der landwirtschaftlichen Nutzpflanzen ist in den vergangenen 140 Jahren um drei Viertel zurückgegangen. Die Fragestellung der Artenvielfalt bezieht sich vor allem auf die Verbindung und Nutzung von pflanzengenetischen Ressourcen, deren weltweite Konservierung und der Überwindung der in der Praxis oft unkoordinierten, intransparenten und unsachgemäßen Einfrierung von Saat- und Pflanzengut. Die noch bestehende Artenvielfalt wird zudem oft nicht optimal zur Sicherung und Ausweitung der weltweiten Nahrungsmittelproduktion eingesetzt. Ein Plan besteht in einer intensiven Vernetzung der weltweit vorhandenen, rund 1.300 Genbanken zu Informationsträgern (="Clearingstellen"). Dies sind die Ergebnisse der *"Erklärung von Leipzig"*, einer Sonderveranstaltung der *FAO (Landwirtschaftsorganisation der Vereinigten Nationen).*

[159] Vgl. *Pirscher* (1995), S. 199.

[160] Vgl. auch Kapitel 20.

[161] Dies läßt allerdings kaum quantifizieren läßt. Vgl. *Pirscher* (1995), S. 201 ff.

[162] Vgl. *Pirscher* (1995), S. 199.

von großflächigen Naturschutzräumen für wildlebende Pflanzen und Tiere (Zi. 5.).

2. Property Rights-Lösungen

Eine mögliche *Property Rights-Lösung* besteht darin, dem Bauern Eigentums- und Nutzungsrechte in der Form von Jagdrechten auf seinem Grund und Boden zuzuweisen. Dies motiviert ihn, Wildtiere zu hegen, deren Ernährungsbasis zu erhalten und ökologische Nischen als Lebensräume für die Tiere zu schaffen. Die Nutzung des Bodens wird den Erfordernissen des Wildes angepaßt. Die Möglichkeit, die Jagdrechte auszuschöpfen oder zu transferieren (zu verpachten), bildet einen wesentlichen Ansporn zur Reduzierung bzw. Minimierung der negativen landbaulichen Externalitäten. Probleme bleiben bestehen, wenn die landbauliche Bewirtschaftung des Bodens attraktiver als die jagdliche Nutzung ist.

3. Clublösungen

Kommt es durch die Landwirtschaft zu Schäden an der Fauna und Flora, können sich die materiell oder ideell Geschädigten zu einem *Club* zusammenschließen, um den Schädiger davon abzubringen, negative Externalitäten im Bereich der wildlebenden Tiere und Pflanzen zu erzeugen.[163] Voraussetzungen sind eine effiziente Zuordnung der Eigentums- und Nutzungsrechte sowie geringe Transaktionskosten.

Ein Beispiel für *Clublösungen* sind die Jagdvereine, welche den Landwirt dazu veranlassen können, daß er Reste einer unversehrten Natur bestehen läßt oder neue Naturräume schafft, welche den Wildtieren Unterschlupf und Nahrung geben. Grundlage bilden Verhandlungen zwischen dem Jagdverein und dem Bauern, ggf. mit Zahlungen an den Landwirt. Ähnliche Verhandlungen sind mit Naturschutzverbänden denkbar, welche Naturschutzgebiete und Naturparks auf freiwilliger Basis erhalten möchten.

4. Die Schaffung von Biotop-Verbundsystemen mit vernetzten Lebensräumen

Eine weitere Strategie zum Schutz von Fauna und Flora besteht in der *Schaffung von Biotop-Verbundsystemen mit vernetzten Lebensräumen.* Innerhalb der landwirtschaftlichen Produktionsgebiete werden vernetzte Lebensräume für Wildtiere und Wildpflanzen gebildet, um der Verinselung der Landschaft entgegenzuwirken. Extensiv genutzte Wiesen und Weiden, Ackerschonstreifen, Buntbrachen, Obstanlagen mit Hochstämmen, Hecken und Feldgehölze dienen als Vernetzungselemente zwischen den Wäldern, Gräben, Bächen und Feuchtgebieten.

Zu den besonderen Anliegen zählt die "Befreiung" (Ausdohlung) von Bächen aus den Zementröhren. Soweit dies möglich ist, sollen Flächen mit intensiver Nutzung in Wiesen und offengehaltenes Brachland, Magerwiesen und Magerrasen zurückgeführt werden, Feucht- und Streuwiesen wiederhergestellt sowie extensiv genutzt werden. Dies hilft, den Artenschwund zu bremsen. Zu den schutzwürdigen Biotopen werden breite Abstandsflächen geschaffen. Im Haupt- und Zwischenfruchtbau des Ackerbaus wird eine wesentlich größere Artenzahl

[163] Vgl. Zu den Clublösungen *Buchanan* (1965), S. 1 ff.

von Kulturpflanzen angebaut. Die von den Ökologen gelobten Ackerrandstreifenprogramme lassen sich mit Magerwiesen und Trockenrasen verbinden. Pflanzenschutzmittel, Kunstdünger und Hofdünger werden, wenn überhaupt, nur noch beschränkt ausgebracht.

Biologisch gepflegte Obstanlagen mit Hochstämmen dienen der Erhaltung aussterbender Vogelarten. Diese Streuobstgärten bzw. Streuobstwiesen sollen möglichst groß sein und der Boden soll extensiv bewirtschaftet werden. In Gärten, Hofflächen und an Wegrändern können heimische und geschützte Blütenpflanzen sowie Heil- und Gewürzpflanzen angebaut, Agrarchemikalien vermieden, Obstwiesen erhalten, naturnahe Pflanzenbestände belassen sowie breite Hecken und Wildkrautzonen mit standortgerechten Arten angelegt werden.[164] Ähnliche Vorstellungen gelten auch für die Forstwirtschaft. Es sollen Laubmischwälder gepflanzt werden, breite Randstreifen zu den Nutzwäldern eingebaut und die Wälder naturnah bewirtschaftet werden.

Solche Strategien sind sinnvoll und langfristig realisierbar, weisen aber auch Nachteile auf. Das Zusammenleben der konventionellen Landwirtschaft mit Wildpflanzen und -tieren in verhältnismäßig engen sowie stark vernetzten Räumen führt zu erheblichen Störungen im landwirtschaftlichen Produktionsablauf. Wildtiere können die Saat zerstören, die Äcker verwüsten und Teile der Ernte auffressen, Wildpflanzen sich ungewollt und unkrautartig vermehren, extensiv bewirtschaftete Wiesen und Weiden versauern und verunkrauten. Dies setzt einer naturnahen landwirtschaftlichen Produktion Grenzen. Die an und für sich sinnvolle Umgestaltung der Landwirtschaft und die Durchsetzung einer Landschaft mit naturnahen Elementen erfordern viel Erfahrung und Geduld.

5. Das Ausscheiden von großflächigen Naturschutzräumen

Eine weitere Strategie, welche sich mit der Schaffung von Biotop-Verbundsystemen mit vernetzten Lebensräumen kombinieren läßt, ist das *großflächige Ausscheiden von Naturschutzräumen für Wildpflanzen und Wildtiere.*[165] Die Grundlage bilden naturnahe Restflächen wie Moore, Sümpfe, Trockenrasen, Hecken, Feucht- und Naßwiesen. Diese Flächen müssen geschützt und durch die Renaturierung angrenzender Flächen vergrößert werden. Dazu eignen sich Flächen, welche durch die Landwirtschaft stillgelegt oder langfristig freigegeben werden.[166] Die einzelnen Naturschutzflächen sind miteinander zu Biotopverbundsystemen zu vernetzen.

Naturparks müssen eine bestimmte Mindestgröße aufweisen, sich landschaftlich und ökologisch eignen sowie ursprünglich und frei von Bauten sein. Der Aufwand, diese Ziele zu erreichen, ist sehr groß. Naturparks sind teils Naturlandschaften, teils Kulturlandschaften. Diese können extensiv als Feuchtgrünlandschaft, Magerrasen oder mit extensiver Ackernutzung bewirtschaftet wer-

[164] Vgl. *Rothenburger* (1988), S. 583.

[165] Erstrebenswert ist ein Anteil der Naturschutzflächen von zehn bis fünfzehn Prozent, regional von fünf bis zwanzig Prozent der landwirtschaftlichen Flächen. Andere Auffassungen gehen von bis zu fünfundzwanzig Prozent der bisherigen landwirtschaftlichen Kulturflächen aus. Vgl. *Weinschenck* (1987), S. 19. Da sich langfristig ein Stillegungsbedarf von rund 15-30 Mio. Hektar landwirtschaftlicher Produktionsflächen in der EU-15 abzeichnet, sind die Voraussetzungen für die Ausscheidung von Naturschutzflächen günstig.

[166] Durch einen Abbau der landwirtschaftlichen Überschüsse läßt sich dieser Prozeß beschleunigen.

den, sollen jedoch vorrangig im Dienste des Naturschutzes stehen. Die Bewirtschaftung dieser Flächen ist anspruchsvoll. Dazu können Landwirte im Sinne eines Vertragsnaturschutzes[167] und ggf. auch Landschaftspflegetrupps eingesetzt werden. Ein wesentliches Mittel zur Neugestaltung der Landschaft sind Flurbereinigungen, deren Hauptaufgabe seit einigen Jahren in der Schaffung und Gestaltung naturnaher Agrarräume liegt.[168]

Ein Beispiel ist der *Naturschutzpark "Lüneburger Heide"*. Eine Kulturlandschaft wird großflächig mit modernen landwirtschaftlichen Maschinen und Geräten für den Ackerbau, die Schafzucht und als Bienenweide bewirtschaftet sowie für den Fremdenverkehr mit Hotels, Feriendörfern und als Reitergelände genutzt. Es ist im allgemeinen nicht einfach, das Mittelmaß zwischen dem Naturschutzcharakter und einer touristischen Nutzung zu finden. Je intensiver die touristische Nutzung ist, desto stärker ist ein Naturschutzpark in seinem Wesen gefährdet. Zweckmäßig ist es in jedem Fall, den Besucherstrom auf bestimmte Wege und Pfade zu binden.

Die Naturschutzflächen lassen sich mit *Wasserschutzgebieten und Wasserschongebieten* überlagern. Wünschenswert ist ein Flächenanteil von fünfzehn Prozent der Gesamtfläche. Über zehn Prozent davon sind bereits ausgewiesen oder geplant, ein Teil davon sind Wasserschongebiete.[169] Bei der Ordnung der Eigentumsrechte gibt es verschiedene Möglichkeiten: (1.) Der Staat erwirbt die für den Naturschutz bestimmten Flächen von den Bauern, (2.) der Staat pachtet die Flächen langfristig,[170] (3.) der Bauer erhält für gewisse Unterlassungen und ggf. die Pflege der Gebiete eine bestimmte Zahlung oder (4.) der Landwirt wandelt die Flächen freiwillig in Naturschutzgebiete um.

Die staatliche Bereitstellung von Naturparks und Naturschutzgebieten ist sinnvoll, sofern sich dafür keine privaten Organisationen bereit finden:

> "Aber es ist nichts dagegen einzuwenden, wenn der Staat solche Einrichtungen bereitstellt, wo er gerade Eigentümer des fraglichen Grundes ist oder auch wenn er ihn aus Steuermitteln oder vielleicht sogar durch Zwangsankauf erwerben muß, solange die Gemeinschaft das im vollen Bewußtsein der Kosten gutheißt, und versteht, daß dies ein Ziel ist im Wettstreit mit anderen und nicht ein einzigartiges Ziel, das vor allen anderen Bedürfnissen den Vorrang hat. Wenn der Steuerzahler die volle Höhe der Rechnung kennt, die er zu begleichen haben wird, und bei der Entscheidung das letzte Wort hat, ist über die Probleme nichts allgemeines mehr zu sagen".[171]

---

[167] Vgl. *Pevetz* (1995), S. 24.
[168] Vgl. Kapitel 16.
[169] Vgl. *Obermann* (1988), S. 594 f.
[170] Ein Beispiel ist die Pacht einer großen Zahl von Almen in der *Schweiz* für den schweizerischen Naturschutzpark.
[171] *von Hayek* (1983), S. 461.

Literaturangaben zu Kapitel 13:

AEG (1990), Aufbereitung von nitratbelastetem Grundwasser. In: NZZ, Nr. 217, vom 19. September 1990, Bl. 83.

von Alvensleben, Reimar (1996), Zur Neuorientierung der Landnutzung in Deutschland - Kurzfassung eines Gutachtens des Wissenschaftlichen Beirates beim Bundesministerium für Ernährung, Landwirtschaft und Forsten - . In: Berichte über Landwirtschaft, Band 74 (3), September, Münster-Hiltrup, S. 358-368.

Assfalg, Wolfgang und Werner, Rolf (1992), Die optimale Nutzung von Agrarlandschaften. In: Berichte über Landwirtschaft. Bd. 70 (3), vom September, Hamburg und Berlin, S. 358-386.

Baumol, W.J. und Oates, W.E. (1979), The Use of Standards and Prices for Protection of the Environment. In: Svedish Journal of Economics, Bd. 73, 1971, S. 42-54. Deutsche Übersetzung in: Siebert, Horst (Hrsg.), Umwelt und wirtschaftliche Entwicklung, Darmstadt, S. 169-188.

Bergstrom, John C., Stoll, John R. und Randall, Alan (1990), The Impact of Information on Environment Commodity Valuation Decisions. In: American Journal of Agricultural Economics, Vol. 72, Nr. 3, August, S. 614-621.

Boulding, Kenneth E. (1981), Agricultural Economics in an Evolutionary Perspective. In: American Journal of Agricultural Economics. Vol. 63, Nr. 5, December, S. 790-795.

Bonus, Holger (1979), Öffentliche Güter und der Öffentlichkeitsgrad von Gütern. In: Finanzwissenschaftliche Arbeitspapiere, Nr. 8, Konstanz, S. 17 f.

Bräuer, Wolfgang (1994), Was kostet uns die Klimaveränderung? In: Agrarische Rundschau. Nr. 6, vom Dezember, S. 24-28.

Buchanan, J. und Stubblebine, W.C. (1962), Externality. In: Economica, Vol. 24.

Ders., An Economic Theory of Clubs. In: Economica. Bd. 32 (1965), S. 1-14.

Bund für Natur und Umweltschutz Deutschland e.V. (1983), Bodenschutzprogramm, Bonn.

Bundesregierung (1985), Bodenschutzkonzeption der Bundesregierung vom 7.3.1985. In: Bundesdrucksache 10/2977, Bonn.

Coase, Ronald H. (1960/1978), The Problem of Social Cost. In: Journal of Law and Economics, Bd. 3 (1960), S. 1-44. In deutscher Sprache: Ders., Das Problem der sozialen Kosten. In: Assmann, H.-D. u.a. (Hrsg.), Ökonomische Analyse des Rechts, Kronberg/Ts. 1978, S. 148-202.

Daberkow, Stan G. und Reichelderfer, Katharine H. (1988), Low-Input Agriculture: Trends, Goals, and Prospects for Input Use. In: American Journal of Agricultural Economics. Vol. 70, Nr. 5, December, S. 1159-1166.

Demsetz, Harold (1966), Some Aspects of Property Rights. In: The Journal of Law and Economics, Vol. 9.

Endres, A. (1977), Die Coase Kontroverse. In: Zeitschrift für die gesamte Staatswirtschaft, Bd. 133, S. 639-641.

Finck, H.-F. (1986), Ansatzpunkte zur Vermeidung der Nitratbelastung des Grundwassers unter besonderer Berücksichtigung einer Besteuerung von Stickstoff. In: Agrarwirtschaft, Heft 7.

Ders. und Haase, K. (1986), Ökonomische Analyse von Anpassungen der Land- und Wasserwirtschaft zur Einhaltung der geforderten Trinkwasserqualität und ihre politisch-ökonomische Einordnung vor dem Hintergrund der Novellierung des WHG. Vortrag gehalten auf der 27. Jahrestagung der Gesellschaft für Wirtschafts- und Sozialwissenschaften des Landbaues e.V.

Furubotn, E.G. und Pejovich, S. (1972), Property Rights and Economic Theory: A Survey of Recent Literature. In: Journal of Economic Literature, Vol. 10.

Gebhard, H.-J. (1986), Anpassungsmöglichkeiten landwirtschaftlicher Betriebe in Baden-Württemberg an eine Begrenzung des Einsatzes ertragssteigernder und ertragssichernder Produktionsmittel. In: Agrarwirtschaft, Sonderheft 108.

Griffin, Ronald C. (1991), The Welfare Analytics of Transaction Costs, Externalities, and Institutional Choice. In: American Journal of Agricultural Economics. Vol. 73, Nr. 3, August, S. 601-614.

Hathaway, Dale E. (1963), Government and Agriculture: Public Policy in a Democratic Society, New York.

Haushofer, Heinz (1958), Ideengeschichte der Agrarwirtschaft und Agrarpolitik. Bd. II, München/Bonn/Wien.

de Haen H. (1982), Economic Aspects of Policies to control Nitrate Contamination resulting from Agricultural Production. In: European Review of Agricultural Economics, Heft 9, S. 443-465.

Ders. (1985), Interdependence of Prices, Production Intensity and Environment Damage from Agricultural Production. In: ZfU, Heft 3, S. 199-219.

Ders. und Zimmer, Y. (1990), Umweltverträglichkeit technischer Fortschritte in der Landwirtschaft. Institutionelle Voraussetzungen, Wirtschaftlichkeit, Verbreitung. In: Schriften der Gesellschaft für Wirtschafts- und Sozialwissenschaften des Landbaues e.V., Münster-Hiltrup, S. 77-87.

von Hayek, Friedrich August (1981), Recht, Gesetzgebung und Freiheit. Band 3, Die Verfassung einer Gesellschaft freier Menschen, Landsberg am Lech.

Ders. (1983), Die Verfassung der Freiheit, Tübingen.

Hinrichs, P., Kleinhanß, W. und Schrader, W. (1986), Zur Ökonomik der Reduzierung der Nitratauswaschung, Vortrag gehalten auf der 27. Jahrestagung der Gesellschaft für Wirtschafts- und Sozialwissenschaften des Landbaues e.V.

Karl, Helmut (1997), Der Einfluß von Informationsasymmetrien auf die ökonomische Effizienz von Agrarumweltpolitik. In: Schriften der Gesellschaft für Wirtschafts- und Sozialwissenschaften des Landbaues e.V., Bd. 33, Münster-Hiltrup, S. 397-406.

Knappe, Eckhard (1974), Möglichkeiten und Grenzen dezentraler Umweltschutzpolitik, Bekämpfung externer Nachteile durch Verhandlungen, Berlin.

Knutson, Ronald C., Taylor, C. Robert, Penson, John B. und Smith, Edward G. (1990), Economic Impacts of Reduced Chemical Use. In: Choice, The Magazine of Food, Farm, and Resource Issues. Fourth Quarter, Herndon 1990, S. 25-31.

Koester, Ulrich (1981), Grundzüge der landwirtschaftlichen Marktlehre, München.

Köpke, Ulrich, Haas, Guido, Geier, Uwe, Schulz, Gerhard (1995), Klimarelevanz des Agrarsektors der Bundesrepublik Deutschland: Reduzierung der Emission von Kohlendioxid. In: Berichte über Landwirtschaft, Bd. 73 (3), August, Münster-Hiltrup, S. 387-400.

Latacz-Lohmann, Uwe, und Van der Hamsvoort, Carel (1997), Auctioning Conservation contract: A Theoretical Analysis and an Application. In: American Journal of Agricultural Economics, Vol. 79, Nr. 2, May, S. 407-418

Leipold, Helmut (1984), Neuere Ansätze der ökonomischen Theorie des Eigentums. In: Eigentum als Grundrecht und Element der Ordnungspolitik, Stuttgart/New York, S. 21-37.

Lovejoy, Stephen B. und Jones, James J. (1989), A New Direction for the Conservation Title of the 1990 Food Security Act. In: Choices. The Magazine of Food, Farm, and Resource Issues. Third Quarter, Herndon, S. 33 f.

Lünzer, Immo (1984), Was ist ökologischer Landbau? In: Natur und Umwelt, Heft 3.

Mieg, Harald A., Zobrist, Daniel, Frischknecht, Peter und Scholz, Roland W., Die Wahrnehmung von landschaftsbedingten Umweltbelastungen im Schweizer Seeland: Ein Prüfstand für die psychologische Hypothesentheorie der Wahrnehmung? In: Agrarwirtschaft und Agrarsoziologie, hrsg. von der Schweizerischen Gesellschaft für Agrarwirtschaft und Agrarsoziologie, Nr. 1/97, Zürich 1997, S. 81-104.

Monissen, Hans G. (1976), Haftungsregeln und Allokation, In: Jahrbuch der Sozialwissenschaft, Bd. 27.

Obermann, Horst (1988), Flächennutzung und ökologische Aspekte. In: Schriften der Gesellschaft für Wirtschafts- und Sozialwissenschaften des Landbaues e.V., Band 24, Münster-Hiltrup.

Olson, Mancur (1968), Die Logik kollektiven Handelns, Tübingen.

Pevetz, Werner (1995), Zwischen Ökologie und Ideologie. In: Agrarische Rundschau, Nr. 3, vom September, S. 21-26.

Ders. (1997), Der Traum von der Wildnis und das kulturlandschaftliche Erbe. In: Agrarische Rundschau. Nr. 2 vom Juli, Wien, S. 21-25.

Pigou, Arthur C. (1920/1960), The Economics of Welfare, London 1920, 4. Auflage 1960.

Pimentel, David (1973), Realities of a Pesticide Ban. In: Environment, Vol. 15, Nr. 2, März.

Pirscher, Frauke (1995), Möglichkeiten und Grenzen der monetären Bewertung von Artenvielfalt. In: Schriften der Gesellschaft für Wirtschafts- und Sozialwissenschaften des Landbaues e.V., Band 31, Münster-Hiltrup, S. 199-211.

Priebe, Hermann (1985), Die subventionierte Unvernunft, Berlin.

Der Rat der Sachverständigen für Umweltfragen (1985), Umweltprobleme in der Landwirtschaft. Sondergutachten. März 1985, Stuttgart und Mainz.

Rothenbuger, Werner (1988), Erhaltung und Pflege der Artenvielfalt von Kultur- und Wildpflanzen. In: Schriften der Gesellschaft für Wirtschafts- und Sozialwissenschaften e.V., Bd. 24, Münster-Hiltrup.

Ruttan, V.W. (1971), Technology and Environment. In: American Journal of Agricultural Economics. Vol. 53, Nr. 5, S. 707-717.

Schmitz, P.M. (1986), Umweltwirkungen einer gemeinsamen Agrarpolitik, Vortrag, gehalten auf der 27. Jahrestagung der Gesellschaft für Wirtschafts- und Sozialwissenschaften des Landbaues e.V.

Schneider, Matthias (1990), Umweltabgaben in der Landwirtschaft. In: Agrarische Rundschau, September, Heft 4, Wien, S. 51-56.

Schulze, W. und d'Arge, R.C. (1974), The Coase Proposition, Information, Constraints and Long Run Equilibrium. In: American Economic Review, Vol. 62.

Schwab, Antoinette, Mit Hilfe von Tabak zu einer gesünderen Umwelt. In: NZZ, Nr. 137, vom 17. Juni 1998, Bl. 68.

Tinbergen, Jan (1989), Der Einsatz von Modellen: Erfahrung und Zukunft. In: Recktenwald Horst C. (Hrsg.), Die Nobelpreisträger der ökonomischen Wissenschaft, Düsseldorf, S. 223-235.

U.S. Department of Agriculture (1988), Alternative Farming Systems, Secretary's Memorandum, 19. Jan. 1988.

Watrin, Christian (1986), "Marktversagen" versus "Staatsversagen". Zur Rolle von Markt und Staat in einer freien Gesellschaft, Zürich.

Wegehenkel, Lothar (1980), Coase Theorem und Marktsystem, Tübingen.

Wellisz, S. (1964), On External Diseconomies and the Government-Assisted Invisible Hand. In: Economica, Vol. 31.

Wirthgen, Bernd und Kuhnert Heike (1992), Hofeigene Verarbeitung im ökologischen Landbau. In: Berichte über Landwirtschaft. Bd. 70 (4), vom Dezember, Hamburg und Berlin, S. 592-632.

Weinschenck, Günther (1987), Flächenstillegung und Extensivierung - Beiträge zur Marktentlastung. In: Schriftenreihe für ländliche Sozialfragen, Göttingen.

Ders., und Werner Rolf (1989), Einkommenswirkungen ökologischer Forderung an die Landwirtschaft, Band 1 der Schriftenreihe der Landwirtschaftlichen Rentenbank, Frankfurt am Main, Frankfurt.

White, Fred C. und Wetzstein, Michael E. (1995), Market Effects of Cotton Integrated Pest Management. In: American Journal of Agricultural Economics, Vol. 77, Nr. 3, August, S. 602-612.

Wilcox, Walter W., Cochrane Willard W., Herdt Robert W. (1974), Economics of American Agriculture, Englewoods Cliffs, New Jersey, 3rd ed.

Willgerodt, Hans (1980), Artikel "Eigentumsordnung", In: Handwörterbuch der Wirtschaftswissenschaften, Bd. 2, Stuttgart, S. 174 ff.

Wissenschaftlicher Beirat beim BML (1992), Strategien für eine umweltverträgliche Landwirtschaft. Schriftenreihe des BML, Reihe A: Angewandte Wissenschaft, Heft 414, Münster-Hiltrup.

Kapitel 14: Die Regulierung der positiven Externalitäten der Landwirtschaft

> "Also wird durch die Volkswirtschaftspolitik der Agrarpolitik aufgegeben, das gesamtwirtschaftliche Wachstum möglichst zu fördern und keinesfalls zu stören. Die Agrarpolitik hat mithin darauf zu achten, daß die Landwirtschaft zum volkswirtschaftlichen Wachstum einen angemessenen Beitrag leistet, und sie muß sich mit den Auswirkungen des Wachstums abfinden, vor allem mit einem weiteren Rückgang der landwirtschaftlichen Arbeitskräfte, sie hat ihn sogar zu erleichtern ... . Aber eines Tages kann die Frage nach der zulässigen Mindestagrarquote akut werden. Wird sie nicht zu hoch gegriffen, so ist nicht zu befürchten, daß ihre Sicherung den Zielen der Volkswirtschaftspolitik ... Abbruch tun würde"
> *(Constantin von Dietze,* 1967, S. 170 f.).

> "Wie lange wird der Prozeß weitergehen? Man kann mit Sicherheit sagen, daß die Kurve nicht bei Null endet"
> (*Heinrich Niehaus).*

> "Man muß wissen, was man macht. Will man kurzfristig ernten, muß man Möhren und Salat anbauen; hat man aber den Ehrgeiz, Eichen zu pflanzen, muß man weise genug sein, sich zu sagen: Meine Nachkommen werden mir diesen Schatten verdanken"
> (*Léon Walras,* 1939, S. 75).

A. Die räumlichen Ordnungsfunktionen der Landwirtschaft

I. Die positiven Externalitäten der Landwirtschaft

Die Landwirtschaft entfaltet neben negativen auch *positive Externalitäten.* Diese sind mannigfaltig und von komplexer Natur. Dabei geht es um die vielfältigen landschaftlichen, ökologischen und regionalen Funktionen der Landwirtschaft. Die positiven Externalitäten hängen unter anderem damit zusammen, daß die Landwirtschaft den ländlichen Raum besiedelt, diesen bewirtschaftet, Gesellschafts- und Eigentumsstrukturen aufbaut, eine konservative Lebensauffassung und große Arbeitsmoral verkörpert[1] sowie das kulturelle Brauchtum pflegt.[2]

Dient der Landbau "nur" der Erzeugung von Agrargütern, handelt es sich um eine "unifunktionelle" Landwirtschaft. Immer mehr wird jedoch betont, daß die Landwirtschaft "multifunktionale" Aufgaben hat. Die zunehmende Wertschätzung der positiven landwirtschaftlichen Externalitäten entspricht dem gesellschaftlichen Wertewandel und führt von der "monofunktionalen" Landwirtschaft zum Verständnis für eine "multifunktionale" Landwirtschaft, bei welcher

---

[1] *Drury* und *Tweeten* knüpfen an einen Aufsatz von *Don Paarlberg* (1978) zum bezeichnenden Thema "Agriculture Loses Is Uniqueness" an. In einer umfassenden Befragung kommen sie zur Schlußfolgerung, daß die bäuerliche Bevölkerung unter den Aspekten der Moral, der Religion, intakter Familienstrukturen, politischer Aufassungen und der Arbeitsethik die Besonderheiten noch keineswegs verloren hat. Vgl. *Drury* und *Tweeten* (1997), S. 58 ff.

[2] Sehr weit werden die positiven Externalitäten gefaßt, wenn das Bauerntum auch als Siedlungsträger, wichtiger Gestalter und Erhalter der europäischen Kulturlandschaft oder sogar typischer Repräsentant der abendländischen Kultur verstanden wird. Vgl. *Röpke* (1965).

qualitative Werte gegenüber der unmittelbaren Marktproduktion von agrarischen Rohstoffen eine immer stärkere Rolle spielen.

Im einfachsten Fall handelt es sich bei den positiven landbaulichen Effekten um Wirkungen auf Wirtschaftssubjekte, die an der landwirtschaftlichen Produktion nicht beteiligt sind, daraus jedoch einen Nutzen ziehen können.[3] Ein Schulbeispiel ist die Beziehung zwischen dem Bienenzüchter und dem Obstproduzenten. Der Bienenzüchter hält Bienen, um Honig zu gewinnen, und die Bienen befruchten gleichzeitig das Obst des Obstproduzenten.[4] Ein anderes Beispiel sind Aufforstungen zur Erzeugung von Holz, welche gleichzeitig das Mikroklima und damit die örtlichen landwirtschaftlichen Produktionsbedingungen verbessern.

Jedes Gut enthält bereits dann ein Öffentlichkeitselement, wenn auch nur ein geringfügiger positiver externer Effekt auftritt.[5] Die positiven Externalitäten der Landwirtschaft können sich verdichten und einen unterschiedlichen Grad an Intensität bzw. Öffentlichkeit erreichen. Bei einer starken Intensität werden diese oft zu kollektiv nutzbaren oder öffentlichen Gütern. So entfaltet beispielsweise ein Bauernhof, der mit bunten Blumen geschmückt ist, positive Externalitäten. Gibt es viele solcher Bauernhöfe in einem Gebiet, kommt es zum Anblick einer schönen Landschaft. Dies trifft vor allem zu, wenn die Bauernhäuser in einem reizvollen Stil gebaut sind und die Landschaft angenehm gestalten. In diesem Fall verdichten sich die positiven landwirtschaftlichen Externalitäten zu einem kollektiven Gut, welches die Wohnortqualität, den Freizeitnutzen und die touristische Eignung eines Gebietes prägt.

II. Private und öffentliche Güter

Die oft vorgenommene polare Unterscheidung zwischen *privaten und öffentlichen Gütern*[6] ist zu wenig realitätsnah. Kollektive Güter lassen sich in der Regel dadurch von privaten Gütern abgrenzen, daß sie weder ausschließlich noch rivalisierend konsumiert werden können. Wird jedoch eindeutig nach dem privaten oder öffentlichen Charakter eines Gutes gefragt wird, entsteht oft Verlegenheit. Die Unterteilung in private und öffentliche Güter erlaubt in der Landwirtschaft meist keine sinnvolle Anwendung. Die Zweiteilung der Güterwelt in rein private und rein öffentliche Güter sowie Analysekriterien wie "Rivalität im Konsum" und "Anwendbarkeit des Ausschlußprinzips" erweisen sich als zu wenig differenziert.

Der Übergang von den privaten zu den öffentlichen Gütern ist meist fließend. In fast allen realen Gütern ist eine gewisse kollektive oder öffentliche Beimischung enthalten. Deshalb sind die positiven Externalitäten graduell zu bewerten, wobei nach dem *Öffentlichkeitsgrad* zu analysieren ist. Bei geringfügigen positiven Externalitäten ist der Öffentlichkeitsgrad klein, bei erheblichen positiven Externalitäten groß. Bei zunehmender Verdichtung der Externalitäten vergrößert sich der Öffentlichkeitsgrad. Die gesamte Skala des Öffentlichkeitsgrades reicht von den reinen privaten Gütern über die privaten Güter mit positiven Externalitäten bis zu den reinen öffentlichen Gütern (public goods). Die Bewertung auf der Skala des Öffentlichkeitsgrads hängt davon ab, wie intensiv bzw. wie stark ver-

---

[3] Vgl. *Musgrave et al.* (1978), S. 54 ff.
[4] Vgl. *Meade* (1952), S. 54 ff.
[5] Vgl. zu den negativen landbaulichen Externalitäten Kapitel 13.
[6] Vgl. *Samuelson* (1954), S. 387 ff., sowie (1969), S. 98 ff.

dichtet die Externalitäten sind. Das reine private Gut am einen Ende der Skala weist keine Externalitäten auf, beim reinen öffentlichen Gut am anderen Ende dieser "Güterkette" sind die Externalitäten in reiner Form vorhanden.[7]

Für die in der Skala zwischen den privaten und den öffentlichen Gütern stehenden Mischgüter nennt die englischsprachige Literatur eine Reihe von unterschiedlichen Bezeichnungen.[8] An dieser Stelle werden die Begriffe *"kollektive"* und *"kollektiv nutzbare" Güter* verwendet, im Zusammenhang mit Gütern wie der Gesundheit, der Sicherheit und der öffentlichen Ordnung der Begriff *"öffentliche Güter"*.[9]

III. Die räumlichen Funktionen

Bei verdichteten positiven landwirtschaftlichen Externalitäten handelt es sich um wirtschaftliche, gesellschaftliche, politische und räumliche Funktionen der Landwirtschaft. Zu den *räumlichen Funktionen,* welche die Land- und Forstwirtschaft in weiten Gebieten des ländlichen Raumes übernimmt, gehören insbesondere die *Landespflegefunktion* (die Pflege und Gestaltung des landwirtschaftlichen Kulturlandes) und die *Regionalfunktion* (die Leistungen der Landwirtschaft für die Erhaltung der Besiedlungsdichte, die Infrastruktur und den Wirtschaftskreislauf in den ländlichen Regionen).[10]

1. Die Landespflegefunktion

Der *Landespflegefunktion* als einer Verdichtung positiver externer Effekte der Landwirtschaft kommt vor allem in den bevorzugten ländlichen Wohngebieten und den touristischen Gebieten eine große Bedeutung zu. So bildet beispielsweise die Kulturlandschaft im Alpenraum eine ideale Kulisse für den Fremdenverkehr.[11] Bei den Landschaftsfaktoren sind das Landschaftsbild, die Besiedlung und die Verträglichkeit der landwirtschaftlichen Aktivitäten mit den außerlandwirtschaftlichen Ansprüchen von Bedeutung. Bevorzugt werden vielfältige Landschaften mit einem individuellen Charakter, welche sich harmonisch in die Umwelt einfügen sowie zahlreiche Biotopelemente, kleine bis mittlere Feldgrößen und einen mittleren bis großen Waldanteil enthalten.[12] Hinsichtlich des *Landschaftsbildes* haben die Erholungssuchenden unterschiedliche, subjektiv geprägte Präferenzen.[13] Eine objektive Wertung des Erholungswertes einer

[7] Vgl. auch Tab. 14/2.

[8] Folgende Begriffe werden häufig verwendet: Collective goods, social goods, joint goods, non-exclusive goods, pure public goods, impure public goods, non-pure public goods, quasi-public goods, semi-public goods, mixed public goods, part-collective goods, local-public goods, communal goods, general goods, super-collective goods. Vgl. *Leven* (1989), S. 62 und *Blümel et al.* (1986), S. 241 ff. und insbesondere 245.

[9] Zudem wurde eine Theorie der "nicht eindeutigen Güter" entwickelt, bei welcher vor allem die Nichtanwendbarkeit des Ausschlußprinzips als das eigentliche Kriterium in Erscheinung tritt. Vgl. *Head et al.* (1989), S. 567 ff., zit. nach *Leven* (1989), S. 89.

[10] Vgl. ausführlich *Pevetz* (1987), S. 7 f.

[11] Nach Schätzungen sind bis zu 80 Prozent des Fremden- und Erholungsverkehrs auf die Natur und die Landschaft zurückzuführen. Vgl. *Harbeck* (1974), S. 20; vgl. auch *Hausam* (1972), S. 13.

[12] Vgl. *von Alvensleben* und *Schleyerbach,* 1994, S. 527.

[13] Vgl. zu den kognitiven und motivationalen Ansätzen der Bewertung von Landschaften *Mieg et al.* (1997), S. 81 ff. Bei den kognitiven Ansätzen handelt es sich um Wahrnehmungen, Informationen und Bewertungen, bei den motivationalen Ansätzen um Interessen, Kontrollmotive und die Selbstwerterhaltung.

Landschaft ist kaum möglich.[14] Meist wird eine "intakte" Landschaft bevorzugt. Die Mehrzwecklandschaft wird gegenüber einer monotonen, "nach einzelnen und einseitigen Nutzungen differenzierten Landschaft"[15] präferiert.

Die *Erholungssuchendenden* möchten das körperliche und geistige Wohlbefinden erhalten und stärken. Die Natur und die landwirtschaftlichen Kulturräume als solche sind noch nicht erholungswirksam.[16] Sowohl Einzelflächen wie Ränder von Wäldern und Gewässern als auch die Topographie der Landschaft und das Klima spielen eine Rolle. Die Erholung erfolgt in der freien Natur (outdoor recreation), Wochenendhäusern, speziellen Erholungseinrichtungen (Skisportzentren, Wassersportzentren, Naherholungszonen) oder Bauerndörfern. Es entwickeln sich eigentliche Urlaubslandschaften, deren Nutzungsmuster von jenen der traditionellen Landschaften abweichen.[17] Es müssen Flächen für Freizeit- und Erholungszwecke ausgeschieden werden (beispielsweise Golfplätze). Auch bei den intensiven Freizeitsportarten (beispielsweise Hallen- und Rasensportarten wie Eislauf, Tennis und Fußball) sind die Aktivitäten an räumlich begrenzte, speziell ausgeschiedene Flächen ohne eine Agrarproduktion gebunden.

Dabei kann der Tourismus den Erholungswert einer Landschaft zerstören:

> "Hundert schlecht plazierte und gestaltete Freizeithäuser können den Erholungswert einer Landschaft für zehntausend andere Menschen entscheidend mindern".[18]

Vor allem große Bauformen mit einer wenig angepaßten Gestaltung ("Alpen Los Angeles") vernichten den Eindruck wertvoller landschaftlicher Elemente, zu welchen Wiesen und Wälder, Seeufer und Flüsse, Täler und Steilhänge zählen.

Zweckmäßig ist es, wenn sich Freizeitbeschäftigungen wie der Pferdesport und die Jagd mit einer extensiven landbaulichen Nutzung verbinden. Die Landwirtschaft selbst sorgt für die Pflege und das Offenhalten der Flächen. Sie erbringt Vorleistungen, welche bei der Erschließung und Umwidmung von Flächen für die extensive oder intensive fremdenverkehrsmäßige Nutzung von Bedeutung sind. Grundlage der Flächenwidmung und der Landschaftsentwicklung sind sinnvollerweise kommunale und regionale Flächennutzungspläne.[19]

Zieht sich die Landwirtschaft von der Bewirtschaftung einzelner oder ausgedehnter Gebiete zurück, entsteht Brachland. Die ökologischen Konsequenzen sind sehr unterschiedlich, je nach der lokalen Vegetation, dem Zustand der Flächen nach dem Brachfallen, dem Witterungsverlauf, der ersten Brachlandvegetation, den natürlichen Standortfaktoren und den menschlichen Eingriffen.[20] Das Brachfallen von landwirtschaftlichen Kulturflächen wird nach den individuellen, subjektiven Präferenzen ganz unterschiedlich beurteilt, beispielsweise als Verödung einer Landschaft oder als Übergang zu einer wertvollen Naturlandschaft.[21] Brachland befriedigt vor allem den Wunsch nach unberührten Er-

---

[14] Vgl. *Jacsman* (1974), S. 185.
[15] *Meyer* (1970), S. 1227.
[16] Vgl. *Jacsman* (1974), S. 190.
[17] Vgl. *Hausam* (1972), S. 139.
[18] *Pevetz* (1972), S. 32.
[19] Vgl. *Herms* (1992), S. 253 ff.
[20] Vgl. *EG* (1979), S. 74 f.
[21] Vgl. *Pevetz* (1997), S. 21 ff.

holungsflächen. Die "Erlebnisqualität" der einzelnen Nutzungsformen des Bodens ist noch wenig bekannt.

Die Landschaftspflege durch die Landwirtschaft verliert in einzelnen Räumen an Bedeutung. Denkbar ist der Wunsch nach einer Entkopplung der Landschaft von der Landwirtschaft. Im Vordergrund stehen landschaftspflegerische Ziele wie die Verminderung der Intensität der Landschaftsnutzung zum Abbau ökologischer Defizite im Naturhaushalt.

2. Die Regionalfunktion der Landwirtschaft

Die *Regionalfunktion der Landwirtschaft* besteht darin, durch deren eigene, lebenswichtige Infrastruktur zur ländlichen Infrastruktur beizutragen. Dazu zählen unter anderem die Straßen, Güter- und Forstwege sowie die Versorgung mit Trinkwasser. Hinzu kommt die Belebung und Aufrechterhaltung einer minimalen Versorgungsinfrastruktur mit Handwerkern, Einzelhandelsgeschäften, Gaststätten und Betrieben der Kommunikations- sowie Verkehrsinfrastruktur. Bei einer Verdichtung dieser Aktivitäten ergeben sich funktionsfähige ländliche Räume, deren Infrastruktur auch von der übrigen Gesellschaft genutzt werden kann. Die Landwirtschaft allein trägt die regionale Infrastruktur nicht, aber sie leistet Erhebliches zu deren Zustandekommen. Dabei sind die Grenzen zwischen der privaten und der öffentlichen Bereitstellung der Infrastruktur, besonders in den ländlichen Streusiedlungen, meist fließend.[22]

IV. Entwicklungsmöglichkeiten

Die räumlichen Funktionen der Landwirtschaft waren in weiten Gebieten Europas während langer Zeit eine komplementäre Funktion der landwirtschaftlichen Produktion. Die Bedürfnisse der nichtlandwirtschaftlichen Bevölkerung nach einer landbaulichen Pflege der Landschaft und weiteren, positiven landwirtschaftlichen Externalitäten wurden in weiten Gebieten Europas erfüllt. Die Intensität der positiven landwirtschaftlichen Externalitäten entsprach den Präferenzen der Gesellschaft.

In den 1960er Jahren und danach kam es zum raschen Verfall der Landwirtschaft in den Gebirgs- und Mittelgebirgsräumen Europas.[23] Es entstand ein "Marktversagen" bei der Pflege der Landschaft und den übrigen regionalen Funktionen der Landwirtschaft, mithin eine paretoinferiore Situation.[24] Hunderttausende von Betrieben wurden aufgegeben, Millionen von Hektar Almen, Bergwiesen und -weiden brachgelegt. Die räumlichen Funktionen der Landwirtschaft wurden durch eine immer geringere Besiedlungsdichte in Frage gestellt. In ausgedehnten Regionen war der Prozeß des Verfalls irreversibel.

In den touristisch genutzten Gebieten wurde der Nutzen einer landbaulich gepflegten Kulturlandschaft vorerst hoch eingeschätzt, später kam es zu differenzierteren landschaftlichen Ansprüchen. Die geringen landwirtschaftlichen Erträge und die hohen Produktionskosten führen bei der Landschaftspflege in den Gebirgslagen und im Mittelgebirge zu Problemen. Die komparativen Pro-

---

[22] Vgl. Kapitel 16.

[23] Vgl. zur Entwicklung und Situation der Berglandwirtschaft in Bayern, Österreich, Südtirol und der Schweiz ausführlich *Pevetz* (1995), S. 18 ff.

[24] Der Marktpreis der Pflege der Landschaft ist in der Regel null, denn es bestehen dafür kaum Märkte wie für private Güter.

duktionsnachteile in diesen Gebieten verursachen einen Rückzug der Landwirtschaft aus der Fläche.[25] Dadurch kommt es zu einer Gefährdung der ländlichen Strukturen und einer Verstärkung der regionalen Ungleichgewichte.[26] Als Folge vermindert sich der Wohn- und Erholungswert der landwirtschaftlichen Rückzugsregionen.[27] Bei einem globalen Abbau der landwirtschaftlichen Überschüsse kann sich dieser Prozeß beschleunigen.

In dieser Situation bestehen verschiedene *Entwicklungsmöglichkeiten:*

(1.) Es kann versucht werden, die *landwirtschaftliche Produktion in den benachteiligten Gebieten zu fördern,* um eine standortgerechte Intensität der Bodennutzung, der Pflege der Landschaft und der regionalen Funktionen der Landwirtschaft zu schaffen. Die hohen Kosten einer solchen Förderung dürfen allerdings nicht unterschätzt werden, zumal der Verfall der Agrarpreise zu einer Desillusionierung der diesbezüglichen Möglichkeiten geführt hat. Der Trend zur Stillegung von landwirtschaftlich genutzten Flächen selbst in den günstigen Produktionsgebieten läßt die noch größeren Probleme einer Förderung der Produktion in den benachteiligten Probleme erkennen.[28] Die Produktionsförderung in den benachteiligten Gebieten kommt nur bei ausgesprochen großen Präferenzen für die Erhaltung traditioneller landwirtschaftlicher Strukturen in Frage.

(2.) Es erfolgt eine *landschaftspflegerische Bewirtschaftung der Grünflächen in den benachteiligten Gebieten,* soweit dies wünschenswert erscheint. Andere Flächen werden in einen natürlichen Zustand zurückversetzt, extensiv bewirtschaftet oder aufgeforstet. Auf eine Förderung der Landwirtschaft mit vorrangigen Produktionszwecken wird verzichtet. Die Agrarmärkte sollen nicht zusätzlich belastet werden.

(3.) Die *landwirtschaftlichen Aktivitäten in den benachteiligten Gebieten werden sukzessive verdünnt,* verbunden mit einem teilweisen, im Extremfall sogar totalen "Rückzug der Landwirtschaft aus der Fläche". Diese Lösungsvariante setzt einen großen Teil der bisherigen landwirtschaftlichen Flächen zu Gunsten einer Rückgabe an die Natur frei. Dies entspricht dem "Traum von der Wildnis"[29] und erfordert nach der Wiederherstellung naturnaher Vegetationen keinen weiteren agrarpolitischen Aufwand, verfehlt jedoch in vielen Regionen mit Erholungscharakter die landschaftspflegerischen Eigenschaften einer Mehrzwecklandschaft.[30]

In der Praxis führte die Neugewichtung der agrarpolitischen Ziele in den vergangenen Jahren auch zu einer Neubewertung der benachteiligten Gebiete aus regional- und umweltpolitischer Sicht.[31] Verzichtet wird in der Regel auf die Variante (1.) mit kostspieligen strukturpolitischen Erhaltungsprogrammen und die Variante (3.) mit einem totalen Rückzug der Landwirtschaft aus der Fläche. Variante (2.) ist wesentlich kostengünstiger als die Variante (1.) und eignet sich für weiträumige Erholungsgebiete. So kam es zu Minimalprogrammen zur Auf-

---

[25] Vgl. *Pevetz* (1989), S. 31 ff.
[26] Vgl. *Priebe* (1977), S. 138.
[27] Vgl. *Priebe* (1977), S. 142.
[28] Vgl. *Pevetz* (1989), S. 32.
[29] Vgl. zu dieser Problematik ausführlich *Pevetz* (1997), S. 21 ff.
[30] Vgl. *Dams* (1969), S. 159 ff.
[31] Vgl. *Priebe* (1977), S. 143 f.

rechterhaltung einer gewissen Landschaftspflege, verbunden mit einer gezielten Rückgabe ehemals landwirtschaftlich genutzter Flächen an die Natur.[32]

B. Grundfragen für die Regulierung der kollektiv nutzbaren Güter

Die theoretische Grundlage für die *Regulierung der kollektiv nutzbaren Güter* bildet die *Public Choice Theorie.* Diese beschäftigt sich mit den Allokations- und Verteilungsaspekten bei kollektiven Gütern. Dabei ergeben sich einige typische ordnungspolitische Fragen:[33] Welche Gütermengen sollen produziert werden? Wie ist das Verhältnis zwischen den privaten und den kollektiven Gütern? Welche Arten von kollektiven Gütern sollen erzeugt werden? Wo und in welcher Intensität sollen diese kollektiven Güter erzeugt werden? Wie verteilt sich der Nutzen dieser kollektiven Güter auf die einzelnen Wirtschaftssubjekte? Wie soll die Erzeugung der kollektiven Güter finanziert werden ? Wer entscheidet über die Erzeugung der kollektiven Gütern? Nach welchen Regeln erfolgt diese Entscheidung?

Insgesamt wird das Ziel angestrebt, einen paretooptimalen Zustand zu erreichen.[34] Dazu existieren folgende mögliche Ansatzpunkte: (1.) die Individualisierung externer Effekte, (2.) die Institutionalisierung eines Externalitätenmarktes durch die Zuweisung von Eigentums-, Nutzungs- und Transferrechten, (3.) Clublösungen, (4.) preis- und produktionspolitischen Lösungen (Subventionslösungen, landwirtschaftliche Strukturpolitik, regional differenzierte Preise sowie direkte Einkommenszahlungen) und (5.) die öffentliche Bereitstellung kollektiv nutzbarer Güter.

I. Die individuell motivierte Erzeugung externer Effekte

Es kann den Bauern und deren Familien Freude bereiten, positive landwirtschaftliche Externalitäten durch die Pflege des Eigentums zu entfalten. Ein solches Verhalten führt zu schmucken Bauernhöfen, bunten Gärten und sorgfältig genutzten Wiesen, Weiden und Äckern. Berufsstolz und Freude an einem gepflegten ländlichen Lebensstil prägen diese Verhaltensweise,[35] welche sich als eine individuell motivierte Erzeugung positiver externer Effekte umschreiben läßt. Die positiven externen Effekte gehen nicht nur in die (eigene) Nutzenfunktion des Bauern und seiner Familie ein, sondern auch in jene der Nachbarn und ggf. weiterer Kreise, welche ebenfalls zu positiven Externalitäten motiviert werden. Führen das individuelle und das nachbarliche Verhalten bereits zu einer optimalen Verdichtung positiver Externalitäten und zur Bereitstellung kollektiv nutzbarer Güter, erübrigen sich weitere agrarpolitische Maßnahmen.[36]

II. Die Institutionalisierung eines Externalitätenmarktes

Im allgemeinen besteht eine nur beschränkte Zahlungsbereitschaft für die Pflege der Landschaft.[37] Viele Menschen sind sich auch kaum der Bedeutung der

[32] Vgl. *Weinschenck* (1987).
[33] Deren Lösung ist allerdings nie eindeutig.
[34] Vgl. *Bonus* (1979), S. 17 f.
[35] Vgl. *Smith* (1776/1974), S. 312.
[36] Oft ist dies in landwirtschaftlich günstigen Produktionsgebieten der Fall, nicht jedoch in den Gebieten, welche durch einen Verfall der landwirtschaftlichen Strukturen geprägt sind.
[37] Vgl. *Voigt* (1997), S. 410 f.

Landwirtschaft für die Erhaltung der Kulturlandschaft bewußt.[38] Bei einem Teil der nichtlandwirtschaftlichen Bevölkerung ist sogar eine Protesthaltung gegen solche Zahlungen festzustellen, zumal sie als free rider dieses kollektive Gut nutzen können, ohne unmittelbar zu Zahlungen herbeigezogen zu werden. Gewisse Ansätze für die Institutionalisierung eines indirekten Externalitätenmarktes lassen sich jedoch erkennen.

Die *Institutionalisierung eines Externalitätenmarktes* ergibt sich durch die Zuweisung exklusiver, tauschfähiger Property Rights (Eigentums-, Gestaltungs-, Nutzungs-, Verwaltungs- und Transferrechte) an den Ressourcen. Verfügen einzelne Individuen wie beispielsweise auch die Landwirte über solche Rechte, können sie diese gegen Entgelt übertragen. Dies schafft besondere Anreize zur Generierung von Externalitäten durch die Internalisierung von Erträgen.[39] Bei solchen Property Rights-Lösungen handelt es sich um einen marktlichen Ansatz. Die Bereitstellung kollektiv nutzbarer Güter erfolgt spontan durch das individuelle, nutzenorientierte Verhalten der einzelnen Wirtschaftssubjekte.

Als *Beispiele* sind zu nennen:

- Die Landwirte *verpachten* Land für den Tourismus, wodurch sie Erträge erzielen (beispielsweise für Skipisten, Langlaufloipen, Golfplätze, Spielwiesen, Campingplätze, Rastplätze und Parkplätze).[40]

- Die Verbraucher bezahlen *Gebühren für die Nutzung einer besonders unversehrten Umwelt*, etwa für Erholungsaktivitäten wie das Fischen, die Wasserhühnerjagd, das Süßwasser- und Krebsfischen.[41]

- Es entsteht ein *Markt für die Vermietung von Fremdenzimmern oder Beherbergungsstätten* mit einem höheren Pensionsgrad. Selbst Almhütten lassen sich während der Sommermonate in Touristenstationen umwandeln.[42]

Auch weitere Erträge aus dem Tourismus können die Landwirte dazu motivieren, positive Effekte bei der Pflege des Landschafts- und Ortsbildes zu entfalten:

- Der Tourismus schafft einen *lokalen Markt für den Verkauf von Nahrungsmitteln*. Der Absatz erfolgt über das örtliche Nahrungsmittelgewerbe an das Gastgewerbe und die Bevölkerung oder direkt ab Hof (beispielsweise Milchprodukte, Fleischwaren, Obst und Gemüse). Angesichts der oft erheblichen Transportkosten und des Spezialitätencharakters der meisten Erzeugnisse, insbesondere im Falle der Berglandwirtschaft, lassen sich vielfach über den Durchschnittspreisen liegende Marktpreise erzielen.[43] Die Zahlungsbereitschaft der Verbraucher für Güter aus einer landwirtschaftlichen Produktion mit einer Vielzahl positiver Externalitäten ist meist größer als bei vorwiegend negativen Externalitäten, womit sich Ansätze für einen "Externalitätenmarkt" mit Nahrungsmitteln aus einer gesunden Umwelt bilden.

---

[38] Vgl. *Voigt* (1997), S. 410 f.
[39] Vgl. *Coase* (1974), S. 357 ff.
[40] Vgl. *Pevetz* (1972), S. 176.
[41] Vgl. *Bergstrom et al.* (1990), S. 614 ff.
[42] Vgl. *Silbernagl* (1983), S. 4.
[43] Vgl. *Pevetz* (1972), S. 169.

- Der Tourismus führt zu einem *Arbeitsmarkt für voll- und teilzeitliche Mitarbeiter* (beispielsweise für Urlaubsaktivitäten auf dem Bauernhof, als Pistenarbeiter, Bergbahnangestellte, Bergführer, Skilehrer, Bauarbeiter sowie Mitarbeiter in Hotels und Gemeindebetrieben). Damit werden Einkommen generiert und die Nachteile der Saisonwirtschaft vieler landwirtschaftlicher Betriebe mit sommerlichen Arbeitsspitzen und einer ungenügenden Beschäftigung während der Wintermonate kompensiert.

- Der Tourismus bewirkt eine *Steigerung der Wohnortattraktivität* für die ortsansässige Bevölkerung, wodurch die Abwanderung der Bevölkerung gebremst wird (beispielsweise durch eine Verbesserung des Freizeitwertes, der Infrastruktur und einer Erhöhung der Steuerkraft).

III. Clublösungen

Clubs mit mehreren Mitgliedern können der Erzeugung von kollektiven Gütern dienen[44] (sog. *Clublösungen).* Beim Tourismus bilden sich möglicherweise Clubs von Hotels, Pensionen und Gaststätten, welche individuell oder kollektiv nutzbare Güter zur Verfügung stellen, wie beispielsweise gepflegte Urlausbslandschaften, Teile der touristischen Infrastruktur, Erholungseinrichtungen, Wanderwege, "Muster-Almen", Berghütten, Jausenstationen, Schwimmbäder, Sportparks, Golf-plätze, Seilbahnen, Skilifte, Museen, Verkehrsbüros oder Freizeitanimateure.

Dies ist sinnvoll, wenn es sich - wie in diesen Beispielen - um typische Clubgüter handelt und Kostendegressionseffekte (Skalenerträge) bei der Bereitstellung eintreten. Unter solchen Umständen kann eine Motivation entstehen, sich mit anderen Clubmitgliedern zur Erzeugung solcher "Clubgüter" zusammenzuschließen.[45] Das sog. Clubverhalten eignet sich zur Bereitstellung von kollektiv nutzbaren Gütern. Die Skala der Clubgüter liegt zwischen den privaten und den öffentlichen Gütern. Die Clubgüter werden auch als "unreine öffentliche Güter" bezeichnet. Durch Clubs läßt sich das Problem des free rider-Verhaltens von Nicht-Clubmitgliedern lösen. Das Ausschlußprinzip muß prinzipiell anwendbar sein, um ein free rider-Verhalten und damit ein Marktversagen zu verhindern.

IV. Kommunale Lösungen

Institutionell kann es sich bei Clubs um einen Verein oder ein wirtschaftliches Unternehmen (Interessenverband oder Fremdenverkehrsverband) handeln. Unterstützt eine Gemeinde solche Institutionen oder ist sie selbst deren Trägerin, kommt es zu fließenden Übergängen von Clubs zu *kommunalen Lösungen.*[46]

---

[44] Vgl. *Buchanan* (1965), S. 1 ff.

[45] Die Theorie der Clubs untersucht die Rahmenbedingungen für ein optimales Angebot an Clubgütern. Dazu zählen die Zahl der Güter, die Zahl der beteiligten Individuen, die Größe des Clubs und die Eigenschaften des bereitgestellten Gutes. Mit zunehmender Größe einer Gruppe nehmen die Einigungs- und die Internalisierungskosten zu. Die Größe des Clubs wird deshalb nur solange ausgedehnt, wie sich daraus eine Zunahme des Nettogrenznutzens für die Clubmitglieder ergibt.

[46] In Gemeinden mit Sommer- sowie Wintertourismus gibt es auch Ansätze zur Unterstützung der Landwirtschaft in der Erhaltung sowie im Ausbau der ländlichen Infrastruktur und in der Pflege der Kulturlandschaft, beispielsweise durch Flächenbeträge für die Schnitt- und Weidenutzung des Grünlandes, Beiträge für Rinder, Schafe und Ziegen sowie Betriebsbeiträge. Vgl. *Pevetz* (1993), S. 36.

C. Preis- und produktionspolitische Lösungen

Als weitere, preis- und produktionspolitische Instrumente zur Regulierung von positiven landwirtschaftlichen Externalitäten sind zu nennen: Allgemeine preispolitische Lösungen (Zi. I.), regional differenzierte Preise, Freimengen und Kleinerzeugerbeihilfen (Zi. II.), Subventionslösungen (Zi. III.), direkte Einkommenszahlungen (Zi. IV.), die öffentliche Bereitstellung kollektiv nutzbarer Güter (Zi. V.) und die landwirtschaftliche Strukturpolitik (Zi. VI.).

I. Allgemeine preispolitische Lösungen

Preispolitische Lösungen können darauf abzielen, durch eine Erhöhung der Produktionspreise eine größere landwirtschaftliche Produktion zu erzeugen, als dies beispielsweise auf der Basis der Weltmarktpreise der Fall wäre. Damit kann versucht werden, die positiven landwirtschaftlichen Externalitäten zu optimieren.

In einem einfachen Modellbeispiel wird ein Land mit homogenen Produktionsbedingungen angenommen. In diesem Fall ergeben sich bei einer Überhöhung der Inlandspreise gegenüber den Weltmarktpreisen günstige Wirkungen durch die zusätzlichen positiven landwirtschaftlichen Effekte, die größere Selbstversorgung und die zusätzliche Produzentenrente. Zu den negativen Wirkungen zählen eine geringere Konsumentenrente und größere negative landbauliche Externalitäten. Staatsausgaben fallen in diesem Modellbeispiel keine an, sondern ggf. Zolleinnahmen.

Per Saldo kann die Wirkung positiv oder negativ sein. Je größer der Ressourcenreichtum eines Landes und je geringer dessen Selbstversorgung ist, desto größer werden die Vorteile sein. Nähert sich die landwirtschaftliche Produktion der Selbstversorgung, werden die positiven Effekte immer kleiner, und die negativen Effekte nehmen zu. Nach Erreichen oder Überschreiten der Selbstversorgung wird eine Preisüberhöhung gegenüber den Weltmarktpreisen meist zu einem ineffizienten agrarpolitischen Instrument.

Denkbar ist, daß die Agrarpreise eines Landes in Folge eines großen Ressourcenreichtums und einer leistungsfähigen Agrarproduktion den Weltmarktpreisen entsprechen bzw. diese beeinflussen. In diesem Fall kann sich das Gleichgewicht zwischen den positiven und den negativen Externalitäten bei einem Niveau über der Selbstversorgung einpendeln.

Unter dem Aspekt der Regulierung der positiven landwirtschaftlichen Effekte erweist sich eine Überhöhung der Inlandspreise allerdings als wenig präzises Instrument. Die positiven landwirtschaftlichen Externalitäten als solche lassen sich auf diese Weise nicht spezifisch regulieren. Eine preisliche Überhöhung dient lediglich der groben Optimierung der positiven landwirtschaftlichen Effekte.

Dies zeigt sich auch an einem etwas komplexeren Modellbeispiel. Ein Land verfüge über reichliche Bodenressourcen. Eine Hälfte des Bodens (Gebiet A) eignet sich für eine sehr intensive, vielfältige Landwirtschaft. Die andere Hälfte (Gebiet B) besteht aus landschaftlich reizvollen, aber für die landwirtschaftliche Produktion benachteiligten Flächen. Gebiet A kann kostengünstig die Nachfrage nach landwirtschaftlichen Erzeugnissen befriedigen, Gebiet B ist ein landwirtschaftliches Rückzugsgebiet. Werden nun die Agrarpreise im Inland gegenüber den Weltmarktpreisen überhöht, kommt es zwar zu einer größeren landwirtschaftlichen Produktionsintensität im Gebiet A, aber der Verfall der Landwirtschaft im Gebiet B wird nicht zwangsläufig gebremst. Als Instrument zur Regulierung der positiven landwirtschaftlichen Effekte im Gebiet B versagt diese Lösung. Es drängen sich differenzierte Lösungen zur Regulierung der positiven Externalitäten im Gebiet B auf.

II. Regional differenzierte Preise, Freimengen und Kleinerzeugerbeihilfen

Bestehen landwirtschaftliche Marktordnungen, können diese auf die Förderung der landwirtschaftlichen Produktion in den benachteiligten Gebieten ausgerichtet sein. Ein Mittel sind *regional differenzierte Erzeugerpreise, Freimengen und Kleinerzeugerbeihilfen.*[47] Aus ordnungspolitischer Sicht bestehen allerdings Bedenken, den Preismechanismus seiner Marktfunktionen zu berauben und für die Ziele der regionalen Agrarförderung einzusetzen. Zudem erfordern diese Instrumente einen umfassenden bürokratischen Aufwand.[48]

III. Die Förderung der Produktion durch Subventionslösungen

Zieht sich die Landwirtschaft aus Gebieten mit ungünstigen Produktionsbedingungen zurück, kommt es zu einer starken Verdünnung der positiven landwirtschaftlichen Effekte. Fehlende oder sich nur rudimentär entwickelnde Märkte für positive landwirtschaftliche Externalitäten und die meist mangelnde Möglichkeit, nichtzahlende Verbraucher vom Konsum auszuschließen, führen zu einer suboptimalen Erzeugung von positiven landwirtschaftlichen Externalitäten.

In diesem Zusammenhang stellt sich die Frage, ob eine Regulierung der positiven landwirtschaftlichen Externalitäten mit der Hilfe von Subventionen zur Förderung der Produktion möglich ist.[49] Gehen wir vorerst von einem Land mit einer einheitlichen räumlichen Struktur und homogenen landwirtschaftlichen Produktionsbedingungen aus. In Abb. 14/1 liegt die inländische Produktion bei einem Weltmarktpreis von P_w bei X_1. Der Import umfaßt die Differenz zur konsumierten Menge X_3. Der Grenznutzen der positiven Externalitäten N'_E bei der erzeugten Menge von X_1 beträgt in diesem Modellbeispiel null. Die Grenzkosten K'_E zur Erzeugung der positiven Externalitäten seien bei einer Produktionsmenge von X_1 ebenfalls null. Die Leistungen der Landwirtschaft werden vollständig durch die Märkte abgegolten. Das Paretooptimum im Externalitätenbereich wird verfehlt, denn der Grenznutzen N'_E und die Grenzkosten K'_E weichen voneinander ab. Das Optimum im Externalitätenbereich wird bei einer Produktionsmenge von X* erreicht. Erhalten die Landwirte eine Produzentenrente von BCDE (bei Preisen von P_w und zusätzlichen, an die Erzeugermenge gebundenen Subventionszahlungen), produzieren sie die Menge von X_2. Es kommt zu einem Optimum im Externalitätenbereich bei X*, wo der Grenznutzen der positiven Externalitäten den Grenzkosten der Bereitstellung entspricht. Das Optimum im Bereich der positiven Externalitäten ist erreicht.

[47] Vgl. *Rieder* (1979), S. 64; vgl. auch Kapitel 8.
[48] Vgl. Kapitel 8.
[49] Im Gegensatz zu den sog. "Pigousteuern" zur Internalisierung von negativen Externalitäten ließe sich im Zusammenhang mit positiven Externalitäten von "*Pigousubventionen*" sprechen. Vgl. *Pigou* (1920/1960).

Denkbar ist, daß sich die Grenznutzenkurve N'_E im Verlaufe der Zeit bei größeren oder geringeren Präferenzen für die positiven Externalitäten verschiebt (nicht eingezeichnet). Ebenso kann sich die Grenzkostenkurve K'_E bei sich verändernden Grenzkosten für die Erzeugung der positiven Externalitäten verschieben. Es kommt zu einer neuen Gleichgewichtssituation im Bereich der positiven landwirtschaftlichen Externalitäten.

Abb. 14/1
Die Optimierung der positiven Externalitäten

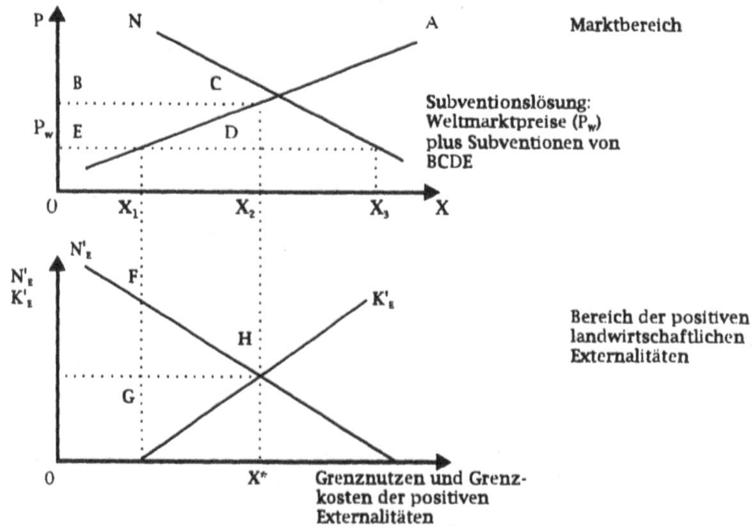

Einzuwenden ist, daß diese Modellüberlegungen eine Fiktion darstellen, denn die Aggregation der subjektiven Präferenzen der einzelnen Wirtschaftssubjekte zu einer gesellschaftlichen Präferenzenfunktion ist unmöglich und methodisch unzulässig. Es lassen sich höchstens gewisse Präferenzenstrukturen im Rahmen der politischen Diskussionen erkennen. Praktische Lösungen erfordern ein Herantasten an optimale Lösungen.

Hinzu kommt, daß die Bedingungen in der Realität wesentlich komplexer sind als im Modell. Die landwirtschaftlichen Produktionsbedingungen sind lokal und regional sehr unterschiedlich, ebenso die Präferenzen für positive landwirtschaftliche Externalitäten. Deshalb ist es zweckmäßig, die agrarpolitischen Instrumente differenziert an die jeweiligen räumlichen Bedingungen und Optimalvorstellungen anzupassen.

Erforderlich sind regionalspezifische Ansätze:

> "Allseits besteht Übereinstimmung, daß zur Vorbereitung von Entscheidungen vergleichende Kosten-Nutzen-Analysen für bestimmte Fragestellungen und Regionen gemacht werden sollten. Dabei sind natürliche Ressourcen, Bodenwerte, Arbeitskräftereserven, Infrastrukturen, Wohn- und Freizeitwerte, Landschaftsstrukturen, Standortqualitäten für gewerbliche Betriebe und viele andere Fragen zu berücksichtigen. Besondere Bedeu-

tung haben auch die wechselseitigen Beziehungen zwischen den verschiedenen Regionen".[50]

IV. Direkte Einkommenszahlungen

Direkte Einkommenszahlungen sind das am meisten verbreitete Instrument zur Förderung positiver landwirtschaftlicher Externalitäten. Seit den 1960er Jahren hat sich das Schwergewicht der Förderung der Landwirtschaft - auch in den Gebirgslagen und im Mittelgebirge - von der Produktionspolitik auf direkte Einkommenszahlungen verlagert.[51] Voraussetzung für eine optimalen Beinflussung der positiven Externalitäten ist, daß die Förderung der Landwirtschaft auf allgemeine und nicht gruppenegoistische Ziele ausgerichtet ist.[52]

Aus ordnungspolitischer Perspektive sind solche direkten Einkommenszahlungen

> " ... ein legitimes Werkzeug der Politik nicht als Mittel der Einkommensumverteilung, sondern nur als Mittel zur Nutzung des Marktes, um Leistungen zu erlangen, die nicht auf jene beschränkt werden, die persönlich dafür bezahlen"[53].

Bei diesen direkten Einkommenszahlungen kann es sich um produktionsbezogene, strukturbezogene oder landschaftspflegeorientierte Beiträge handeln.[54] Die einzelnen Arten von Zahlungen sind so zu kombinieren, daß sie gebietsweise gezielt auf jene Effekte ausgerichtet werden, welche als positive Externalitäten optimiert werden sollen. Soll die Landschaft besiedelt werden, sind familienbezogene Beiträge sinnvoll, sollen die Wiesen gemäht werden, Beiträge für deren Schnittnutzung, sollen die Grünflächen beweidet werden, Beiträge für die Weidenutzung, soll Vieh gehalten werden, Beiträge für die Viehhaltung, soll die Infrastruktur aufrecht erhalten werden, Beiträge für die Infrastruktur usw.[55] Dabei besteht, wie bei allen Subventionsmaßnahmen, die Gefahr von Mitnahmeeffeken, indem selbst jene Landwirte in den Genuß von Förderungsmaßnahmen gelangen, welche die positiven Externalitäten auch ohne Beihilfen erbracht hätten.

V. Die landwirtschaftliche Strukturpolitik

Die *landwirtschaftliche Strukturpolitik* war ursprünglich das Hauptinstrument der regionalen Agrarförderung und zählt auch heute noch zu den Grundvoraussetzungen der regionalen Entwicklung im ländlichen Raum.[56] Es handelt sich um die einzelbetriebliche und die überbetriebliche Förderung.[57] Die strukturbe-

---

[50] *Priebe* (1970), S. 236; vgl. *Rieder* (1979), S. 63.
[51] Vgl. *Pevetz* (1995), S. 20 f.
[52] *Von Hayek* (1981), S. 21.
[53] *Von Hayek* (1983), S. 336.
[54] Bei den strukturbezogenen Zahlungen werden diese pro Betrieb, Arbeitskraft oder Tiereinheit entrichtet, bei den landschaftspflegeorientierten Zahlungen erfolgen sie je nach der Art der Nutzung (beispielsweise der Schnitt- oder Weidenutzung) oder nach dem Schwierigkeitsgrad der Bewirtschaftung.
[55] Vgl. eingehender Kapitel 16 und 18.
[56] Vgl. Kapitel 16.
[57] Mit der einzelbetrieblichen Förderung werden die Investitionen in Wohnhäuser, Betriebsgebäude u.ä. finanziell erleichtert. Die überbetriebliche Förderung umfaßt den Bau von Straßen und Wegen, die Wasserwirtschaft, die Flurbereinigung und die Dorferneuerung. Vgl. Kapitel 16.

zogene Förderung der Landwirtschaft ist in der Regel sehr kostspielig, stellt jedoch eine Voraussetzung für die landwirtschaftlichen Aktivitäten besonders in den benachteiligten Gebieten dar. Spezielle regionale Entwicklungskonzepte sind erforderlich, um diese auf die räumlichen Bedürfnisse der Gesellschaft abzustimmen.[58]

VI. Die öffentliche Bereitstellung von kollektiv nutzbaren Gütern

Neben der Förderung der Landwirtschaft über individuelle Anreizmechanismen besteht auch die Möglichkeit einer *öffentliche Bereitstellung von kollektiv nutzbaren Gütern.*[59] Dabei werden mit der Hilfe von Landschaftspflegetrupps besondere Landschaftseffekte erzeugt. Dazu zählen das Mähen von Wiesen in der Umgebung von Dörfern des Tourismus, der Unterhalt von Feucht- und Trokkengebieten mit Pflegetrupps sowie das Betreiben von Almen mit öffentlichem Personal.

Sehr weit gehen die Vorstellungen, die Bauern um ihrer positiven landschaftlichen Effekte wegen als eine Art von "öffentlichem Dienst" zu betrachten.[60] Bei den positiven landbaulichen Effekten, welche sich kollektiv nutzen lassen, handelt es sich um Mischgüter. Es ist zweckmäßig, diese auf privatem Wege bereitzustellen.[61] Die öffentliche Bereitstellung sollte die äußerste Maßnahme sein, denn damit entfallen viele spontane Verhaltensweisen jener Landwirte, welche die positiven Externalitäten auch durch ihr natürliches Verhalten erbringen würden. Zudem treten bei der öffentlichen Bereitstellung zahlreiche Probleme auf. So entstehen Kosten für die erforderlichen politischen Entscheidungen sowie Ineffizienzen bei der Mittelbereitstellung und -verwaltung durch die öffentliche Hand.

Oft kommt es zu negativen Externalitäten (public bads) durch eine gleichzeitige, übergroße Bereitstellung und Beanspruchung von kollektiven Gütern. Werden diese zum Nulltarif angeboten und genutzt, treten die Probleme eines doppelten Öffentlichkeitsgrades besonders stark in Erscheinung. Das Problem eines *"doppelt zu differenzierenden Öffentlichkeitsgrades"* läßt sich als Mischgütermatrix darstellen läßt (vgl. Tab. 14/2). Es handelt sich um das gleichzeitige Entstehen positiver und negativer Externalitäten, welche landbaulicher oder außerlandwirtschaftlicher Art sein können.

Die Mischgütermatrix[62] in Tab. 14/2 gibt einen Überblick, wie ein doppelt zu differenzierender Öffentlichkeitsgrad grundsätzlich zustande kommen kann. Diese Zusammenstellung ist nicht vollständig, sondern nur beispielhaft für die Landwirtschaft, um das Grundprinzip zu erklären, wobei die Beispiele keinen systematischen Bezug zur Praxis aufweisen. Die Matrix endet beim öffentlichen Nutzen bzw. bei den öffentlichen Kosten, ließe sich jedoch bis zu den reinen öffentlichen Gütern fortsetzen.

---

[58] Vgl. Zi. E.

[59] Die staatliche Bereitstellung von positiven landbaulichen Externalitäten bzw. kollektiv nutzbaren landwirtschaftlichen Ressourcen erinnert an die früheren *"DDR-Freizeitanlagen"*.

[60] Vgl. *Recktenwald* (1980), S. 168 und 174.

[61] Vgl. *Leven* (1989), S. 232.

[62] Vgl. zur Methodik einer Mischgütermatrix auch *Leven* (1989), S. 214 und 220.

Tab. 14/2
Beispiel für eine landwirtschaftliche Mischgütermatrix

Öffentlichkeitsgrad der Nutzenseite / Öffentlichkeitsgrad der Kostenseite	Nur privater Nutzen	Privater Nutzen und positive externe Effekte	positive externe Effekte (öffentl. Nutzen)
Nur private Kosten	Jäger und Sammler in prähistorischer Zeit	Oftmals Landschaftseffekte der Landwirtschaft	Alm als Touristenattraktion
Private Kosten und negative externe Effekte	Geruchsbelästigung durch intensive Tierhaltung	Jaucheausbringung in einem reizvollen Landwirtschaftsgebiet mit Touristik	Für den Tourismus organisierter Almaufzug mit stinkenden Ziegenböcken und tierischen Exkrementen auf den Straßen
Private Kosten, negative externe Effekte und öffentliche Kosten	Steigerung der landbaulichen Intensität bis zur Umweltvergiftung	Anbau von Mohn zur Drogengewinnung mit schön blühenden Pflanzen	

Bemerkenswert ist, daß bei einer Förderung der Landwirtschaft gleichzeitig positive und negative Externalitäten auftreten können, weshalb ein differenziertes Konzept für die Regulierung (Teiloptimierung der positiven und negativen Externalitäten) notwendig ist. Geringfügige negative Externalitäten lassen sich bei der Regulierung vernachlässigen, erhebliche negative Effekte jedoch müssen speziell erfaßt und reguliert werden.[63]

Erfolgt der "Konsum" der positiven landwirtschaftlichen Effekte zum Nulltarif, ergibt sich zudem eine Verschwendung der dafür eingesetzten Ressourcen, indem diese bis zur Sättigung genutzt werden.[64] Oft wird über einen Mangel an kollektiv nutzbaren Gütern geklagt, wenn diese Güter kostenlos genutzt werden können.[65] Von Bedeutung sind auch die häufigen gesellschaftlichen Fehlinvestitionen durch die falsche Beurteilung bzw. die Überschätzung der Nachfrage bei der bürokratischen Bereitstellung von Gütern. Aus diesen und ähnlichen Gründen ist es oft ineffizient, den Staat als Angebotsmonopolisten öffentlicher Güter einzusetzen.[66] Von der kollektiven Nutzung zwangsläufig auf die Notwendigkeit einer staatlichen Bereitstellung zu schließen, ist wenig sinnvoll.

[63] Vgl. Kapitel 13.

[64] Es kommt zu einer Verletzung der Grenzkosten-Preis-Regel und mithin zu einer paretoinferioren Situation. Die Grenzkosten sind positiv und der Grenznutzen ist beim Nulltarif null, indem die Güterproduktion bis zur Sättigung erfolgt. Die Grenzkosten und der Grenznutzen weichen voneinander ab.

[65] Vgl. *Engels* (1976/1981), S. 278.

[66] Würde beispielsweise auch die Landschaftspflege auf staatlichem Wege erbracht, müßten die Bauern zu Beamten werden. Vgl. *Kleinewefers* (1972), S. 94. Die Forderung, die Bauern im Hinblick auf die Erfüllung landschaftspflegerischer Aufgaben zu beamten, ist jedoch verfehlt.

D. Besondere Aspekte der Regulierung positiver Externalitäten

I. Das Wahl- oder Abstimmungsparadoxon

Bei der Entscheidung über die Bereitstellung kollektiv nutzbarer Güter entstehen - außer den bereits genannten Problemen - noch weitere Fragen. Dazu zählt das *Wahl- oder Abstimmungsparadoxon* (auch *Condorcet-* oder *Arrow-Paradoxon* genannt).[67] Müssen mehrere Individuen über mehrere Alternativen entscheiden, kann sich eine widersprüchliche (intransitive) Präferenzenordnung ergeben. Das Ergebnis hängt davon ab, in welcher Reihenfolge abgestimmt wird. Zudem treten nicht überwindbare Probleme bei der Aggregation individueller Präferenzen zu einer *gesellschaftlichen Nutzenfunktion* auf; eine gesellschaftliche Wohlfahrtsfunktion läßt sich nicht konstruieren. Oft gibt es zwei-, drei- und mehrgipflige gesellschaftliche Präferenzenordnungen. Eine optimale Allokation von Ressourcen für die Bereitstellung von kollektiven Gütern ist bei stark heterogenen Präferenzen problematisch. Dies läßt sich an einem Modellbeispiel erläutern, bei welchem sich eine dreigipflige Präferenzenordnung für die Nutzung eines Gebietes zeigt. Gruppe A bevorzugt die konventionelle Landwirtschaft, Gruppe B die biologische Landwirtschaft und die Gruppe C einen Naturpark. Es ergibt sich keine eindeutige Lösung.[68] Am besten eignet sich in diesem Fall eine Strategie der Mehrfachnutzung bei Gewichtung der einzelnen Interessen. Werden kollektiv nutzbare Güter auf politischem Wege bereitgestellt, versuchen die Individuen außerdem, ihre wahren Präferenzen zu verbergen, um nicht zu Zahlungen herangezogen zu werden.[69] Dies erschwert die Möglichkeiten zur Nutzenermittlung.[70]

II. Lösungsansätze

Zu den Lösungsansätzen des Präferenzenproblems zählen: Die Wicksellsche Regel (Zi. 1.), die Kopplung von Nutzen und Aufwand (Zi. 2), die gesellschaftsvertragliche Lösung (Zi. 3.) und die Optimierung der Regulierung und Finanzierung durch föderative Staatshaushalte (Zi. 4.).

1. Die Wicksellsche Regel

Als erster Ansatz für die optimale Bereitstellung von kollektiv nutzbaren Gütern kann die Einstimmigkeitsregel von *Knut Wicksell (sog. Wicksellsche Regel)* herangezogen werden.[71] Dieses Verfahren dient der Bestimmung des optimalen Budgets und sieht die Bereitstellung kollektiv nutzbarer Güter nur dann vor, wenn sich die Individuen einstimmig darauf einigen.

Der Nachteil der Einstimmigkeitsregel besteht in den großen Kosten der Konsensfindung, wenn alle beteiligten Individuen zur Entscheidung herbeigezogen werden müssen. Nach den Regeln der Einstimmigkeit können widerspenstige Mitglieder Vorteile erwarten, wenn sie sich vorerst widersetzen und sich Vergünstigungen als "Preis" für die Zustimmung anbieten lassen. Die letzte Stimme muß oft teuer erkauft werden. Als Kompromiß läßt sich jede Regel oberhalb der Mehrheitsregel einführen, so beispielsweise eine 3/4 oder 5/6 Regel. Dabei

---

[67] Vgl. *Arrow* (1989), S. 353.
[68] Ein pragmatischer Ansatz besteht darin, je einen Anteil der Flächen den einzelnen Nutzungsarten zu widmen.
[69] Vgl. *Buchanan* (1975/1984), S. 54.
[70] Vgl. *Leven* (1989), S. 389.
[71] Vgl. *Wicksell* (1896/1958).

werden kollektiv nutzbare Güter nur bereitgestellt, wenn sich ein entsprechender Anteil der Individuen dafür ausspricht. Dies senkt die Kosten der Entscheidungsfindung, welche bei der Einstimmigkeitsregel anfallen.

2. Die Kopplung von Nutzen und Aufwand

Ein anderer Ansatz von *Knut Wicksell* befaßt sich mit der *Kopplung von Nutzen und Aufwand.* Dabei wird über die Bereitstellung von kollektiven Gütern nur im Zusammenhang mit den Einnahmenregelungen abgestimmt:

> "Jede Verteilung der Steuerlasten, die zu Einkünften führt, die zur Finanzierung des relevanten Ausgaben-Projekts ausreichen, besteht *Wicksells Test,* wenn sie nur allgemeine Zustimmung findet"[72].

Free rider Verhalten ist dabei nicht möglich. Die Individuen sind zum Offenlegen ihrer wahren Präferenzen gezwungen.

3. Der gesellschaftsvertragliche (kontrakttheoretische) Ansatz

Der *gesellschaftsvertragliche (kontrakttheoretische) Ansatz* baut auf der *Wicksellschen Regel* auf.[73] Für effiziente Lösungen im Bereich der Bereitstellung kollektiver Güter bietet sich der sekundäre (postkonstitutionelle) Gesellschaftsvertrag unter allen Beteiligen an.[74] Dabei gilt eine Entscheidungsregel, die geringfügig unterhalb der Einstimmigkeit angesiedelt ist. Die Gewinne beim Grenznutzen der Zustimmenden sollen den Grenzkosten für die Bereitstellung der kollektiv nutzbaren Güter entsprechen. Noch bessere ökonomische Ergebnisse sind zu erwarten, wenn freiwillige Verträge zustande kommen und Nichtbeteiligte vom Konsum ausgeschlossen werden können.[75]

4. Die Optimierung der Regulierung und Finanzierung durch föderative Staatshaushalte

Die *ökonomische Theorie des Föderalismus* bildet eine weitere institutionelle Grundlage und stellt zugleich einen konsequenten Schritt zur Optimierung der Allokation kollektiv nutzbarer Güter dar. Es handelt sich um eine fiskalische Standorttheorie, welche sich mit der Versorgung im Kollektivgüterbereich sowie deren Finanzierung im Rahmen föderativer Staatshaushalte beschäftigt.

Das ökonomische Konzept des Föderalismus mit dezentralen Ebenen erscheint dazu besonders geeignet. Die Bereitstellung kollektiv nutzbarer Güter soll von jenen Hierarchieebenen des Staates übernommen werden, bei welchen die Nutzung deckungsgleich mit den Nutzergruppen ist.[76] Die einzelnen staatlichen Haushalte (Europäische Union, Bund, Länder, Kreise und Gemeinden) verhalten sich gruppenoptimal, wenn die sozialen Grenzkosten der kollektiv nutzbaren Güter mit deren sozialen Grenznutzen übereinstimmen. Die Grenzausgaben zweier staatlicher Haushalte für die Finanzierung kollektiver Güter verteilen sich im Gleichgewicht so, daß der Haushalt des staatlichen Gebildes mit den

---

[72] Vgl. *Buchanan* (1986/1989), S. 945.
[73] Vgl. ausführlicher Kapitel 3.
[74] Vgl. *Buchanan* (1975/1984), S. 55.
[75] Vgl. *Buchanan* (1975/1984), S. 56 f. und 60 f.
[76] Vgl. *Hansmeyer* (1985), S. 107.

größeren Präferenzen überproportional große Grenzausgaben aufweist, jener mit den geringeren Präferenzen kleinere Grenzausgaben.

Die Voraussetzungen für eine optimale Fiskalpolitik sind günstig, wenn die Entscheidungen über die Ausgaben und die Einnahmen auf dezentraler Ebene gefällt werden sowie über die Beschaffung öffentlicher Güter von seiten der Bevölkerung unmittelbar abgestimmt wird und schließlich eine simultane Entscheidung über die Ausgaben und Einnahmen erfolgt.[77] Eine effiziente Allokation von Ressourcen setzt voraus, daß Nutzer, Zahler und Entscheider, soweit sinnvoll und möglich, identisch sind.[78] Auf diese Weise läßt sich ein wesentlicher Vorteil eines föderativen Systems, das Prinzip der fiskalischen Äquivalenz, erreichen.

Dabei wird der kleinere Haushalt versuchen, zu einer Art von free rider Verhalten überzugehen, indem er von den Nutzenspillovers größerer, übergeordneter Haushalte profitiert. Deshalb ist die Beseitigung von Nutzenspillovers durch Verhandlungen notwendig. Es muß untersucht werden, ob es sich um ein lokales, regionales, nationales oder internationales Regulierungsbedürfnis handelt.[79] Je nach dem Ergebnis ist innerhalb föderativ aufgebauter Staatswesen diejenige hierarchische Stufe festzulegen, welche sich am zweckmäßigsten mit der Regulierung und Bereitstellung der einzelnen, kollektiv nutzbaren Güter beschäftigt. Wird diese Stufe weder zu hoch noch zu tief gewählt, kommt es zu einer Annäherung an das allokative Optimum. Bei Nutzenspillovers erweist sich ein finanzieller Ausgleich zwischen den einzelnen öffentlichen Haushalten als sinnvoll.

Ausgehend von der Komplexität der landbaulichen Externalitäten und der Vielfalt der agrarpolitischen Instrumente (Ordnungs-, Allokations-, Verteilungs- und Stabilisierungsmaßnahmen) hat die Frage der optimalen Beziehung zwischen den einzelnen staatlichen Haushalten in der Agrarpolitik einen großen Stellenwert. Zu lösen sind Probleme wie beispielsweise der wünschenswerte Hierarchiegrad, die angestrebten Nutzenspillovers zwischen den einzelnen Stufen, die optimale Aufgabenverteilung, die Zusammenarbeit unter den einzelnen Staatshaushalten und die Finanzbeziehungen zwischen den autonomen Körperschaften.[80]

III. Nutzen-Kosten-Aspekte der Bürokratie

Auch bei föderativen Lösungen sind die Nutzen-Kosten-Aspekte der Bürokratie zu beachten. Die Komplexität der Entscheidungen und der bürokratische Koordinationsaufwand dürfen nicht unterschätzt werden. Bei Maßnahmen zur Regulierung positiver Externalitäten entstehen dem Staat sowohl Kosten im Zusammenhang mit den Subventionen als auch Bürokratiekosten. Im Extremfall sind die Bürokratiekosten zur Beschaffung der Einnahmen und zum Administrieren der Ausgaben größer als die ausbezahlten Subventionen, woraus sich

[77] Vgl. *Engels* (1976), S. 278.
[78] Vgl. *Recktenwald* (1983), S. 3.
[79] Vgl. *Evans* (1970), S. 87 f.
[80] So wird beispielsweise die Bereitstellung der landwirtschaftlichen Infrastruktur als eine private oder kommunale Aufgabe gesehen, die Bereitstellung der übergeordneten Infrastruktur dagegen als eine Aufgabe des Landes oder des Bundes. Die Förderung der Landschaftspflege wird meist als eine Aufgabe des Landes betrachtet, ergänzt durch Leistungen der Gemeinden, des Bundes und der Europäischen Union. Es ergibt sich eine komplexe Struktur der Zusammenarbeit föderativer Institutionen (vgl. auch Kapitel 19).

eine unbefriedigende Nutzen-Kosten-Relation ergibt.[81] Deshalb lohnt es sich nicht, geringfügige positive Externalitäten auf bürokratischem Wege zu regulieren.

E. Beispiele für regionale Entwicklungsprogramme

I. Der Bayerische Weg

Ein Beispiel für ein regionales Entwicklungsprogramm ist *"Der Bayerische Weg"* aus dem Jahre 1971.[82] In diesem Programm wurde die Gesundschrumpfung der Landwirtschaft als eine "Schraube ohne Ende" betrachtet, welche die Probleme des Landes nicht zu lösen vermag, sondern durch die Verödung und Entvölkerung ganzer Landstriche neue Probleme schafft.[83] Man erkannte, daß der gemeinsame Agrarmarkt der Europäischen Union zu einer Verschärfung des Wettbewerbs auf den Märkten für landwirtschaftliche Erzeugnisse führt. Die Wettbewerbsfähigkeit der Bayerischen Landwirtschaft wird stärker als jene anderer bundesdeutscher Länder durch die ungünstigen Produktionsbedingungen beeinträchtigt. Zu den Gründen zählen das rauhe Klima, die ertragsarmen Böden, die Zunahme der Grenzertragsböden, die große Zahl von Kleinbetrieben, die unbefriedigenden landwirtschaftlichen Einkommen, die zunehmenden innerbetrieblichen Disparitäten, die langen Arbeitszeiten, die geringen Urlaubsmöglichkeiten, der unzulängliche sozialpolitische Schutz und die großen räumlichen Entfernungen zu den Verbraucherzentren.

Angestrebt wurde eine lebensfähige Landwirtschaft, welche die Voraussetzungen für eine Mindesteigenversorgung, hochwertige Nahrungsmittel, eine gepflegte Landschaft und eine gesunde Umwelt bildet. Notwendig erschien die Verbesserung der landwirtschaftlichen Einkommen und der sozialen Lage. Als wichtigstes Instrument wurde die landwirtschaftliche Strukturpolitik betrachtet. Entwicklungsfähige Betriebe sollten zu wirtschaftlichen, rationellen Produktionseinheiten vergrößert und nicht entwicklungsfähigen Betrieben der Übergang zur nebenberuflichen Landwirtschaft ermöglicht werden. Eine einseitige Orientierung auf Vollerwerbsbetriebe wurde als Weg in eine Sackgasse betrachtet.[84]

Bald nach dem Erscheinen des *"Bayerischen Weges"* wurde erkannt, daß die Mittel zur Verbesserung der Agrarstruktur nicht vorhanden waren. Der anspruchsvolle *"Bayerische Weg"* mußte aufgegeben und durch ein Programm mit budgetären Realisierungschancen ersetzt werden. Es erfolgte der Übergang von einem *strukturpolitischen* zu einem *landschaftspflegeorientierten* Ansatz. 1974 erschien *"Der Agrarleitplan"*, welcher sich in erster Linie mit der Nutzung der Flä-

---

[81] Vgl. Kapitel 19.

[82] *Bayerisches Staatsministerium für Ernährung, Landwirtschaft und Forsten* (1971). Parallel dazu entstand "Der Waldfunktionsplan". Vgl. *Bayerisches Staatsministerium für Ernährung und Forsten* (1971).

[83] *Bayerisches Staatsministerium für Ernährung, Landwirtschaft und Forsten* (1971), S. 3.

[84] Im weiteren sollten der Bildungsstand verbessert, die überbetriebliche Zusammenarbeit gefördert, Mittel zur Modernisierung der Wohnhäuser bereitgestellt, moderne Vermarktungseinrichtungen geschaffen, für den Agrarexport geworben und Landnutzungspläne erstellt werden. Vgl. *Bayerisches Staatsministerium für Ernährung, Landwirtschaft und Forsten* (1971), S. 3 ff.

chen beschäftigte.[85] Es wurde vor allem festgelegt, welche Flächen langfristig der landwirtschaftlichen Produktion vorbehalten werden sollten, welche einer extensiven Bewirtschaftung zugeführt werden konnten, welche aus der landwirtschaftlichen Nutzung auszuscheiden hatten und in welchen Gebieten land- und forstwirtschaftlichen Maßnahmen zur Sanierung, Erhaltung, Pflege und Gestaltung der Kulturlandschaft durchzuführen waren.[86]

1988 wurde das *Bayerische Kulturlandschaftsprogramm* eingeführt, mit welchem die Kulturlandschaft durch Aktivitäten von landwirtschaftlichen Betrieben erhalten, gepflegt und gestaltet werden sollte. Es wurden Prämien unterschiedlicher Höhe bei Einhaltung von Bewirtschaftungsauflagen ausbezahlt. Dieses Programm richtete sich auf eine Extensivierung der Nutzung bzw. eine schonende Nutzung von Grenzertragsflächen und Naturschutzgebieten.[87]

II. Das Albprogramm

Im gleichen Jahr wie der "*Bayerische Weg*" erschien 1971 das "*Albprogramm*" für Baden-Württemberg und 1974 das "*Schwarzwaldprogramm*".[88] In der *Schwäbischen Alb* befand sich die vollerwerbliche Landwirtschaft aufgrund der natürlichen Benachteiligung im Rückzug. Zunehmend dominierten die Zu- und Nebenerwerbsbetriebe. Die Hauptziele des *Albprogramms* lagen im Naturschutz, in der Pflege der Landschaft und des Landschaftsbildes sowie der Erholungsfunktion. Die Hauptinstrumente waren strukturpolitischer Art.[89] Hinzu kamen landschaftspflegeorientierte Ansätze.[90] Weitere Instrumente waren die Förderung des Fremdenverkehrs und des Urlaubs auf dem Bauernhof sowie die Schaffung außerlandwirtschaftlicher Arbeitsplätze.

Zwei Jahre nach der Einführung des *Albprogramms* zeigten sich ähnliche Erfahrungen wie in Bayern.[91] Probleme ergaben sich vor allem hinsichtlich der Entwicklungsmöglichkeiten und der Finanzierung der Landwirtschaftsbetriebe. Es erwies sich als zweckmäßig, das Schwergewicht bei der *Pflege der Landschaft* anzusiedeln. Zurückhaltung erschien beim Bau von Wochenendsiedlungen geboten, weil diese das Landschaftsbild beeinträchtigen.

---

[85] Vgl. *Bayerisches Staatsministerium für Ernährung, Landwirtschaft und Forsten* (1974).

[86] Es wurden Modelle für die Pensionsviehhaltung, die Schafhaltung, die großflächige Bewirtschaftung, die Berglandwirtschaft, die nutzungsfreie Pflege, die gezielte Aufforstung, die paralandwirtschaftliche Nutzung zu Erholungszwecken und den Einbau ökologischer Zellen entwickelt.

[87] Als Beispiele zu nennen sind die Extensivierung der Grünlandnutzung, die Extensivierung der Ackernutzung, das Mähen von Steilhängen und Buckelwiesen, die Beweidung für Grünland durch Schafe und Ziegen, die Nutzung von Almen/Alpen, die gezielte Nutzung von Naturressourcen und der Streuobstbau. Vgl. *Hoffmann* und *Wohlgeschaft* (1990), S. 196 ff.

[88] Vgl. *Ministerium für Ernährung, Landwirtschaft, Weinbau und Forsten Baden-Württemberg,* Albprogramm (1971). Vgl. *Ministerium für Ernährung, Landwirtschaft und Umwelt Baden-Württemberg,* Schwarzwaldprogramm (1973).

[89] Hierzu zählen die Neuordnung der stark zersplitterten Flur, die Schaffung existenzfähiger Betriebe und die Förderung des Übergangs zum Nebenerwerb, die Verbesserung der ländlichen Infrastruktur und die Dorferneuerung.

[90] Beispiele sind die Sicherung einer extensiven Bewirtschaftung, die Anlage von Weiden, die Förderung der Schafhaltung, die Aufforstung, die Anlage von Schutzpflanzungen, die Pflege von ausgewählten Flächen, der Erwerb von Grundstücken zum Zwecke des Naturschutzes und die Ausscheidung von Flächen und Anlagen zu Zwecken der Erholung.

[91] Vgl. *Ministerium für Ernährung, Landwirtschaft und Umwelt,* Zwei Jahre Albprogramm (1974).

III. Die Berglandwirtschaft

Die Berglandwirtschaft ist durch die geographische Lage und Besonderheiten des Standortes geprägt, was die landwirtschaftliche Produktion stark benachteiligt.[92] Die Verhältnisse im einzelnen sind sehr unterschiedlich.[93] Die Berglandwirtschaft wird oft durch große räumliche Entfernungen zu den Beschaffungs- und Absatzmärkten geprägt. Dies hat einen wesentlichen Einfluß auf die Transportkosten. Das Verkehrsnetz ist vielfach nicht bis zu den einzelnen Höfen ausgebaut, und viele Betriebe haben keine wintersichere Zufahrt. Dies erschwert den Transport von Futtermitteln, Düngemitteln, die innerbetrieblichen Transporte sowie den Wegtransport der landwirtschaftlichen Erzeugnisse. Als entwicklungsfähig darf nur ein Betrieb gelten, der mit Ausnahme von jährlich wenigen Wochen mit dem Lastkraftwagen erreichbar ist.

Für die in ihrer Entwicklung eingeschränkte Berglandwirtschaft typisch ist die Viehhaltung (Rinder, Ziegen, Schafe). Stehen genügend Futterwiesen zur Verfügung, die sich zur maschinellen Bearbeitung für die Gewinnung von Winterfutter eignen, besteht die Möglichkeit zur Milcherzeugung. Anderenfalls dominiert die Aufzucht von Vieh.

Die hochgelegenen, gebirgsnahen Grünflächen mit sehr kurzen Vegetationszeiten werden als Almweiden genutzt. Diese dienen zur Sömmerung von Tieren, gelegentlich auch zur Erzeugung von Milch, Käse und Butter. Die almwirtschaftlichen Betriebe sind meist Teil von landwirtschaftlichen Betrieben in den tiefergelegenen Gebieten. Dies ermöglicht eine sinnvolle Kombination der Bewirtschaftung der höheren und tieferen Lagen. Die Entwicklung der Almwirtschaft und der Berglandwirtschaft stehen in einer engen inneren Beziehung.

Der Berglandwirtschaft werden eine Reihe positiver, aber auch negativer externer Effekte zugeschrieben. Einerseits gibt sie einer Region eine große touristische Anziehungskraft, pflegt die Landschaft und bildet die Grundlage der ländlichen Infrastruktur sowie der Grundversorgung mit Gütern des täglichen Bedarfs. Andererseits trägt sie zur ökologischen Belastung der Gebirgsregionen bei. Fast vollständig bewaldete Gebirgsregionen sind für die Landwirtschaft und den Tourismus weniger attraktiv, eignen sich jedoch besser als ökologische Ausgleichsgebiete.

Die *Europäische Union* erkannte die Bedeutung der Berglandschaft verhältnismäßig spät.[94] Als primäres Ziel gelten die Erhaltung der Landschaft und die Si-

[92] Als Standardgrenze der Berglandwirtschaft wird oft eine Höhe von 800 Metern Höhe angenommen. In der *Europäischen Union* gelten als Abgrenzungskriterien die Höhenlage der Gemeinde, die mittlere Hangneigung sowie die Kombination der beiden Kriterien. Die natürlichen Standortfaktoren wie die Höhenlage, die besonderen Geländeformen mit der verbreiteten Steilheit des Geländes, das rauhe Klima, die kalten Winde, die kurze Vegetationszeit, die häufigen Niederschläge und der oft karge Boden setzen der landwirtschaftlichen Produktion Grenzen. Hinzu kommt, daß die Einstrahlung der Sonne wesentlich intensiver ist als in den tieferen Lagen.

[93] Vgl. *Löhr* (1971), S. 26.

[94] Die *Europäischen Union* verabschiedete erstmals 1975 eine Richtlinie mit der Kurzbezeichnung "*EG-Bergbauernprogramm*". Der Landwirtschaft wird die "ausschlaggebende Funktion" zuerkannt (RL 75/268/ EWG, 1 und Art. 3). Zu einer Vernetzung der einzelnen Maßnahmen kam es 1988 mit der Begründung der EU-Regionalpolitik.

cherung einer Mindestbevölkerungsdichte. Zentrales Instrument sind direkte Einkommenszahlungen in der Form von Ausgleichszulagen.[95]

Literaturangaben zu Kapitel 14:

von Alvensleben, Reimar und Schleyerbach, Kai (1994), Präferenzen und Zahlungsbereitschaft der Bevölkerung für Naturschutz- und Landschaftspflegeleistungen der Landwirtschaft. In: Berichte über Landwirtschaft, Band 72 (4), Münster-Hiltrup S. 524-532.

Arrow, John Kenneth (1989), Allgemeines Gleichgewicht der Wirtschaft: Zweck, analytische Methoden und kollektive Entscheidungen. In: Horst C. Recktenwald (Hrsg.), Die Nobelpreisträger der ökonomischen Wissenschaft, Düsseldorf, S. 322-355.

Bayerisches Staatsministerium für Ernährung, Landwirtschaft und Forsten (Hrsg.) (1971), Der Bayerische Weg - Moderne Agrarpolitik - Jedem eine Chance, München.

Bayerisches Staatsministerium für Ernährung, Landwirtschaft und Forsten (Hrsg.) (1971), Der Waldfunktionsplan, München.

Bayerisches Staatsministerium für Ernährung, Landwirtschaft und Forsten (Hrsg.) (1974), Der Agrarleitplan, München.

Bergstrom, John C., Stoll, John R. und Randall, Alan (1990), The Impact of Information on Environment Commodity Valuation Decisions. In: American Journal of Agricultural Economics. Vol. 72. Nr. 3, August, S. 614-621.

Blümel, W., Pethig, R., v.d. Hagen, O. (1986), The Theory of Public Goods, A Survey of Recent Issues. In: Journal of Institutional and Theoretical Economics, Bd. 142, S. 241-309.

Bonus, Holger (1979), Öffentliche Güter und der Öffentlichkeitsgrad von Gütern. In: Finanzwissenschaftliche Arbeitspapiere, Nr. 8, Konstanz, S. 17 f.

Buchanan, James M. (1965), An Economic Theory of Clubs. In: Economica. Bd. 32, S. 1-14.

Ders. (1975/1984), The Limits of Liberty: Between Anarchy and Leviathan. Chicago: Chicago University Press, 1975 (Deutsche Fassung: Die Grenzen der Freiheit, Tübingen 1984).

Ders. (1986/1989), Die Verfassung der Wirtschaftspolitik, Nobel-Lesung vom 8. Dez. 1986. In: Horst C. Recktenwald (Hrsg.), Die Nobelpreisträger der ökonomischen Wissenschaft, Düsseldorf 1989.

[95] Vgl. *EG* (1973), S. 52. Als Bemessungsgrundlage dienen zwei betriebsbezogene Größen, der Umfang des Tierbestandes in Großvieheinheiten (GVE) für Rinder, Schafe, Ziegen etc. sowie der Umfang der bewirtschafteten Fläche. Wird pro Hektar Futterfläche mehr als eine Großvieheinheit gehalten, tritt die Futterfläche als Bemessungsgrundlage in Kraft.

Coase, Ronald H. (1974), The Lighthouse in Economics, Journal of Law and Economics, Bd. 17, S. 357-376.

Dams, Theodor (1969), Funktionsfähige Landwirtschaft als Aufgabe der Agrarpolitik. In: Streissler E. (Hrsg.), Agrarwirtschaft und Agrarpolitik, Köln und Berlin, S. 159-179.

von Dietze, Constantin (1967), Grundzüge der Agrarpolitik, Hamburg und Berlin.

Drury Renée, und Tweeten, Luther (1997), Have Farmers Lost Their Uniqueness? In: Review of Agricultural Economics. Vol. 19, Nr. 1, Ames, S. 58-90.

EG, Kommission der EG (Hrsg.) (1973), Berglandwirtschaft im Alpenraum der Europäischen Gemeinschaft - I. Grundlagen und Anregungen für eine Entwicklungspolitik. In: Hausmitteilungen über Landwirtschaft, Heft 100, Brüssel.

EG, Kommission der EG (1979), Umweltfolgen der Brachlegung von Kulturflächen. In: Mitteilungen über Landwirtschaft, Nr. 62, Januar 1979.

Engels, Wolfram (1976/1981), Die effiziente Produktion öffentlicher Güter, 1976. In: Grundtexte zur Sozialen Marktwirtschaft, hrsg. von W. Stützel, Chr. Watrin, H. Willgerodt, K. Hohmann, Stuttgart/New York 1981, S. 277-282.

Evans, A.W. (1970), Private Good, Externality, Public Goods. In: Scottish Journal of Political Economy, Bd. 17, S. 79-89.

Hansmeyer, Karl-Heinrich (1985), Ökonomische Aspekte des Föderalismus. In: Probleme des Förderalismus, Deutsch-Yugoslawisches Symposium, Belgrad 1984, Tübingen.

Harbeck, H. (1974), Der Beitrag der Landwirtschaft zum Erholungsverkehr, Hiltrup.

Hausam, P. (1972), Formen der Landbewirtschaftung in der Industriegesellschaft, Diss. Bonn.

von Hayek, Friedrich August (1981), Gesetzgebung und Freiheit, Band 2, Augsburg.

Ders. (1981), Recht, Gesetzgebung und Freiheit. Band 3, Die Verfassung einer Gesellschaft freier Menschen, Landsberg am Lech 1981.

Ders. (1983), Die Verfassung der Freiheit, Tübingen.

Herms, Arno (1992), Perspektiven für die Dorf- und Gemeindeentwicklung durch Flächennutzungspläne. In: Berichte über Landwirtschaft. Bd. 70 (2), Juni, Hamburg und Berlin, S. 253-258.

Hoffmann, Helmut und Wohlgeschaft, Max (1990), Ökonomische Betrachtungen zum Bayerischen Kulturlandschaftsprogramm. In: Berichte über Landwirtschaft, Band 68 (2) vom Juni, Hamburg und Berlin.

Jacsman, J. (1974), Erholung und Landschaft, Frauenfeld.

Kleinewefers, Henner (1972), Wirtschaftspolitische Konzeption und Umweltproblematik: Das Beispiel der Agrarpolitik. In: Schweizerische Zeitschrift für Volkswirtschaft und Statistik, 108. Jg., Nr. 3, September, S. 283-328.

Leven, Franz-Josef (1989), Die Anwendung der Kosten-Nutzen-Analyse auf öffentliche Güter und Mischgüter im Verkehrssicherheitsbereich, Buchreihe des Instituts für Verkehrswissenschaften an der Universität zu Köln, hrsg. von Rainer Willeke, Düsseldorf.

Löhr, L. (1971), Bergbauernwirtschaft im Alpenraum, Graz, Stuttgart.

Meade, James E. (1952), External Economies and Diseconomies in a Competitive Situation. In: Economic Journal, Vol. 62, S. 54-67.

Meyer, K. (1970), Art. Humanökologie. In: Handwörterbuch der Raumforschung und Raumordnung, Band 1, Hannover, S. 1227.

Mieg, Harald A., Zobrist, Daniel, Frischknecht, Peter und Scholz, Roland W., Die Wahrnehmung von landschaftsbedingten Umweltbelastungen im Schweizer Seeland: Ein Prüfstand für die psychologische Hypothesentheorie der Wahrnehmung? In: Agrarwirtschaft und Agrarsoziologie, hrsg. von der Schweizerischen Gesellschaft für Agrarwirtschaft und Agrarsoziologie, Nr. 1/97, Zürich 1997, S. 81-104.

Ministerium für Ernährung, Landwirtschaft, Weinbau und Forsten Baden-Württemberg, Albprogramm (1970), Stuttgart.

Ministerium für Ernährung, Landwirtschaft und Umwelt Baden-Württemberg, Schwarzwaldprogramm (1973), Stuttgart.

Ministerium für Ernährung, Landwirtschaft und Umwelt (1974), Zwei Jahre Albprogramm, Stuttgart.

Musgrave, R.A., Musgrave, P.B. und Kullmer, L. (1978), Die öffentlichen Finanzen in Theorie und Praxis, 1. Band, 2. Auflage, Tübingen.

Paarlberg, Don, "Agriculture Loses is Uniqueness". In:American Journal of Agricultural Economics. Vol. 60, 1978, S. 769-776.

Pevetz, Werner (1972), Möglichkeiten und Grenzen der alternativen Verwendung landwirtschaftlicher Nutzflächen, Wien.

Ders. (1972), Fremdenverkehr und Landwirtschaft. In: Ender W.A. (Hrsg.), Beiträge zur Fremdenverkehrsforschung, Wien.

Ders. (1987), Land- und Forstwirtschaft - Ausgleich der Gegensätze. Gegen Eindimensionalität und Monomanie in der ländlich-landwirtschaftlichen Zukunft. In: Agrarische Rundschau. Juli/August, Nr. 3/4, S. 7 ff.

Ders. (1989), Agrarstrukturrationalisierung - keine Patentlösung. In: Agrarische Rundschau, Heft 6, Dezember, S. 31- 33.

Ders. (1993), Fremdenverkehr als Finanzquelle für Landschaftspflege? In: Agrarische Rundschau. Nr. 4, September, S. 35-38.

Ders. (1995), Die Bergbauern im europäischen Alpenraum. In: Agrarische Rundschau, Nr. 6, Dezember, S. 18-24.

Ders. (1997), Der Traum von der Wildnis und das kulturlandschaftliche Erbe. In: Agrarische Rundschau, Nr. 2, Juli, Wien, S. 21-25.

Pigou, Arthur C. (1920/1960), The Economics of Welfare, 4. Auflage, London 1960 (1. Auflage London 1920).

Priebe, Hermann (1970), Landwirtschaft in der Welt von morgen, Düsseldorf und Wien 1970.

Ders. (1977), Spannungsfeld Agrarpolitik. In: ORDO, Jahrbuch für die Ordnung von Wirtschaft und Gesellschaft, Band 28, Stuttgart/New York, S. 136-154.

Recktenwald Horst C. (1980), Markt und Staat. Fundamente einer freiheitlichen Ordnung. Göttingen.

Ders. (1983), Finanzföderalismus. In: Die Verwaltung. Zeitschrift für Verwaltungswissenschaften, Bd. 16.

Rieder, Peter (1979), Volkswirtschaftliche Kosten unterschiedlicher Agrarmarktsysteme. In: Schweizerische Zeitschrift für Volkswirtschaft und Statistik, 115. Jg., Heft 1, März, S. 45-64.

Röpke, Wilhelm (1965), Die Stellung der Landwirtschaft in der modernen Industriegesellschaft, Hohenheimer Hochschultag 1964, Nr. 18, Stuttgart 1965.

Samuelson, Paul A. (1954), The Pure Theory of Public Expenditure, Review of Economic and Statistics, Bd. 36, S. 387-389.

Ders. (1969), Pure Theory of Public Expenditures and Taxation. In: Margolis J., Guitton H., Public Economics. An Analysis of Public Production and Consumtion and their Regulations to the Private Sector. Proceedings of a Conference held by the International Economic Association, London u.a., S. 98-123.

Silbernagl, H. (1983), Tourismus und Almwirtschaft. In: Der Almbauer, Heft 1, Jg. 35.

Smith, Adam (1974), Der Wohlstand der Nationen (London 1776), hrsg. von Horst Claus Recktenwald, 2. Auflage, Münchenohmen, E. (1976), Allokationstheorie und Wirtschaftspolitik, Tübingen.

Voigt, Sabine (1997), Nachfrage der urbanen Bevölkerung nach Landschaft - Theoretische und empirische Betrachtungen. In: Schriften der Gesellschaft für Wirtschafts- und Sozialwissenschaften des Landbaues e.V., Bd. 33, Münster-Hiltrup, S. 407-419.

Walras, Léon (1939), zitiert nach Antonelli, Etienne, L'Economie pure du capitalisme, Paris.

Weinschenck, Günter (1987), Flächenstillegung und Extensivierung - Beiträge zur Marktentlastung. In: Schriftenreihe für ländliche Sozialfragen, Göttingenicksell, Knut (1896/1958), Finanztheoretische Untersuchungen, Jena 1896. In englischer Übersetzung: "A New Principle of Just Taxation". In: Classics in the Theory of Public Finance. Hrsg. von R.A. Musgrave und A.T. Peacock, London 1958.

Teil E: Die landwirtschaftlichen Produktionsfaktoren und deren Organisation
Kapitel 15: Der landwirtschaftliche Betrieb

"Die Landwirtschaft findet ganz von selbst diejenige Organisation, welche ihr am besten zusagt"
(*John Stuart Mill*, 1848/1968, S. 281).

"Die Ideologisierung des bäuerlichen Familienbetriebes stellt weiterhin das Leitbild der Agrarpolitik dar"
(*Herbert Kötter*, 1971, S. 48).

Theodore W. Schultz, der spätere Nobelpreisträger, gewann durch seine Studienurlaube auf dem Lande " ... enorme Achtung vor der Selbstbehauptung, Unabhängigkeit und Schlauheit der Landwirte und vor ihrer Fähigkeit, auf die richtigen Anreize zu reagieren und sowohl ihren eigenen Lebensstandard als auch den ihrer Nachfolger zu erhöhen"
(*Geoffrey Harcourt*, 1989, S. 158).

A. Ordnungspolitische Grundfragen

Zu den *ordnungspolitischen Grundfragen* der Agrarpolitik zählt das Problem, wie sich die landwirtschaftliche Produktion zweckmäßig organisieren läßt. Im einzelnen können folgende Fragen gestellt werden: Wie sollen die Ressourcen kombiniert werden? Ergeben sich daraus ordnungspolitische Konsequenzen für die Zuweisung von Eigentums-, Nutzungs- und Transferrechten an die landwirtschaftlichen Betriebe? Ist es sinnvoll, eine dauerhafte Beziehung zwischen einer imaginären, durch die Rechtsordnung geschaffenen Institution, dem Hof, und den diesen prägenden Ressourcen zu schaffen? Ist der bäuerliche Familienbetrieb auch in der Zukunft eine tragfähige landwirtschaftliche Organisationsform? Verkörpert der bäuerliche Familienbetrieb in den höchstentwickelten Ländern nach wie vor ein agrarpolitisches Ordnungsprinzip?

B. Zur Theorie der strukturellen Entwicklung

I. Das Auftreten begrenzter Skalenerträge

Prägend für die Struktur der Landwirtschaft sind die mit zunehmender Erzeugung vorerst erheblichen Kostendegressionseffekte und nach Überschreiten einer kritischen Schwelle steigenden bzw. mehr oder weniger konstanten durchschnittlichen Stückkosten. Dies kommt in einem U- oder L-förmigen Verlauf der Durchschnittskosten mit zunehmenden Ausbringungsmengen zum Ausdruck:

- Bei einer *U-förmigen Kurve* verlaufen die Durchschnittskosten vorerst sinkend, weisen anschließend einen Wendepunkt auf und steigen im Modell schließlich wieder kontinuierlich an (vgl. Abb. 15/1).[1] Danach dominieren bei zunehmender Ausbringung vorerst die positiven, dann die negativen Skalenerträge. Die Produktion ist geprägt durch das *Auftreten begrenzter Skalenerträge.*[2] Diese sind - in weiten Bereichen der Produktion - typisch für die Landwirt-

[1] Vgl. *Marshall* (1890/1961), S. 242; vgl. auch Kapitel 5.
[2] Vgl. *Cochrane* (1979), S. 69 f.; vgl. *Olson* (1985); vgl. *Priebe* (1970), S. 256.

schaft und per Saldo das Ergebnis einer Vielzahl von positiv und negativ wirkenden Skaleneffekten.

Abb. 15/1
Die begrenzten Skalenerträge in der Landwirtschaft

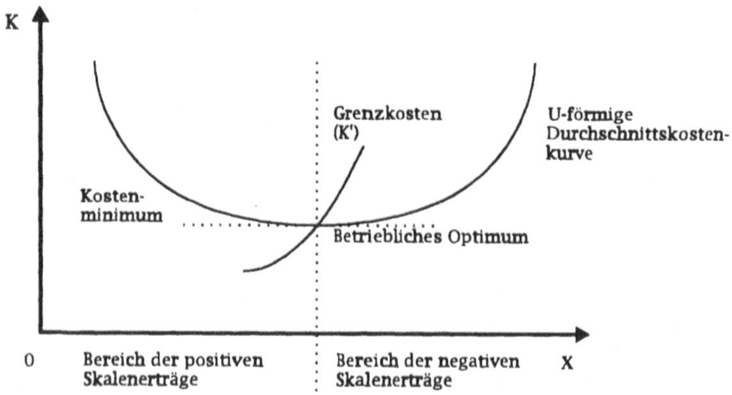

- Die sog. *L-Kurve* ist ebenfalls geprägt durch vorerst sinkende durchschnittliche Stückkosten, anschließend jedoch durch einen flachen Kostenverlauf. Nach Überschreiten des Kostenminimums bleiben die durchschnittlichen Stückkosten ziemlich konstant.[3]

Sowohl bei der U-förmigen als auch der L-förmigen Durchschnittskostenkurve können stufenflexible Kosten bei Überschreiten gewisser Kapazitätsgrenzen auftreten. Typisch ist das Phänomen der stufenfixen Kosten bei zunehmender Ausbringung in Folge nichtteilbarer Kapazitätssprünge. Die stufenfixen Kosten entstehen beispielsweise bei der Einstellung zusätzlicher Mitarbeiter, der Anschaffung zusätzlicher Maschinen, der Erweiterung von Gebäuden und der Zupacht von weiteren Flächen, sofern die Grenzbeschaffungskosten über den betrieblichen Kostendurchschnittskosten der bereits bestehenden Ressourcen liegen.[4]

1. Der Bereich der positiven Skalenerträge und die "economies of scope"

Im folgenden werden die typischen landwirtschaftlichen Skalenerträge ("economies of scale") dargestellt, die zu sinkenden durchschnittlichen Stückkosten führen (vgl. auch Tab. 15/2):[5]

[3] Bei einer Analyse von 92 flächenreichen spezialisierten Marktfruchtbetrieben Schleswig-Holsteins wurde beispielsweise ein weiter Optimalbereich ermittelt, der bei etwa 400 bis 600 Hektar beginnt und sich bei ackerbaulich genutzten Flächen in den Bereich von über 1.000 Hektar erstreckt. Vgl. *Helmcke et al.* (1995), S. 269.
[4] Einen Hinweis auf eine L-förmige Durchschnittskostenkurve in der Schweinemast geben *Kleeversaat und Nellinger* (1997), S. 263 ff.
[5] Vgl. auch Tab. 15/2.

- Bei den *"economies of machinery"* handelt es sich um die Vorteile größerer Unternehmen, die auf leistungsfähigeren Maschinen beruhen.[6] Größere Betriebe können aufgrund ihrer Finanzkraft große und hochspezialisierte Maschinen verwenden. Ist eine optimale Auslastung solcher Maschinen im einzelnen Betrieb nicht möglich, kommt es vielfach zur Lohnarbeit durch spezialisierte Unternehmen. In diesen Lohnbetrieben, welche ihre Leistung zahlreichen Betrieben zur Verfügung stellen, entstehen erhebliche Skalenerträge.

- Bei den *"economies of storage"* handelt es sich um die Leistungsfähigkeit von Lagerhallen, Tanks oder Transportleitungen. Mit zunehmender Größe steigen die Kapazitäten in der dritten Potenz, die Flächen bzw. Kosten der Gefäße jedoch nur in der zweiten Potenz, woraus sich Größenvorteile ergeben (sog. "Zwei-Drittel-Regel"). Die Lagerkosten für landwirtschaftliche Produktionsmittel, Zwischenprodukte und Endprodukte wachsen unterproportional zur Unternehmensgröße.

- Die *"economies of material"* ergeben sich durch eine bessere und vielfältigere Ausnützung von Arbeitsmaterialien in größeren Betrieben. Zudem lassen sich Abfälle in größeren Betrieben besser sammeln und verwerten als in kleinen.[7] Mit zunehmender Größe steigt auch die Wahrscheinlichkeit, daß beispielsweise die richtigen Ersatzteile, Vorräte und Medikamente am Lager gehalten werden.[8]

- Mit den *"economies of skill"* werden Größenvorteile beschrieben, die sich aus übungsbedingten Ersparnissen durch eine häufige Wiederholung von Tätigkeiten hinsichtlich der Sicherheit und Schnelligkeit ergeben ("learning by doing").[9] Es kommt innerhalb des Betriebes zu einer Arbeitsteilung mit einer insgesamt größeren Produktivität.[10] Vorteile haben große Betriebe auch dadurch, daß sie über bessere Möglichkeiten verfügen, an den Arbeitsmärkten qualifizierte Mitarbeiter zu gewinnen. Oft verfügen die Eigentümer über hochspezialisierte Kenntnisse. Dies fördert die kreativen Leistungen bei der Entwicklung neuer betrieblicher Problemlösungen.[11] Größere landwirtschaftliche Betriebe haben vielfach ein besseres Innovationsklima zur Entwicklung neuer Produkte und Produktionsverfahren.[12] Erhebliche economies of skill ergeben sich außerdem bei der Agrarinformatik. Größere Betriebe mit gut geschulten Landwirten können diese erfolgreicher anwenden als kleinere Betriebe.[13]

- Die *"random economies of scale"* bezeichnen größere Toleranzgrenzen gegenüber Risiken und anderen Unsicherheiten bei zunehmender Betriebsgröße. Dazu tragen die stärkere Finanzkraft und die stochastischen Gesetzmäßigkeiten nach dem Gesetz der großen Zahl bei. Die Wahrscheinlichkeit extremer Abweichungen bei der Produktion sinkt in größeren, diversifizierten Betrieben. Kleinere Risiken kann der Betrieb selbst übernehmen.

[6] Vgl. *Marshall* (1890/1961), S. 278. Für das Beispiel des Melkens vgl. *Isermeyer* (1990), S. 145 ff.
[7] Vgl. *Marshall* (1899/1949), S. 156 f.
[8] Vgl. *Scherer und Ross* (1990), S. 98.
[9] Vgl. *Scherer und Ross* (1990), S. 97 f.; vgl. *Arrow* (1962), S. 155 ff.
[10] Vgl. *Marshall* (1899/1961), S. 156 f.
[11] Vgl. *Aristoteles* (1948), S. 97 ff.
[12] Vgl. *Marshall* (1890/1961), S. 280 f.
[13] Vgl. *Putler* und *Zilbermann* (1988), S. 800.

- Die *"economies of highly organized buying and selling"* bezeichnen die Kostenvorteile beim Einkauf und Verkauf von Gütern.[14] Bei den Verkäufen der Landwirte ergeben sich als Folge steigender Verkaufsmengen oft sinkende durchschnittliche Transaktionskosten pro Stück. Vielfach sind verkaufsbezogene Skaleneffekte über den produktionstechnisch optimalen Bereich hinaus möglich.[15]

- Die *"economies of large-scale promotion"* beziehen sich auf die geringeren durchschnittlichen Verkaufskosten bei großen Mengen. Dies wirkt sich vor allem auf die Marketingkosten aus. Um in den Bereich günstigerer durchschnittlicher Verkaufskosten pro Stück zu gelangen, sind kleinere landwirtschaftliche Betriebe meist auf die Marketinganstrengungen von Erzeugerverbänden oder großer Nahrungsmittelunternehmen angewiesen.

- Die *"economies of multiplant operation"* entstehen, wenn die Produktion in mehreren Betrieben eines Gesamtunternehmens erfolgt. Dabei lassen sich Größennachteile abbauen, sofern die Gesamtgröße über die mindestoptimale Betriebsgröße hinausgeht.[16] Gibt es mehrere Betriebsstellen eines Unternehmens, bestehen zudem geringere Risiken bei Tierseuchen, Pflanzenkrankheiten, klimatischen Einflüssen und Elementarschäden, sofern die Betriebe geographisch genügend weit auseinander liegen.[17]

- Die *"capital-raising economies"* bezeichnen die Größenvorteile bei der Kapitalbeschaffung in Form von geringeren Kapitalkosten.[18] Dies trifft vor allem zu, wenn den landwirtschaftlichen Betrieben Nahrungsmittelunternehmen angegliedert sind. Denkbar sind auch große landwirtschaftliche Betriebe, welche auf Kapitalbasis organisiert sind oder genossenschaftliche Unternehmen mit einem großen Eigenkapital.

- Die *"economies of massed reserves"* beziehen sich auf die notwendigen und vorhandenen Reservekapazitäten eines Unternehmens. Ein Betrieb, welcher eine Maschine besitzt und eine weitere als Reserve benötigt, hat verhältnismäßig größere Kosten als ein Betrieb, welcher zwei, drei oder vier Maschinen auslasten kann und aufgrund der Wahrscheinlichkeit von Betriebsausfällen eine weitere Maschine als Reserve benötigt.[19] Beim gleichen Sicherheits- und Wartungsstand sind die Kosten für Reservekapazitäten eines größeren landwirtschaftlichen Unternehmens geringer als jene eines kleinen Betriebes.[20]

- Die *"economies of scope"* beschreiben Kostenvorteile, welche auf der simultanen Produktion verschiedener Gütereinheiten mit denselben Produktionsfaktoren beruhen.[21] In der Landwirtschaft sind die Produktionsvorteile und die Ertrags-Risiko-Optimierung bei einer Verbundproduktion mit mehreren Erzeugnissen sehr ausgeprägt (beispielsweise zwischen der Tierhaltung und dem Ak-

---

[14] Beispiele für diese Kostenvorteile sind Mengenrabatte beim Einkauf, qualitative Wettbewerbsvorteile bei einer größeren Verkaufspalette und günstigere Frachtkosten bei größeren Mengen. Vgl. *Marshall* (1899/1949), S. 287.
[15] Vgl. *von Urff* (1990), S. 72 f.
[16] Vgl. *Scherer und Ross* (1990), S. 120 ff.
[17] Vgl. *Scherer und Ross* (1990), S. 103.
[18] Vgl. *Scherer und Ross* (1990), S. 126 f.
[19] Vgl. *Robinson* (1958), S. 26 f.
[20] Vgl. *Scherer* und *Ross* (1990), S. 100.
[21] Die "economies of scope" werden meist als eigenständiger, neben den "economies of scale" stehender Begriff betrachtet.

kerbau). Kleine Betriebe mit einseitiger Spezialisierung verfügen über keine solche Größenvorteile. Es gibt deshalb nur sehr wenige Einprodukteunternehmen.

2. Der Bereich der negativen Skalenerträge und die "diseconomies of scope"

Die positiven Skalenerträge werden mit zunehmender Betriebsgröße immer geringer, tendieren gegen null und werden möglicherweise negativ. Neben den positiven Skalenerträgen gibt es eine Reihe von negativen Skaleneffekten *("diseconomies of scale")*, welche bei zunehmender Größe eines Betriebes immer stärker auftreten und schließlich dominieren können, was zu steigenden durchschnittlichen Stückkosten führt (vgl. auch Tab. 15/2):

- Die *"diseconomies of space"*, die Kosten für die Überwindung räumlicher Distanzen innerhalb des Betriebes, sind für die Landwirtschaft besonders typisch. Mit zunehmender Betriebsgröße entstehen progressiv steigende Kosten für die innerbetrieblichen Transporte zur Bewirtschaftung der Flächen, das Einbringen der geernteten Erzeugnisse und des Grünfutters für die Tiere sowie für das Ausbringen des Hofdüngers. Bei immer größeren Distanzen und innerbetrieblichen Transportproblemen wird die landwirtschaftliche Bodenproduktion unwirtschaftlich. Bei der bodengebundenen Produktion treten die "diseconomies of space" stärker hervor als bei der sog. bodenunabhängigen Tierproduktion, wo die "economies of scale" wesentlich ausgeprägter, letztlich aber auch begrenzt sind.

- Die *"technisch bedingten negativen Skaleneffekte"* ergeben sich durch die Beanspruchungsgrenzen. Große Anlagen sind oft störungsanfälliger als kleine. Werden mehrere Maschinen und Geräte hintereinander geschaltet (wie beispielsweise automatische Futterketten), erhöht sich die Störanfälligkeit. Die Schäden in größeren Betrieben sind oft kostspieliger als in kleinen.[22]

- Unter den *"diseconomies of organization"* werden progressiv ansteigende Kosten für die Betriebsleitung bei zunehmender Größe und Komplexität eines Betriebes verstanden. Sie resultieren aus den zusätzlichen innerbetrieblichen Informations-, Entscheidungs-, Koordinations- und Kontrollkosten.[23] Der Betrieb verschlingt mit zunehmender Größe mehr Arbeitskräfte für das Überwachen und Koordinieren der Produktion. Diese fehlen im praktischen Bereich und müssen durch verhältnismäßig teure Arbeitskräfte ersetzt werden. Größere Betriebe bringen zwangsläufig mehr "Büroarbeit" mit sich.[24] Zudem können die Mitarbeiter besser "untertauchen", was den Kontrollaufwand verstärkt[25] In der Arbeitsorganisation einfache und überschaubare bäuerliche Familienbetriebe verfügen über eine effizientere Lösung des Principal Agent-Problems als größere Betriebe mit zahlreichen Lohnarbeitskräften.[26] Hinzu kommt die zunehmende "Praxisferne" der unternehmerischen Entscheidungen bei größeren Betrieben, verbunden mit Entscheidungsrisiken verschiedener Art.[27] Die Entscheidungen werden mit längeren Entscheidungswegen zudem langsamer.[28]

---

[22] Vgl. *Grichting*, (1976), S. 77 f.
[23] Vgl. *Marshall* (1890/1988), S. 242; vgl. *Olson*, (1985), S. 928 ff.; vgl. *Priebe* (1970), S. 255.
[24] Vgl. *Adams* und *Brock* (1989), S. 80.
[25] Vgl. *Marshall* (1890/1961) S. 284; vgl. *Olson* (1985), S. 928 ff.; vgl. *Priebe* (1970), S. 255.
[26] Vgl. *Aereboe* (1923), S. 534 ff., vgl. *Schmitt*, (1992), S. 12 ff.
[27] Vgl. *Scherer und Ross* (1990), S. 104.
[28] Vgl. *Scherer und Ross* (1990), S. 123.

- Negative Skaleneffekte finanzieller Art *("diseconomies of finance")* entstehen, wenn ein Betrieb rasch wächst und ein großer Finanzierungsbedarf entsteht. Große Betriebe sind gezwungen, die beträchtlichen Kapitalkosten (beispielsweise die Amortisationen und Zinsen) wieder "einzufahren". In der Kalkulation treten in diesem Fall Grenzkosten auf, welche den Beschaffungskosten landwirtschaftlicher Produktionskosten zu Marktpreisen entsprechen. Die Finanzierung über die Kapitalmärkte ist in der Regel wesentlich teurer als die Kosten teilweise oder ganz abgeschriebener Kapitalgüter ("sunk costs"). Bei einem dringenden Finanzbedarf muß sich ein größerer landwirtschaftlicher Betrieb finanzielle Mittel auch zu weniger günstigen Bedingungen beschaffen.[29] Eine ungünstige Finanzierungsstruktur kann bei steigenden Zinsen und sinkenden Erträgen zum Ruin führen. Besonders ausgeprägt ist dieses Risiko bei hohen und stark schwankenden (volatilen) Zinsen. Die Ausdehnung der Produktion bis zum produktionstechnischen Stückkostenminimum stellt unter solchen Bedingungen in der Regel auch das Überleben des Betriebes in Frage.[30]

- Vergrößert ein Betrieb seine Kapazitäten über die optimale Größe eines bäuerlichen Familienbetriebes hinaus, kommt es zu *sprunghaft steigenden fixen Kosten* für familienfremde Arbeitskräfte, Kapitalgüter und Bodenressourcen ("sprungfixe" Kosten).

- Negative Kosteneffekte der *Rechnungslegung* ergeben sich, sobald ein landwirtschaftlicher Betrieb buchführungspflichtig wird. Allerdings stehen in diesem Fall bessere betriebliche Entscheidungsgrundlagen zur Verfügung.

- Mit zunehmender Größe treten zahlreiche *Ertragsrisiken* auf. Es entstehen erhebliche Ernte-, Produktions-, Absatz- und Finanzierungsrisiken. Dazu zählen auch vermehrte Pflanzen- und Tierkrankheiten beim Überschreiten einer kritischen Konzentration der Produktion sowie die Risiken der Wetterprognose und der verfügbaren Feldarbeitstage. Diese Risikofaktoren lassen sich in technisch-ökonomischen Modellen schwierig abbilden und analysieren. Sie ergeben sich zumeist aus der Erfahrung.[31] Kritisch wirken sich diese Risiken bei Betrieben aus, welche versuchen, die möglichen Größenvorteile voll auszuschöpfen. Die risikooptimale Größe eines Betriebes liegt unter dem produktionstheoretischen Optimum. Selbst die größten Betriebe operieren deshalb meist unterhalb der optimalen Größe bzw. den tiefstmöglichen durchschnittlichen Produktionskosten.[32]

- Mit einer "Überspezialisierung" in meist größeren Betrieben ist zudem ein Verlust an Flexibilität verbunden *("diseconomies of scope")*. Die Arbeitskräfte verlieren die Fähigkeit, sich an Veränderungen anzupassen. Der Betrieb ist nicht mehr in der Lage, zu wachsen und sich zu entwickeln. Die gesamte Lebensdauer einer zu großen und überspezialisierten Unternehmung ist oft kurz.[33].

---

[29] Vgl. *Grichting* (1976), S. 78
[30] Vgl. *Heady* und *Krenz* (1962), S. 350, 380 und 462; vgl. *Stanton* (1978), S. 727 ff.
[31] Vgl. *Stanton* (1978), S. 731 ff.
[32] Besonders die risikoaversen Landwirte tendieren oft dazu, die betrieblich möglichen Kostendegressionseffekte nicht vollständig auszuschöpfen, sondern bleiben nach den praktischen Erfahrungen in den USA rund zehn bis dreißig Prozent unter der kostentheoretisch möglichen Optimalmenge.
[33] Vgl. *Marshall* (1890/1961), S. 287.

Tab. 15/2
Beispiele für Größenvorteile und Größennachteile in der Landwirtschaft (Zusammenfassung)

	economies of scale (Größenvorteile)	diseconomies of scale (Größennachteile)
economies of machinery (Maschinenkosten)	Kostendegression bei besserer Auslastung der Maschinen und Geräte	Sprungfixe Kosten bei Kapazitätssprüngen/Nachteile der Überspezialisierung
economies of skill (Geschicklichkeit)	Kostendegression durch größere Geschicklichkeit bei größerer Produktion	-
economies of density (Intensität)	Kostendegression durch ein produktionsstarkes Leistungsklima	Auftreten von Krankheiten bei Tieren und Pflanzen bei sehr intensiver Produktion
economies of scope	Kostenvorteile aus der simultanen Produktion verschiedener Güter	Kostenprogression durch den Verzicht auf die Kostenvorteile durch Spezialisierung
random economies of scale	Ertrags-/Risikooptimierung durch Diversifizierung	-
economies of massed reserves (z.B. Reservemaschinen)	Immer größere Bedeutung für die spezialisierten Betriebe	-
economies of highly organized buying and selling	Immer größere Bedeutung für die spezialisierten Betriebe	-
economies of large scale promotion	Immer größere Bedeutung des Marketings für die spezialisierten Betriebe	-
diseconomies of space	-	Progressiv steigende innerbetriebliche Transportkosten
diseconomies of organization	-	Progressiv steigende Kosten für die Disposition, Organisation, Information, Entscheidung und Kontrolle
diseconomies of finance	-	Progressiv steigende Kosten und Risiken der Finanzierung.

II. Die Skalenerträge im betrieblichen Modell

Abb. 15/3 zeigt die *Skalenerträge im betrieblichen Modell.* Es handelt sich um vier *Modellbeispiele* für Kostenverläufe mit der Annahme einer U-förmigen Kostenkurve (B_1, B_2, B_3 und B_4). Dabei soll es sich um Betriebstypen mit unterschiedlichen Erzeugnissen oder Produktionskombinationen handeln:

- Der *Modellbetriebstyp B_1* hat eine optimale Produktionsmenge bei einem Einsatz von weniger als einer Vollarbeitskraft. Das landwirtschaftliche Einkommen ist bescheiden. Es kann sich um auslaufende Betriebe von älteren Bauern, Nebenerwerbs- oder Hobbybetriebe handeln. Beispiele sind die Gewinnung und Bereitstellung von Holz aus dem Wald, Weidebetriebe, die Haltung von Pensionspferden und die Imkerei (Erzeugung von Honig). Stammt weniger als die Hälfte des familiennotwendigen Einkommens von Quellen außerhalb der Landwirtschaft, handelt es sich um einen Nebenerwerbsbetrieb.[34] Motive für das teilzeitliche Verbleiben in der Landwirtschaft sind die gefühlsmäßige Bindung an die Landwirtschaft, die Hobbytätigkeit, die Freude am Leben auf dem Lande und die wirtschaftliche Sicherheit. In zahlreichen Gebieten haben sich gesellschaftlich stabile Formen von "Arbeiterbauern" mit Berufskombinationen zur Dienstleistungswirtschaft oder Industrie entwickelt. Günstig sind ideale saisonale Berufskombinationen, beispielsweise zwischen der Landwirtschaft und dem Tourismus in bevorzugten Winterskigebieten. Probleme entstehen, wenn es zu einer Arbeitsüberbelastung bei der Bewältigung der saisonalen Spitzen kommt. Denkbar sind Kooperationen mit anderen Betrieben und gegenseitiger Spezialisierung zur Ausschöpfung der möglichen Skalenerträge in den Bereichen der Arbeit, des Bodens, Kapitals und Humankapitals. In der Praxis entspricht dieser Betriebstyp den Nebenerwerbsbetrieben (part time farmers) mit vorwiegend außerlandwirtschaftlichen oder Renteneinkommen.[35]

- Der *Modellbetriebstyp* B_2 weist eine optimale Betriebsgröße bei etwa 1,5 bis 2 Vollarbeitskräften auf. Dies entspricht vollerwerblichen bäuerlichen Familienbetrieben mit einem Mann, einer gelegentlich mitarbeitenden Ehefrau und gelegentlich mitarbeitenden Kindern. Es kann sich um mittlere Milchproduktionsbetriebe, Ackerbaubetriebe, Viehmastbetriebe, Obst- oder Weinbaubetriebe u.ä. handeln. Denkbar sind auch in diesem Fall Kooperationen mit anderen Betrieben zur Realisierung optimaler Skalenerträge bei den einzelnen Betriebszweigen. In der Praxis entspricht dieser Betriebstyp dem *kleineren vollerwerblichen Betrieb* (full time small farmers) mit relativ geringen landwirtschaftlichen Einkommen und unbefriedigenden betrieblichen Entwicklungsmöglichkeiten oder dem *Zuerwerbsbetrieb* mit landwirtschaftlichen und außerlandwirtschaftlichen Einkommen, bei welchen die ersparten Einkünfte vielfach zur Modernisierung des Betriebes eingesetzt werden, um die Betriebsabläufe zu verbessern. Oft verkleinern oder extensivieren solche Zuerwerbsbetriebe ihre Produktion.

- Der *Modellbetriebstyp* B_3 zeigt eine optimale Betriebsgröße bei etwa drei bis vier Arbeitskräften. Es handelt sich um "commercial family farms", d. h. leistungsfähige, *vollerwerbliche landwirtschaftliche Betriebe* mit meist überdurchschnittlichen landwirtschaftlichen Einkommen. Beschäftigt werden beispielsweise zwei aktive Generationen von Männern, mitarbeitende Familienmitglieder, ggf. betriebsfremde Mitarbeiter und Auszubildende. Produktionszweige mit begrenzten Skalenerträgen[36] sind typisch für die bäuerlichen Familienbetriebe.[37]

[34] Bei den Vollerwerbsbetrieben stammen 90 bis 100 Prozent der Arbeitseinkommen aus dem landwirtschaftlichen Betrieb, bei den Zuerwerbsbetrieben 50 bis 90 Prozent und bei den Nebenerwerbsbetrieben bis zu 50 Prozent. Die allgemeine Agrarstatistik spricht von einem Nebenerwerbsbetrieb, wenn bei 0,75-1,5 Arbeitskräften der Anteil des betrieblichen Einkommens weniger als 50 Prozent des gesamten Erwerbseinkommens beträgt oder wenn insgesamt weniger als 0,75 Arbeitskräfte je Betrieb zur Verfügung stehen. Vgl. *Baudoux et al* (1997), S. 433.

[35] Zahlenmäßig dominiert der landwirtschaftliche Nebenerwerbsbetrieb sowohl im früheren Bundesgebiet als auch in den neuen Ländern. Vgl. *Agrarbericht 1997*, S. 1.

[36] Darunter fallen beispielsweise die Milchproduktion und der Ackerbau (mit einer begrenzten Zahl von Feldarbeitstagen, was bei zunehmender Größe des Betriebes zu sprungfixen Kosten führt).

Denkbar sind größere Milchproduktions- oder Ackerbaubetriebe, oft kombiniert mit Tierzucht, Tiermast, Obstbau, Gemüsebau oder Weinbau. Dieser Betriebstyp findet im Familienbetrieb eine geeignete Organisationsform. Die Grenze "nach oben" zur "family managed farm" und zum gewerblich bzw. industriell organisierten Betrieb liegt dort, wo die familienfremden Arbeitskräfte zu dominieren beginnen.

Abb. 15/3
Skalenerträge und optimale Betriebsgröße (in Voll-Arbeitskräften)

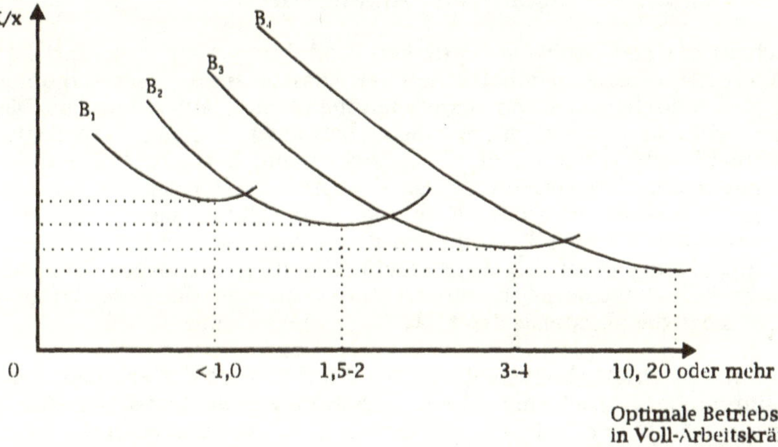

- Der *Modellbetriebstyp* B_4 führt zu einer optimalen Betriebsgröße mit zehn, zwanzig oder mehr Vollarbeitskräften. Diesem Betriebstyp entspricht am ehesten eine L-förmigen Kostenkurve. Dabei wird der Rahmen eines bäuerlichen Familienbetriebes überschritten. Es handelt sich um gewerblich oder industriell konzipierte, oft auf Kapitalbasis organisierte Unternehmen, die auch im Eigentum einer Familie sein können und durch eine Familie geleitet werden ("family managed farm"), wobei die Arbeit im wesentlichen durch familienfremde Arbeitskräfte geleistet wird.[38] Das betriebliche Optimum liegt bei verhältnismäßig großen Produktionsmengen, welche jene eines typischen bäuerlichen Familienbetriebes mit vorwiegend eigenen Arbeitskräften bei weitem übersteigen, zumal auch die Erzeugerpreise in den relevanten Produktionszweigen oft unter dem Kostenminimum der bäuerlichen Familienbetriebe liegen. Ist dies der Fall, stellt der bäuerliche Familienbetrieb oftmals keine effiziente Form der Produktion mehr dar. Die bestehenden bäuerlichen Familienbetriebe verlieren in diesen Produktionsbereichen die Wettbewerbsfähigkeit. Sie erleiden Verluste bei den Marktanteilen und scheiden zunehmend aus dem Markt aus. Die dominierende Organisationsform wandelt sich von der "commercial family farm" zur "family managed farm" oder zu eigentlichen Kapitalgesellschaften. Bei Produktions-

[37] Zu den Organisationsformen des bäuerlichen Familienbetriebes und der auf Kapitalbasis organisierten Landwirtschaft vgl. auch *Hayami* (1996), S. 1157 ff. Zum Übergang von der „family farm way of life" zum „successful family business" vgl. *Tweeten* und *Zulauf* (1997), S. 265.
[38] Vgl. *Helbling* (1997), S. 43.

zweigen mit ausgeprägten Skalenerträgen nehmen die kapitalmäßig organisierten landwirtschaftlichen Betriebe an Bedeutung zu.[39] Als Beispiele können reine Traktorenbetriebe im großflächigen Ackerbau und viehwirtschaftliche Großbetriebe (in den USA mit 10.000 Rindern und mehr) genannt werden, deren Betriebsgröße über jene eines Familienbetriebes hinausreicht. Weitere Beispiele sind große Betriebe des Weinbaus, der Gemüseproduktion, des Obstbaus, der Früchteproduktion sowie der Erzeugung von Blumen, Gehölzen und Pflanzen.[40]

C. Der landwirtschaftliche Strukturwandel

I. Agrarwirtschaftlicher Fortschritt und Strukturwandel

Der Fortschritt bei den landwirtschaftlichen Produktionsverfahren führt zu einer Veränderung der landwirtschaftlichen Betriebsstukturen.[41] Dies soll anhand eines weiteren Modells mit etwas anderen Annahmen erläutert werden. Dabei werden nur die Kostenstrukturen von beispielhaft angenommenen Produktionsverfahren (nicht jedoch wie zuvor die Betriebstypen) betrachtet. Die modelltheoretischen Produktionsverfahren P_1 bis P_5 in Abb. 15/4 zeichnen sich durch jeweils geringere Kosten bei größeren optimalen Ausbringungsmengen aus. Die Produktionsverfahren P_6 und P_7 sind nach dieser modelltheoretischen Darstellung noch nicht so ausgereift, als daß sich eine weitere Kostendegression ergibt. Sie führen zu höheren minimalen Durchschnittskosten als das Produktionsverfahren P_5, welches die günstigste Produktionsweise darstellt.

Sinkt das landwirtschaftliche Preisniveau von P auf P', wird das Produktionsverfahren P_1 unrentabel. Betriebe mit diesem Verfahren werden zu wirtschaftlichen Grenzbetrieben. Sinkt der Preis sukzessive bis auf P'''', werden auch die Produktionsverfahren P_2, P_3, P_4, P_6 und P_7 unrentabel. Alle Betriebe mit Ausnahme jener mit dem Produktionsverfahren P_5 werden durch den Wettbewerb verdrängt, verlieren Marktanteile[42] und müssen sich bei der Produktion und hinsichtlich ihrer betrieblichen Struktur anpassen. Ist dies nicht möglich, sind sie vermehrt auf außerlandwirtschaftliche Einkommen angewiesen und gehen meist zum Zu- oder Nebenerwerb über. Bei den weichenden Betrieben sinken der cash flow, der unternehmerische Handlungsspielraum, die betrieblichen Zukunftschancen und oft auch die berufliche Befriedigung.

Der agrarwirtschaftliche Fortschritt führt in der Tendenz zu sinkenden realen Preisen und einer immer stärkeren Konzentration der landwirtschaftlichen Produktion. Der Druck, möglichst nahe beim Kostenminimum zu liegen, setzt selbst die größeren Betriebe einem ausgeprägten Investitions- und Innovationsdruck aus. Landwirte, die nicht mit dem jeweils besten Verfahren produzieren, verlieren langfristig die Wettbewerbsfähigkeit und die Voraussetzungen zur betrieblichen Entwicklung.

Typisch für Betriebe mit einer effizienten Produktion ist deren Expansion, für jene mit einer wenig effizienten Erzeugung die Stagnation oder der Rückgang des Anteils an der Gesamtproduktion des Marktes.[43] Die vollerwerblichen Be-

[39] Vgl. *Boulding* (1958), S. 332.
[40] Vgl. *Drabenstott* (1994), S. 4 ff.
[41] Vgl. *Werner* (1968), S. 6 ff.
[42] Vgl. zur Mindestbetriebsgröße *Schmitt* (1990), S. 161 ff.
[43] Vgl. *French* (1977), S. 132.

Abb. 15/4
Die Veränderung der landwirtschaftlichen Produktionsverfahren bei einem Rückgang der (relativen) Erzeugerpreise

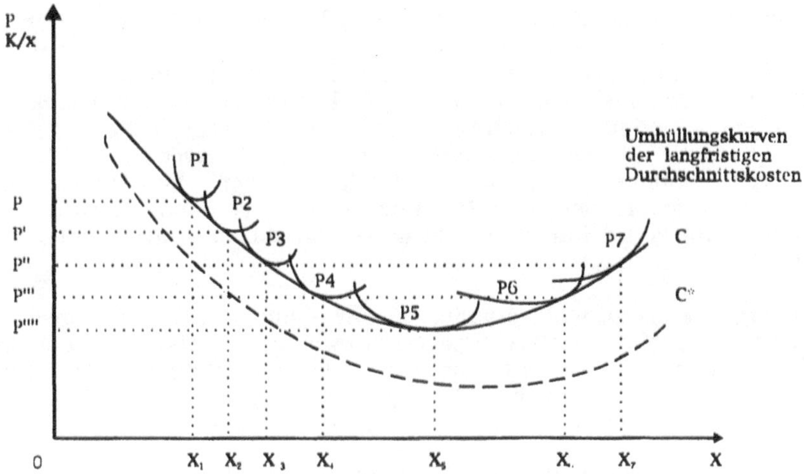

triebe werden immer größer und leistungsstärker. Für einen großen Teil der vollerwerblichen Betriebe hat der Strukturwandel ruinöse Konsequenzen. Im Kampf um das Überleben als vollerwerbliche, entwicklungsfähige Betriebe setzen sich nur die allerfähigsten Bauern durch ("survival of the fittest"). Der betriebliche Anpassungsprozeß zeigt insofern *agrardarwinistische* Züge:

> "Eine solche 'Gesundschrumpfung' ist überall ein schmerzlicher Prozeß, der außerdem Zeit braucht. In der Landwirtschaft aber wird er durch eine Eigentümlichkeit der Landwirte erschwert, die nur krasser Unverstand schelten kann, nämlich die, daß sie ein maximales Beharrungsvermögen besitzen und ihrem Berufe so lange wie nur möglich treu bleiben. Daraus erklärt sich, daß eine 'Auskämmung' in der Landwirtschaft der schmerzlichste und langwierigste Prozeß ist, den man sich vorstellen kann".[44]

Die verhältnismäßig große Immobilität der landwirtschaftlichen Produktionsfaktoren (besonders des Bodens) bremst den landwirtschaftlichen Strukturwandel. Vor allem die bäuerlichen Familienbetriebe passen sich nur sehr zögernd an sich verändernde agrarwirtschaftliche Daten und Entwicklungen an. Deren Vorteile liegen nicht in der schnellen Anpassungsfähigkeit, sondern in der Stabilität.

Das agrarwirtschaftliche Wissen und Können eilt der strukturellen Entwicklung voraus. Laufend entstehen neue, kostengünstigere Produktionsverfahren. Daraus ergeben sich stets neue strukturelle Ungleichgewichte. Die Linie C bezeichnet die Umhüllungskurve der einzelnen Kostenminima und markiert damit die langfristig realisierbare Kostenuntergrenze. Sehr langfristig wirksame agrartechnische Fortschritte führen zu einer Verschiebung dieser Umhüllungskurve (beispielsweise von C nach C'). Dies bringt immer wieder Phasen der Selbstbe-

[44] *Röpke* (1965), S. 60.

schleunigung des Preisverfalls und des strukturellen Wandels.[45] Wird versucht, den landwirtschaftlichen Strukturwandel mit agrarpolitischen Mitteln zu bremsen, vergrößert sich der Anpassungsbedarf.

Werden die Agrarpreise künstlich gestützt, ergibt sich eine Fehlallokation von Produktionsfaktoren. Bei einem Preis von P" beispielsweise sind selbst die gegenüber dem Produktionsverfahren P_5 wenig effizienten Produktionsverfahren P_3, P_4, P_6 und P_7 rentabel, woraus eine Fehlallokation von Produktionsfaktoren gegenüber dem Produktionsverfahren P_5 mit der größten Effizienz resultiert. Auch Großbetriebe mit den wenig effizienten Produktionsverfahren P_6 und P_7 können bei überhöhten Preisen wirtschaftlich überleben. Diese Betriebe sind zudem in der Lage, kleinere Betriebe "aufzufressen". Es handelt sich um eine durch überhöhte Preise künstlich geförderte betriebliche Konzentration, den sog. *Agrarkannibalismus.*[46]

Durch überhöhte Preise werden außerdem die Produktivitätssteigerungen beschleunigt, weil die Grenzerträge der agrarwirtschaftlichen Forschung künstlich gesteigert werden und zu einer Intensivierung der Innovationen und der Diffusion führen.[47] Dies bringt eine beschleunigte Verschiebung der C-Kurve nach C' und eine Verschärfung des strukturellen Anpassungsdrucks.

Der landwirtschaftliche Strukturwandel stößt erst dort an Grenzen, wo die kostengünstigsten Produktionsverfahren bzw. die optimale Betriebsgröße erreicht werden.[48] Der landwirtschaftliche Konzentrationsprozeß findet in der langfristigen, U-förmigen Kostenkurve eine Schranke. Die Entwicklung und die Lage der langfristigen U-Kurve sind bestimmend für die strukturelle Entwicklung der vollerwerblichen landwirtschaftlichen Betriebe. Bei Annahme einer L-förmigen Kostenkurve setzen vor allem die betrieblichen, marktlichen und finanziellen Risiken einer uneingeschränkten Ausdehnung der Betriebe Grenzen.

II. Die "Abweichungen" von einer optimalen Produktionsstruktur

Im folgenden soll erörtert werden, weshalb es in der Praxis zu Abweichungen von der "idealen" Betriebsstruktur mit ausschließlich optimalen Betrieben kommt, welche stets dem neuesten Stand der landwirtschaftlichen Produktionsverfahren entsprechen. Welche möglichen Erklärungen liefern dazu die Theorie der vollkommenen Konkurrenz, die Theorie der unvollkommenen Märkte und die Neue Institutionenökonomik?

1. Die Theorie der vollkommenen Konkurrenz

Die mikroökonomische fundierte *Theorie der vollkommenen Konkurrenz* mit dem zentralen Leitbild des Paretooptimums[49] geht modelltheoretisch davon aus, daß es einen einheitlichen, repräsentativen Betrieb gibt, der bei einem gegebenen Stand des agrarwirtschaftlichen Wissens und Könnens stets dem Optimum entspricht. Es finden immer wieder unverzüglich Anpassungsprozesse statt, bis alle landwirtschaftlichen Betriebe optimal produzieren. Unter dem Druck der durch die kostengünstigsten Produzenten geprägten Preise kommt

[45] Vgl. *von Hayek* (1983), S. 445 f.
[46] Vgl. *Cochrane* (1986), S. 11 ff.
[47] Vgl. *Cochrane* (1986), S. 15.
[48] Vgl. auch Kapitel 5.
[49] Vgl. Kapitel 3.

es stets zu einer Optimierung der Produktion bzw. der Agrarstruktur. Der strukturelle Anpassungsprozeß ist nach den Modellvorstellungen der vollkommenen Konkurrenz jeweils dann beendet, wenn alle marginalen, suboptimal produzierenden Anbieter ausgeschieden sind und sämtliche Betriebe die optimale Größe und die optimale Produktionstechnik erreicht haben. Unter den heutigen Bedingungen ergäbe sich ein steter, automatisch wirkender Trend zu einer Agrarstruktur mit immer weniger, ausschließlich optimal produzierenden Betrieben.

In der Praxis ist die Landwirtschaft jedoch nie perfekt an die jeweiligen skalentheoretischen Optima angepaßt. Zudem werden mit dem Modell der vollkommenen Konkurrenz die Auswirkungen und die Endogenität der innovatorischen Prozesse nur ungenügend erklärt. Die Gründe dafür vermag die Theorie der vollkommenen Konkurrenz allerdings nicht zu geben. Insofern wird sie der Komplexität der strukturellen Verhältnisse und Entwicklungstendenzen in der Praxis oftmals nicht gerecht. Eine in sich geschlossene Theorie für das Erscheinungsbild der zahlenmäßig überwiegenden Gruppe von Betrieben, welche außerhalb des produktionsmäßigen Optimums liegen, fehlt bisher. Vor allem läßt sich die große Zahl von Neben-, Zuerwerbs- und Vollerwerbsbetrieben mit geringeren Einkommen dadurch nicht erklären. Diese Fragestellung läßt viele Antworten zu und erfordert weitere Analysen.

2. Die Theorie der unvollkommenen Märkte

Die *Theorie der unvollkommenen Märkte* modifiziert einige der restriktiven Prämissen des Modells der vollkommenen Konkurrenz.[50] So läßt sich anstelle eines homogenen Arbeitsmarktes von einem Arbeitsmarkt mit persönlichen, sachlichen, zeitlichen und örtlichen Präferenzen ausgehen. Auf den Agrarbereich bezogen kann es beispielsweise individuelle Präferenzen für eine Kombination von landwirtschaftlicher und außerlandwirtschaftlicher Tätigkeit geben. Eignen sich die Mitglieder der bäuerlichen Familie für eine solche Berufskombination und besteht ein Angebot an geeigneten außerlandwirtschaftlichen Arbeitsplätzen, kommt es zu einem Nebeneinander von landwirtschaftlicher und außerlandwirtschaftlicher Tätigkeit. Je nach den individuellen Präferenzen und Arbeitsmarktmöglichkeiten spielt die landwirtschaftliche Tätigkeit dabei eine Haupt- oder Nebenrolle.

Die Präferenzen für eine landwirtschaftliche Tätigkeit und die mangelnde Mobilität der Produktionsfaktoren führen außerdem zu einem erheblichen Zeitbedarf für die Anpassung der Betriebe an optimale Betriebsstrukturen. Der Zeitraum der Anpassung kann ohne weiteres die Dauer einer Generation, also zwanzig bis dreißig Jahre, beanspruchen. Dies bedeutet, daß die betrieblichen Strukturen während langer Zeit von den theoretisch optimalen Produktionsstrukturen abweichen können.

---

[50] Im Gegensatz zum Modell der vollkommenen Konkurrenz geht die Theorie der unvollkommenen Märkte unter anderem von Skalenerträgen, Marktstrukturen mit einem oder wenigen Marktteilnehmern (Oligopole/Oligopsone und Monopole/Monopsone), heterogenen Gütern, technischem Fortschritt u.ä. aus. An dieser Stelle sind vor allem die Präferenzen bei der Verwendung von Ressourcen (Arbeit, Boden, Kapital und Humankapital) relevant. Vgl. zum Wesen der unvollkommenen Konkurrenz auch *Robinson* (1933).

3. Die Neue Institutionenökonomik

Die Neue Institutionenökonomik stellt ebenfalls Denkansätze zur Verfügung, mit deren Hilfe sich die Entwicklung der Agrarstruktur und die Abweichungen vom Produktionsoptimum erklären lassen.[51]

a. Die Property Rights Theorie

Im Gegensatz zum Modell der vollkommenen Konkurrenz geht die *Property Rights Theorie* von der Existenz von Eigentums-, Nutzungs- und Verfügungsrechten aus, welche den Wirtschaftssubjekten zugeordnet sind. Den Ausgangspunkt der Überlegungen bilden Eigentumsstrukturen, welche die Wirtschaftssubjekte gemäß den Modellvorstellungen der Property Rights Theorie ihren Präferenzen entsprechend optimal nutzen. Das Wirtschaftssubjekt wird als sog. "*REMM*" (resourceful, evaluative, maximizing man) betrachtet und strebt nach einem Nutzenmaximum. Die Präferenzen der einzelnen Wirtschaftssubjekte weisen zudem Unterschiede auf. Je nach den individuellen Präferenzen und den Opportunitätskosten (bzw. den marktlichen Möglichkeiten außerhalb des eigenen Betriebes) nutzt ein Wirtschaftssubjekt seine Ressourcen (Arbeit, Boden, Kapitel, Humankapital) selbst, d. h. im Rahmen eines eigenen Betriebes, oder außerhalb desselben über die Faktormärkte. Dabei entstehen landwirtschaftliche Strukturen, welche den individuellen Präferenzen und den subjektiv geprägten Opportunitätskosten entsprechen. Ändern sich die individuellen Präferenzen oder die subjektiven Opportunitätskosten, verändert sich auch die Struktur der landwirtschaftlichen Betriebe.

Bei den landwirtschaftlichen Ressourcen können die individuellen Präferenzen und die (oft geringen) subjektiven Opportunitätskosten verhindern, daß sich produktionstechnisch optimale Betriebsstrukturen ergeben, indem die betrieblichen Strukturen sehr stark durch den Lebensstil und die außerlandwirtschaftlichen Faktormärkte geprägt sind. Auf diese Weise lassen sich Vollerwerbsbetriebe mit ungenügenden Einkommen sowie Zuerwerbs-, Nebenerwerbs-, Hobby- und Altersbetriebe erklären, welche in ihrer Art - und obwohl sie von den optimalen Betriebsstrukturen abweichen - für die landwirtschaftlichen Familien eine optimale Nutzung ihrer Ressourcen bedeuten.[52]

b. Die Transaktionskostenökonomie

Die *Transaktionskostenökonomie* analysiert nicht nur die Marktprozesse, sondern auch die Entstehung von Institutionen aufgrund der Anreizmechanismen der Märkte.[53] Private Institutionen wie beispielsweise die landwirtschaftlichen Betriebe und Haushalte kommen nach diesen Modellvorstellungen zustande, wenn deren Nutzen größer ist als die Transaktionskosten zur erforderlichen Bündelung von Ressourcen. Der Nutzen besteht unter anderem in den betrieblichen Erträgen und in einer bäuerlichen Lebensweise; die Transaktionskosten ergeben sich beim Aufbau von landwirtschaftlichen Betrieben (beispielsweise bei der Suche nach einem Betrieb, dem Kauf von landwirtschaftlich nutzbaren

[51] Vgl. dazu die grundlegenden Ausführungen von *Schmitt* (1993a), S. 586 ff.

[52] Die zahlenmäßig dominierenden landwirtschaftlichen Nebenerwerbsbetriebe (58,1 Prozent im früheren Bundesgebiet und 71,9 Prozent in den neuen Ländern) weisen bereits respektable Durchschnittsgrößen mit einer durchschnittlichen Flächenausstattung von 8,8 Hektar im früheren Bundesgebiet und 15,0 Hektar Land in den neuen Ländern auf (1996). Vgl. *Agrarbericht 1997*, S. 1.

[53] Vgl. auch *Beckmann* (1996), S. 143 ff.

Ressourcen, dem Pachten und Verpachten von Land u.ä.m.). Die Transaktionskosten können bewirken, daß die faktisch bestehenden Betriebe von den für die Produktion optimalen Betrieben abweichen. Je größer die Transaktionskosten sind, desto stärker können die Abweichungen zwischen den optimalen und den faktisch bestehenden Betrieben sein. Die Transaktionskosten treiben einen "Keil" zwischen die optimalen und die faktisch bestehenden Strukturen. Auch damit lassen sich gewisse Abweichungen zwischen den faktisch bestehenden und den jeweils optimalen betrieblichen Strukturen erklären.

c. Der landwirtschaftliche Betrieb und Haushalt als "Doppelinstitution"

Die landwirtschaftlichen Betriebe bestehen eigentlich aus zwei eng miteinander verknüpften privaten Institutionen, dem landwirtschaftlichen Produktionsbetrieb und dem bäuerlichen Haushalt. Es handelt sich um eine *"Doppelinstitution"*. Dabei ist der landwirtschaftliche Produktionsbetrieb nach der "Theorie der Firma" zu analysieren, der bäuerliche Haushalt nach der Theorie der Haushalte.[54]

Sowohl beim landwirtschaftlichen Betrieb als auch dem bäuerlichen Haushalt handelt es sich um Institutionen, welche durch eine Bündelung von Ressourcen (Property Rights an Arbeit, Boden, Kapital und Humankapital) geprägt sind. In der gedanklichen Konstruktion fragt der landwirtschaftliche Betrieb Ressourcen nach und der bäuerliche Haushalt bietet solche an. Zudem bietet der landwirtschaftliche Betrieb Konsumgüter an und der bäuerliche Haushalt fragt solche nach. Die Besonderheit der "Doppelinstitution" von landwirtschaftlichem Betrieb und bäuerlichem Haushalt besteht darin, daß gleichzeitig Produktionsfaktoren nachgefragt und angeboten werden sowie Konsumgüter produziert und konsumiert werden. Das Phänomen einer solchen Doppelinstitution ist in der arbeitsteiligen Wirtschaft nur selten anzutreffen.[55]

Die Kombination von landwirtschaftlichem Betrieb und bäuerlichem Haushalt führt bei der Nutzung der familieneigenen Ressourcen und dem Konsum von Gütern aus der eigenen Produktion zu wesentlichen Ersparnissen bei den konsum- und faktorbezogenen Transaktionskosten und damit zu Kostendegressionseffekten. Die Doppelinstitution des bäuerlichen Familienbetriebes und bäuerlichen Haushaltes erweist sich ökonomisch als vorteilhaft. Hinzu tritt eine erhebliche Flexibilität dieser Doppelinstitution bei der Anpassung von Betrieb und Haushalt an die jeweils dominierenden Wertvorstellungen der bäuerlichen Familien. Je nach den Präferenzen und den Rahmenbedingungen kann die Produktion (institutionell der landwirtschaftliche Betrieb) oder der Konsum (institutionell der bäuerliche Haushalt) dominieren. Beim Übergang zum Zuerwerbsbetrieb beispielsweise verlagert sich das Schwergewicht vom landwirtschaftlichen Betrieb zum Haushalt und zur außerlandwirtschaftlichen Tätigkeit, beim Übergang zum Nebenerwerbsbetrieb beginnen die haushaltsökonomischen Wertvorstellungen und die außerlandwirtschaftliche Tätigkeit zu dominieren. Die Doppelinstititution des landwirtschaftlichen Betriebes und Haushaltes ist besonders flexibel und anpassungsfähig.

Die strukturelle Entwicklung der Betriebe erfolgt unter heterogenen sowie sich stets verändernden individuellen Wertvorstellungen und Rahmenbedingungen.

[54] Vgl. *Schmitt* (1993), 586 ff.

[55] Vgl. zu den ressourcen- und konsumökonomischen Vorteilen der Einheit von Betrieb und Haushalt auch *Schmitt* (1992), S. 23 ff.

Dies wirkt sich sowohl auf die Produktion von landwirtschaftlichen Gütern als auch die Nutzenvorstellungen im Bereich des bäuerlichen Haushalts aus und beeinflußt die Entwicklung der landwirtschaftlichen Strukturen, welche damit erheblich von den theoretisch optimalen Produktionsstrukturen abweichen können.[56] Dabei kann der landwirtschaftliche Verdrängungsprozeß sowohl aus dem Bereich des Betriebes als auch des Haushalts kommen. Die Möglichkeit und Fähigkeit der Betriebe, sich an veränderte Wertvorstellungen und Rahmenbedingungen anzupassen, sind bestimmend für deren Überleben in einer Welt von Verdrängungsprozessen.

D. Das Leitbild des bäuerlichen Familienbetriebes

I. Das Wesen und die besonderen ökonomischen Vorzüge

Der *bäuerliche Familienbetrieb* ist durch folgende Elemente geprägt: (1.) Die Leitung des Betriebes durch die bäuerliche Familie, (2.) die Familienarbeitsverfassung mit vorwiegend familieneigenen Arbeitskräften, (3.) die Einheit von Betrieb und Haushalt, (4.) eigenes oder gepachtetes Land (einschließlich der Gebäude), (5.) Eigenkapital und ggf. ein gewisser Anteil an Fremdkapital sowie (6.) die bäuerliche Familie als Trägerin der finanziellen Risiken.

Nach den bisherigen Überlegungen ist der bäuerliche Familienbetrieb durch besondere, ressourcen- und konsumökonomische Merkmale geprägt. Institutionenökonomisch betrachtet stellt er eine besonders effiziente Lösung des Principal Agent Problems dar,[57] indem das Anreizsystem des Marktes unmittelbar auf den Bauern und seine Familie wirkt und die ggf. wenigen Mitarbeiter leichter zu motivieren und kontrollieren sind als in größeren Betrieben mit zahlreichen Arbeitskräften und organisatorischen Hierarchien.[58] Der Einsatz von vorwiegend familieneigenen Arbeitskräften führt zu einer Senkung der Transaktionskosten, welche stets entstehen, wenn familienfremde Arbeitskräfte über den Arbeitsmarkt gesucht und eingestellt werden sowie später ggf. wieder entlassen werden müssen.[59] Principal Agent Probleme entstehen vor allem, wenn familienfremde Arbeitskräfte bei der Produktion mitwirken, was eine intensive Überwachung der Produktion erfordert.

---

[56] In einer empirischen Untersuchung über die Nebenerwerbslandwirtschaft wurde in *Baden-Württemberg* von 70,6 Prozent der Nebenerwerbslandwirte die Erhaltung des Betriebes als Hauptmotiv genannt, in *Mecklenburg-Vorpommern* Interesse und Spaß (43,3 Prozent), berufliche und finanzielle Gründe (40 Prozent) und die Verbundenheit mit der Landwirtschaft (40 Prozent). Vgl. *Baudoux et al.* (1997), S. 445.

[57] Die *Principal Agent Theorie* ist eine anwendungsbezogene Theorie, welche die Transaktionskostentheorie und die Property Rights Theorie miteinander kombiniert. Ausgangssituation ist eine Informationsasymmetrie zwischen einem Principal und einem Agenten. Nach den Modellvorstellungen der Property Rights Theorie versucht der Agent, seine eigenen Interessen und nicht jene des Principals zu optimieren *(hidden intention* bzw. *hidden action).* Er wird zudem danach trachten, Transaktionsrisiken auf den Principal zu überwälzen *(moral hazard).* Aus Eigeninteresse ist er bestrebt, den Principal so zu informieren, wie es seinen Interessen entspricht (*screening)* und andere Informationen zu verschweigen *(hidden information).* Der Principal seinerseits wird bemüht sein, unter dem Aspekt der Nutzen-Kosten-Optimalität möglichst umfassende, systematische und zielorientierte Informationen über den Agenten zu beschaffen *(monitoring)* sowie optimale Anreizsysteme zu schaffen, um Zielverfehlungen des Agenten *(shirking)* zu vermeiden.

[58] Vgl. *Aereboe* (1923), S. 534 ff.; vgl. *Schmitt* (1992), S. 13 ff.

[59] Vgl. *Beckmann* (1996), S. 143.

Solche und andere kostenstrukturellen Überlegungen kommen in Abb. 15/5 zum Ausdruck. Die Grenzkosten in den bäuerlichen Betrieben von K'_B sind nicht für alle, aber doch zahlreiche Erzeugnisse bis zu einer gewissen Größe kleiner als bei den gewerblichen oder industriellen Betrieben von $K'_{I/G}$:

- Die *Arbeitskosten* sind bis zu einem kritischen Bereich geringer als jene, welche sich bei Fremdarbeitskräften ergeben. Dies verbessert die betriebliche Kostenstruktur vor allem bei saisonalen und tageszeitlichen Spitzenbelastungen. Der bäuerliche Familienbetrieb ist hinsichtlich der zur Verfügung stehenden Arbeitskräfte besser zur Bewältigung von zeitlichen Arbeitsspitzen geeignet. Sprungfixe Kosten für Spitzenbelastungen, wie diese durch die Einstellung zusätzlicher Arbeitskräfte entstehen, lassen sich vermeiden

- Die *Kapitalkosten* sind bis zu einem kritischen Bereich ebenfalls kleiner bei der Finanzierung mit Eigenkapital als bei der Finanzierung mit Fremdkapital. Erfolgt die Grundfinanzierung des Betriebes vorwiegend mit familieneigenem Kapital, kann die bäuerliche Familie bei schlechten Ernten oder tiefen Preisen vorübergehend auf Zinsen und Gewinne für das Eigenkapital verzichten. Irreversible, in der Vergangenheit liegende Investitionen sind vielfach bereits amortisiert. Diese belasten die Kostenrechnung in der Gegenwart oft nicht mehr und sind eine Art "versunkener" Kosten ("sunk costs"). Zu versunkenen Kosten führen auch die gesetzlich festgelegten, stark reduzierten Übergabepreise der Höfe an die Hofnachfolger. Dies verbessert die Resistenz der Betriebe gegen die Risiken der Produktion und des Marktes.

Abb. 15/5
Besonderheiten der Kostenstruktur der bäuerlicher Familienbetriebe

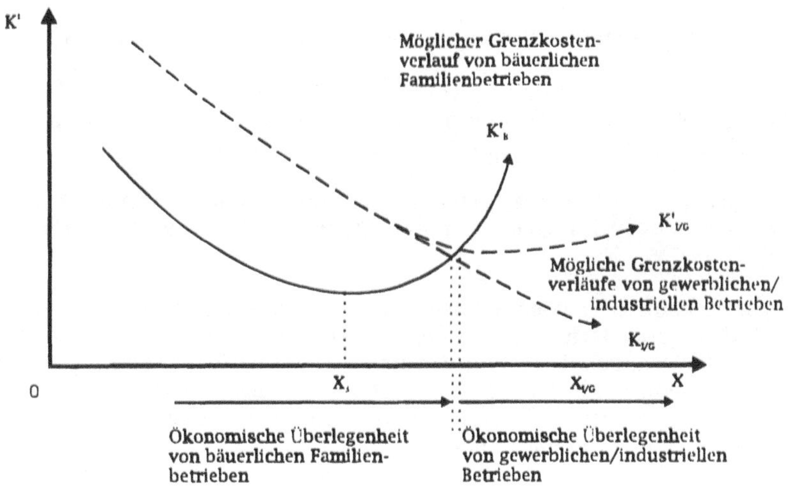

- Hinzu kommen die ressourcen- und konsumökonomischen *Vorteile der Einheit von Betrieb und Haushalt* ("Doppelinstitution").[60] Die institutionenökonomischen Vorteile einer solchen "Doppelinstitution" bestehen u.a. im Abbau von Transak-

[60] Vgl. *Schmitt* (1993) und (1993a), S. 377 ff.

tionskosten beim Einsatz von familieneigenen Produktionsfaktoren (Arbeit, Boden, Kapital und Humankapital) sowie beim Konsum von betriebseigenen Erzeugnissen. Hinzu kommt eine enge Verbindung zwischen dem Sparen und Investieren. Die Investitionen sind oft entscheidend, ob ein Betrieb Chancen für das Überleben oder sogar die betriebliche Entwicklung hat. Bei einem erheblichen Bedarf an Investitionen und einer Zurückhaltung bei der Verschuldung kommt es beim bäuerlichen Familienbetrieb vielfach zu einer Art von Zwangssparen, verbunden mit einer geringen Konsumneigung.[61]

Alle diese Charakteristika verleihen dem bäuerlichen Betrieb besondere Vorteile. Aus solchen und ähnlichen Gründen hat sich der bäuerliche Familienbetrieb wie kaum eine andere Institution des Wirtschafts- und Gesellschaftslebens bewährt. In Zeiten der Hungersnöte, der Kriege, aber auch in ausgesprochenen Wachstumsperioden erwies er sich als langfristig resistente und überlebensfähige Organisationsform. Selbst in Zeiten mit einem starken Rückgang der Zahl der Betriebe dominiert diese Organisationsform nach wie vor.[62]

Der bäuerliche Familienbetrieb ist deshalb noch stets ein prägendes Element der Agrarordnung in den hochentwickelten, freiheitlichen Gesellschaften. Das Bekenntnis zum bäuerlichen Familienbetrieb verkörpert ein wesentliches ordnungspolitisches Prinzip, darf jedoch nicht mystifiziert werden.[63] Grenzen ergeben sich bei jenen Betriebszweigen, deren Skalenerträge über die mögliche Größe eines Familienbetriebes hinausgehen. In solchen Fällen kann es vermehrt zu partnerschaftlich oder kapitalmäßig organisierten, vertikal mit dem Agribusiness vernetzten landwirtschaftlichen Betrieben kommen.[64] Besonders die vertikale Integration begünstigt landwirtschaftliche Großbetriebe, welche auf Kapitalbasis organisiert sind.[65]

II. Die Bewältigung der ökologischen Probleme

Die institutionellen Vorzüge des bäuerlichen Familienbetriebes verbinden sich mit positiven landwirtschaftlichen Effekten bei der *Bewältigung ökologischer Probleme*. Der bäuerliche Familienbetrieb ist besonders geeignet, die natürlichen Lebensgrundlagen zu erhalten und zu pflegen sowie eine vielfältige Landschaft als Lebens-, Freizeit- und Erholungsraum zu sichern:

> " ... nach aller Erfahrung bieten bäuerliche Familienbetriebe die besten Voraussetzungen für eine naturgerechte und zugleich wirtschaftliche Betriebsweise".[66]

Der bäuerliche Familienbetrieb erfährt unter ökologischen Aspekten eine zusätzliche Aufwertung. Den Anforderungen, wie sie für die Landschaftsgestaltung und den Naturhaushalt gestellt werden, können derzeit weder spezialisierte Ackerbaubetriebe noch moderne Betriebe der Massentierhaltung genügen. Besonders bei der bodenunabhängigen, kapitalintensiven Tierhaltung treten erhebliche ökologische Probleme im Zusammenhang mit der Ausbringung des Hofdüngers auf *("diseconomies of nature")*. Dies kann zum Bestreben führen, die tierische Produktion so weit als sinnvoll in bäuerlichen Betrieben anzusiedeln,

[61] Vgl. *Carriker et al.* (1993), S. 739 ff.
[62] Vgl. auch *Hayami* (1996), S. 1157 ff.
[63] Vgl. *Boulding* (1958), S. 332.
[64] Vgl. auch Kapitel 8.
[65] Vgl. *Gale* (1993), S. 138 ff.
[66] *Priebe* (1985), S. 167.

welche durch ihre Bodengebundenheit besser als Betriebe der Massenproduktion zur Bewältigung ökologischer Probleme geeignet sind.

Unter ökologischen und landschaftsästhetischen Aspekten empfiehlt es sich deshalb, die agrarpolitischen Maßnahmen auf die bodenabhängig wirtschaftenden bäuerlichen Familienbetriebe auszurichten, denn

> " ... im rein wirtschaftlichen Wettbewerb könnte es nicht zur Herausbildung derjenigen Betriebs- und Produktionsformen kommen, die unseren ökologischen und gesellschaftspolitischen Erfordernissen entsprechen".[67]

Dabei erscheint es auch bei bäuerlichen Familienbetrieben notwendig, Grenzen der Produktionsintensität aus Umweltüberlegungen zu setzen, so beispielsweise die Zahl der Tiere an die zur Verfügung stehenden Flächen zu binden.

E. Die strukturelle Entwicklung in der Praxis

Im früheren Bundesgebiet der *Bundesrepublik Deutschland* hat die Zahl der landwirtschaftlichen Betriebe bis zu *zehn* Hektar Fläche zwischen 1949 und 1997 von 1.260.000 auf rund 221.000, d. h. um über eine Million Einheiten, abgenommen (vgl. Tab. 15/6). Die Zahl der Betriebe von 50 Hektar und mehr stieg in diesem Zeitraum auf etwa das Vierfache (d. h. von rund 15.600 auf 64.700 Betriebe).[68] Die durchschnittliche Flächenausstattung der Haupterwerbsbetriebe im früheren Bundesgebiet lag 1996 bei 38,7 Hektar Land,[69] also tief in jenem Bereich, welcher von einem Rückgangsprozeß erfaßt wurde. Über der Wachstumsschwelle von 75 Hektar Land waren weniger als zehn Prozent aller Betriebe,[70] prägten jedoch den landwirtschaftlichen Strukturwandel. Nur Betriebe, welche über der Wachstumsschwelle liegen, können im statistischen Durchschnitt die Größenvorteile ausschöpfen und die ökonomisch sinnvollen Innovationen verwirklichen.

Dies wirkt sich auch auf die Entwicklung der übrigen Betriebe aus. Für die *Vollerwerbsbetriebe,* welche strukturell *unter der Wachstumsschwelle* liegen, ergibt sich bei sinkenden relativen Preisen ein Liquiditäts- und Einkommensdruck. Sie haben oft keine Chancen mehr, sich zu Vollerwerbsbetrieben mit befriedigenden Einkommen und optimalen betrieblichen Strukturen zu entwickeln. Es gelingt nur einem kleinen Teil der Betriebe unterhalb der kritischen Größe, in die Kategorie der überlebensfähigen vollerwerblichen Betriebe aufzusteigen. Die übrigen Betriebe werden zu Vollerwerbsbetrieben mit geringeren Einkommen, Zu- und Nebenerwerbsbetrieben und oft auch auslaufenden Betrieben.

[67] *Priebe* (1985), S. 161 und 263.
[68] In den *USA* ist die Zahl der Betriebe unter 200 Hektar Land seit 1920 rückläufig, die Zahl der Betriebe über 400 Hektar nimmt zu. Vgl. *Snodgrass* und *Wallace* (1978), S. 727 ff. Bereits heute produziert ein Prozent der Bauern Umsätze von USD 0,5 Mio. und mehr, liefert ein Drittel aller Agrarerzeugnisse und verdient die Hälfte aller landwirtschaftlich erzielten Gewinne. Von den *restlichen 99 Prozent* sind rund die Hälfte kleinere, vollerwerbliche Landwirte (full time small farmers) mit ungenügenden Einkommen, die andere Hälfte Arbeiterbauern, Hobbybauern und Gentlemen-Farmer mit vorwiegend außerlandwirtschaftlichen Einkommen. 250.000 oder rund 15 Prozent der Landwirte erzeugen 85 Prozent der Produktion. Bald werden fünf Prozent oder etwas mehr als 100.000 amerikanische Landwirtschaftsbetriebe die Agrarproduktion dominieren.
[69] Vgl. *Agrarbericht 1997,* S. 1.
[70] Vgl. Tab. 15/6 ff.

Tab. 15/6
Landwirtschaftliche Betriebe nach Größenklassen im früheren Bundesgebiet

Landwirtschaftliche Betriebsfläche (in Hektar)	1949	1980	1990	1994	1995	1996	1997*	1997 zu 1996
			(in 1.000 Betrieben)					(in Prozent)
1 - 10	1262,5	665,0	296,2	251,8	236,3	228,1	220,8	-3,2
10 - 20	256,3	251,4	178,6	104,1	97,3	92,7	88,1	-5,0
20 - 30	72,2	102,6	80,1	65,8	62,3	59,5	56,7	-4,7
30 - 40			50,5	47,8	42,3	40,5	39,1	37,7	-3,6
40 - 50	| 40,3	24,8	28,2	27,5	26,9	26,5	25,8	-2,5
50 - 100	12,6	26,9	40,6	48,5	49,5	50,1	50,6	+1,0
100 -	3,0	4,4	7,1	10,9	12,1	13,0	14,1	+8,2
Insgesamt	1646,8	797,4	629,7	581,9	524,8	509,1	493,8	-3,0

* Vorläufig
Quelle: Agrarberichte der *Bundesregierung, Agrarbericht 1998*, S. 9.

Die *kleineren vollerwerblichen Betriebe* sowie *die Zu- und die Nebenerwerbsbetriebe* verlieren hinsichtlich der Gesamtproduktion an Bedeutung, dominieren aber nach wie vor zahlenmäßig. Deren Erscheinungsbild ist äußerst vielfältig und komplex. Es kann sich um auslaufende Betriebe mit vorwiegend landwirtschaftlicher Erwerbstätigkeit handeln, aber auch um verhältnismäßig stabile Kombinationen von landwirtschaftlicher und außerlandwirtschaftlicher Tätigkeit.

Die Rahmenbedingungen für die strukturelle Entwicklung ergeben sich aus den agrarwirtschaftlichen Daten,[71] zu welchem auch die Güter- und Faktorpreise sowie die bestgeeigneten Agrartechnologien zählen. Hinzu kommen die subjektiven Präferenzen der Landwirte für die Gestaltung der Agrarproduktion. In der *Produktion* dominieren bei der landwirtschaftlichen Entwicklung nach wie vor die entwicklungsfähigen Vollerwerbsbetriebe, welche über der Wachstumsschwelle liegen und die möglichen Skalenerträge und Innovationen ausschöpfen. Bei dem heute in weiten Gebieten *strukturell* nach wie vor die Entwicklung prägenden landwirtschaftlichen Vollerwerbsbetrieb unterhalb der Wachstumsschwelle sind nur jene Betriebe im Anpassungsverhalten erfolgreich, welche diesem Betriebstyp nahe kommen. Die Entwicklung von Betrieben zu überlebensfähigen Vollerwerbsbetrieben stellt sicherlich nach wie vor eine starke Motivation bäuerlichen Handelns dar. Verfügt ein landwirtschaftlicher Betrieb über genügend Ressourcen (Boden, Arbeitskräfte, Humankapital und Kapital), kann er versuchen, die Wachstumsschwelle zu überschreiten, indem er danach strebt, die möglichen Skalenerträge und Innovationsmöglichkeiten auszuschöpfen und sich so eine langfristige Überlebensbasis als vollerwerblicher Betrieb zu schaffen.

Sind die ressourcenmäßigen Voraussetzungen nicht ausreichend, kann das Streben nach überlebensfähigen Strukturen zum finanziellen Ruin führen. In diesem Fall ist es oft besser, sich mit einem unbefriedigenden landwirtschaftlichen Einkommen abzufinden und einen Teil der Ressourcen außerhalb der Landwirtschaft einsetzen, was zum Übergang zu einem Zu- oder Nebener-

[71] Vgl. zu den agrarwirtschaftlichen Daten Kapitel 1.

werbsbetrieb führt.[72] Es kann das kombinierte Einkommen letztlich sogar größer sein als bei einem vergleichbaren landwirtschaftlichen Betrieb und ein hohes Nutzeneinkommen bei der zu- oder nebenerwerblichen Tätigkeit resultieren. In diesem Fall handelt es sich um die erfolgreiche Anpassung eines bäuerlich geprägten Haushalts durch die Kombination einer landwirtschaftlichen und nichtlandwirtschaftlichen Faktorverwendung. Würde die landwirtschaftliche Lebensweise zu einer dominierenden gesellschaftlichen Wertvorstellung, so könnten Nebenerwerbs- oder Hobbybetriebe die *strukturelle* (wohl aber nicht die produktionsmäßige) Entwicklung prägen. Solche Tendenzen zeigen sich seit längerer Zeit in weiten Teilen der alpinen Landwirtschaft.

Tab. 15/7
Landwirtschaftliche Betriebe nach Größenklassen in den neuen Bundesländern

Landwirtschaftliche Betriebsfläche (in Hektar)	1991	1993	1994	1995	1996	1997*	1997 zu 1996
	(in 1.000 Betrieben)						(in Prozent)
1 - 10	9,5	11,4	12,3	13,7	13,6	13,8	+1,1
10 - 20	2,1	2,9	3,1	3,4	3,5	3,5	-0,3
20 - 30	0,9	1,3	1,5	1,6	1,6	1,6	-0,1
30 - 40	0,6	1,4	2,0	1,0	1,0	1,0	-2,7
40 - 50	0,4			0,7	0,7	0,8	+6,6
50 - 100	1,1	1,8	2,0	2,2	2,3	2,3	+1,6
100 -	4,0	6,5	7,3	7,8	8,0	8,2	+2,7
Insgesamt	18,6	24,3	28,2	30,2	30,8	31,3	+1,3

* Vorläufig
Quelle: Agrarberichte der *Bundesregierung; Agrarbericht 1998*, S. 9.

In den *neuen Bundesländern* betrug die durchschnittliche Flächenausstattung der Einzelunternehmen (bäuerliche Familienbetriebe) 1996 48,2 Hektar und lag damit unterhalb der Wachstumsschwelle.[73] Der strukturelle Anteil der bäuerlichen Familienbetriebe betrug über 80 Prozent, der Flächenanteil jedoch nur 21,7 Prozent (vgl. Tab. 15/7). Bei den Personengesellschaften (Gesellschaften des bürgerlichen Rechts, offene Handelsgesellschaften, Kommanditgesellschaften und sonstige Personengesellschaften) stellte sich die Durchschnittsgröße auf 437 Hektar, bei den juristischen Personen des privaten Rechts (eingetragene Genossenschaften und GmbH's) auf 1074 Hektar. Diese Größenordnungen sind weit über der Wachstumsschwelle. Dabei lag der Flächenanteil der Personengesellschaften bei 22,2 Prozent, jener der juristischen Personen des privaten Rechts bei 55,9 Prozent. Der Anteil der juristischen Personen bei den Flächenanteilen ist zwar nach wie vor dominierend, aber leicht rückläufig.[74]

Zwischen 1995 und 1996 ergab sich eine leichte Zunahme der Durchschnittsgröße bei den Einzelunternehmen (bäuerliche Familienbetriebe) und eine leichte Abnahme bei den Personengesellschaften und den juristischen Personen des privaten Rechts. Es bleibt mit Interesse abzuwarten, ob der Anteil der bäuerlichen Familienbetriebe an der Gesamtfläche weiterhin zunimmt und ob diese

[72] Vgl. zur Typisierung der Entwicklung landwirtschaftlicher Betriebe in 24 europäischen Regionen *Knickel* (1996), S. 313 ff.
[73] Vgl. zu den nachfolgenden Ausführungen den *Agrarbericht 1997*, S. 15.
[74] Vgl. *Agrarbericht 1997*, S. 15.

landwirtschaftliche Organisationsform im Verlaufe des zukünftigen landwirtschaftlichen Transformationsprozesses an Bedeutung gewinnt.

Tab. 15/8
Landwirtschaftliche Betriebe nach Größenklassen in der Bundesrepublik Deutschland insgesamt

Deutschland insgesamt

Landwirtschaftliche Betriebsfläche (in Hektar)	1991	1993	1994	1995	1996	1997	1996 zu 1995
		(in 1.000 Betrieben)				in Prozent	
1 - 10	284,5	271,8	264,1	250,0	241,8	234,6*	-3,3
10 - 20	123,4	112,9	107,2	100,6	96,2	91,6*	-4,5
20 - 30	76,9	70,4	67,3	63,8	61,1	58,3*	-4,2
30 - 40	47,5	72,6	71,4	41,5	40,2	38,7*	-3,1
40 - 50	28,7			27,6	27,2	26,6*	-1,5
50 - 100	44,4	48,7	50,6	51,7	52,4	53,0*	+1,4
100 -	11,9	16,3	18,3	19,9	21,0	22,3*	+5,7
Insgesamt	617,3	592,7	578,8	555,1	540,0	525,1*	-2,7

* Vorläufig
Quelle: Agrarberichte der *Bundesregierung, Agrarbericht 1998*, S. 9.

F. Die agrarpolitische Förderung des bäuerlichen Familienbetriebs

I. Allgemeines

Für eine *agrarpolitische Förderung des bäuerlichen Familienbetriebes* lassen sich mehrere Überlegungen anführen. Dazu zählen die Wertschätzung der ökonomischen und ökologischen Vorzüge, eine grundsätzlich bauernfreundliche gesellschaftliche Grundhaltung, eigentumspolitische Idealvorstellungen eines breitgestreuten Grundbesitzes oder auch der politische Druck seitens der Bauern und ihrer Verbände.[75]

Gewisse Vorbehalte finden sich bei *Sicco Mansholt:*

> "Ich möchte sagen, daß die Struktur des Familienbetriebes am besten zur Landwirtschaft paßt. Aus diesem Grunde ist auch im allgemeinen ein besonderer Schutz nicht erforderlich. Falls die Landwirtschaft u.U. besonderer Schutzmaßnahmen bedarf, so können sie niemals darauf gegründet werden, daß wir die Familienbetriebe aus politischen und soziologischen Erwägungen aufrechterhalten wollen. Die Struktur dieser Familienbetriebe findet ihre volle Rechtfertigung in ihrer tatsächlichen Bedeutung für die Produktion"[76].

[75] Vgl. *Niehaus* (1954).
[76] *Mansholt* (1958), S. 28. Vgl. auch den *Mansholt-Plan* (1969) sowie *Mansholt* (1979).

II. Die politische Ökonomie

Auch die *neue politische Ökonomie* beschäftigt sich mit den Agrarstrukturen.[77] Dabei präsentiert sich die politische Einflußnahme auf die Eigentumsordnung und die Agrarstruktur als Vektor der politischen Kräfte im Raume. Beim *Gesellschaftsvertrag*[78] lassen sich im ersten Teil, dem konstitutionellen Vertrag, Grundsätze für eine bestimmte landwirtschaftliche Eigentums*ordnung* festlegen. Denkbar ist das Bekenntnis zu einer rein bäuerlichen Eigentumsordnung, einer Mischung aus bäuerlichen und nichtbäuerlichen Betrieben oder einer freiheitlichen Eigentumsordnung ohne eine spezielle Ausrichtung auf bäuerliche Familienbetriebe. Mit dem Gesellschaftsvertrag - als Fiktion oder Realität - lassen sich die ordnungspolitischen Voraussetzungen für eine landwirtschaftliche Eigentumsordnung verankern.

Im postkonstitutionellen Teil, welcher sich mit der Bereitstellung kollektiver Güter beschäftigt, können Anreize für gewisse betriebliche Strukturen geschaffen werden, etwa durch die Förderung der bäuerlichen Familienbetriebe aus Gründen der Besiedlung des ländlichen Raumes, des Schutzes der Umwelt und der Gestaltung der Landschaft. Dabei ist ein agrarstrukturpolitisches Leitbild mit Haupt- und Nebenerwerbsbetrieben denkbar. Der postkonstitutionelle Gesellschaftsvertrag wird damit zu einer Grundlage für die Entwicklung der Agrarstrukturen.

III. Die ordnungspolitische Förderung

In zahlreichen Rechtsgebieten erfährt ein existenzfähiger bäuerlicher Familienbetrieb als "Hof" einen besonderen ordnungspolitischen Schutz. Das Ziel der institutionellen (eigentumsrechtlichen, grundstücksverkehrsrechtlichen und erbrechtlichen) Einschränkungen besteht im allgemeinen darin, den Hof als solchen zu erhalten, dessen Zerstückelung zu vermeiden und diesen geschlossen an einen Hofnachfolger übergehen zu lassen.[79]

Die Zuweisung des Hofes zu Vorzugsbedingungen (meist zum landwirtschaftlichen Einheitswert) bedeutet von Generation zu Generation eine bevorzugte Erstausstattung junger Bauern mit jenen Ressourcen, welche für die Produktion notwendig sind. Diese *"ordnungspolitische" Förderung* kann sich - ganz allgemein betrachtet - als wirkungsvoll erweisen:

> "Tatsächlich lehrt uns die Theorie, daß die endgültige Allokation von der Verteilung der Anfangsausstattung abhängt. Verlassen wir uns auf die Vorzüge des Marktes und wollen wir zusätzlich eine gerechte Verteilung erreichen, legt uns die Theorie eher die Veränderung der Anfangsausstattungen nahe als Eingriffe in den Allokationsprozeß auf einer späteren Stufe. Folglich besteht selbst unter der Annahme der vorteilhaftesten Dezentralisation der Entscheidungsfindung bezüglich der Verteilung ein Mindestbedarf an gesellschaftlicher oder kollektiver Entscheidung. In der Tat gibt es eine große Zahl anderer Situationen, in der anstelle des Mark-

[77] Vgl. ausführlich Kapitel 4.
[78] Vgl. auch Kapitel 4.
[79] Vgl. auch Kapitel 12.

tes gesellschaftliche Entscheidungen erforderlich oder zumindest wünschenswert wären".[80]

Einen erheblichen Schutz erfahren die bäuerlichen Familienbetriebe auch dadurch, daß der Kauf und Verkauf von landwirtschaftlichen Betrieben ziemlich große Transaktionskosten erfordert, was den Einstieg in die Landwirtschaft erschwert. Wirtschaftliche Eintrittsschranken bestehen zudem darin, daß landwirtschaftliche Betriebe, welche auf Kapitalbasis organisiert sind, in der Regel eine nur sehr geringe Rentabilität aufweisen bzw. nur einen kleinen Teil der als angemessen beurteilten Kapitalrendite erbringen. Angesichts gesättigter Agrarmärkte und gedrückter Agrarpreise ist auch die Wertbeständigkeit von landwirtschaftlichem Grundbesitz nicht mehr über alle Zweifel erhaben.

Zusammenfassend betrachtet sollte die Förderung des bäuerlichen Familienbetrieb in erster Linie über ordnungspolitische Maßnahmen erfolgen, selbst wenn das für die Nichtbauern einen erschwerten Zugang zum Eigentum von landwirtschaftlichen Ressourcen bedeutet. Genügt dies zur Fortentwicklung der bäuerlichen Familienbetriebe nicht, sind Zweifel an dessen ökonomischer Vorzüglichkeit berechtigt.

IV. Die agrarstrukturpolitische Förderung

Seit einiger Zeit verstärkt sich die Auffassung, daß der bäuerliche *Voll*erwerbsbetrieb nicht die einzige, quasi "amtlich zugelassene" sozioökonomische Organisationsform der *agrarstrukturpolitischen Förderung* sein darf. Ideal erscheint eine Mischung aus größeren und kleineren Betrieben. Gegen eine einseitige Förderung kommerzieller bäuerlicher Vollerwerbsbetriebe spricht auch die strukturelle Tendenz zu einer langfristig sehr tiefen Agrarquote.[81] Eine Vielfalt von strukturellen Erscheinungsformen mit Vollerwerbs-, Zuerwerbs-, Nebenerwerbs- und Hobbybetrieben ist wünschenswert. Es gilt das Prinzip der vollen Gleichstellung aller sozioökonomischen Betriebsformen, was sich sinnvollerweise auch auf den Landbau in Kombination mit anderen Erwerbstätigkeiten bezieht.[82] Der Grundsatz der strukturpolitischen Neutralität der Agrarpolitik gegenüber den einzelnen Betriebsgrößen und -organisationsformen führt zu den wohl besten Ergebnissen.[83]

Die Entwicklung der landwirtschaftlichen Betriebe soll deshalb nicht durch eine einseitige Agrarförderung beeinflußt werden. Dies widerspricht dem Grundsatz der Neutralität der Strukturpolitik und bringt vor allem in Phasen mit einem raschen agrarwirtschaftlichen Fortschritt erhebliche Verzögerungen beim landwirtschaftlichen Strukturwandel.

Eine wesentliche strukturpolitische Wirkung haben Maßnahmen zum Schutz der Umwelt, beispielsweise in der Form von Höchsttierbeständen je Flächeneinheit, was einer unerwünschten Konzentration der Tierhaltung in gewerblichen und industriellen Betrieben entgegenwirkt. Durch eine Flächenbindung bei den

[80] *Arrow* (1989), S. 351.
[81] Vgl. *Priebe* (1970), S. 26.
[82] Vgl. *Priebe* (1977), S. 149.
[83] Vgl. *Say* (1803/1807), S. 100.

Tierbeständen lassen sich wesentliche Umwelteffekte erzielen. Der Schutz der bäuerlichen Familienbetriebe kann bis zu einer Verbannung der gewerblichen und industriellen Tierhaltung gehen. Tierfabriken, welche eine gewisse Höchsttierzahl sowie Tierzahl pro Flächeneinheit überschreiten, können entweder verboten oder aus dem Landwirtschaftsgebiet ausgeschlossen werden.[84]

V. Die markt- und preispolitische Förderung

Die vorwiegend *markt- und preispolitisch orientierte Agrarpolitik* hat größenstrukturelle Wirkungen: Je größer der Betrieb und je intensiver die Produktion, desto größer ist die agrarpolitische Förderung.[85] Es resultieren strukturelle Verzerrungen zu Gunsten der größeren und produktionsstarken Betriebe. Die kleineren und mittleren Betriebe haben nicht nur geringere Größenvorteile im Kostenbereich, sie werden über eine markt- und preispolitisch orientierte Agrarpolitik auch weniger stark gefördert. Die Agrarpolitik setzt jene Betriebe einem verstärkten Ertragsdruck aus, welchen sie eigentlich helfen möchte. Ein Abbau der auf die Produktion bezogenen Markt- und Preisstützung bringt in diesem Fall eine vermehrte Strukturneutralität bei der Agrarförderung. Seit einigen Jahren werden zudem verteilungspolitisch orientierte Korrekturen zur Förderung der bäuerlichen Familienbetriebe in die landwirtschaftliche Markt- und Preispolitik eingebaut.[86] Es ist allerdings fragwürdig, ob die Markt- und Preispolitik zu strukturpolitischen Zwecken eingesetzt werden soll, oder ob es dazu nicht zweckmäßigere Instrumene gibt.

VI. Die direkte landwirtschaftliche Einkommenspolitik und die Agrarsozialpolitik

Mit Maßnahmen der *direkten landwirtschaftlichen Einkommenspolitik* und der *Agrarsozialpolitik* wird ebenfalls versucht, die strukturverzerrenden Wirkungen der landwirtschaftlichen Markt- und Preispolitik zu Gunsten der bäuerlichen Familienbetriebe abzubauen.[87] Die direkten Einkommenszahlungen lassen sich auf Betriebe beschränken, welche das Kriterium eines bäuerlichen Familienbetriebes erfüllen. Möglich sind Höchstgrößen bei den Flächen und Tierbeständen sowie Grenzen bei den außerlandwirtschaftlichen Einkommen.[88]

[84] Eine wesentliche strukturpolitische Wirkung haben Maßnahmen zum Schutz der Umwelt, beispielsweise in der Form von Höchsttierbeständen je Flächeneinheit, was einer unerwünschten Konzentration der Tierhaltung in gewerblichen und industriellen Betrieben entgegenwirkt. Durch eine Flächenbindung bei den Tierbeständen lassen sich wesentliche Umwelteffekte erzielen. Umweltschutzbetonte Kreise gehen sehr weit in ihren Forderungen: Ein Verbot der Massentierhaltung, die Förderung einer artgerechten Tierhaltung sowie absolute und flächengebundene Bestandesobergrenzen in der Tierhaltung. Es gibt Vorschläge für Höchstgrenzen von 100 Vieheinheiten je Betrieb und 1,5 Dungeinheiten pro Hektar Land bzw. maximal 60 Milchkühe, 600 Mastschweine, 70 Zuchtsauen mit Nachzucht, 5.500 Legehennen oder 14.000 Masthühner. Vgl. *Kreuzeder* (1990), S. 23.

[85] Vgl. *Altermatt* (1980), S. 23.

[86] Vgl. Kapitel 8 und 10.

[87] Vgl. Kapitel 18.

[88] Vgl. *Roy et al.* (1971), S. 399.

VII. Die Steuerpolitik

In den meisten Industrieländern besteht die Tendenz zur *steuerlichen Entlastung* bzw. zum Privilegieren der bäuerlichen Familienbetriebe.[89] Zu erwähnen sind beispielsweise die Vermögenssteuern aufgrund tiefer Einheitswerte, eine Bevorzugung bei den Erbschaftssteuern und der Abfindung der weichenden Erben sowie Möglichkeiten für großzügige Abschreibungen zur Entlastung bei den Einkommens- und Gewinnsteuern. Zudem gelten nichtbäuerliche Betriebe unter bestimmten Voraussetzungen als Gewerbebetriebe und unterliegen einer höheren Besteuerung, was zu einer stärkeren Belastung führt und die bäuerlichen Familienbetriebe bevorzugt.[90]

Literaturangaben zu Kapitel 15:

Adams, Walter, und Brock James W. (1989), Kleiner ist meist besser. In: Wirtschaftswoche, Heft 17, vom 21.4.1989.

Aereboe, Friedrich (1923), Allgemeine landwirtschaftliche Betriebslehre. 6. Auflage, Berlin.

Altermatt, Bruno (1980), Verteilungswirkungen der Landwirtschaftspolitik. Die Transfers vom Privathaushalt zum Bauernbetrieb. In: NZZ, Nr. 258, vom 6.11.1980. Bl. 23.

Aristoteles, Politik (1948), 3. Buch, Neuauflage, Leipzig.

Arrow, Kenneth J. (1962), The Economic Implications of Learning by Doing. In: Review of Economic Studies 24, S. 155-173.

Ders. (1989), Allgemeines Gleichgewicht der Wirtschaft: Zweck, analytische Methoden und kollektive Entscheidungen. In: Horst C. Recktenwald (Hrsg.), Die Nobelpreisträger der ökonomischen Wissenschaft, Düsseldorf, S. 322-355.

Beckmann, V. (1996), Transaktionskosten und institutionelle Wahl in der Landwirtschaft - Das Beispiel der Wahl zwischen Familien- und Lohnarbeitskräften. In: Schriften der Gesellschaft für Wirtschafts- und Sozialwissenschaften e.V., Bd. 32, Münster-Hiltrup, S. 143-154.

Baudoux, Patrick, Müller, Martin, Doluschitz, Reiner und Fock, Theodor (1977), Nebenerwerbslandwirtschaft in Baden-Württemberg und Mecklenburg-Vorpommern - ein empirischer Vergleich - . In: Berichte über Landwirtschaft. Band 75 (3), August, Münster-Hiltrup, S. 432-458.

Boulding, Kenneth (1958), Principles of Economic Policy, Englewood Cliffs, N.J.

Bundesregierung, Agrarberichte.

Carriker, Gordon L., Langemeier, Michael, R, Schroeder, Ted C. und Featherstone, Allen M. (1993), Prospensity of Consume Farm Family Disposable Income from Separate Sources. In: American Journal of Agricultural Economics. Vol. 75. Nr. 3, August, S. 739-744.

[89] Vgl. Kapitel 19.
[90] Vgl. *Fiske et al.* (1986), S. 1319 ff.

Cochrane, Willard W. (1979), The Development of American Agriculture: A History Analysis, Minneapolis: University of Minnesota Press.

Ders. (1986), Focusing on the specific Problems of Agriculture: A Fresh Look at an Old Policy Approach. In: American Journal of Agricultural Economics. Vol. 68, Nr. 5, December, S. 1102-1112.

Drabenstott, Mark (1994), Industrialization: Steady Current or Tidal Wave? In: Choice, The Magazine of Food, Farm, and Resource Issues (4), Ames, S. 4-8.

Fiske, John R., Batte, Marvin T. und Warren, F. Lee (1986), Nonfarm Equity in Agriculture: Past, Present, and Future. In: Journal of Agricultural Economics, Vol. 68, No. 5, December, S. 1319-1323.

French, B.C. (1977), The Analysis of Productive Efficiency in Agricultural Marketing: Models, Methods and Progress. A Survey of Agricultural Economics Literature. Vol. 1, ed. Lee R. Martin, S. 93-206, Minneapolis: University of Minnesota Press.

Gale, Fred H. (1993), Why Did the Number of Young Farm Entrants Decline? In: American Journal of Agricultural Economics. Vol. 75. Nr. 1, February, S. 138-146.
Grichting, Alois (1976), Die Skalenerträge, theoretische und empirische Aspekte. In: Schriften zur wirtschaftswissenschaftlichen Forschung, Band 103, Meisenheim am Glan.

Harcourt, Geoffrey C. (1989), Nobelpreisträger zur Entwicklung der Wirtschaftswissenschaften als Disziplin. In: Recktenwald Horst C. (Hrsg.), Die Nobelpreisträger der ökonomischen Wissenschaft, Düsseldorf, S. 131-169.

von Hayek, Friedrich August (1983), Die Verfassung der Freiheit, Tübingen 1971 (spätere Auflage Tübingen 1983).

Hayami, Yujiro (1996), The Peasant in Economic Modernization. In: American Journal of Agricultural Economics. Vol. 78, December, Ames, S. 1157-1167.

Heady, Earl O., and Krenz R.D. (1962), Farm Size and Cost Relationships in Relation to Recent Machine Technology. Iowa Agr. Exp. Res. Bull. 504, May.

Helbling, Rudolf (1997), Überlebt der landwirtschaftliche Familienbetrieb auch ohne staatlichen Interventionismus? Ökonomische Erklärung für die Dominanz des Familienbetriebs. In: Agrarwirtschaft und Agrarsoziologie. Hrsg. von der Schweiz. Gesellschaft für Agrarwirtschaft und Agrarsoziologie. Nr. 1/97, Zürich, S. 41-55.

Helmcke, Bianca (1995), Reimers Torsten und Langbehn Cay, Kosten der landwirtschaftlichen Produktion in Abhängigkeit von Betriebsgröße und Management. In. Schriften der Gesellschaft für Wirtschafts- und Sozialwissenschaften, Bd. 31, Münster-Hiltrup, S. 259-273.

Isermeyer, F. (1990), Technikfolgeabschätzung einer Einführung des vollautomatischen Melkens. In: Schriften der Gesellschaft für Wirtschafts- und Sozialwissenschaften e.V., Band 26, Münster-Hiltrup, S. 145-151.

Kleeversaat, Katja und Nellinger, Ludwig (1997), Die optimale Betriebsgröße in der Schweinehaltung - unter besonderer Berücksichtigung umweltrechtlicher Regelungen -. In: Berichte über Landwirtschaft, Band 75 (2), vom Mai, Münster-Hiltrup, S. 250-271.

Knickel, K. (1996), Quantitativer Ansatz für eine Typisierung der Entwicklung landwirtschaftlicher Betriebe in 24 europäischen Regionen. In: Schriften der Gesellschaft für Wirtschafts- und Sozialwissenschaften des Landbaues e.V., Bd. 32, Münster-Hiltrup, S. 313-324.

Kötter, Herbert (1971), Der Einfluß von Ideologien auf die Agrarpolitik. In: H.-G. Schlotter (Hrsg.), Die Willensbildung in der Agrarpolitik. Schriften der Gesellschaft für Wirtschafts- und Sozialwissenschaften des Landbaus e.V., München/Bern/Wien, S. 43-54.

Kreuzeder, Matthias (1990), Verbot der Maßentierhaltung. In: Agrarische Rundschau 2/90, Wien.

Mansholt, Sicco L. (1958), Ansprache von Minister S.L. Mansholt, dem Vorsitzenden der Landwirtschaftskonferenz der Regierungen der Mitgliedstaaten der Europäischen Wirtschaftsgemeinschaft", Stresa, 5. Juli 1958.

"Mansholt-Plan" (1969): Europäische Gemeinschaften, Mitteilungen zur Gemeinsamen Agrarpolitik, Sonderabdruck aus Bulletin Nr. 1, Zum Memorandum der EG-Kommission über die Reform der Landwirtschaft in der Europäischen Gemeinschaft (und Anlagen), Brüssel Januar 1969.

Mansholt, Sicco L. (1979), Vom Paulus zum Saulus geworden. In: Pressedienst, hrsg. vom Landwirtschaftlichen Informationsdienst, Nr. 1416, vom 12. März 1979, Bern.

Marshall, Alfred (1890/1961), Principles of Economics, 8. Auflage, London (1890/1961).

Ders. (1899/1949), Elements of Economics of Industry, Neuauflage der 3. Auflage von 1899, London 1949.

Mill, John Stuart (1848/1968), Principles of Political Economy, London 1848 bzw. Aalen 1968, Bd. I.

Niehaus, Heinrich (1954), Ordnungsprobleme der Wirtschafts- und Agrarpolitik. Sonderdruck der Agrarwirtschaft, Jhrg. 3, Heft 11, Nov. 1954 (Hannover).

Olson, Mancur (1985), Space, Agriculture, and Organization. In: American Journal of Agricultural Economics. Vol. 67, Nr. 5, December, S. 928-953.

Priebe, Hermann (1970), Landwirtschaft in der Welt von morgen, Düsseldorf und Wien.

Ders. (1977), Spannungsfeld Agrarpolitik. In: ORDO, Band 28, Stuttgart.

Ders. (1985), Die subventionierte Unvernunft, Berlin.

Putler, Daniel S. und Zilbermann, David (1988), Computer Use in Agriculture: Evidence from Tulare Country, California, S. 800.

Robinson, E.A.G. (1958), The Structure of Competitive Industry, Chicago.

Robinson, Joan, The econcomics of imperfect competition. London 1933.

Röpke, Wilhlem (1965), Die Stellung der Landwirtschaft in der Welt von modernen Industriegesellschaft. In: Hohenheimer Hochschultag 1964, Reden und Abhandlungen der Landwirtschaftlichen Hochschule Hohenheim, Nr. 18, Stuttgart, S. 47-61.

Roy, Ewell P., Corty, Floyd L. and Sullivan, Gene D. (1971), Applications to Agriculture und Agribusiness, The Interstate Printers and Publishers Inc., Danville, Illinois.

Say, Jean-Baptiste (1803/1807), Abhandlung über die Nationalökonomie, Paris 1803. Übersetzt von Ludwig Heinrich Jakob, 1. und 2. Band, Halle und Berlin 1807.

Scherer, Frederic M. und Ross David (1990), Industrial Market Structure and Economic Performance, 3. Auflage, Boston/Dallas/Geneva (Illinois)/Palo Alto, Princeton.

Schmitt, Günther (1990), Zum Problem der Mindest-Betriebsgröße in der Landwirtschaft. In: Berichte über Landwirtschaft, Band 68 (2), Juni, Hamburg und Berlin, S. 161-183.

Ders. (1992), Institutionen, Rationalität und Landwirtschaft: Der Erinnerung an Friedrich Aereboe (1865-1942) anläßlich seines Todes vor fünfzig Jahren gewidmet. In: Berichte über Landwirtschaft. Zeitschrift für Agrarpolitik und Landwirtschaft, hrsg. vom Bundesministerium für Ernährung, Landwirtschaft und Forsten, Bd. 70 (1), März, Hamburg und Berlin, S. 1-29.

Ders. (1933), Haushalts- und Betriebsgrößen in der Landwirtschaft: Zum Problem der optimalen Betriebsgröße und des optimalen Größenwachstums. In: Bericht über Landwirtschaft, Bd. 71(3), Hamburg und Berlin, September, S. 377-398.

Ders. (1993a), Wechsel der Paradigmen in der Agrarökonomie? - Warum auch vier neue agrarökonomische Lehrbücher neu verfaßt werden müssen - . In: Berichte über Landwirtschaft, Bd. 71 (4), November, S. 586-608.

Snodgrass, Milton M. und Wallace, L.T. (1975), Agriculture, Economics, and Resource Management, Prentice Hall.

Stanton, Bernard F. (1978), Perspective on Farm Size. In: American Journal of Agricultural Economics. Vol. 60, Nr. 5, December, S. 727-737.

Tweeten Luther, and Zulauf, Carl (1997), Public Policy for Agriculture after Commodity Programs. In: Review of Agricultural Economics, Vol. 19, Nr. 2, Ames, S. 263-280.

Urff, W. von (1990), Bewertung technischer Fortschritte im Hinblick auf Allokations- und Verteilungsziele im Agrarsektor. In: Schriften der Gesellschaft für Wirtschafts- und Sozialwissenschaften des Landbaues e.V., Band 26, Münster-Hiltrup, S. 67-76.

Werner, Josua (1968), Die Stellung der Landwirtschaft im Rahmen der Gesamtwirtschaft. In: Wirtschaftspolitische Mitteilungen, Nr. 4, April, Zürich.

Kapitel 16: Die landwirtschaftliche Kapitalallokation, die betriebliche Finanzverfassung und die Agrarstrukturpolitik

> "In Dakota, wo ich am 30. April 1902 geboren wurde, erfuhr ich in meiner Jugend, wie schwer es Farmerfamilien hatten, zahlungsfähig zu bleiben. Die Preise für landwirtschaftliche Produkte fielen jäh um mehr als die Hälfte. Banken gingen in Konkurs, und viele Farmer mußten aufgeben. War die Politik oder die Ökonomie daran schuld? Ich entschied mich für die Ökonomie"
> *(Theodore W. Schultz,* 1979/1989, S. 660).

> "Die gesellschaftspolitischen Aufgaben sind von der Agrarpolitik weitgehend auf die regionale Strukturpolitik übergegangen"
> *(Hermann Priebe,* 1970, S. 146).

> " ... demnach wäre die regionale Strukturpolitik mehr auf die Aufgabe umzuorientieren, die Lebensverhältnisse der nebenberuflichen Landwirte zu stabilisieren"
> *(Hermann Priebe,* 1970, S. 34).

A. Allgemeines

Zu den landwirtschaftlichen Produktionsfaktoren zählt neben der Arbeit, dem Boden und dem Humankapital auch das Kapital, dessen Erscheinungsformen vielfältig sind. Es handelt sich einzelbetrieblich um Gebäude, Maschinen, Geräte, Tiere, pflanzliche Dauerkulturen und Futtervorräte sowie überbetrieblich um Straßen, Wege, Drainagen und andere Einrichtungen der ländlichen Versorgungsinfrastruktur. Typisch für die in der Landwirtschaft gebundenen Kapitalgüter ist die oft lange Investitionsdauer und die starke Bodengebundenheit.[1]

Die für die landwirtschaftliche Produktion erforderlichen Investitionen sind teils private, teils kollektive Güter. Bei den bodengebundenen Kapitalgütern sind die Übergänge zwischen den privaten und den kollektiven Gütern fließend. Dies wirft ordnungspolitische Fragen auf.

B. Die privaten Investitionen

I. Die Investitionen als landwirtschaftlicher Anpassungsfaktor

Investitionen erfolgen, wenn die erwarteten Gewinne den subjektiven Ansprüchen genügen. Es wird Kapital eingesetzt, bis die als lohnend beurteilten Investitionsmöglichkeiten ausgeschöpft sind. Denkbar sind auch Investitionen, um den Betrieb als Arbeitsplatz, Lebensstätte oder Hobbytätigkeit zu gestalten bzw. zu erhalten.

Einen investitionsfördernden Effekt haben ceteris paribus steigende (relative) Güterpreise für die landwirtschaftlichen Erzeugnisse und sinkende (relative) Faktorpreise für das Kapital. Führt der agrartechnische Fortschritt zu einer

[1] Die gilt vor allem für Gebäude, Wege, Straßen, Drainagen und Einrichtungen der ländlichen Versorgungsinfrastruktur.

größeren Produktivität des Kapitals, werden die Kapitalgüter relativ preiswerter, wodurch Investitionen ausgelöst werden. Diese können der Substitution von Arbeit durch Kapital dienen und damit arbeitssparend wirken.

Sinken die Güterpreise zufolge einer Sättigung der landwirtschaftlichen Gütermärkte, sind Investitionen oft nicht mehr lohnend. Dies führt zu geringeren Investitionen und - sofern der betriebliche Kapitalverzehr größer ist als die Bruttoinvestitionen - einem Rückgang des Nettokapitals. Der Prozeß dauert solange, bis die Überkapazitäten abgebaut sind und die Preise wieder ein lohnendes Niveau erreicht haben, welches für die Verzinsung und Amortisation des Kapitals als ausreichend empfunden wird.

Die Investitionen wirken als *landwirtschaftlicher Anpassungsfaktor*. Dieser Mechanismus bringt die kapitalgebundenen Produktionskapazitäten und damit die landwirtschaftlichen Gütermärkte immer wieder ins Gleichgewicht. Er sorgt selbstregulierend für eine laufende Anpassung von Angebot und Nachfrage. Überlagert wird dieser Gleichgewichtsmechanismus durch entsprechende Mechanismen bei den landwirtschaftlichen Arbeitskräften, dem Boden, dem Humankapital[2] und dem übrigen Input.[3] Anpassungsverzögerungen beim Faktor Kapital ergeben sich bei einer starken Bodenbindung und einer langen Nutzungsdauer u.a. bei Gebäuden, pflanzlichen Dauerkulturen, Drainagen und der Infrastruktur des ländlichen Raumes. Über eine kurze Nutzungsdauer und eine größere Mobilität verfügen Kapitalgüter wie Tiere, Maschinen und Geräte, wodurch sich der Anpassungsprozeß beschleunigt.

Anpassungsverzögerungen entstehen nicht nur bei Kapitalgütern mit einer langen Anlagedauer, sondern auch bei auslaufenden Grenzbetrieben, welche oft geringe landwirtschaftliche Opportunitätskosten aufweisen und die festen Kosten des gebundenen Kapitals vernachlässigen.[4] Bei der großen Zahl der auslaufenden Grenzbetriebe mit einem erheblichen Anteil am landwirtschaftlich gebundenen Kapital ohne außerlandwirtschaftliche Verwendungsalternativen besteht eine stete Tendenz zu Überkapazitäten und Preisen für Agrargütern, welche den verhältnismäßig tiefen Opportunitätskosten der auslaufenden Grenzbetriebe entsprechen. Dies wird durch die raschen landwirtschaftlichen Fortschritte und die dadurch ausgelösten Investitionen verstärkt. Landwirtschaftliche Investitionen erscheinen vorerst oft als lohnend, werden jedoch vielfach bereits nach kurzer Zeit durch weitere Fortschritte und kostengünstigere Produktionsverfahren unrentabel. Sie lassen sich nicht mehr rückgängig machen und führen zu weiteren, kurzfristig irreversiblen Überkapazitäten.

II. Das statistische Erfahrungsbild

In der Praxis zeigt sich die Bedeutung der Investitionen als landwirtschaftlicher Anpassungsfaktor. Seit 1983/84 kommt es immer wieder zu negativen Nettoinvestitionen,[5] was zusammen mit dem starken Abbau von landwirtschaftlichen Arbeitskräften auf einen erheblichen Anpassungsprozeß hindeutet (vgl. Tab. 16/1). Dies ist unter anderem auf sinkende (reale) Preise für Agrargüter, stei-

[2] Vgl. Kapitel 17.
[3] Beispiele sind Futtermittel, Düngemittel und Schädlingsbekämpfungsmittel.
[4] Vgl. *Heidhues* (1977) S. 113.
[5] Als *Bruttoinvestitionen* werden die gesamten in einer Periode getätigten Investitionen bezeichnet. Die *Nettoinvestitionen* ergeben sich, wenn von den Bruttoinvestitionen die *Abschreibungen* als der betriebsnotwendige Verzehr von Kapitalgütern bei der Produktion abgezogen werden.

gende Erzeugerkosten sowie innergemeinschaftliche und internationale Produktionsverlagerungen zurückzuführen.

Abb. 16/1
Bruttoinvestitionen, Abschreibungen und Nettoinvestitionen in der Landwirtschaft (im früheren Bundesgebiet)

	Bruttoanlage-investitionen	Abschreibungen	Netto-investitionen
	- in Millionen DM, zu laufenden Preisen -		
1976/77	8.692	7.436	+ 1.256
1977/78	8.982	7.430	+ 1.552
...			
1982/83	9.983	9.790	+ 193
1983/84	9.684	10.070	- 376
1984/85	8.876	10.350	- 1.394
1985/86	9.583	10.290	- 707
1986/87	8.428	10.290	- 1.862
1987/88	9.184	10.290	- 1.106
1988/89	9.968	10.390	- 422
1989/90	10.913	10.680	+ 233
1990/91	11.733	11.220	+ 513
1991/92	11.939	11.840	+ 99
1992/93	11.530	12.738	- 1.207
1993/94	10.582	13.940	- 3.358**
1994/95	11.794	14.300	- 2.236*/**
1995/96	12.272	14.030	- 1.758*/**

* Vorläufiger Wert.
** Einschließlich der neuen Bundesländer.

Quellen: Agrarberichte der *Bundesregierung*, div. Jg.; 1996, S. 29; 1997, S. 19.

Die Investitionen stehen in einem engen Zusammenhang zu den landwirtschaftlichen Gewinnen und Gewinnerwartungen.[6] Je höher die landwirtschaftlichen Gewinne sind, desto größer sind auch die landwirtschaftlichen Investitionsmöglichkeiten.[7] Geringe Investitionen oder sogar Desinvestitionen (Nettokapitalverzehr) weisen Betriebe mit kleinen landwirtschaftlichen Gewinnen oder Verlusten auf. Es handelt sich meist um Betriebe mit einer geringen Produktionsleistung. Auch die Betriebe von älteren Betriebsleitern haben oft geringe Investitionen.[8]

C. Die Ordnung der betrieblichen Finanzverfassung

I. Die Finanzierung der landwirtschaftlichen Investitionen

Die *Finanzierung* der landwirtschaftlichen Investitionen ist ein laufender Prozeß. Dieser stellt besonders bei der Einführung neuer Technologien sowie zu-

[6] Vgl. zu den Bestimmungsfaktoren von landwirtschaftlichen Investitionen *Grolig* (1980).
[7] Vgl. *Agrarbericht 1997*, S. 51.
[8] Vgl. *Schmitt* (1996), S. 439 ff.

sätzlicher Produktionszweige und dem Generationenwechsel große Anforderungen an die finanzielle Leistungsfähigkeit des landwirtschaftlichen Betriebes. Langfristig hat ein Betrieb nur Chancen zum Überleben, wenn er die immer wieder auftretenden Finanzierungsspitzen bewältigen kann.

Der Finanzierung dienen die betrieblichen Ersparnisse, das familieneigene Kapital und außerbetriebliche Kapitalquellen. Sind diese Finanzierungsquellen unzureichend, verlieren die Betriebe langfristig ihre Wettbewerbs- und Entwicklungsfähigkeit. Sie werden zu Zuerwerbs-, Übergangs-, Nebenerwerbs- oder Hobbybetrieben (oft mit negativen Nettoinvestitionen bzw. einem Kapitalverzehr).

Für einzelne Zwecke kommen überbetriebliche Investitionen in Frage. Die Kapazität moderner, teurer Maschinen dient oft einer großen Anzahl von Betrieben. Deren Einsatz kann durch Erzeugergemeinschaften, spezialisierte Lohnunternehmen oder die Verarbeitungsindustrie erfolgen. Andere Maschinen und Einrichtungen, die täglich und standortgebunden notwendig sind, müssen nach wie vor einzelbetrieblich erworben und finanziert werden.

II. Selbstfinanzierung und Verschuldung

Die bäuerlichen Familien sind vielfach bereit, erspartes Kapital im Hinblick auf die Erhaltung des Betriebes auch ohne Aussicht auf eine marktkonforme Rendite zu investieren. In Zeiten mit wirtschaftlichen Krisen zeigen viele bäuerliche Familienbetriebe eine große finanzielle Stabilität. Die Zinsen und Kreditrückzahlungen beanspruchen oft einen wesentlichen Teil der landwirtschaftlichen Gewinne. Eine starke finanzielle Verschuldung und Zinsbelastung gefährdet jedoch die betriebliche Existenz. Den Bauern fällt die Rückzahlung von Krediten schwer, sind sie doch zur betrieblichen Entwicklung stets wieder auf neue Kredite angewiesen. Erhebliche Zinssteigerungen lassen sich in Folge der gesättigten Agrarmärkte meist nur zu einem Teil überwälzen.[9] Deshalb ist es zweckmäßig, wenn die Finanzierung der landwirtschaftlichen Investitionen über die landwirtschaftliche Spartätigkeit erfolgt. Die Finanzierung mit Fremdkapital bietet sich nur an, wenn der betriebliche Cash flow sowohl die Zinszahlungen als auch eine rasche Rückzahlung der Schulden ermöglicht.

III. Die Agrarfinanzierung

1. Die Besonderheiten der landwirtschaftlichen Finanzierung und Kreditnachfrage

Zu den Besonderheiten der landwirtschaftlichen Finanzierung zählen (1.) die Naturgebundenheit der Produktion, (2.) der große Anteil von Grund und Boden

[9] Vgl. *Frenkel* und *Hardouvelis* (1985), S. 425 ff. Dies zeigte sich beispielsweise in den *USA* zu Beginn der 1980er Jahre, als die landwirtschaftlichen Preise und Einkommen zurückgingen und die Zinsen gleichzeitig auf eine Rekordhöhe von zwanzig Prozent und mehr stiegen. Die Verschuldung der 2,4 Mio. Bauern stieg von 140 Mrd. auf 220 Mrd. USD. Betroffen waren vor allem Landwirte, welche expandierten und die Last der Zinsen nicht mehr verkraften konnten. In dieser Zeit fielen rund 200.000 bis 300.000 landwirtschaftliche Betriebe in Konkurs. Die Sanierung der landwirtschaftlichen Betriebe und der Konkurs von Agrarhypothekenbanken kostete den US-amerikanischen Steuerzahler in den Jahren 1983-89 unter verschiedenen Titeln rund USD 100 Mrd. Vgl. *Hanson*, (1990), S. 33 ff. Im Gegensatz dazu ist die Zahl der Insolvenzen in Europa gering.

am gesamten Vermögen, (3.) der oft große Kapitalkoeffizient,[10] (4.) die vielfach geringe Größe der landwirtschaftlichen Betriebe, (5.) der Preis- und Ertragsdruck als Ergebnis des landwirtschaftlichen Überangebots bei begrenzter Nachfrage, (6.) die Empfindlichkeit der Landwirtschaft gegenüber starken Zinsschwankungen und (7.) die Person des Landwirts als Kreditnehmer.

2. Der Agrarkredit

Das landwirtschaftliche Kreditwesen umfaßt verschiedene, typische Formen des *Agrarkredits.* Wird nach dem *Verwendungszweck* unterschieden, handelt es sich um den Besitzkredit,[11] Kredite zur Durchführung von Bodenverbesserungen, den Betriebskredit[12] und den Siedlungskredit. In Abhängigkeit von der *Dauer* werden kurzfristige, mittelfristige und langfristige Kredite unterschieden. Nach der *Besicherung* wird differenziert nach der Haftung der Grundstücke für den Kreditbetrag (Hypothekar- und Immobilienkredit), den beweglichen Sachen als Sicherheit (Faustpfand- oder Mobiliarkredit) sowie der Bonität und des guten Rufs des Kreditnehmers (Personalkredit). Entsprechend dem Kriterium der *Beschaffenheit* der geliehenen Werte kann es sich um Geldkredite oder Naturalkredite handeln, bei der *Dauer* um befristete sowie unbefristete Kredite und beim *Kreditgeber* um öffentlich-rechtliche Institutionen, gemeinnützige Institutionen, Bankkredite, Genossenschaftskredite und nicht organisierte Kredite von Einzelwirtschaften.

3. Das genossenschaftliche Kreditsystem

Eine wesentliche Finanzierungshilfe ist das von *Friedrich Wilhelm Raiffeisen* (1818-88) entwickelte landwirtschaftliche Kreditwesen.[13] Er entwarf ein Genossenschaftsmodell mit besonderen Organisationsprinzipien. Grundsätze sind die Beschränkung des Geschäftsbereiches der Genossenschaft auf ein Dorf, die Errichtung von Universalgenossenschaften für das Kredit- und Warenwesen, die ehrenamtliche Leitung der Genossenschaft, Reservefonds anstelle der Gewinnverteilung und kleine Kapitalanteile der einzelnen Mitglieder bei unbeschränkter Haftpflicht.[14]

Hermann Schulze-Delitzsch (1808-83) begründete ein zweites, eigenes System für die gewerblichen Genossenschaften. Er lehnte die Beschränkung auf einen örtlichen Geschäftsbereich ab, befürwortete die Gründung von Spezialgenossenschaften für besondere Aufgaben, sah eine hauptamtliche Leitung der Genossenschaften vor, wollte das Kapital in erster Linie aus Kapitalanteilen bilden und trat vorerst für die beschränkte, später eine unbeschränkte Haftpflicht der Mitglieder ein.

---

[10] Der Kapitalkoeffizient bezeichnet den Kapitalbedarf in Relation zur Wertschöpfung.

[11] Die Finanzierung mit Fremdkapital, wenn landwirtschaftliche Betriebe durch Kauf oder im Erbgang übernommen werden.

[12] Der Betriebskredit dient der Anschaffung von Betriebsmitteln.

[13] In seiner Heimat im Westerwald gründete *Friedrich Wilhelm Raiffeisen* zwischen 1847 und 1854 in drei Orten Vorläufer von ländlichen Genossenschaften in Form von Wohltätigkeitsvereinen auf der Basis der reinen Selbsthilfe. Der erste Darlehenskassen-Verein entstand 1862 in Anhausen.

[14] Seit 1972 sind die Raiffeisenbanken mit den Volksbanken zum *Bundesverband der Deutschen Volksbanken und Raiffeisenbanken e.V.* fusioniert. Einige dieser Banken pflegen nach wie vor das Warengeschäft.

4. Die Beseitigung institutioneller Hemmnisse bei der Finanzierung

Investitionen in Grund und Boden sind historisch betrachtet ziemlich wertbeständig und verleihen Sicherheit sowie Prestige. Steigen die Renditen auf ein lohnendes Niveau, findet grundsätzlich immer genügend Kapital den Weg in die Landwirtschaft.[15]

Dabei stellt sich die Frage, ob nicht langfristig vermehrt die Möglichkeit geschaffen werden sollte, außerlandwirtschaftliches Eigenkapital in die Landwirtschaft fließen zu lassen, um Engpässe bei der Finanzierung mit Eigenkapital zu vermeiden. Für den nichtlandwirtschaftlichen Investor kann eine Investition in landwirtschaftliche Betriebe eine willkommene Diversifikation darstellen.[16] Durch die landwirtschaftlichen Investitionen von nichtlandwirtschaftlichen Investoren lassen sich größere landwirtschaftliche Betriebseinheiten aufbauen, welche den Anforderungen der modernen landwirtschaftlichen Produktion entsprechen.[17] Dem Landwirt kann dies in Phasen mit einer starken Eigenkapitalbeanspruchung helfen, den Betrieb zu erhalten. Wichtige Voraussetzung dafür sind die rechtlich-institutionellen Grundlagen für das gemeinsame Eigentum an landwirtschaftlichen Ressourcen. Denkbar sind landwirtschaftliche Betriebsgemeinschaften (welche derzeit noch auf komplizierten rechtlichen Verträgen beruhen), zudem Miteigentum, Kollektivgesellschaften, GmbHs und andere Eigentumsformen.[18] Solche Finanzierungsformen können auch aus Netzwerken zwischen landwirtschaftlichen Betrieben sowie dem Agribusiness (Lieferanten und Vermarkter) resultieren.[19] Allerdings ist auf die bisher oft schlechten Erfahrungen von Bauern hinzuweisen, welche in finanzielle Abhängigkeit zu Drittpersonen gerieten. Unüberlegtes Handeln gefährdet den Bestand und die Struktur der bäuerlichen Familienbetriebe. Überstürzte Lösungen drängen sich deshalb nicht auf.

D. Die öffentliche Förderung der Finanzierung

I. Die Förderung kleiner und mittlerer Betriebe

In der Nachkriegszeit und bis zu Beginn der 1970er Jahre war die Möglichkeit zum Aufbau entwicklungsfähiger landwirtschaftliche Betriebe günstig. Staatli-

---

[15] In den *USA* mit einer geringen öffentlichen Förderung der Finanzierung zeigen sich allerdings gewisse Unvollkommenheiten der landwirtschaftlichen Kreditmärkte. Tests für die Jahre 1936-86 ergaben Rationierungseffekte im Sinne einer Diskriminierung der Landwirte als Schuldner. Erst wenn sich im konjunkturellen Verlauf die Kreditvergabe aus gesamtwirtschaftlichen Gründen verlangsamt, werden zur Belebung des Geschäftes etwas verstärkt auch Kredite an die Landwirte gegeben. Diesbezüglich signifikante Produktionseffekte konnten kurzfristig nicht nachgewiesen werden. Vgl. *Belongia* und *Gilbert* (1990), S. 769 ff.

[16] Zu solchen Investitionen kommt es oft auch durch die *vertikale Integration* zwischen landwirtschaftlichen Betrieben und den Lieferanten von Produktionsmitteln oder Verarbeitern landwirtschaftlicher Produkte. Dabei liegt die Hauptmotivation bei der vertikalen Integration (Bezugs- und Lieferbindungen) und bei nicht den Investitionen, welche in erster Linie der Sicherung der Geschäftsbeziehungen dienen.

[17] Vgl. *Fiske et al.* (1986), S. 1319 ff.

[18] Als Beispiele sind zu nennen die Gesellschaft des bürgerlichen Rechts, der Verein, die Genossenschaften, die offene Handelsgesellschaft (OHG) und die Kommanditgesellschaft (KG). Vgl. *Staudinger* (1997), S. 24 ff.

[19] Vgl. *Gale* (1993), S. 138 ff.

che Finanzierungshilfen bildeten eine traditionelle Form der *Förderung von kleinen und mittleren Betrieben:*

- Um öffentlich gefördert zu werden, mußte eine gewisse *"Förderschwelle"* erreicht werden. Wer *nach* der Förderung ein befriedigendes landwirtschaftliches Einkommen erreichen konnte, hatte Aussicht auf Unterstützung. Mit dieser Förderpolitik wurde zu den späteren, erheblichen Überschüssen beigetragen. Die kleinen und mittleren Bauern hatten ein erhebliches Produktionspotential, welches nach der Förderung marktwirksam wurde. Strukturpolitisch stellen sie die "kritische Masse" der landwirtschaftlichen Produktion dar.

- Mit den wachsenden Überschüssen wurde seit den späteren 1970er Jahren zunehmend auf diese traditionelle Förderung der Finanzierung verzichtet. An die Stelle der Förderschwelle trat, als "umgekehrtes Prinzip", die *Prosperitätsschwelle.* Deren Überschreiten verbietet eine Förderung der Finanzierung. Die öffentliche Finanzierung soll keine Förderung der Produktion mehr bewirken bzw. nicht der Größenstrukturpolitik dienen.

- Mitte der 1990er Jahre wurde die *Prosperitätsgrenze* als Obergrenze für die Förderung *aufgehoben* und ein neues einzelbetriebliches Investitionsförderungskonzept geschaffen.[20]

II. Die Finanzierung des landwirtschaftlichen Generationenwechsel

Ein weiterer traditioneller Zweck der Finanzierungsförderung besteht in der Erleichterung der *Finanzierung des landwirtschaftlichen Generationenwechsels,* der sich ohne finanzielle Hilfen kaum bewältigen läßt. Für den jungen Landwirt ergeben sich finanzielle Engpässe, wenn er den Betrieb übernehmen will, da er in der Regel eine Modernisierung der Produktion sowie der Wohnverhältnisse durchführen muß. Ist der Hofnachfolger auf fremdes Kapital zu Marktbedingungen angewiesen, ergibt sich eine labile Finanzierungsstruktur. Dies kann bei einer vorübergehenden Gewinnverschlechterung und in Phasen mit hohen Zinsen zum finanziellen Ruin führen. Der junge Landwirt sieht sich möglicherweise gezwungen, Zwischenfinanzierungen zu schlechten Bedingungen einzugehen, wodurch er in finanzielle Abhängigkeit gerät. Scheitert er, hat er kaum je wieder die Möglichkeit, selbständiger Bauer zu werden. Als Starthilfe sind deshalb in vielen Industrieländern einmalige Zuschüsse und zinsgünstige Darlehen vorgesehen.

Gibt es mehrere Erben, welche ihren Anteil am Verkehrswert erhalten wollen, führt dies zu finanziellen Problemen beim Übergang des Hofes. Der Hofnachfolger wäre nicht in der Lage, den Kauf zu finanzieren und das notwendige Fremdkapital zu verzinsen sowie zu tilgen. Zu den Finanzierungserleichterungen zählen deshalb nicht nur die Kredithilfen, sondern auch das landwirtschaftliche Anerben- und das Grundstückverkehrsrecht. In vielen Ländern kann der Hoferbe den Betrieb zu einem Wert übernehmen, welcher weit unter dem Verkehrswert im freien Handel liegt. Bei einem Verzicht auf diese Vorzugsstel-

[20] 1995 wurde für die einzelbetriebliche Investitionsförderung ein neues *Agrarinvestitionsförderungsprogramm* (vor allem für die neuen Bundesländer) in Kraft gesetzt. Dieses sieht die Aufteilung in kleinere und größere Investitionen vor. Kleinere Investitionen (bis DM 150.000) werden nach vereinfachten Vorschriften mit Zinsverbilligungen gefördert. Größere Investitionen (bis DM 1,5 Mio. je Unternehmen) werden über Zuschüsse und Zinsverbilligungen begünstigt. Vgl. *Agrarbericht 1997,* S. 110.

lung müßte der Betrieb zu dem meist höheren Verkehrswert übernommen werden.

Die Last und die Risiken einer Fremdkapitalfinanzierung bei der Betriebsübernahme sind unter den heutigen agrarstrukturellen Verhältnissen kaum zu überwinden. Ein Großteil der Betriebe müßte ohne Fördermaßnahmen verpachtet oder verkauft werden. Dadurch käme es zu einer noch stärkeren Trennung zwischen dem Eigentum und der Nutzung der landwirtschaftlichen Ressourcen. Die landwirtschaftlichen Investitionen würden pachtbedingt auf eine kürzere Nutzungsdauer ausgerichtet, was eine suboptimale Kapitalallokation bringen könnte.

Die Trennung von Nutzung und Eigentum bei einer Verpachtung ist zudem ein weitgehend irreversibler Prozeß, an dessen Ende oft eine langwierige, kostspielige Agrarreform steht. Bei dem bereits heute großen Ausmaß des landwirtschaftlichen Pachtlandes an den Betriebsflächen ist ein gewisser Anteil an eigenem Land wünschenswert. Die Erleichterung der Hofübernahme begünstigt dies.

Allerdings hat die Förderung der Finanzierung die unerwünschte Nebenwirkung, daß die Begünstigung über den Wert des Bodens kapitalisiert wird und zu einer künstlichen Steigerung der Bodenpreise führt. Eine freie Finanzierung würde tiefere Bodenpreisen und geringere Mobilitätsschranken beim Boden bringen.

III. Die Instrumente der staatlichen Finanzierungsbeihilfen

Zu den *Instrumenten der staatlichen Finanzierungsbeihilfen* gehören Zuschüsse, Darlehen, Zinsbeihilfen und Bürgschaften. Dabei ergibt sich ein Liquiditätseffekt, eine Verminderung des Kapitaldienstes und eine Erhöhung des Eigenkapitals:

- *Zuschüsse* sind nicht rückzahlbare Beihilfen, die zur Verfügung gestellt werden.

- *Darlehen (Kredite)* werden in der Form von öffentlichen Darlehen zu verbilligten Zinsen, günstigen Tilgungsbedingungen und geringeren Sicherheitsleistungen gewährt.[21]

- *Zinsbeihilfen (Zinszuschüsse)* dienen der Zinsverbilligung von Kapitalmarktdarlehen. Der Zinssatz für den Kreditnehmer liegt unter dem üblichen Marktzinssatz. Der Kapitaldienst hängt vom Ausmaß der Zinsverbilligung, der Kreditlaufzeit und dem Zinsniveau ab, ist jedoch unabhängig von der Selbstfinanzierungsquote.

- *Bürgschaften* dienen der Kreditgewährung zu günstigeren Zinsen. Diese sind auf bestimmte Kredithöchstbeträge begrenzt, erfolgen für ein Entgelt von zwei bis drei Prozent der Kreditsumme und haben eine Höchstlaufzeit.

[21] Spezielle Finanzierungshilfen der Banken sind die Kredite der Bank für Wiederaufbau und Kredite der Landwirtschaftlichen Rentenbank.

IV. Finanzierungserleichtungen bei Agrardepressionen

Gelegentlich gibt es Programme, welche der *Finanzierungserleichterung bei Agrardepressionen* dienen. Diese bezwecken die Überbrückung landwirtschaftlicher Finanzierungsengpässe bei einer Depression der Agrarpreise und -erträge ohne eine Aussicht auf rasche Besserung.[22] Zu einer ähnlichen Situation führt ein Crash Programm bei den Agrarpreisen. Bei abrupten, raschen Änderungen der Agrarpolitik stellt sich die Frage des Vertrauensschutzes. Die Folgen für die Landwirte lassen sich durch eine landwirtschaftliche Finanzierungshilfe erleichtern:[23]

- Eine mögliche Maßnahme ist die *staatliche Entschuldung* von Betrieben bis zu deren Ertragswert.[24] Dabei handelt es sich um ein schwerfälliges bürokratisches Verfahren mit einer bedrückenden seelischen Belastung für die betroffenen Landwirte.[25]

- Ein weiteres Instrument stellt die *Finanzierung des Marktaustrittes* dar. Verschuldet sich ein Bauer über den Wert seines Vermögens hinaus oder sinkt der Wert des landwirtschaftlichen Eigentums unter den Betrag der Verschuldung, wird der Landwirt zahlungsunfähig und ist faktisch "an die Scholle gebunden". Will er nicht in den Konkurs gehen, ist er unter großen Produktionsanstrengungen und einem weitgehenden Konsumverzicht zur Weiterbewirtschaftung seines Betriebes gezwungen, um die Schuldzinsen und Kreditrückzahlungen leisten zu können. Zuschüsse, mit deren Hilfe ein Teil der Schulden abgelöst wird, können in diesem Falle den Marktaustritt finanziell erleichtern. Es müssen jedoch Sperren eingebaut werden, damit diese Regelung nur für die bestehenden Betriebe gilt und nicht zu "neuen, künstlichen Betrieben" führt, verbunden mit der Absicht eines baldigen, öffentlich geförderten Marktaustritts. Eine solche Regelung darf auch nicht dazu führen, sich übermäßig zu verschulden (Gefahr des "moral hazard").[26]

V. Verschuldungsgrenzen

Verschuldungsgrenzen dienen vor allem der Erhaltung von bäuerlichen Familienbetrieben. Diese finden eine breite Anwendung und dienen hauptsächlich dazu, eine Überschuldung der Betriebe oder ganz allgemein landwirtschaftliche Finanzierungskrisen zu vermeiden. Die Verschuldungsgrenzen orientieren sich an den Ertragswerten der Betriebe, nicht an den oft spekulativen Verkehrswerten. Angesichts der vielfältigen Finanzierungsmöglichkeiten stellt sich allerdings die Frage, ob es sinnvoll ist, Grenzen für die Verschuldung festlegen, welchen der Landwirt durch die vielfältigen Kreditmöglichkeiten zunehmend ausweichen kann. Es liegt in der Verantwortung des einzelnen Bauern, seine Existenz zu sichern und sich nur in jenem Ausmaß zu verschulden, bei welchem der Betrieb die Schuldzinsen und Kreditrückzahlungen tragen kann. Hinzu kommt, daß die Banken und andere landwirtschaftliche Kreditgeber die Kredit-

[22] Vgl. *Orden* (1990), S. 752.

[23] In der *Europäischen Union* war dieses Problem bisher etwas weniger aktuell als in anderen Ländern, wo die Agrarpreise stärker mit den Weltmarktpreisen schwanken.

[24] Der Ertragswert stellt eine Kapitalisierung der landwirtschaftlichen Gewinne nach Abzug aller Ausgaben einschließlich des landwirtschaftlichen Unternehmerlohnes dar.

[25] Eine gewisse Anwendung fand die Entschuldung von Betrieben während der Weltwirtschaftskrise in den 1930er Jahren.

[26] Erfahrungen hat *Australien,* wo 1990 erstmals ein solches Programm als Hilfe zur Bewältigung der Agrarkrise aufgelegt wurde.

limiten aufgrund sachlicher und persönlicher Kriterien festlegen. Daraus ergeben sich die objektiv und subjektiv gerechtfertigten Verschuldungsgrenzen. Werden die Kreditlimiten der Banken sinnvoll und nicht exzessiv festgelegt, erfüllen diese bereits die Funktion von Verschuldungsgrenzen.

E. Die Verbesserung der Agrarstruktur

I. Begriff und Wesen

Unter den Begriff der *Agrarstruktur* fallen sämtliche landwirtschaftliche Ressourcen (Arbeit, Boden und Kapital) der landwirtschaftlichen Betriebe, die Vermarktungsstrukturen sowie jener Teils der ländlichen Infrastruktur, welcher (unter anderem auch) der Landwirtschaft dient.

Mit anderen Worten bildet die *Agrarstruktur*

> " ... die Grundlage und Voraussetzung für die wirtschaftliche Leistung der Betriebe und die Lebensverhältnisse der Bauern. Sie besteht nicht nur aus der Summe aller landwirtschaftlichen Betriebe, sondern ist Ausdruck für die Gesamtheit der sozialökonomischen Verhältnisse im ländlichen Bereich. Dazu gehören die Bodenverteilung und Flurverfassung, Betriebs- und Siedlungsformen, Verkehrs- und Wasserwege, Dichte und Gliederung der Bevölkerung, Markt- und Absatzverhältnisse"[27].

Die *Agrarstrukturpolitik* beschäftigt sich mit der Verbesserung der in der Landwirtschaft dauerhaft eingesetzten Produktionsfaktoren, so auch der Kapitalstruktur.[28] Dabei handelt es sich um die einzelbetriebliche und die überbetriebliche Förderung. Von besonderer Bedeutung ist diese Förderung, wenn spezielle agrarpolitische Ziele verfolgt werden. Mit der Verlagerung der agrarpolitischen Ziele weist die Agrarstrukturpolitik deshalb immer wieder Akzentverlagerungen auf.

II. Die EU-Agrarstrukturpolitik und die einzelstaatliche Agrarstrukturpolitik

Die bisherige *EU-Agrarstrukturpolitik* kann in vier Perioden eingeteilt werden:

(1.) Bis Anfang der 1960er Jahre lag die Bewältigung der agrarstrukturellen Probleme in der Hand der *Mitgliedstaaten*. Später koordinierte die Gemeinschaft die verschiedenen nationalen Maßnahmen und finanzierte bestimmte Einzelvorhaben.[29]

(2.) 1972 begann die zweite Phase der EU-Agrarstrukturpolitik mit dem Erlaß von *Strukturrichtlinien*. Ziel war die Schaffung "entwicklungsfähiger Vollerwerbsbetriebe", die ein Einkommen vergleichbar mit jenem nichtlandwirtschaftlich Tätiger in der gleichen Region ermöglichen sollten.[30]

---

[27] *Priebe* (1970), S. 220.
[28] Vgl. *von Dietze* (1967), S. 22 f.
[29] Vgl. *Kommission der EG*, (1985), S. 1 f.
[30] Vgl. Richtlinie 72/159-161/EWG vom 17.4.1972.

- Die *Richtlinie zur Modernisierung der landwirtschaftlichen Betriebe* bezweckte die Förderung der einzelbetrieblichen Rationalisierungsmaßnahmen und die Erhöhung der Rentabilität der Betriebe.

- Die *Richtlinie zur Förderung der Einstellung der landwirtschaftlichen Erwerbstätigkeit und Verwendung der landwirtschaftlich benutzten Flächen für Zwecke der Strukturverbesserung* diente dazu, die Anzahl der in der Landwirtschaft Tätigen zu verkleinern und gleichzeitig die frei gewordenen Flächen den entwicklungsfähigen Betrieben zur Verfügung zu stellen.

- Die *Richtlinie zur Förderung sozioökonomischer Information und der beruflichen Qualifikation* sollte die Ausbildung der in der Landwirtschaft verbleibenden Bauern fördern und den Übergang in eine nichtlandwirtschaftliche Tätigkeit erleichtern.

(3.) 1980/81 wurden die *Richtlinien zur EU-Agrarstrukturpolitik* an die veränderten Bedingungen angepaßt. Beschlossen wurde eine besondere *Einrichtungsbeihilfe für junge Landwirte.* Voraussetzung für die Förderung war ein betrieblicher Entwicklungsplan. Zudem wurden ein Konzept für integrierte Entwicklungsprogramme auf regionaler Ebene und Maßnahmen zur Lösung besonderer *regionaler Probleme* eingeführt.

(4.) 1984 wurde die gemeinsame Agrarstrukturpolitik mit Ausnahme der Maßnahmen zu Gunsten des *Mittelmeerraumes* und der *Berggebiete* fallengelassen. Das bisherige Konzept der Förderschwellen mit Zinsverbilligungen für Betriebe, welche nach vier Jahren gewährter Hilfe ein bestimmtes Einkommen erreichen sollten, erwies sich als überschußfördernd.[31] Bemängelt wurde das Fehlen eines strukturpolitischen Gesamtkonzeptes.[32] Die Agrarstrukturpolitik wird nunmehr als eine nationale und regionale Aufgabe zur Anpassung der Produktions- und Lebensverhältnisse an die unterschiedlichen Naturbedingungen betrachtet. Eine gemeinsame Strukturpolitik widerspricht nach heutiger Auffassung der *Europäischen Union* den Prinzipien einer föderativen Gemeinschaft.[33]

F. Die einzelbetriebliche Investitionsförderung

I. Grundsätze

In der Vergangenheit wurden private Investitionen in der Landwirtschaft gefördert, um die Produktion zu steigern, die Agrarstruktur zu verbessern, kleine und mittlere Betriebe "aufzustocken" und diese wettbewerbsfähig zu gestalten. Spät erst wurden die kontraproduktiven Effekte der landwirtschaftlichen Inve-

[31] Die geltende Phase begann mit der sog. Effizienzverordnung von 1985 (EG-Verordnung 797/85 vom 12.3.1985). Die Strukturrichtlinien aus den Jahren 1972 und 1975 wurden abgelöst.

[32] Vgl. *Priebe* (1985), S. 261.

[33] Die verfügbaren Mittel aus dem *Europäischen Ausgleichs- und Garantiefonds, Abt. Ausrichtung,* werden u.a. auf Sonderbeihilfen für Junglandwirte, die Förderung anerkannter Betriebszusammenschlüsse, Sondermaßnahmen nach dem Bergbauernprogramm, Beihilfen in Gebieten mit gefährdeter Umwelt, die Entwicklung der Landwirtschaft im neuen Bundesgebiet und die Anpassung der Berufsausbildung an die Bedürfnisse der modernen Landwirtschaft konzentriert.

stitionsförderung, welche in den 1960er und 1970er Jahren zu den großen Überkapazitäten beitrug, erkannt.[34]

Eine einkommensverbessernde Wirkung erfolgte bei den Betrieben, deren Investitionen gefördert wurden. Zu einer starken Benachteiligung kam es bei den Betrieben ohne eine Investitionsförderung. Kleinere Betriebe, welche die Förderschwelle nicht erreichen konnten, wurden aus dem Markt gedrängt. Die Investitionsbeihilfen führten zu Verzerrungen zu Ungunsten der nichtgeförderten Betriebe.

Als ein weiteres Problem der Förderung von Investitionen ist das Überwälzen von Risiken zu nennen, welche unter rein unternehmerischen Zielsetzungen nicht eingegangen würden ("moral hazard"). Vielfach werden bei einer Förderung von Investitionen besonders risikoreiche Investitionen getätigt. Für Wirtschaftssubjekte, welche die Investitionen ohne eine Förderung durchführen, ergeben sich als Folge keine Renditen mehr, welche die betrieblichen Risiken angemessen honorieren.

II. Die Förderung der Landwirtschaft in den benachteiligten Gebieten

Seit vielen Jahrzehnten verfällt das landwirtschaftliche Kapital in den *benachteiligten Produktionsgebieten*. Dieser Prozeß hat zwischenzeitlich weite Gebiete in den hochindustrialisierten Länder erfaßt. Es handelt sich nicht um eine abrupte, sondern eine sukzessive Entwicklung. Investitionen durch marktliche Anreize kommen kaum zustande, denn die landwirtschaftlichen Erträge sind zu wenig lohnend. Soll in den benachteiligten Gebieten mit ungünstigen Produktionsverhältnissen eine minimale Intensität der landwirtschaftlichen Nutzung aufrecht erhalten bleiben, ist eine Förderung der landwirtschaftlichen Investitionen notwendig. Dies erfordert ein landwirtschaftliches Entwicklungskonzept als Teil eines räumlichen Entwicklungskonzeptes. In diesem werden die Ziele, Möglichkeiten und Mittel der landwirtschaftlichen Entwicklung aufgezeigt, zu welchen auch die landwirtschaftlichen Investitionen zählen.[35]

III. Die Förderung der landwirtschaftlichen Infrastruktur

Ein Marktversagen ist besonders bei der *landwirtschaftlichen Infrastruktur* als Teil der gesamten öffentlichen Infrastruktur möglich, sofern die wünschenswerten Strukturen aufgrund der privaten Initiative nicht zustande kommen.[36] Es stellt sich die Frage, welche Teile der Infrastruktur sinnvollerweise durch Private und welche durch den Staat errichtet werden sollen. Nutzt nur ein einziger landwirtschaftlicher Betrieb Teile der Infrastruktur, ist es zweckmäßig, deren Ausbau diesem Betrieb überlassen. Wo hingegen die Nutzung durch mehrere Wirtschaftssubjekte gemeinsam erfolgt, drängen sich kooperative Lösungen auf. Es ist sinnvoll, Regeln für die Nutzung und die Finanzierung der gemeinschaftlichen Infrastruktur festzulegen. Wird die private, gemeinschaftliche oder öffentliche Infrastruktur auch von der nichtlandwirtschaftlichen Bevölkerung benutzt, drängen sich meist staatliche Lösungen mit einer finanziellen Beteiligung der gesamten Bevölkerung auf.

---

[34] Vgl. *Schmitt* (1980), S. 101.
[35] Vgl. auch Kapitel 14.
[36] Diese umfaßt unter anderem die Wege und Straßen, die Wasserbauten, die Erschließung mit Strom und Wasser, Einrichtungen zur Entsorgung, Telephonanschlüsse u.ä.

IV. Investitionen im Bereich des Umweltschutzes und der Energie

Bei landwirtschaftlichen *Investitionen im Bereich des Umweltschutzes und der Energie* ist der private Nutzen oft gering, der gesellschaftliche Nutzen jedoch groß.[37] Eine finanzielle Förderung oder steuerliche Erleichterung kann den Schutz der Umwelt erleichtern und die Erschließung landwirtschaftlicher Energiequellen fördern.

G. Die überbetriebliche Förderung der Agrarstruktur

I. Die Flurneuordnung bzw. Flurbereinigung

1. Das Wesen

Die *Flurbereinigung*[38] ist ein Teil der Landeskulturpolitik und sollte in den vergangenen Jahrzehnten in erster Linie die in den Realteilungsgebieten verfallenen Agrarstrukturen mit kleinen und kleinsten Betrieben neu ordnen sowie lebensfähige Betriebe schaffen. Zudem diente die Flurbereinigung straßenbaulichen Maßnahmen (Flurwege und landwirtschaftliche Güterwege), wasserbaulichen Einrichtungen (Bewässerungen, Entwässerungen und Korrekturen von Oberflächengewässern) sowie der Förderung von landwirtschaftlichen Hochbauten.

Die Kosten, welche aus diesen Verfahren sowohl für die öffentliche Hand als auch für die einzelnen Landwirte entstehen, sind groß. Deshalb verhindert der Gesetzgeber durch das *Höferecht*[39] mit Einschränkungen im landwirtschaftlichen Erbrecht und beim Grundstücksverkehr so weit als möglich einen erneuten Verfall der mit großen Kosten wiederhergestellten Agrarstruktur in kleine, schlecht zu bewirtschaftende Betriebe.

2. Die Phasen der Entwicklung

Noch in den *1950er Jahren* bestand das Hauptziel der Flurbereinigung in der *Rationalisierung und Intensivierung der landwirtschaftlichen Produktion*, um die Nahrungsmittelversorgung zu verbessern und unabhängiger von Nahrungsmittelimporten zu werden.[40] Dazu sollten wettbewerbsfähige landwirtschaftliche Betriebe geschaffen werden. Gleichzeitig wurde versucht, die Produktion den Marktbedürfnissen anzupassen.[41]

Diese Ziele wurden auch nach 1957 bei der Errichtung der *Europäischen Gemeinschaft* als vorrangig betrachtet. Die landwirtschaftlichen Arbeits- und Lebensverhältnisse sollten verbessert und die Maschinen-, Arbeits- und Betriebs-

---

[37] Beispiele für Investitionen im Umweltbereich sind genügend große Jauchegruben, die Entsorgung des Schmutzwassers sowie energiesparende und energieerzeugende Einrichtungen wie beispielsweise Solaranlagen oder Biogaseinrichtungen.

[38] Die Flurbereinigung diente ursprünglich (d. h. im 18. und 19. Jh.) der Bodengewinnung durch das Entsumpfen von Flußlandschaften, das Trockenlegen von Mooren, das Kultivieren von Ödland und die Eindeichung. Der Begriff geht auf das bayerische Gesetz "*die Flurbereinigung betreffend*" vom 29. Mai 1886 zurück.

[39] Vgl. auch Kapitel 12.

[40] Die Reichsumlegungsordnung vom 16.6.1937 gilt als erste eigentliche gesetzliche Grundlage. Diese ist die Vorläuferin des Flurbereinigungsgesetzes vom 14.7.1953.

[41] Vgl. *Weinschenck* (1976), S. 128 ff.

kosten gesenkt werden. Bei der Verwirklichung dieser Ziele war die Flurbereinigung jedoch überfordert. Die Wettbewerbsfähigkeit der bestehenden Betriebe ließ sich zwar etwas verbessern, aber die Flurbereinigung konnte kein Instrument zur aktiven Verdrängung kleiner und mittlerer Betriebe sein, um Betriebe in einer Größenordnung zu schaffen, wie dies für einen erfolgreichen Überlebenskampf in der *Europäischen Union* notwendig ist.

Angesichts der großen Agrarüberschüsse stellt sich seit den *1960er Jahren* zudem die Frage nach dem Sinn von Maßnahmen zur Flurbereinigung. Sofern diese zu Produktionssteigerungen führen, sind sie kontraproduktiv. Die Steigerung der landwirtschaftlichen Produktion als einem der ursprünglichen Ziele der Flurbereinigung wurde in den Industrieländern obsolet.

In den *1960er und 1970er Jahren* entwickelte sich die Flurbereinigung vorwiegend zu einem Instrument der *Ordnung und Entwicklung des ländlichen Raumes.* Flurbereinigungen sollten der Verbesserung der landwirtschaftlichen und nichtlandwirtschaftlichen Funktionen des ländlichen Raumes dienen.[42]

In den *1970er und 1980er Jahren* geriet die Flurbereinigung unter scharfe Kritik. Es wurde ihr vor allem eine "Ausräumung der Landschaft" vorgeworfen.[43]

Die *Ziele des Umwelt- und Naturschutzes* bekamen 1976 einen eigenen Stellenwert, indem Flurbereinigungen ausschließlich oder vorrangig dem Schutz von Umwelt und Natur dienen sollen.[44] Die Flurbereinigung wird zum "Mittler zwischen Ökologie und Ökonomie". Dabei handelt es sich um ökologische *und* landschaftsästhetische Ziele. Es geht um den Schutz des Bodens vor Wind- und Wassererosion, die Verbesserung der ökologischen Gewässerfunktionen und die Erhaltung sowie Schaffung von Biotopverbundsystemen. Dazu dienen Naturschutzgebiete, Flächen und Korridore für wildlebende Tiere, natürliche Landschaftselemente sowie ausgeprägte Feucht- und Trockengebiete. Die Flächen werden freiwillig oder nach dem Erwerb stillgelegt und für außerlandwirtschaftliche Zwecke sowie zu Naturschutzzwecken genutzt. Es wird ein Teil des nicht zur Abfindung der Landwirte benötigten Bodens den Zwecken des Umweltschutzes zugeführt.[45]

Bei allen Flurbereinigungsverfahren erfolgt eine enge Zusammenarbeit der zuständigen Behörden mit den örtlichen Naturschutzverbänden. Um die Ziele des Umwelt- und Naturschutzes zu sichern, dürfen nach der Bekanntgabe des Flurbereinigungsbeschlusses zudem ökologisch wertvolle Landschaftselemente wie beispielsweise Hangterrassen, Hecken, einzelne Bäume sowie Feld- und Ufergehölze nur in Ausnahmefällen beseitigt werden.[46]

---

[42] Dies setzt neue Akzente bei den Flurbereinigungen. Mit der Novellierung des FlurbG vom 1.4.1976 werden die Aufgaben zur Neugestaltung des ländlichen Raumes hervorgehoben. Zu deren regionalwirtschaftlichen Verbundaufgaben zählen (1.) der Umweltschutz, (2.) der Naturschutz, die Landschafts- und Denkmalpflege, (3.) die Bedürfnisse für Freizeit und Erholung, (4.) die Ver- und Entsorgung sowie der Gemeindebedarf an Flächen, (5.) der Städtebau, (6.) der überörtliche Verkehr und (7.) die überörtlichen wasserwirtschaftlichen Anlagen.

[43] Dabei darf nicht übersehen werden, daß der Naturschutz und die Landschaftspflege in der Flurbereinigungsgesetzgebung bereits seit 1953 ausdrücklich erwähnt werden.

[44] Vgl. *Zillien* (1986), S. 370.

[45] Bereits 1986 betrug der Anteil ca. 24 Prozent der bereinigten Flächen.

[46] § 34 FlurbG.

3. Die Verfahrensarten

Die Flurbereinigungsverfahren sind teuer, vor allem wenn sie auch das Straßen- und Wassernetz umfassen. Deshalb leistet der Staat erhebliche Zuschüsse. Voraussetzung für eine Flurbereinigung ist die agrarstrukturelle Vorplanung. Es gibt unterschiedliche *Verfahrensarten* für die Flurbereinigung. Je einfacher das Verfahren ist, desto kürzer ist dessen Dauer und desto geringer sind meist auch die erfüllten Erwartungen.[47]

a. Das Regelflurbereinigungsverfahren

Das *Regelflurbereinigungsverfahren* gilt als umfassendstes Verfahren und dauert im Durchschnitt dreizehn Jahre. Dieses kann angeordnet werden, wenn die Agrarstruktur erhebliche Mängel zeigt, also beispielsweise der Grundbesitz unwirtschaftlich gelegen und geformt ist, die Wege- und Gewässernetze erhebliche Mängel aufweisen, die Infrastruktur ungenügend ist und/oder Kulturlandschaften veröden. Dieses Verfahren kann auch der Schaffung öffentlicher Anlagen dienen.[48] Die Regelflurbereinigung wird in etwa zwei Drittel der Fälle angewendet. Der Landverlust infolge enteignender Eingriffe wird zur Abwendung von landeskulturellen Nachteilen verteilt.

b. Das vereinfachte Flurbereinigungsverfahren

Beim *vereinfachten Flurbereinigungsverfahren* kann auf einzelne Verfahrenspunkte der Regelflurbereinigung verzichtet werden. Das Verfahren dauert etwa acht Jahre, wobei eine Verkürzung geplant ist. Dieses Verfahren soll die landwirtschaftlichen Nachteile beseitigen, welche Träger öffentlicher, außerlandwirtschaftlicher Belange verursacht haben.[49] Dabei ist allerdings die Bereitstellung von Land für solche Vorhaben ausgeschlossen. Die Grundstücke müssen vielmehr durch Kauf oder Enteignung dort erworben werden, wo sie gebraucht werden.

Das vereinfachte Flurbereinigungsverfahren kann auch für die gleichen Ziele wie das Regelflurbereinigungsverfahren eingesetzt werden, wenn das Flurbereinigungsgebiet nur kleinere Gemeinden, Weiler und Gebiete mit Einzelhöfen umfaßt oder es sich um eine Zweit- oder Mehrfachflurbereinigung handelt.

c. Das Unternehmensflurbereinigungsverfahren

Beim *Unternehmensflurbereinigungsverfahren* geht es um Baumaßnahmen mit erheblichem Landbedarf, für welche der Gesetzgeber ein spezielles Enteignungsverfahren eingeräumt hat. Der Landverlust wird auf möglichst viele Eigentümer verteilt und agrarstrukturelle Nachteile sollen vermieden werden. Sind landwirtschaftliche Betriebe in ihrer Existenz gefährdet, ist eine Verteilung des Landverlustes von besonders großer Bedeutung. Die Beteiligten haben keinen Anspruch auf eine Abfindung in Land, wohl aber auf eine Geldentschädi-

---

[47] Vgl. *Manger* (1988), S. 91 f.

[48] Hierzu zählen beispielsweise Freizeit- und Erholungseinrichtungen, Mülldeponien, Kläranlagen, Parkplätze, Autobahnen, Flugplätze, Wasserstraßen, die Ausscheidung von Bau- und Industrieland sowie städtebauliche Sanierungs- und Entwicklungsmaßnahmen.

[49] Dabei kann es sich um den Bau von Eisenbahnen, Straßen, Gewässern, Siedlungsverfahren, städtebauliche Maßnahmen, Maßnahmen des Naturschutzes und der Landschaftspflege sowie die Gestaltung des Orts- und Landschaftsbildes handeln.

gung in der Höhe des Verkehrswertes. Die Dauer dieses Verfahrens liegt bei rund zehn Jahren.

d. Das beschleunigte Zusammenlegungsverfahren

Das *beschleunigte Zusammenlegungsverfahren* kommt vor allem in Frage, wenn bereits früher ein Flurbereinigungsverfahren durchgeführt wurde und ein gut ausgebautes Wege- und Gewässernetz besteht. Dieses Verfahren dient in erster Linie der Neuordnung der Flur durch das Zusammenlegen von Grundstücken, dem Naturschutz oder der Landschaftspflege. Das Interesse der Grundstückseigentümer ist erforderlich, weil nach Möglichkeit nur ganze Grundstücke ausgetauscht werden sollen. Durch die Vereinfachung des Verfahrens wird eine Dauer von ca. sechs Jahren erreicht.

e. Der freiwillige Landtausch

Der *freiwillige Landtausch* dient der Verbesserung der Agrarstruktur, dem Schutz der Natur oder der Landschaft. Das Verfahren wird von den Tauschpartnern beantragt. Verweigert ein Partner den Tausch, wird das Verfahren eingestellt. Deshalb kann dieses Verfahren nur für kleine Gebiete mit wenigen Teilnehmern und bei optimalen Voraussetzungen durchgeführt werden. Dieses dauert etwa zwei Jahre, wird in rund einem Sechstel der Fälle angewendet und hat steigende Bedeutung.

f. Die Flurbereinigung beim Braunkohletagebau

Dem Braunkohletagbau wird eine völlige Zerstörung der Landschaft vorgeworfen. Gebiete mit ehemaligem *Braunkohletagebau* werden durch ein besonderes Flurbereinigungsverfahren rekultiviert.[50]

g. Die Weinbergflurbereinigung

Zur Flurbereinigung zählen auch die in der Regel sehr kostspieligen *Weinbergflurbereinigungen.*

II. Die Dorferneuerung

Bis in die 1950er Jahre dienten die Maßnahmen zur *Dorferneuerung* vor allem der Bodenordnung und der Anbindung der landwirtschaftlichen Güterstraßen.[51] Erst das Flurbereinigungsgesetz von 1976 sah in der Dorferneuerung eine Aufgabe im Rahmen der Ordnungspolitik für den ländlichen Raum.[52,53] Seit den 1980er Jahren hat die Dorferneuerung stark an Bedeutung gewonnen.

[50] Seit etwa 1960 erfolgt die Rekultivierung der Tagebaugebiete mit Hilfe der Flurbereinigungsbehörden. Sowohl die vielfältigen verfahrensrechtlichen als auch die landeskulturellen Aufgaben werden von Flurbereinigungsbehörden getragen. Es gelangt ein großes und sich stets verbesserndes Wissen und Können zum Einsatz.

[51] Erste Ansätze zur Dorferneuerung gab es bereits im 17. und 18. Jh. im Zusammenhang mit Vereinödungen. Instrumente waren damals die Flurbereinigungen, die Aussiedlungen und die eigentlichen Dorferneuerungen. In den 1920er Jahren wurden in *Preußen* Ortslagen in die Flurbereinigungen einbezogen, sofern die Mehrheit der Grundeigentümer dazu ihre Zustimmung gab. In den 1960er Jahren kam es im Zusammenhang mit dem überregionalen und regionalen Straßenbau zu einem Identitätsverlust vieler Dörfer.

[52] Vgl. das FlurbG von 1976 (Flurbereinigungsgesetz in der Fassung vom 16.3.1976, vor allem die §§ 37 und 41) und das Baugesetzbuch (BauGB vom 1.7.1987).

Das Dorf bildet aus Tradition den sozialen und wirtschaftlichen Ordnungsrahmen im ländlichen Raum.[54] Seit dem Verfall der Agrargesellschaft sind die Dörfer einem tiefgreifenden Funktionswandel unterworfen. Mit der Entwicklung zur Kommunikations- und Informationsgesellschaft verliert das Dorf seine Abgeschiedenheit. Der Verfall der Dörfer wird zum Teil abgelöst durch eine Wohnfunktion für sehr heterogene Bevölkerungsgruppen, welche täglich oder wöchentlich zum Arbeitsplatz in die Ballungszentren pendeln.

Die Erneuerung der Dörfer dient der Strukturverbesserung in ländlichen Gebieten. Die Wohn-, Arbeits- und Lebensverhältnisse sollen verbessert, die gewachsenen Siedlungsstrukturen erhalten und gepflegt, die Standortgunst erhöht und die Landwirtschaft, das Kleingewerbe, das Handwerk sowie der Einzelhandel gestärkt werden.[55] Im Rahmen der neuen dörflichen Funktionen kann die landwirtschaftliche Siedlungsweise in der Form von Einzelhöfen, Gruppen von Höfen oder Dörfern erfolgen. Die landwirtschaftlichen Familien sind vor allem auf die Versorgungsleistungen von Dörfern angewiesen. Zudem erleichtern die Dörfer durch die Schaffung von Arbeitsplätzen den Übergang von Haupterwerbsbetrieben zu Zu- und Nebenerbsbetrieben.[56]

Wesentliche *Instrumente der Dorferneuerung* sind: (1.) Die Förderung der Landwirtschaft und ihrer räumlichen Funktionen, (2.) die Aussiedlung von langfristig existenzfähigen Landwirtschaftsbetrieben in stark beengten Lagen,[57] (3.) die Schaffung von ausreichenden Hofflächen innerhalb des Dorfes und die Freihaltung hofnaher Weide- und Grünflächen, (4.) die Verbesserung der Verkehrser-

[53] Die Rezession von 1973/74 führte zum Zukunftsinvestitionsprogramm (1977-80) mit einem Programmteil für die Dorferneuerung. Dieses diente auch als Mittel der Konjunkturpolitik, wobei ein langfristiges Konzept fehlte.

[54] Vgl. zum originellen Thema "Seelengewinn" und "Seelenverlust" eines Dorfes *Abt* (1996), S. 26 ff.

[55] Die *Aufgaben der Dorferneuerung* werden nach Raumkategorien differenziert. *Raumtyp A* sind Dörfer im Einzugsbereich von Verdichtungsräumen. Diese sollen Entlastungsfunktionen für den Ballungsraum übernehmen. *Raumtyp B* sind Dörfer im Einzugsbereich eines gehobenen Mittelzentrums und zugleich Mittelpunkt eines eigenständigen Arbeitsmarktes. Deren Entwicklungschancen sind gut. Dabei ist Sorge zu tragen, daß die Entwicklung der Landwirtschaft nicht beeinträchtigt wird. *Raumtyp C* sind Dörfer im ländlichen Raum ohne gehobene Mittelzentren. Diese umfassen große Teile des ländlichen Raumes und weisen Standortnachteile, besonders wenig qualifizierte Arbeits- und Ausbildungsplätze, eine unterdurchschnittliche Infrastruktur, eine schlechte Verkehrslage und eine geringe Bevölkerungsdichte auf. Der Anteil der Dörfer dieses Typs, welche zu Weiler schrumpfen, nimmt zu. Nicht zu vertreten ist eine passive Sanierung im Rahmen einer rückläufigen Entwicklung, ggf. die Schaffung von Auffangdörfern.

[56] Zur Vielzahl der Funktionen des Dorfes zählen: Die Agrarfunktion als wirtschaftlicher Lebensraum für die Landwirtschaft, die Wohnfunktion für breite Bevölkerungsschichten, die außerlandwirtschaftliche Wirtschaftsfunktion mit Arbeitsplätzen und ländlicher Infrastruktur, die Erholungsfunktion mit natur- und landschaftsgebundenen Erholungs- sowie Freizeitmöglichkeiten, die Versorgungsfunktion mit Einzelhandel und Dienstleistungsangebot, das Bildungsangebot im Elementarbereich, die soziale Kommunikationsfunktion, die Sozialfunktionen der Familien, des Kindergartens, der Schulen, Vereine und der Kirche, die kulturhistorische Komponente, die Sicherung von ökologischen Ausgleichsräumen, die Sicherung des Wasserhaushalts und die Bereitstellung von Reserven im Bereich der natürlichen Ressourcen. Vgl. *Borchard* (1984), S. 34 ff.

[57] Kriterien sind der auf lange Sicht rentable Einsatz der Produktionsfaktoren, das Vorhandensein eines öffentlichen Interesses an einer Aussiedlung und der gesellschaftliche Nutzen einer Aussiedlung. Nicht mehr zur Diskussion steht die bedenkenlose Totalaussiedlung.

schließung der Betriebe durch die Vergrößerung und Verbesserung der Hofplätze und Hofzufahrten, (5.) die Sanierung und Modernisierung der Betriebe, verbunden mit der Erhaltung der Ortsbilder, (6.) die Förderung des Gewerbes und der Einrichtungen für private Dienstleistungen, (7.) die Förderung von Freizeit- und Erholungsaktivitäten, (8.) die Förderung der kommunalen Grundausstattung, (9.) die Landschaftspflege unter ökologischen Aspekten und (10.) die Pflege der baulichen Ordnung und die Denkmalpflege.

III. Die Wasserwirtschaft und Kulturbautechnik

Die Maßnahmen in den Bereichen der *Wasserwirtschaft und der Kulturbautechnik* dienen der Trinkwasserversorgung durch den Bau zentraler Wasserversorgungsanlagen, dem Schutz der Gewässer durch zentrale Abwasseranlagen und dem Ausgleich des Wasserabflusses durch Talsperren und Hochwasserrückhaltebecken. Im Gewässerschutz sollen landwirtschaftliche Stoffeinträge in den Boden und die Gewässer vermindert werden. Gewässerrandstreifen der Länder dienen zur Entlastung der Gewässer. Die Möglichkeiten der Flächenstillegung und der Extensivierung sollen genutzt werden.

IV. Der Küstenschutz

Der *Küstenschutz* dient vor allem den Deichverstärkungen.

Literaturangaben zu Kapitel 16:

Abt, Theodor (1996), Dorferneuerung mit Seelengewinn. In: Agrarische Rundschau, Nr. 2, Juni, S. 26-29.

Agrarberichte der Bundesregierung, div. Jh.

Belongia, Michael T. und Gilbert, R. Alton (1990), The Effects of Federal Credit Programs on Farm Output. In: American Journal of Agricultural Economics, Vol. 72, Nr. 3, August, S. 769-773.

Borchard, K. (1984), Was gehört zur Dorferneuerung ? - Erfahrungen aus dem Bundesgebiet. In: Akademie für Raumforschung und Landesplanung (Hrsg.): Dorferneuerung und Dorfentwicklung - Richtlinien, Zielsetzungen, Erfahrungen, Hannover.

Der Bundesminister für Städtebau und Wohnungswesen (1971), Programmatische Schwerpunkte der Dorferneuerung, Bonn.

von Dietze, Constantin (1967), Grundzüge der Agrarpolitik, Hamburg und Berlin.

Fiske, John R., Batte, Marvin T. und Warren, F. Lee (1986), Nonfarm Equity in Agriculture: Past, Present, and Future. In: Journal of Agricultural Economics, Vol. 68, No. 5, December, S. 1319-1323.

Frenkel, J.A. und Hardouvelis, G.A. (1985), Commodity Prices, Money Surprices and Fed Creditibility. In: Journal of Money, Credit, and Banking. Vol. 17, S. 425-438.

Gale, Fred H. (1993), Why Did the Number of Young Farm Entrants Decline? In: American Journal of Agricultural Economics. Vol. 75. Nr. 1, February, S. 138-146.

Grolig, Hans-Henning (1980), Das Investitionsverhalten in der Landwirtschaft. Eine quantitative Analyse der einzelnen Betriebsgruppen in der Bundesrepublik Deutschland, Münster-Hiltrup.

Hanson, Greg (1990), Beyond The Farm Debt Crisis. In: Choices, The Magazine of Food, Farm, and Resource Issues. Fourth Quarter 1990, Herndon, S. 33-35.

Heidhues, Theodor (1977), Art. Agrarpolitik, I: Preis- und Einkommenspolitik. In: Handbuch der Wirtschaftswissenschaften (HdWW), Bd. 1, Stuttgart und New York, S. 107-128.

Kommission der EG (Hrsg.) (1985), Die neue Agrarstrukturpolitik. In: Grünes Europa, Heft 199.

Manger, Rolf (1988), Die Verfahrensarten des Flurbereinigungsgesetzes - keine Einbahnstraße. In: Berichte aus der Flurbereinigung, Heft 60.

Orden, David (1990), International Capital Markets and Structural Adjustment in U.S. Agriculture. In: American Journal of Agricultural Economics. Vol. 72. Nr. 3, August, S. 749-754.

Priebe, Hermann (1970), Landwirtschaft in der Welt von morgen, Düsseldorf und Wien.

Ders. (1985), Die subventionierte Unvernunft, Berlin.

Schmitt, Günther (1980), Vor einer Wende in der Agrarpolitik. In: Agrarwirtschaft, Heft 4, April, Hannover, S. 97-105.

Ders. (1996), Niedrige Nettoinvestitionen und geringe Eigenkapitalbildung -Indikatoren für auslaufende Betriebe? In: Berichte über Landwirtschaft, Band 74 (3), vom September 1996, Münster-Hiltrup, S. 439-460.

Schultz, Theodore (1979/1989), Die Ökonomie der Armut. Nobel-Lesung vom 8. Dezember 1979. In: Horst C. Recktenwald (Hrsg.), Die Nobelpreisträger der ökonomischen Wissenschaft, Düsseldorf 1989, S. 664-680.

Staudinger Franz (1997), Organisationsformen bei bäuerlichen Kooperationen. In: Agrarische Rundschau, Nr. 1/April 1997, Wien, S. 24-27.

Weinschenck, Günther (1976), Art. Agrarpolitik, II. Strukturpolitik. In: Handbuch der Wirtschaftswissenschaften (HdWW), Bd. 9, Stuttgart, S. 128-147.

Zillien, F. (1986), Flurbereinigung im Wandel der Zeit unter besonderer Berücksichtigung von Naturschutz und Landschaftspflege. In: Zeitschrift für Kulturtechnik und Flurbereinigung, Heft 27, S. 368-378.

Kapitel 17: Die Ordnung des landwirtschaftlichen Humankapitalbereichs

"Wissen ist der mächtigste Antrieb der Produktion; es ermöglicht uns die Unterwerfung der Natur und die Befriedigung unserer Bedürfnisse"
(Alfred Marshall)

"Obwohl wir großenteils deswegen für die Freiheit eintreten, weil wir der Auffassung sind, daß der Wettbewerb eines der machtvollsten Werkzeuge zur Verbreitung von Wissen ist und er gewöhnlich den Wert des Wissens jenen, die es nicht besitzen, vor Augen führen wird, ist nicht zu bezweifeln, daß die Verwertung des Wissens durch bewußte Bemühungen gesteigert werden kann"
(Friedrich August von Hayek, 1983, S. 462).

"Daneben erfüllt der Markt mit Hilfe der Preissignale entscheidende Informationsfunktionen. Information ist für *Carl Menger* ein zentraler Begriff, die Wirtschaft ist in seinen Augen kein Kreislauf, sondern Fortschritt und Entwicklung; und zwar nicht produktionstechnisch gesehen, sondern als Entwicklung neuer Einsicht. Diese ist wesentlich mit dem Element der Zeit verbunden. Die Zeitdimension bringt wegen der Unvorhersehbarkeit der Zukunft zwar eine fundamentale Unsicherheit in den Wirtschaftsprozeß herein, sie schafft aber auch wesentliche Entwicklungsmöglichkeiten ..."
(Monika Streissler, 1990, S. 45).

A. Einleitung

I. Die Problemstellung

Das *Humankapital* ist zusammen mit der Natur, der Arbeit, dem Kapital und dem übrigen Input ein wesentlicher landwirtschaftlicher Produktionsfaktor. Im Gegensatz zu den anderen Produktionsfaktoren ist das Humankapital meist an die Faktoren Arbeit und Kapital gebunden und deshalb als "isolierter" Produktionsfaktor schwer zu fassen. Es umfaßt das wirtschaftlich relevante Wissen und entsteht durch Innovationen (Erfindungen) sowie Diffusion (Verbreitung von Wissen). Als Gesamtheit des Wissens und Könnens hat das Humankapital den Charakter einer Bestandsgröße, als Prozeß der Innovation und Diffusion den Charakter einer Stromgröße. Das *agrarwirtschaftliche Humankapital* umfaßt unter anderem das Wissen und Können über (1.) die Produktionsverfahren,[1] (2.) die Beschaffung der erforderlichen Ressourcen, (3.) die Organisation, Planung und Finanzierung des Betriebes, (4.) die landwirtschaftlichen Erzeugnisse sowie (4.) die Vermarktung der Erzeugnisse.[2]

Das agrarwirtschaftliche Wissen und Können wird zunehmend zum zentralen landwirtschaftlichen Produktionsfaktor. Die Schaffung, Verbreitung und Anwendung von landwirtschaftlichem Humankapital bildet die wesentlichste Quelle des landwirtschaftlichen Fortschritts.[3] Rund 80 Prozent des Wachstums der landwirtschaftlichen Produktion in den *USA* während der Nachkriegszeit werden auf agrarwirtschaftliche Fortschritte zurückgeführt, welche zu einer enormen Steigerung der landwirtschaftlichen Produktion und der Produktivität der landwirtschaftlichen Produktionsfaktoren (Boden, Arbeit, Kapital und übri-

[1] Dazu zählt das Wissen über die Pflanzenzucht und den Pflanzenbau, die Tierzucht und die Tierproduktion sowie den Einsatz von chemischen und biologischen Mitteln.
[2] Vgl. *Schumpeter* (1993/1911), S. 100 f.
[3] Vgl. *Schultz* (1979/1989), S. 672 ff.

ger Input) führten.[4] Die große Geschwindigkeit der landwirtschaftlichen Innovationen zählt zu den Hauptcharakteristiken der modernen Wirtschaft.[5]

II. Die Entwicklung des landwirtschaftlichen Humankapitals

Die Geschichte der *Entwicklung des landwirtschaftlichen Humankapitals* während der vergangenen Jahrtausende ist eng mit der Geschichte der Menschheit verbunden. Der Weg führte über die Sammler und Jäger mit geringem Know how zu seßhaften Bauern, welche sich mit der Tier- und Pflanzenzucht beschäftigten sowie landwirtschaftliche Siedlungsformen und Geräte entwickelten.

Das landwirtschaftliche Humankapital *unserer Zeit* hat sich im Verlaufe von zwei Agrarrevolutionen entwickelt, welche die Struktur und das Antlitz der Landwirtschaft tiefgreifend beeinflußten:

- *Mitte des 19. Jh.* kommt es zur ersten landwirtschaftlichen Revolution, welche parallel zur industriellen Revolution läuft. *Justus von Liebig* erfindet den Kunstdünger. Die Pflanzen und Tiere werden züchterisch verbessert und deren Leistungen im Verlaufe der Jahrzehnte vervielfacht. Es werden landwirtschaftliche Maschinen und Geräte bis hin zu vollständig mechanisierten Arbeitsketten entwickelt, die der Mensch nur noch zu steuern und überwachen braucht. Es entstehen landwirtschaftliche Fachschulen, Universitäten und Forschungsinstitute, welche sich professionell mit der Schaffung und Verbreitung von landwirtschaftlichem Humankapital beschäftigen. Noch dauert es Jahrzehnte, bis die theoretischen Erkenntnisse in der Praxis umgesetzt werden. Erst nach dem zweiten Weltkrieg kommt es zur verstärkten Anwendung von chemischen Düngemitteln, der Entwicklung der Erdöltechnologie und dem Einsatz von Bioziden (Schädlingsbekämpfungsmittel).

- In den *1970er Jahren* beginnt die *zweite Agrarrevolution* mit Pionierleistungen in den Bereichen der Gentechnologie, der Molekularbiologie, der Agrarinformatik und der Biotechnologie. Entwickelt werden die Bioregulatoren im pflanzenbaulichen Bereich und die Genmanipulation der "Food Designer" zur Verbesserung der Eigenschaften von Pflanzen und Tieren. Neben einer Steigerung der pflanzlichen und tierischen Erträge soll es unter anderem zur verbesserten Wirkung der Photosynthese, der erhöhten Schädlingsresistenz, der Möglichkeit der Fixierung von Stickstoff in den Pflanzen und der Verbesserung der Verarbeitungs- und Konservierungseigenschaften kommen. Wünschenswert ist ein eingeschränkter Einsatz von Pflanzenschutz- und Düngemitteln. Bei den Tieren wird ein geringerer Bedarf an Tierarzneien und eine schnellere Erreichung von Zuchtzielen angestrebt.[6] Zur Einführung gelangt zudem die Mikroelektronik mit der automatischen Steuerung und Überwachung komplexer Systeme in der Tierhaltung und im Pflanzenbau.

III. Die Biotechnologie und die Prozeßautomatik

Durch die *Biotechnologie* und die *Prozeßautomatik* werden der Arbeitsaufwand und der Bedarf an landwirtschaftlichen Produktionsflächen verkleinert sowie die Qualität und die Quantität der Erträge gesteigert:

---

[4] Vgl. *Jorgenson* und *Gollop* (1992), S. 750.
[5] Vgl. *Kuznets* (1989), S. 274 ff.
[6] Vgl. *Agrarbericht 1997*, S. 149.

- Bei der *Biotechnologie* geht es um die integrierte Nutzung der Biochemie, Mikrobiologie, Gentechnologie und Verfahrenstechnologie. Anwendungsgebiete der Gentechnologie sind die Pharmazeutik, die Diagnostik sowie die Landwirtschaft (Pflanzen, Tiere und die Tiermedizin). Mit Hilfe der Gentechnologie lassen sich die Erbanlagen von Tieren und Pflanzen gezielt verändern. Dabei sollen das biologische Potential von Mikroorganismen sowie die Zell- und Gewebestrukturen für Produkteigenschaften und zur Verbesserung der Produktion genutzt werden. Die Potentiale der modernen Biotechnologie sollen für die Agrar- und Ernährungswirtschaft verwendbar gemacht werden, wobei in der Gentechnik der gezielte Auf- und Abbau von Mikroorganismen eine bedeutende Rolle spielt.[7] Dies führt zur Veränderung der Konsumeigenschaften der landwirtschaftlichen Erzeugnisse und zu verbesserten Verarbeitungseigenschaften. Als Haupteffekte der Gentechnik im Pflanzenbau werden zudem die Krankheitsresistenz, die Schädlingsresistenz, die Herbizidresistenz, die Streßresistenz, die Nährstoffaneignung, die Frostresistenz und das Pflanzendesign angestrebt. In der Landwirtschaft handelt es sich um die gesteuerte Nutzung von biologischen Systemen durch eine gezielte Produktion im Rahmen biosynthetischer Prozesse. Die biotechnologischen Fortschritte reduzieren den betrieblichen Steuerungsaufwand sowie die fixen Kosten, erhöhen jedoch die variablen Kosten (beispielsweise durch teureres Saatgut).[8]

- Die *Prozeßautomatik* bezweckt eine teil- oder vollautomatisierte Steuerung der Arbeitsgänge, welche im optimalen Zeitpunkt ausgelöst und automatisch überwacht werden sollen. Dies führt zu einem erhöhten Steuerungsaufwand und damit verbunden zu größeren fixen, jedoch geringeren variablen Kosten.[9][10] Mit Verfahren zur rechnergestützten Tierproduktion beschäftigt sich auch die

---

[7] Vgl. *Noell* (1990), S. 203 f.

[8] Die Biotechnologie wird hauptsächlich durch private Firmen forciert. Dieser neuere landwirtschaftliche Forschungs- und Entwicklungszweig wird als gewinnversprechend beurteilt. Erwartet werden große Fortschritte und sogar eine *"Neue Grüne Revolution"*. Vgl. *Molnar* und *Kinnucan* (1989), zitiert nach *Noell* (1990), S. 204 ff. Die gesamten Forschungs- und Entwicklungsaufwendungen in den USA, der Europäischen Union und in Japan betrugen Mitte der 1980er Jahre jährlich annähernd vier Milliarden USD. Der Anteil des privaten Bereichs lag bei rund siebzig Prozent, jener des öffentlichen Bereichs bei rund dreißig Prozent. Am ausgeprägtesten war die private Forschung in den USA mit einem Anteil von über siebzig Prozent, am geringsten in Japan mit rund dreißig Prozent. In der biotechnologischen Forschung ist der Anteil der öffentlich geförderten Forschung weltweit um rund fünf bis zehn Prozentpunkte größer als bei der landwirtschaftlichen Forschung insgesamt. Vgl. *Heidhues* und *von Oppen* (1990), S. 94 ff.

[9] Als Beispiel ist die Schädlingsbekämpfung zu nennen.

[10] Zu den neuesten Entwicklungen zählen Roboter, welche Setzlinge pflanzen und umpflanzen können, ohne diese zu beschädigen. Die Position kann durch ein Lasergerät und einen dazugehörigen Sensor erkannt werden. Diese neuen Möglichkeiten der Agrarinformatik und der Steuerung landwirtschaftlicher Prozesse können in allen nur möglichen Bereichen der landwirtschaftlichen Unternehmen zum Einsatz gelangen. Ein anderes Beispiel ist die *"Hors Sol-Produktion"* von Gemüse und Blumen in großen Gewächshäusern. Die kapital- und energieintensive Produktion erfolgt prozeßgesteuert und unabhängig vom Boden. Das Ausschwemmen von Düngemitteln und Bioziden in das Grundwasser wird vermieden. Damit verbinden sich Hoffnungen im Umweltbereich. Vgl. auch Kapitel 1.
Ein weiteres Beispiel ist die rechnergestützte Pflanzenproduktion, wofür es praxisreife Mikroprozessoren gibt. Integrierte Systemlösungen und Bordcomputer beispielsweise dienen der Minimierung des Ausbringens von Schädlingsbekämpfungsmitteln mit der Hilfe eines durch Funk- und Satellitenverbindungen vernetzten Informationssystems. Dieses registriert den möglichen Schädlingsbefall aufgrund des Pflanzenwachstums und des Witterungsverlaufs.

Agrarinformatik.[11] Entwickelt werden zudem Expertensysteme zur strategischen Unternehmensplanung.[12] Außerdem sind langfristig computergestützte Systeme zur Steuerung der landwirtschaftlichen Betriebe denkbar (sog. "computer integrated farming").[13,14] Werden alle Subsysteme eines landwirtschaftlichen Betriebes datenmäßig erfaßt, aufbereitet und zu einem Gesamtsystem verknüpft, lassen sich die Prozeßsteuerung, die Finanzbuchhaltung, die Kostenrechnung und die Unternehmensplanung gleichzeitig bewältigen.

Die konventionelle Landwirtschaft wird möglicherweise zunehmend durch automatisierte Produktionsverfahren im tierischen und pflanzlichen Bereich abgelöst. Entsprechende Visionen gibt es in den *USA* aufgrund von biotechnologischen Entwicklungen.[15] Der Landwirt hätte nach futuristischen, derzeit noch wenig realistischen Vorstellungen nur noch Funktionen in den Bereichen der Produktionsüberwachung und Landespflege, während die pflanzliche und tierische Produktion selbst über Tausende von Kilometern ferngesteuert werden könnten.

B. Der Wettbewerb und die Innovationen

I. Ordnungspolitische Grundfragen

Bei der Schaffung und Verbreitung von landwirtschaftlichem Humankapital stellen sich unter anderem folgende *ordnungspolitische Grundfragen:* (1.) Wie kann eine optimale Allokation von Ressourcen im Forschungsbereich erzielt werden? (2.) Wie läßt sich eine optimale Diffusion der Innovationen erreichen? (3.) Wie kommt ein optimaler Wettbewerb auf den Märkten für Saatgut und Zuchttiere zustande? (4.) Wie werden mögliche negative Externalitäten von bio- und gentechnologischen Entwicklungen verhindert?

II. Die Ursachen von Innovationen

Die *Ursachen für landwirtschaftliche Innovationen* können exogener oder endogener Natur sein, je nachdem, ob diese sich außerhalb der Landwirtschaft oder im Agrarbereich selbst entwickeln. Oft sind die agrarwirtschaftlichen Fortschritte das Ergebnis von gesamtwirtschaftlichen Basisinnovationen, welche auch auf die Landwirtschaft ausstrahlen. Diese Basisinnovationen bringen landwirtschaftliche Innovationsmöglichkeiten innerhalb des weiten Spektrums der Produktentwicklung, der Produktionstechniken, der Rohstoffbeschaffung, der Betriebsorganisation, der Finanzierung und der Marktorganisation.

---

[11] Bekannt sind Insellösungen zur individuellen Optimierung der Tierfütterung, integrierte Systeme zur Überwachung von Herden, der Einsatz von Melkrobotern mit einer automatischen Optimierung der Fütterung von Kraftfutter und einer Selbstbedienung durch die Kühe. Durch die Haltung in Laufställen können sich die Tiere vermehrt bewegen, durch die Automatisierung der Milchabgabe läßt sich das Melken dem physiologischen Rhythmus der Kühe anpassen. Dies führt zu größeren Milchleistungen. Die menschliche Arbeit im Kuhstall beschränkt sich immer mehr auf Kontrollen.

[12] Vgl. *Berg* und *Schmidt-Paulsen* (1990), S. 213 ff.

[13] Vgl. *Zilahi-Szabó* (1990), S. 223 ff.

[14] In der *Bundesrepublik Deutschland* werden Datenbankdienste für landwirtschaftliche Betriebe im Btx-Verfahren entwickelt, die eine bundeseinheitliche Erfassung und Auswertung von Marktdaten und pflanzenbauliche Dialogprogramme ermöglichen sollen. Vgl. *Agrarbericht 1992,* S. 157.

[15] Vgl. *Smith* (1992), S. 8 ff.

In vielen Fällen kommt es auch zu landwirtschaftlichen Innovationen als Reaktion auf Knappheiten in der Natur, die drohende Erschöpfung von Ressourcen oder störende Schadstoffbelastungen. Die Entwicklung von Humankapital dient in diesem Fall der Suche nach neuen ökologischen Nischen für die menschliche Gesellschaft[16] und trägt zur biologischen Evolution bei.[17]

Anreize zur Schaffung von Humankapital bilden Knappheitsrenten bzw. Gewinnerwartungen im Sinne fortschrittinduzierter Differentialrenten. Dies motiviert zu technischen Fortschritten durch die Schaffung (Innovation) und die Verbreitung (Diffusion) von Humankapital, wenn der erwartete Grenznutzen die Grenzkosten übersteigt. Bestehen keine Gewinn-, Kosten- und Nutzenanreize, gibt es oft auch keinen Anlaß, Fortschritte zu erzielen. Die Geschwindigkeit und die Richtung der landwirtschaftlichen Forschung sowie der Innovations- und Diffusionsprozesse werden durch die Knappheiten bzw. die Struktur und die Veränderungen der relativen Preise für Güter und Produktionsfaktoren beeinflußt.[18] Die sich ändernden Faktorpreisrelationen lösen Forschungsprozesse bzw. knappheitsbedingte technologische Reaktionen aus.[19]

Innovations- und Diffusionsprozesse setzen in erster Linie dort ein, wo neue oder qualitativ bessere Produkte größere Gewinne versprechen oder die Produktionskosten wirksam gesenkt werden können. Es werden Produktionsverfahren und -techniken entwickelt, welche es erlauben, relativ teure Produktionsfaktoren einzusparen. Die Verknappung der Arbeit gegenüber dem Faktor Boden beispielsweise führt zum Suchen nach arbeitssparenden Technologien.[20] Es wird nach neuen Faktorkombinationen und Produktionstechniken geforscht, welche zu geringeren Produktionskosten führen:

> "Aber gerade dieser Preisdruck ist es, der ... zur Einführung von Neuerungen bei den landwirtschaftlichen Techniken führt, die die Kosten senken und die Erhaltung der fähigen Betriebe möglich machen werden".[21]

III. Wettbewerbspolitische Grundfragen

Vieles spricht dafür, die Forschung und Diffusion von Wissen so weit als möglich dem Wettbewerb zu überlassen. Die Freiheit des Wettbewerbs führt im allgemeinen zu den besten innovatorischen Ergebnissen. Der Wettbewerb dient als "Entdeckungsverfahren".[22] Das betriebliche Kalkül bei der Forschung, der Produktion sowie der Vermarktung entscheidet über die Schaffung und Verbreitung von Humankapital. Bei großen Gewinnanreizen werden dafür mehr Ressourcen eingesetzt als bei kleinen. Ein gesamtwirtschaftlich optimaler Fortschritt ist zu erwarten, wenn die Wirtschaftssubjekte den Einsatz von Ressourcen im Humankapitalbereich auf die marktlichen Gewinnanreize abstimmen. Unter günstigen Rahmenbedingungen führt der Wettbewerb zu einem Allokationsoptimum bei den dafür eingesetzten Ressourcen.

---

16 Vgl. *Ruttan* (1984), S. 549 ff.
17 Vgl. *Boulding* (1981), S. 792 ff.
18 Zur *Hayami-Ruttan-These* vgl. *Hayami* und *Ruttan* (1971) und (1985) sowie *Ahmad* (1966), S. 344 ff.
19 Vgl. *Antle* (1984), S. 414.
20 Vgl. *Hicks* (1932).
21 *Von Hayek* (1983), S. 445 f.
22 *Von Hayek* (1968), S. 144 ff.

Pionierleistungen im Innovationsbereich bringen vorübergehend Monopolpositionen und -gewinne für die forschenden Unternehmen. Die Monopolgewinne regen zu Innovationen an, können den Wettbewerb durch die Bildung von Monopolen aber auch hemmen. Zudem entstehen durch den Schutz des geistigen Eigentums künstliche Hemmnisse bei der Diffusion von neu geschaffenem Humankapital.[23] Langfristig verhindert der Wettbewerb zwischen den forschenden Unternehmen jedoch dauerhafte Monopolpositionen. Meist kommt es nicht zur absoluten Marktmacht, denn die Gewinnanreize führen zu neuen innovatorischen Vorstößen und zur Imitation, was die Marktmacht schmälert und die Monopolpositionen angreift.[24]

IV. Der Patent- und der Sortenschutz

Zu den erforderlichen Rahmenbedingungen zählt die Möglichkeit der Internalisierung von Gewinnen auf allen Stufen der Forschung und der Anwendung. Eine Anreizfunktion zur Schaffung von Humankapital hat ein gut ausgebauter *Patent- und Sortenschutz.*[25] Dies gibt die Chance, daß die meist großen Forschungsaufwendungen nach Möglichkeit wieder eingespielt werden können. Die rechtlich-institutionelle Ausgestaltung des Sortenschutz- und Patentrechts ist weltweit in starker Bewegung.

Von aktuellem Interesse sind das *europäische Patentübereinkommen* und das *Sortenschutzabkommen:*[26]

- Der *Patentschutz* entstand in einer Zeit, als die Bio- und Gentechnologie noch nicht von Bedeutung waren. Dies erklärt die Vielfalt der einzelstaatlichen Regulierungen. So gewährte das *US-Patentbüro* Patente auf eine genetisch konstruierte Pflanze und ein genetisch konstruiertes Tier ("Harvard Maus"). Auch Mikroorganismen sind unter dem geltenden US-Recht patentierbar.[27] Genetisch manipulierte Nahrungsmittel werden in den USA als ungefährlich eingestuft.[28] Im *Europäischen Patent-Übereinkommen von 1975* sind biologische Verfahren zur Züchtung von Pflanzensorten und Tierarten ("Tiersorten") von der Patentierbarkeit ausgenommen. Ein Vorschlag für den rechtlichen Schutz der biotechnologischen Erfindungen sieht die grundsätzliche Patentierbarkeit von gentechnischem Material, Mikroorganismen, mikrobiologischen Verfahren, Pflanzen und Tieren vor.[29]

---

[23] Vgl. *Arrow* (1962), S. 609 ff. sowie *Hockmann* (1997), S. 525 ff.

[24] Vgl. zu den Wohlfahrtseffekten von intellektuellen Property Rights ausführlicher *Moschini* und *Lapan* (1997), S. 1229 ff.

[25] So werden beispielsweise jährlich mehrere Tausende Patentanträge im Bereich der Gentechnik gestellt werden.

[26] Vgl. *Gotsch* (1992).

[27] Vgl. *Heidhues* und *von Oppen* (1990), S. 96.

[28] Die Veränderung der Produkte erfolgt mit der Hilfe von Proteinen und Enzymen. In Labors entwickelte Erzeugnisse können ohne besondere Lebensmittelprüfung und Kennzeichnung auf den Markt gebracht werden. Ausnahmen sind nur bei unüblichen Bestandteilen zur Anreicherung eines Erzeugnisses möglich. 1993 waren annähernd siebzig Produkte für den Verkauf in den Supermärkten vorgesehen (beispielsweise Gurken, Kartoffeln und Melonen). In *Europa* besteht vorerst noch eine gewisse Zurückhaltung beim Schutz solcher Erzeugnisse. Die Bedingungen in den *USA* und in *Japan* sind günstiger, was zu einer Verlagerung der Forschung in diese Länder geführt hat.

[29] Ein erster Vorschlag wurde abgelehnt, ein weiterer entstand im Jahre 1996. Vgl. *Agrarbericht 1997,* S. 150.

- Beim *Sortenschutzabkommen*, dem die einzelnen Länder beitreten können, erhalten die Eigentümer von Kulturpflanzen mit Sortenschutz das alleinige Recht zur Erzeugung und zum Vertrieb von Saatgut. In den Nichtbeitrittsländern stellt sich die Frage nach dem sog. Landwirte*vorbehalt* (der Verwendung eines Teils der Ernte als Saatgut für die Zukunft), dem sog. Landwirte*privileg* (der Abgabe von Saatgut an einen Nachbarn) und dem sog. *Züchtervorbehalt* (der Verwendung einer Sorte zur Weiterzüchtung). Fallengelassen wurde das sog. Doppelschutzverbot, welches den gleichzeitigen sorten- und patentrechtlichen Schutz von Pflanzen verbietet.[30]

C. Das Problem des Marktversagens

I. Das Versagen durch künstlich regulierte Marktpreise

Eine besondere Art von Versagen des Gewinn-Innovations-Anreizmechanismus erfolgt im Falle verzerrter Güterpreise. Künstlich überhöhte Güterpreise führen zu einer Verstärkung der Forschung und Diffusion. Werden die Preise für Agrargüter dauernd über dem Gleichgewichtsniveau gehalten, besteht die Gefahr einer beschleunigten Entstehung von Überschüssen als Folge einer Überreaktion im Humankapitalbereich. Künstlich tiefgehaltene Güterpreise dagegen bringen eine Abschwächung von Forschung und Diffusion. In beiden Fällen löst die falsche Anzeige der Knappheiten im Güterbereich eine Fehlsteuerung bei der Allokation von Ressourcen im Innovationsbereich und bei der Diffusion aus. Zu ähnlichen Effekten führt die künstliche Verzerrung von Faktorpreisen.

Wünschenswert sind markträumende Güterpreise, welche die tatsächlichen Knappheiten widerspiegeln und eine angemessene Allokation von Ressourcen im Innovations- und Diffusionsbereich induzieren. Dies verbessert die Voraussetzungen für eine paretooptimale Allokation der Ressourcen sowie eine sehr langfristige Stabilisierung der Märkte.[31]

II. Das Versagen der wettbewerblichen Anreize

Eine intensive Forschung zeigt sich bei den der Landwirtschaft vorgelagerten Bereichen der Pflanzen- und der Tierzüchtung, Gentechnologie, Schädlingsbekämpfung, Maschinen und Geräte, Mikroelektronik sowie Agrarinformatik. Im Nahrungsmittelbereich, welcher der Landwirtschaft nachgelagert ist, findet die Forschungstätigkeit vor allem in Richtung von qualitativ besseren, beim Konsum attraktiveren oder stärker differenzierten Produkten statt, welche sich zu höheren Preisen als Standardgüter vermarkten lassen.

Die landwirtschaftliche Forschung in den Bereichen des Pflanzenbaus, der Tierzucht, Agrartechnik, Agrarchemie, Agrarinformatik, Agrarwirtschaft und Ernährungswirtschaft beschäftigt weltweit einige hunderttausend Personen.[32] Die ausgeprägt private Forschung in dem rasch wachsenden Markt erfolgt in spezialisierten Biotechnologieunternehmen, Agro-Chemiekonzernen, Saatgutkonzernen und Unternehmen der Nahrungsmittelverarbeitung. Die erwarteten Ge-

---

[30] Vgl. *Gotsch* (1992), S. 111 f.
[31] Vgl. auch Kapitel 5.
[32] In der *Bundesrepublik Deutschland* sind es rund 3.500 Mitarbeiter, wobei die öffentlichen Forschungsaufwendungen 1987 ohne die vor- und nachgelagerten Bereiche auf rund eine Milliarde DM geschätzt wurden. Vgl. *Bradhering* und *Gocht* (1987).

winne liegen oft bei einem Vielfachen der Forschungskosten.[33] Schwache Gewinne können zu einem *Versagen der wettbewerblichen Anreize* bei der Schaffung und Verbreitung von landwirtschaftlichem Humankapital führen. Sind die Innovationsprozesse aus gesellschaftlicher Sicht unbefriedigend, stellt sich die Frage nach Ersatzlösungen. Denkbar ist die Förderung der privaten oder auch eine staatliche Forschung.

III. Die Förderung der Forschung

1. Die private Forschung

Bei einer finanziellen Unterstützung der *privaten Forschung* der agrarforschenden Unternehmen stehen die Forschungsergebnisse ziemlich rasch zur Verfügung. Allerdings führt die Förderung der privaten Forschung zu Mitnahmeeffekten, denn zahlreiche Unternehmen würden diese auch ohne eine staatliche Förderung durchführen. Die Unternehmen orientieren sich bei einer Förderung der Forschung nicht nur an den erwarteten Marktentwicklungen, sondern ebenfalls an den oft politisch verzerrten Forschungsvorgaben des Staates. Forscht auch der Staat, kommt es vielfach zu kostspieligen Parallelprozessen zur privaten Forschung. Deshalb sollte der Staat die private landwirtschaftliche Forschung sinnvollerweise nur bei einem offenkundigen Forschungsversagen zufolge einer mangelnden Anreizfunktion der Märkte fördern.

2. Die staatliche Forschung

Bei der *staatlichen Forschung* lassen sich die Ergebnisse sofort umsetzen, und die Bildung von privater Marktmacht kann verhindert werden. Allerdings ist die

[33] In *Australien* beispielsweise isolierte eine Unternehmung ein Gen, mit dessen Hilfe sich die Kartoffelerträge verdoppeln lassen sollen. Zudem soll die Superkartoffel besser lagerbar, tiefgefrierbar und fritierbar sein. Bei anderen Pflanzen werden die geschmacklichen Qualitäten verändert, die Voraussetzungen zur Verarbeitung verbessert (zum Beispiel Tomaten mit einem geringeren Wassergehalt), die Schädlingsresistenz erhöht und der Düngebedarf durch eine erhöhte Stoffaufnahme der Pflanzen aus dem Boden verkleinert. Weitere Beispiele sind Pflanzen, die sich selbst gegen den Befall durch Viren schützen. Koffeinfreier Kaffee von veränderten Kaffeestauden und Erdbeeren, die gegen Frost resistent sind, sollen während des ganzen Jahres produziert werden können.
1990 wurden zum ersten Mal genetisch manipulierte Kälber gezüchtet. Das Fleisch dieser Kälber soll magerer sein und die Kühe sollen mehr Milch geben. Mittlerweile wurden in *Holland* Milchkühen versuchsweise menschliche Gene eingepflanzt, mit deren Hilfe sie in der Lage sein sollen, ein natürliches Antibiotikum (Lactoferrin) zu erzeugen, welches ihre Abwehrkräfte bei Infektionen des Magen-Darm-Traktes stärken soll. Erfolgreich wurden bereits Genveränderungen bei Hühnern, Schweinen und Schafen vorgenommen.
Ein weiteres "Produkt" der Gentechnologie ist das Milchhormon, welches 1990 von der amerikanischen Food und Drug Administration (FAD) zugelassen wurde. Bisher konnte das Rinder-Wachstumshormon BST (Bovine Somatotropin) nur aus Rinder-Hypophysen mit einem enormen Kostenaufwand gewonnen werden. Zu Beginn der 1980er Jahre gelang es, das relevante Gen zu isolieren und in das Gen von Bakterien einzupflanzen. BST wird bereits in einigen Länder Osteuropas, Südamerikas und in Südafrika eingesetzt. 80 Tage nach der Geburt des Kalbes wird der Kuh BST injiziert. Die durchschnittliche Milchleistung wird um 4 kg pro Tag erhöht. Die Kuh benötigt kein zusätzliches Futter, sondern verwertet dieses effizienter. Obwohl die Kühe nach den bisherigen Versuchen gesund sind, läßt sich eine stärkere Neigung zu Eutererkrankungen feststellen. Zudem enthält die Trinkmilch pro Liter ein Tausendstelgramm mehr BST. Ein Autor stellt die Frage: "Die Turbokuh - Geschöpf oder Milchmaschine". Vgl. *Virt* (1990), S. 24.

staatliche Forschung oft langsam, ineffizient und wenig praxisnah.[34] Zudem orientiert sie sich mehr an politischen Kriterien als an ökonomischen Knappheiten. Außerdem kommt es bei der staatlichen Forschung zu politisch verursachten lags zwischen dem Erkennen von Forschungsbedürfnissen und dem Auslösen der Forschungstätigkeit. Diese lags können bis zu zehn oder zwölf Jahre betragen und liegen damit über jenen des privaten Bereichs.[35] Des weiteren verdrängt die staatliche Forschung die private.[36] Wird die staatliche Forschung ausgedehnt, kommt es meist zu einer Einschränkung der privaten Forschung.[37]

Ein bevorzugtes Anwendungsgebiet der staatlichen Forschung ist die *Grundlagenforschung*. Diese ist komplex, teuer und auf langfristige Ziele ausgerichtet. Sie führt zu Basisinnovationen und ermöglicht vielfältige anwendungsorientierte Folgeinnovationen, wodurch sich deren Nutzen vervielfacht. Die positiven Wirkungen lassen sich oft noch nach Jahrzehnten feststellen. Es besteht zudem das Bedürfnis, rasch über die Ergebnisse der Grundlagenforschung als Basis der praxisrelevanten Anwendungsforschung zu verfügen.

Die Grundlagenforschung bringt im Gegensatz zur Anwendungs- und Entwicklungsforschung meist keine unmittelbaren Unternehmensgewinne. Sie erfordert große, oft unteilbare Forschungskapazitäten, wie diese in der Praxis nicht immer zur Verfügung stehen. Deshalb ist die Grundlagenforschung eine typische Domäne der staatlichen Forschung. Träger sind staatliche Universitäten, landwirtschaftliche Forschungsanstalten und private Forschungsunternehmen, deren Grundlagenforschung gefördert wird. Die Selbständigkeit der Forscher spielt eine bedeutende Rolle.

3. Gewinner und Verlierer

Welche politischen Triebkräfte wirken für eine staatliche Förderung der landwirtschaftlichen Forschung? Wer kann davon profitieren? Wer sind die *Gewinner* und die *Verlierer?* Ob in erster Linie die Verbraucher oder die Erzeuger von den landwirtschaftlichen Fortschritten profitieren, hängt unter anderem vom Grad der Sättigung der Agrarmärkte ab.[38]

Dies läßt sich an einem Modellbeispiel zeigen (vgl. Abb. 17/1):

- Bei einer *elastischen Preis-Nachfragebeziehung* und der vereinfachenden Annahme außenwirtschaftlich abgeschotteter Binnenmärkte kommt es bei einer fortschrittsbedingten Mengenausweitung kurzfristig zu Gewinnen bei den Verbrauchern *und* den Landwirten. Abb. 17/1 geht von einer Nachfrage von N und einem Angebot von A_1 aus. Durch die landwirtschaftlichen Innovationen ergibt sich eine Rechtsverschiebung der Angebotskurve - je nach der Mengenausweitung zu A_2 oder A_3. Die Gleichgewichtsmenge steigt von X_1 auf X_2 oder X_3 und der Preis sinkt von P_1 auf P_2 oder P_3. Bei totalen Kosten von K steigt der Gewinn der Landwirte von G_1 auf G_2 oder G_3 (wobei G_2 größer ist als G_3). Die Verbraucher gelangen in den Genuß einer Konsumentenrente von BCED oder BCGF.

[34] So hat sich beispielsweise die staatliche Forschung für den Agrarbereich in den USA in den vergangenen dreißig Jahren wesentlich langsamer entwickelt als die private Forschung. Die staatliche Forschung stagniert bei etwas mehr als 3 Mrd. USD, während die private Forschung gegen vier Mrd. USD tendiert. Vgl. *Frisvold et al.* (1998), S. 22 ff.

[35] Vgl. *Pardey* und *Craig* (1989), S. 8.

[36] Vgl. *de Haen* und *Zimmer* (1990), S. 320.

[37] Vgl. *Hathaway* (1963), S. 310.

[38] Vgl. *Alston* und *Freebairn* (1988), S. 281 ff.

Abb. 17/1
Die Angebotswirkungen des agrarwirtschaftlichen Fortschritts

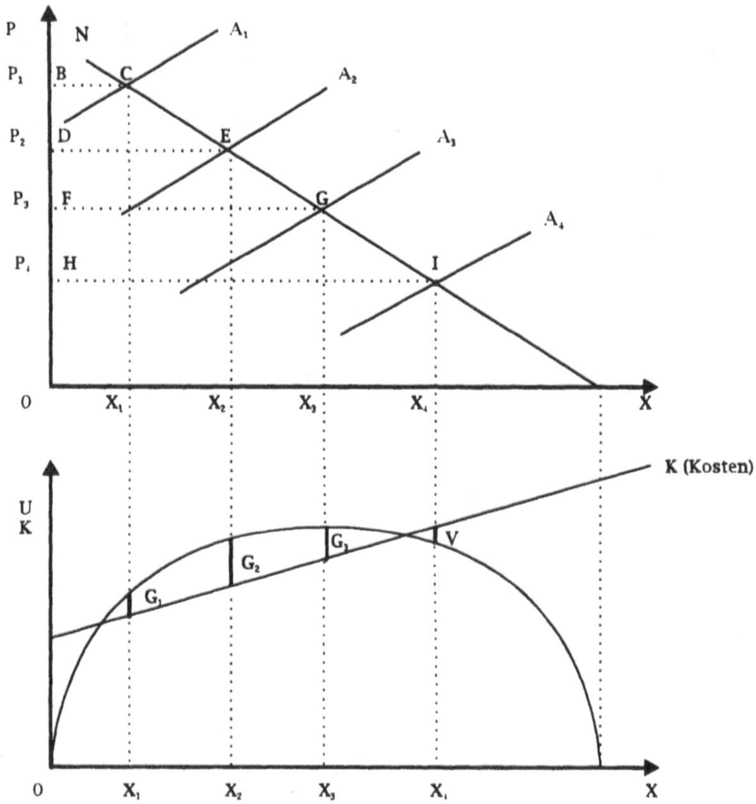

- Bei einer *unelastischen Preis-Nachfragebeziehung* steigt die Angebotskurve von A_3 auf A_4. Die Gleichgewichtsmenge erhöht sich von X_3 auf X_4 und die Preise sinken von P_3 auf P_4. Verlierer einer fortschrittsbedingten Angebotsausdehnung sind die Produzenten, indem die landwirtschaftlichen Gewinne von G_3 auf einen Verlust von V sinken. Die Verbraucher gewinnen eine Konsumentenrente von FGIH. Aus deren Sicht sind Verschlechterungen der Preise " ... kein Argument gegen technischen Fortschritt, sondern eher ein Zeichen von technischem Fortschritt"[39].

Ob die Produzenten gewinnen oder verlieren, hängt von der Preis-Nachfrageelastizität der Agrargüter ab.[40] Je größer diese ist, desto eher profitieren die Anbieter (und umgekehrt). Sinnvollerweise werden die Landwirte eine auf Mengensteigerungen ausgerichtete landwirtschaftliche Forschung und Entwicklung politisch nur bei einer *preiselastischen* Nachfrage befürworten.[41] Dabei werden die größeren Bauern innovationsfreudiger sein als die kleineren, welche den technologischen Wandel ressourcenbedingt weit weniger nachvollziehen kön-

[39] Vgl. *de Haen* und *Zimmer* (1990), S. 318.
[40] Vgl. *Rausser* und *Forster* (1990), S. 650.
[41] Vgl. *de Gorter* und *Zilbermann* (1990), S. 136 f.

nen und aus wettbewerblichen Gründen sukzessive aus der Produktion gedrängt werden.[42]

Bei einer *preisunelastischen Nachfrage* dagegen verhalten sich die Landwirte rational, wenn sie die Förderung einer rein produktionssteigernden Forschung ablehnen, denn dies verstärkt den sog. Tretmühlen-Effekt:

> "Der Bauer ist wahrhaft auf einer Tretmühle. Er rennt schnell und schneller mit dem Wunsch nach einem höheren Einkommen durch die Suche nach neuen und besseren Produktionstechniken. Aber er gewinnt dadurch kein größeres Einkommen. Er verliert."[43]

Hauptverlierer sind in diesem Fall die marginalen Anbieter mit einer verhältnismäßig geringen Effizienz der Produktion, welche durch die Mengensteigerungen der großen Produzenten vermehrt aus dem Markt gedrängt werden.

Ein *Nutzen-Kosten-Kalkül für die Forschungsaufwendungen* hat zahlreiche Aspekte zu berücksichtigen. Zu den Kriterien zählen die Produktivitätssteigerungen, die Veränderungen der Verbraucher- und der Produzentenrenten, die Kosten der Marktstabilisierung und die volkswirtschaftlichen Anpassungskosten.[44] Eine Betrachtung der volkswirtschaftlichen Anpassungskosten bei innovatorischen Änderungen zeigt, daß diese bei den kleinen und mittleren Betrieben prohibitiv groß sein können. Liegt der Anpassungs- bzw. Abwanderungsdruck im Bereich der natürlichen Abwanderungsrate, sind die Anpassungskosten wenig problematisch. Bringt die Förderung des produktionssteigernden Fortschritts jedoch einen forcierten landwirtschaftlichen Strukturwandel, dürfen die landwirtschaftlichen Anpassungskosten nicht vernachlässigt werden. In der Tendenz spricht deshalb einiges dafür, bei gesättigten Märkten mit einer preisunelastischen Nachfrage auf eine staatliche Förderung von Innovationen zu verzichten, welche in erster Linie der Steigerung der Produktion dient und die Allokation von Ressourcen im Bereich der landwirtschaftlichen Forschung den Märkten zu überlassen.[45] Bei ungesättigten Märkten mit einer preiselastischen Nachfrage dagegen – wie dies beispielsweise in den Entwicklungsländern der Fall ist – läßt sich eine Förderung der Forschung unter wohlfahrtsökonomischen Überlegungen durchaus vertreten.

IV. Der Umweltbereich im besonderen

Die *landwirtschaftliche Umweltforschung* dient vielen Zielen, so beispielsweise der Reinhaltung der natürlichen Kreisläufe, der Verkleinerung der Umweltbelastung des Bodens, des Wassers und der Luft, der Erhaltung der Artenvielfalt bei Pflanzen und Tieren sowie der Verbesserung der Qualität der Nahrungsmittel. Gibt es umweltrelevante, wettbewerbliche Gewinnanreize, besteht eine ökonomische Motivation zu solchen Innovationen. Dies ist beispielsweise der Fall, wenn umweltfreundlich produzierte Güter einen höheren Preis erzielen oder umweltfreundliche Ressourcen preiswerter sind. So lohnt sich beispielsweise die Forschung, wenn dies zu einem geringeren Einsatz an Dünge- und Schädlingsbekämpfungsmitteln führt, verbunden mit einer gleichzeitigen Umweltver-

[42] Vgl. *Lin* (1991), S. 722 f.
[43] *Wilcox et. al.* (1974), S. 295.
[44] Vgl. *Oehmke* (1990), S. 631 ff.
[45] Vgl. *Hathaway* (1963), S. 10; *Henze* und *Kloos* (1990), S. 317 f.; sowie *Ruttan* (1982), S. 247 ff.

besserung. In diese Richtung geht auch die Entwicklung selbstdüngender und schädlingsresistenter Pflanzen.[46]

Ein Marktversagen tritt auf, wenn die Erforschung eines neuen, umweltschonenden Produktionsverfahrens wohl einen großen sozialen Grenznutzen bringt, jedoch keine zusätzlichen privaten Gewinne. In diesem Fall erzeugt der Wettbewerb keine Umweltinnovationen. Oft schlagen sich langfristige Knappheiten im Umweltbereich auch nicht rechtzeitig in Gewinnanreize um, was zu einer entsprechenden Forschung und Entwicklung führen würde. Zudem erfordert der wissenschaftlich sehr anspruchsvolle Fortschritt im Umweltbereich meist längere Zeit. Deshalb kann die marktlich induzierte Forschung die Probleme vielfach nicht innerhalb der wünschenswerten Zeit lösen.[47] Dies ruft nach einer Förderung der Forschung im Umweltbereich. Zweckmäßige Umweltnormen signalisieren frühzeitig Knappheiten im Umweltbereich und regen zur Forschung an.

Unter Umweltaspekten verlagert sich das Schwergewicht der Forschung zunehmend auf das Funktionieren von Ökosystemen, die Erhaltung der natürlichen Produktionsgrundlagen, die Erforschung alternativer landbaulicher Methoden, weitere Verwendungsmöglichkeiten für agrarische Rohstoffe, die Biotechnologie, Gentechnik,[48] Technologieabfolgeschätzung sowie das Sammeln und Erhalten von land- und forstgenetischen Ressourcen.[49]

V. Die Regulierung der unerwünschten Externalitäten der Gentechnologie

Werden anstelle der klassischen Zuchtmethoden gentechnischen Methoden angewendet, sind die möglichen Wirkungen auf die Umwelt kaum vorhersehbar, woraus sich ein Regulierungsbedarf für die Forschungstätigkeiten ergibt:[50]

- Denkbar ist die *unerwünschte Genübertragung auf Wildpopulationen,* womit resistente Unkräuter entstehen, deren Ausbreitung außer Kontrolle gerät und die zur Konkurrenz für die landwirtschaftlichen Nutzpflanzen werden. Beispiele sind Pollenübertragungen durch Insekten, Unglücksfälle in Labors und die Übertragung von Genen auf Wildkräuter im Freilandversuch.[51]

---

[46] So wurde beispielsweise das Gen gefunden, welches resistent gegen den Maiszünsler ist, einer gefährlichen Pflanzenkrankheit beim Mais.

[47] Vgl. *Henze* und *Kloos* (1990), S. 313 ff.

[48] Ein Gen ist ein Abschnitt in der Erbsubstanz einer Zelle, in welcher die Information für die Produktion eines Proteins gespeichert ist. Unter der Gentechnologie werden Methoden verstanden, um Gene zu identifizieren, zu isolieren und im Reagenzglas (in vitro) neu zu kombinieren. Gene lassen sich auch in artfremde Organismen übertragen und darin aktivieren.

[49] Ein Unternehmen der chemischen Branche versuchte, Sojabohnen zu entwickeln, welche gegen ein Totalherbizid resistent waren, das "Böden blankfegt". Die Forscher fanden das Gen, welches Mais gegen das Herbizid resistent macht und konnten es auf Tabak- und Sojapflanzen übertragen. Es war möglich, das Herbizid in den USA für Bauern zu lancieren, welche Mais, Tabak und Sojabohnen anpflanzen. Dennoch wurde schließlich darauf verzichtet und nach einem wirksamen und rascher abbaubaren Herbizid gesucht, welches die Anliegen des Umweltschutzes besser berücksichtigt.

[50] Vgl. zu diesem Thema auch *Rieder* und *Anwander Phan-huy* (1998), S. 77 ff.

[51] So übertrug sich in einem Fall ein Gen, welches in Raps zwecks Herbizidresistenz eingepflanzt wurde, nach wenigen Generationen auch auf das benachbarte Unkraut (womit dieses ähnliche Eigenschaften der Herbizidresistenz aufwies).

- Denkbar ist, daß durch die Gentechnik *neue, schädigende Viren* entstehen. Zudem könnten fremde Gene in den Pflanzen die Produktion giftiger Substanzen aktivieren, indem ein neues Gen andere aktiviert. Genetisch veränderte Pflanzen ("Novel Food") können giftig sein und als Nahrungsmittel beim Menschen Krankheiten wie beispielsweise Allergien auslösen.[52] Möglicherweise verlieren einzelnen Medikamente beim Genuß von transgenen Nahrungsmitteln ihre Wirkung.[53] Umgekehrt gibt es auch gentechnisch veränderte Pflanzen, welche Allergien zu vermeiden helfen. Vom Experiment im Labor bis zur Freisetzung auf dem Feld vergeht in der Regel eine lange Zeit (im Durchschnitt fünfzehn Jahre), was die Abschätzung der Folgen ermöglicht und die Sicherheit erhöht.[54]

In der *Europäischen Union* werden gentechnische Veränderungen vor allem bei Zuckerrüben, Kartoffeln, Raps und Mais durchgeführt. Verbessert werden soll die Krankheits- und Herbizidresistenz sowie die Zusammensetzung der Inhaltsstoffe. Die Freilandversuche werden in der Öffentlichkeit kontrovers beurteilt. Regeln für die gentechnische Forschung und Entwicklung bilden sich zunehmend heraus.[55] Noch ist umstritten, ob der Mensch durch gentechnische Manipulationen Herr der Schöpfung werden darf.

D. Die landwirtschaftliche Ausbildung und Beratung

I. Die Diffusion von Wissen

Was leisten die Bauern als Konkurrenten in vorwiegend atomistisch strukturierten Märkten beim Aufbau und der *Diffusion von Wissen?* Welches sind die dynamischen Effekte des Agrarbereichs, der die Züge einer atomistischen Angebotsstruktur in sich trägt?

Die Bauern sind vorwiegend Mengenanpasser und besitzen keine Marktmacht. Sie setzen erkennbare und betrieblich realisierbare Innovationen um, sofern dies zu ökonomisch vorteilhaften Ergebnissen führt. Die Landwirte können durch ihre täglichen Erfahrungen auch selbst Know how schaffen. Zu eigentlichen Produkt- und Prozeßinnovationen kommt es aufgrund der beschränkten Innovationskraft der landwirtschaftlichen Betriebe jedoch nur in Ausnahmefäl-

[52] Eine Kontroverse entstand um die gentechnisch veränderte Sojabohne. Die "Roundup Ready"-Soja ("RR-Soja") enthält ein Gen, welches die Pflanze vor bestimmten Unkrautmitteln schützt und wird in den USA mit einem Weltmarktanteil von über 50 Prozent bei der Sojaproduktion angebaut. Die "RR-Soja" wird mit einem Produktionsanteil von zwei Prozent mit der übrigen Sojaproduktion vermischt und ist nun in praktisch allen Nahrungsmitteln enthalten, welche Sojamehl enthalten (beispielsweise Brot, Wurst, Bratfett, Fertiggerichte, Fertigsaucen, Tofu, Öl, Speiseeis und Schokolade). Eine besondere Kennzeichnung in der *Europäischen Union* ist nicht vorgesehen.

[53] Ein Beispiel ist das Ampilicillin bei herbizidresistentem Mais. Noch fehlen Langzeitversuche, um solche Wirkungen eindeutig feststellen zu können.

[54] In der *Europäischen Union* ist eine Verordnung ("Novel-Food-Verordnung") in der Diskussion, welche neuartige Nahrungsmittel und neuartige Lebensmittelzutaten, die durch die Biotechnologie entstanden sind, regeln soll. Darin wird unter anderem eine Kennzeichnung von gentechnisch veränderten Nahrungsmitteln vorgeschlagen.

[55] 1990 wurde das *Gentechnikgesetz* erlassen und 1993 novelliert, 1996 erfolgte eine neue Verordnung zum Gentechnikgesetz. Die *Europäische Union* erließ die EG-Richtlinien 90/219/ EWG über die Anwendung gentechnisch veränderter Mikroorganismen in geschlossenen Systemen und die Richtlinie 90/220/EWG über die absichtliche Freisetzung genetisch veränderter Organismen in die Umwelt. Vgl. auch den *Agrarbericht 1997*, S. 149 ff., sowie *Bollmann* und *Breloh* (1997), S. 423 ff.

len.[56] Dagegen ist eine rasche und ungehinderte Diffusion des agrartechnischen sowie agrarwirtschaftlichen Wissens und Könnens bei ökonomisch vorteilhaften Innovationen festzustellen, denn die Bauern stehen in einem engen Beziehungsnetz zu den Nachbarn, Freunden und Verwandten. Angesichts der atomistischen Angebotsstruktur entstehen den Bauern durch die Weitergabe von Wissen und Können keine Nachteile.

Bei der Einführung neuer Technologien sind die Bauern zurückhaltend. Es stellt sich für sie die Frage, ob ihre Ressourcen ausreichen, um neue Betriebstechniken zu adaptieren. Selbst wenn die Landwirte über genügend Ressourcen verfügen, sammeln sie in der Regel zuerst Erfahrungen, um Rückschläge in der betrieblichen Entwicklung zu vermeiden. Ist die Ausstattung mit Boden und Kapital gering, werden sie oft auf die Einführung neuer Technologien verzichten, selbst wenn sie dadurch sukzessive aus dem Markt gedrängt werden. Oft kommen in einer späteren Phase der Innovation angepaßte Technologien auf den Markt, welche erfolgreich von den kleineren und mittleren Landwirten angewendet werden können.

Vorsichtig sind die Bauern bei der Weitergabe von Wissen über die Selbstvermarktung von landwirtschaftlichen Spezialitäten, für welche sie sich möglicherweise einen eigenen Kundenkreis geschaffen haben. Oft kennen sie Absatzpartner, welche ihnen aus Qualitätsgründen einen etwas höheren Preis als für Erzeugnisse der konventionellen Produktionsweise bezahlen. Ein solches Know how geben die Landwirte nicht gerne aus der Hand, sofern dies für sie Einkommenswirkungen hat.

II. Die Ausbildung

Grundlage des bäuerlichen Wissens und Könnens ist die *Ausbildung*. Diese soll die Landwirte dazu befähigen, die täglichen Probleme zu lösen, betriebliche Entscheidungen zu fällen und zu erkennen, wie sie sich weiterbilden können. Bei der landwirtschaftlichen Unternehmensführung spielen die Ausbildung und Erfahrung eine zentrale Bedeutung. Die Bauern müssen Allround-Könner sein, um mit Hilfe der Natur, der Arbeit, des Kapitals und einer großen Menge an Humankapital den Betrieb erfolgreich zu führen. Sie müssen lernen, wie sie den Betrieb wirtschaftlich leiten können, wie sich dieser an veränderte Erfordernisse anpassen läßt und welche Innovationen sinnvoll sind.[57] Erfreulicherweise verfügen zahlreiche Landwirte über eine gute fachliche Ausbildung.[58]

---

[56] Beispiele sind im biologischen Landbau und in der Tierzucht zu finden.

[57] Eine pessimistische Auffassung zeichnet *Friedrich August von Hayek*: "Eine der wirklichen Schwierigkeiten der Landwirtschaft in einer dynamischen Gesellschaft ist, daß es gerade im Wesen der landwirtschaftlichen Bevölkerung liegt, daß sie weniger Kontakt zu den Fortschritten und Veränderungen des Wissens hat als andere. Das bedeutet, wie das bei einer an den traditionellen Bewirtschaftungsmethoden festhaltenden Bauernschaft oft der Fall ist, daß die meisten Personen nicht einmal wissen, daß es nützliches Wissen gibt und es wert ist, dafür zu bezahlen. Es wird es oft eine vorteilhafte Investition sein, daß die Gemeinschaft einen Teil der Kosten für die Verbreitung von Wissen trägt. Wir haben alle ein Interesse daran, daß unsere Mitbürger in die Lage versetzt werden, klug wählen zu können, und wenn manche sich der Möglichkeiten, die die technische Entwicklung bietet, noch nicht bewußt sind, kann eine verhältnismäßig kleine Auslage oft genügen, die Einzelnen anzuregen, von neuen Möglichkeiten Gebrauch zu machen und dann mit eigener Initiative weitere Fortschritte zu machen. Wiederum sollte nicht die Regierung die einzige Informationsquelle sein und es in ihrer Gewalt haben, zu entscheiden, was der Einzelne wissen soll und was nicht. Es ist auch möglich, daß eine zu große Aktivität von seiten der Regierung Schaden tut, indem sie

Besonderes landwirtschaftliches Wissen und Können gibt es in allen nur denkbaren Bereichen der Landwirtschaft: Im Umgang mit der Natur, der Züchtung und Vermehrung von Pflanzen und Tieren, der Beschaffung von landwirtschaftlichen Produktionsfaktoren, dem Einsatz von Maschinen und Geräten sowie chemischen und biologisch wirksamen Stoffen, dem arbeitswirtschaftlichen Bereich, dem Verkauf der Erzeugnisse, im organisatorischen Bereich sowie der Planung und Agrarinformatik. Die Landwirte müssen zunehmend lernen, ihre Erzeugnisse als differenzierte Rohmaterialen mit speziellen Verarbeitungseigenschaften zu erkennen, das Humankapital als Wettbewerbsfaktor zu verwenden, die Kommunikation mit den Lieferanten und Kunden als Erfolgsfaktor einzusetzen, Beziehungsrisiken zu analysieren, mit dem institutionellen Wandel bei der Beschaffung und dem Absatz umzugehen, vertikale und horizontale Kooperationen aufzubauen und anzupassen, die natürlichen Ressourcen zu schonen und zu schützen, Abfälle zu rezirkulieren, außerlandwirtschaftliche Einkommensquellen zu erschließen und sich die Lebensqualität zu sichern.

Die Ausbildung zählt zur Erstausstattung der Bauern, mit welcher die bäuerlichen Einkommen,[59,60] die landwirtschaftlichen Strukturen und die vielfältigen gesellschaftlichen Leistungen positiv und nachhaltig beeinflußt werden können. Dies ist vor allem für die jungen Bauern eine lohnende Zukunftsinvestition.

Wie läßt sich die Ausbildung organisieren?

- Die *landwirtschaftliche Grundausbildung* orientiert sich sinnvollerweise am Leitbild der dualen Berufsausbildung mit einer Kombination zwischen der betrieblichen Tätigkeit und der Ausbildung, begleitet durch Kurse und Prüfungen an Schulen, welche vom Staat und den Berufsverbänden getragen werden.

- Soweit *zusätzliches Wissen und Können* berufsbezogen ist und sich betrieblich "verwerten" läßt, kann dieses auch in privaten Schulen und Kursen vermittelt werden. Die Träger der privaten Ausbildung erkennen die Ausbildungsbedürfnisse rasch. Bei wirtschaftlich verwertbarem Wissen und Können sind die Voraussetzungen für ein optimales Ausbildungsangebot günstig, nicht jedoch bei wirtschaftlich schlecht verwertbarem Wissen und Können wie beispielsweise in einzelnen *Umweltfragen*. Die Gewinnanreize für eine Nachfrage nach privater, entgeltlicher Ausbildung sind hier meist zu gering, als daß sich Märkte bilden würden. In diesem Bereich hat die Gesellschaft ein großes Interesse an einer guten Ausbildung der Landwirte, wobei eine Ausbildungsförderung oder eine staatliche Ausbildung wünschenswert ist.[61] Erst wenn die Umweltfragen produktions- und preisrelevant werden, wird das ökonomische Interesse der Landwirte geweckt.

---

das Entstehen wirksamerer Formen freiwilligen Bemühens verhindert" *(von Hayek* (1983), S. 451 f.).

[58] Als Beispiele sind der Fachhochschulabschluß, der Fachschulabschluß, die Lehr- und Anlernausbildung zu nennen. Vgl. *Bartels* (1996), S. 166.

[59] Eine empirische Analyse von *Bartels* anhand von 680 Betrieben zeigt eine lineare, positive Beziehung zwischen der Dauer der Ausbildung und dem Einkommen, wobei sich eine Rendite von 4,25 Prozent der mit der Ausbildung verbundenen Humankapitalinvestition ergibt. Andere Analysen weisen auf Renditen zwischen 6 und 7 Prozent hin. Vgl. *Bartels* (1996), S. 174.

[60] Eine gute Ausbildung führt vor allem zu höheren Erträgen, besseren Produktionskombinationen und günstigeren Kosten je produzierter Mengeneinheit. Vgl. *Helmcke et al.* (1995), S. 269 f.

[61] Vgl. *Rau* (1990), S. 134 ff.

III. Die landwirtschaftliche Beratung

Im Zusammenhang mit dem immer schärferen Wettbewerb unter den landwirtschaftlichen Betrieben müssen die einzelnen Landwirte rasch und gezielt an Informationen gelangen.[62] Ein großer Teil der Beratung wird von den Herstellern der landwirtschaftlichen Produktionsgüter bzw. vom Handel getragen. Beim Kauf von Futtermitteln, chemischen Stoffen, Maschinen, Geräten, baulichen Leistungen, elektronischen Geräten und Systemen erfolgt in der Regel eine Beratung der Landwirte. Es gibt landwirtschaftliche Prüfzentralen ähnlich jenen der Warentests in den Verbraucherzentralen. Landwirtschaftliche Forschungsanstalten, welche diese Aufgaben übernehmen, stellen die Ergebnisse den landwirtschaftlichen Schulen, Beratern und Fachzeitschriften sowie auf Wunsch auch den einzelnen Landwirten zur Verfügung.[63]

Zu einer Verbesserung der landwirtschaftlichen Produktion führt zudem der Einsatz von spezialisierten Beratern. Deren Einsatz kann über staatliche Organisationen oder die Erzeugergemeinschaften erfolgen. Der Landwirt soll souverän über den Einsatz von Beratern entscheiden können. Damit wird eine Fehlallokation von landwirtschaftlichen Beratungskräften vermieden.

Die Beratung in betriebswirtschaftlichen und rechtlichen Fragen läßt sich finanziell von den Bauern tragen. Liegt dies jedoch im öffentlichen Interesse wie beispielsweise bei Kontrollen hinsichtlich der Gesundheit der Nahrungsmittel, der Tierhygiene, der Qualität des Bodens und des Grundwassers, ist ein Beitrag des Staates sinnvoll.

Zu den neueren landwirtschaftlichen Ausbildungs- und Beratungsmethoden, beispielsweise in den *USA*, zählen Expertensysteme, welche es dem Landwirt ermöglichen, sich zu Hause am Bildschirm weiterzubilden. Der Landwirt kann betriebliche Entscheidungen vielfacher Art simulieren, beispielsweise die Markt- und Produktionsentscheidungen. Interaktive Expertensysteme lassen sich mit der Hilfe des Btx-Systems oder des Internet aufbauen.[64] Die hochqualifizierten Spezialisten und Berater können sich bei solchen Systemen dem Aufbau der kundenbezogenen Software widmen und müssen nicht einen Großteil ihrer Arbeitszeit im Fahrzeug auf dem Weg zum Landwirt oder nach Hause verbringen. Die Einführung und Anwendung solcher Expertensysteme, ähnlich einer virtuellen Universität, erfordert einen großen lerntechnologischen Sprung, für welchen keine gesicherten Erfahrungen vorliegen. Es handelt sich um einen evolutionären Weg, bei welchem - nach Teilerfolgen und Mißerfolgen - im Reifestadium eine große Informations- und Kosteneffizienz zu erwarten ist.[65]

---

[62] Vgl. *von Hayek* (1983), S. 451 f.

[63] Als Beispiel ist die Maschinenprüfabteilung der *Deutschen Landwirtschafts-Gesellschaft (DLG)* zu erwähnen, welche Gebrauchswertprüfungen von Ackerschleppern, Landmaschinen, Geräten und technischen Einrichtungen durchführt. Die Ergebnisse bzw. Prüfberichte werden veröffentlicht. Die interessierten Landwirte erhalten produktionsbezogene Informationen, wodurch sich Fehlinvestitionen vermeiden lassen. Vgl. *Agrarbericht 1989*, S. 113.

[64] Diese müssen täglich mit den neuesten Daten "gefüttert" werden, um dem Landwirt aktuelle Entscheidungssituationen zu ermöglichen. Die Kosten sind nicht zu unterschätzen. Notwendig sind die Computerhardware und die Software, die Systeminstruktionen für den Landwirt und kostspielige Unterrichtsprogramme.

[65] Vgl. *Gum* und *Blank* (1990), S. 544 f.

Literaturangaben zu Kapitel 17:

Agrarberichte der Bundesregierung, div. Jg.

Ahmad, S. (1966), On the Theory of Induced Innovation. - The Economic Journal, S. 344-357.

Alston, J.M., Edwards, G.W. und Freebairn, J.W. (1988), Market Distortions Benefits from Research. In: American Journal of Agricultural Economics, 1988, No. 2, S. 281-288.

Antle, John M. (1984), The Structure of U.S. Agricultural Technology, 1910-78. In: American Journal of Agricultural Economics. Vol. 68. Nr. 4, November, S. 414-421.

Arrow, Kenneth (1962), Economic Welfare and the Allocation of Resources for Invention. In: Nelson R.R. (editor): The Rate and Direction of Inventive Acitivity. NBER Special Conference Series 13, Princeton, S. 609-625.

Bartels, Hasso (1996), Determinanten und Einkommenseffekte von Humankapitalinvestitionen in der Landwirtschaft. In: Berichte über Landwirtschaft, Bd. 74 (2), Münster-Hiltrup, S. 165-185.

Berg, E. und Schmidt-Paulsen, T. (1990), Expertensysteme in der strategischen Unternehmensplanung. In: Schriften des Vereins für Wirtschafts- und Sozialwissenschaften des Landbaues e.V., Bd. 26, Münster-Hiltrup, S. 213-221.

Bollmann, Joachim, und Breloh, Paul (1997), Rahmenbedingungen für den Einsatz der Gentechnik in der Land- und Ernährungswirtschaft. Redigierte Fassung eines Vortrags auf einer Veranstaltung der Lebensmittelzeitschrift zum Thema: "Gentechnik - Fluch oder Segen" am 6.3.1997 in Frankfurt a.M. In: Berichte über Landwirtschaft, Band 75 (3), August, Münster-Hiltrup, S. 423-431.

Boulding, Kenneth E. (1981), Agricultural Economics in an Evolutionary Perspective. In: American Journal of Agriculture Economics, Vol. 63, Nr. 5, December, S. 790-795.

Bradhering, P. und Gocht, H. (1987), Forschungsplanung und Forschungskoordination im Bundesministerium für Ernährung, Landwirtschaft und Forsten. Schriftenreihe des Bundesministeriums für Ernährung, Landwirtschaft und Forsten. Reihe A: Angewandte Wissenschaft, Sonderheft. Münster-Hiltrup.

Frisvold, George, Fuglie, Ketih und Klotz-Ingram, Cassandra, Growth of Private Agricultural Research. In: Choices, Second Quarter 1998, Tucson 1998, S. 22-23.

de Gorter, Harry und Zilbermann, David (1990), On the Political Economy of Public Good Inputs in Agriculture. In: American Journal of Agricultural Economics. Vol. 72, Nr. 1. Februar, S. 131-137.

Gotsch, Nikolaus (1992), Änderung von Eigentumsrechten an landwirtschaftlichen Nutzpflanzen. In: Agrarwirtschaft und Agrarsoziologie, hrsg. von der Schweiz. Gesellschaft für Agrarwirtschaft und Agrarsoziologie, Nr. 1/92, Zürich, S. 110-131.

Gum, Russell L. und Blank, Steven C. (1990), Designing Expert Systems for Effective Delivery of Extension Programming. In: American Journal of Agricultural Economics. Vol. 72, Nr. 3, August, S. 539-547.

Hathaway, Dale E. (1963), Government and Agriculture: Public Policy in a Democratic Society, New York.

de Haen, H. und Zimmer, Y. (1990), Umweltverträglichkeit technischer Fortschritte in der Landwirtschaft. Institutionelle Voraussetzungen, Wirtschaftlichkeit, Verbreitung. In: Schriften der Gesellschaft für Wirtschafts- und Sozialwissenschaften des Landbaues e.V., Münster-Hiltrup, S. 77-87.

Hayami, Yujiro, and Ruttan, Vernon W. (1971), Agricultural Development: An International Perspective. Baltimore MD, John Hopkins University Press.

Dies. (1985), Agricultural Development: An International Perspective. John Hopkins University Press.

von Hayek, Friedrich August (1968), Der Wettbewerb als Entdeckungsverfahren. In: Freiburger Studien, Gesammelte Aufsätze, Tübingen, S. 144-160.

Ders. (1983), Die Verfassung der Freiheit, Tübingen.

Heidhues, Theodor und Oppen, M. von (1990), Auswirkungen biotechnischer Neuerungen auf die Landwirtschaft in Entwicklungsländern. In: Schriften der Gesellschaft für Wirtschafts- und Sozialwissenschaften des Landbaues e.V., Bd. 26, Münster-Hiltrup, S. 89-101.

Helmcke, Bianca, Reimers, Torsten und Langbehn, Cay (1995), Kosten der landwirtschaftlichen Produktion in Abhängigkeit von Betriebsgröße und Management. In: Schriften der Gesellschaft für Wirtschafts- und Sozialwissenschaften, Bd. 31, Münster-Hiltrup, S. 259-273.

Henze, A. und Kloos, R. (1990), Staatliche Forschungsförderung. In: Schriften der Gesellschaft für Wirtschafts- und Sozialwissenschaften des Landbaues, Bd. 26, Münster-Hiltrup, S. 313-323.

Hicks, John R. (1932), The Theory of Wages, London.

Hockmann, Heinrich (1997), Internalisierung externer Effekte der Wissensproduktion in der Agrarforschung: Pigou-Steuern oder Coase-Institutionen. In: Schriften der Gesellschaft für Wirtschafts- und Sozialwissenschaften des Landbaues e.V., Bd. 33, Münster-Hiltrup, S. 525-534.

Jorgenson, Dale W., and Gollop, Frank M. (1992), Productivity Growth in U.S. Agriculture: A Postwar Perspective. In: American Journal of Agricultural Economics. Vol. 74, Nr. 3, August, S. 745-750.

Kuznets, Simon (1989), Modernes Wirtschaftswachstum: Erkenntnisse und Überlegungen, Nobel-Lesung vom 11. Dez. 1971. In: Horst C. Recktenwald (Hsrg.), Die Nobelpreisträger der ökonomischen Wissenschaft, Düsseldorf, S. 272-295.

Lin, Justin Yifu (1991), Education and Innovation Adoption in Agriculture. In: American Journal of Agricultural Economics, Vol. 73, Nr. 3, August, S. 713-723.

Molnar, J.J. und Kinnucan, H. (1989), Biotechnology and the New Agricultural Revolution. AAAS Selected Symposia Series, Boulder, Westview Press.

Moschini, Giancarlo, und Lapan, Harvey (1997), Intellectual Property Rights and the Welfare Effects of Agricultural R&D. In: American Journal of Agricultural Economics, Vol. 79, Nr. 4, November 1997, S.1229-1242.

Noell, Ch. (1990), Interdependente Beziehungen zwischen Entwicklungen in der Biotechnologie und der Prozeßautomation in der pflanzlichen Produktion und deren Auswirkungen auf die Konzeption von Steuerungsmodellen. In: Schriften der Gesellschaft für Wirtschafts- und Sozialwissenschaften des Landbaues e.V., Bd. 26, Münster-Hiltrup, S. 203-211.

Oehmke, James F., and Yao, Xianbin (1990), A Policy Preference Function for Government Intervention in the U.S. Wheat Market. In: American Journal of Agricultural Economics, Vol. 72, Nr. 3, August, S. 631-640.

Pardey, Philip G. und Craig, Barbara (1989), Causal Relationship between Public Sektor Agricultural Research Expenditures and Output. In: American Journal of Agricultural Economics. Vol. 71, Nr. 1, February, S. 8.

Rau, Thomas (1990), Umwelteinstellungen und Umweltverhalten von Landwirten. In: Berichte über Landwirtschaft, Band 68 (3), März, Hamburg und Berlin, S. 134 ff.

Rausser, Gordon C., und Foster, William E. (1990), Political Preference Functions and Public Policy Reform. In: American Journal of Agricultural Economics, Vol. 72, Nr. 3, August, S. 641-652.

Rieder, Peter und Anwander Phan-huy, Sibyl, Soziale und ökonomische Risiken der Gentechnologie im Agrarsektor. In: Agrarwirtschaft und Agrarsoziologie, hrsg. von der Schweizerischen Gesellschaft für Agrarwirtschaft und Agrarsoziologie, Zürich 1998, S. 77-103.

Ruttan, Vernon W. (1982), Agricultural Research Policy, Minnesota.

Ders. (1984), Social Knowledge and Institutional Change. In: American Journal of Agricultural Economics. Vol. 66, Nr. 5, December, S. 549-559.

Schumpeter, Joseph A., Theorie der wirtschaftlichen Entwicklung: Eine Untersuchung über Unternehmungsgewinn, Kapital, Kredit, Zins und dem Konjunkturzyklus, 8. Aufl. Berlin 1993 (1. Auflage 1911).

Smith, Stew (1992), "Farming" - It's Declining in the U.S. In: Choices, The Magazine of Food, Farm, and Resource Issues. First Quarter, (Herndon), S. 8-10.

Schultz, Theodore (1979/1989), Die Ökonomie der Armut. Nobel-Lesung vom 8. Dezember 1979. In: Horst C. Recktenwald (Hrsg.), Die Nobelpreisträger der ökonomischen Wissenschaft, Düsseldorf 1989, S. 664-680.

Streissler, Monika (1990), Begründer der Österreichischen Schule. Das Lebenswerk von Carl Menger. In: NZZ, Nr. 45, vom 23. Febr. 1990, Bl. 45.

Virt, Günter (1990), Die "Turbokuh"-Geschöpf oder Milchmaschine? In: Agrarische Rundschau, Nr. 6/1990 (Dezember), S. 24-26.

Wilcox, Walter W., Cochrane, Willard W., Herdt, Robert W. (1974), Economics of American Agriculture, Englewoods Cliffs, New Jersey, 3rd ed., 1974.

Zilahi-Szabó, M. (1990), Computer Integrated Farming (CIF). Integration computergestützter Systeme im landwirtschaftlichen Betrieb. In: Schriften der Gesellschaft für Wirtschafts- und Sozialwissenschaften des Landbaues e.V., Bd. 26, Münster-Hiltrup, S. 223-230.

Kapitel 18: Die Ordnung des Marktes für landwirtschaftliche Arbeitskräfte, des Agrareinkommens- und Agrarsozialbereichs

"Wenn eine solche Umverteilung der Arbeitskräfte zwischen Landwirtschaft und anderen Beschäftigungen stattfindet, besteht kein Grund, warum auf die Dauer gesehen die in der Landwirtschaft Verbleibenden nicht ebensoviel Vorteil aus dem wirtschaftlichen Fortschritt ziehen sollten wie alle anderen. Aber so lange die Landbevölkerung im Verhältnis zu groß ist, muß die fortschreitende Veränderung zu ihrem Nachteil wirken"
(Friedrich August von Hayek, 1971, S. 444).

"Weil alle Stände der Volksgemeinschaft gleichen Anspruch auf Schutz und Förderung ihrer Interessen haben, so wird die Agrarpolitik nicht mit Mitteln arbeiten dürfen, die von einer Schädigung anderer Volksglieder begleitet wären"
(A. Buchenberger, 1914, S. 60).

" ... daß die Marktwirtschaft nicht nur das Produktionsproblem, worin ihre unbestreitbare Stärke liegt, sondern auch das Verteilungsproblem oft noch eher gelöst hat, als der Interventionismus. Nicht die Marktwirtschaft hat versagt, aber die Menschen haben sich der Marktwirtschaft versagt, dann nämlich, wenn die Marktwirtschaft sich anschickte, entstandene Disproportionalitäten durch marktwirtschaftliche Gewaltkuren wieder zu korrigieren"
(Heinrich Niehaus, 1976, S. 229).

"Kurz gesagt haben die Politiker erkannt, daß die Landwirtschaft von einem unterentwickelten zu einem ausgereiften Sektor geworden ist, der nur noch geringfügiger Hilfe bedarf"
(J.B. Penn, 1996, S. 1).

A. Grundlagen

Die Arbeit zählt zusammen mit der Natur, dem Kapital, dem Humankapital und weiteren Vorleistungen zu den landwirtschaftlichen Produktionsfaktoren. Eine große Zahl von landwirtschaftlichen Arbeitskräften ist in die bäuerlichen Familienbetriebe eingebunden, woraus sich die besondere gesellschaftliche Stellung der Familienbetriebe ergibt. Nur ein verhältnismäßig kleiner Teil sind "Fremdarbeitskräfte". Die landwirtschaftliche Arbeitsverfassung ist stark mit dem bäuerlichen Familienbetrieb verhaftet. Die bäuerlichen Familienbetriebe entscheiden oft über das Schicksal der einzelnen Familienmitglieder. Daraus ergeben sich die Vorzüge und die Probleme der landwirtschaftlichen Arbeitsverfassung.

B. Die Arbeitsverfassung

I. Allgemeines

Bei der landwirtschaftlichen *Arbeitsverfassung* als Teil der Agrarverfassung geht es um die wirtschaftlichen und sozialen Beziehungen zwischen den landwirtschaftlichen Erwerbstätigen und dem Betrieb, im speziellen um die Struktur der bäuerlichen Gesellschaft, die arbeitsrechtliche Stellung der Erwerbstätigen und deren materielle sowie immaterielle Arbeitsbedingungen. Die Grundformen der neueren landwirtschaftlichen Arbeitsverfassung sind die Familien- und die Fremdarbeitsverfassung.

II. Die Familienarbeitsverfassung

Die *Familienarbeitsverfassung* prägt den bäuerlichen Familienbetrieb, bei welchem ein überwiegender Teil der Arbeitskräfte aus der bäuerlichen Familie stammt. Die bäuerliche Familie ist Arbeits- und Lebensgemeinschaft, der Betrieb Arbeits- und Lebensstätte.[1] Eine *Familienarbeitsverfassung* besteht aus einem

> "Zusammenleben und zusammen Wirtschaften von verschiedenen Generationen sowie von Männern und Frauen"[2].

Die finanzielle Verantwortung sowie die Nutzung und Veränderung des Familienvermögens liegen im Einflußbereich der Familienmitglieder. Die Möglichkeiten, landwirtschaftliche Einkommen und Gewinne zu erzielen, motivieren zur Arbeit, zu Investitionen und Innovationen. Dies geht bis zur Selbstausbeutung, was unter anderem in den oft langen Arbeitszeiten zum Ausdruck kommt. Wohl kann die körperliche Arbeitsüberlastung durch den Einsatz von Maschinen und Geräten vermieden werden, die Freizeit- und Urlaubsmöglichkeiten jedoch sind meist beschränkt.[3]

Die Mithilfe der Familienangehörigen basiert in der Regel auf familienrechtlichen Beziehungen und nicht einem entgeltlichen Arbeitsvertrag.[4,5] Erfolgt die Mitarbeit von Familienangehörigen auf einer familienrechtlichen Grundlage, fällt dies nicht unter das Arbeits- und das Gesellschaftsrecht sowie faktisch auch nicht unter das Arbeitsschutzrecht. Die Mitarbeit ist unentgeltlich und vertragslos, begründet jedoch gesetzliche Unterhaltspflichten. Wird die Mitarbeit auf eine schuldrechtliche Basis gestellt, ergeben sich zivil-, steuer- und sozialversicherungsrechtliche Konsequenzen. Der Vorteil einer Anstellung kann darin gesucht werden, die Steuern auf mehrere Köpfe zu verteilen, die Steuerprogression zu mildern sowie sozialversicherungsrechtliche Ansprüche zu erhalten.

Der bäuerliche Familienbetrieb hat die strukturellen Voraussetzungen für ausreichende Beschäftigungs- und Einkommensmöglichkeiten für eine oder zwei aktive Generationen zu bieten. Versorgen muß der landwirtschaftliche Betrieb angesichts der steigenden Lebenserwartungen bis zu vier Generationen. Vor allem die Betreuung und Pflege der älteren und der heranwachsenden Generation der Kinder stellt große Anforderungen, welchen nur ein Teil der Betriebe genügt.

---

[1] Beim Vollerwerbsbetrieb stammen 90 bis 100 Prozent der Einkommen aus der Landwirtschaft, beim Zuerwerbsbetrieb 50 bis 90 Prozent, beim Nebenerwerbsbetrieb bis zu 50 Prozent.

[2] Vgl. *von Schweitzer* (1989), S. 10.

[3] Deshalb gibt es Vorschläge, das Leitbild des traditionellen Familienbetriebes zur Erreichung befriedigender Arbeitsverhältnisse aufzugeben, und durch eine Förderung der betrieblichen Kooperationen zu ersetzen. Vgl. *Kleinewefers* (1972), S. 307.

[4] Nach § 1619 BGB ist das von den Eltern erzogene oder unterhaltene minderjährige Kind "in einer seinen Kräften und seiner Lebensstellung entsprechenden Weise" zur unentgeltlichen Mithilfe verpflichtet. Dies kann nach § 1612 Abs. II BGB auch auf volljährige, sogar verheiratete Hauskinder mit eigener Familie zutreffen. Sie bleiben nach dem Willen des Gesetzgebers Kind im Sinne von § 1619 BGB.

[5] Die Mitarbeit des Ehegatten beruht ebenfalls auf familiären Bindungen. Eine entsprechende Pflicht nach § 1356 II BGB in alter Form wurde jedoch im Jahre 1977 beseitigt.

III. Die Fremdarbeitsverfassung

Die heutige *Fremdarbeitsverfassung* ist eine "freie" Fremdarbeitsverfassung. Der Arbeitnehmer kann mit dem Arbeitgeber einen frei ausgehandelten Arbeitsvertrag schließen. Im Gegensatz dazu waren die Arbeitskräfte bei den früheren Formen der Zwangsarbeitsverfassung in der Arbeitstätigkeit und der persönlichen Lebensgestaltung einem fremden Willen unterworfen.[6]

Die Fremdarbeitsverfassung wird vom Arbeitsrecht außerhalb der Landwirtschaft mitgeprägt. Die arbeitsrechtlichen Gesetze wie der Kündigungsschutz, das Tarifrecht und das Betriebsverfassungsgesetz kommen auch in der Landwirtschaft zur Anwendung. Allerdings gelten die Höchstgrenzen der Arbeitszeit in der Landwirtschaft nicht, auch nicht die in der Gewerbeordnung festgelegten Arbeitsschutzvorschriften für die Sonn- und Feiertage (zumal es sich bei den landwirtschaftlichen Betrieben meist nicht um Gewerbebetriebe handelt). Dagegen gelten das Mutterschutzgesetz und das Jugendarbeitsschutzgesetz, letzteres mit Sonderbestimmungen für die Landwirtschaft.

Die *arbeitsrechtlichen Besonderheiten* der Landwirtschaft treten in mehreren typischen Ausprägungen in Erscheinung, der Lohnarbeitsverfassung und der Deputatarbeitsverfassung:

- Bei der *Lohnarbeitsverfassung* werden die familienfremden Arbeitskräfte nicht in den Betriebshaushalt aufgenommen. Die persönlichen Bindungen zum Arbeitgeber sind meist geringer und die Mobilität ist größer als bei den mitarbeitenden Familienmitgliedern. Das Eigeninteresse fällt nicht notwendigerweise mit dem Betriebsinteresse zusammen. Wird ein Betrieb ausschließlich mit Lohnarbeitskräften bewirtschaftet, handelt es sich um eine Lohnarbeitsverfassung. Langfristig oder saisonal nicht benötigte Arbeitskräfte können entlassen bzw. auf Zeit eingestellt werden. Zur Bewältigung von saisonalen Spitzen und Vermeidung von Arbeitskosten im Winter werden aus ständigen Arbeitskräften meist nichtständige.

- Bei der *Deputatarbeitsverfassung* erhält der Landarbeiter neben dem Barlohn ein Deputat an Naturalien (beispielsweise Nahrungsmittel vom Betrieb, eine Wohnung und ggf. auch Land zur Bewirtschaftung). Das Deputatland kann zwischen einem Garten und einer eigenen kleinen Wirtschaft liegen. Die Deputatwirtschaft wurde unter dem Druck der Landarbeitergewerkschaft mehr und mehr von der Barentlohnung verdrängt.

Als *Übergangsformen* zur früheren Arbeitsverfassung sind die Gesindearbeitsverfassung und die Arbeiterpachtverfassung zu nennen:

- Bei der *Gesindearbeitsverfassung* bzw. *Gesindeverfassung* wurden vor allem in der vorindustriellen Zeit ledige Gesindearbeitskräfte in die Arbeits- und Hausgemeinschaft aufgenommen. Das Verhältnis zwischen dem Dienstherr und dem Gesinde wurde in der sog. Gesindeordnung geregelt. Ein Teil des Arbeitslohnes wurde nicht ausbezahlt, sondern erfolgte durch naturale Leistungen wie Nahrung und Wohnung. Im Gegensatz zu früher gilt auch für die Arbeitnehmer in landwirtschaftlichen Haushalten die Normalarbeitszeit nach dem Rahmentarifvertrag für Landarbeiter. In unserer Zeit handelt es sich um ein Lohnverhältnis.

---

[6] Beispiele dafür waren die Bindung an die Scholle bei der Grundhörigkeit, die Bindung an einen Herrn bei der Leibhörigkeit und die Sklavenarbeit.

- Bei der *Arbeiterpachtverfassung* besteht anstelle der Zahlung einer Pachtsumme die Pflicht zur Arbeitsleistung auf dem Betrieb des Verpächters. Oft werden auch die betriebsnotwendigen Maschinen und Geräte überlassen.

IV. Der Nebenerwerbsbetrieb

Beim *Nebenerwerbsbetrieb* ist die Arbeitsverfassung sozioökonomisch betrachtet meist ein anderes Ordnungsgefüge als beim Haupterwerbsbetrieb. Die Nebenerwerbsarbeitsverfassung ist zwar eine eigenständige Unterform der Familienarbeitsverfassung, aber die Familie bildet keine vollständige Arbeits- und Produktionsgemeinschaft mehr. Der Betriebsleiter ist hauptberuflich außerhalb des Betriebes tätig.

In vielen Gebieten entwickelten sich "Arbeiterbauern" mit Berufskombinationen zwischen der Landwirtschaft und der Dienstleistung, dem Gewerbe oder der Industrie. Ideal sind saisonale Kombinationsmöglichkeiten, beispielsweise zwischen der Landwirtschaft und dem Tourismus in bevorzugten Winterskigebieten.[7] Eine weitere Erscheinungsform der Nebenerwerbslandwirtschaft sind die "Freizeitbauern", bei welchen nicht das nebenerwebliche Einkommen, sondern die Freude an der Natur, die Tierhaltung, die Bewirtschaftung des Bodens und eine gewisse Selbstversorgung die Motivation zu einer landbaulichen Tätigkeit bilden.[8]

C. Der Generationenwechsel

Die Landwirte ergreifen ihren Beruf in einem Alter von 15 bis 20 Jahren und ziehen sich meist in einem Alter von 55 bis 65 Jahren aus der haupterwerblichen Tätigkeit zurück. Dazwischen liegt ein Arbeitsleben von 35 bis 50 Jahren. Beim *Generationenwechsel* kann der natürliche Strukturwandel einmal innerhalb dieser Zeit einsetzen.

Agrarstrukturell ist der mögliche Berufseintritt des Hofnachfolgers eine kritische Zeit. Sind genügend Beschäftigungs- und Einkommensmöglichkeiten für zwei Generationen innerhalb einer Familie vorhanden, kann der junge Hofnachfolger seine Stelle ohne Probleme antreten. Sind jedoch die Einkommens- und Beschäftigungsmöglichkeiten für zwei aktive Generationen von Betriebsleitern ungenügend, treten Probleme auf, welche die Betriebsübernahme verzögern oder sogar verhindern. Ähnlich wirkt die unfreiwillige Ehelosigkeit von Bauern zufolge ungenügender Lebens- und Einkommensverhältnisse ("Bauern im Zölibat"[9]). Dieser Mechanismus stellt ein starkes Regulativ für den landwirtschaftlichen Strukturwandel dar, fördert die Abwanderung von Jugendlichen aus der Landwirtschaft und beschleunigt den Strukturwandel. Voll überlebensfähig sind nur Betriebe, welche vorübergehend zwei Generationen von Landwirten Arbeit und Lebensunterhalt geben können.

Wird der strukturelle Anpassungsdruck in der bäuerlichen Landwirtschaft nicht oder zu spät erkannt, kommt es bei der langen Berufsdauer in der Landwirtschaft zu einzelwirtschaftlichen Fehlentscheidungen. Die privaten und meist auch gesellschaftlichen Kosten sind groß, wenn Landwirte während der aktiven

[7] Vgl. auch Kapitel 14.
[8] Vgl. *Lerjen* (1998), S. 37.
[9] Vgl. *Pevetz* (1996), S. 38 ff.

Phase ihres Lebens einen beruflichen Wechsel vollziehen müssen, weil die Existenz- und Einkommensbasis der Betriebe inzwischen zu klein geworden ist.

D. Die Entwicklung der landwirtschaftlich Beschäftigten

Die *absolute Zahl* der landwirtschaftlichen Arbeitskräfte in *Deutschland* nahm bis zum ersten Weltkrieg zu und erreichte mit über 10 Mio. (1911-1913) den Höhepunkt (vgl. Tab. 18/1). Dagegen geht der *relative Anteil* der landwirtschaftlichen Arbeitskräfte seit der Industrialisierung Mitte des 19. Jh. fortwährend zurück. 1950 gab es im früheren Bundesgebiet 3,9 Mio. landwirtschaftlich Beschäftigte, 1997 nur noch 0,546 Mio. (betriebliche Arbeitsleistung im Arbeitskräfteeinheiten).

Tab. 18/1
Landwirtschaftliche Erwerbspersonen seit 1850 in Deutschland

Zeitabschnitt	Erwerbspersonen in der Landwirtschaft in Mio.	in % aller Beschäftigten
1851 - 1855	8,3	55
1866 - 1870	8,4	51
1881 - 1885	9,6	48
1891 - 1895	9,6	43
1896 - 1900	9,7	40
1906 - 1910	10,0	36
1911 - 1913	10,6	35
1925 - 1929	9,8	31
1930 - 1934	9,3	29
1935 - 1939*	8,9/5,3	26/27
1949 - 1950	3,9	23
1960 - 1961	2,4	9
1970	2,081	7,8
1975	1,609	6,2
1980	1,273	4,7
1985	1,067	4,0
1990	1,018**	3,0
1995	0,729***	.
1996	0,672***	.
1997	0,546***	.

* Deutsches Reich bzw. *Bundesrepublik Deutschland* (vor der Wiedervereinigung).
** Betriebliche Arbeitsleistung in Arbeitskräfteeinheiten.
*** Betriebliche Arbeitsleistung in Arbeitskräfteeinheiten für die wiedervereinigte Bundesrepublik Deutschland.
Quellen: *Statistisches Bundesamt; Priebe*, 1985, 106 f.; *Agrarbericht 1996*, Materialband, 10, und *Agrarbericht 1998*, S. 7.

In der *Europäischen Union* halbierte sich die Agrarbevölkerung zwischen 1965 und 1990 von 20 auf 10 Millionen Menschen. In den USA ist die landwirtschaftliche Bevölkerung anteilmäßig an der Gesamtbevölkerung inzwischen so klein geworden, daß diese seit Mitte der 1990er Jahre - erstmals seit der Gründung der Vereinigten Staaten - in der amtlichen Statistik nicht mehr namentlich ausgewiesen wird.[10]

[10] Vgl. *Penn* (1996), S. 1.

Gesamtwirtschaftlich betrachtet ist der Rückgang der landwirtschaftlichen Erwerbstätigen eine Folge der schwachen Zunahme der Nachfrage nach Nahrungsmitteln, der raschen landwirtschaftlichen Produktivitätssteigerungen und der ausgeprägten Substitution von Arbeit durch Humankapital, Kapital und chemische Hilfsmittel.[11] Zu den einzelwirtschaftlichen Ursachen des starken Rückgangs zählt das Gefälle zwischen den landwirtschaftlichen und den nichtlandwirtschaftlichen Einkommen.[12] Eine Zunahme der Einkommensdisparität zur Nichtlandwirtschaft verstärkt den Mobilitätsdruck. Beim Ausscheiden aus Altersgründen (ohne Hofnachfolger) oder beim Übergang in den Vorruhestand mit einer Weitergabe des Betriebes ist der Abgang aus der Landwirtschaft endgültig. Ein meist sukzessives Ausscheiden findet bei einem Abbau der Produktion in auslaufenden Übergangs- oder Altersbetrieben statt.[13]-

E. Die landwirtschaftlichen Einkommensprobleme

I. Die geringe und relativ abnehmende landwirtschaftlichen Wertschöpfung

Welches sind die Ursachen der landwirtschaftlichen Einkommensprobleme? Von erheblichem Einfluß ist die geringe und relativ noch stets abnehmende landwirtschaftliche Wertschöpfung in Beziehung zum gesamten Volkseinkommen. Dies ist darauf zurückzuführen, daß die Landwirtschaft im Zuge der gesamtwirtschaftlichen Entwicklung gegenüber den anderen Wirtschaftszweigen an relativer Bedeutung verliert (vgl. Tab. 18/2).

Werden die staatlichen Subventionen von den landwirtschaftlichen Nettoeinkommen in Abzug gebracht, ergibt sich die "landwirtschaftliche Nettowertschöpfung".[14] Dabei besteht in den höchstentwickelten Industrieländern eine Tendenz zur *"Null-Nettowertschöpfung"* des Agrarsektors. In zahlreichen hochentwickelten Industrieländern lassen sich die folgenden Tendenzen erkennen: Die landwirtschaftliche *Bruttowertschöpfung* liegt bei einem Anteil von ein bis drei Prozent des Volkseinkommens,[15] die Subventionen betragen bis zu zwei

[11] Dabei spielt auch das erhebliche Ausscheiden von landwirtschaftlichen Grenzbetrieben mit einer unterdurchschnittlichen Produktivität eine Rolle, was rein arithmetisch betrachtet die Produktivität des Durchschnitts der verbleibenden Betriebe erhöht. Die freiwerdenden Flächen dienen meist der Vergrößerung der bereits bestehenden Betriebe und verbessern deren Arbeitsproduktivität.

[12] Vgl. dazu auch *Schmitt* (1996), S. 254.

[13] Auch die Agrarpolitik hat Auswirkungen auf diese Entscheidungen. Maßnahmen wie Einkommens- und Struktursubventionen hemmen die Mobilität und verzögern die Abwanderung. Andere Maßnahmen wie beispielsweise Produktionsquoten, Flächenstillegungen, Grünbracheprogramme, agrarsoziale Maßnahmen wie Vorruhestandsregelungen und andere soziale Marktentlastungsprogramme wirken beschleunigend. Vgl. auch *Barkley* (1990), S. 571 ff.

[14] Noch in den 1980er Jahren betrug die landwirtschaftliche Nettowertschöpfung in der *Bundesrepublik Deutschland* rund zehn Mrd. DM (Bruttowertschöpfung abzüglich Abschreibungen, Subventionen aus dem deutschen Bundeshaushalt sowie den Länderhaushalten und anteilige Subventionen für die Landwirtschaft aus den Nettotransfers der Bundesrepublik Deutschland an die Europäische Union). Seit 1993/94 ist die landwirtschaftliche Nettowertschöpfung nach dieser Methode berechnet null bzw. leicht negativ. Vgl. *Agrarbericht 1995, S.* 18 und 31 sowie *Agrarbericht 1998,* S. 15 und 33. Vgl. zum Problem einer höheren Subvention als der Wertschöpfung auch *Priebe* (1995), S. 55.

[15] Eine ähnliche Tendenz zur "Null-Nettowertschöpfung" zeigt sich auch in den *USA*. Interessant ist die Entwicklung der landwirtschaftlichen Nettoeinkommen (inkl. Subventionen) zwischen 1970 und 1986: 1970-74 ca. 45 Mrd. USD. 1975-79 ca. 35 Mrd.

Prozent des Volkseinkommens und die Nettowertschöpfung zeigt Werte zwischen null und etwa zwei Prozent des Volkseinkommens.[16] Dies bedeutet, daß die landwirtschaftlichen Nettoeinkommen oft nicht wesentlich größer oder in Ausnahmesituationen sogar kleiner als die Subventionen für die Landwirtschaft sind. In methodischer Hinsicht ist allerdings einzuschränken, daß die landwirtschaftlichen Subventionen nicht nur der Verbesserung der landwirtschaftlichen Einkommen dienen, sondern auch der Erhaltung der Landwirtschaft in den benachteiligten Gebieten und der Verbilligung der Nahrungsmittel aus inländischer Produktion.

Tab. 18/2
Der Anteil der Landwirtschaft an der gesamten Wertschöpfung in der Bundesrepublik Deutschland (im bisherigen Bundesgebiet, einschließlich Subventionen an die Landwirtschaft)

Jahr	Wertschöpfung in Relation zur gesamtwirtschaftlichen Wertschöpfung (früheres Bundesgebiet)
- 1960/61	5,5 %
- 1970/71	2,9 %
- 1980/81	1,4 %
- 1985/86	1,4 %
- 1990/91	1,1 %
- 1991/92	0,9 %*
- 1992/93	0,8 %*
- 1993/94	0,7 %*
- 1994/95	0,8 %*
- 1995/96	0,9 %*
- 1996/97	0,9 %*

* Geschätzte Werte.
Quellen: *Agrarbericht 1989*, S. 16; 1993, S. 18; 1995, S. 18, 1997, S. 17 und 1998, S. 14.

Die langfristige Tendenz zu einer landwirtschaftlichen "Null-Nettowertschöpfung" stellt ein echtes agrarpolitisches Problem dar, vor allem wenn die Agrarausgaben eines Landes größer sind als die landwirtschaftlichen Nettoeinkommen:

> "Wenn die Ausgaben für die im Agrarsektor Tätigen eindeutig höher sind als die Einkommen (...), hat die Ineffizienz der Agrarpolitik ein nicht mehr akzeptables Ausmaß angenommen"[17].

II. Das Produktivitätsgefälle und die mobilitätsbedingten Einkommensdisparitäten

Eine weitere Ursache der landwirtschaftlichen Einkommensprobleme ist das *Produktivitätsgefälle* zur übrigen Wirtschaft, welches bewirkt, daß der Anteil

USD und 1980-86 ca. 25 Mrd. USD. Der Anteil der landwirtschaftlichen Einkommen am Volkseinkommen betrug zwischen 1985 und 1990 rund 1,2 Prozent, ohne die Subventionen rund 0,8 Prozent. Ein extremes Beispiel ergab sich 1983, als die US-Regierung unter schwierigen Marktverhältnissen 22 Mrd. USD an Marktsubventionen aufwendete, das aggregierte Agrareinkommen der amerikanischen Landwirte dagegen nur schätzungsweise 27 Mrd. USD betrug.

[16] Vgl. auch *Enfield* (1954), S. 30.

[17] *Koester* und *Nuppenau* (1987), S. 71; vgl. auch *Kronberger Kreis* (1984), S. 18.

der landwirtschaftlich Beschäftigten meist größer ist als der Anteil der landwirtschaftlichen Einkommen am Volkseinkommen.[18] Zwar steigt die Produktivität der Landwirtschaft mit der Modernisierung der Produktion oft sogar etwas stärker als in der Industrie und im Dienstleistungsbereich,[19] aber die *Mobilitätsschranken* verhindern eine rasche Anpassung der Betriebe mit einer wenig effizienten Produktion und bewirken deren dauerndes Nachhinken bei den landwirtschaftlichen Einkommen.[20]

Dabei sind neben den Mobilitätsschranken auch die relativ geringen Opportunitätskosten[21] der in der Landwirtschaft eingesetzten Ressourcen zu erwähnen, welche für die außerlandwirtschaftliche Verwendung wenig geeignet sind oder für welche lokal und regional kaum geeignete Märkte bestehen. Für viele Bauern hat die landwirtschaftliche Tätigkeit zudem einen Eigenwert durch starke subjektive Präferenzen. Sie sind oft bereit, ihre Ressourcen selbst dann in einer bäuerlichen Verwendung einzusetzen, wenn die Faktorentschädigung tiefer ist als bei einer außerlandwirtschaftlichen Verwendung, woraus landwirtschaftliche Einkommen unter der Einkommensparität zu den übrigen Wirtschaftssektoren resultieren.

III. Der permanente Preisdruck aufgrund gesättigter Märkte

Eine weitere These zur landwirtschaftlichen Einkommensdisparität ist jene des *permanenten Preisdrucks* als strukturelles Dauerproblem in Folge des geringen Wachstums der Nachfrage in Beziehung zu den Produktivitätssteigerungen.[22] In Verbindung mit der Immobilität der Produktionsfaktoren ergibt sich daraus eine zusätzliche Erklärung für die landwirtschaftliche Einkommensdisparität.

Dies läßt sich an einem *Modellbeispiel* erläutern. Bei gesättigten, außenwirtschaftlich abgeschotteten Märkten mit einer Preis-Nachfrageelastizität von beispielsweise -0,5 führt ein Mehrangebot von einem Prozent ohne staatliche Maßnahmen kurzfristig zu einem Rückgang der Preise um zwei Prozent und der landwirtschaftlichen Erträge um etwa ein Prozent. Beträgt die Angebotsausweitung in Folge entstehender Überkapazitäten beispielsweise sechs Prozent und werden die Märkte über die Preise geräumt, ergibt sich ein kurzfristiger Preisrückgang um zwölf Prozent sowie ein Ertragsrückgang um etwa sechs Prozent.[23] Die Erträge steigen erst wieder auf ein als ausreichend empfundenes Niveau, wenn die Überkapazitäten abgebaut sind. Dies erfolgt im Rahmen langfristig wirksamer Angebotsreaktionen, sofern die landwirtschaftlichen Einkommen als nicht mehr ausreichend empfunden werden.

---

[18] Dabei läßt sich kein signifikanter Zusammenhang zwischen dem Entwicklungsstand eines Landes (Volkseinkommen pro Kopf der Gesamtbevölkerung) und dem landwirtschaftlichen Produktivitätsgefälle feststellen. Dies hängt mit den historisch gewachsenen agrarstrukturellen Rahmenbedingungen in den einzelnen Ländern zusammen.

[19] Vgl. für die Jahre 1973-89 in den 17 höchstindustrialisierten Industrieländern marktwirtschaftlichen Typs *Blandford* und *Dewbre* (1994), S. 1048.

[20] Vgl. *Kuznets* (1971); *Chenery* und *Syrquin* (1975), *Schultz* (1945); *Schmitt* (1989), S. 633 ff.

[21] Vgl. zu den Opportunitätskosten in der Landwirtschaft auch *Schmitt* (1993a), S. 379. Vgl. Kapitel 5.

[22] Vgl. *Heidhues* (1977), S. 113.

[23] Berechnungen für die USA; vgl. *Tweeten* (1970), S. 325.

IV. Die naturbedingten "Besonderheiten" der Landwirtschaft

Die These von den *naturbedingten "Besonderheiten"* der Landwirtschaft hat vorwiegend historischen Charakter, [24] wird jedoch noch stets als Grund für die landwirtschaftliche Einkommensdisparität zu den übrigen Wirtschaftszweigen genannt. Die jährlich wechselnden natürlichen Produktionsbedingungen führen zu kurzfristigen Preis- und Einkommensschwankungen, was vor allem dann als negativ empfunden wird, wenn eine Produktionszunahme aufgrund gesättigter Märkte zu einem Umsatz- bzw. Einkommensrückgang führt. Die Produktions- und Einkommensschwankungen gleichen sich jedoch im Wechsel von guten und schlechten Produktionserträgen im Verlaufe der Jahre aus und haben, als Durchschnittswerte betrachtet, keine negativen Einkommenswirkungen.

V. Die innerlandwirtschaftliche Einkommensstreuung und die ländlichen Armutsprobleme

Die Einkommensprobleme werden verschärft durch eine erhebliche *innerlandwirtschaftliche Einkommensstreuung*, welche durch große Strukturunterschiede ausgelöst wird.[25] Zu den Ursachen zählen beispielsweise Betriebe mit einer schlechten Betriebsführung, ungenügende Größenstrukturen, wenig produktionsgünstige Standorte, klimatische Nachteile sowie einseitige Produktionsausrichtungen mit erheblichen Preisrisiken. Einkommensprobleme ergeben sich besonders bei kleineren Haupterwerbsbetrieben mit geringen Einkommen. Bei den mittleren Haupterwerbsbetrieben läßt sich der Lebensunterhalt zwar sicherstellen, jedoch genügen die Ersparnisse im Gegensatz zu jenen der größeren Haupterwerbsbetriebe nicht für die betrieblich notwendigen Investitionen. Durch die große Zahl von landwirtschaftlichen Vollerwerbsbetrieben mit ungenügenden Einkommen bestehen nach wie vor *ländliche Armutsprobleme* in den strukturschwachen Gebieten ohne außerlandwirtschaftliche Einkommensquellen.[26]

F. Die Agrareinkommenspolitik

I. Die langfristige Problemstellung

1. Die Einkommensentwicklung

Langfristig lösen sich die landwirtschaftlichen Einkommensprobleme weitgehend von selbst, indem immer wieder landwirtschaftliche Strukturanpassungen erfolgen, bis die erzielten Einkommen den subjektiven Opportunitätskosten, d. h. den Einkommensmöglichkeiten bei der besten alternativen Beschäftigung, entsprechen. Die strukturelle Anpassung folgt stets dem Pfad der Opportunitätskosten der einzelnen, in der Landwirtschaft eingesetzten Produktionsfaktoren (Ressourcen).[27]

[24] Vgl. zu den Besonderheiten in der Landwirtschaft auch *Hanau* (1958), S. 14, sowie *Schmitt* (1993b), S. 586.
[25] Vgl. *Agrarbericht 1996*, S. 22 ff.
[26] Vgl. *Hathaway* (1963), S. 250.
[27] Vgl. *Schmitt und Tangermann* (1984), S. 759 ff.

Es gibt keine Gründe, warum die landwirtschaftliche Bevölkerung auf die Dauer

> "nicht ebenso viel Vorteil aus dem wirtschaftlichen Fortschritt ziehen sollte wie alle anderen. Aber solange die Landbevölkerung im Verhältnis zu groß ist, muß die fortschreitende Veränderung zu ihrem Nachteil wirken. ... Je schwerer sich die Landwirte oder Bauern entschließen, auf andere Berufe überzugehen, desto größer werden die Unterschiede in den Einkommen in der Übergangsperiode sein. Besonders wenn sich die Veränderung auf mehrere Generationen erstreckt, werden die Unterschiede nur dann gering gehalten werden, wenn die Abwanderung verhältnismäßig schnell vor sich geht".[28]

Je unelastischer das landwirtschaftliche Arbeitsangebot ist, desto länger und schmerzlicher ist dieser Prozeß.[29] Wird der Anpassungsprozeß verzögert, ist mit einer verlangsamten Verbesserung zu rechnen. Durch vorübergehende Maßnahmen zur Förderung der Mobilität der Produktionsfaktoren läßt sich die Anpassung beschleunigen.

Die ungelösten Allokationsprobleme zeigen sich bei einem Vergleich der landwirtschaftlichen Erwerbsquoten und dem Anteil der landwirtschaftlichen Wertschöpfung. In zahlreichen Ländern hat die Politik die

> "Umstellung hinausgeschoben, mit dem Ergebnis, daß das Problem immer größer wurde. Der Teil der Bevölkerung, der durch bewußte politische Maßnahmen in der Landwirtschaft gehalten wurde, ist so groß geworden, daß eine Angleichung der Produktivität der landwirtschaftlichen Bevölkerung an die der industriellen Bevölkerung in vielen Bereich undurchführbar erscheint".[30,31]

2. Die Grenzen der landwirtschaftlichen Einkommensentwicklung

Obwohl die Agrarpreise gestützt werden, gibt die Markt- und Preispolitik in zahlreichen Ländern nur noch einem kleinen Teil der vollerwerblichen Landwirte ein befriedigendes Einkommen und ausreichende betriebliche Entwicklungsmöglichkeiten. Dies zwingt die landwirtschaftliche Bevölkerung, sich an den möglichen Einkommensrahmen anzupassen.

Worin besteht der mögliche Einkommensrahmen? Dieser ergibt sich (a.) aus der landwirtschaftlichen Nettowertschöpfung, (b.) den möglichen Produzentenrenten durch den Agrarprotektionismus, (c.) den politisch durchsetzbaren Subventionen verschiedener Art, (d.) den außerlandwirtschaftlichen Erwerbseinkommen der landwirtschaftlichen Haushalte sowie (e.) den übrigen Einkommen und den Übertragungen. Änderungen bei diesen Einkommenskomponenten wie beispielsweise eine Erhöhung oder Senkung der Agrarpreise, eine stärkere oder schwächere Agrarprotektion, eine Erhöhung oder Senkung der Agrarsubventionen, die Verfügbarkeit oder das Fehlen von außerlandwirtschaftlichen Arbeitsplätzen sowie Änderungen der Sozialpolitik führen langfristig zu entsprechenden Anpassungswirkungen bei der landwirtschaftlichen Bevölkerung.

---

[28] *Von Hayek* (1983), S. 444 f.
[29] Vgl. *Hanau* (1969), S. 80.
[30] *Von Hayek* (1983), S. 445.
[31] Einen überdurchschnittlich großen strukturellen Anpassungsbedarf haben zudem Portugal, Spanien, Deutschland und Japan, einen wesentlich geringeren die Niederlande, Belgien, Großbritannien und die USA.

II. Ansätze zur Entkopplung der landwirtschaftlichen Einkommenspolitik von der Preispolitik

1. Die geringe Effizienz der Markt- und Preispolitik als Mittel der landwirtschaftlichen Einkommenspolitik

In der Vergangenheit wurden die Agrarmarktordnungen als Hauptinstrument zur Stabilisierung der landwirtschaftlichen Einkommen betrachtet. Diese ermöglichten während langer Zeit eine Steigerung der landwirtschaftlichen Produktion und der Einkommen. Als jedoch die Selbstversorgung erreicht war und sich Marktüberschüsse bildeten, kam es zunehmend zu einem Druck und später zu einem Rückgang der landwirtschaftlichen Erzeugerpreise. Der Grenznutzen der landwirtschaftlichen Marktordnungspolitik als Mittel der landwirtschaftlichen Einkommenspolitik ging mit der Sättigung der Märkte zurück.[32,33] Es zeigte sich eine immer geringere Effizienz der Markt- und Preispolitik als *Mittel der landwirtschaftlichen Einkommenspolitik.*

Deshalb werden unter anderem verschiedene Ansätze diskutiert, um die landwirtschaftliche Einkommenspolitik und die Markt- und Preispolitik zu entkoppeln. Wesentliches Ziel ist die Steigerung der Einkommenseffizienz der staatlichen Agrarausgaben.[34] Markt- und Preissubventionen ergeben bei gesättigten Märkten eine nur sehr geringe Einkommenswirkung. Werden dagegen die Markt- und Preissubventionen zu direkten Einkommenszahlungen umgewandelt, verbessert sich der Einkommenseffekt:

> "Der bisherige Weg zur vermeintlichen Aufbesserung des Einkommens der inländischen Landwirte müßte aufgegeben werden. Ihnen könnte nur noch durch unmittelbare Zahlungen aus der Staatskasse 'geholfen' werden ..."[35].

[32] Als Beispiel dient die Zuckerproduktion in den *USA.* Der Preis für raffinierten Zucker im Inland war in den 1980er Jahren fast dreimal so hoch wie der Welthandelspreis. Im Endeffekt zahlten die amerikanischen Zuckerverbraucher für jeden Dollar, den die Zuckerrübenbauern durch das Programm gewannen, mehr als 5 Dollar an höheren Preisen. Die Differenz (mehr als 4 Dollar) war der gesellschaftliche Verlust des Programms ("dead weight loss"). Von einer zusätzlichen Milliarde, die die Konsumenten für ihren Zucker zahlen mußten, um ihre heimische Zuckerindustrie zu unterstützen, waren mehr als 800 Mio. USD solchermaßen absolut verloren. Vgl. *Stigler* (1988), S. 20. Ein weiteres Beispiel ist die Preisstützung für Honig in den USA. Bei staatlichen Ausgaben von 90 Mio. USD betrug der Wert der Honigernte in einem historischen Beispiel ebenfalls 90 Mio USD. Als Paradebeispiel einer geringen Einkommenseffizienz marktpolitischer Maßnahmen kann zudem die Tabakproduktion in der *Schweiz* gelten, wo die Subventionen in der Vergangenheit größer als die statistisch ausgewiesenen landwirtschaftlichen Einkommen der tabakproduzierenden Bauern waren.

[33] Werden die gegenüber den internationalen Märkten überhöhten Preise *und* die Marktsubventionen zur Stabilisierung der landwirtschaftlichen Binnenmärkte berücksichtigt, ergibt sich im Durchschnitt der 1980er Jahre für die USA eine Stützung der landwirtschaftlichen Einkommen von rund 30 Prozent, die EU-Länder von rund 40 Prozent, die OECD-Länder insgesamt von rund 42 Prozent, für Japan von rund 70 Prozent und die Schweiz von rund 80 Prozent. Diese Zahlen zeigen die geringe Einkommenseffizienz der Agrarausgaben in einem System der Agrarpreisstützung.

[34] In der Praxis zeigt sich ein steigender Anteil der direkten Einkommenszahlungen. In den OECD-Ländern stiegen die direkten Einkommenszahlungen von 18 Prozent (1994) auf 23 Prozent (1995) der gesamten Subventionen für die Landwirtschaft.

[35] *Willgerodt* (1987), S. 12.

Die direkten landwirtschaftlichen Einkommenszahlungen lassen sich in solche unterteilen, welche mit der Produktion gekoppelt sind (Zi. 2.) und solche ohne eine Kopplung mit der Produktion (Zi. 3.).

2. Direkte landwirtschaftliche Einkommenszahlungen, gekoppelt mit der Produktion

Direkte landwirtschaftliche Einkommenszahlungen, gekoppelt mit der Produktion, sollen neben einkommenspolitischen Zielen auch Allokationszielen dienen. Mögliche Motive sind die Förderung der bäuerlichen Familienbetriebe, die Förderung der Landwirtschaft in den benachteiligten Gebieten, die Förderung der landwirtschaftlichen Anpassung, die Pflege der Landschaft, der Schutz der Umwelt, die Erhaltung und der Ausbau der Infrastruktur in den ländlichen Gebieten sowie die Kompensation für Nutzungseinschränkungen (beispielsweise in Natur- und Wasserschutzgebieten).

Je nach den Hauptmotiven für die eine oder andere Art der Förderung kommt es zu einer unterschiedlichen Ausgestaltung der direkten Einkommenszahlungen.[36] Die Einkommenszahlungen beziehen sich auf den Faktorinput (Boden, Tiere und Arbeitskräfte), die Intensität der Produktion oder die Produktionsmenge. Weitere mögliche Kriterien sind regionale Produktionsnachteile, Produktionsausfälle (sog. disaster payments) oder eine umweltschonende Produktion. Es kann, je nach den Motiven für die Förderung, eine Erhöhung, Stabilisierung oder Drosselung des Faktorinputs, der Intensität der Produktion und der Produktionsmenge angestrebt werden. Entscheidend für die Ausgestaltung der landwirtschaftlichen Einkommenszahlungen sind neben den Einkommenswirkungen die angestrebten Allokationswirkungen.

a. Der Boden

Oft zählen der *Boden* und dessen Bewirtschaftung zu den Hauptbemessungsgrundlagen von direkten Einkommenszahlungen.[37] Zur Kompensation der Einkommensverschlechterungen können Flächensubventionen *(Transitional Acreage Payments)* ohne spezifische Produktionsauflagen gewährt werden.[38] Diese sollten ohne Bezug zur früheren, erwarteten oder tatsächlichen Produktionsmenge sein und dem Preis- bzw. Einkommensausgleich dienen.[39]

Zum Vorschlag bodengebundener Einkommenszahlungen werden allerdings ordnungspolitische Bedenken geäußert:

> "Schließlich sollte noch ausdrücklich betont werden, daß dieser Plan nur als eine Übergangslösung zu betrachten und folglich eine zeitlich begrenzte

[36] Vgl. auch Kapitel 13 und 14.
[37] Bereits in den 1930er Jahren wurden in den *USA* direkte Einkommenszahlungen zur Erhaltung der Bodenfruchtbarkeit bezahlt, welche den Bauern zu fruchtbarkeitserhaltenden Maßnahmen wie beispielsweise die Begrünung abgeernteter Äcker verpflichteten (das sog. *Soil Recreation Program).*
[38] Bodengebundene Ausgleichszahlungen können der Kompensation von Einkommensverschlechterungen durch eine Senkung der Erzeugerpreise dienen. Frühe Vorschläge in den 1940er Jahren bereits sahen eine Senkung der US-Erzeugerpreise auf das Weltmarktpreisniveau vor, verbunden mit einer landwirtschaftlichen Mindesteinkommensgarantie. Die Binnen- und Weltmarktpreise sollten dieselben sein, was durch eine vollständige Liberalisierung des Agraraußenhandels zu erreichen ist.
[39] Vgl. *Swerling* (1959), S. 173 ff.

Maßnahme ist. Eine Flächensubvention kann nicht einen permanenten Charakter haben, wenn man nicht ein Corps landwirtschaftlicher Pensionäre schaffen will."[40]

Direkte Einkommenszahlungen können zudem der Pflege des Grünlandes in den benachteiligten Gebieten dienen.[41] In diesem Fall ist es zweckmäßig, die Zahlungen nach den Erschwernissen bei der Bewirtschaftung des Bodens und ggf. auch der Art der Nutzung wie beispielsweise der Schnittnutzung, der Weidenutzung und der almwirtschaftlichen Nutzung zu differenzieren.

b. Die Tiere

Tierbezogene direkte Einkommenszahlungen dienen meist der Aufrechterhaltung von bestimmten Tierbeständen in den benachteiligten Gebieten.[42] Zum Schutz der Umwelt vor negativen landbaulichen Externalitäten durch eine zu große Intensität der Tierhaltung sind sinnvollerweise Höchstgrenzen je Flächeneinheit festzulegen. In neuester Zeit wurden beispielsweise tierbezogene Direktzahlungen für Rinderhalter in der *Europäischen Union* eingeführt, um die nachfragebezogenen Auswirkungen der BSE-Krise auf die Fleischpreise bzw. die landwirtschaftlichen Einkommen zu dämpfen.[43]

c. Die Arbeitskräfte

Direkte Einkommenszahlungen können auch bei den *Arbeitskräften* ansetzen. Als mögliche Bemessungsgrundlage kommen die für die erbrachten Bewirtschaftungsleistungen erforderlichen Arbeitskräfte in Frage (beispielsweise aufgrund der vorhandenen Tiere und der bewirtschafteten Flächen). Die direkten Einkommenszahlungen lassen sich regional differenzieren (beispielsweise für die Gebirge, Mittelgebirge und Flachgebiete). Mit solchen direkten Einkommenszahlungen werden vor allem Bewirtschaftungs- und Besiedlungsaspekte berücksichtigt.[44]

d. Die Produktionsmengen

Werden die Erzeugerpreise auf dem Weltmarktpreisniveau (oder in dessen Nähe) festgelegt, lassen sich die inländischen *Produktionsmengen* durch produktionsbezogene direkte Einkommenszahlungen (= Deficiency Payments) regulieren.[45] Mit diesen Zahlungen für die Produktion soll die Erzeugung auf einem

[40] Vgl. *Houthakker* (1965).

[41] Beispielsweise in der *Europäischen Union* und in der *Schweiz*.

[42] In der *Europäischen Union* können solche Prämien im Rahmen des Bergbauernprogramms ausgerichtet werden. In der *Schweiz* handelt es sich um ein nach einzelnen Gebirgszonen gestaffeltes System von Prämien für die einzelnen Arten von Tieren.

[43] Als Folge der BSE-Krise sanken die Preise für Rindfleisch 1996 um durchschnittlich 11 Prozent. Die Prämien beliefen sich auf 21 ECU für männliche Tiere und 25 ECU für weibliche Tiere.

[44] Ein System direkter Einkommenszahlungen als einzige Einnahmequelle der Landwirte schlägt *Kleinewefers* vor. Vgl. *Kleinewefers* (1972), S. 311 und 318. Bezugsbasis bilden die betriebsnotwendigen Arbeitskräfte. Die Inlandspreise können (müssen aber nicht) auf das Niveau der Weltmarktpreise gesenkt werden.

[45] Deficiency Payments wurden in *Großbritannien* während der Zeit des ersten Weltkrieges eingeführt und bis zum Eintritt in die Europäische Union bezahlt. Die Erzeugerpreise lagen auf dem Niveau der Weltmarktpreise. Durch die Deficiency Payments wurde die inländische Produktion über jenes Niveau erhöht, das sich bei den Weltmarktpreisen ergeben hätte. Im Jahre 1960 erreichten die Deficiency Payments einen

höheren Niveau als bei den Weltmarktpreisen stabilisiert werden.[46] Zu den besonderen Vorteilen einer solchen Lösung zählt der mögliche Verzicht auf komplizierte landwirtschaftliche Marktordnungen. Als negativ wird empfunden, daß sich die Einkommenszahlungen an den internationalen Agrarpreisen orientieren, welche in der Regel Dumpingpreise sind und eine verzerrte Preisbasis für die direkten Einkommenszahlungen darstellen.

e. Die Senkung des Preisniveaus, verbunden mit Deficiency Payments

Produktionsgebundene direkte Ausgleichszahlungen (Deficiency Payments) lassen sich auch bei einer Senkung der Agrarerzeugerpreise anwenden, um den Unterschied zwischen den tieferen Preisen und dem angestrebten inländischen Erzeugerpreisniveau zu überbrücken sowie die als wünschenswert betrachtete Selbstversorgungsrate zu erreichen.[47,48] Die Einkommenseffizienz von Defiency Payments ist wesentlich größer als bei markt- und preispolitischen Maßnahmen, die budgetäre Belastung jedoch erheblich. Manchmal werden zur Kompensation von Preissenkungen direkte Einkommenszahlungen eingeführt, welche später sukzessive gesenkt werden. Deficiency Payments kommen in einem agrarpolitischen Kräftefeld zustande, welches durch die Interessen der Landwirte und der Verbraucher beherrscht wird. Den geringsten Einfluß haben in diesem Fall die Steuerzahler, welche die finanzielle Last zu tragen haben.

Anteil von rund drei Viertel des Nettoeinkommens der britischen Farmer und erwiesen sich trotz des verhältnismäßig geringen Selbstversorgungsgrades als kostspielig.
In den *USA* gibt es direkte Einkommenszahlungen seit den 1930er Jahren, als diese für einige landwirtschaftliche Produkte als "Parity Payments" angewendet wurden. Vgl. *Hathaway* (1963), S. 332. Diese Paritätseinkommenspolitik orientierte sich an den gewerblichen Vergleichslöhnen und war teuer sowie überschußfördernd. Vgl. *Brandow* (1962), S. 1145 ff., und *Roy et al.* (1971), S. 399.
In der *Europäischen Union* kam es in den späten 1960er Jahren zu einer Reihe von Vorschlägen für direkte Einkommenszahlungen. So sah der sog. *Höcherl-Plan* von 1968 Preissenkungen und befristete sowie degressiv ausgestaltete Einkommensübertragungen als Anpassungshilfen vor. Vgl. den *Höcherl-Plan* (1968), S. 11. Auch der Plan der sog. *Vedel-Kommission* von 1969 befürwortete eine Senkung der Preise auf das Gleichgewichtsniveau mit direkten Einkommenszahlungen an besonders betroffene Erzeuger. Vgl. *Priebe* (1985), S. 155. Das *Atlantische Institut* schlug 1971 eine schrittweise Senkung des realen Preisniveaus im Fall einer Überschußproduktion mit zeitlich begrenzten und degressiven direkten Einkommenshilfen vor. Vgl. *Priebe* (1985), S. 155. Agrarpolitisch umgesetzt wurde der *McSharry-Plan* von 1991 mit Agrarpreissenkungen zwischen 10 und 35 Prozent sowie direkten Einkommenszahlungen.
In den *OECD-Ländern* wurde die Frage eines Übergangs zu freien Weltagrarmärkten studiert, verbunden mit direkten landwirtschaftlichen Einkommenszahlungen ("PEG" = Production Entitlement Guarantees). Vgl. *Blandford et al.* (1989), S. 20 f., und Kapitel 8. Das bisherige System der Markt- und Preispolitik würde durch eine Angleichung des landwirtschaftlichen Preisniveaus an das Weltmarktpreisniveau abgelöst und die komplizierten Marktregulierungen sowie die teuren Markt- und Preisstabilisierungen entfallen.

[46] Beispiele in der *Europäischen Union* sind die Erzeugerprämien für Flachs und Hanf sowie einzelne Fette und Öle.

[47] Vgl. *Rieder* (1979), S. 45 ff.

[48] Die Reform der *Gemeinsamen Agrarpolitik der Europäischen Union (GAP)* von 1992 *(sog. McSharry-Plan)* bestand in der Reduktion der Agrarpreise für wesentliche Erzeugnisse, verbunden mit direkten Einkommenszahlungen an die Landwirte. Dadurch gelang es, die hohen Lagerbestände an Überschüssen (beispielsweise bei Getreide, Butter, Zucker und Rindfleisch) zu senken.

f. Die Kompensation von kurzfristigen, vorübergehenden Preisrückgängen durch Sonderzahlungen

Eine weitere Möglichkeit von direkten Einkommenszahlungen sind *Sonderzahlungen zur Kompensation von kurzfristigen, vorübergehenden Preisrückgängen*, welche Einkommensverluste verursachen.[49] Solche Zahlungen sind von kurzfristiger Dauer und enden, wenn sich die Marktpreise wieder erholt haben.

g. Der Produktionsverzicht

Prämien für einen *Produktionsverzicht* können bezahlt werden, wenn beispielsweise auf einen bestimmten Teil der Produktion ganz oder vorübergehend verzichtet wird, ein Teil der landwirtschaftlichen Flächen nicht bewirtschaftet wird oder ganze Betriebe stillgelegt werden. Dies wirkt partiell angebotssenkend, sofern Produktionsauflagen mit der Zahlung von Prämien verbunden sind. Eine gesamtwirtschaftliche Angebotssenkung ist nur bei sehr erheblichen Produktionsauflagen wie beispielsweise der Stillegung von 20, 30 oder 40 Prozent der Anbauflächen eines Erzeugnisses zu erwarten.[50]

Bei direkten Einkommenszahlungen für einen Produktionsverzicht stellt sich die Frage, ob es "moralisch" ist, direkte landwirtschaftliche Einkommenszahlungen für das Nichtproduzieren auszurichten. Die Produktionsauflage darf nicht so weit gehen, daß eine *dauernde* Reduktion der Produktion subventioniert wird.[51,52]

h. Einkommenszahlungen bei Produktionsausfällen (sog. Disaster Payments)

Sog. *Disaster Payments* sind landwirtschaftliche Einkommenszahlungen, welche zum Ausgleich von schweren naturbedingten Produktionsausfällen dienen. Dies ist denkbar bei Hagelschlägen, Überschwemmungen, großflächigen Erosionen, Industrieunfällen sowie nuklearen Reaktorausfällen mit erheblichen Verstrahlungen und tiefgreifenden Auswirkungen auf die landwirtschaftliche Produktion.[53]

Die Schäden bei solchen Katastrophen können entweder von Fall zu Fall durch den Staat bezahlt oder durch entsprechende Produktionsversicherungen gedeckt werden. Probleme ergeben sich durch den Effekt des Moral Hazard, der bewußten Inkaufnahme von Risiken zu Lasten Dritter. Die Erzeuger fällen ihre Produktionsentscheidungen bei zu erwartenden Disaster Payments oft auch

---

[49] Als Beispiel sind die staatlichen Einkommensprogramme der kanadischen Regierung seit 1980 zu erwähnen, als die landwirtschaftlichen Einkommen zwischen 1975 und 1991 unter dem Druck der Weltmarktpreise von rund sieben auf etwa zwei Mrd. can$ zurückgingen. In den Genuß dieser Maßnahme kamen 1986/87 175.000 Betriebe mit einer Maximalauszahlung von jeweils can$ 25.000.

[50] Entsprechende Programme zur Reduktion der ackerbaulichen Flächen, verbunden mit Preisstützungen, gibt es sowohl in den *USA* als auch in der *Europäischen Union.*

[51] Vgl. *Ehrler* (1987).

[52] In den USA wurden mit dem "*Agricultural Market Transition Act, AMTA*" (Agrargesetz) von 1996 u.a. auch die Stillegungsprämien abgeschafft (außer für ökologisch sensible Flächen). Für die Zeitdauer von sieben Jahren werden abnehmende Pauschalbeträge an die Farmer bezahlt, die teilweise an die Flächen gebunden sind (insgesamt 36 Mrd. USD).

[53] Wie beispielsweise nach dem Reaktorunfall von Tschernobyl.

ohne Rücksicht auf die lokalen oder regionalen Risiken und überwälzen diese auf den Staat oder andere Versicherungsträger.[54]

i. Der soziostrukturelle Einkommensausgleich

Stehen direkte Einkommenszahlungen in einem unmittelbaren Zusammenhang mit der Erhaltung bäuerlicher Familienbetriebe, wird von einem *soziostrukturellen Einkommensausgleich* gesprochen. Die direkten Einkommenszahlungen setzen sich in diesem Fall meist aus flächen- *und* betriebsbezogenen Direktzahlungen zusammen. Bei nur flächenbezogenen soziostrukturellen Direktzahlungen werden die etwas kleineren Betriebe, welche die Höchstgrenzen nicht ausschöpfen können, benachteiligt. Dies wird meist mit einem Blick auf die flächenbezogenen Bewirtschaftungsleistungen gerechtfertigt.

Sinnvollerweise werden die direkten Einkommenszahlungen auf landwirtschaftliche Selbstbewirtschafter ohne erhebliche außerlandwirtschaftliche Einkommen beschränkt.[55] Eine weitere verteilungspolitisch orientierte Maßnahme besteht darin, die Höhe der direkten Einkommenszahlungen zu begrenzen. Zudem können gleichzeitig umweltpolitisch motivierte Auflagen zur Beschränkung der Tierkonzentration pro Hektar Fläche gemacht werden.

k. Die Betriebsgröße

Die *Betriebsgröße* läßt sich unter verschiedenen Aspekten als Bemessungsgrundlage für direkte Einkommenszahlungen anwenden. Neben dem soziostrukturellen Ausgleich kommen auch produktionsgebundene Hilfen für Kleinerzeuger in Frage, die sog. Kleinerzeugerbeihilfe. Damit lassen sich kleine und mittlere Betriebe vor allem in strukturschwachen Räumen fördern.[56]

l. Die Umsatzsteuerbefreiung

Ein weiteres mögliches Instrument, welches ähnlich wie eine produktionsgebundene direkte Einkommenszahlung wirkt, ist die *Umsatzsteuerbefreiung*. Der Bauer kann in diesem Fall die Umsatzsteuern zwar in Rechnung stellen, muß diese aber nicht dem Staat abliefern. Wird davon ausgegangen, daß gewerblich und industriell organisierte Betriebe die Umsatzsteuer nach wie vor entrichten müssen, ergibt sich eine Differentialrente zu Gunsten der bäuerlichen Landwirtschaft (bzw. eine "Strafsteuer" für die übrige Landwirtschaft).

Die "eingesparten" Umsatzsteuern werden zu einer Komponente des landwirtschaftlichen Einkommens. Einkommensmäßig wirken diese wie eine Preiserhöhung und führen zu Produktionsanreizen, welche bei gesättigten Märkten Preissenkungen bewirken. Deshalb läßt sich diese Maßnahme nur vorübergehend anwenden.[57]

---

[54] Ein positiver Effekt von Versicherungen gegen Produktionsausfälle besteht möglicherweise darin, daß versicherte Betriebe weniger Düngemittel einsetzen. Zu diesem überraschenden Ergebnis gelangt eine Studie in den USA. Vgl. *Smith* und *Goodwin* (1996), S. 437.

[55] Vgl. *Roy et al.* (1971), S. 399.

[56] Ein Beispiel ist die *Kleinerzeugerbeihilfe für Getreide* in der Europäischen Union. Diese ist auf Betriebe mit max. 33 Hektar landwirtschaftlicher Fläche und höchstens 25 t vermarktetes Getreide beschränkt. Vgl. *Agrarbericht 1991, S.* 104.

[57] Ein solcher direkter Einkommensausgleich über die Umsatzsteuern fand in der *Bundesrepublik Deutschland* zwischen 1984 und 1991 statt. Die den Bauern zugeleiteten

m. Regional ungünstige Produktionsbedingungen

Regional ungünstige Produktionsbedingungen sind eine weitere, mögliche Bemessungsgrundlage für direkte Einkommenszahlungen. Dabei werden Einkommens-, Struktur- und Landschaftspflegeeffekte angestrebt.[58] Die Staffelung der Zahlungen erfolgt nach den Erschwernissen der Bewirtschaftung, welche sich am präzisesten durch einen sog. *Höfekataster* erfassen lassen, bei welchem die Produktionserschwernisse durch ein differenziertes Punkteschema bewertet werden.

Unter dem Aspekt der regionalen Benachteiligung sind auch Transportbeihilfen denkbar. Dadurch gewinnen Produktionsstandorte, welche weit von den Verbraucher- bzw. Verarbeitungszentren entfernt sind, an Attraktivität. Transportkostenbeiträge verändern auf diese Weise die Art und Intensität der Bewirtschaftung der landwirtschaftlichen Produktionsflächen.[59]

n. Die umweltschonende Produktion

Direkte Einkommenszahlungen lassen sich auch an die Bedingung einer *umweltschonenden Produktion* binden. Solche *Umweltprämien (Agricultural Conservation Payments)* können nach einzelnen umweltschonenden Verfahren abgestuft werden (wie beispielsweise das Erfüllen von gewissen Umweltstandards, die Einführung der sog. integrierten Produktion sowie einer biologischen Produktionsweise u.ä.).

In den höchstentwickelten Industrieländern sollten die direkten Einkommenszahlungen stets mit der Auflage einer umweltschonenden Produktionsweise verbunden werden.[60] Denkbar ist auch eine Senkung der Agrarpreise zur Verminderung der Intensität der Produktion, verbunden mit direkten Einkommenszahlungen (Umweltprämien) an umweltfreundlich wirtschaftende Landwirte. Je nach den regionalen und lokalen Präferenzen bieten sich Umweltprämien auch für die Pflege von Wasserschutzgebieten, Feuchtgebieten, Trockenwiesen, eigentlichen Naturschutzgebieten und extensiv genutzten Grünflächen an.

3. Direkte landwirtschaftliche Einkommenszahlungen ohne eine Kopplung an die Produktion (Trennung von Produktions- und Einkommenspolitik)

Die direkten landwirtschaftlichen Einkommenszahlungen können von der Produktion getrennt werden, womit die *Einkommenspolitik* und die Produktionspolitik unabhängig voneinander werden. Eine vollständige Entkopplung zwischen der Einkommenspolitik und der wenig einkommenseffizienten Markt- und Preispolitik wird seit langem gefordert.[61] Dem Einkommensausgleich dienen di-

Sätze betrugen vorerst fünf, später drei Prozent vom Umsatz. Die Einkommenswirkung lag 1988/89 bei rund DM 7.000 je vollerwerblicher Betrieb bzw. bei rund einem Viertel der durchschnittlichen landwirtschaftlichen Gewinne.

[58] In der *Bundesrepublik Deutschland* erfolgen Ausgleichszahlungen zur Förderung der Landwirtschaft in den benachteiligten Gebieten. 1990 erhielten 245.000 Betriebe im bisherigen Bundesgebiet durchschnittlich rund DM 3.000. 1993 lagen die Höchstsätze für Einzelbetriebe bei DM 12.000, im Falle von Mutterkuhhaltung DM 18.000, für Kooperationen bei DM 54.000 (vgl. *Agrarbericht 1992, S.* 122). Gut ausgebaut sind regional differenzierte direkte Einkommenszahlungen auch in der *Schweiz.*

[59] Vgl. *Herrmann* (1994), S. 309.

[60] Vgl. Kapitel 13 und 14.

[61] Bereits 1940 forderte der US-Agrarstaatssekretär *Brannan* eine vollständige Entkopplung zwischen der Einkommenspolitik sowie der Markt- und Preispolitik. Als Einkom-

rekte Einkommenszahlungen (Direct Compensatory Payments). Denkbar sind Einkommenszahlungen bei einer Abweichung der landwirtschaftlichen Einkommen von den langjährigen Durchschnittseinkommen (Zi. b.), eine landwirtschaftliche Mindesteinkommenssicherung (Zi. c.) und negative Einkommenssteuern (Zi. d.).

a. Die Ablösung der Markt- und Preissubventionen durch direkte Einkommenszahlungen als Vorstufe

Als eine Vorstufe der Trennung der Einkommenspolitik von der Markt- und Preispolitik wird oft die *Ablösung der Markt- und Preissubventionen durch direkte Einkommenszahlungen (Deficiency Payments)* betrachtet. Bei einem solchen Programm werden die in den Markt- und Preissubventionen implizierten Stützungsbeträge auf die landwirtschaftlichen Betriebe umgerechnet und meist mehrere Jahre in der Form von direkten Einkommenszahlungen weiterbezahlt, ggf. in zeitlich degressiver Ausgestaltung. Die Beträge können schließlich entweder auslaufen oder in andere Formen von direkten Einkommenszahlungen überführt werden.[62] Mit einem solchen Programm läßt sich die Einkommenseffizienz der Agrarsubventionen erhöhen, der Agrarhaushalt des Staates entlasten und die Anpassung der Betriebe an ein neues Erzeugerpreisniveau erleichtern.

b. Direkte landwirtschaftliche Einkommenszahlungen bei Abweichungen von den mehrjährigen Durchschnittseinkommen

Ein älteres Konzept für direkte, produktionsunabhängige Einkommenszahlungen besteht im Ausgleich von markt- und preisbedingten Einkommensverlusten. Es erfolgen *direkte landwirtschaftliche Einkommenszahlungen bei Abweichungen von den mehrjährigen Durchschnittseinkommen*. Die bisherigen Einkommen werden erfaßt und direkte landwirtschaftliche Einkommenszahlungen bei einer Abweichung vom mehrjährigen Durchschnitt bezahlt. Als Vorteil wird angeführt, daß eine Orientierung an den betrieblichen Durchschnittseinkommen von vergangenen Jahren eine Belohnung schlechter landwirtschaftlicher Betriebsleiter verhindert.[63] Als Kritik ist anzuführen, daß sich die landwirtschaftlichen Einkommen langfristig im Durchschnitt der Jahre von selbst ausgleichen, so daß solche Einkommenszahlungen gar nicht erforderlich sind. Zudem zementieren sie die bestehenden Agrarstrukturen und hemmen betriebliche Anpassungsprozesse.

c. Die Sicherung der landwirtschaftlichen Mindesteinkommen durch direkte Einkommenszahlungen

Ein weiteres Konzept ist die *Sicherung der landwirtschaftlichen Mindesteinkommen durch direkte Einkommenszahlungen*. Dabei findet ebenfalls eine Ent-

---

mensausgleich waren direkte Einkommenszahlungen vorgesehen. Zu den frühen Befürwortern zählen unter anderem auch *Theodore W. Schultz* (1945), *D. Gale Johnson* (1947) und *John Kenneth Galbraith* (1955). Auch später kam es immer wieder zur Forderung nach direkten Einkommenszahlungen ohne eine direkte Kopplung an die landwirtschaftliche Produktion. Vgl. *Bachmann* (1958), S. 26 ff. Erst mit dem *Agricultural Market Transition Act (AMTA)* von 1996 erfolgte - bei hohen Weltmarktpreisen - eine entsprechende Entkopplung bei einigen Haupterzeugnissen. Vgl. zu einer solchen Entkopplung *Binswanger* und *Müller* (1972).

[62] Vgl. *Innes* (1995), S. 17.

[63] Vgl. *Roy et al.* (1971), S. 406 f.

kopplung zwischen der Preisbildung auf den landwirtschaftlichen Märkten und der landwirtschaftlichen Einkommenssicherung statt. Die landwirtschaftlichen Preise und Erlöse tragen zwar nach wie vor zur Einkommensbildung bei, nicht jedoch zur Sicherung der Mindesteinkommen.[64,65] Das Mindesteinkommen läßt sich in Relation zur Armutsgrenze bestimmen. Als ***absolute Armutsgrenze*** dient ein Warenkorb, der als minimaler Lebensstandard betrachtet wird. Die *relative Armutsgrenze* bezeichnet das Mindesteinkommen in Relation zu den Durchschnittseinkommen.[66]

Bei den garantierten Mindesteinkommen wird auf die Struktur der Haushalte, die Vermögen, die Transfereinkommen und die Möglichkeiten zur Erschließung weiterer Einkommensquellen Rücksicht genommen. Die Mindesteinkommen setzen sich aus den Markteinkommen und einem Einkommenstransfer zusammen.[67] Je größer die Markteinkommen sind, desto kleiner sind die Transferzahlungen. Schwierig ist die Abgrenzung, wer Landwirt ist und damit Anspruch auf eine Sicherung der landwirtschaftlichen Mindesteinkommen hat. Besonders bei den kleinen, einkommensschwachen Betrieben mit einer geringen Produktion ist es nicht einfach, die Schwelle festzulegen, wo es sich (noch) um einen landwirtschaftlichen Betrieb handelt. Hinzu kommt die Frage, wie die außerlandwirtschaftlichen Einkommen der Zu- und Nebenerwerbsbetriebe bei den Transferzahlungen zu gewichten sind.

d. Negative Einkommenssteuern

Eine besondere Form direkter Einkommenszahlungen sind *negative Einkommenssteuern*. Ausgangspunkt bildet die nicht sehr wirkungsvolle und wenig transparente Sozialpolitik.[68] Negative Einkommenssteuern sollen die Armut vermindern und alle bisherigen sozialstaatlichen Programme mit realen und monetären Transfers ersetzen. Die sozialpolitischen Maßnahmen sollen nicht überlagert, sondern abgelöst werden, was die großen Kosten erspart, welche durch die Sozialbürokratie verursacht werden. Als Instrument zur Sicherung eines Mindesteinkommens lassen sich negative Einkommenssteuern auf die ganze Bevölkerung anwenden.[69]

In der Agrarpolitik würden negative Einkommenssteuern bei den kleineren Einkommen ansetzen,[70] wozu zweifelsohne ein großer Teil der Landwirte zählt. Der Einkommenstransfer hätte eine ähnliche Wirkung wie die Sicherung der landwirtschaftlichen Mindesteinkommen. Als Kriterium gilt das Standardeinkommen, welches auch die Größe der Familie berücksichtigt. Die negative Einkommenssteuer könnte beispielsweise bei der Hälfte der Differenz zwischen dem Standardeinkommen und dem effektiven Einkommen liegen.

---

[64] Vgl. *von Witzke* (1980), S. 176.
[65] Denkbar ist, daß die Mindesteinkommenspolitik in diesem Falle hilft, zu einer Stabilisierung der Weltmarktpreise und einer Regulierung des wünschenswerten Selbstversorgungsgrades beizutragen. Vgl. *Schmitt* und *von Witzke* (1979), S. 1 ff.
[66] Vgl. *von Witzke* (1980), S. 176.
[67] Vgl. *von Witzke* (1980), S. 177.
[68] Vgl. *Friedman* (1962), S. 6.
[69] Vgl. *Friedman* (1962). Negative Einkommenssteuern wurden zuerst in den USA propagiert. Vgl. *Joint Economic Committee* (1968), S. 3 ff.; sowie ausführlich *Otten* (1977) und *Wille* (1976), S. 186 f.
[70] Vgl. *Penn* (1979), S. 2.

Eine solche Lösung hätte zweifelsohne sehr große landwirtschaftliche Einkommenswirkungen, auch zu Gunsten der wenig entwickelten ländlichen Gebiete. Es ließen sich die meisten Agrarprogramme, selbst im Bereich der Markt- und Preispolitik, ablösen. Eine wirksame Verbesserung der innerlandwirtschaftlichen Einkommensverteilung wäre zu erwarten. Es wäre kaum anzunehmen, daß diese Maßnahme zu wesentlich größeren Bodenrenten führen würde, welche stets zu Lasten der Verbraucher kapitalisiert werden, zumal auch die nichtlandwirtschaftliche Bevölkerung in den Genuß von negativen Einkommenssteuern käme.

Ein solches Programm hat aber auch insofern Nachteile, als daß der Anreiz zu arbeiten bei Einkommen unter dem Standardeinkommen gering wäre. Zudem führen negative Einkommenssteuern zu trägen Anpassungsreaktionen. Kleinere Landwirte würden sich auf das Ziel verlegen, möglichst große Zahlungen zu beziehen, nicht jedoch einen möglichst großen Beitrag zum Inlandsprodukt zu leisten. Zudem bestehen Bedenken hinsichtlich der Verteilungsgerechtigkeit. Landwirte, welche knapp über dem Standardeinkommen liegen, würden benachteiligt. Ein System mit negativen Einkommenssteuern müßte aus Gründen der Gerechtigkeit auf die gesamte Gesellschaft und nicht nur die Landwirte oder die Bevölkerung im ländlichen Raum übertragen werden.

Hinzu kommt die Gefahr, daß sich eine starke Lobby zu Gunsten größerer Standardeinkommen bildet. Die Budgetbelastungen sind schwer abzuschätzen[71] und die Gefahr von Mißbräuchen ist groß. Negative Einkommenssteuern sind deshalb keine Kausaltherapie zur Bekämpfung der Armut, d. h. keine "Wunderwaffe im Arsenal der sozialpolitischen Instrumente".

e. Die Grenzen der direkten Einkommenspolitik

Grenzen der direkten Einkommenspolitik ergeben sich dadurch, daß auch die sog. produktionsneutralen direkten Einkommenszahlungen entgegen anderen Auffassungen in der Regel nicht allokationsneutral sind, sondern Produktionswirkungen haben können (vgl. Abb. 18/3). In der Ausgangslage bestehen eine Nachfrage von N und ein Angebot von A. Daraus ergeben sich im Marktgleichgewicht eine Menge von X_1 und ein Preis von P_1. Durch direkte Einkommenszahlungen gelangen die Landwirte in den Genuß größerer Gewinne, welche zusätzliche Investitionen erlauben.[72] Die Angebotskurve verschiebt sich gegenüber einer Situation ohne direkte Einkommenszahlungen von A zu A'. Das Preisniveau fällt auf P_2 und die Gleichgewichtsmenge steigt auf X_2.

Ein kontraproduktiver Einkommenseffekt ergibt sich, wenn bei einem unelastischen Preis-Nachfrageverhalten der Verbraucher die Preise auf den Märkten kurzfristig stärker sinken als die Mengen steigen. Es kommt zu rückläufigen Umsätzen. Ist dieser Umsatzrückgang größer als die direkten Einkommenszahlungen, sinken die Einkommen vorübergehend. Die faktische Einkommenswirkung hängt vom Effekt ab, der sich per Saldo zwischen den direkten Einkommenszahlungen und dem Umsatzrückgang ergibt.

Je größer die Angebotswirkungen von direkten Einkommenszahlungen und je gesättigter die Märkte sind, desto größer ist die Gefahr einer kontraproduktiven Preiswirkung, was bei direkten landwirtschaftlichen Einkommenszahlungen zu

[71] Vgl. *Hathaway* (1963), S. 333 ff.
[72] Vor allem auch in den Grenzbetrieben.

beachten ist.[73] Das Ziel einer Stabilisierung der landwirtschaftlichen Einkommen kann bei *gesättigten Märkten* verfehlt werden. Bei Marktüberschüssen müßten Produktionsquoten eingeführt oder die direkten Einkommenszahlungen an einen Abbau der Produktionsmengen gebunden werden, was die Gleichgewichtsmechanismen der Märkte schwächt.

Abb. 18/3
Die Wirkungen von direkten Einkommenszahlungen bei gesättigten Märkten

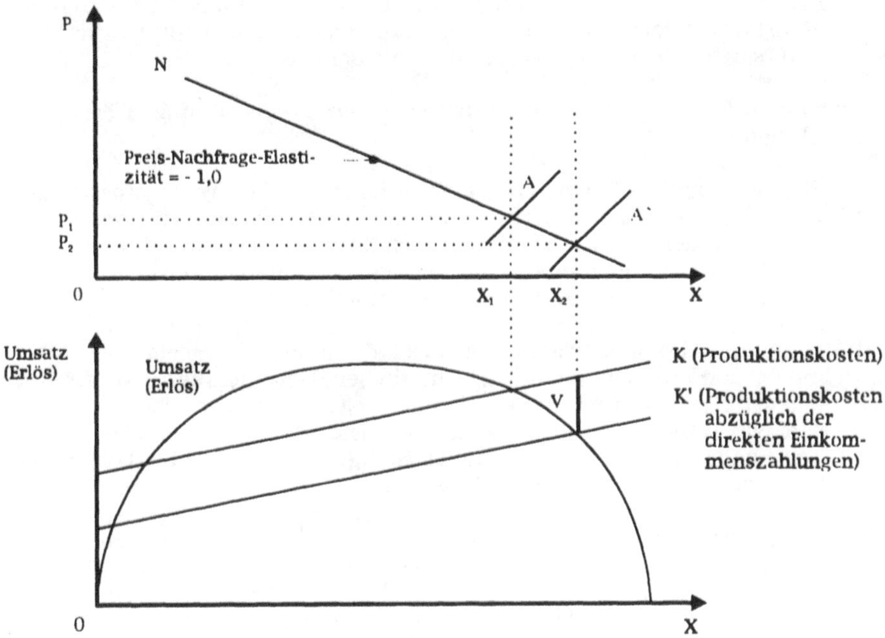

Zudem ist nicht zu übersehen, daß direkte Einkommenszahlungen die Mobilität der landwirtschaftlichen Produktionsfaktoren hemmen:

> "... Aber nichts, was wir tun können, außer wir wollen den Fortschritt in Technik und Wohlstand zum Stillstand bringen, kann die Notwendigkeit dieser Anpassungen umgehen; und der Versuch, ihre Folgen durch zwangsweise Übertragungen von Einkommen von der städtischen auf die landwirtschaftliche Bevölkerung zu mildern, muß durch deren Verzögerung einen immer größeren Rückstand aufgeschobener Anpassungen zur Folge haben und so das Problem nur schwieriger machen"[74].

Aus solchen Überlegungen befürwortet *Don Paarlberg* den Verzicht auf direkte Einkommenszahlungen.[75] Obwohl diese Marktinterventionen überlegen sind, stellen sie eine second best-Lösung dar. Die direkten Einkommenszahlungen bekämpfen die Symptome, nicht aber die Ursachen der Ungleichgewichte. First

[73] Vgl. *Glauber et al.* (1989), S. 326 ff.
[74] *Von Hayek* (1983), S. 448.
[75] Vgl. *Don Paarlberg* (1989), S. 22 ff.

best-Lösungen ergeben sich bei direkten Einkommenszahlungen nur, wenn diese mit allokationspolitischen Zielen erfolgen (beispielsweise zur Optimierung der positiven landbaulichen Externalitäten).

Bei *ungesättigten Märkten* mit einer preiselastischen Nachfrage sind die Einkommenswirkungen günstiger. Durch den produktionsfördernden Effekt von direkten Einkommenszahlungen steigen die Mengen stärker als die Preise sinken (nicht eingezeichnet), womit die landwirtschaftlichen Einkommen zunehmen. Sowohl der Umsatz- als auch der Subventionseffekt sind positiv. Hinzu kommen (wie auch bei den gesättigten Märkten) positive Konsumentenrenten. Die Wohlfahrtswirkungen von direkten Einkommenszahlungen sind wesentlich positiver zu beurteilen als bei gesättigten, preisunelastischen Märkten.

Verteilungspolitisch stellen sich bei direkten Einkommenszahlungen Probleme der Gerechtigkeit:

> "Ernsthafte Bedenken gegen Transferzahlungen an Landwirte müssen aus ordnungspolitischer Sicht vorgetragen werden: Sie würden hier eine weitere Sonderstellung der Landwirtschaft schaffen und unvermeidlich dazu führen, daß Beschäftigte in anderen schrumpfenden Wirtschaftsbereichen ähnliche Forderungen nach arbeitslosen Einkommenszahlungen erheben"[76].

Hinzu kommt, daß das Selbstverständnis des Bauern nicht jenes eines Sozialhilfeempfängers, sondern eines landwirtschaftlichen Unternehmers ist. Direkte Einkommenszahlungen ohne entsprechende Gegenleistungen widersprechen diesem Bild. Nur wenn die Grundsubstanz der Landwirtschaft durch bäuerliche Unternehmer geprägt ist, lassen sich die vielseitigen, an die Landwirtschaft unserer Zeit gestellten Anforderungen erfüllen:

> "In der Landwirtschaft heißt das insbesondere, daß der Landwirt, um erfolgreich zu sein, immer mehr ein Geschäftsmann werden muß - ein notwendiger Vorgang, den viele Leute bedauern und gerne verhindern würden. Aber die Alternative für die Landbevölkerung würde sein, immer mehr eine Art Zubehör zu einem Nationalpark zu werden, ein kurioses Volk, das zur Belebung der Landschaft erhalten, aber bewußt daran gehindert wird, sich geistig und technisch so anzupassen, daß es sich selbst erhalten kann"[77].

4. Die Schaffung von außerlandwirtschaftlichen Einkommensmöglichkeiten

Werden auch die Einkommen von Betriebsleitern und Familienmitglieder betrachtet, welche außerhalb des bäuerlichen Betriebes arbeiten, kommt es für die höchstentwickelten Industrieländer zu einer *Relativierung der These der ungenügenden landwirtschaftlichen Haushaltseinkommen.* In einzelnen OECD-Ländern beträgt der Anteil der landwirtschaftlichen Einkommen an den gesamten Haushaltseinkommen in den bäuerlichen Haushalten nur etwa ein Sechstel bis ein Drittel,[78] womit auch die Abhängigkeit der Landwirtschaft von den bäuerlichen Einkommen verhältnismäßig gering ist. In anderen Ländern liegt dieser Anteil zwischen der Hälfte und drei Viertel des Einkommens, womit eine etwas

[76] *Schmitt* (1980), S. 8.
[77] *Von Hayek* (1983), S. 450.
[78] Wie beispielsweise in den USA (15 Prozent), Japan (16 Prozent), Italien (31 Prozent) und Norwegen (37 Prozent). Vgl. zu den Schätzungen der OECD *Blandford* und *Dewbre* (1994), S. 1050.

größere Abhängigkeit von den landwirtschaftlichen Einkommen besteht.[79] Es gibt *OECD-Länder*, in welchen die Gesamteinkommen der bäuerlichen Haushalte zum Teil beträchtlich über dem Durchschnitt der nichtbäuerlichen Haushalte liegen,[80] in anderen entsprechen sich die Einkommen[81] oder das Einkommen der bäuerlichen Haushalte liegt unter jenem nichtbäuerlicher Haushalte.[82]

Außerlandwirtschaftliche Einkommen landwirtschaftlicher Betriebsleiter und einzelner Familienmitglieder tragen immer stärker zur Verbesserung der bäuerlichen Einkommen bei.[83] Tab. 18/4 zeigt die steigende Bedeutung der außerlandwirtschaftlichen Einkommensquellen für die landwirtschaftliche Bevölkerung in den USA, welche in den Jahren 1970-90 mit 60 Prozent zu den Einkommenserhöhungen beitrugen.[84] Lagen die Einkommen pro Kopf der landwirtschaftlichen Bevölkerung in den USA während der 1950er und 1960er Jahre noch zwischen der Hälfte und zwei Drittel der Einkommen der nichtlandwirtschaftlichen Bevölkerung, stieg dieser Anteil in den 1970er Jahren auf über 75 und teilweise bis über 100 Prozent, was unter anderem auf außerlandwirtschaftliche Einkommensquellen zurückzuführen ist.[85] Dabei handelt es sich um Durchschnittseinkommen; zahlreiche Landwirte bleiben unter diesen Zahlen.

Tab. 18/4
Die Veränderung der Pro Kopf-Einkommen der landwirtschaftlichen Bevölkerung und deren Ursachen 1930-90 in den USA (in Prozent)

	Paritätspreisindex	Produktivität der Produktionsfaktoren	Betriebsgrößen	Staatliche Subventionen	Außerlandwirtschaftliches Zusatzeinkommen	Insgesamt
1930-50	10	29	23	0	38	100
1950-70	- 7	15	30	15	47	100
1970-90	- 9	17	26	6	60	100
1930-90	- 5	19	28	2	56	100

Quelle: *Tweeten und Lynn* (1993), S. 27.

So beurteilt hat die Landwirtschaft in zahlreichen Ländern den Weg von einem unterentwickelten zu einem konsolidierten Wirtschaftssektor zurückgelegt, wobei die landwirtschaftlichen Einkommensprobleme auf außerlandwirtschaftlichem Wege gelöst wurden. Die Landwirtschaft bedarf in diesen Fällen in Zukunft möglicherweise nur noch geringfügiger Hilfen.[86]

[79] Wie beispielsweise in Kanada (44 Prozent), Irland (49 Prozent), Dänemark (50 Prozent), Finnland (51 Prozent), Portugal (60 Prozent), Frankreich (67 Prozent), Belgien (73 Prozent) und den Niederlanden (75 Prozent). Vgl. zu den Schätzungen der OECD *Blandford* und *Dewbre* (1994), S. 1050.

[80] Wie beispielsweise die Niederlande (181 Prozent), Norwegen (150 Prozent), Dänemark (147 Prozent), Japan (130 Prozent), Belgien (115 Prozent) und Frankreich (114 Prozent). Vgl. zu den Schätzungen der OECD *Blandford* und *Bewbre* (1994), S. 1050.

[81] Wie beispielsweise in Irland (98 Prozent), Kanada (97 Prozent) und den USA (96 Prozent). Vgl. zu den Schätzungen der OECD *Blanford* und *Dewbre* (1994), S. 1050.

[82] Wie beispielsweise in Portugal (80 Prozent). Vgl. zu den Schätzungen der OECD *Blanford* und *Dewbre* (1994), S. 1050.

[83] Vgl. *Schlecht* (1997), S. 17.

[84] Vgl. dazu auch *Schmitt und Tangermann* (1984), S. 783.

[85] Vgl. *Hathaway* (1981), S. 779.

[86] Vgl. *Penn* (1996), S. 1.

Die Lösung der landwirtschaftlichen Einkommensprobleme setzt damit sinnvollerweise auch bei der *Schaffung außerlandwirtschaftlicher Arbeitsplätze* im ländlichen Raum an. Voraussetzungen sind Strukturentwicklungspläne, Infrastrukturprogramme, Förderungsprogramme für die Ansiedlung von nichtlandwirtschaftlichen Betrieben und Steuererleichterungen. Für die Landwirte ergibt sich bei vermehrten außerlandwirtschaftlichen Arbeitsplätzen die Möglichkeit eines Übergangs zu Zuerwerbs-, Nebenerwerbs- und Hobbybetrieben. Solche Betriebe verfügen nach einer Anpassungsphase meist über größere Einkommen als kleinere landwirtschaftliche Vollerwerbsbetriebe.

5. Die Förderung der Ausbildung für Kinder

Während langer Zeit wurde die *Förderung der Ausbildung von Kindern* aus landwirtschaftlichen Haushalten als eine spezielle Form der Förderung der Landwirtschaft betrachtet. Dies trägt nicht unmittelbar zur Verbesserung der landwirtschaftlichen Einkommen bei, sondern wird eher als eine langfristige Mobilitätshilfe angesehen ("Mobilität" statt "Produktivität"). Denkbar sind Ausbildungshilfen à fonds perdue oder Kredite. In der heutigen, vorwiegend bildungsfreundlichen Zeit dient die allgemeine Bildungspolitik diesem Ziel.[87]

6. Die Renationalisierung der landwirtschaftlichen Einkommenspolitik

Die landwirtschaftlichen Einkommen in den einzelnen Mitgliedstaaten sind recht unterschiedlich.[88] Entsprechend unterschiedlich sind auch die Einkommensprobleme der einzelnen Länder. Deshalb stellt sich die Frage, ob die gemeinsame Markt- und Preispolitik die Hauptlast der landwirtschaftlichen Einkommenspolitik in der *Europäischen Union* tragen soll oder ob die Agrareinkommenspolitik von der gemeinsamen Markt- und Preispolitik abgekoppelt werden soll. Dies könnte zu einer *Renationalisierung der landwirtschaftlichen Einkommenspolitik* innerhalb der *Europäischen Union* führen. Der landwirtschaftliche Einkommensdruck in den Mitgliedstaaten mit unterdurchschnittlichen Einkommen könnte bei einer Renationalisierung der Einkommenspolitik differenziert gemildert werden. Einzelne Autoren befürworten eine offene Renationalisierung der Agrareinkommenspolitik.[89] Andere lehnen dies unter Integrationsaspekten ab:

> "Es ist also einzuräumen, daß eine Renationalisierung der Agrarpolitik einige Vorzüge gegenüber der jetzigen EU-Agrarmarktregulierung haben könnte. Trotzdem ist die Rückkehr zu den Verhältnissen von 1957 wenig wünschenswert: Sie bedeutet ein Kapitulieren vor der Aufgabe, einen wirklichen gemeinsamen Agrarmarkt in Europa herzustellen und ihn an die Stelle der bisherigen Marktspaltungspolitik der EU zu setzen".[90]

Ansätze einer nationalen Differenzierung (nicht jedoch einer Rückverlagerung) der landwirtschaftlichen Einkommenspolitik finden sich in den einzelstaatli-

[87] Vgl. *Roy et al.* (1971), S. 408.

[88] In Belgien, Dänemark, Großbritannien und den Niederlanden beispielsweise liegen die landwirtschaftlichen Einkommen über den vergleichbaren außerlandwirtschaftlichen Einkommen. In anderen Ländern wie Griechenland, der Bundesrepublik Deutschland und Italien sind diese kleiner als die gewerblichen Vergleichseinkommen. Vgl. auch *Lösch* (1988), S. 611 ff.

[89] Vgl. *Thoroe* (1980), S. 40 und *Koester* (1984), S. 241.

[90] *Willgerodt* (1983), S. 121.

chen Einkommenshilfen zu Gunsten der bäuerlichen Familienbetriebe und der Agrarsozialpolitik.

G. Die Agrarsozialpolitik

I. Das Wesen der Agrarsozialpolitik

Die traditionelle Struktur der bäuerlichen Bevölkerung sind Großfamilien, welche die sozialen und wirtschaftlichen Risiken des Lebens tragen. Die modernen bäuerlichen Familien sind dazu oft nicht mehr in der Lage. Wechselfälle des Lebens bedeuten wirtschaftlich eine Existenzbedrohung. Dabei haben sich die einkommenspolitischen Ziele für die Landwirtschaft in den vergangenen Jahrzehnten stark gewandelt:

- Bis Ende der 1960er/Anfang der 1970er Jahre bestand das Ziel eines *vergleichbaren Einkommens* (landwirtschaftliches Paritätseinkommen) zwischen den landwirtschaftlichen und den übrigen, vergleichbaren Berufen.[91] Für kleinere landwirtschaftliche Betriebe und weniger qualifizierte Landwirte wurde das Ziel des Erreichens von Vergleichslöhnen später mehr und mehr aufgegeben.

- In den 1970er Jahren kam es zur Diskussion über *landwirtschaftliche Minimaleinkommen*, welche die wirtschaftliche Existenz der bäuerlichen Familien sichern sollten. Kritisiert wurden vor allem die Verteilungswirkungen der landwirtschaftlichen Markt- und Preispolitik. Es ergab sich die Idee von Mindestlöhnen ähnlich jenen in den Tariflohnabkommen oder bei der staatlichen Festsetzung von Minimallöhnen. Als untere Grenze für die landwirtschaftlichen Einkommen wurde die Sicherung jenes Mindestlebensstandards betrachtet, den eine Gesellschaft als sozial akzeptabel beurteilt,[92] um "das Absinken des Lebensstandards unter ein bestimmtes Niveau (Mindesteinkommen) zu vermeiden".[93] Später erwies sich das Ziel eines landwirtschaftlichen Mindesteinkommens aufgrund der großen Belastung der Staatshaushalte, der Gefahr einer Konservierung der landwirtschaftlichen Strukturen und der produktionsfördernden Wirkung als nicht mehr realisierbar.

- Die 1980er Jahre brachten eine weitere Absenkung der landwirtschaftlichen Einkommensziele. Die landwirtschaftlichen Einkommen sollten nun durch ein *soziales Auffangnetz* abgefedert werden, welches auch die Wirkungen des landwirtschaftlichen Strukturwandels mildern sollte. Dazu wurde die soziale Sicherung gegen die wirtschaftlichen Folgen von Alter, Krankheit, Unfall und Tod ausgebaut. Außerdem wurden neue, vielfach zeitlich beschränkte direkte Einkommenszahlungen eingeführt.

- In den 1990er Jahren kam es unter dem Druck gesättigter Agrarmärkte, "leerer Staatskassen" und der WTO/GATT-95 erneut zu einer Senkung der Agrarpreise. Die ökosoziale Reform der Agrarpolitik wurde zunehmend zur Realität. Die

[91] Die Angleichung der sozialen Lage der in der Landwirtschaft tätigen Menschen an die Lage vergleichbarer Berufsgruppen ist seit dem Landwirtschaftsgesetz von 1955 ein explizites Ziel der Agrarpolitik (§ 1 des Landwirtschaftsgesetzes vom 5. September 1955). Dieser Grundsatz ist auch im *Gründungsvertrag der Europäischen Gemeinschaft* verankert (Art. 39 EWG-Vertrag von 1957). In beiden Gesetzen wird die Sozialpolitik als Mittel der Agrarpolitik jedoch nicht ausdrücklich erwähnt.

[92] Vgl. *Heidhues* (1977), S. 121.

[93] *Von Witzke* (1980), S. 175.

agrarpolitischen Instrumente wurden neben Umweltzielen vermehrt auf die *soziale Sicherung* der vom Einkommensverfall betroffenen bäuerlichen Betriebe ausgerichtet. Eine solche Politik ist auch bei einer neuen Agrapreissenkungung im Rahmen von "Agenda-2000" zu erwarten.

Über einen längeren Zeitraum betrachtet, hat sich die landwirtschaftliche Sozialpolitik von einer Sozialpolitik für die landwirtschaftlichen Arbeitnehmer zu einer Politik entwickelt, deren Ziel die Sicherung der Lebensverhältnisse der gesamten Agrarbevölkerung gegen die *sozialen Grundrisiken wie Krankheit, Alter, Arbeitsunfälle, Berufskrankheiten, Berufsunfähigkeit, Tod des Ernährers, Invalidität, Arbeitslosigkeit und Mutterschaft* ist. Die Agrarsozialpolitik soll zudem einen Einkommensausgleich zu Gunsten verheirateter Personen und Familien mit Kindern schaffen.

Die Agrarsozialpolitik wird zur

> "Gesamtheit der Maßnahmen, die auf das wachsende Bedürfnis der landwirtschaftlichen Bevölkerung für eine öffentliche Absicherung ihrer sozialen Belange und die Notwendigkeit gerichtet sind, die einkommenspolitisch abgenutzte Markt- und Preispolitik durch andere Maßnahmen zu ergänzen, welche zur Schaffung bzw. Gewährleistung gesunder sozialer Verhältnisse auf dem Lande beitragen".[94]

II. Weitere Ziele der Agrarsozialpolitik

Die *Agrarsozialpolitik* trägt Elemente der traditionellen Sozialpolitik, der Strukturpolitik und der Einkommenspolitik in sich:

- Als *traditionelle Sozialpolitik* sollen die Landwirte und ihre Familien gegen die Risiken des Lebens gesichert werden.

- Als Einkommenspolitik soll der *soziale Status* der landwirtschaftlichen Familien verbessert werden.[95] Das verteilungspolitische Ziel der Agrarsozialpolitik zielt auf eine sozialpolitische Gleichstellung selbständiger bzw. ehemals selbständiger Landwirte mit den Unselbständigen vergleichbarer Berufsgruppen.[96] Sehr weit geht der Vorschlag, die Agrarsozialpolitik in den Dienst einer Stützung einkommensschwacher Betriebe zu stellen.[97]

- Als *Strukturpolitik* soll der Wandel der Landwirtschaft erleichtert werden.[98] Der Transfer von Boden von nichtentwicklungsfähigen zu entwicklungsfähigen Betrieben soll beschleunigt werden, ebenso der Transfer von Arbeitskräften in wirtschaftliche Bereiche, wo sie einen größeren Beitrag zum Inlandsprodukt erwirtschaften. Mittel sind beispielsweise die Landabgaberente und der Nachentrichtungszuschuß zur Altershilfe für Landwirte. Dabei zählt die *Trennung* der *Allokations-* von der *Agrarsozialpolitik* zu den wesentlichen Forderungen an die Agrarsozialpolitik. Während langer Zeit führte der Versuch, die sozialen Probleme durch überhöhte Preise zu lösen, zu überdimensionierten landwirtschaftlichen Produktionskapazitäten, wodurch unlösbare Probleme entstanden.

---

[94] *Geigant et al.* (1983), S. 6.
[95] Vgl. *Brandkamp* (1990).
[96] Vgl. *Schmitt* und *von Witzke* (1974), S. 248.
[97] Vgl. *Priebe* (1985), S. 298.
[98] Vgl. *Mrohs* und *Zurek* (1976).

Die Agrarsozialpolitik soll so weit als möglich negative Allokationseffekte vermeiden.[99]

Angesichts des starken strukturellen Anpassungsdrucks vor allem bei den kleineren und mittleren Betrieben erscheint eine Entlastung der Betriebe bei der agrarsozialen Sicherung notwendig und zweckmäßig. Dafür spricht auch, daß die Wirkungen der Agrarsozialpolitik hinsichtlich einer Perpetuierung der landwirtschaftlichen Überkapazitäten weit geringer sind als bei der Markt- und Preispolitik.

III. Die traditionellen Instrumente

Zu den traditionellen Instrumenten der Agrarsozialpolitik zählen (1.) Die landwirtschaftliche Krankenversicherung,[100] (2.) die landwirtschaftliche Unfallversicherung,[101] (3.) die landwirtschaftliche Altershilfe,[102] (4.) die Sozialkostenentlastung,[103] und (5.) die Förderung des sozioökonomischen Strukturwandels.[104]

---

[99] Wenn beim Gesellschaftsvertrag die Einkommensumverteilung " ... nicht ausgeschlossen ist, dann findet möglicherweise unser oben formulierter Grundsatz der klaren Trennung von Allokations- und Sozialpolitik tatsächlich allgemeine Zustimmung. ... Die Regel der Trennung von Allokations- und Sozialpolitik im obigen Sinne ist nur eine andere Umschreibung eines wichtigen Satzes im Programm der Sozialen Marktwirtschaft. Danach bedarf eine Politik, die das Attribut sozial trägt, zunächst einer möglichst vollständigen Nutzung der produktiven Möglichkeiten des Marktes und - wie wir heute ergänzen müssen - der Nutzung der produktiven Möglichkeiten eines Leistungsstaates. Getrennt davon aber ist sozialen Belangen Rechnung zu tragen" (*Watrin* (1984), S. 26 f.).

[100] Die *landwirtschaftliche Krankenversicherung (LKV)* zählt seit 1972 zu den Pflichtversicherungen für Landwirte. Die Kosten werden gedeckt durch Beitragszahlungen der aktiven Landwirte (gestaffelt nach dem Standardbetriebseinkommen), Zahlungen der Rentenversicherung sowie Beiträgen des Bundes (etwa die Hälfte). Die Krankenversicherung wird ergänzt durch Maßnahmen zur Sicherung des Betriebs- und Haushaltablaufs der landwirtschaftlichen Unternehmer und ihrer Familien im Krankheitsfalle. Neu ist ein Erziehungsgeld für Väter und Mütter von Kindern, die nach dem 1.1.1986 geboren wurden. Dieses Erziehungsgeld wird während zwölf Monaten gewährt und vom Bund finanziert.

[101] Die *landwirtschaftliche Unfallversicherung (LUV)* besteht seit 1884 und ist als Pflichtversicherung mit Zwangsmitgliedschaft der älteste Zweig der agrarsozialen Sicherung. Diese soll Arbeitsunfälle verhüten helfen und nach Eintritt eines Unfalles den Verletzten, seinen Angehörigen und den Hinterbliebenen helfen. Die Entschädigung besteht aus Heilbehandlung, Rehabilitation und Ausgleich der verminderten Erwerbsfähigkeit durch Renten.
Seit 1939 sind neben den landwirtschaftlichen Arbeitnehmern auch die landwirtschaftlichen Unternehmer und ihre Familienangehörigen in den Versicherungsschutz einbezogen. Die Finanzierung erfolgt zum Hauptteil durch Beiträge der Landwirte (gestaffelt nach den Standardbetriebseinkommen) und zu ca. 40 Prozent durch den Bund.

[102] Die *landwirtschaftliche Altershilfe (LAH)* für selbständige Landwirte besteht seit 1957. Es wurde davon ausgegangen, daß das Altenteil für die Sicherung des Lebensabends der Landwirte nicht mehr ausreicht. 1963 wurde zudem das Altersgeld bei Erwerbsunfähigkeit, 1975 das Waisengeld und 1980 das Hinterbliebenengeld eingeführt. Versicherungspflicht besteht für alle Landwirte, deren Unternehmen auf der Bodenbewirtschaftung beruht. Voraussetzung für Altersgeld an landwirtschaftliche Unternehmer, Witwen und Witwer ist das zurückgelegte 65. bzw. 60. Altersjahr, die Übergabe der landwirtschaftlichen Unternehmen und eine Beitragsdauer von mindestens 15 Jahren. Das Altersgeld wird nach der Beitragsdauer bemessen. Ein vorzeitiges Altersgeld wird nach 60 Kalendermonaten Beitragsdauer und der Übergabe des landwirtschaftlichen Unternehmens ausgerichtet. Finanziert wird die LAH durch Beiträge der landwirtschaftlichen Unternehmer und zu mehr als drei Viertel aus Bundesmitteln. Die Beiträge und Rentenzahlungen sind weitgehend unabhängig vom Einkommen. Seit 1973 besteht die Möglichkeit einer Zusatzversicherung der land- und forstwirtschaftlichen Arbeit-

Die Landwirtschaft wurde nicht in das soziale System der Arbeitnehmer eingegliedert, sondern schrittweise als *eigenständiges Sicherungssystem für die Landwirtschaft* aufgebaut. Die Bestrebungen gehen dahin, die agrarsoziale Lage der Landwirte an die gesetzliche Sozialversicherung außerhalb der Landwirtschaft anzupassen. Dabei sind die Besonderheiten der Landwirtschaft zu berücksichtigen, zu welchen das traditionelle Altenteil und die Notwendigkeit einer qualifizierten Arbeitsvertretung im Krankheitsfalle zählen.

Der Förderung des sozioökonomischen Strukturwandels dienen:

- Die *landwirtschaftliche Altershilfe (LAH)* soll die frühzeitige Hofübergabe an junge Landwirte erleichtern. Die Abgabe des landwirtschaftlichen Unternehmens ist Voraussetzung für die Gewährung des Altersgeldes und das vorzeitige Altersgeld ("Hofabgabeklausel"). Dies soll den betriebswirtschaftlichen Fortschritt und die Wettbewerbsfähigkeit der Landwirtschaft fördern.[105]

- Die *Landabgaberente (LAR)* soll entwicklungsfähige Betriebe fördern und die Betriebsaufgabe für ältere Landwirte mit kleinen, nicht entwicklungsfähigen Betrieben erleichtern. Die Agrarstruktur soll durch die Abgabe von landwirtschaftlichen Nutzflächen und die Schaffung leistungsfähigerer Betriebe verbessert werden.[106]

- Der *Nachentrichtungszuschuß* von Beiträgen zur gesetzlichen Rentenversicherung (NEZ) soll ebenfalls die Abwanderung aus der Landwirtschaft erleichtern. Dieser dient der sozialen Sicherung der außerlandwirtschaftlich tätigen, ehemaligen landwirtschaftlichen Unternehmer im Alter. Nehmen Landwirte eine versicherungspflichtige außerlandwirtschaftliche Tätigkeit auf, können sie die

nehmer. Diese soll die Altersrentenansprüche bei einem Alter von mindestens 50 Jahren und 15 Jahren Beitragsdauer aufbessern.

[103] Die Entlastung vor allem der kleinen und mittleren Betriebe durch Zuschüsse zu allen Zweigen der landwirtschaftlichen Sozialversicherung hat einkommenspolitischen Charakter. Zudem sind auch der Familienlastenausgleich, die Kindergelder und die Ausbildungszulagen von großer einkommenspolitischer Bedeutung. Das *Sozialversicherungs-Beitragsentlastungsgesetz (SVBEG)* bringt seit 1986 degressiv gestaffelte Beiträge und eine Sozialkostenentlastung für die Landwirte.

[104] Die Aufgaben der Agrarsozialpolitik als Absicherung der klassischen Risiken des Lebens und der Arbeit sind gegenüber jenen Maßnahmen abzugrenzen, welche auf die Bewältigung und Förderung des agrarstrukturellen Wandels zielen. Es handelt sich um sog. soziostrukturelle Maßnahmen. Seit Ende der 1960er Jahre wird die Auffassung vertreten, daß die Möglichkeiten der Agrarsozialpolitik im Dienste des Strukturwandels genutzt werden sollen. Die Bundesregierung verfolgt mit der Agrarsozialpolitik struktur- und einkommenspolitische Ziele im Sinne einer Doppelstrategie zur sozialpolitischen Sicherung und Erleichterung des landwirtschaftlichen Strukturwandels mit der Hilfe von gezielten Sozialmaßnahmen. Dazu dienen die landwirtschaftliche Altershilfe, die Landabgaberente, der Nachentrichtungszuschuß von Beiträgen zur gesetzlichen Rentenversicherung und die Vorruhestandsregelungen für die Landwirte.

[105] Neben *Belgien* gehen in der *Bundesrepublik Deutschland* die meisten Bauern nach Vollendung des 65. Lebensjahres in den Ruhestand.

[106] Seit dem 1.1.1984 ist die Frist für Neubewilligungen ausgelaufen. Der Bauer mußte seinen Betrieb während fünf Jahren hauptberuflich bewirtschaftet und das 60. Lebensjahr vollendet haben oder berufsunfähig sein und während mindestens 60 Monaten Beiträge zur Alterskasse der Landwirte entrichtet haben, um Landabgaberenten zu erhalten. Die Landabgaberente lag monatlich um rund DM 175 über dem Altersgeld. Diese wurde vollumfänglich durch Bundesmittel finanziert. Rund 55.000 Betriebe und 680.000 Hektar Land wurden zwischen der Einführung der Landabgaberente im Jahre 1969 und 1984 aufgegeben.

Ansprüche aus der Rentenversicherung erhöhen, indem sie Beträge nachentrichten.[107]

- Die *Vorruhestandsregelung* dient der Verminderung sozialer Härten bei älteren Landwirten.[108]

IV. Der Reformbedarf

Die Altershilfe, die Landabgaberenten, die Nachentrichtungszuschüsse und die Vorruhestandsregelungen sind keine unproblematischen Instrumente. Diese führen dazu, daß Landwirte, die sich auch aus eigener Tätigkeit ernähren könnten, im erwerbsfähigen Alter aus der Produktion ausscheiden und mit Staatsmitteln versorgt werden. Konsequenz hieraus ist eine Verschwendung von Ressourcen im doppelten Sinne: Einerseits sind Leute in einem Alter beruflich nicht mehr aktiv, in welchem sie ohne weiteres noch dazu imstande wären, zudem müssen andere, wirtschaftlich tätige Wirtschaftssubjekte einen Einkommenstransfer leisten, was bei diesen unfreiwilligen "Spendern" eine Wohlfahrtsminderung bringt. Hinzu kommt, daß die Abgabe von Land durch kleine und mittlere Landwirte an andere Bauern meist zu einer effektiveren Nutzung des Bodens und damit größeren Überkapazitäten führt.

Wird die Agrarsozialpolitik auf Ineffizienzen untersucht, stellt sich die Frage partieller *Reformen*:

- Die *Agrarsozialpolitik* wird gelegentlich als "Beispiel einer umgekehrten Sozialpolitik" bezeichnet, als eine allen sozialpolitischen Grundsätzen widersprechende Politik, weil die Spitzenverdiener bei den Landwirten in den Genuß ähnlicher Leistungen gelangen wie die kleinen und mittleren Landwirte.

- Ein weiteres Postulat besteht im *gleichen Zugang der Landwirte zum allgemeinen Sozialversicherungssystem* wie bei der übrigen Bevölkerung anstelle eines speziellen sozialen Sicherungsnetzes. Ergänzend dazu könnten soziale Härten beim agrarstrukturellen Anpassungsprozeß durch spezielle Sozialmaßnahmen gemildert werden. Andere Autoren akzeptieren zwar ein eigenständiges System der sozialen Sicherung der Landwirte, betrachten aber das gegenwärtige System als reformbedürftig. Ziel der Reformen soll der Abbau von sozialpolitischen

[107] Der Bund bezuschußt diese nachentrichteten Beträge mit 70 Prozent. Voraussetzung sind die Hofübergabe und die Pflichtversicherung der Arbeitnehmer. Die ehemaligen Landwirte scheiden aus der landwirtschaftlichen Alterskasse aus und erhalten ihre Beträge erstattet. Wurden bereits in den vergangenen sechs Jahren während 60 Monaten Beiträge in die gesetzliche Rentenversicherung einbezahlt, ist eine Unternehmensabgabe nicht erforderlich. Damit können auch Nebenerwerbslandwirte den Nachentrichtungszuschuß erhalten.

[108] Landwirtschaftliche Unternehmer inkl. Nebenerwerbslandwirte können nach dem 58. Lebensjahr eine Produktionsaufgaberente erhalten, wenn sie ihre Betriebsfläche stillegen oder strukturverbessernd abgeben. Hinzu kommt die Absicherung der landwirtschaftlichen Krankenversicherung und die Übernahme der Beiträge zur Altershilfe für Landwirte durch den Bund sowie bei Flächenstillegung zudem eine Prämie pro Hektar Land. Arbeitnehmer und mitarbeitende Familienmitglieder erhalten ebenfalls entsprechende Zahlungen, d. h. eine Rente bzw. ein Ausgleichsgeld in der Höhe von 65 Prozent des Bruttoarbeitsentgelts. Außerdem übernimmt der Bund die Beiträge zur gesetzlichen Rentenversicherung und den Arbeitgeberanteil in der Krankenversicherung. Vgl. das Gesetz zur Förderung der Einstellung der landwirtschaftlichen Erwerbstätigkeit (FELEG) vom 20. Januar 1989 bzw. die Verordnung (EWG) Nr. 1094/88 des Rates vom 25. April 1988 und den *Agrarbericht 1989*, Nr. 11/3968, S. 72.

"Ungerechtigkeiten" in Beziehung zur übrigen Gesellschaft sowie innerhalb der Landwirtschaft sein. Die Reform der Agrarsozialpolitik soll sich an den allgemeinen Normen der sozialen Sicherheit orientieren. Dabei sind die landwirtschaftlichen Besonderheiten zu berücksichtigen. Zu diesen zählen die Notwendigkeit einer qualifizierten Arbeitsvertretung im Falle von Krankheit und Unfall, spezielle Verfahren der Einkommensermittlung und die Berücksichtigung des ungünstigen zahlenmäßigen Verhältnisses zwischen den Beitragspflichtigen und den Leistungsempfängern.

- Als ungerecht wird empfunden, daß *mitarbeitende Familienmitglieder* keine eigene Alterssicherung aufbauen können und damit im Falle der Erwerbwerbsunfähigkeit auf den Schutz der Familie angewiesen sind. Sie sollten deshalb in die Alterssicherung integriert werden.

- Kritisiert wird auch, daß die *Höhe des Altersgeldes* vom Zeitpunkt der familienspezifischen Hofübernahme und nicht der Dauer der landwirtschaftlichen Tätigkeit abhängt. Es findet eine Umverteilung zu Gunsten der Landwirte mit kurzer Beitragsdauer statt. Deshalb wird eine Reform der Altersrenten verlangt, deren Höhe nach der gesetzlichen Rentenformel festgelegt wird. Die Rentenleistungen können etwas niedriger sein als bei der gesetzlichen Rentenversicherung, weil sich durch den traditionellen Altenteil eine zusätzliche Altersversorgung ergibt. Zudem werden die Landwirte bei den Beiträgen zur Alterssicherung stark begünstigt, was eine Verletzung des Äquivalenzprinzips bedeutet. Es findet keine Differenzierung der Einkommensübertragungen nach dem individuellen Einkommen statt. Kritisiert wird auch, daß oft nur eine formelle Hofübergabe stattfindet und der Betrieb in der alten Regie weiter bewirtschaftet wird. Dies ist darauf zurückzuführen, daß das Altersgeld und die Pachteinnahmen für die Lebensführung nicht ausreichen.

Literaturangaben zu Kapitel 18:

Bachmann, Hans (1958), Die Integration der Agrarmärkte. In: Außenwirtschaft, Zürich, S. 26 ff.

Barkley, Andrew P. (1990), The Determinants of the Migration of Labour out of Agriculture in the United States, 1940-85. In: American Journal of Agricultural Economics. Vol. 72, Nr. 3, August, S. 571 ff.

Binswanger, Hans Christoph, und Müller Karl (1972), Neugestaltung der Agrarpolitik. Vorschlag für die Einführung von Flächenbeiträgen, Glüsingen.

Blandford, David, de Gorter, Harry, Gardner, Bruce, and Harvey, David (1989), There Is A Way To Support Farm Income with Minimal Trade Distortions. In: Choices, The Magazine of Food, Farm, and Resource Issues. First Quarter 1989, Herndon, S. 20 f.

Blandford, David und Dewbre, Joe (1994), Structural Adjustment and Learning to Live Without Subsidies in OECD Countries. In: American Journal of Agricultural Economics. Vol. 76, Nr. 5, December, S. 1047-1052.

Brandkamp, Franz (1990) Förderung und gesellschaftliche Stellung der Landwirtschaft. In: Berichte über Landwirtschaft, Band 68 (1), März, Hamburg und Berlin.

Brandow, George E. (1962), In Search of Principles of Farm Policy. Journal of Farm Economics. Ithaca, N.Y., 44, S. 1145-1155.

Buchenberger, A. (1914), Agrarwesen und Agrarpolitik, Bd. 1, bearb. von W. Wygodzinski, 2. Aufl., Leipzig.

Bundesregierung, Agrarberichte, div. Jh.

Chenery, H. und Syrquin, M. (1975), Patterns of Development, 1950-1970, London.

Ehrler, Melchior (1987), Ein längerfristiges Agrarkonzept. In: Landwirtschaftlicher Informationsdienst, Nr. 1840, vom 26.10.1987 (Bern).

Enfield, Ralph (1954), "How Much Agriculture", Lloyds B.R., April, S. 30.

Friedman, Milton (1962), The Alleviation of Poverty. In: Capitalism and Freedom, Phoenix Books, University of Chicago Press.

Galbraith, John Kenneth (1955), Farm Policy: The Current Position. In: Journal of Farm Economics, Vol. 37, May.

Geigant, Friedrich, Sobotka, Dieter und Westphal, Horst M. (1983), Lexikon der Volkswirtschaft, 4. Auflage, Landsberg/Lech.

Glauber, Joseph, Helmberger, Peter, and Miranda, Mario (1989), Four Approaches to Commodity Market Stabilization: A Comparative Analysis. In: American Journal of Agricultural Economics, Vol. 71, No. 2, May, S. 325-337.

Hanau, Arthur (1958), Die Stellung der Landwirtschaft in der Sozialen Marktwirtschaft. In: Agrarwirtschaft, Jg. 7, S. 1-17.

Ders. (1969), Die Stellung der Landwirtschaft in der Sozialen Marktwirtschaft. In: E. Gerhardt/P. Kuhlmann (Hrsg.), Agrarwirtschaft und Agrarpolitik, Köln/Berlin, S. 70-95.

Hathaway, Dale E. (1963), Government and Agriculture: Public Policy in a Democratic Society, New York.

Ders. (1981), Government and Agriculture Revisited: A Review of Two Decades of Change. In: American Journal of Agricultural Economics. Vol. 83, Nr. 5, December, S. 779-787.

von Hayek, Friedrich August (1971), Die Verfassung der Freiheit, Tübingen.

Ders. (1983), Die Verfassung der Freiheit, Tübingen .

Heidhues, Theodor (1977), Art. Agrarpolitik, I: Preis- und Einkommenspolitik. In: Handbuch der Wirtschaftswissenschaften (HdWW), Bd. 1, Stuttgart und New York, S. 107-128.

Herrmann, Roland (1994), Agrarpolitik in Kanada - Beschreibung, Wirkungsanalyse und Lehren aus den dortigen Erfahrungen für die agrarpolitische Reformdiskussion. In: Berichte über Landwirtschaft. Band 72 (2) vom Mai, Münster-Hiltrup, S. 295-326.

Houthakker, H.S. (1965), Flächensubventionen - Ein Schritt zur Lösung des Agrarproblems? In: Agrarwirtschaft, Heft 8, August, Jahrgang 14, Hannover.

Höcherl-Plan (1968), hrsg. vom Bundesministerium für Ernährung, Landwirtschaft und Forsten, Bonn.

Innes, Robert (1995), Five Litmus Test Issues. In: Choice, The Magazine of Food, Farm, and Resource Issues, 3/1995, S. 17-24.

Joint Economic Committee (1968), Economic Policies and Practices, Paper No. 11, Washington, S. 3-13.

Johnson, D. Gale (1947), Forward Prices for Agriculture, The University of Chicago Press.

Kleinewefers, Henner (1972), Wirtschaftspolitische Konzeption und Umweltproblematik: Das Beispiel der Agrarpolitik. In: Schweizerische Zeitschrift für Volkswirtschaft und Statistik, 108. Jg., Nr. 3, vom September, S. 283-328.

Koester, Ulrich (1984), Internationale Aspekte der Agrarpolitik. In: Agrarwirtschaft, 33. Jg.

Ders. und Nuppenau, E.-A. (1987), Die Einkommenseffizienz staatlicher Ausgaben für die Landwirtschaft. In: Wirtschaftsdienst, 67. Jg., Heft 2, S. 68-75.

Kronberger Kreis bzw. Frankfurter Institut für wirtschaftspolitische Forschung e.V. (1984), Für eine Neue Agrarordnung. Kurskorrektur für Europas Agrarpolitik. Hrsg. vom Kronberger Kreis: Wolfram Engels, Armin Gutowski, Walter Hamm, Wernhard Möschel, Wolfgang Stützel, Carl Christian von Weizsäcker, Hans Willgerodt. Bad Homburg.

Kuznets, Simon (1971), Economic Growth of Nations. Total Output and Production Structure, Cambridge Mass.

Lerjen, Hans-Peter, Vom Arbeiter- und Freizeitbauern - Strukturwandel des Fabrikbauerntums im Oberwallis. In: Agrarwirtschaft und Agrarsoziologe, hrsg. von der Schweizerischen Gesellschaft für Agrarwirtschaft und Agrarsoziologie, Nr. 1/98, Zürich 1998, S. 27-44.

Lösch, M. (1988), Die Bedeutung der Einkommensdisparitäten als Bestimmungsgröße für die Agrarpolitik im Rahmen der europäischen Integration - ein Vergleich für die Mitgliedsländer. In: Schriften der Gesellschaft für Wirtschafts- und Sozialwissenschaften des Landbaues e.V., Band 24, Münster-Hiltrup, S. 611-624.

Mrohs, Edmund, und Zurek Ernst (1976), Sozialpolitische Absicherung des landwirtschaftlichen Strukturwandels, Bonn.

Niehaus, Heinrich (1976), Den Agrarpolitikern ins Gedächtnis, Bonn.

Otten, Albert (1977), Die Negative Einkommenssteuer als sozialpolitische Alternative: Diskussionsstand und Erfahrungen in den USA und eine Analyse für die Bundesrepublik Deutschland, Frankfurt am Main/Bern/Las Vegas.

Paarlberg, Don (1989), The Farm Policy Agenda: It's Time to Change It. In: Choices. The Magazine of Food, Farm, and Resource Issues. Second Quarter, Herndon, S. 22-25.

Penn, J.B. (1979), ohne Tiel, in: Ernährungsdienst, Nr. 86, vom 28.7.79.

Ders. (1996), Ende of the "Agricultural Era". In: Choice, The Magazine of Food, Farm, and Resource Issues, First Quarter, S. 1.

Pevetz, Werner (1996), Bauern im Zölibat? In: Agrarische Rundschau, Juni, Heft 2, Wien, S. 38-43.

Priebe, Hermann (1985), Die subventionierte Unvernunft, Berlin.

Ders. (1995), Krisenbereich Agrarpolitik. In: Orientierungen zur Wirtschafts- und Gesellschaftspolitik, hrsg. von der Ludwig-Erhard-Stiftung, Nr. 66, vom Dezember, S. 51-56.

Rieder, Peter (1979), Volkswirtschaftliche Kosten unterschiedlicher Agrarmarktsysteme. In: Schweizerische Zeitschrift für Volkswirtschaft und Statistik, 115. Jg., Heft 1, März, S. 45-64.

Roy, Ewell P., Floyd, L. and Sullivan, Gene D. (1971), Applications to Agriculture und Agribusiness, The Interstate Printers and Publishers Inc., Danville, Illinois.

Schlecht, Otto, Agrarpolitik in der sozialen Marktwirtschaft. In: Orientierungen zur Wirtschafts- und Gesellschaftspolitik. Hrsg. von der Ludwig-Erhard-Stiftung. Heft 72/Juni 1997, S. 17-23.

Schmitt, Günter und von Witzke, Harald (1974), Ungelöste Probleme und Inkonsistenzen in der landwirtschaftlichen Sozialpolitik. In: Agrarwirtschaft, Heft 9, Hannover.

Dies. (1979), Minimum Income Policy: Elements and Effects of an Alternative Instrument of Farm Policy of the European Community. Contributed Paper to be read at the 17th International Conference Of Agricultural Economists to be held at Banff, Canada, University of Göttingen, West Germany, S. 1-4.

Schmitt, Günther (1980), Das agrarpolitische "Unfugpotential" nicht vergrößern. In: FAZ, Nr. 231, vom 4.10.1980, S. 8.

Ders. (1989), Sind Produktivität und Einkommen in der Landwirtschaft wirklich so gering, wie sie statistisch ausgewiesen werden? In: WiSt, Heft 12, Dezember (München und Frankfurt, S. 633-636.

Ders. (1993a), Haushalts- und Betriebsgrößen in der Landwirtschaft. In: Berichte über Landwirtschaft, Band 71 (3), September, Hamburg und Berlin, S. 377-398.

Ders. (1993b), Wechsel der Paradigmen in der Agrarökonomie - Warum auch vier neue agrarökonomische Lehrbücher neu verfaßt werden müssen - . In: Berichte über Landwirtschaft, Band 71 (4), vom November, Hamburg und Berlin, S. 586-608.

Ders. (1996), Die Bestimmungsgründe des agrarstrukturellen Anpassungsprozesses in der Bundesrepublik 1971 bis 1991: Eine quantitative Analyse der kurzfristigen Anpassung des landwirtschaftlichen Arbeitseinsatzes. In: Berichte über Landwirtschaft, Band 74 (2), Münster-Hiltrup, S. 232-258.

Schmitt, Günther und Tangermann Stefan (1984), Zur Auswirkung der Agrarpreisstützung auf die landwirtschaftlichen Einkommen. In: Schriften der Gesellschaft für Wirtschafts- und Sozialwissenschaften des Landbaues e.V., Band 21, Münster-Hiltrup, S. 759-793.

Schultz, Theodore (1945), Agriculture in an Unstable Economy. New York, London.

von Schweitzer, Rosemarie (1989), Einkommenskombination und bäuerliche Familie. In: Agrarische Rundschau, Nr. 6, vom Dezember, S. 9-14.

Smith, Vincent H. und Goodwin, Barry K. (1996), Crop Insurance, Moral Hazard, and Agricultural Chemical Use. In: American Journal of Agricultural Economics. Vol. 78, Nr. 2, May, S. 428-438.

Stigler, George (1988), Die politische Umverteilung des Einkommens (The Political Redistribution of Income), Zürich.

Swerling, Boris C. (1959), Income Protection for Farmers: A Possible Approach. In: Journal of Political Economy. Vol. 67, No. 2, (April), S. 173-176.

Thoroe, C. (1980), Renationalisierung der Einkommenspolitik. In: Loccumer Protokolle 5, S. 40.

Tweeten, Luther (1970), Foundations of Farm Policy, University of Nebraska Press.

Ders., und Lynn, Forster (1993), Looking forward to choices for the 21st century. In: Choices, The Magazine of Food, Farm, and Resource Issues. Fourth Quarter, S. 26-31.

Watrin, Christian (1984), Ordnungspolitische Aspekte der Einkommensumverteilung. In: Einkommen in der Landwirtschaft - Entstehung, Verteilung, Verwendung und Beeinflussung. Band 21 der Schriften der Gesellschaft für Wirtschafts- und Sozialwissenschaften des Landbaues e.V., Münster-Hiltrup.

Wille, Martin (1976), Formen, Möglichkeiten und Wirkungen direkter Einkommensübertragungen an die Landwirtschaft, hrsg. vom Bundesministerium für Ernährung, Landwirtschaft und Forsten, in Zusammenarbeit mit dem Land- und Hauswirtschaftlichen Auswertungs- und Informationsdienst e.V. (AID), Münster-Hiltrup.

Willgerodt, Hans (1983), Die Agrarpolitik der Europäischen Gemeinschaft in der Krise. In: ORDO, Bd. 34, Stuttgart/New York, S. 97-139.

Ders. (1987), Weltwirtschaft ohne Marktwirtschaft, Zürich.

von Witzke, Harald (1980), Grundzüge einer Mindesteinkommenssicherung für die Landwirtschaft der EG. In: Agrarwirtschaft, Zeitschrift für Betriebswirtschaft, Marktforschung und Agrarpolitik. Jahrgang 29, Juni, Heft 6, Hannover.

Teil F: Die Agrarfinanzpolitik
Kapitel 19: Die Agrarpolitik und die Finanzpolitik

" ... ob ich die selbständigen Bauern abschaffe wie in der Ostzone ... oder ob ich ihnen dauernd Subventionen gebe: In dem einen Fall habe ich die Bauern mit ihrem Besitz sozusagen materiell abgeschafft, in dem anderen schaffe ich sie geistig-seelisch ab."
(*Heinrich Niehaus*, 1956, S. 28).

"Keiner weiß mehr, wer seine Hand in wessen Tasche hat."
(Wolfram Engels, 1976, S. 280).

"Jede lebende Arbeit versinkt in einem toten Meer von Papier. Ein fauler bürokratischer Sumpf saugt uns alle auf."
(W. I. Lenin).

"Die Agrarpolitik der EWG hat die schwierige Aufgabe, einen Weg zwischen Bankrott und Utopie zu finden."
(Heinrich Niehaus, 1969, S. 149).

A. Die institutionellen Grundlagen: Die agrarpolitische Willensbildung in der Europäischen Union (EU)

I. Vorbemerkung

Die *Agrarfinanzpolitik* spiegelt jenen Bereich der Agrarpolitik wider, welcher sich in staatlichen Einnahmen und Ausgaben niederschlägt. Dazu sollen in diesem Kapitel einige rudimentäre Anmerkungen erfolgen. Sowohl die *Europäische Union* als auch die Mitgliedsländer haben Kompetenzen im Bereich der Agrarfinanzpolitik, wobei die Europäische Union den übergeordneten agrarfinanzpolitischen Rahmen vorgibt. Die Mitgliedsländer tendieren aus politischen und regionalen Gründen dazu, sich "eigene" Bereiche für die Agrarpolitik auszusparen.[1] Dies schlägt sich in den erheblichen Agrarbudgets der einzelnen Staaten nieder.

In der *Europäischen Union* kommen die Agrarpolitik und der Agrarfinanzhaushalt unter komplizierten institutionellen Rahmenbedingungen zustande. Die Hauptträger der Agrarpolitik sind der *Rat der Europäischen Union* (der sog. *Agrarministerrat)* und die *Kommission der Europäischen Union* (die sog. *EU-Kommission).* Weitere Funktionen liegen beim *Europäischen Parlament (EP).*[2]

II. Das Europäische Parlament (EP)

Das *Europäische Parlament (EP)* ist die parlamentarische Körperschaft der Europäischen Union. Es hat Gesetzgebungs- sowie Haushaltsbefugnisse und kontrolliert die Exekutive. Das Europäische Parlament kann sich mit den Vorschlägen der Kommission befassen und der Kommission auch ohne Aufforderung

---

[1] Diese sind vor allem Träger eines wesentlichen Teils der Agrarverfassung, Agrarstrukturpolitik, Agrareinkommenspolitik, Agrarsozialpolitik sowie Regionalpolitik.
[2] Vgl. zu diesen Ausführungen auch das *Amt für amtliche Veröffentlichungen der Europäischen Gemeinschaften* (1996).

Initiativberichte vorlegen. Dabei handelt es sich nicht um echte parlamentarische Initiativen, denn die Kommission muß darauf nicht eintreten.

Die politische Bedeutung des Europäischen Parlaments war bis zum *Maastricht-Vertrag* über die Europäische Union von 1993 gering. Wie konnte das Europäische Parlament die Gemeinschaftspolitik mitgestalten und den Entscheidungsprozeß beeinflussen? Dies war damals möglich durch die obligatorische Anhörung bei den politischen Grundsatzentscheidungen wie beispielsweise der Verwirklichung des Gemeinsamen Marktes und der Agrarpolitik, die allgemeine Anhörung bei anderen Fragen und die in vielen Fragen obligatorische Konsultation. Der Einfluß des Europäischen Parlaments war nur mittelbar, denn der Ministerrat war zur Berücksichtigung der Ergebnisse dieser Anhörungen und Konsultationen nicht verpflichtet.

Bei den *Gesetzgebungsbefugnissen* hat das Europäische Parlament heute Entscheidungs-, Beratungs- und Kontrollbefugnisse.[3] Es kann Rechtsakte ändern und in manchen Fällen selbst verabschieden:

- Im *Anhörungsverfahren* muß das Parlament zu den von der Kommission vorgeschlagenen Rechtsakten Stellung nehmen, ehe diese vom Ministerrat verabschiedet werden können (beispielsweise bei der Neufestsetzung der Agrarpreise).

- Beim *Kooperationsverfahren* kann das Europäische Parlament Änderungen an einem vorgeschlagenen Rechtsakt vornehmen (beispielsweise beim Europäischen Fonds für die regionale Entwicklung, in der Forschungs- und Umweltpolitik sowie der Entwicklungszusammenarbeit).

- Beim *Mitentscheidungsverfahren* besteht eine Gleichverteilung der Entscheidungsbefugnisse beim Europäischen Parlament und dem Ministerrat. Findet keine Einigung statt, tritt ein Vermittlungsausschuß in Kraft. Kann auch dieser sich nicht einigen, gilt der Vorschlag der Kommission als endgültig abgelehnt. Anwendungsbeispiele sind der Verbraucherschutz, die Bildung und die Gesundheit.

- Die *Zustimmung des Europäischen Parlaments* ist notwendig für wichtige internationale Vereinbarungen wie beispielsweise Beitrittsverträge mit neuen Mitgliedstaaten und Assoziierungsabkommen mit Drittländern sowie die Durchführung und Zielsetzung des Struktur- und Kohäsionsfonds zum Abbau von regionalen Ungleichheiten.

Die *Haushaltsbefugnisse* bestehen in der jährlichen Feststellung des Haushaltsplans der Europäischen Union. Änderungsvorschläge können bereits beim Vorentwurf der Kommission und dem Entwurf des Ministerrates eingebracht werden. Endgültig entscheidet das Europäische Parlament über die Erfüllung von internationalen Verpflichtungen und die Ausgaben für die gemeinsame Agrarpolitik, in anderen Bereichen entscheidet das Parlament zusammen mit dem Ministerrat (beispielsweise beim Regionalfonds). Der Haushaltsplan wird erst nach der Unterzeichnung durch den Ratspräsidenten gültig. Die Kontrolle der Ausgabe ist eine ständige Aufgabe des Europäischen Parlaments und endet jährlich mit der Erteilung der Entlastung der Kommission.

[3] Art. 137 EWGV (EWG-Vertrag).

Das Europäische Parlament bildet zusammen mit dem Ministerrat die Haushaltsbehörde der Europäischen Union, der die Kontrolle über den EU-Haushalt unterliegt. Es gibt sog. obligatorische und nicht-obligatorische Ausgaben:

(1.) Bei den *obligatorischen Ausgaben* trifft die EU-Kommission die Entscheidungen; der Ministerrat darf Änderungswünsche einbringen. Ein Beispiel in der Agrarpolitik ist der Europäische Ausgleichsfonds für die Landwirtschaft (EAGFL).

(2.) Bei den *nicht-obligatorischen* Ausgaben liegt das Entscheidungsrecht beim Europäischen Parlament, welches über deren Höhe und Verwendung bestimmt. Der Rat kann lediglich Änderungsvorschläge vorlegen. Der Anteil der nicht-obligatorischen Ausgaben, auf welche das Europäische Parlament einen wesentlichen Einfluß nehmen kann, liegt bei rund einem Viertel. Ungeklärt ist die eindeutige Zuordnung der Ausgaben im Bereich der Agrarstrukturpolitik (= *Europäischer Ausgleichsfonds für die Landwirtschaft, Abt. Ausrichtung),* welche als nicht-obligatorische Ausgaben gelten. Dies kann zu Konflikten zwischen dem Europäischen Parlament und dem Ministerrat führen.

III. Der Rat der Europäischen Union

Beim *Rat der Europäischen Union* handelt es sich um den EU-Agrarministerrat, der sich aus den für die Agrarpolitik zuständigen, jeweiligen Landwirtschaftsministern der Regierungen der Mitgliedstaaten zusammensetzt. Dieser erläßt Rechtsvorschriften, setzt politische Ziele, koordiniert die nationalen Politiken, regelt Konflikte innerhalb der verschiedenen Institutionen und tagt monatlich.

Die *Ministerkonferenz der EU-Agrarminister* ist das oberste Beschlußorgan. Diese hat die im EU-Vertrag kodifizierten Ziele zu erreichen und faßt die für den EU-Agrarbereich wesentlichen Beschlüsse.[4] Der EU-Agrarministerrat kann gesetzgeberisch nur auf einen Vorschlag der Kommission hin tätig werden. Er hat die Kompetenz, die Kommission aufzufordern, Vorschläge zu unterbreiten.[5] Entscheidungsverfahren beginnen mit einem Vorschlag der EU-Kommission, welcher durch Sachverständige und auf der politischen Ebene geprüft wird. Anschließend wird dieser vom Rat angenommen, geändert oder abgelehnt. In einzelnen Fällen, wie beispielsweise beim Verbraucherschutz, besteht ein Mitentscheidungsrecht des Europäischen Parlaments.

Der Ministerrat entscheidet nach dem sog. *Luxemburger Kompromiß* in Fragen mit verfassungsrechtlicher Qualität einstimmig, in der Rechtsanwendung durch Verordnungen und Richtlinien mit qualifizierter Mehrheit. Die Einstimmigkeitsregel wurde lange Zeit auf alle Verordnungen, Richtlinien und Entscheidungen des Agarministerrates angewendet. Das Einstimmigkeitsprinzip wurde häufig als Veto- bzw. Blockadeinstrument benutzt. Dadurch kam es zu einer starken Durchsetzung nationaler Interessen. Die Einigung erfolgte auf dem kleinsten gemeinsamen Nenner und enthielt Kompromisse, die jedem Land entgegenkamen, was wiederum den Integrationsprozeß verzögerte. Ein weiterer Nachteil waren große Entscheidungskosten, ein möglicher Mißbrauch der Vetomacht und ein Zementieren gewisser Verteilungszustände durch die reicheren Mitglied-

---

[4] Die Agrarpolitik fällt – zusammen mit anderen Politikbereichen wie beispielsweise der Umwelt, Forschung und Entwicklung - unter den sog. ersten Pfeiler der europäischen Politik.

[5] Art. 152 EWGV (EWG-Vertrag).

staaten.[6] Aufgrund der ausgeprägten Interessendivergenzen führte dies zu sog. "Verhandlungspaketen" im Sinne von Gesamtkompromissen über Maßnahmen aus unterschiedlichen Sachbereichen.[7] 1982 wurde die Einstimmigkeitsregel erstmals mit einem Mehrheitsbeschluß über die Agrarpreise gebrochen. In den meisten Fällen, so auch bei der Landwirtschaft, Fischerei und in Umweltfragen, entscheidet der Rat seither mit einer qualifizierten Mehrheit.[8]

Der Ministerrat gilt zufolge der Ausstattung mit legislativen Kompetenzen als die "Schaltzentrale" der EU-Agrarpolitik.[9] Er muß sich keiner politischen Instanz gegenüber verpflichten, weshalb ein Legitimationsdefizit besteht. Konflikte bestehen insofern, als die jeweiligen Agrarminister der Mitgliedsstaaten nicht nur das Gemeinschaftsinteresse vertreten, sondern auch ihre jeweiligen nationalen Interessen verfolgen. Sie unterstehen der nationalen Kontrolle der Regierungen, Parteien, Fraktionen und Parlamente. Das Verhalten der Agrarminister der einzelnen Mitgliedstaaten wird von den Bauern und dem Agribusiness der jeweiligen Länder intensiv verfolgt.

Die Entscheidungsautonomie des Ministerrates wurde dadurch gestärkt, daß die Beschlüsse (vorerst) weder an die Zustimmung der Finanzminister der Europäischen Union noch an jene der nationalen Parlamente gebunden waren.[10] Die Agrarminister trugen keine finanzielle Verantwortung für ihre Beschlüsse. Jeder Agrarminister konnte sich mit dem Argument entschuldigen, ohne seine Zustimmung wären keine Agrarbeschlüsse zustande gekommen. Seit einiger Zeit sind die EU-Agrarminister jedoch an den gegebenen Finanzrahmen der Europäischen Union gebunden. Die nationalen mitgliedstaatlichen Finanz- und Wirtschaftsminister wirken vermehrt bei der Gestaltung der europäischen Agrarpolitik mit. Besser wäre es, die Finanzminister regelmäßig an den Sitzungen des Agrarministerrates teilnehmen zu lassen.

IV. Die Kommission der Europäischen Union

Die *Kommission der EU* setzt sich für die Erreichung der Ziele der Europäischen Union ein.[11] Sie besitzt das Initiativmonopol in der Europäischen Union[12] und kann die Gemeinschaftspolitik bestimmen. Die EU-Kommission kann die Willensbildung des Rates beeinflussen und Vorschläge unterbreiten, um vertragswidrige Ratshandlungen zu beeinflussen.

Nationale Egoismen sollen auf die Ebene des Ministerrates begrenzt werden. Die Kommission ist der "Motor der Integration" und hat sich für die Förderung der

[6] Vgl. *Bernholz* und *Breyer* (1984), S. 263.

[7] Vgl. zum gesamten Kapitel auch *Edwards* (1978), S. 18; *Frei* (1985), S. 115 f.; *Grubitz et al.* (1986), S. 22 ff.; *von der Groeben* (1985), S. 369 und (1987), S. 79 f.; *Grosser* (1985), S. 135; *Harbrecht* (1984), S. 67 ff.; *Nieder,* (1986), S. 143 ff.; *Priebe* (1985), S. 226; *Schmitt von Sydow* (1980), S. 21 ff.; *Schöndube* (1986), S. 117 ff.; *Seefeld* (1987), S. 202 und *Thöne-Wille* (1984), S. 72 ff.

[8] Wozu 62 von insgesamt 87 Stimmen erforderlich sind. Über zehn Stimmen verfügen Deutschland, Frankreich, Italien und das Vereinigte Königreich, über acht Stimmen Spanien, über fünf Stimmen Belgien, Griechenland, Niederlande und Portugal, über vier Stimmen Österreich und Schweden, über drei Stimmen Irland, Dänemark und Finnland sowie über zwei Stimmen Portugal.

[9] Vgl. *Koester* (1983), S. 89.

[10] Vgl. *Schmitt* (1984), S. 133 f.

[11] Bei der Agrarpolitik handelt es sich um Art. 39 Abs. 1 EWGV.

[12] Art. 149 Abs. 1 EWGV.

Integration einzusetzen.[13] Sie ist die "Hüterin der EU-Verträge", um "das ordnungsgemäße Funktionieren und die Entwicklung des Gemeinsamen Marktes zu gewährleisten".[14] Sie entscheidet über die Konzeption und Durchführung der Gemeinsamen Agrarpolitik.[15].

B. Die Agrarausgabenpolitik

I. Einführung

Seit die landwirtschaftliche Bevölkerung auf eine kleine Minderheit zurückgegangen ist und sich die Einkommensdisparitäten verstärken, wird versucht, die landwirtschaftlichen Einkommen mit Mitteln der staatlichen Agrarpolitik zu verbessern.[16] Oft zieht die Agrarpolitik markt- und preispolitische Maßnahmen vor, bei welchen die "Kosten der Agrarpolitik" in erster Linie auf die inländischen Konsumenten überwälzt werden.[17] Ist die Selbstversorgung erreicht oder überschritten, müssen mehr und mehr budgetäre Mittel zur Stabilisierung der Märkte und Preise eingesetzt werden. Auch angesichts einer gewissen Liberalisierung der Weltagrarmärkte im Rahmen der *WTO (World Trade Organization)* wird zunehmend auf budgetäre Mittel zur Stabilisierung der landwirtschaftlichen Einkommen zurückgegriffen.

Die staatlichen Aufwendungen im Bereich der Agrarmarktpolitik führen immer wieder zu Kritik, denn die budgetären Aufwendungen sind für das einzelne Wirtschaftssubjekt transparenter als die marktlichen Effekte der Agrarprotektion. Eine starke Kritik richtet sich gegen die Subventionskriminalität.[18]

II. Die Effizienz der staatlichen Agrarausgaben

Staatliche Agrarausgaben können allokations-, stabilisierungs- oder verteilungspolitischen Zwecken dienen. In Analogie läßt sich je nach den angestrebten Wirkungen von einer Allokations-, Stabilisierungs- oder Einkommenseffizienz der Agrarausgaben sprechen. Bei der *Allokationseffizienz* geht es um den gesamtwirtschaftlichen Allokationsnutzen, bei der *Stabilisierungseffizienz* um die marktlichen Stabilisierungseffekte der Agrarausgaben. Wesentlichstes Kriterium für die Effizienz der staatlichen Agrarausgaben ist derzeit die *Einkommenseffizienz* (dY/dA), d. h. das Verhältnis zwischen den landwirtschaftlichen Grenzeinkommen (dY) und den dafür eingesetzten budgetären Grenzausgaben (dA).

---

[13] Art. 2 EWGV.
[14] Art. 155 EWGV.
[15] Art. 38 und 42 ff. EWGV.
[16] Inwieweit finanzpolitische Instrumente eingesetzt werden, hängt mit den politökonomischen Kräften zusammen (vgl. Kapitel 4).
[17] Vgl. *Bujard* (1982), S. 382; sowie *Schmidt* und *Schmitt* (1974), S. 523 ff.
[18] Die Schätzungen für deren Ausmaß insgesamt betragen zwischen zwei und fünf Prozent des Haushalts der *Europäischen Union*, wobei der Agrarbereich besonders davon betroffen ist. Ein Beispiel sind die "einohrigen EU-Rinder". EU-Inspektoren beobachteten 1994 in Italien massenweise weidende Rinder mit nur einem Ohr. Das zweite, linke Ohr war wohl als Beweismittel abgeschnitten worden, um die Schlachtprämien zu kassieren, welche angesichts des Überschusses an Rindfleisch ausbezahlt werden. Es handelt sich nicht nur um einen Mißbrauch von EU-Geldern, sondern auch um Tierquälerei. Als Gegenaktion sollte eine Art von Klagemauer eingerichtet werden, wo alle EU-Bürger (außer in Griechenland) telephonisch und kostenfrei Mitteilungen über Schwindeleien und andere Beobachtungen anbringen können.

1. Die Einkommenseffizienz in der Praxis

Bei den einzelnen agrarbudgetären Bereichen ergibt sich – als Zusammenfassung der Ergebnisse der vorangehenden Kapitel - eine unterschiedliche *Einkommenseffizienz:*

(1.) Die größte Einkommenseffizienz ist bei der *landwirtschaftlichen Ausbildung* zu erwarten. Durch die Ausbildung lernt der Bauer, den Betrieb wirtschaftlich zu leiten, die Erträge zu steigern, Produktionsfaktoren rationell einzusetzen, Kosten zu senken und optimale Produktionsverfahren zu wählen. Die Ausgaben bei der landwirtschaftlichen Ausbildung führen wiederkehrend zu erhöhten landwirtschaftlichen Einkommen. Dies ist besonders dann der Fall, wenn der Bauer lernt, sich selbst weiterzubilden. Der Koeffizient der Einkommenseffizienz liegt meist weit über eins. Lernt der Landwirt außerdem, die negativen Externalitäten seiner landbaulichen Tätigkeit zu senken und die positiven Externalitäten zu erhöhen, führt die landwirtschaftliche Ausbildung zu einer erheblichen Steigerung der gesamtwirtschaftlichen Allokationseffizienz des Landbaus.

(2.) Eine positive Einkommenseffizienz ist auch bei der *Förderung der landwirtschaftlichen Forschung und Entwicklung* möglich, allerdings nur bei *ungesättigten, preiselastischen* Märkten. Durch Produktionsverbesserungen ergeben sich größere Produzenten- und Konsumentenrenten, woraus sich eine positive Einkommens- und Verteilungseffizienz ergibt. Auch bei *gesättigten, preisunelastischen* Märkten kommt es durch die Steigerung der Produktion zu positiven Verbraucherrenten, jedoch zu negativen Produzentenrenten. Zudem ergeben sich Strukturveränderungen und Anpassungskosten. Deshalb stellt sich die Frage, ob es nicht zweckmäßig wäre, die landwirtschaftliche Forschung den Kräften des Marktes zu überlassen und die Forschungsförderung auf Bereiche zu beschränken, bei welchen ein Marktversagen möglich ist (beispielsweise die Grundlagenforschung und den Umweltbereich).

(3.) Die *landwirtschaftliche Strukturpolitik* führt zu einer Verbesserung der landwirtschaftlichen Produktionsgrundlagen. Bei *ungesättigten, preiselastischen* Märkten entstehen bei einer strukturellen Agrarförderung wiederkehrend positive landwirtschaftliche Einkommenseffekte und Verbraucherrenten. Bei *gesättigten, preisunelastischen* Märkten dagegen sind die landwirtschaftlichen Einkommenseffekte gering oder sogar negativ, die Verbraucherrenten dagegen positiv. Die landwirtschaftliche Strukturpolitik sollte bei gesättigten Märkten nur eingesetzt werden, wenn die Produktionseffekte klein und die positiven Externalitäten groß sind (beispielsweise beim Ausbau der ländlichen Infrastruktur und im Umweltbereich).

(4.) Die Maßnahmen der *direkten landwirtschaftlichen Einkommenspolitik* und der *Agrarsozialpolitik* sind *unmittelbar* einkommenswirksam. Dabei kann es zu einer Stimulierung der landwirtschaftlichen Produktion kommen. Dies führt bei *gesättigten, preisunelastischen* Märkten zu einem Rückgang der landwirtschaftlichen Preise. Der langfristige Einkommenseffekt ist per Saldo ungewiß. Zu einer positiven Allokationswirkung kommt es, wenn die direkten Einkommenszahlungen mit Anreizen zur Struktur- oder Produktionsanpassung, einer verstärkten Erzeugung positiver Externalitäten oder verminderten Produktion negativer Externalitäten verbunden werden.

(5.) Die Maßnahmen zur *Stabilisierung der Agrarmärkte* haben in der Regel nur bei Selbstversorgungsraten, welche unter 100 Prozent liegen, eine günstige Einkommenswirkung. Je größer die Überschüsse sind, desto geringer ist die Einkommenseffizienz. Es gilt das Gesetz vom abnehmenden Grenznutzen der Agrarmarktstabilisierung. Bei Selbstversorgungsraten von über 100 Prozent (wie beispielsweise in der *Europäischen Union)* ist die Einkommenswirkung von Markt- und Preissubventionen für die Landwirte gering.[19] Es besteht die Gefahr einer Perpetuierung der Überschüsse, bei welchen sich die Preise und Einkommen kurzfristig nicht mehr erholen können und die Einkommenseffizienz der Staatsausgaben gering bleibt.

2. Der Sättigungsgrad der Märkte als Entscheidungskriterium für die Förderung

Nach den bisherigen Ausführungen ist der *Sättigungsgrad der Agrarmärkte* ein wesentliches *Entscheidungskriterium* für die Ausrichtung der Agrarausgabenpolitik. Beim Übergang von ungesättigten, preiselastischen Märkten zu gesättigten, preisunelastischen Märkten erfolgt zweckmäßigerweise auch eine Umstellung der Agrarausgabenpolitik (vgl. auch Tab. 19/1).

Tab. 19/1
Die Allokations- und die Einkommenseffizienz der Agrarfinanzpolitik im allgemeinen (Zusammenfassung)

	Ungesättigte Märkte		Gesättigte Märkte	
	Allokations-effizienz	Einkommens-effizienz	Allokations-effizienz	Einkommens-effizienz
Ausbildung	positiv	> 1	positiv	> 1
Förderung der Forschung	positiv	> 1	positiv	ev. negativ*
Strukturpolitik	positiv	> 1	positiv oder negativ*	ev. negativ*
Marktstabilisierung	positiv	> 1	negativ	ev. negativ*
Direkte Einkommens-politik	positiv	positiv	positiv oder negativ*	positiv oder negativ*
Sozialpolitik	positiv	positiv	negativ	positiv

* Je nach der Ausgestaltung der Instrumente.

- Bei *gesättigten, preiselastischen Märkten* behält die Ausbildung durch die erhebliche Einkommenseffizienz einen großen Stellenwert. Bei der Förderung von Forschung und Entwicklung sollten sich die Akzente zu Gunsten der Grundlagen- und Umweltforschung verschieben. Bei der landwirtschaftlichen Strukturpolitik sollten Maßnahmen mit einer produktionsfördernden Wirkung unterbleiben. Auf eine Stabilisierung der landwirtschaftlichen Märkte mit Mitteln der

[19] Seit 1993/94 sind für die *Bundesrepublik Deutschland* die Agrarsubventionen (Bund, Länder, anteilige Ausgaben der Europäischen Union) höher als die Nettowertschöpfung. Vgl. *Agrarbericht 1995*, S. 18 und 51; vgl. auch *Priebe* (1995), S. 55.

Agrarfinanzpolitik sollte verzichtet werden.[20] Die direkte landwirtschaftliche Einkommenspolitik sollte mit Anreizen zur Erzeugung positiver Externalitäten und Auflagen zum Abbau negativer Externalitäten verbunden werden. Die Agrarsozialpolitik sollte sinnvollerweise der Linderung der sozialpolitischen Härten des agrarstrukturellen Wandels dienen.

- Bei *ungesättigten, preiselastischen Märkten* (wie beispielsweise in den Entwicklungsländern) ist eine Förderung der landwirtschaftlichen Ausbildung, der landwirtschaftlichen Forschung und Entwicklung, der Strukturförderung und der Produktion grundsätzlich positiv zu beurteilen.

C. Die Effizienz der Agrarfinanzpolitik und Ansätze zur Reform

I. Die Effizienz des Steuer-Transfer-Mechanismus

Zusätzlich zu den vorangehenden Effizienzüberlegungen[21] stellt sich das Problem der bürokratischen Effizienz der Agrarförderung. Ökonomische Wohlfahrtsanalysen gehen meist fälschlicherweise davon aus, daß der soziale Nutzen von Subventionszahlungen eine Geldeinheit pro eine Geldeinheit bei den Staatsausgaben beträgt. Dies trifft nach den bisherigen Überlegungen nur in Ausnahmefällen zu, denn die Transferkosten der Steuerausgaben stellen einen weitgehend vernachlässigten Aufwand des öffentlichen Transfers dar, so daß dieses Verhältnis deutlich verzerrt wird.

Über die Effizienz des *Steuer-Transfer-Mechanismus* ist wenig bekannt, auch nicht über die gesamten Kosten des Transfers und der Transaktionen des Staates, bei welchen negative und positive Übertragungen vom Staat zum Markt und vom Markt zum Staat durchgeführt werden:[22]

- Die Aufwendungen für die Administration der *Staatsausgaben* in den *USA* beispielsweise betragen nach neueren Auffassungen für die Ausgabe eines Dollars durchschnittlich rund 20 bis 30 Prozent. Die Schätzungen liegen zwischen 10 und 300 Prozent (für die *Bundesrepublik Deutschland* zwischen 25 und 400 Prozent).

- Hinzu kommen die Kosten für die Beschaffung der für die Agrarpolitik notwendigen *Staatseinnahmen* sowie die Kosten der Unternehmen und Haushalte, um die Verwaltungsaufgaben zu erledigen.

Die sozialen Nettokosten der landwirtschaftlichen Programme sind deshalb möglicherweise größer als die typischen Schätzungen. Die mangelnde Effizienz der Agrarbürokratie führt zu "verlorenen Kosten der Umverteilung". Diese betragen

> "bei manchen Programmen tatsächlich ein Mehrfaches des Betrages, den die Begünstigten als Einkommen erhalten".[23]

---

[20] Durch einen Abbau der Markt- und Preissubventionen ließe sich – am Beispiel der *OECD-Länder* – ein gesamtwirtschaftlicher Wohlfahrtsgewinn erzielen. Vgl. *Blandford* und *Dewbre* (1994), S. 1046.
[21] Vgl. Zu diesen Ausführungen auch Kapitel 14.
[22] Vgl. *Recktenwald* (1989), S. 75 ff.
[23] *Stigler* (1989) S. 24.

Die Kosten der Ausgaben für die Landwirtschaft können zudem wesentlich höher sein, als dies in den Budgets ausgewiesen wird, denn die Steuerlast führt zu negativen Angebotseffekten bei jenen Wirtschaftssubjekten, welche dieses Steueraufkommen erbringen müssen.[24]

II. Der Versuch einer relativen Begrenzung der Agrarausgaben

In den 1980er Jahren hat sich angesichts der rasch steigenden Agrarausgaben die Auffassung verstärkt, daß die Agrarprogramme zu teuer sind und das Nutzen-Kosten-Verhältnis schlecht ist.[25] Es wird nach Programmen mit größerer Effizienz gesucht.[26] Eine gründliche Lösung des Effizienzproblems ist die konsequente Deregulierung der Agrarmärkte.[27] Eine andere Möglichkeit ist die faktisch erkennbare Tendenz zur Begrenzung der Agrarhaushalte.[28]

III. Der Grundsatz föderativer Finanzsysteme

Die *ökonomische Theorie des Föderalismus* beschäftigt sich mit der Aufgabenverteilung, der Zusammenarbeit und den Finanzbeziehungen zwischen autonomen Körperschaften. Es geht um die Beziehungen zwischen den Körperschaften unterschiedlicher hierarchischer Ebenen. Dabei stellt sich die Frage des optimalen Zentralisierungs- bzw. Dezentralisierungsgrads. *Föderativ aufgebaute Staatshaushalte (Finanzsysteme)* mit der Dezentralisierung der Agrarausgaben sind ein Ansatz zur Optimierung auch der Agrarhaushalte:

- Die Argumente für eine *Zentralisierung* der Agrarausgaben waren während langer Zeit die Verminderung von Spillovers, das Auftreten von free ridern, Unteilbarkeiten bei den übergreifenden kollektiven Gütern, der Koordinationszwang und die Mindestversorgung der ländlichen Gebiete mit öffentlichen Gütern.[29]

- Die Argumente für eine *Dezentralisierung* sind die bessere Berücksichtigung der individuellen Präferenzen, die geringeren Kosten für das Erstellen kollekiv nutzbarer Güter, die größere Innovationsfähigkeit in den einzelnen Gliedstaaten, das effizientere Angebot durch den Wettbewerb unter den Gebietskörperschaften und die bessere Vertrautheit mit den politischen Institutionen auf der jeweils unteren Stufe.

[24] Vgl. *Alston* und *Hurd,* (1990) S. 149.
[25] Seit den 1980er Jahren wurde der Anteil der Agrarausgaben am Haushalt der *Europäischen Union* von rund zwei Drittel auf unter die Hälfte gesenkt.
[26] Vgl. *Alston* und *Hurd,* (1990), S. 149 ff.
[27] Vgl. *Recktenwald* (1989), S. 78 und Kapitel 10.
[28] Die *Einnahmenquellen der Europäischen Union* sind: (1.) Der *Mehrwertsteuer-Anteil:* Die Mitgliedstaaten überweisen 1,4 Prozent-Punkte ihrer Mehrwertsteuer an den EU-Haushalt. (2.) Die *Zölle:* Diese stammen aus dem gemeinsamen Zolltarif gegenüber den Nichtmitgliedsländern. (3.) Die *Abgaben der Mitgliedstaaten* aufgrund des Bruttosozialprodukts: Diese Größe ist veränderlich und soll den Wohlstand berücksichtigen. (4.) Die *Agrarabschöpfungen und Zuckerabgaben.* Die Europäische Union schränkte die jährliche Zunahme des Agrarhaushalts auf höchstens 74 Prozent des Wachstums des Bruttosozialprodukts nach 1988 ein. Vgl. *Agrarbericht 1989,* S. 75. Die Agrarausgaben sollen bei etwa 0,83 Prozent des BSP (Bruttosozialprodukts) festgeschrieben werden. Die Gesamteinnahmen der EU, welche zu einem großen Teil in den EU-Agrarhaushalt fließen, wurden bei ca. 1,4 Prozent-Punkten der Mehrwertsteuer (MWSt) stabilisiert. Die Ausgaben des EU-Haushalts sollen auch in den Jahren 2000-2006 bei einer Höhe von 1,27 Prozent des Bruttoinlandsprodukts stabilisiert werden (Beschluß der EU-Kommission zur Agenda 2000 vom 16.7.1997).
[29] Vgl. *Frey* (1981), S. 45 ff.

Die *ökonomische Theorie des Föderalismus* bildet einen wesentlichen Ansatz zur Überwindung der budgetären Effizienzprobleme im Agrarbereich. Analysiert werden Fragen der Versorgung mit öffentlichen Gütern, Spillover-Effekte (positive oder negative Effekte zwischen den einzelnen Räumen) und Ansätze zu deren Internalisierung. Es wird davon ausgegangen, daß die Präferenzen zur Förderung der Landwirtschaft in den einzelnen Räumen unterschiedlich sind, die Informationen über die differenzierten Bedürfnisse in kleinen Räumen besser aufgearbeitet werden können und regional eher ein Gleichgewicht zwischen dem Nutzen und den Kosten der Agrarförderung zustande kommt als in großen Räumen, wo ein free rider Verhalten möglich ist. Bei der Verteilung der Aufgaben, der Zusammenarbeit und den Finanzbeziehungen zwischen autonomen Körperschaften stellt sich damit die Frage des optimalen Zentralisierungs- bzw. Dezentralisierungsgrades.[30]

In der *Europäischen Union* besteht eine Tendenz, sich an eine Struktur föderativ aufgebauter Staatshaushalte, auch im Bereich der Landwirtschaft, heranzutasten. Dabei findet eine Arbeitsteilung zwischen der Europäischen Union, den Mitgliedsstaaten, den Bundesländern und den Kommunen statt. Die Agrarmarktpolitik liegt vorwiegend (aber noch nicht ganz ausschließlich) bei der Europäischen Union, die Agrarsozialpolitik in erster Linie bei den Mitgliedstaaten. Bei der Agrarstrukturpolitik sind Verschiebungen von der Europäischen Union zu den Mitgliedstaaten und den Bundesländern festzustellen, ebenfalls bei der Agrareinkommenspolitik. Eine optimale föderative Struktur der Agrarhaushalte konnte bisher jedoch noch nicht gefunden werden.

D. Die Agrareinnahmenpolitik

I. Die direkten Steuern

1. Allgemeines

In der *Agrarfinanzpolitik* liegt die Kompetenz zur direkten Besteuerung der Landwirtschaft bei den Mitgliedsländern. Für die Landwirtschaft bestehen in den meisten Ländern spezielle steuerliche Bestimmungen.[31] Eine wesentliche Frage geht dahin, wie sich die Landwirtschaft vom Gewerbe abgrenzen läßt. Dies kann beispielsweise nach der Intensität der Tierhaltung in Bezug auf die zur Verfügung stehenden Flächen erfolgen.[32] Davon sind vor allem die "gewerblichen Tierhalter" betroffen. Mit dieser Regelung sind kleinere und mittlere Betriebe mit eigener Produktionsfläche meist landwirtschaftliche Betriebe. Diese bezahlen im Gegensatz zu den gewerblichen Betrieben keine Gewerbesteuern, keine Körperschaftssteuern, tiefere Grundsteuern und können Verluste steuerlich ausgleichen. Zudem sind sie teilweise von den Kraftfahrzeugsteuern befreit.[33]

---

[30] Vgl. auch Kapitel 14.

[31] Gemäß § 13 des deutschen Einkommenssteuergesetz (EStG) gilt dies auch für den Weinbau, den Gartenbau, den Obst- und Gemüsebau, die Baumschulen, Binnenfischerei, Teichwirtschaft, Fischzucht, Imkerei, Wanderschäferei und die mit einem land- oder forstwirtschaftlichen Betrieb verbundene Jagd.

[32] In der *Bundesrepublik Deutschland* gibt es Grenzwerte für die Zahl der Tiere je Hektar Land, bei deren Überschreiten der Betrieb als gewerblich eingestuft wird.

[33] Das *Steuerreformgesetz von 1990* enthält Erleichterungen bei den Möglichkeiten zur Gewinnübertragung innerhalb des landwirtschaftlichen Betriebes, beim Verkauf von Grund und Boden zur Abfindung weichender Erben und zur Tilgung von Schulden. Bei

2. Die landwirtschaftliche Gewinnermittlung

Für die *landwirtschaftliche Gewinnermittlung* kommen in Frage: (1.) Der Betriebsvermögensvergleich,[34] (2.) die Überschußrechnung für Landwirte, welche die Bücher nicht freiwillig führen und noch nicht buchführungspflichtig sind,[35] (3.) die Durchschnittssatzermittlung,[36] (4.) die Gewinnschätzung[37] und (5.) die landwirtschaftliche Gewinnermittlung nach den Grundsätzen der landwirtschaftlichen Buchführung.[38]

3. Die Bedeutung des landwirtschaftlichen Einheitswerts

Der *Einheitswert für landwirtschaftliche Betriebe* wird für Zwecke der Agrarpolitik und Kreditvergabe festgelegt.[39] Es handelt sich um einen einheitlichen Substanzwert bzw. Ertragswert für wirtschaftliche Einheiten. Ziel ist die einheitswertabhängige Steuerfestsetzung bei identischen Gütern.[40]

Bei den Vermögens- bzw. Kapitalsteuern ist es zweckmäßig, die Bemessung des in Boden und Gebäuden gebundenen Vermögens in längeren Zeiträumen festzulegen. Werden die Werte jährlich neu bestimmt, können die mit Investitionen

der Berechnung des Verlustbeitrages für die Einkommenssteuerveranlagung von Nebenerwerbslandwirten wird ein Freibetrag berücksichtigt. Die ökologische Steuerreform von 1999 könnte zu einer erheblichen Mehrbelastung der Landwirtschaft führen.

[34] § 4 Abs. 1 EstG.

[35] § 4 Abs. 3 EstG.

[36] Gemäß § 13a EstG gilt dies für nicht buchführungspflichtige Landwirte mit einem positiven Ausgangswert (Wirtschaftswert) unter DM 32.000 (1990). Der Betrieb darf 30 Vieheinheiten und drei Vieheinheiten pro Hektar nicht übersteigen (mit Ausnahmen für die Schweinehaltung). Die Durchschnittssatzermittlung wird von rund zwei Drittel der Betriebe beansprucht (Haupt- und Nebenerwerbsbetriebe). Diese ist eine grobe Gewinnschätzung und resultiert aus einem Grundbetrag in Abhängigkeit zum Einheitswert, dem Wert der Arbeitsleistung des Betriebsinhabers und der mitarbeitenden Familienmitglieder, einem Betriebsleiterzuschlag, den vereinnahmten und verausgabten Pachtzinsen, dem Nutzwert der Wohnung und den Schuldzinsen sowie dauernden Lasten, die als Betriebsausgaben wirksam sind. Die Vereinfachung ergibt sich aus den geringeren Anforderungen an die Rechnungslegung der Steuerpflichtigen.

[37] § 162 der Abgabenordnung.

[38] Eine eigentliche Buchführungspflicht tritt ein, wenn der Umsatz DM 500.000 übersteigt, der Wirtschaftswert mehr als DM 40.000 beträgt oder der Gewinn aus der Land- und Forstwirtschaft DM 36.000 übersteigt. Annähernd 80 Prozent der landwirtschaftlichen Betriebe waren 1984 von der landwirtschaftlichen Buchführungspflicht befreit. Bei den ersten vier Verfahren handelt es sich um speziell für die Landwirtschaft entwickelte vereinfachte Gewinnermittlungsverfahren. Im Rahmen der Steuerreform von 1999 soll die Gewinnermittlung nach Durchschnittssteuersätzen auf Betriebe bis 15 Hektar Land beschränkt werden.

[39] Der Einheitswert ist zufolge eines höchstrichterlichen Urteils von 1995 einer Novellierung zu unterziehen.

[40] Der Einheitswert für land- und forstwirtschaftliche Betriebe bildet die Grundlage einer Reihe von Vorgängen mit jeweils unterschiedlicher Wirkung: (1.) Die Bemessung der Substanzsteuern (Grundeigentümer, Vermögenssteuer, Erbschaftssteuer). (2.) Die Gewerbesteuer. (3.) Die Grunderwerbssteuer (in Sonderfällen). (4.) Die Durchschnittssatzgewinnermittlung und die daraus abgeleiteten Werte als Ausgangswert. (5.) Die Beiträge für die Sozialleistungen, Landwirtschaftskammern, Berufsgenossenschaften und Krankenkassen. (6.) Die Erbauseinandersetzungen, die Gewährung von Krediten und die Festsetzung von Beleihungsgrenzen. (7.) Die Orientierungsgröße für Pachtzinsen. (8.) Die Grundlage der Betriebsklassifizierung und Regionenabgrenzung. Vgl. auch *Köhne* (1988), S. 201.

steigenden Vermögenssteuern investitionshemmend wirken.[41] Für die Ermittlung des Einheitswertes ist die Bodengüte eine wichtige Grundlage. Es findet eine Bodenschätzung bzw. Bodenbonitierung statt.[42]

Der Einheitswert setzt sich aus dem Wirtschaftswert und dem Wohnwert zusammen. Dieser wird als Ertragswert ermittelt. Die Ertragsfähigkeit orientiert sich an einer ordnungsgemäßen und schuldenfreien Bewirtschaftung mit entlohnten Arbeitskräften. Es handelt sich um die Kapitalisierung eines normierten Reinertrags, welcher auch in Zukunft erwirtschaftet werden kann. Die landwirtschaftlichen Einheitswerte stellen im allgemeinen eine Unterschätzung dar.

4. Die Besteuerung der Landwirtschaft

Die *Besteuerung der Landwirtschaft* erfolgt in vielfältiger Weise. Ins Gewicht fallen vor allem die Grund- und Einkommenssteuern. Die stagnierenden Steuereinnahmen entsprechen der Entwicklung der landwirtschaftlichen Nettowertschöpfung. Die Landwirtschaft profitiert von einer Reihe von Steuervorteilen.[43]

5. Die Wirkungen von Steuererleichterungen

Steuererleichterungen führen zu *Einkommens-, Liquiditäts- und Produktionswirkungen.* Gehen wir von einem Markt mit einem Angebot von A und einer Nachfrage von N aus. Die Landwirtschaft werde - als Annahme zur Vereinfachung - vom Außenhandel abgeschirmt. Es handelt sich in einem ersten Fall um eine *ungesättigte, preiselastische Nachfrage.* Durch die Steuererleichterungen steigt das Angebot von A_1 auf A_2 (vgl. Abb. 19/2). Die nachgefragten Mengen steigen stärker als die Preise sinken. Durch die Steuererleichterungen sinken die Produktionskosten von K auf K'. Die Umsätze und landwirtschaftlichen Gewinne (G_1 bzw. G_2) werden bei Steuererleichterungen unter den gegebenen Annahmen größer (unteres Schaubild). Es kommt zudem zu einer positiven Konsumentenrente (nicht eingezeichnet). Eine Förderung der Landwirtschaft durch gezielte Steuererleichterungen wirkt positiv. Dies trifft für die Länder mit einer ungesättigten Nachfrage wie beispielsweise die Entwicklungsländer zu.

---

[41] In der Praxis soll der zeitliche Abstand zwischen zwei Hauptfeststellungszeitpunkten bei landwirtschaftlichen Betrieben sechs Jahre betragen. Der erste Hauptfestsetzungszeitpunkt war der 1.1.1935; ein neuer der 1.1.1964 mit Gültigkeit seit 1.1.1974. Dabei kam es zu einer Fortschreibung, Nachfeststellung oder Aufhebung des Einheitswertes.

[42] Der Boden wird in Bonitätsklassen eingeteilt. Für Inkonvenienzen können Abschläge bis zu 70 Prozent erfolgen (z.B. bei "Geruchs- und Fliegenbelästigung" sowie einer "ungünstigen Ortslage").

[43] Als solche werden betrachtet: (1.) Persönliche und sachliche Steuerbefreiungen, z.B. für gewisse Genossenschaften und bestimmte Gebäude. (2.) Tarifermäßigungen (z.B. ein reduzierter Umsatzsteuertarif), zudem auch Sondertarife für bestimmte Gewinne, versteckte Tarifvorteile in Form von Freigrenzen, Freibeträgen, "Sonderfreibeträgen" und Abschlägen. (3.) Besonderheiten bei den Gewinnermittlungsverfahren (siehe oben) und die Beeinflussung der Bemessungsgrundlage, welche zu einem zeitlichen Aufschub der Steuerlast führt (z.B. Sonderabschreibungen). (4.) Bewertungsfreiheit für bestimmte Gebäude, die Befreiung von der Vermögenssteuer für land- und forstwirtschaftliche Genossenschaften, ein Freibetrag für bestimmte land- und forstwirtschaftliche Produktionsgenossenschaften, eine Gewerbesteuerbefreiung für land- und forstwirtschaftliche Genossenschaften, Tierhaltungskooperationen und bestimmte Produktionsgenossenschaften, die Steuerbefreiung für bestimmte Viehversicherungen und die Steuerermäßigung für Brennereien. Vgl. *Rüger* (1977), S. 15 ff.

Abb. 19/2
Die Wirkungen von Steuererleichterungen für die Landwirtschaft

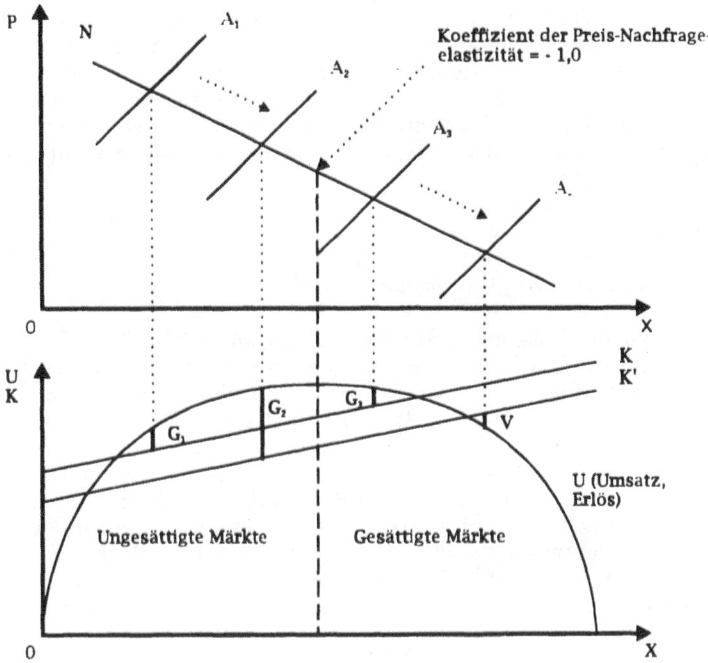

Im Falle *gesättigter, preisunelastischer Märkte,* wie dies für die Industrieländer typisch ist, ergibt sich durch die Steuererleichterung kurzfristig ebenfalls eine produktionsfördernde Wirkung. Das Angebot erhöht sich von A_3 auf A_4. Die Preise sinken stärker als die nachgefragten Mengen steigen, wodurch die Umsätze zurückgehen. Je nach dem per Saldo-Effekt der Steuererleichterungen und der Umsatzrückgänge kommt es zu größeren, gleichbleibenden oder geringeren Gewinnen. Unter den gegebenen Annahmen sinken die Gewinne von G_3 auf einen Verlust von V. Die Landwirtschaft paßt sich langfristig an, bis die Verluste verschwunden sind. Dieser Anpassungsprozeß kann angesichts der geringen Mobilität der landwirtschaftlichen Produktionsfaktoren viele Jahre dauern.

Landwirtschaftliche Steuererleichterungen führen vor allem bei *gesättigten Märkten* und einer preisunelastischen Nachfrage zu einer Fehlallokation von Ressourcen. In diesem Falle sollten die steuerlichen Produktionsanreize abgebaut werden. Zahlreiche Autoren sprechen sich dafür aus, andere befürworten für die Landwirtschaft die Einführung günstigerer Steuertarife.[44] Die Besteuerung der Landwirtschaft in den Industrieländern sollte sinnvollerweise nach dem Prinzip der Neutralität gegenüber den anderen Wirtschaftssektoren erfolgen. Auch Gerechtigkeitsprinzipien sprechen für eine gleichmäßige, sozial gerechte und gesetzmäßige Besteuerung. Alle Einkommensarten (Lohn, Zins und Bodenrente) und nicht nur einzelne Teile sollten erfaßt und nach der finanziellen Leistungsfähigkeit der Betriebe besteuert werden.

[44] Vgl. *Roy et al.* (1971), S. 413 f.

Angesichts dieser Überlegungen ist es paradox, daß die *Entwicklungsländer* die Landwirtschaft meist überproportional stark und die Industrieländer unterproportional zu den übrigen Wirtschaftsgruppen belasten.[45] In den Industrieländern ist die politische Versuchung groß, Steuererleichterungen zu gewähren, denn die Landwirte als Wähler schätzen solche Privilegien. Wenig sinnvoll ist es sowohl in den *Industrie-* als auch den *Entwicklungsländern*, die Landwirtschaft dem Sog eines ungünstigen allgemeinen Steuerklimas auszusetzen. Eine große Grenzsteuerbelastung lähmt das landwirtschaftliche Arbeits-, Investitions- und Innovationsverhalten.[46] Der Grundsatz der Nichtprivilegierung darf nicht in eine steuerliche Ausbeutung umschlagen.

II. Die indirekte Steuern

1. Die Wirkungen bei ungesättigten, preiselastischen Märkten

In Abb. 19/3 werden die Wirkungen von *indirekten Steuern* auf die landwirtschaftlichen Einkommen dargestellt. Die Analyse erfolgt wiederum unter der vereinfachten Annahme eines geschlossenen Binnenmarktes. Bei einer *preiselastischen Nachfrage und ungesättigten Märkten* führt eine Umsatzsteuer zu einem Anstieg der Kosten von K auf K' (es ließe sich auch eine Reduktion der Erträge einzeichnen). Diese Mehrkosten sind einkommens- und liquditätswirksam. Es kommt zu einer kostenbedingten Linksverschiebung der Angebotskurve von A_1 nach A_2. Die landwirtschaftlichen Gewinne sinken unter den gegebenen Annahmen von G_1 auf G_2. Je größer die Preis-Nachfrageelastizität ist, desto stärker ist die Überwälzung zu Lasten der Produzenten. Dabei erfolgt ein Verlust an Konsumentenrente und ein Gewinn bei den Steuereinnahmen (nicht eingezeichnet).

Per Saldo ist mit einem Wohlfahrtsverlust zu rechnen. Vom Verlust an Konsumentenrente sind besonders die kinderreichen und einkommensschwachen nichtbäuerlichen Haushalte besonders betroffen. Die Umsatzsteuer wirkt asozial. In einer frühen Phase der wirtschaftlichen Entwicklung wird deshalb zweckmäßigerweise ganz oder teilweise auf indirekte Steuern bei den Nahrungsmitteln verzichtet.

2. Die Wirkungen bei gesättigten, preisunelastischen Märkten

Bei *gesättigten Märkten mit einer preisunelastischen Nachfrage* steigen die um die indirekten Steuern erhöhten Kosten ebenfalls von K auf K' (vgl. Abb. 19/3). Durch den Liquiditäts- und Einkommenseffekt kommt es zu einer Linksverschiebung der Angebotskurve von A_3 zu A_4. Die Preise steigen stärker als die Mengen sinken. Die landwirtschaftlichen Umsätze steigen. Der landwirtschaftliche Gewinn erhöht sich unter den gegebenen Annahmen von G_3 (null) auf G_4. Allerdings schafft dieser Gewinn auch Produktionsanreize, womit sich die Angebotskurve wieder nach rechts verschieben kann. Die Verbraucher verlieren einen Teil der Konsumentenrente, der Staat erhält Einnahmen (nicht eingezeichnet). Insgesamt entsteht ein Wohlfahrtsverlust, der allerdings geringer ist als bei einer preiselastischen Nachfrage.

---

[45] Vgl. *Lee* (1989), S. 1172 ff.
[46] Vgl. *von Hayek* (1983), S. 387 f.

Abb. 19/3
Die Wirkungen von indirekten Steuern

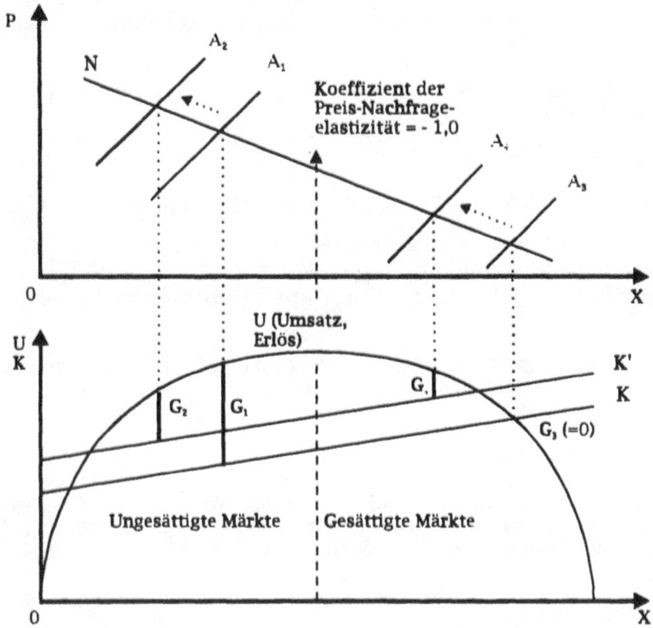

Beim Übergang von ungesättigten zu gesättigten Märkten werden die negativen Effekte einer Umsatzsteuer auf die landwirtschaftlichen Erzeugnisse geringer. Allerdings kommt es auch bei gesättigten Märkten zu unerwünschten Verteilungseffekten zu Lasten kinderreicher und einkommensschwacher Haushalte. Deshalb werden die Grundnahrungsmittel oft ganz oder teilweise von den Verbrauchssteuern befreit und nur Nahrungsmittel des gehobenen Bedarfs mit einer Verbrauchssteuern belastet. In den Mitgliedsländern der Europäischen Union werden die Nahrungsmittel teils zum vollen, teils zum reduzierten oder zum Nulltarif erfaßt.

Literaturangaben zu Kapitel 19:

Alston, Julian M. und Hurd, Brian H. (1990), Some Neglected Social Costs of Government Spending in Farm Programs. In: American Journal of Agricultural Economics. Vol. 72, Nr. 1, Februar, S. 149-156.

Amt für amtliche Veröffentlichungen der Europäischen Gemeinschaften (1996), Im Dienste Europas, Wissenswertes über die Institutionen der Europäischen Gemeinschaften, Luxemburg.

Bernholz Peter und Breyer Friedrich (1984), Grundlagen der Politischen Ökonomie, Tübingen.

Blandford, David und Dewbre, Joe (1994), Structural Adjustment and Learning to Live without Subsidies in OECD Countries. In: American Journal of Agricultural Economics. Vol. 76, Nr. 5, December, S. 1047-1052.

Bujard, Helmut (1982), Politikverhalten in der westdeutschen Agrarpolitik. In: Wirtschaftsdienst, Jg. 62, S. 377-381.

Bundesregierung, Agrarberichte, div. Jh.

Edwards, Geoffry und Wallace, Helen (1978), Die Präsidentschaft im Ministerrat, Bonn, S. 15-32.

Engels, Wolfram, Die effiziente Produktion öffentlicher Güter (1976). In: Grundtexte zur Sozialen Marktwirtschaft: Hrsg. W. Stützel, Chr. Watrin, H. Willgerodt, K. Hohmann, Stuttgart/New York 1981, S. 277-282.

Frei, Daniel (1985), Ingetrationsprozesse und praktische Folgerungen. In: Weidenfels Werner (Hrsg.), Die Identität Europas. Schriftenreihe der Bundeszentrale für politische Bildung, Bd. 225, Bonn, S. 113-131.

Frey, Bruno S. (1981), Theorie demokratischer Wirtschaftspolitik, München.

Grabitz, Eberhard, Schmuck, Otto, Steppat, Sabine, Wessels, Wolfgang (1986), Das Europäische Parlament - verurteilt zur Machtlosigkeit? In: Aus Politik und Zeitgeschichte. Beilage zur Wochenzeitung "Das Parlament", B 28/86, Bonn, S. 22-37.

von der Groeben, Hans (1985), Die Europäische Gemeinschaft. In: Kaiser, Karl und Schwarz, Hans-Peter (Hrsg.), Weltpolitik, Strukturen - Akteure, Perspektiven. In: Schriftenreihe der Bundeszentrale für politische Bildung. Bd. 217. Bonn, S. 361-377.

Ders. (1987), Legitimationsprobleme der Europäischen Gemeinschaften, Baden-Baden, S. 79 f.

Grosser, Dieter (1985), Keil oder Klammer? Ökonomie und Integration. In: Weidenfeld Werner (Hrsg.), Die Identität Europas. Schriftenreihe der Bundeszentrale für politische Bildung, Bd. 225, Bonn, S. 132-151.

Harbrecht, Wolfgang (1984), Die Europäische Gemeinschaft, Stuttgart, S. 67-127.

von Hayek, Friedrich August (1983), Die Verfassung der Freiheit, Tübingen.

Koester, Ulrich (1983), Reform der europäischen und deutschen Agrarpolitik. In: Giersch Herbert, Wie es zu schaffen ist - Agenda für die deutsche Wirtschaftspolitik, Stuttgart, S. 78-100.

Köhne, M. (1988), Der Wirtschaftswert als Maßstab der Einkommenskapazität landwirtschaftlicher Betriebe. In: Agrarwirtschaft, S. 201-219.

Lee, David R. (1989), The Political Economy of Agricultural Policy: Discussion. In: American Journal of Agricultural Economics. Vol. 71, No. 5, December, S. 1172-1174.

Nieder, Klaus-Ulrich (1986), Europäische Gemeinschaften. In: Woyke Wichard (Hrsg.), Handwörterbuch Internationale Politik. Lizenzausgabe für die Bundeszentrale für politische Bildung, Leverkusen, S. 143-161.

Niehaus, Heinrich (1956), Das Bauerntum in Wirtschaft und Gesellschaft. In: H. Niehaus und H. Priebe (Hrsg.), Agrarpolitik in der Sozialen Marktwirtschaft, Ludwigsburg, S. 11-30.

Ders. (1969), Die Krise der landwirtschaftlichen Preis- und Einkommenspolitik in der EWG. In: Agrarwirtschaft, Nr. 5, vom Mai, Hannover, S. 141-169.

Priebe, Hermann (1985), Die subventionierte Unvernunft, Berlin.

Ders. (1995), Krisenbereich Agrarpolitik. In: Orientierungen zur Wirtschafts- und Gesellschaftspolitik. Hrsg. Ludwig-Erhard-Stiftung, Nr. 66, vom Dezember, S. 51-56.

Recktenwald, Horst C. (1989), Die ökonomische Wissenschaft - auch Kritisches zu ihrem Verständnis. In: Horst Claus Recktenwald, Die Nobelpreisträger der ökonomischen Wissenschaft 1969-1988, Düsseldorf, S. 21-96.

Roy, Ewell P., Corty, Floyd L. and Sullivan, Gene D. (1971), Applications to Agriculture and Agribusiness, The Interstate Printers and Publishers Inc., Danville, Illinois.

Rüger, G. (1977), Steuerliche Vergünstigungen für die Landwirtschaft als Mittel der Agrarpolitik, 2. Auflage, Bochum.

Schmidt, Peter und Schmitt, Günther (1974), Auf dem Weg zu einer positiven ökonomischen Theorie der Agrarpolitik. In: Berichte über Landwirtschaft, Bd. 52, S. 521-546.

Schmitt, Günther (1984), Warum die Agrarpolitik ist, wie sie ist, und nicht, wie sie sein sollte. In: Agrarwirtschaft, 33. Jg., 1984, S. 129-136.

Schmitt von Sydow, Helmut (1980), Organe der erweiterten Europäischen Gemeinschaften - Die Kommission. Schriftenreihe Europäische Wirtschaft. Bd. 74, Baden-Baden, S. 21-80.

Schöndube, Claus (1986), Europäische Gemeinschaften/EG. In: Mickel Wolfgang (Hrsg.), Handlexikon zur Politikwissenschaft. In: Schriftenreihe der Bundeszentrale für politische Bildung, Bd. 237, Bonn, S. 117-123.

Seefeld, Horst (1987), Die Agrarpolitik als Teil der Europapolitik. In: Berichte über die Landwirtschaft, S. 195-203.

Stigler, George (1989), The Political Redistributions of Income, Zürich.

Thöne-Wille Eva M. (1984), Die Parlamente der EG. Das Europäische Parlament und die nationalen Parlamente. In: Schriftenreihe Europa-Forschung, Bd. 7, Kehl am Rhein/ Straßburg, S. 72-104.

Teil G: Besondere Probleme
Kapitel 20: Die landwirtschaftliche Entwicklungspolitik

> "Kein Land kann sich rühmen, ein konsistentes agrarpolitisches Programm entworfen zu haben, welches zu einer Nutzung der Ressourcen führt, deren Effizienz nicht mehr übertroffen werden kann"
> *(D. Gale Johnson,* 1978).

> Es ist schwierig, eine exakte Definition eines Entwicklungslandes zu geben. ("An underdeveloped country is like the giraffe, an animal difficult to define, but easy to recognize")
> *(E. Hemmer,* 1978, S. 3).

A. Das Entwicklungs- und Ernährungsproblem

I. Die Armut

Die internationale Nahrungsmittelversorgung ist durch Ungleichgewichte geprägt: Die Industrieländer leiden oft unter Überschüssen, die Entwicklungsländer unter bitterem Hunger. Die Mehrheit der Bevölkerung in den Entwicklungsländern lebt in *Armut,* hat einen niedrigen Lebensstandard, ein bescheidenes Bildungsniveau, eine geringe Arbeitsproduktivität, einen Mangel an Arbeitsplätzen, einen oft schlechten Gesundheitszustand und eine ungenügende Versorgung mit Nahrungsmitteln. Die Grundbedürfnisse der Menschen sind kaum oder nur schlecht befriedigt.[1]

Die besonders unterentwickelten Entwicklungsländer werden *MSAC (Most Seriously Affected Countries)* genannt. Diesen Begriff prägte die UNO 1974 für Länder mit einem sehr tiefen Pro-Kopf-Einkommen, einer chronisch schlechten Leistungsbilanz, wirtschaftlichen Wachstumsproblemen, geringen Währungsreserven und einem meist großen Schuldendienst gegenüber dem Ausland. Rund ein Drittel der Weltbevölkerung lebt in den 45 MSAC-Entwicklungsländern.[2]

II. Das Ernährungsproblem

Bei den *Ernährungsproblemen* der MSAC-Entwicklungsländer ist zwischen Unterernährung und Mangelernährung zu unterscheiden:[3]

- Die *Unterernährung (undernutrition)* ist eine unzureichende Zufuhr von Nahrungsenergie. Eine drastische Verringerung oder ein Entzug der Nahrung führen zur Auszehrung und zum Verhungern. Es entwickelt sich ein Hungergefühl als

---

[1] Vgl. *OECD* (1982).

[2] Es handelt sich um Länder wie Afghanistan, Ägypten, Äthiopien, Bangladesch, Benin, Birma, Burundi, Elfenbeinküste, El Salvador, Gambia, Ghana, Guatemala, Guinea, Guinea-Bissau, Guyana, Haiti, Honduras, Indien, AR Jemen, DVR Jemen, Kambodscha, Kamerun, Kap Verde, Kenia, Laos, Lesotho, Madagaskar, Mali, Mauretanien, Mosambik, Nepal, Niger, Burkina Faso (Obervolta), Pakistan, Ruanda, Samao, Senegal, Sierra Leone, Somalia, Sri Lanka, Sudan, Tansania, Tschad, Uganda und die Zentralafrikanische Republik.

[3] Vgl. *Weber* (1980), S. 615.

einem Komplex unangenehmer Gefühle.[4] Wenig präzise, aber typisch ist die Bezeichnung "schwarzer Hunger".

- Die *chronische Mangelernährung (malnutrition)* ist eine Fehl- bzw. Mangelernährung durch eine unzureichende Zufuhr von Nährstoffen über sehr lange Zeiträume. Die Haushalte können sich weder genügend Lebensmittel beschaffen noch diese selbst produzieren. Es wird auch vom "weißen Hunger" gesprochen.

Unter einer kritischen Ernährungsgrenze[5] ist "ein volles, gesundes, gut entwikkeltes Dasein" nicht möglich.[6] Das landwirtschaftliche Hauptziel in den Entwicklungsländern ist die Ernährungssicherheit ("food security"):

> "Ernährungssicherheit heißt, daß jedermann zu jeder Zeit genügend Lebensmittel für ein aktives und gesundes Leben zur Verfügung stehen"[7].

III. Verbesserung oder Verschlechterung?

Eine Studie der *FAO (Food and Agriculture Organization der UNO)* geht davon aus, daß sich die Welternährungslage in den vergangenen 25 Jahren trotz eines Zuwachses von 1,8 Milliarden Menschen für einzelne Länder teilweise verbessert habe.[8] Dies wird unter anderem auf die landwirtschaftlichen Produktionsfortschritte in großen Ländern wie Indien, China und Bangladesch zurückgeführt. Die Befürchtungen über eine chronische Nahrungsmittelknappheit in weiten Teilen der Welt hätten sich insgesamt nicht bewahrheitet. In 35 Entwicklungsländern mit rund zwei Milliarden Einwohnern werde eine Versorgung mit täglich 2.500 Kalorien pro Person erreicht.[9]

Diese Aussage ist jedoch widersprüchlich. Bei den durchschnittlich verfügbaren Kalorien pro Kopf der Bevölkerung zeigt sich ein geographisches Gefälle hin zum Äquator. Die Zahl der in Armut lebenden Menschen, welche unter einer chronischen Unterernährung leiden, lag Mitte der 1980er Jahre weltweit bei über einer Milliarde Menschen und ging innerhalb von zwanzig Jahren bis Ende der 1990er Jahre von etwa 920 Mio. auf etwa 840 Mio. Menschen zurück (vgl. Tab. 20/1). Davon leben rund 300 Mio. Menschen in Afrika südlich der Sahara. Unter günstigen Umständen läßt sich diese Zahl nach Auffassung der FAO innerhalb von zwanzig Jahren etwa halbieren.[10]

---

[4] Vgl. *FAO* (1974), S. 20.

[5] Als kritische Grenze für eine chronische, schwere Unterernährung gelten bei Menschen in Entwicklungsländern etwa 1.500 bis 2.000 Kalorien (für kleine Menschen in einem heißen Klima bei rund vier Stunden Arbeit). Andere Autoren sprechen von durchschnittlich 2.200 Kalorien und ca. 65-70 Gramm Protein.

[6] *FAO* (1982), S. 172.

[7] *Weltbank* (1986), S. 9.

[8] *FAO* (1988).

[9] Nach Auffassung der FAO waren 1970 35 Prozent der Menschen in den Entwicklungsländern unterernährt, 1980 28 Prozent und 1996 21 Prozent einer Bevölkerung, welche auf rund 4 Mrd. Menschen geschätzt wurde.

[10] Bis zum Jahre 2010 sollen nach Auffassung der FAO noch 12 Prozent oder 680 Mio. Menschen unter Hunger leiden (bei einer geschätzten Bevölkerung von dannzumal rund 5,7 Mrd. Menschen in den Drittweltländern).

Tab. 20/1
Die chronische Unterernährung in den Entwicklungsländern

	Jahr	Nahrungsmittel pro Kopf cal./Tag	Bevölkerung in Mio.	Unterernährt in % der Bevölkerung	in Mio.
Afrika (südlich der Sahara)	1970	2140	268	35	94
	1980	2120	358	36	129
	1990	2100	500	41	203
	2010	2170	874	35	302
Naher Osten/ Nordafrika	1970	2380	178	24	42
	1980	2830	233	10	23
	1990	3010	297	8	24
	2010		513	7	35
Ostasien	1970	2020	1147	44	506
	1980	2340	1392	26	366
	1990	2600	1598	16	258
	2010	3040	1617	5	105
Südasien	1970	2040	711	34	245
	1980	2090	892	31	278
	1990	2220	1103	24	265
	2010	2450	1617	15	239
Lateinamerika und Karibik	1970	2500	281	19	54
	1980	2690	357	13	47
	1990	2690	433	13	59
	2010	.	593	8	49
Welt insgesamt	1969-1971	.	2583	35	893
	1990-1992	2710	4064	20	840
	2010	2860	5668	13	680.

Quelle: *FAO,* World Agriculture, towards 2010, 1988, S. 31, und andere Quellen der FAO.

IV. Die Ernährungsprobleme und mögliche Lösungsansätze

Die Ernährungsprobleme lassen sich in Bevölkerungsprobleme, Produktionsprobleme, Verwendungsprobleme und Verteilungsprobleme untergliedern. An diesen "Hebeln" können auch die Lösungen für die Welternährungsprobleme ansetzen (vgl. Abb. 20/2):

(1.) Beim *Bevölkerungsproblem* handelt es sich um das globale Wachstum der Bevölkerung und den hohen Anteil der Entwicklungsländer am Bevölkerungswachstum, welcher hinsichtlich der Weltbevölkerung bei über 90 Prozent liegt. Wie lassen sich das globale Wachstum der Bevölkerung und vor allem der hohe Anteil der Entwicklungsländer am Bevölkerungswachstum beeinflussen?

(2.) Beim *Produktionsproblem* geht es um das Ausmaß der landwirtschaftlichen Produktionsflächen und der flächenspezifischen Produktion, welche die Grundlagen für die Ernährung der Bevölkerung bilden. Können die landwirtschaftlichen Produktionsflächen und die Intensität der Produktion erhöht werden?

(3.) Beim *Verwendungsproblem* spielt die Aufteilung der landwirtschaftlichen Produktion zur menschliche Ernährung und als Futter für die Tiere eine Rolle. Soll der Anteil jener Agrarerzeugnisse, welcher der menschlichen Ernährung dient, zu Lasten des Viehfutters erhöht werden?

(4.) Beim *Verteilungsproblem* wird die Verteilung der landwirtschaftlichen Erzeugnisse zwischen den Industrie- und den Entwicklungsländern angesprochen.

Sollen die weltweit erzeugten Nahrungsmittel zwischen den Industrieländern mit Überschüssen und den Entwicklungsländern mit Defiziten umverteilt werden?

Abb. 20/2
Die Ernährungsprobleme

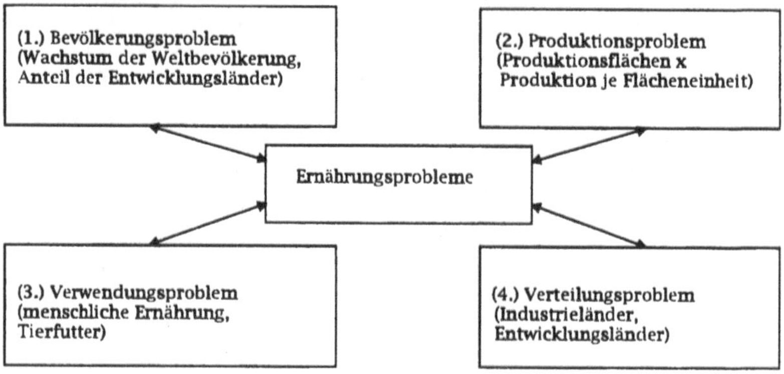

Eine Auswahl dieser Fragen soll diskutiert werden, so beispielsweise einige bevölkerungstheoretische Aspekte, das Problem der sog. Tragfähigkeit der Erde und einige agrarpolitische Fragen der Entwicklungsländer.

B. Das Bevölkerungsproblem

I. Das "Gesetz von Malthus"

Thomas Robert Malthus (1766-1834) stellte fest, daß die Bevölkerung die Tendenz hat, sich rascher zu vermehren, als die Erzeugung von Nahrungsmitteln zunimmt. Er ging davon aus, daß sich die Bevölkerung in einer progressiven Reihe weiterentwickelt (1, 2, 4, 8, 16, 32, ...), die Erzeugung von Nahrungsmitteln jedoch nur in einer arithmetischen Reihe (1, 2, 3, 4, 5, 6, ...).[11] Das Bevölkerungsgesetz *("Gesetz von Malthus")* fand große Verbreitung, nicht zuletzt wegen der mathematischen Formulierung. Das Bevölkerungswachstum wird nach *Thomas Malthus* durch die Nahrungsmittelproduktion begrenzt. Ein ungebrochener Trend zum Wachstum der Bevölkerung führt zwangsläufig zu einer Verknappung der Nahrungsmittel (malthusianische Falle). Es kommt zu Armut und Elend. Die Überbevölkerung bringt

> "ungesunde Beschäftigungen, harte Arbeit, die Unbilden von Wind und Wetter, äußerste Armut, schlechte Kinderpflege, große Städte, Ausschreitungen aller Art, die ganze Schar gewöhnlicher Krankheiten und Epidemien, Kriege, Pest und Hungersnot"[12].

[11] Vgl. *Malthus* (1798/1924), S. 22.
[12] *Malthus* (1798/1924), S. 25.

Thomas Malthus fordert Geburtenbeschränkungen und die Förderung der Landwirtschaft. Genügt dies nicht, führen natürliche Hemmnisse wie die begrenzte Möglichkeit zur Steigerung der Nahrungsmittelproduktion zu einer Begrenzung des Bevölkerungswachstums ("positif checks").

II. Die Bevölkerungsprobleme in den Industrie- und Enwicklungsländern

Das *Gesetz von Malthus* gilt nur bei einer landwirtschaftlichen Produktion ohne landwirtschaftliche Fortschritte ("konstante Technik"), wie dies in der zweiten Hälfte des 18. Jh. bei einem raschen Anstieg der Bevölkerung und einer zurückbleibenden Agrarproduktion der Fall war. Die agrarwirtschaftlichen Fortschritte gingen jedoch bereits im 19. Jh. über die Prämissen von *Thomas Malthus* hinaus und führten dazu, daß die Agrarproduktion stärker zunahm als die Bevölkerung. Zudem verlangsamte sich das Bevölkerungswachstum.[13]

In den *Industrieländern* widersprechen die Entwicklungstendenzen dem Gesetz von *Thomas Malthus:* Die Bevölkerung nimmt nur noch verhältnismäßig langsam zu, in einigen Industrieländern stagniert sie. Zusammen mit den landwirtschaftlichen Produktivitätsfortschritten kommt es immer wieder zu erheblichen Überschüssen.

Tab. 20/3
Die Bevölkerungsentwicklung seit Christi Geburt

Zeitraum	Steigerung von	auf (Millionen)	Jährliche durchschnittliche Zuwachsrate in Prozent
0 - 1650	250	500	0,04
1650 - 1750	500	791	0,46
1750 - 1800	791	978	0,43
1800 - 1850	978	1.262	0,51
1850 - 1900	1.262	1.650	0,54
1900 - 1950	1.650	2.486	0,82
1950 - 1960	2.468	2.982	1,84
1960 - 1965	2.982	3.276	1,90
1965 - 1970	3.276	3.596	1,88
1970 - 1975	3.596	3.951	1,90
1975 - 1976	3.951	4.026	1,90
1976 - 1977	4.026	4.103	1,91
1990	5.300- 5.400		
Schätzungen der Weltbevölkerung			
1992	5.500		
1993	5.600		
1996	5.800		
1997	5.900		
1999	6.000		
2000	6.000-6.400		
2010	7.000-7.200		
2020	8.000-8.800		
2025	7.300-9.200		
2030	8.200-8.500		
2050	9.400		
2100	10.800		
2200	11.000.		

Quellen: *Jöhr,* 1976, S. 2, sowie *FAO,* Production Yearbook, div. Jg.; Statistiken und Bevölkerungsprognosen der *UNO.*

[13] Vgl. auch Kap. 2.

In den allerärmsten *Entwicklungsländern* jedoch zeigt die Entwicklung Ähnlichkeiten mit dem Gesetz von *Thomas Malthus.* Die meist hohen Zuwachsraten der Bevölkerung übertreffen in weiten Gebieten (vor allem in der Nähe des Äquators) jene der landwirtschaftlichen Produktion. Die Lücke zwischen dem Nahrungsmittelbedarf und der landwirtschaftlichen Produktion ("malthusiam gap") wird größer. In einzelnen Ländern vor allem Afrikas bricht die Agrarproduktion immer wieder zusammen und Hunderttausende von Menschen sterben zufolge von Hungersnöten, Krankheiten und Bürgerkriegen, was weitgehend der Lehre von *Thomas Malthus* entspricht.

III. Die Entwicklung der Bevölkerung

Die weltweite Entwicklung der Bevölkerung (vgl. Tab. 20/3) seit dem zweiten Weltkrieg zeigt jährliche Wachstumsraten zwischen rund 1,8 und 1,9 Prozent. Diese Raten könnten in den kommenden Jahren auf etwa 1,6 bis 1,7 Prozent zurückgehen. Einige Bevölkerungsprognosen gehen von einer Zunahme der Weltbevölkerung von derzeit zirka sechs Milliarden auf bis zehn oder fünfzehn Milliarden Menschen in den nächsten Jahrzehnten aus. Zu einer Stagnation der Weltbevölkerung dürfte es erst Mitte/Ende des 21. Jahrhunderts kommen, denn die Bevölkerungsentwicklung wird verstärkt durch das Auftreten des *"Kindeskinder-Effektes"*, bei welchem ein Kinderboom eine Generation später zwangsläufig zum nächsten Kinderboom führt. Die Ernährungsprobleme in den Entwicklungsländern liegen damit auch zukünftig in einem Wettlauf zwischen der Entwicklung der Nahrungsmittelproduktion und jener der Bevölkerung.

Abb. 20/4
Die Tragfähigkeitsprobleme im Überblick

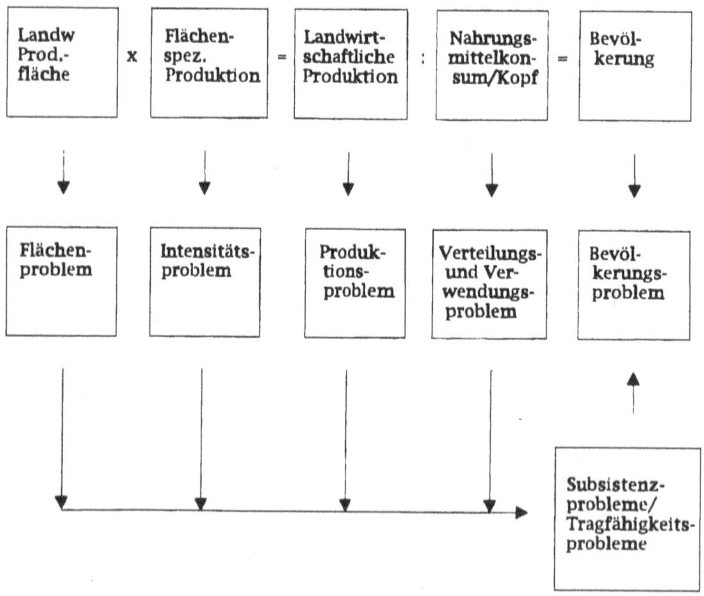

C. Das Produktionsproblem

I. Die land-man-ratio

Eine mögliche Grundlage zur Beurteilung der Ernährungsprobleme sind *globale Tragfähigkeitsüberlegungen.* Diese berücksichtigen die Bevölkerungs- und Produktionsprobleme, nicht jedoch die Verwendungs- und die (internationalen) Verteilungsprobleme. Tragfähigkeitsüberlegungen gehen von den zur Verfügung stehenden Produktionsflächen, der flächenspezifischen Produktion, der Größe der Bevölkerung und dem wünschenswerten Nahrungsmittelkonsum pro Kopf aus (vgl. Abb. 20/4).

Ein besonderer, regional differenzierter Koeffizient ist die *"land-man-ratio"*. Die land-man-ratio ergibt sich, wenn die verfügbare oder benötigte landwirtschaftliche Produktionsfläche durch die Größe der Bevölkerung geteilt wird. Die land-man-ratio hängt eng mit der Art der Ernährung, der Qualität des Bodens und den landwirtschaftlichen Anbaumethoden zusammen. Für eine ausreichende Versorgung mit Nahrungsmitteln und Holz beträgt der minimale landwirtschaftliche Flächenbedarf nach dem US-Standard 0,225 Hektar Land/Person, nach dem traditionellen europäischen Standard 0,1 Hektar und nach dem asiatischen Standard 0,068 Hektar (vgl. zu den aktuell verfügbaren Flächen Tab. 20/5).

Tab. 20/5
Das landwirtschaftliche Kulturland pro Kopf der Bevölkerung

Regionen	Ackerfläche	Verfügbares Weideland
	- pro Kopf in Hektar -	
Afrika	0,27	0,68
Asien	0,1	0,14
Amerika	0,48	0,85
Europa (inkl. GUS)	0,52	0,59
Ozeanien	1,76	12,79
Welt	0,23	0,42.

II. Die landwirtschaftlich nutzbare Fläche

Die *gesamte eisfreie Landfläche der Erde* beträgt etwa 13,1 Mrd. Hektar. Für die intensive und extensive landwirtschaftliche Produktion im weiteren Sinne sind theoretisch rund 3,2 Mrd. Hektar Land in irgendwelcher Form (Äcker, Wiesen, Weiden) geeignet; andere Autoren sprechen von bis zu 7 Mrd. Hektar. Der Rest ist Weideland. 3 Mrd. Hektar dienen als Dauergrünland. Der Waldbestand wird auf 3,2 Mrd. Hektar geschätzt (einschließlich des Buschlandes auf 4 Mrd. Hektar). Rund 1,1-1,4 Mrd. Hektar sind theoretisch für die intensivere landwirtschaftliche Nutzung nutzbar, beispielsweise als rotierende Ackerflächen. Rund 1,4 Mrd. Hektar werden als Ackerkulturen *und* Dauerkulturen genutzt. Die aktuelle, intensiv bebaute Anbaufläche liegt bei 0,7 Mrd. Hektar. Bodenreserven sind vor allem in Südamerika, Nordamerika und Australien vorhanden; diese liegen nur zum Teil in den Räumen mit den großen Ernährungsproblemen, wo die Landreserven weitgehend erschöpft sind und außerdem Umwelt- und Erosionsprobleme bei der Schaffung neuer Agrarflächen zu erwarten sind. Bereits bei der Nutzung der heutigen Produktionsflächen zeigen sich in den Problemgebieten mehr und mehr die Probleme des Raubbaus in der Form von Erosion, Versteppung und Versalzung sowie der Verknappung des Süßwassers.

Für die Berechnung der *globalen Tragfähigkeit der Erde* gibt es eine Reihe von Ansätzen. Dazu zählen unter anderem (1.) die Superoptimisten, (2.) die Optimisten und (3.) die Neo-Malthusianer.

III. Die globalen Konzepte

1. Die Superoptimisten

Die *Superoptimisten* wie beispielsweise *Fritz Baade* gehen von der Möglichkeit der menschlichen Ernährung auf der Basis einer Meeresalge (der sog. Chlorella-Alge) aus, welche Protein liefert. Aufgrund von Schätzungen ist eine Bevölkerung von über 6,5 Mrd. Menschen ohne weiteres zu ernähren. Denkbar ist nach Auffassung der Superoptimisten sogar eine Bevölkerung von 65 Mrd. Menschen und mehr, wobei es sich in diesem Fall lediglich um "Stehplätze" für die Menschen handle.[14] Andere Superoptimisten,[15] welche ebenfalls vom Meer als einer Proteinquelle ausgehen, halten eine Bevölkerung von 30 Mrd. Menschen für möglich. Die Bevölkerung müßte sich unter anderem von traditionellem Fisch, Seegras, Algen und Plankton (Krill) ernähren und hätte Hungerprobleme.

Colin Clark setzt die maximal verfügbare, intensiv bebaubare landwirtschaftliche Kulturfläche der Erde mit 2,3 Mrd. Hektar sehr hoch an (die üblichen Schätzungen liegen bei 1,3 Mrd. Hektar). Beim asiatischen Ernährungsstandard von ca. 0,067 Hektar Land/Person errechnet er eine maximal mögliche Bevölkerung der Welt von 35 Mrd. Personen.[16]

Weitere superoptimistische Ansätze sind die *utopischen Entwicklungsprojekte* zur Bewältigung des Ernährungsproblems. In den vergangenen Jahrzehnten und Jahrhunderten gab es immer wieder kühne, aus Kosten- und Umweltgründen jedoch kaum realisierbare Ideen für landwirtschaftliche Entwicklungsprojekte, welche zur Lösung der Ernährungsprobleme beitragen sollten. Zu diesen "großen Projekten" zählen:

- Die Schaffung einer *"grünen Sahara"* mit sehr hohen Investitionen und der umstrittenen Nutzung von Brackwasser aus der Eiszeit.

- Die *Umleitung von Flüssen* in Afrika zur Schaffung einer Verbindung zwischen dem Kongobecken und dem Tschadsee. In Rußland wurde das Umlenken von Flüssen nach Süden zu Zwecken der Bewässerung diskutiert, in Nordamerika die Ableitung des Mackenzie-River nach Süden, ebenfalls zur Schaffung bewässerter Flächen.

- Die Entwicklung der sog. *unkonventionellen Landwirtschaft* wie beispielsweise die Nährfilmtechnik, die unkonventionelle Produktion mittels der Biosynthese durch Hefepilze und Grünalgen sowie der alte Traum einer künstlichen Photosynthese: "Zucker und Stärke aus der Luft".[17]

- Die *Erzeugung von grünen Pflanzen im Meer,* was bisher an der Salzhaltigkeit des Meerwassers scheiterte. Notwendig ist die Entwicklung von salzliebenden, eßbaren Pflanzen.[18] Das Forschungsziel sind Pflanzen, welche in salzigen Böden *und* im Meerwasser gedeihen können.

---

[14] Vgl. *Baade* (1969), S. 241 ff.
[15] Wie beispielsweise *Preston Cloud.*
[16] Vgl. *Clark* (1970), S. 65.
[17] Vgl. *Haushofer* (1958), S. 390.
[18] Dabei besteht immer noch eine große Kluft zwischen der Salzkonzentration des Meerwassers und jener, welche die Pflanzen ertragen können. Rund 1.500 salzliebende

2. Die Optimisten

Die sog. *Optimisten* gehen von einer theoretisch möglichen Kulturfläche von 1,37 Mrd. Hektar Land und einem traditionellen europäischen Ernährungsstandard von 0,1 Hektar Land/Person aus. Daraus ergibt sich rechnerisch eine maximale Bevölkerung von etwa 13 Mrd. Menschen. *Jay W. Forrester* sieht eine Grenze der Bevölkerung von 10,8 Mrd. Menschen bei einem allerdings niedrigeren Lebensstandard als heute und einer geringeren Nahrungsmittelversorgung.[19]

3. Die Neo-Malthusianer

Pessimistischer sind die sog. *Neo-Malthusianer* (bzw. die *Ökologen).* Die neomalthusianische Lehre betont vor allem die starke Umweltbelastung durch die Güterproduktion, was der Entwicklung der Bevölkerung im Verlaufe der kommenden Jahrzehnte deutliche Grenzen setzt. Von Bedeutung sind auch der Humusverlust der landwirtschaftlichen Nutzflächen, die Degradierung des Bodens in weiten Gebieten der Entwicklungsländer durch die Wind- und Wassererosion, der zunehmende Mangel an Süßwasser, der Treibhauseffekt durch das Freisetzen von CO_2 und das Ozonloch.

Die *Neo-Malthusianer* bzw. *Ökologen* fragen nach der Tragfähigkeit der Erde unter Berücksichtigung einer nachhaltigen Landwirtschaft ohne ökologische Schäden. Sie lehnen sich gedanklich an eine Studie des *Massachusetts Institute of Technology*[20] bzw. des *Club of Rome* aus dem Jahre 1972 an, welche von einem Wachstum der Agrarproduktion bis etwa 2015 und einer anschließenden, umweltbedingten Verschlechterung der Ernährungslage ausgeht, was zu einer Abnahme der Weltbevölkerung auf sieben Milliarden im Jahre 2030 bzw. fünf Milliarden Menschen im Jahre 2050 führen könnte. Neuere Schätzungen sprechen von einer Bevölkerungsspitze von etwa achteinhalb Milliarden im Jahre 2050 und einer sukzessiven Abnahme auf etwa eine Milliarde bis zum Jahre 2300.[21]

Nach einer ähnlichen Auffassung von *E. Goldsmith* beträgt die Überlebensration 65 Gramm Protein pro Kopf und Tag. Diese sollte sich mit einer nachhaltigen Landwirtschaft und ohne ökologische Störungen produzieren lassen sowie eine hohe Lebensqualität ermöglichen. Er errechnet eine Tragfähigkeit der Erde von 3,5 Mrd. Personen.[22]

Ein weiterer Ökologe ist *William W. Murdoch,* welcher langfristig und unter Berücksichtigung einer ökologisch stabilen, nicht überbelasteten Umwelt eine Subsistenzbasis von 6 Mrd. Menschen (wahrscheinlich weniger) als tragbare

---

Pflanzen bilden das genetische Grundmaterial. Es wurden Versuche mit einer Ölsamenpflanze unternommen, welche der Sojabohne bzw. der Sonnenblume (der salicornia bigelovii) ähnlich ist. Diese Pflanzen konzentrieren das Meerwasser in den Stengeln, nicht im Ölsamen. Sie enthalten zwischen 26 und 33 Prozent Öl sowie 31 Prozent Protein und sind für Menschen und Tiere genießbar. Das Meerwasser zur Bewässerung wurde im Versuch durch eine Aquakultur mit Meerwasser geleitet. Durch das Einsetzen von Crevetten und deren Ausscheidungen kam es zu einem Anreicherung mit Stickstoff, weshalb auf eine zusätzliche Düngung verzichtet werden konnte. Vgl. *Science* (1991), S. 1065 ff.

[19] Vgl. *Forrester* (1972), S. 81 ff.

[20] Vgl. *Massachusetts Institute of Technology (MIT),* (1972).

[21] Vgl. *Malaska* (1996), S. 308.

[22] Vgl. *Goldsmith* (1972), S. 60.

Belastung betrachtet.[23] Als Neo-Malthusianer bezeichnet sich auch *Michael Allaby.* Er geht von einer Zahl von lediglich 1,5 Mrd. Menschen aus, welche sich unbeschränkt ernähren lassen.[24]

IV. Die Heterogenität der Schätzungen für die Tragfähigkeit

Die *Heterogenität der Schätzungen für die Tragfähigkeit* der Erde resultiert unter anderem aus einer nicht zu übersehenden Unsicherheit hinsichtlich der umweltbedingten Veränderungen der landwirtschaftlichen Produktion. Die künftige Agrarproduktion hängt mit einer Vielzahl von landwirtschaftlichen, biologischen, gesellschaftlichen, ökonomischen und technischen Faktoren zusammen, deren langfristige Entwicklung sich kaum hinreichend abschätzen läßt:[25]

- In den *höchstentwickelten Industrieländern* besteht das Bedürfnis, die Intensität der landwirtschaftlichen Produktion zu verkleinern, verbunden mit der Tendenz, bisher landwirtschaftlich genutzte Flächen als ökologische Ausgleichsgebiete und Naturreservate der Natur zurückzugeben ("Natur aus zweiter Hand").
- In den *Entwicklungsländern* stößt die Erhöhung der landwirtschaftlichen Produktion an ökologische Grenzen. Durch die großflächigen Rodungen und die damit verbundene Zerstörung von Wäldern entstehen Umweltprobleme. Bei einer vermehrten Nutzung der natürlichen Ressourcen bis an die Grenzen der Leistungsfähigkeit wird das Gesetz vom abnehmenden Bodenertrag spürbar, was produktionshemmend wirkt. Zudem kommt es in den äquatornahen Entwicklungsländern Afrikas und auch in China, bedingt durch die Ausdehnung der Wüsten, zu einem Rückgang der Produktionsflächen. Ein besonderes Problem in zahlreichen Gebieten sind die sich verstärkenden Dürrekatastrophen, deren Ursachen und langfristige Auswirkungen noch nicht restlos geklärt sind.[26]

D. Die Entwicklung der Landwirtschaft in der Dritten Welt

Die weltweiten Bevölkerungsprobleme und Ernährungsengpässe liegen offensichtlich in den Entwicklungsländern. Welches sind die entwicklungstheoretischen Rahmenbedingungen in diesen Ländern?

I. Das Armutsmodell

Die Ausgangslage für den Entwicklungsprozeß in diesen ärmsten Ländern läßt sich mit dem *Armutsmodell* charakterisieren. Dieses geht von einer in Armut lebenden Bevölkerung aus. Liegen die Löhne unter dem Existenzniveau, kommt es durch Hunger und Krankheiten zu einer geringeren Zahl von Kindern und damit einem Rückgang des Bevölkerungswachstums. Steigen die Löhne über das Existenzniveau, erfolgt eine Zunahme der Zahl der Kinder und des Bevölkerungswachstums. Auf diese Weise pendelt die Entwicklung der Bevölkerung stets um das Existenzniveau.

[23] Vgl. *Murdoch* (1972), S. 420 f.
[24] Vgl. *Allaby* (1970).
[25] Vgl. *Kruse* (1965), S. 31.
[26] Nach Auffassung von Umweltkritikern mußten 20 Prozent aller landwirtschaftlichen Kulturflächen der Welt in den vergangenen vierzig Jahren aufgegeben werden und sechzig Prozent aller Flächen sind von einer mäßigen bis schweren Erosion betroffen.

Das Armutsmodell entspricht dem Bevölkerungsgesetz von *Thomas Malthus*. Das Verhältnis zwischen den Löhnen und dem Existenzniveau (=natürlicher Lohn) bestimmt das Bevölkerungswachstum (und umgekehrt). Die Entwicklung der Bevölkerung ist durch die Subsistenzmittel begrenzt. Vergrößert sich die Nahrungsmittelmenge, wächst die Bevölkerung in geometrischer Reihe. Das begrenzte Wachstum der landwirtschaftlichen Produktion reduziert das Wachstum der Bevölkerung und läßt die Bevölkerung immer wieder in den Zustand der Armut zurückfallen.[27] Auf diese Weise verharrt die Bevölkerung in der Armutsfalle. Die Armut wird zu einem unumstößlichen Naturgesetz, welches sich aus dem "unbezwingbaren Fortpflanzungstrieb" und den begrenzten Wachstumsmöglichkeiten der landwirtschaftlichen Produktion ergibt.[28]

David Ricardo (1772-1823) spricht im Zusammenhang mit dem Armutsmodell vom *"ehernen Lohngesetz"*. Die Bevölkerungsentwicklung folge einem Wachstumspfad, welcher durch den "natürlichen" Lohn als dem Existenzminimum geprägt ist. Der "natürliche Lohn" entspricht dem "Gleichgewichtslohn", auch hinsichtlich der menschlichen Fortpflanzung:

> "Der natürliche Preis der Arbeit ist jener Preis, welcher nötig ist, die Arbeiter in den Stand zu versetzen, einen wie den anderen, sich zu erhalten und ihr Geschlecht fortzupflanzen ohne Vermehrung und Verminderung"[29].

Bleibt der "natürliche Preis" für die Arbeit konstant, verharrt die Bevölkerung im Bereich der Armutsschwelle:

> "Wenn sich jedoch die Anzahl der Arbeiter durch den Antrieb, welchen ein hoher Lohn für die Bevölkerungszunahme bildet, vermehrt, sinkt der Lohn wieder auf seinen natürlichen Preis und sinkt bisweilen infolge eines Rückschlages tatsächlich darunter".[30]

II. Der Entwicklungsprozeß

Es treten immer wieder Situationen ein, in welchen der Marktlohn den "natürlichen Lohn" übersteigt. Dies ist beispielsweise der Fall, wenn vermehrt Arbeitskräfte zur Erzeugung von Investitionsgütern nachgefragt werden, wodurch die Löhne vorübergehend über die Existenzbedürfnisse steigen, was zur Anhebung der Lebensqualität des Arbeiters führt:

> "Erst wenn der Marktpreis der Arbeit ihren natürlichen Preis übersteigt, wird die Lage des Arbeiters eine gedeihliche und glückliche, hat er es in der Macht, über einen größeren Anteil von Bedarfsartikeln und Lebensgenüssen zu verfügen und daher eine große und zahlreiche Familie zu ernähren".[31]

Möglicherweise gewöhnt sich die Bevölkerung an die höheren Einkommen. Dadurch erhöht sich der natürliche Lohn dauerhaft. In diesem Fall schließt der Arbeiter

> "Annehmlichkeiten, die aus Gewohnheit wesentlich für ihn werden" in den natürlichen Lohn mit ein.[32]

---

[27] Vgl. *Malthus* (1798/1924), S. 33 ff.
[28] Vgl. *Mill* (1848/1924), S. 553.
[29] *Ricardo* (1817/1923), S. 81.
[30] *Ricardo* (1817/1923), S. 82.
[31] *Ricardo* (1817/1923), S. 82.
[32] *Ricardo* (1817/1923), S. 81.

Damit besteht eine Chance, aus der Armutsschwelle auszubrechen. Das gesellschaftliche und wirtschaftliche Verhalten der Bevölkerung ist entscheidend, ob der Teufelskreis der Armut auf diese Weise durch ein geringeres Bevölkerungswachstum durchbrochen wird. Nur ein höherer natürlicher Preis für die Arbeit kann einen Entwicklungsprozeß auslösen, der zur Überwindung der Armut führt. Die Bevölkerung wächst in diesem Fall nicht mehr stets so stark nach, bis das Einkommen wieder auf das Existenzminimum zurückgefallen ist. Von besonderer Bedeutung für die Geburtenraten sind auch ein System zur Sicherung der Altersversorgung und das Bildungsniveau der Frauen.

Wer diese Gedankengänge von *David Ricardo* versteht, kann nach Auffassung von *Theodore Schultz* auch die Triebfedern der wirtschaftlichen Entwicklung verstehen. Für *Theodore Schultz* gibt es langfristig kein "Gleichgewicht in der Armut"[33]. Der handelnde Mensch ist für die Armut in den Entwicklungsländern verantwortlich und kann zu deren Überwindung beitragen. Ein in Gang gebrachter Entwicklungsvorgang läßt sich als andauernder, sukzessiver und evolutionärer Prozeß verstehen.

III. Die Entwicklung als stufentheoretischer Prozeß

Wird die *Entwicklung als stufentheoretischer Prozeß*[34] verstanden, zählt die Überwindung der traditionellen Gesellschaft *("traditional society")* zu den Schlüsselfaktoren der Entwicklung. Die Voraussetzungen für den Aufschwung *("preconditions of take off")* bestehen nicht nur in der Überwindung der Armutsschwelle, sondern unter anderem auch in einer Akkumulierung von Kapital (durch Spar- und Investitionsprozesse) sowie Humankapital (durch Ausbildung, Erfahrungen und Forschung). Der eigentliche Aufschwungprozeß *("take off into self sustaining growth")* setzt eine rasche Entwicklung der Kapitalmärkte, der Investitionen und des Humankapitals voraus. Auf diese Weise kann es zu einem sich selbst tragenden Entwicklungsprozeß kommen, an dessen Ende die reife Gesellschaft *("the drive to maturity")* und das Zeitalter des Massenkonsums *("age of mass consumtion")* stehen.

IV. Die Entwicklung als humankapitaltheoretischer Prozeß

Die These von *Theodore Schultz* besagt, daß mit der Entwicklung eines Landes ein Trend zur *qualitativen Entwicklung* eintritt. Er geht in erster Linie davon aus, daß die Eltern bei steigenden Einkommen die Quantität der Kinder durch deren Qualität substituieren:[35]

> "Im Laufe der Zeit verringert die steigende Nachfrage nach Qualität - bei Kindern und auf seiten der Erwachsenen bei der Verbesserung ihrer eigenen Qualität - die Nachfrage nach Quantität. Das heißt: Qualität und Quantität sind Substitute, und der Rückgang der Nachfrage nach Quantität begünstigt den Trend zu sinkenden Geburtenzahlen. Ein erhöhter Qualitätsanspruch bei den Erwachsenen und ihren Kindern führt zu einem kontrollierten Bevölkerungswachstum und damit zur Lösung des Bevölkerungswachstums"[36].

[33] Vgl. *Schultz* (1986), S. 27.
[34] Vgl. *Rostow* (1961) und (1962).
[35] Vgl. *Schultz* (1986), S. 8.
[36] *Schultz* (1986), S. 14 f.

Diesen Vorgang überträgt *Theodore Schultz* auf den gesamten Entwicklungsprozeß:

> "Die Einkommen, die die Unternehmer aus ihrer allokativen Fähigkeit erhalten, steigen ebenso wie die Erträge aus der Kinderbetreuung, Ausbildung und Verbesserung des Gesundheitswesens. Zudem verbessern sich die Ertragsraten durch Kostenreduktionen beim Erwerb der meisten dieser Qualitätskomponenten"[37].

Das damit angesprochene Humankapital ist ein wichtiger Entwicklungsfaktor. Der Mensch soll lernen, aktiv am Entwicklungsprozeß mitzuwirken.[38] Liegen die Grenzerträge über den Grenzkosten, besteht ein Anreiz zu dessen Schaffung und Verbreitung.

Das Humankapital umfaßt das Wissen und Können in zahlreichen Bereichen. Dieses setzt sich aus der angeborenen Bevölkerungsqualität und die durch geeignete Investitionen erworbene und vermehrte Bevölkerungsqualität zusammen.[39] Das für einen nachhaltigen Entwicklungsprozeß erforderliche Humankapital umfaßt die Ausbildung zu einer förderlichen, gesellschaftlich-geistigen Grundhaltung, die schulische Grundausbildung, die Berufsausbildung, das Know how im Produktions- und Dienstleistungsbereich, das Wissen im Bereich der Medizin, im Umgang mit der Umwelt bzw. der Natur, im Verkehrs- und Kommunikationsbereich und im Zusammenhang mit der Geburtenregelung. Entscheidend für die Geburtenregelung ist auch die Verbesserung der Versorgung im Alter, um von den Nachkommen abhängig zu sein. Ohne diese Sicherung im Alter tritt kein Geburtenrückgang ein. Hinzu kommen öffentliche Güter wie die Schaffung des privaten und öffentlichen Rechts, effizienter Märkte und effektiver Institutionen der inneren Ordnung und der äußeren Sicherheit.[40]

V. Die landwirtschaftliche Entwicklung

Beim *landwirtschaftlichen* Entwicklungsprozeß werden üblicherweise drei Stadien durchlaufen:[41]

- In einer ersten Phase dominieren *Hunger und Unterernährung*, eine mangelnde Entwicklung der Landwirtschaft sowie der ländlichen Gebiete und ein rasches Bevölkerungswachstum.

- In einem frühen Systems mit vorwiegend landwirtschaftlicher Selbstversorgung steigt die Produktion von Nahrungsmitteln *("product contribution")*. Das landwirtschaftliche Wachstum erfolgt vor allem durch die Kapitalbildung in der Landwirtschaft. Die Landwirtschaft bildet zusammen mit dem Handwerk und dem Handel die traditionelle Gesellschaft.

- In einer nächsten Phase kommt es zum Übergang zur Marktproduktion *("market contribution")*. Die Steigerung der landwirtschaftlichen Produktion führt zum Austausch von Gütern mit anderen Wirtschaftssektoren und zum Außenhandel. Voraussetzung ist der Aufbau einer leistungsfähigen landwirtschaftlichen Produktion. Dies bewirkt oft eine Zerstörung der traditionellen kleinbäuerlichen Betriebe und der ländlich-dörflichen Strukturen.

[37] *Schultz* (1986), S. 14.
[38] Vgl. *International Labor Office* (1977), S. 6 f.
[39] Vgl. *Schultz* (1986), S. 9.
[40] Vgl. *Mellor* (1989), S. 5 ff.
[41] Vgl. *Kuznets* (1964), S. 102 ff.

- In der Phase des Faktorrückgangs *("factor contribution")* erreicht die landwirtschaftliche Entwicklung den wünschenswerten Pfad auf dem Weg zu einer hochentwickelten Wirtschaft und Gesellschaft. Die Landwirtschaft überführt Arbeit, Kapital und Boden an andere Wirtschaftssektoren und trägt zur ökonomischen Entwicklung eines Landes bei.

VI. Das Zwei-Sektoren-Modell

Ein Modell, welches sich mit der Phase des landwirtschaftlichen Faktorrückgangs *("factor contribution")* beschäftigt, ist das von *Arthur Lewis* entwickelte und von *J.C.H. Fei* sowie *G. Ranis* verfeinerte Zwei-Sektoren-Modell. Dieses Modell geht von einer Grenzproduktivität der Arbeitskräfte im Agrarsektor von null aus, was einer großen verdeckten Arbeitslosigkeit in der Landwirtschaft entspricht. Die Entwicklungsstrategie besteht darin, Arbeitsplätze außerhalb der Landwirtschaft zu schaffen und landwirtschaftliche Arbeitskräfte abzubauen. Durch die verdeckte landwirtschaftliche Arbeitslosigkeit erfolgt der Faktorentzug bei der Arbeit ohne eine Beeinträchtigung der landwirtschaftlichen Entwicklung.[42]

Die Entwicklung der Landwirtschaft ist eine wesentliche Voraussetzung für den gesamtwirtschaftlichen Aufschwung *("preconditions for take off")*. Eine gute Ernährung senkt die Erkrankungsrate, erhöht die geistige und körperliche Leistungsfähigkeit der Bevölkerung und trägt zur Verlängerung der natürlichen Lebenserwartung bei. Die Verbesserung der Ernährung ist eine wesentliche Voraussetzung *und* gleichzeitig ein Element der gesamtwirtschaftlichen Entwicklung eines Landes.[43]

E. Die landwirtschaftliche Entwicklungspolitik

I. Allgemeines

Nach den bisherigen Ausführungen beginnt der gesamtwirtschaftliche Entwicklungsprozeß meist bei der traditionellen Wirtschaft (Landwirtschaft, Handwerk und Handel). Hilfeleistungen der Industrieländer erhöhen oft das Subsistenzniveau, aber durch die hohen Geburtenraten kommt es zu einer Bevölkerungsexplosion und einem Teufelskreis der Armut. Entscheidend ist, daß die gesellschaftliche und wirtschaftliche Entwicklung diesen Teufelskreis durchbricht. Im günstigen Fall führt der wirtschaftliche Aufschwungprozeß *("take off")* zu höheren Lebensansprüchen, einer geringeren Zahl von Kindern, einem Rückgang des Bevölkerungswachstums und einer Verbesserung der Lebensqualität. Der Wunsch nach Lebensqualität trägt zur Lösung des Bevölkerungsproblems bei.[44] Unter günstigen Umständen geht das quantitative Wachstum in ein qualitatives über.[45]

---

[42] Vgl. *Lewis* (1954), S. 105 ff., sowie *Fei* und *Ranis* (1964).
[43] Vgl. *Fogel* (1994), S. 369 ff.
[44] Vgl. *Schultz* (1979/89), S. 674; vgl. auch *Becker* und *Tomes* (1976), S. 142 ff.
[45] Vgl. *Schultz* (1979/89).

II. Die landwirtschaftliche Entwicklung

Der *landwirtschaftliche* Entwicklungsprozeß[46] stellt erhebliche ordnungs- und allokationspolitische Anforderungen. Es spielen unter anderem eine Rolle: (1.) Eigentums- und Pachtreformen für einen verbesserten Zugang der Bevölkerung zum Boden als vordringliche, jedoch politisch heikle Maßnahme, (2.) eine verbesserte Versorgung der Bevölkerung mit Betriebsmitteln wie Saatgut, Pflanzenschutz und Düngemitteln sowie Dienstleistungen wie Kredite, Beratung und Ausbildung, (3.) der Zugang der Landwirtschaft zu Absatzmärkten und andere Produktionsanreize wie beispielsweise marktgerechte Preise sowie (4.) Beschäftigungs- und Einkommensmöglichkeiten für die nichtlandwirtschaftliche Bevölkerung als Voraussetzung für den gesamtwirtschaftlichen Aufschwungprozeß und den Kauf von Nahrungsmitteln.[47]

III. Landwirtschaftliche Entwicklungsprogramme im Humankapitalbereich

1. Die "Grüne Revolution"

Ein Beispiel für den Wissenstransfer ist die *"Grüne Revolution"* in den 1960er Jahren als einem der bedeutenden Programme der landwirtschaftlichen Entwicklung. [48] Die Ziele bestanden in einer Steigerung der landwirtschaftlichen Produktion, einer Verbesserung der Versorgung in den Ballungsgebieten und im ländlichen Raum, dem Erreichen einer gewissen Selbstversorgung und ggf. einer Erhöhung der Agrarexporte. Voraussetzung ist eine bessere Politik der öffentlichen Hand ("good governance").

Hauptinstrument der *"Grünen Revolution"* war die Einführung neuer Hochertragssorten (sog. Hochertragsvarietäten) bei Weizen, Reis und Mais, welche besser auf Dünger ansprechen, Mehrfachernten gestatten, eine gute Qualität der Nahrungsmittel ergeben und weiteren Pflanzenzüchtungen zugänglich sind. Oftmals fehlte es an einer künstliche Bewässerung, Kapital für Landmaschinen und Geräte, ausreichenden Lagermöglichkeiten, einer guten Organisation der Vermarktung, dem Einsatz von chemischen Mitteln (Kunstdünger und Biozide) sowie landwirtschaftlichen Schulen zur Ausbildung der Bauern. Erforderlich waren zudem eine größere bäuerliche Initiative durch eine bauernfreundliche Eigentums- und Pachtordnung, eine verbesserte Infrastruktur des ländlichen Raumes, effizientere Transportsysteme in die Verbraucherzentren und der Aufbau des Genossenschafts- und Kreditwesen. Die Bauern sollten Zugang zu neuen Forschungsergebnissen und Fortbildungsmöglichkeiten haben. Die Grüne Revolution war ein "Fortschritt in einem Paket".[49]

In einigen Ländern *Asiens* wie beispielsweise Pakistan, Bangladesch, Thailand, Philippinen, Südkorea, Taiwan und Indien brachte die auch von den internationalen Organisationen geförderte *"Grüne Revolution"* im Verlaufe der Jahre eine spürbare Verbesserung der Ernährung. In anderen Ländern, wie beispielsweise

[46] Vgl. zur Transformation der traditionellen Landwirtschaft auch *Schultz* (1964).

[47] Vgl. *FAO* (1982) und (1989).

[48] Als Begründer gelten der Friedensnobelpreisträger *Max Borlaug* und *Monkombu Sambasivan Swaminathan* (1982-88 Direktor des Internationalen Reisforschungsinstituts IRRI in Manila).

[49] Vgl. *von Braun* (1990), S. 188.

Afrika, fehlten die Wasserressourcen für eine künstliche Bewässerung in weiten Gebieten.[50,51]

Neben Erfolgen gab es auch Mißerfolge, welche zu einer starken Kritik an diesem auch von internationalen Organisationen erheblich geförderten Programm führten. Die Verwendung von Hochertragssorten anstelle der traditionellen lokalen Pflanzensorten, der starke Einsatz von Düngemitteln und die verstärkte künstliche Bewässerung wurden als wenig standortgerecht, nicht umweltfreundlich und sozialunfreundlich gegenüber der traditionellen ländlichen Bevölkerung dieser Länder betrachtet. Hinzu kamen - wie üblich bei solchen Programmen - Korruption, Mißbräuche mit verbilligten Krediten und ein Mangel an geeigneten Fachkräften. Die Kritik steigerte sich bei der Energiekrise von 1973/74, als die Kosten für die Düngemittel und die Energie für die Bewässerungsanlagen explodierten.

Die Verwendung von Hochertragssorten anstelle der traditionellen lokalen Pflanzensorten führte zu einer Verarmung der Sortenvielfalt als einer wesentlichen Grundlage der Ernährungssicherheit der Menschheit. Der starke Einsatz von Düngemitteln und die verstärkte künstliche Bewässerung[52] wurden als wenig standortgerecht, umweltbedrohend und sozialunfreundlich gegenüber der traditionellen ländlichen Bevölkerung dieser Länder betrachtet. Hinzu kam in zahlreichen Gebieten eine Verschlechterung der Böden durch die Übernutzung, woraus sich oft irreversible Schäden ergaben. Die in vielen Regionen erheblichen Produktionserfolge ließen ein zusätzliches Bevölkerungswachstum entstehen, welches in einem Umfeld der Armut und mangelnder Eigentumsrechte zu einem zerstörerischen Druck auf die landwirtschaftlich nutzbaren Flächen als einer neuen Art von "Armutsfalle" führte. Es entstand ein Teufelskreis zwischen der zunehmenden Armut und der Zerstörung der Bodenqualität. Das *"Syndrom der Grünen Revolution" ("Green Revolution Syndrome")* befiel in erster Linie Südostasien, aber auch Nordafrika und Mittelamerika.

2. Die "kleine grüne Revolution"

Die Probleme mit der "grünen Revolution" lassen erkennen, daß die Lösung der Agrarprobleme zusammen mit der Lösung der Bevölkerungsprobleme gesucht werden muß.[53] Es kam zur *"kleinen grünen Revolution"*. Diese erfolgte an den

[50] Afrika hat nur etwa 12,6 Mio. Hektar bewässertes Land, Asien dagegen rund 160 Mio. Hektar.

[51] In den Entwicklungsländern insgesamt stieg der Anteil der Hochertragsvarietäten zwischen 1970 und 1990 bei Reis von 30 auf 74 Prozent, bei Weizen von 20 auf 70 Prozent und bei Mais auf 57 Prozent. Vgl. *Emerson* (1996), S. 15.

[52] Etwa zwei Drittel des Wasserangebotes werden weltweit bereits für die landwirtschaftliche Produktion verwendet. Die mögliche Erhöhung der Bewässerungskapazität liegt unter dem Wachstum der Bevölkerung.

[53] Ein Beispiel ist Südasien (Afghanistan, Bangladesch, Bhutan, Indien, Iran, Nepal, Pakistan und Sri Lanka). Rund 1,3 Mrd. Menschen leben von rund 320 Millionen Hektar Agrarfläche (bei einem Bevölkerungswachstum von jährlich etwa 2,4 Prozent. Die Grüne Revolution führte zu einer erheblichen Steigerung der Produktion durch die Verwendung von Hochertragssorten und dem Einsatz von chemischen Düngemitteln. Die Zerstörung von Wäldern, nichteingehaltene Brachezeiten und Fruchtwechsel, die Übernutzung von Weiden durch das Vieh, der mangelnde Schutz vor Wind und Wasser sowie die Ausbeutung des Grundwassers brachten eine Verschlechterung der Produktionsbedingungen. In zahlreichen Gebieten mit künstlich bewässerten landwirtschaftlichen Produktionsflächen sind Salzfronten im Vormarsch, die Bodenerträge gehen zurück, Tier- und Pflanzenpopulationen sind im Aussterben begriffen und oft ist auch der Lebensraum der Menschen bedroht. Es kommt zur Erosion des Bodens, zu einer

vorhandenen Wasserstellen mit einer standortgerechten Technologie sowie einer arbeitsintensiven Produktionsweise. Es wurden auch wieder ursprüngliche Getreidesorten verwendet. Mit diesen "lokalen Sorten" wurde ein Beitrag zur Erhaltung der Artenvielfalt geleistet. Diese Pflanzen besitzen gegenüber den Hochleistungssorten Standortvorteile und bewirken, daß die Bauern an der traditionellen Landwirtschaft festhalten können. Ein Beispiel ist Quinua, eine Getreideart aus der Inkazeit, welche von privaten Unternehmen neu gezüchtet wurde und im Hochland der Anden wieder Verbreitung fand. Der Anbau ist kostengünstig, einfach sowie gewinnbringend und die Pflanze dank des großen Eiweißgehaltes vielseitig verwendbar (beispielsweise für Suppen, Brot, Nudeln und Speiseeis).

3. Die Vision einer "supergrünen Revolution"

Der Begründer der "grünen Revolution", *M.S. Swaminathan,* zeichnete 1995 das Bild einer *"supergrünen Revolution"*. Er geht davon aus, daß in den Entwicklungsländern kaum mehr Möglichkeiten zur Steigerung der landwirtschaftlichen Produktion mit konventionellen Anbautechniken bestehen, da die Landreserven weitgehend erschöpft sind und sich Übernutzungserscheinungen beim Boden und dem Wasser[54] zeigen, nicht zuletzt auch im Zusammenhang mit dem Einsatz von Düngemitteln. Weltweit sind bereits rund zwanzig bis vierzig Prozent der nutzbaren landwirtschaftlichen Kulturflächen von der Zerstörung betroffen.

Die supergrüne Revolution enthält die bekannten Elemente der grünen Revolution, welche durch die Erkenntnisse der Biotechnologie auf den neuesten Stand gebracht wurden. Langfristig bestehen unter anderem Hoffnungen, durch klima- und salzresistente Pflanzen neue Anbaugebiete zu erschließen und unproduktiv gewordene, zerstörte sowie ausgetrocknete Flächen wieder etwas zu nutzen. Da sich in den Entwicklungsländern der Boden kaum mehr an die Pflanzen anpassen läßt, soll versucht werden, die Pflanzen an den vorhandenen Boden anzupassen. Zudem sollen Pflanzen wie beispielsweise Reis und Maniok resistenter gegen Krankheiten und Schädlingsbefall sowie Dürren und Versalzung werden. Bedenken bestehen hinsichtlich eines zu großen Optimismus, den Risiken der Gentechnologie und dem immer stärkeren Bedarf an Düngemitteln und Bioziden. Erforderlich sind die Anwendung der Informationstechnologie, die Nutzung erneuerbarer Energiequellen, die Ökotechnologie und eine "moderne" landwirtschaftliche Betriebsführung. Hinzu kommt das Erfordernis, Nachfrageimpulse der Märkte wirksam in der landwirtschaftlichen Produktion umzusetzen. Vor allem Länder wie China, Indien, Ägypten und Mexiko setzen auf die Möglichkeiten der Gentechnologie. Fernziel ist eine *"immergrüne Revolution"* der Landwirtschaft in den Entwicklungsländern. Das Ziel der Anwendung der Gentechnologie ist die Verdoppelung der Erträge. Die Gentechnologie sollte jedoch nur eine der möglichen strategischen Ausrichtungen der Förderung der landwirtschaftlichen Produktion sein, denn damit wird das Ziel der Biodiversität verletzt, welches von der genetischen Vielfalt der lokalen Nutzpflanzen ausgeht und deren gezielte Weiterzüchtung anstrebt. Es wird eine

---

Verschlechterung der Fruchtbarkeit der Erdkrume, einer Vernässung der Böden, zur Versalzung ganzer Gebiete, Verschlechterung von Weideland und Absenkung des Grundwassers. Im Endeffekt werden große Flächen wertlos und müssen aufgegeben werden. Die Konkurrenz um den Boden wird größer, die Zahl der Landlosen steigt, ebenso die Abwanderung in die Städte.

[54] Knapp ist das Wasser vor allem in Nord- und Ostafrika, in Asien (ohne die GUS-Staaten) und in Mexiko. Reichlich Wasser ist in Südamerika und weitgehend auch in Westafrika vorhanden.

gleichzeitige Erhöhung der Produktivität und die Erhaltung der Stabilität der agrarökologischen Systeme angestrebt. Eine solche Produktion ermöglicht den Aufbau eines integrierten Pflanzenschutzes mit weniger chemischen Eingriffen, zumal heute rund die Hälfte der heranwachsenden Ernten durch Schädlinge, Pflanzenkrankheiten, die Konkurrenz durch Unkraut und physikalische Streßfaktoren verlorengeht.[55]

4. Nationale biotechnologische Forschungs- und Entwicklungsprogramme

Entwicklungspolitisch bedeutsam sind auch *nationale biotechnologische Forschungs- und Entwicklungsprogramme* in Ländern wie beispielsweise Brasilien, Mexiko, China, Indien, Indonesien, Malaysia, Singapur und Thailand. Andere Länder vor allem in Afrika haben wohl ein aktuelles Interesse an der Forschung und Entwicklung, weisen jedoch kaum Aktivitäten auf. Die nationale Politik bezieht sich oft nur auf die konventionelle Biotechnologie und führt zu einer schwachen Verbreitung in der Landwirtschaft.

Die *moderne Biotechnologie* ist zwar keine Wunderwaffe für die Überwindung des Hungers, aber doch eine wichtige Voraussetzung zur Lösung der landwirtschaftlichen Produktionsprobleme. Deren Wirkungsrichtungen sind:[56] (a.) Produktivitäts- und Ertragssteigerungen unter anderem zur Erhöhung der Fixierung von Stickstoff in den Pflanzen, (b.) die Verbesserung des Saatguts durch neue Sorten mit verbesserten Qualitätseigenschaften, die Krankheits- und Schädlingsresistenz sowie die Herbizidtoleranz, (c.) die Anwendung der Mikrobiologie zur biologischen Kontrolle von Krankheiten und Schädlingen, Anregung des Pflanzenwachstums und Verkleinerung des Bedarfs an chemischen Düngemitteln, (d.) die Verbesserung der Tiergesundheit durch die Entwicklung von verbesserten Diagnoseverfahren und Impfstoffen, die Verbesserung der Tierhygiene und die Bekämpfung von Tierkrankheiten sowie (e.) die genetische Verbesserung der Zuchtrassen, insbesondere durch eine rasche Vermehrung von Tieren mit nutzungsgerechten Eigenschaften. Wissen kann nicht einfach von den Industrieländern in die Entwicklungsländer "transportiert" werden. Der Wissenstransfer in die Entwicklungsländer muß situationsgerecht sein. Besondere Know how-Bedürfnisse ergeben sich aus den unterschiedlichen Umweltbedingungen.[57,58]

IV. Das Beispiel von Indien

Ein bemerkenswertes Beispiel für die landwirtschaftliche Entwicklung ist *Indien*. Zu Beginn der 1960er Jahre wurden noch zehn bis zwölf Prozent des Getreidebedarfs aus den USA importiert, um Versorgungslücken zu schließen. 1968 setzte die Grüne Revolution ein. Der Ansatz für Indien bestand in einem Bündel wachstumsorientierter Politiken wie beispielsweise einer Landreform, Investitionen für Forschung und Beratungsdienste, vorteilhaften Preisen für Produktionsmittel sowie einem massiven Investitionsprogramm. Indien wurde vom Getreideimporteur und größten Nahrungsmittelhilfeempfänger zum Selbstversorger.[59] 1972 wurden erstmals Getreideüberschüsse erzielt, welche exportiert werden konnten.

---

[55] *Potrykus* (1998), Bl. 15.
[56] Vgl. *Heidhues* und *von Oppen* (1990), S. 90 f.
[57] Vgl. *Heidhues* und *von Oppen* (1990), S. 96 ff.
[58] Vgl. *Schultz* (1979/1989), S. 673 ff.
[59] Vgl. *von Braun* (1990), S. 188.

Zwischen 1960 und 1988 nahm die bewässerte Fläche durch die Förderung der Bewässerungsanlagen von 28 auf 66 Millionen Hektar zu. Die Anbaufläche bei den Hochertragssorten stieg von einer auf sechzig Millionen Hektar, der Düngemitteleinsatz von 0,29 auf 9,11 Millionen Tonnen. 1977 war über die Hälfte der Gesamtagrarfläche mit Hochertragsgetreide bzw. Hochertragsreis bebaut, welche zwei bis drei Ernten pro Jahr bringen.

Spezielle Entwicklungsprojekte wie die *"food for work"* bzw. *"food for aid" Programme* führten innerhalb von zwei Jahrzehnten zu einer Verkleinerung des Anteils der Armen von 56 auf 40 Prozent. Nicht gelöst wurde das Problem der Versorgung der ärmsten Bevölkerungsschichten mit Grundnahrungsmitteln. Rund 40 Prozent der ländlichen Bevölkerung und 28 Prozent der städtischen Bevölkerung sind mit einem Konsum von täglich weniger als 2.100 Kalorien unterernährt und damit zum Bezug von subventionierten Nahrungsmitteln berechtigt. Die neue Form der Bewirtschaftung ist zudem anfällig gegen Pflanzenkrankheiten und -schädlinge, führt zu einer Verarmung der pflanzlichen Erbmasse und erfordert eine ausreichende Düngung sowie die Bewässerung der Produktionsflächen. Zudem kommt es zu einer eskalierenden Kostenentwicklung, verbunden mit einem wenig effizienten Einsatz von staatlichen Mitteln. Die Wirtschaftlichkeit der Großprojekte für die Wassernutzung erweist sich als gering, die Verschlechterung der Bodenqualität ist erheblich.

F. Die Nahrungsmittelhilfe

Eine weitere Art der Hilfe an die Entwicklungsländer ist die *Nahrungsmittelhilfe*. Es handelt sich um die Soforthilfe bei Naturkatastrophen, Hungersnöten und Flüchtlingsproblemen. Die Nahrungsmittelhilfe kommt vor allem aus humanitären Gründen zustande. Das *Welternährungsprogramm (World Food Program, WFP)* beispielsweise ist ein Instrument der multilateralen Nahrungsmittelhilfe. Dieses wurde 1963 von der UNO und der FAO gegründet, vorerst zur Milderung der Not im Zusammenhang mit Katastrophen, verursacht durch Menschen oder natürliche Ursachen.[60] Zudem gibt es die bilaterale Nahrungsmittelhilfe, welche zahlreiche führende Industrieländer entweder spontan oder regelmäßig gewähren.

Aus globaler Sicht betrachtet ist das *Ernährungsproblem* vieler Entwicklungsländer ein *Verwendungs-* bzw. *Verteilungsproblem* (vgl. Abb. 20/2). Weltweit würden in der Regel genügend Nahrungsmittel erzeugt, um alle Menschen zu ernähren. Voraussetzung für die Lösung des Ernährungsproblems wären genügend große Nahrungsmittelhilfslieferungen, ein teilweiser Verzicht auf die Tierfütterung und eine Umverteilung von Agarerzeugnissen aus den Industrieländern zu Gunsten der von Hungersnöten geplagten Länder als Nahrungsmittelhilfe oder Billiglieferungen.[61] Gegen eine massive Umverteilung von Nahrungsmitteln spricht jedoch, daß die in den Industrieländern verfütterten Getreideüberschüsse (oft über die Hälfte der Produktion) eine Art von *Welternährungs-*

[60] Das WFP unterhielt 1995 204 Entwicklungsprojekte in 81 Ländern. Diese sind darauf ausgelegt, keine bleibenden Abhängigkeiten zu schaffen, sondern die Menschen so rasch als möglich in den Erwerbsprozeß zurückzuführen. Ein Teil der Nahrungsmittelhilfe dient den "food for development"-Projekten, welche auf eine Bekämpfung von vorübergehenden Nahrungsmittelengpässen (30 bis 100 Tage) ausgelegt sind.

[61] Bei weltweit rund einer Milliarde Tonnen Getreide, welches verfüttert wird, ließen sich rund drei bis vier Milliarden Menschen zusätzlich ernähren (d. h. weit mehr als die rund 800 Millionen Menschen, die dauernd von Hunger geplagt sind).

reserve für extreme Notfälle darstellen. Diese Reserve wird jährlich neu produziert, aber nicht verteilt. Würden diese Nahrungsmittel jährlich verteilt, hätten sie nicht mehr den Charakter einer Ernährungsreserve.

Zudem verlieren die Bauern bei einer *dauernden* Nahrungsmittelhilfe die Absatzmöglichkeiten für Nahrungsmittel zu markt- und kostengerechten Preisen, woraus sich Wachstums- und Entwicklungsrisiken ergeben. Einem Land, welches sich auf Wirtschaftshilfe stützt, bleibt die Notwendigkeit erspart, seine Landwirtschaft zu entwickeln, wodurch es leicht an einer Sozialstruktur festhält, welche seiner Entwicklung schadet:[62]

- Die *koreanischen Bauern* beklagten sich beim damaligen US-Präsident *Ronald Reagan*, daß die Nahrungsmittelhilfe ihre Existenzgrundlagen zerstöre.[63]

- Ein weiteres Beispiel ist *Bangladesch*, ein Land mit großen landwirtschaftlichen Produktionsressourcen. Die Nahrungsmittelspenden der 1970er Jahre hatten einen unmittelbar negativen Preis- und Einkommenseffekt auf die heimischen Bauern. Noch viel negativer war der politische Effekt: Es war einfacher und politisch weniger riskant, Schiffsladungen von Getreide anzufordern, als die eigene Produktion anzukurbeln.[64] Hinzu kam das Drohpotential bei Nahrungsmittelkrisen. So verlangten die USA 1974 auf dem Höhepunkt einer Nahrungsmittelkrise von Bangladesch, die Jutelieferungen an Kuba einzustellen und drohten mit dem Abbruch der Nahrungsmittelhilfe.[65] Das Abhängigkeitsverhältnis läßt ein Land zum Spielball bei wirtschaftlichen und politischen Interessenkonflikten werden.

Aus kurzfristigen und humanitären Überlegungen ist die Nahrungsmittelhilfe zu begrüßen. Langfristig jedoch wird der demographischen und landwirtschaftlichen Entwicklung der vom Hunger betroffenen, ärmsten Länder großer Schaden zugefügt. Programme zur verstärkten Nahrungsmittelhilfe als *dauernde* Unterstützung sind meist abzulehnen, denn dies führt zu einer Bevölkerungsvermehrung über die regionalen Ernährungsgrundlagen hinaus.[66]

Das Dilemma zwischen der kurzfristig wünschenswerten Hilfe und dem Zufügen von langfristigem Schaden übersteigt die rein agrarpolitische Ebene und ist nur auf einer höheren, entwicklungspolitischen Stufe zu lösen. Soll die menschliche Zivilisation in Gebieten ohne genügende landwirtschaftliche Ressourcen Bestand haben, erfolgt dies sinnvollerweise durch den Aufbau von *nicht*landwirtschaftlichen Wirtschaftszweigen, welche Güter als Kompensation für den Import von Nahrungsmitteln exportieren.

---

[62] Vgl. *Robinson* (1965/1968), S. 131 f.
[63] Vgl. *Minear* (1989), S. 28.
[64] Vgl. *Matzke* (1980), S. 21.
[65] Vgl. *Matzke* (1980), S. 21.
[66] Die Nahrungsmittelhilfe für Notstands- und Defizitgebiete des Welternährungsprogrammes (World Food Programme, WFP) ging von einem Rekordwert von 17 Millionen Tonnen (1993) auf rund 9,5 Millionen Tonnen (1995) zurück. Zudem sank der Anteil der bilateralen Nahrungsmittelhilfe von 63 Prozent (1991) bis 1995 auf die Hälfte. Versorgt wurden 1995 rund 50 Millionen Menschen, die Hälfte davon waren Opfer von Naturkatastrophen und Kriegswirren.

G. Die Institutionen der landwirtschaftlichen Entwicklungshilfe

I. Die bilaterale Hilfe

1. Allgemeines

Die Entwicklungshilfe kennt zwei Formen, die bilaterale und die multilaterale Hilfe. An der *bilateralen* Entwicklungszusammenarbeit beteiligen sich Regierungen, kirchliche Institutionen und private Hilfswerke. Es spielen außenpolitische, militärische, wirtschaftliche und humanitäre Interessen eine Rolle. Länder mit Exportinteressen versuchen, sich Märkte zu schaffen und zu erhalten sowie Rohstoffquellen zu sichern.

2. Die bilaterale Hilfe

Die bilaterale Hilfe im Bereich der Landwirtschaft besteht oft aus Lieferungen oder der Finanzierung von landwirtschaftlichen Maschinen und Geräten, der Verbesserung der ländlichen Infrastruktur und Hilfen für die landwirtschaftliche Forschung und Ausbildung. Von entscheidender Bedeutung ist der Beitrag zur Verbesserung des landwirtschaftlichen Humankapitals durch die Förderung der Forschung und Ausbildung.[67]

Ein Beispiel für die bilaterale Hilfe ist die Zusammenarbeit der *Europäischen Union* mit den "überseeischen Ländern", welche seit 1957 in der Präambel und den Art. 131-136 des EWG-Vertrages verankert ist. Es handelte sich ursprünglich um Kolonialgebiete oder andere, traditionelle Handelspartner von EU-Mitgliedstaaten.

Heute betreibt die Europäische Union eine eigene Entwicklungspolitik gegenüber den Ländern der Dritten Welt. Abkommen gibt es mit beinahe allen Anrainerstaaten des Mittelmeeres; zudem besteht eine weltweite Zusammenarbeit mit anderen Entwicklungsländern. Diese Länder haben oftmals ein kleines Pro-Kopf-Einkommen, eine geringe Spar- und Investitionsquote, eine hohe Verschuldung, eine Verschlechterung der terms of trade, eine niedrige Produktivität der Arbeit, eine starke Konzentration auf die primären Wirtschaftszweige, einen erheblichen Bevölkerungsdruck und ein großes Analphabetentum.

Grundlage der entwicklungspolitischen Zusammenarbeit der Europäischen Union mit Ländern aus *A*frika, der *K*aribik und dem *P*azifik (sog. *AKP-Länder*) bilden die Lomé-Abkommen.[68] Mit diesen werden die wichtigen Bereiche der Zusammenarbeit in einem Vertragswerk rechtlich bindend geregelt.[69]

Welches sind die wesentlichsten Teilgebiete der Zusammenarbeit?

- Ziel der *Handelspolitik* ist die Förderung des Handels. Alle Waren mit Ursprung in den AKP-Staaten haben einen freien Marktzugang zur Europäischen Union (mit der Ausnahme von Agrarerzeugnissen, für welche EU-Agrarmarkt-

[67] So ist es beispielsweise das Ziel der bilateralen US-amerikanischen Hilfe *(USAID)*, die Einkommen der mehrheitlich armen Bevölkerung zu erhöhen, die landwirtschaftliche Produktion zu steigern und die natürlichen Ressourcen zu schützen.

[68] *Lomé* in *Togo* ist der Ort der Unterzeichnung des Vertrages.

[69] Das erste Lomé-Abkommen wurde 1975 mit 43 AKP-Staaten abgeschlossen und lief bis 1980; Lomé-II 1980-85, Lomé-III 1985-90 und Lomé-IV 1990-95.

ordnungen bestehen[70], wo Sonderregelungen in der Form von Präferenzen zu Gunsten der AKP-Staaten mit Importquoten und garantierten Preisen gelten).

- Bei der Zusammenarbeit im Bereich der *Landwirtschaft* handelt es sich um die Entwicklung der ländlichen Gebiete, die Ernährungssicherheit der Bevölkerung und den Ausbau der landwirtschaftlichen Erzeugung. Vor allem geht es um Maßnahmen auf den Gebieten der ländlichen Wirtschafts- und Sozialinfrastruktur, des ländlichen Ausbildungswesens und der landwirtschaftlichen Forschung. Es soll geholfen werden, die Nutzung der pflanzlichen und tierischen Ressourcen zu verbessern, den Regenfeldbau zu entwickeln, Bewässerungskulturen und Anbauflächen zu schaffen sowie die Erzeugung zu diversifizieren. Gefördert wird auch die Verarbeitung und Vermarktung von Agrarerzeugnissen.

- Die *finanzielle und technische Kooperation* dient der Förderung von Investitionsvorhaben, der technischen Zusammenarbeit und der Unterstützung der Eigeninitiative der kleinen Gemeinden, zudem der Bekämpfung von Viehseuchen.[71]

- Beim System zur *Stabilisierung der Exporterlöse* für Agrarerzeugnisse der AKP-Staaten leistet die Europäische Union über das sog. *STABEX-Programm* Ausgleichszahlungen an einzelne mit ihr assoziierte Länder im Falle von Erlösausfällen bei bestimmten Agrarexporten. Zahlungsbilanzausfälle sind nicht notwendig. Der Erlösausgleich erfolgt produktgebunden für 48 agrarische Erzeugnisse. Die Stabilisierung bezieht sich auf die Exporte in die Europäische Union. Die Kompensationszahlungen erfolgen im Rahmen der zur Verfügung stehenden Mittel.

II. Die multilaterale Hilfe

Die *multilaterale Hilfe* ist eine sinnvolle Ergänzung der bilateralen Zusammenarbeit, welche weniger als die bilaterale Hilfe aufgrund von partikularen Interessen der Geberländer erfolgt. Sie wird vor allem von den Vereinigten Nationen und ihren Sonder- sowie Unterorganisationen geleistet.

1. Die Weltbank

Die *Weltbank (Internationale Bank für Wiederaufbau und Entwicklung, IBRD = International Bank for Reconstruction and Development)* wurde 1945 gegründet und hat ihren Sitz in Washington D.C. Die Zahl der Mitglieder liegt bei über 150. Oberstes Gremium ist der Board of Governors, welcher in der Regel einmal jährlich tagt und in welchen jedes Mitgliedsland einen Vertreter delegiert. Die meisten Befugnisse liegen bei den 21 Exekutivdirektoren. Die Geschäftsführung hat der Präsident der Weltbank, welcher vom Direktorium gewählt wird.

Der Schwerpunkt der Aufgaben liegt bei der wirtschaftlichen Entwicklung der Mitgliedstaaten, der Förderung der privaten Investitionen durch die Beteiligung an Darlehen oder Garantieübernahmen, der Ausdehnung des internationalen Handels und dem Ausbau der Produktion.[72] 1996 wurde ein neuer Aktionsplan vorgestellt, wonach die bisherige Vernachlässigung der Landwirtschaft über-

[70] Wie beispielsweise für Getreide, Fleisch und Zitrusfrüchte.

[71] Die Mittel stammen aus dem *Europäischen Entwicklungsfonds* (1985-90: 7,5 Mrd. ECU). Ein Teil dieser Gelder wurde von der *Europäischen Investitionsbank* als Darlehen gegeben.

[72] Die Kredite werden mit anderen internationalen Institutionen wie dem *Internationalen Währungsfonds (IWF)* koordiniert.

wunden werden soll. Die Kredite an die Landwirtschaft gingen nach 1975 von 34 Prozent auf 12 Prozent (von 6 Mrd. USD auf 2,6 Mrd. USD) zurück. Die Hilfen sollen direkt an der Basis ansetzen.

Die Kredite werden an Regierungen vergeben, an Privatunternehmen nur gegen Regierungsgarantie. Die Vergabe der Darlehen für Entwicklungsprojekte erfolgt nach privatwirtschaftlichen Grundsätzen. Die Laufzeit der Kredite beträgt bis zu 25 Jahre. Die Kredite sind zinsgünstig. Sehr arme Länder können solche Kredite wegen der Rückzahlungsverpflichtung nicht in Anspruch nehmen und sind oft auf andere Institutionen wie beispielsweise die regionalen Banken angewiesen.

2. Die regionalen Banken

Der Weltbank stehen drei regionale Entwicklungsbanken zur Seite, welche in *Lateinamerika (Interamerikanische Entwicklungsbank, IDB), Afrika (Afrikanische Entwicklungsbank, AfDB)* und *Asien (Asiatische Entwicklungsbank, AsDB)* operieren. Deren Projekte, welche teilweise der Landwirtschaft zugute kommen, sind unabhängig von der Weltbank, werden jedoch mit dieser abgestimmt:

- Die *Interamerikanische Entwicklungsbank (IDB, Interamerican Development Bank)* wurde 1959 gegründet und ist seit 1960 als internationales Finanzierungsinstitut für Lateinamerika tätig.[73] Der Sitz ist in Washington D.C. Die IDB finanziert öffentliche und private Projekte unter Berücksichtigung der nationalen und regionalen Entwicklungsmöglichkeiten. Sie arbeitet eng mit den anderen Institutionen zusammen und leistet Hilfe auf den Gebieten der Armutsbekämpfung, der Stützung der Privatwirtschaft, dem Schutz der Umwelt und der wirtschaftlichen Restrukturierung. Es stehen drei Fonds zur Verfügung: Der Hauptfonds zu den üblichen Bedingungen, der Fonds zur Finanzierung von technischer Hilfe zu angepaßten Bedingungen (welche den finanziellen Möglichkeiten der Entwicklungsländer entsprechen) und der Fonds für den sozialen Fortschritt und zur Durchführung von Projekten im Bereich der Infrastruktur, welcher treuhänderisch Mittel der US-Regierung verwaltet.[74] 1998 wurde eine Initiative zur verstärkten schulischen und beruflichen Ausbildung sowie Gründung eines speziellen Bildungsfonds der IDB ergriffen.

- *Die Afrikanische Entwicklungsbank (AfdB, African Development Bank)* wurde 1963 mit Sitz in Abidjan (Elfenbeinküste) gegründet. Gefördert werden Projekte öffentlicher und privater Investoren. Es sollen sich zahlungskräftige Industriestaaten am AfDB beteiligen. Die Mittel stammen auch aus dem Nigeria Trust Fund, dem afrikanischen Entwicklungsfonds und dem Arab Oil Fund. Insgesamt gibt es rund 50 afrikanische und 25 nichtafrikanische Mitgliedsländer.[75]

- *Die Asiatische Entwicklungsbank (AsDB, Asian Development Bank)* wurde 1965 mit Sitz in Manila (Philippinen) gegründet. Die Mitgliedschaft ist für asiatische und nichtasiatische Länder möglich. Es handelt sich um rund 30 asiatische und 15 nichtasiatische Mitgliedsländer. Das Grundkapital beträgt USD 28 Mrd. (1995). Vergeben werden auch Mittel aus dem asiatischen Entwicklungsfonds und dem Asian Development Fund (ADF) sowie Sonderfonds für die technische Hilfe, welche separat geführt und finanziert werden. An devisenschwache Länder werden Kredite mit einer Laufzeit von bis zu 40 Jahren und einem Zinssatz von 1,5-3 Prozent gewährt, an die ärmsten Länder solche mit einer jährlichen

[73] Seit 1976 können auch nichtregionale Länder Mitgliedstaaten werden.
[74] Der Spielraum für die Kreditausleihungen betrug 1990-93 22,5 Mrd. USD.
[75] Seit 1982 können auch nichtafrikanische Länder Mitglieder werden.

Bearbeitungsgebühr von einem Prozent. Das Schwergewicht der Kreditvergabe liegt in den Bereichen der Umwelt, Ausbildung und Gesundheit.

3. Die Internationale Entwicklungsorganisation

Die *Internationale Entwicklungsorganisation* (IDA) wurde 1960 als Tochterinstitut der Weltbank für Kredite an die ärmsten Entwicklungsländer gegründet. Sie ist eine Sonderorganisation der Vereinigten Nationen (UN) und gegenüber der Weltbank rechtlich sowie finanziell selbständig, wird jedoch durch letztere verwaltet. Die Organe sind identisch mit jenen der Weltbank. Die meisten Mitglieder der Weltbank sind auch Mitglieder der IDA. Bei den Empfängerländern handelt es sich um 78 Entwicklungsländer (1996). Schwerpunkt der Kreditzusagen sind Projekte zur Entwicklung der Landwirtschaft und des ländlichen Raumes. Die Kredite laufen über eine Dauer von 50 Jahren bei 10 Freijahren. Es wird eine Bearbeitungsgebühr von 0,75 Prozent pro Jahr verlangt, im übrigen sind die Kredite zinslos. Dies ist deshalb möglich, weil die IDA ihre Mittel aus den eingezahlten Mitgliederbeiträgen und den Gewinnzuweisungen der Weltbank erhält. An der 11. "IDA-Auffüllung" (IDA-11) für die Jahre 1996-1999 beteiligten sich 30 Geberländer mit neuen Mitteln im Umfang von 22 Mrd. USD.

4. Die Internationale Finanz-Corporation (IFC = International Finance Corporation)

Die *Internationale Finanz-Corporation (IFC = International Finance Corporation)* besteht seit 1956 und hat rund 135 Mitgliedsstaaten. Die IFC ist von der Weltbank rechtlich und finanziell getrennt. Sie hat eigenes Personal, nimmt jedoch auch die Dienste der Weltbank in Anspruch. Das Schwergewicht liegt im industriellen Bereich, wobei der Anteil der Investitionen in landwirtschaftlichen Unternehmen zunimmt. Die IFC unterstützt die Entwicklung von Mitgliedsländern durch die Förderung des Wachstums leistungsfähiger Privatunternehmen (Kredite bis 25 Prozent der Projektkosten und Minderheitsbeteiligungen bis 35 Prozent des Eigenkapitals). Die IFC stellt ihr eigenes Gesellschaftskapital und ihre Anleihen zur Verfügung, hilft das Vertrauen der Anleger zu stärken und die Investitionsmöglichkeiten in den Entwicklungsländern zu fördern (mit Schwergewicht auf Lateinamerika, Mexiko sowie die früheren Ostblockstaaten).

Die IFC versucht auch, die zur Gründung von Unternehmen notwendige Finanzierung, das Management und die Technologie zusammenzuführen. Das Eigenkapital liegt bei rund 2 Mrd. USD. Bis zum Jahre 2000 soll das jährliche Kreditvolumen auf rund 4 Mrd. USD gesteigert werden. Mitte der 1990er Jahre kam es zu einer erheblichen Kritik an der IFC. Die Vorwürfe bestehen darin, in erster Linie an der Finanzierung lukrativer Geschäfte in den aufstrebenden Märkten der Dritten Welt tätig zu sein. Besonders das internationale Bankeninstitut (IIF) in Washington D.C., welches die 198 wichtigsten, international tätigen Banken vertritt, fordert Einschränkungen beim Verdrängungswettbewerb durch die IFC. Diese soll vermehrt mit den international tätigen Banken zusammenarbeiten und Risiken übernehmen, indem Garantien und Teilgarantien gesprochen werden. Die IFC soll sich aus jenen Entwicklungsländern zurückziehen, welche selbständig am internationalen Kapitalmarkt auftreten können.

5. Der Internationale Fonds für die landwirtschaftliche Entwicklung (IFAD)

Der *Internationale Fonds für die landwirtschaftliche Entwicklung (Internationaler Agrarentwicklungsfonds, International Fund for Agricultural Development IFAD)* vergibt die Kredite zu ähnlichen Kriterien wie die Weltbank. Dieser wurde 1977 gegründet und ist ebenfalls eine Sonderorganisation der Vereinigten Nationen (UN). Er hat einen Gouverneursrat (Governing Council) mit Vertretern von allen Mitgliedstaaten. Die Geschäftsführung nimmt der Verwaltungsrat (Executive Board) wahr, der aus 18 vom Rat gewählten Mitgliedern besteht. Der Sitz ist in Rom.

Der IFAD arbeitet mit anderen Organisationen wie der FAO, der Weltbank, dem IFC, der IDA, dem UNDP (United Nations Development Program) und dem IWF (Internationaler Währungsfonds) zusammen. Er fördert die Landwirtschaft, die Nahrungsmittelproduktion, die Beschäftigung in der Landwirtschaft, die landwirtschaftlichen Einkommen und soll der Beseitigung der Unterernährung in den Entwicklungsländern dienen.

Der IFAD zählt über 140 Mitgliedstaaten. Diese werden in drei Kategorien eingeteilt: In der Kategorie I sind es die Industriestaaten (OECD-Länder), welche beitragspflichtig sind. Kategorie II umfaßt beitragspflichtige, erdölexportierende Entwicklungsländer. Kategorie III besteht aus den Entwicklungsländern und früheren Ostblockländern, welchen eine Beitragsleistung freigestellt ist.

Die Kredite werden in die Entwicklungsländer der ganzen Welt gegeben. Die Standardbedingungen der Kreditgewährung für die ärmsten Entwicklungsländer fallen in drei Gruppen: (a.) Zinsfreiheit mit einer Bearbeitungsgebühr von einem Prozent und einer Laufzeit von fünfzig Jahren, davon zehn Jahre tilgungsfrei, (b.) Verzinsung von vier Prozent, Laufzeit von zwanzig Jahren, davon fünf Jahre tilgungsfrei und (c.) Verzinsung von acht Prozent bei einer Laufzeit von fünfzehn bis achtzehn Jahren, davon drei Jahre tilgungsfrei.

6. Die FAO (Food and Agriculture Organization)

Erste Ansätze für eine Welternährungsorganisation gab es bereits 1903 mit dem "*Internationalen Landwirtschaftsinstitut*" in Rom. 1935 wurde ein technischer Ausschuß zur Bearbeitung von Fragen auf dem Gebiet der Gesundheit und Ernährung im Rahmen der Hygieneorganisation des Völkerbundes gegründet. Die FAO ist eine Art von agrarpolitischem Weltforum und soll vor allem zur Lösung der Welternährungsprobleme und Förderung der Entwicklungsländer beitragen. Eine Einmischung in die politischen Verhältnisse der Mitgliedsländer ist ihr untersagt.

Die Gründung der *FAO (Food and Agriculture Organization)* als einer Institution der UNO wurde 1943 an der UN-Konferenz für Ernährung und Landwirtschaft in Hot Springs, Virginia, beschlossen und erfolgte 1945 mit 42 Mitgliedsstaaten. Der ursprüngliche Sitz war Washington D.C., seit 1951 ist dieser in Rom. Die FAO zählt 158 Mitglieder, darunter auch China.

Das Oberste Organ der FAO ist die Konferenz, welche alle zwei Jahre tagt. Der FAO-Rat setzt sich aus 49 Vertretern von Mitgliedsländern zusammen. Dieser wird unterstützt durch acht ständige Ausschüsse (der Programmausschuß, der Finanzausschuß, die Ausschüsse für die Landwirtschaft, die Forstwirtschaft und die Fischereiwirtschaft, der Welternährungssicherheit, der Ausschuß für Grunderzeugnisse und der Rechtsausschuß). Die Arbeit wird von einem Generaldirektor geleitet, dessen Sekretariat in sieben Departemente, in Divisionen und in Services unterteilt ist. Die FAO unterhält Regionalbüros in Afrika, Asien, dem Nahen Osten, Lateinamerika und Europa sowie Verbindungsbüros in Washington D.C., New York und Genf.

Die FAO sammelt Daten über die Welternährung, Weltlandwirtschaft, Forstwirtschaft und Fischerei. Sie erarbeitet nationale und internationale Agrar- und Ernährungsstrategien sowie Empfehlungen für nationale und internationale Maßnahmen zur Steigerung der Agrarproduktion in der Dritten Welt, bereitet Entwicklungsprogramme vor, unterstützt die Entwicklungsländer bei der Verbesserung ihrer Ernährungssituation, leistet technische Hilfe und führt Projekte für Auftraggeber durch ("Special Program on Food Security in Low Income Countries"). Es handelt sich vorwiegend um die Förderung der Landwirtschaft und der ländlichen Räume südlich der Sahara. Kritiker sind der Auffassung, die FAO sollte die operative Feldarbeit besser qualifizierten Organisationen überlassen.

Die FAO koordiniert ihre Aktivitäten mit der Weltbank. Sie ist *nicht* die einzige Organisation der UNO, welche sich mit Fragen der Landwirtschaft, der Ernährung und der ländlichen Entwicklung beschäftigt. Die UNO hat neben der Weltbankgruppe ein eigenes Entwicklungsprogramm *UNDP (United Nations Development Program)*, fünf regionale Wirtschaftskommissionen[76] und das Kinderhilfswerk der Vereinigten Nationen *UNICEF (United Nations Children's Fund)*.

Die mangelnde Aufgabenteilung und Koordination zwischen den verschiedenen Institutionen, verbunden mit einer unnötigen Rivalität auf der Länderebene, führen immer wieder zu starker Kritik.[77] Deshalb beschloß die Welternährungskonferenz von 1974 die Gründung des *Welternährungsrates (World Food Council)*. Dieser löste die FAO als oberstes Organ der UNO auf dem Gebiet der Landwirtschaft und Ernährung ab.

7. Die UNCTAD (United Nation Conference on Trade and Development)

Die *UNCTAD (United Nation Conference on Trade and Development)* wurde 1964 als entwicklungspolitisches Instrument der Zusammenarbeit zwischen den Industrieländern und den Entwicklungsländern geschaffen. Die Mitgliedsländer sollen einen angemessenen Beitrag zur entwicklungspolitischen Zusammenarbeit auf nationaler und multilateraler Ebene leisten. Das Sekretariat befindet sich in Genf.

Die Zahl der Mitglieder lag 1992 bei 171. Die Interessen der Mitgliedsländer sind äußerst heterogen, was die Zusammenarbeit erschwert. Bis 1991 traten vier Verhandlungsgruppen auf: Die Entwicklungsländer als die sog. Gruppe der 77, die westlichen Industrieländer als die Gruppe B, die Ostblockländer als die Gruppe D und China. Seit 1991 wird nur noch für organisatorische und administrative Zwecke auf diese Gruppen zurückgegriffen.

Seit Beginn der 1990er Jahre soll sich der sog. *Nord-Süd-Dialog* vermehrt an marktwirtschaftlichen Ordnungsvorstellungen, praxisorientierten Reformen

[76] Dazu zählen die *Internationale Arbeitsorganisation ILO (International Labour Organization)*, die *Weltgesundheitsorganisation WHO (World Health Organization)*, die *Organisation für Erziehung, Wissenschaft und Kultur UNESCO (United Nations Educational, Scientific and Cultural Organisation)* und der *Internationale Fonds für die Landwirtschaftliche Entwicklung IFAD (International Fund for Agricultural Development)*.

[77] Kritik besteht auch hinsichtlich der großen Verwaltung der FAO mit über 7.000 Mitarbeitern und deren geringer Effizienz. Deshalb verweigern die USA immer wieder die Beitragszahlungen.

und dem Prinzip der Selbstverantwortlichkeit orientieren. Jeder Staat ist für seine Entwicklung zunächst selbst verantwortlich; erst an zweiter Stelle stehen bilaterale und multilaterale Hilfen. Weitere Themen sind unter anderem die multilaterale Zusammenarbeit in der Weltwirtschaft bzw. im internationalen Handel, die effiziente Nutzung der Ressourcen, die Bekämpfung der Armut, der Aufbau effizienter Dienstleistungssektoren, die Technologiepolitik, der Schutz der Umwelt, die Lösung von Rohstoffproblemen und die Entwicklungshilfe.[78]

8. Der Internationale Währungsfonds (IWF)

Der *Internationale Währungsfonds* (IWF) fördert die internationale Zusammenarbeit auf dem Gebiet der Währungspolitik. Die Stabilität der internationalen Währungsordnung und das Wachstum des Welthandels sollen verbessert werden. Der IWF erleichtert vor allem den Entwicklungsländern und den früheren Ostblockländer den Anschluß an die internationale Währungsordnung. Bei Zahlungsproblemen werden kurzfristig Kredite gegeben, oft in Zusammenarbeit mit der Weltbankgruppe und den internationalen Geschäftsbanken. Im Gegensatz zum STABEX-System der Europäischen Union sind die Kredite rückzahlbar.

Wesentliche Mittel sind Kreditfazilitäten, ständige Konsultationen und das Frühwarnsystem. Im Agrarbereich sind vor allem die *speziellen Fazilitäten (special facilities)* von Bedeutung. Es handelt sich um die kompensierende Finanzierung zur Hilfe bei Exporterlösausfällen[79] und außergewöhnlich großen Importkosten für Getreide.[80] Bei dieser Kreditfazilität geht es um die *CCFF (Compensatory and contingency financing facility).* Die Erlösausfälle müssen vorübergehender Natur sein und sich dem Einfluß der Mitgliedländer weitgehend entziehen. Das Land muß sich verpflichten, Lösungen zur Überwindung dieser Schwierigkeiten anzustreben.[81] Zudem vergibt der IWF *Fazilitäten für die Finanzierung von buffer stocks (buffer stock financing facility, BSFF).*[82]

H. Die Bedeutung der Weltagrarmärkte für die Entwicklungsländer

I. Der Handel und die "terms of trade"

Der *internationale Handel* zwischen den Industrie- und Entwicklungsländern zählt zu den wesentlichsten Elementen der wirtschaftlichen Entwicklung, vor allem beim Übergang zur marktorientierten Produktion *("product contribution").*[83] Der internationale Austausch zwischen diesen beiden Gruppen von Ländern vollzieht sich nach verbreiteter Auffassung zu Ungunsten der Entwicklungsländer. Die *Singer-Prebish-Myrdal These* besagt, daß sich die Export-

[78] Dies sind die Ergebnisse der UNCTAD VIII-Konferenz von 1992 in Cartagena de Indias (Kolumbien).
[79] Normalerweise handelt es sich um bis zu 30 Prozent der Quote, welche auf der Basis der Einzahlungen beim IWF bestimmt wird.
[80] Normalerweise geht es um bis 15 Prozent der Quote.
[81] Vgl. auch *Weltbank* (1986), S. 160.
[82] Bis 35 Prozent der Quote.
[83] Zahlreiche Entwicklungsländer importieren vorwiegend industrielle Güter und exportieren primäre Güter. Deren Marktanteil bei Kaffee, Naturkautschuk, Kakao, Bananen, Tee, Zinn, Jute und Sisal beträgt über 90 Prozent, bei Naturzucker und Kokosnußöl zwischen 80 und 90 Prozent, bei Phosphat und Erdnußöl zwischen 70 und 80 Prozent, bei Baumwolle zwischen 60 und 70 Prozent sowie bei Tropenhölzern, Kupfer und Mangan zwischen 50 und 60 Prozent.

preise der Entwicklungsländer gegenüber den Preisen für Importe aus den Industrieländern *("commodity terms of trade")* langfristig verschlechtern.[84]

Die terms of trade werden wie folgt definiert:

$$ToT = \frac{P_{x1}/P_{xo}}{P_{m1}/P_{mo}}$$

wobei:

ToT = terms of trade (preisliches Austauschverhältnis)
P_{x_0} = Exportpreise in der Periode t_0
P_{x_1} = Exportpreise in der Periode t_1
P_{m_0} = Importpreise in der Periode t_0
P_{m_1} = Importpreise in der Periode t_1.

In der Zeit zwischen dem Ende des zweiten Weltkrieges und der ersten Ölpreiskrise von 1973/74 wurde die *Singer-Prebish-Myrdal These* weitgehend bestätigt.[85] Dies ist unter anderem auf die großen Produktivitätssteigerungen bei den landwirtschaftlichen Erzeugnissen und deren geringe Preis-Nachfrageelastizität zurückzuführen, wodurch die Preise für Primärgüter immer wieder zur Schwäche neigten. 1973/74 und danach kam es mit dem Ansteigen der Rohstoffpreise zu Zweifeln an der Gültigkeit der *Singer-Prebish-Myrdal* These. Es wurde erkannt, daß die Preisveränderungen nicht isoliert von den internationalen Rahmenbedingungen und den produktivitätsbedingten Mengen- und Preisänderungen betrachtet werden dürfen.

II. Internationale Rohstoffkartelle

Die rohstoffpolitische Entwicklung im 20. Jh. begann mit den *internationalen Rohstoffkartellen* vor und nach dem ersten Weltkrieg. Exportkartelle sind ein Versuch zur Verbesserung der terms of trade im internationalen Rohstoffhandel. Durch Absprachen unter den Anbietern soll Einfluß auf die Produktion, die Exporte und die Preise genommen werden. Ein solches Marktverhalten ist wettbewerbsfeindlich, indem es zu einer künstlichen Verzerrung von Mengen und Preisen auf den Binnenmärkten und im Außenhandel führt.

Rohstoffkartelle sind bei Preis- und Mengenregulierungen nur "erfolgreich", wenn die Zahl der Anbieter klein ist und Disziplin unter den Anbietern herrscht. Der Marktanteil der in einem Kartell zusammengeschlossenen Anbieter an den Weltmärkten muß erheblich sein. Eine Teilnahme der Anbieter am Kartell muß lohnender sein als ein free rider Verhalten gegenüber dem Kartell. Das Preis-Nachfrageverhalten der Verarbeiter und Verbraucher sollte unelastisch sein, damit der preisbedingte Rückgang der nachgefragten Mengen nicht größer ist als die Wirkung der höheren Kartellpreise. Es sollte sich um verhältnismäßig homogene und lagerfähige Rohstoffe handeln. Substitutionserzeugnisse und der Marktzutritt von Außenseitern müssen sich verhindern lassen.

---

[84] Vgl. *Prebish* (1950); sowie *Prebish und Singer* (1959), S. 473 ff.

[85] Besonders stark war die Verschlechterung bei Baumwolle, Jute, Kautschuk, Tabak, Getreide, Ölen und Fetten. Bei anderen Nahrungsmitteln wie Zucker, Rindfleisch, Bananen und Orangen war die Verschlechterung der Preise weniger ausgeprägt, ebenso bei tropischen Erzeugnissen wie Kaffee, Kakao und Tee. Verbesserungen zeigten sich bei Holz. Vgl. *Herrmann* (1990), S. 175 ff.

Die Rahmenbedingungen für "erfolgreiche" Rohstoffkartelle wurden nach dem zweiten Weltkrieg immer ungünstiger, weshalb diese mehr und mehr verdrängt wurden. Es kam zum Zusammenbrechen von Exportkartellen durch Konflikte unter den Kartellmitgliedern, dem Markteintritt von Drittanbietern und dem Auftreten von Substitutionsprodukten. Danach waren die ehemaligen Kartellmitglieder oft während längerer Zeit nicht mehr wettbewerbsfähig, weil die Kartelle durch die künstliche Überhöhung der Preise zu einer ineffizienten Produktion verleiteten.

III. Die Entwicklung nach dem zweiten Weltkrieg

Nach dem zweiten Weltkrieg wurden die Ordnungsstrukturen der internationalen Agrar- und Rohstoffmärkte immer vielfältiger. Dies ist auf die große Zahl der gehandelten Güter, die ausgeprägten Qualitätsunterschiede, die zahlreichen Handelsplätze und die mannigfaltigen Absatzkanäle zurückzuführen. Die wesentlichsten institutionellen Grundlagen sind die internationalen Rohstoff- und Terminbörsen, die Präferenzabkommen, die Handelsabkommen und Handelsverträge sowie die Rohstoffabkommen.

1. Die internationalen Rohstoff- und Terminbörsen

Die meisten Rohstoffe werden an den *internationalen Rohstoff- und Terminbörsen* gehandelt.[86] Die Entwicklungsländer können ihre Erzeugnisse auf diesen Märkten absetzen (beispielsweise in Chicago, New York, London, Amsterdam, Rotterdam und Paris). Diese Börsen sind sehr umsatzstark und für die internationale Preisbildung der einzelnen Güter repräsentativ.

An den Rohstoffmärkten werden jedoch oft nur "die Spitzen" des Welthandels umgesetzt, d. h. jene Güter, welche nicht über andere Institutionen wie beispielsweise langfristige Liefer- und Abnahmeverträge, Präferenzabkommen, Rohstoffabkommen und übrige Handelsabkommen ausgetauscht werden. Es handelt sich um "Residualmärkte" mit verhältnismäßig großen Preisschwankungen. Dies läßt sich damit erklären, daß die internationalen Rohstoffbörsen bei guten Ernten in erster Linie dem Verkauf von Angebotsüberschüssen dienen, bei schlechten Ernten zur Deckung von Nachfragelücken.

2. Präferenzabkommen

Bei zahlreichen Erzeugnissen gibt es *Präferenzabkommen* zwischen einzelnen Ländern und Ländergruppen. Die Güter werden hinsichtlich der Mengen, Preise, Zölle oder anderer Handelsbedingungen zu Vorzugsbedingungen gehandelt.[87]

3. Handelsabkommen und Handelsverträge

Ein Teil des internationalen Agrarhandels erfolgt im Rahmen von langfristigen *Handelsabkommen bzw. Handelsverträgen.* Dabei können die Preise und Liefer-

[86] Vgl. Kapitel 8.

[87] Die *Europäische Union* beispielsweise setzte 1971 in Übereinstimmung mit der UNCTAD-Konferenz von 1968 in Neu Delhi ein Allgemeines Präferenzsystem (APS) für die Entwicklungsländer in Kraft. Dieses enthält Zollsenkungen, Zollbefreiungen, Zollaussetzungen und Quotenregelungen für Industrie- und Agrarerzeugnisse. Einschränkungen gibt es bei Produkten, für welche EU-Agrarmarktordnungen bestehen. Dennoch ist das APS das umfassendste seiner Art.

bedingungen frei ausgehandelt oder in Abhängigkeit zu den Preisen der internationalen Rohstoffbörsen festgelegt werden.[88]

4. Rohstoffabkommen

a. Allgemeines

Für eine Reihe von landwirtschaftlichen Gütern gelten die Rahmenbedingungen von *internationalen Rohstoffabkommen*. Diese sehen binnenwirtschaftliche und außenhandelspolitische Regulierungen vor. Es gab immer wieder Pläne, den gesamten internationalen Rohstoffhandel in der Form von Rohstoffabkommen zu organisieren und die Preise zu stabilisieren.[89] Zur Stabilisierung der Preise müßten allerdings zuerst die Marktüberschüsse abgebaut werden.

Wesentliche Instrumente von Rohstoffabkommen sind (1.) Konsultationen unter den Mitgliedstaaten, (2.) das Indexieren von Rohstoffpreisen, (3.) das Festlegen von Zielpreisen, Preisunter- und -obergrenzen, (4.) die Operationen mit Ausgleichslagern (buffer stocks), (5.) das Fixieren von multilateralen Angebots-, Export- und Importquoten sowie Abnahmeverpflichtungen der einzelnen Mitgliedsländer, (6.) direkte Einkommenszahlungen zur Stabilisierung der Erlöse[90] sowie (7.) die Erlössteigerung durch eine vertikale Diversifizierung der Produktion in den Entwicklungsländern.

b. Die Probleme

Probleme mit den Rohstoffabkommen ergeben sich unter anderem bei der Festlegung der Referenzpreise, der Preisziel-Zonen, der relevanten Handelsplätze und der Qualität der Rohstoffe. Ursachen für die bisher gescheiterten Bemühungen zur Stabilisierung der Preise im Rahmen von Rohstoffprogrammen sind die mangelnde Marktkonformität der Preisziel-Zonen, die oft raschen Produktionssteigerungen, das Auftreten von Substitutionsprodukten, neuen Produktionsländern und neuen Anbietern ("new comers"), Konflikte über die Marktanteile sowie die Verletzung der Produktionsquoten durch die Exportländer.[91] Zahlreiche Industrieländer wie beispielsweise die USA haben kein echtes Interesse an Rohstoffabkommen, denn sie zählen selbst zu den größten landwirtschaftlichen Rohstofferzeugern. Dies verstärkt die Tendenz zu Mißerfolgen.

Ein weiteres, wesentliches Instrument von internationalen Rohstoffabkommen sind *Ausgleichslager (buffer stocks)*.[92] Diese können den Charakter einer strategischen Reserve oder einer Reserve zu Zwecken der Marktstabilisierung haben. Wesentlich für deren Funktionieren ist, daß bei einer weltweiten Verknappung im Höhepunkt der Versorgungskrise genügend Lager zur Stabilisierung der Märkte vorhanden sind. Umgekehrt müssen bei weltweiten Überschüssen genügend finanzielle Reserven für den Kauf von Gütern bestehen. Der buffer stock muß sowohl bei einem Mangel an Gütern als auch bei Überschüssen aktionsfä-

[88] Beispiele sind die früheren Getreidelieferungsabkommen der USA und Kanada mit der ehemaligen UdSSR und China. Ähnlich freie Preis- und Lieferbedingungen gelten auch für den Handel innerhalb der multinational tätigen Welthandelsfirmen im landwirtschaftlichen Rohstoffbereich.
[89] Beispielsweise der *Pisani-Plan* aus dem Jahre 1962.
[90] Wie beispielsweise jene der *Europäischen Union (STABEX)* und des *IWF* (kompensatorische Finanzierungen).
[91] Vgl. *McNicol* (1978), S. 200.
[92] Vgl. *Sanusi* (1982).

hig bleiben. Diese Voraussetzungen wurden in der Vergangenheit noch nie über eine längere Zeit erfüllt. Die an buffer stocks geknüpften Stabilisierungserwartungen erwiesen sich immer wieder als illusorisch.[93]

Es ist nicht auszuschließen, daß die Rohstoffabkommen die Preiszyklen verstärken oder zusätzliche Preiszyklen auslösen. Ursachen sind die verschiedenen Verzögerungselemente, so beispielsweise bei der Informationsbeschaffung und -auswertung (information lag), der Entscheidungsfindung (decision lag) und den eigentlichen Operationen (operation lag). Zu späte Operationen verstärken die Zyklen und verhindern stabilisierende Anpassungsreaktionen der Wirtschaftssubjekte.

5. Einzelne Rohstoffabkommen

a. Das Internationale Übereinkommen über Milcherzeugnisse

Das *Internationale Übereinkommen über Milcherzeugnisse* (Milchwirtschaftsabkommen) wurde 1980 in Kraft gesetzt. Es beteiligten sich nur 16 von damals insgesamt 112 GATT-Partnern. Dieses Abkommen bezweckt eine vertiefte Beobachtung der Marktentwicklung und schrieb vorerst Mindestexportpreise für die wichtigsten der gehandelten Güter der Milchwirtschaft vor.[94] Es handelte sich um ein vom GATT genehmigtes sektorales Exportpreiskartell (Kartellabsprache über Mindestexportpreise unter der Marktführerschaft der Europäischen Union), welches jedoch den Grundregeln des GATT bzw. der WTO widerspricht.[95] Die *World Trade Organization (WTO)* übernahm das Milchwirtschaftsabkommen praktisch unverändert. Mit deren Inkrafttreten im Jahre 1995 soll der Weltmilchmarkt sukzessive liberalisiert werden. Ende 1995 wurden die geltenden, aber seit einiger Zeit nicht mehr eingehaltenen Exportmindestpreise ausgesetzt. 1997 gab es nur noch sieben Vertragspartner (u.a. Länder der Europäischen Union, Japan, Argentinien und die Schweiz) bei diesem, der WTO angehängten plurilateralen Abkommen. Die Auflösung dieses Abkommens oder die Übertragung an eine andere Institution (UNCTAD oder FAO) wurde bereits 1997 erwogen.

b. Das Rindfleischabkommen

Das *internationale Rindfleischabkommen* trat 1980 in Kraft und umfaßte 27 Mitgliedstaaten (unter anderem die Europäische Union) bzw. 90 Prozent des internationalen Handels mit Rindfleisch. Es handelt sich um ein einfaches Marktbeobachtungs- und Informationssystem zur Verbesserung der Markttransparenz. Auf den internationalen Handel übt dieses keine Bedeutung aus. Das Rindfleischabkommen wurde vollumfänglich in das Agrarabkommen der WTO übernommen.

c. Die Internationale Weizenübereinkunft

1962 gab es ein erstes *Internationales Getreideabkommen* mit Mindest- und Höchstpreisen, 1967 ein weiteres. Das *Weizenhandelsabkommen* von 1971 um-

[93] Beim Aufbau von Rohstofflagern muß auch die Verdrängungswirkung von Ausgleichslagern auf die private Lagerhaltung berücksichtigt werden. Vgl. *Weltbank* (1986), S. 156 f.
[94] Mager- und Vollmilchpulver, Butter und Buttermilch, andere Milchfette und gewisse Käsesorten. Diese wurden 1997 ausgesetzt.
[95] Vgl. *Senti* (1986).

faßte 90 Prozent des internationalen Weizenhandels. Vorgesehen ist eine Beobachtung der internationalen Weizenmärkte, die Möglichkeit von Verhandlungen bei Problemen, die Festsetzung von Mindest- und Höchstpreisen sowie von Importquoten.[96]

Mit dem Abkommen von 1986 werden in erster Linie Nahrungsmittelhilfen bereitgestellt *("Food Aid Convention")*[97,98]. Bei diesen Programmen wird die Nahrungsmittelhilfe gelegentlich auch zu Zwecken der Entwicklungspolitik eingesetzt, indem die Nahrungsmittelabgabe als Arbeitsentgelt bei Entwicklungsprojekten erfolgt *("food for aid"* bzw. *"food for works")*.

d. Das Internationales Zuckerübereinkommen

Vorläufer der Zuckerabkommen waren der *ISA (International Sugar Act)* von 1937, der *US Sugar Act von 1948* und der *Commonwealth Sugar Act von 1952*. Bereits in den 1950er Jahren gelang es trotz massiver Aufkäufe nicht, den Verfall der Zuckerpreise mit der Hilfe dieser Abkommen zu verhindern. Die erste internationale Zuckerkonferenz auf Veranlassung der UNO führte zum *International Sugar Agreement (ISA)* von 1953. Geplant war die Feinsteuerung der internationalen Zuckerpreise innerhalb eines Preisrahmens als Zielband mit der Hilfe von Exportquoten. Das Abkommen wurde 1958 sowie 1962 verlängert, die Interventionen jedoch 1962 im Zuge der Kubakrise ausgesetzt.

Dem neuen Abkommen von 1968 im Rahmen von *UNCTAD*-Verhandlungen *(UNCTAD = United Nation Conference on Trade and Development)* blieben sowohl die USA als auch die Europäische Union fern. Dieses Abkommen sah ein System variabler Exportquoten und einen Preisrahmen mit Indikatorfunktion für Quotenanpassungen vor.[99] 1973 wurde das Abkommen zufolge der hohen Weltmarktpreise ausgesetzt. Das Jahr 1977 brachte einen Tiefstand der Weltzuckerpreise und ein neues Weltzuckerabkommen. Ein System von Exportquoten sowie ein buffer stock sollten zur Stützung der Zuckerpreise[100] dienen. Das Abkommen scheiterte erneut an der mangelnden Beteiligung der USA und der Europäischen Union.

Für das Abkommen von 1984 schlug die Europäischen Union Lagerhaltungsverpflichtungen anstelle von Exportquoten vor. Die Verhandlungen über den Einsatz von preisstabilisierenden Instrumenten scheiterten. Es kam zu einem Verwaltungsabkommen zur Aufrechterhaltung der Organisation und des Informationsaustausches.

Das Abkommen von 1987 wurde mit veränderten Beitragszahlungen der Exporteure bis Ende 1992 verlängert. Es diente vor allem der Schaffung einer größeren Preistransparenz. Es zeigte sich jedoch zunehmend, daß die preislichen Regulierungen von internationalen Zuckerabkommen zum Scheitern verurteilt

[96] 1973/74 kam es zum Anstieg des Preises für den nordamerikanischen Weizen auf das Drei- bis Vierfache. Die Weltgetreidevorräte sanken auf das tiefste Niveau seit Anfang der 1950er Jahre und die Stabilisierung der Preise mißlang.

[97] Es sind vorerst jährliche Lieferungen von 4,5 Mill. Tonnen Getreide an die sog. "Hungerländer" zu Vorzugspreisen vorgesehen.

[98] Die *Bundesrepublik Deutschland* beteiligte sich (1.) an der Food Aid Convention als bilateraler Nahrungsmittelhilfe, (2.) an der multilateralen Nahrungsmittelhilfe der EU und (3.) am Welternährungsprogramm (WEP) der UNO bzw. der FAO.

[99] Vgl. *Senti* (1978), S. 63.

[100] Innerhalb eines Preisbandes zwischen 11 und 21 cts/lb.

sind, sofern sich nicht alle wichtigen Marktteilnehmer daran beteiligen und die Vereinbarungen erfüllen.

e. Das Internationale Kakaoübereinkommen von 1986

An der Spitze des *Internationalen Kakaoübereinkommens* von 1986 stand der *Internationale Kakaorat (ICCO)* mit Sitz in London. Der Kakao wird hauptsächlich in tropischen Ländern angebaut. Dieser zählt zusammen mit Jute, Rohkaffee, Tee und Kautschuk zu den Rohstoffen mit den höchsten Preis- und Erlösschwankungen. Deshalb wurden bereits mit dem ersten Internationalen Kakaoabkommen von 1972 Ausgleichslager, verbunden mit Exportkontrollen, eingerichtet.[101] Für die 1970er Jahre ergab sich kein erheblicher Stabilisierungserfolg. Die Finanzausstattung reichte nicht aus, um dauerhaft gegen die Markttendenzen anzusteuern. Als der Kakaopreis 1974 auf das Doppelte des Interventionspreises anstieg, besaß der buffer stock bald keine Vorräte mehr, um auf die Preisentwicklung Einfluß nehmen zu können.

Das zweite *Internationale Kakaoabkommen von 1976* war ebenfalls ein gemischtes Preisstabilisierungs- und Exportquotensystem. Die Exportquoten sollten greifen, wenn der buffer stock bestimmte physische Lagermengen überschritt. Interventionen fanden jedoch keine statt, denn der Kakaopreis lag dauerhaft über dem oberen Preisband.

Das dritte *Internationale Kakaoabkommen von 1981* sollte größere Preisschwankungen vermeiden und das Niveau der Exporterlöse verbessern. Das Preisband wurde auf 65 bis 81 cts/lb festgelegt. Quotenregelungen waren bei einem Preisband von 71 bis 73 cts/lb vorgesehen (Tagespreise für Terminkontrakte in London und New York). Tatsächlich erfolgten 1981/82 buffer stock-Operationen. Der Preisverfall ließ sich jedoch nicht verhindern. Beim vorgesehenen Ausgleichslager mit einer Höchstkapazität von 250.000 Tonnen stellten die wichtigsten Erzeugerländer die Finanzierung 1989 ein. Dies führte zu einem starken Preisrückgang auf den Märkten für Kakao. Das Internationale Kakaoabkommen büßte seine wirtschaftliche Bedeutung ein. Hinzu kam die mangelnde Solidarität unter den Mitgliedsländern.

1990 wurde das Internationale Kakaoabkommen bis 1993 ohne wirtschaftliche Maßnahmen verlängert, um die Frage einer künftig sinnvollen Zusammenarbeit zu prüfen. Beim *5. Internationalen Kakaoabkommen* von 1993 waren keine Preis- und Quotenregelungen mehr vorgesehen. Die bestehenden Rohstoffausgleichslager wurden liquidiert. Dagegen sollten Produktionskomitees der Erzeugerländer zur Preisstabilisierung beitragen, Konsumationskomitees der Verbraucherländer zum Zollabbau und zur Förderung des Absatzes.

f. Das Internationale Kaffeeabkommen

Der Kaffee zählt zu den größten internationalen Agrarhandelsgütern. Zentren des Handels sind New York, London, Hamburg, Antwerpen und Rotterdam. Eine erhebliche Bedeutung hat der Terminhandel.

Noch zu Beginn des 20. Jh. war Brasilien der größte Produzent von Kaffee. Bereits der erste Weltkrieg führte zu einer Überproduktion. Während der Weltwirtschaftskrise der 1930er Jahre kaufte Brasilien Kaffee von den Weltmärkten

[101] Das Preisband lag 1975 bei 39-55 cts/lb.

und vernichtete den unverkäuflichen Kaffeeberg in einem geschätzten Ausmaß von rund 80 Millionen Sack Rohkaffee zu 60 kg.[102]

1940 entstand ein erstes *Kaffeeabkommen*. Anlaß war der Ausbruch des zweiten Weltkrieges und das kriegsbedingte Zusammenbrechen der europäischen Absatzmärkte. Die USA schlossen mit 14 lateinamerikanischen Staaten einen Vertrag zur Beschränkung des Exportangebotes auf dem US-amerikanischen Markt. Hauptinstrument waren Exportquoten für die einzelnen Lieferländer. Ziel des Abkommens war es, die wirtschaftliche und politische Stabilität Lateinamerikas während der Kriegsjahre zu verbessern.[103]

Ende der 1950er Jahre begann zufolge starker Neuanpflanzungen eine neue Phase der Überproduktion und sinkender Weltmarktpreise. 1957 kam es zum Übereinkommen von Mexiko und 1958 zum *Lateinamerikanischen Übereinkommen*. Damit hielten die Exportstaaten einen festen Teil der Erzeugung vom Weltmarkt fern.

1959 erfolgte das *Internationale Kaffeeabkommen (ICO)* mit erstmaliger Beteiligung von afrikanischen Staaten. Bei den Exportquotenabkommen zeigt es sich, daß die Produzentenländer allein nicht zur Stabilisierung der Weltmärkte imstande sind. Deshalb war in dem ursprünglich mit der Havanna-Charta von 1948 erarbeiteten Konzept für internationale Rohstoffabkommen bereits eine Beteiligung der Importländer vorgesehen.[104] Zum Durchbruch für ein Internationales Kaffeeabkommen kam es erst, als die USA ihren Widerstand aufgaben.

1963 entstand ein erstes *Internationales Kaffeeabkommen* mit einer Beteiligung der Importländer. 1965 wurde ein Indikatorpreissystem mit Preisspannen eingeführt.[105] Die Kaffeepreise sollten mit der Hilfe automatischer Quotenänderungen innerhalb einer bestimmten Preisspanne gehalten werden. Dies galt sowohl bei einer Erhöhung als auch einer Senkung der Preise.[106] Allerdings hielten sich die Mitgliedstaaten nicht an die Produktionsziele. Hinzu kam das Problem des "Kaffeetourismus", d. h. des Exportes von Kaffee außerhalb der Exportquoten in Nichtmitgliedstaaten. Dieser Kaffee wurde zum Teil in die Importländer des Kaffeeabkommens weiterverkauft und damit das Kaffeeabkommen untergraben.

Die Probleme beim Versuch einer Preisstabilisierung werden unter anderem durch die zyklische Entwicklung der Mengen und Preise verursacht. Die wechselnden Phasen von Überproduktion und Knappheit sind zum Teil auf die zeitlich stark verzögerten Angebotsreaktionen bzw. die langen Produktionszyklen ("Kaffeezyklen") zurückzuführen. Die Kaffeepflanzen kommen erst etwa vier Jahre nach dem Anpflanzen in den Ertrag. Hohe Kaffeepreise bewirken mit einer zeitlichen Verzögerung von einigen Jahren eine Ausweitung der Erzeugung. Die kurzfristige Angebotsreaktion der Kaffeeproduktion auf Preisschwankungen ist verhältnismäßig gering.

Das Internationale Kaffeeabkommen war nicht in der Lage, die Preise der Weltmärkte zu stabilisieren. Möglicherweise führte es sogar zu einer Verstärkung

[102] Vgl. *Schöllhorn* (1955), S. 72 f.
[103] Vgl. *Schirmer* und *Weyer-Wöbse* (1980), S. 17.
[104] Vgl. *Krappel* (1975), S. 78 f.
[105] Vgl. *Schirmer* und *Weyer-Wöbse* (1980), S. 21.
[106] Anpassungen der Exportquoten sollten nach einer Zählzeit von 15 Markttagen erfolgen (mit maximal zwei Quotenanpassungen innerhalb des Kaffeejahres).

der Kaffeezyklen. 1968 kam es zum zweiten, 1976 zum dritten und 1983 zum vierten Internationalen Kaffeeabkommen. Hauptinstrument waren wiederum Exportquoten, welche für jedes Exportland festgelegt wurden. Die Preise wurden nach wie vor innerhalb bestimmter, nach oben und unten begrenzter Preisbänder (price ranges) stabilisiert. Für die einzelnen Kaffeesorten bestanden graduelle Limitpreise für die Interventionen. Die Kaffeepreise wurden von einem Limitpreis zum anderen verteidigt. Bei weiteren Preisbewegungen erfolgten automatische Quotenänderungen.

Bei den Verhandlungen für ein neues Abkommen kam es zu großen Meinungsverschiedenheiten hinsichtlich der Quotenregelungen.[107] Die einzelnen Kaffeeabkommen scheiterten immer wieder am Zusammenbrechen der Kaffeepreise an den internationalen Märkten. Auf Veranlassung der Europäischen Union wurde das Internationale Kaffeeabkommen 1989 um zwei Jahre verlängert, nachdem die Verhandlungen zum fünften Internationalen Kaffeeabkommen scheiterten. Das Abkommen besteht nur noch als Rahmenorganisation ohne wirtschaftliche Klauseln. Es enthält keine Wirtschaftsklauseln mehr, sondern nur noch einen Austausch von statistischen Informationen. Noch 1989 wurden alle Exportbeschränkungen aufgehoben. In einer Überreaktion der Märkte fielen die Kaffeepreise auf den tiefsten Stand seit acht Jahren. Die Preisdifferenzen vergrößerten sich. Das internationale Kaffeeabkommen führte zu einer Verzerrung der Preise für die einzelnen Kaffeesorten und -qualitäten.

1993 verließen die USA das Internationale Kaffeeabkommen unter anderem mit dem Argument, sie könnten keiner kartellähnlichen Organisation angehören. Das Schicksal des 1994 auslaufenden Kaffeeabkommens als Organisation und Forum für internationale Kaffeeangelegenheiten mit 65 Import- und Exportländern war ungewiß. Bereits vor dem Auslaufen schlossen sich 28 Nationen zur *Vereinigung kaffeeproduzierender Länder (ACPC)* mit einem Anteil von etwa 85 Prozent der Weltproduktion zusammen. Hauptinstrument ist eine Mengenkontrolle bei den Erntemengen auf der Grundlage der gleitenden 15-Tage-Durchschnitte der Kaffeepreise (Preisindex). Je nach der Preissituation sollen 10 oder 20 Prozent der Erntemengen zurückgehalten bzw. bei hohen Preisen Lagermengen abgebaut werden. 1993 wurden 20 Prozent der Ernten dem Angebot entzogen, um den Preisverfall zu bremsen. In der Folge stiegen die Kaffeepreise stark an.

g. Naturkautschuk

Beim *Naturkautschuk* wird ein Ausgleichslager gehalten. Seit 1990 können Sonderfazilitäten des IWF (BSFF = Buffer stock financing facilities) zur Finanzierung

[107] *Brasilien* beharrte mit Unterstützung von Kolumbien und der afrikanischen Anbieter auf einer bedingungslosen Verlängerung des Abkommens und seiner traditionell großen Quote von 30 Prozent (seit 1992 27 Prozent). Die USA akzeptierten den zweigeteilten Markt mit ICO-Mitgliedländern und Nichtmitgliedländern nicht mehr, bei welchem Kaffee zu Dumpingpreisen in die Nichtmitgliedländer geliefert wird. Sie bestanden auf einer Erhöhung der Quotenanteile mit hochqualitativen, milden Kaffeesorten aus Mexiko, Costa Rica, Honduras, El Salvador, Peru und Ecuador.
Ein neues Kaffeeabkommen wird vor allem durch Brasilien behindert, welches auf seiner übergroßen Exportquote besteht. Dabei sind einzelne kaffeeproduzierende Länder sehr stark vom Export von Kaffee abhängig, so beispielsweise Äthiopien (70 Prozent Anteil an den gesamten Exporten), Burundi (90 Prozent) und Uganda (95 Prozent). Die meisten kaffeeproduzierenden Länder halten staatliche Lager. Oft gewähren sie Abnahmegarantien für die Ernte. Einige greifen direkt in die Produktion ein, indem sie die Anbaufläche erweitern oder reduzieren.

von Ausgleichslagern im Rahmen des Internationalen Kautschukabkommens von 1987 in Anspruch genommen werden. Ende 1995 lief die zweite Naturkautschuk-Übereinkunft aus. 1997 kam das dritte Naturkautschuk-Abkommen, welches bereits 1995 ausgehandelt wurde und an welchem sich 14 Mitgliedstaaten (einschließlich der EU-15 und den USA) beteiligten. Bei den Wirtschaftsklauseln handelt es sich um ein Ausgleichslager von 400.000 Tonnen, welches im Bedarfsfall durch ein Notausgleichslager von 150.000 Tonnen aufgestockt werden kann. Bei Abweichungen von +/- 15 Prozent vom Referenzpreis von ca. 1,5 US-cts. kann eingriffen werden, bei Abweichungen von +/- 20 Prozent muß dies erfolgen.

h. Olivenöl

Die ersten *Olivenölabkommen* gehen auf das Jahr 1955 zurück. Mitglieder sind die Europäische Union, einzelne Mittelmeerstaaten und die Türkei. Wesentliche Verbraucherländer wie die USA und Brasilien blieben dem Abkommen fern. Der Sitz ist in Madrid. Die Wirtschaftsklauseln (Preisregulierungen und Abbau von Überschüssen) erwiesen sich als wirkungslos. Das vierte *Internationale Übereinkommen für Olivenöl und Tafeloliven* wurde bis Ende 1998 verlängert. Dieses sieht Werbemaßnahmen zur Steigerung des Verbrauchs und der Öffnung neuer Märkte vor. Zudem soll die Qualität überwacht und verbessert werden.

i. Jute

1984 entstand das erste *Juteabkommen.* Wegen des chronischen Mangels an finanziellen Mitteln konnte nur ein Teil der Förderprojekte verwirklicht werden. 1991 wurde das zweite *Internationale Juteabkommen* für fünf Jahre in Kraft gesetzt. Dazu zählen 23 Mitgliedstaaten. Sitz der Internationalen Juteorganisation ist Dacca in Bangladesch als dem wichtigsten Exporteur der Welt mit einem Exportanteil von rund 60 Prozent. Zweck ist die Entwicklung und Vergrößerung der Jutemärkte sowie die Stärkung der Wettbewerbsfähigkeit gegenüber Substitutionserzeugnissen wie beispielsweise den Kunstfasern. Es handelt sich um eine multilaterale Vereinbarung ohne sog. Wirtschaftsklauseln, d. h. es gibt keine Mechanismen zur Preisstützung oder Lagerhaltungs- und Finanzierungssysteme.

IV. Die Idee eines Gemeinsamen Rohstoffonds

Die Entwicklungsländer forderten Anfang der 1970er Jahre eine *neue Weltwirtschaftsordnung.* Damit sollte die "Benachteiligung der Entwicklungsländer" abgebaut werden. Als Elemente dieser neuen Weltwirtschaftsordnung galten (1.) die Stabilisierung der Rohstoffpreise beim internationalen Handel,[108] (2.) die Beseitigung der Importhemmnisse der Industrieländer, (3.) die Erhöhung der Finanzierungshilfen und des Ressourcentransfers im Rahmen der technischen Entwicklungshilfe, (4.) der Technologietransfer, (5.) die Förderung der Industrialisierung und (6.) eine verstärkte Mitbestimmung der Entwicklungsländer bei den internationalen Institutionen.

Ein Überbleibsel der multilateralen ordnungspolitischen Vorstellungen zu einer neuen Weltwirtschaftsordnung ist die Schaffung eines *Gemeinsamen Rohstofffonds,* dessen Kernstück ein *Integriertes Rohstoffprogramm (IRP).* Dieser Rohstoffonds wurde im Rahmen der UNO-Konferenz für Handel und Entwicklung

[108] Durch das Indexieren der Rohstoffpreise mit den Preisen für Industriegüter.

(United Nation Conference on Trade and Development, UNCTAD) im Jahre 1976 in Nairobi beschlossen.

Zum Integrierten Rohstoffonds zählen (1.) noch zu verhandelnde multilaterale Rohstoffabkommen bei rund achtzehn, für die Entwicklungsländer besonders bedeutsamen Naturerzeugnissen (sog. "*Core-Products*" = Kernerzeugnisse), (2.) der Aufbau eines Systems der Exporterlösstabilisierung zu Gunsten der Entwicklungsländer, (3.) Angebotskontrollen wie Exportquoten und Produktionskontrollen sowie (4.) eine Marktöffnung seitens der Industrieländer für rohstoffbezogene Fertig- und Zwischenerzeugnisse aus der Dritten Welt.

Der *Internationale Währungsfonds* schuf bereits in den 1960er Jahren Sonderfazilitäten zur Finanzierung von Rohstoffausgleichslagern (BSFF = Buffer stock financing facility). Es können maximal 45 Prozent der Länderquote gezogen werden.[109] Beim Abschluß der Verhandlungen im Jahre 1980 erwiesen sich die Vorstellungen über einen Integrierten Rohstoffonds als zu interventionistisch.[110] Später schmolz der Optimismus für dieses Projekt selbst im Schoße der UNCTAD. Der erste Schalter konnte nie geöffnet werden, denn die internationalen Rohstoffabkommen mit dem Ziel der Preisstabilisierung (beispielsweise für Kaffee und Kakao) waren gescheitert. Der zweite Schalter finanzierte in den Jahren bis 1992 nur rund ein Dutzend Projekte mit einem Betrag von etwa USD 10 Mio.

Die Schließung der beiden Schalter und die Ansiedlung des Fonds bei der Weltbank oder dem Entwicklungsprogramm der Vereinigten Nationen (UNDP) wurden geprüft. Marktwirtschaftliche Ordnungsvorstellungen gewannen bei der 8. UNO-Konferenz für Handel und Entwicklung (UNCTAD VIII) im Jahre 1992 die Oberhand. Die Vorteile einer schnelleren Anpassung der Produktion und einer größeren Transparenz der Preise wurden erkannt.

Es zeigt sich immer mehr, daß die periodisch eintretende Verschlechterung der terms of trade der Entwicklungsländer zwar ein signifikanter Faktor in der Verarmung der Dritten Welt ist, die Entwicklungsbedürfnisse jedoch weit über eine Stabilisierung der Exportpreise hinausgehen. Eine bloße Stabilisierung der terms of trade führt zu einer Verzerrung der Preisrelationen auch in der Dritten Welt und kann wirtschaftliche Fehlentwicklungen auslösen.

---

[109] In den Jahren nach 1985 wurden keine Ziehungen vorgenommen. Vgl. *IWF* (1991), S. 15.

[110] Erst 1989 fand die konstituierende Sitzung des *Gemeinsamen Rohstoffonds der UNO* in New York statt. Es nahmen 103 Teilnehmerstaaten (ohne die USA) daran teil. Oberstes Organ des Gemeinsamen Rohstoffonds ist der Gouverneursrat. Der Sitz ist in Amsterdam. Die Geschäftsleitung liegt in den Händen eines Direktors. Es besteht ein Exekutivausschuß von 28 Mitgliedern. 1989 galt es, die Ausführungsregeln für die Fondsverwaltung festzulegen. Finanziell wird der Fonds vorerst mit Pflichtbeiträgen von USD 470 Mio. dotiert (zusätzlich wurden freiwillige Beiträge von USD 280 Mio. erwartet). Es sollen zwei "Schalter" eröffnet werden, einer zur Finanzierung von Ausgleichslagern der einzelnen Rohstoffabkommen (buffer stocks), ein anderer für weitere Maßnahmen wie Forschung und Entwicklung, Produktivitätsverbesserungen und wirksamere Vermarktungsformen, speziell zu Gunsten der ärmeren Entwicklungsländer.

Literaturangaben zu Kapitel 20:

Allaby, Michael (1970), One jump ahead of Malthus. In: The Ecologist, Vol. 1, July.

Baade, Fritz (1969), Dynamische Weltwirtschaft, München.

Becker, Gary S. und Tomes, Nogel (1976), Child Endowment and the Quantity and Quality of Children. In: Journal of Political Economy 84, Teil 2, August, S. 142-162.

von Braun, J. (1990), Chancen und Grenzen des technischen Fortschritts in der Landwirtschaft zur Reduzierung der Armut in Entwicklungsländern. In: Schriften der Gesellschaft für Wirtschafts- und Sozialwissenschaften des Landbaues e.V., Band 26, Münster-Hiltrup, S. 185-192.

Clark, Colin (1970), Population Growth and Land Use, London.

Emerson, Robert D. (1996), An Interview with Uma Lele on the Grean Initiative. In: Choices, The Magazine of Food, Farm, and Resource Issues, Ames, S. 12-17.

FAO, Production Yearbook, div. Jhrg.

FAO (1974), Food and nutrition terminology bulletin, No. 28, FAO, Rome.

FAO (1982), Landwirtschaft 2000: Agriculture: Toward 2000 (Kurzfassung 1981). Deutsche Fassung: Landwirtschaft 2000. In: Schriftenreihe des Bundesministers für Ernährung, Landwirtschaft und Forsten, Reihe A, Heft 274, Münster.

FAO (1988), World Agriculture: towards 2000, London.

FAO Aktuell (1989), Sonderinformation, Oktober, Rom.

Fei, J.C.H. and Ranis, G. (1964), Development of the Labor Surplus Economy: Theory and Policy. Homewood Ill.

Fogel, R.W. (1994), Economic growth, population theory and physiology: the bearing of long-term processes on the making of economic policy. In: The American Economic Review.

Forrester, Jay W. (1972), Der teuflische Regelkreis, Das Globalmodell der Menschheitskrise, Stuttgart.

Goldsmith, E. (1972), Planspiel zum Überleben. Ein Aktionsprogramm. Stuttgart.

Haushofer, Heinz (1958), Ideengeschichte der Agrarwirtschaft und Agrarpolitik, Bd. II, München/Bonn/Wien.

Heidhues, Theodor und von Oppen, M. (1990), Auswirkungen biotechnischer Neuerungen auf die Landwirtschaft in Entwicklungsländern. In: Schriften der Gesellschaft für Wirtschafts- und Sozialwissenschaften des Landbaues e.V., Bd. 26, Münster-Hiltrup, S. 89-101.

Hemmer E. (1978), Wirtschaftsprobleme der Entwicklungsländer, München.

Herrmann R. (1990), Technischer Fortschritt, Terms of Trade und die Spezialisierung von Entwicklungsländern auf Agrarexportgüter. In: Schriften der Gesellschaft für Wirtschafts- und Sozialwissenschaften des Landbaues e.V., Band 26, Münster-Hiltrup, S. 175-184.

International Labor Office (1977), Education for Development, Report 3, Genf.

Internationaler Währungsfonds (1991), Der Internationale Währungsfonds, Übersetzung einer überarbeiteten Beilage zum IMF Survey vom August 1990, hrsg. von der Informationsabteilung des Internationalen Währungsfonds, Washington D.C., Februar.

Johnson Gale D. (1978), National Agricultural Policies and Market Relations. In: American Journal of Agrciultural Economics. vol. 60, Nr. 5, December, S. 789-792.

Jöhr, Walter A. (1976), Wachstumstheorie und Wachstumspolitik, St. Gallen.

Krappel, F. (1975), Die Havanna-Charta und die Entwicklung des Weltrohstoffhandels (Schriften zu internationalen Wirtschaftsfragen, Bd. 2), Berlin, S. 78 f.

Kruse, Alfred (1965), Außenwirtschaft, Berlin.

Kuznets, Simon (1964), Economic Growth and the Contribution of Agriculture: Notes on Measurement. In: Eicher/Witt (Eds.), Agriculture in Economic Development, New York, S. 102-119.

Lewis, Arthur W. (1954), Economic Development with Umlimited Supplies of Labour, Manchester School of Economic and Social Studies, Nr. 20 (Mai).

Malaska, Penti, Technology for Sustainability. In: GAIA, Ökologische Perspektiven in Natur-, Geistes- und Wirtschaftswissenschaften, Vol. 5 (1996), Heidelberg.

McNicol, David L. (1978), Political Economy of an Integrated Commodity Program. In: F.G. Adams, S. Klein (Hrsg.), Stabilizing World Commodity Markets, Lexington Mass.

Malthus, Thomas R. (1798/1924), Eine Abhandlung über das Bevölkerungsgesetz. Englisch: Essay on the Principle of Population, 1798. In: Waentig, Heinrich (Hrsg.), Sammlung sozialwissenschaftlicher Meister, Jena 1924, Bd. 1.

Massachusetts Institute of Technology (MIT) (1972), The Limits to Growth.

Matzke, Otto (1980), Entwicklungshemmungen durch Nahrungsmittelhilfe. Bangladesch als klassisches Beispiel. In: NZZ, Nr. 198 vom 27.8.1980, Bl. 21.

Mellor, John W. (1989), Agricultural Development in the Third World: The Food, Poverty, Aid, Trade Nexus. In: Choices. The Magazine of Food, Farm, and Resource Issues, First Quarter, Herndon, S. 4-8.

Mill, John Stuart (1848/1924), Grundsätze der politischen Ökonomie (London 1848). In: Waentig, H. (Hrsg.), Sammlung sozialwissenschaftlicher Meister, 1924, 2. Buch.

Minear, Larry (1989), U.S. Food Aid, Give Priority to Human Needs. In: Choices. The Magazine of Food, Farm, and Resource Issues, Second Quarter, Herndon.

Murdoch, William W. (1972), Environment and the Equilibrium Population. In: Environment, Resources, Pollution and Society, Stanford.

OECD (1973), List of Social Concerns, Paris.

Dies. (1982), List of Social Indicators, Paris.

Potrykus, Ingo, Transgene Pflanzen können helfen, Hungersnöte zu vermeiden. In: NZZ, Nr. 88, 17. April 1998, Bl. 15.

Prebish, Raoul (1950), The Economic Development of Latin America and its Principal Problems. United Nations, Department of Economic Affairs, Lake Success, New York.

Ricardo, David (1817/1923), Grundsätze der Volkswirtschaft und Besteuerung (Principles of Political Economy and Taxation, London 1817). In: Waentig, H. (Hrsg.), Sammlung sozialwissenschaftlicher Meister, 3. Auflage, Jena 1923.

Robinson, Joan (1965/1968), Kleine Schriften zur Ökonomie (1965), Zürich 1968.

Rostow, Walter W. (1961), Stages of Economic Growth: A Non-Communist Manifesto, Cambridge University Press.

Ders. (1962), The Process of Economic Growth, New York.

Sanusi, Yahya K. (1982), Wirtschaftspolitische Konsequenzen von Rohstoffonds für die Entwicklungsländer, Köln.

Schirmer, W.G. und Meyer-Wöbse G. (1980), Internationale Rohstoffabkommen - Vertragstexte mit einer Einführung und Bibliographie, hrsg. von G. Zieger, München/New York/London/Paris.

Schöllhorn, J. (1955), Internationale Rohstoffregulierungen (Schriftenreihe des Ifo-Institutes für Wirtschaftsordnung, Bd. 26), Berlin/München.

Schultz, Theodore W. (1964), Transforming Traditional Agriculture, New Haven: Yale University Press.

Ders. (1986), In Menschen investieren - die Ökonomik der Bevölkerungsqualität, Tübingen.

Ders. (1979/1989), Die Ökonomie der Armut. Nobel-Lesung vom 8. Dezember 1979. In: Horst C. Recktenwald (Hrsg.), Die Nobelpreisträger der ökonomischen Wissenschaft, Düsseldorf 1989, S. 664-680.

Science (1991), Vol. 251, S. 1065 ff.

Senti, Richard (1978), Internationale Rohprodukteabkommen, Diessenhofen.

Ders. (1986), GATT-System der Welthandelsordnung, Zürich.

Singer, H. (1959), The Distribution of Gains Between Investing and Borrowing Countries. The American Economic Review, Vol. XL, No. 2, S. 473-485.

Weber, Adolf (1980), Welternährungspolitik. In: Willi Albers u.a. (Hrsg.), Handbuch der Wirtschaftswissenschaften, Bd. 8, II. Auflage, Stuttgart/New York.

Weltbank (1986), Weltentwicklungsbericht 1986, Washington.

Kapitel 21: Die Entwicklung der Landwirtschaft in den früheren Ostblockstaaten und in China bis zur Transformation

> **" ... So ist denn die bäuerliche Landwirtschaft der nicht assimilierbare Kern der kommunistischen Staaten, weil Bauerntum und Totalitarismus unversöhnliche Gegensätze sind. Die Dauerkrise in der Landwirtschaft wäre leicht zu beheben, wenn in der Landwirtschaft Eigentum, Eigenverantwortung und Eigendispositionen wiederhergestellt würden. Aber dies ist ein ideologisches Opfer, das kommunistische Tyrannen nur unter äußerstem Druck bringen und auch dann nur widerwillig und auf Widerruf."**
> *(Wilhelm Röpke,* 1965, S. 56).
>
> **"Die russische Landwirtschaft ist ein schwarzes Loch, in dem Milliarden an Subventionen verschwinden - ohne sichtbares Ergebnis."**
> *(Silke Tempel,* 1996).

A. Einleitung

Zu den großen Fehlentwicklungen des 20. Jh. zählt der Übergang zu einer marxistisch-kollektivistischen Landwirtschaft in den früheren Ostblockstaaten und in China. Zu den Ursachen zählen die kommunistische Revolution, die territorialen Veränderungen nach dem ersten und zweiten Weltkriegs sowie die theoretischen Irrtümer der agrarmarxistischen Lehren.

In diesem Kapitel soll die Entwicklung der Landwirtschaft in den früheren Ostblockstaaten und in China bis zur "Transformationswende" kurz dargestellt werden. Noch wäre es zu früh, den landwirtschaftlichen Transformationsprozeß einer umfassenden Analyse und Beurteilung zu unterziehen. Deshalb wird das Schwergewicht auf die Entwicklung bis zur Wende von 1990 und kurz danach gelegt.

B. Rußland

I. Die Entwicklung nach der Oktoberrevolution von 1917

Mit der *russischen Revolution* von 1917 kam es zu einer Landreform und der Vertreibung des Adels. Um an die Macht zu gelangen und die notwendige politische Unterstützung zu erhalten, versprach *Wassijef I. Lenin* die Aufteilung der rund 30.000 feudalen Großbetriebe an Kleinbauern. Die großen Güter und Großbauernhöfe wurden zerstört. Das Recht auf den privaten Landbesitz wurde aufgehoben und der Boden vorerst an Kleinbauern zur Nutzung übergeben. Dies war für *Lenin* jedoch nur eine Vorstufe zum Agrarmarxismus.[1] Der Weg zur Verwirklichung der agrarmarxistischen Leitbilder wurde vorerst dem Erfolg der Revolution geopfert.[2]

[1] Vgl. *Schweizer* (1972), S. 103. Vgl. zur agrarmarxistischen Lehre auch das Kapitel 2.
[2] Vgl. *Schweizer* (1972), S. 108 f.

Wassijef I. Lenin hoffte auf eine gemeinsame Bestellung der Betriebe. Er betrachtete staatliche Musterwirtschaften als notwendig. Durch die direkte Umwandlung großer Besitztümer entstanden die landwirtschaftlichen Staatsbetriebe, die *Sowchosen.* Deren Leiter waren die allein verantwortlichen Direktoren. Diese Betriebe sollten den Bauern die Vorteile von landwirtschaftlichen Großbetrieben zeigen. 1920 wurden rund sechs Prozent des Bodens kollektiv oder staatlich bewirtschaftet.

II. Die "Neue ökonomische Politik" (NEP)

Nach der Landreform brachten die *"Neue ökonomische Politik" (NEP)* und der *Agrarkodex von 1922* die Anerkennung des tatsächlichen Besitzstandes. Die Bauern konnten wieder private landwirtschaftliche Betriebe aufbauen. Die durchschnittliche Ackerfläche pro Landwirt betrug rund fünf Hektar. Es entstanden *Kolchosen* auf freiwilliger Basis, welche als landwirtschaftliche Genossenschaften in der Regel die Bewohner eines Dorfes umfaßten. Der Anteil der Kolchosen (wie auch der Sowchosen) lag bei etwa zehn Prozent der landwirtschaftlichen Gesamtfläche.

Nach der Revolution sanken die Ernten bis 1922 auf die Hälfte früherer Erträge und erreichten erst 1925 und 1928 wieder den Stand von 1913. Der private Handel mit Nahrungsmitteln wurde den Bauern erlaubt. Die Ablieferungspflichten (in der Praxis meist Zwangseintreibungen von Nahrungsmitteln) wurden durch feste Naturalsteuern begrenzt. Es entstanden vom Staat kontrollierte Konsumvereine.

III. Die stalinistischen Reformen

-Der *erste Fünfjahresplan von 1929* bezweckte eine forcierte Entwicklung der Industrie und der Rüstung. Arbeitskräfte und Kapital sollten aus der Landwirtschaft herausgepreßt werden. Eine Stärkung der politischen Kräfte der Bauern sollte verhindert werden bzw. die Landwirtschaft fortan durch die Partei kontrolliert werden. Die landwirtschaftlichen Betriebe sollten dem Staat gehören und im Rahmen der Zentralverwaltung geleitet werden. Geplant war eine Mechanisierung der Landwirtschaft im Rahmen von Großbetrieben nach dem amerikanischen Muster. Die "Agrarfrage"[3] sollte durch die Schaffung von großen landwirtschaftlichen Betrieben gelöst werden.

Es kam zur Zwangskollektivierung der Landwirtschaft durch *Josef Stalin.* Nach der Erntekatastrophe von 1929 wurde den Bauern, welche 1922 die Selbständigkeit erreichten, das Land weggenommen. Sie wurden vertrieben, verhungerten, wurden erschossen, deportiert oder zwangskollektiviert. 15 Millionen Landwirte verloren ihre landwirtschaftliche Existenz. Die Zwangskollektivierung sowie der zähe Widerstand der Bauern forderte Millionen von Opfern und ging als die *"Ausrottung der Kulaken"* in die Geschichte Rußlands ein. *"Kulake"* bedeutet soviel wie "Wucherer" oder "Halsabschneider". Während der Zwangskollektivierung brachen große Hungersnöte aus. 1931/32 verhungerten Millionen von Menschen auf dem Lande. Mit Hilfe der militärischen Streitkräfte wurden die Nahrungsmittelvorräte der Landbevölkerung konfisziert, um die Versorgung der Stadtbevölkerung zu verbessern.

---

[3] Vgl. Kapitel 2.

Die Reformen führten zur Auszehrung der Landwirtschaft und einem schwerwiegenden Verlust an bäuerlicher Substanz.[4] Nach dem Abschluß der Zwangskollektivierung im Jahre 1933 stieg die landwirtschaftliche Produktion. 1939 wurden Mindestnormen für die individuelle Arbeitsleistung eingeführt. Die Nahrungsmittelversorgung der Bevölkerung war nach wie vor auf die private landwirtschaftliche Produktion angewiesen.[5]

IV. Die Reformen unter Nikita Chrustschow

1950 erfolgte ein verschärftes Reform- bzw. Konzentrationsprogramm unter *Nikita Chrustschow*. Die Produktionsschwäche der Landwirtschaft sollte durch eine Vergrößerung der Betriebe, moderne und rationelle Produktionsmethoden sowie große landwirtschaftliche Investitionen überwunden werden. 1953 wurde eine verstärkte Ablieferungspflicht für landwirtschaftliche Erzeugnisse eingeführt. 1954 erfolgte ein Neulandprogramm von 36 Millionen Hektar Land, hauptsächlich in den halbtrockenen Steppen Kasachstans und Südsibiriens. Nach wenigen guten Ernten kam es in den 1960er Jahren zu empfindlichen Ernterückgängen in diesen ökologisch sensiblen Gebieten.

Aus Zwangskollektiven mit durchschnittlich 300 Hektar Fläche wurden bis Anfang der 1960er Jahre solche mit über 6.000 Hektar Land. Die Zahl der Kolchosen fiel von ca. 230.000 im Jahre 1940 auf unter 30.000 im Jahre 1976. Es wurden weitere Sowchosen durch die Umwidmung von Agrarflächen wesentlich kleinerer Kolchosen geschaffen. Gab es 1940 rund 4.000 Sowchosen mit einer Durchschnittsfläche von etwa 12.000 Hektar Land, so stieg deren Zahl bis Mitte der 1970er Jahre auf über 18.000 mit einer Durchschnittsfläche von rund 20.000 Hektar.

Seit Mitte der 1960er Jahre war die durchschnittliche Fläche der Sowchosen wieder rückläufig, wurden doch zahlreiche kleine Sowchosen in der Nähe der russischen Großstädte zur Versorgung der Bevölkerung mit Gemüse, Milch, Eier und Fleisch gegründet. Oft wurden Teile von Kolchosen mit Sowchosen zu spezialisierten *Interfarmbetrieben* zusammengefaßt. Zudem wurden jeweils mehrere Kolchosen in sehr große *landwirtschaftliche Spezialunternehmen* integriert, deren Land im Eigentum der Kolchosen blieb. Deren Bewirtschaftung erfolgte durch Spezialisten. Es handelte sich um Eier- und Geflügelfarmen, Mastbetriebe, Besamungsstationen und Maschinenzentren.[6]

Anläßlich der Reformen der 1970er Jahre wurden die Regeln für die Leitung der Kolchosen aus dem Jahre 1935 überarbeitet. Die täglichen Geschäfte oblagen nunmehr einem Vorsitzenden. Je ein Ausschuß war für die Produktion, die Organisation, die Finanzen und die genossenschaftlichen Aktivitäten wie Kulturelles, Schulen und Dienstleistungen verantwortlich. Die Arbeitskräfte wurden in Brigaden von vierzig bis sechzig Mitarbeiter organisiert. Wer ein Alter von 16 Jahren erreichte, konnte in der Kolchose mitarbeiten. Die Bezahlung richtete sich nach der Qualität und Quantität der Leistung.

---

[4] Vgl. *von Dietze* (1967), S. 73 ff.

[5] Nach den einen Darstellungen wurden 1940 ca. 20 Prozent der Waren direkt aus der Privatproduktion abgesetzt, nach anderen Darstellungen übertrafen die Einkommen aus den Privatverkäufen während der Ära Stalins jene der offiziellen Verkäufe der Kolchosen. Vgl. *Cramer* und *Jensen* (1979), S. 319 ff.

[6] Vgl. *Cramer* und *Jensen* (1979), S. 320 ff.

Die Mitarbeiter konnten auch ein Stück Privatland bewirtschaften, ein Wohngebäude und ein Betriebsgebäude errichten, Weideland der Kolchosen nutzen und Transportkapazitäten nach den Reglementen der Kolchosen benützen. Die Grenzen für selbstbewirtschaftete landwirtschaftliche Ressourcen der Kolchosen lagen pro Familie bei einer Kuh mit einem Kalb bis zu einem Jahr und einem Rind bis zu zwei Jahren, einer Muttersau mit Ferkeln bis zu drei Monaten oder zwei Mastschweinen, bis zu zehn Schafen oder Ziegen, Geflügel und Kaninchen. Für die Versorgung der russischen Bevölkerung mit Nahrungsmitteln war die private Produktion lebenswichtig. 1971 wurden rund ein Drittel des Gemüses, des Fleisches und der Milch, zwei Drittel der Kartoffeln und ein Fünftel der Wolle auf privatem Wege erzeugt. Diese Produkte wurden in den sog. Kolchose-Märkten direkt an die Verbraucher verkauft. Die Verkaufsflächen konnten durch die Bauern angemietet werden. Der Verkauf durfte zu Tagespreisen, nicht jedoch durch Mittelsmänner erfolgen. Die private Produktion diente auch der Versorgung der landwirtschaftlichen Bevölkerung.[7]

Die zentrale Planung bezog sich in erster Linie auf die Käufe des Staates zu administrativ festgelegten Preisen. Der *GOSPLAN* koordinierte die landwirtschaftliche Produktion, deren Verwendung und die Exporte von landwirtschaftlichen Erzeugnissen. Aufgrund der staatlichen Planungen wurden die Pläne für die einzelnen Betriebe abgeleitet. Die Summe der Produktionsquoten, welche an den Staat abzuliefern waren, lag unter den nationalen Produktionszielen. Die Differenz fiel auf den privaten Produktionsbereich. Obwohl die private landwirtschaftliche Produktion rund ein Drittel der gesamten Agrarproduktion umfaßte, war sie nicht zentralgeplant. Erntemengen, welche über die Ablieferungspflicht hinausgingen, konnten auf den Kolchose-Märkten verkauft werden.

V. Die Reformen unter Michael Gorbatschow

In der ehemaligen *UdSSR* standen rund 0,85 Hektar Land pro Kopf der Bevölkerung zur Verfügung, zudem sehr ausgedehnte Weideflächen. Dies liegt - bei wesentlich schlechteren Produktionsbedingungen - etwas unter dem US-Standard. Nach 1986 wuchs die landwirtschaftliche Produktion jährlich durchschnittlich nur noch um 0,65 Prozent, die Bevölkerung jedoch um 0,8 Prozent. Lediglich die Fleischproduktion nahm zufolge der Einfuhr von ausländischem Getreide etwas stärker zu. Die Versorgungslage verschlechterte sich markant. Produkte wie Fleisch, Milch und Zucker wurden nur noch gegen "Talons" verkauft. Zucker wurde zum beliebten Tauschobjekt und Rohstoff für die privaten Schwarzbrennereien. Die ungenügende Versorgungslage im Milch- und Fleischsektor war nicht zuletzt auf die schlechte Produktivität der Agrarfabriken zurückzuführen, welche für eine produzierte Gewichtseinheit Fleisch wesentlich mehr Futtermittel als der Westen benötigten.[8]

Sehr groß waren der Schwund und der Verlust auf dem Weg von der Produktion zum Verbrauch. Im Einzelhandel gab es drei Marktsegmente: (1.) Den staatlichen Einzelhandel mit verhältnismäßig günstigen Preisen, aber kaum verfügbaren Nahrungsmitteln, (2.) die Läden der parastaatlichen Konsumgenossenschaften mit rund doppelt so hohen Preisen und (3.) den illegalen Markt mit rund dreimal so hohen Preisen für Milch, Fleisch, Kartoffeln, Gemüse und Obst, verglichen mit dem staatlichen Einzelhandel.[9]

---

[7] Vgl. *Cramer* und *Jensen* (1979), S. 319 f.
[8] Vgl. *Jaehne und Wädekin* (1981), S. 15.
[9] Vgl. *Wädekin* (1990b), Bl. 39.

Die enormen Investitionen in Bodenverbesserungen brachten eine nur geringe Verbesserung der Erträge. Durch die Bewirtschaftung der oft leichten Böden war ein starker Humusverlust in den semiariden Risikozonen festzustellen. Es gab brachliegendes Land, Mängel bei der Bodenbearbeitung, Nährstoffmangel der Böden durch eine Unterversorgung mit Dünger, einen Mangel an Bioziden, Tausende von stillstehenden Bewässerungsanlagen durch technische Defekte und ähnliches mehr. Die Zulieferindustrien und die ländliche Infrastruktur waren in einem schlechten Zustand. Dies war auf das geringe betriebliche Interesse des Managements an der Wirtschaftlichkeit der Betriebe, die mangelnde persönliche Leistungsbereitschaft der Arbeitskräfte, die Hemmung der individuellen Initiative sowie die Frustration und die Abwanderung von Führungskräften und technischem Personal in andere Wirtschaftsbranchen zurückzuführen.

Es bestanden Absichten der Sowjetführung, die 19 Millionen Hektar bewässertes Land bis zum Jahre 2000 auf 30 bis 32 Millionen Hektar und die trockengelegten Gebiete von 14 auf 19 bis 21 Millionen Hektar auszuweiten. Mit Investitionen von ca. 50 Milliarden Rubel sollten vorerst 7 Millionen Hektar Land bereitgestellt werden, vor allem im unteren Wolgagebiet, der Ukraine, in Weißrußland, Usbekistan und Kasachstan.

Die großen landwirtschaftlichen Probleme sollten durch das Agrarreformprogramm der Perestroika gelöst werden. *Michael Gorbatschow* lobte die Neue Politische Ökonomie von *Wassijew I. Lenin*. Die Reformen unter *Michael Gorbatschow* sind im Lichte dieser vielfältigen Agrar- und Ernährungsprobleme zu sehen.

Nachdem sich die Kolchosen und Sowchosen als landwirtschaftliche Betriebsformen nicht bewährten, war umstritten, ob diese liquidiert, zu Farmbetrieben umgewandelt oder im Besitze des Staates bleiben sollten. Die Parteifunktionäre und Kolchosdirektoren waren gegen deren Liquidierung. Dies ist damit zu erklären, daß die Superbehörde Gosagroprogramm allein in Moskau 4.500 Experten beschäftigte. Die Betriebe erhielten ihre Anweisungen über einen Weg von rund 32 Instanzen und 32.000 Funktionäre der Agrarbürokratie. Diese Bürokratie entfaltete starke Kräfte der Selbstbeharrung.

Die Frage lautete, wie an den Kollektivbetrieben festgehalten werden konnte und sich gleichzeitig selbständige Landwirtschaftsbetriebe schaffen ließen. Ziel war der Wettbewerb unter den verschiedenen Betriebsformen wie Kolchosen, Sowchosen, Familienpachtbetrieben und Kleingenossenschaften. Das Mischsystem von Betriebsformen bedeutete keine radikale Abkehr des von *Josef Stalin* unter Zwang eingeführten Systems der Kollektivierung, an welchem als Grundpfeiler der Bodenbewirtschaftung festgehalten werden sollte.

Bei den Sowchosen und Kolchosen sollten Untereinheiten in eigener Regie ihre Arbeit organisieren und nach dem Produktionsergebnis anstelle der Arbeitsnormen bezahlt werden. Aus Landarbeitern sollten Pächter werden. Ein neues Element waren Familienpachtbetriebe, deren rasche Entwicklung angestrebt wurde. Die neue Pachtordnung sollte den Bauern Garantien für eine Pachtdauer von fünf bis fünfzig oder mehr Jahren geben. In einem Ukas vom 7.4.1989 über die "*Pacht und Pachtbeziehungen in der UdSSR*" wurde die Pacht und Miete von Betriebsmitteln und Gebäuden, die Pacht an Großbetrieben und Kollektiven sowie die Pacht durch Kleingenossenschaften, Einzelpächter und Bauernbetriebe geregelt. Rund ein Fünftel der Kolchosen vergaben kurz nach der Reform bereits Pachten.[10] Die Pachtzinsen sollten in Geld bezahlt werden und die Marktbeziehungen zu den Kollektivbetrieben entfallen. Vorgesehen war auch eine "Pacht-Auftragsproduktion" mit einem oder mehreren Dutzend Arbeitskräften nach dem Arbeitsrecht. Diese sollten den größeren Teil der Agrarproduktion der Pachtbetriebe umfassen.

Bis 1990 war der gesamte Boden in staatlichem oder genossenschaftlichem Eigentum. Nun waren durch eine Verfassungsänderung die neue Eigentumsordnung und die Voraussetzungen für eine Landreform mit dem privatem Besitz von Boden geschaffen. Das neue Bodenrecht und die Übertragung von Bodennutzungsrechten wurden in den "*Grundlagen der Gesetzgebung der UdSSR und der Unionsrepubliken über den Boden*" vom 28.2.1990 geregelt.[11] Der Boden, die Bodenschätze, die Gewässer sowie die Pflanzen und Tiere in ihrem natürlichen Zustand sollten zwar im öffentlichen Eigentum bleiben, deren Nutzung jedoch sollte individuellen Wirtschaftssubjekten, Betrieben, Institutionen und Organisationen übertragen werden können. Landarbeiter sollten staatliches Land erhalten, aus der Sowchose oder Kolchose austreten und Bauern werden können. Der Boden sollte lebenslang und vererblich für einen Landwirtschaftsbetrieb, eine private Nebenwirtschaft oder zum Hausbau gegeben werden können. Die Bauern sollten den von ihnen bisher kollektiv bewirtschafteten Boden als Eigentum erwerben können und nach zehnjährigem Besitz weiterverkaufen dürfen.[12]

VI. Die Entwicklung nach dem Zusammenbruch der ehemaligen UdSSR

Nach dem Zusammenbruch der UdSSR bildet sich am 22.12.1991 mit der Konferenz von Alma-Ata die *Gemeinschaft Unabhängiger Staaten GUS*. Anfang 1991 wurde in Rußland ein eigenes (konkurrierendes) *Gesetz über den privaten Landbesitz* veröffentlicht. Das Land soll nach zehn Jahren Nutzung uneingeschränkt an die Bauern übergehen. Das Eigentumsgesetz sieht vor, aus einem "Fonds unrationell genutzten Landes" landwirtschaftliche Flächen an "Bauernwirtschaften" zu verteilen. Die Zentralbehörden und Republiken sollen Landkataster anlegen und unrationell genutzte Flächen unabhängig vom aktuellen Eigentum zentral erfassen und verteilen. Das Land soll auf Lebenszeit oder in Erbpacht, nicht jedoch zu Eigentum gegeben werden und der Aufbau landwirtschaftlicher Betriebe vom Staat unterstützt werden.

Es entstanden private landwirtschaftliche Betriebe, welche rund 5 Prozent des Bodens bewirtschaften. 1995 wurde die Auflösung der ehemaligen Staatsbetriebe per Dekret faktisch lahmgelegt, indem eine Privatisierung von Sowchosen und Kolchosen nur erlaubt ist, wenn sämtliche der ehemaligen Mitarbeiter (meist Hunderte) zustimmen. Die Erfolge der Perestroika als der 29. Agrarreform seit der Oktoberrevolution von 1917 sind enttäuschend.

Ursprünglich sollten neue Anbaumethoden, die Modernisierung der Betriebe und Maschinen, die Verbesserung der "sozialen" Infrastruktur der Dörfer, Straßen, bessere Erntemethoden, die Lagerung der Güter, das Transportwesen und die Verteilung der Produkte gefördert werden. Die Warenverluste zwischen der Ernte und den Verbrauchermärkten, welche zwischen 25 bis 40 Prozent betra-

[10] Andere Berichte sprechen davon, daß rund ein Fünftel aller Kolchosen kurz danach verpachtet worden sind, spätere Berichte gehen davon aus, daß Anfang 1991 fünf Millionen Hektar als Pachtflächen freigegeben wurden.
[11] Vgl. *Schweinsfurth* (1990), Bl. 31.
[12] Vgl. zur Transformation der Landwirtschaft in Rußland die umfassende Darstellung von *Ugarov* (1997).

gen, sollen verkleinert werden. Die Familienpachtbetriebe sollen ihre Erzeugnisse frei verkaufen dürfen.

Die Versorgung mit Nahrungsmitteln verschlechterte sich trotz der Agrarreformen erheblich. Es erfolgten Hilfslieferungen aus aller Welt, um die bitterste Not zu beseitigen. Noch vor der Reform erschien es möglich, die Ernten kurzfristig um 50 Prozent zu steigern. Allerdings waren die Gründungskredite zu schmal bemessen und die Pachtzinsen sowie die Preise für die Miete der Maschinen zu hoch. Es standen auch nach den Reformen nur rund halb so viel Nahrungsmittel pro Kopf der Bevölkerung zur Verfügung wie in der Europäischen Union, zudem in schlechterer Qualität. Fleisch ist nach wie vor Mangelware.[13] Zwischen 1990 und 1995 fiel die Agrarproduktion um rund ein Drittel.

Die Reformen sind weiterhin halbherzig und bleiben auf halbem Wege stehen. Die Ineffizienzen der großen Agrarkomplexe[14] und das Problem der begrenzten Skalenerträge in der Landwirtschaft werden auch in der nachkommunistischen Zeit unterschätzt. Hinzu kommen die ökonomisch kaum lösbaren Umweltprobleme der Entsorgung von Mist und Jauche in Betrieben mit Tausenden und Zehntausenden von Tieren als einer weiteren Folge agrarmarxistischer Agrarpolitik.

Noch 1992 erscheint eine zwangsweise Auflösung der landwirtschaftlichen Kollektivbetriebe als nicht durchführbar. Die Bodenprivatisierungsinitiative wird vom Parlament blockiert und die Meinungen in der Regierung sind kontrovers. Trotz dieser Privatisierungsbremsen dehnt sich der nach wie vor bescheidene private Agrarsektor aus. 1993 wird das private Eigentum an landwirtschaftlichen Ressourcen erstmals wieder erlaubt. Die Mitglieder kollektiv bewirtschafteter Güter sollen Besitzurkunden über ihren Landanteil erhalten. Sie können den Boden abtrennen, bewirtschaften, verkaufen, verpfänden, verpachten und vererben. Zudem wird die zentralwirtschaftliche Marktordnung für Getreide aufgehoben und die Regulierungskompetenz auf die einzelnen Mitgliedstaaten übertragen. Bis 1993 entstehen durch Pacht, Kauf und kostenlose Eigentumsübertragung rund 260.000 Bauernbetriebe mit durchschnittlich 15 bis 20 Hektar Land. 95 Prozent der "alten" 24.000 Kolchosen und Sowchosen lassen sich bis 1993 neu registrieren (mit dem bisherigen Rechtsstatus, als Genossenschaft oder Kapitalgesellschaft). 1997 gibt die Region Saratow an der Wolga als erste russische Verwaltungseinheit den Eigentumserwerb von Ackerland frei. Auch Ausländer sollen dieses pachten können.

[13] Das Ziel einer Ernte von 240 Millionen Tonnen Getreide (wie 1978) wurde nicht annähernd erreicht. Im Jahre 1990 kam es aufgrund günstiger Witterungsbedingungen zu einer guten Ernte von rund 230 Millionen Tonnen. Ein Teil der Ernte ging mangels intakter Dreschmaschinen, Arbeitskräfte, Transportmittel und Stapelkapazitäten verloren. Die Verkaufsgeschäfte in den großen Städten wie Moskau und (dem damaligen) Leningrad blieben leer, so daß der Nahrungsmittelkonsum rationiert werden mußte. Zu den Ursachen zählten ein Boykott der Agrarbürokraten gegen die Reformen und die Belegung der Transportmittel für militärische Zwecke. 1991 sackte die Getreideernte auf rund 170 Millionen Tonnen ab, obwohl die Agrarpreise zur Steigerung der landwirtschaftlichen Produktion stark erhöht wurden.

[14] Vgl. *Schiller* (1963), S. 3 ff.

C. Die Entwicklung der Landwirtschaft im neuen Bundesgebiet der Bundesrepublik Deutschland

In der (ehemaligen) *DDR* entwickelte sich die zentralistisch-marxistische Agrarpolitik in mehreren Etappen. Ziel war eine "Annäherung von Stadt und Land". In den Jahren nach 1945 fand eine Bodenreform mit einer entschädigungslosen Enteignung aller landwirtschaftlichen Betriebe über 100 Hektar Land statt. Bis Ende 1946 wurden 200.000 Neubauernstellen geschaffen und Boden an über 450.000 ländliche Familien verteilt.

Die Kollektivierung der Landwirtschaft zu *Landwirtschaftlichen Produktionsgenossenschaften (LPG)* begann 1950 und wurde 1960 unter schärfstem Druck und massiver Propaganda beendet. Von 1960 bis etwa 1972 wurden Kooperationsgemeinschaften gegründet, welche der horizontalen Koordination verschiedener Genossenschaften dienten, zudem auch Spezialgenossenschaften. 1973 betrug die Durchschnittsgröße der Staatsgüter rund 870 Hektar, jene der Kollektivgüter rund 600 Hektar.[15]

Zwischen 1972 und 1990 wurde der Übergang zu industriemäßigen Produktionsmethoden vollzogen. Es sollte sich die bereits von *Karl Marx* vorausgesagte "neue höhere Synthese des Vereins von Agrikultur und Industrie" vollziehen und schrittweise der "volkswirtschaftliche Agrar-Industrie-Komplex" herausbilden, "der auf effektivste Weise landwirtschaftliche Erzeugnisse, vor allem Nahrungsmittel, produziert"[16]. Ziel waren große pflanzenbauliche Produktionseinheiten mit Nutzflächen von 5.000 bis 10.000 Hektar Land sowie Tierbetriebe mit 1.500 bis 6.000 oder mehr Stallplätzen für die Rindermast, Milchställe mit 1.000 oder mehr Kühen, Schweinemastbetriebe mit 40.000 Plätzen oder mehr sowie Geflügelhaltungsbetriebe in ähnlichen Größenordnungen.

Die übergroßen Gebilde des landwirtschaftlichen Pflanzenbaus und der Tierhaltung des agroindustriellen Komplexes führten zu erheblichen sozialen Änderungen. Fachkräfte ersetzten den früheren Landwirt und seine Familien, der Bauer war nur noch eine Gestalt der Geschichte. Die Produktivität der landwirtschaftlich Beschäftigten in der ehemaligen DDR blieb weit unter jener der Europäischen Union.

Zu neuen Reformen kam es in den 1980er Jahren. Die mangelnden Erfolge großer und hochspezialisierter Betriebe führten zur Förderung der sog. individuellen Produzenten. Mitglieder und Angestellte landwirtschaftlicher Produktionsgenossenschaften erhielten die Erlaubnis zur persönlichen Hauswirtschaft mit 0,25 Hektar Land pro Person (0,5 Hektar Land pro Familie). Die Zahl der persönlichen Hauswirtschaften stieg zwischen 1980 und 1988 von 47.000 auf 437.000. Zu den individuellen Produzenten zählten auch die Mitglieder des 1960 gegründeten Verbandes der Kleingärtner, Siedler und Kleintierzüchter, deren Zahl sich zwischen 1980 und 1988 von 360.000 auf 1.487.000 Personen erhöhte. Eine "ideale" Garteneinheit umfaßte rund 300 bis 500 Quadratmeter mit acht bis zwölf Obstbäumen, sechs bis zehn Beerensträucher und Erdbeeren.

Die "Kontrolle" dieser Einheiten erfolgte über die Produktionsgenossenschaften und die Staatsgüter, welche die Produktion seit 1984 zu Preisen über den Verkaufspreisen im Einzelhandel erwarben. Lieferverträge mit dem Staat wurden

[15] Vgl. *Wädekin* (1977), S. 199.
[16] Vgl. *SED* (1976), S. 37.

mit zehn Prozent höheren Preisen honoriert. So ließ sich die private Produktion in den Plan integrieren. Es gab mehr als 3.000 private Bauernmärkte, welche vom Staat kontrolliert wurden. Die private Produktion wurde nicht besteuert. Der Anteil der privaten Produktion stieg in den 1980er Jahren stark an. Dieser betrug 1988 beim Schlachtvieh und Schweinefleisch 17 Prozent, bei Schafwolle 30 Prozent, bei Geflügel und Kaninchen 37 Prozent, bei Hühnereiern 47 Prozent, bei Obst 68 Prozent und beim Bienenhonig 98,5 Prozent. Kleingärtner und Kleintierzüchter verwendeten 300 bis 500 und mehr Stunden pro Jahr für diese Tätigkeit, was zu Lasten des Haupterwerbes ging.[17] Zu den besonderen Problemen der Agrarfabriken in der DDR zählten die Umweltfragen.[18] Aus dem ehemaligen "Land der tausend Teiche" entstand das "Land der tausend Deponien".

Nach dem Zusammenbruch der ehemaligen DDR wurden die ursprünglich 3.855 Landwirtschaftlichen Produktionsgenossenschaften (LPG) und 456 Volkseigenen Güter (VEG) mit einer Durchschnittsfläche von 4.000 Hektar rechtlich und wirtschaftlich selbständig. Die früheren Zwangsproduktionsgenossenschaften sollen in Einzel- oder Gemeinschaftsbetriebe umgewandelt werden.

Die Mitglieder der ehemaligen LPGs konnten ausscheiden und die landwirtschaftlichen Flächen auf eigene Rechnung bewirtschaften. Es durften Gewinne in unbegrenzter Höhe erzielt werden, bei Verlusten drohte der Konkurs. Bis 1992 bildeten sich rund 18.000 Betriebe natürlicher Personen und 4.000 Betriebe juristischer Personen (Genossenschaften, GmbHs etc.). Nur etwa 200.000 von ehemals 850.000 Beschäftigten fanden 1992 noch eine landwirtschaftliche Beschäftigung, ein Drittel davon in Kurzarbeit. Es zeigt sich eine Tendenz zu Betriebsgrößen zwischen 75 und 1.000 Hektar Land.

D. Polen

Die Landwirtschaftssysteme in den kommunistischen Ländern gingen zwar vom agrarmarxistischen Gedankengut aus, zeigten jedoch ganz unterschiedliche Ausprägungen. *Polen* brach die Zwangskollektivierung bereits frühzeitig ab. Noch 1989 war ein großer Anteil der Bevölkerung (27 Prozent) in der Landwirtschaft tätig. Der landwirtschaftliche Anteil am Bruttoinlandsprodukt umfaßte zwölf Prozent. Etwa 75 Prozent der landwirtschaftlich genutzten Fläche waren in privater Hand, der Rest fiel auf Staatsbetriebe (zwanzig Prozent), landwirtschaftliche Genossenschaften (vier Prozent) und landwirtschaftliche Kooperationen (ein Prozent). Die Durchschnittsgröße der 2,7 Mio. privaten Betriebe betrug 5,3 Hektar Land. Ein Drittel der Betriebe war landwirtschaftlicher Nebenerwerb. Der Stand der Produktivität und die landwirtschaftliche Produktionsentwicklung waren wenig beeindruckend. Die Verantwortung dafür lag unter anderem bei der Preispolitik der Regierung, welche die Preise für Grundnahrungsmittel tief hielt. Dies behinderte die landwirtschaftlichen Investitionen und die Produktionsentwicklung. Die Agrarpolitik der 1990er Jahre versucht diese Probleme zu berücksichtigten.[19]

[17] Vgl. *Brezinski* (1989), Bl. 33 f.

[18] Beispiel ist eine ehemalige Schweinefabrik mit einem Bestand von 170.000 Tieren in Neustadt (Thüringen). Diese beschäftigte vor dem Zusammenbruch der ehemaligen DDR rund 800 Personen und produzierte jährlich 26.000 Tonnen Schlachtfleisch. Die Ammoniakdämpfe setzten etwa soviel Stickstoff wie die Stadt Dresden frei und zerstörten rund 600 Hektar Wald. Täglich fielen mehrere hundert Tonnen Gülle an, welche mit Schwermetall, Pestiziden und Arzneirückständen belastet waren.

[19] Vgl. *Dequin* (1990), S. 478 ff.

E. Ungarn

Nach dem Ende des zweiten Weltkrieges wurde das vorwiegend feudale Bodeneigentum in *Ungarn* auf rund 400.000 Kleinbetriebe verteilt. Es entstanden insgesamt rund 1,1 Millionen Betriebe. 1949 setzte die Kollektivierung der Landwirtschaft ein. Verstaatlicht wurde nur ein kleiner Teil des Bodens. Die Größe dieser Betriebe lag zwischen 2.000 und 17.000 Hektar Land. Der Rest befand sich nach wie vor in privatem und genossenschaftlichem Besitz. Mitte der 1980er Jahre war der Großteil der landwirtschaftlich Beschäftigten Mitglied einer landwirtschaftlichen Produktionsgenossenschaft (LPG). Diese unterschieden sich von den sowjetischen Kolchosen insofern, als der Boden teilweise in privatem, teilweise in genossenschaftlichem Eigentum blieb. Jedes Mitglied einer landwirtschaftlichen Genossenschaft hatte Anspruch auf 0,25 bis 0,5 Hektar Boden zur privaten Nutzung. Dieser private Boden konnte beim Austritt aus der Genossenschaft nicht zurückgefordert werden.

Die privaten landwirtschaftlichen Kleinproduzenten erzeugten Mitte der 1980er Jahre etwa ein Drittel der Agrarproduktion. Rund die Hälfte der Bevölkerung war in irgendeiner Form in der Landwirtschaft tätig und leistete einen großen Beitrag zum Agrarangebot. Von den Großbetrieben schlecht genutzte Ressourcen (Arbeitskräfte, Gebäude, Maschinen und Geräte) konnten in die Produktion einbezogen werden. Zudem profitierten die privaten Kleinerzeuger von der schlechten Finanzlage der landwirtschaftlichen Großbetriebe und übernahmen auf Vertragsbasis Teile deren Produktion, vor allem in der Fleischerzeugung.

Ungarn mit seinen günstigen Produktionsvoraussetzungen ging einen Mittelweg, indem es das Kollektivsystem mit Prinzipien der wirtschaftlichen Dezentralisierung und der Privatinitiative zu verbinden wußte. Die ungarische Agrarpolitik zeigte bis 1990 auch Schwächen. Die Tendenz zu immer größeren Betrieben führte zur Überschreitung der optimalen Betriebsgröße. Die Staatsgüter waren zu inflexibel, um spontan auf sich ändernde Marktverhältnisse reagieren zu können. Die private Landwirtschaft wurde zu lange vernachlässigt.[20] 1988 wurden die Subventionen für Nahrungsmittel erheblich reduziert. Das schnelle Wachstum der landwirtschaftlichen Produktion wurde in Frage gestellt. Die landwirtschaftlich genutzte Kulturfläche ging wie in anderen Industrieländern laufend leicht zurück.

Für die Zeit nach 1990 zeichnete sich eine Bodenreform ab. Die *"Unabhängige Kleinlandwirtepartei"* drängte auf die Wiederherstellung der Eigentumsverhältnisse von 1947 ohne kollektive Institutionen. 1993 wurde die Hälfte des gesamten Agrarlandes privatisiert. Der Übergang erfolgte weitgehend durch Versteigerungen. Erwartet wurden über 400.000 künftige Landbesitzer, welche den Boden vor allem zur Pacht weitergeben. Frühere Eigentumsrechte wurden in Entschädigungsbons umgewandelt und konnten bei den landesweit über 10.000 Versteigerungen verwendet werden. Die strukturellen Probleme liegen in den entstehenden Zwergbetrieben, die einem starken strukturellen Anpassungsdruck unterworfen sind.

Bis 1994 waren rund 90 Prozent des landwirtschaftlichen Bodens der früheren Landwirtschaftlichen Produktionsgenossenschaften in privatem Eigentum (von den früheren Staatsgütern rund 60 Prozent).[21] Nur private Eigentümer, der

[20] Vgl. *Antal* (1989), S. 551 ff.
[21] Vgl. zu den nachfolgenden Ausführungen *Vadja* (1995), S. 2 ff.

Staat, die Kirche und die Kommunen dürfen Land besitzen, nicht jedoch Ausländer. Die Bewirtschaftung des Bodens erfolgt durch private Klein- und Großbetriebe sowie unterschiedliche Formen der gemeinsamen Landnutzung (GmbHs, Aktiengesellschaften, Genossenschaften). Die Familienbetriebe gewinnen nach wie vor an Bedeutung. Die Genossenschaften sind nur noch halb so groß wie deren Vorgänger und konzentrieren sich auf die landwirtschaftliche Produktion, nicht mehr auf gesellschaftliche Aufgaben. Die landwirtschaftliche Produktion fiel zwischen 1989-93 um rund ein Drittel und erlebte einen tiefgreifenden Strukturwandel. Der Anteil der landwirtschaftlichen Bruttowertschöpfung fiel von 14 Prozent auf 6 Prozent, der Anteil der landwirtschaftlichen Beschäftigten von 18 auf 7 Prozent. Durch die Deregulierung der landwirtschaftlichen Erzeugerpreise und den Abbau der Agrarsubventionen fiel das Produzenten-Subventionsäquivalent von 45 Prozent auf acht Prozent; deshalb ergab sich ein empfindlicher Einkommensrückgang und Kapitalmangel, was die Restrukturierung beschleunigte. 1993 kam es mit dem neuen Gesetz zur Agrarmarktordnung zu garantierten Preisen und Interventionen auf der Basis der Weltmarktpreise sowie verstärkten Marktinterventionen für Mahlweizen, Futtermais, Schlachtschweinen, Schlachtrindern und Milch. Der Agrarimport ist nach den Regeln der WTO seit 1995 liberalisiert und unterliegt keinen Einschränkungen.

F. Die Tschechische Republik und die Slowakische Republik

1947 wurde der große Grundbesitz enteignet und bei der kommunistischen Machtübernahme von 1948 zunächst an Einzelbauern verteilt. 1949 begann die Zwangskollektivierung. Anfang der 1960er Jahre waren 90 Prozent des Bodens in quasi genossenschaftlichem und staatlichem Besitz. Die Zwangskollektivierung führte zu einer Verdrängung der bäuerlichen Strukturen durch die kollektive Bewirtschaftung (mit einem Anteil von 80 Prozent des Bodens) und staatlichen Sowchosen (Anteil 18 Prozent). Es blieb ein spärlicher privater Besitz (Anteil 2 Prozent). Großbetriebe und staatliche Anbaupläne sollten einer rationellen Nahrungsmittelproduktion dienen, Subventionen für Produktionsmittel und Nahrungsmittel einer preiswerten Versorgung der Bevölkerung mit Nahrungsmitteln. Die umfassende staatliche Planung und Lenkung der Landwirtschaft wurde als drückend empfunden.

Beim Übergang zur Marktwirtschaft im Jahre 1990 stellte sich die Frage nach der Reprivatisierung der Landwirtschaft. Die Genossenschaftsbauern bekamen das Recht, die ehemals kollektivierten Landstücke entschädigungsfrei zum Zwecke der privaten Nutzung zurückverlangen. Es kam zu Gesetzen über die sog. kleine Restitution, die sog. große Restitution und die sog. große Privatisierung (der rund 150 Staatsgüter). Das Bodengesetz trat am 24.6.1991 in Kraft. Stichtag für die Restitutionsansprüche ist die kommunistische Machtübernahme am 25.2.1948. 1992 konnten Entschädigungsansprüche für Flächen bis 50 Hektar gestellt werden, die zwangsweise verstaatlicht oder kollektiviert wurden.[22] Die Teilrepubliken können CSFR-Bürger deutscher und ungarischer Nationalität besonders behandeln. Eine zusätzliche Entschädigung ist möglich für ehemalige Großgrundbesitzer, die 1947 ohne Ersatz enteignet wurden und die ungarische Minderheit, die 1945 ohne Ersatz enteignet wurde.

[22] Nur für tschechoslowakische Staatsbürger, welche Deviseninländer sind.

Auch in der CSFR zeigt sich, wie schwierig die Umwandlung einer ehemals kollektivistischen Landwirtschaft ist.[23] Möglicherweise werden nur etwa 20 Prozent der Flächen privatisiert. Die meisten Bauern sehen sich aufgrund des ursprünglichen Kleinbesitzes vorerst nicht in der Lage, eine landwirtschaftliche Existenz zu schaffen. Zudem sind die Gebäude, die Maschinen und oft auch die Tierbestände unteilbare Güter und bleiben im kollektiven Besitz. Private Bauern müßten erhebliche Investitionen tätigen, um eigene Betriebe aufzubauen. Dies lohnt sich höchstens für Spezialbetriebe im Bereich der Tierhaltung und des Pflanzenbaus. Die Bauern verlieren bei einer eigenen Existenzgründung ihre soziale Sicherheit. Zudem bestanden zu Beginn der Reformen keine Vermarktungsstrukturen für die privaten Bauern.

Die genossenschaftliche Landbewirtschaftung bleibt unter diesen Umständen die dominierende Betriebsform. In der Tschechischen Republik bilden sich vor allem transformierte Genossenschaften, andere Gesellschaften (Aktiengesellschaften, GmbHs) sowie Familienbetriebe (davon über 50.000 Familienbetriebe mit einer Durchschnittsfläche von 15 Hektar Land im Jahre 1994). Die Zahl der Genossenschaften in der *Slowakischen Republik* steigt zwischen 1989 und 1995 von 630 auf rund 1.000; die durchschnittliche Betriebsfläche sinkt von etwa 2.700 Hektar Land auf durchschnittlich 1.650 Hektar.[24]

Die Genossenschaften bemühen sich, Wege einer marktwirtschaftlichen Reform zu finden. Sie versuchen, Austritte und Landverluste zu verhindern, welche dazu führen würden, daß die Schulden und Amortisationen nicht mehr bezahlt werden könnten und die Genossenschaften Konkurs anmelden müßten. Als Möglichkeit erscheint die Umwandlung in Kapitalgesellschaften, an welchen die Mitarbeiter nach Maßgabe der geleisteten Arbeitsjahre sowie des eingebrachten Bodens Anteile erhalten. Die Aktien sollen in Geld bewertet und handelbar sein. Gleichzeitig ist die Tendenz zu einer Umwandlung der landwirtschaftlichen Produktionsgenossenschaften in kombinierte Produktions- und Verarbeitungsbetriebe festzustellen. Es wird damit gerechnet, daß der größte Teil der staatlichen Sowchosen an Private und Genossenschaften verkauft oder verpachtet wird. Die agrarpolitischen Interessen gehen auch dahin, Devisen auf den westeuropäischen, osteuropäischen und russischen Exportmärkten zu erzielen.

1991 kommt es zufolge einer Preisliberalisierung, der Kürzung der landwirtschaftlichen Subventionen und sinkenden Verbrauchereinkommen zu einer geringeren Nachfrage nach Agrarerzeugnissen und erheblichen Marktüberschüssen, was die Landwirtschaft zu einem Abbau von Überkapazitäten vor allem im Bereich der tierischen Produktion zwingt. Die landwirtschaftlichen Schwierigkeiten im Einkommens- und Investitionsbereich führen zu einer Reihe agrarpolitischer Forderungen: Kostendeckende Erzeugerpreise, günstige Investitionskredite, ein wirksamer Außenhandelsschutz und der Aufbau eines agrarsozialpolitischen Systems für private Bauern. Bemerkenswert ist die sinkende Bereitschaft, die Landwirtschaft mit Mitteln des Staatshaushaltes zu unterstützen. Es erstaunt deshalb nicht, daß die kommunistische Partei bei den Wahlen von 1990 dank der Unterstützung der Bauern zur zweitstärksten Partei wird.

---

[23] Vgl. *Kilcher* (1990), S. 32 und *Lukas* (1991), S. 37.
[24] Vgl. zu diesen Ausführungen *Blaas* (1995), S. 6 ff.

G. China

I. Die Entwicklung bis zur Revolution von 1949

In *China* leben rund 1,2 Mrd. Menschen, aber das Land verfügt nur über rund acht Prozent des landwirtschaftlich nutzbaren Bodens der Erde. Die "land-man-ratio" ist etwa sechsmal geringer als jene der ehemaligen UdSSR. Im ländlichen Raum war das Eigentum des Bodens ursprünglich in der Hand der Bauern, in der Umgebung der großen Städte der reichen Kaufleute. 1934 gehörten je rund ein Viertel der landwirtschaftlichen Fläche den Grundherren (mit einer Durchschnittsfläche von 11,5 Hektar), den reichen Bauern (mit einer Durchschnittsfläche von 5,1 ha), den Mittelbauern (mit einer Durchschnittsfläche von 2,2 ha) sowie der überwiegenden Zahl von armen Bauern (mit einer Durchschnittsfläche von 0,46 ha). Der Revolution von 1949 gingen periodische Hungersnöte und zahlreiche Bauernaufstände voraus.

II. Die Landreform von 1950

Mao Tse-tung stützte sich auf das Gedankengut von *Karl Marx* und *W.I. Lenin*, allerdings in einer chinesischen Ausprägung. Er wird als Agrarreformer betrachtet, wobei seine Reformvorstellungen gemäßigter sind als jene der westlichen Marxisten. *Mao Tse-tung* glaubte an die Schöpfungskraft und das revolutionäre Potential der Massen, vor allem der Bauern.

Nach der Revolution von 1949 und dem Gesetz zur Landreform von 1950 erfolgte eine Verteilung des Bodens an die Kleinbauern. Die Agrarverfassung sollte durch den bäuerlichen Besitz an Grund und Boden geprägt sein. Die Landeigentümer erhielten das Recht, ihr Land frei zu bestellen, zu kaufen, zu verkaufen und zu verpachten. Vor 1950 bestanden ca. 100 Millionen Familienbetriebe mit durchschnittlich weniger als einer Hektar Land. Im Gegensatz zur ehemaligen UdSSR sollte die Kollektivierung nicht plötzlich, sondern allmählich erfolgen. Die *Teams gegenseitiger Hilfe* sollten 5-20 Haushalte mit rund 10 Hektar landwirtschaftlicher Fläche umfassen, die nach 1953 gegründeten *landwirtschaftlichen Produktionsgenossenschaften niedriger Ordnung* durchschnittlich 20-50 Haushalte mit rund 40 Hektar Land.[25] Ursprünglich war die Rede von Versuchsstationen und Staatsfarmen, nicht von landwirtschaftlichen Produktionsgenossenschaften niedriger Ordnung.

III. Die Kollektivierung von 1955-57 und nach 1958

1955-57 kam eine erneute Kollektivierung mit dem Ziel der Schaffung von *landwirtschaftlichen Produktionsgenossenschaften höherer Ordnung* ähnlich den sowjetischen Kolchosen. 20-50 Haushalte bildeten eine Produktionseinheit, 8-12 Produktionseinheiten eine Kollektivbrigade. Bis 1958 wurden rund 740.000 landwirtschaftliche Produktionsgenossenschaften mit je etwa 100-300 Familien und rund 120 Hektar Land geschaffen.

Planungsgrundlage und Grundlage für die Einkommensverteilung waren die Produktionseinheiten. An die Stelle von Leistungslöhnen traten die Zuteilungen

[25] Die einzelnen Stufen der Agrarhierarchie in der kollektivierten Landwirtschaft sind die Teams gegenseitiger Hilfe, die landwirtschaftliche Produktionsgenossenschaften niedriger Ordnung, die landwirtschaftliche Produktionsgenossenschaften höherer Ordnung und die Kommunen.

von Verbrauchsrationen pro Kopf der Bevölkerung mit einem kleinen Taschengeld. Den Haushalten wurden private Landteile im Ausmaß von etwa fünf bis sieben Prozent der ackerfähigen Flächen zugeordnet. Die privaten Erträge waren von untergeordneter Bedeutung. Die Preise für die Lieferungen an den Staat (etwa ein Drittel der Gesamtproduktion) wurden zentral festgesetzt. Die restlichen Mengen konnten auf den freien landwirtschaftlichen Märkten zu ungebundenen Preisen abgesetzt werden. Nach der Agrarreform sank der Anteil der frei vermarkteten Agrarprodukte, weil die enteigneten reicheren Bauern mit einem großen Anteil an der Marktproduktion ausfielen.

1955-58 kam es zu einer frühen Art von "Grüner Revolution". Es erfolgten erhebliche landwirtschaftliche Fortschritte durch die Vergrößerung der bewässerten Flächen, die Anwendung von Hochertragssorten (Reis, Mais, Sorghum) und dem Aufbau einer modernen Kunstdüngerindustrie. Der Staat förderte die Erzeugung von Getreide mit Subventionen für Kunstdünger, Traktoren und Treibstoffe.

1958 wurden die 740.000 landwirtschaftlichen Produktionsgenossenschaften höherer Ordnung in 240.000 *Kommunen* konzentriert. Diese sollten die gesellschaftlichen Grundeinheiten und damit die Basis einer "mikrokosmischen Volkswirtschaft" bilden.[26] Die Kommunen wurden mit Aufgaben auf den Gebieten der landwirtschaftlichen und industriellen Produktion, der Güterverteilung, der Kultur, der Erziehung sowie der politischen Angelegenheiten betraut. Im Gegensatz zu den sowjetischen Kolchosen waren die chinesischen Kommunen weitgehend autonome Gebilde mit politischen, ökonomischen, sozialen, kulturellen und militärischen Aufgaben.[27]

Die Kollektivierung der chinesischen Landwirtschaft nach 1958 erfolgte mit noch größerer Härte als jene der sowjetischen Landwirtschaft unter *Josef Stalin* in den Jahren nach 1929. Die Produktionspläne wurden zentral in Peking, anschließend in den Provinzen, den Gemeinden und den Produktionseinheiten erarbeitet. In der Zeit von 1958-77 kam es zu einem Verbot der privaten Getreideverkäufe, Beschränkungen des Binnenhandels und der Förderung der Selbstversorgung auf der Provinzebene. Die Landwirtschaft trug nur noch geringfügig zum Wachstum der Wirtschaft bei. Die Produktion pro Kopf der landwirtschaftlichen Bevölkerung sank und die landwirtschaftlichen Einkommen stagnierten. Zur Milderung der Nahrungsmittelknappheit dienten Nahrungsmittelimporte aus dem "kapitalistischen Westen".[28]

VI. Die Reformen von 1978

1978 fanden Reformen zur Leistungssteigerung in der Landwirtschaft mit einer Anhebung des Agrarpreisniveaus um 25 bis 40 Prozent und einer Lockerung des Getreideverkaufsverbotes statt. Die Hauptreform bestand in einem garantierten Bewirtschaftungsrecht für mindestens 15 Jahre.[29] Im Zuge dieser Reformen bewirtschafteten bis 1983 rund 95 Prozent der Bauern ihre eigenen Parzellen im Rahmen von Vereinbarungen mit den Kollektiven. Der Anteil der Hochertragssorten beim Weizen stieg bis 1990 auf 70 Prozent, beim Mais auf

[26] Vgl. *Robinson* (1965/1968), S. 117.
[27] Vgl. *Schweizer (1972)*, S. 139.
[28] Vgl. *von Dietze* (1967), S. 83 ff.
[29] Vgl. *Weltbank* (1986), S. 120 ff.

90 Prozent und beim Reis auf 100 Prozent. Die Produktionssteigerungen waren erheblich.

Nach 1985 verflachten die Wirkungen der Reformen und es zeichnete sich ein Mangel an Getreide, Baumwolle, Ölsaaten und Zucker ab. Einem Bedarf von rund 480 Millionen Tonnen Getreide im Jahre 2000 steht eine Produktion von 400 bis 440 Millionen Tonnen gegenüber. Die Hoffnungen einer supergrünen Agrarrevolution mit gentechnisch erzeugten Produtkionsfortschritten erfüllten sich bisher noch nicht. Das ursprüngliche Wachstum der landwirtschaftlichen Produktion von jährlich rund sechs Prozent sank nach 1985 auf unter vier Prozent. Als Wendepunkt zur Knappheit kann das Jahr 1993 betrachtet werden, als 8 Millionen Tonnen Getreide exportiert werden konnten, was später nicht mehr der Fall war. Nach wie vor sind rund 80 Prozent der chinesischen Erwerbsbevölkerung in der Landwirtschaft tätig. Zu den Problemen zählen die starre Eigentumsordnung, die intensive Landnutzung, der Rückgang der landwirtschaftlichen Produktionsfläche durch den Bedarf an Siedlungsflächen sowie die zunehmende Versteppung, die Versalzung der Böden, die Bodenerosion und die Sandstürme, welche jährlich rund 200.000 Hektar Land fordern.

Bereits 1990 wurde unter dem Druck des raschen Bevölkerungswachstums von jährlich durchschnittlich 1,4 Prozent ein mittelfristiges Aktionsprogramm zur Entwicklung der Landwirtschaft vorgelegt. Diese erhielt höchste Priorität im staatlichen Budget und die zentral gelenkten Investitionen sollten um 30 Prozent erhöht werden. Es wurden vermehrt monetäre Anreize und administrative Maßnahmen zur Verbesserung der Nahrungsmittelversorgung in den Städten geplant. Vage dagegen blieben die Beziehungen zwischen dem privaten und dem kollektiven Bereich der Landwirtschaft.[30] Der trotz der restriktiven Geburtenplanung anhaltende Bevölkerungsdruck (bis zum Jahre 2030 rund 1,6 Mrd. Menschen) setzen einer weiteren Entspannung der Ernährungssituation enge Grenzen.

Literaturangaben zu Kapitel 21:

Antal, Endre (1989), Ungarische Agrarpolitik. In : Osteuropa, 39 Jhrg., Heft 6, Juni, S. 551-567.

Blaas, Gejza (1995), Inlandsorientierung der slowakischen Landwirtschaft. In: Agrarische Rundschau, November, S. 6-10.

Brezinski (1989), Private Segmente der DDR-Landwirtschaft, Begrenzte Wirkungen unter einem sozialistischen Konzept. In: NZZ, Nr. 238, 13. Okt. 1989, Bl. 33 f.

Cramer, Gail L. und Jensen, Clarence W. (1979), Agricultural Economics & Agribusiness: An Introduction. New York.

Dequin, H. (1990), Die Landwirtschaft Polens 1989 - Ansatzpunkte für Investitionen und Verbesserungsmaßnahmen. In: Berichte über Landwirtschaft, Band 68 (3), Hamburg und Berlin, September 1990, S. 478-489.

von Dietze, Constantin (1967), Grundzüge der Agrarpolitik, Hamburg und Berlin.

[30] Vgl. *Wädekin* (1990a).

Jaehne, G. und Wädekin, K.-E. (1981), Spärlicher Brotkorb des Sowjetbürgers im neuen Fünfjahresplan. In: NZZ, Fernausgabe Nr. 36, 14.2.1981, Bl. 15.

Kilcher, Lukas (1990), Die Landwirtschaft der Tschechoslowakei im Umbruch. In: NZZ, Nr. 183, 10.8.1990, Bl. 32.

Lukas, Zdenek (1991), Das neue Bodengesetz der Tschechoslowakei. Liberalisierung nicht ohne Gefahren. In: NZZ, Nr. 211, 12.9.1991, Bl. 37.

Robinson, Joan (1965/1968), Kleine Schriften zur Ökonomie (1965), Zürich 1968.

Röpke, Wilhelm (1965), Die Stellung der Landwirtschaft in der modernen Industriegesellschaft. In: Hohenheimer Hochschultag 1964, Reden und Abhandlungen der Landwirtschaftlichen Hochschule Hohenheim, Nr. 18, Stuttgart 1965, S. 47-61.

Schiller, Otto (1963), Das Betriebsgrößenproblem in der sowjetischen Landwirtschaft. In: Osteuropa Wirtschaft Nr. 1/1963, S. 1-8.

Schweinsfurth, Theodor (1990), Neue Eigentumsordnung in der Sowjetunion. Anpassungen an die Erfordernisse der Marktwirtschaft. In: NZZ, Nr. 167, 21./22.6.1990, Bl. 31.

Schweizer, Heinrich (1972), Sozialistische Agrartheorie und Landwirtschaftspolitik in China und der Sowjetunion: ein Modell für die Entwicklungsländer? In: Ost-Kontexte, hrsg. von Robert Hotz und Rudolf Farner, Bern.

SED (1976), Parteitag der Sozialistischen Einheitspartei Deutschland, aus dem Programm der Sozialistischen Einheitspartei Deutschlands, Berlin, Mai.

Ugarov Alexej, Transformation der Landwirtschaft in Rußland in eine marktorientierte Struktur. In: Berichte über Landwirtschaft. Zeitschrift für Agrarpolitik und Landwirtschaft. Hrsg. vom Bundesministerium für Ernährung, Landwirtschaft und Forsten. Neue Folge, 212. Sonderheft, Münster-Hiltrup 1997.

Vadja, Laslo (1995), Ungarn - Sehnsucht nach der EU. In: Agrarische Rundschau, November, S. 2-5.

Wädekin, Karl-Eugen (1977), Art. Agrarwirtschaft in sozialistischen Ländern. In: Handbuch der Wirtschaftswissenschaften (HdWW), Bd. 1, Stuttgart/New York, S. 195-211.

Ders. (1990a), Communist Agriculture, Band 1: Farming in the Soviet Union and Eastern Europe; Band 2: Farming in the Far East and Cuba. Roputledge, London und New York.

Ders. (1990b), Leere Lebensmittelläden in der Sowjetunion. In: NZZ, Nr. 105, vom 8.5.1990b, Bl. 39.

Weltbank (1986), Weltentwicklungsbericht 1986, Washington.

Personenverzeichnis

Sachverzeichnis

www.ingramcontent.com/pod-product-compliance
Lightning Source LLC
La Vergne TN
LVHW092123300926
849161LV00002B/202